Joseph Goebbels – der Journalist
Darstellung seines publizistischen Werdegangs 1923 bis 1933

Beiträge zur Kommunikationsgeschichte

Herausgegeben
von Bernd Sösemann

Band 24

Simone Richter

Joseph Goebbels – der Journalist

Darstellung seines publizistischen
Werdegangs 1923 bis 1933

Franz Steiner Verlag Stuttgart 2010

Gedruckt mit freundlicher Unterstützung der Pressestiftung
RWV, Essen und der Erich-Schairer-Journalistenhilfe e.V.,
Tübingen sowie der Evangelisch-Lutherischen Kirche
in Bayern

Umschlagabbildung:
Joseph Goebbels beim Lesen seiner Zeitung
„Der Angriff", um 1930
Stadtarchiv Mönchengladbach, Signatur 10/44957

Bibliografische Information der Deutschen
Nationalbibliothek:
Die Deutsche Nationalbibliothek verzeichnet diese
Publikation in der Deutschen Nationalbibliografie;
detaillierte bibliografische Daten sind im Internet über
<http://dnb.d-nb.de> abrufbar.

ISBN 978-3-515-09682-9

Meiner Mutter

DANKSAGUNG

Es bleibt dem Verfasser die angenehme Pflicht, denen zu danken, die die hier vorliegende Arbeit ermöglicht haben.

Mein Dank gilt in erster Linie meinem Betreuer Prof. Dr. Rudolf Stöber, der mir in zahlreichen Gesprächen die notwendige Motivation und fachliche Hilfestellungen gab. Er war und ist mir ein hochgeschätzter Ansprechpartner und Mentor, der mir zugleich die für selbständige Forschung wichtigen Freiheiten ließ.

Ein besonderer Dank geht an Prof. Dr. Dr. Manfred Rühl, der als Zweitkorrektor wichtige Hinweise gab. Aus seinem Wissens- und Erfahrungsschatz kann und sollte jeder Nachwuchswissenschaftler reichhaltig schöpfen. Nach wie vor hinterlässt er in der Kommunikationswissenschaft große Fußstapfen, die richtungweisend sind.

Und ein herzliches Dankeschön an den Herausgeber Prof. Bernd Sösemann für die Aufnahme in seine Buchreihe.

Ich bedanke mich bei der Otto-Friedrich-Universität Bamberg, die mir im Rahmen der Hochschulgraduiertenförderung des Freistaates Bayern die Verwirklichung des Dissertationsprojektes unter gesicherten finanziellen Bedingungen gewährte. Es sollte allen Verantwortlichen auch in Zukunft ein besonderes Anliegen sein, Fördermöglichkeiten nicht versiegen zu lassen und dem universitären Nachwuchs dadurch echte Chancen zu ermöglichen. Unterstützung erfuhr ich auch durch die Gleichstellungsgelder, hierfür möchte ich mich bei den Frauenbeauftragten der Universität Bamberg bedanken. Dies ermöglichte die Refinanzierung kostspieliger Recherchereisen.

Ein Doktorand bedarf immer der Unterstützung seiner Heimatbibliothek – die findigen Mitarbeiter der Universitätsbibliothek Bamberg haben mir diese generös gewährt. Freundlich und zuvorkommend haben sie so manchen Bücherberg heran und auch wieder fort geschafft. In diesem Zusammenhang gilt mein Dank auch den Mitarbeitern all jener Archive und Bibliotheken, in denen ich vor Ort recherchieren konnte: Archiv Staatsbibliothek zu Berlin/Preußischer Kulturbesitz (Haus Unter den Linden), Archiv Staatsbibliothek zu Berlin/Preußischer Kulturbesitz (Zeitungsabteilung im Westhafenspeicher), Bundesarchiv Berlin, Bundesarchiv Koblenz, Forschungsstelle für Zeitgeschichte Hamburg (ehemals Forschungsstelle für die Geschichte des Nationalsozialismus), Instituts für Zeitgeschichte München, Institut für Zeitungswissenschaft Dortmund, Landesarchiv Nordrhein-Westfalen (Hauptstaatsarchiv Düsseldorf), Stadtarchiv Mönchengladbach, Stadtarchiv und Stadtbibliothek Wuppertal, Universitätsbibliothek der Freien Universität Berlin, Universitäts- und Landesbibliothek Bonn, Universitäts- und Landesbibliothek Düsseldorf, Universitäts- und Stadtbibliothek Köln, Zentrale Universitätsbibliothek der Humboldt-Universität zu Berlin. Ein weiterer Dank geht an die Schleswig-Holsteinische Landesbibliothek und das Gemeinsame Archiv des Kreises Steinburg und der Stadt Itzehoe sowie an Bernd Meyer von der Fachinformationsstelle Publizistik (IPM-Massenkommunikation) der Freien Universität Berlin. Er ging mit mir die ersten Rechercheschritte und war immer wieder wichtige Anlaufstelle.

Für die ausdauernde und mehrfache Be- und Überarbeitung des Manuskripts bis zur endgültigen Gestaltung der Arbeit bin ich Anke und Alexander Rieß, Jochen Kamm und Lena Stenz wie vor allem auch Bernd Krause zu großem Dank verpflichtet. Sie alle übernahmen als Leser, Korrektoren, Kommentatoren und Layouter relevante Aufgaben und haben mit sachdienlichen, fachrelevanten und gestalterischen Hinweisen für den letzten Schliff gesorgt und maßgeblich zum endgültigen Gelingen beigetragen.

Inge und Jörg-Martin Löffler halfen mir bei der Entzifferung und Transkription von Goebbels' schwieriger und meist unleserlicher Handschrift. Für diese Arbeit wurden viele Stunden und Mühen eingebracht, für die ich mich ganz herzlich bedanken möchte. Erwähnen möchte ich auch Dr. Luitgard Löw, die die dänischen Übersetzungen übernahm. Beim zeitaufwendigen Exzerpieren der Sekundärliteratur unterstützten mich Christa Pfeiffer und Jutta Huber, die sich zeitgleich mit mir durch meterweise Aktenordner gekämpft haben.

Bedanken möchte ich mich bei Helga Meinhardt, ehemalige Sekretärin am Bamberger Lehrstuhl Kommunikationswissenschaft/Journalistik, die mir eine langjährige Freundin ist. Sie wie auch zahlreiche Studienkollegen haben so manches Gespräch angeregt und wichtige Fragen gestellt, um mir die Perspektive des Außenstehenden zu eröffnen.

Dr. Johannes Friedrich (Landesbischof der Evang.-Luth. Kirche in Bayern) danke ich für die mehr als großzügige Druckkostenbeihilfe ganz herzlich. Meinen Kollegen Dr. Michael Kuch und Dr. Joachim Twisselmann (Evang. Bildungs- und Tagungszentrum Alexandersbad) fühle ich mich ebenfalls in großer Dankbarkeit verbunden. Weitere finanzielle Zuschüsse habe ich sowohl der Stiftung Presse-Haus NRZ als auch der Erich-Schairer-Journalistenhilfe zu verdanken.

Meine Eltern seien besonders erwähnt. Als die Entscheidung anstand, eine unbefristete Redakteursstelle aufzukündigen und stattdessen den Weg zurück an die Universität zu nehmen, haben sie mich generös unterstützt. Sie haben auch während der langen und schwierigen Arbeitsphasen viel Geduld bewiesen und mir immer Rückendeckung geben.

Für konstruktive Kritik, unerschütterliches Verständnis und liebevolle Mahnungen danke ich Michl Weiß. Er ist als eine an deutscher Zeitgeschichte überdurchschnittlich interessierte Persönlichkeit mein wertvolles Gegenüber.

Im Februar 2010   Simone Richter

VORWORT DES BETREUERS

Joseph Goebbels ist – neben Adolf Hitler – der vermutlich bekannteste NS-Politiker. Das mag daran liegen, dass sein ureigenes Gebiet, die Propaganda, für das heutige Erinnerungsfernsehen immer noch eine wichtige Fundgrube darstellt. Leider basiert das Geschichtsfernsehen jedoch nicht selten auf zu wenig reflektierten und zumeist noch auf den immergleichen Quellen.

Simone Richter legt mit ihrer Dissertation nun eine Schrift vor, die den einseitigen und zur Legendenbildung neigenden Darstellungen entgegenwirkt. Denn trotz der immensen Fülle an akademischen und nichtwissenschaftlichen Arbeiten zum Nationalsozialismus, seiner Genese, dessen Anteil am Untergang der Weimarer Republik, den Biographien maßgeblicher Protagonisten etc. hat das journalistische Wirken des späteren Reichspropagandaministers Goebbels für die Zeit vor 1933 bislang interessanter Weise kaum Aufarbeitung erfahren.

Simone Richters Recherchen in den einschlägigen Archiven – vom Bundesarchiv in Berlin und Koblenz bis zum Stadtarchiv Mönchengladbach – haben ca. 800 bislang unbekannte Goebbels-Artikel in mehr als 15 Periodika ausgegraben; sie hat sie gründlich ausgewertet und mit anderen Zeugnissen quellenkritisch abgeglichen.

Dabei vermag Simone Richter mit mancher Legende aufzuräumen, beispielsweise dass Goebbels sich angeblich den Nationalsozialisten zugewandt habe, weil er mit seiner Bewerbung beim – vorgeblich jüdischen – „Berliner Tageblatt", das vom Chefredakteur Theodor Wolff geleitet im Verlag Rudolf Mosse erschien, gescheitert sei. Auch das sogenannte *Damaskuserlebnis* auf der Bamberger Führertagung 1926 kann Simone Richter relativieren.

Somit leistet die Dissertation dreierlei: Sie zeigt unbekannte Facetten in der frühen Biographie des Joseph Goebbels auf und seinen Werdegang in der Weimarer Republik nach. Zweitens leistet sie damit einen wichtigen Beitrag zur Geschichte der NSDAP vor 1933. Vor allem aber liefert sie eine fundierte kommunikationshistorische Analyse der parteipolitischen Pressearbeit und Propaganda; damit ergänzt sie einen wichtigen Mosaikstein im Bild vom Untergang der ersten deutschen Demokratie.

Bamberg, im September 2009   Rudolf Stöber

INHALTSVERZEICHNIS

ABKÜRZUNGSVERZEICHNIS

AG	Arbeitsgemeinschaft der Nord- und Westdeutschen Gaue der NSDAP
BArchB	Bundesarchiv Berlin (anschließend Bestandsangabe)
BArchKo	Bundesarchiv Koblenz (anschließend Bestandsangabe)
BT	Berliner Tageblatt
BVP	Bayerische Volkspartei
DAF	Deutsche Arbeitsfront
DDP	Deutsche Demokratische Partei
DStP	Deutsche Staatspartei (vor 1930 DDP)
DNVP	Deutschnationale Volkspartei
DVFP	Deutschvölkische Freiheitspartei
DVFrP	vgl. DVFP, zeitweise auch in dieser Variante
DVP	Deutsche Volkspartei
EB	Erinnerungsblätter (ohne Datumsangabe)
FZH	Forschungsstelle für Zeitgeschichte Hamburg (anschließend Bestandsangabe)
IfZ	Institut für Zeitgeschichte München
KPD	Kommunistische Partei Deutschlands
NS-Briefe	Nationalsozialistischen Briefe
NSDAP	Nationalsozialistische deutsche Arbeiterpartei
NSFB	Nationalsozialistische Freiheitsbewegung Großdeutschland
RDP	Reichsverband der deutschen Presse
RM	Reichsmark
RMVP	Reichsministerium für Volksaufklärung und Propaganda
RPL	Reichspropagandaleitung
SA	Sturmabteilung
sogGTb	so genanntes Goebbels-Tagebuch (anschließend Datumsangabe)
SPD	Sozialdemokratische Partei Deutschlands
SS	Schutzstaffel
SSL	Sächsisches Staatsarchiv Leipzig (anschließend Bestandsangabe)
StadtA MG	Stadtarchiv Mönchengladbach (anschließend Bestandsangabe)
VB	Völkischer Beobachter
VF	Völkische Freiheit
VSB	Völkisch-sozialer Block
WLZ	Westdeutsche Landeszeitung

I. EINFÜHRUNG

1. EINLEITUNG

Die Jahre der nationalsozialistischen Diktatur, ihre Vorgeschichte und Folgen, Ideologie und Herrschaft wie auch die Antworten auf die stets wiederkehrende Frage „Wie konnte es dazu kommen?" sind in zahlreichen Forschungsberichten vieler Fachrichtungen dargestellt worden. Diese Phase gehört zu den am gründlichsten erforschten, am ausführlichsten dokumentierten Abschnitten der neueren deutschen Geschichte. Historiker haben bereits buchstäblich Berge von Untersuchungen zusammengetragen; und nach wie vor wird versucht, das Geschehene einem breiten Publikum zu vermitteln. Längst ist der Nationalsozialismus ein bevorzugter Gegenstand zeitgeschichtlicher Forschung, die Popularität des Themas sorgt für eine unüberschaubare, kaum zu bewältigende Zahl von Abhandlungen.

Jahrelang hat sich die Geschichtsschreibung auf die Person Adolf Hitler konzentriert, stetig stieg dann auch das Interesse an den Mitgliedern, Günstlingen und Rivalen im innersten Machtbereich des Regimes. Wie rechtfertigt sich also eine weitere Studie, die sich mit diesem Themenfeld befasst und eine Person aus eben diesem Wirkungskreis in den Mittelpunkt stellt? Thomas Mann hat einmal über Hitler gesagt: „Der Bursche ist eine Katastrophe; das ist kein Grund, ihn als Charakter und Schicksal nicht interessant zu finden."[1] Dies gilt auch für Joseph Goebbels. In der Führungsriege des nationalsozialistischen Regimes nimmt er aufgrund der ihm vielfach attestierten perfektionierten Propaganda einen außergewöhnlichen Platz in der deutschen Geschichte ein. Ob er zum Triumvirat der politisch einflussreichsten Männer gehörte, ist bis heute umstritten. Unabhängig davon scheint der Name Goebbels etwas Anziehendes zu haben, nicht allein für Wissenschaftler oder historisch interessierte Kreise. „Man hat ihn gar den neben Hitler einzigen wirklich interessanten Mann des Dritten Reiches genannt."[2] Ihm wird – vielfach hinter vorgehaltener Hand, mancherorts auch öffentlich – mit Bewunderung begegnet, nicht zuletzt wegen der in den Geschichtsbüchern strapazierten Rede am 18. Februar 1943 im Berliner Sportpalast und des Aufrufs zum „totalen Krieg". Gleichzeitig wird Goebbels von Zeitgenossen wie auch nachfolgenden Generationen verabscheut für das Unheil, das er auf seine Weise über das deutsche Volk brachte; wobei der Umstand, dass er aufgrund seiner Gestalt auf den ersten Blick von so manchem unterschätzt wurde und seine ideologischen Inhalte dann eben doch in einer gefährlich prägenden Art vermittelte, für ein beängstigendes Können spricht.

---

[1]   Mann 1995: 306.
[2]   Henke 1995: 175. Vgl. Fest 2003: 120; Michel 1999: 11; Hochhuth 1987: 181; Rosten 1933: 228.

„Des weiteren prägte Joseph Goebbels das Gesicht der nationalsozialistischen Partei von der Anfangsphase an entscheidend mit. So hat er mit seiner lautstarken Agitation dazu beigetragen, dass die NSDAP, der eine unverwechselbare Programmatik fehlte, von ihren zeitgenössischen Kritikern in der Weimarer Republik vielfach als reine Propagandabewegung eingestuft und damit in gefährlicher Weise unterschätzt wurde."[3]

Die Geschichtswissenschaft ist nie müde geworden, vielseitige Deutungen dieser Person zu versuchen. Bis zum letzten Atemzug blieb er dem „Führer" treu; nach Hitlers Tod wurde er sogar für wenige Stunden zum Reichskanzler ernannt und nahm sich schließlich am 1. Mai 1945 gemeinsam mit seiner Frau nach dem grausamen Mord an seinen sechs Kindern das Leben. Und doch bleibt das Phänomen Goebbels, dessen Name zum „Warenzeichen des Dritten Reiches"[4] wurde, schwer zu fassen oder gar zu ergründen.

In der wissenschaftlichen Literatur und in den populär gewordenen Biographien dominiert ein Bild, das keine Spektralfarbe bei der Beschreibung seiner Person auslässt. Die Bezeichnungen und Titel, mit denen Joseph Goebbels im Laufe seines Lebens bedacht und umschmeichelt, aber auch voller Abscheu verachtet wurde, wären eine eigene wissenschaftliche Abhandlung wert und verdienen an dieser Stelle zumindest eine zusammenfassende Auflistung. Sie spiegeln eine facettenreiche Figur, eine aus ungewöhnlich vielen disparaten Teilen zusammengesetzte Gestalt. Joseph Goebbels ist als rastloser, glühender, passionierter, rabiater, einfallsreicher, angriffslustiger, leidenschaftlicher und wandlungsfähiger Agitator in die Geschichtsbücher eingegangen. Dem Politagitator, dem „cynical manipulator" wird ein angeborenes Talent für schlagfertige Antworten ebenso attestiert wie Genialität und Virtuosität bei der Lüge. „Goebbels soll der größte Agitator des modernen Zeitalters gewesen sein, nach oder neben Hitler. Jedes Wort, jede Geste und Gebärde, jede andächtige Pause wie das treibende Stakkato, waren genau kalkuliert und einstudiert."[5]

Ebenso zahlreich sind die Attribute in Bezug auf den Demagogen: Als gewieft, brillant, skrupellos, maßlos und notorisch rechtsbrüchig wird er beschrieben: „Poetry and demagoguery, heroic word and tactical deceits until the very end: This was the world of Dr. Goebbels."[6] Vor allem aber existiert ein historisch

---

3   Sösemann/Schulz/Weinke 1991: 7.
4   Vgl. Henke 1995: 175; Sösemann 1993a; Hoff/Winkelmann 1973: 87.
5   Malanowski/Zolling 1992: 105. Vgl. Bärsch 2004: 11; Knopp 1998: 39, 47, 54; Irving 1997:
     42; Irving 1995: 6 [Anmerkung: Der englische Autor David Irving wird in dieser Studie nur
     dann als Quelle verwendet, wenn seine Angaben anderweitig noch ergänzt werden konnten.
     Als bekanntester Vertreter des Revisionismus, der gerade in rechtsradikalen Kreisen aufgrund
     seiner Verharmlosungen zur NS-Geschichte immer wieder Zustimmung findet (vgl. Söse-
     mann 1992b: 6), kann er in einer seriösen wissenschaftlichen Arbeit nur mit äußerster Vor-
     sicht und mit Vorbehalt hinzugezogen werden.]; Reuth 1990: 7, 170, 296; Riess 1989: 60;
     Wykes 1986: 10; Herzstein 1979: 45, 48; Müller 1973: 143; Bramsted 1971: 55; Reimann
     1971: 74; Heiber 1962: 135; Fraenkel/Manvell 1960: 13; Hunt 1960: 2; Ebermayer 1952: 66;
     Stephan 1949: 181.
6   Herzstein 1979: 30. Vgl. Fest 2003: 124; Benz 2000: 197; Burger 1992: 12; Höver 1992: 410;
     Reuth 1990: 121; Schaumburg-Lippe 1990: 56; Hochhuth 1987: 206; Peuschel 1982: 39;
     Heiber 1962: 74.

verkürztes Bild von Goebbels als Propagandist par excellence: mal als Hitlers Chefpropagandist, mal als Meisterpropagandist, immer aber als propagandistischer Zauberkünstler und großer Volksverführer wird Goebbels in der Literatur beschrieben. Verdeckte Bewunderung ist aus jenen Äußerungen herauszulesen, die Goebbels als unvergleichliches Propagandagenie oder gar als größten Propagandisten aller Zeiten einordnen. Sein Name ist wie kein anderer mit dem Wesen nationalsozialistischer Propaganda verbunden, er wird als schlagkräftigster Propagandist der NSDAP und als Proklamator des „Dritten Reiches" gesehen. In diesem Zusammenhang trägt er Titel wie „Propagandamarschall", „Zeremonienmeister", „propagandistischer Schlachtenlenker", „Scharfmacher" und „Einpeitscher". Dank seiner Fähigkeiten wird er zum Meister in der Kunst der Volksführung, der Bewusstseinsformung, der Illusion und der Massensuggestion erhoben. Manch einer machte ihn zum „Virtuoso of Lying Propaganda" – Thomas Mann hingegen erkannte in ihm den „riesenmäuligen Propaganda-Chef der Hölle"[7].

> „Goebbels ging keine unlösliche Verpflichtung zu dem Gegenstand ein, für den er den Werbefeldzug inszenierte. Er brillierte im Gegenteil um so großartiger als Reklamekünstler, je mehr er selbst dabei überzeugt war, daß er aus bloßem Ramsch und Kitsch einen unwiderstehlichen Schlager zu machen habe: so war er der unübertreffliche Tausendsassa, der jeden Schaum so rührte, daß er allem Volk mundgerecht zu sein schien. Goebbels war ein reiner Virtuose und Artist der Propaganda; für ihn war die Propaganda l'art pour l'art. In diesem Sinne ist der Propagandist der absolute Lügner. Auf kein einziges seiner Worte ist Verlaß, man fällt grundsätzlich herein, wenn man darauf baut. Nichts ist ernst gesagt und ernst gemeint, jeder Satz ist ein Angelhaken, jede Veranstaltung ein Hinterhalt für den Menschenfang im kleinen wie im großen."[8]

Im parteipolitischen Zusammenhang und bei der Beschreibung seiner Fähigkeiten und Erfolge wird regelmäßig das Goebbelssche Rednertalent hervorgehoben: Reichspräsident von Hindenburg soll ihn den „Trompeter" genannt haben; Betitelungen wie „Trommler", „Magier der Worte", „tobender Volkstribun" oder „Scharfmacher vom Dienst" sind nicht unüblich. Er gilt als wortgewaltiger und begabter Rhetoriker, der mit gewandter glatter Dialektik und eiskalter Ironie hantierend seine manipulativen Weisheiten verbreitete – ein Rhetoriker, der mit messerscharfen Formulierungen blendete, wo er demagogischen Klamauk zum Besten gab. Ernst Jünger benutzte den Decknamen „Grandgoschier", wenn er in seinen

---

7   Vgl. Mann 1965: 440. Im Zusammenhang mit Propaganda vgl. auch Bärsch 2004: 60; Morgenthaler 2004; Michel 1999: 127; Hochstätter 1998: 8; Knopp 1998: 29, 53; Malanowski/Zolling 1992: 105 ; Reuth 1990: 355, 387, 389; Fröhlich 1989: 62, 65; Fröhlich 1987: 513; Goebel 1987: 105; Oven 1987: 71; Wykes 1986: 158; Peuschel 1982: 43, 51f.; Niekisch 1980: 181; Neuhaus 1974: 398; Müller 1973: V, 82; Reimann 1971: 89; Strasser 1969: 30, 32; Heiber 1962: 168, 296; Fraenkel/Manvell 1960: 196, 247; Ebermayer 1952: 105, 118; Dutch 1940: 69; Iwo 1936: 5; Bade 1933: 78; Seeler 1933: 5, 8, 13.

8   Niekisch 1980: 179. Die Metapher des Werbefachmanns der NS-Zeit findet sich an manchen Stellen: „er kann reden, er kann schreiben, er ist einfallsreich, er ist mutig, er ist gewissenlos. [...] Er verkauft Nationalsozialismus, wie andere Leute Waschmittel oder Kühlschränke verkaufen. Er treibt Propaganda l'art pour l'art" (Heiber 1962: 91). Vgl. Hinze 1934: 121; Knopp 1989: 53; Peuschel 1982: 52.

Tagebüchern Goebbels erwähnte[9] – das Merkmal der großen Gosche wurde zum Markenzeichen; Namen wie „Maulaufreißer", „Mundmaschine" und „Schnauze auf zwei Beinen" folgten. Kaum verwunderlich also, dass das Radioempfangsgerät, das als so genannter Volksempfänger in den meisten deutschen Haushalten anzutreffen war, im Volksmund „Goebbels-Schnauze" getauft wurde.[10]

Dabei hatte das Leben des Joseph Goebbels – die rheinische Abwandlung des Vornamens reicht vom kleinen Jupp über die Verniedlichung Juppche bis hin zum Kosenamen Jüppche[11] – wenig aussichtsreich begonnen: Als Sorgenkind seiner Familie wurde der fußverkrüppelte Knabe zum stigmatisierten Individuum. Das körperliche Gebrechen seines Fußleidens machte ihn zum hinkenden Schwächling, zum abstoßenden Behinderten. Unter den Hänseleien seiner Altersgenossen und der sozialen Isolation litt er bereits als Primaner. Der Spott über seine Körperbehinderung begleitete ihn sein Leben lang; seine Parteigenossen amüsierten sich hinter vorgehaltener Hand über den NSDAP-Gauleiter, und während der NS-Zeit mangelte es nicht an auch auf Goebbels bezogenen bösartigen Flüsterwitzen.[12] Sein Aussehen, seine hagere, schmächtige Gestalt mit den kohlschwarzen Augen und den schmalen Lippen, bot zusätzlich Anlass zu abfälligen Bemerkungen. Unter den Münchener Parteikollegen hieß er „der Kerl mit den kleinen kalten Affenhänden" – doch gleichzeitig bescheinigten sie dem Mann mit der Figur eines Jockeys einen fanatischen Geist und den Kopf eines Gelehrten.[13]

Vielen Beschreibungen zufolge versuchte Goebbels die körperlichen Makel durch Sarkasmus und eine überragende Intelligenz wett zu machen.

> „Überaus klug und vielseitig gebildet, überragte er nicht nur alle übrigen nationalsozialistischen Politiker an Intelligenz, sondern auch die meisten seiner übrigen Zeitgenossen. Zweifellos hätte er auch außerhalb des politischen Bereiches sich eine hervorragende Position als Journalist, Regisseur, Schriftsteller und Wissenschaftler erwerben können."[14]

---

9   Siehe dazu beispielsweise im zweiten Pariser Tagebuch am 27.3.1944, in den Kirchhorster
      Blättern am 12.2.1945 oder Jahre der Okkupation am 7.5.1945. Vgl. Jünger 1979: 242, 370,
      426. Vgl. auch Wimbauer 1999: 99.

10   Vgl. Altstedt 1999: 35, 43; Henke 1995: 187; Sösemann 1993a: 146; Michels 1992: 420; Nill
      1991: 151; Reuth 1990: 295f., 276; Schaumburg-Lippe 1990: 54; Goebel 1984: 9; Reimann
      1971: 58; Heiber 1962: 66, 87, 130; Krebs 1959: 158, 160; Riess 1950: 98; Stephan 1949:
      61f.; Rosten 1933: 229; Schmidt-Pauli 1932: 152.

11   Vgl. Irving 1997: 14; Reuth 1990: 15; Bramsted 1971: 48; Reimann 1971: 21; Heiber 1962:
      13, 341.

12   Vgl. Fest 2003: 124; Wunderlich 2002: 8; Baier 2001: 55, 126; Irving 1997: 37, 91, 111, 132;
      Fest 1995: 571; Henke 1995: 184; Michels 1992: 23; Reuth 1990: 39, 198, 209; Niekisch
      1980: 182; Reimann 1971: 71; Kessemeier 1967: 15; Heiber 1962: 64; Ebermayer 1952: 15,
      18, 25, 125; Stephan 1949: 17, 75.

13   Vgl. Knopp 1998: 42; Henke 1995: 175; Irving 1995: 16; Reuth 1990: 32, 144; Oven 1987:
      63; Niekisch 1980: 184; Reimann 1971: 114; Krebs 1959: 161; Schmidt-Pauli 1932: 152.

14   Krebs 1959: 168. In diesem Zusammenhang ist auch Ernst Jüngers Anmerkung über den
      „kleine[n] Kobold" (vgl. Jünger 1979: 426) zu sehen: „Das Asketische, Konzentrierte in der
      Physiognomie des Doktors war nicht vorgespielt; der Wille kann viel erreichen, wenn er sich
      auf einen Punkt richtet. Sicher spielte die Sache mit dem Bein eine Rolle dabei. Solche Leute

Der „zungengewandte Josef Goebbels mit seiner intellektuellen Brutalität"[15] war ein Rationalist, Egoist und wendig genug, seinen ideologischen Standpunkt je nach politischer Konjunktur zu verändern. Als unausgeglichener Stimmungsmensch, der mal euphorisch, hinterlistig, berechnend und sentimental, mal depressiv, herablassend, verschlagen und machtgierig war, ist er aus heutiger Sicht als gefährlicher Fanatiker einzuordnen. Und zugleich ähnelte er dem von den Nationalsozialisten so vehement abgelehnten Zerrbild eines Intellektuellen.[16]

Die Verbindung von körperlicher Einschränkung und überdurchschnittlichem Intellekt führte rasch zu seinem düsteren Image: Max Amann, Leiter des parteieigenen Eher-Verlages, soll ihn als „Mephisto der Partei [...] Ein mit einem Pferdefuß vom Herrgott Gezeichneter, vor dem man sich in acht nehmen muß"[17] bezeichnet haben. Das Bild vom skandalumwitterten Teufel, vom Mephistopheles, von der Inkarnation des Bösen hält sich beständig, die Variante des schillernden Dämons oder des Beelzebubs taucht regelmäßig auf.

> „Es hat Versuche gegeben, Joseph Goebbels mit der Goetheschen Kategorie des Dämonischen oder dem Begriff einer diabolischen Genialität zu erfassen. [...] Einfallsreichtum in politischer und publizistischer Hinsicht, souveräne Beherrschung aller rhetorischen Möglichkeiten, Organisationstalent, Durchsetzungskraft, persönliche Ausstrahlung und situationsbedingter Charme, mit all dem trat Joseph Goebbels glänzend in Erscheinung."[18]

In diesem Zusammenhang passte auch das Klischee vom Semiten auf ihn:

> „Goebbels möchte als das Mundwerk des deutschen Geistes gelten; er ist ein mißgeborener Bastard, welcher mit der deutschen Plumpheit ungestraft und zynisch die blutigsten Possen treibt. Nie vielleicht wurde der nordische Wahn zu keckerem Schabernack mißbraucht, als wenn dieser mißratene Zwerg vor hochgewachsenen, leiblich wohlgeratenen SS-Männern das Glück der guten Rasse pries."[19]

Als „lächerlicher Schrumpfgermane" wurde er bespöttelt, hatte seine Gestalt doch so gar nichts mit dem NS-Idol des germanischen Menschen, mit der robusten, vitalen, blonden und blauäugigen nordischen Rasse gemein. „He is small, ugly and deformed, dark and obviously not an Aryan type: yet daily and even hourly he

---

pflegen ihre Zeit nicht zu verlieren; sie arbeiten, während die anderen tanzen oder beim Wein sitzen." Ebd.: 434.
15   Beckenbauer 1983: 20.
16   Vgl. Fest, Joachim 2003: 122f.; Pätzold/Weißenbecker 2002a: 86; Barth 1999: 21, 66, 93; Knopp 1998: 60, 69; Irving 1997: 171; Fest 1995: 566; Michels 1992: 31; Nill 1991: 155; Fröhlich 1989: 53; Herzstein 1979: 1, 53; Bramsted 1971: 54, 58, 67; Reimann 1971: 8, 52, 134; Heiber 1962: 317; Krebs 1959: 168; Stephan 1949: 20; Seeler 1933: 3; Schmidt-Pauli 1932: 124.
17   Vgl. Reichsgeneralsekretariat der Deutschen Zentrumspartei (1930): 12. Vgl. auch das von Amann wiedergegebene Zitat bei Dutch 1940: 87: „the Mephisto of the Party, an unsympathetic fellow, one marked by the Almighty with a club-foot".
18   Müller 1994: 96. Vgl. Knopp 1998: 57; Bering 1991: 17; Peuschel 1982: 39; Herzstein 1979: 49; Bramsted 1971: 70, 498; Reimann 1971: 107; Heiber 1962: 11, 134, 250, 407; Hunt 1960: 3; Krosigk 1951: 232; Riess 1950: 34, 126; Diels 1949: 83, 87f.; Stephan 1949: 14f.; Dutch 1940: 75.
19   Niekisch 1980: 108.

preaches the principle of the great, blond, handsome Aryan-German ‚lord Race'"[20]. Während er den Antisemitismus predigte, als Regisseur der „Reichskristallnacht" und Organisator des Juden-Boykotts galt, kämpfte er in seiner Rolle als rabiater Judenhasser hartnäckig gegen die Gerüchte an, er sei ein so genannter Judenstämmling.[21] Sein hebräischer Vorname Joseph bot zusätzliche Angriffsfläche: Versuche, den Namen in Korrespondenz zu einem vermeintlich jüdischen Äußeren zu bringen, wurden von Parteigegnern wie Carl von Ossietzky, dem Polemiker der *Weltbühne*, unternommen: Er erfand für den von ihm so benannten „Oberrabbiner der Berliner Teutonen" den Namen Joissiph Jehuda Göbbeles.[22] „Der Witz der Weltgeschichte zeigt sich darin, dass Josef Göbbels [sic!], – der ‚unarischste' der Paladine Hitlers, – die Persönlichkeit ist, der wohl in der Hauptsache das dritte Reich seinen Erfolg zu verdanken hat."[23]

Tatsächlich hat Goebbels eine erstaunliche Parteikarriere absolviert, die ihresgleichen sucht. Nach Abschluss eines recht langen Studiums fand sich der unruhige Geist, Zweifler und Träumer, der russophile Schwärmer und Romantiker, der seine Gedanken geradezu besessen in täglichen Notaten festhielt, zunächst als abgezehrter Habenichts und Hungerleider, als zerquälter, bettelarmer, weil stellungsloser Akademiker wieder.[24] Später, während seines kometenhaften parteipolitischen, erst völkischen, dann linksnationalen Aufstiegs, wandelte sich Goebbels unter der Schirmherrschaft Gregor Strassers vom Nationalbolschewiken und klassenkämpferischen Marxisten zum nationalen Sozialisten und an Hitlers Seite schließlich zum tüchtigen Verkünder des Nationalsozialismus, der sich gerne als Fürsprecher des kleinen Mannes sah und doch zum meist gehassten Mann in Deutschland wurde.[25] Seine Führersehnsucht machte Goebbels zum anhänglichen und loyalen Paladin Hitlers; in Nibelungentreue stand er an dessen Seite, wurde sein politisches Sprachrohr, sein Handlanger und Inspirator, eiferte sich als Vordenker und Promotor des Hitler-Mythos', als Reklamechef seines „Führers" und trat als „ganz der Situation und Hitlers politischem Kurs verpflichteter Kommentator"[26] auf. Oft griff er dabei auf religiöse Motive und Metaphern zurück,

---

20 Dutch 71. Vgl. Fröhlich 1989: 53; Bramsted 1971: 47; Reimann 1971: 116; Heiber 1962: 281; Ebermayer 1952: 103; Stephan 1949: 17; Pick 1942: 14; Iwo 1936: 6.
21 Vgl. Bering 1991: 22, 102, 127, 131, 142; Michel 1999: 10; Niekisch 1980: 183; Bramsted 1971: 47.
22 Vgl. Ossietzky 1994: 228f.
23 Iwo 1936: 5.
24 Vgl. Altstedt 1999: 58; Barth 1999: 22; Knopp 1998: 39, 41; Irving 1997: 32; Henke 1995: 186; Irving 1995: 7; Nill 1991: 152; Reuth 1990: 51, 70; Fröhlich 1989: 60; Fröhlich 1987: 513; Hochhuth 1987: 192, 195; Oven 1987: 76; Radl 1982: 34; Fraenkel/Manvell 1960: 23; Ebermayer 1952: 63; Jungnickel 1933: 29, 39.
25 Vgl. Baier 2001: 70, 144; Altstedt 1999: 28, 58; Knopp 1998: 42; Michels 1992: 43; Nill 1991: 18; Reuth 1990: 150, 403; Schaumburg-Lippe 1990: 104; Müller 1973: 32; Bramsted 1971: 53, 55; Reimann 1971: 19, 202; Heiber 1962: 44.
26 Michels 1992: 82. Vgl. ebd. 115; Fest 2003: 137; Benz 2000: 197; Altstedt 1999: 38, 53; Barth 1999: 9, 20, 73, 85, 238; Höhn 1994: 254; Reuth 1990: 234; Hochhuth 1987: 192; Oven 1987: 290; Peuschel 1982: 58f.; Niekisch 1980: 181; Bramsted 1971: 61; Heiber 1962: 133f., 156, 418; Fraenkel/Manvell 1960: 147; Stephan 1949: 72; Iwo 1936: 6.

wodurch ihm die Rolle des Lieblingsjüngers, Evangelisten des „Dritten Reiches",
pseudo-religiösen Predigers des Führerkultes und Apostels der politischen Propaganda zugeschrieben wurde.[27] NS-Biographen nannten Goebbels sogar den See-
lenbezwinger, Menschenfischer[28] und „Gärtner [...] der das Saatkorn in die Erde
versenkt und dann die natürliche Blume zu schöner Blüte heranzüchtet."[29]

Hitler belohnte Goebbels' besonderes Engagement wohlwollend mit einer
entsprechenden Parteikarriere, die in Berlin mit der Gauleiterposition ihren Anfang nahm. Sich selbst stilisierte Goebbels mehr als nur einmal zum Retter Berlins, Erstürmer der roten Metropole, listenreichen Eroberer, Marat und politischen
Tribun. Als er in seiner Funktion als Berliner Statthalter von politischen Gegen-
spielern als „Oberbandit von Berlin" angegriffen wurde, nahm Goebbels diesen
Beinamen geschickt in seine persönliche Agitation mit auf und erhob ihn mit ga-
novenhaftem Stolz zu seinem Ehrentitel.[30]

1928 wurde Goebbels Mitglied des Reichstags, 1930 Reichspropagandaleiter
der NSDAP und im März 1933 Reichsminister für Volksaufklärung und Propaganda. Fortan wurde er als hemmungsloser Opportunist, eiskalter Machtpolitiker,
Wahlkampfregisseur und politischer Brandstifter[31] beschrieben. Er brachte es
nach der Ernennung zum Präsidenten der Reichskulturkammer im Jahr 1944 auch
zum Generalbevollmächtigten für den totalen Kriegseinsatz und schließlich nach
Hitlers Selbstmord sogar zum Kanzler des Deutschen Reiches.[32] Als skurrile Person des öffentlichen Lebens zog der politische Bohemien die Aufmerksamkeit auf
sich, sorgte bei Spöttern, Neidern und Bewunderern für Gesprächsstoff. Hält man

---

27   Vgl. Schütze 2003: 10; Wambach 1996: 19f.; Höhn 1994: 245; Wykes 1986: 159; Peuschel
     1982: 42; Müller 1973: 86; Bramsted 1971: 11, 60; Reimann 1971: 69; Heiber 1962: 135,
     152; Borresholm 1949: 225; Diels 1949: 87; Iwo 1936: 7.

28   Vgl. Jungnickel 1933: 26, 87.

29   Krause 1933: 14.

30   Vgl. Fest 2003: 131; Reuth 1990: 181; Knopp 1989: 55; Strasser 1969: 78; Heiber 1962: 71;
     Fraenkel/Manvell 1960: 108, 119; Stephan 1949: 79; Jungnickel 1933: 52, 69; Seeler 1933: 3;
     Viator 1932: 6, 48. In den *Nationalsozialistischen Briefen* schrieb er diesbezüglich: „Tröstet
     Euch: wo Ihr Banditen genannt werdet, da nennt man mich Oberbandit." („Der unbekannte
     S.-A.-Mann" NSB/1.3.1927/3). Der Begriff tauchte von da an immer wieder zu Propaganda-
     zwecken auf: „Daß man uns nun ‚Banditen' nannte, das war aus dem Munde der Juden im
     Karl-Liebknecht-Haus nur ein Ehrentitel für uns. Und daß sie mich als ‚Oberbanditen' be-
     zeichneten, das wurde schneller, als sie das erwartet hatten, von uns aufgegriffen und sehr
     bald in unseren eigenen Reihen, nicht nur in Berlin, sondern im ganzen Reich, zu einem ge-
     flügelten Wort." (Goebbels 1935b: 75).

31   Sein Zeitgenosse Erich Kästner nannte ihn in diesem Zusammenhang anlässlich der Dankes-
     ansprache in Darmstadt für die Verleihung des Georg-Büchner-Preises am 19.10.1957 den
     „Minister für literarische Feuerbestattung". In seiner Ansprache am 10.5.1958 in Hamburg
     auf dem PEN-Kongress zum 25. Jahrestag der Bücherverbrennung in Deutschland am 10.
     Mai 1933 wurde Goebbels von Kästner als „der personifizierte Minderwertigkeitskomplex
     aus Rheydt" bezeichnet. Vgl. Kästner 1998.

32   Vgl. Bärsch 2004: 10; Fest 2003: 124; Benz 2000: 197; Altstedt 1999: 36; Hockerts 1999:
     262; Irving 1997: 176; Höver 1992: 15; Michels 1992: 24; Reuth 1990: 269; Schaumburg-
     Lippe 1990: 19, 39; Knopp 1989: 44, 60, 71; Scheffels 1988: 5; Hochhuth 1987: 181; Wykes
     1986: 157; Oven 1974: 194; Krosigk 1951: 234.

sich an die zeitgenössischen Beschreibungen, dann wurde Goebbels für sein Organisationstalent zwar beklatscht, jedoch konnte kaum einer den Apostaten, Nihilisten, Parvenu, gewandten Causeur und politischen Schachspieler besonders gut leiden. Gefürchtet war er ganz offensichtlich wegen seiner flinken Zunge, die ihm mitunter den Titel des Reichslügenmauls einbrachte.[33]

Goebbels polarisiert und scheidet bis heute die Meinungen, wenn es um die Beurteilung seiner Person geht. In den zahlreichen Vergleichen schwingt neben der offensichtlichen Feindseligkeit immer auch ein Quäntchen Bewunderung mit. Hauptmann Walter Stennes nannte Goebbels den „Josef Stalin der Bewegung". Aufgrund seiner rednerischen Begabung wurde Goebbels oft mit dem Florentiner Rhetoriker und Mittelalter-Mönch Savonarola verglichen. Seine bösartigen Aussagen und seine treffende Aperçus machten ihn zum Voltaire unter den Nationalsozialisten. Seine Fußbehinderung erinnerte an den klumpfüßigen Talleyrand, den politischen Wechselgänger zwischen Französischer Revolution und Wiener Kongress. Goebbels' Radikalität veranlasste die Parteikollegen dazu, ihm den Spitznamen „Robespierre" anzuheften – der spätere NSDAP-Auslandspressechef Ernst „Putzi" Hanfstaengl steigerte dies in witziger Kontamination zum „Goebbelspierre". Aufgrund seiner Machtgier galt er als Machiavellist und wurde zeitgleich wegen seiner Linksorientierung von den Mitgliedern der Deutschnationalen Volkspartei als „männliche Rosa Luxemburg" verschrien.[34]

Gerne wird Goebbels als berechnender Rattenfänger gezeichnet[35], auf sexueller Ebene auch als Erotomane. Ob Schürzenjäger, geistreicher Galan, Lebemann, Weiberheld, Frauenliebhaber, verführerischer Charmeur oder Casanova: Seine vielen Affären brachten Goebbels den Ruf eines Sexualprotzes ein, dem eine leicht anrüchige, durchaus aber erotische Anziehungskraft bescheinigt wurde. Der Volksmund nannte ihn den „Bock von Babelsberg" – als Schirmherr des deutschen Films nutzte er seinen privilegierten Zugang zu den UFA-Filmateliers in Potsdam-Babelsberg und den dort tätigen Schauspielerinnen.[36]

---

33 Vgl. Fest 1995: 566; Höver 1992: 28; Oven 1987: 85; Bramsted 1971: 72, 272; Kessemeier 1967: 15; Krosigk 1951: 231; Stephan 1949: 78, 148, 198; Pick 1942: 20; Jungnickel 1933: 70.

34 Vgl. Bärsch 2004: 10; Fest 2003: 135; Höver 1992: 63, 85; Bering 1991: 125f.; Reuth 1990: 90, 121; Fröhlich 1987: 510; Hochhuth 1987: 195; Oven 1987: 182, 196; Bramsted 1971: 58, 277; Ebermayer 1952: 50; Stephan 1949: 27; Schmidt-Pauli 1932: 152. In einem eher modernen Vergleich zwischen bekannten politischen Protagonisten aus den verschiedensten Zeitfenstern ist zu lesen: „Joseph Goebbels – ein begabter Kenner und Kopist leninistischer Methoden wie Rudi Dutschke, wenn auch sonst mit ihm nicht unbedingt vergleichbar" (Schickling 1969: 16).

35 Siehe dazu folgende Aussagen: „Er war ja nie berauscht, hatte nichts Faustisches in seinem Wesen, verkörperte eher die kalte romantische ‚clarté', die kristallene Klarheit des Denkens und Durchschauens, die den meisten Deutschen so fremd ist." (Stephan 1949: 71). Ähnlich auch an anderer Stelle: „Over-clever, over-subtle, hard as steel, merciless, hardworking, calculating – but weighed up, despised and isolated: that is Goebbels." (Dutch 1940: 87).

36 Vgl. Wunderlich 2002: 9, 62; Barth 1999: 96; Irving 1997: 134; Bering 1991: 130; Schaumburg-Lippe 1990: 141; Fröhlich 1989: 52; Knopp 1989: 57, 72; Oven 1987: 130; Reimann 1971: 76, 251; Heiber 1962: 28, 266; Jungnickel 1933: 26.

Diese Charakterisierungen vermitteln einen ersten Eindruck, wie sehr das Bild von Goebbels – ganz gleich, ob in negativer Konnotation oder als löbliche Betitelung – auf den Staatsmann, Politiker, Redner und Propagandisten beschränkt ist. Phasenweise tritt er in der Rolle als Schriftsteller auf, seine literarischen Ambitionen werden in Biographien und zeitgeschichtlichen Abhandlungen allerdings nur am Rande erwähnt.[37] Tatsächlich verstand sich Goebbels als Künstler – als verkannter oder verhinderter Schriftsteller. Bereits in jungen Jahren war er als Autor gescheitert, da sich für seine schriftstellerischen Produkte kein Verleger finden ließ. Von seiner poetischen Veranlagung überzeugt, wollte er sich mit der Rolle des gescheiterten Schreibtischhelden jedoch keineswegs abfinden. „Yet Goebbels, the man of the pen, wanted more than the praise of party hacks."[38] So nutzte er zu einem späteren Zeitpunkt die NSDAP-Verbindungen, um seine Werke im parteieigenen Verlag zu veröffentlichen; der ehrgeizige Literat wurde dank der parteipolitischen Subventionen zum Bestseller-Autor. Deshalb findet sich aus dieser Zeit eine Reihe an Darstellungen, die ihn als sprachgewaltigen, routinierten und diplomatischen Schriftsteller beschreiben; neben seinen diversen politischen Ämtern war er eben auch als Autor anerkannt. „Goebbels war, das wußte man, ein Mann nicht nur des gesprochenen, sondern auch des geschriebenen Wortes."[39]

Weitgehend unberücksichtigt blieb bei alledem der Journalist Joseph Goebbels. Es bedarf einer ausdauernden Suche, um Autoren ausfindig zu machen, die Goebbels als „Mann mit der spitzen Feder" oder gar „journalistische Koryphäe" verehrten. Vorwiegend handelt es sich dabei um zeitgenössische Lobeshymnen auf den Gauleiter, der mit seiner gefürchteten Schreibe für ziemliche Unruhe im Berliner Blätterwald gesorgt haben soll. Einer solchen heroisierenden Darstellung begegnet man etwa bei einem Parteigenossen, der Goebbels zum vierzigsten Geburtstag folgende Zeilen widmete:

> „Wie er Tag für Tag zu aktuellen politischen Fragen Stellung nahm, war beispielgebend. Wie er die Feder führte, war vorbildlich. Und nur noch größer erschien uns der Journalist Dr. Goebbels, da wir sahen, daß er oft genug zur Feder griff, während sich die Arbeit auftürmte und kaum Zeit zu einer Konzentration, wie sie viele unseres Standes für eine journalistische

---

37 „Als Propagandist der nationalsozialistischen Bewegung war Joseph Goebbels eine der herausragendsten Persönlichkeiten der politischen Führung in der Zeit von 1933 bis 1945. Er war der großen Masse des Volkes neben Adolf Hitler wie kein anderer bekannt, zum Teil schon aus seiner schriftstellerischen Tätigkeit in verschiedenen Publikationsorganen der Nationalsozialisten vor der Machtergreifung." (Neuhaus 1974: 398).

38 Herzstein 1979: 34. Vgl. Bärsch 2004: 63; Knopp 1998: 36; Höhn 1994: 245, 247; Sösemann 1993a: 147; Reuth 1990: 60; Oven 1987: 153; Sauder 1985: 307; Reimann 1971: 8; Heiber 1962: 68; Jungnickel 1933: 28; Krause 1933: 26.

39 Fröhlich 1987: 507. Vgl. Knopp 1998: 57; Lemmons 1994: 27; Reuth 1990: 186; Herzstein 1979: 31; Müller 1973: X; Heiber 1962: 26; Fraenkel/Manvell 1960: 13, 215; Stephan 1949: 22, 181; Dutch 1940: 76; Schmidt-Pauli 1932: 156f. Der Verleger Ernst Rowohlt, so heißt es in einem Essay in der *Weltbühne*, soll dem Berliner Arbeiterführer Doktor Joseph Goebbels bei einem Empfang zugeraunt haben: „Prost, mein lieber Goebbels, ich hoffe, daß ich das Vergnügen haben werde, Ihr nächstes Buch herausgeben zu dürfen." Der Verfasser dieses Beitrags, Heinz Pol, etikettierte Goebbels gleichzeitig als Möchtegern-Schriftsteller, literarischen Schmutzfinken und Minderdichter. Vgl. Pol 1931: 129f.; Michel 1999: 43.

Arbeit als selbstverständlich erachten, gegeben war. An Dr. Goebbels erlebten wir die Wahrheit des Satzes, dass man als Journalist geboren sein muss. Er lehrte uns, von der Berufung zum Journalisten zu sprechen."[40]

Auch in der Nachkriegsliteratur sind Betitelungen wie „Poor Daily Journalist", „rheinischer NS-Schriftleiter", „brillanter Leitartikler", „Rundfunkreporter", „Kolumnist", „NS-Publizist" und „aufmüpfiger Redakteur" eher spärlich gesät – aber durchaus vorhanden.[41] Vor allem als Herausgeber der Zeitung *Der Angriff* wird Goebbels als glänzender Journalist und zum erfahrenen Pressemann stilisiert, der „Wortbomben schleudern" konnte. Und so manch einer würdigt ihn als einen Journalisten, der durchaus „Witz hatte, wenn auch keinen Funken Selbstironie".[42]

Im Zusammenhang mit Themen wie Presselenkung und mediale Gleichschaltung in der NS-Zeit wird Goebbels, wenn auch selten, als fähiger, äußerst abgebrühter und zynischer Journalist erwähnt. Die Beschreibungen des Propagandisten und des Managers der medialen staatlichen Lenkung werden dann gern mit seiner publizistischen Erfahrung in Verbindung gebracht. Der amerikanische und für die *New York Evening Post* tätige Journalist Hubert Renfro Knickerbocker soll von ihm gesagt haben: „Er ist der beste Journalist in der Partei und ihr bester Redner."[43] Sogar in einer neueren Ausgabe der Zeitschrift *Der Spiegel* wird Joseph Goebbels eben auch als „ein Meister des bösen Worts"[44] erwähnt.

Wer also nicht an der Oberfläche bleibt, wird feststellen, dass Joseph Goebbels mehr war als nur der berühmt-berüchtigte nationalsozialistische Propagandist. Er kannte sich aus im Journalismus – nicht nur, weil er sich selbst als Journalist verstand und auf diesem Gebiet Fuß zu fassen versuchte, sondern weil er sich begleitend zu seinen politischen Aufgaben immer auch intensiv dem Journalismus widmete. Bereits vor seiner Bekanntschaft mit der NSDAP und lange vor der Position in der Führungselite hatte er seine Zukunft im Journalismus gesehen. Sogar nach dem Aufstieg zum Berliner Gauleiter und später zum Reichspropagandaleiter blieb er immer auch journalistisch aktiv.

Sein ehemaliger Mitarbeiter Friedrich Christian Prinz zu Schaumburg-Lippe beschreibt Goebbels' Rollenselbstbild. Nach einer Pressekonferenz in Genf zitiert er seinen Chef folgendermaßen: „„Das konnte ein Herr von Neurath nicht tun, überhaupt keiner von uns, außer mir, denn ich bin Journalist, und alle, vor allem meine Feinde, wissen genau, daß ich kein schlechter bin.""[45] In einer eigenen Zeitung sah Goebbels seine persönliche Kommunikationsplattform, wie ein aus der Erinnerung wiedergegebener Wortlaut zeigt:

---

40 Obscherningkat 1937.
41 Vgl. Schütze 2003: 9; Hockerts 1999: 257; Knopp 1998: 47, 70; Schulz 1994: 201; Höver 1992: 57, 318, 397; Michels 1992: 20; Oven 1987: 191, 234; Herzstein 1979: 32; Bramsted 1971: 16; Reimann 1971: 234; Heiber 1962: 125; Semmler 1947: 22.
42 Hochhuth 1987: 188.
43 Irving 1997: 156f. Vgl. Fest 2003: 119; Knopp 1998: 49; Fest 1995: 571f.; Höver 1992: 90; Wulf 1983: 6; Hagemann 1948: 35, 54f.; Kügelgen 1934: 18.
44 Bönisch 2008: 9.
45 Schaumburg-Lippe 1990: 57.

„‚Man hätte mir eine Zeitung geben sollen – und die Erlaubnis, ganz so zu schreiben, wie ich will. Ich würde ein sehr gefährlicher Kritiker sein, aber meine Kritik wäre der positive Beitrag im Innern und wahrscheinlich das Versöhnlichste nach außen – ja, meine Herren, mit einer einzigen Zeitung könnte ich in der ganzen Welt eine wesentliche Rolle spielen – aber als Minister?' Er liebte es, als Journalist bezeichnet zu werden."[46]

Schaumburg-Lippe geht sogar so weit, Goebbels neben den politischen Aktivitäten einen journalistischen Beruf zuzusprechen mit dem Fazit: „In erster Linie aber war er Journalist."[47]

Diese Aussage ist nicht korrekt. Zwar wird diese Forschungsarbeit aufzeigen können, dass Goebbels mancherorts journalistisch tätig war; abgesehen von einzelnen Publikationen der frühen Jahre aber stand die politische Tätigkeit bei ihm stets im Mittelpunkt. Auffällig ist, dass die Verbindung zum Journalismus auch dann eng blieb, als das tagespolitische Schreiben zugunsten der Tagespolitik in den Hintergrund trat. Wenngleich es zunehmend zur persönlichen Eigenart verkam, blieb Goebbels bis zu seinem Tod dem journalistischen Schreiben treu. Bekannt ist dies jedoch kaum.

Wie im Kapitel über den Forschungsstand (I, 1.1) und in der darin referierten Forschungsliteratur noch genauer dargestellt wird, geriet Goebbels' journalistisches Œuvre in Vergessenheit und wurde explizit von seiner Propagandatätigkeit abgetrennt. Obwohl Goebbels gerade auch in seinen täglichen Notaten die publizistischen ebenso wie die politischen Tätigkeitsschwerpunkte thematisiert hat, widmete sich die Forschung bislang ausschließlich dem Propagandaaspekt. Unbeantwortet aber blieb, warum „Goebbels zwar als Propagandist erfolgreich war, als Journalist jedoch nicht den Schwung und die Leichtigkeit erreichte, die seine großen Vorbilder – wie z. B. Th. Wolff – auszeichneten. Seine Artikel blieben im Durchschnitt eine wenig fesselnde Lektüre."[48]

Bis in das Jahr 1924 hinein scheiterten Goebbels' diverse Versuche, beruflich Fuß zu fassen. Auch seine journalistische Karriere begann als Hürdenlauf in der Provinz und in Form eines persönlichen Umorientierungsprozesses. Er versuchte sich als freier Mitarbeiter bei Lokalblättern, später als Privatsekretär mit journalistischer Nebentätigkeit; erst der Umweg über die Politik brachte ihn in die tatsächliche Nähe zum journalistischen Beruf.

Eine grundlegende Untersuchung zum Journalisten Joseph Goebbels ist innerhalb der historischen Kommunikationsforschung längst überfällig. Die vorliegende Arbeit zur publizistischen Berufsgeschichte des NS-Protagonisten soll diese Lücke schließen. In Hinblick auf das historisch verkürzte, unvollständige, als be-

---

46   Ebd.: 102. Wieso allerdings Joseph Goebbels, zu diesem Zeitpunkt bereits Reichspropagandaminister, eine (weitere) eigene Zeitung wollte, bleibt unklar – seit 1927 brachte er in Berlin das Blatt *Der Angriff* heraus, gab die Verantwortung dafür aber nach seinem Aufstieg zum Minister ab. Insofern sind weit zurückreichende und nur durch Hörensagen weitervermittelte Zitate wie „‚Eine Zeitung wäre besser als ein Ministerium – aber Hitler hat dafür kein Verständnis, der ist nie Journalist gewesen'" (ebd.) mit Vorsicht zu genießen, stehen sie doch in keinem nachvollziehbarem Zusammenhang.

47   Schaumburg-Lippe 1990: 190.

48   Martens 1972: 60. Vgl. Sösemann 1993a: 146; Hoff/Winkelmann 1973: 87.

kannt vorausgesetzte und seit Jahrzehnten tradierte Bild war es an der Zeit, eine komplexe Studie über Goebbels' journalistische Tätigkeit anzufertigen. Es galt, sein Denken und Schreiben so exakt wie möglich zu dokumentieren und auf veröffentlichte Schriftstücke einzugehen. Die Rekonstruktion der Phänomenologie seines Journalismus' war dabei wegweisend.

Diese erste systematische Zusammenfassung des publizistischen Lebenslaufs will und kann nur in großen Linien das Thema aufzeigen und ein Forschungsgebiet abstecken, das in weiteren gründlichen Teiluntersuchungen aufgehellt werden muss. Manche Aspekte können nur am Rand gestreift und insoweit behandelt werden, als sie zu dem beabsichtigten Gesamtbild hinführen.

1.1 Forschungsstand

Die Erforschung des Nationalsozialismus war, ist und bleibt vermutlich auch ein zentrales Anliegen der historischen und politischen Wissenschaften. Im Bereich der populärwissenschaftlichen Geschichtsschreibung konzentrierte man sich zunächst auf Gesamtdarstellungen, auf die Person Adolf Hitler und die NSDAP. Erst langsam wandelte sich die Perspektive dahingehend, dass eine Annäherung an das NS-Phänomen auch über die Darstellung der Akteure versucht wurde. Die Betrachtungswinkel wurden verändert, entsprechend dem Wunsch, den Nationalsozialismus als Ganzes zu deuten. Detail- und Felduntersuchungen entstanden, bei denen personelle, soziologische und institutionelle Fragen aufgeworfen wurden. In Spezialstudien wurden die inneren Strukturen der nationalsozialistischen „Bewegung" herausgearbeitet und die Impulse bestimmt, die zu ihrer Weiterentwicklung geführt hatten. Die einzelnen Phasen der Parteigeschichte fanden unterschiedliche Aufmerksamkeit. Historiker und Politologen können inzwischen verlässliche Aussagen über die charakteristische Vieldeutigkeit des Nationalsozialismus treffen.

Auf dem weitgesteckten Forschungsfeld besteht kein Mangel an einschlägigen Untersuchungen zur nationalsozialistischen Propaganda, zu bestimmten propagandistischen Gegenständen, Themen und Ereignissen. Die Präferenzen der Wissenschaft lagen bei der nationalsozialistischen Presse; in konzentrierter Form wurden die Lenkungsmaßnahmen innerhalb der so genannten Gleichschaltung analysiert, auch die publizistische Massenbeeinflussung galt als untersuchungswert. In diesem Zusammenhang wuchs das Interesse an einzelnen Führungspersonen und an der Deutung ihrer offensichtlichen Faszinationskraft. Joseph Goebbels hat Schriftsteller und Historiker am stärksten angeregt; sie beschrieben Höhepunkte und Grenzen seiner Macht, seines Einflusses und seines Erfolges wie auch seine sich kontinuierlich verändernde Bedeutung innerhalb des NS-Regimes.

„Joseph Goebbels' exponierte Stellung in NS-Hierarchie und Öffentlichkeit, seine aufreizende Propaganda und die in ihm verkörperten spannungsvollen Widersprüche zwischen Verstand und Macht, Intellekt und Ideologie haben seit jeher Zeitzeugen, Journalisten und Wissenschaftler zu historischen Deutungen herausgefordert. Neben Hitler gilt er als der bei

weitem interessanteste aus der nationalsozialistischen Führungsriege. So fehlt es nicht an Beschreibungen und Interpretationen seines Lebens."[49]

Über Jahrzehnte hinweg wurde Joseph Goebbels im Rahmen biographischer, politischer, propaganda-, presse- und psychogeschichtlicher Analysen als machtpoliti-
scher Opportunist ohne ideologische Substanz beschrieben. Jüngere Forschungen
thematisierten dann die Rollenselbstbilder des Propagandaministers. Auffällig bei
den Veröffentlichungen ist, dass die biographischen Darstellungen drastischen
Wandlungen unterworfen sind. Die Anzahl der nicht-wissenschaftlichen Literatur
mit ihren einseitigen Darstellungen, den zahlreich enthaltenen Missdeutungen und
unzutreffenden Aussagen dominierte bis in die 1960er-Jahre.

> „Schon während des Dritten Reiches sind mehrere Goebbels-Biographien geschrieben wor-
> den. Die im Ausland erschienene Literatur ist zwar kritischer, aber, weil es ihr an Recher-
> chemöglichkeiten fehlte, kaum zuverlässiger als die panegyrischen Erzeugnisse von national-
> sozialistischen Journalisten und Beamten des Propagandaministeriums. Für sie war Joseph
> Goebbels der Eroberer von Berlin, der geborene Journalist und brillante Leitartikler, der gro-
> ße Redner und geniale Propagandist, der volksverbundene Staatsmann. Der Aufbau des
> Reichspropagandaministeriums galt als sein Werk, seine unbedingte Treue zu Adolf Hitler
> zeichne ihn aus."[50]

Es ist naheliegend, dass Goebbels zu seinen Lebzeiten in den Biographien verklärt
und heroisiert wurde. Zu den zeitgenössischen „Hofbiographen" gehörten Wilfried Bade[51], der Schriftsteller und Journalist Max Jungnickel, Willi Krause[52] und
ein gewisser Viator[53]. Sie alle porträtierten den Dienstherrn zuvorkommend und
gingen auf seine Selbstdarstellungswünsche wohlwollend ein. In den zu Goebbels' Lebzeiten verfassten Darstellungen werden aus heutiger Sicht so manche
Ungereimtheiten evident, und in allen Werken lassen sich bewusst eingebaute
Lücken und biographische Schönungen nachweisen. Auffällig ist, dass in diesen
offiziellen und von Goebbels genehmigten Beschreibungen sehr bewusst mit Legendenbildung gearbeitet wurde.[54] Der Reichspropagandaminister selbst sorgte
dafür, dass Teile seines Werdegangs umgeschrieben oder undurchsichtig gemacht
wurden. Als Verfechter der nationalsozialistischen Anschauung zeigten sich die
Biographen stets darum bemüht, den Werdegang von Joseph Goebbels erheblich
zu dramatisieren.

> „Allenthalben werden sein Talent und seine Leistungen als Propagandist, seine auffallende
> rednerische Begabung hervorgehoben. Von schneidend scharfer Intelligenz, ja teuflischem In-

---

49 Michels 1992: 19f.

50 Ebd.: 20. Als Beispiel für solche im Ausland erschienene, eher kritische Literatur kann Os-
    wald Dutch (1940) angeführt werden.

51 Er war Regierungsrat im Reichsministerium für Propaganda und Volksaufklärung in der Ab-
    teilung Presse. Seit 1938 leitete er dort das Hauptreferat „Zeitschriften und Kulturpresse".

52 Er war Schriftleiter beim *Angriff* und später Reichsfilmdramaturg.

53 Es handelt sich vermutlich um das Pseudonym des Autors Alfred Knesebeck-Fischer.

54 In sämtlichen zeitgenössischen Biographien tauchte beispielsweise Goebbels' Untergrundtä-
    tigkeit bei der Ruhrbesetzung im Jahr 1923 auf. Seine revolutionären Aktivitäten wurden fa-
    cettenreich beschrieben und stellenweise in gleicher Weise dann in der Nachkriegsliteratur
    übernommen.

tellekt und diabolischem Temperament, intrigant, zynisch und von niederträchtigem Raffine-
ment sei er gewesen."[55]

Zahlreiche Mitarbeiter wussten nach dem Ende des Zweiten Weltkriegs ihr Hin-
tergrundwissen für biographische Veröffentlichungen zu nutzen.[56] Bekannt ist die
Niederschrift des ehemaligen persönlichen Pressereferenten Wilfried von Oven.
Auch die tagebuchartigen Notizen des Presseoffiziers Rudolf Semmler zählen
dazu, ebenso die Erinnerungen des Filmregisseurs Boris von Borresholm, der
Rückblick von Lutz Graf Schwerin von Krosigk (NS-Finanzminister) und von
Goebbels' persönlichem Adjutanten Friedrich Christian Prinz zu Schaumburg-
Lippe. Diese Werke der subjektiven Erinnerungen sind zwar aufschlussreich, in
ihrem Informationsgehalt jedoch bedenklich. Denn ein differenziertes oder gar
kritisches Goebbels-Bild wurde in dieser Literatur nicht entworfen. Das Verhältnis der Autoren zu Goebbels ist auffällig zwiespältig: Unterschwellig versuchen
diese Personen aus dem ehemaligen Mitarbeiter- oder Bekanntenkreis eine Ehren-
rettung vorzunehmen und Goebbels von persönlicher Schuld freizusprechen. Her-
vorstechend ist dabei andererseits, dass sie durch eine eher fadenscheinige Feindseligkeit gegenüber Goebbels vor allem aber die eigene Verantwortlichkeit zu
minimieren versuchten. Eine Darstellungen des Goebbelsschen dämonischen Charakters und seine Aburteilung als Inkarnation des Bösen täuschen jedoch nicht
über die positiven Untertöne, die tief verwurzelte und somit anhaltende Bewunderung hinweg.[57]

Diese vordergründige Verteufelungsstrategie, die nach 1945 in überwiegend
kommerziellen Beiträgen auf dem Literaturmarkt einsetzte, kennzeichnet die
Goebbels-Abhandlungen der Nachkriegszeit. In dem Klima alliierter Demilitari-
sierung, Denazifizierung und Demokratisierung gaben sich die Autoren als Umer-
zieher und Umerzogene; sie beschrieben Goebbels als allgewaltigen Verführer,
lügnerischen Scharlatan und bloßen Nihilisten, als einen von Minderwertigkeits-
komplexen und unbändigem Ehrgeiz getriebenen Machthaber. Aus den einstigen
Lobeshymnen und überhöhenden Darstellungen wurden nun Hasstiraden auf den
grotesken Dämon.[58] Auch Curt Riess charakterisierte (1950) Goebbels als Mephisto der NSDAP, versuchte jedoch zugleich eine distanzierte Beschreibung, für
die er erstmals Recherchen bei Verwandten und Mitarbeitern unternahm. Zwar
überschätzte Riess in seiner Abhandlung das propagandistisch-politische Wirken

---

55 Michels 1992: 20f. Vgl. Nill 1991: 145; Neuhaus 1974: 403; Müller 1973: 20; Kessemeier
    1967: 20.
56 „Nach dem Krieg haben mehrere ehemalige Goebbels-Mitarbeiter biographische Darstellun-
    gen und Erinnerungen erscheinen lassen. Zum Teil nicht ohne Sympathie und noch ganz im
    Banne seiner Faszinationskraft, teilweise bis heute nicht ohne Bewunderung für den früheren
    Chef entwerfen sie das Bild eines Genies, das nur an seiner Treue zu Hitler sowie an Unver-
    nunft und Unvermögen anderer NS-Größen gescheitert ist." (Michels 1992: 21).
57 Vgl. Fröhlich 1987: 491; Neuhaus 1974: 403f.; Bramsted 1971: 272; Kessemeier 1967: 22.
58 Nachzulesen etwa bei Erich Ebermayer (in Zusammenarbeit mit Hans Roos), Werner Stephan
    (Reichsgeschäftsführer der DDP und DStP, Ministerialrat und Leiter der Abteilung Inlands-
    presse im Reichspropagandaministerium, persönlicher Referent des Reichspressechefs Otto
    Dietrich) und Rudolf Diels (Gestapo-Chef).

Goebbels', erklärte dies aber zum ersten Mal aus einer persönlichen Entwicklung heraus.[59]

Setzt man die Betrachtung biographischer Darstellungen in den 1960er-Jahren fort, lässt sich eine erste Korrektur des bis dahin gängigen Goebbels-Bildes ausmachen. Ein ernsthafter Versuch im wissenschaftlichen Umgang mit Leben, Werk und Politik schlug sich im Beitrag von Heinrich Fraenkel und Roger Manvell nieder. Sie bemühten sich, der Sensationshascherei mit Ernsthaftigkeit und Glaubwürdigkeit zu begegnen. Ausführliche Befragungen von Familienangehörigen, ehemaligen Schulkameraden, Freundinnen und Parteigenossen bildeten dafür die Basis. Die Autoren blendeten die Legendenbildung weitgehend aus und erschlossen unbekannte, unveröffentlichte Quellen. Sie etikettierten Goebbels als frustrierten Spießbürger und sentimentalen Schwärmer; ihrer Ansicht nach suchte er im Führerglauben seine Minderwertigkeitskomplexe zu kompensieren.[60]

Die ernstzunehmende Goebbels-Forschung begann mit Helmut Heiber, nachdem er sich um eine weitere Forschungsgrundlage durch die Auswertung der so genannten Elberfelder Tagebücher (1925/1926) bemüht hatte.[61] Sein Hauptanliegen bestand darin, Goebbels' kleinbürgerliche Herkunft und psychische Entwicklung in die Erklärungen einzubeziehen.

> „Besonders Helmut Heiber hat die dämonisierende Interpretation verworfen und auf die vielen Banalitäten im Leben von Goebbels hingewiesen. Für Heiber war der Propagandaminister ein Opportunist und Karrierist, der sich aus Zweckmäßigkeit selbst belog."[62]

Beeindruckend ist die große Menge an Archivstudien, Quellenmaterial, mündlich und schriftlich überlieferten Zeugnissen, die je nach Dokumentationswert sachkundig ausgewählt und verwendet wurden.[63] Obwohl Heiber neue wissenschaftliche Standards in der Goebbels-Forschung setzte, bleibt er inkonsequent. Denn die individualisierende Darstellung läuft nach wie vor Gefahr, in populäre sozialpsychologische Deutungsversuche abzuleiten. Zwar hatte der Autor einen Entdämonisierungsprozess eingeleitet, gleichzeitig aber eröffnete er durch seine moralischen Bewertungen ein neues Gebiet für Spekulationen: Goebbels' Verhalten

---

59 Vgl. Müller 1973: 21; Kessemeier 1967: 22.

60 Das große Manko bei Fraenkel und Manvell liegt in den zahlreichen und ungenauen Zitaten: Lediglich zehn der insgesamt 126 Zitate stimmen wörtlich mit dem Original überein. Die schwierig zu entziffernde Goebbels-Handschrift, so die Kritik aus der Wissenschaft, dürfe nicht ein Freibrief für ungenaues Zitieren, Verstümmeln oder gar Sinnverkehrung sein. In der nachfolgenden Forschung wurde das Werk von Fraenkel und Manvell vielfach unkritisch benutzt, so dass die massenhaften Falschzitate weiter transportiert wurden. Helmut Heiber kritisierte daher scharf die Vorgehensweise der beiden Autoren und die von „gutwilligen Dilettanten" geschaffene Arbeit. In ihrem „historiographischen Roulette" hätten Fraenkel und Manvell eine Art von „publizistischer Pseudo-Historie" hervorgebracht. (Vgl. Heiber 1961: 67–75). Siehe auch Höver 1992: 16; Müller 1973: 22.

61 Siehe Kapitel I, 1.3 zu den täglichen Notizen.

62 Michels 1992: 22.

63 Leider besteht für den interessierten Leser nicht durchgängig die Möglichkeit zur direkten Überprüfung, da detaillierte Quellenhinweise auch in diesem Werk nicht immer oder sogar durchgängig vorhanden sind.

wurde auf dem Hintergrund seines körperlichen Handicaps interpretiert. Heiber betrachtet Goebbels als raffinierten Drahtzieher und „konzeptionslosen Machtmechaniker[s]", der unfähig zur Selbsterkenntnis gewesen und sich selber gegenüber immer eine „terra incognita" geblieben sei.[64]

Die divergierenden Interpretationen des Phänomens Goebbels rissen auch in den Folgejahren nicht ab. In den Studien wurde Goebbels unterschiedlich charakterisiert, als rationaler Mensch[65] ebenso wie als Ideologe[66], als Propagandist[67] und auch als Erfinder des Führermythos'[68]. Hinzu kamen psychologische Erklärungsversuche[69], die Betrachtung sozialistischer und völkischer Elemente[70] sowie theologische[71], populärwissenschaftliche[72] und doppelbiographische[73] Arbeiten. In-

---

64   Vgl. Heiber 1962: 213, 412; Reuth 2000: 7; Fest 1995: 568; Höver 1992: 16; Müller 1973: 23, 25, 34.

65   Viktor Reimann beschrieb Goebbels als rationalen Menschen, zynischen Propagandisten und Erfinder des Führermythos. „Viktor Reimann legte 1971 die erste Biographie vor, welche die eingefahrenen Gleise der Goebbels-Forschung in mancher Hinsicht verließ, doch auch dieses gedankenreiche Werk bleibt letztlich der allgemeinen Leseart verhaftet." (Höver 1992: 18).

66   Nennenswert ist die Studie von Ernest K. Bramsted aus dem Jahr 1971.

67   Joachim Fest stellte die These vom propagandistischen Genie auf: Statt den Klumpfuß und die unarische Schmächtigkeit als stringentes Erklärungsmoment für Menschenverachtung, Geltungssucht und Zerstörungstrieb heranzuziehen und damit einen tiefenpsychologischen Interpretationskomplex zu bilden, versuchte Fest durch eher leise Wertungen zu Erklärungen zu gelangen. Vgl. Höver 1992: 17. Zur Rolle des Propagandisten siehe auch Alan Wykes 1986 und Helmut Michels 1992.

68   Rolf Hochhuth wies 1987 die These zurück, Goebbels sei eine kalte, intelligente und überragende Persönlichkeit gewesen. Vielmehr sah er in ihm einen glühenden Gläubigen, der in seinem selbst entworfenen ideologischen Gebäude gefangen geblieben sei. Hochhuth versuchte anhand von sozialer Ursachen eine Erklärungsbasis zu schaffen. Zum Führermythos siehe auch Erwin Barth 1999.

69   Siehe dazu Hans-Dieter Müller 1973. Im Rahmen einer breit angelegten Arbeit beschäftigte sich Claus-Ekkehard Bärsch im Jahr 2004 mit der Psyche und Ideologie des jungen Goebbels. Auf die Frage nach der Entstehung der politischen Anschauungen ging er nicht ein; stattdessen versuchte er per psychobiographischem und religionspsychologischem Ansatz eine Struktur für das nationalsozialistische Bewusstsein von Joseph Goebbels aufzudecken. Dabei reduzierte er die historische Person auf psychologische Erklärungsmuster und stellte das Bild von Goebbels als narzisstische Persönlichkeit und die Sehnsucht nach Erlösung in den Mittelpunkt. Vgl. Höver 1992: 22; Richter 2004.

70   Øystein Hovdkinn stellte 1976 sozialistische Elemente in Goebbels' Denken fest und „widerlegte die These, Goebbels habe 1926 nach seiner Hinwendung zu Hitler aus opportunistischen Gründen mit seinem ursprünglich radikalen Sozialismus gebrochen. Weder sei damals die sog. Nationalsozialistische Linke untergegangen, noch habe der Bruch mit den Gebrüdern Straßer ideologische Gründe gehabt." (Michels 1992: 23). Das Spektrum erweiterte Ulrich Höver im Jahr 1992, seine Untersuchung basierte auf Goebbels' Rolle als nationaler Sozialist. In seiner Arbeit versuchte Höver die Gedankenwelt des Protagonisten phänomenologisch zu erfassen. Ähnliche Ansätze verfolgte auch Frank Schütze (2003).

71   Siehe dazu Claus-Ekkehard Bärsch 2002.

72   Siehe dazu Guido Knopp 1998.

73   Siehe dazu die Arbeit über Göring und Goebbels von Dieter Wunderlich 2002.

zwischen gehören auch sprachwissenschaftliche Abhandlungen zur einschlägigen Goebbels-Forschung.[74]

Die jüngste Biographie zu Joseph Goebbels stammt von Ralf Georg Reuth aus dem Jahr 1990; dafür fertigte er weitere materielle Studien an und beleuchtete erstmals auch Goebbels' Jugendzeit. „Reuth deutete den Propagandaminister als wahnerfüllten Fanatiker, der seinen Haß vor allem gegen die Juden richtete und in seinem Glauben an Hitler jegliche Vernunft zu überwinden vermochte."[75] Nachdem zahlreiche Historiker in unterschiedlichen Schwerpunkte versucht hatten, die historisch schillernde Person Goebbels und sein brisantes politisches Wirken zu erfassen, konnte erst Reuth mit Hilfe einer deutlich erweiterten Quellengrundlage und zusätzlichen systematischen Auswertungen die Revision von Legenden und Fehlurteilen vornehmen.[76] Seine Gesamtdarstellung, in der bislang nicht greifbares Quellenmaterial berücksichtigt wurde, liefert nach wie vor die größte Fülle von Fakten und ist vor allem für Detailfragen unentbehrlich.[77]

Die spannungsreichen Widersprüche, die den NS-Chefpropagandisten charakterisieren, standen somit regelmäßig im Fokus der Wissenschaft. Doch so vielfältig die Forschungsfragen und so zahlreich die Stellungnahmen zu Goebbels auch sind, es bleiben bestimmte Desiderata: „Mit der Studienzeit von Goebbels haben sich seine nationalsozialistischen Biographen insgesamt sehr wenig beschäftigt, sicher weil vieles aus jenen Jahren nicht in das Bild eines politischen Führers des nationalsozialistischen Deutschland paßte."[78] So beeindruckend die Zahl der erwähnten Studien auf den ersten Blick sein mag: Keine von ihnen widmet sich dezidiert und ausführlich dem Journalisten Joseph Goebbels. Die einzige Ausnahme bildet Carin Kessemeier, die zumindest im Ansatz auf den journalistischen Aspekt eingeht.[79] Die Vernachlässigung dieses Themas ist verwunderlich, da die Kenntnis der Biographie es nicht gestattet, Goebbels' Arbeit als Journalist zu ignorieren. Zu konstatieren bleibt eine markante Forschungslücke, die Christian Härtel in

---

74 Zu nennen sind in diesem Zusammenhang Neuhaus 1974, Scheffels 1988, Nill 1991, Höhn 1994, Schulz 1994, Wambach 1996, Michel 1999 und Beißwenger 2000.

75 Michels 1992: 23.

76 Etwa das Verhältnis zu Hitler, die Frage des Antisemitismus und die Rolle im Kontext mit Stennes und Röhm.

77 Die hierfür notwendige Zusammenarbeit mit dem Nachlassverwalter François Genoud rückte Reuth immer wieder in das Licht der Kritik; Genoud (vgl. Kapitel I, 1.3) galt als bekennender Nationalsozialist der Gegenwart.

78 Neuhaus 1974: 402.

79 Kessemeier stellte 1967 kommunikationshistorisch relevante Fragen und schloss eine zeitungswissenschaftliche Lücke. Ihre Arbeit ist eine gründliche Analyse einer begrenzten Anzahl von Leitartikeln, womit sie besonders für die publizistische Forschung erstmals wertvolles empirisches Material erschloss. Die publizistischen Aktivitäten des Berliner Gauleiters und späteren Propagandaministers wurden von ihr gesichtet und inhaltlich ausgewertet. Kessemeier beschränkte sich dabei allerdings auf ausgewählte Leitartikel des Berliner Kampfblattes *Der Angriff* und der Wochenzeitschrift *Das Reich*. Ihr Vergleich ermöglicht einen übersichtlichen Einblick in die politisch-ideologischen Entwicklungen. Vgl. Müller 1973: 29.

seinem aktuellen Essay zwar zu schließen versuchte, sich dabei aber lediglich wieder auf Altbekanntes stützte.[80]

Goebbels' Rolle als Journalist ist in der wissenschaftlichen Literatur kaum erfasst worden, teilweise wird in den Studien diese berufliche Phase sogar komplett ausgeblendet. Nur wenige Autoren erwähnen am Rande auch den journalistischen Aspekt im Lebenslauf, ohne ihm allerdings weitere Bedeutung zuzumessen. Eine vollständige systematische Untersuchung der journalistischen Betätigung unterblieb bis heute. Dass dieser Betrachtungswinkel zu einem vernachlässigten Gegenstand in der Presseforschung gehört, mag daran liegen, dass lange Zeit makroanalytische Erklärungen dominierten. Vor Reuths Arbeit herrschte eine unzureichende Faktenlage, und erst mit der intensiveren Erarbeitung des Themas können nun auch die Defizite in der Nationalsozialismusforschung geortet werden. Ein Blick in die Sekundärliteratur zeigt, wodurch die Forschungssituation erschwert wird: Es existieren keine Grundlagen zur Untersuchung der journalistischen Karriere von Goebbels. Der erste Schritt der vorliegenden Studie musste daher sein, sämtliche von Goebbels hinterlassene schriftliche Äußerungen nach forschungsrelevanten (also publizistischen) Gesichtspunkten durchzusehen. In einem zweiten Schritt ging es dann um das Herausarbeiten des journalistischen Werdegangs anhand der erforschten Zeitungstextbestände.

„Der Figur Goebbels kann man sich aus drei Blickwinkeln annähern: psychologisch, wenn nicht gar psychoanalytisch, dann publizistisch-propagandistisch und darüber hinaus explizit politisch."[81] Diese Studie widmet sich den beiden letzteren Frageebenen und versteht sich als Grundlagenarbeit auf dem Gebiet der kommunikationshistorischen Presseforschung. Die Untersuchung stellt die Basis bereit, weitere Forschungen zu Goebbels' Journalismus werden in der Publizistikgeschichte notwendig sein. Partiell bleibt diese Studie eine allgemein gehaltene Skizzierung, die neue Fragen aufwirft – Antworten darauf könnten anschließende empirische oder inhaltsanalytische Untersuchungen finden. Ein seit Jahrzehnten brach liegendes Forschungsfeld kann nicht in einer einzelnen Studie bearbeitet werden. Es bleibt zu hoffen, dass nach dieser Grundlagenarbeit der Journalist Joseph Goebbels weiter in den Blick sozial-, sprach- und kommunikationswissenschaftlich orientierter Analysen rückt. An dieser Stelle aber ging es darum, Goebbels' journalistische Arbeit zu ergründen und Kenntnisse über seine journalistischen Fertigkeiten und Tätigkeiten zu erlangen. Dadurch wird eine empfindliche Forschungslücke zwar nicht gänzlich geschlossen, aber entscheidend gefüllt.

Im Mittelpunkt dieser Arbeit stand die zusammenhängende, systematische Untersuchung aller journalistischen Etappen, die stets im biographischen Zusam-

---

80 Vgl. Härtel 2005: 17. Auch dieser Autor scheitert daran, dass er keine nähere Erläuterung der Hintergründe oder gar eine Vervollständigung des publizistischen Lebenslaufes vornimmt. So erwähnt Härtel auch nur die längst in den Biographien verzeichneten Zeitungsstationen. Er macht sich nicht einmal die Mühe, angegebene Originalquellen zu überprüfen – so erwähnt er das Bewerbungsschreiben Goebbels' an Rudolf Mosse, das angeblich keine nähere Datumsangabe enthält. Ein Blick in das Bundesarchiv Koblenz hätte ihn vom Gegenteil überzeugen können. Vgl. dazu Kapitel II, 2.2.4 zu Mosse.

81 Hachmeister 2005: 8.

menhang zu sehen war. Vor diesem Hintergrund erschien es notwendig, auch die Quellen zu systematisieren und detailliert zu befragen.[82] Zwar wurde im Rahmen der vorliegenden Studie zahlreiches neues Material recherchiert und ausgewertet, teilweise stützt sich die Abhandlung jedoch auch auf einzelne Erträge vorliegender Forschungen.

Ein Randphänomen blieb in dieser Untersuchung das Thema Propaganda, obgleich es mit der Person und Funktion Goebbels in engster Verbindung steht. Weder seine propagandistischen Phasen noch seine Propagandaobjekte oder -projekte bildeten einen Schwerpunkt, da sie von der historischen Zeitungsforschung bereits ausführlich behandelt wurden. Im Fokus des vorliegenden Forschungsunterfangens standen also weder Erklärungsbemühungen noch Analysen zu der von Goebbels genutzten propagandistischen Manipulationsmaschinerie. Der Journalist Joseph Goebbels sollte anhand seiner publizistischen Laufbahn in das Zentrum des Interesses gerückt werden, während die sonst übliche Fixierung auf den Propagandaminister vermieden wurde.

1.2 Forschungshorizont

„Die merkwürdige Faszination der Figur Goebbels hängt nicht zuletzt mit der Frage zusammen, wie seine einzigartige Karriere möglich war, die ihn in eine der exponiertesten Stellungen des NS-Staates bringen sollte, für die er eigentlich die denkbar ungünstigsten Eigenschaften besaß. […] Seltsamerweise wurde bisher kaum versucht, diesem scheinbaren Paradox auf den Grund zu gehen, wie überhaupt die groteske Dimension dieses Mannes sehr oft unberücksichtigt bleibt."[83]

Um diesem scheinbaren Paradoxon zu begegnen und Goebbels' Karriere aus einer weiteren Perspektive heraus zu ergründen, steht die journalistische Laufbahn des späteren Reichspropagandaministers im Fokus des Interesses. Wie in dieser Studie nachgewiesen wird, war der Journalismus im Leben des Joseph Goebbels eine bereits in jungen Jahren entstandene Leidenschaft, die bis zu seinem Freitod am 1. Mai 1945 stets eine gewichtige Rolle spielte. Auf seine Art war Goebbels kontinuierlich Journalist. Mit Verstärkung seiner politischen Aktivitäten, mit zunehmender Beliebtheit als Parteiredner und nach seinem Aufstieg in politisch relevante Ämter war er zwar nie ausschließlich publizistisch tätig – doch dem Journalismus blieb er zeitlebens treu. War es doch die Tagesschriftstellerei, der Umweg über den Journalismus, der den zunächst stellenlosen Akademiker zur völkischen Ideologie, zur Nationalsozialistischen Deutschen Arbeiterpartei und schließlich zu Adolf Hitler führte. Der junge Mann aus dem akademischen Proletariat der frühen unstabilen Jahre der Weimarer Republik, der sich selbst in der Rolle des geborenen Schriftstellers sah und in der Arbeitswelt keinen Platz fand, betätigte sich schließlich journalistisch. Sein Entwicklungsprozess begann als Poet, für den er

---

82   Siehe dazu Kapitel I, 1.4 zur Quellenlage.
83   Michel 1999: 17.

sich hielt, führte über den Journalisten, für den er sich gerne ausgab, bis hin zum Demagogen, als dessen Sinnbild er in die deutsche Geschichte einging.

> „Wer sich auf die Suche nach einem *authentischen* Goebbels-Bild begibt, fühlt sich unweigerlich an das Spiegelkabinett eines Jahrmarktes, an ein Labyrinth konkaver und konvexer Spiegel, erinnert. [...] Zum einen liegen die vielfältigen Deutungen der Person Goebbels in der Unterschiedlichkeit der Rezipienten begründet – [...] zum anderen in den Eigenarten des Betrachtungsobjektes selbst.“[84]

Aufgabe der vorliegenden Studie war es, den Lebensweg des prominenten, bis heute in seiner Funktion als Journalist zu wenig analysierten Protagonisten nachzuzeichnen. Anhand verbliebener Textzeugnisse wurde der von Goebbels beschrittene journalistische Weg rekonstruiert.[85] Es ging darum, das Besondere an Goebbels' Tätigkeit als Journalist zu erforschen und vor allem den Bezug zur Politik herauszuarbeiten: Inwiefern war sein politisches Engagement bereits in seinen frühen Publikationen erkennbar? Sind seine veröffentlichten Texte durch eine spezifische politische Triebfeder gekennzeichnet? Ist sein Schreiben von Anfang an, nach Eintritt in die Partei oder sogar erst kurz vor der „Machtergreifung" innen- und außenpolitisch ausgerichtet? Wie sah Goebbels' präpolitische Zeit aus publizistischer Perspektive aus? Wie lassen sich seine frühen parteiinternen Karrierejahre und seine journalistischen Neigungen zueinander in Beziehung stellen?

Neben den biographischen Voraussetzungen sind die von Goebbels betreuten Periodika ausschlaggebend für Inhalt und Form seiner Beiträge. Er bewegte sich anfangs im Schatten der Politpresse und versuchte, mit allen verfügbaren publizistischen Mitteln in das Licht der Öffentlichkeit zu treten. Ebenso von Interesse sind die üblichen wie auch die außergewöhnlichen Begleitumstände, die journalistischen Arbeitsbedingungen, medialen Kontexte sowie die Bedeutung des jeweiligen Printproduktes auf dem Zeitungsmarkt. Untersuchungsgegenstand der Studie waren folglich neben dem journalistischen Wirken auch die Blätter selbst, für die Goebbels im Laufe seiner journalistischen Karriere tätig war. Ziel konnte es allerdings nicht sein, eine umfassende Abhandlung aller herangezogenen Medien zu erstellen; sie wurden jeweils nur kurz porträtiert.

Über die einzelnen journalistischen Stationen hinaus spielten die von Goebbels vermittelten Inhalte eine entscheidende Rolle. Bei ihrer Begutachtung wurden Wandlungsprozesse nachvollziehbar: Galt der junge Goebbels bis etwa 1926 noch als eigenständiger Vertreter des nationalen Sozialismus, als radikaler Wortführer des linken NSDAP-Flügels und unter diesen Umständen als treuer Weggefährte Gregor Strassers[86], so positionierte sich Goebbels nach und nach – auch ideologisch – in der Nähe Hitlers. Dies galt es anhand von Textbeispielen sachlich und ausführlich zu belegen und zu illustrieren.

---

84   Michel 1999: 11, kursiv im Original.
85   Siehe dazu Kapitel I, 1.4 zur Quellenlage.
86   Die Schreibweise der beiden Namen Otto und Gregor Strasser ist nicht ganz eindeutig, teilweise wird in der Fachliteratur auch die Version „Straßer" verwendet. In dieser Arbeit wird bezugnehmend auf die Autobiographie von Otto Strasser (1969) die Schreibweise mit doppeltem „s" verwendet.

Fragen nach der nationalsozialistischen Tiefenstruktur der Artikel wurden nicht gestellt. Es sollte nicht darum gehen, sich dem ideologischen Gehalt zu widmen, um Rückschlüsse auf den Politiker und/oder Propagandisten zu ziehen – zumal diese Rollen nicht im Zentrum der Untersuchung standen. Welchen Gewinn hätte die Feststellung, dass sich in den publizistischen Materialien nationalsozialistische Kernaussagen finden und der politische Standort des Autors bestätigt wird? Anhand der Zeitungsartikel wurde quasi sentenzhaft herausgearbeitet, welche Themen in Goebbels' journalistischem Wirken im Vordergrund standen – nicht aber, in welcher Art sie konkret behandelt und ausgeführt wurden. Im Mittelpunkt des Erkenntnisinteresses stand die Dokumentation, über welche Themen Joseph Goebbels für welche Medien geschrieben hat. Hintergründe, Entstehung und Folgen einzelner Artikel konnten in diesem Gesamtzusammenhang nur sporadisch ergründet werden, da das Hauptaugenmerk auf der publizistischen Laufbahn lag. Die vorliegende Arbeit präsentiert den Versuch, das Forschungsdefizit in Hinblick auf den publizistischen Werdegang der Person Joseph Goebbels zumindest partiell aufzulösen; insofern liegt die Betonung auch nicht auf der Bewertung seiner persönlichen Leistung.

Da der Forschungshorizont der Studie recht weit gesteckt ist, wäre die Formulierung einer einzelnen Leitfrage nicht gerechtfertigt. Das komplexe Themenfeld wurde demzufolge durch einen multidimensionalen Frageansatz strukturiert, der vier Forschungsebenen abdeckt:

(1) Biographisch

Auf der biographischen Ebene – dies durchzieht die gesamte Untersuchung – wurden in erster Linie entscheidende Lebensstationen und -umstände behandelt. Die Arbeit beginnt mit den jungen Jahren des Protagonisten, klärt Fragen nach Begabungen, Erfahrungen in der Zeit der Primärsozialisation sowie nach medialen Berührungspunkten und sucht nach ersten Hinweisen auf journalistisches Vermögen. Welchen Erwartungshorizont hatte der Berufsneuling und welche Faktoren erleichterten oder erschwerten die Wahl des Journalistenberufes? Gesicherte Fakten über die Person, ihre sozio-ökonomische Ausgangsposition, den zurückgelegten Bildungs- und Ausbildungsprozess sowie vorberufliche Sozialisationsergebnisse wurden in die biographische Skizze miteinbezogen. Anschließend wurden die verschiedenen Lebensabschnitte chronologisch betrachtet und auf dem Hintergrund der politischen Laufbahn die jeweiligen journalistischen Stationen erforscht. Welche Verknüpfungen sind in welchen biographischen Etappen festzustellen? Welche Rolle spielte der Journalismus im Laufe des Berufslebens? Und wie beeinflussten die beiden Leitfiguren Gregor Strasser und Adolf Hitler die politische Orientierung und auch die publizistische Entwicklung des Joseph Goebbels? „Der radikale Ideologe, der die Herkunft aus dem rheinisch-katholischen Milieu überwand und sich auf dem linken Flügel der Partei in der Nähe Gregor

Strassers profilierte, schwenkte 1926 auf die Linie Hitlers ein."[87] Ist diese Aussage anhand der publizistischen Entwicklung nachvollziehbar oder ergibt sich möglicherweise konträr zu dieser historisch vermittelten Auffassung ein anderes Bild,
so dass die bisherige Betrachtung und Bewertung erneuert werden muss?

(2) Medial

Die mediale Ebene beschäftigte sich mit den Zeitungen und Zeitschriften, bei denen Goebbels tätig war. Neben der kurzen Vorstellung wurden sie – sofern möglich – in mediale Zusammenhänge eingeordnet. Daraus ergaben sich zwei kommunikationswissenschaftliche Fragen, die sich analog auf jede Phase des journalistischen Werdegangs anwenden ließen: Wie lässt sich das jeweilige Medium
formal beschreiben? Und wie lässt es sich kommunikationshistorisch einordnen?

(3) Journalistisch

Zur grundsätzlichen Fragestellung gehörte auch die Bestimmung des journalistischen Tätigkeitsprofils. Auf dieser Ebene ging es vor allem um die Klärung der
Fragen: Wie kam Goebbels zu der jeweiligen Zeitung/Zeitschrift? Welche Position nahm er dort ein? Wie veränderten sich – sofern das noch nachvollziehbar ist –
der organisatorische Rahmen und die Inhalte des jeweiligen Blattes durch Mitarbeit, Leitung oder Einfluss von Goebbels? Und wie gestaltete sich die Tagesschriftstellerei unter den jeweils aktuellen politischen Verhältnissen?

(4) Inhaltlich

Die vierte Ebene, die der journalistischen Inhalte, stellte die Analyse von Goebbels' Artikeln anhand von folgendem Fragenkatalog in den Mittelpunkt: Welche
Art von Artikeln hat Goebbels in der jeweiligen Phase seines journalistischen
Wirkens geschrieben? Mit welchen Themen beschäftigte er sich, und sind bestimmte Kategorien ersichtlich? Lassen sich deutliche Präferenzen für Ressorts
oder Agenden feststellen? Ist es nachvollziehbar, dass Goebbels erst im Sinne der
Strasserschen Ideen gearbeitet hat und sich später die Orientierungsgröße Hitler
im journalistischen Werk niederschlug? Gab es einen konkreten Wendepunkt, von
dem an Goebbels verändert gedacht, gesprochen und geschrieben hat?

Ziel war es, die Etappen seiner journalistischen Entwicklung in möglichst vielen
Facetten systematisch zu untersuchen und ausführlich darzustellen. Das Erkenntnisinteresse dieser Untersuchung lag ausschließlich bei der journalistischen Tätigkeit des Joseph Goebbels, „eines begabten Redners und Journalisten, eines wendi-

---

87   Benz 2000: 197.

gen Geistes, der imstande war, immer neue Schlagworte, Bilder und Lügen zu erfinden"[88]. Seine Sinn- und Wirkungszusammenhänge waren ebenso relevant wie ein ausführlicher Überblick über seine Themen. Innerhalb der Kommunikationswissenschaft wurde Goebbels aus einem spezifischen Blickwinkel wahrgenommen, ein interdisziplinärer Ansatz mithilfe der Nachbardisziplinen (Geschichte, Politologie und Soziologie) war unumgänglich.

Am Ende steht eine publizistische Biographie, die das bislang vermittelte Bild von Joseph Goebbels durch ein differenziertes Porträt ergänzt und darin das journalistische Moment spiegelt. Als Zentralfigur der nationalsozialistischen Publizistik, als profiliertester Propagandist seiner Partei, als Reichsminister für Volksaufklärung und Propaganda war Goebbels immer auch ein stückweit Journalist. „Alle biographischen Versuche über Dr. Paul Joseph Goebbels [...] lassen erkennen, wie schwierig es für die allgemeine Geschichtsschreibung offenbar ist, dieses publizistische Phänomen ‚Dr. G.' zu erklären."[89]

Da sich die bisherige Forschung nur in Ansätzen für Goebbels' journalistische Tätigkeit interessiert hat, will diese Studie mit ihrem publizistikhistorischen Anliegen einen neuen Zugang ermöglichen. Zielvorstellung war eine kommunikationswissenschaftlich fundierte, gleichzeitig spannende Zeitbeobachtung und Personenschilderung. Das Bild der historisch relevanten Persönlichkeit Joseph Goebbels lässt sich nur abrunden, wenn auch seine publizistische Tätigkeit zur Beurteilung herangezogen werden kann.

1.3 Die täglichen Notizen

Die Geschichte der im allgemeinen Sprachgebrauch als Goebbels-Tagebücher[90] bekannt gewordenen Aufzeichnungen ähnelt dem Gang durch ein Labyrinth – es ist ein langwieriges Unterfangen, das Mitdenken und Geduld verlangt. Begleitet von unzähligen „Verwirrungen und Animositäten"[91] haben Forscher den weltweit verstreuten Textfragmenten in der Hoffnung nachgespürt, ungewöhnlich tiefe Einblicke in historische Ereignisse zu gewinnen. Entsprechend erhofften sich Editoren einzigartige Aufschlüsse über das Innenleben des nationalsozialistischen Regimes[92], Erkenntnisse über die unterschiedlichen Lebenssituationen, Motive,

---

88 Bramsted 1971: 101.
89 Prakke 1967: 13.
90 „‚Tagebuch für Joseph Goebbels' – so die übliche, aber in ihrer Undifferenziertheit irreführende Kennzeichnung der Materialien von 1923 bis 1941" (Sösemann 2008: 60).
91 Broszat 1989: 156.
92 „Mehr als jedes andere Dokument [...] vermitteln die Goebbels-Notizen einzigartige Aufschlüsse über das Innenleben der Nazi-Herrschaft. Wie durchgedrehte Demagogen mit welch blankem Zynismus und dreister Borniertheit Kriegs- und Weltgeschichte machten. Die Geschichte des Dritten Reiches, von der Wissenschaft hinlänglich analysiert und dokumentiert, muß nicht umgeschrieben werden. Die Ergebnisse sind bekannt. Und so liegt der überragende Wert der Goebbels-Niederschriften darin, daß sie, wie aus keiner anderen Quelle so ersicht-

Ziele und Intentionen des Verfassers, über die inhaltlichen Schwerpunkte der politischen Aktivitäten und möglicherweise über unbekannte biographische Hintergründe. Nur am Rande wurde Goebbels' Selbstgefälligkeit und mangelhaft ausgeprägte Selbstreflexion in den Schriften berücksichtigt; wichtiger erschienen die verqueren Gedankengänge, die verbalen Attacken gegen Parteigenossen, die Berichte aus dem engsten NSDAP-Führungskreis und über die nationalsozialistischen Methoden und Ziele.[93] Weit verbreitet war die Meinung, dass die Aufzeichnungen eine zentrale Quelle seien,

> „weil sie unmittelbare und zuverlässig datierbare Aufschlüsse über die aus den Akten oft nicht erschließbaren Führungsentscheidungen und damit über die Herrschaftsstrukturen zu geben vermögen. [...] Die Goebbels-Tagebücher sind gleichsam ein Fenster in das Führungszentrum des Hitlerstaates. Niemand aus der engeren Führung hat so viel darüber niedergeschrieben wie Goebbels, und deswegen erhält die Forschung mit dieser Edition, wenn auch spät, eine erstrangige Quelle."[94]

Joseph Goebbels bürdete sich eine zeitgeschichtliche Chronistenpflicht auf, versprach sich von den akribisch vorgenommenen Niederschriften einen hohen Zeugniswert.[95] In meist täglich vorgenommenen Notizen hielt er zwar auch persönliche Gedanken fest, rechtfertigte jedoch in erster Linie die Politik der Hitler-Diktatur. Ganz bewusst – später sogar als profitable Erledigung und rentables Geschäft[96] – für die Nachwelt verfasst, sollte mit den Aufzeichnungen das Urteil nachrückender Generationen positiv beeinflusst werden.

> „Goebbels' Selbstverständnis, der Chronist des Nationalsozialismus zu sein, bietet wiederum die einmalige Chance, die deutsche Tagespolitik von 1926 bis 1945 häppchenweise auf einem nationalsozialistischen Tablett serviert zu bekommen. Und die Geschwätzigkeit Goebbels' bürgt dafür, daß Tag für Tag ein weites Themenspektrum angeboten wird."[97]

Zur Frage und Einordnung des tatsächlichen Quellenwertes der Goebbels-Notate entspann sich eine heftige Kontroverse.[98] Heute steht fest, dass das Selbstzeugnis

---

lich, das Regime bloßstellen, entlarven. Wie es zu alldem kam, wird authentisch und intim, wenn auch verquast und aufgeregt, geschildert." (Malanowski/Zolling 1992: 105).

93 Vgl. Barth 1999: 16; Burger 1992: 12.

94 Jäckel 1989: 637, 648.

95 „Viel Zeit nehmen die Eintragungen in seine Tagebücher in Anspruch, die er mit peinlicher Genauigkeit und erschöpfender Gründlichkeit führt. Auf seinem Notizblock vermerkt er tagsüber sorgfältig jedes Ereignis, jeden Vorgang, den er am Abend in seinen Tagebuchaufzeichnungen behandeln will. [...] So geben seine Tagebücher nicht nur eine Darstellung seiner persönlichen Erlebnisse, Empfindungen und Gedanken, sondern auch eine getreue Chronik der Zeitereignisse und ihrer Beurteilung durch die Führung." (Oven 1974: 66).

96 „Damals änderten sich die persönliche Situation von Goebbels und die äußeren Bedingungen der Textentstehung so grundlegend, dass die täglichen Notizen von 1936 an zu einem für Goebbels finanziell einträglichen Geschäft, zu einer von der Staatspartei gewünschten Auftragsarbeit und dann schließlich mit dem Sommer 1941 zu einem ebenso lukrativen Kollektivbericht eines ganzen Stabes mutierten." (Sösemann 2008: 68).

97 Hochstätter 1998: 8. Vgl. Cattani 1992: 3; Fröhlich 1987: 497.

98 Die Debatte wurde von Bernd Sösemann (Institut für Kommunikationsforschung der Freien Universität Berlin) angeführt und richtete sich gegen das Institut für Zeitgeschichte (IfZ) München – dort wurden seit 1987 die Tagebuch-Fragmente ediert; verantwortliche Editorin

des nationalsozialistischen Spitzenpolitikers Joseph Goebbels keine glaubwürdige Darstellung seiner Epoche enthält. Von wenigen Jahrgängen abgesehen, wurden die täglichen Notizen mit klarem Blick auf eine spätere Leserschaft verfasst; in den Eintragungen wurde stellenweise zu manipulativen Techniken gegriffen. Die Aussagewerte reichen folglich nicht an ein herkömmliches, mit subjektiver Aufrichtigkeit geschriebenes „Journal intime" heran.

> „Goebbels' Tagesaufzeichnungen dokumentieren die Selbstdarstellung der Herrschaftsträger, sie sind Zeugnisse bewußter Inszenierungen. Nicht Glaubwürdigkeit und Korrektheit bezeichnen die ihnen angemessenen Bewertungskategorien, sondern weitaus mehr Machtkalkül, ideologische Sinnstiftung, politische Opportunität und propagandistische Strategien – wenn man einmal von dem penetranten Hang des Schreibers zur Beweihräucherung absieht."[99]

Unter wissenschaftlichen Gesichtspunkten ist die Verwendung der Goebbels-Texte nur mit Bedacht möglich, die hierin aufbereitete Realitätsvermittlung sollte nicht überbewertet werden, und ein gründliches, durchgängiges Kontextstudium ist erforderlich.[100]

Es bedarf der Begründung, wieso trotz begrenzter wissenschaftlicher Verwendbarkeit die Goebbels-Dokumente in diese Untersuchung einbezogen wurden. Dass „der kleine Doktor hier eine Gelegenheit erhalte, das Gift seines Wortes noch über das Grab hinaus weiter auszustreuen"[101], war keinesfalls die Absicht. Stattdessen gab es forschungspragmatische Gründe; zudem besitzen die Notate eine hohe selbstenthüllende Kraft. Bevor Umfang und Funktion der in dieser Studie herangezogenen Notizen erläutert werden, sollen Überlieferungsgeschichte und die Diskussion des Quellenwerts den Hintergrund erhellen.

Goebbels und seine täglichen Notate

Als Joseph Goebbels am 17. Oktober 1923 mit schriftlichen Eintragungen begann[102], beschäftigte sich der arbeitslose Akademiker in erster Linie ausführlich

---

war Elke Fröhlich, hauptsächlich aber fand der Disput zwischen Bernd Sösemann und dem IfZ-Direktor Horst Möller statt. Vgl. Sösemann 2008: 53f.; Sösemann 2002b. Mit hinein in die Kontroverse spielte auch der inzwischen verstorbene Schweizer Bankier François Genoud, Nachlassverwalter sämtlicher Goebbels-Manuskripte und bekennender Nationalsozialist. Genoud zeigte in Hinblick auf die Veröffentlichungen sowohl ein ideologisches als auch ein finanzielles Interesse. Siehe dazu auch FN 125.

99 Sösemann 1993a: 141. Vgl. Benz 2000: 197.
100 Vgl. Sösemann 1993a: 141, 148, 165.
101 Lochner 1948: 5.
102 Vermutlich begann Goebbels bereits 1916 mit täglichen Notizen, davon fehlt allerdings bis heute jede Spur. Den überlieferten Dokumenten stellte Goebbels die autobiographischen „Erinnerungsblätter" voran, die er im Sommer 1924 im Rückblick auf Kindheit, Jugend und Studienzeit schrieb. Sie enthalten in aphoristischer Form selbstbewusste Phrasen und Reflexionen, erstaunlich klare Selbstanalysen, hemmungslose Gefühlsschwankungen und unverkennbare Sehnsüchte nach Anerkennung. Es handelt sich um eine Mischung aus geschraubter Prosa, vulgären Ausdrücken, derben Formulierungen, verzückten Liebesbeteuerungen, infantilen Schmolltönen und hässlichen Schmähreden. Goebbels kommunizierte darin gänzlich unge-

mit sich selbst. Zu diesem Zeitpunkt befand er sich beruflich wie auch privat in einer ungeklärten Lebenssituation mit emotionalem Wechselspiel, so dass das Schreiben die Funktion eines Sich-in-Form-Bringens übernahm. Sein so genanntes Tagebuch gilt „als Medium der Identitätsfindung eines ebenso zynischen und brutalen wie verletzlichen und labilen Geistes.“[103] Goebbels schuf sich zwischen den Heftseiten seine eigene kleine Kitschwelt. „Himmelhochjauchzende, romantische Welt- und Lebensempfindungen, großtuerische Phrasenergüsse wechseln in kürzesten Abständen mit depressiven, ziemlich unentschlossenen Schwindelanfällen akuter Selbstbemitleidung“[104]. Die Wiedergabe der impulsiven Stimmungsschwankungen, die fehlende Selbstkontrolle, das wechselhafte Urteil über Zeitgenossen und die formale Achtlosigkeit lassen zumindest zu diesem frühen Datum noch nicht die Schlussfolgerung zu, Goebbels habe bereits an eine Publikation gedacht.[105] Die Eintragungen sind unreflektiert und flüchtig, die Gedanken irreführend, der Autor ist ganz offensichtlich – trotz seiner fast 26 Jahre – ein eitler Jugendlicher.

> „Die frühen Tagebücher sind ohne Zweifel nicht für die Öffentlichkeit geschrieben, wenigstens nicht in dem Sinn, daß sie einen vom Autor intendierten, auf seine Zeitgenossen bezogenen Mitteilungscharakter haben. Goebbels schreibt allenfalls mit dem geheimen Kalkül, daß spätere Generationen durch diese Blätter Gelegenheit haben sollten, Einblick in die Tiefe einer großen Seele zu nehmen. Zu Beginn seiner Arbeit als Tagebuchschreiber fühlt sich Goebbels noch ganz als Künstler, erst später wandelt sich sein Selbstverständnis zu dem des Politikers. Auch der Charakter des Tagebuchs ändert sich. […] Goebbels fühlt sich in zunehmendem Maße als heimlicher Chronist des Nationalsozialismus, später zudem als Chronist des Krieges. Damit erhält das Tagebuch eine quasi offizielle Funktion.“[106]

Die frühen persönlichen Notizen von Goebbels sind eine kleine Fundgrube und ermöglichen es vereinzelt, den Autor in seiner Zeit zu verstehen und seinen Werdegang nachzuvollziehen. Sie erlauben es sogar stellenweise, „die Entstehung

---

niert mit sich selbst, badete in Eigenlob und erhob seine Eintragungen zur bedeutenden literarischen weil persönlichen Form. Bei der Bewertung der „Erinnerungsblätter“ gilt zu bedenken, dass Goebbels zu dieser Zeit noch nicht politisch aktiv war, sich stattdessen in einer mittel- weil stellungslosen Lage befand. Der „hommes des lettres“ vertraute seinen Kladden intime Beobachtungen und für ihn wertvolle Gedanken an. Kennzeichen der „Erinnerungsblätter“ sind daher die selbstbezügliche Authentizität sowie die stellenweise ehrliche weil unkontrollierte und naive Offenheit. Vgl. Bärsch 2004: 115, 121, 132, 147, 162, 164; Reuth 2000: 71; Fraenkel/Manvell 1992: 47, 80, 91, 247, 254, 285; Fröhlich 1987: 491; Hochhuth 1987: 187.

103 Hockerts 1999: 258f. Vgl. Barth 1999: 39; Nill 1991: 152; Fröhlich 1987: 494–496.

104 Barth 1999: 35. Vgl. Michels 1992: 29f.; Nill 1991: 153; Radl 1982: 37.

105 Mit der Aushändigung diverser Textfragmente an seine Verlobte Else Janke (1922) dürfte die Idee einer potentiellen Leserschaft erstmals aufgekommen sein. „Die Charakterisierung der Aufzeichnungen als geistiges Refugium erweist sich damit bereits als Bestandteil einer Inszenierung, auch wenn ein konkreter Weiterverwertungszweck der Aufzeichnungen noch nicht erkennbar ist oder nur im Einzelfall erklärt werden kann. Die an Else Janke weitergegebenen Eintragungen lassen erkennen, daß Goebbels bemüht war, seinen Charakter zu offenbaren und hierfür ein Idealbild von seiner persönlichen Identität zu vermitteln.“ (Schulz 1994: 197). Vgl. Hockerts 1999: 260; Fröhlich 1987: 494.

106 Nill 1991: 153. Vgl. Fest 1995: 569f.; Oertel 1988: 7; Reimann 1971: 73.

seiner Ideologie zu verfolgen und diese als Antwort auf bereits vorher artikulierte Bedürfnisse zu begreifen. Sie zeigen Entwicklungen und Tendenzen, die mit dem Idealisierungsprozeß verbunden sind."[107]

Mit der auflebenden Absicht, die Niederschriften als Grundlage für spätere Veröffentlichungen zu nutzen, veränderten sich die Eintragungen. Auffällig sind die zahlreichen Widersprüche zwischen persönlicher Aussage und Realität. Schwulstig produzierte der Autor ein Selbstporträt, hinter dem sich Unreife und Identitätssuche verbargen. Die Notizen über sein Liebesleben, die hemmungslosen Beschimpfungen anderer Personen, die unzufriedenen und wehleidigen Klagen wurden einförmig, dürr, reizlos und langweilig. „His pessimism, his rivalries with other Party members, his fears about the future, and his transitory losses of faith even in the German people suggested that there now existed a wide divergence between his official utterances and his personal convictions."[108] In sanguinischen Kurven und mit einer Portion larmoyanten Selbstmitleides blieb der Autor bei seinem Lieblingsthema: bei sich selbst. Goebbels schrieb emotional enthüllend über Goebbels. Der dokumentarische Wert dieser Quelle verringerte sich daher von Eintrag zu Eintrag.[109]

In der Zeit der nationalsozialistischen Diktatur eröffneten sich für Joseph Goebbels dann reale Publikationsmöglichkeiten; spätestens jetzt mutierten die privaten Eintragungen zu Dokumentationen der Parteigeschichte und zur Legitimation von Adolf Hitlers Politik. Durch die Veröffentlichung der Aufzeichnungen wollte er zudem für seine eigene Unsterblichkeit sorgen, seinen Namen unwiderruflich in das Gedächtnis der Nachwelt einprägen.[110] „Die nach der Öffentlichkeit schielenden, propagandistischen Töne verdrängen hier den privaten Seelenschrei"[111]. Die Dokumente aus den späten Jahren der so genannten Kampfzeit und erst recht nach 1933 sind hochgradig egozentrisch[112] und deutlich von propagandistischer Färbung durchzogen. Goebbels' Hauptsorge galt dem langfristigen Erhalt seiner Notizen, wollte er doch später ein großes Geschichtswerk daraus machen. Bestärkt wurde er darin vom Leiter des NSDAP-Parteiverlages Max Amann, der 1936 die Veröffentlichungsrechte an den Notaten erwarb, für das Geschriebene eine Million Mark zahlte und für jeden weiteren Jahrgang 100.000 Mark in Aussicht stellte.[113]

---

107 Nill 1991: 153. Vgl. Hockerts 1999: 258f.; Sösemann 1993a: 147; Fröhlich 1987: 495.

108 Hunt 1960: 158. Vgl. Fröhlich 1989: 52; Hochhuth 1987: 192; Niekisch 1980: 182; Müller 1973: 87f.; Reimann 1971: 75; Heiber 1965: 56.

109 Vgl. Knopp 1998: 60; Irving 1997: 49; Hochhuth 1987: 186; Radl 1982: 36.

110 „In the beginning, he obviously kept a diary as a means of satisfying his literary ambitions; later, he made it a kind of private confessional; still later, he used it as a self-congratulatory propaganda tract; and finally he was writing a diary solely for the purpose of assuring his posthumous reputation in German history." (Hunt 1960: 25f.). Vgl. Sösemann 2002b; Schulz 1994: 202; Sösemann 1993a: 147f.; Fröhlich 1987: 495f.; Hochhuth 1987: 182.

111 Radl 1982: 32.

112 Hockerts nennt die tägliche Dienstchronik „ein Ego-Dokument von hypertrophem Ausmaß" (Hockerts 1999: 249).

113 Vgl. Sösemann 2008: 68. „Goebbels saw his secret diaries as a potential gold mine as well as a work of genius." (Herzstein 1979: 35).

Überlieferungsgeschichte

Joseph Goebbels hatte noch zu Lebzeiten verschiedene Sicherungskopien seiner Notizen herstellen lassen.[114] Der Propagandaminister veranlasste bis zu vier Kopien, wofür verschiedene damals moderne Dokumentationstechniken eingesetzt wurden. Die Goebbels-Dokumente gab es dadurch in zahlreichen Versionen: in diversen Hand- und Maschinenschriften, Durchschlägen, Transkription von Handschriften und Typoskripten, Reinschriften, Xerokopien, Glasplattenkopien, Mikrorollfilmen, Folien, Mikrofiches sowie nachträglich korrigierten maschinenschriftlichen Stenogrammen.[115] „The diary, kept since 1920, was Goebbels' great treasure, his key to immortality, a guide to the twentieth century like none other."[116]

Die große Anzahl unterschiedlicher Fassungen, die selten vorhandene Nachvollziehbarkeit des Entstehungsprozesses und der häufige Wechsel der Verwahrorte gehören allesamt zu der abenteuerlichen Quellengeschichte, die nur teilweise rekonstruierbar ist, vor allem aber zu einer Heterogenität der Überlieferung geführt hat: Nach Kriegsende wurden Textteile durch Plünderungen und offizielle Beschlagnahmungen weltweit verstreut, andere blieben vorerst unentdeckt in der Reichskanzlei.[117] Später förderten Trümmerfrauen und Altpapierhändler[118] die Kladden und diversen Kopien zu Tage. Es fanden Teilrückgaben an deutsche Archive statt, ominöse Transfers von Ost- nach Westdeutschland und Materialübergaben an verschiedene Verlage und Institute.[119]

114 Steil, eng und schwer lesbar sind die Notate, die Goebbels zwischen dem 1. Oktober 1923 und dem 8. Juli 1941 in 22 Kladden und auf mehreren hundert Seiten schrieb – der Umfang liegt bei etwa 5000 Eintragungen auf 7000 Seiten. Von Juli 1941 bis April 1945 diktierte er die Inhalte (im Durchschnitt 40 Seiten Text pro Tag), diese Manuskripte sind auch heute noch maschinenschriftlich vorhanden. Bis 1945 entstand so die monströse Menge von 50.000 Blättern in 100 Aktenordnern – diese Erstschrift wurde zur Sicherung nochmals als Zweitschrift reproduziert. Vgl. Fröhlich 1987: 489. Zu weiteren Details des Umfangs siehe Fröhlich 2008: 13f. Zur kritischen Erläuterung der quantitativen Tagesproduktion, zum personellen Beihilfeverfahren und den Zuträgertexten siehe Sösemann 2008: 68f.

115 Vgl. Sösemann 2002b; Burger 1992: 12; Malanowski/Zolling 1992: 109; Sösemann 1992b: 6; Jäckel 1989: 643; Fröhlich 1987: 497, 499f.

116 Herzstein 1979: 29.

117 Im Jahr 1969 veranlasste die DDR-Regierung Nachforschungen in den Ruinen der Reichskanzlei. Auf dem Trümmergelände, das von sowjetischen Behörden wegen Einsturzgefahr gesperrt war, wurden Aluminiumkisten mit Goebbels-Notizen aufgefunden. Vorwiegend durch Feuchtigkeitseinwirkung waren die Originalpapiere stark zerstört. Vgl. Sösemann 1992b: 6; Nill 1991: 154; Oertel 1988: 6; Hochhuth 1987: 182; Fröhlich 1987: 505f.; Oven 1987: 160.

118 Die im Propagandaministerium archivierte Zweitschrift gelangte 1946 in die Hände des Altpapierhändlers Robert Breyer. Er übergab den Bestand einer amerikanischen Dienststelle in Berlin. Heute befinden sich die Papiere in der Bibliothek der US-amerikanischen Stanford University in Kalifornien (Hoover Institution on War, Revolution and Peace). Vgl. Cattani 1992: 3; Jäckel 1989: 639; Fröhlich 1987: 501–504; Oven 1987: 159.

119 1972 erhielt der Journalist Erwin Fischer für zeitgeschichtliche Auswertungen Zugang zu den in der DDR befindlichen Notaten, die anlässlich eines offiziellen Staatsbesuches aus russischen Archiven übergeben worden waren. Nach einer ominösen Transferaktion wurden diese

Editionen

Es gab verschiedene Versuche, die verwirrenden Textvarianten der Notate, den sich ständig erweiternden materiellen Fundus und die verschachtelte Überlieferung einer quellenkritischen Bereinigung zu unterziehen. Neben den Editionen von Louis P. Lochner[120], Helmut Heiber[121], Rolf Hochhuth[122] und Ralf Georg Reuth[123] ist vor allem die Edition von Elke Fröhlich[124] zu nennen. Vom Münchner Institut für Zeitgeschichte (IfZ) mit der ausführlichen Edition betraut, begann die Historikerin Anfang der 1980er-Jahre[125] mit den aufwendigen Transkriptionsar-

---

sowjetischen Sicherungskopien dem Verlag *Hoffmann und Campe* (Hamburg) übertragen. „Der Hoffmann und Campe Verlag sah sich aber nur zu einer kleinen, lediglich die Goebbels-Tagebücher aus der Zeit von Februar bis April 1945 umfassenden Teilveröffentlichung imstande; die Aufgabe der fachkundigen Entzifferung und Transkription der in schwer lesbarer Handschrift überlieferten Goebbels-Tagebücher aus den Jahren 1924–1941 erwies sich als eine Überforderung der Möglichkeiten des privaten Verlags. Deshalb überließ Hoffmann und Campe 1980 die von ihm erworbenen Kopien der Goebbels-Tagebücher dem Bundesarchiv (BA) und dem Institut für Zeitgeschichte (IfZ) mit der Maßgabe, für eine optimale wissenschaftliche Zugänglichkeit zu sorgen." (Broszat 1989: 156, Klammern im Original). Vgl. Irving 1995: 9; Becker 1989: 271f.; Jäckel 1989: 641; Koch 1988: 19; Fröhlich 1987: 497–505.

120 Vgl. Lochner, Louis P. (1948): Goebbels Tagebücher aus den Jahren 1942–43. Mit anderen Dokumenten. Zürich: Atlantis Verlag. Die in der Stanford Universität verwahrten Papiere bildeten die Grundlage für diese erste Auszugsedition.

121 Vgl. Heiber, Helmut (1960): Das Tagebuch von Joseph Goebbels 1925/26. Mit weiteren Dokumenten. Stuttgart: Deutsche-Verlags-Anstalt. Der Mitarbeiter des Instituts für Zeitgeschichte München edierte das so genannte Elberfelder Tagebuch.

122 Vgl. Hochhuth, Rolf (1977): Joseph Goebbels. Tagebücher 1945. Die letzten Aufzeichnungen. Hamburg: Hoffmann und Campe.

123 Vgl. Reuth, Ralf Georg (1992): Joseph Goebbels. Tagebücher 1924–1945. Band 1–5. München: Piper. Reuth versuchte anhand von Auszügen (etwa zwanzig Prozent des Gesamtumfangs) die Goebbels-Aufzeichnungen einem breiten Publikum zugänglich zu machen. Zwar ist die Auswahl der Abschnitte nicht klar begründet, die Textfragmentierung erscheint willkürlich und auch die Unterteilung in fünf Bände ist eher zufällig. Dennoch enthält die Edition stellenweise neue Textauszüge, vor allem aber die ausführliche Kommentierung gilt als interessant und aufschlussreich. Vgl. Hockerts 1999: 254; Sösemann 1992c: 21.

124 Vgl. Fröhlich, Elke (Hg.) (1987–2008): Die Tagebücher von Joseph Goebbels. Sämtliche Fragmente. Herausgegeben im Auftrag des Instituts für Zeitgeschichte. München: K.G. Saur.

125 Dem voran gingen langwierige rechtliche Auseinandersetzungen um den literarischen Nachlass und die damit in Zusammenhang stehenden Nutzungs- und Publikationsrechte. Der Schweizer François Genoud, ein erklärter Goebbels-Verehrer, hatte von den Goebbels-Erben die Nachlass- und Werknutzungsrechte erworben. „François Genoud ist ein bekennender Nazi, oder um es mit seinen eigenen Worten zu sagen: ‚Ich bin ein Nationalsozialist der ersten Stunde.‘ Der Waadtländer, der Barbareien des Dritten Reiches hartnäckig leugnet und die Faktenkunde ganzer Historiker-Generationen ignoriert, füllt nach eigenem Bekunden ‚eine Marktlücke‘ aus. Er versorgt europäische Verlagshäuser mit Niedergeschriebenem aus Nazihirnen und kassiert tüchtig ab. [...] Überall, wo Nazidokumente aus trüben Sümpfen auftauchen und in Geld zu verwandeln sind, ist der kleingewachsene, alerte Mann zur Stelle." (Barmettler 1992: 18). Vgl. Sösemann 2002b; Sösemann 1992a: 226; Hockerts 1999: 252; Becker 1989: 270–285; Broszat 1989: 160.

beiten.[126] Im Vordergrund sollten eine solide Entzifferung und eine möglichst umfassende Veröffentlichung des Materials stehen. Ziel war, „einen in Bezug auf Authentizität und Vollständigkeit gesicherten Text vorzulegen. Damit soll auch die Verwirrung überwunden werden, die durch die bisherigen, teils gekürzten, teils vollständigen, teils exakten, teils verballhornten Publikationen, entstanden sind."[127] Das Institut veranlasste kriminaltechnische Analysen; nach Prüfung von Papier, Tinte und Schreibmaschinenfarbband wurde der eindeutige Beweis der Authentizität erbracht. Anderweitig vorhandene Goebbels-Schriftstücke wurden für graphologische Vergleiche und für die Bestimmung stilistischer und grammatikalischer Eigenheiten herangezogen. Das Magazin *Der Spiegel* und das Bundesarchiv gaben zusätzliche Untersuchungen und textkritische Analysen in Auftrag. Da keine Abweichungen erkennbar waren und es sowohl klare Übereinstimmungen des Materials als auch vollständige inhaltliche Deckungsgleichheit der zahlreichen Doppelüberlieferungen gab, wurde an der Echtheit des Materials nicht mehr gezweifelt.[128]

Anders verhielt es sich mit weiteren, aus dem ehemaligen kommunistischen Machtbereich in den Westen gelangten Dokumenten: 1992 erhielt Elke Fröhlich Zugang zu den Beständen im Moskauer Roskomarchiv. Das ehemalige sowjetische Trophäenarchiv beherbergt Goebbels-Dokumente auf Glasplatten. Zur weiteren Bearbeitung und zur Komplettierung der Gesamtquelle wurde der Bestand in Form von Mikrofilmkopien dem Institut für Zeitgeschichte zur Verfügung gestellt. In wissenschaftlicher Kooperation mit dem Staatlichen Archivdienst Russland fand eine Neubearbeitung der Edition statt. Mit den teilweise noch originalverpackten und im ehemaligen Beutearchiv lagernden Materialien sollten auch die bis dato noch offensichtlich vorhandenen Lücken[129] des so genannten Goebbels-Tagebuchs geschlossen werden.

Kritikpunkte

Alle aufgeführten Editionen sind wissenschaftlich zu Recht umstritten. Von Fachleuten werden erst recht aufgrund des fragwürdigen Quellenbestandes und des changierenden Quellenwertes neue Maßstäbe und Grundlagen für eine systematische, textkritisch und sachgerechte kommentierte Publikation dieser „Großquelle mit propagandistischen Dimensionen"[130] verlangt. Vor allem Bernd Sösemann nahm sich des Themas an; im Mittelpunkt seiner Kritik stand die Fröhlich-Edition mit ihren sehr offensichtlichen quellenkritischen, editionswissenschaftlichen und interpretatorischen Schwachstellen. Beanstandet wird die Qualität der Dokumen-

---

126 Vgl. Hockerts 1999: 252; Jäckel 1989: 641; Koch 1988: 231; Oertel 1988: 6.
127 Fröhlich 1987: 489. Vgl. Cattani 1992: 3; Broszat 1989: 157–159.
128 Vgl. Malanowski/Zolling 1992: 109; Fröhlich 1987: 506f.
129 Bis zu diesem Zeitpunkt galten wichtige Teile als verschollen: Eintragungen im Jahr 1923, die kompletten Notizen aus dem Jahr 1927 und die zweite Hälfte von 1931. Vgl. Hockerts 1999: 254; Burger 1992: 12; Siegler 1992: 5; Broszat 1989: 162.
130 Sösemann 2008: 69.

tation, die nicht den Erfordernissen der Forschung entspricht, kurz: die befremdliche weil unzureichende Text- und Editionsform der vollständigen Propagandatexte. Sösemann kritisiert neben dem Mangel an Authentizität und dem Fehlen einer akribischen Textsicherung vor allem die ungenügende Texterschließung, die einheitliche Präsentation heterogener Materialien, die Missachtung editionswissenschaftlicher Standards und die Überschätzung des Aussagewerts der Quellen. Die politisch-ideologische Verquickung der Notizen bleibe unberücksichtigt, auf die notwendige Kommentierung und Erläuterung werde verzichtet, stattdessen die fehlgeleitete Lektüre des Benutzers und das unangemessene Verständnis in Kauf genommen.[131]

Mehr noch: die monumentale Goebbels-Dokumentation, so der berechtigte Vorwurf, bestehe aus Text-Montagen, so dass erst durch ein extrem weites Verständnis von Diaristik hier überhaupt mit dem Schlüsselbegriff des Tagebuchs hantiert werden könne. So wird die hohe Fragwürdigkeit des veröffentlichten Gesamtbildes ebenso ins kritische Blickfeld gerückt wie auch die Verschleierung des eigentlichen Gehaltes und Wertes: Die Fröhlich-Edition ist ein Kompilationsprodukt, bei dem weder die differenzierte Entstehungsgeschichte noch deren Kompositionsstrukturen deutlich gemacht werden.[132] Stattdessen

„haben die Herausgeber und Bearbeiter ein zusammenhängendes ‚Goebbels-Tagebuch‘ konstruiert, das vom IfZ nur deshalb kreiert werden konnte, weil es alle Zusammenhänge ignorierte und die einzelnen Überlieferungsstränge – in verschiedenen ‚Heften‘ vorliegend – buchstäblich durchtrennte. In der präsentierten Gestalt und in der gewählten zeitlichen Abfolge hat Goebbels jedenfalls den Text nicht verfasst. Vielmehr wurde er aus vier unterschiedlichen Goebbels-Konvoluten Tag für Tag neu zusammengesetzt.“[133]

Die so genannten Goebbels-Tagebücher spiegeln dem Nutzer eine Authentizität und Überlieferungssicherheit vor, die nicht gegeben ist; die diaristische Betitelung suggeriert Subjektivität und Vertraulichkeit, mitunter sogar Intimität und Verlässlichkeit, was allerdings nur teilweise auf die Goebbels-Notizen zutrifft.[134] Sösemann fordert eine informierende und erklärende Sachkommentierung, eine Restituierung des umfangreichen Materials und eine historische, politisch-gesellschaftlich bezogene Auslegung.

---

131 „Auf der formal-sachlichen Ebene treten der Auftragscharakter der Niederschriften und Notate seit 1936 und die vielfältige[n] Zuarbeiten seit 1941 nicht ausreichend deutlich hervor; auf der persönlich-biographischen werden die ausgedehnten hypertrophen Selbstdarstellungsbemühungen kaschiert, die sich unterschiedlicher Text- und Darstellungsformen bedienen; und auf der politisch-ideologischen Ebene verhüllt der Titel die außerordentlich stark ausgeprägte legitimatorische Funktion der Texte.“ (ebd.: 68).
132 Vgl. ebd.: 53, 56, 62f., 69.
133 Ebd.: 60.
134 Vgl. ebd.: 58, 68. „Auf diese Weise wird vom IfZ über Jahre hinweg eine Dichte und Komplexität der Notate suggerier[e]t, die nie existierte und die offenkundig nicht einmal Goebbels zur Zeit seines Nachdenkens über die weitere Verarbeitung des Materials erwogen hat.“ (ebd.: 66). „Es sollte dadurch auch dem Eindruck widersprochen werden, es handele sich bei den heterogenen Goebbels-Notizen durchgehend um eine eigenständige persönliche Leistung, um eine vollständige und ungestörte Überlieferung, um ein ‚Tagebuch‘ und schließlich um ein in sich geschlossenes Werk.“ (ebd.: 71).

„Eine wissenschaftliche Interpretation hat über einen vordergründigen biographischen Ansatz
und auch über jenes Verständnis von Propaganda hinauszugehen, das vorrangig nach der
Form, Methode und nach dem ‚Faszinosum' einer ästhetischen Inszenierung und Ritualisie-
rung der Politik fragt."[135]

Tatsächlich fallen bei der Durchsicht der unterschiedlichen Fragmente zahlreiche
peinliche Entzifferungsfehler, Datumsirrtümer und stellenweise abenteuerliche
Glättungen auf. „Zusammen mit Tippfehlern, mit Lese- und Transkriptionsirrtü-
mern, aber besonders mit Kollationierungsversäumnissen ergibt sich ein zwiespäl-
tiges Gesamtbild. Die Fehlerquote ist frappierend hoch."[136] Die Liste der gravierenden Mängel ist sehr lang; sie reicht von editionswissenschaftlicher Unkenntnis
und ignorierten Richtlinien für wissenschaftliche Veröffentlichungen über sach-
lich-inhaltliche Irrtümer bis hin zu auffälligen Ungereimtheiten.

„Die Historikerin Elke Fröhlich zeichnet für diesen misslungenen Versuch verantwortlich, der
ein ‚Urmeter' sein sollte. Sie publizierte den Text in einer Version, wie sie in den Quellen
nicht vorzufinden ist: Es werden Aufzeichnungen miteinander verknüpft, die ursprünglich getrennt entstanden waren, und es werden sogar Lücken mit einer zeitgenössischen, von Goebbels selbst verfassten NS-Publikation ‚Vom Kaiserhof zur Reichskanzlei' (1934) gefüllt."[137]

Zur Heterogenität der Dokumente gesellt sich die zweifelhafte, bizarre Überlieferungsgeschichte, die für eine äußerst dubiose Quellengrundlage gesorgt hat. Was
jahrelang in (ausländischen) Verstecken lagerte und als begehrtes Objekt finanz-
kräftiger Goebbels-Verehrer galt, wurde in einer aus wissenschaftlicher Sicht
mangelhaften Qualität veröffentlicht, um als eine Art Bestseller hohe Einkünfte zu
erwirtschaften. Die Bearbeitung und Publikation der Goebbels-Notate ist ein düs-
teres Kapitel in der Forschungsgeschichte und findet auch in einem Sumpf von
Korruption und Geschäftemacherei statt. „Den Beteiligten geht es offenbar nicht
um die Erforschung nationalsozialistischer Herrschaftsstrukturen, sondern um die
Sicherung von Exklusivrechten, mit denen bestenfalls ein populärwissenschaftli-
ches Interesse am Nationalsozialismus bedient werden soll."[138]

Gerade in diesem Zusammenhang ist auch Bernd Sösemanns Haupteinwand
berechtigt, dass

---

135 Sösemann 1992b: 6. Vgl. Sösemann 1992a: 214.
136 Sösemann 2002b.
137 Sösemann 1992b: 6, Klammer im Original. Gänzlich unreflektiert wurde die von Goebbels
    geschönte Fassung in die Edition eingearbeitet. Dabei ist der Band „Vom Kaiserhof zur
    Reichskanzlei" als Triumph- und Rechtfertigungsschrift zu werten. Von dem politischen
    Bestseller wurden in den Jahren der NS-Diktatur eine halbe Million Exemplar verkauft. Der
    auf seinen täglichen Notizen basierende Text wurde vor der Veröffentlichung von Goebbels
    erheblich frisiert; neben sprachlichen Anpassungen nahm er inhaltliche Modifizierungen und
    Tilgungen vor, fügte zusätzliche, scheinbar hintergründige Informationen ein und perfektio-
    nierte seine Retuschiertechnik. Die totale Eliminierung der Person Ernst Röhm ist ebenso auf-
    fällig wie die in der Druckversion verschwundenen Negativurteile über Parteigenossen; die
    massive Kritik an Gregor Strasser wurde hingegen deutlich erweitert. Vgl. Schütze 2003: 7;
    Sösemann 2002b; Reuth 2000: 8; Schulz 1994: 198, 200f.; Fraenkel/Manvell 1992: 172; Nill
    1991: 154f.; Heiber 1962: 106f., 136; Stephan 1949: 12f.
138 Sösemann 1992b: 6. Vgl. Hockerts 1999: 250; Sösemann 1992a: 213f., 225, 228; Broszat
    1989: 157; Koch 1988: 21.

„durch dieses vom IfZ errichtete Monumentum Typographicum weltweit eine quantitativ reiche und propagandistisch aufgeladene Gelegenheit zu einem umfassenden, durch keine Einführung und Erläuterung gebrochenen Wirken über den Tod hinaus gewährt wird. Die fatale Wirkung wird durch den Umstand verstärkt, dass den unreflektiert oder bewusst als ‚Tagebuch' verkauften Notizen und Zuträgereien in jener pompösen, aber völlig unzulänglichen Publikationsform ein weitaus höherer historischer Wert zugeschrieben wird, als ihnen auf Grund kritischer Interpretation zuzumessen ist."[139]

Dass sich das Bundesarchiv als Mitherausgeber aus dem Projekt zurückzog, zeigt unzweideutig, dass die Fachleute nicht mit dem unprofessionellen Verfahren identifiziert werden wollten. Zwar verfügt die revidierte Ausgabe inzwischen über einen textkritischen Apparat, von editionswissenschaftlichen Standards ist die Fröhlich-Edition jedoch noch weit entfernt.[140] Dies änderte auch die neuerliche Überarbeitung und Vervollständigung der Gesamtquelle in keiner Weise.[141] Als zuverlässiges wissenschaftliches Arbeitsinstrument steht nach wie vor keine Edition zur Verfügung. Stattdessen kommen seit der Neu-Edition weitere Ungereimtheiten hinzu: Zwar wurde bislang der Wert der Dokumente bis zum Moskauer Fund dadurch geschmälert, dass zahlreiche Lücken bei wichtigen historischen Ereigniszeitpunkten klafften.[142] Allerdings lassen nun die aus Moskau stammenden Fragmente, mit denen nur ein Teil der gravierenden Textlücken geschlossen werden konnten, neue Zweifel an der Authentizität aufkommen. Stilistisch klingen diese Eintragungen so gar nicht nach Joseph Goebbels: der sonst bei seinen täglichen Aufzeichnungen eher auffällige Telegrammstil wechselt in beinahe formvollendete Abhandlungen mit bemerkenswert philosophischen Ansätzen. Die Skepsis wird durch die Tatsache genährt, dass die neu eingearbeiteten Dokumente keiner materialtechnischen Untersuchung unterzogen wurden.[143] Die dargestellten Kritikpunkte führen zu einer weiteren Verringerung des Quellenwertes.

139 Sösemann 2008: 56.
140 Vgl. Richter 2005; Sösemann 2002b; Sösemann 1993a: 147; Sösemann 1992a: 214, 232; Koch 1988: 21.
141 Im Jahr 2008 legte das Institut für Zeitgeschichte die beiden letzten Erschließungsbände vor, mit denen die Gesamtausgabe der Goebbels-Edition abgeschlossen wird. Insgesamt umfasst die Fröhlich-Edition 29 Text- und drei Erschließungsbände, darin die Transkription der handschriftlichen Aufzeichnungen (Teil I: 1923–1941) und der Diktate (Teil II: 1941–1945). Ein Sachregister sowie ein Geographika- und Personenindex (Teil III: 1923–1945) komplettieren nun die Edition.
142 „Bei den Goebbels-Aufzeichnungen muß davon ausgegangen werden, daß zu den Überlieferungslücken, die mit Kriegs- und Bergungsverlusten oder Diebstählen zu erklären sind, auch mehrere, aus verschiedenen Motiven und zu unterschiedlichen Zeiten vorgenommene ‚Ausdünnungen' hinzugerechnet werden dürfen." (Sösemann 1993a: 161f.).
143 Die Echtheit, so erklärte die Herausgeberin Fröhlich, sei bereits durch eine Prüfung der umfangreichen Parallelbestände bestätigt worden; eine inhaltliche Deckungsgleichheit der zahlreichen Doppelüberlieferungen sei vorhanden. Tatsächlich aber ist für bestimmte Aufzeichnungen – nämlich jene Fragmente, die erstmals mit dem Moskauer Fund aufgetaucht sind – kein Vergleichsdokument vorhanden. Die Behauptung, es handele sich um eine zweifelsfrei originaläquivalente Überlieferung, muss also in Abrede gestellt werden. Ob und in welchem Maß die Fremdautorenschaft also auszuschließen ist, bleibt fraglich. Vgl. Richter 2005; Sösemann 2002b. „Eklatante Widersprüche und schroffster Urteilswandel innerhalb kurzer Zeit,

Quellenwert

Bei der Arbeit mit persönlichen Aufzeichnungen als Quelle für eine wissenschaftliche Arbeit, als Arbeitsgrundlage oder als Einstieg in eine Recherche ist grundsätzlich zu bedenken, dass ein Tagebuch nur im Einzelfall historische Details,
Informationen zu Sachfragen und Indizien für bestimmte Darstellungen und Interpretationen liefern kann.[144] „In der Geisteswissenschaft wird diese Quelle als
‚ernst und gewissenhaft genommene chronistische Berichterstattung‘ eingeschätzt, als ‚ungefilterte Informationen‘ oder als gesicherte Belege.“[145] Eine derartige Betrachtung des allgemeingültigen Quellenwertes als historisches Zeugnis ist
jedoch oberflächlich, eine sich darauf stützende Verwendung unprofessionell.

   In Bezug auf die Goebbels-Notate ist zwar die Singularität unbestreitbar; die
Dokumente zählen zu den wichtigsten Großquellen der Zeitgeschichte und „die
Bedeutung der Dokumente aus dem engsten Kreis der diktatoralen Macht im NS-
System“[146] wird nicht in Frage gestellt. Allerdings erst der Abgleich der so genannten Goebbels-Tagebücher mit weiteren Quellen eröffnet neue Forschungs-
möglichkeiten, vor allem biographischer und politischer Art.[147] Um den eigentlichen Gehalt dieser Quelle festzustellen, ist zu beachten, dass Goebbels' Darstellungen eine bewusst politisch-ideologisch gewählte Sichtweise transportieren. Der
Autor gebrauchte die täglichen Notizen als literarisch-publizistische Methode. Bei
der Bewertung der Texte muss daher mitunter der Identitätsfindungsprozess des
Autors berücksichtigt werden.

> „Der Aussagewert der täglichen Notizen besteht jedenfalls weniger in der Information als in
> der Interpretation durch die Person, als die sich der Verfasser der Aufzeichnungen jeweils
> selbst darstellt: als Idealist mit charismatischem Sendungsbewußtsein, der sich zum Mitglied
> einer gesellschaftskritischen Weltkriegsgeneration stilisiert, als erfolgreicher Protagonist der
> Partei, als Minister, als Vertrauter und Berater Hitlers, als Repräsentant des Systems, dessen
> wichtigstes Anliegen darin bestand, die Herrschaft zu stabilisieren.“[148]

Bei der Bestimmung des Gebrauchswertes für die Forschung sind die Notizen
nach dem Zeitpunkt ihrer Entstehung zu unterscheiden: Die Eintragungen der frühen Jahren weisen durchgehend unbedachte Formulierungen und einen überzeugend authentischen Charakter auf, die der späteren Jahr offenbaren eine geschärfte
demagogische Glätte, die der NS-Zeit sind schließlich die für die Nachwelt niedergeschriebene Ereignisse des Staatsmannes.

> „Dem Leser wird nur selten ein unverhüllter Einblick in die inneren Vorgänge des Führungs-
> kreises geboten. Dagegen stellen die Aufzeichnungen für eine Analyse nationalsozialistischer
> Propagandapolitik ein umfang- und aufschlußreiches, aber auch ein durchaus selektiv und

die nur mit Goebbels' Charakter zu erklären sind, hätte ein Fälscher wohl vermieden, um sein
Werk nicht von vornherein einem Verdacht auszusetzen.“ (Michels 1992: 27).

144 Vgl. Fest 1995: 569; Schulz 1994: 194; Siegler 1992: 5; Nill 1991: 152; Sösemann/Schulz/
     Weinke 1991: 7.
145 Sösemann 1992b: 6.
146 Sösemann 2008: 55.
147 Vgl. Jäckel 1989: 643f., 647.
148 Schulz 1994: 203f. Vgl. ebd. 194f.

präsumtiv wirkendes Bindeglied zwischen den Instrumenten totalitärer Meinungserforschung und deren Umsetzung in konkrete politische Maßnahmen dar."[149]

Gerade durch die von Goebbels verwendeten Techniken des Verschleierns und Verdunkelns sind die Materialien stets kritisch zu bewerten; unter diesem Gesichtspunkt sind genaue Prüfungen, Vergleiche mit anderen Quellen und vorsichtige Interpretationen vorzunehmen.

Verwendbarkeit in dieser Studie

In Anbetracht der schwierigen und stellenweise unvollständigen, ja für den Nutzer unvorteilhaften Übermittlungs- und Editionsgeschichte der Notate, der fundierten Kritik und der Rückschlüsse auf die besonderen Eigenschaften der Quelle erscheint es verwunderlich,

> „daß noch in den letzten Jahren erschienene Studien – insbesondere Biographien – das von Goebbels selbst erzeugte Bild in die heutige Zeit weitervermitteln, indem sie sich unkritisch – oder jedenfalls nicht quellenkritisch genug – der Tagebücher als Hauptquelle für die Rekonstruktion der Politik ihres Verfassers bedienen."[150]

Dass also in dieser Arbeit gerade dieses Material herangezogen wurde, bedarf einer Begründung und einer konkreten Darstellung der Verwendbarkeit der Texte.

Das durch den Untersuchungszeitraum[151] auf die Jahre 1923 bis 1933 beschränkte Relevanzfenster ermöglichte nach dem Herausarbeiten der lohnenswerten biographischen Ansätze einen umfangreichen, aber nicht unkritischen Umgang mit den Tagesnotizen. Die anfänglich noch literarisch-philosophischen, später dann im Telegrammstil abgefassten knappen Eintragungen der Jahre bis 1926 kennzeichnen Goebbels' Leben vor der Positionierung als Gauleiter und wurden noch kaum „im Bewußtsein seines zukünftigen Erfolges in der nationalsozialistischen Bewegung angefertigt"[152]. Im Gegensatz zu den späteren Aufzeichnungen fehlt hierin noch das absichtliche Posieren; seine subjektive Ehrlichkeit enthält wenig Schmeichelhaftes sich selbst gegenüber. „Goebbels denkt [...] nicht über den Tag hinaus. Goebbels reflektiert das Erlebte nicht, sondern listet es stark emotional geladen auf, reiht die Geschehnisse von seiner subjektiven Warte aus beliebig aneinander."[153] Nicht für die Nachwelt, sondern zu eigenem Gebrauch hält Goebbels zu diesem Zeitpunkt sentimentale Ausbrüche und schwülstige Gedanken fest. Weder die Hoffnung auf eine (politische) Karriere noch grammatikalische Disziplin sind darin zu finden. Die Notizen weichen stark ab von den späteren, nach Perfektion strebenden Texten; besonders intelligente oder gar brillante

---

149 Sösemann 1992b: 6. Vgl. Hochstätter 1998: 7; Fest 1995: 570; Siegler 1992: 5; Heiber 1965: 288.
150 Schulz 1994: 203.
151 Siehe Kapitel I, 1.6 zum Aufbau der Studie.
152 Bärsch 2004: 11.
153 Hochstätter 1998: 8. Vgl. Bärsch 2004: 25; Nill 1991: 155, 355; Oven 1987: 159; Bramsted 1971: 60.

Inhalte besitzen die Niederschriften nicht. Wiederholungen, Phrasen, Worthülsen und Gemeinplätze prägen das undifferenzierte Vokabular.

> „Die Notizen tragen ganz den Charakter flüchtig hingeworfener, kaum problematisierender, ohne jede kritische Distanz auch zu sich selbst und ohne jedes ruhige Nachdenken geschriebener, ganz aus dem Augenblick und unmittelbarer Empfindung heraus entstandener Aufzeichnungen".[154]

Die frühen Notate können als vergleichsweise ehrlich gelten, erst in den späteren sieht sich der Autor verpflichtet, parteipolitische Winkelzüge, persönliche Ansichten über öffentliche Angelegenheiten, Mitstreiter und Gegner möglichst heroisch darzustellen.

> „Ganz ohne Zweifel zeigen die Tagebücher in ihrer Einseitigkeit den Autor so, wie er war. In wesentlichen Teilen subjektiv ehrlich verfaßt, gleichwohl aber voller Unwahrheiten, Halbwahrheiten und Unaufrichtigkeiten, und überzeugt [sic!], einem höheren und guten Zweck zu dienen, sind sie eine erstrangige und entscheidende Quelle für das, was Goebbels dachte, plante und tat."[155]

Die Veränderungen zwischen 1923 und 1945 sind in den Kladden recht deutlich – aus den sentimentalen, introspektiven und ungehemmten Schreibereien, deren zentrales Thema das eigene Ego war, wurden zurechtgestutzte, unpersönliche und bürokratische Notizen.[156]

Unter forschungseffizienten Gesichtspunkten war für die vorliegende Studie die Durchsicht der so genannten Goebbels-Tagebücher unentbehrlich, da keine Edition journalistischer Arbeiten vorliegt. Auch Biographien und Sekundärliteratur waren unter diesem Aspekt wenig ergiebig, es konnten daraus nur einzelne Hinweise zusammengetragen werden.[157] Insofern wurde eine eigene Artikelsuche notwendig.

Nach Durchsicht der täglichen Notizen zeigte sich, dass die Aufzeichnungen für Goebbels „eine Art Steinbruch sowohl für seine manierierten poetischen Versuche als auch für seine politischen Artikel in Tages- und Wochenzeitungen"[158] waren. Folglich war der Quellenwert für die in einem ersten Schritt zu erstellende Publikationsliste als durchaus hoch anzusetzen. Die täglichen Niederschriften erwiesen sich als geeignete Grundlage für die Suche nach etwaigen journalistischen Veröffentlichungen, obgleich die Hilfestellung von schwankender Qualität war. Unklar blieb, nach welchen Kriterien der Autor seine Veröffentlichungen entweder ausführlich und datumsgenau oder eher beiläufig erwähnte. Teilweise konnte aufgrund der Angaben punktgenau in bestimmten Medien nach exakt benannten Artikeln oder Textüberschriften gesucht werden; andere Hinweise hingegen ent-

---

154 Michels 1992: 28.
155 Michels 1992: 30f. Vgl. Altstedt 1999: 15; Irving 1995: 5, 14f.; Höver 1992: 25; Hochhuth 1987: 187, 215; Oven 1987: 160; Fraenkel/Manvell 1960: 79.
156 Vgl. Bärsch 2004: 105; Irving 1995: 13; Sösemann 1992b: 6; Nill 1991: 154; Wykes 1986: 36; Heiber 1962: 55.
157 Artikellisten finden sich zwar bei Höver (1992) und Kessemeier (1967), diese sind jedoch nicht komplett.
158 Sösemann 1993a: 147.

hielten weder den genauen Titel des Publikationsorgans noch des Aufsatzes, wodurch die Recherche deutlich erschwert wurde. Auffällig war auch, dass einige Veröffentlichungen zwar angekündigt wurden, tatsächlich aber erst Wochen später, teilweise sogar in anderen Blättern als den genannten oder gar nicht erschienen. Durchgängig interessant blieb, welche journalistischen Arbeiten Goebbels selbst als notierenswert erachtete.

„Ich schreibe, also bin ich: die voluminösen Tagebücher sind Ergebnis eines Mitteilungszwangs, unter dem Goebbels schon früh litt."[159] Diese Reichhaltigkeit der Niederschriften wurde in der vorliegenden Arbeit genutzt, um Goebbels wiederholt selbst zu Wort kommen zu lassen. Dem Leser soll somit ein Eindruck von seiner sprachlich-stilistischen Produktion vermittelt werden; zugleich wird dadurch ein tieferer Einblick in die emotionalen Schwankungen und inneren Spannungen als Auslöser für das Schreiben an sich stellenweise sehr gut möglich. Wer sich des Inhalts annimmt,

> „wird rasch bemerken, daß die Tagebücher redundant sind und nicht selten ins Geschwätzige gleiten; sie enthalten bramarbasierende Passagen, Klischees und dreiste Verdrehungen [...]. Auch insofern zeigen die Tagebücher den redseligsten der Gefolgsleute Hitlers so wie er war. Vieles erscheint wie in einem Zerrspiegel; man muß dann den Brechungswinkel kennen. Der Informationsgehalt der Tagebücher ist je nach der leitenden Frage sehr unterschiedlich. Aufs Ganze gesehen und aufs kritischste benutzt, öffnet sich hier indessen ‚eine einzigartige Fundgrube für ein genaueres Verständnis sei es der Zeit, sei es der Person'."[160]

Den einzelnen Kapiteln dieser Arbeit wurden bestimmte Goebbels-Notizen vorangestellt. Diese markigen Sprüche dienen nicht als illustrative Einsprengsel; die bewusst ausgewählten Eingangszitate beziehen sich auf das im jeweiligen Kapitel dargelegte Thema und sollen in ihrer selbstenthüllenden Kraft einen eigenen Erkenntniswert bringen. Die Zitate stehen nicht für sich allein, sondern sind Teil des analytischen Konzeptes.[161]

---

159 Hachmeister 2005. 13.

160 Hockerts 1999: 264; das Zitat im Zitat stammt von Joachim Fest. Vgl. ebd. 256f., 261; Michels 1992: 33; Reimann 1971: 73; Stephan 1949: 14.

161 Für die Studie wurden die handschriftlichen und transkribierten Goebbels-Notate aus dem Bundesarchiv Koblenz (BArchKo N 1118/61, N 1118/62, N 1118/71 und N 1118/80) verwendet, diese wurden jeweils mit den Editionen von Fröhlich und Reuth verglichen und ggf. ergänzt. Aus diesem Grund enthalten die angeführten Zitate keine weitere Quellenbenennung, sondern sind mit der Datumsangabe versehen, so dass sie in den verschiedenen Editionen bei Bedarf einsehbar sind. Originalzitate aus dem so genannten Goebbels-Tagebuch wurden in der Studie folgendermaßen kenntlich gemacht: Abkürzung „sogGTb" (so genanntes Goebbels-Tagebuch), anschließend genaue Datumsangabe mit Tag, Monat und Jahr. Ausnahme bilden die so genannten Erinnerungsblätter, die mit der Abkürzung „EB" in der Studie auftauchen; sie enthalten keine nähere Datumsangabe. Dokumentiert sind die Erinnerungsblätter in den einschlägigen Archiven, siehe beispielsweise BArchKo N 1118/1, N 1118/61, N 1118/77 und N 1118/101. Vgl. auch Reuth 1992, Bd. 1. Siehe zu den EB auch FN 102.

1.4 Quellenlage

„Goebbels ist deshalb als Untersuchungsgegenstand sehr gut geeignet, weil es von ihm eine große Anzahl von Texten auch aus dieser frühen Zeit gibt. Zudem ist Material vorhanden, das aus der Zeit vor seiner politischen Aktivität stammt. Goebbels hat eine große Anzahl von Propagandatexten verfasst (Reden, Zeitungsartikel, Broschüren), also Texte, die eindeutig von dem kommunikativen Ziel bestimmt sind, werbend eine bestimmte Ideologie und Politik anzupreisen und damit die Hörer/Leser zu beeinflussen, die eigenen Anhänger in ihrem Verhalten zu bestärken, die anderen zu einer Änderung ihres Verhaltens zu bewegen."[162]

Zwar bildet die große Anzahl verschiedenartiger Texte eine ausgezeichnete Materialgrundlage für eine Untersuchung, gleichzeitig stellte sich für die vorliegende Arbeit eine inhomogene Quellenlage dar.

Das Bundesarchiv Koblenz verwahrt den literarischen Nachlass von Joseph Goebbels.[163] Im Archivgut sind neben den täglichen Aufzeichnungen zahlreiche private Briefe und Korrespondenzen, universitäre Immatrikulationen, Schulzeugnisse, diverse Dramen und Gedichte, Goebbels' Dissertation, Feldpostkarten, Fotografien, Unterschriftsproben, Notizen, Urkunden und sonstige Personaldokumente enthalten. Außerdem sind die Handakten zur rechtlichen Auseinandersetzung um den literarischen Nachlass zugänglich.[164] Zum Nachlass sollten zudem gemäß Findbuch[165] zwölf Zeitungsausschnitte der Jahre 1922/23 mit Beiträgen von Joseph Goebbels gehören, diese sind aber nicht mehr auffindbar. Insgesamt ist die Quellenlage im Bundesarchiv gut, für ein umfassendes Abbild des Journalisten Goebbels reichten die überlieferten Akten und Korrespondenzen jedoch nicht aus. Der umfangreiche Briefwechsel, den Goebbels mit Freunden, seinen Liebschaften und dem Elternhaus führte, gewährte jedoch wertvolle Einblicke, die der Studie als Ergänzung dienten.

Als vortreffliche Fundgrube erwies sich die erstaunlich umfangreiche Sammlung im Stadtarchiv Mönchengladbach. Die Archivbestände entstammen dem Depositum Reuth.[166] Außerdem beherbergt das Stadtarchiv Goebbelssche Zeitungs-

---

162 Nill 1991: 149f.

163 BArchKo N 1118.

164 BArchKo 20783–1 bis 5.

165 BArchKo 858. Dieser Hinweis findet sich ebenfalls in der Biographie von Helmut Heiber (vgl. Heiber 1962: 34).

166 Diese Sammlung wurde vom Goebbels-Biographen Ralf Georg Reuth zusammengetragen und nach Abschluss seiner Arbeit dem Archiv überlassen. Sie enthält größtenteils Materialien aus dem Bestand François Genouds. Siehe dazu FN 125. Diese Dokumente waren davor nicht zugänglich und sind selbst im Bundesarchiv nicht zu finden. Die sich im Privatbesitz befindlichen Materialien sollten in ihrer Gesamtheit ausschließlich für die Recherchen zur Biographie dienen. Nach der Publikation übergab Reuth die „Sammlung Goebbels" (also sämtliche Unterlagen und Notizen inklusive der Genoud-Materialien) dem Stadtarchiv Mönchengladbach. Heute ist der Bestand dort unbeschränkt zugänglich. Der Archivmitarbeiter und Soziologe Manfred Wittmann hat von 1991 bis 1993 das Depositum nochmals bearbeitet, die etwa 15.000 Blätter umfassende Sammlung sortiert, katalogisiert, stellenweise ergänzt und weitgehend vervollständigt.

artikel der *Westdeutschen Landeszeitung*, *Rheydter Zeitung* und *Völkischen Freiheit*, da diese Medien hier verfilmt sind.

Als Hauptquellengrundlage der Studie dienten sämtliche Original-Zeitungstexte, die Goebbels in der Zeit zwischen 1923 (gegebenenfalls auch früher) und 1933 publizierte. Als notwendige zentrale Vorarbeit wurde daher das Erstellen einer möglichst kompletten Bibliographie der journalistischen Beiträge erachtet. Der Großteil der Forschung wurde auf die ausführliche Materialsuche und spezifische Artikelzusammenstellung verwandt.

Den zeitgenössischen Publikationen kam eine große Bedeutung zu. Um sich dem Thema anzunähern, mussten Aufzeichnungen herangezogen werden, die den persönlichen Weg des Protagonisten aufzeigen und möglichst getreu wiedergeben konnten. Zwar wurde umfangreiches Sekundärmaterial herangezogen, dieses erwies sich jedoch als unbefriedigend; es ließen sich nur wenige Erläuterungen zur Journalistenlaufbahn darin finden.

Eine der Hauptquellen musste folglich das so genannte Goebbels-Tagebuch sein, da andernorts kein Aufschluss über mögliche Publikationen erlangt werden konnte. Für den Einstieg in die Materialrecherche erwiesen sich die Aufzeichnungen als eine hervorragende Hilfestellung. Meistens konnten aufgrund der vom Autor selbst benannten Publikationsorte und -daten auch die Bestände der entsprechenden Zeitungsartikel erschlossen werden.[167] Wie erläutert, waren an diese Quelle strenge Maßstäbe anzulegen: Aus der Fülle des Materials wurden ausschließlich solche Äußerungen verwendet, die Hinweise auf mögliche publizierte Texte lieferten. Anhand dieser Notizen wurde eine ausführliche Publikationsliste erstellt, die neben Datumsangaben teilweise auch ganz konkrete Anhaltspunkte zum Medium enthält.[168]

Der Quellenbestand im Institut für Zeitungsforschung Dortmund[169] stellte sich als vorrangig geeignet heraus. Es galt, alle einschlägigen Periodika zu untersuchen. Die in Frage kommenden Jahrgänge wurden anhand der eigenen Hinweisliste gesichtet und die Zeitungsbestände nach Goebbels-Texten durchgesehen. Sofern auffindbar, wurden aus den Original-Jahresbänden und von Mikrorollfilmen alle Artikel kopiert, die zweifelsfrei von Goebbels stammen.[170] Die Recherche förderte einen Großteil der Originalquellen hervor. Dennoch zeigte sich, dass für eine umfangreiche Quellenbasis als Ausgangspunkt der Studie mehrstufige Nachforschungen unumgänglich waren.

---

167 Siehe Kapitel I, 1.3 zur Verwendbarkeit der so genannten Goebbels-Tagebücher.
168 Siehe dazu im Anhang Nr. 5 die Listung der Zeitungsartikel inklusive der entsprechenden Hin- und Verweise.
169 Das Archiv und seine Dokumentationsstelle für Printmedien gelten als zentrale Anlaufstelle für Recherchen in Zeitungsbeständen. Als einzige überregionale Einrichtung der Presseforschung und -archivierung existiert ein Schwerpunkt bei Blättern aus dem 19. und 20. Jahrhundert.
170 Richtunggebend waren dabei entweder die vollständige Autorennennung oder die aus den Biographien als bekannt hervorgegangenen Pseudonyme (Ulex, Itza) und Initialen (Dr. G.). Siehe Kapitel III, 2.4 zu Kürzeln und Pseudonymen.

Eine ähnlich gute Quellenlage wie in Dortmund besteht im Institut für Zeitge-schichte (IfZ) München, das neben dem Archiv eine Spezialbibliothek beher-bergt.[171] Die Recherchen im IfZ erwiesen sich als wertvoll, da die Artikellücken hier geschlossen werden konnten.

Zur Vervollständigung[172] der Materialsammlung wurden außerdem herange-zogen: die Quellenbestände im Archiv Staatsbibliothek zu Berlin/Preußischer Kulturbesitz (Haus Unter den Linden und Zeitungsabteilung im Westhafenspei-cher), in der Bayerischen Staatsbibliothek München, im Bundesarchiv Berlin, in der Forschungsstelle für Zeitgeschichte Hamburg, im Landesarchiv Nordrhein-Westfalen (Hauptstaatsarchiv Düsseldorf), im Stadtarchiv Wuppertal, in der Uni-versitätsbibliothek der Freien Universität Berlin, in der Universitäts- und Landes-bibliothek Bonn, in der Universitäts- und Landesbibliothek Düsseldorf, in der Universitäts- und Stadtbibliothek Köln sowie in der Zentralen Universitätsbiblio-thek der Humboldt-Universität zu Berlin. Die Universitätsbibliothek Passau und die Universitätsbibliothek Lüneburg lieferten zusätzliche Mikrofilmbestände zum Abgleich.

Die Sammlung der Originaldokumente erwies sich als erfolgreich: nach Sich-tung der Archivbestände konnten insgesamt 791 Artikel gehoben werden. Die Tatsache, dass sich im Rahmen der aufwendigen Recherchen soviel Material an-sammelte, macht deutlich, auf welcher umfangreichen Quellenbasis die vorlie-gende Arbeit aufgebaut und somit die bisherige Forschungsperspektive erweitert werden konnte: erst aufgrund der unerwartet vielen und größtenteils neu entdeck-ten Materialien war es gegenwärtig möglich, eine qualitativ hochwertige systema-tische Auswertung der Zeitungstexte vorzunehmen.

Nicht berücksichtigt wurden Goebbels' unveröffentlichte Dichtungen und lite-rarische Arbeiten, da er in seiner Rolle als Literat, Lyriker und Romancier bereits Eingang in die Forschung[173] gefunden hat und diese belletristischen Versuche für die Untersuchung seiner journalistischen Rolle als vernachlässigbar betrachtet wurden. Im biographischen Zusammenhang werden diese Arbeiten lediglich zur Illustration seines Schreibtalentes erwähnt. Ebenfalls unbeachtet blieben seine politisch-ideologischen Schriften[174], da sie erstens als offene Propagandaprodukte betrachtet werden müssen und zweitens in ihrer Form als umfangreiche Buchpub-

---

171 Das Sammelgebiet umfasst die Geschichte des 20. Jahrhunderts und legt seinen Schwerpunkt auf die deutsche Geschichte seit 1918. Das Archiv mit seiner forschungsbezogenen Funktion hat sich als thematische Hauptsache die Vorgeschichte und Geschichte des Nationalsozialis-mus gewählt.

172 Einige der Medien sind heutzutage nicht mehr greifbar, teilweise bleiben daher einzelne Be-standslücken bestehen, die meist jedoch nur einzelne Publikationen betreffen. Unzugänglich waren auch die ausländischen Presseorgane. Die fehlenden Artikel wurden im analytischen Teil explizit genannt und in die Untersuchung einbezogen.

173 Vgl. Beißwenger 2000; Michel 1999; Wambach 1996; Höhn 1994; Nill 1991; Scheffels 1988; Neuhaus 1974.

174 Um nur einige zu nennen: Das kleine abc des Nationalsozialisten, Der Nazi-Sozi, Kommu-nismus ohne Maske, Die verfluchten Hakenkreuzler, Revolution der Deutschen, Rassenfrage und Weltpropaganda, Der unbekannte SA-Mann, Vom Proletariat zum Volk.

likation einen geringen journalistischen Charakter aufweisen. Herangezogen zum Vergleich wurden allerdings die Sammelbände[175], in denen Goebbels ausgewählte Zeitungstexte nochmals in Buchform herausgab.

Ein Wissenschaftler ist immer auf der Suche nach neuen Quellen für seine Forschungsarbeit. Das archivalische Material zur Geschichte des Nationalsozialismus ist bereits in großem Umfang ausgewertet und publiziert worden, so dass Aufsehen erregend Neues kaum noch zu erwarten war. Dennoch hat die Forschungsarbeit einen erstaunlich großen Bestand an Fundstücken zu Tage befördert. Einige wenige dieser Materialien wurden in der Fachliteratur im Zusammenhang mit Goebbels' journalistischen Gastauftritten am Rande erwähnt – aber weder näher beleuchtet noch mit der exakten Quellenangabe versehen. Der erheblich größere Teil der Zeitungsartikel blieb bislang jedoch unentdeckt. So konnte in dieser Studie anhand der zahlreichen unbekannten Archivmaterialien erstmals eine genaue Rekonstruktion von Joseph Goebbels' Werdegang als Journalist vorgenommen werden.

1.5 Methodisches Vorgehen

Die vorliegende Arbeit ist eine Individualbiographie, will sich aber in ihrer Anlage bewusst von einer zu großen Personenzentriertheit lösen. Innerhalb der mediengeschichtlichen Forschung sind biographische Arbeiten bis dato meist stark fokussierend auf das Subjekt ausgerichtet, was wissenschaftlich wenig überzeugend erscheint. Von dieser Art individualbiographischer Analysen muss die Kommunikationswissenschaft zügig Abstand gewinnen. Diese Studie wagt daher den Versuch, neue Ansätze der biographischen Forschung aufzugreifen. Dabei wird der Weg in den Journalismus systematisch untersucht und die zu erforschende Persönlichkeit in erheblichem Maß im Konnex ihres Umfeldes zu erfassen versucht. Aufgrund vorliegender (also manifester) Texte wird einerseits die soziale Wirklichkeit eingefangen, andererseits die Untersuchung auf dem Hintergrund allgemeiner Zeitströmungen durchgeführt, so dass Ansichten und Erfahrungen wiedergegeben werden können und Ideologien in den kommunikativen Prozessen ihren Ausdruck finden.

Die biographische Methode

Obgleich die Kommunikationswissenschaft die Journalisten längst nicht mehr als quasi omnipotente Kommunikatoren versteht, existiert bislang kein Bemühen um eine adäquate Methodik für kommunikationsgeschichtliche Biographien. In Deutschland blieb der Einsatz der so genannten biographischen Methode vorerst auf Psychologie und Pädagogik beschränkt, später wurde er auf Linguistik, Volks-

---

175 Mit folgenden Titeln: Wege ins Dritte Reich, Das Buch Isidor, Knorke, Der Angriff, Wetterleuchten.

kunde und Literaturwissenschaft erweitert. Im Zuge der Diskussion um die Verwendung qualitativer versus quantitativer Methode wurde dem Ertrag biographischer Materialien Aufmerksamkeit geschenkt. In der Kommunikationswissenschaft ist die biographische Methode bislang ein marginaler Seitenstrang, der Terminus „Medienbiographie" findet erst seit den 1980er-Jahren überhaupt Verwendung. Einen einheitlichen Ansatz der Biographieforschung gibt es nicht, auf ein Standardwerk zur kommunikationshistorischen Forschungsmethodik oder zur Biographie unter kommunikationswissenschaftlichen Aspekten kann nicht zurückgegriffen werden.

Obwohl kein festes Regelwerk für den Einsatz der biographischen Methode vorliegt, muss dem Verfahren nicht Beliebigkeit unterstellt werden. In den Bereichen Sozialisationsforschung, Sozialgeschichte und -psychologie ist die Arbeitsweise längst etabliert; Instrumentarien wie Autobiographien, schriftliche Dokumente (Tagebücher, Briefe) sowie lebensgeschichtliche Zeugnisse und Aussagen sind anerkannt. Um dies auf die Kommunikationswissenschaft zu übertragen, bedarf es weiterer Überlegungen: Der bisherige Methodenkanon muss ergänzt, Schwächen der Mediengeschichtsschreibung sollen überwunden und eine methodische Neuorientierung gewagt werden. Orientierungspunkt können Überlegungen sein, die in den Geschichts- und Sozialwissenschaften[176] angestellt wurden: Eine Persönlichkeit sollte nicht ausschließlich aus ihrem autonomen Selbst heraus erfasst werden, sondern im Konnex der gesellschaftlichen Ebenen. Erfahrungen, frühe Eindrücke und Situationen sind als so genannter Wissensvorrat prägend. Die Person muss zwar in den Mittelpunkt der Forschung gerückt werden; sie ist aber immer in Abhängigkeit von sozio-ökologischen Bedingungen zu betrachten.

Biographieforschung bedeutet eine umfassende Thematisierung von Subjektivität; im Zentrum des Interesses befindet sich die Eigenperspektive der handelnden Personen. Die biographische Forschung konzentriert sich auf das gesamte Leben des Protagonisten – dies gilt auch für den Fall, dass lediglich ein Teilabschnitt im Vordergrund steht. Die Fokussierung auf das Subjekt darf nicht zum Selbstzweck werden, Fragestellungen müssen also stets mit der wissenschaftlichen Disziplin korrespondieren. Eine Methodenrevision findet nur statt, wenn unreflektiertes Nacherzählen einer Lebensgeschichte von einer am handelnden Subjekt ausgerichteten Geschichtsschreibung abgelöst wird. Soziale Milieus haben einen biographiekonstituierenden Charakter und sind Bausteine bei der Rekonstruktion individueller Lebensläufe. Der Blick auf historische Ereignisse, ebenso auf soziale Klassenschichtung, Generationenzugehörigkeit, konjunkturelle Zyklen und Krisen ermöglicht Einsichten in gesellschaftliche Mechanismen, die letztendlich Lebenswege regulieren. Ausgehend von den unmittelbaren Lebenserfahrungen der Einzelnen kann der Forscher so den Zugang zum konkret-historischen Alltag erschließen.

Das forschungsleitende Interesse bei der Erarbeitung einer journalistischen Berufsbiographie besteht darin, die zu untersuchende Person einerseits in ihrer biographischen Gesamtheit darzustellen und andererseits als Objekt der Kommu-

---

176 Vgl. Kohli/Robert 1984; Gestrich/Knoch/Merkel 1988; Szczepanski 1974.

nikationswissenschaft zu begreifen. Die publizistische Tätigkeit steht dabei zwar im Zentrum der Betrachtung; zugleich sind jedoch die historischen, politischen, kulturellen, ökonomischen und sozialen Bezugsrealitäten zu berücksichtigen. Die Darstellung des journalistischen Werdegangs wäre demnach unvollständig, wenn nicht auch beispielsweise auf Primärsozialisation, politische Prägung, historischen Kontext und Geschichte des jeweiligen Mediums eingegangen wird. Erst so findet eine Verknüpfung von Mediengeschichte und Lebenslauf statt.

> „Die Feststellung über das Ineinander von Mediengeschichte, Menschheitsgeschichte und Lebensgeschichte mutet zwar auf den ersten Blick nicht sonderlich innovativ an, weil sie einen selbstverständlichen Tatbestand zutreffend beschreibt. Bei einem zweiten Hinsehen stellt man jedoch fest, daß sich die Medienforschung dieser Verknüpfung von Medien- und Lebensgeschichte bisher kaum oder nur unzureichend angenommen hat."[177]

Der Erkenntniswert kann durch Auswahlprinzipien angehoben werden; ein Forscher muss bestimmte Schwerpunkte setzen, um unter dezidierten Aspekten eine Fachbiographie herleiten zu können. Es erschien somit wichtig, die Persönlichkeitsstruktur von Joseph Goebbels so zu rekonstruieren, dass die Entwicklung hin zum Journalismus verständlich wird. Der Versuch eines Psychogramms war dabei zu vermeiden; die Herausarbeitung psychologischer Strukturen ist nicht Aufgabe der Kommunikationswissenschaft. Vielmehr ging es darum, einen biographischen Zugriff zu ermöglichen, indem die Analyse der publizistischen Originale mit den biographischen Entwicklungslinien verwoben wurde. Die journalistischen Entwicklungsschübe wurden deshalb auch als Folge von einzelnen Ereignissen im Lebenslauf verstanden.

Die Katalogisierung

Zentraler Untersuchungsgegenstand war Goebbels' journalistisches Werk. Mit Hilfe des publizistischen Textmaterials konnten Entstehungszusammenhänge, Rahmenbedingungen, inhaltliche Schwerpunkte, Arbeitsweisen und Zugänge zu den verschiedenen Medien rekonstruiert werden. Für diese pressehistorische wie individualbiographische Anlage musste eine systematische Datenerhebung vorgenommen werden. Diese sollte nach einer entsprechend aufmerksamen Quellensichtung und -edition als verlässliche Basis für die eigene Auswertung und langfristig für Folgeforschungen erhalten bleiben.

Die Suche nach Daten erfolgte in mehreren Schritten: Die Ausgangsdatei basierte auf den Angaben der so genannten Goebbels-Tagebücher. Sie wurde durch die aus den Biographien ermittelten (begrenzten) Daten ergänzt und verifiziert. Angaben aus der Internationalen Bibliographie der Zeitschriftenliteratur[178] und der Sekundärliteratur kamen hinzu. Anhand dieser Hinweissammlung wurde die ausführliche Primärquellenerschließung vorgenommen.

---

177 Rogge 1982: 274.
178 Vgl. Dietrich 1922–1933.

Diese nahezu komplette Materialerhebung erforderte die Entwicklung eines passenden Dokumentationssystems. Bestandsübersichten sowie detaillierte Nachweise der unterschiedlichen Dokumente fehlten bislang. Deshalb wurde für die vorliegende Arbeit ein Verzeichnis der publizierten Goebbels-Texte für den Zeitraum von 1919 bis 1933 erstellt. Damit liegt erstmals ein umfassender und geordneter Überblick über die journalistischen Materialbestände vor. Die Datenpakete wurden mit genauen Textbezeichnungen und Quellennachweisen versehen, so dass von nun an ein schneller und unproblematischer Zugang zu den Originalartikeln jederzeit möglich ist. Die Auflistung der erschlossenen Artikel präsentiert sich somit als übersichtliches, leicht zu handhabendes Nachschlagewerk und als wertvolles Instrumentarium für zukünftige Forschungsvorhaben. An diese systematische formale Erfassung schloss sich im Rahmen des Forschungsprojektes eine grundlegende quellenkritische wissenschaftliche Reflexion an.

Die detaillierten Quellennachweise der Originaltexte wurden nicht in den fortlaufenden Text eingebettet. Die einzelnen Artikel werden mit ihrem vollständigen Titel genannt und sind zusätzlich mit Kennungen versehen. Diese gut überschaubaren Codes verweisen auf die ausführlichen Darstellungen im Anhang.

Der quellenkritische Ansatz

Aufgrund der Materialfülle musste ein methodischer Weg gefunden werden, mit dessen Hilfe der Untersuchungsgegenstand eingegrenzt werden konnte, ohne die Aussagefähigkeit der Studie zu gefährden. Gewählt wurde eine Darstellungsweise, deren Schwerpunkt eine Kombination von personenbezogener Ebene und sachsystematischer Dimension bildet. Gemäß dem historisch-hermeneutischen Ansatz zielt diese Untersuchung in allen ihren Teilen darauf ab, geschichtliche Wirklichkeit durch die Zusammenführung von Primär- und Sekundärquellen zu rekonstruieren. Zum hermeneutischen Vorgehen gehört es, dass bei jeder Betrachtung, Interpretation und Einordnung singulärer Sachverhalte immer das soziale Umfeld einbezogen wird. Die Situation der Textentstehung, Motivation und Intention des Verfassers sowie die Deutung des Textes innerhalb der sozialen Realität stehen im Mittelpunkt dieser Vorgehensweise. Das deskriptive Verfahren begutachtet geschichtliche Handlungen und Zusammenhänge aus heutiger Perspektive, ohne den historischen Rahmen zu ignorieren. Eine ausführliche quellenkritische Auswertung der journalistischen Inhalte ermöglicht die systematische Beschreibung kommunikationswissenschaftlicher Phänomene.

Die Kombination aus Deskription und Explanation erschien daher in Verbindung mit der Individualbiographie als geeignet. Für die Untersuchung und Darstellung der von Goebbels vermittelten journalistischen Inhalte wurde das quellenkritische Vorgehen der inhaltsanalytischen Methode vorgezogen – eine zusätzliche mikrostrukturelle Analyse von Teilaspekten wäre über den Rahmen der Arbeit hinausgegangen und hätte vom eigentlichen Erkenntnisinteresse der Studie weggeführt. Quantitative Verfahren sind bei der Interpretation großer Textmengen vorteilhaft, da formale und inhaltliche Merkmale erfassbar sind. Bedient sich der

Forscher der Methode der quantitativen Inhaltsanalyse, so kann er die Komplexität der Berichterstattung recht elegant reduzieren. Gegen diese Reduktion von komplexen Zusammenhängen auf wenige ausgewählte Aussagen (meist Zahlen, Mittelwerte, Prozente und ausgesuchte Merkmale, die dann mit Zahlenwerten belegt werden) spricht, dass die Inhaltsanalyse im Kern eine positivistische Methode ist. Sie ist für einfach zu interpretierende Quellengattungen (beispielsweise Zeitungsanzeigen) angemessen, nicht aber, wenn die Gedankenwelt eines Autors und seine Texte das Forschungsvorhaben leiten.[179]

Zeitungen und Zeitungsartikel können als geronnene Form eines wichtigen Teils nationalsozialistischer Außen- und Binnenkommunikation begriffen werden. Bei ihrer Interpretation muss immer ein Kontext hergestellt werden. Dem Vergleich zwischen einer verschriftlichten und einer tatsächlichen Situation kommt eine entscheidende Bedeutung zu. Die historisch-empirische Forschung spürt alle überlieferten Informationen auf und bezieht bei der Auswertung auch Presseerzeugnisse als Quellen mit ein. Sofern das nicht geleistet wird, entstehen Legenden, die mangels besserer Einsicht dauerhaft kolportiert werden. Da die Presse des Nationalsozialismus in öffentlichen Bibliotheken kaum zugänglich ist und die in dieser Untersuchung verarbeiteten Archivmaterialien noch nicht ediert sind, sollen häufige Zitate die Fülle der Überlieferung widerspiegeln. Umfangreiches Material wurde auch aus dem Grund präsentiert, um eine Überinterpretation losgelöster Textstellen zu vermeiden. Singularisierende oder gar pointierende Quellenarbeit war angesichts der außerordentlich umfangreichen Textmengen ohnehin nicht sinnvoll.

Bei dieser historiographischen Arbeit über Goebbels' journalistischen Werdegang fand eine Verknüpfung quantitativer und qualitativer Daten statt. Einerseits beanspruchte die chronologisch angelegte, nüchtern referierende Schilderung seiner journalistischen Tätigkeit einen großen Umfang; andererseits zielte die publizistikwissenschaftliche Untersuchung auf eine systematisch und intersubjektiv überprüfbare Analyse ab.

179 Sehr komplexe Texte können inhaltsanalytisch nur bewältigt werden, wenn die Entwicklung des Kodierschemas sowie Probelauf und Evaluation der Methode die Reproduzierbarkeit gewährleisten. Es müsste ein Kodierschema entworfen werden, das kaum weniger umfangreich als die Texte selbst wäre. Dazu würden unbedingt auch Erklärungen zum Textkorpus gehören, aus denen ersichtlich wäre, wann Inhalte ernst, wann als Ironie oder wann als Anbiederung an den Adressaten zu verstehen sind. Eine derartige Vorgehensweise ist für die historische Quelleninterpretation eher fragwürdig. Ein quantitativer Vergleich der Daten erschien im Fall der Goebbels-Artikel als nicht gerechtfertigt. Auch die qualitative Inhaltsanalyse wurde ganz bewusst nicht geleistet. Sie wäre das Anschlussprojekt bei der Bewertung des journalistischen Werks und stellt ein auf dieser ersten Rahmenuntersuchung basierendes zusätzliches Forschungsprojekt dar.

Die Textarbeit

Die große Datenmenge machte es erforderlich, geeignete Strategien für ihre Bewältigung zu entwickeln. Als zentrale Technik wurde die systematische Strukturierung gewählt. Das Kriterium wurde erfüllt, indem alle in die Untersuchung einbezogenen Pressetexte unter den gleichen Gesichtspunkten analysiert wurden. Die Intersubjektivität ist gewährleistet, da die Untersuchung in allen Schritten so ausführlich dokumentiert wurde, dass sie im Prinzip wiederholbar ist. Bei der Strukturierung ging es darum, a) bestimmte Aspekte aus dem Material herauszufiltern, b) unter vorher festgelegten Ordnungskriterien einen Querschnitt durch das Material zu ziehen und c) das Material aufgrund bestimmter Kriterien einzuschätzen. Damit handelt es sich um eine formale, inhaltliche, typisierende und skalierende Strukturierung.

Das Quellenmaterial wurde atmosphärisch verdichtet: Sämtliche im fraglichen Zeitraum verfassten Artikel wurden gezählt und nach Typen unterschieden, so dass die inhaltliche Erschließung der Texte eine thematische Typologisierung erlaubt. Indem nach Leitbegriffen, Themenschwerpunkten und -gruppen ein eigenes Kategoriensystem geschaffen wurde, konnte die sachsystematische Orientierung vorgenommen werden. Dieses geordnete Vorgehen ermöglichte es, gezielt bestimmte Strukturierungsdimensionen abzuleiten und zu begründen.

Daran schloss sich eine ausführliche quellenkritische Auswertung der journalistischen Inhalte an. Die starke Textorientierung im Analyseteil ermöglicht Rückschlüsse auf Motive, Ursachen und Gründe der Berichterstattung. Welche (auch biographischen) Umstände haben den Journalisten Goebbels zum jeweils untersuchten Beitrag veranlasst? Welche Passagen lassen auf seine Einstellung und deren Veränderungen schließen? Sind chiffrierte Botschaften enthalten und entzifferbar? Welcher im Text eingelagerte Gegenwartsbezug ist erkennbar?

Insgesamt hat dieser Teil der Studie den Charakter einer Materialanalyse. Da das Textmaterial sehr umfangreich ist, galt durchgängig der Grundsatz der exemplarischen Darstellung. Insgesamt handelt es sich also um eine qualitative kategoriengestützte Analyse mit exemplarischen Themenereignissen. Stellenweise längere Zitate oder Zitatpassagen aus mehreren Artikeln machen die Themenkategorien für den Leser plausibel. Das ausgiebige Zitieren ist eine entscheidende Voraussetzung für die Nachvollziehbarkeit der Analyse. Die ausgedehnte wörtliche Wiedergabe wurde auch deswegen für notwendig gehalten, um die Authentizität der Goebbels-Artikel darzulegen und gleichzeitig dem Rezipienten einen Raum für eigene Urteilsbildung zu lassen.

In den jeweiligen Zusammenfassungen wurden in konzentrierter Form die erarbeiteten Befunde vermittelt. Hier werden Häufigkeit und Tendenz der Berichterstattung sowie die Intensität bei der Behandlung bestimmter Themen ersichtlich. Einzelne Abweichungen und untypische Fälle, die im Gegensatz zur Gesamttendenz stehen, fanden ebenfalls Erwähnung. Sie sollten nicht zu Gunsten eines möglichst einheitlichen Gesamtbildes verschwinden.

Historischer Kontext

Der heutige Leser ist nicht ohne weiteres im Stande, die publizistische Tradition oder die Tagesaktualität von Zeitungstexten aus den 20er und 30er-Jahren des zwanzigsten Jahrhunderts zu erfassen – diese Fähigkeit würde ein Publikum voraussetzen, das die Zeitung des selben Tages gelesen hat und sich in identischer historischer Dimension bewegt. Textaussagen können eine latente Bedeutung haben, die sich nur aus einer konkreten Situation heraus ergibt. Besonders Zeitungsartikel sind immer mit zeitlichem Bezug zu deuten – doch genau diese Zeitbezogenheit der Texte macht eine Aufschlüsselung schon nach wenigen Jahren problematisch. Die Rezeption der journalistischen Inhalte wird durch die aktuelle Natur der Texte zusätzlich erschwert, von der die Nachwelt ausgeschlossen bleibt. Zeitungsbeiträge entstehen in der Regel als Reaktion auf Tagesereignisse. Artikel aus vergangenen Tagen sind deshalb ohne die Kenntnis des historischen Hintergrunds unverständlich.

Goebbels' journalistische Texte zu lesen heißt, eine Chronik der Weimarer Republik aufzuschlagen. Nahezu alle politischen Höhepunkte werden darin erwähnt; und es treten Randereignisse auf, die zwar Zeitgenossen bewegten, dem gegenwärtigen Leser aber unbekannt sind. Wie also Texte über ihren Aktualitätsbezug hinaus messbar machen? Die Verankerung journalistischer Beiträge in der Tagesgeschichte hat Einfluss auf die Methode der Untersuchung. Da es sich bei Zeitungen um „gefrorene" Zeit- und Zweckdokumente[180] handelt, musste die Auswertung auch unter publizistische Gesichtspunkte gestellt werden. Es konnte nicht primär darum gehen, die tatsächlichen Ereignisse der Jahre zu rekonstruieren, sondern die von Goebbels eigens formulierten Sachverhalte zu erforschen.

Medieninhalte und ihre Wirksamkeit können ausschließlich im historischen Kontext analysiert werden. Zeitgeschichtliche Statuten bestimmen das gesellschaftliche Verständnis von Sachverhalten. Demnach kann eine Textrezeption nicht objektiv, sondern ausschließlich inter-subjektiv stattfinden; erst die Bindung an den raum-zeitlichen Kontext macht Inhalte nachvollziehbar. Es galt folglich, historische Linien der Weimarer Republik zu zeichnen.

Die Gliederung dieser Studie richtete sich an bedeutenden Lebensabschnitten von Joseph Goebbels aus. Zu den singulären Texten wurde aus den einzelnen Lebens- und Schaffensabschnitten zusätzliches Material integriert, um bestimmte Textstellen zu erklären oder überhaupt erst grundlegend verständlich zu machen. Darüber hinaus wurde die Arbeit so angelegt, dass anhand der ergänzenden engen Kontextanalyse bestimmte Äußerungen erklärt, beschrieben, modifiziert oder beispielhaft verdeutlicht werden konnten. Die Kontextuierung des Untersuchungsgegenstandes wurde jeweils zu Beginn der Hauptkapitel durch die Beschreibung allgemeiner Aspekte der kulturellen, politischen, ökonomischen und sozialen Bezugsrealität abgerundet.

---

180 Vgl. Hagemann 1951: 15.

Sprachliche Dimension

Eine sprach- oder kommunikationswissenschaftliche Studie, die sich mit Publikationen der Nationalsozialisten beschäftigt, trifft unmittelbar auf eine „entstellte
und entstellende Sprache des totalitären Staates"[181]. Bereits während der so genannten Kampfzeit (1918 bis 1933) wies der Sprachgebrauch der Nationalsozialisten besondere Erscheinungen, typische Wortfelder und inkriminierte Begriffe auf. Victor Klemperer, der diese „Lingua tertii imperii" sammelte, aufzeich-
nete und analysierte, stellte eine Reihe von Veränderungen im alltäglichen
Sprachgebrauch fest. Seiner Ansicht nach waren ausgewählte und stellenweise
neue Sprachformen ein Teil der Inszenierung von Herrschaft; für ihn stellte die
Sprache der Nationalsozialisten den Nährboden einer menschenverachtenden und
rassistischen Gesinnung dar.[182]

Die Sprache gilt als historisches Dokument ersten Ranges, da sie im Stande
ist, Regungen und Strömungen einer Epoche aufzufangen, subtile Einblicke in
Wesen und Charakter eines Zeitalters zu gewähren und sich Eigenarten und
Wandlungen der gesellschaftlichen Vorstellungswelt in ihr reflektieren. Sprache
ist demzufolge als Geschichtszeugnis für die Mentalität ihrer Sprecher heranzuziehen, weil sich ein Niederschlag in der Sprachgestaltung findet.[183]

> „Sprache ist die Gabe allein des Menschen, das verwirrende und befreiende, verräterische und
> erhellende, ausgreifende und fesselnde, lösende und bindende, selige und gefährliche Medium
> und Siegel seines Wesens. [...] Und jedes Wort, das er redet, wandelt die Welt, worin er sich
> bewegt, wandelt ihn selbst und seinen Ort in dieser Welt. [...] Der Verderb der Sprache ist
> der Verderb des Menschen."[184]

So beschreiben es jene Autoren, die seit 1945 mit dem „Wörterbuch des Unmenschen" eigene Betrachtungen der deutschen Sprache anstellen und Maßstäbe für
eine inhumane, unreine und dekadente Sprache aufzustellen versuchen. Dolf
Sternberger, Gerhard Storz und W.E. Süskind spüren dem Erbe des totalitären
Sprachgebrauchs nach, um „den monströsen Wortschatz, die verkümmerte
Grammatik und den Satzbau als Ausdruck der Gewaltherrschaft" zu entlarven und
um die nach wie vor partikular existierenden „Überreste[n] aus dem Wortschatz
der Gewalt, der Überhebung, der Ungeduld und der Lieblosigkeit" in ihrem „zeitgemäße[n] Aufputz" offen zu legen.[185]

Wer sich mit nationalsozialistischer Sprache beschäftigt, wird charakteristische Züge, eigentümliche Vokabeln und sonderbare Beschaffenheiten bemerken.
Und wer in nationalsozialistische Publizistik eintaucht, wird auf neu- und missge-
bildete Ausdrücke, Umdeutungen und Umwertungen, Verkehrungen sowie auf
häufige und tabuisierte Wortgebräuche stoßen. Das Vokabular bildet auf unmittelbare Weise die Vorstellungswelt des Nationalsozialismus ab.

---

181 Berning 1964: 3.
182 Vgl. Sauer 1978: 25f.
183 Vgl. Berning 1964: 1f.
184 Sternberger/Storz/Süskind 1989: 7.
185 Vgl. Sternberger/Storz/Süskind 1989: 8f. und Klappentext.

Als Vehikel der Politik eingesetzt, fand die bewusste und gewollte Prägung der Sprache aus ideologischer und demagogischer Intention heraus statt. Jede Möglichkeit des Sprachmissbrauchs wurde ausgeschöpft: Was „in massenhafter Wiederholung fühllos und achtlos von den Sprechenden mitgeführt, jedoch recht eigentlich von diesen Besitz ergriffen"[186] hatte, diente der öffentlichen Fälschung, Täuschung und Selbsttäuschung. Insofern handelte es sich um Lenkungsversuche einer Sprache, die eine spezifische Staatsgesinnung implizierte und die sich in einer für alle verbindlichen Parteisprache niederschlug. „Das Ziel mancher Regierungssysteme war und ist es, den Menschen auch von seinen inneren unbewußten Sprachreaktionen her zu lenken".[187] Als Instrumente dienten kollektive Phantasien, das vordergründige thematische Aufgreifen von gesellschaftlichen Interessen und die Vermittlung eines apokalyptischen Weltbildes – so dass Sprache vielfach den Bezug zur Wirklichkeit verlor. Stattdessen wurde als Leitbild ein gigantisches Wir-Gefühl aufgebaut, das zugleich mit einer Entpersönlichung und Entindividualisierung einherging. „Die Sprachpraxis erschließt sich also nur vor der Folie der gesellschaftlichen Integrationsmechanismen."[188] Weitere Merkmale der sprachlichen Ausdrucksformen waren degradierender, instrumentalisierender, deformierender und denunzierender Art.

> „Sprache und die in ihr verwendeten Symbole beeinflussen und strukturieren das psychische Erleben. Bestimmte Sprachfiguren und Symbole können wie ein Magnet wirken, der Menschen mit bestimmten seelischen Strukturen anzieht, weil sie die Möglichkeit bieten, sich darin zu erkennen und sich damit zu identifizieren, wodurch diese Menschen sich mit ihrer Art des Erlebens in der Realität verankert fühlen."[189]

Vielfach ist in diesem Zusammenhang die Rede von Sprachmissbrauch und -wandel sowie typischen Sprachformen des Nationalsozialismus, während Adolf Hitler und Joseph Goebbels als Sprachlenker und -schöpfer betitelt werden. Oft entsprach das Gewaltregime auch dem Parteijargon. Bereits vor 1933 prägte die Propaganda das Erscheinungsbild des Nationalsozialismus in Deutschland und produzierte Sonderformen zur Selbstdarstellung der NSDAP und ihrer Organisationen. Der Einsatz der Sprache fand nicht auf argumentativer Ebene, sondern in Verbindung mit Ritualen, emotional-integrierenden Veranstaltungen und in den von in überwältigendem Umfang durch Reden bestimmten Inszenierungen statt.[190]

> „Die Rede war es, die den Stil der öffentlichen Sprache der damaligen Zeit prägte. Der Unterschied zwischen gesprochener und geschriebener Sprache wurde zunehmend verwischt, die Merkmale der agitatorischen Rede bestimmten in hohem Maß auch die Struktur geschriebener Texte."[191]

Betrachtet man die Merkmale des alltäglichen Sprachgebrauchs von Nationalsozialisten, dann sticht der Einsatz von Sondervokabular (beispielsweise „Großdeut-

---

186 Sternberger/Storz/Süskind 1989: 13. Vgl. Berning 1964: 2, 4f.
187 Vorwort von Werner Betz. In: Berning 1964: V.
188 Maas 1991: 26.
189 Bohleber/Drews 1991: 11.
190 Vgl. Bohleber/Drews 1991: 12; Sauer 1978: 3f., 7f.
191 Sauer 1978: 4f.

sches Reich") ebenso wie auch die zunehmende Verwendung von vordergründig objektiviertem Verwaltungsvokabular deutlich heraus. In jenem Entwicklungsprozess, in dem die Sprache der Partei in die Gesellschaft expandierte und die Alltagssprache zunehmend durchdrang,

> „wird deutlich, daß die Politik, die auf den Weltkrieg und den Holocaust zusteuerte, Sprache in diesem vollen Sinne (als Verwirklichung der mit ihr gegebenen Potentiale) bei der ‚Masse' nicht brauchte; sie brauchte allerdings ein soziales Gleitmittel, das die Formierung der Akteure beförderte und den Ablauf der Verwaltungsakte in der Bürokratie ermöglichte."[192]

Die Vorstellung allerdings, dass 1933 in Deutschland eine neue und sogar eigenständige Sprache entstand, die wesentlichen Anteil an der Aufrechterhaltung der Herrschaft hatte, ist hinfällig. Vielmehr nutzten die Nationalsozialisten eine nach 1918 in der deutschen Gesellschaft bereits weit verbreitete konservativ-konformistische Sprache:

> „Die Sprache der Nationalsozialisten war keine neue Sprache. Sie übernahmen das meiste aus dem Deutsch der Weimarer Republik und des Kaiserreiches. Aber sie veränderten die emotiven Bestandteile vieler Begriffe und die Häufigkeit ihrer Verwendung. Was früher Sprachgebrauch einzelner Gruppen war, beschlagnahmten sie für den politischen Sprachgebrauch und unterwarfen Wörter, Wortgruppen und Satzverbindungen der Politik Hitlers."[193]

Insofern gab es sowohl während der „Kampfzeit" als auch im „Dritten Reich" kein eigenständiges Sprachsystem. Stattdessen übernahmen die Nationalsozialisten vorwiegend Begriffe, die in der Arbeiterschaft bereits einen zentralen Stellenwert hatten.

> „Die scheinbare Alltäglichkeit des Wortschatzes, mit der Nationalsozialisten ihre Anschauung von der Gesellschaft wiedergaben, läßt auf den ersten Blick keine Auffälligkeiten erkennen. Sie benutzten dieselben Worte wie Sozialdemokraten und Kommunisten, wenn sie über aktuelle politische Probleme der Weimarer Republik redeten. Ihr Wortschatz zumindest ließ sie nicht als auffällig erscheinen. Ihre Sprache war weder die Schöpfung eines einzelnen Mannes noch ein Sonderfall in der Sprachgeschichte. Sie entstand in der Normalität der Weimarer Republik, sie bediente sich normaler Worte, die in ihrer Bedeutung allgemein verstanden wurden. Produzenten und Rezipienten dieser Sprache ähnelten sich in ihrer Bewußtseinslage und in ihren sozialpsychologischen Dispositionen."[194]

Indem Einzelworte mit einer neuen Bedeutung versehen und durch bestimmte sprachliche Kniffe besondere Konnotationen erzeugt wurden[195], sollte die eigentliche Ideologie erst auf den zweiten Blick sichtbar werden. Dabei ging es immer darum, Emotionen auszulösen und mehr auf eine Appell- statt auf eine Darstel-

---

192 Maas 1991: 29, Klammer im Original. Vgl. Maas 1984: 211–213.
193 Bergsdorf 1981: 47.
194 Sauer 1978: 45.
195 „Charakteristisch für die Technik der Sprachzerstörung der Nazis war die Methode der Euphemisierung von Begriffen. Wer den Begriff ‚Endlösung' erfunden hat, erwarb sich einen Weltrekord an Zynismus. Diese Wortneuschöpfung soll mit einfachen sprachlichen Mitteln die endgültige Lösung eines Problems andeuten und ist zum Inbegriff einer sprachlichen Lüge geworden, hinter der sich die Ermordung von Millionen Menschen verbirgt. Goebbels war der Erfinder auch dieses Begriffs." (Bergsdorf 1981: 47).

lungsfunktion von Sprache zu setzen.[196] Viktor Klemperer hat in seinem „Notizbuch eines Philologen" die Wirkungsweise nationalsozialistischer Sprache folgendermaßen beschrieben: „Worte können sein wie winzige Arsendosen: sie werden unbemerkt verschluckt, sie scheinen keine Wirkung zu tun, und nach einiger Zeit ist die Giftwirkung doch da."[197]

Eine angemessene Reflexion über Sprache ist auch innerhalb dieser Studie ein gutes Instrumentarium, um zeitgenössische Materialien zu bearbeiten. Die Auseinandersetzung mit journalistischen Texten erfordert geradezu entsprechende Überlegungen zum Umgang mit nationalsozialistisch gefärbtem oder verändertem Vokabular. Bei der Interpretation des Textes muss dies nicht nur berücksichtigt, sondern auch innerhalb des möglichen Rahmens dargestellt werden. Der notwendige Zugang zu derartigen Materialien wie Joseph Goebbels' Zeitungsartikeln kann – wie hiermit deutlich wird – eben nicht durch Bestimmung eines eindeutigen Inhalts der untersuchten Texte gefunden werden. Insofern muss eine gewisse Durchlässigkeit erzeugt werden, die bei der Betrachtung der Zeitungsaufsätze die Polyphonie des Textes zulässt, zumal gerade der Verfasser einer solchen Forschungsarbeit weitgehend die Anklänge an die nationalsozialistische Sprache vermeiden muss und nicht unkritisch gerade jene Worte verwenden kann, mit denen sensibel umgegangen werden sollte. Eben jene Begriffe, die diese Brisanz in sich tragen, wurden in dieser Studie bei ihrer ersten Erwähnung beleuchtet; eine in der Fußnote eingefügte Kurzdefinition soll dem Leser eine Einordnung ermöglichen. Dies gilt auch für die Fälle, in denen das Vokabular bereits in die gegenwärtige Umgangssprache Einzug gefunden hat, die Interpretation nach wie vor gültig ist und der Umgang mit dem Begriff erst recht in der Wissenschaftsliteratur üblich; beispielsweise gilt dies für Erläuterungen der Wörter wie „Idee" oder „System". Als eingeführte Begriffe werden sie im Folgetext dann auch ohne Anführungszeichen verwendet, zumal hier eine Orientierung an renommierten Wissenschaftlern (wie dem englischen Historiker und Hitler-Biographen Ian Kershaw) stattgefunden hat und eine solche Handhabung inzwischen gängig ist.

Für den Umgang mit dem NS-Vokabular innerhalb des textkritischen Verfahrens ist anzumerken, dass mit den aus den Texten extrapolierten Mustern ein Zugang ermöglicht werden kann. Da durch die Benutzung bestimmter Worte durchaus auf die politische Gesinnung des Sprechers (und des Autors von Zeitungsartikeln, in diesem Fall also auf Joseph Goebbels) geschlossen werden kann, wird auf Ausschnitte zur Veranschaulichung der besonderen und typischen Verwendungsweisen hier ein besonderer Wert gelegt. Da die Textkritik ebenfalls exemplarisch arbeitet, können in dieser Arbeit jedoch nur Hinweise auf illustrierende Beispiele gegeben werden. Die Verwendung von Wortschatzsammlungen zur Sprache der

196 Zu diesem Sachverhalt: „Gemeint ist damit vielmehr die besondere Art der Sprachverwendung durch die deutschen Faschisten während ihrer Herrschaftszeit, ihre spezifische Gebrauchsweise der deutschen Gegenwartssprache, wie sie vor allem greifbar wird in einem bevorzugt und bewußt verwendeten Teilvokabular, in bestimmten stilistischen und rhetorischen Eigenarten sowie in besonderen propagandistischen bzw. agitatorischen Verwendungsweisen von Sprache." (Kinne 1981: 5).
197 Klemperer: LTI. In: Kinne 1981: 24.

Nationalsozialisten dient dabei als wissenschaftliche Grundlage.[198] Eine ausführliche Erörterung sowohl des Verhältnisses von Sprache und Politik im Kontext der Goebbelsschen Zeitungstexte als auch die tiefergehende Analyse zum gebrauchten bzw. vermiedenen Vokabular kann diese Untersuchung nicht leisten. Die Beantwortung der vielen Fragen, die zugleich entstehen, kann erst durch weitere Forschungsarbeiten erfolgen.

1.6 Aufbau der Studie

Diese Arbeit soll einen Beitrag zur modernen kommunikationsgeschichtlich-biographischen Forschung leisten. Insofern ist die Studie als eine Individualbiographie angelegt, deren Schwerpunkt auf der publizistischen Tätigkeit des Protagonisten Joseph Goebbels liegt. Die Untersuchung hat folgenden Aufbau: Sie besteht aus drei Kernstücken (Kapitel II, III und IV), die von den Einleitungs- und Schlusskapiteln (I und V) umrahmt werden. Die Abschnitte in den Kernkapiteln markieren Zäsuren und heben die wichtigsten Lebensepochen hervor.

Im ersten Teil der Arbeit werden grundsätzliche Erklärungen gegeben; hierfür wird in der Einleitung der Gegenstandsbereich grob umrissen und benannt, der Forschungsstand aufgezeigt und die Fragestellung entwickelt. Nach Darstellung der Quellenlage und -verwendung wird die verwendete Methode erläutert.

Der elementaren Begriffsklärung folgt als erster großer Block (Kapitel II) die Darstellung journalistischer Anfänge im biographischen Zusammenhang. Die Hinleitung zur eigentlichen journalistischen Tätigkeit findet im Kapitel über die frühen Jahre (II, 1) statt, in dem Primärsozialisation[199], Kindheit, Jugend sowie die akademischen Lehrjahre geschildert werden. Besonderes Augenmerk wird auf erste schriftstellerische Erfahrungen gelegt, auf den Kontext der Berufswahl und Begebenheiten, die auf eine spätere journalistische Aktivität hinweisen. In der frühen journalistischen Entwicklungsphase (Kapitel II, 2) manifestieren sich bei Joseph Goebbels erste journalistische Gehversuche – hier nimmt die publizistische Entwicklungslinie ihren Anfang; deshalb ist an dieser Stelle eine genauere Auseinandersetzung mit den Umständen und Inhalten erforderlich. Anschließend stehen jene biographischen Schlüsseldaten im Zentrum des Forschungsinteresses, die als herausragend (weil journalistisch geprägt) eingeschätzt werden können.

Die Anfänge der publizistischen Karriere bilden den Mittelpunkt des zweiten großen Untersuchungsblocks (Kapitel III). Um die Besonderheiten der historischen Situation zu erhalten, wird ein ausschließlich systematisierender Blickwinkel vermieden. Chronologisches und systematisches Vorgehen sind in der Absicht

---

198 Konkret zu benennen sind die Arbeiten von Cornelia Schmitz-Berning aus den Jahren 1964 und 1998 sowie die Sammlung „Schlagwörter und Schlachtrufe" von Kurt Pätzold und Manfred Weißenbecker aus dem Jahr 2002.

199 „Die Familie im weitesten Sinne wird bei der Wahl des Berufes eine bedeutende Einflußquelle darstellen. Die Berufe von Eltern, Geschwistern, Großeltern, weiteren Verwandten und guten Bekannten sind als positive oder negative Vorbilder entscheidungswirksam." (Rühl 1971: 134).

verbunden, dass sowohl Entwicklungslinien als auch einzelne relevante Phänomene herausgearbeitet werden können. Dies gilt ebenso für den großen dritten
Themenblock (Kapitel IV), in dem die entscheidenden Stationen der beruflichen
Etablierung in den Vordergrund gerückt werden. Die großen Etappen der journalistischen Laufbahn werden außerdem in den beiden Kernstücken III und IV jeweils in Hinblick auf die Orientierungsgrößen Gregor Strasser und Adolf Hitler
beschrieben. Diese beiden Führungspersönlichkeiten begleiteten und prägten Joseph Goebbels' zentrale berufliche (politisch und journalistisch ausgeleuchtete)
Lebensabschnitte.

Die bereits skizzierte wissenschaftliche Fragestellung hat Konsequenzen für
den Untersuchungszeitraum, so dass die Jahre 1923 bis 1933 den zeitlichen Rahmen der Studie bilden. Diese Jahre sind zur Erforschung der pränationalsozialisti-
schen Strukturen in Goebbels' Denken und Schreiben ebenso wie für seinen Weg
in den politischen Journalismus relevant. „Von daher bietet es sich an, den
Schwerpunkt der Untersuchung auf einen Zeitraum zu legen, als das Engagement
für die Nazis weder Pfründe sicherte, noch für die Karriere förderlich war, also
auf die Zeit vor der Machtübergabe."[200] Die Ära nach der Machtübertragung auf
Hitler brachte neue Bedingungen mit sich und wurde in der Analyse daher bewusst ausgeklammert. Nach der Staatsumwandlung ergaben sich für den frisch
ernannten Reichspropagandaminister völlig neue journalistische Möglichkeiten;
nach 1933 standen ihm nunmehr sämtliche Medien als Publikationsplattformen
zur Verfügung. Diesen Sachverhalt zu ergründen würde jedoch einen anderen
Untersuchungsansatz verlangen, insofern ist der 30. Januar 1933 als Ende des Untersuchungszeitraums gerechtfertigt.

Goebbels' journalistische Entwicklung kann nur aus seiner Zeit heraus verstanden und erklärt werden. Daher ist die Geschichte der Weimarer Republik –
eine Ära des Umbruchs – zwar Teil der Untersuchung, die historische Dimension
kann aber nicht komplett erfasst werden. Im Fokus der Arbeit steht Goebbels'
journalistische Tätigkeit, die historischen Zusammenhänge werden unter diesem
Aspekt angedeutet und sind nicht auf Vollständigkeit ausgelegt. Zum Verständnis
des Journalismus unter besonderen zeitgeschichtlichen Bedingungen werden die
einzelnen Stationen jeweils mit einem Unterkapitel „Historischer Kontext" eingeleitet. Darin werden die historischen Hintergründe jeder journalistischen Etappe
kurz beleuchtet, um die analysierten Dokumente einordnen zu können.

Journalistische Arbeiten sind als zeitgebundene Aussagen zu bewerten, sie
stehen synonym für die in der Gesellschaft vorherrschenden Grundstimmungen.

„Die Publizistik forscht ja nicht in erster Linie nach den wirklichen Tatbeständen, sondern
nach dem Bilde, das sich die Menschen von diesen Tatbeständen machen oder gemacht haben. Das publizistische Phänomen ereignet sich in der jeweiligen Zeit- und Raumgebunden-
heit seines Ablaufs, gleichsam zeitlos steigt es im Schoß der Gesellschaft auf und verdichtet
sich, und nur seine ‚gefrorenen' Dokumente bleiben als Objekt historischer Forschung zurück. In dieser dokumentarischen Form können sie willkommene Quellen der Geschichtsschreibung bilden, aber sie dienen nur dann der publizistischen Forschung, wenn sie als Zeit-

---

200 Nill 1991: 149.

und Zweckdokumente begriffen und gleichsam zu neuer Gegenwärtigkeit wiederbelebt wer-den."[201]

Das jeweilige Medium, in dem die Artikel erschienen sind, wird in der vorliegen-den Untersuchung ebenfalls berücksichtigt, so dass die Geschichte der einzelnen Presseorgane in bescheidenem Rahmen mit dargestellt wird.

Die inhaltlichen Schwerpunkte des journalistischen Werks von Joseph Goeb-bels werden aus dem enorm umfangreichen Quellenmaterial herausgearbeitet. Für das publizistische Porträt werden die überlieferten Zeitungsaufsätze genutzt. Da das Denken des Akteurs erfasst und wiedergegeben werden soll, muss Goebbels mit seinen Artikeln, Manuskripten und Briefen häufig selbst zu Wort kommen. Das Postulat strikter und größtmöglicher Quellennähe ist oberstes Erfordernis. Die Dokumentenfülle macht eine Binnengliederung der Einzelkapitel sowie partiell auch eine phasenweise Erörterung der Beiträge notwendig: Die Texte der *Natio-nalsozialistischen Briefe* werden in die Phasen I bis III[202] untergliedert und jeweils mit dem historischen und biographischen Zusammenhang verknüpft. Gleiches gilt für die Beiträge im *Angriff*, die je nach Erscheinungsform des Pressemediums in die Abschnitte I bis III[203] unterteilt und dort analysiert werden. Es findet eine strikte Orientierung am Duktus der Primärtexte statt, wobei es keiner Betonung bedarf, dass es dabei um das Verstehen der Texte und keinesfalls um ein Ver-ständnis für die in ihnen bekundeten Inhalte gehen kann.

Aus pragmatischen Gründen, für die Lesefreundlichkeit und um weiterrei-chende Hinweise und separate Anmerkungen anfügen zu können, werden die Zei-tungs- und Zeitschriftenartikel mit zusätzlichen Kennungen belegt. Während im fortlaufenden Text die Artikel mit ihrer Überschrift angeführt werden, enthalten die ergänzenden Fußnoten die passenden Codes. Diese stützen sich auf das detail-lierte Verzeichnis im Anhang und verweisen mit Medienstichwort, Datierung und fortlaufender Nummerierung dorthin.

Die gewonnenen Erkenntnisse werden in Zwischenresümees am Ende der Großkapitel ausführlich zusammengefasst. Die Untersuchung endet mit einer Schlussbetrachtung und Bewertung (Kapitel V). Hier wird die Frage nach Goeb-bels' journalistisch-politischer Rolle noch einmal eindringlich gestellt und umfas-send zu beantworten versucht.

---

201 Hagemann 1951: 15.
202 Es handelt sich hierbei um so genannte Phasen, da die Texte in bestimmte Entwicklungszeit-räume fallen.
203 Es handelt sich hierbei um so genannte Abschnitte, da die Texte in einer journalistischen Teilstrecke zu betrachten sind.

2. DIE ENTWICKLUNG EINER INTERPRETATIONSGRUNDLAGE

Die Definitionen, Differenzierungen und Klassifikationen des journalistischen Berufes sind vielfältig. Medienakteure bewegen sich auf verschiedenen Arbeitsfeldern und in diversen Berufsrollen. Die Berufsgruppe der Journalisten ist inhomogen, die Bandbreite der Tätigkeiten weit gefasst; allen Journalisten gemeinsam ist lediglich der professionelle Umgang mit Sprache und Bild zum Zweck der aktuellen Informationsübermittlung an ein meist anonymes Publikum.[204] Um Missverständnisse auszuschließen, wird in diesem Kapitel auf grundlegende Begrifflichkeiten des journalistischen Milieus und die Interpretationsspielräume eingegangen. Gerade Medienbegriffe werden zwar im allgemeinen Sprachgebrauch verwendet („Für die Alltagsvernunft ist ein Journalist, wer diesen Beruf ‚hat‘.“[205]), sind aber im Rahmen einer wissenschaftlichen Arbeit präzise zu definieren. Nur so können sachliche Unklarheiten und eine Vermischung unterschiedlicher Dimensionen der umgangssprachlichen, alltäglich angewandten Vorstellungen wie auch die Stereotypisierung des Journalistenbildes vermieden werden.

Es gilt, der Studie ein hinreichend vorbereitetes Definitionsfeld zu Grunde zu legen. Um jedoch von dem Untersuchungsgegenstand nicht zu weit weg zu führen, kann an dieser Stelle nur Grundsätzliches zu den unterschiedlichen publizistischen Personen geklärt werden. Da es weder *die* Zeitung noch *den* Verleger gibt und auch nicht *den* Journalisten[206], ist lediglich eine Annäherung an eine Definition des Berufsbildes möglich. Einen gemeinsamen Nenner für die im Journalismus tätigen Personen zu finden, muss ein Versuch[207] bleiben.

In den folgenden Unterkapiteln sollen die Entwicklungen des Journalistenberufs skizziert und die dazugehörigen Begriffe angeführt werden. Da publizistische Arbeit immer in sozialen Zusammenhängen stattfindet und diese auch die jeweilige Definition des Journalisten prägen[208], muss eine Betrachtung unter diesen Prämissen stattfinden. Gesellschaftliche, durch Politik und Wirtschaft bedingte Veränderungen haben immer wieder zu Wendepunkten im journalistischen Berufsbild geführt. Daher wird nach der Klärung erster Begrifflichkeiten eine Gegenwartsdefinition herangezogen, die eine Verständnisbasis bilden soll. Diese heute gültige Begriffsbestimmung, Sinndeutung und allgemeingültige Lesart wird anschließend auf die zeitgeschichtliche Auslegungsebene geholt: Eine Hinleitung zum Journalistenverständnis der Weimarer Republik ist notwendig, die Berufsdefinition kann erst innerhalb des historischen Kontextes ihre Nutzbarkeit erweisen. Im Sinne der hier entwickelten Definition war Joseph Goebbels journalistisch tätig.

204　Vgl. Prott 1976: 18f.
205　Rühl 1998: 19.
206　Vgl. Stöber 1992: 10; Stöber 1998: 110.
207　„Versuche, das journalistische Berufsfeld hinreichend und differenziert zu beschreiben, zeigen die Schwierigkeit, einen – mit zunehmender Tendenz – vielgestaltigen Beruf auf einfache Formen zu bringen." (Weischenberg 2000: 377).
208　Vgl. Rühl 1998: 20f.

2.1 Vom Publizisten zum Journalisten

In der Umgangssprache, partiell auch im Jargon der Praktiker und in der Fachliteratur, werden die beiden Bezeichnungen „Publizist" und „Journalist" gleichbedeutend und austauschbar gebraucht. Diese Synonymie gilt es aufzulösen.

Hendricus Johannes Prakke hat den Publizistik-Begriff weitgehend entgrenzt, indem er öffentliche Aussageträger (also auch Politiker) in seine Definition mit einbezieht. Im Gegensatz zum Journalisten wird hinter dem Publizisten ein politischer Schriftsteller vermutet. Nach Prakke hat der Publizist drei Rollen zu erfüllen: „Als Informator soll er die historische Wahrheit erstreben. Als Kommentator lenkt ihn seine weltanschauliche Wahrheit. Als Sozius (als Übermittler von Unterhaltendem also) beseelt ihn die dichterische Wahrheit."[209] Neben den klassischen Aufgaben der Informationsvermittlung, Kommentierung und Meinungslenkung weist Prakke dem Publizisten noch die Aufgabe des Unterhaltungsproduzenten zu; außerdem gilt er als Deuter, Übersetzer und Botschafter bestimmter gesellschaftlicher Prozesse:

> „Große Publizisten haben sich von jeher darum bemüht, etwas vom Gang der Geschichte, und namentlich, vom Kulturwandel in der eigenen Gesellschaft, selbst zu verstehen und anderen verständlich zu machen."[210]

Diese katalytische Funktion, die aus einem Verständnis des Publizisten als Mittler resultiert, beschreibt auch Walter Hagemann: „Unter einem Publizisten verstehen wir dabei in weitestem Sinne jedes Individuum oder Kollektivum, dessen Aussagen öffentliche Aufmerksamkeit finden oder darum werben."[211] Dass der Inhalt dieser Aussagen nicht allein dem Transport von Fakten und farblosen Informationen dient, sondern der Publizist zudem eine Weltanschauung vermittelt, davon ist auch Kurt Koszyk überzeugt und stellt dies in seiner Abhandlung über die Geschichte der deutschen Presse entsprechend dar. Ein damit verbundenes extremes politisches Engagement des Publizisten endet für Koszyk allerdings mit dem Aufkommen der Massenpresse. Er beklagt, dass Publizisten Ende des 19. Jahrhunderts in ihrer Rolle als hauptberufliche Redakteure zu halsstarrigen Parteigängern und bezahlten Meinungsmachern einer Partei geworden seien.[212] Emil Dovifat spricht von der Überzeugungs- und Wirkungskraft (Persuasion) aller Publizistik und definiert die politische Publizistik als Kern jeder journalistischen Gesinnung. Seiner Ansicht nach kann eine publizistische Aktion sowohl auf Vorbereitung, Sammlung, Ideenfindung und Wegweisung als auch auf Werbung abzielen. „Jede publizistische Aktion muß in den Angesprochenen so verdichtet werden, daß nicht nur Meinen und Wollen, sondern Tun und Handeln ausgelöst werden."[213]

Der Begriff des Publizisten unterliegt einem permanenten Bedeutungswandel. Galt der „Publicist" im 18. Jahrhundert noch als gelehrter Schriftsteller, der sich

---

209 Prakke 1963: 16, Klammer im Original. Vgl. ebd.: 7.
210 Ebd.: 25f.
211 Hagemann 1966: 47, ganzer Satz im Original kursiv.
212 Vgl. Koszyk 1966: 24, 225, 307. Vgl. auch Studnitz 1983: 116.
213 Dovifat 1971: 35, ganzer Satz im Original kursiv. Vgl. ebd.: 7, 29.

mit wirtschaftlichen und kulturellen Gegebenheiten sowie staatlichen Maßnahmen befasste und seine Meinungsbekundung schriftlich an elitäre Kreise richtete, so wandelte sich die Aufgabe in ein an der Allgemeinheit orientiertes Veröffentlichen. Das nachfolgende Jahrhundert brachte dem Publizisten erweiterte Funktionen, obgleich seine Betätigung bis in die Gegenwart als pure Meinungsäußerung aufgefasst wird: Ein Publizist gilt als ein „Autor, der nicht nur Nachrichten veröffentlicht, sondern der zu aktuellen Fragen aus der Sicht einer bestimmten Anschauung seine Meinung zumeist unter Namensnennung vor der Öffentlichkeit und für die Öffentlichkeit ausspricht."[214] Er ist Träger einer öffentlichen Aussage und kann als Leitartikler, Rundfunkkommentator und Redner ebenso auftreten wie als Kabarettist oder Buchautor – immer aber befindet er sich in einem dialogischen Verhältnis zum Rezipienten.

Gehör kann sich der Publizist verschaffen, wenn er zeitgeistige Impulse der betreffenden Epoche aufgreift, sie in seinen Aussagen verwertet und „bestimmte, noch unterschwellig vorhandene Geistesströmungen über die Bewußtseinsschwelle hebt, ins Publikum trägt und von diesem verstanden sowie zum weiteren Publizieren inspiriert wird."[215] Mithin greift ein Publizist innerhalb seines Zeitalters in den Kommunikationsprozess ein, um von den Zeitgenossen beachtet und verstanden zu werden. Seiner sprachbildenden Kraft obliegt es, als Reflektor gegenwärtiger gesellschaftlicher Verhältnisse aufzutreten, jedoch liegt der Akzent seiner Tätigkeit meist in der Politik begründet. Mit bestimmten humanitären Auffassungen und rhetorischen Kunstgriffen bewegt sich ein Publizist in der Öffentlichkeit, um in seinem subjektiven Bestreben die von außen einströmenden Inspirationsimpulse in ein Kompositum eigener (politischer) Anliegen umzusetzen.[216]

> „Publizistik zielt immer auf politische und kulturelle Wirkung, sie ist intentional auf die Beeinflussung der gesellschaftlichen Elite gerichtet, sie bewegt sich über die zeitlichen und technischen Rituale des Tagesjournalismus hinweg – sie transzendiert also die sozialen Subsysteme Journalistik und Politik."[217]

Die Gattungsbezeichnungen Journalist, Propagandist, Feuilletonist, Redner oder Prediger werden synonym verwendet für die eher abstrakte Oberbezeichnung und den „all diese Betätigungen umgreifenden Begriff[es] ‚Publizist'."[218] Wenn im Titel der Arbeit der Begriff Journalist steht, im Inhalt aber Joseph Goebbels auch als Publizist charakterisiert wird, dann ist dies auf genau diese Definition zurückzuführen.

---

214 Fischer 1971: 13; Fischer bezieht sich hier auf die Definition von Wilmont Haacke.
215 Ebd.: 16.
216 Vgl. ebd.: 21f., 29, 57f. Als sendungsbewusste Hauptpublizisten des „Dritten Reiches" werden sogar Adolf Hitler und Joseph Goebbels genannt. Vgl. ebd.: 17f.
217 Hachmeister/Siering 2002: 20f.
218 Fischer 1971: 32. Vgl. ebd.: 31. „Aus all diesem Dargelegten wird deutlich, wie sehr – um der allgemeinen Verwirrung zu begegnen – dafür plädiert werden muß, die Bezeichnung ‚Publizist' als übergeordneten Gattungsbegriff für jedweden sich irgendwie publizistisch Betätigenden zu etablieren." (Ebd.: 33). Vgl. Stöber 2004a: 15.

Bis zum gegenwärtigen Zeitpunkt haben sich folgende Gattungsdefinitionen entwickelt: „Journalist" ist der Sammelbegriff für unselbständige publizistische Berufe, eine Unterscheidung zwischen freiem und festangestelltem Journalisten (Redakteur[219]) ist möglich. Veraltete Bezeichnungen für diese Berufsform sind Zeitunger, Nouvellist, Gazettier, Gazettenschreiber, Concipient, Zeitungsschreiber und Zeitungsmann. Alternativ wird der sich auf tägliche Berichterstattung beziehende Ausdruck „Tagesschriftsteller" verwendet. Davon abgeleitet wird der Berichterstatter – er schreibt, redigiert und/oder fotografiert; er ist objektiven Informationen verpflichtet und hat ein Recht auf unzensiertes Schreiben. Der Reporter ist eher ein flexibler Berichterstatter im Außendienst, während ein Korrespondent meistens an einem bestimmten Ort außerhalb des redaktionellen Umkreises recherchiert und seine Beiträge von dort liefert.

Redaktionsintern werden Medienmitarbeiter je nach Funktion und Ressort unterschiedlich betitelt: Leitartikler, Lokalredakteur, Nachrichtenredakteur usw. kennzeichnen eine Position im redaktionellen Innendienst. Oberhaupt der Zeitung ist der Herausgeber, der die redaktionelle Linie des Blattes bestimmt; zeitweise galt die Bezeichnung als unscharf, konnte sich dahinter doch der Verleger genauso wie der Chefredakteur eines Presseorgans verbergen. Inzwischen ist der Herausgeber meist Geschäftsführer eines Kommunikationsunternehmens und tritt als Repräsentant, Finanzier und Manager auf. Die Leitung der Redaktion hat indes der Chefredakteur inne, der die geistige Unabhängigkeit der journalistischen Mitarbeiter gegenüber dem Geschäftsinteresse der Verlagsleitung gewährleisten soll.

Modernere Bezeichnungen für Journalisten sind Mediator, Gatekeeper und Kommunikator, sie werden als Sprachrohr, Medium und Motor des öffentlichen Willens, als Nachrichtenarbeiter oder Gestalter des geistigen Inhalts einer Zeitung bezeichnet. Diese Benennungen beziehen sich formal auf die Aufgabenstellung. Der Begriff „Schriftleiter" stammt aus dem frühen 20. Jahrhundert und ist gleichzusetzen mit dem Redakteur. In der Zeit des Nationalsozialismus[220] wurde das

---

219 Der Redakteur ist ein fest angestellter Mitarbeiter der Redaktion, der Begriff ist dem Französischen (von rédiger = sammeln, ordnen, leiten) entlehnt und bezieht sich auf das Redigieren von Fremdtexten, Verfassen eigener Texte und administrative Redaktionstätigkeiten. Vgl. Stöber 2005b: 349; Oebsger-Röder 1936: 19.

220 Die Verwendung des Begriffs „Schriftleiter" hatte nach 1933 absolute Priorität. Zur Definition und Funktion hieß es: „Journalist und Publizist sind als Berufsunterscheidungen unbrauchbar. Sie bezeichnen verschiedene Arten der Darbietungstechnik in ein und derselben Ausdrucksmöglichkeit." (Traub 1933: 96). Ebenso verhalte es sich bei den Bezeichnungen „Journalist" und „Redakteur"; insofern könne nur ein Begriff akzeptiert werden, „denn Publizistik, wenn man darunter einmal den Inbegriff der publizistischen Tätigkeit versteht, will, wie bereits gesagt, die Wirklichkeit unter den Gesichtspunkten großer leitender Ideen geistig durcharbeiten und formen. Dazu ist sie aber nur in der Lage, wenn sie sich auf allen Gebieten, dem politischen wie dem wirtschaftlichen und kulturellen, auf ein breites, sicher fundiertes Wissen stützen kann." (Waldkirch 1935a: 175). Vgl. Traub 1933: 92. Von der literarischen Produktion wurde die Brücke zur Tagesschriftstellerei geschlagen: „Der Redakteur nennt sich aber ganz zutreffend Schriftleiter und nicht Schriftsteller. Es muß also doch ein grundlegender Unterschied zwischen ihm und dem Schriftsteller bestehen. In der Tat soll der Schriftstel-

Wort anstelle von „Journalist" und „Redakteur" verwendet, da ausschließlich deutsche Vokabeln die deutsche Sprache prägen sollten.[221]

2.2 Die „publizistische Persönlichkeit"

Auch Emil Dovifats Schlüsselbegriff der so genannten publizistischen Persönlichkeit soll in dieser Arbeit berücksichtigt werden, da sie als wichtige Interpretationsfolie – vor allem auch in Bezug auf Goebbels' journalistisches Rollenselbstbild – dient. Es handelt sich um eine mehrstufig entwickelte, 1956 und 1963 veröffentlichte Definition, in der die personalen Wesensmerkmale eines Publizisten dargestellt wurden und die das Selbstverständnis zahlreicher Journalistengenerationen geprägt hat. Seine These umschreibt den Glauben an die innere Berufung eines Journalisten.

> „Nur als *Ruf* und als *Berufung* möchten wir den Journalismus, möchten wir alle publizistischen Berufe werten. [...] Die *unbedingte Forderung nach einer inneren Berufung* aber ist auch deshalb unerläßlich, weil dem journalistischen Beruf eine *öffentliche Aufgabe, eine öffentliche Verpflichtung gesetzt ist*."[222]

Cecilia von Studnitz hat in ihrer Studie über das journalistische Berufsbild die Frage nach dem Talent bzw. der Erlernbarkeit des Journalismus diese Ansichten aus den 1960er- und 1970er-Jahren nochmals zusammengefasst. Der Journalist, so die Kernaussage von Wissenschaftlern, Redakteuren und Reportern, müsse für seinen Beruf geboren sein. Die journalistische Begabung[223] sei angeboren und daher weder anzulernen noch zu erarbeiten. Journalistisches Schreiben könne zwar erlernt werden, die Begabung aber bleibe der entscheidende positive Indikator. Die Meinung der in diesem Berufsfeld tätigen und forschenden Personen stand fest: „So wird nur der ein guter Journalist, der immer schon einer war."[224]

Diese Idee ist nicht neu. Anfang des 20. Jahrhunderts war diese Auffassung von einer natürlichen Veranlagung beim Journalisten in Fachkreisen wie auch im öffentlichen Bewusstsein durchaus weit verbreitet. So stammt folgende Beschreibung aus dem Jahr 1916:

---

ler Erfinder von Ideen sein, der Schriftleiter aber ist der Einrichter einer Zeitungssparte."
(Oebsger-Röder 1936: 22).

221 Vgl. Donsbach 2002: 78f.; Hachmeister/Siering 2002: 31; Lorenz 2002: 3f.; Stöber 2005b: 349f.; Requate 1995: 132f.; Körber/Stöber 1994: 224; Sonderhüsken 1991: 65; Kunczik 1988: 25; Studnitz 1983: 7, 22; Donsbach 1979: 42; Matthies 1969: 15; Oebsger-Röder 1936: 19.

222 Dovifat 1990: 65, kursiv im Original. „Der junge Publizist wird von dem ergriffen, was man eine *Art von ‚Berufung'* nennen kann. Er will Altes mattsetzen, Vergängliches umstürzen, Neues aufbauen." (Dovifat 1971: 44, kursiv im Original).

223 „Sie [Anmerkung: die Begabung] bleibt in ihrem Konglomerat von Instinkt, Fingerspitzengefühl, Inspiration, Sendungsbewußtsein, Beweglichkeit, Lebensneugier oder Kreativität stets Mystik. Einigkeit herrscht über den Ursprung. Begabung ist angeboren, in die Wiege gelegt, also nicht zu lernen. Im Gegenteil: durch ein Zuviel zum Beispiel an akademischer Ausbildung wird sie sogar bedroht." (Studnitz 1983: 101).

224 Studnitz 1983: 101.

„Die Kunst des Redakteurs liegt in den Fingerspitzen, in dem Gefühl für die Bedürfnisse des Lesepublikums, für das Aktuelle, Ziemliche und Mögliche, in der Fähigkeit, die hunderterlei Klänge, die sein Ohr treffen, wie ein Kapellmeister zu orchestraler Wirkung zu verbinden und mit nie versagender Geistesgegenwart das stündlich wechselnde, musivische Bild der Tagesereignisse in die seinen politischen und literarischen Ueberzeugungen entsprechende Form zu bringen.“[225]

Ein Journalist werde von innerer Neigung, journalistischem Talent und dem Zusammenspiel von politischer, schriftstellerischer und kritischer Begabung geleitet. Autoren zu Beginn der 1920er-Jahre formulieren die beruflichen Zugangsvoraussetzungen ähnlich:

„Die Hauptforderung, die man an einen Schriftleiter heute stellt, ist die Begabung, rasch produzieren und in allgemein verständlicher Weise die wichtigen Probleme des Tages in flüssigem Stil und in gefälliger Form bearbeiten zu können. [...] Gute Journalisten sind selten. Hervorragende journalistische Begabung bahnt sich immer einen Weg zum Erfolg. [...] Aber das Wort: ‚Der Dichter wird geboren‘ gilt auch vom Journalisten wie vom Künstler.“[226]

Von einer Gottesgabe ist die Rede, daher sollte die Begabung immer das alles entscheidende Motiv sein – ein Anwärter auf den Journalistenberuf müsse sich folglich sehr bewusst vor falscher Selbsteinschätzung hüten:

„Jedenfalls ist die Reihenfolge des Rüstzeuges, dessen ein ernst zu nehmender Journalist bedarf: die Anlage, die einem der liebe Gott mitgegeben hat; zweckmäßiges und zielsicheres Erwerben positiver Kenntnisse; ernste und treue Arbeit im Berufe – und: Nerven! Der journalistische Beruf ist in hohem Maße aufreibend. [...] Der Journalist wird ‚geboren‘. Alle Ausbildung und Vorbildung ist nur Hilfsmittel. Charakter, Geschmack, Nerven, Phantasie, Stil – alles das ist Gottes Gabe und persönliches Eigentum; man kann es nur stärken, üben, stählen und mit dem anvertrauten Pfunde wuchern.“[227]

Dovifats Charakterisierung vereint diese Thesen. Als ursprüngliche journalistische Veranlagungen bezeichnet er Temperament, Einfühlungsvermögen, Takt und eine vitale, immer wache Neugier.[228] Der journalistische Instinkt resultiere aus eben dieser journalistischen Begabung. Der publizistisch Berufene werde von einer ihm eigenen natürlichen und geistigen Triebkraft (Sendungsbewusstsein[229]) geleitet.

---

225 Peters 1916: 17f.
226 Trefz 1922: 125f. Vgl. Stern-Rubarth 1922: 60.
227 Hübbe 1920: 8f., 69. Martin Carbe, Vorsitzender der Vereinigung großstädtischer Zeitungsverleger in Berlin, behauptete 1922: „Zum Journalistenberuf gehört angeborenes Publizistenblut, das durch keine Spezialdressur ersetzt werden kann.“ (zitiert nach Studnitz 1983: 100).
228 In der Zeit der NS-Diktatur hatte sich der Journalist erst recht durch seine Berufung auszuzeichnen: „Berufen aber ist nur der, der von der Erkenntnis ganz erfüllt ist, daß sein Beruf, wie kaum ein anderer, ein tägliches Sich-Aufopfern für eine Idee, ein rastloses Kämpfen für eine Überzeugung und unermüdliche Aktivität in allen Methoden und Äußerungen seiner Arbeit verlangt. Jeder, der zur Zeitung will, muß sozusagen etwas vom hastigen Rhythmus des Lebens selbst, wie es sich im täglich sich erneuernden Zeitungsblatt offenbart, in sich fühlen, muß unablässig jenen anfeuernden Drang verspüren, der ihn faustisch ruhelos zu immer neuen Wirkungszielen treibt“. (Frankenfeld 1933: 8, Unterstreichungen im Original).
229 „Eine Erfahrung, ein Erlebnis, eine schmerzlich eingeprägte Erinnerung, vielleicht sogar eine plötzlich und jäh entfachte Erkenntnis [...] kurzum, biblisch gesprochen ein Damaskus, geben den Anlaß den Antrieb zur Erkenntnis einer publizistischen Aufgabe. [...] In der publizisti-

Als weitere Charaktereigenschaften sind bei einer publizistischen Persönlichkeit nach Dovifat die Beherrschung der Form und des schriftlichen Ausdrucks, die Begabung im Umgang mit Sprache[230], Sachkunde, Urteilsfähigkeit und Einfühlungsvermögen unentbehrlich. Auch dürfe es nicht an der Fähigkeit mangeln, sich in die Lage anderer Personen und Gruppen hineinversetzen zu können. Der Journalist habe sich als extrovertierte Persönlichkeit in der Öffentlichkeit[231] professionell zu bewegen – schließlich sei er „ein Seismograph des öffentlichen Lebens und seiner Erschütterungen."[232]

Dovifat beschreibt recht dogmatisch einen Idealtypus, bildet eine Elitekategorie und begrenzt sein Interesse auf einen eher kleinen Teil der journalistisch Tätigen. Zwar fordert er normativ von allen Publizisten bestimmte professionelle Attribute, schreibt sie letztendlich aber nur exklusiven Personengruppen zu. Für ihn zählen als „publizistische Persönlichkeiten" ausschließlich diejenigen, die eine aktive politische Rolle spielen und ihre Texte ausdrücklich im Sinne der Einflussnahme verfassen. Seine Idealisierung fragt nicht nach organisatorischen Rahmenbedingungen in Medienbetrieben oder nach der Hierarchie gesellschaftlicher Kommunikation, die mitverantwortlich für die Entfaltung journalistischer Fähigkeiten sind.

Dovifats Generalisierung begünstigt eine Uniformität des journalistischen Standesbewusstseins. In seiner Erörterung sagt er lediglich, dass gewisse Voraussetzungen und starke Neigung notwendig sind – wie es für alle anderen Berufe jedoch auch gilt. Manfred Rühl hält am so genannten journalogenen Ideal fest:

> „Die Assoziation von Begabung und Berufung mit transzendentaler Aufforderung schränkt den Raum für evolutionäre Begabungs- und Berufsbegriffe erheblich ein. Sie werden in ihrer Entwicklungsfähigkeit überhaupt in Frage gestellt. Denn im Gedanken einer auf ,Anrufung' und ,Sendung' rekurrierenden Begabung liegt ein Absolutheitsanspruch, neben dem kein anders geartetes Verhältnis zu journalistischen Berufen bestehen kann."[233]

schen Lebensentwicklung sprechen wir hier, etwas verallgemeinernd, von dem ,Paulinischen Punkt'. Eine solche Wende, solch ein jäher Impuls in eine publizistische Lebensaufgabe ist in den Jugend- und Anlaufsjahren nahezu jedes Publizisten festzustellen. […] Aus diesem Grunderlebnis erwächst das leidenschaftliche *publizistische Sendungsbewusstsein*". (Dovifat 1990: 124f., kursiv im Original).

230 „Der Publizist muß anschaulich, eindringlich, überzeugend, einprägsam und gedächtnishaftend sprechen und schreiben. Ohne eine persönliche Liebe zur Sprache und zur Form erreicht er das nicht." (Dovifat 1990: 159). Vgl. Dovifat 1971: 49.

231 „Der Publizist muß ein *Mann der Öffentlichkeit* sein. Sie ist sein Lebens- und Schaffenselement. Vermag er in ihr sich nicht zu bewegen, sie anzureden, ihre Aufmerksamkeit zu gewinnen, sie festzuhalten und sich in ihr durchzusetzen, dann scheitert er sehr bald, es sei denn, er resigniert in den schätzenswerten und notwendigen, aber nur handwerklichen Arbeitsleistungen bestimmter Aufgabengebiete der Tagespublizistik. Nach der üblichen psychologischen Typologie ist der Publizist also stets extrovertiert. […] Der Publizist strebt in die Öffentlichkeit, weil er ihr etwas zu sagen hat, wie er sich berufen fühlt, etwas Neues zu bringen, etwas Altes matt zu setzen, Vergängliches umzustürzen, kurzum: die Dinge zu *ändern*." (Dovifat 1990: 123f., kursiv im Original).

232 Dovifat 1971: 48. Vgl. Dovifat 1990: 68f., 129f.

233 Rühl 1980: 27.

Journalistische Merkmale werden den Trägern als angeborene Begabung (personale Urqualität[234]) zuerkannt, bewusstes eigenes Zutun wird völlig ausgeschlossen. Dovifats emphatische Klassifikation der Eigenschaften und Charaktermerkmale ist dadurch beschränkt, dass deren sozial- und kommunikationshistorische Bedingtheit in seiner Begründung nicht enthalten ist. Eine Lehre, die das Wesen des Journalisten in seiner Berufung als geistiger Gestalter von jedem gesellschaftlichen Kontext losgelöst betrachtet, erscheint uns heute zwar antiquiert.[235] Dennoch wird in dieser Studie eine derartige Auffassung zu berücksichtigen und möglicherweise auch einzubinden sein, da es das journalistische Selbstverständnis in den 1920er- und 1930er-Jahren spiegelt.

2.3 Der Journalist zu Beginn des 20. Jahrhunderts

Die Zuordnung zur Profession des Journalisten bedarf vordringlich einer definierten Begriffsgrundlage. Eine Betrachtung und Beurteilung des Berufsbildes findet beim heutigen Leser intuitiv durch die gegenwärtigen Standards statt. Dies gilt es hier zu differenzieren und zu regulieren; es bedarf einer begriffshistorischen Erörterung, denn

> „Zwischen ‚der' Zeitung und ‚dem' Leser steht ‚der' Journalist, und es liegt ziemlich nahe, daß auch er sich nicht als Einheitstypus präsentiert: Er kann Schreier, Sänger, Prophet, Kurier oder Steinewerfer sein, ein Trommler, ein Liebesdiener oder ein verhinderter Reformator, ein tüchtiger Nachrichtenhändler oder eine depressive Kassandra."[236]

Es ist erforderlich, einen minimalen Überblick über die Heran- und Herausbildung des modernen Journalistenberufes zu geben und auf berufssoziologische Aspekte einzugehen. Am Beginn stehen die gegenwärtigen Auffassungen vom Journalistenberuf: Wenn heutzutage von einem Journalisten die Rede ist, dann steht dahinter keine einheitliche und verbindliche Definition. Aus diesem Grund hat der Deutsche Journalisten-Verband (DJV) den Versuch unternommen, eine offizielle Berufserklärung abzugeben und zu etablieren. Demnach ist ein Journalist, wer hauptberuflich oder freiberuflich produktiv oder dispositiv Informationen sammelt, auswertet und/oder prüft sowie Nachrichten unterhaltend, analysierend und/oder kommentierend aufbereitet, sie in Wort, Bild und/oder Ton über ein Me-

---

234 Vgl. ebd.: 17.
235 Vgl. Müsse 1995: 73; Hachmeister 1987: 111f.; Hömberg 1987: 619; Schmalzbauer 1948: 10. Überholt erscheint heute auch eine Beschränkung, die Otto Groth für den Publizisten vornahm: Groth fixierte das Publizieren auf die Schriftstellerei und setzte den beschränkten Publikums- mit dem begrenzten Wirkungskreis gleich. Publizist und Journalist waren nach seiner Definition Gegensätze. Vgl. Groth 1962: 191–205. Dies gilt ebenso für die Vorstellung Hans Wagners über die beiden Idealtypen Journalist und Publizist: Er sieht journalistische Arbeit im Zusammenhang mit unparteilichen Prinzipien und unabhängig von Kommunikationsinteressen, während der Publizist (anwaltschaftlicher Publizist oder Individualpublizist) die eigenen Kommunikationsinteressen oder die Dritter vermittelt; sein Arbeitsprinzip sei die Parteilichkeit. Vgl. Wagner 1989.
236 Grunenberg 1967: 9f.

dium an die Öffentlichkeit vermittelt oder den publizistischen Medien zu dieser Übermittlung bereitstellt.[237] Journalisten haben aufgrund ihrer gesellschaftspolitischen Funktion die Aufgabe,

> „Sachverhalte oder Vorgänge öffentlich zu machen, deren Kenntnis für die Gesellschaft von allgemeiner, politischer, wirtschaftlicher oder kultureller Bedeutung ist. Durch ein umfassendes Informationsangebot in allen publizistischen Medien schaffen Journalistinnen und Journalisten die Grundlage dafür, dass jede/r die in der Gesellschaft wirkenden Kräfte erkennen und am Prozess der politischen Meinungs- und Willensbildung teilnehmen kann."[238]

Die Berufsrolle wird eng an die öffentliche Aufgabe des Journalisten gekoppelt; diese besteht darin, Nachrichten zu beschaffen und zu verbreiten, Stellung zu nehmen, Kritik zu üben, an der Meinungsbildung mitzuwirken und einen Beitrag zur Bildung zu leisten. Dem öffentlichen Auftrag zur Information, Kritik und Kontrolle sollen Journalisten unter bestimmten Voraussetzungen nachgehen: „Ihre Arbeit verpflichtet sie zu besonderer Sorgfalt, zur Achtung der Menschenwürde und zur Einhaltung von Grundsätzen, wie sie im Pressekodex des Deutschen Presserates festgelegt sind."[239] Die Bezeichnung „Journalist" dient als Sammelbegriff für eine Bandbreite von Tätigkeiten; erst die Definition spezieller Aufgaben ermöglicht eine weitere Begrenzung: hauptberuflich Angestellte sind Redakteure, Reporter arbeiten überwiegend im Außendienst. Bezeichnungen wie Feuilletonist, Leitartikler, Korrespondent, Kolumnist, Bildjournalist, Online-Redakteur, Infografiker oder Moderator weisen auf besondere Arbeitsgebiete hin. Pressesprecher gehören ebenfalls zur Berufsgruppe, obgleich sie Öffentlichkeitsarbeit für Wirtschaftsunternehmen, Verbände, Organisationen, Institutionen oder Verwaltungen betreiben. Berücksichtigt werden zudem Personen, die medienbezogene Bildungsarbeit leisten oder im Beratungssektor tätig sind.

Zur beruflichen Qualifikation gehören nach Ansicht des Fachverbandes neben sozialem und gesellschaftspolitischem Verantwortungsbewusstsein auch logisch-analytisches Denken, sprachliche Ausdrucksfähigkeit und Versiertheit, Einfühlungsvermögen und Kreativität, Kontaktfähigkeit und Bereitschaft zur Teamarbeit sowie Konflikt- und Kritikfähigkeit. Vorausgesetzt werden eine umfassende Allgemeinbildung, umfangreiches Fach- und Sachwissen sowie der Umgang mit medienspezifischen Darstellungsformen und Vermittlungstechniken. Ein Journalist soll fähig sein, die publizistischen Produkte zu gestalten; er soll die unterschiedlichen Methoden der Recherche und der Nachrichtenprüfung beherrschen. Medienrechtliche Grundlagenkenntnisse zählen ebenso zu seiner Profession.

---

237 „Zu journalistischen Leistungen gehören vornehmlich die Erarbeitung von Wort- und Bildinformationen durch Recherchieren (Sammeln und Prüfen) sowie Auswählen und Bearbeiten der Informationsinhalte, deren eigenschöpferische medienspezifische Aufbereitung (Berichterstattung und Kommentierung), Gestaltung und Vermittlung, ferner disponierende Tätigkeiten im Bereich von Organisation, Technik und Personal." (Deutscher Journalisten-Verband 2009, Klammern im Original).

238 Deutscher Journalisten-Verband 2009.

239 Deutscher Journalisten-Verband 2009.

Das Aufgabenspektrum des Journalisten wird als umfangreich beschrieben. Zu den genuinen journalistischen Tätigkeiten gehören das Sichten, Auswählen, Recherchieren, Verifizieren und medienspezifische Bearbeiten von Themen, das Schreiben und Redigieren von eigenen wie auch zugelieferten, fremden Beiträgen. Die Techniken der Kollektion, Selektion, Kompression und Reduktion von Informationen werden im Berufsjargon als handwerkliches Können apostrophiert. Diese professionelle Arbeit soll im Bestfall unter Aspekten der Glaubwürdigkeit, Sorgfaltspflicht, Wahrheitsvermittlung und Unterhaltung stattfinden.[240]

Studien zu Einstellungen und Motivationen belegen, dass Journalisten stellvertretend für alle Staatsbürger die Kontrolle politischer Prozesse übernehmen; dass sie aufklären, helfen und ihren Einfluss in positivem Sinne nutzen wollen; dass sie bemüht sind, der Meinung aller zur Publizität zu verhelfen. Gleichzeitig möchten sie sich kreativ-gestalterisch entfalten.[241] Journalisten treten als neutrale Nachrichtenarbeiter wie auch als politisch engagierte Kritiker auf. Sie verstehen sich als Hüter gesellschaftlicher Normen oder lediglich als Beobachter; sie sind Entwickler neuer Ideen oder Vertreter unterprivilegierter Bevölkerungsteile, dann wieder sachliche Vermittler von Fakten, ein anderes Mal sogar Wächter der Demokratie. Die Rollen reichen vom Ratgeber bis hin zum Widersacher.[242] Mit gestiegenem beruflichem Status verändern sich die Aufgaben – hin zum Analytiker, Interpreten und aktiven Teilnehmer der Zeitgeschichte. Durchgängig bleibt gemäß der Rühlschen Definition „die Herstellung und Bereitstellung von Themen zur öffentlichen Kommunikation"[243] die wesentliche Ausrichtung des modernen Journalismus'.

Derartige gegenwärtige Auffassungen über die Berufsgruppe gelten jedoch nur bedingt für die journalistische Tätigkeit zwischen 1923 und 1933 – also für die Zeit, in der auch Joseph Goebbels journalistisch arbeitete. Wenn aus heutiger Sicht und mit berufsspezifischen Erklärungsmustern des 21. Jahrhunderts der Journalistenberuf zu Beginn des 20. Jahrhunderts erfasst und interpretiert werden soll, dann produziert dies ein Dilemma. Dieses kann nur überwunden werden,

---

240 Vgl. Stöber 2005a: 16; Mast 1999: 34–40; Merten 1999: 295–300; Weischenberg 1994: 244; Wagner 1989: 53; Kunczik 1988: 3, 26; Rühl 1971: 142.

241 „Journalisten neigen dazu, Themen, Informationen und Argumente entsprechend ihrer eigenen Einstellung zu sozialen und politischen Sachverhalten auszuwählen. Die Wertvorstellungen und die politische Orientierung von Journalisten spiegeln sich somit in ihrer Berichterstattung wider." (Moores 1997: 30). Vgl. Kunczik 1988: 22; Rohde 1979: 190; Gruber/Koller/Rühl 1974/75: 339, 344f.

242 „‚Interpretierer' und ‚Ermittler' sind nach der Definition der Forscher Journalisten, welche die Behauptungen der Regierung hinterfragen, komplexe Probleme analysieren und die Diskussion über nationale Politik für sehr wichtig halten. ‚Verbreiter von Informationen' sind solche Journalisten, die es für besonders wichtig halten, Informationen möglichst schnell an die Öffentlichkeit zu bringen und dabei an einem möglichst großen Rezipientenkreis interessiert sind. ‚Widersacher' schließlich sind solche Journalisten, die es für wichtig halten, sich prinzipiell in einer Position des Gegners gegenüber der Regierung usw. zu befinden." (Weischenberg 2000: 458f.).

243 Rühl 1980: 322f. Vgl. Lorenz 2002: 88; Weischenberg 2000: 440, 458; Mast 1999: 34f.; Wagner 1999: 247; Weischenberg 1994: 228, 241f., 253; Donsbach 1979: 29–35.

indem journalistische Arbeit und publizistische Produkte in den historischen Kontext gestellt und aus zeitgeschichtlichem Blickwinkel heraus bewertet werden. Journalisten sind in die Gesellschaft und das Pressesystem ihrer Zeit eingebunden. Auch Goebbels' Affinität zum Journalismus wird erst erklärbar, wenn das journalistische Berufsverständnis zeittypisch erläutert wird.

Das 18. Jahrhundert – die Periode des schriftstellerischen Journalismus[244] – brachte einen kritisch räsonierenden, kaum über Aktuelles berichtenden Journalisten hervor. Dieser Journalistentyp entstammte meist dem gebildeten Bürgertum und zeichnete sich durch einen hohen Bildungsstand[245] aus. Die keineswegs existenzsichernde journalistische Tätigkeit war ein Luxus, den sich Professoren, Advokaten, Wissenschaftler, Ärzte, Historiker oder Theologen neben dem Primärberuf gönnten.[246] Akademische Journalisten[247] verbreiteten durch ihre Autorentätigkeit bei der Gesinnungspresse bevorzugt ihre eigenen politischen Ideale.[248]

Der Journalismus wurde in den höheren Kreisen häufig als angesehene Station auf dem Weg zu einer erfolgreichen akademischen Karriere begriffen. Diese Auffassung verstärkte sich, als die Politisierung des öffentlichen Lebens begann und sich ein gebildetes, anspruchsvolles Publikum der Zeitung widmete. Die Berufskombination Schriftsteller/Publizist war spätestens seit dem Vormärz (1815–1848) geläufig.[249] Journalisten begriffen sich als Künstler: Während das journalis-

---

244 Diese Bezeichnung wurde von Dieter Paul Baumert geprägt. Siehe dazu FN 85.

245 „Seltener war der Beruf für einen Teil der Journalisten dieser Kategorie aber auch die einzige Aufstiegsmöglichkeit: Literaten erhofften schriftstellerischen Erfolg über den Umweg der Tageszeitung, Buchdrucker suchten Bestätigung als Intellektuelle, Hauslehrer hofften dem Sklavendasein einer finanziell abhängigen Tätigkeit zu entkommen, die sie in die Nähe von Lakaien brachte. Das Handwerkszeug zum Schreiben brachten die Erfolgreichen dieser Kategorie jedoch meistens aus einer höheren Schulbildung mit. Die anderen schafften den Absprung kaum, sofern sie für die anspruchsvolle Gesinnungspresse arbeiteten. So blieben die ‚Statuswechsler‘ aufgrund unzureichender Schulbildung trotz ihres Aufstiegs nur die niederen Weihen des Journalismus: sie waren selten politische Leitartikler, kaum Feuilletonredakteure." (Studnitz 1983: 66).

246 „Sie betrieben nicht Journalismus, weil sie ihren bisherigen Beruf nicht mehr ausüben konnten oder weil sie gezwungen waren, sich eine finanziell gesicherte Lebensexistenz aufzubauen. Im Gegenteil: noch während sie ihre akademischen Berufe ausübten, begannen sie mit der Schriftstellerei und Publizistik." (Studnitz 1983: 65).

247 Wie Karl Marx, Joseph Görres, Heinrich von Kleist, Ludwig Börne, Christoph Martin Wieland oder Heinrich Luden.

248 Die Tagesschriftsteller sahen sich „als Stand von freien Geistesarbeitern, die ihre Arbeitskraft, nicht aber ihre Gesinnung verkauften: Als Meinung vertraten sie nur die eigene." (Stöber 1998: 120).

249 „Die Auffassung, auch als Journalist eigentlich Schriftsteller zu sein, begleitete die meisten Journalisten immerhin bis mindestens zur Jahrhundertwende. Eigentlich erst 1910, mit der Gründung des Reichsverbandes der Deutschen Presse, kam es zur ersten wirksamen Trennung zwischen Schriftstellern und Journalisten. Zumindest wurde dort erstmals als Primat der Journalismus betont. Die Schriftsteller empfanden sich eher als Dichter, seltener als Journalisten. Die Journalisten selbst hätten sich ihrerseits lieber als Schriftsteller gefühlt, was auch ihre häufig verwendete Berufsumschreibung ‚Tagesschriftsteller‘ belegt. Eine Werthierarchie beruflicher Selbsteinschätzung wird sichtbar: 1. Dichter, 2. Schriftsteller, 3. Journalist." (Studnitz 1983: 108). Vgl. Requate 1995: 132.

tische Handwerk eine eher belanglose Nebensächlichkeit war, galt das schriftstellerische Tun als professionelle Dauerbeschäftigung. „Die Identifikation mit dem
Journalismus war also lange Zeit denkbar gering. Schriftsteller waren vom Selbstverständnis her Schriftsteller. Allenfalls der Not gehorchend verdingten sie sich
als ‚Tagesschriftsteller‘“[250].

Das 19. Jahrhundert emanzipierte den journalistischen Beruf vom Schriftstel-
lertum und führte eine Professionalisierung herbei. Aus der gelegentlichen Aus-
übung wurde eine Hauptbeschäftigung mit Verdienstmöglichkeiten. Das Zeitalter
der Aufklärung verlangte einen kritischen, politisch unterweisenden Journalisten,
der sich als Sprachrohr der öffentlichen Meinung informierend und kommentierend zu Wort meldete.[251] Journalisten sahen sich als Unterrichter des Volkes –
dieser Dienst galt als Variante einer politischen Karriere. „Ein parteipolitisch orientierter Journalismus des 19. und frühen 20. Jahrhunderts traf seine Veröffentli-
chungsentscheidungen primär nach der Erwägung, ob Inhalt oder Form der Veröffentlichungen mutmaßlich den Parteizwecken nutzen oder schaden würden.“[252]

Nach dem Aufkommen der Massenpresse Ende des 19. Jahrhunderts, den erweiterten Möglichkeiten durch technische, ökonomische und strukturpolitische
Fortschritte und der quantitativen Ausdehnung sowohl im Umfang als auch in der
Verbreitung der Blätter folgten Spezialisierung und Differenzierung.[253] Das wachsende Kommunikationsbedürfnis der Gesellschaft und die Erhöhung der medialen
Angebote führten zur Kräftigung und Befestigung der Profession: Der Journalismus wurde zu einem eigenständigen Beruf, die Zahl der konstant hauptberufli-
chen Journalisten stieg an.

> „Die Entwicklung des Journalismus vom Neben- zum Hauptberuf vollzog sich zunehmend,
> allerdings mit all den Nachteilen, die jedem neu entstehenden Hauptberuf zunächst anhaften:
> die Tätigkeit war verbunden mit äußerst geringem Sozialstatus und mit ebenso geringer Be-
> zahlung. Trotzdem gab es sowohl bei den anspruchsvollen Tageszeitungen der Meinungs-
> und Gesinnungspresse und vor allem bei der gerade geborenen Generalanzeigerpresse für
> Spitzenkräfte bereits akzeptable Gehälter. Die Masse der durchschnittlichen Journalisten aber
> litt unter Geldnot und gesellschaftlicher Unterbewertung.“[254]

---

250 Stöber 2005a: 18. Vgl. Stöber 2005b: 220; Müsse 1995: 74; Körber/Stöber 1994: 218; Kunczik 1988: 10; Studnitz 1983: 65f.
251 „Journalisten und professionelle Schriftsteller waren und sind zwar ingroup-orientiert, schrieben und schreiben für Ihresgleichen und orientier(t)en sich in ihrem Anerkennungsbedürfnis
   an den Kollegen, doch die primäre Aufgabe, für welche die Berufsjournalisten seit dem 19.
   Jahrhundert bezahlt werden, ist die Information und Unterhaltung der Leserschaft.“ (Stöber
   2005b: 307, Klammer im Original).
252 Stöber 2005a: 23.
253 „Die Industrialisierung im vergangenen Jahrhundert schuf den neuen Typ des Nur-
   Journalisten. Der Beruf wurde zur Lebenstätigkeit, zum ‚Handwerks‘-Beruf, der sich nicht
   mehr (nur) aus Schöngeistern und politisch engagierten Persönlichkeiten rekrutierte. Der
   Journalist des späten 19. und 20. Jahrhunderts wendet sich nicht mehr an eine kleine Elite, die
   sich dadurch auszeichnet, daß sie lesekundig ist, sondern an die Masse der Bevölkerung.“
   (Rohde 1979: 189, Klammer im Original). Vgl. ebd.: 191.
254 Studnitz 1983: 144. Vgl. Stöber 2005b: 222; Stöber 1998: 114; Moores 1997: 46; Stöber
   1992: 7; Hömberg 1987: 625.

In der zweiten Hälfte des 19. Jahrhunderts bildete sich der redaktionelle Journalismus heraus, Redakteure wurden als Arbeitnehmer eingegliedert – doch die Entlohnung war miserabel; stellenweise waren Journalisten auf der Stufe von Handlungsgehilfen angesiedelt. Das Ansehen der Journalisten war aufgrund des niedrigen Lohnniveaus eher gering, seitens der Bevölkerung erfuhren sie kaum soziale Achtung. Auf der Prestigeskala befand sich der Journalist als Politheld ganz oben – und zugleich als schreibender Schurke ganz unten.[255]

> „Entweder der Journalist wird als vorbildlicher, politisch engagierter und fachlich hochqualifizierter Zeitgenosse, der zum Nutzen der Gesellschaft wirkt, beschrieben, oder aber er gilt als charakterlich mieses, verwerfliches, politisch oportunistisches [sic!] Subjekt, das schamlos die ihm zur Verfügung stehende Macht ausnutzt und eine fragwürdige Informationspolitik betreibt, zum Schaden der Gesellschaft."[256]

Das negative Renommee wurde noch dadurch verstärkt, dass zahlreiche in anderen Berufen gescheiterte Personen im Journalismus Fuß zu fassen versuchten. Die Anstellung in einer Zeitungsredaktion galt als letzte Auffangmöglichkeit vor dem endgültigen sozialen Abstieg.

Die Entwicklungen in der Weimarer Republik brachten vorübergehend eine Verbesserung der Situation: In der Zeit der bürgerkriegsähnlichen Auseinandersetzungen, des politischen Umsturzes und der republikanischen Neuorientierung vermehrten sich die politisch verorteten Zeitungen. Jeder Meinungsjournalismus, der einen anspruchsvollen Bildungsjournalismus verkaufte, war erwünscht. Zwar verbesserte sich die finanzielle Lage der Journalisten minimal[257], ihr geringer sozialer Status aber blieb weitgehend erhalten. Vor allem die Arbeitsbedingungen der Reporter und freien Mitarbeiter waren inhuman und ihr Image dementsprechend schlecht. Der Ruf der Käuflichkeit hing den Journalisten an; sie waren als verwahrloste, unzuverlässige und gewissenlose Genossen verschrien. Bismarck –

---

255 In seinem Lustspiel „Die Journalisten" hatte Gustav Freytag 1853 den negativen journalistischen Antitypen, den ordinären und charakterlosen Pamphletschreiber geschaffen. Der so genannte Schmock „steht seither gattungstypisch für den mittelmäßigen, käuflichen Journalisten von subalterner Beflissenheit." (Stöber 1998: 120). Vgl. Donsbach 2002: 82f.; Wilke 2002: 479f.; Merten 1999: 297; Rühl 1998: 18; Requate 1995: 11; Weischenberg 1994: 240; Studnitz 1983: 51, 69; Maletzke 1963: 43.

256 Studnitz 1983: 6. Vgl. ebd.: 66; Müsse 1995: 49.

257 Die negative wirtschaftliche Entwicklung nach dem Ersten Weltkrieg und vor allem die Inflation mit weit über 1000 Zeitungseinstellungen veränderten auch die Rahmenbedingungen für die Journalisten ganz massiv. Bis etwa Mitte der 1920er-Jahre betrug der durchschnittliche Verdienst nur noch ein Achtel des Realeinkommens der Vorkriegszeit. Mit dem Reichstarifentwurf des Reichsverbandes der deutschen Presse wurde im Januar 1921 eine Grundlage geschaffen, auf die die Gehälter an die Inflation angepasst und die Einkommensverhältnisse neu geregelt wurden. Für Vollredakteure wurde ein Mindestgehalt von 20.550 RM im ersten Jahr (nebst Orts- und Teuerungszuschlag) festgelegt. Die wöchentliche Arbeitszeit (einschließlich Sonntags- und Außendienst) betrug 48 Stunden. Für die Journalisten konnten insofern nur geringfügig bessere Gehälter ausgehandelt werden, was im Vergleich mit den im identischen Arbeitsfeld tätigen Druckern und Setzern deutlich wurde. Vgl. Dussel 2004: 136; Stöber 1990: 267; Rohde 1979: 194, 196; Matthies 1969: 28f.

auf den sich Goebbels später in seinen Artikeln gern berief – sah in Journalisten jene Menschen, die ihren Beruf verfehlt hatten.[258]

Der journalistische Beruf wurde meist von Vertretern der Mittelschicht besetzt. Hinzu kamen zahlreiche Quereinsteiger, die durch die wirtschaftliche Depression in ihren Primärberufen keine Anstellung fanden. Das Überangebot an journalistischen Kräften basierte vorwiegend auf Berufsfremden. Durch den Wandel der Zeitung zum allgemeinen Gebrauchsartikel wurden die Journalisten zu Angestellten von Produktionsbetrieben – bei schlechter Bezahlung, unkalkulierbaren Arbeitszeiten, kurzen Kündigungsfristen und mangelnder sozialer Fürsorge. Der Kampf um die Kunden führte zwar zu deutlichen Vergrößerungen der Redaktionen und Anzeigenabteilungen, gleichzeitig wurde aber in den Verlagshäusern auch die fortschreitende Spezialisierung und fachliche Differenzierung der journalistischen Tätigkeit sichtbar.[259]

Das Zeitungssterben während der verschiedenen Inflationswellen der Weimarer Republik führte zur Flucht aus dem Berufsstand und zu hoher Arbeitslosigkeit unter den Journalisten.[260]

„Der charakterfeste Journalist, berufen zur sittlichen Verantwortung für Volk und Staat, umfassend gebildet für seine Mission im Reigen der Mächtigen – die oft propagierten Idealvorstellungen des journalistischen Prototypen vor 1933 waren so alt wie der Beruf selbst. Mit der rauhen Wirklichkeit des Journalistenalltags vertrug sich dieses Anforderungsprofil nur in seltenen Fällen. Abgesehen von wenigen Star-Journalisten[261] der großen Berliner Blätter, war

---

258 Vgl. Hömberg 1987: 619; Trefz 1922: 123.

259 „Im Zuge quantitativer Ausdehnung war eine fortschreitende Spezialisierung und Ausdifferenzierung der journalistischen Tätigkeiten zu beobachten. In der Weimarer Zeit hatte sich die Aufteilung der Redaktionen in das politische und lokale Ressort durchgesetzt, die größeren Zeitungen wiesen zumindest einen politischen, einen lokalen, einen Unterhaltungs- und einen Handelsteil auf." (Körber/Stöber 1994: 219).

260 „Vor 1933 gab es im Vergleich zu heute wesentlich weniger Journalisten (weniger als 7.000; heute über 53.000) und dreimal so viele Zeitungen (ca. 4.000)." (Körber/Stöber 1994: 223, Klammern im Original). Die Berufsstatistik der Weimarer Republik aus dem Jahr 1927 nennt 3.200 Redakteure bei den Tageszeitungen. Der Reichsverband der deutschen Presse zählte 1928 eine Mitgliederzahl von 3650 Personen und gab an, damit 90 Prozent der arbeitsfähigen Journalisten und auch der Gelegenheitsjournalisten organisatorisch erfasst zu haben. Vgl. Stöber 2005b: 218; Müsse 1995: 51.

261 Zu jenen, die als Starjournalisten in die Mediengeschichte eingingen, zählen Namen wie Julius Elbau, Ernst Feder, Lion Feuchtwanger, Erich Kästner, Egon Erwin Kisch, Siegfried Kracauer, Karl Kraus. Die Weltbühne-Autoren Kurt Tucholsky und Carl von Ossietzky gehören ebenso zu den Vorbildern wie Joseph Roth, Leopold Schwarzschild und vor allem der langjährige Chefredakteur des Berliner Tageblattes: Theodor Wolff. Vgl. Pross 2000: 58, 71, 74; Sösemann 2000; Zwiers 1999: 39; Sösemann 1993c; Studnitz 1983: 147; Dovifat 1971: 42. Als Negativbeispiel wird oftmals Friedrich Hussong – der Leitartikler von Alfred Hugenbergs *Berliner Lokal-Anzeiger* – angeführt: Er wird als rabiater journalistischer Demagoge gezeichnet, als ein Schreiber jenseits aller Chronistenpflicht, als rechthaberischer Mitspieler im politischen Poker. „Er entwickelte eine publizistische Manier und Technik, die in allem Wesentlichen den später von Goebbels im ANGRIFF zur Hochblüte emporgezüchteten Stil vorwegnahm." (Zwiers 1999: 39, 47f., Versalien im Original).

das typische Journalistendasein geprägt von sozialen Nöten und unzureichenden Arbeitsbedingungen."[262]

In der zweiten Hälfte der 1920er-Jahre wurde auch der Arbeitsbereich des Alleinredakteurs üblicher. Etwa zehn Prozent der Redakteure werkelten als „Mädchen für alles" einzeln und eigenverantwortlich in den kleinen Redaktionen, agierten als Reporter, Schreiber, Blattmacher und Redaktionsmanager gleichermaßen. Sehr offensichtlich

> „dominiert in der provinziellen, kleinen Presse bis in die Weimarer Zeit ein Typus, der damals ‚Zeitungsfachmann' oder ‚Alleinredakteur' genannt wurde. Die ‚Zeitungsfachleute' waren jedoch eine Art schlecht bezahlter Universal-Dilettanten für alle Aufgaben, die von der Redaktion bis zur Kunden- und Anzeigenakquise sowie der Expedition reichten."[263]

Der Reichsverband der deutschen Presse[264] bestimmte, wer als Journalist anzusehen war: Nach dieser Satzung gehörte jeder zum journalistischen Metier, der mindestens ein Jahr lang hauptberuflich bei der reichsdeutschen Presse tätig war. Hinzugezählt wurden auch alle ehemaligen Redakteure und Journalisten, sofern sie mindestens zehn Jahre in diesem Bereich gearbeitet hatten.

> „Journalisten im Sinne der Reichsverbandssatzung sind ausschließlich solche Personen, die hauptberuflich und ohne andere Bindungen als die öffentlichen Interessen an und für Zeitungen, Zeitschriften, Nachrichtenbüros und Pressekorrespondenzen und Buchverlage publizistisch tätig sind, außerdem die Vertreter von Presseämtern und kommunalen Körperschaften, wenn sie aus dem journalistischen Beruf hervorgegangen sind."[265]

Ausgeschlossen von der Aufnahme in den Reichsverband waren Personen, die im Dienst kaufmännischer Erwerbsgesellschaften standen: Leiter literarischer Büros, Presse- und Propagandachefs, Reklameschriftsteller und Mitarbeiter im Anzeigenwesen. Die genauen Bestimmungen über Rechte und Pflichten der Schriftleiter periodischer Druckschriften waren in den verschiedenen Entwürfen zum „Journalistengesetz" niedergelegt.[266] Dort wurde das Verhältnis zwischen Redakteur und

---

262 Müsse 1995: 49. Vgl. Stöber 1992: 8; Jacobi 1989: 32; Studnitz 1983: 75f., 147; Rohde 1979: 199f.

263 Stöber 2005a: 22. Vgl. ebd.: 24f.; Stöber 1992: 9.

264 Der Reichsverband der deutschen Presse wurde am 20. November 1910 gegründet. Während der Weimarer Republik kümmerte sich die Institution in erster Linie um die wirtschaftliche und strukturelle Stärkung der Medienorganisationen wie auch um die Verbesserung des gesellschaftlichen Ansehens und der sozialen Lage der Journalisten. Der Verband als berufliche Interessensvertretung beschäftigte sich mit Standesfragen ebenso wie mit der Pressefreiheit. Vgl. Matthies 1969: 8f.

265 Stöber 1992: 21. Vgl. Matthies 1969: 10; Oebsger-Röder 1936: 24–27.

266 „Schriftleiter (Redakteur) im Sinne dieses Gesetzes ist, wer vom Unternehmer (Verleger) einer in monatlichen oder kürzeren, wenn auch unregelmäßigen Fristen erscheinenden Zeitung oder Zeitschrift (periodische Druckschrift) als Leiter dieser Druckschrift (Hauptschriftleiter oder Alleinschriftleiter) oder eines Teiles (Abteilungs- oder Ressortschriftleiter) oder als Gehilfe des Leiters gegen Entgelt angestellt ist, um durch Sammlung, Sichtung, Überarbeitung oder Bearbeitung des Stoffes für die Veröffentlichung im Schriftleitungsteil (redaktioneller Teil) oder durch Lieferung von Beiträgen eigener Urheberschaft Arbeit höherer Art zu leisten. Einem Schriftleiter gleich zu achten sind solche Mitarbeiter, die vom Verleger als

Verleger ebenso geregelt wie der journalistische Dienst, der auf das öffentliche Interesse ausgerichtet war.[267] Der Verband bescheinigte 1929 auch weiblichen Journalisten die Zugangsmöglichkeit zum Beruf: „Mitglied kann jeder Redakteur, Journalist, Berufsschriftsteller und weiblicher Berufsschriftsteller werden, soweit sie im Hauptberuf vom Ertrag ihrer Feder leben."[268]

2.4 Zum zeitgenössischen Verständnis

Hilfreich für das Verständnis des journalistischen Berufsbildes in der Zeit der Weimarer Republik sind Äußerungen zeitgenössischer Autoren, die sich um Definitionen bemüht haben. Bereits aus dem Jahr 1916 stammt ein Essay über den Beruf des Journalisten, in dem die Fähigkeiten und Fertigkeiten als eine Reihe von Geboten aufgezählt werden. Franz Peters, Redakteur und Vorsitzender des Verbandes der Schlesischen Presse, schrieb: „Das erste Gebot heißt hier: ‚Bleibe natürlich!' Der Journalist soll kein Blender sein; er soll seine Meinung kurz, knapp, klar, gemeinverständlich, aber auch formschön sagen, nicht gespreizt, im sogenannten ‚Zeitungsdeutsch'"[269]. Ein Journalist benötige als wertvollste Eigenschaft ein gutes Gedächtnis, müsse die Sprache künstlerisch beherrschen (schwülstige Redensarten, Superlative und überflüssige Fremdwörter vermeiden) und auch Zeitungen lesen können:

Vertreter der periodischen Druckschrift an außerhalb des Erscheinungsortes gelegenen Plätzen des Inlandes oder Auslandes gegen Entgelt angestellt sind." (Matthies 1969: 175, Klammern im Original). Das so genannte Journalistengesetz wurde letztendlich nicht erlassen, obwohl es eine Reihe von Entwürfen unterschiedlicher Provenienz gab. Das „Schriftleitergesetz" der NS-Diktatur kann als pervertierte Fassung des Journalistengesetzes verstanden werden. Vgl. Stöber 1992.

267 „Der Schriftleitungsteil dient öffentlichen Interessen. Ein Schriftleiter, der ihn missbraucht, um in einer zur Täuschung der Öffentlichkeit geeigneten Weise private mit öffentlichen Interessen zu verquicken oder um die Wahrheit, das Recht oder das öffentliche Wohl zugunsten privater Interessen zu verletzen, handelt pflichtwidrig. [...] Der Schriftleiter soll im Rahmen seiner Berufspflichten auch auf die Erhaltung des Bestandes der Druckschrift und ihrer überlieferten Gepflogenheiten gebührende Rücksicht nehmen und den in dieser Beziehung an ihn gerichteten Wünschen des Verlegers insofern entsprechen, als nicht überwiegende öffentliche Interessen dem entgegenstehen." (Matthies 1969: 176).

268 Stöber 1992: 21. Zum Einkommen der Journalisten ist festzuhalten: Die durchschnittlichen Verdienstmöglichkeiten lagen 1927 bei einem Monatseinkommen von 429 RM (Redakteur); das Gehalt eines Ressortleiters lag bei 579 RM, das eines Chefredakteur bei 757 RM. Die Mehrzahl der deutschen Journalisten hatte ein monatliches Einkommen von 400 bis 500 RM. Durch die desolate Wirtschaftslage des Zeitungswesens und die Inflation sanken die Gehälter dramatisch und stieg die Arbeitslosigkeit auch in diesem Metier an. Manche Verleger schöpften aus dem Überangebot journalistischer Kräfte und stellten eher schlecht dotierte Mitarbeiter an. Neben den Spitzeneinkünften bei der Großstadtpresse waren auch Gehälter unter 200 RM (bei etwa 250 Arbeitsstunden pro Monat) geläufig, freie Journalisten waren finanziell noch ungünstiger gestellt. Vgl. Dussel 2004: 136; Stöber 1998: 118; Müsse 1995: 52; Körber/Stöber 1994: 220f.; Stöber 1992: 10; Matthies 1969: 27.

269 Peters 1916: 18.

> „Der Redakteur muß täglich viele, oft sehr viele andere Zeitungen lesen. Er muß auch ein
> wissenschaftliches Buch oder einen größeren Aufsatz in Zeitschriften und dergl. in ihrem
> Kern alsbald verstehen und für sein Blatt verwerten; lange Sachen entsprechend kürzen, ei-
> nem Vortrag treu und zugleich kritisch folgen, die einlaufenden Nachrichten und sonstige Be-
> richte gegebenenfalls umschreiben und kommentieren, eigene Artikel in die Maschine diktie-
> ren können. Dies alles setzt einen beweglichen Geist voraus."[270]

Nerven wie Schiffstaue müsse ein moderner Journalist besitzen, über gute gesellschaftliche Umgangsformen verfügen und einen angeborenen Sinn für Volkspsy-
chologie haben. Da in kleinen Zeitungen die Zahl der Redakteure niedrig sei und
in vielen Blättern eine einzige Person zugleich Verleger, Redakteur und Geschäftsführer verkörpere, müsse ein guter Journalist nicht nur Korrektur lesen
können, sondern auch im Druckbild der Zeitung seinen Geschmack und seine Ge-
schäftstauglichkeit unter Beweis stellen.[271]

Zu Beginn der 1920er-Jahre gab es eine Reihe von Abhandlungen, in denen
sich diverse Autoren des journalistischen Berufsstands annahmen. Poetisch beschrieb der Potsdamer Journalist und Schriftsteller August Heinrich Kober die
Seele des Journalisten in Ich-Form. Der Journalist sei im Alltag unzähligen Rei-
zen ausgeliefert; er lebe mit allen Nerven an der Oberfläche und gebe sich jedem
Eindruck hin:

> „Es gibt nichts, was mich nicht ‚rührt'. Die Atmosphäre um uns, die Andere atmen, in der sie
> leben, vital existieren, wird mir zum Objekt eines steten Antagonismus. Ich erlebe sie, ich
> eigne sie mir an durch beständige Auseinandersetzung mit ihr. Die Welt existiert für mich
> nur, soweit ich sie mir erkenne und erfühle. Ich bin die Klaviatur des Alls. Meine einzige
> Furcht ist: daß ich einst stumpf, taub werden könnte."[272]

Eine klare Abgrenzung wurde zwischen Dichtern, Philosophen und Journalisten
gezogen – letztere könnten intellektuell auf Tagesinteressen reagieren, ihre Seele
werde durch die Form sichtbar gemacht. „Ich produziere, nicht, um irgendwen zu
belehren, nicht um mir selber über irgend etwas klar zu werden, ich produziere
ursprünglich überhaupt keine bestimmte Mitteilung. ‚Ich produziere mich.'"[273] In
jeder echten journalistischen Leistung stecke waghalsige Tollkühnheit, ungewöhnliche Gehirnathletik und stilistische Geschicklichkeit.

> „Der Größenwahn des Journalisten ist der Kernpunkt seines Ich. [...] Man kennt die
> ‚Verbohrtheit' der politischen Publizisten, die doktrinäre Orthodoxie der feuilletonistischen
> Kritiker – es ist der Ausdruck nur für die Geschlossenheit der journalistischen Persönlichkeit,
> die als Fanatiker der Universalität die Universalität ihres Weltbildes fordert."[274]

Dem wahren Journalisten, so die zeitgenössische Meinung, gehe es einzig um die
ästhetische Wirkung; er wolle nicht beeinflussen, sondern seine Haltung gekonnt

---

270 Ebd.: 19f.
271 Vgl. ebd.: 16f.
272 Kober 1920: 9. Kober begleitete als Pressechef den Zirkus Sarrasani 1924 auf der Südameri-
     katournee und erwarb sich einen ausgezeichneten Ruf als Werbemanager. Zuletzt war er einer
     der führenden Redakteure der *Frankfurter Illustrierten*.
273 Ebd.: 15. Vgl. ebd.: 10, 31.
274 Ebd.: 11.

vermitteln. „Das Chaos in meiner Seele, mein gesättigtes Hirn, mein vollgepump-
tes Herz, meine hochgespannten Nerven finden ein Ventil, sobald ich gezwungen
werde, etwas in die Zeitung zu schreiben."[275]

Aus demselben Jahr stammt Thomas Hübbes Schilderung der Zeitungsschreiber, auch der Hamburger Literat formulierte die Merkmale dieses „Ausnahmebe-
rufes" in recht hohem Ton:

> „Der Journalist ist ein Kämpfer; und Kampf ist Leben. […] Der Journalist hat's immer eilig;
> die nächste Stunde kann ihn vor eine ganz andere Aufgabe stellen, und die Setzerei drängt.
> Insofern ist der Journalist dem Feldherrn zu vergleichen, der auch vor ganz plötzliche Be-
> schlüsse gestellt werden kann, und dem beim Eintreffen einer Meldung sofort das Befehls-
> wort dem Gehege der Zähne entfliehen muß."[276]

Der Journalist, so beschreibt es Hübbe, bewege sich in einem Strom aus Aktualität
und benötige aus diesem Grund ausgiebige Kenntnisse auf geschichtlichem,
volkswirtschaftlichem, sozialem, parteipolitischem und juristischem Gebiet.[277]

Das Ideal des Zeitungsmannes sah Friedrich Trefz in der Vereinigung der
Komponenten Bildung, Wissen und journalistisches Können. Neben Begabung
gehörten für ihn Tüchtigkeit, Geschick, Fleiß, Spürsinn und Interesse zu den erforderlichen Charaktereigenschaften eines Journalisten; außerdem listet er als notwendig auf: eine gediegene Allgemeinbildung, Einfühlungsvermögen und die
Fertigkeit, fehlende Sachkenntnis durch nachforschende Erkundigungen zu ersetzen. Die Hauptanforderung an einen Journalisten bestehe darin, schnell die wichtigen Probleme des Tages in flüssigem Stil und in allgemeinverständlicher Form
zu bearbeiten und dabei „den trockenen Ton zu vermeiden und doch nicht banal
zu werden."[278] Der Vergleich zwischen einem Journalisten und einem Kämpfer[279]
gerät auch in diesem Essay in den Vordergrund:

> „Der Mann der Feder hat einen schweren Beruf. Er muß, wie der Soldat, immer auf dem Pos-
> ten sein, er muß die Feste feiern, wie sie fallen, und seine Arbeitszeit und Arbeitsmöglichkeit
> läßt sich nicht immer im voraus festlegen. Der Journalist wird von den Ereignissen mitgezo-
> gen, die sich weder an Ort noch an Zeit binden, und er hat deshalb, wie man zu sagen pflegt,
> ein ‚ungeregeltes Leben'."[280]

Die Herkunft eines Journalisten, so bescheinigt es zumindest Trefz, sei zweitrangig. Es sei einerlei, ob der journalistische Anwärter aus einem anderen Beruf
komme, politische Aktivität suche, materielle Not verspüre oder seine Neigung
zur schriftstellerischen öffentlichen Betätigung plötzlich entdeckt habe: „Wie
beim Schauspieler und bildenden Künstler wird auch bei der Presse eigentlich

---

275 Ebd.: 16. Vgl. ebd.: 34.
276 Hübbe 1920: 16.
277 Vgl. ebd.: 14, 17, 21f.
278 Trefz 1922: 125. Vgl. ebd.: 129, 133..
279 In ähnlichem Wortlaut ist dies auch bei einem Pionier der Zeitungswissenschaft, nämlich bei
       Edgar Stern-Rubarth zu finden: „Denn die Feder ist die Antithese des Schwertes, wie der
       Geist die der Gewalt; die Zeitung – die ihren Namen von der Zeit ableitet – die Vorstufe zur
       Ewigkeit, vor der nichts besteht, das der Vernichtung dient." (Stern-Rubarth 1922: 65).
280 Trefz 1922: 126.

nicht gefragt, woher der Journalist seine Kenntnisse und seine Bildung bezogen; es wird nur auf wirkliches Können Wert gelegt."[281]

Mehr auf die schriftstellerische Rolle des Journalisten ging Johannes Kleinpaul, zu diesem Zeitpunkt Privatdozent an der Universität Greifswald und Referent am Deutschen Institut für Zeitungskunde Berlin, ein. Er gestand der Tagesschriftstellerei einen gewissen Ewigkeitswert zu und betrachtete den Journalisten als einen Poeten, der einen Leserkreis anrege und so zur Fortentwicklung von Kultur und Sitten beitrage. In seinen Erklärungen heißt es dazu:

> „Der Journalist steht am laufenden Webstuhle der Zeit und merkt auf sein Rauschen. Da gleiten die bunten Fäden. Rasch findet der Gewandte eine Masche, wo er einhakt. Wer schnell zupackt, mit geschicktem Griff, hat den meisten Erfolg; was für Ärger, wenn man sieht, wie einem andern gelang, was man selber hätte tun können; ja, da heißt's aufpassen! [...] Der Journalist steht auf hoher Warte. Er sieht und hört mehr – zum mindesten schneller – als andre. [...] er muß die Gabe haben, aus allem, was an ihn herantritt – oft ist es nur ein winziges Zufallswort, ein ferner Klang – sofort etwas zu machen. [...] Unaufhörlich gilt es zu schöpfen, unermüdlich zu schaffen, beständig zu schreiben."[282]

Von den pathetischen Umschreibungen abgesehen, zeigt diese Abhandlung recht gut, welche Arbeitsleistungen Anfang der 1920er-Jahre von einem Journalisten verlangt wurden: In seiner Vermittlerrolle sollte er die Ereignisse der Welt auch einem Laien begreiflich machen, die Menschen aufklären, die Zeitung zum Sprachrohr für Wünsche und Beschwerden aller Bürger formen und sich „mannhaft" für Gerechtigkeit einsetzen. Ein Journalist sollte nicht starrsinnig eine vorgefasste Meinung vertreten, sondern stattdessen mehrere Seiten aufzeigen und die in der Mitte liegende Wahrheit suchen.[283] Hierfür müsse ein Schriftleiter – so der von Kleinpaul bereits verwendete Ausdruck – zahlreiche Eigenschaften in sich vereinigen: Neben umfassender Allgemeinbildung, Taktgefühl und Hartnäckigkeit sollte er auch Instinkt, administrative Fertigkeiten und technische Kenntnisse besitzen. Zusätzlich seien Charakter- und Herzensbildung, Menschenkenntnis, Rechtschaffenheit und Vertrauensseligkeit unentbehrlich.[284] Das Schreiben[285] wurde als Kerntätigkeit des Journalisten erachtet:

> „Schreibt der Journalist sich leicht aus? Das ist kaum zu befürchten, weil er immer Neues behandelt. Alles interessiert ihn auf andre Weise, macht neue Kräfte in ihm lebendig. Vor allem bedingt sein Beruf rasche Orientierung und Anpassungsfähigkeit. Er greift hinein ins volle Menschenleben, faßt recht eigentlich den Augenblick beim Schopfe, in vielen Sätteln muß er reiten können. [...] Gewiß, diese Vielschreiberei, dieses Überallesschreiben hat den Stand in Verruf gebracht. Zu Unrecht."[286]

---

281 Ebd.: 124.
282 Kleinpaul 1922: 36f.
283 Vgl. ebd.: 39, 44f., 48.
284 Vgl. ebd.: 41–46.
285 „Der Journalist schreibt – wie der Vogel singt – weil er schreiben muß! Und sein anregender Beruf, der ihm immer neue Ziele steckt, erhält ihn immer schaffensfroh und frisch." (Kleinpaul 1922: 41f.).
286 Ebd.: 38.

Im Jahr 1928 legte Dieter Paul Baumert seine sozialgeschichtliche Studie zur Entstehung des deutschen Journalismus vor. Er teilte die Entwicklungslinie des Journalistenberufes in vier geschichtliche Phasen ein: präjournalistische, korrespondierende, schriftstellerische und redaktionelle.[287] Auf dieser Basis zeigte er die Entwicklung des Journalisten seit dem 19. Jahrhundert vom Schausteller, Bohemien und Literaten bis hin zum Nachrichtensammler und objektiven Praktiker der Gegenwart auf. Die publizistische Veredelung der Tagespresse wurde dem Berufstyp des Nur-Journalisten als dessen tägliche Leistung zugerechnet. Der Journalist selbst wurde als ein durch Wort und Schrift tätiger Geistesarbeiter beschrieben, der seine Tätigkeit am allgemeinen und aktuellen Nachrichtenbedarf orientiere. Die Geistesrichtung eines Journalisten sei referierend, räsonnierend, nicht fachliterarisch sondern aktuell-literarisch und an allgemeinen Wertemaßstäben interessiert. Seine Aufgabe sei es, die komplizierten Erscheinungen des Alltags der Gemeinschaft überhaupt erst verständlich zu machen. Typisch für den Journalisten der Gegenwart sei auch, so Baumert, dass er sein Einkommen mittelbar oder unmittelbar aus einem Zeitungsunternehmen beziehe.[288]

Diese verschiedenen zeitgenössischen Perspektiven machen deutlich, dass der Journalist in den ersten Jahrzehnten des 20. Jahrhunderts durch bestimmte – den heutigen nicht unähnlichen, stellenweise aber auch gänzlich anderen – Charaktereigenschaften und Aufgabenstellungen von seinen Zeitgenossen beschrieben, beruflich kategorisiert, persönlich verstanden und auch sozial unterschieden oder gesellschaftsrelevant beurteilt wurde. Joseph Goebbels, der seine Laufbahn als Journalist in eben dieser Zeit begann, wuchs mit einem ähnlichen, wenn nicht gar identischen Berufsbild auf. Insofern müssen bei der Begutachtung seines beruflichen Auswahlprozesses und seiner allmählichen Positionierung in diesem Arbeitsumfeld auf die eine oder andere Weise immer auch diese Stereotypen berücksichtigt werden. Ob das Bewusstsein von der Existenz einer (wie auch immer zum damaligen Zeitpunkt benannten) „publizistischen Persönlichkeit" als Motivation in seine Berufswahl mit hineingespielt hat, gilt es mitunter auszukundschaften. Goebbels' Grundüberzeugung, er sei ein schriftstellerisches und demzufolge auch journalistisches Talent, dürfte ein gewichtiger Ausgangspunkt für seinen beruflichen Werdegang gewesen sein.

---

287 Mehrfach hat sich Baumerts Einteilung als unhistorisch herausgestellt, da er den Begriff des modernen Journalismus an den Beginn seiner Phasendefinition stellt, obgleich er nicht vor dem Ende der Entwicklung gerechtfertigt ist. Denn erst das Vorhandensein bestimmter Faktoren – die da sind: die serielle oder kontinuierliche Produktion des geschriebenen oder gesendeten Wortes, die Emanzipation von verwandten Berufen, die Unterscheidbarkeit von der Buchproduktion in Hinblick auf die Presseökonomie, die eigene redaktionelle publizistische Linie und die Existenz des simultan erzeugten Selbst- und Fremdbildes – macht die Definition des modernen Journalismus möglich. Vgl. Stöber 2005a: 15, 21, 35.

288 Vgl. Baumert 1928: VIII, 1, 3f., 6; Weischenberg 2000: 382f.

II. ERSTE JOURNALISTISCHE VERSUCHE

1. DIE FRÜHEN JAHRE (1897–1921)

1.1 Familie und Kindheit

> „Hitler hat fast genau dieselbe Jugend durchgemacht wie ich.
> Der Vater Haustyrann, die Mutter eine Quelle der Güte und Liebe."[1]

Im ausgehenden 19. Jahrhundert stand das deutsche Kaiserreich unter der Herrschaft von Kaiser Wilhelm II. in seiner vollen Blüte. Das junge, so genannte Zweite Reich, lebte in Frieden, baute seine Sozialsysteme aus und wandelte sich gerade vom Agrar- zum Industriestaat. Deutschland verbuchte auffällig positive Wirtschaftsentwicklungen und stand im Welthandel nach England an zweiter Stelle. Einerseits bestimmten moderne, die Arbeitswelt rasant verändernde Technologien und große Wirtschaftswunder das Zeitalter; andererseits wurde die festgefügte Gesellschaftsordnung von Autoritäten dominiert, die zwar der neuen Generation deutliche Wertmaßstäbe und eine innere Einheit boten, gleichzeitig aber in ihren Einstellungen und Auffassungen bewegungslos und starr waren.

> „Joseph Goebbels gehörte zu denjenigen, die durch diesen Wilhelminismus, durch deutsche Ohrensesselmentalität geprägt wurden. Perspektivenlos und phantasielos zunächst. Der Erste Weltkrieg brachte für diese Generation dann den Umschwung. Der Krieg wurde als Befreiung angesehen. In den Stahlgewittern dieses furchtbar tobenden Krieges [...] wurde ein neuer Typus Mensch geboren. Zerrüttung und Revolution brachte er mit sich und einen neuen Idealismus. Links und Rechts wurden Szenarien einer neuen Welt ausgebrütet."[2]

Paul Joseph Goebbels wurde am 29. Oktober 1897 in Rheydt[3] am Niederrhein geboren. In Biographien, die um 1933 publiziert wurden und auf die Goebbels immer ein wachsames Auge hatte, achtete er peinlich genau auf die Betonung seiner (tatsächlich) katholischen und (vermeintlich) proletarischen Abstammung:

---

1   Die Eingangszitate der nun folgenden Kapitel entstammen – soweit nicht anders angegeben – alle dem so genannten Tagebuch von Joseph Goebbels (Abkürzung: sogGTb mit anschließender Datumsangabe), hier: sogGTb 9.8.1932.

2   Altstedt 1999: 9. Vgl. Schütze 2003: 14; Reuth 2000: 11.

3   Die Stadt Rheydt, eine beschauliche, katholisch geprägte Kleinstadt zwischen Köln und Düsseldorf, zählte im Jahr 1897 etwa 30.000 Einwohner. Die Region war stark ländlich geprägt und in eine monotone Landschaft eingebettet. Rheydt galt dennoch als eine schnell aufblühende und aufstrebende Industriestadt im linksrheinischen Teil der preußischen Rheinprovinz, die von der Textilindustrie beherrscht wurde. Im Jahr 1975 wurde Rheydt in die Großgemeinde Mönchengladbach eingemeindet, wobei bis 1950 die angrenzende Nachbarstadt noch München-Gladbach hieß. Vgl. Bering 1991: 103; Müller 1994: 11.

„Rheinische und westfälische Bauern und Kleinbürger waren seine Vorfahren, Menschen mit den Eigenschaften, die Scholle und Tradition ihnen mitgaben und die von ihnen auch Dr. Joseph Goebbels mitbekam: die zähe Beharrlichkeit und den unbeugsamen Trotz der Niedersachsen der roten Erde und das lebhaft-künstlerische Temperament und die Aufgeschlossenheit der besten Söhne Rheinfrankens."[4]

Von dieser biographischen Komponente versprach sich Goebbels eine besondere Nähe zur Arbeiterschaft. Als ausnehmend erwähnenswert galt ihm, dass er trotz des politischen Aufstiegs dem Ursprung verhaftet geblieben sei: „Der blutsmäßige Boden, dem Dr. Joseph Goebbels entwuchs, war gut und fest, war das Fundament für eine Persönlichkeit, die mit starkem Willen und heißem Herzen widerwärtige Ereignisse niederzwingen und überwinden mußte."[5]

Joseph Goebbels[6] war der Sohn der Eheleute Friedrich (Fritz) und Maria Katharina Goebbels (geborene Odenhausen). Der Vater war in der Dochtmanufaktur W.H. Lennartz[7] in Rheydt vom Laufburschen zum Buchhalter aufgestiegen. Im Ersten Weltkrieg erreichte er dank seines zähen Fleißes die Position des Betriebsleiters, in den 1920er-Jahren wurde er Prokurist der „Vereinigten Dochtfabriken GmbH".[8] Die Mutter, holländischer Herkunft, wird als schlichte Frau beschrieben, die zwar war von geringer Bildung und ohne gesellschaftlichen Schliff war, sich aber durch einen starken Charakter und Herzensgüte auszeichnete und ihre Familie mit Zärtlichkeit und Fürsorge umgab. In der Fluchtburg, die das Elternhaus für Joseph Goebbels immer wieder bot, war die Mutter der eigentliche starke Bezugspunkt.[9] „Goebbels bewunderte noch im Alter die Klugheit ihres Urteils und ihren gesunden Menschenverstand. Er sprach mit ihr gerne über schwierige Probleme auch der Politik, um ihre Meinung zu hören. Sie war für ihn so etwas wie des Volkes Stimme."[10]

Aus der Ehe gingen insgesamt sechs Kinder hervor: Paul Joseph war der dritte Sohn nach Konrad (1893) und Hans Johann Friedrich (1895). Die Schwester Maria starb bereits als Kind. Nach der Jahrhundertwende folgten noch die beiden

---

4   Seeler 1933: 5. Vgl. Schmidt-Pauli 1932: 154.
5   Krause 1933: 7.
6   Auf der Geburtsurkunde stand noch der Nachname „Göbbels", auch im Standesamtsregister wurde der Name in dieser Form geschrieben. Der Vater Friedrich Goebbels ging erst später dazu über, den Namen mit „oe" zu schreiben. Vgl. Bering 1991: 103; Hoff/Winkelmann 1973: 87.
7   Das Unternehmen war auf die chemische Behandlung von Baumwollmaterial zur Herstellung von Glühstrümpfen spezialisiert.
8   Vgl. Reuth 2000: 12; Henke 1995: 177; Wykes 1986: 11; Fraenkel 1971: 500; Fraenkel/Manvell 1960: 21.
9   „Meine Mutter ist eine göttliche Verschwenderin: in allem, vom Gelde angefangen bis zu den lauteren Gütigkeiten des Herzens. Sie gibt, was sie hat, ja, manchmal, was sie nicht hat. Der Alte ist ein Knicker; aber er meint es gut. Pedant, klein im Geist und in der Auffassung, redet, was man ihm vorsagt, Kritiker […] aber ein logischer Denker. […] Geld ist ihm das Ding an sich. Das Geld macht aus ihm manchmal einen kleinen Haustyrannen. Aber wenn man ihn recht anfaßt, kann man mit ihm fertigwerden. Mich versteht er um kein Quentchen. Mutter hat den Instinkt für mich." (sogGTb 1.2.1924).
10 Oven 1987: 55. Vgl. Wunderlich 2002: 17; Henke 1995: 177; Hoff/Winkelmann 1973: 87; Ebermayer 1952: 16.

jüngeren Mädchen Elisabeth (geboren 1901, die im Jahr 1915 ebenfalls verstarb) und Maria (1910).

> „Die Geschwister wuchsen in einer offensichtlich intakten Familie auf, deren Rhythmus und Wertewelt – trotz der Umbrüche und Erosionen der heraufziehenden Industriegesellschaft – von stabilen sozialen, politischen und vor allem religiös-konfessionellen, sprich: katholischen Traditionen und Lebensabläufen geprägt waren."[11]

Die gesellschaftliche Schicht, in der sich die Familie Goebbels bewegte, veränderte sich kontinuierlich. Fritz Goebbels galt als Stehkragenproletarier, der sich verbissen vom Tagelöhner hocharbeitete, um der Familie etwas Besseres bieten zu können. Sein Ziel war es, durch Tüchtigkeit aus dem eher bescheidenen Umfeld heraus in das kleinbürgerliche Milieu aufzusteigen. Die Sehnsucht nach der gutbürgerlichen Existenz und dem arrivierten Besitzbürgertum basierte auf dem Wunsch nach Sicherheit, Kapital und Rente. „Fritz Goebbels was struggling to enter the German bourgeoisie, and this man of proletarian origins spared himself no sacrifice in order to improve the prospects of his children."[12] Anspruchslose Verhältnisse, Fleiß und Sparsamkeit[13] kennzeichneten das Leben der Familie Goebbels, deren Oberhaupt ein strebsamer, ernster, pflichtbewusster Vater und treuer Zentrumsmann war. Fritz Goebbels ermöglichte der Familie einen mäßigen Wohlstand und ein eigenes kleines Haus in der Dahlenerstraße Nr. 156 in Rheydt. Doch der soziale Aufstieg verlangte von jedem Familienmitglied eine schlichte Lebensführung und auch einen materiellen Beitrag: In gemeinsamer Heimarbeit fertigte die Familie Lampendochte.[14]

„Am Beginn einer biografischen Auseinandersetzung mit Goebbels steht meist der körperlich benachteiligte Junge, der versuchte, sich intellektuell zu profilieren und Anerkennung zu erlangen."[15] Tatsächlich galt Joseph Goebbels als Sorgenkind der Familie: Als Säugling hatte er knapp eine Lungenentzündung überlebt, dann lastete die Verkrüppelung seines rechten Fußes als schwere Bürde auf der Familie.[16] Denn die Eltern – strenggläubige Katholiken und einem naiven Glauben verhaftet – sahen den körperlichen Makel als Strafe Gottes an. Die Mut-

---

11 Henke 1995: 177. Vgl. Irving 1997: 14; Oven 1987: 52.

12 Herzstein 1979: 37. Vgl. Reuth 2000: 12; Müller 1994: 11; Michels 1992: 37; Oven 1987: 52; Ebermayer 1952: 10; Borresholm 1949: 31; Stephan 1949: 77f.

13 „Die Familie Goebbels lebte sehr einfach und anspruchslos, fast kärglich. Vater Goebbels war von pedantischer Sparsamkeit. In ein Kontobüchlein trug er sorgfältig alle privaten Ausgaben ein, vom Verlust beim Skatspiel bis zu den Pfennigbeträgen, die er in den Klingelbeutel warf." (Müller 1994: 11).

14 Vgl. Reuth 2000: 17; Müller 1994: 12; Fröhlich 1989: 53; Reimann 1971: 19.

15 Härtel 2005: 16. Vgl. Wunderlich 2002: 13; Oven 1974: 279.

16 Die Thesen, woher die Gehbehinderung stammen könnte, sind zahlreich. Mal wird die Behinderung als angeborener Makel aufgeführt, mal als Folgeerscheinung einer Kinderlähmung interpretiert. Vermutlich war die Lähmung auf eine Knochenmarkentzündung zurückzuführen. Der sich daraus entwickelnde neurogene Klumpfuß wurde mit dem Tragen unansehnlicher orthopädischer Apparaturen behandelt. Mehrere Operationen verschlimmerten die gesundheitliche Situation, so dass die Verkrüppelung blieb und der Hinkefuß zum markanten Markenzeichen von Joseph Goebbels wurde. Vgl. Reuth 2000: 15; Michel 1999: 20; Oven 1987: 53.

ter eilte mit dem Kind regelmäßig zur Beichte, um in frommer Inbrunst Gnade zu erflehen. „Für Joseph Goebbels scheint früh festgestanden zu haben, daß er ein von Gott Gezeichneter, ein vor allen anderen Auserwählter war."[17] Von seiner Umgebung als abnormal betrachtet, erntete er das Mitleid der Erwachsenen und zog die Spötteleien der Kinder auf sich. „Der Schuljunge mit dem großen intelligenten Kopf, dem unterentwickelten Körper und dem Klumpfuß durchlebte eine Kindheit voller Hänseleien und Spott."[18]

Psychologische Deutungen sind in Hinblick auf den Klumpfuß oft zur Hand[19]: So wird behauptet, Goebbels habe seinen Minderwertigkeitskomplex durch übersteigerte Arroganz und Ehrgeiz kompensiert; das körperliche Defizit habe er durch geistige Aktivität wettgemacht, was seine politische Karriere erkläre. Ob und in welchem Maße die körperliche Behinderung zu einer gewissen geistigen Position, zu Charaktermerkmalen oder bestimmten Handlungsweisen beitrug, kann und soll in einer kommunikationswissenschaftlichen Arbeit keinen Stellenwert haben. „Man neigt ebenso dazu, Goebbels' Fußleiden als Ursache eines alles erklärenden Minderwertigkeitskomplexes anzusehen. Gegen diese Deutung spricht allein schon der Umstand, daß viele Kinder mit körperlichen Mängeln keine Nationalsozialisten wurden."[20] Goebbels' Fußleiden spielte jedoch insofern eine Rolle, als es zu einer persönlichen Isolation und Selbstbezogenheit beitrug, die in seiner Schriftstellerei zum Ausdruck kam. Der Junge, dem es an dem für die Entwicklung unabdingbaren sozialen Austausch mangelte, entzog sich wann immer nur möglich den infantilen Anfeindungen seiner Umwelt und beschäftigte sich lieber mit und in Literaturwelten.

17 Michel 1999: 23. Vgl. Reuth 2000: 13f.; Müller 1994: 12. Später wurde Joseph Goebbels von den Eltern dazu angehalten, die katholische Religion in einem Theologiestudium zu vertiefen und das Priestertum anzustreben; diesem Wunsch kam er nie nach. „Die Eltern bestärkten den Jungen in dem Streben, Theologie zu studieren, nicht allein aus Überzeugung und Prestigegründen, sondern auch, weil das Theologiestudium noch am ehesten in Betracht kam, da für dessen Kosten die Kirche aufkam." (Reuth 2000: 19). Vgl. Wunderlich 2002: 17; Reimann 1971: 22; Ebermayer 1952: 16.
18 Irving 1997: 15. Vgl. Reuth 2000: 15f.
19 „Wichtiger aber ist vielmehr die Tatsache, daß Goebbels zeitlebens diese Körperbehinderung durch geistige Überlegenheit zu kompensieren suchte." (Barth 1999: 20). „Goebbels' Ergeiz und Geltungsstreben resultierten also in großen Maßen aus seiner Behinderung. Seitens der Familie, insbesondere durch den Vater, Friedrich Goebbels, wurden sie noch verstärkt." (Michel 1999: 21). „Die aus seiner körperlichen Mangelsituation herrührende aggressive Idiosynkrasie muß als energetischer Faktor auf dem Weg nach oben stets mitgedacht werden." (Radl 1982: 33). Siehe auch Fraenkel 1971: 500.
20 Bärsch 2004: 135. „Zwar waren Ausgrenzung und Isolation, Hohn und Spott die Folgen des körperlichen Leidens, und die alltäglichen Unbequemlichkeiten, die ein Klumpfuß mit sich brachte, taten das Ihre, gleichwohl läßt sich dadurch nicht die außergewöhnliche Karriere erklären, die Goebbels beschieden war. Behinderte Kinder gab es viele, keines brachte es jedoch so weit wie Goebbels" (Michel 1999: 20). Vgl. Hoff/Winkelmann 1973: 88.

1.2 Schulzeit und Jugend

> „Lesen. Storm, Keller, Gedichte. Dichte selbst.
> Sehr sentimental. Volksliedeinflüsse."[21]

Joseph Goebbels wurde als Begabtester unter den Geschwistern intensiv gefördert. Auch von den Eltern als gesellschaftliche Randfigur eingeschätzt, sollte das
eher schwächliche Kind zumindest eine gutbürgerliche Erziehung – beispielsweise durch Klavierstunden[22] – genießen. Joseph erlebte ein fürsorgliches, liebevolles
Elternhaus, in dem auch Humor kein Fremdwort war. „Joseph Goebbels ist also in
durchaus behüteter, wenn auch noch kaum abgesicherter sozialer Umgebung auf-
gewachsen, die nicht vermögend, aber doch auch nicht ärmlich war."[23] Er lernte
früh schon Genügsamkeit, Anspruchslosigkeit und Zielstrebigkeit kennen. Die
Sozialisation des jungen Goebbels vollzog sich in einer kleinbürgerlichen Atmosphäre, in der auf eine humanistische Bildung großen Wert gelegt wurde.[24] Joseph
besuchte die Volksschule in Rheydt und wechselte 1906 an die Oberrealschule
mit Reformgymnasium.[25] Er galt als begabtes, lerneifriges Kind – Eigenschaften,
die in den späteren Biographien gern hervorgehoben wurden:

> „Schon als Schüler überrascht er seine Lehrer durch die fanatische Zähigkeit, mit der er sich
> einer Sache hingibt. Einer seiner Lehrer hat ihn richtig charakterisiert, als er von ihm sagte:
> Dies ist ein Talent, und Talente sind wichtiger für das Vaterland als Genies. Ein Genie reißt
> ein oder schenkt, ein Talent aber baut auf. Goebbels war die ganze Schule hindurch unter den
> Ersten."[26]

Seine herausragenden schulischen Leistungen und sein Strebertum verstärkten
jedoch das Bild vom Außenseiter, unbeliebten Eigenbrötler, ständigen Grübler,
streitsüchtigen Angeber und arroganten Besserwisser, das die Gleichaltrigen von
ihm hatten. Goebbels wurde als wissbegieriger, lerneifriger, ausdauernder, aber
verbissener Mitschüler beschrieben, der an der körperlichen Insuffizienz litt und

---

21 Erinnerungsblätter (EB).
22 Das Klavier war der Inbegriff von Bildung und Wohlstand, das Wahrzeichen einer gehobenen
    Lebensführung, das Symbol des Bürgertums. Dieses Luxusinstrument kennzeichnete den er-
    folgreichen Aufstieg der Familie Goebbels. Das Prestigedenken der Eltern begleitete Joseph
    auch während seines Studiums: Obgleich sich die Familie das Studiengeld hart ersparen
    musste, wurde das berufliche und gesellschaftliche Vorankommen des Sohnes als nachweisli-
    cher Erfolg für den Clan gewertet.
23 Michels 1992: 37. Vgl. ebd.: 22; Schütze 2003: 14; Michel 1999: 22; Fraenkel/Manvell 1960: 22.
24 „Konrad und Hans waren durchschnittlich bis gut begabt, Joseph überragte sie deutlich. Abi-
    tur und Studium konnte Vater Goebbels nur einem von ihnen finanzieren: dem hochintelli-
    genten, durch ein körperliches Gebrechen (Klumpfuß) gezeichneten Joseph." (Müller 1994:
    12, Klammer im Original).
25 Vgl. Knopp 1998: 31f.; Peuschel 1982: 44; Niekisch 1980: 177; Bramsted 1971: 47f.
26 Bade 1933: 6. Vgl. Dutch 1940: 73; Jungnickel 1933: 39; Knesebeck-Fischer 1933: 8; Viator
    1932: 19.

sich in der Klassengemeinschaft zunehmend isoliert sah.[27] Seine Lieblingsfächer in der Schule wurden Geschichte und deutsche Literatur.

Dieses Kind, das im Bewusstsein seiner Abnormalität aufwuchs; das den Eltern ständig Kummer zu bereiten glaubte und keinen weitreichenden Kontakt zu Altersgenossen hatte, entwickelte schon früh seine Leidenschaft für die Bücherlandschaften.

> „Als der Zehnjährige bei der ausgedehnten Lektüre von Märchenbüchern und eines zweibändigen Konversationslexikons wohl zum ersten Mal empfand, daß er in geistigen Bereichen vor seinen Freunden und Spielkameraden durchaus brillieren und möglicherweise seine körperlichen Unzulänglichkeiten wettmachen könnte, mußte ihm dies als Ausweg aus einer sich abzeichnenden überaus düsteren, von sozialen Benachteiligungen geprägten Entwicklung erscheinen."[28]

Der junge Goebbels erkannte, dass Wissen auch Macht bedeutet und dass er hier ein Instrument besaß, mit dem er seine Umwelt beeindrucken konnte. Zunehmend zog er sich in sich selbst zurück und richtete sich in seiner Egozentrik ein. „Der Blickwinkel seiner Kindheit ist die wachsende Distanz zwischen sich und den anderen. Er erlebt alles aus der Entfernung. Mittendrin ist er selten und daher nie gezwungen, sich unter anderen zu behaupten. Seine Entwicklung beschränkt sich auf seinen Kopf"[29]. Er entdeckte literarische Fantasiewelten, flüchtete sich in die Dichtung – wo er keinen äußeren Beschränkungen unterworfen und niemandem körperlich unterlegen war; er schuf sich einen persönlichen Kompensationsraum und lebte seine Freizeit hauptsächlich in lyrischen Scheinwelten.

Der Zeitpunkt, an dem Goebbels seine Empfindungen zu kultivieren begann und erstmals selbst literarisch produktiv wurde, lässt sich recht genau bestimmen: Sein erstes Gedicht, aus dem Jahr 1912, war Herbert Lennartz (dem Sohn des Fabrikbesitzers, in dessen Stellung sein Vater stand) gewidmet. Der Junge war während einer Operation gestorben, was Goebbels poetisch verarbeitete.[30] Goebbels verfasste zahlreiche jugendlich-schwärmerische und auch melancholische Elaborate. Die literarischen Stückchen dieser frühen Jahre tragen schwülstige, aber dem Zeitgeist entsprechende Züge. Sie zeigen starke Emotionen des Autors, der sich selbst immer wieder besondere Begabung zum Dichtertum und von Gott verliehene poetische Fähigkeiten attestierte.[31]

Goebbels meldete sich 1914 – ganz typisch für die von der Idee eines Krieges beglückte Generation – freiwillig zum Militärdienst. Viele junge deutsche Männer

---

27 Vgl. Baier 2001: 58; Reuth 2000: 17f.; Barth 1999: 20; Michel 1999: 29; Irving 1997: 19; Fröhlich 1989: 53; Radl 1982: 32f.; Bramsted 1971: 48; Ebermayer 1952: 11, 15.

28 Henke 1995: 180. Vgl. Reuth 2000: 16f., 20; Fraenkel/Manvell 1960: 24.

29 Baier 2001: 10. Vgl. Altstedt 1999: 10; Michel 1999: 28, 34.

30 „Hier steh' ich an der Totenbahre,/ Schau deine kalten Glieder an,/ Du warst der Freund mir, ja, der wahre,/ Den ich im Leben liebgewann./ Du musstest jetzt schon von mir scheiden,/ Ließest das Leben, das dir winkt,/ Ließest die Welt mit ihren Freuden,/ Ließest die Hoffnung, die hier blinkt." (BArchKo N 1118/61, siehe auch EB). Vgl. Schütze 2003: 15; Baier 2001: 17; Reuth 2000: 20; Altstedt 1999: 11; Michel 1999: 34.

31 Vgl. Michel 1999; Neuhaus 1974. Zu den einzelnen Werken mit Details siehe Kapitel II, 1.4 Erste schriftstellerische Bemühungen, Unterkapitel „Lyrik".

fühlten sich nach Ausbruch des Ersten Weltkrieges wie in einem nationalen Rausch und eilten auf die Schlachtfelder. Joseph Goebbels wurde zurückgewiesen, die Gehbehinderung machte ihn für den Fronteinsatz untauglich. Der ersten Euphorie folgte die deprimierende nüchterne Einsicht: „In der Stunde der großen Entscheidung hat ihn das Vaterland, hat ihn sein Volk zurückgewiesen!"[32] Zumindest auf geistiger Ebene konnte er seinen Dienst absolvieren und zum Wohl des Vaterlandes beitragen: Er verfasste Klassenaufsätze[33], in denen er sich dem Thema Krieg intensiv und eindringlich widmete und sich mit Begrifflichkeiten wie „deutsches Schicksal" und „deutsches Sendungsbewusstsein" auseinandersetzte. Aus heutiger Perspektive sind die Texte geeignete Zeugnisse zeitgeschichtlichen Denkens: Diese Schülergeneration wurde von Aspekten nationaler Solidarität, den Lehren Darwins und von der mit einer patriotischen Mission gleichgesetzten politischen Expansion geprägt; der Glaube an das Vaterland war eine Konstante im Denken der Jugend. In einer Epoche voller innen- und außenpolitischer Spannungen fühlte sich der heraufziehende Krieg wie eine Erlösung an – gerade die Jugendlichen taumelten begeistert dem Kampf entgegen und zeigten sich mit den Kriegsbefürwortern solidarisch. „Denn längst paßten die neuen mechanisierten Arbeitsweisen und die sich mit ihnen verändernden sozialen Strukturen nicht mehr zur Ordnung dieses Kaiserreiches."[34]

Im Ton vaterlandsliebender Begeisterung beschwor Goebbels den volksbewussten Zeitgeist und ein uneingeschränktes Hochgefühl der Nation. In schwülstigen Worten warb er für vaterländische Euphorie und offenbarte seine jugendliche Affinität zu den Strömungen und Perspektiven seiner Generation. „Seine Ausdrucksweise ist geschwollen, mitunter auch blasiert, manieriert, altklug, seine Schrift spitz und verkrampft, seine Ansichten stammen großteils nicht von ihm, alles an ihm versucht, den Eindruck von Persönlichkeit zu wecken."[35] Noch war die Stimmung in Deutschland nicht von jenen persönlichen Schicksalen getrübt, die sich zum selben Zeitpunkt an den Kriegsschauplätzen ereigneten.

> „Im nationalen Taumel der allgemeinen Kriegsbegeisterung schien für eine kurze Zeit die ersehnte Volksgemeinschaft entstanden zu sein, die über sein körperliches Gebrechen und die niedere Herkunft hinwegsah. Die Identifikation mit dem starken Kollektiv bot ihm die Möglichkeit, die aus der eigenen Schwäche resultierenden Ängste sowie das Gefühl persönlicher Minderwertigkeit zu überwinden und im Rausch der Machtfülle einen Lustgewinn zu erfah-

---

32 Ebermayer 1952: 18. Vgl. Härtel 2005: 16; Michel 1999: 32; Henke 1995: 180; Bering 1991: 107; Fraenkel 1971: 500; Reimann 1971: 21.

33 Die Schulaufsätze trugen folgende Titel: „Wie kann auch der Nichtkämpfer in diesen Tagen dem Vaterlande dienen?" (27.11.1914), „Das Lied im Kriege" (6.2.1915) und „Warum müssen, wollen und werden wir siegen?" (30.6.1916). Vgl. BArchKo N 1118/117.

34 Reuth 2000: 22.

35 Baier 2001: 18. Vgl. ebd.: 22; Reuth 2000: 19–21, 24–26, 36; Barth 1999: 21; Müller 1994: 13. Der nationalsozialistische Hausbiograph Bade wusste diesen Umstand deutlich wohlwollender zu formulieren: „Schon früh kennt er fast alle deutschen Klassiker und seine Aufsätze sind kleine Kunstwerke, die immer wieder das Entzücken der Lehrer erregen. Wenn man heute einen dieser Aufsätze liest, spürt man, fast betroffen, die stilistische Ähnlichkeit mit den großen Reden des Parteiorganisators und Ministers, – denn schon diese Aufsätze sind durch und durch geschriebene Reden." (Bade 1933: 6).

ren. Wenn sich Goebbels also dem Mythos der nationalen Gemeinschaft hingab, befriedigte
das nicht bloß seine persönlich motivierte Sehnsucht nach Integration"[36].

Als politisch-essayistisch oder gar politisch-journalistisch sind die Schulaufsätze
jedoch nicht zu bewerten; politische Themen wurden nur dort angesprochen, wo
sie als Schlagworte dienlich waren. Der junge Goebbels war nur begrenzt an Politik interessiert, etwa in dem Maße, in dem der allgemeine politische Eifer in seiner Generation üblich war. Die Lehrerschaft allerdings bestärkte Joseph in seiner
aufkommenden Schreibwut, motivierte und lobte ihn. „Daß er mit dem ‚Gänse-
kiel' umgehen konnte, das wußte Goebbels, seit er auf dem Gymnasium die erste
Eins unter einen deutschen Aufsatz bekommen hatte."[37]

Im Jahr 1917 absolvierte Goebbels mit glänzenden Noten das Abitur. Für die
Eltern, die jeden Pfennig gespart hatten, um ihm die Aufstiegschancen zum Akademiker zu ermöglichen, war dies ein erster Meilenstein. Das Zeugnis konnte sich
wirklich sehen lassen: „Er brillierte insbesondere in Geschichte und Deutsch, erlangte eine überdurchschnittliche Fähigkeit im Umgang mit der Sprache und entwickelte großes Interesse für Literatur und Lyrik."[38] Als Verfasser des besten
Deutschaufsatzes seines Jahrgangs empfing er eine Auszeichnung und hielt bei
der Entlassungsfeier die Abgangs- und Dankrede.[39] Darin zeichnete Goebbels als
Stellvertreter seiner Generation die aktuelle globale Lage nach. Als einer, der
zwar Vaterlandsliebe vorzuweisen hatte, nicht aber – so seine Einstellung – an der
Front seinen nationalen Pflichten nachgekommen war, feierte Goebbels mit marti-
alischem Vokabular den „Heldentod" gefallener Mitschüler: Sie hätten für
Deutschland ihre „reinen Seelen" geopfert. Zu ihren Ehren und mit einem „Herz
voll jubelnder Wonne, voll junger, himmelstürmender Pläne" beschrieb der junge
Redner die „Jahre voll Blut und Tränen, aber auch voll Stolz und Sieg". Langatmig zitierte er große Namen wie Uhland, Fallersleben, Storm, Bismarck und Taci-
tus und untermauerte mit ihren Aussagen seine Forderungen nach einem neuen
Lebensstil:

> „Eine solche Meinung von persönlicher Freiheit gibt dem Charakter jene Festigkeit, die ihn
> wappnet gegen jeden Sturm des Lebens und der Welt, jene Festigkeit, die ganze Männer er-
> zeugt, Männer, die fest und unbeirrt ihre Bahn schreiten, die nicht abweichen nach rechts oder
> links, nein, treu und redlich die gerade Richtung innehalten."

Die Jugend solle sich ihren Idealismus bewahren und in dem Bewusstsein leben,
„dass wir Glieder jenes großen Deutschland sind, auf das eine ganze Welt mit
Schrecken und Bewunderung sieht." Die ungestüme Verwendung von Begriffen
wie Vaterland, Heldentum und Schicksal in dieser Rede macht deutlich, was den

---

36 Michel 1999: 32.
37 Oven 1987: 75.
38 Henke 1995: 180. Vgl. Bering 1991: 105; Sauder 1985: 307; Hoff/Winkelmann 1973: 88;
    Fraenkel 1971: 500.
39 Vgl. BArchKo N 1118/126; Stadtarchiv Mönchengladbach 2002: 3–5. Die nun folgenden
    Zitate sind diesen Dokumenten entnommen.

Abiturienten Goebbels und auch seine Mitschüler damals bewegte und in die Nachkriegsjahre emotional hineingetragen wurde.[40]

An dieser Stelle wäre es verfrüht, von diesen ersten literarischen Versuchen auf einen Berufswunsch zu schließen. Zwar war Goebbels' literarisches Interesse bereits geweckt, auch nahm die Poetik bereits zu Schulzeiten einen bedeutenden Stellenwert in seinem Alltag ein. Der später wortgewaltige Erwachsene wird zu diesem Zeitpunkt jedoch noch nicht sichtbar. In den Aufsätzen werden zwar einige politisch-soziale Motive bereits deutlich, eine Beziehung zum politischen Journalismus ist hier aber noch nicht festzustellen.

Eine Annäherung an das Medium Zeitung fand – wenn überhaupt – eher begrenzt statt. Das erste Mal erwähnte Goebbels die Presse in negativer Konnotation.[41] Weder das Interesse an Zeitungsinhalten noch die Idee, selbst für Pressemedien schreiben zu können, ist in diesen frühen Jahren irgendwo verzeichnet – und das, obwohl im Elternhaus vermutlich eine Zeitung verfügbar war.[42] Der Vater informierte sich anhand eines nicht näher bezeichneten Presseorgans über die Politik des Kaiserreiches, die wirtschaftlichen und handelspolitischen Erfolge des Landes und über das daraus resultierende Misstrauen der europäischen Nachbarn.

> „Vater Goebbels erfuhr das, was sich in Europa und der Welt abspielte, durch die Tageszeitung. Ob er mit seinen Söhnen politisierte, läßt sich aus den spärlichen Quellen für diese Jahre nicht erschließen, auch nicht, in welchem Maße seine Einstellung als Wähler der Zentrumspartei auf seine Söhne abfärbte."[43]

Lediglich in den Erinnerungen an seine diversen Krankenhausaufenthalte beschrieb sich Goebbels in der Rolle des Zeitungslesers.[44] Aus dem Briefwechsel zwischen den Brüdern Hans und Joseph lässt sich ebenfalls schlussfolgern, dass Zeitungen gelesen wurden.[45] In seiner Zeit als Student widmete sich Joseph Goebbels allerdings intensiv und ausführlich der Presse, wie die Korrespondenzen

---

40 „Sie [Anmerkung: die Abiturrede] atmete voll den Geist des ‚normalen' Weltbilds seiner Generation, übertraf jedoch noch das darin ohnehin vorhandene, in der Zeit des ersten Weltkriegs allenthalben noch verstärkte Pathos der Vaterlandsliebe. Sie zeigte darüber hinaus Goebbels' in jede Richtung einsetzbare intensive Gefühlsbereitschaft und Gefühlsfähigkeit sowie deren extensive Umsetzung in überladene, immer aber zeitgemäße sprachliche Formen." (Henke 1995: 180). Vgl. Wunderlich 2002: 17; Reuth 2000: 27; Michel 1999: 33; Irving 1997: 20; Oven 1987: 59; Bramsted 1971: 49; Reimann 1971: 22; Heiber 1962: 17; Ebermayer 1952: 19.

41 In den Erinnerungsblättern erwähnte Goebbels einen Lehrer, „der vor uns Kindern allerlei dummes Zeug auspackte und mit den 4 Ausgaben seiner Kölnischen Zeitung prahlte." (EB).

42 Diesbezüglich notierte Goebbels später einmal: „Vater knottert im Hause herum. Dem Mann darf es nicht gut gehen; dann wird er unzufrieden. 3/4 des Tages verschläft er, die andere Zeit liest er Zeitung, trinkt Bier, kannegießert, raucht und schimpft mit Mutter." (sogGTb 13.8. 1924).

43 Müller 1994: 13. Vgl. Reuth 2000: 17.

44 „Diese Bücher weckten erst meine Freude am Lesen. Von da ab verschlang ich alles Gedruckte einschließlich Zeitungen, auch die Politik, ohne das Mindeste davon zu verstehen." (EB).

45 Vgl. Brief von Hans Goebbels an Joseph Goebbels am 8.6.1916 (StadtA MG 15/44/40).

mit seiner Freundin Anka Stalherm belegen.[46] Darin finden sich Hinweise auf rezipierte Kunstberichte in der *Frankfurter Zeitung*[47], auf sein Abonnement der *Kölnischen Zeitung*[48] und auf die oftmals beklagte Zensur in der linksrheinischen Presse.[49] Die Beschäftigung mit alltäglichen (politischen) Geschehnissen in Form einer Presselektüre hatte in dieser ersten Lebensphase für Goebbels jedoch noch keine übermäßige Bedeutung.

1.3 Studienzeit

> „Dumpfes Hinbrüten. Geldsorgen. Viel Hunger.
> Stundengeben an unverschämte Jungens.
> Universität von wenig Einfluss."[50]

Die in Goebbels' Generation spürbare heroische Gesinnung und die nationale Begeisterung für den Krieg kehrten sich in das Gegenteil um, als die ersten Soldaten in die Heimat zurückkehrten; nun zeigte sich, was von dem vermeintlichen Heldentum übrig geblieben war. Die autoritären Strukturen des Kaiserreichs waren zerbrochen, es herrschte Untergangsstimmung, und das Land schien im Chaos zu versinken. In dieser politischen Atmosphäre absolvierte Goebbels sein Abitur und entschied sich auf Anraten seines Deutschlehrers für ein Studium der Germanistik. Dem Wunsch der Eltern, ein Theologie- oder zumindest Medizinstudium aufzunehmen, kam Joseph Goebbels nicht nach. Stattdessen immatrikulierte er sich im April 1917 an der Alma Mater in Bonn. Altphilologie, Geschichte, Kunst- und Literaturgeschichte sowie Philosophie wurden die geistigen Arbeitsgebiete des jungen Studenten.[51]

> „Es ist ein [sic!] große, gewaltige Zeit, eine Zeit von weltgeschichtlicher Bedeutung, da sich in ihren Wirren ein gewaltiger Umschwung vollzieht, dessen Ursprung und Richtung nur die klügsten Köpfe und die gläubigsten Herzen zu erspüren und erkennen vermögen. Joseph Goebbels wird ein Wanderer durch die Lande und durch die Zeit."[52]

Kern dieser euphemistischen Beschreibung eines NS-Biographen ist die ruhelose Abfolge von Universitätswechseln: Nach den ersten beiden Semestern in Bonn siedelte Goebbels zum Sommersemester 1918 nach Freiburg über, wo er zusätzlich Klassische Archäologie belegte. Für das Wintersemester schrieb er sich in Würzburg für Alte und moderne Geschichte sowie für Deutsche Literatur ein. Im Sommersemester 1919 verfolgte er seine akademischen Studien (Kunstgeschichte, Römische und griechische Kultur) wieder in Freiburg. Bereits zum Wintersemes-

---

46 Vgl. Briefwechsel zwischen Joseph Goebbels und Anka Stalherm, beispielsweise am 13.6. 1920, 18.6.1920 und 4.7.1920 (StadtA MG 15/44/44).
47 Vgl. Brief von Joseph Goebbels an Anka Stalherm am 18.6.1920 (StadtA MG 15/44/44).
48 Vgl. Reuth 2000: 47, 49.
49 Vgl. Brief von Joseph Goebbels an Anka Stalherm am 17.2.1920 (StadtA MG 15/44/44).
50 EB.
51 Vgl. Reuth 2000: 28; Bering 1991: 110; Neuhaus 1974: 399f.; Hoff/Winkelmann 1973: 88f.
52 Krause 1933: 8.

ter bezog er die Universität München zum Studium der Fächer Neuere Geschichte, Kunstgeschichte, Musik und Katholische Theologie. Er setzte das Studium in Heidelberg fort, wo er auch die Promotion anstrebte.[53] Die Wahl der zahlreichen und verschiedenen Studienfächer und -orte wurde von Biographen und Historikern unterschiedlich gedeutet: Die Studienzeit wurde als eine hilflose, sehnsuchtsvolle Suche nach sich selbst beschrieben, oder es wurden seine Entdeckernatur und beträchtliche Mobilität gepriesen; wieder andere Erklärungsversuche wiesen auf Goebbels' breit gefächertes Interesse hin. Der häufige Wechsel der Universitäten und das weite Spektrum der Studieninhalte waren zu Beginn des 20. Jahrhunderts für diese Generation Studierender jedoch nicht ungewöhnlich:

> „Es war damals üblich, daß deutsche Studenten an mehreren Universitäten studierten; aber der junge Goebbels scheint dies im Übermaß betrieben zu haben. […] Er war ein ziemlich rastloser Mensch und suchte die Abwechslung."[54]

Die Hausbiographen schmückten die Studienzeit des späteren Propagandaministers üppig aus. Einem Heldenepos nicht unähnlich, wurde der studentische Eifer des Protagonisten abgebildet:

> „Wenn er seinem Vaterlande nicht dort draußen dienen kann, wo unter dem Einsatz von Blut und Leben um die Heimat gerungen wird, dann will er wenigstens seinem Volke damit nützen können, daß er die tiefsten Quellen zu erkennen versucht, aus denen die Opferbereitschaft jener Hunderttausende herausgewachsen ist […]. Was ist Deutschland? Diese uralte, mit Worten und mit Begriffen nicht zu erschöpfende Frage, sie brennt dem jungen Goebbels in der Seele."[55]

Was in Essays nach 1933 salbungsvoll und euphorisch geschildert wurde, hatte einen ernsten Hintergrund: Während des Studiums befand sich Goebbels in krisenhaften, weil kümmerlichen und entbehrungsreichen Lebensumständen, denn chronische Geldsorgen und soziale Deklassierung begleiteten seinen Alltag. Die finanzielle Misere war allerdings keine ungewöhnliche Erscheinung:

> „Der Krieg hatte die mittelständischen Vermögen dezimiert, die Reparationslasten drückten die wirtschaftlichen Resourcen [sic!] vollends herunter. Studenten schliefen unter Brücken, in Parks, in elenden Quartieren, reihten sich in die Menschenschlangen vor den Volksküchen."[56]

Goebbels versuchte mit Nachhilfestunden, Aushilfsdiensten und gelegentlichen Büroarbeiten das Dilemma zu beheben.[57] Im Großen und Ganzen jedoch lebte er

---

53   Vgl. Irving 1997: 23, 26, 28; Wykes 1986: 17; Peuschel 1982: 40; Neuhaus 1974: 399; Ebermayer 1952: 26; Dutch 1940: 73; Jungnickel 1933: 39; Knesebeck-Fischer 1933: 8; Seeler 1933: 5; Schmidt-Pauli 1932: 154; Viator 1932: 19. Die vielfach kolportierte Information, Goebbels habe zusätzlich auch in Berlin und Frankfurt am Main studiert, trifft nicht zu.

54   Bramsted 1971: 49. Vgl. Bering 1991: 110; Singer 1987: 70; Sauder 1985: 308; Fraenkel 1971: 500.

55   Bade 1933: 6f.

56   Giovannini 1985: 195. Vgl. Wunderlich 2002: 18; Reuth 2000: 28, 30; Altstedt 1999: 12; Knopp 1998: 31; Müller 1994: 18; Bering 1991: 111; Reimann 1971: 24; Fraenkel/Manvell 1960: 29, 34.

57   „Wie ist es dort mit Privatstunden, ist hierin dort etwas zu machen, und hast Du schon Schüler bekommen? Ich bitte Dich, doch ja für Nebenverdienst zu sorgen, denn Du weißt ja dass

vom schmalen Gehalt des Vaters, was häufig zu familiären Streitigkeiten führte. Das Los des Hungerleiders und die ständige Existenzbedrohung zehrten an seinen Kräften und auch an seinem Selbstbewusstsein.

> „Die ärmlichen Studienbedingungen und die materielle Not der frühen Jahre, seine Kritik an Aufklärung und Rationalismus und das Bewußtsein einer allgemeinen Krise, seinen Patriotismus und das frühe Interesse für die soziale Frage, seinen Antimaterialismus und die Verachtung alles Bürgerlichen, sein Elitebewußtsein und die noch differenzierende Judengegnerschaft, die Distanz zur parlamentarischen Demokratie und die unbestimmte Hoffnung auf eine innere und geistige Erneuerung Deutschlands sowie einen Brückenschlag zur Arbeiterschaft teilte er mit vielen seiner Kommilitonen und nicht wenigen Zeitgenossen."[58]

Auf Anraten seines ehemaligen Religions- und Oberlehrers Kaplan Johannes Mollen stellte Goebbels im September 1917 ein Gesuch um Studienbeihilfe. Er wandte sich an den katholischen Albertus-Magnus-Verein[59] in Köln und erhielt in den Folgejahren bis 1920 eine Reihe zinsfreier Darlehen in Gesamthöhe von 960 Mark.[60] Seine ständige Geldnot wurde durch dieses Stipendium zwar gelindert, dennoch blieb die Studienzeit für Goebbels eine Not- und Hungerzeit. Die kärglichen Zuwendungen reichten für eine warme Mahlzeit am Tag, nicht aber für die kostspieligen (obgleich traditionellen) Trinkgelage eines Studentendaseins.

Bereits zu Studienbeginn gliederte sich Goebbels in den katholischen Studentenverein Unitas Sigfridia ein.[61] Seinen Eintritt in die akademische Welt vollzog er im Rahmen milieutypischer Bezugspunkte: Die Mehrheit der Studenten gehörte Verbindungen an; eine gewichtige Rolle spielten neben den katholischen Korporationen die nationalen Verbände. Die meisten führten das Wort „deutsch" im Namen und traten als Zusammenschlüsse deutscher Studenten und Akademiker auf.[62] Deutschlands ältester katholischer Studentenverband war der Unitas-

---

ich zu hohe Zuschüsse nicht leisten kann." Brief von Fritz Goebbels an Joseph Goebbels am 8.10.1918 (BArchKo N 1118/113).

58 Michels 1992: 39.

59 Der Diözesanverband unterstützte Kinder aus frommen katholischen Familien und mittellose Studenten, deren katholisches Gedankengut damit gleichzeitig gefördert werden sollte. In verschiedenen Schreiben bat Goebbels um Studienbeihilfe für das Wintersemester und hoffte, wie er es darin ausgiebig und eindringlich formulierte, auf die Mildtätigkeit der katholischen Glaubensgenossen. Vgl. BArchKo N 1118/113; StadtA MG 15/44/4/1 und 15/44/4/2.

60 Ungeachtet seiner Verpflichtung, die gewährten Stipendien später wieder zurückzuzahlen, ließ es der inzwischen zum Berliner Gauleiter aufgestiegene Joseph Goebbels im Jahr 1930 zu verschiedenen Gerichtsverfahren und sogar bis zur Zwangseintreibung kommen, bevor er die Forderung des Albertus-Magnus-Vereins beglich. Vgl. Wunderlich 2002: 18; Reuth 2000: 31f.; Irving 1997: 22; Fröhlich 1989: 53f.; Wykes 1986: 15; Peuschel 1982: 44; Hasenberg 1981: 90; Bramsted 1971: 49; Fraenkel 1971: 500; Reimann 1971: 22f.; Heiber 1962: 19; Fraenkel/Manvell 1960: 33; Ebermayer 1952: 25.

61 Als Mitglied der Unitas nahm er den Spitznamen „Ulex" an, der später bei seiner journalistischen Tätigkeit noch eine gewichtige Bedeutung als Pseudonym erlangen sollte. Siehe dazu Kapitel III, 2.4 zu Kürzeln und Pseudonymen.

62 „Politisierung bedeutete in der rechtsnationalen ‚Deutschen Studentenschaft' […] politischen Affront gegen das preußische Kultusministerium und laute Propaganda nationalsozialistischer Parolen. […] Für tolerante und demokratische politische Maximen, wie sie aus katholischen Studentenkreisen vorgetragen werden, […] war es zu spät. Die unverhohlenen Aufforderun-

Verband, der 1847 in Bonn gegründet worden war.[63] „So wie die jungen Soldaten in den ‚Stahlgewittern‘, kannte der ‚Heimatfrontler‘ nichts anderes als jene überzogen-pathetische Form des Miteinanders."[64] Nach der Initiation und inmitten der zahlreichen Aktivitäten erlebte Goebbels die viel besungene Burschenherrlichkeit. Die Veranstaltungen der Unitas dienten der Stärkung des Glaubens und auch der vaterländischen Erbauung. Nachdem Goebbels geburscht und zum Fuchsmajor ernannt worden war, fand er als fähiger Kommilitone in den verbandseigenen Berichten der Unitas Sigfridia rasch Erwähnung.

> „In der durch Einberufungen und Kriegsfreiwilligen-Meldungen dezimierten Korporation spielte der ‚Unabkömmliche‘ bald auch den ‚Unentbehrlichen‘. Zusammen mit einem ‚Gesinnungsgenossen‘, dem ihm seelenverwandten Senior ‚Pille‘ Kölsch, der von Unitas-Winfridia, Münster, nach Bonn herübergewechselt war, beherrschte Goebbels durch seine Redegewandtheit schon früh den Verein und hielt den ‚Betrieb‘ in der Korporation entsprechend aufrecht."[65]

Als Redner und Schreiber engagierte sich Goebbels ernsthaft in dem studentischen Verein, nutzte dafür sowohl sein Hintergrundwissen als auch seine literarischen Ambitionen. Als Festredner erntete der 19-Jährige beim Vereinsfest der Unitas große Aufmerksamkeit und Anerkennung, sein Vortrag mit dem Titel „Wilhelm Raabe und wir" wurde seitens der Professorenschaft ausdrücklich gelobt.[66] Für das Vereinsorgan wurde er Berichterstatter, brachte in den Vereinsheftchen eigene Texte unter und schrieb in der Korporationszeitschrift *Unitas* über die Bonner Sigfridia.[67] Goebbels galt als vorbildlicher Student und gab auch nach seinem Wechsel an die Universität Freiburg keinen Anlass zur Beanstandung; er blieb weiterhin Mitglied in der Unitas Sigfridia und als Fuchsmajor aktiv.

---

gen der Nationalisten zum ‚politischen Aktivismus, ja zu politischem Fanatismus‘, begleitet von hämischen Feststellungen, daß die ‚staatsbejahende‘ Minorität zurückweiche, hatten ihre Früchte getragen." (Bleuel/Klinnert 1967: 91).

63 Seit 1921 führte der Unitas-Verband den Wahlspruch „Mit Gott für deutsche Ehre!" Die wissenschaftliche katholische Studentenverbindung war ein nicht-farbentragender Verband, in dem weniger Wert auf elitäre Herkunft gelegt, stattdessen aber auf die katholische Konfession und Gesinnung der Mitglieder geachtet wurde. Die „Unitas" schätzte eine von der katholischen Soziallehre geprägte menschlich-politische Haltung. Der kollektive Kirchgang hatte einen ebenso hohen Stellenwert wie der gemeinsame Besuch wissenschaftlicher Vorträge. Das Vereinsleben und eucharistische Gedanken standen im Mittelpunkt und wurden von gemeinschaftlichen wissenschaftlichen Arbeiten, Vortrags- und Diskussionsabenden sowie den Grundwerten von treuer Kameradschaft und brüderlicher Hilfe untermauert. Vgl. Henke 1995: 181; Hasenberg 1981: 11–16; Klassen 1980: 10f.

64 Reuth 2000: 36.

65 Hasenberg 1981: 89. Vgl. 90f; Reuth 2000: 32f.; Sauder 1985: 308.

66 Vgl. StadtA MG 15/44/56; Wunderlich 2002: 18; Oven 1987: 76f.; Klassen 1980: 19. Das Vereinsfest fand am 24.6.1917 statt.

67 Der genaue Titel lautete: *Unitas. Organ des Verbandes der wissenschaftlichen kath. Studenten-Vereine Unitas.* Die von Goebbels verfassten Vereinsberichte wurden in dieser Studie nicht berücksichtigt, da sie in Hinblick auf die spätere journalistische Tätigkeit sowohl formal als auch inhaltlich vernachlässigbar erschienen.

„In den dann veröffentlichten Semesterberichten der Unitas-Sigfridia, die meist von Kölsch oder Goebbels selbst verfasst waren, wird den beiden hohes Lob gezollt, später übrigens auch von ihren Freiburger Bundesbrüdern. Beide waren zum Sommersemester in die Schwarzwaldstadt gewechselt, wo sie wiederum die entscheidenden Chargen im Verein übernahmen."[68]

Während Goebbels' Studienzeit verschärfte sich die innenpolitische Lage in Deutschland: Nach dem Ende des Ersten Weltkrieges herrschte in der Bevölkerung ein zertrümmertes Weltbild vor. Im veralteten Kaiserreich lösten sich Ordnungen auf und soziale Strukturen veränderten sich. Innerhalb des Gesellschaftsgefüges entstanden rasante Veränderungen und unüberbrückbare Gegensätze. Die Menschen befanden sich in einer allgemeinen Identitätskrise und bekamen in der nach der deutschen Kapitulation neu geschaffenen Republik große Zukunftsängste. Große Teile der deutschen Bevölkerung lehnten das unbekannte Staatsgebilde und das Bürgertum als sein tragendes Element ab. Jene, die sich nach dem Kriegsdebakel in ihrer nationalen Ehre gekränkt fühlten, orientierten sich politisch weit rechts oder links; von dort aus mobilisierten sie gegen Liberalismus, „Bonzentum", Parlamentarismus und Parteienstaat.

„Der Zusammenbruch der Werte und Maßstäbe, diffuse Untergangsahnungen, ein Gefühl der Sinnlosigkeit und die Unsicherheit bezüglich der Zukunft hinterließen bei Goebbels ebenso ihre Spuren wie bei seinen aus dem Feld heimgekehrten Altersgenossen."[69]

Doch politisches Interesse stand bei dem Studenten Joseph Goebbels nicht an erster Stelle, tagespolitische Wachsamkeit war bei ihm noch nicht erkennbar. Nach wie vor beschäftigte er sich hauptsächlich mit der Weltliteratur.[70] Zwar streifte er auch jene Autoren[71], die eines Tages als Begründer des nationalsozialistischen Weltbildes verehrt werden sollten, doch

„was Goebbels bis 1923 las, deutet keineswegs auf seinen späteren politischen Fanatismus hin. Noch beherrschte die gelegentliche Empörung gegen das Bürgertum und den Kapitalismus sein Denken nicht. [...] Insgesamt stand er bis 1923/24 der alltäglichen Politik eher indifferent gegenüber."[72]

Ob Kriegsniederlage, Verdun oder Versailles – in Goebbels' täglichen Notizen und seinen Briefen blieben große historische Ereignisse unerwähnt, Tagespolitik nahm er eher punktuell wahr. „Die Identifikation mit der Generation der Welt-

---

68   Hasenberg 1981: 89f. Vgl. Reuth 2000: 119f.; Michel 1999: 45; Irving 1997: 21; Klassen 1980: 19f.; Schrader 1974: 112f., 797. Karl Heinz Kölsch (Spitzname „Pille") war bereits seit den Bonner Studientagen ein enger Freund von Joseph Goebbels.

69   Höver 1992: 38. Vgl. Reimann 1971: 7, 14f.; Heiber 1962: 27–29.

70   „Die im Tagebuch erwähnte Lektüre bildet gleichsam eine Ahnengalerie und muß dem zweifelhaften Versuch zugerechnet werden, an der Größe anderer sich selbst emporzurichten." (Singer 1987: 71). Vgl. Bärsch 2002: 102. Dazu gehörten neben der Bibel und J. W. von Goethe auch Friedrich Nietzsche, Gottfried Keller und Novalis, vor allem Fjodor M. Dostojewski, Lew Tolstoj, Detlev Liliencron und Otto Weininger, außerdem Henrik Ibsen, August Strindberg und Georg Kaiser.

71   Namentlich Houston Stewart Chamberlain, Arthur Moeller van den Bruck und Oswald Spengler.

72   Michels 1992: 38f. Vgl. Reuth 2000: 38; Barth 1999: 23.

kriegsteilnehmer, der Goebbels nur nach seinem Lebensalter, nicht aber nach sei-
nen eigenen Erfahrungen angehörte"[73], war recht beschränkt – obwohl er
miterlebte, wie die Heimkehrer die Hörsäle bevölkerten.[74] Ob Ausrufung der
Räterepublik in München, Kämpfe der Freikorps oder die Gründung der
Deutschen Arbeiterpartei: Politisch zeigte sich Goebbels auch während des
Studiums in München im Wintersemester 1919/20 nicht besonders leidenschaftlich. Einerlei, wie ereignisreich sein Umfeld auch war, welche spektakulären
Geschehnisse sich in nächster Nähe abspielten: Für die deutsche Politik
interessierte Joseph Goebbels sich nur zögerlich.[75]

Diskussionen mit Kommilitonen drehten sich hauptsächlich um soziale Themen und endeten nicht selten in religiösen Fragestellungen. Das Thema Gott begleitete Goebbels während der gesamten Studienzeit und wurde nur zeitweise von
Liebeskummer, persönlicher Orientierungslosigkeit und hektischer Betriebsamkeit
verdrängt. Die Abkehr vom christlichen Glauben verstärkte sich im Laufe der
Jahre. Gegen Ende des Studiums versuchte Vater Fritz Goebbels „in einem bewe-
genden, Herzensgüte und Frömmigkeit offenbarenden Brief, seinen Sohn vor dem
Verlust des Glaubens zu bewahren und ihm den inneren Frieden zu erhalten –
vergeblich."[76] Die Loslösung vom Katholizismus als Abkehr von der kirchlichen
Institution versuchte Joseph Goebbels in einigen Schriftstücken zu begründen.
„Offenbar hat er sich allmählich dem katholischen Glauben entfremdet, und sich
einem neuen Glauben zugewandt: der Überzeugung, zum Dichter berufen zu
sein."[77] Während des Studiums begann eine poetische Periode, die auch über die
Promotionszeit hinaus anhalten sollte. In dieser Phase setzte sich Goebbels mit
den Begriffen Christus, Glauben und Gott auseinander. Seine damals entworfenen
Thesen über religiösen Idealismus verwirklichte er in der nationalsozialistischen
Zeit: Als NSDAP-Agitator kopierte er teilweise die hierarchischen Strukturen der
Kirchen, die Uniformität, den autoritären Kollektivismus und die Rituale.

---

73 Schulz 1994: 197. „Goebbels begann sich für Politik erst spät zu interessieren. Die Zeit des
    Ersten Weltkrieges, der Revolution und der Nachkriegswirren hinterließ kaum Spuren in sei-
    nem Tagebuch." (Fröhlich 1989: 54).
74 „Die Studenten, die 1918/19 in die Hörsäle zurückströmten, hatten ,gedient', einige waren
    hochdekoriert, viele verwundet, körperlich und seelisch. Dazu kamen frischgebackene Ober-
    schulabsolventen, denen die Kriegspropaganda in zahllosen Reden und Kriegsgedichten vier
    Jahre lang den Glauben an Deutschlands Weltmission eingehämmert hatte. In den Schützen-
    gräben war auch eine Welt bürgerlicher Sicherheit und wirtschaftlicher Prosperität unterge-
    gangen, eine Gesellschaft, die sich im Kaiserwetter sonnte, Reserveoffiziere und Corpsstu-
    denten zu Leitbildern stilisierte, deren Oberlehrer Flottenpropaganda betrieben und das Milli-
    onenheer der Arbeiter und kleinen Leute allenfalls als ,soziale Frage' in den Gazetten ver-
    handelte." (Giovannini 1985: 195).
75 Vgl. Reuth 2000: 43f.; Barth 1999: 24; Höver 1992: 37.
76 Höver 1992: 37. Vgl. Barth 1999: 22; Irving 1997: 29; Radl 1982: 35; Bramsted 1971: 50f.;
    Fraenkel/Manvell 1960: 40f.
77 Fraenkel/Manvell 1960: 39. Vgl. Fröhlich 1987: 491f.; Bramsted 1971: 51f.; Reimann 1971:
    27.

1.4 Erste schriftstellerische Bemühungen

> „Ich habe den Ton. Die Feder fliegt durch die Seiten.
> Schaffen! Schöpfen!"[78]

Goebbels' Studienzeit war zugleich das Erwachen seiner – wenn auch aus heutiger Sicht der Literatur- und Sprachwissenschaft als minderwertig eingestuften – poetischen Talente. Die Entwicklungen, die sich bereits in der Kindheit und Schulzeit abzeichneten, schritten während der Universitätsaufenthalte fort. Goebbels' Zuneigung zu Büchern und dem in ihnen enthaltenen Wissensschatz wuchs beständig. Seinen eigenen literarischen Beitrag glaubte er durch selbst verfasste Gedichte und Dramen leisten zu können. Meist verpackte er seine wankelmütigen Gemütszustände poetisch und (ver)bannte sie auf Papier. „Into poems, plays, articles, notes, and letters to himself, he poured the often lyrical, often irritable, meanderings of his introverted consciousness."[79] Seine schriftstellerischen Fantastereien gründeten auf den Erfahrungen im (geistig wie auch materiell) beengten Elternhaus und den Erlebnissen als leidender und leidensfähiger Student. Goebbels suchte geradezu sein Heil in der Literatur und tat „dies auf so inbrünstige Weise, daß man jedem anderen, der nicht eine solche Biographie nachgeliefert hätte, vielleicht doch ‚ernsthaftes Ringen‘ attestiert hätte – jedenfalls außergewöhnliche Energie und Produktionskraft."[80]

Nachdem das Deutsche Kaiserreich von der Weimarer Republik abgelöst worden war, erlebte das Schriftstellerwesen einen ungewöhnlichen Auftrieb: Nach den Kriegswirren und der Kapitulation erwachte in der Bevölkerung eine Sehnsucht nach alternativen Lebenskonzepten – wer niedergeschriebene Zukunftsvisionen bereit hielt, konnte sich um den Aufbau des Landes verdient machen. Die Bedeutung der Bürgergesellschaft nahm im gleichen Maße ab, in dem Randerscheinungen in den Vordergrund traten. „Der künstlerische Aufbruch des beginnenden 20. Jahrhunderts, vor allem der literarische und malerische Expressionismus mit seiner Grellheit der Farben, der Zertrümmerung der Formen, der Bizarrerie des Inhalts, wurzelt in der Boheme."[81]

Auch Goebbels folgte in der Struktur seiner eigenen Dichtung diesem zeitgeschichtlichen Phänomen der expressionistisch-künstlerischen Emphase. Verstärkt wurde diese durch seine persönliche schwierige Situation, die von Geldknappheit, Heimweh und Liebeskummer geprägt war. Nun begann er zunehmend, ein Inte-

---

78 sogGTb 28.2.1924.
79 Hunt 1960: 70. Vgl. Reuth 2000: 45.
80 Bering 1991: 112.
81 Linse 1983: 16f. „Dem Bohemien bestimmt das Bewußtsein das Sein: nicht der Druck der materiellen Verhältnisse treibt ihn ins Abseits, sondern der Bruch mit den Vätern, der Abscheu vor dem juste-milieu. Die Glätte, der Wohlstand, die Kälte, die Nüchternheit, der Rationalismus, die Technizität, die Urbanität, kurz: die Zivilisation der bürgerlichen Welt – das ist der Feind. Dagegen setzt man einen programmatischen Individualismus, die Lust am Provokatorischen, die Ablehnung von Besitz und Erwerb, die Bereitschaft zum Ungeregelten, zum Fest, zum Rausch, zur Ekstase, zum Eros." (Linse 1983: 15).

resse an den sozialen Missständen im Land und deren politischen Hintergründen zu entwickeln. „Yet intelligence and sharp wit were Goebbels' only assets as he entered the grim world of the Weimar Republic as a young man."[82] Er vertiefte sich in die Weisheiten der klassischen und romantischen deutschen Philosophie, las Nietzsche, Klopstock und Schiller. Aus der Sehnsucht nach Harmonie und Idylle als Kontrast zu seinem studentischen Alltag widmete er sich eigenen literarischen Projekten. Große produktive Energie investierte er in seine ersten schriftstellerischen Gehversuche: Am Ende dieser Phase zählte Goebbels mehr als 500 Briefe[83], diverse Novellen, Dramen und zahllose Gedichte, mehrteilige biographisch-literarische Aufzeichnungen und die täglichen Notate – eine Fülle von Materialien, die alle von schriftstellerischer Minderqualität gekennzeichnet sind.[84]

Lyrik

Goebbels' schriftstellerische Anfänge und seine intensive Hinwendung zur Literatur manifestierten sich zunächst in zahlreichen, meist kleinen Gedichten, die er in seinen täglichen Aufzeichnungen auch als Einsprengsel verwandte. Bereits 1911 hatte er erste Gedichtentwürfe gemacht, die Titel trugen wie „Die Nacht war stumm und traurig", „Der Lenz" oder „So saßen wir zum letzten Mal zusammen".[85] Ähnlich schwülstig-romantisch wie die Titel sind auch die Inhalte der vielen Gedichte.

> „Lesen und Schriftstellern blieben sehr lange seine Passion. [...] Vielleicht erstaunt eher, daß seine Gedichte, wie viel Hunderte er auch schrieb, nicht wesentlich besser wurden als das erste. Goebbels scheint eher auf bestimmte Grundstrukturen von Gemüt und Intellekt fixiert gewesen zu sein als zu besonderer Freiheit befähigt."[86]

Zwischen 1911 und 1922 schrieb Goebbels 183 Gedichte und Entwürfe[87] und verfasste 1919 daraus eine Sammlung für seine Liebschaft Anka Stalherm. Je mehr Goebbels dichtete und je öfter er seine literarischen Etüden anderen zugänglich machte, desto größer wurde seine innere Überzeugung, er sei zum Poeten geschaffen. „Er studierte Literaturgeschichte und war jetzt von seiner Berufung zum Schriftsteller ersten Ranges überzeugt. [...] Er glaubte unerschütterlich an den echten künstlerischen Wert von Schreibereien und literarischen Ergüssen"[88].

---

82 Herzstein 1979: 37.
83 „Zu jener Zeit, in der sein literarischer Ehrgeiz wuchs, kultivierte Goebbels in ganz besonderem Maße den Hang, aus seinen Briefen eine Art literarischer Stilübung zu machen." (Fraenkel/Manvell 1960: 36). Vgl. Wambach 1996: 1.
84 Vgl. Altstedt 1999: 12; Bering 1991: 113f.
85 Zu den frühen Werkchen gehören beispielsweise auch Gedichte wie „Nur einmal noch", „Die Nacht" (1911), ebenso „O, du mein Deutschland, so fern, so weit" wie auch „Seid ruhig Kinder, noch ein Weilchen" (1915/16). Vgl. BArchKo N 1118/117, 118, 131 und StadtA MG.
86 Bering 1991: 106f.
87 Vgl. StadtA MG; Reuth 2000: 735f.; Reuth 1992: 2297f.
88 Fraenkel/Manvell 1960: 29.

Novellen

In verschiedenen Novellen reflektierte Goebbels seine Lebenslage und Gedankenwelt.[89] Vielfach verarbeitete er aus romantischer Perspektive die Situation des
Landes; gerne wählte er als Themenschwerpunkte die fortschreitende Modernisierung, die Inflation, die Frage nach der legitimen Staatskunst und den Wunsch
nach einer neuen Heimat. Das Studentenleben beschrieb er in den beiden Novellen „Die die Sonne lieben" und „Bin ein fahrender Schüler, ein wüster Gesell…".
Überzeugt davon, dass auch andere an seiner Kunstfertigkeit teilhaben sollten,
schickte er seine Novellen 1917 an die *Kölnische Zeitung*.[90] Offensichtlich erschien ihm eine Tageszeitung geeignet als erste Publikationsplattform für einen
Nachwuchsautoren. Obwohl die Arbeiten zurückgeschickt wurden[91] und noch
zahlreiche weitere Absagen in den kommenden Monaten folgen sollten, zweifelte
Goebbels keineswegs an seinen schriftstellerischen Fähigkeiten, sondern begut-
achtete seine Frühwerke eher selbstkritisch und produzierte fleißig weiter Texte.

> „Daß die Kölnische Zeitung seine ihr angebotenen Werke wieder zurückgeschickt hatte, er-
> schien ihm verständlich. Goebbels' einsichtsvolle Selbsteinschätzung spricht nicht gerade für
> die in der Literatur immer wieder geäußerte These, er sei zur Selbstkritik völlig unfähig ge-
> wesen, habe seinen Mißerfolg als ‚Schriftsteller' allein den ‚jüdischen' Verlagen angelastet
> und sei erst dadurch zum Antisemiten geworden."[92]

Dramen

Goebbels' enthusiastische schriftstellerische Beschäftigung wurde im Laufe der
Studienzeit intensiver. „Neben seinem durchaus erfolgreichen Studium schrieb er
geradezu wie besessen, nicht nur Gedichte und Aufsätze wie schon zur Schulzeit,
sondern Artikel, Essays, Erzählungen, Dramen."[93] Sein erstes Drama „Judas
Ischariot. Eine biblische Tragödie in fünf Akten" entstand 1918 an der Universität
Freiburg.[94] Mehr als 100 Seiten umfasst diese Tragödie, die die Geschichte des
Außenseiters Judas erzählt und zugleich eine Auseinandersetzung mit dem katho-

---

89 „Kaum zur Universität. Novelle ‚Märchenballade'. Alles im selben Stil." (EB).
90 Schenkt man dem Biographen Reuth Glauben – der hierfür leider keine näheren Quellen oder
    Belege anführt – so soll Goebbels Abonnent der *Kölnischen Zeitung* gewesen sein. Vgl.
    Reuth 2000: 47, 49.
91 „Novellen ‚Ein fahrender Schüler'. ‚Die die Sonne lieben'. Schwülstig sentimental. Kaum
    noch genießbar. Von der K.Z. zurückgeschickt." (EB).
92 Höver 1992: 36. Vgl. Michel 1999: 43, 45; Fröhlich 1987: 492; Oven 1987: 83. Siehe dazu
    auch Kapitel II, 2.2.4 zum so genannten Mosse-Missverständnis.
93 Oven 1987: 83. Bereits während seiner Schulzeit hatte Goebbels eine besondere Neigung für
    das Theaterspiel entwickelt und Schauertragödien verfasst. Vgl. EB; Reuth 2000: 18.
94 „Krampfhaftes Arbeiten. ‚Judas Ischariot' in 5 Akten. Versmaß. […] Ich fühle zum ersten
    Male wieder Schöpferfreude. […] In drei Wochen die ganze Arbeit zu Ende." (EB).

lischen Glauben darstellt.[95] Auffällig dabei sind die sozialistisch-rebellischen Züge des Autors: Judas (nicht etwa Christus) wurde zum wahren Sozialisten ernannt.

Auch in seinem zweiten Bühnenstück (entstanden 1918/1919) sympathisierte
Goebbels mit dem Sozialismus als Thema. Bei „Heinrich Kämpfert. Ein Drama in
drei Aufzügen" steht im Zentrum der stille, arbeitsame Held, der sich in ein Mädchen aus aristokratischen Verhältnissen verliebt.[96] Im Wintersemester 1919/20 in
München fertigte Goebbels die beiden Stücke „Die Arbeit. Fragment eines sozialen Dramas" und „Die Saat. Geschehen in drei Akten". Auch darin konzentrierte
er sich auf die soziale Frage, klagte Ungerechtigkeiten und Missstände an und
siedelte seine Protagonisten im Arbeitermilieu an. In zeittypischen vitalistischen
Naturmetaphern beschrieben, lehnt sich in diesem Stück die Arbeiterschaft gegen
ihre Knechtschaft auf, überwindet die Gegensätze innerhalb der materialistischen
Gesellschafts- und Staatsordnung und begibt sich auf die Suche nach dem neuen,
von sozialistischen Anschauungen inspirierten Menschtyp.[97]

Xenien-Verlag

Intellektuelle Arbeit, für Goebbels gleichbedeutend mit schriftstellerischer Arbeit,
blieb neben den Studien an den verschiedenen Universitäten seine Hauptbeschäftigung. Erste positive Rückmeldung erhielt er 1919, als sich die Option auf eine
Veröffentlichung ergab: Der Leipziger Xenien-Verlag zeigte sich bereit, unter
dem Titel „Nemt, Fruwe, disen Kranz"[98] eine Gedichtsammlung herauszugeben.
Endlich schien sich für Goebbels der Weg in ein honoriges Schriftstellerdasein zu
öffnen.[99] Von der anfänglichen Begeisterung blieb allerdings wenig übrig: Der

---

95 Judas ist im Goebbelsschen Drama ein Held, der der Enge seiner Heimatstadt entflieht, sich
    dem Messias anschließt und als inbrünstig glühender und später dann enttäuschter Patriot ge-
    schildert wird, der sich (nachdem er das Vertrauen in Jesus verloren hat) selbst zum Führer
    des Volkes erhebt. „Pater Mollen, der frühere Religionslehrer Goebbels', der von dem Drama
    erfahren hatte, verlangte von Goebbels, der von einer katholischen Studienstiftung gefördert
    wurde, daß dieser das Exemplar der Judasschrift vernichten solle, was Goebbels nicht tat, je-
    doch auf eine zunächst angestrebte Veröffentlichung und damit auch auf eine Aufführung
    verzichtete." (Wambach 1996: 4). Vgl. Reuth 2000: 34; Barth 1999: 22.
96 Im „Heinrich Kämpfert" bildet die Gerechtigkeit das Hauptthema. Goebbels entfesselte darin
    auch sein Verlangen nach einer ordnungsweisenden Instanz und nach einem neuartigen Le-
    bensstil. „In den Jahren nach 1918 hatte sich in der deutschen Jugend die Sehnsucht nach ei-
    nem Führer entwickelt, der die Übel der Welt heilen oder ihr eine höhere Lebensanschauung
    geben würde." (Bramsted 1971: 49f.). Vgl. Barth 1999: 23. Die Sehnsucht der Gemeinschaft
    nach einem „Führer" – ein zeittypisches Phänomen – wurde in dem Stück besonders deutlich.
97 Vgl. EB; Reuth 2000: 45, 47.
98 Ein Zitat von Walther von der Vogelweide sollte den Titel dieses Sammelbandes schmücken.
99 „Das letzte Buch ist beinahe fertig. Voß [sic!] [Anmerkung: sein ehemaliger Deutschlehrer]
    war vor einigen Tagen in Rheydt. Ich habe ihm vom Xenien-Verlag erzählt, er war ganz be-
    geistert davon. Ich hoffe, daß ich etwas veröffentlichen kann. Der Xenien-Verlag steht gut. In
    der Schweiz war er sehr angesehen, vor allem für neuere Novellistik und Lyrik. Ich habe bis
    jetzt noch nichts mehr davon gehört." Brief von Joseph Goebbels an Anka Stalherm am 20.8.
    1919 (StadtA MG 15/44/44).

Xenien-Verlag entpuppte sich als Herstellungskostenverlag, der sich die Publikationen von den Autoren bezahlen ließ.[100] Goebbels sollte einen Druckkostenbeitrag in Höhe von 860 Mark leisten.[101] Zwar hätte er von seiner Freundin Anka Stalherm die Summe als Leihgabe erhalten, der in seinem schriftstellerischen Stolz gekränkte junge Autor lehnte das Angebot jedoch ab und nahm vom Publikationsvorhaben Abstand.[102] Schmollend notierte er kurz: „‚Xenien-Verlag‘. Meine Gedichte. Ein ganzer Band. Anka will mir helfen. Ich schlage ab.“[103]

Michael

Viel Selbstmitleid und sogar Freitodgedanken äußerte Goebbels dann in seinem Roman „Michael“.[104] Bereits 1919 gab es Vorarbeiten zu einer autobiographischen Arbeit mit dem Titel „Michael Voormanns Jugendjahre“. Die Hauptperson war synonym mit Goebbels, besaß jedoch jene Eigenschaften, nach denen sich der Autor sehnte. Stilistisch versuchte sich Goebbels an Schriftstellergrößen wie Keller, Raabe und Goethe anzulehnen. Traditionelle literarische Formen motivierten ihn, vor allem an die Tagebuchform (bekannt durch „Werther“ und „Wilhelm Meisters Lehrjahre“) wollte er in seinem Romanvorhaben anknüpfen.[105]

---

100 Aufgrund der zahlreichen, beim Börsenverein der Deutschen Buchhändler eingegangenen Beschwerden über den Xenien-Verlag und dessen kaufmännischen Unlautbarkeiten wurde der Verlag im August 1917 aus dem Verein der Buchhändler ausgeschlossen. Vgl. SSL, Firmenakte Nr. 12395; StadtA MG 15/44/166.

101 Gemäß dem Verlagsvertrag vom 18.6.1919 sollte Goebbels „die Herausgabe seines Sammelbandes" dem Xenien-Verlag übertragen. Verabredet wurden eine Auflage von 2000 Exemplaren, ein Ladenpreis von 2,50 Mark, eine Tantieme für Goebbels in Höhe von 40 Prozent sowie 40 Freiexemplare. In Paragraph 7 ist zu lesen: „An Kosten für die Verlagsübernahme etc. sind seitens des Herrn Josef Goebbels bei Unterzeichnung des Vertrages M 860,– (Achthundertsechzig) Mark in bar an den Verlag zu zahlen." (Klammer im Original). Vgl. BArchKo N 1118/113; StadtA MG 15/44/49/1.

102 Vgl. Wunderlich 2002: 24; Reuth 2000: 41f.; Michel 1999: 38f. Einige Jahre später bestätigte ihm ein Bekannter die Richtigkeit dieser Entscheidung: „Vom Xenien-Verlag, dem Sie Ihre Gedichte doch wohl einreichten – oder irre ich? – hörte ich nachher viel Böses. Er sei ein hundsgemeiner Blutsauger, der einzig und allein nur Geld wolle. Eine Affäre kam ja bis in die Presse!" Brief von Ernst Plachner an Joseph Goebbels am 22.8.1922 (StadtA MG 15/44/48).

103 EB. Frustriert und von vermeintlichen Suizidgedanken geleitet, verfasste Goebbels am 1. Oktober 1920 ein Testament, um darin in erster Linie seinen literarischen Nachlass zu regeln. „Goebbels schied dann doch nicht, sondern erlitt einen Nervenzusammenbruch. Was er aber mit der Ankündigung seines Selbstmordes hatte erreichen wollen, nämlich die besondere Fürsorge der Seinen auf sich zu lenken, war ihm gelungen. Während seine Mutter ihn zu trösten versuchte, versprach Vater Goebbels seinem ewig unter Geldnot leidenden Sohn, eine über das ohnehin schon schwer genug Aufbringbare hinausgehende Unterstützung bis zum Studienende." (Reuth 2000: 49). Vgl. Wunderlich 2002: 29; Müller 1994: 18.

104 „In der Not zur Feder. Ich schreibe aus dem Herzblut meine eigene Geschichte. ‚Michael Vormann'. Sage unser ganzes Leiden her. Ohne Schminke, so, wie ich es sehe." (EB).

105 Vgl. Baier 2001: 66; Reuth 2000: 42; Michel 1999: 49; Höhn 1994: 251; Reimann 1971: 29; Heiber 1962: 37.

Vier Jahre später entstand die überarbeitete Variante mit dem Titel „Michael Voormann. Ein Menschenschicksal in Tagebuchblättern". Der Protagonist hatte nun die äußere Gestalt des besten Freundes Richard Flisges angenommen; dieser war bei einem Grubenunglück im Juli 1923 gestorben – und Goebbels wollte ihm ein literarisches Denkmal setzen. Die Wesenszüge der Romanfigur blieben jedoch die des Autors, so dass eine Synthese aus Richard und Joseph entstand.[106] Die Handlung war dürftig angelegt: Michael, der den Gegentypus zum seelenlosen materialistischen Menschen verkörpert, begibt sich auf die Suche nach dem Erlöser in Menschengestalt. Als schwülstig-sentimental, kitschig-patriotisch und in einer monotonen Aneinanderreihung von stichwortartigen Satzfragmenten ist der Romanstil zu beschreiben. Basierend auf seiner großen Verehrung für Dostojewskij beschrieb Goebbels in pompösen, reimlosen und inflatorisch gehäuften Schlagworten das revolutionäre Russland als Vorbild für Deutschlands Zukunft.

> „Goebbels' Dilemma war, daß er nicht einmal selbst empfand. Fernab jeder Originalität benutzte er versatzstückhaft zu Begriffen geronnene Gefühle, die – den Klischees der Zeit entsprechend – die empfindsame Seele des Dichters zum Singen bringen sollten."[107]

In der Sprach- und Literaturwissenschaft fand das Werk keine Erwähnung. „Michael" wird lediglich als Dokument präfaschistischen Bewusstseins angesehen. Stellenweise enthält der Roman Grundpositionen des Autors und zeigt ideologische Dispositionen jener Zeit auf, in der Goebbels noch keinerlei Kontakt zum völkischen Milieu hatte.

Goebbels' Erfolg als Nachwuchsschreiber blieb auch nach der Fertigstellung des Romans im Winter 1923 aus, denn für den „Michael" ließ sich kein Verleger finden. Erst mit der NSDAP-Mitgliedschaft kam ein leiser Applaus für den Romanautor Goebbels: Nach diversen weiteren Veränderungen wurde das Werk 1929 unter dem Titel „Michael. Ein deutsches Schicksal in Tagebuchblättern" im parteieigenen Eher-Verlag gedruckt.[108] In der Zeit der Hitler-Diktatur wurde der Ladenhüter kurzerhand zum Bestseller gemacht: „Michael" erlebte unter den veränderten politischen Vorzeichen einen rasanten Aufstieg, bis Kriegsbeginn war bereits die 14. Auflage gedruckt.[109] Eine gewichtige Anerkennung aus der Literatenszene erhielt Goebbels jedoch zu keiner Zeit. Stattdessen spottet die *Weltbühne* über den so genannten alttestamentarischen Bekenntnisroman des literarischen Schmutzfinken: „Der Autor Goebbels hat den Geist spielend überwunden, er brauchte gar nicht erst zu kämpfen. [...] Beim erstenmal lacht man, dann wird einem speiübel."[110]

---

106 Vgl. Michel 1999: 69; Fröhlich 1989: 54; Reimann 1971: 30f.; Borresholm 1949: 55.
107 Michel 1999: 38. Vgl. ebd.: 86f.; Reuth 2000: 65; Wambach 1996: 2; Henke 1995: 185; Höhn 1994: 252; Michels 1992: 57f.; Singer 1987: 68–72; Wykes 1986: 25; Niekisch 1980: 180; Schrader 1974: 113; Reimann 1971: 32; Heiber 1962: 35.
108 Vgl. Reuth 2000: 64f.; Barth 1999: 28; Michel 1999: 8f., 126f.; Nill 1991: 155f.; Singer 1987: 68; Heiber 1962: 36; Fraenkel/ Manvell 1960: 358; Ebermayer 1952: 67f.
109 Vgl. Reuth 2000: 126; Michel 1999: 126; Höhn 1994: 247.
110 Pol 1931: 133.

1.5 Die Dissertation

> „In Heidelberg promovieren und dann Schluss machen.
> Pessimismus. Todesgedanken."[111]

Bereits an der Universität München dachte Goebbels über ein Dissertationsprojekt nach. Der Theaterwissenschaftler Artur Kutscher sollte sein Doktorvater und die Kunst der Pantomime sein Thema sein.[112] Mit dem Wechsel an die Universität Heidelberg im Sommer 1920 erhoffte sich Goebbels, Zutritt zu den literarischen Kreisen rund um den Dichter Stefan George zu erhalten. Heidelberg wurde die letzte Station der studentischen Odyssee, hier beendete Goebbels in vier Monaten seine akademischen Lehrjahre durch eine Promotion.[113]

In zahlreichen Biographien hielt sich zäh die Behauptung, Goebbels habe bei dem gefeierten Literaturhistoriker und Goethe-Biographen Friedrich Gundolf – einem Meisterschüler Stefan Georges – promoviert; inzwischen ist dieser Irrtum aufgeklärt.[114] Goebbels' Doktorvater war der Geheimrat Professor Max Freiherr von Waldberg. Bei ihm hatte der Student bereits die Vorlesung zur „Geschichte der deutschen Literatur im Zeitalter der Reformation und Gegenreformation" gehört und im Wintersemesters 1920/21 an dem Seminar „Deutsche Übungen: Goethes kritische Schriften" teilgenommen.

> „Daneben ist der junge Goebbels aber wohl auch von der geistigen Haltung seines akademischen Lehrers angeregt worden, der sich durchaus zu einem nationalistischen Denken bekannte und die Germanistik als dazu berufen glaubte, das Deutschtum in der Literatur aufzuspüren."[115]

Aus heutiger Perspektive erscheint dies wie ein Kuriosum: Max von Waldberg war im Sinne der späteren Nürnberger Gesetze ein so genannter Halbjude, sein Kollege Friedrich Gundolf wurde als „Volljude" gebrandmarkt.[116] Dabei waren Symptome nationaler und antidemokratischer Einstellungen in der Bildungselite weit verbreitet – völlig unabhängig von den Religionszugehörigkeiten. An den

---

111 EB.
112 Vgl. Bärsch 2004: 18–21; Reuth 2000: 52; Fröhlich 1987: 492.
113 Vgl. Bärsch 2002: 102; Reuth 2000: 36f., 53; Barth 1999: 25; Sauder 1985: 308; Fraenkel/Manvell 1960: 62.
114 In der Dissertation von Hans-Dieter Müller (1973) konnte anhand der Universitätsakte diese Legende entsponnen werden.
115 Neuhaus 1974: 401. Vgl. Wunderlich 2002: 31; Reuth 2000: 52f.; Michel 1999: 65f.; Heiber 1962: 31.
116 Der Terminus „Halbjude" erhielt durch die Rassengesetzgebung des nationalsozialistischen Regimes eine existenzielle Bedeutung und tauchte im Zusammenhang mit der Definition eines „jüdischen Mischlings ersten Grades" auf. Rassenbiologische Begründungen dienten in der nationalsozialistischen Regierungszeit dazu, das Existenzrecht der Betroffenen zunehmend stark zu beschneiden oder sogar vollständig außer Kraft zu setzen. Insofern unterschieden die Nationalsozialisten nicht nur Voll- und Halb-, sondern auch Dreiviertel- und Vierteljuden. Je nach so genannter Rassenzugehörigkeit der Großeltern wurden die Personen als jüdische Mischlinge mit unterschiedlichen Graden eingeordnet. Vgl. Schmitz-Berning 1998: 292f., 679f.

Universitäten gab es neben den überwiegend gegen die Bürgerlichkeit eingestellten Studenten auch viele national gesinnte und antidemokratische Professoren.[117] Die jüdische Herkunft der beiden angesehenen, verehrten und bewunderten Professoren war für Goebbels wie auch für seine Kommilitonen zu diesem Zeitpunkt belanglos. „Darin wird deutlich, wie weit Goebbels damals noch von der Schärfe und Radikalität seiner späteren antisemitischen Einstellungen entfernt war."[118]

Dem in Deutschland latent vorhandenen Antisemitismus[119] stand Goebbels ablehnend gegenüber, er hielt ihn für übertrieben und beschwerte sich sogar darüber in Briefen und Notizen. In den Goebbels-Dokumenten finden sich zwar vereinzelte Anmerkungen über jüdische Mitbürger, in mehrfacher negativer Konnotation tauchen sie jedoch erst 1922/1923 und mit schwammigem Inhalt in wankelmütigem Ton auf. Erst ein Konglomerat aus privaten Erlebnissen, misslichen Erfahrungen und der entbehrungsreichen wirtschaftlichen Lage stieß seine Entwicklung zu einem „Antijudaismus im Sinne des apokalyptisch-chiliastischen Dualismus"[120] an. Radikale Äußerungen sind erstmals für das Jahr 1924 belegt, so dass der Student Goebbels keineswegs als fanatischer Antisemit einzuschätzen ist.[121] Obgleich er sich bereits mit Oswald Spengler und Houston Stewart Chamberlain beschäftigte, gehörten auch die Werke von Heinrich Heine, Karl Marx und Walter Rathenau zu seiner Lektüre. Goebbels war mit Else Janke verlobt, die eine jüdische Mutter hatte; er schwärmte für jüdische Autoren, lernte bei jüdischen Professoren und promovierte bei Max von Waldberg.

In seiner Dissertation beschäftigte sich Goebbels mit einem Konvertiten der Romantik: „Wilhelm von Schütz als Dramatiker. Ein Beitrag zur Geschichte des Dramas der Romantischen Schule" lautete der Titel seiner Arbeit, die 215 Seiten

---

117 Vgl. Wippermann 2002: 68.

118 Fröhlich 1987: 492.

119 Eine latente, bisweilen sogar eruptiv-gewalttätige Judenfeindschaft gab es seit dem Mittelalter überall im christlichen Europa. Der in Deutschland schon vorher grassierende Antisemitismus wurde als moderne politische Richtung erstmals in Deutschland mit der Kanzlerschaft von Otto von Bismarcks kanalisiert. Damaliges Ziel war es, die Gleichberechtigung der deutschen Juden rückgängig zu machen und damit vor allem ihre wirtschaftliche Kraft einzudämmen bzw. auszusetzen. „Der Antisemitismus war im Deutschland der Weimarer Republik alltäglich, und er galt in konservativen Kreisen als gesellschaftsfähig – solange er nicht Grenzen überschritt, die durch traditionelle Vorstellungen von ‚Anstand' gezogen wurden." (Winkler 2000: 466). Vgl. Altstedt 1999: 12.

120 Bärsch 2002: 131. Vgl. Reuth 2000: 51, 73f.; Höhn 1994: 254; Michels 1992: 45; Bering 1991: 117f.; Nill 1991: 199; Reimann 1971: 112.

121 Unter Studenten und Akademikern gab es einen stark verbreiteten Antisemitismus. Vor allem die wirtschaftlich schwierige Lage trug dazu bei, dass die sozialen Abstiegsängste der Jugend auf die Gruppe der jüdischen Mitbürger projiziert wurden. Die deutschen Universitäten galten als anfällig für den radikalen Antisemitismus: Nicht nur, dass die Burschenschaften keine Juden in ihren Reihen aufnahmen; auch wurde die Generationen zukünftiger Akademiker im Geist des völkischen Nationalismus erzogen. Gerade jener Personenkreis wurde vom Antisemitismus besonders stark infiziert, aus dem später die nationalsozialistischen Führungskräfte rekrutiert wurden: Studentenschaft und Bildungsbürgertum. Vgl. Jahr 2008: 45; Pätzold/Weißbecker 2002b: 159.

umfasste und mit „rite superato" bewertet wurde.[122] Das Manuskript weist (wie
auch Goebbels' vorausgegangene literarische Arbeit) zahlreiche zeitgenössische
Formulierungen auf, in deren Fokus die generationstypische Sehnsucht nach einer
Führerperson steht. Bei der Durchsicht der Dissertation wird deutlich, dass

> „in den Zwanziger Jahren offenbar andere wissenschaftliche Standards galten – Standards,
> die einer irrationalen Denkweise eher entgegenkamen als die heutigen. [...] Festzuhalten
> bleibt, daß Goebbels' Dissertation durchaus den [...] wissenschaftlichen Maßstäben entsprach,
> also nicht etwa aus dem Rahmen fiel."[123]

Das Promotionsverfahren wurde am 21. April 1922 abgeschlossen, nachdem der
Promovend am 18. November 1921 vor der Philosophischen Fakultät der Universität Heidelberg das Rigorosum abgelegt hatte. Mit Urkunde und Doktortitel kehrte Joseph Goebbels stolz nach Hause zurück. Vor dieser Reputation, so war er
sich sicher, verblassten körperliche und soziale Defizite. Von nun an dekorierte
der 24-Jährige seinen Namen ausnahmslos mit dem Doktortitel. Auf die korrekte
und komplette Nennung legte er größten Wert und ließ sich in seiner späteren
Rolle als Minister „weiterhin mit penetranter Schlichtheit als ‚Herr Doktor' anre-
den"[124]. Die daraus entwickelte Paraphe „Dr. G." sollte auch in seiner journalistischen Laufbahn immer wieder auftauchen, sie wurde zu einer in verschiedenen
Presseorganen verwendeten Sigle.[125]

Vorerst aber lagen seine Ambitionen einzig bei der Schriftstellerei. Goebbels
zog sich in das Elternhaus zurück, wo er sich Gedichten und Bühnenstücken
widmete. Besessen vom Glauben, ein von Gott berufener Dichter zu sein, steckte
er künftige berufliche Interessen ausnahmslos auf dem literarischen Terrain ab.
Die realen Voraussetzungen für den jungen Doktor der Philosophie waren dafür
jedoch alles andere als vorteilhaft. „Tatsächlich bot das ausgehende Jahr 1921
denkbar ungünstige Bedingungen für Berufsanfänger."[126]

---

122 Goebbels stellte den eher unbekannten Dramatiker der romantischen Schule der ersten Hälfte
   des 19. Jahrhunderts in den Mittelpunkt seiner literaturgeschichtlichen Abhandlungen. Die
   geistig-politischen Strömungen der Frühromantik bildeten dabei den Schwerpunkt. Vgl.
   Bärsch 2004: 18–21; Wunderlich 2002: 31; Reuth 2000: 53; Fröhlich 1989: 54; Giovannini
   1985: 198; Hoff/Winkelmann 1973: 88f.; Jungnickel 1933: 40.
123 Scheffels 1988: 83. Vgl. Sauder 1985: 308–310.
124 Michel 1999: 66. Vgl. Wunderlich 2002: 32; Reuth 2000: 54f.; Henke 1995: 184; Neuhaus
   1974: 404–406; Reimann 1971: 28.
125 Vgl. Kapitel III, 2.4 zu Kürzeln und Pseudonymen.
126 Reuth 2000: 56. Vgl. Reimann 1971: 30; Heiber 1962: 33; Fraenkel/Manvell 1960: 64.

2. DIE FRÜHE JOURNALISTISCHE ENTWICKLUNGSPHASE (1922–1924)

2.1 Etablierungsschwierigkeiten

> „Ich schreibe mir etwas von der Seele herunter.
> O, wie wohl tut das. So alles in die kleinen Worte hineinzuströmen.
> Alle Qual und alle Not. Selige Schöpferfreude!"[127]

Der Doktortitel, so wollte es Joseph Goebbels, sollte ihm den Aufstieg in höhere Gesellschaftsklassen und zum Wohlstand ermöglichen. Doch die materielle Not blieb auch in der Phase nach diesem Abschluss an der Tagesordnung. Bereits seit Mitte des 19. Jahrhunderts war die Zahl der Studierenden immens angestiegen. Goebbels gehörte zu jener Generation, die einen Überschuss an Akademikern produzierte: In den Nachkriegsjahren überfluteten die Universitätsabgänger sämtliche Berufszweige. Eine breite Schicht aus universitär Gebildeten stand dem sich drastisch verschlechternden Arbeitsmarkt gegenüber. In der bedrohlich wachsenden wirtschaftlichen Krise der Weimarer Republik hatten die Examinierten zunehmend Schwierigkeiten, eine berufliche Position zu finden – erst recht, wenn diese auch noch der personlichen beruflichen Vorstellung entsprechen sollte.

> „Man kann den jungen Goebbels nur im Zusammenhang mit seiner Zeit begreifen. In jenen ersten Nachkriegsjahren vollzog sich eine Umwertung alles Geistigen, Sittlichen und Materiellen. Die fortschreitende Inflation schuf eine Nation von Spielern und Bettlern, es gab keinerlei materielle Sicherheit, die Arbeitenden lebten von der Hand in den Mund."[128]

Diese krisenhaften ersten Jahre der Republik verstärkten das Gefühl der Bevölkerung, in einem chaotischen Land mit katastrophalen Zuständen und inmitten eines Verfallsprozesses zu leben. Das Erlebnis des verlorenen Krieges, die Wehrlosigkeit des Staates und die Auflösung der gesellschaftsintegrierenden Symbol- und Sinnwelten kulminierten in einer allgemeinen Verunsicherung. Vor allem die jungen Erwachsenen fühlten sich überflüssig und nutzlos. Diese Tendenzen einer nationalen Bewusstseinskrise äußerten sich zu Beginn der 1920er-Jahre in rigider Kultur- und Wissenschaftskritik, in scharfem Anti-Intellektualismus, im Anprangern traditioneller Werte und in der Negierung des modernen Rationalismus. Das zeittypische Denken war von Anti-Positionen dominiert: gegen Republik und Parteienstaat, gegen die Demokratie, gegen das Parlament als Funktionsträger.

> „Die Überzeugung, daß das irrationale antidemokratische Denken immer weitere Kreise erfasse und sich immer deutlicher auch im politischen Raum zur Wirkung bringe, vertraten übrigens auch kritische Beobachter der geistigen Situation, die nicht im Lager der nationalen Revolutionäre standen, sondern von dieser geistigen Entwicklung das Schlimmste befürchten [sic!]."[129]

Hinzu kamen Hunger, Armut und Arbeitslosigkeit, die das Jahr 1923 prägten, die Menschen zusätzlich desillusionierten und einer Stimmung der Hoffnungslosig-

---

127 sogGTb 16.11.1923.
128 Frauenkel/Manvell 1960: 61f. Vgl. Michel 1999: 90–93; Höhn 1994: 248; Radl 1982: 150.
129 Sontheimer 1994: 113. Vgl. ebd.: 141–214; Schulze 2002: 64.

keit zutrieben.[130] Für die Weimarer Demokratie war dies ein lebensgefährlicher Zustand; denn jede – von wem auch immer – versprochene Befreiung aus dem materiellen und geistigen Elend wurde als Rettung, Erlösung oder Erneuerungsmöglichkeit gedeutet.

In Russland hatte gerade das sozialistische Experiment begonnen. Wie viele andere junge Deutsche sympathisierte auch Goebbels mit dem Kommunismus.[131] Am anderen Ende des politischen Spektrums standen Nationalrevolutionäre wie Ernst Jünger und Ernst Niekisch, deren Werke zur alltäglichen Lektüre dieser Generation gehörten. Radikale Ideologen wie Alfred Rosenberg, Oswald Spengler und Arthur Moeller van den Bruck fanden in einer als materialistisch und seelenlos empfundenen Zeit einen zunehmend größeren Leserkreis.[132] Patriotische Gesinnung formierte und strukturierte sich, wie eine Vielzahl völkischer Klubs, nationaler Parteigruppen und kameradschaftlicher Bünde bewies.[133] Vor allem junge Erwachsene zeigten unter Gleichgesinnten eine ungewöhnliche Glaubens- und Hingabebereitschaft für bislang eher untergeordnete Ideologien.

> „Mit aller Macht setzt man sich von den Werten der Elterngeneration ab – Liberalität, Mäßigung, gesellschaftliche Formen, der Glaube an die Vernunft und an die Gutwilligkeit der Menschen, die Maßstäbe bürgerlicher Zivilisation verfallen in völliger Ablehnung. Die Eltern waren konservativ, nationalliberal oder freisinnig; die Töchter und Söhne werden Völkische, Sozialisten, Syndikalisten, Nihilisten, oder sie schließen sich der Jugendbewegung an und bekunden damit ihre restlose Verachtung aller Politik mitsamt der dazugehörigen Kultur."[134]

So mancher Student entwickelte sich erst zum Linksradikalen und dann zum Rechtsintellektuellen. Vor allem antisemitische Parolen waren beliebt: Die Behauptung, dass die missliche berufliche Lage auf jüdische Konkurrenten zurückzuführen sei, war eine einfache Erklärung, der die arbeitssuchenden Akademiker gern Glauben schenkten. Joseph Goebbels bildete da keine Ausnahme: Seine be-

---

130 „Im Reich geht's drunter und drüber. Ein Pfund Speck kostet 2 Billionen. Dabei verdient der Arbeiter pro Woche kaum eine Billion. Man wundert sich, daß der Aufruhr nicht wie ein fressendes Feuer durchs ganze Land geht. Die Regierung wird sich nach rechts erweitern, d.h. der Arbeiter soll noch mehr hungern und Maul halten. Es ist schade um den Menschen!" (sogGTb 7.11.1923).

131 „Es ist eine Zeit zum Lachen und zum Weinen. Es macht so den Anschein, als ob der neue Kurs nach rechts ginge. [...] Aber es wäre grundfalsch, in dieser Wendung nach rechts das non plus ultra der Entwicklung sehen zu wollen. Unsere Zeit ist in manchem zu vergleichen mit der Zeit der großen französischen Revolution. Wenn sich damals der Bürgerstand emanzipierte, so emanzipiert sich heute der Proletarier." (sogGTb 17.10.1923). Vgl. Peuschel 1982: 45; Borresholm 1949: 54f.

132 Vgl. Morgenthaler 2004, Teil I.

133 „Ein ‚Verzeichnis deutschvölkischer Verbände, Vereine, Bünde und Orden', das Alfred Roth 1921 herausgab, zählt nicht weniger als insgesamt 73 organisierte völkische Gruppen auf, von denen die Mehrzahl erst nach Ende des Weltkrieges gegründet wurde. Mochten die meisten dieser Verbände, Vereine, Gruppen und Grüppchen auch unbedeutend sein, in ihrer Summe ergeben sie ein deutliches Bild, wie ausgedehnt und infektiös die fiebrige Atmosphäre jenes exaltierten nationalen Extremismus war, der Deutschland seit 1918/19 heimzusuchen begann und sich auch im zeitgenössischen Schrifttum dieser Jahre ausdrückte." (Broszat 1960: 23f.).

134 Linse 1983: 15. Vgl. Schulze 2002: 64; Riess 1989: 47, 54; Scheffels 1988: 81.

rufliche Situation, seine Auffassung von der gesamtpolitischen Lage und seine Denkweise stimmten mit denen Gleichaltriger überein.

> „Als es Goebbels nach seiner Promotion nicht gelang, Fuß zu fassen, seine Lage immer aus-
> sichtsloser zu werden schien, und er zu erkennen glaubte, daß es eine nicht näher beschreib-
> bare Macht in der Gesellschaft geben mußte, die sein Vorankommen verhinderte, da sah er zu
> seinem großen Troste, daß es Deutschland – niedergedrückt von Niederlage, ‚Versailler Dik-
> tat‘, Inflation, Reparationszahlungen, feindlicher Besatzung und materieller Not – ebenso er-
> ging. Sein Elend war das Deutschlands, sein Leiden verquickte er mit dem der Nation: War
> diese, der die Vorherrschaft der Welt zustand, nicht das Opfer heimtückischer Mächte gewor-
> den, die letztlich auf hinterhältige Weise den deutschen Sieg über den Westen und das Geld
> im Krieg der ‚Helden‘ gegen die ‚Händler‘ verhinderten? Und war es nicht das Geld, das
> Deutschland nun niederdrückte und versklaven wollte? Finstere und böse Kräfte mußten am
> Werke sein und sich gegen Deutschland und Goebbels verschworen haben.“[135]

Die galoppierende Inflation und die finanzpolitischen Folgen des Ersten Weltkrieges verschärften auch in der Familie Goebbels die ökonomische Situation.
Joseph, der nach der Promotion und ohne Aussicht auf eine Arbeit in sein Elternhaus – das Refugium, in dem er sich zum Schreiben und Sinnieren verbarg – zu-
rückgekehrt war, erzeugte dort zusätzliche Spannungen. Die Eltern waren nicht in
der Lage, weiterhin für seinen Lebensunterhalt aufzukommen. Der Beitrag, den
Joseph mit Nachhilfestunden, Aushilfsarbeiten und Vorträgen[136] leisten konnte,
war minimal und unzureichend.[137] Mehrfach von den Eltern aufgefordert, endlich
eine angemessene Stelle zu finden, bewarb er sich als Erzieher in Ostpreußen[138]
und als Hauslehrer in Holland.[139] Wie ernst es ihm mit diesen Anstellungen tat-

---

135 Michel 1999: 109.
136 Beispielsweise in der Rheydter Handels- und Gewerbeschule zum Thema „Ausschnitte aus
der deutschen Literatur der Gegenwart“. Vgl. Michel 1999: 67; Irving 1997: 33.
137 „Ich bin es satt hier. Ich spüre, daß ich hier zuviel bin. Ich muß heraus aus dem Loch. Ich bin
auf dem Sprunge, auszubrechen, vielleicht auf Nimmerwiedersehen. Wüßte ich nur wohin!
Hier habe ich satt zu essen, weiter aber auch nichts, rein gar nichts. Man weiß hier zu Hause
nicht, was geistige Not bedeutet. […] Ich bin der Schlechte hier, der Abtrünnige, der Aposta-
ta, der Verfehmte, der Atheist, der Revolutionär. Ich bin der einzige, der nichts kann, den man
nie um Rat fragt, dessen Urteil zu unbedeutend ist, als daß man es anhöre. […] Es ist zum
Wahnsinnigwerden! Ich esse mein Brot umsonst, aber ich bezahle es täglich und stündlich
mit einem Stück aus meinem Herzen. Wäre ich ein großer, starker, kräftiger Mensch, ich
wollte lieber Straßenkehrer sein, als zu Hause das Gnadenbrot essen.“ (sogGTb 29.12.1923).
138 „Ich habe mich nämlich vorgestern auf zwei in der Kölnischen Zeitung ausgeschriebene
Hauslehrerstellen nach Ostpreußen beworben, und ich hoffe sehr, daß wenigstens eine davon
an mich fallen wird.“ Brief von Joseph Goebbels an Anka Stalherm am 28.2.1920 (StadtA
MG 15/44/44).
139 „Einige Tage vor diesen Bewerbungen [Anmerkung: in Ostpreußen] las ich im ‚Kunstwart‘
eine Annonce, in der ein junger deutscher Student auf ein holländisches Gut zu zwei Kindern
gesucht wurde. Bedingung war etwas Kenntnis der holl. Sprache und Kunstinteresse. Ich be-
werbe mich darum, halb aus Spaß, halb aus Hoffnung […]. Der Junge soll hauptsächlich in
Deutsch, Französisch, Lateinisch und Griechisch, die Tochter hauptsächlich in deutscher Literaturgeschichte unterrichtet werden. […] Ich hoffe ja ganz zuversichtlich, daß ich diese Stellung bekomme und dann würde ich wohl in einem Jahr bei den heutigen Kursverhältnissen
imstande sein, fast alle meine Schulden zu tilgen. Das ist schon ein großer Vorteil, und ich
freue mich schon darauf, bald in geordnete und schuldenlose Verhältnisse zu kommen.“ Brief

sächlich war, ist nur schwer zu definieren: einerseits legte er Hoffnung in diese Bewerbungen, um in „geordnete Verhältnisse" zu kommen, wie es die Familie von ihm erwartete; andererseits wertete er diese Versuche eher als „Spaß", hatten doch diese ausgeschriebenen Posten so gar nichts mit dem Wunschberuf des Schriftstellers zu tun. Auch weigerte er sich „entschieden, über den Studienreferendar und -assessor den nächstliegenden Brotberuf anzusteuern."[140]

> „Man erlebt den noch ziemlich verblasenen akademischen Hungerleider, der – stellungslos, aber eine große Berufung erwartend – mit 27 Jahren dem Vater nach wie vor auf der Tasche liegt, wahllos Bücher liest […] und hin- und herschwankt zwischen romantischem Weltempfinden und großsprecherisch verkündetem weltanschaulichen und politischen Aktionsbedürfnis."[141]

Als ihn der Albertus Magnus-Verein 1922 aufforderte, seine beruflichen Fortschritte zu rapportieren, führte er seine Bemühungen um eine Stellung beim Schauspiel an. Bereits am Theater in Gummersbach[142] aktiv, war für Goebbels eine Position als Dramaturg, Bühnenregisseur oder sogar Theaterdirektor[143] eine akzeptable berufliche Option.

> „Joachim von Ostau erinnerte sich, daß ein befreundeter rheinischer Theaterintendant ihm in den dreißiger Jahren (als Goebbels schon längst Minister war) erzählte, wie ihn vor mehr als zehn Jahren ein junger Mann in der Intendanz aufsuchte. […] Der junge Mann sagte, er heiße Goebbels und suche einen Posten in der dramaturgischen Abteilung. Er habe schon selbst einige Stücke geschrieben, und sein Traum sei es, einmal Regisseur zu werden."[144]

Auch dieser Jugendtraum blieb unerfüllt, und so hielt Goebbels weiter an dem Wunsch fest, sich mit schriftstellerischen Arbeiten den Lebensunterhalt zu verdienen. „The Little Doctor had literary ambitions, but he had to earn a living."[145] Seine Versuche, Bühnenstücke an Theatern und literarische Werke in Verlagen unterzubringen, blieben erfolglos.[146] Den Grund dafür wollte Goebbels inzwi-

---

von Joseph Goebbels an Anka Stalherm am 4.3.1920, siehe auch die Korrespondenzen am 1.3.1920 und 13.3.1920 (StadtA MG 15/44/44).

140 Fraenkel 1971: 501.

141 Fröhlich 1987: 508. Vgl. Reuth 2000: 46; Irving 1997: 30–32; Müller 1994: 16–18; Hasenberg 1981: 91.

142 „Mit Arbeitern Theater geprobt. Was sind das für prächtige, gütige, wunderbare Menschen. Es war eine helle Freude. Und so bescheiden und treu. Was geht da nicht alles verloren an tätiger, aufbauender Kraft." (sogGTb 18.11.1923). Ebenso wie im Folgenden: „Die Arbeiter haben prächtig Theater gemacht. ‚der Turmgeist von Grauenburg', ein schauderhaftes Räuber- und Rührstück. Wie viel gibt's im Volke noch zu arbeiten." (sogGTb 27.11.1923).

143 „Weißt Du, worüber ich mich besonders gefreut habe, daß Dein Bruder hier Abitur machen will. In 2 Semestern, wenn du schon längst Theaterintendant bist und mich nicht heiraten willst, gehe ich dann mit ihm an die Universität." Brief von Anka Stalherm an Joseph Goebbels am 5.2.1920 (StadtA MG 15/44/44).

144 Fraenkel/Manvell 1960: 70f., Klammer im Original. Vgl. ebd.: 91; Baier 2001: 12, 129; Irving 1997: 34; Pitt 1986: 8; Wykes 1986: 31; Radl 1982: 34; Reimann 1971: 28f.; Kessemeier 1967: 16; Heiber 1962: 40.

145 Herzstein 1979: 38.

146 „Ich will ans Tageslicht. Man verkümmert ohne Licht. Das Licht gibt Nahrung und Kraft zum neuen Schaffen. Ich will den Mut haben, einen neuen Wurf zu wagen. […] Ich will alles an

schen erkannt haben und sah sich inmitten einer Verschwörung jüdischer Verleger, die ihn an der Entfaltung seines poetischen Genies hinderten.[147]

Das regelmäßige Schreiben kann als Fingerübung für eine Entwicklung betrachtet werden, die erst durch das literarische Scheitern ihren Anfang nahm: die Hinwendung zum Journalismus. In Biographien und Forschungsliteraturen werden neben den schriftstellerischen Etablierungsversuchen auch vereinzelt Goebbels' Bemühungen genannt, Texte in Zeitungen zu platzieren.[148] Was bislang als kurzlebige Phase beruflicher Orientierungslosigkeit gewertet wurde, soll an dieser Stelle näher beleuchtet werden. Denn die Idee, sich beruflich als Journalist zu orientieren, manifestierte sich bei Goebbels nun zunehmend deutlicher und führte schließlich in einen Denk- und Handlungsprozess, der letztendlich auf dem journalistischen Feld seinen Niederschlag fand.

2.2 Erste journalistische Erfahrungen

> „Darum sollte heute der Dichter das Wort haben
> und nicht der Gelehrte;
> denn jener schaut, dieser sieht nur."[149]

Der Germanist Joseph Goebbels fühlte sich zum Literaten berufen, obwohl es auf diesem Berufsweg kein Vorankommen gab.[150] Ähnlich aussichtslos zeigte sich die Situation im journalistischen Berufsstand, auf den er jedoch bereits 1922 erste Schritte zuging. Da es ohnehin wenig Chancen auf dem Arbeitsmarkt gab, wählte er die potentielle Rolle des Journalisten, die noch am ehesten mit seiner Idealfigur des Schriftstellers eine Ähnlichkeit besaß. Im Bestfall wollte er in seinem privaten Rheydter Rückzugsbereich verweilen und nur zeitweise mit einem sarkastischen Aufsatz oder einer bissigen Kritik an die Öffentlichkeit treten. Das Schreiben auch journalistischer Texte gehörte zu seinem subjektiven Glücksempfinden.[151]

Die vielfach kolportierte Meinung, Goebbels habe zwar Zeitungsartikel verfasst, diese aber nicht oder erst nach Antritt seiner parteipolitischen Ämter veröf-

---

eine Aufführung setzen. Sie ist heute für mich so viel, wie für die Erde der Regen im heißen Sommer." (sogGTb 5.12.1923). Ebenso wie im Folgenden: „Meine Manuskripte verschimmeln wahrscheinlich dort in den Theaterkanzleien. Und ich muß warten und warten. Ich werde verzweifeln, wenn ich diesmal nicht an einer Stelle durchbreche. Ich dürste nach der Freiheit des schöpferischen Gedankens!" (sogGTb 17.12.1923).

147 Vgl. Benz 2000: 197; Knopp 1998: 31; Irving 1997: 35–37; Höver 1992: 401; Riess 1989: 58, 71; Scheffels 1988: 4, 81; Kessemeier 1967: 16; Fraenkel/Manvell 1960: 44.

148 Vgl. Barth 1999: 27; Wykes 1986: 23; Peuschel 1982: 44f.; Hoff/Winkelmann 1973: 89; Fraenkel 1971: 500f.; Fraenkel/Manvell 1960: 44f.; Jungnickel 1933: 40.

149 sogGTb 17.10.1923.

150 Vgl. Höver 1992: 39; Hochhuth 1987: 197; Heiber 1962: 16.

151 „Man möchte etwas unternehmen, ein Mädel unter die Hüfte fassen, sich einen Rausch antrinken, ein paar Ohrfeigen an Standespersonen austeilen, einen staubaufwirbelnden Artikel schreiben, einem alten Mann den Bart im Schlafen abschneiden: kurz, es will Frühling werden." (sogGTb 1.2.1924).

fentlicht, ist nicht korrekt.[152] Tatsache ist, dass es seit 1919 Zeitungspublikationen von ihm gab, wenn auch in beschränktem temporären und lokalen Rahmen.

2.2.1 Rheydter Zeitung

Ersten Kontakt zur journalistischen Arbeit hatte Goebbels bereits 1919 durch das Lokalblättchen seiner Heimatstadt Rheydt. Die *Rheydter Zeitung* war 1849 gegründet worden und trug den Untertitel *Amtliches Kreisblatt für den Stadtkreis Rheydt* (später geändert in *Allgemeiner Anzeiger für Stadt und Land*). Inhaber waren zu Goebbels Zeiten Otto und Wilhelm Berger, als Schriftleiter zeichnete Johannes Rummel, später dann Rudolf Behmer. Das Blatt der bürgerlichen Presse mit offensichtlichen national-liberalen Tendenzen erschien werktäglich mit einem Umfang von acht bis 16 Seiten. Die Auflage lag bei etwa 5000 Exemplaren.[153]

Es ist nicht nachvollziehbar, wie die Publikationsmöglichkeit in der *Rheydter Zeitung* zu Stande kam, weder Briefe noch Tagebucheintragungen geben konkrete Informationen preis. Die Betrachtung der Umstände lässt jedoch interpretative Schlüsse zu: Vermutlich wurde der Schüler Joseph Goebbels von seiner Lehrerschaft in dem publizistischen Vorhaben unterstützt, war er doch als begabter, engagierter und literarisch versierter Jugendlicher aufgefallen. Denkbar ist, dass sein ehemaliger Deutschlehrer Christian Voss erste Kontakte zur *Rheydter Zeitung* hergestellt oder zumindest auf die Möglichkeit hingewiesen hatte, der örtlichen Zeitung einen Beitrag zum Druck anzubieten. Unklar bleibt, ob Goebbels selbständig der Redaktion eigene Texte antrug.

Die Redaktion gestattete es, den bereits einmal erschienenen[154] Artikel mit dem Titel „Gerhardi Bartels manibus!"[155] als Nachdruck zu bringen. In dem essayistischen Nachruf auf einen Oberlehrer zeichnete Goebbels in ergriffenem Ton das Bild von jenem Mentor, der zugleich ein Freund gewesen sei. „Ein Mann und Kämpfer ist weniger in der Reihe. Füllt die Lücke aus, wenn Ihr es könnt! […] Die Schule war ihm ein Gotteshaus, dort brachte er seine kostbaren Opfer dar, die da sind Kraft und Stärke und Geist und Liebe." An religiöses Vokabular angelehnt, beschrieb Goebbels in jubelndem Ton den Geschichtsunterricht des Ver-

---

152 „He poured forth endless articles (which nobody printed) condemning the rotten past and calling for a new order. […] He did a good deal of writing, but hardly anything was published until he came into contact with Hitler's small movement, whose half-illiterate papers printed some of his essays in abuse." (Pick 1942: 14f., Klammer im Original).

153 Vgl. Kind/Fischer 1992: 191; Goebel 1984: 86; Jahrbuch der Tagespresse 1928: 179; Mosse 1914.

154 Der gleichnamige Text war einer der Beiträge in der Gedenkschrift für den verstorbenen Geschichtslehrer Dr. Gerhard Bartels gewesen, die den Titel „Unserem lieben Bruder Dr. Gerhard Bartels zum Gedächtnis" trug und am 6.12.1919 erschien. Der Autorenname tauchte mit zwei Tippfehlern auf: cand. philos. Joeseph Goebels. Vgl. BArchKo N 1118/120.

155 RZ/20.12.1919/1. Die nun folgenden Kennungen beziehen sich auf die Textauflistung im Anhang. Zu Ehren des Reichspropagandaministers erfolgte in der *Rheydter Zeitung* ein Wiederabdruck des Textes am 22.4.1933. Vgl. StadtA MG 15/44/109 und 15/44/219.

storbenen und stilisierte ihn zur kraftvollen, männlichen und vaterlandstreuen
Heldengestalt: „Ich meine, sein Grab muß unter Eichen stehen. Das Rauschen des
deutschen Waldes soll ihm ein ewiges Schlummerlied sein. Denn im deutschen
Walde war dieser deutsche Mann zu Hause." Die nationalen und emotionsgeladenen Begrifflichkeiten erscheinen aus heutiger Sicht ungewöhnlich überhöht und
lächerlich, gehen aber mit zeittypischen Formulierungen durchaus konform.

Obwohl Goebbels mit dieser ersten Publikation in der *Rheydter Zeitung* eine
kleine berufliche Neuorientierung wagte, stimmte ihn dieses Ereignis wenig euphorisch. In einem Brief erwähnte er beiläufig, dass sich der Vater über das journalistische Engagement als sinnvolle Beschäftigung freute.[156] Die Zweitverwertung des Nachrufs schien für Goebbels kein großes Aufsehen wert, eine Hoffnung
auf berufliches Vorankommen leitete er davon nicht ab. Der Abdruck seiner Gedenkschrift erweckte jedenfalls keinen journalistischen Eifer.

Es blieb allerdings nicht bei dieser einen Publikation in der *Rheydter Zeitung*.[157] Ein Jahr später veröffentlichte Goebbels seinen Text mit dem Titel „Aus
halbvergessenen Papieren"[158]. Es handelte sich erneut um einen literarischen
Nachruf, dieses Mal auf den im September 1918 verstorbenen Mitschüler Ernst
Heynen. Als Auftragsarbeit für die Lokalpresse[159] war dieser Text bereits zwei
Jahre vorher entstanden, das Material entstammte ursprünglich Goebbels' täglichen Aufzeichnungen.[160] Warum der Beitrag erst so viel später erschien, ist un-

---

156 „Heute habe ich viele Post bekommen […] und Vater schickte mir die Zeitung mit meinem
    Artikel über Dr. Bartels. Der scheint ihn sehr gefreut zu haben, weniger der Artikel, als daß,
    na, Du weißt ja. Er schreibt, er wäre mal gespannt, wie man ihn beurteilen würde, als wenn
    das so eine Haupt- und Staatsaktion wäre. Jetzt kannst Du Dir wohl vorstellen, welch ein mo-
    ralisches Plus nun auf meinem Konto zu Hause steht." Brief von Joseph Goebbels an Anka
    Stalherm am 24.12.1919 (StadtA MG 15/44/44).
157 Nicht ausfindig gemacht werden konnte ein Artikel aus dem Jahr 1920, den Goebbels in ei-
    nem Brief erwähnte und bei dem es sich offensichtlich um eine Abhandlung über die Volks-
    hochschule handelte. Der Hinweis dazu liest sich folgendermaßen: „Ich habe an der hiesigen
    Zeitung einen Artikel über diese Sachen in Zusammenhang mit Volksbildung, Volkstheater
    etc. veröffentlicht, der schon mächtig Aufsehen erregt hat. Die Herren Dozenten der Rheydter
    Volks-‚Universität' und die Hyperdämchen, die dort Hörer spalten, werden wohl mächtig ge-
    schimpft haben. Das nächste Mal sende ich Dir den Artikel mit. Ich habe jetzt leider kein Ex-
    emplar zur Hand." Brief von Joseph Goebbels an Anka Stalherm am 12.2.1920 (StadtA MG
    15/44/44). In den Zeitungsbeständen des betreffenden Jahrgangs war kein Text auffindbar,
    der sich thematisch auf diesen Hinweis bezog.
158 RZ/24.12.1920/2.
159 „Gestern erhielten wir die Trauernachricht, daß einer ‚unserer Besten' treuesten Kameraden,
    med. Ernst Heynen, der in der Schule neun Jahre lang mein Vordermann war den Heldentod
    gestorben ist. Heute morgen empfing ich vom Direktor des Gymnasiums die Bitte, ihm einen
    längeren Nachruf für die hiesigen Blätter unterm Strich zu widmen. Ich habe diesen in Hexa-
    metern geschrieben, 200 Verse, Schilderung eines Abends, den ich mit Heynen bei seinem
    letzten Urlaub auf meiner Studierstube durchlebte, ich muß noch ein wenig daran feilen; ich
    glaube, da wird Rheydt, der Hauptsitz der deutschen Philister und Banausen, ein Freiplatz für
    Plattheit und After [-] Kunst, Nase und Mund aufreißen." Brief von Joseph Goebbels an Anka
    Stalherm am 15.9.1918 (StadtA MG 15/44/44).
160 Vgl. StadtA MG 15/44/53.

klar. In einer sehr persönlichen Ansprache widmete sich Goebbels dem verstorbenen Mitschüler und rief gemeinsame Aktivitäten und Ideale in Erinnerung:

> „Wir strebten alle dem gleichen Ziele zu, Männer wollten wir werden, die im Leben etwas galten. Du warst unser Führer, nicht ein lauter, aufdringlicher Hegemon, der sich in nichtssagenden Phrasen erschöpft, nein, ein stiller, kluger Lenker, von dem ein Blick mehr gilt als lange Reden anderer."

In naiv-sentimentalem Ton stimmte Goebbels einen wehmütigen Gesang auf den Heldentod seines Kameraden an. Die aufopfernde Rolle der Jugend wurde in dem Text glorifiziert, das Sterben für das Vaterland als positiv weil mannhaft bewertet.

Zwei weitere Male publizierte Goebbels in der *Rheydter Zeitung*: Im November 1922 erschien der Artikel „Der Bühnenvolksbund"[161], als Autor zeichnete Dr. Joseph Goebbels erstmals mit der Abkürzung „Dr. G." Er beschrieb den Bühnenvolksbund als nachahmenswerte Theaterorganisation und brachte die beiden Institutionen in Rheydt und Mönchengladbach als vorbildliche Beispiele für volksnahes Schauspiel. Er beklagte die „geistige Not im Land" und forderte eine finanzielle Basis zur Etablierung von Gemeinschaftstheatern, in denen die Erziehung des Publikums vorangebracht werden könne. Das Theater solle breiten Volkskreisen geöffnet werden, denn Schauspiel müsse „im Volkstum, in der Volksüberlieferung wurzeln und der Volkskultur dienen." Auffällig sind die starke soziale Komponente im Text und das Motiv des Autors, nämlich, aktive Kulturpolitik zu betreiben: Es könne nicht sein, so Goebbels, dass Teile der Bevölkerung aus Finanzgründen vom Theatergenuss ausgeschlossen seien.

Der Text zeigt überwiegend einen durchdachten stilistischen Aufbau und sachliches Vokabular, jedoch gleitet der Autor stellenweise ins Werbliche ab – ein Ton, der dadurch erklärbar wird, da Goebbels am Ende des Artikels als Kontaktperson des Bühnenvolksbundes aufgeführt ist.[162] Offensichtlich nutzte er seine Verbindungen in die lokale Presseszene, um durch Texte für die örtlichen Bühnen um Unterstützung zu bitten. Insofern erfüllte der Artikel einen Zweck und ist nicht als eine objektive Auseinandersetzung mit dem Theatermilieu anzusehen.

Im Dezember 1923 erschien mit dem Titel „Schöpferische Kräfte"[163] der letzte Text von Goebbels in der *Rheydter Zeitung*. Wie der Untertitel „Richard Flisges, dem toten Freunde" bereits andeutete, handelte es sich um Erinnerungen an den Studienfreund, der bei einem Grubenunglück umgekommen war.[164] In dem essayistischen Beitrag pries der Autor die Vaterlandsverbundenheit des Verstorbenen, beschrieb ihn als tapfere Soldatenpersönlichkeit und wackeren Arbeiter.

---

161 RZ/24.11.1922/3. Der identische Text erschien am selben Tag unter der Überschrift „Der Bühnenvolksbund in Rheydt" (WLZ/24.11.1922/10) auch in der *Westdeutschen Landeszeitung*. Vgl. Kapitel II, 2.2.2.

162 Dies bestätigen die bereits in Kapitel II, 2.1 angeführten Hinweise, wonach Goebbels in der örtlichen Theaterszene aktiv war.

163 RZ/22.12.1923/4. Vgl. die handschriftliche Fassung (BArchKo N 1118/113).

164 Richard Flisges wurde auch im Roman „Michael" als Hauptfigur verwendet. Siehe dazu Kapitel II, 1.4. Der erste Absatz des Artikels „Schöpferische Kräfte" ist identisch mit Teilen aus dem zwischen August und Dezember 1923 entstandenen Romanvorläufer „Michael Voormann. Ein Menschenschicksal in Tagebuchblättern". Vgl. StadtA MG 15/44/75.

Romantisch zelebrierte Goebbels den Heldentod des Freundes und verarbeitete gleichermaßen eigene negative Erlebnisse: „In den Dachkammern der Universitätsstädte voll Hunger, Kälte und geistiger Qual wächst neues Leben empor. Glaube, Arbeit und Sehnsucht sind die Tugenden, die die neue Jugend in ihrem faustischen Drang einen." Insgesamt erscheint der Text wie eine überladene, persönlich gefärbte Kanzelrede. Nachhaltig beschwor Goebbels die Kräfte der Jugendgeneration, die er als Hoffnungsträger der deutschen Zukunft charakterisierte. Die jungen Menschen seien bereit, „aus Krieg, Geist und Arbeit in sich den neuen Menschen zu formen."[165]

Warum es bei diesen insgesamt vier Veröffentlichungen in der *Rheydter Zeitung* blieb und Goebbels das lokale Presseorgan nicht intensiver als Publikationsplattform nutzte, bleibt unbeantwortet. Möglicherweise erschien ihm das Blatt als zu niveaulos für seine von ihm als geistreich empfundenen Schreiberzeugnisse, oder aber das geringe Verbreitungsgebiet reichte ihm für die erhoffte und erwünschte Öffentlichkeitswirksamkeit nicht aus.

Die *Rheydter Zeitung* hat, das ist unbestreitbar, Joseph Goebbels die Tür zum Journalismus – wenn auch nur einen Spalt breit – geöffnet. Durch die Möglichkeit erster Publikationen konnte er die Rolle des Journalisten zumindest andenken. De facto bemühte er sich in der Folgezeit, im Journalismus Fuß zu fassen und nutzte dafür ein etwas größeres Blatt: die *Westdeutsche Landeszeitung*. Den Wechsel von der Rheydter zur Gladbacher Presseszene beschrieb er so: „Meine 6 Aufsätze für die Westdeutsche Landeszeitung. Viel Aufsehen. Feinde in der Rheydter Presse."[166] Ob der journalistische Einstiegsversuch bei der Konkurrenz tatsächlich für Dissonanzen sorgte und er deswegen von jeder weiteren journalistischen Mitarbeit in seiner Heimatstadt absah, ist fraglich. Selbst wenn Goebbels derartige Differenzen für erwähnenswert hielt, muss die noch keine wirkliche Bedeutung haben.

2.2.2 Westdeutsche Landeszeitung

In den Erinnerungsblättern, die Joseph Goebbels als eine Art Prolog zu seinem so genannten Tagebuch schrieb und in denen er die Jahre bis 1923 Revue passieren ließ, gibt es an verschiedenen Stellen deutliche Hinweise zu einer vorübergehenden redaktionellen Mitarbeit bei der *Westdeutschen Landeszeitung*.[167] Tatsächlich finden sich zehn Zeitungsartikel, die Goebbels in der Zeit zwischen Januar und November 1922 in dem Gladbacher Printmedium publizierte.

---

165 Goebbels benutzte den Anfang des Artikels beinahe wörtlich für einen anderen journalistischen Beitrag; siehe dazu „Die Katastrophe des Liberalismus" in der *Völkischen Freiheit* (VF/11.10.1924/12).

166 EB.

167 „Unterbrechungen: Heidelberg Promotion. Westdt. Landeszeitung, dann nach Baltrum." (EB). Wie bereits erwähnt: „Meine 6 Aufsätze für die Westdeutsche Landeszeitung. Viel Aufsehen." (EB). Ebenso wie im Folgenden: „Mein Gastspiel bei der Landeszeitung. Redakteur Müller. Schund und Kunst. Die rauhe Wirklichkeit. Ich als Kunstkritiker." (EB).

Die *Westdeutsche Landeszeitung* (*WLZ*) war 1872 als *Gladbacher Volkszeitung* von katholischen Kaufleuten der Stadt Mönchengladbach gegründet worden: 19 Kapitaleinleger aus der Honoratiorenschicht ermöglichten die Finanzierung, der ab 1903 eine Gesellschaft mit beschränkter Haftung zu Grunde lag. Das Blatt erhielt dann den Titel *Westdeutsche Landeszeitung. Gladbacher Volkszeitung und Handelsblatt.* Die tägliche Auflage wurde 1908 mit 22.000 Exemplaren beziffert. Die Hauptschriftleitung hatte Dr. Jakob Kluding inne. Die Zeitung vertrat die Grundsätze der Zentrumspartei und wurde in katholischen Kreisen, von Kaufleuten, Gewerbetreibenden, Beamten, Angestellten und höheren Lohnempfängern gelesen. Das Verbreitungsgebiet erstreckte sich über die Stadt- und Industriegebiete Mönchengladbach und Rheydt bis in die Gegend zwischen Aachen und Krefeld. Nach dem „Ruhrkampf" erlebte das Blatt einen ökonomischen Schub:

> „Nach Stabilisierung der Währung und Wiederingangsetzung des Wirtschaftslebens folgte ein neuer, rascher Aufschwung der Zeitung, so daß mit dem 1. Dezember 1926 eine 64seitige Rotationsmaschine in Betrieb gesetzt werden konnte. Mit demselben Tage begann die ‚Westdeutsche Landeszeitung', als erstes Blatt des ganzen Bezirkes, frühmorgens zu erscheinen und einen Bilderdienst einzuführen"[168].

Die *WLZ* warb nun als Familienblatt, führte eine siebte Wochenausgabe ein und wurde zur größten Tageszeitung des linken Niederrheins. Die Auflage des amtlichen Kreisblattes des Stadtkreises Gladbach-Rheydt lag im Februar 1928 laut notarieller Beglaubigung bei 36.292 Exemplaren. Kommunalpolitisch nahm die *WLZ* unter der Hauptschriftleitung von Nikolaus Müller eine führende Stellung ein, arbeitete mit bedeutenden Telegraphenbüros zusammen, besaß einen großen Stab von Reportern und Mitarbeitern sowie eine Berliner Redaktion. Die *WLZ* war maschinell[169] und technisch einer der modernsten Zeitungsbetriebe.[170]

Wie Goebbels den Zutritt zur *Westdeutschen* Landeszeitung tatsächlich erlangte, konnte nicht zweifelsfrei recherchiert werden; recht wahrscheinlich ist die Vermittlung eines Bekannten[171], aber auch eine Initiativbewerbung oder das un-

---

168 Westdeutsche Landeszeitung 1928: 17f. Vgl. ebd: 19f.

169 Beispielsweise wurde 1913 aufgrund der steigenden Auflage der Zeitung und des sich vergrößernden Verbreitungsgebiets zusätzlich eine 32-seitige Rotationsmaschine eingekauft, so dass nun Ausgaben mit 20 bis 32 Seiten gedruckt werden konnten. Vgl. Westdeutsche Landeszeitung 1928: 17.

170 Vgl. Kind/Fischer 1992: 177; Boland 1985: 4f.; Jahrbuch der Tagespresse 1932; Jahrbuch der Tagespresse 1930; Jahrbuch der Tagespresse 1928: 148; Westdeutsche Landeszeitung 1928: 16, 20; Mosse 1926; Mosse 1914.

171 „Sicherlich glaubte er noch immer an seine Bestimmung als Schriftsteller, versuchte sich aber aus pragmatischen Gründen zunächst als Journalist. Doch es waren schlechte Zeiten für Berufsanfänger. Die Inflation steigerte sich beständig, die Wirtschaft stagnierte und der Arbeitsmarkt war überfüllt. Durch die Vermittlung eines Bekannten gelang es Goebbels Anfang 1922 einige Artikel bei der *Westdeutschen Landeszeitung* unterzubringen." (Michel 1999: 67, kursiv im Original). Siehe auch Reuth 2000: 58. Konkretere Angaben dazu, wer genau der hier vermittelnde Bekannte gewesen ist, konnten nicht ausfindig gemacht werden und sind bei den beiden Biographen auch nicht näher verzeichnet.

aufgeforderte Einschicken von Texten[172] sind denkbar. Vermutlich nutzte Goebbels die veröffentlichten Aufsätze aus der *Rheydter Zeitung* als Arbeitsproben, mit denen er sein journalistisches Interesse bekundete.

Welche Position Goebbels innerhalb der Redaktion einnahm, ist nicht eindeutig zu bestimmen möglich. Die Publikationsdaten lassen erkennen, dass die Artikel in loser Reihenfolge erschienen. Es ist anzunehmen, dass Goebbels als freier Mitarbeiter eingestuft wurde, dessen Beiträge je nach redaktionellem Bedarf zwischen Januar und März 1922 abgedruckt wurden. Ob er eine Bezahlung erhielt, bleibt fraglich; möglicherweise wurden diese ersten Texte als Testlauf für eine in Aussicht gestellte Festanstellung angefordert und als unentgeltliche Vorleistung angesehen. Auf der Suche nach Erklärungen für die zweite Publikationsphase (September bis November 1922) finden sich Randbemerkungen, wonach von einer zeitlich beschränkten Anstellung als Volontär ausgegangen werden kann.[173] Dass er stundenweise in das Kulturressort eingebunden war und sich als Kunstkritiker betätigen durfte, kam Goebbels' beruflichen Neigungen sehr entgegen.

Die Zeitungsartikel in der WLZ *(erste Phase)*

Warum Goebbels in seinen Erinnerungsblättern nur sechs in der *WLZ* veröffentlichte Aufsätze nannte, bleibt unklar.[174] Abgesehen von einem Artikel, der zweigeteilt publiziert wurde[175], erschienen nämlich weitere acht Texte von ihm in der *Westdeutschen Landeszeitung.*[176] Nicht mehr zugänglich ist der erste Artikel mit der Überschrift „Kritik und Kunst".[177] Überliefert sind die anderen Beiträge, beginnend mit dem Text „Vom Geiste unserer Zeit"[178], in dem sich Goebbels mit der „geistigen Krise des Landes" auseinander setzte.[179] Er beschrieb seine Ge-

---

172 „Aber nicht alles Eingesandte kam zurück: Sechs Aufsätze druckte die *Westdeutsche Landeszeitung*, und Goebbels behauptet, sie hätten viel Aufsehen erregt." (Fröhlich 1987: 492, kursiv im Original).

173 „Durch die Fürsprache eines Bekannten, der ihm schon bei der Veröffentlichung seiner sechs Aufsätze zur Seite gestanden hatte, wurde er im Herbst als Volontär stundenweise beim Feuilleton der *Westdeutschen Landeszeitung* angestellt." (Reuth 2000: 58, kursiv im Original) Vgl. Härtel 2005: 17; Barth 1999: 27; Michel 1999: 67; Irving 1997: 34. Siehe auch FN 70 zur Aufkündigung dieses Volontariats.

174 Einige Biographen haben diese Angabe ungeprüft übernommen, vgl. Reuth 2000: 57; Irving 1997: 34.

175 Vgl. „Zur Erziehung eines neuen Publikums" Teil 1 (WLZ/21.2.1922/5) und Teil 2 (WLZ/27.2.1922/6).

176 Vgl. Materialsammlung StadtA MG 14/2112.

177 WLZ/11.1.1922/1. Die im Stadtarchiv Mönchengladbach archivierte *Westdeutschen Landeszeitung* ist an dieser Stelle lückenhaft. Zur Autorschaft siehe Reuth 2000: 626.

178 WLZ/24.1.1922/2.

179 Dem vorangestellt wurde ein Vorwort der Schriftleitung, die eine sechsteilige Artikelreihe des Autors Joseph Goebbels ankündigte. Zugleich erging als Hinweis an die Leserschaft, dass die im Text vertretenen Ansichten keineswegs durchgängig mit denen des Blattes übereinstimmten. Dem Autor seien diese Ausführungen gestattet worden, um den Zeitgeist der jungen Generation nachzuspüren: „Wir teilen in vielem nicht die Ansichten des Verfassers, seine

genwart als eine „Zeit der Extreme" und analysierte neben dem klassischen deutschen Dichtertum auch zeitgenössische Literaten: „Stillosigkeit verflacht und
verwässert, führt in die Breite, ohne in die Tiefe zu gehen. [...] Denn Stil haben
heißt ja nichts anderes, als alles das als selbstverständlich tun, leiden, wirken und
schaffen, was dem inneren Dämon entspricht." Goebbels hantierte in dem Aufsatz
in hohem Ausmaß mit Substantiven und Fremdwörtern. Weniger pathetisch als in
seinen bisherigen Publikationen, mit teilweise klaren Gedankengängen, struktu-
rierter Gliederung und geradliniger Argumentation, arbeitete sich der Autor durch
das Thema und schloss schließlich vom Zustand der Kunst auf den der Politik.
Begriffliche Ausschweifungen und Allgemeinplätze vermied er jedoch nicht völlig, sondern schrieb:

> „Wohl herrscht überall eine bis zum Höchsten gesteigerte Geistigkeit, eine fast bis zur Siede-
> hitze hinaufgesteigerte Glut und Sehnsucht nach etwas Höherem und Besserem, als das, was
> wir leben und erstreben. Der Überschwang der Gefühle ist nicht immer frei von einer gewis-
> sen krankhaften Sentimentalität, neue Gedanken und Ideen wogen durcheinander, vielfach
> bekämpfen sie sich aufs heftigste, und doch sind sie meistens denselben Elementen entsprun-
> gen. Und nirgendwo in all diesem Jagen und Rennen, Hasten und Eilen zeigt sich Erfüllung,
> Ausgleich, Ruhe, Harmonie."

In dominanter Ausdrucksweise verlangte der Autor, dass sich die junge Generation vom althergebrachten, ererbten Kunstverständnis abwende: „Opposition gegen
alles Hergebrachte und von den Vätern Übernommene ist natürlich Ehrenpflicht
eines jeden, der irgendwie Anspruch darauf macht, Künstler zu sein." Stilistische
Einflüsse von Oswald Spengler und Fjodor Dostojewskij werden in dem Text
ebenso deutlich wie die inhaltliche Anlehnung an bekannte Ideen – insgesamt
klingt der Aufsatz wie eine Hommage an den Sozialismus. In einer sakralen Verklärung des Politischen (die Vaterlandsliebe wird als Gottesdienst zelebriert) betonte Goebbels die Notwendigkeit eines starken Genies, das die Nation aus den
chaotischen Zuständen befreien werde. Sprachlich eiferte der Germanist Goebbels
in diesem Text ganz offensichtlich seinen Professoren nach, versuchte sich in philosophischen Schleifen, was insgesamt jedoch eher krampfhaft wirkt.[180]
„Vom Sinn unserer Zeit"[181] hieß die Überschrift der folgenden Zeitungspubli-
kation. Goebbels ging darin der Frage nach, wie das Deutschtum trotz des Weimarer Staats weiter existieren könne. „Lassen wir es uns doch nicht aufreden, daß die
deutsche Seele tot ist. Sie ist nur krank, gewiß, schwerkrank, denn man hat sie
mißhandelt, geknechtet und getreten", befand der Autor. Er denunzierte Kunstkritiker und Wissenschaftler, die den deutschen Expressionismus nur deshalb für tot
erklärt hätten, um stattdessen fremdländische Werke bevorzugen zu können. Er
klagte über eine sich am internationalen Niveau orientierende „Literaturmeute"
und forderte: „Lernen wir es doch endlich einmal, all den Wust einer öden Mode-

---

Gedanken scheinen uns aber doch ein ernster Versuch das rätselvolle Sphinxgesicht unserer
dunklen Zeit zu deuten, der verdient öffentlich diskutiert zu werden." (WLZ/24.1.1922/2).
Vgl. Reuth 2000: 57.
180 Vgl. Reuth 2000: 57; Michels 1992: 58.
181 WLZ/6.2.1922/3.

sucht und eines noch verderblicheren internationalen Getues abzustreifen und besinnen wir uns auf unsere deutsche Kunst." In deutlich nationalem Ton[182] verlangte Goebbels ein Wiedererstarken der deutschen Seele: Das Volk solle den nationalen Geist pflegen und sich auf seine eigene, ursprüngliche Kultur besinnen. So wie die Jugendgeneration die Regeln der demokratischen Auseinandersetzung ablehnte und auch die Werte und Grundprinzipien von Weimar verachtete, wurde auch die aktuelle Kultur des Landes abschätzig bewertet. Die deutsche Seele, so Goebbels weiter, könne erst dann wieder erweckt werden, wenn alles Fremde abgestoßen und die Rückkehr zur deutschen Wurzel vollzogen worden sei. Der Blick über die Staatsgrenzen verlagere nur die Problematik: selbst wenn es bewundernswerte ausländische Staatskonzept gebe, sei dennoch der „deutsche Genius" das Allheilmittel.[183] Goebbels' dogmatische Forderung, die Deutschen sollten wieder aus der Kraft des deutschen Volkstums schöpfen, waren erste Anzeichen seines antidemokratischen Denkens.

Die Thematik der „deutschen Seele" fand in dem Artikel „Vom wahren Deutschtum"[184] einen weiteren Niederschlag. „Hatte er sich noch vor wenigen Monaten über die Nationalsozialisten lustig gemacht, so begann er sie nun als Ausdruck der rebellierenden ‚deutschen Seele' zu begreifen, weshalb er ihr Erstarken interessiert verfolgte."[185] In dem genannten Artikel begab sich der Autor auf einen imaginären nächtlichen Spaziergang, den er metaphorisch als Suche nach der angeblich verlorenen deutschen Seele gestaltete. Mit deutschen Meistern wie Klopstock, Lessing, Goethe, Wagner, Beethoven – und Mozart – versuchte er diesen Topos zu untermauern. Zwischen „Volkscharakter" und Geographie stellte er die komplizierte These einer Verkettung auf: Weil Deutschland sich im Zentrum Europas befinde, sei es zu vielen fremden Einflüssen ausgesetzt. Goebbels' Rezept dagegen war eine Mischung aus Abgrenzung, stärkerer Vaterlandsliebe und wachsendem Vaterlandsstolz.[186]

Goebbels' Beitrag mit der Überschrift „Zur Erziehung eines neuen Publikums"[187] wurde in der *Westdeutschen Landeszeitung* zweigeteilt abgedruckt. Wie der Verfasser darin explizit betonte, wollte er das Theaterpublikum ansprechen

182 „Nichts liegt mir ferner, als einem engen Nationalismus das Wort zu reden."
183 „Wir schwärmen für den russischen Geist, für den indischen Menschen und vergessen dabei die eigene, unsere deutsche Seele."
184 WLZ/8.2.1922/4.
185 Reuth 2000: 58.
186 „Warum lächeln wir blasiert und ironisch, wenn ein begeisterter Jüngling von Vaterland und Deutschtum spricht? […] Wir wissen, daß im deutschen Wesen unsere Kraft wurzelt, daß die heimatliche Erde der nährende Boden ist, aus dem wir immer und immer wieder unser Bestes ziehen. Wir wehren keinem Volke seine nationale Eigenheit, drängen keinem die unsere auf; denn wir wissen, daß die unsere für uns gut ist, aber auch nur für uns gut ist. Darum wehren wir alles ab, was dieser nationalen Eigenheit fremd ist und pflegen in uns ein starkes deutsches Bewußtsein".
187 WLZ/21.2.1922/5 und WLZ/27.2.1922/6. Möglicherweise handelt es sich hierbei um einen Wiederabdruck des nicht auffindbaren Textes in der *Rheydter Zeitung*, den Goebbels in seinem Brief an Anka unter dem Stichwort Volksbildung und Volkstheater erwähnt hatte, vgl. vorhergehendes Kapitel II, 2.2.1.

und zum Nachdenken anregen. Goebbels beklagte erst ganz allgemein die Bildungsmisere im Land, leitete dann zur Bildung an den Volkshochschulen über und formulierte schließlich den Missstand, dass einem Großteil des Volkes – das war seine Überzeugung – sehr bewusst der Zugang zum Wissen vorenthalten werde: „Aber das ist ja gerade das, woran wir kranken, daß wir uns in einer seichten Halbbildung gefallen und glauben, damit den Gipfelpunkt aller Kultur erstiegen zu haben." In seriöser Tonart versuchte Goebbels, das feuilletonistische Thema sachlich und auf Basis eines soliden Hintergrunds zu bearbeiten. Diesen geradlinigen Stil hielt er allerdings nicht konsequent durch, stattdessen verlor er sich stellenweise in unnötigen Abschweifungen oder formulierte sogar übermütig ironisch – beispielsweise, wenn er die gebildeten Gesellschaftsschichten zynisch mit Kriegsgewinnlergesindel verglich. Erstmals scheint es so, als habe Goebbels echte Freude am journalistischen Schreiben verspürt und verschiedene stilistische Möglichkeiten ausprobiert. Und erstmals taucht auch der Begriff des Sozialen auf: „Das erst wäre wirkliches soziales Empfinden, wenn der Gebildete bereit wäre, Hand in Hand mit dem Volke zu gehen, das Volk auch geistig ernst zu nehmen."

Goebbels' gesellschaftskritische Anmerkungen wurden in der Fortsetzung des Artikels noch deutlicher. Nachdrücklich veranschaulichte er seine Aversionen gegen elitäres Publikum, Kulturkritiker und Zeitungsmacher[188], auf deren Anspruchslosigkeit der kulturelle Missstand im Land zurückzuführen sei. Auch eigene Erfahrungen des Existenzkampfes verarbeitete Goebbels in dem Beitrag: „Kein Wort reicht aus, die erdrückende Lage unserer kämpfenden jungen Intelligenz zu schildern. Wie sehen unsere Studenten bleich und abgemagert aus; und doch ist der bitterste Gedanke der, daß soviel an Geist zu Grunde geht." Als Lösung bot er eine „ästhetische Erziehung" an,

> „denn wir wollen doch, daß unsere Kunst möglichst weite Kreise schlägt; denn erst wenn sie aus der Gesamtheit des Volkes geboren, sich an die Gesamtheit des Volkes wendet, hat sie eine Daseinsberechtigung. [...] Lehren wir das Volk, den Menschen in sich erkennen – der steckt doch ebensogut im Arbeitskittel wie im Pelzmantel – führen wir es auf Wege, die es nie betreten hat, weil es nicht wußte, wo sie waren."

Wieder führte Goebbels soziale Aspekte an, entfaltete den Begriff der Volksgemeinschaft[189] und endete mit der Prognose, dass ein sozialer Gedanke erst aus der

---

188 Während sich Goebbels in dem Textbeitrag darüber ausließ, dass Zeitungen gerne ihre Leser mit Romanabdrucken minderer Qualität abspeisen würden, rechtfertigte sich die Schriftleitung der *Westdeutschen Landeszeitung* in einem nachgeschobenen Absatz und betonte ihre Bemühung, stets geistig und literarisch wertvolle Romane abzudrucken.

189 Die Verwendung des Ausdrucks „Volksgemeinschaft" spielte nach 1914 und erst recht nach 1933 eine erhebliche Rolle. Die Bezeichnung war mit unterschiedlichen politischen Ideen verbunden und meist irrational aufgeladen. Im Zentrum der Deutung stand jene angestrebte neue Form des gemeinschaftlichen Lebens, in dem das Individuum zu Gunsten der Gemeinschaft zurückzustehen hatte. Im Nationalsozialismus wurde die Volksgemeinschaft zum zentralen Schlagwort, von dem wiederum Begriffe wie die der rassisch bestimmten Bluts-, Schicksal- und Glaubensgemeinschaft abgeleitet wurden. Erzweckt wurde dabei eine Art Gleichschaltung nach innen, um Geschlossenheit und Schlagkraft nach außen demonstrieren zu können. Vgl. Schmitz-Berning 1998: 654–659.

Kunst geboren werden könne: „Dann werden die Vielen wieder unschwer lernen, daß der Kunstsinn und das Kunstverständnis durchaus nicht mit der zweiten Steuerklasse anfangen."

Noch einmal äußerte sich Goebbels über die Missachtung der Kunst, nämlich in einem Beitrag mit dem Titel „Sursum corda!"[190] – der letzte Text in der ersten Veröffentlichungsstaffel bei der *Westdeutschen Landeszeitung*. Mitglieder aus der Oberschicht, meinte Goebbels, sähen in Theater- und Konzertbesuchen lediglich eine gesellschaftliche Verpflichtung mit dem Nebeneffekt eines ästhetischen oder gar erotischen Genusses. Er warnte vor der Übersättigung des Publikums und stützte sich dabei auf jenes christliche Ritual[191], das er in seiner Überschrift bereits erwähnt hatte: „Unsere deutsche Kunst ist ja doch nichts anderes als ein inniger Jubelakkord der Freude, ein ewiges Nach-den-Sternen-Greifen der ringenden deutschen Seele." Der Text birst vor emotionaler Überladung und biblischen Bildern. Auch dieses Mal betrachtete der Autor nicht nur einzelne Sachverhalte, sondern schmückte seine Kritik an der deutschen Kunst- und Kulturszene mit persönlichen Anekdoten aus. In Hauskonzerten und privaten Leseabenden sah er eine Möglichkeit, die Bevölkerung zum Kunstsinn zu erziehen und gleichzeitig Andacht und Gebet zu zelebrieren. Allein die junge Generation könne noch wertvolle Kunst erschaffen – die Kunstdefinition der Vatergeneration habe ausgedient. In der Bühne und in der Literatur sah er die Mittel moderner Volkserziehung:

> „Daß wir das Volk erziehen müssen, darüber sind wir uns alle einig. Aber schließlich ist doch die wichtigste Frage die, wozu wir unser Volk erziehen müssen. Und da meine ich doch, daß uns der gute Mensch heute mehr nottut als der kluge. [...] Unsere Zeit verlangt nach dem neuen Menschen; und der muß gut sein."

Die Zeitungsartikel in der WLZ (zweite Phase)

Goebbels' zweite Publikationsphase bei der *Westdeutschen Landeszeitung* dauerte von September bis November 1922; in dieser Zeit veröffentlichte er drei Texte. Die ersten beiden Artikel, in denen der Autor mit dem Kürzel „Dr. G." zeichnete, waren feuilletonistische Kurzberichte. „Flachsmann als Erzieher"[192] hieß eine Theaterrezension zur gleichnamigen Aufführung im Schauspielhaus Rheydt. Der Rezensent sparte nicht mit harter Kritik an dem Drama von Otto Ernst und bewertete neben der Aufführung und der Schauspielleistung auch die politischen Tendenzen des Stückeschreibers; insgesamt betrachtete Goebbels das Bühnenwerk als thematisch überholt. Sprachlich verzichtete er in seinem Artikel auf Schnörkel,

---

190 WLZ/7.3.1922/7.
191 Der Ausspruch „sursum corda" wird in der katholischen Messe zu Beginn des Lob- und Dankgebetes vom Priester an seine Gemeinde getätigt. Die Übersetzung des lateinischen Aufrufes bedeutet „Erhebet die Herzen". Mit dieser Akklamation wird die Praefatio (Lobgesang vor der Einsegnung des Brotes und des Weines) im Hochgebet der Messe eingeleitet. Vgl. Kirchen-Lexikon 2006.
192 WLZ/30.9.1922/8.

argumentierte stringent und unter Berücksichtigung allgemeingültiger dramaturgischer Regeln, verlor sich gegenüber der Regie jedoch stellenweise wieder in Belehrungen und Besserwisserei.

Im Gegensatz dazu wirkt Goebbels in seiner Rezension „Leib und Seele"[193] wie ein journalistischer Anfänger. Inhaltlich gab er einen Vortrag der „Vereinigung für grundwissenschaftliche Philosophie" mit den Schwerpunkten Wissenschaft, Zeit und Raum wieder, wiederholte dabei steif die Thesen der Referenten. In diesem eher laienhaften Aufsatz kamen keinerlei eigenständige Gedanken und auch keine Anmerkungen in schulmeisterlichem Ton zum Tragen, eine subjektive Einordnung der Veranstaltung fand schlichtweg nicht statt – offensichtlich lag ihm dieses Thema nicht.

Goebbels' letzter Text in der *Westdeutschen Landeszeitung* erschien zu einem Datum, als er bereits aus der Redaktion ausgeschieden war. Vermutlich entstand der Beitrag noch während seiner aktiven Zeit, wurde aber erst später abgedruckt. Dass er nach dem Abschied aus der *WLZ* die bestehenden Pressekontakte noch nutzte, ist eher unwahrscheinlich; weitere Veröffentlichungen gab es nicht. „Der Bühnenvolksbund in Rheydt"[194], so der Titel des Artikels, enthielt eine ausführliche Beschreibung der Arbeit des Verbandes. Goebbels legte darin erneut den thematischen Schwerpunkt auf die kulturelle Volkserziehung. Er schlug vor, jede finanzielle Förderung auf volkstümliche deutsche Kunst zu beschränken. Sein Appell wies bereits in eine völkisch-ideologische Richtung: So genannte volksfremde Aufführungen, so die Zielrichtung, seien ausnahmslos abzusetzen.

Zusammenfassung

Die Zeit bei der *Westdeutschen Landeszeitung* kennzeichnet eine biographisch-berufliche Episode, die von kulturpolitischem Interesse geprägt war; dies schlägt sich in Goebbels' Zeitungstexten nieder. Sein Gastspiel bei dem Gladbacher Blatt ist als erster nennenswerter beruflicher Erfolg überhaupt zu werten. Während die Publikationen in der *Rheydter Zeitung* eher als Artikel zweiter Ordnung eingeschätzt werden können, unternahm Goebbels bei der *WLZ* seine ersten journalistischen Gehversuche. Nach dem Universitätsabschluss ohne Ausblick auf eine Anstellung und nach dem unerfüllten Berufswunsch als Schriftsteller war die Tätigkeit bei der Lokalpresse ein erster Ankerpunkt. Goebbels' berufliche Neigungen bekamen erstmals konkrete Umrisse. Das Ziel, mit einer schöngeistigen Beschäftigung auch irgendwann den eigenen Lebensunterhalt zu sichern, schien in greifbare Nähe gerückt. Journalismus stellte sich als hervorragende Alternative zum Schriftstellerdasein dar, zumal Goebbels den thematischen Horizont seiner journalistischen Arbeiten auf kulturelle Inhalte beschränkte – im Feuilleton zu arbeiten war der promovierte Germanist gern bereit.

---

193 WLZ/13.10.1922/9.
194 WLZ/24.11.1922/10. Zeitgleich erschien der Text in der *Rheydter Zeitung* und trug die Überschrift „Der Bühnenvolksbund" (RZ/24.11.1922/3).

Doch Goebbels bewegte sich nur wenige Monate auf dieser Publikationsplattform, die berufliche Etablierung bei der *Westdeutschen Landeszeitung* misslang und der journalistische Werdegang wurde beendet, kaum dass er begonnen hatte. Sofern Goebbels bereits Pläne in Hinblick auf eine klassische Journalistenlaufbahn geschmiedet hatte, wurden diese vom Verlag durchkreuzt; statt in eine ordentliche Anstellung zu kommen, wurde er in seine berufliche Ungewissheit zurückgeworfen.[195] Denn am 16.10.1922 teilte *WLZ*-Chefredakteur Nikolaus Müller schriftlich mit, dass Goebbels das bisher auf Stundenbasis angelegte Volontariat abbrechen müsse. Grund dafür war die Kooperation mit einer holländischen Morgenzeitung, deren Redakteur übernommen werden musste.[196] In seinen Erinnerungsblättern notierte Goebbels das Ende seiner journalistischen Teilzeitbeschäftigung mit den knappen Worten: „Mein Gastspiel bei der Landeszeitung. Redakteur Müller. Schund und Kunst. Die rauhe Wirklichkeit. Ich als Kunstkritiker […]. Aus der Landeszeitung. Müllers Brief."[197]

Goebbels zog sich wieder in das Elternhaus zurück und wollte sich noch intensiver um seine Schriftstellerei kümmern Von der Familie wurde dies jedoch weder begrüßt noch unterstützt. Widerstrebend nahm er also eine Stellung in Köln an, die so überhaupt nichts mit seinen literarisch-journalistischen Ambitionen zu tun hatte: Auf Vermittlung seiner Verlobten Else Janke trat er eine Position in einer Zweigstelle der Dresdner Bank an.[198]

2.2.3 Kölner Tageblatt

Im Jahr 1923 ereignete sich in Deutschland eine schwere ökonomisch-politische Katastrophe, die die junge Republik an den Rand des Zusammenbruchs trieb: Die beginnende Hyperinflation[199] in Kombination mit einer chronischen Wirtschaftsschwäche initiierte eine fortdauernde Krise, die zwar durch eine angeblich goldene Mittelperiode (1924 bis 1928) unterbrochen, durch den Börsencrash 1929 aber schnell wieder eingeholt wurde. Die Konjunktur war labil, die Investitionsbereitschaft der Unternehmer niedrig, die politische Stabilität gefährdet. Im Januar 1923

---

195 Vgl. Schütze 2003: 40; Höver 1992: 39; Altstedt 1999: 18.
196 „Sehr geehrter Herr Dr. Göbbels/ Da wegen eines neuen Unternehmens-Drucks zur holländischen Wochenzeitung, deren Redakteur bei uns auf der Redaktion Platz nehmen muß – Ihr Platz besetzt ist und sonst kein Raum zur Verfügung steht, muß ich Sie leider bitten, Ihre Stundenarbeit an unserer Redaktion abzubrechen. Die besten Wünsche für baldige Wiedergenesung und mit freundlicher Begrüßung/ N. Müller" (BArchKo N 1118/113). Vgl. StadtA MG 15/44/49/1; Reuth 2000: 58; Michel 1999: 67; Knopp 1998: 34. Siehe Anhang Nr. 1.
197 EB.
198 Vgl. Michel 1999: 92; Höver 1992: 39; Michels 1992: 37f.
199 „Die Kriegslasten waren nun so drückend, dass der Wert des Geldes in rasender Geschwindigkeit verfiel und die Preise nach oben schossen; seither kennt die Ökonomie einen neuen Begriff: Hyperinflation. Über Nacht waren Wohlhabende zu Fürsorgeempfängern geworden, der Staat, dem viele Bürger ihre Ersparnisse mündelsicher anvertraut hatten, hatte seine Schulden gerade auf sie abgewälzt […]. Massenelend war die Folge, und der Alltag geriet zum Kampf ums nackte Überleben." (Bönisch 2008: 14).

marschierten französische und belgische Truppen in das Ruhrgebiet ein.[200] Kurz davor war der Versuch gescheitert, in der Reparationsfrage von den Alliierten ein Zugeständnis zu erreichen. Die französische Regierung wollte nun mit Gewalt eintreiben, was die Deutschen nicht freiwillig zu geben bereit waren. Die Ausbeutung der Rohstoffquellen und Produktionskapazitäten sollte Deutschland zur uneingeschränkten Erfüllung des Versailler Vertrages zwingen. In dieser außenpolitischen Kraftprobe proklamierte die Reichsregierung den passiven Widerstand. Die Kohleförderung ging zurück, Steuern und Zölle fielen aus und das Haushaltsdefizit wuchs weiter an. Erst im September und mit der (im August unter Reichskanzler Gustav Stresemann[201] zustande gekommenen) Großen Koalition wurden der Widerstand an der Ruhr beendet und die Reparationszahlungen wieder aufgenommen. Das ohnehin geschwächte Reich zerfiel jedoch weiter, Separatismus gedieh, das Risiko von Aufständen wuchs sowohl vom extremen rechten wie auch vom extremen linken politischen Rand aus, und die Chancen der Protestparteien stiegen erheblich. Der Putschversuch von Adolf Hitler, Erich Ludendorff und anderen am 9. September 1923 in München war nur ein Indiz dafür.[202]

Das außenpolitische und innerstaatliche Klima verursachte in der Bevölkerung eine Bewusstseinskrise, in der sich aktivistisch-revolutionäre Strömungen bildeten. Kaum einer glaubte an den Erfolg der deutschen Demokratie. Die Wirtschaftskrise führte zu einem allgemeinen rapiden und krassen sozialen Abstieg, der sich als akute Bedrohung für die Weimarer Republik erwies; die Widersprüche zwischen der demokratischen Verfassung und der sozialen Wirklichkeit belasteten den Staat. Der Währungsverfall war unaufhaltsam: Deutsches Geld war wertlos, die Kaufkraft von Gehältern und Löhnen sank auf den Nullpunkt, die Ersparnisse des Mittelstandes und der Arbeiterschaft schmolzen dahin, das Volk hungerte – und machte dafür die demokratische Republik verantwortlich.

> „Wie gewöhnlich wurde auch diesmal Deutschlands wirtschaftliche Notlage zurückgeführt auf den Versailler Vertrag, auf die Juden, auf die Weimarer Republik und den ‚Dolchstoß', jenen Verrat der zerbröckelnden Heimatfront an den deutschen Soldaten im Jahre 1918. Die Hochfinanz wurde für die Inflation verantwortlich gemacht."[203]

Auch im Hause Goebbels war die ökonomische Krise spürbar, und so drängten die bekümmerten Eltern ihren Sohn Joseph nach der kurzen journalistischen und aus ihrer Sicht bedeutungs- weil konsequenzlosen Episode bei der Mönchenglad-

---

200 Entgegen den Beschreibungen im Deutschen Führerlexikon ist es eher unwahrscheinlich, dass Goebbels aktiv am Widerstandskampf gegen die Ruhrbesetzung teilnahm. Obgleich in einschlägigen Biographien nachzulesen ist, wie er „durch die harte Schule des Ruhrkampfes hindurchgegangen" (Bade 1933: 12; siehe auch Reimann 1971: 33f.; Ebermayer 1952: 64f.; Schmidt-Pauli 1932: 154) sei, ist inzwischen aufgeklärt, dass er weder nationalsozialistische Stützpunkte aufbaute noch für den Einsatz gefährlicher Sabotage-Unternehmungen verantwortlich war.

201 Vgl. Kapitel III, 2.1 zum historischen Kontext.

202 Kolb 2000: 35–39; Winkler 1993: 143f.; Overesch/Saal 1992: 186–203.

203 Burden 1967: 54. Vgl. Schulze 2002: 57, 65, 171; Sösemann 2002a: 365–373; Rees 2001: 32–34; Winkler 2000: 439, 414; Schwabe 1986: 1f., 6, 8; Deutscher Bundestag 1981: 273, 280f.; Kühnl 1966a: 3f.; Shirer: 1961: 60–63; Broszat 1960: 27.

bacher Presse wieder zur Stellensuche. Um seine familiäre Umgebung zu besänftigen, nahm Goebbels einen Posten bei der Kölner Filiale der Dresdner Bank an – und wurde Bankangestellter wider Willen.[204] Am 2. Januar 1923 nahm er seine Beschäftigung als Schreibkraft und Depotbuchhalter auf; wenig später wechselte er als Ausrufer an die Kölner Effekten-Börse.[205] Seine finanziellen Sorgen blieben jedoch bestehen, denn er verdiente in Köln nicht viel und war weiterhin auf gelegentliche Zuwendungen von den Eltern angewiesen. Im Bankenwesen erlebte Goebbels die Hochinflation und ihre Auswirkungen unmittelbar; er beobachtete, wie sich Spekulanten an Devisengeschäften und günstigem Grunderwerb bereicherten, wie durch hinfällige Schuldverpflichtungen vermögende Besitzer an Reichtum gewannen, während Kleinbürger ihre gesamten Ersparnisse verloren.

Diese erste Erfahrung mit der Weimarer Wirtschaftspolitik und das „in der beginnenden Inflation besonders grell erlebte Banken- und Börsensystem sollte ihn zeitlebens nicht mehr verlassen."[206] Die direkte Betroffenheit weckte sein Interesse an den Hintergründen und sensibilisierte ihn für die Schwachstellen des Weimarer Systems. Goebbels notierte: „Widerwille gegen die Bank und meine Tätigkeit. Verzweifelte Gedichte. Das Judentum. Ich denke über das Geldproblem nach."[207] Während seiner Tätigkeit in Köln veränderten sich seine Anschauungen, er wurde „Zeuge von Aktienmanipulationen, und dies festigte seinen Glauben, daß der eigentliche Feind der Kapitalismus mit seinen verbrecherischen Machenschaften sei."[208] In Anlehnung an den seit Jahrhunderten gepflegten Hass auf jüdische Geldverleiher und an die Weltverschwörungstheorie wuchs auch Goebbels' Intoleranz gegenüber Juden. Durch seine Erlebnisse kamen erste Gedanken auf, dass der vom Judentum beherrschte Materialismus die Verkörperung des Bösen sei. Zu dieser Zeit war Goebbels jedoch weder ein fanatischer Antisemit, noch waren seine Ansichten durch ideologisch manifestierten Rassenwahn begründet. „Er ist offensichtlich nicht als Fremdenhasser, Rassist und Antisemit geboren worden – er ist es vielmehr geworden, und zwar spürbar erst Ende 1922, als ihn das ‚Judenproblem' zu irritieren begann."[209]

---

204 Goebbels' Verlobte Else Janke hatte ihm die Stellung bei der Bank besorgt. In einem Schreiben hatte sie ihn beschwichtigt: „Hör mal Lieb, wir wollen uns freuen, daß es so gekommen ist und ich glaube auch, daß das Richtigste ist – wenn es Dir nicht allzu schwer wird – Du nimmst die Stelle an. Diese ewige Ungewißheit, das Abwarten und Wünschen bringt uns ja nun gar nicht weiter, macht uns nur immer hoffnungsloser. So aber haben wir doch wenigstens mal gehandelt und schon einen Schritt sind wir dann unserem Ziel näher. Es ist doch besser tatsächlich langsam weiterzukommen als mit tausend Wünschen sich Pläne in die Luft schmieden." Brief von Else Janke an Joseph Goebbels am 22.12.1922 (StadtA MG 15/44/45).

205 Vgl. Fest 2003: 126; Wunderlich 2002: 262; Reuth 2000: 59f.; Barth 1999: 27; Michel 1999: 67; Knopp 1998: 34f.; Höver 1992: 39; Fraenkel/Manvell 1960: 68, 375; Hunt 1960: 131.

206 Henke 1995: 185. Vgl. Reuth 2000: 62.

207 EB.

208 Bering 1991: 116f.

209 Höhn 1994: 246.

Die Zeitungsartikel im Kölner Tageblatt

Goebbels versuchte auch weiterhin, seine Notlage durch literarisches Arbeiten, tägliche Aufzeichnungen und journalistische Nebentätigkeiten zu kompensieren. Es finden sich in den Goebbels-Dokumenten einige wenige Hinweise, die auf Pressekontakte hindeuten. So heißt es: „In der Bank. Effektenwesen. Mein Widerwille. Die heilige Spekulation. Richard nach Schliersee. Demokratie. Das Kölner Tageblatt. Passiver Widerstand."[210] Und an anderer Stelle:

> „Der Dom in Cöln. Cöln als Stadt. Der Rhein. Ich als Rheinländer. Die vom Niederrhein. Schweres Blut wie alle aus der großen Landschaft. Steppennaturen. Meine beiden Artikel im Kölner Tageblatt. […] Meine unhaltbare Stellung bei der Bank. Die Inflation. Tolle Zeiten. Der Dollar klettert wie ein Jongleur."[211]

Ein Brief des Bruders Hans enthält einen etwas deutlicheren Hinweis: „Es wird mich freuen, recht bald einen ausführlichen Brief von Dir zu bekommen. Sende mir bitte Deinen Artikel ‚im Kölner Tageblatt' mit. Die Zeitung darf augenblicklich hier nicht erscheinen."[212]

Nach näheren Recherchen[213] zum Jahr 1923 konnten im erwähnten Publikationsorgan zwei Artikel gefunden werden, die von Joseph Goebbels stammen. Einmal mehr bleibt unbeantwortet, wie Goebbels den Zugang zum Kölner Tageblatt fand. Möglicherweise hatte er bei verschiedenen Redaktionen in der Stadt angefragt und seine Artikel oder Themen bei den Printmedien vor Ort gegen vermutlich geringes Entgelt angeboten.

Das Kölner Tageblatt erschien seit 1863 in der Kölner Verlags-Anstalt und Druckerei AG. Das Unternehmen galt als eine der ältesten und größten Druckereien in Köln, das um die Jahrhundertwende etwa 500 Personen beschäftigte. Die Redaktion befand sich im Erweiterungsbau in der Stolkgasse 27–29. Die Auflage des amtlichen Kreisblattes lag bei 20.000 Stück, das Kölner Tageblatt erschien an Werktagen zwei Mal täglich. Verbreitet war das Pressemedium, das als liberal eingestuft wurde und seine Nähe zur Deutschen Demokratischen Partei bekannte,

---

210 EB.
211 EB.
212 Brief von Hans Goebbels an Joseph Goebbels am 18.9.1923 (StadtA MG 15/44/40; BArchKo N 1118/113).
213 Im Nachlass (BArchKo N 1118/113) findet sich eine Zeitungsseite des Kölner Tageblatts vom 24.5.1923, auf der verschiedene Texte „Zu Rathenaus Todestag" abgedruckt sind: Neben dem Beitrag mit dem Titel „Am Todestage Walter Rathenaus" von einem Autor namens Karl Lehmann stehen die Texte „Rathenaus Persönlichkeit", „Rathenaus vier Wahrheiten" und „Europäische Gespräche". Warum und wie diese Seite in den Nachlass kam, ist heute nicht mehr nachvollziehbar. Vermutlich stammt sie aus der umfangreichen Ausschnittsammlung, die Goebbels angelegt hatte. Dass es sich bei einem der Artikel um einen Beitrag von ihm handelt, ist auszuschließen. Es fehlt zwar bei drei der vier Artikel eine eindeutige Autorenkennung, bei seinen bisherigen Publikationen hatte Goebbels jedoch genau darauf immer großen Wert gelegt. Die in den Erinnerungsblättern erwähnten beiden Artikel im Kölner Tageblatt konnten an anderer Stelle und mit Namensnennung ausfindig gemacht werden. Vgl. Kapitel II, 2.2.3.

vor allem im Mittelstand. 1923 ging das Unternehmen in den Besitz der Konkordia – eine Treuhandgesellschaft, die alle Geschäft abwickelte – über.[214]

In den beiden Texten, die Goebbels im *Kölner Tageblatt* publizierte, war von der politischen Krise des Landes nichts zu bemerken; der junge Germanist nahm sich nach wie vor lieber kultureller Themen an; zwar schaffte er es nicht bis ins Feuilleton, doch wenigstens in die Sonderbeilagen der Tageszeitung. Der erste Artikel mit der Überschrift „Das Fiasko der modernen deutschen Literatur"[215] erschien in der Unterhaltungsbeilage. Auch in Köln setzte Goebbels seine kulturkritische Aufsatzreihe fort und formulierte: „Wir stehen literarisch vor dem Nichts. [...] Die Kunst von gestern stirbt und verdirbt an sich selbst."

Er zeigte die Entwicklung vom Impressionismus zum Expressionismus auf, arbeitete das von seinem Standpunkt aus vorhandene Manko gegenwärtiger Literatur heraus und folgerte: „Die Literatur wurde Liebhaberei der Wenigen, Privatsache kleiner Fachkreise, der Abstand des geistigen Dieners am Volke vom Volke selbst immer größer." Die Gegensätze von Elite (wohlhabend an Bildung und Materie) und Studentenschaft (verarmt in jeder Hinsicht) fächerte er in pathetischem Ton auf.[216] Goebbels verlangte – sachlich oder dramatisch, metaphorisch und dann wieder philosophisch – einen Ausgleich der gesellschaftlichen Zustände. Mit zahlreichen Wortneuschöpfungen (wie „Weltbeglückungssystem" oder „Materialistenzeitgeist") versuchte er, seinen Erhebungen ein besonders emotionsgeladenes Gewicht zu geben. Über das Wesen der Kunstkonsumenten schrieb er:

> „Die Generation der Könner und verkannten Genies, der Aestheten und Snobisten, der Kritiker und Kritikaster, der Philosophen und Philosophaster, der Gelehrten und Wichtigtuer, der Gottsucher und Gottgenießer, [...] die auf dem durch Krieg und Revolution bereiteten Boden ihr Wesen und Unwesen trieb, ist müde geworden."

Während Goebbels das Sterben der so genannten Modeliteratur herauf beschwor, fürchtete er gleichzeitig um die Schöpfungskraft und den Erneuerungsdrang der jungen Generation, die sich im allgegenwärtigen Kapitalismus verlieren könnten:

> „Nach dem Kriege hatten wir noch ein Wollen, das in die Sterne hineingriff, wenn auch das Können mit Händen und Füßen an der Erde klebte. Nun ist auch der künstlerische Wille erkaltet. Müde und abgestumpft läßt die Jugend sich von der Zeit mitreißen, schlimmer noch, schreibt die Parole eines verkommenen Materialistenzeitgeistes auf ihre Fahnen."

Für den daraus resultierenden Untergang des glanzvollen literarischen Lebens in Deutschland machte er die Stillhaltestrategie des Bürgertums verantwortlich.

Seine persönlichen Rückschläge und seine pessimistischen Zukunftsvisionen hielt Goebbels in dem Artikel explizit fest, wenn er die Zwänge seines Jahrgangs beschrieb. Gegen die festgefahrenen Gesellschaftsstrukturen wolle, aber könne

---

214 Vgl. Kind/Fischer 1992: 181; Koszyk 1972: 265f., 273; Jahrbuch der Tagespresse 1928: 114f.; Deutscher Buchdrucker-Verein 1909: 3, 5, 27.

215 KT/23.6.1923/1. Diesen Text veröffentlichte Goebbels ein weiteres Mal am 1.11.1924 in der *Völkischen Freiheit* (VF/1.11.1924/24).

216 „Das Buch wird mehr und mehr ein Vorrecht begüterter Kreise. Der arme Student hungert nach den Schätzen, die in den schweren Bücherschränken geistigen Gesindels ein meterlanges unberührtes Dasein in Goldschnitt fristen."

sich die Jugend nicht auflehnen. Auch in Bezug auf sich selbst und sein erfolglo-
ses literarisches Schaffen zog er den Schluss: „Die ernsten Talente, die um den
Geist der neuen Zeit in nimmermüdem Kampfe ringen, werden totgeschwiegen
oder totgeschrien."

Der zweite Beitrag im *Kölner Tageblatt* erschien im Sonderteil „Blätter für
geistiges und akademisches Leben" und trug die Aufschrift „Das Theater der Gegenwart"[217]. Noch einmal stellte Goebbels in einer ureigenen Interpretation das
literarische Empfinden des gegenwärtigen Publikums dar und beschrieb eine geistig erschütterte Atmosphäre:

> „Nie war der deutsche Geist so zerklüftet und so zerrissen wie in der Gegenwart. Nicht nur
> politisch, sozial und wirtschaftlich, auch geistig leben wir in einer Art Hochspannung von be-
> benden Kontrasten. Es fehlt uns der große Schöpfergeist, der alle diese Kontraste innerhalb
> unseres deutschen Gemeinschaftslebens zu einer großen nationalen Synthese vereinige. Die
> deutsche Gegenwart fällt auseinander, weil das bindende Element fehlt."

Der Text offenbart sich als Anklageschrift: Goebbels zog die Bühnenleitungen zur
Verantwortung, sprach ihnen das Kunstverständnis ab und warf ihnen Materialismus wie auch Vergnügungssucht vor. Die Theaterfrage war für den Autor eine
politische, die Verbindung zwischen Theatermachern und Politikern hielt er jedoch für schädlich und sah dadurch den „schöpferischen Geist" gedrosselt. Er
brachte deutlich zum Ausdruck:

> „Der Leidtragende ist das Theater; es gerät allenthalben in das seichte Fahrwasser öder Par-
> teimache, aus dem es bis heute noch nicht herausgekommen ist. [...] Heute mehr denn je ste-
> hen wir vor der Aufgabe, das Theater herauszuheben aus der schleimigen Sphäre der niederen
> Schaulust, der Politik und der Partei."

In stringenter Argumentation folgt der Artikel einem logischen Aufbau; nach Erläuterungen aus der Mikroperspektive und mit klar formuliertem Sachverstand
schließt der Autor auf den Allgemeinzustand. Wenn auch aus einem eigenwilligen
und persönlich gefärbten Blickwinkel ermöglichte Goebbels in seinem Text verschiedene Einsichten in die damaligen, von Perspektivlosigkeit, Unsicherheit und
Unzufriedenheit geprägten Zustände. Mit der Aussicht auf eine Verbesserung der
Lage – vorausgesetzt, die Menschen seien zur kulturellen Erneuerung bereit und
brächten Mut zur Veränderung auf – wurde der Leser zurückgelassen:

> „Das Theater der Gegenwart muß mit Bewußtsein zu dem Geist einer neuen Epoche vordrin-
> gen in der sicheren Erkenntnis, daß wir mit dem alten Geist eines müde sterbenden Zeitalters
> nicht mehr auskommen. [...] So nur wird das Theater zu einer Pflegestätte des gesamten mo-
> dernen Geistes, der von jeher pietätvoll mit dem tüchtigen Alten umging."

Goebbels, der sich nicht nur als Teil, sondern in seinem journalistischen Beitrag
auch unmissverständlich als Fürsprecher der Jugend verstand, brachte hier den
Generationenkonflikt auf den Punkt, wenn er die Elterngeneration zum Abtritt
aufforderte: „Geben wir deshalb der Jugend das Wort, denn sie gibt den Ausschlag. Sie ist heute, in der Zeit des Wartens, das Arbeitsvolk an der deutschen
geistigen Zukunft. [...] denn die Jugend hat immer recht."

217 KT/31.7.1923/2.

Ausblicke

Während des kurzen Aufenthalts in Köln blieb es bei diesen beiden Veröffentlichungen im *Kölner Tageblatt*. Im Juli 1923 ließ sich Goebbels krankschreiben, im September erhielt er die erhoffte Kündigung und verließ das Bankgewerbe. Den Eltern verschwieg er diese negative berufliche Entwicklung; seiner Verlobten versprach er, sich zeitnah und engagiert um eine neue Anstellung zu bemühen:

> „Jedenfalls kannst Du versichert sein, daß ich nichts unversucht lassen werde. Ich stöbere alle Zeitungen nach passenden Stellen durch. Gebe der Himmel, daß ich bald etwas finde. Ich sehne mich nach fruchtbringender Betätigung. Zur Bank jedoch werde ich auf keinen Fall zurückkehren, und wenn alles daneben geht."[218]

Die Aussichten auf eine neue Stellung wurden mit jedem weiteren Tag unrealistischer[219], gehörte Joseph Goebbels doch zu jener Heerschar von Erwerbslosen, die in der Weimarer Republik jährlich größer wurde. Im Oktober 1923 verließ er die Domstadt am Rhein, nahm seine schriftstellerischen Pläne wieder auf und blieb in seiner absolut ungeklärten Lebenssituation vorerst einer von vielen anderen Arbeitslosen.[220]

Inzwischen hatte die Industrie, die durch die galoppierende Inflation ihre Schulden nicht mehr tilgen musste, Millionenkredite aufgenommen; allerorts wurde weiter rationalisiert. Die Produktionsquote, die 1923 auf 55 Prozent gegenüber 1913 abgesunken war, stieg langsam wieder an. Im November endete die Inflation durch die Stilllegung der Notenpressung und die Einführung der deutschen Rentenmark: Während Gustav Stresemann mittels eines Misstrauensvotums gestürzt wurde und sich fortan auf die Außenpolitik konzentrierte, beruhigte und stabilisierte sich die politische innerdeutsche Situation. Eine Revision in der Reparationspolitik und ein ökonomischer Umschwung als Folge des so genannten Dawes-Plans standen kurz bevor.[221]

---

218 Brief von Joseph Goebbels an Else Janke am 22.9.1923 (StadtA MG 15/44/45). In den Korrespondenzen zwischen Joseph und Else wurde mehrfach darauf hingewiesen, dass in München, Berlin und Düsseldorf entsprechende Stellenanzeigen aufgegeben werden sollten, um Goebbels' Chancen auf eine neue Anstellung deutlich zu vergrößern. Ob es tatsächlich dazu kam, ist fraglich. Vgl. StadtA MG 15/44/45.

219 Als der Vater von der erneuten beruflichen und finanziellen Notlage erfuhr, schrieb er: „Auch höre ich, daß Du Dich um eine neue Stelle bewirbst. Das kann ich Dir nicht verübeln, aber Du mußt […] bedenken, daß es heute nicht verbürgt ist, eine geeignete neue Stelle zu bekommen. Es ist möglich, daß Du 10 mal annoncierst, und es meldet sich keiner. Du mußt eben die Zeitverhältnisse berücksichtigen. […] Du weißt, daß wir gerne bereit sind, Dir zu helfen, bis Du etwas gefunden hast, das Deinem Studium entspricht, aber solche Stellen lassen sich unter den heutigen Verhältnissen eben nicht herbeizwingen, da heißt es Geduld." Brief von Fritz Goebbels an Joseph Goebbels am 23.9.1923 (StadtA MG 15/44/40).

220 Vgl. Morgenthaler 2004: Teil I; Schütze 2003: 40; Reuth 2000: 64, 68f.; Michel 1999: 68; Höhn 1994: 246; Michels 1992: 38;.

221 Vgl. Schulze 1996: 171f.; Shirer 1961: 115.

2.2.4 Das Mosse-Missverständnis

Über Jahrzehnte hinweg wurde die Geschichte kolportiert, wonach sich Joseph Goebbels im Jahr 1923/1924 intensiv und mehrfach darum bemüht haben soll, als Mitarbeiter in der Redaktion des *Berliner Tageblatts* eingestellt zu werden. Diese Legende ist hinfällig. Goebbels hat beim *Berliner Tageblatt* weder als Journalist gearbeitet noch in irgendeiner Form etwas publiziert. Er selbst wollte diesen Umstand richtig gestellt wissen – zu einem Zeitpunkt, als er seine Rolle als Funktionsträger in der NSDAP verinnerlicht hatte und auch im Rückblick keinerlei Sympathien für die demokratische Presse mehr zuließ. In einem Beitrag, in dem er sich gegen diverse angebliche Verleumdungen stellte, verkündete er öffentlich:

> „Es ist unwahr, daß ich vor meiner politischen Tätigkeit beim ‚Berliner Tageblatt' feuilletonistische Beiträge geliefert habe. Wahr dagegen ist, daß ich für das ‚Berliner Tageblatt' niemals auch nur eine einzige Zeile geschrieben habe."[222]

Den Fachkreisen entging allerdings, dass es auch keinerlei Bewerbungen gab, die Goebbels an das *Berliner Tageblatt* richtete. Recherchen haben gezeigt, dass die angebliche Bewerbung nicht das *Berliner Tageblatt* betraf, sondern im Rahmen der Annoncen-Expedition Mosses an ein Zentrumsblatt gerichtet war. Diese Faktenlage erlaubt einen bislang vernachlässigten Blick auf Goebbels, der erst im Zusammenhang mit und bei der exakten Betrachtung der journalistischen Stellensuche deutlich wird und bisherige Interpretationen – vor allem bezogen auf sein antisemitisches und opportunistisches Verhalten – in ein neues Licht rücken.

Goebbels' Bemühungen um den Einstieg beim *Berliner Tageblatt* schienen Biographen und Historikern besonders hervorhebens- und erwähnenswert, weil der jüdische Verleger und Medienmagnat Rudolf Mosse dem bedeutenden Presseorgan vorstand.[223] Bereits zu Goebbels' Lebzeiten wurde über den Umstand, dass sich der NS-Minister bei einem jüdischen Verlag beworben hatte, gefeixt:

> „Der Witz der Weltgeschichte zeigt sich darin, dass Josef Göbbels [...] nur durch Zufall in das nationalsozialistische Fahrwasser geraten ist und man weiss nicht ob man weinen oder lachen soll, wenn man bedenkt, dass Josef Göbbels vor seinem Eintritt in die nationalsozialistische Partei sich krampfhaft um Mitarbeit bei der jüdischen Firma Mosse beworben hat. [...] Man stelle sich einmal vor: Josef Göbbels wäre in den Dienst der Mosse-Presse getreten. Mit einem Gehalt von 200.– bis 300.– RM. monatlich wäre er bestimmt als streitbarer Kämpfer

---

222 Vgl. Artikel „Auch Pg. Dr. Goebbels abermals gegen seine Verleumder" im *Angriff* Nr. 68 vom 8.4.1932.

223 Mosse gründete 1867 die „Annoncen-Expedition Rudolf Mosse", gewann in seiner Funktion als Annoncen-Akquisiteur zahlreiche Geschäftsleute für Aufträge im Anzeigenteil und schuf sich damit ein Monopol auf das Anzeigengeschäft. Siehe auch FN 241 und 242. Die ersten Gewinne investierte er 1872 in das *Berliner Tageblatt und Handelsblatt* (*BT*). Das nüchtern-fortschrittliche Presseorgan sollte den Interessen der Berliner Geschäftswelt dienen. Im Lauf der Jahrzehnte erlangte das *BT* weltweite Achtung, wurde zur führenden Gesinnungszeitung und lieferte durch eine abgewogene, zuverlässige Berichterstattung entscheidende Beiträge. Es galt als Organ des Mittelstandes und des intellektuellen Bürgertums. Vgl. Kraus 1999: 158, 178f.; Sösemann 1993b: 17, 141–146; Schumann 1985: 46–48; Mendelssohn 1982: 96–99, 115; Schwarz 1968: 9f., 22.

gegen den Nazismus aufgetreten. Der Lektor von Mosse bewahrte durch die Ablehnung seiner minderwertigen geistigen Produkte die Welt davor."[224]

Beständig hielt sich das Gerücht, dass Goebbels nach dem beruflichen Debakel in Köln von dem Gedanken beseelt war, beim *Berliner Tageblatt* unterzukommen:

> „Schrieb er nicht einen hinreißenden und sorglich gepflegten Stil? Mußten nicht die Feuilleton-Chefs der großen Blätter um einen so begabten Mitarbeiter buhlen und ihn mit höchsten Honoraren verwöhnen? Der junge Goebbels war davon überzeugt und beharrte auch dann in seiner Selbstüberschätzung, als seine Manuskripte dutzendweise von den Redaktionen und Verlagen zurückgeschickt wurden. Zahlreiche Arbeiten sandte er an das *Berliner Tageblatt*, und zwar stets an den Chefredakteur Theodor Wolff, dessen scharf-geschliffene Montag-Artikel Goebbels bewunderte. Es ist kaum anzunehmen, daß auch nur einer der vielen Artikel und Feuilletons, die sämtlich mit schwülstigen Begleitbriefen versehen waren, jemals bis zum Schreibtisch des Chefredakteurs vordrang; aber wie konnte auch ein intelligenter Literaturstudent [...] ernsthaft glauben, daß solche Manuskripte ohne weiteres im *Berliner Tageblatt* oder in den Ullstein-Blättern gedruckt werden könnten."[225]

Goebbels' Interesse für das *Berliner Tageblatt* wurde auf die Person Theodor Wolff zurückgeführt.[226] Der Chefredakteur hatte sich durch politisch konsequente, sprachlich elegante, aussagekräftige und zukunftsweisende Beiträge verdient gemacht; vor allem mit seinen Leitartikeln beeinflusste er die Politik der Weimarer Zeit. Bis heute gilt Wolff als vielseitiger, stilvoller und vorbildlicher Journalist. Auch Goebbels zählte zu den wissbegierigen Lesern der Wolff-Artikel, las während seiner Studienzeit in Heidelberg die renommierte Tageszeitung und setzte sich mit den journalistisch hervorragend aufbereiteten Inhalten auseinander.[227]

---

224 Iwo 1936: 5. Zur Schreibweise des Namens Goebbels siehe Kapitel II.1.1 (FN 6), daher nicht als fehlerhaft gekennzeichnet.

225 Fraenkel/Manvell 1960: 43, kursiv im Original. Ähnliche Formulierungen über Theodor Wolff, der „schon lange vor 1933 die ihm zugesandten Arbeitsproben eines angehenden Journalisten namens Joseph Goebbels in den Papierkorb hatte wandern lassen" (Küpper 1989: 41f.) finden sich mannigfach. Zum Beispiel heißt es: „Er wäre als Redakteur des ‚Berliner Tageblattes' ein ausgezeichneter Journalist und ein Linksintellektueller geworden und hätte mit messerscharfem Verstand und spitzer, in Gift getauchter Feder Hitler und den Nationalsozialismus samt seinem Antisemitismus bekämpft. Die Herren des ‚Berliner Tageblatt', die Goebbels' Artikel wahrscheinlich sogar ungelesen zurücksandten, weil in Berlin genügend begabte und arbeitsuchende Journalisten zur Verfügung standen, die einem Anfänger aus Rheydt vorzuziehen waren, konnten nicht wissen, daß zehn Jahre später ihrer aller Wohl und Wehe in den Händen desselben Mannes liegen würde, dessen journalistische Begabung sie so gering geachtet hatten." (Reimann 1971: 36f.). Vgl. Reuth 2000: 9; Riess 1989: 16.

226 Rudolf Mosses Cousin Theodor Wolff war von 1906 bis 1933 Chefredakteur beim *Berliner Tageblatt*. Seine journalistischen Texte, in denen er ohne und ohne jede Polemik argumentierte, begründeten seinen journalistischen Ruhm. Wolff engagierte sich vor allem für eine konsequente Parlamentarisierung des Deutschen Reiches, sein Hauptaugenmerk galt der Festigung der Weimarer Demokratie. Als entschiedener Anhänger parlamentarischer Reformen, als liberaler Republikaner und Deutscher jüdischen Glaubens setzte er in seinen Artikeln entsprechende thematische Akzente. Vgl. Sösemann 2000: 8, 28, 240; Kraus 1999: 180; Sösemann 1993b: 146–151; Schumann 1985: 43–47; Sösemann 1993c: 11, 17, 21; Schwarz 1968: 8, 283.

227 Diesbezüglich gibt es einige Hinweise: „Er liest auch täglich das demokratische ‚Berliner Tageblatt' und verehrt dessen allmächtigen jüdischen Chefredakteur Theodor Wolff." (Ebermayer 1952: 28f.). Und in einer Biographie heißt es: „Er wurde ein begeisterter Leser des

Wie viele andere dürfte er von den geistreichen, witzig-sarkastischen und grazil-ironischen Veröffentlichungen Theodor Wolffs begeistert gewesen sein. Nicht umsonst stand der Name des Chefredakteurs für hohe journalistische Qualität, setzten seine Texte allgemeingültige anspruchsvolle journalistische Maßstäbe.[228]

Ob und in welchem Umfang Goebbels seine Texte tatsächlich beim *Berliner Tageblatt* anbot, ist heute nicht mehr nachvollziehbar. Archive halten dazu keine Informationen bereit, und die dokumentarischen Bestände des Mosse-Verlages wurden vernichtet. Bei den einschlägigen Goebbels-Biographen tauchen zwar diesbezüglich Erwähnungen auf, konkrete Belege werden aber nicht genannt.[229] Riess führt sogar eine persönliche Anekdote auf:

> „Und Wolff erzählte mir zu meinem größten Erstaunen, daß der junge Goebbels zahlreiche – wenn ich mich recht erinnere fünfzehn – Artikel an ihn gesandt habe, mit der Bitte, diese im ‚Berliner Tageblatt' zu veröffentlichen. Das war jüdischer Besitz, und Theodor Wolff, den er in den Begleitbriefen als den bedeutendsten Zeitungsmann unserer Zeit pries, war ja auch Jude."[230]

Derartige Geschichten und auch biographische Randbemerkungen über die Einsendung von Texten an das *Berliner Tageblatt* und über Goebbels' Annäherungsversuche an Wolff sind mit Vorsicht zu betrachten. Unwahrscheinlich mutet eine derartige Stellensuche vor dem Hintergrund folgender markanter Tatsachen an: Erstens fehlt jeder autobiographische Hinweis. Dass Goebbels weder die Aussendung seiner Aufsätze an das *Berliner Tageblatt* noch die Ablehnung in irgendeiner Weise – sei es in den unzähligen Briefen, den reflektierenden Erinnerungsblättern oder in den täglichen Notaten – fixierte, ist nicht anzunehmen.

Berliner Tageblatts, das bis zu einem gewissen Grade gegen den Krieg gewesen war und jetzt die Weimarer Republik unterstützte." (Riess 1989: 42, kursiv im Original). Vgl. Reimann 1971: 112; Borresholm 1949: 33.

228 Als hochkarätig, prätentiös und voller Sprachkunst galten Wolffs Leitartikel, die als Zeugnisse eines freiheitlichen gesellschaftspolitischen Lebensgefühls die Leser überzeugten. Der politische Spürsinn Wolffs galt als brillant, die Gewissenhaftigkeit des Autors als vorbildlich. Vgl. Sösemann 2000: 11, 240, 247; Schwarz 1968: 21, 287.

229 Vgl. Fest 1995: 573; Scheffels 1988: 4; Hochhuth 1987: 200f.; Sauder 1985: 310; Heiber 1962: 39; Ebermayer 1952: 28f.; Borresholm 1949: 45; Dutch 1940: 74. „Er schickte etliche hundert Artikel an Zeitungen und Zeitschriften – in erster Linie an das ‚Berliner Tageblatt' –, aber sie wurden alle aus gutem Grund zurückgeschickt, weil sie unausgegorene Ideen in zusammenhangloser Form präsentierten." (Wykes 1986: 25). Ähnlich in einem anderen Text: „Er schreibt eine Reihe von Artikeln und Feuilletons und sendet sie an das ‚Berliner Tageblatt', dessen ständiger Leser er ist und dessen Montagleitartikel aus der Feder des Chefredakteurs Theodor Wolff er bewundert, Goebbels' Artikel kommen allerdings zurück" (Reimann 1971: 28f.). Und sowohl widersprüchlich als auch ohne Belege in einer Biographie: „Goebbels sandte ungefähr fünfzig Artikel [Anmerkung: auf Seite 15 schreibt der Autor von 15 eingesandten Texten] an die Redaktion ein, darunter einen *Zur Sozialisierung*, einen anderen, *Der Christliche Gedanke und der Sozialismus*, einen dritten *Soziologie und Psychologie*. Chefredakteur Theodor Wolff schickte sie alle zurück." (Riess 1989: 42, kursiv im Original – Artikel mit diesen Überschriften sind nicht bekannt).

230 Riess 1989: 15.

Zweitens ist noch ein anderer Gedanke zu verfolgen: Woher hätte Goebbels diese Artikel nehmen sollen? Sein Arbeitsschwerpunkt lag nach wie vor auf der poetischen statt auf der journalistischen Produktion. Er widmete sich beinahe ausschließlich der Schriftstellerei; dass er zusätzlich journalistische Beiträge in großer Anzahl abfasste, ist unwahrscheinlich. Naheliegend wäre lediglich, dass Goebbels mit seinen bereits publizierten Texten aus der *Rheydter Zeitung*, der *Westdeutschen Landeszeitung* und dem *Kölner Tageblatt* hausieren ging und sie verschiedenen Presseorganen – möglicherweise auch dem *Berliner Tageblatt* – zum Zweitabdruck anbot. Da es sich aber um eine recht geringe Textmenge mit sehr beschränktem Themenfeld handelte, ist davon eher nicht auszugehen.[231]

Bewerbung bei Mosse

Interessanter als die nicht verifizierbaren Textaussendungen ist die Frage, ob sich Joseph Goebbels um eine Redakteursstelle beim *Berliner Tageblatt* bewarb. Hinweise auf derartige Bemühungen gibt es in sämtlichen Goebbels-Biographien und Forschungsliteraturen.[232] Dass es sich allerdings um ein Missverständnis handelt, das auf oberflächliche oder gar versäumte Recherchen zurückzuführen ist, blieb bislang unentdeckt. Nach heutigem Kenntnisstand hat sich Goebbels eben nicht beim *Berliner Tageblatt* als redaktioneller Mitarbeiter beworben.

Grundlage der fälschlichen Annahme und Kern der Legendenbildung ist eine Bewerbung auf eine Redakteursstelle, die Goebbels am 22. Januar 1924 an die „Annoncen-Expedition Rudolf Mosse" richtete.[233] Das ausführliche Bewerbungsschreiben enthielt einen Lebenslauf, in dem der Absender mit der Wahrheit sparsam umging, seine journalistischen Aktivitäten schönte und eine stringente, allein auf den Journalistenberuf ausgerichtete Lebensplanung beteuerte. Diese Behauptungen kamen Goebbels' bisherigem Werdegang nicht sehr nahe. Neben einem kurzen Abriss über Herkunft, Schulbesuch, Studium und Promotion beinhaltete der Lebenslauf einige Angaben, in denen die Tatsachen aufgewertet wurden:

231 Vgl. Reuth 2000: 71; Irving 1997: 37; Heiber 1962: 40; Fraenkel/Manvell 1960: 70.
232 Vgl. Reuth 2000: 71; Michel 1999: 94; Knopp 1998: 36; Paul 1992: 45; Wykes 1986: 31; Peuschel 1982: 44f.; Reimann 1971: 28f., 36f.; Heiber 1962: 40; Fraenkel/Manvell 1960: 70. „Am 23. Januar 1924 schrieb er an Mosses ‚Berliner Tageblatt' und bewarb sich als stellvertretender Chefredakteur mit der kühnen Forderung von 250 Mark Monatsgehalt." (Irving 1997: 37). Ein anderer Text stellt ebenfalls den Bezug zu Wolff her: „Er wollte dichten, was er nicht konnte, und wollte Artikel schreiben, was er nicht schlechter gemacht hätte als jene, die ihre Erzeugnisse tatsächlich – im Gegensatz zu Goebbels – zum Druck brachten. Mit einem Wort: seine ebenso legitime wie unbändige und noch richtungslose Sehnsucht, tätig zu sein, trieb Goebbels zunächst nicht zu Adolf Hitler, sondern zu Theodor Wolff." (Hochhuth 1987: 199f.).
233 Bewerbungsschreiben von Joseph Goebbels an Rudolf Mosse (BArchKo 858 und N 1118/ 113; StadtA MG 15/44/122). Siehe auch Anhang Nr. 2. Alle folgenden Zitate entstammen dieser Handschrift.

> „Von November 1921 bis August 1922 studierte ich in Bonn und Berlin Theater- und Presse-
> geschichte. Im September und Oktober 1922 war ich in der Feuilletonredaktion der Westdeut-
> schen Landeszeitung in M. Gladbach als Volontär tätig. Hier verschaffte ich mir einen umfas-
> senden Überblick über die praktische Pressetätigkeit. Von Oktober bis Ende des Jahres 1922
> trieb ich Privatstudien in Volks- und Staatswirtschaft und hielt Vorträge über moderne geisti-
> ge Strömungen."

Weder hatte es einen solchen Studienschwerpunkt noch einen Aufenthalt in Berlin
oder ein Studium der Nationalökonomie an der Universität in Köln gegeben. Die
wenigen Zeitungspublikationen stilisierte Goebbels zu hervorstechenden Qualifi-
kationen, blähte die mageren Gegebenheiten auf und betonte noch, dass er „als
gelegentlicher Mitarbeiter an größeren Tageszeitungen Westdeutschlands (z.B.
Kölner Tageblatt) tätig" gewesen sei.

Die angeführten weitläufigen Erfahrungen und Kenntnisse in der Presse- und
Verlagsarbeit entsprachen keinesfalls der Realität. Sein Interesse an einem Redakteursposten erklärte der Bewerber wie folgt: „Da mir meine jetzige Tätigkeit nicht
die rechte Befriedigung gewährt, bin ich bemüht, in meinem eigentlichen Fach,
dem Zeitungs- und Verlagswesen, eine meinen Kenntnissen und Fähigkeiten entsprechende aussichtsreiche Position zu finden." Emphatisch führte er Fertigkeiten
auf, die nur rudimentär vorhanden waren, mit denen er aber anzugeben wusste.
Mit zahlreichen Übertreibungen pries er sich als geeigneten Kandidaten an.

> „Als Stilproben füge ich bei: Einen Artikel aus der Westdeutschen Landeszeitung und einen
> aus dem Kölner Tageblatt. Weitere Zeugnisse, Referenzen, Stilproben, Kritiken aus führen-
> den Blättern Westdeutschland über meine Verlagstätigkeit etc. stehen gerne zur Verfügung."

Die Überlieferung dieser Bewerbung und die daraus zwar abgeleitete, nicht aber
dokumentierte Ablehnung seitens des Berliner Zeitungsverlages führten dazu,
dass Goebbels' Antisemitismus anhaltend mit eben diesem Sachverhalt begründet
wurde. Und so wurde die angebliche Absage des *Berliner Tageblatts* in der Geschichtsschreibung über Jahrzehnte hinweg herangezogen, um den Ursprung von
Goebbels' hartnäckigem Judenhass zu erklären:

> „Goebbels approached leading newspapers and journals in Berlin, including the *Berliner
> Tageblatt,* but the response to his work was negative. Ambitious, gifted with wit and verbal
> facility plus a critical, if superficial, intelligence, young Dr. Goebbels would appear to have
> been a natural in the world of literary journalism. The German-Jewish intelligentsia, which
> played such a dominant role in this area, rejected him."[234]

Anhand der Mosse-Bewerbung wurde versucht, einen Kausalzusammenhang zwischen dem zurückgewiesenen journalistischen Laien und dem fanatischen Antisemiten herzustellen. Goebbels' offene Judengegnerschaft wurde als Nachwehe
dieser journalistischen Niederlage gedeutet. Seine judenfeindliche Agitation wurde immer wieder mit dem Mosse-Erlebnis in Verbindung gebracht. Auch die These, Goebbels habe hinter den Zurückweisungen eine jüdische Verschwörung im
Pressemilieu vermutet, ist regelmäßig zu lesen.[235]

234 Herzstein 1979: 44, kursiv im Original.
235 „Nach den Absagen zweifelt er nicht etwa an seinem Talent, sondern bildet sich ein, immer
    wieder an Juden geraten zu sein" (Wunderlich 2002: 32). „Je öfter die Erzeugnisse seines gä-

Aber warum sollte sich Goebbels – der sich aufgrund der negativen Erfahrungen im Bankengeschäft intensiv mit dem Phänomen des Kapitalismus beschäftigte und sich in diesem Zusammenhang erstmals feindlich gegenüber Juden äußerte – ausgerechnet das jüdische Flaggschiff der liberal-demokratischen Hauptstadtpresse und das Hauptorgan der Börsianer als potentiellen Arbeitgeber ausgesucht haben? Erklärungen, wonach die Begeisterung für Theodor Wolff[236] stärker als die Abneigung gegen das Judentum gewesen sei, erscheinen da dürftig.

Verifizierung

Die Angelegenheit verlangt eine genaue Betrachtung der Umstände: Bereits die Adressierung des Bewerbungsschreibens an Rudolf Mosse mit Sitz in Köln[237] stimmt nachdenklich. Eine Bewerbung für die Redaktion des *Berliner Tageblatts* hätte Goebbels vermutlich nach Berlin gesandt, so viel Kenntnis der deutschen Medienlandschaft ist bei ihm anzunehmen. Bereits der Beginn des Anschreibens zeigt, dass Goebbels auf eine Anzeige in der *Kölnischen Zeitung* antwortete.[238] Es findet sich die dazugehörige Chiffrenummer K.M. 8702, die das Auffinden der betreffenden Annonce auch heute noch ermöglicht. Tatsächlich enthält die *Kölni-*

---

renden Intellektes von unsichtbaren Verlegern abgelehnt wurden, um so deutlicher sah er ,die Juden' hinter seiner Qual." (Irving 1997: 37). „Tatsächlich sind die von ihm am meisten bewunderten Publizisten jene Liberalen, die erstens glänzend schreiben, zweitens seine Mitarbeit abweisen und drittens oft Juden sind." (Hochhuth 1987: 189). „Ich hielt ihn für einen sehr intelligenten Mann, der keineswegs alles das glaubte, was er selbst sagte und der sich ja gar nicht aus Überzeugung den Nazis angeschlossen hatte, sondern weil er sich nach seinem Studium [...] vergeblich bemüht hatte, in die Redaktion der Vossischen Zeitung und des Berliner Tageblatts einzutreten. Da das nicht gelang, wurde er Nazi." (Aussage des KPD-Journalisten Georges Reymond in: Knopp/Libik 1987). „Ein erstes Mißlingen seiner journalistischen Ambition mag auch dazu beigetragen haben, seinen Antisemitismus zu verstärken." (Bramsted 1971: 50). „Auch die anderen großen Blätter, bei denen er sich bemüht hat, gelten mehr oder weniger als ,verjudet'. Daß die ,arischen' Redaktionen und Verleger den Autor Goebbels ebenfalls nicht beachten, wird übersehen: die glänzenden deutsch-jüdischen Publizisten sind die Leute, denen er sich damals geistig am verwandtesten fühlt, die er am meisten bewundert und deren Ablehnung ihn naturgemäß am schmerzlichsten treffen muß." (Heiber 1962: 39). Vgl. Riess 1989: 44f.; Oven 1987: 83; Reimann 1971: 112.

236 „Goebbels hat Wolff umworben wie keinen anderen. Wolff war das Leitbild des ehrgeizigen Goebbels, weil auch Goebbels einmal eine erste Rolle spielen wollte und würde. [...] Goebbels war nicht der Mann, seine Artikel irgendwem zuzusenden. Er sandte sie ,natürlich' an den feinsten Journalisten der Nation, an Theodor Wolff. [...] Muß man annehmen, der Schriftsteller Theodor Wolff sei nie auf den Gedanken gekommen, dieser namenlose Doktor aus Rheydt, der ihm so hartnäckig – und gewiß oft mit Begleitbriefen, die seine qualvollen Lebensumstände beleuchteten – seine Mitarbeit antrug, habe ein freundliches, aufmunterndes Wort und vielleicht sogar die Annahme des einen oder anderen seiner Aufsätze verdient?" (Hochhuth 1987: 200f.).

237 „Rudolf Mosse, Cöln a. Rh." (BArchKo N 1118/113). Die folgenden Ausschnitte sind diesem Schreiben entnommen.

238 „Auf Ihre Annonce in der heutigen Morgenausgabe der K.Z. gestatte ich mir, Ihnen meine Dienste anzubieten."

sche Zeitung vom 23. Januar 1924[239] im Annoncenteil eine groß angelegte Anzeige mit exakt dieser Chiffrierung. Inhaltlich geht es um die Besetzung einer journalistischen Stelle: Gesucht wurde ein Mitarbeiter für ein Zentrumsblatt in Westdeutschland; erwünscht waren Tüchtigkeit, Bildung, vornehme Gesinnung, tadelloser Charakter und gute Umgangsformen sowie kaufmännische, fachlichtechnische und redaktionelle Erfahrungen. Eine leitende Position oder die Übernahme des Verlages wurden außerdem noch in Aussicht gestellt.

> „Repräsentable, arbeitsfreudige katholische Herren ohne jeden Anhang im Alter von etwa 24–28 Jahren mögen ausführliche Angebote mit Photographie unter KM 8702 baldigst einsenden an Rudolf Mosse, Köln a.Rh. – Verschwiegenheit zugesichert."[240]

In Anbetracht dieses Anzeigeninhalts zeigt sich, dass Goebbels' Bewerbung keinesfalls an das *Berliner Tageblatt* gerichtet war. Vielmehr hatte die „Annoncen-Expedition Rudolf Mosse" im Auftrag eines heute nicht mehr zu benennenden Verlages in der *Kölnischen Zeitung* diese Stellenanzeige geschaltet. Die Annoncen-Expedition fungierte als Bindeglied zwischen Anzeigenkunden und Verlagshäusern, brachte das Pressewesen mit der Gewerbewirtschaft zusammen, beriet, vermittelte und vereinfachte den Geschäftsverkehr.[241] Die Hauptaufgabe des lukrativen Subunternehmens bestand darin, die Vervielfältigung der Anzeigentexte für mehrere Zeitungen, die Übersetzung für ausländische Blätter sowie die werbetechnische Gestaltung und illustrative Aufbereitung der Annoncen zu übernehmen. Der Kunde sparte sich durch die Inanspruchnahme dieser Professionalität erhebliche eigene Zeit und hatte mit seiner Anzeige keinen weiteren Aufwand.[242]

239 Zugänglich war lediglich die zweite Morgenausgabe vom 23.1.1924; dass Goebbels' Bewerbung auf den 22.1.1924 datiert ist, lässt zwei mögliche Schlüsse zu: Entweder die Anzeige war bereits in der Abendausgabe des Vortages gedruckt worden; oder Goebbels hatte sich im Datum geirrt und sein Schreiben versehentlich einen Tag zurückgesetzt.

240 Vgl. Anhang Nr. 3.

241 „Lange nämlich bevor er zu einem Pressezaren avancierte, wirkte der Anzeigenakquisiteur als erfolgreicher Pionier der Marktwerbung und innovativer Mittler zwischen Wirtschaft und Publizistik." (Kraus 1999: 159). Vgl. ebd.: 166, 178. Bereits 1867 gründete der 23-jährige Rudolf Mosse seine Annoncen-Expedition und baute den Gewerbezweig in Deutschland auf. Neben der Zentrale im Berliner Stammhaus (Friedrichstraße 60) gab es später zahlreiche Niederlassungen – seit 1873 auch in Köln. Mosses originelles Unternehmen war richtungsweisend für die Werbewirtschaft und galt als Motor seines beruflichen, materiellen und gesellschaftlichen Erfolgs. Bei der Annoncen-Expedition handelte es sich um eine Institution, die die Popularisierung, Perfektionierung und Präsenz der Zeitungsreklame enorm voran brachte.

242 Mosse „hatte [...] den von ihm zum Weiterverkauf an die Gewerbetreibenden akquirierten Annoncenteil von ganz unterschiedlichen Kategorien der zeitgenössischen Publizistik gepachtet" (Kraus 1999: 167). Vgl. ebd.: 158–164. Sein Zweckbündnis war erfolgreich, weil es alle Beteiligten zufrieden stellte: Die Kunden konnten zusätzliche Dienstleistungen ohne höhere Kosten in Anspruch nehmen. Die Werbetreibenden hatten durch deutliche Zeit- und Geldersparnis bedeutende Vorteile. Sowohl die Streuung und die Frequenz als auch die Ausgestaltung der Anzeigen konnten auf die unterschiedlichen Bedürfnisse zugeschnitten werden. Die beteiligten Verlage arbeiteten nun kostendeckend, da sie fixe Einnahmen kalkulieren und der Mosse-Expedition entsprechende Nachlässe, Rabatte und Provisionen gewähren konnten. Mosse etablierte sich als Marktführer im Anzeigengeschäft, delegierte und kontrollierte die Anzeigenvermittlung an Tausende von Zeitungen und Zeitschriften im In- und Aus-

Diese Dienstleistung wurde eben auch von jenem Zentrumsblatt in Anspruch genommen, das auf der Suche nach einem geeigneten redaktionellen Mitarbeiter war
und auf dessen Stellenangebot sich Joseph Goebbels bewarb.

Offensichtlich hatte er zu diesem Zeitpunkt weder Scheu noch Bedenken, sich
als Mitarbeiter bei einem Zentrumsblatt in Westdeutschland zu sehen. Da Goebbels politisch noch pubertierte[243] und auch ideologisch keineswegs gefestigt war,
zeigte er sich gegenüber verschiedenen Ansätzen, Versprechen und Visionen offen. Sein damaliges Hauptanliegen war es, endlich eine feste Anstellung zu finden; nach wie vor favorisierte er zwar die Literaturarbeit, ein Broterwerb durch
den Journalismus kam ihm aber auch entgegen.

Dass die Stelle als Zentrumsjournalist gar nicht so abwegig erschien, zeigen
die prägnanten und entscheidenden Berührungspunkte zwischen dem aus katholi-
schem Milieu stammenden, konservativ geprägten, im Bildungshumanismus wurzelnden Goebbels und dem Wesen der christlichen Volkspartei. Vor allem bei
sozialpolitischen Themen steuerte das Zentrum einen Kurs[244], der mit Goebbels'
Ansichten konform ging – dies sollte bei einer Einschätzung seines Bewerbungs-
verhaltens berücksichtigt werden. Im Elternhaus gab es erste Kontakte zur Partei
der katholischen Bürgerschaft, da Vater Fritz Goebbels ein konservativer Zent-
rumswähler war und blieb – auch nach den politischen Erfolgen Josephs bei der
NSDAP. Inhaltlich forderte das Zentrum eine leistungsgerechte Erfüllung des
Versailler Vertrages und außenpolitisch karitative Unterstützung für das hungern-
de deutsche Volk; und auch den Appell nach einer Klärung der feindlichen
„Kriegsschuldlüge" richtete die Partei an die Verantwortungsträger der Weimarer
Republik. In den Richtlinien der Partei, die auf der Formel „christlich-nationale
und soziale Verfassungspartei"[245] fußte, durfte Goebbels vor allem in kulturellen
Belangen zahlreiche Identifikationsmerkmale gefunden haben.[246] Und auch der

---

land. Er baute zwölf Inlandsfilialen und 15 Auslandsfilialen auf und hielt das Inseratenmono-
pol über elf Tageszeitungen, 15 Familien-, neun Frauen-, fünf humoristische und zahlreiche
Fachzeitschriften. Vgl. Härtsch 1996: 64; Halen/Greve 1995: 4.

243 Vgl. Kapitel III, 1.2 zur Politisierung.

244 Die Zentrumspartei sah sich als Vertreter der Katholiken und ihrer Belange. Sie zielte auf
einen politischen Ausgleich der sozialen Spannungen ab. „Tatsächlich stand das Zentrum im
inneren Gegensatz zum Reich, nicht allein wegen seines katholisch-konfessionellen Charakters, sondern nicht minder wegen seiner sozialistischen Struktur." (Neumann 1973: 42).

245 Neumann 1973: 45.

246 Von der „Wahrung hoher Kulturinteressen als Voraussetzung ersprießlicher staatlicher Wirksamkeit" (Schreiber 1924: 33) war die Rede, von der Pflege der sittlich-christlichen Grundlagen deutscher Kultur, vom Erhalt des Christentums als öffentliche Kulturmacht und vom
Glauben an die Wiedererneuerung deutscher Kultur. Die Partei wollte nach eigenen Angaben
nach der jahrelangen Abschwächung, Verwässerung und Umbildung zum ursprünglichen
deutschen Kulturbegriff zurückzukehren. Wie auch in Goebbels' frühen journalistischen
Schriften spielte die Volksbildung dabei eine entscheidende Rolle: „Das Zentrum sieht in der
Volksbildung ein Hauptmittel zur Lösung der sozialen Frage." (Schreiber 1924: 72).

Begriff des Sozialen, mit dem sich Goebbels zunehmend umgab, fand im Parteiprogramm des Zentrums seinen Niederschlag.[247]

Diese mit seinen eigenen Interessen und Grundgedanken übereinstimmenden
Argumente dürften Goebbels ermuntert haben, sich bei dem Zentrumsblatt als
Mitarbeiter zu bewerben. Die Aussicht auf eine Anstellung als Journalist und zu-
dem noch bei der Parteipresse war verlockend und bedeutete den ersehnten ersten
Schritt auf die publizistische Karriereleiter – zumal die Parteirichtungszeitun-
gen[248] in der deutschen Presselandschaft einen gewichtigen Status hatten. Die
Zentrumspresse war mit mehr als 600 Blättern und einer Gesamtauflage von rund
drei Millionen Exemplaren sogar eine Großmacht in der Weimarer Republik.[249]
Goebbels versuchte deshalb die Gelegenheit zu ergreifen, seine journalistischen
Fähigkeiten, die er für herausragend hielt, in den Dienst dieser renommierten
Zentrumspresse zu stellen. Die zwischen ihm und der Weimarer Mitte-Partei vorhandene Homogenität der politisch-sozialen Ideale und national-kulturellen Ziel-
setzungen lässt eine Bewerbung daher als widerspruchsfrei erscheinen.

Seine Bemühungen waren jedoch vergeblich, auch weiterhin blieben ihm Me-
dienstätten, Verlagshäuser und Zeitungsredaktionen verschlossen. Doch obwohl
sich am beruflichen Horizont nirgendwo eine journalistische Stelle abzeichnete,
beschränkte Goebbels auch weiterhin seine Arbeitsplatzsuche ausschließlich auf
dieses Berufsfeld. Er war überzeugt davon, für die Rolle als Journalist prädestiniert zu sein. So wie er sich lange Zeit auf das Schriftstellerdasein fixiert hatte,
wollte er nun unter allen Umständen zum Kreis der Journalisten zählen. Auch
wenn sich die Arbeitsmarktsituation im Weimarer Staat weiterhin verschlechterte,
zog er es nicht einmal in Erwägung, seinen Lebensunterhalt in einem anderen Berufsmilieu zu verdienen.[250]

---

247 Die Partei vertrat starke sozialpolitische Forderungen, betrieb aktive Sozialpolitik und trat für
    die Verbesserung der Lebensumstände der Arbeiter ein. Nach Ansicht der Zentrumspolitiker
    galten Menschenwürde und „sittlicher Charakter" mehr als alle wirtschaftlichen Faktoren. Die
    Wirtschaftsordnung sollte vom Gemeinsinn getragen sein und eine gerechte Güterverteilung
    stattfinden. Die kritische Haltung des Zentrums zum Hochkapitalismus imponierte Goebbels;
    die Partei machte deutlich, dass einer Übermacht des Kapitals vorzubeugen sei, da dies politi-
    sche, soziale und kulturelle Risiken berge. Eine studentische Wirtschaftshilfe wurde auch an-
    gestrebt: „Die Zentrumsfraktion hat erstmals unter allen Fraktionen die Aufmerksamkeit des
    Reichstages auf die furchtbare wirtschaftliche Notlage der deutschen Studenten [...] gelenkt."
    (Schreiber 1924: 67). Vgl. ebd.: 9, 17, 42, 203; Neumann 1973: 46.
248 „Die Gründung politischer Parteien setzte in Deutschland im Revolutionsjahr 1848 ein. Im
    Zuge dieser Entwicklung wurden zahlreiche Zeitungen gegründet, die als offizielle Sprach-
    rohre der einzelnen politischen Gruppierungen dienten. Die Parteipresse konnte in den fol-
    genden Jahren ihre Stellung im deutschen Zeitungswesen festigen und ausbauen." (Moores
    1997: 34).
249 Vgl. Moores 1997: 36, 62; Martens 1972: 16.
250 Vgl. Reuth 2000: 71; Sösemann 2000: 264f.; Michel 1999: 94; Scheffels 1988: 4; Oven 1987:
    91; Wykes 1986: 31; Peuschel 1982: 44f.; Radl 1982: 34; Reimann 1971: 28f., 36f.; Kesse-
    meier 1967: 16; Shirer 1961: 122; Linsen 1954: 8.

3. ZWISCHENRESÜMEE ZUM JOURNALISTISCHEN FRÜHWERK

> „Man muß zuerst alles ablegen, was man so eigene Ansicht, Zivilkourage,
> Persönlichkeit, Charakter nennt, um in dieser Welt der Protektion und
> der Carriere auch eine Zahl zu werden. Ich bin noch keine. Eine große Null."[251]

Die frühen Jahre und somit die Primärsozialisation von Joseph Goebbels sind für das Verständnis seiner journalistischen Entwicklung ganz entscheidend. Bereits in sehr jungen Jahren nämlich, als bereits die Missbildung ein entscheidendes biographisches Element darstellte, zeigte sich bei ihm ein Fluchtverhalten in die Literatur. Goebbels' Fantastereien, seine in poetischen Stücken dargelegten emotionalen Zustände und seine Wahrnehmung anderer Personen waren von Strukturen bestimmt, die in Kindheit und Jugendjahren geprägt wurden. Das katholische Milieu, die elterliche Strenge und die Finanzknappheit im Hause Goebbels waren entscheidende Komponenten. Sein physisches Handicap kann zwar als Triebfeder gewertet werden, erklärt aber nicht einen gesamten Lebenslauf.

> „Viele von Goebbels' Biographien neigen [...] zu psychologischen Erklärungen: aus seiner niederen Herkunft, beruflichen Erfolglosigkeit und Behinderung seien Komplexe erwachsen, die ihn in die Politik und in eine radikale Partei getrieben hätten. In ihr habe er dann seine Ambitionen und Rachegefühle befriedigen können. Gewiß: seine kleinbürgerliche Herkunft, sein Ehrgeiz und seine Behinderung waren wichtige Grundlagen für Goebbels' Lebensweg und Denken bis 1923; ausschlaggebend waren sie nicht. Viele Zeitgenossen fanden zu den Nationalsozialisten, ohne ein ähnliches Schicksal zu haben; und mancher mit ähnlichem Schicksal ist eben nicht zum politischen Radikalen geworden. Der Fanatismus und Extremismus, in späteren Jahren die hervorstehenden Züge seines Denkens und Handelns, fehlten Goebbels um 1920 durchaus."[252]

Der junge Goebbels war als stigmatisiertes Individuum völlig auf sich selbst konzentriert – das Training seines Sozialverhaltens fand nur begrenzt statt, Begegnungen mit Gleichaltrigen waren selten. Dort, wo er aufgrund seiner körperlichen Unzulänglichkeit ausgeschlossen wurde, versuchte er durch Bildung und beeindruckenden Wissensschatz einen Ausgleich zu schaffen und seine gesellschaftliche Position zu finden. Buchstaben in geschriebener und gesprochener Form schienen ihm der geeignete Schlüssel zu sein. Seit der Oberstufe sah er sich in der Rolle des Schriftstellers, die Lehrerschaft lobte Goebbels als versierten Schüler.

Diese ersten Erfolge wollte er in der Studienzeit weiter ausbauen – mit seinem literarischen Talent konnte er das deutsche Schicksal verändern, davon war Joseph Goebbels überzeugt.

> „Ohnehin zu narzißtischer Überkompensation neigend, sprachen ihn die antibürgerlichen Stimmungen und politischen Utopien der unruhigen Nachkriegsjahre besonders an. Gleichzeitig suchte sich der junge Doktor der Literaturwissenschaft in der Rolle des Schriftstellers zu erproben, in der er – höher greifend, als sein Talent es erlaubte – ungeduldig und vergeblich eine große Berufung erwartete. Als ein von Gott-, Berufs- und Vaterlandssuche Getriebener, hin- und herschwankend zwischen dem Gefühl der Existenzleere und der Vorbestimmtheit für eine große Zukunft, voll schneidender Verachtung für Konventionen

---

251 soGTb 28.7.1924.
252 Michels 1992: 38. Vgl. Bering 1991: 103–105.

stimmtheit für eine große Zukunft, voll schneidender Verachtung für Konventionen und voller inbrünstiger Sehnsucht nach neuen Glaubensinhalten – so begegnet uns der junge Goebbels"[253].

Obwohl sich Goebbels intensiv literarisch betätigte, bestanden seine Schreibereien lediglich aus wirren Formulierungen und nichtssagenden Stereotypen – denn weniger die übergeordneten Probleme der Epoche trieben ihn um als vielmehr seine Ich-Bezogenheit.

> „In seinen Werken zelebriert er den Eskapismus und benutzt dafür gleichzeitig das sozialpsychologische Inventar des Kleinbürgertums, dem er entstammt. Wenn auch Form und Inhalt als vormodern zu benennen sind, findet sich in seinen Schriftstellereien kein originäres Gefühl – statt dessen aber öde Gemeinplätze, abgegriffene Banalitäten und der Tonfall eines Backfisches, der es dank seiner unkünstlerischen, verbrauchten, parolendummen, unwitzigen, einschläfernden und unpointiert prosaischen Machenschaften nicht fertig bringt, den Leser mitzureißen oder an den Gedankengängen teilhaben zu lassen."[254]

Die Jahre bis 1922 können als wichtige Etappe auch der journalistischen Entwicklung verstanden werden. Sie wurden durch eine kontinuierliche literarische Produktion jugendlicher Bekenntnispoesie begleitet, deren Inhalte als Zeitdiagnose betrachtet werden können.[255] „Goebbels ist aber insofern aus seiner Zeit zu verstehen, weil er in Rücksicht auf die Elemente seiner Weltanschauung keine originelle Ausnahme war."[256] Seine Aussagen spiegeln den weit verbreiteten Zeitgeist in den ersten krisenhaften Jahren der Weimarer Republik wider, seine Denkweisen sind mit denen seiner Generation kohärent. Die glühenden Antidemokraten fanden sich an den Universitäten ein, äußerten dort ihren Ekel über die Folgen der Novemberrevolution und zeigten offen ihre Ablehnung gegenüber dem schwachen, weil demokratischen Deutschland.[257] Goebbels, der diese Gefühle teilte und zu Papier brachte, sah sich in der Rolle des poetischen Sprachrohrs der Jugend. Sein Verlangen ging dahin, als Schriftsteller leben zu können. Eine Karriere auf dem Buchmarkt blieb jedoch ein Traumgebilde.[258]

---

253 Fröhlich 1987: 491f. Vgl. Michel 1999: 93f.
254 Michel 1999: 42. Vgl. Barth 1999: 24; Hochhuth 1987: 187, 211; Singer 1987: 71; Niekisch 1980: 181f.
255 „Although Goebbels was an excellent student, his teachers complained of his alternating frivolous and provocative attitudes toward his work." (Hunt 1960: 70).
256 Bärsch 2004: 228. Vgl. Michel 1999: 31.
257 Die Studentenschaft war bereits seit der Gründerzeit deutschnational und völkisch gesinnt. Auch zu Goebbels' universitären Zeiten fühlten sich die Studenten als Elite der jungen Generation, erkannten aber zugleich ihre prekäre soziale Lage. Die sich abzeichnende perspektivische Deklassierung der Intelligenzschicht, die sich nicht länger herausragender beruflicher und gesellschaftlicher Positionen unmittelbar nach dem Studienabschluss sicher sein konnte, hantierte – angeheizt von der meist reaktionären Professorenschaft – mit Krisenvokabeln wie „geistige Währungskrise" und „Studenteninflation". Ihren Hass richteten die jungen Akademiker gegen den Weimarer Staat, der sie aus ihrer Perspektive ganz offensichtlich nicht vor dem sozialen Abstieg bewahrte. Vgl. Friedmann 2008: 39–42; Bleuel/Klinnert 1967: 106.
258 Vgl. Höhn 1994: 247; Sauder 1985: 310; Krause 1933: 8.

Am Schreibtalent mangelte es ihm nur auf der literarischen Ebene. „Kein Zweifel, er hatte nur journalistische Instinkte, keine dichterischen."[259] Vorläufig aber war er sich dessen nicht bewusst. Schriftstellerei und Journalismus sind hier in einer Art symbiotischer Entwicklung zu verstehen – das Scheitern des einen bedingte den Erfolg des anderen. Der junge Akademiker Joseph Goebbels stand 1922 an einer beruflichen Weggabelung mit nur wenigen Optionen. „Als promovierter Germanist ohne entsprechende Tätigkeit, dann als Schriftsteller, dessen Werke niemand drucken wollte, war Goebbels zunächst eine gescheiterte Existenz."[260] Im literarischen Bereich gab es ganz offensichtlich kein Vorankommen; folglich musste sich Goebbels damit abfinden, dass er kein zeitgemäßer Dichter war. Er orientierte sich beiläufig in die journalistische Richtung, erkundete zurückhaltend das Berufsmilieu und entdeckte, dass er hier dienliches Schreibtalent besaß. Die Aussicht auf einen Broterwerb und auf eine gesellschaftlich anerkannte Karriere als politischer Journalist schien ihm reizvoll.

Goebbels unternahm seine ersten publizistischen Bemühungen unter den zeitgenössischen und generationsbedingt typischen nationalpolitischen Vorzeichen: Er hatte zu einer Zeit studiert, in der ein politischer Ausnahmezustand vorprogrammiert war; er hatte in ein zeitgeschichtliches Chaos hinein examiniert, das ihn auch nach der Promotion begleitete, seine berufliche Entwicklung prägte und sich daher auch in seinem journalistischen Frühwerk niederschlug. Die Weimarer Republik als politische Zangengeburt war das ungeliebte Kind der Deutschen. Das Volk fühlte sich durch den Versailler Vertrag[261] entmündigt und von der als kriminell verunglimpften politischen Führung betrogen – diese gesellschaftliche Einstellung lastete wie ein Alpdruck auf dem Staat. An die Stelle des glanzvollen, mächtigen und waffenstarken Kaiserreiches – darin waren sich die Bürger einig – war eine schäbige, ohnmächtige Republik getreten, die erst von gewissenlosen Politikern geschaffen worden war und jetzt auch noch von jenen Staatsmännern dirigiert wurde, bei denen jede vaterländische Gesinnung vermisst wurde. Die Mehrheit der deutschen Bevölkerung empfand die Demokratie als unnatürlich, und die wirtschaftliche Misere förderte das negative Bild zusätzlich. Eine nüchterne Betrachtung der Situation versiegte, stattdessen waren die Menschen für Geschichten wie die der „Dolchstoßlegende"[262] zugänglich. War die politische

---

259 Stephan 1949: 33.

260 Sauder 1985: 307. Vgl. Reimann 1971: 78.

261 Der Friedensvertrag nahm Deutschland über 70.000 Quadratkilometer Land und 7,3 Millionen Einwohner, reduzierte das ursprünglich stattliche Heer auf 100.000 Mann, forderte wirtschaftlich überhöhte und damit auch langfristig nicht erfüllbare Reparationen und belastete das Deutsche Reich mit der alleinigen Kriegsschuld.

262 Die Dolchstoßlegende spielte eine unheilvolle Rolle im Denken und Handeln von Millionen Deutschen. Obwohl das deutsche Heer 1918 tatsächlich numerisch, physiologisch, materiell, technisch, seelisch und strategisch am Ende war, kursierte die Behauptung von den im Felde unbesiegten Deutschen. Im öffentlichen Bewusstsein wurde die Kriegsniederlage nicht akzeptiert, stattdessen bildete sich eine glaubhafte Legende heraus, die von Verklärungen und Fälschungen lebte: „Wieder erwies sich, dass eine Lüge, die nicht dreist daherkommt, sondern Partikel von Wahrheit enthält, geglaubt wird, wenn sie mit missdeuteter eigener Erfahrung übereinstimmt und auf einen aufgewühlten und aufgeputschten Gefühlsdschungel trifft. [...]

Atmosphäre schon beim Entstehen der Republik vergiftet, so prägten gewalttätige Auseinandersetzungen und zahllose Straßenkämpfe den Alltag der 1920er-Jahre. In aller Öffentlichkeit zeigte die Bevölkerung ihre Wut und Empörung über die deutschen Zustände, kaum einer konnte sich dieser innenpolitischen Dynamik entziehen. Wer politische Alternativen suchte, konnte diese an den rechts- und linksextremen Rändern finden.[263]

Goebbels gehörte zu einer Generation, deren Erfahrungen vom Weltkrieg diktiert wurden. Bei den jungen Deutschen setzte eine starke Politisierung ein, in deren Zentrum die Idee eines sozialen Volksstaates stand, in dem alle Teile der gespaltenen Nation ihren Platz finden sollten. Die Jugend war davon überzeugt, dass die liberale Ära beendet und eine Epoche neuer Werte aufgebaut werden müsse; nach ihrer Denkart war eine Zeitenwende notwendig. Die in der Gesellschaft weit verbreitete Meinung, dass die Republik ein geistiger Notbau und ein mangelhafter Staat sei, wurde von Studierenden und jungen Akademikern besonders intensiv geteilt. Ihnen fehlte jede Anziehungskraft des Staates oder gar eine Bindung an ihn; stattdessen stieß die These von Deutschlands alleiniger Kriegsschuld auf härteste Ablehnung und mündete im Ruf nach einem Revanchekrieg.

Annäherungen gab es zwischen den politischen Außenseitern Deutschland und Russland; beide Staaten verzichteten im Vertrag von Rapallo (1922) auf Kriegsentschädigungen und nahmen die wirtschaftlichen Beziehungen wieder auf. Russland galt als außenpolitisch wertvoller Bündnispartner. Vor allem die junge Generation war dem sowjetischen Vorbild zugeneigt – verlangte gleichzeitig aber eine Besinnung auf die nationalen Werte.

> „Das Kriegserlebnis hatte die Vorstellungswelt dieser Männer entscheidend geformt. Es hatte ihren Nationalismus, zu dem sie von der geistigen Tradition des deutschen Bürgertums her ohnehin neigten, zu der Entschlossenheit verschärft, daß man Nation und Reich, für die man im Kriege gekämpft hatte, in alter Größe wieder aufrichten müsse; es hatte ihnen aber auch ihren ‚Sozialismus‘ – die auf dem Gemeinschaftsgefühl der Frontsoldaten beruhende Einsicht, dass die überkommene soziale Ordnung mangelhaft sei – vermittelt.“[264]

Obwohl Goebbels in seinen ersten Zeitungstexten kulturelle Themenschwerpunkte setzte, waren die in den Beiträgen enthaltenen gesellschaftskritischen und sozi-

---

Von der Heimat her wäre den Frontkämpfern der *Dolch in den Rücken* gestoßen worden, von daher seien die durch die Stimmungen im Hinterland pazifistisch verseuchten kampfunwilligen Soldaten des Nachschubs gekommen." (Pätzold/Weißbecker 2002b: 104, kursiv im Original). Die politische Rechte (vor allem die konservativ-nationalistische Kreise um Paul von Hindenburg) agitierten mit Hilfe der Dolchstoßlegende gegen die Demokratie, sie propagierten in diesem Zusammenhang die Verantwortlichkeit der politischen Linke für die militärische Niederlage. Durch die Umdeutung der tatsächlichen Situation und der Ursachen für den deutschen Zusammenbruch wurden vor allem die kaiserlichen Führungsinstanzen entlastet; zugleich wurde die Schuld am verlorenen Krieg den Trägern der Weimarer Republik aufgebürdet. Vgl. Kolb 2000: 37.

263 Vgl. Pross 2000: 46; Winkler 2000: 380, 402; Altstedt 1999: 14f., 23; Sontheimer 1994: 114; Rosten 1933: 6f.

264 Kühnl 1966a: 12f. Vgl. Pross 2000: 47; Schulze 1996: 171; Sontheimer 1994: 119; Bleuel/Klinnert 1967: 107–109; Schüddekopf 1960: 48f.

alpolitischen Töne unüberhörbar. In Anlehnung an den weit verbreiteten Zeitgeist wollte er in den unwirtlichen Zuständen und den politischen Wirren die Möglichkeit für einen absoluten Neuanfang erkennen.

> „Die Tendenz der Krisennarrationen zu Beginn und zu Ende der 20er-Jahre ist keineswegs pessimistisch oder fatalistisch, sondern vielmehr optimistisch, wenn nicht sogar euphorisch! Das gegenwärtige Chaos wird nämlich nicht bedauert, sondern allgemein als eine Übergangserscheinung begrüßt, aus der Rettung und Erneuerung hervorgehen können."[265]

Goebbels ist jenem Intellektuellenkreis zuzuordnen, deren Denkkonstante dadurch bestimmt wurde, die Gegenwart zwar als materialistisch und seelenlos zu empfinden, die Krise aber benennen und dadurch verarbeiten zu wollen.

> „Joseph Goebbels frühe Äußerungen erscheinen als symptomatisch für eine deutsche Intelligentsia, die sowohl auf die ersten wie auf die letzten Krisenjahre der Weimarer Republik in bestimmter Weise reagiert hat: zwischen links und rechts hin- und herschwankend. Deshalb lassen sich seine von einem starken Krisenbewußtsein geprägten Zeitdiagnosen und Lösungsvorschläge im Kontext jener Ideen diskutieren, die antidemokratische Schriftsteller, Publizisten und Philosophen vertreten haben, welche eine Revolution von rechts propagierten."[266]

In seinen ersten Artikeln schöpfte Goebbels aus der deutschen Romantik und negierte in diesem Zusammenhang die technisch-industrielle Entwicklung, in deren logischer Abfolge der – aus seiner Warte – alles zersetzende Kapitalismus entstanden war.[267] Er hegte Aversionen gegen die materialistische und egoistische Lebenseinstellung des deutschen Bürgertums. Es war seine Überzeugung, dass die voranschreitende politische, kulturelle und existentielle Entwurzelung des Volkes zu einem Identitätsverlust der Deutschen führte. Insofern sollte seine ausführliche Kulturkritik vor allem seine Abneigung gegen jede Form kultureller Modernität ausdrücken. Wenn Goebbels in diesen Zeitungstexten Begriffe wie Nation oder Einheit beschwört, erscheint dies wie ein erster nationalistischer, antidemokratischer Zündfunke. Bei der Beurteilung sollte nicht übersehen werden,

> „was für furchtbare Jahre in schmachvoller Armut dieser Akademiker unverschuldet in dieser Republik hatte absitzen müssen. Auch heute muß man sich fragen, wieso ein Staat, dessen Parlamentarier in Bund, Ländern und Gemeinden sich persönlich auf Kosten dieses Staates glänzend bezahlen und altersversorgen lassen, von jungen Menschen Loyalität verlangt, wenn er nicht einmal fähig ist, ihnen eine Lehrstelle oder einen Studienplatz zu beschaffen."[268]

Viele arbeitslose Universitätsabsolventen empfanden die Situation als ungerecht und unerträglich, wodurch der entscheidende Impuls für einen Entfremdungsprozess von der Weimarer Republik entstand. Bei Joseph Goebbels zeigte sich dies ebenfalls:

---

265 Höhn 1994: 248.
266 Höhn 1994: 245.
267 „Man besann sich auf die eigenen Tugenden, auf die ideale Welt des Geistes und gab der Industrialisierung, den immer bestimmender werdenden Naturwissenschaften, vor allem aber dem kapitalistischen System die Schuld am eigenen Niedergang, der zum Niedergang deutscher Kultur stilisiert wurde." (Michel 1999: 30). Vgl. Höhn 1994: 249.
268 Hochhuth 1987: 199.

> „Zu Beginn der 20er Jahre greift er sowohl den Liberalismus wie den marxistischen Sozialismus an; er lehnt bürgerliche Parteien ebenso ab wie die kommunistische Partei. Ähnlich werden konservativ-revolutionäre Intellektuelle Ende der 20er Jahre die liberale Demokratie *und* den Kommunismus bekämpfen – und damit dem Faschismus den Weg bereiten.“[269]

Erste Symptome für eine extremistische Denkweise lassen sich in den frühen Texten bereits finden. Seine journalistischen Beiträge beleuchteten ganz systematisch die gegenwärtigen Zustände, wobei Goebbels in seinen Argumentationslinien immer von seiner persönlichen Situation ausging, die eigene Miseren beschrieb und erst dann auf die Lage der Allgemeinheit schloss. Er entwickelte Thesen und Erklärungsmuster, nahm Ein- und Zuordnungen zu kulturpolitischen Hintergründen vor und bot pathetische, doch nach seiner Auffassung durchaus konstruktive Lösungsvorschläge an.

Welche berufliche Entwicklung hätten weitere Veröffentlichungen in der lokalregionalen Presselandschaft für Goebbels gebracht? Die Frage eröffnet Raum für Spekulationen und Interpretationen: Der als sprunghaft beschriebene Jungakademiker hätte vielleicht bald schon sein Interesse am Zeitungsschreiben verloren, um andernorts berufliche Erkundungen anzustellen. Denn Goebbels zeigte sich zu dieser Zeit eher unstetig und unentschlossen, er wies weder besonderen Elan noch große Ausdauer auf – auch nicht im journalistischen Tätigkeitsbereich.[270] Es wäre sogar denkbar, dass seine Neigung zum Zeitungsmilieu allein aus dem Umstand der Ablehnung resultierte; der verwehrte Zugang zu einem Berufsfeld ermöglichte ihm auch weiterhin das Außenseiterdasein eines Künstlers. War der Journalismus nur ein blasser Ersatz für die Schriftstellerei? Möglicherweise sah Goebbels darin aber auch eine reelle Alternative. Die Chance auf weitere Zeitungsveröffentlichungen hätte ihn möglicherweise angespornt, in den Aufsätzen seine Denkansätze weiter zu verfeinern und seine Thesen noch filigraner anzulegen. Ist es vorstellbar, dass die regelmäßige Mitarbeit bei einer Zeitung, eine journalistische Ausbildung und dann eine geordnete Position als Redakteur seine revolutionären Gedanken vertrieben hätten oder dass er unter den Vorzeichen einer sicheren Existenz sogar im Bürgertum fest verankert worden wäre?

> „Wäre Joseph Goebbels kein Nationalsozialist geworden, wenn er eine Anstellung gefunden hätte, die seinen Vorstellungen entsprach? Er wäre der erste nicht, der in gesicherter und etablierter Stellung rebellierende Ansichten seiner Jugend abgelegt hätte. Insofern ist sein Lebensweg 1923/24 noch offen gewesen, und man könnte geneigt sein, Goebbels' Radikalisierung den Zeitumständen – im speziellen der Akademikerarbeitslosigkeit – anzulasten.“[271]

Obgleich die ersten Kontakte zu den kleineren Blättern nicht sehr vielversprechend waren, stellten sie eine potentielle Basis für weitere Veröffentlichungen dar. Wenn auch nur vorübergehend und unregelmäßig konnte Goebbels bei der *Rheydter Zeitung*, dann bei der *Westdeutschen Landeszeitung* und schließlich auch beim *Kölner Tageblatt* erste Beiträge publizieren. Dass er diese Presseorgane nicht noch intensiver nutzte, auf den ersten Artikeln aufbaute und eine dauerhafte

---

269 Höhn 1994: 246, kursiv im Original. Vgl. ebd.: 250; Radl 1982: 34, 144, 150.
270 Vgl. Michel 1999: 94; Hochhuth 1987: 189.
271 Michels 1992: 41.

Beziehung zu den Redaktionen herstellte, lag wohl an seiner disponiblen beruflichen Unschlüssigkeit. Eine Ausnahme bildet die Volontärsstelle bei der *Westdeutschen Landeszeitung*, die er aus ökonomischen Gründen des Blattes unfreiwillig wieder aufgeben musste.

Die Bewerbung bei der Zentrumspresse dürfte zeigen, dass ein langfristiges Engagement bei einem lokal oder auch regional beschränkten Presseerzeugnis für Goebbels – der von seiner Begabung und Berufung überzeugt war – wohl nicht in Frage kam.[272] Aber auch dieses Blatt, zunächst ein Hoffnungsträger, bot keinen Ausweg aus Goebbels' Arbeitslosigkeit, aus seiner persönlichen und wirtschaftlichen Misere oder überhaupt aus der demütigenden Lage. Die Ursache für die Misserfolge suchte er in der Nachkriegsgesellschaft, die Schuld lag nach seiner Einschätzung bei dem gegenwärtigen politischen System und seinen Trägern. Folglich entschied er, dass die Weimarer Demokratie nichts war, wofür es sich zu kämpfen lohnte. Nach dem entbehrungsreichen Studium, der erfolglosen Arbeitssuche und dem beruflichen Herumvagabundieren konnte Goebbels dem Staat gegenüber keine Loyalität mehr empfinden.

> „Er war bettelarm und ohne Hoffnung, das ändern zu können. Dies, und dies allein, machte ihn, der vor 1925 nicht einmal politisch interessiert, geschweige denn *engagiert* war, zu einem Radikalen. *Das* allein vertrieb ihn aus dem Lager der Demokraten: Sie gab ihm nichts zu fressen! Selbst Brecht und Weill sangen drei Jahre später, erst komme das Fressen, dann die Moral"[273].

Skeptizismus, Pessimismus, die Suche nach Orientierung, die Sehnsucht nach einem geistigen Mentor und der Wunsch nach einer passenden beruflichen Stellung führten Goebbels in den politischen Radikalismus. Ernstzunehmenden Beistand fand er in Kreisen, deren Ziel die gewaltsame Überwindung der Weimarer Republik war.[274] „Normale Zeiten – das heißt, nicht von entwürdigender Massenarbeitslosigkeit zerrüttete – hätten aus Paul Joseph Goebbels einen normalen Mitbürger werden lassen, gleichviel, ob er nun zwei geradegewachsene Füße gehabt hätte oder nicht."[275] Unter den gegebenen Umständen aber politisierte und radikalisierte sich erst sein Denken, dann sein Handeln. Die Chance, in den Beruf des Journalisten einzusteigen, hatte ihm bislang keine Redaktion geboten; seine eigene Trägheit und seine überhöhten persönlichen Maßstäbe verhinderten ihm die wenigen Gelegenheiten, bei der ortsansässigen Presse tätig zu sein. Erst der Einstieg bei den Rechtsextremen eröffnete ihm die Chance, sich als Journalist zu beweisen, zu entwickeln und zu etablieren.[276]

---

272 „But these jobs were only temporary. His real interests were still literary, journalistic, and to an increasing extent political." (Hunt 1960: 131). Vgl. Höhn 1994: 246; Bering 1991: 116f.

273 Hochhuth 1987: 199, kursiv im Original.

274 „Ich beschäftige mich mit Hitler und der nationalsozialistischen Bewegung und werde das wohl noch lange tuen müssen. Sozialismus und Christus. Ethische Fundierung. Los vom erstarrten Materialismus. Zurück zur Hingabe und zu Gott! Aber die Münchener wollen Kampf, nicht letzte Versöhnung" (sogGTb 13.3.1924).

275 Hochhuth 1987: 195f.

276 Vgl. Altstedt 1999: 13; Michel 1999: 68; Michels 1992: 40; Nill 1991: 188.

III. IM BANNKREIS VON GREGOR STRASSER
UND ADOLF HITLER

1. AUF DEM WEG ZUM NS-JOURNALISMUS

1.1 Zeitungsgründungspläne

> „Verdiente ich soviel Geld mit meiner Feder,
> daß ich aus eigenen Mitteln so leben könnte wie heute,
> dann wäre ich restlos zufrieden."[1]

Das Jahr 1924 brachte eine vorübergehende Stabilisierung der ersten deutschen Republik. Nachdem die Regelung der Reparationszahlungen langfristig geklärt worden war, schalteten sich die Vereinigten Staaten von Amerika ein: Der Finanzsachverständige Charles Dawes arbeitet einen Zahlungsplan aus, der Starthilfen durch internationale Anleihen vorsah, damit die deutsche Wirtschaft genesen konnte. Ohne eine intakte, stabile Wirtschaftslage sei der Versailler Vertrag nicht erfüllbar, argumentierte Dawes. Nach seinen Vorstellungen sollten die ehemaligen Kriegsgegner dafür sorgen, dass die deutsche Wirtschaft angekurbelt und konsolidiert, eine Währungsreform vorgenommen und ein höherer Beschäftigungsstand erreicht werde. Obwohl der Dawes-Plan im August 1924 von allen Beteiligten angenommen wurde, blieben die Instabilität der Republik und die innere Bedrohung der Demokratie erhalten.[2] Zwar war durch die scheinbar aufwärtsgerichtete Trendbewegung in saturierter Atmosphäre eine politische Beruhigung zu verzeichnen, jedoch war diese nicht von Dauer.

Spätestens seit der Geldentwertung hatte der deutsche Staat in seiner damaligen Regierungsform seine Glaubwürdigkeit eingebüßt. Die Weimarer Republik galt als Kompromissgebilde und rückschrittlich; die Meinung der Bevölkerung ging größtenteils dahin, dass dem Land durch Liberalismus, Demokratie und Menschenrechte jede noch so kleine Chance auf innen- und außenpolitische Erfolge verbaut werde. Innerhalb der rat- und tatenlosen Lage profitierten politische

---

1   sogGTb 12.4.1924.
2   Im Rahmen des Dawes-Plans wurden vorhandene Ultimaten und Sanktionen gestrichen, das Reparationsproblem entpolitisiert und zukünftige Zahlungen anhand der aktuellen ökonomischen Lage berechnet. Die Folgen blieben nicht aus: Deutschland erlebte einen deutlichen wirtschaftlichen Aufschwung und insofern auch eine Stabilisierung der politischen Verhältnisse. Die Regierung nutzte die Situation für einen weiteren Ausbau des Sozialstaates und unternahm wichtige Reformen. Dass das hereinströmende ausländische Kapital dabei auch zunehmend Einfluss auf die Entwicklungen im Land nahm, wurde wiederum als Eingriff in die deutsche Souveränität gewertet und der Dawes-Plan von manchen politischen Gruppierungen entsprechend negiert. Vgl. Kapitel III, 2.1 zum historischen Kontext.

Demagogen von der Identitätssuche der Menschen. Die politischen Extreme waren sich in einem Punkt einig: Das demokratische Staatswesen sollte abgesetzt werden, gleichgültig, ob vom linken oder rechten Flügel initiiert. Von diesem politischen Idealismus und Aktionismus fühlten sich vor allem junge Intellektuelle angezogen. Jene Generation, die in den ersten Jahren der Republik von allen Verdienstmöglichkeiten ausgesperrt blieb, entfaltete eine intensive Staatsverdrossenheit. Vor allem Nachwuchsakademiker wurden somit in den Einflussbereich der Extremisten getrieben, Politik wurde zum „klassischen Beruf der Berufslosen"[3].

Goebbels stand sämtlichen politischen Vorgängen zu diesem Zeitpunkt noch distanziert gegenüber, warnte sogar sich und seine Mitmenschen, wenn er schrieb:

> „Politik treiben ist schädlich für den reinen Menschen. Er gerät dabei immer mehr in das Fahrwasser der kleinen Interessen und der Partei. Er wird allmählich gebunden. Ich will mich aus diesen Bindungen lösen. Ich will nichts mehr mit Politik zu tuen haben. Politik treiben heißt dem Geist Fesseln anlegen, heißt richtig schweigen und richtig reden, heißt lügen für eine größere Sache: bei Gott, ein scheußliches Geschäft."[4]

Dass er dennoch im Laufe des Jahres 1924 politisch aktiv wurde, muss im Zusammenhang mit seinen journalistischen Aktivitäten gesehen werden; Politik und Journalismus entwickelten sich für ihn zur zukunftsweisenden Symbiose. Nach und nach begann Goebbels, sich mit völkischen, bolschewistischen und sozialistischen Ideen auseinanderzusetzen.[5] Auch wenn er politisch noch nicht engagiert war, begeisterte er sich sowohl für nationale Gedanken[6] als auch für sozialistische Ideen. Goebbels beschäftigte sich mit den Werken von Karl Marx, Friedrich Engels und Walther Rathenau, er sympathisierte mit dem antibourgeoisen Klassenkampf, sah in Russland ein Vorbild und bettete verschiedene Weltanschauungen in sein präfaschistisches Bewusstsein ein.[7] „Vieles von dem, was den späteren

---

3   Fest 1995: 566. Vgl. Sösemann 2002a: 365–373; Winkler 2000: 446, 448, 469; Schulze 1996: 177f.; Fest 1995: 567; Hochhuth 1987: 199; Linse 1983: 18; Böhnke 1974: 88; Huber/Müller 1969: 26; Schüddekopf 1960: 202f.

4   sogGTb 14.1.1924. Im Folgenden schrieb er am 6.2.1924: „Mit den Wölfen muß man heulen; muß man? Ich meinesteils gedenke es nicht zu tuen."

5   „He was becoming politicized, but as much because of personal frustration and professional failure as because of the situation in Germany. [...] He may also have flirted with movements such as national Bolshevism: he claimed to be a burning patriot, filled with patriotic feelings." (Herzstein 1979: 38f.).

6   „Wenn ich aus meiner Beschäftigung mit Politik keine neuen geistigen Werte herauskristallisiere, dann ist sie wertlos, ja schädlich für mich. Meine neue Einstellung ist geistig, wirtschaftlich, national, religiös, künstlerisch und wissenschaftlich revolutionär." (sogGTb 10.4. 1924). Ebenso wie im Folgenden: „Massenherrschaft ist Unsinn. Deutschland wird nur gerettet durch die Zertrümmerung der Majorität. Aus diesem Chaos hilft nur Wahnsinn, restlose Hingabe, Idealismus und Fanatismus." (sogGTb 12.4.1924). Und siehe auch am 29.4.1924, an dem Goebbels vermerkte: „Der völkische Gedanke führt notwendigerweise zum nationalen Internationalismus."

7   „Wir leben im Jahrhundert des ausgehenden Liberalismus und des aufgehenden Sozialismus. Sozialismus (in der reinen Form) ist Gebundenheit des Individuums der [sic!] Staatswohl und der Volksgemeinschaft gegenüber: Das hat nichts mit Internationale zu tuen. [...] Wir stellen den Sozialismus als ethische und nationale Forderung auf. [...] Die Menschen sind nicht

Nazi ausmacht, ist bereits vorhanden, trotzdem ist sein Weg noch keineswegs vorgezeichnet."[8] In dieser etwa vier Jahre anhaltenden politischen Inkubationszeit blieb ein Wunsch konstant – nämlich der, journalistisch zu arbeiten.

Sein ehemaliger Rheydter Schulfreund Fritz Prang – seit 1922 Mitglied der NSDAP – versorgte Goebbels mit nationalsozialistischen Zeitungen und Broschüren. Im Frühjahr 1924 verfolgten sie gemeinsam die Idee, eine eigene Zeitung zu gründen. Während Prang ein politisches Meinungsblatt vorschwebte, wünschte sich der promovierte Germanist Joseph Goebbels eine literarische Wochenschrift:

> „Mit Fritz Prang war ich einen Abend zusammen und wir haben den Plan gefaßt, zusammen in Düsseldorf eine Zeitschrift zu gründen. Er gibt das Geld, ich den Geist. Eine rheinische Monatsschrift für deutsche Kunst und Kulturpolitik. Das gibt eine feine Sache. Dann geht mein größter Wunsch in Erfüllung: Rede- und Formfreiheit ohne jede Bindung. [...] Es macht mir so den Eindruck, als ob sich mein Geschick zum Besseren lenken wolle. Ich arbeite mit Begeisterung an dem Programm unserer neuzugründenden Zeitschrift."[9]

Das Zeitungskonzept gestaltete Goebbels ganz nach seinen feuilletonistischen Vorlieben, anscheinend mit der Absicht – da ihm offensichtlich die Redaktionen verschlossen blieben –, sich seine eigene Publikationsplattform zu schaffen. Da er – wie vielfach in seinen ersten Artikeln beschrieben – in der Kunst ein Mittel zur Volkserziehung sah, wollte er über dieses Presseerzeugnis seinen persönlichen kulturpolitischen Beitrag leisten. Nach seiner Ansicht war die Realisierung eines derartigen Vorhabens eine logische Konsequenz, ja eine Fortführung seiner publizistischen Gastauftritte. Im Laufe der Planungswochen bekam die Zeitungsidee eine deutlich nationale Note, und Goebbels vermerkte:

> „Das Programm für die neue Zeitschrift im Westen ist fertig. Ein Monatsblatt für deutsche Kunst und Kultur im Rheinland im großdeutschen, antiinternationalen Sinne. Also etwa nationalsozialistisch unter Vermeidung alles Demagogischen und Radaupatriotischen. Zur nationalen Volksgemeinschaft."[10]

Zwar erwogen die beiden potentiellen Herausgeber, dem Blatt eine noch deutlichere völkisch-nationale Färbung zu geben, um liquide Geldgeber zu interessieren[11]; die Bemühungen blieben jedoch erfolglos. Im späten Frühjahr 1924 wurden

---

gleich. Aber Menschen sind sie alle. Daraus resultiert unsere soziale Forderung." (sogGTb 10.6.1924, Klammer im Original).

8   Nill 1991: 188. Vgl. Irving 1997: 27; Höhn 1994: 253; Höver 1992: 48; Fröhlich 1987: 508; Herzstein 1979: 40; Heiber 1962: 30; Fraenkel/Manvell 1960: 12.

9   sogGTb 29.3.1924. Vgl. Irving 1997: 30, 37; Höver 1992: 50.

10   sogGTb 31.3.1924. Und weiter heißt es da: „Der Jugend einen neuen Glauben geben. Im deutschen Wesen neue Wurzeln suchen. Wege zur Klärung der deutschen Idee suchen. Wenn jetzt das Geld reicht, dann erscheinen wir am 1. September. Und dann bin ich frei. [...] Dann löst sich mein Wort. Dann schlagen wir hier im Westen mit unserem Idealismus los. Gegen Korruption und Zersetzung im deutschen Volkskörper. Auf in den Kampf!"

11   „Der Plan unserer Zeitschrift für deutschvölkische Kunst, Kultur und Politik wird weiter besprochen. Ich werde in den nächsten Tagen vor einem geladenen Publikum von Geldmännern über die jüdische Frage sprechen. [...] Mutmaßlicher Erscheinungsort der Zeitschrift ist Köln." (sogGTb 7.5.1924). Ebenso wie im Folgenden: „In Duisburg ist man im Begriff, eine

die Zeitungspläne aus Mangel an Finanzmitteln auf unbestimmte Zeit ad acta gelegt. Folglich musste sich Joseph Goebbels wieder einmal die Frage nach seinen beruflichen Aussichten stellen:

> „Wo stehe ich denn nun eigentlich? Meine materiellen Aussichten sind schlechter denn je. Mein rücksichtsloses Eintreten für den völkischen Gedanken hat mir auch den letzten Weg in die Presse oder ins Theater verbaut. Aber ich habe doch ein gutes Stück Weg hinter mich gebracht. Aus der Verzweiflung und der niederdrückenden Skepsis der letzten Jahre habe ich wieder den Glauben an die Nation und an den deutschen Geist gefunden. Nun bin ich stark und warte sehnlicher denn je auf Erlösung."[12]

Was wie eine Rechtfertigung für die Kontaktaufnahme mit dem völkischen Milieu klingt, bedeutet zugleich eine Legitimierung seiner zukünftigen Ausrichtung: Goebbels war bereit, sich der völkischen Ideologie[13] zuzuwenden, um in der Politik eine Stellung zu erobern. Den Zutritt zur Parteiarbeit wollte er sich über seine journalistischen Fertigkeiten und durch eine politische Denkschrift verschaffen.[14]

1.2 Politisierung und Radikalisierung

> „Politik, Politik, Politik!
> Ich komme nicht mehr heraus."[15]

Im Juni 1924 begleitete Goebbels seinen Freund Fritz Prang auf ein Treffen der Deutschvölkischen Freiheitspartei (DVFrP) nach Wuppertal-Elberfeld. Sie war im Dezember 1922 als Abspaltung von der Deutschnationalen Volkspartei (DNVP) gegründet worden. Die als völkisch-extremistisch geltende Partei wurde von Albrecht von Graefe, Graf Ernst von Reventlow, Wilhelm Henning und Reinhold Wulle geleitet. Sie stand in harter Opposition zur Weimarer Republik und vertrat eine geistige Strömung, die bereits während der wilhelminischen Zeit existierte: Die Verherrlichung des Deutschtums und deutliche antisemitische Tendenzen in kleinbürgerlichem Zuschnitt waren ihre Markenzeichen.

---

völkische Zeitung zu gründen. Dort wird dann auch unsere völkische Zeitschrift für das besetzte Gebiet erscheinen." (sogGTb 28.5.1924)

12 sogGTb 16.5.1924.

13 Seit 1875 wurde die Bezeichnung „völkisch" als Ersatzwort für „national" verwendet und in erster Linie mit „volkstümlich" gleichgesetzt. Das Wort umfasste eine schwer definierbare Vielfalt von Vorstellungen, deren Hauptelemente jedoch immer der Antisemitismus, der Nationalismus, die Idee von einer blutsbestimmten Volksgemeinschaft und die Auffassung vom Volk als Bluts- und Artgemeinschaft waren. Der völkischen Ideologie entsprechend bestand die Menschheit aus rassistischen Urelementen. Nach 1933 wurde der Begriff gleichbedeutend mit der nationalsozialistischen Weltanschauung verwendet. Vgl. Berning 1964: 192f.

14 „Ich arbeite an einer Denkschrift über die Lage des völkischen Gedankens im besetzten Gebiet, die für die Reichstagsfraktion der nationalsozialistischen Freiheitspartei bestimmt ist." (sogGTb 2.6.1924). Ebenso wie im Folgenden: „Ich arbeite fleißig an der Denkschrift ‚über die völkisch-soziale Bewegung in den besetzten Gebieten'." (sogGTb 4.6.1924). Diese Schrift ist nicht überliefert.

15 sogGTb 25.6.1924.

> „Als eine Hauptaufgabe erblickte die Deutschvölkische Freiheitspartei die Heranziehung der breiten Arbeitermassen zur Mitarbeit am kommenden deutschvölkischen Staat, die, ihrer Meinung nach, durch die irregeleitete marxistische Denkweise dem Vaterland bisher feindlich gegenübergestanden hatten. [...] Den Kampf gegen den Weimarer Parlamentarismus führten die Deutschvölkischen in der schärfsten Weise. [...] Gewalt und Terror waren den Völkischen recht, um ihre Forderungen in Politik und Wirtschaft durchzubringen."[16]

Goebbels war nach der ersten Begegnung mit den völkischen Parteimitgliedern eher enttäuscht statt zugeneigt; dieser politische Kreis war aus seiner Sicht in den Forderungen zu banal, in den Ansichten zu stupide und in den Ideen nicht revolutionär genug.[17] Erst der Einigungsparteitag[18] der Nationalsozialistischen Freiheitsbewegung in Weimar im August 1924 brachte die Hinwendung zum nationalen Lager: „Das Treffen, bei dem man Goebbels auch dem Schutzpatron der Völkischen, dem ehemaligen kaiserlichen Chef der Obersten Heeresleitung, Generaloberst Ludendorff, vorstellt, wird zum Schlüsselerlebnis"[19]. Der Parteitag stellte sich als rauschhaftes Erlebnis dar; in der von Gemeinschaft und enthusiastischem Kampfgeist geprägten Atmosphäre fühlte sich Goebbels wohl, mit dem hier demonstrierten radikal-politischen Fanatismus konnte er sich leicht identifizieren.

> „Was Goebbels bei den ‚Völkischen' zu hören bekam, mochte ihn anfangs zwar nicht politisch zu überzeugen, gleichwohl gaben ihm – was viel wichtiger war – die Veranstaltungen [...] das Gefühl, in diesen Kreisen nicht nur nicht mehr ein Außenseiter zu sein, sondern auch aufgrund seiner Befähigung und seines Titels geschätzt zu werden."[20]

Obwohl Goebbels zu dieser Zeit noch keine bestimmte ideologische Richtung verfolgte, brachte er wichtige Voraussetzungen für eine Faschisierung mit: Er besaß, wie viele Angehörige seiner Generation, ein ausgeprägtes Krisenbewusstsein und interpretierte die gegenwärtigen Zustände im Land als unheilvoll; hinzu kamen der berufliche Misserfolg und der notorische Geldmangel. Innerhalb der zeitgenössischen Orientierungslosigkeit war auch Goebbels auf der Suche nach Sinnstiftung und einem Ordnungsgefüge. Auf politischer Ebene witterte er Aufstiegsmöglichkeiten, die er mit Entschlossenheit und seinem Hang zu bedenkenlosem Aktivismus verfolgte. Er befand sich in einer Übergangsphase, in der er sich

---

16   Ulsmann 1966: 14. Vgl. Goebel 1987: 114; Goderbauer 1986: 143. Unter dem Titel „Vereinigte Deutschvölkische Freiheitspartei und NSDAP" bildete die DVFP gemeinsam mit den Nationalsozialisten ein Wahlbündnis und konnte so an der Reichstagswahl im Mai 1924 teilnehmen. Nach der erfolgreichen Wahl firmierte das Bündnis dann als „Nationalsozialistische Freiheitspartei", nannte sich aber im Rheinland „Völkisch-sozialer Block" (VSB).

17   „Gestern in Elberfeld. Das sind also die Führer der völkischen Bewegung im besetzten Gebiet. [...] Ich habe selten eine Versammlung mitgemacht, in der so viel geschwafelt wurde, wie in der gestrigen." (sogGTb 30.6.1924).

18   Auf dem Treffen versuchten die seit dem Hitler-Putsch verbotenen NSDAP-Nachfolgeorganisationen mit der DVFP trotz der vielen innerparteilichen Differenzen einen organisatorischen Zusammenschluss auf Reichsebene auszuhandeln. Letztendlich entstand dabei eine Koalition, die den Namen „Nationalsozialistische Freiheitsbewegung Großdeutschland" (NSFB) trug.

19   Fröhlich 1987: 509. Vgl. Bärsch 2004: 18–21; Bärsch 2002: 102; Wunderlich 2002: 42; Reuth 2000: 77; Michel 1999: 68; Höver 1992: 23, 49; Reimann 1971: 35.

20   Henke 1995: 186. Vgl. Barth 1999: 31; Michels 1992: 40; Schildt 1964: 18; Dutch 1940: 74.

„primär als Künstler verstand, aber diesen Anspruch seines Ich-Ideals nicht erfüllen konnte und daher mit den Fragmenten poietischer Ideale (poietisch im Sinne von *poietikos*: zum Herstellen, zum Gestalten, zum Machen gehörend) Politik als Künstler machen wollte."[21]

Der Gedanke, in einem politischen Umfeld zu einer Position zu gelangen, dürfte ihn beflügelt haben. Nach den stellungslosen Jahren hatte nun Priorität, dass „*er* ein Ziel fand – gleichgültig, welches. Da alles andere schiefgegangen ist, hat nun also auch er beschlossen, Politiker zu werden. Der Glaube, Politiker werden zu *müssen*, ist da, sobald er sich eingesteht, überhaupt endlich etwas werden zu müssen."[22] Die Parteiveranstaltung in Weimar deutete Goebbels als wegweisendes Erlebnis, bei dem die Beteiligung und die Mitarbeit im Vordergrund standen, während der politische Geschmack dabei nachrangig war.

„Daß er politisch nicht beim Marxismus, beim Verstand also, landete, sondern beim Nationalsozialismus, das heißt in einem Strudel verschwommener Gefühle, ist zwar weitgehend Zufall gewesen, hat aber dazu beigetragen, daß diese Persönlichkeit sich überhaupt ausleben und voll entfalten konnte."[23]

Goebbels schloss sich dem „Elberfelder Kreis", dem sozialrevolutionären Flügel der Partei an. Zwar liebäugelte er durchaus mit den dort vertretenen proletarischen, antikapitalistischen Ansichten; wichtiger als die Möglichkeit zum politischen Engagement war allerdings das Angebot, in den völkischen Politikkreisen journalistische Arbeit zu bekommen.

1.3. Im Dienst von Friedrich Wiegershaus

„Wilhelminisch, dickbäuchig, gedrehten Schnurbart;
riecht aus dem Halse, ist verbindlich; ein guter Kerl, nur kein Mann,
der der Jugend imponieren könnte. Keine Führernatur."[24]

Nach dem Weimarer Parteitag der rechtsgerichteten Splitterparteien war Goebbels tief beeindruckt und bereit, als ideologischer Vorkämpfer die politische Bühne zu betreten.[25] Gemeinsam mit Fritz Prang gründete er im August 1924 eine Ortsgruppe der Nationalsozialistischen Freiheitsbewegung Großdeutschlands (NSFB)

---

21 Bärsch 2004: 169f., kursiv und Klammer im Original. Vgl. ebd.: 69, 126, 171, 229; Michel 1999: 91; Fest 1995: 567f.; Nill 1991: 188–199; Radl 1982: 39; Hunt 1960: 131.

22 Hochhuth 1987: 210, kursiv im Original. Goebbels war „entschlossen, sich um nahezu jeden Preis irgendwo zu verdingen, wo seinem Hunger nach Beachtung, sozialem Aufstieg und womöglich sogar Macht ein angemessener Lohn winkte." (Fest 1995: 568). Vgl. Reuth 2000: 79; Höver 1992: 50.

23 Heiber 1962: 409.

24 sogGTb 30.6.1924 (Goebbels über Friedrich Wiegershaus).

25 Zu den weit verbreiteten Legenden gehört die Behauptung, Goebbels habe bereits zu Studienzeiten aktiv den Kontakt zu Adolf Hitler gesucht und sei im Jahr 1922 in die NSDAP eingetreten. Vgl. Bade 1933: 10f.; Jungnickel 1933: 40; Knesebeck-Fischer 1933: 8; Krause 1933: 8–10; Seeler 1933: 6; Schmidt-Pauli 1932: 154; Viator 1932: 19f. Tatsächlich aber trat Goebbels erst 1924 der Partei bei und trug daher auch die relativ hohe Mitgliedsnummer 8762. Vgl. Irving 1997: 13, 34; Oven 1987: 58; Peuschel 1982: 44; Ebermayer 1952: 51f.

in Gladbach.[26] Seine Hauptaufgabe bestand darin, zahlreiche neue Anhänger zu werben und für die „Bewegung"[27] zu rekrutieren. „Er wurde zum Mitgestalter der rheinischen bzw. westdeutschen nationalsozialistischen Parteienlandschaft der frühen und mittleren ‚Kampfjahre', wenn auch nicht in allervorderster Front."[28]

Goebbels' journalistischer Werdegang nahm parallel dazu seinen Anfang in Wuppertal – einer Hochburg der erstarkenden antidemokratischen Politik. Vor Ort dominierte seit 1919 die Deutschvölkische Freiheitspartei[29] (DVFrP) die aktive rechtsradikale Szene und zählte im Jahr 1924 bereits 9.000 Mitglieder. Repräsentiert wurde die Partei von Friedrich Wiegershaus; der Leiter der Ortsgruppe Elberfeld beaufsichtigte auch den Landesverband der Deutschvölkischen Freiheitspartei, trug den Titel Gauführer Rheinland-Nord, stand dem Deutschvölkischen Bund vor, war Elberfelder DNVP-Stadtverordneter und zudem Landtagsabgeordneter, kurz: Der Handelsvertreter war im völkisch-nationalen Spektrum kein unbeschriebenes Blatt.[30] Wiegershaus propagierte konservativ-völkisches Gedankengut und verstand alles Althergebrachte als typisch deutsch; Parlamentarismus und Demokratie sowie Industrie, Bank- und Börsenwesen hingegen lehnte er als unromantisch weil undeutsch und als „semitisch verseucht" entschieden ab.[31]

26 Vgl. sogGTb 22.8.1924. NS-Biographen schmückten diesen Umstand als besonders erwähnenswert aus: „Unter einem Decknamen gründet Goebbels im besetzten Gebiet die ersten Ortsgruppen der Nationalsozialisten. Immer hier und dort. Auf Straßen werbend. Politik des offenen Herzens. In dunklen Kellerspelunken sitzen, Flugblätter entwerfend" (Jungnickel 1933: 42). Vgl. Bade 1933: 12; Seeler 1933: 6, 14; Viator 1932: 20.

27 Der Begriff „Bewegung" stammt ursprünglich aus der Ära der französischen Revolution, wurde dann von Kommunisten übernommen und in Zusammenhang mit sozialistischer oder revolutionärer Bewegung verwendet. Zugleich handelte es sich um die Etikettierung für verschiedenartige, in erster Linie antisemitische Bestrebungen deutschvölkischer Gruppen. Was vorerst die meist intern gebrauchte gemeinsame Bezeichnung aller antisemitischen deutschvölkischen Gruppen war, wurde im späteren Gebrauch von den Nationalsozialisten für die Aktivitäten der NSDAP und ihrer Unterorganisationen vereinnahmt. Vgl. Berning 1964: 39f.

28 Henke 1995: 187. Vgl. Reuth 2000: 81; Barth 1999: 34; Michel 1999: 123; Müller 1994: 20; Höver 1992: 50f.; Reuth 1992: 143; Irving 1997: 40; Fröhlich 1989: 55; Hochstätter 1989: 28; Fröhlich 1987: 509; Oven 1987: 58; Oven 1974: 287f.

29 Mit dem Ziel, an der Reichstagswahl am 4.5.1924 teilnehmen zu können, gründeten Erich Ludendorff, Albert von Graefe und Gregor Strasser gegen den Widerstand des noch inhaftierten Adolf Hitler den „Völkischen Block Bayern", der anschließend in „Nationalsozialistische Freiheitsbewegung" umbenannt wurde. Bei der Wahl zeigte sich diese Einheitsliste von Nationalsozialisten und Deutschvölkischen außerordentlich erfolgreich und erhielt 6,5 Prozent (also knapp zwei Millionen) der Stimmen. Mit 32 Sitzen (darunter elf Nationalsozialisten) unter den 472 Abgeordneten war die politische Gruppierung zur Bildung einer Fraktion berechtigt. In Bayern erhielt der Völkische Block 129 Stimmen und wurde somit zur zweitgrößten Partei im Bayerischen Landtag. Vgl. Bering 1991: 96f.; Oven 1987: 155f.; Hüttenberger 1969: 9; Schildt 1964: 15–17.

30 Vgl. Goebel 1987: 107f., 117; Finkeldey 1984: 23f., 35f.; Goebel 1984: 9; Reimann 1971: 38; Ulsmann 1966: 13.

31 „Die NSDAP selbst war in erster Linie eine völkische Bewegung und gehört in ihrem ideologischen Ursprung zu den vielfältigen, teilweise esoterischen Gruppen der Deutsch-Völkischen. [...] Das völkische Denken [...] gehörte in seiner krassen Ausprägung zum Primitivsten und Geistlosesten, was die politischen Ideologien der Zeit zu bieten hatten. Die ‚völki-

Weniger die extremen politischen Ansichten der völkischen Kreise als der Umstand, dass sich hier offensichtlich ein journalistisches Betätigungsfeld auftun könnte, erweckten ernsthaftes Interesse bei Goebbels. Er erwog eine Mitarbeit,

> „weil der Elberfelder Stadtverordnete und Parteiführer Friedrich Wiegershaus ein Kampf-blättchen mit dem Titel *Völkische Freiheit* herausgab, in dem Goebbels einige Artikel unter-bringen wollte. Auf Prangs Vermittlung hin willigte Wiegershaus ein, hatte er nämlich Schwierigkeiten, die unregelmäßig erscheinende Zeitung zu füllen. So kehrte Goebbels aus Elberfeld mit dem Auftrag zurück, fünf Artikel zu schreiben, ohne daß ihm freilich dafür ein Honorar in Aussicht gestellt worden wäre.“[32]

Inhaltlich wollte Goebbels in diese Arbeiten gern seine persönlichen Ansichten über die völkische Ideologie einfließen lassen; mehr eine grundsätzliche Weltan-schauung denn einen politisch konkreten Auftrag wollte er darin sehen. In seinen Notizen hielt er dazu fest:

> „In diesen Aufsätzen habe ich einen kleinen Umriß meiner völkischen Gedanken gegeben. Es ist alles noch nicht so ganz ausgegoren, noch mehr das Bekenntnis eines völkisch-Suchenden denn eines völkisch-Glaubenden. Ich ringe mich zum Glauben durch. Das geht nicht so schnell, wenn man so lange gefüllt war mit weltbürgerlichem Geiste. Das Gift muß heraus!“[33]

Wiegershaus, der mit Hilfe seines Presseorgans die Deutschvölkische Freiheits-partei weiter voran bringen wollte, nutzte vermutlich diese ersten Textentwürfe, um Goebbels' journalistische Fähigkeiten und politische Fertigkeiten abzutasten. Der Ortsgruppenleiter

> „war entschlossen, mit Hilfe seiner Zeitung ,*Völkische Freiheit*', die in Wirklichkeit nur ein hektographiertes Informationsblatt war, weiterhin rechtsextreme Thesen unters Volk zu streu-en. Er brauchte einen Sekretär und stellvertretenden Herausgeber und bot Goebbels 100 Mark pro Monat an, falls er bereit wäre, nebenbei auch noch als Redner auf Parteiversammlungen aufzutreten.“[34]

Für Goebbels, der sich einerseits nach wie vor in einem beruflichen Vakuum be-fand und andererseits die Idee von der eigenen Zeitung noch immer nicht aufge-geben hatte[35], kam das Angebot gelegen. Die Stellung als Privatsekretär, die zu-dem mit redaktionellen Aufgaben verknüpft war, dürfte ihm als durchaus attraktiv erschienen sein – wenngleich sie sich monetär eher unbefriedigend darstellte. Dass ihm das völkische Winkelblättchen auch keine große journalistische Zukunft

---

sche' Weltanschauung versteht sich als eine deutsche Weltanschauung. Ihr tragender Grund ist der Gedanke des von allen anderen völkischen Beimischungen gereinigten deutschen Vol-kes. [...] Die Primitivität völkischen Denkens zeigt sich schon an den rohen und undifferen-zierten Kategorien, mit denen es arbeitet. Es gibt nur Deutsches und Undeutsches, Nationales und Internationales, Rasse und Rassenvermischung, Juden und Arier.“ (Sontheimer 1994: 130–133). Vgl. Schildt 1964: 60f.

32 Reuth 2000: 78, kursiv im Original. Vgl. Altstedt 1999: 19f.; Barth 1999: 32f.; Henke 1995: 186; Kessemeier 1967: 16.

33 sogGTb 21.8.1924. Siehe auch die Notizen am 13.8.1924, 15.8.1924 und 20.8.1924.

34 Wykes 1986: 31f., kursiv im Original.

35 „Ich sinne immer noch über den Plan einer Wochenzeitschrift in Elberfeld nach. In Theorie klappt alles. Es fehlen nur 2000 M Anfangskapital. Aber die Praxis, die verdammte Praxis.“ (sogGTb 11.7.1924).

eröffnen würde, war Goebbels durchaus bewusst. Und doch standen ihm hier publizistische Mittel und mediale Wege zur Verfügung, die ihm bislang verschlossen geblieben waren: Bei der *Völkischen Freiheit* konnte er seine sozialpolitischen Ideen in journalistische Formen gießen, das Schreiben von Artikeln üben und die Zeitungstätigkeit von Grund auf kennenlernen. Er hatte die Möglichkeit, im journalistischen Handwerk routinierter zu werden und gleichzeitig eine Plattform, um die Wirksamkeit seiner Texte zu erproben. Vor allem aber konnte sich Goebbels einigermaßen sinnvoll und zumindest vorübergehend beschäftigt wissen, nebenbei lokale Parteiarbeit betreiben und sich dadurch neue Wirkungskreise erschließen.[36]

2. SCHRIFTLEITER DER *VÖLKISCHEN FREIHEIT* (SEPTEMBER 1924–JANUAR 1925)

2.1 Historischer Kontext

> „In den Zeitungen viel Quatsch und Unsinn.
> Die Lüge grinst mich aus den schwarzen Buchstaben an.
> Mephisto hält das Szepter der Welt."[37]

Joseph Goebbels, der der „Jugendgeneration Weimar" angehörte und wie der gesamte akademische Nachwuchs auch auf den völlig überfüllten Arbeitsmarkt stieß, musste es geradezu als Glücksfall betrachten, in der Redaktion der *Völkischen Freiheit* unterzukommen. Denn von der hohen Arbeitslosigkeit waren insbesondere auch Journalisten betroffen.[38]

Goebbels' Start in das Arbeitsleben fiel in die unter der Regierung Gustav Stresemann 1923 begonnene prekäre Stabilisierungsphase. Bereits im November des Jahres wurde das Kabinett abgesetzt, und es folgte die Regierung Wilhelm Marx. Diese erwirkte mit Hilfe des so genannten Ermächtigungsgesetzes zahlreiche sozialpolitische Einschränkungen[39] und verhängte zur vorübergehenden Befriedung des Landes den militärischen Ausnahmezustand. In Deutschland setzte daraufhin erstaunlich schnell eine innere Konsolidierung ein, bekannt als die „Goldenen Zwanziger Jahre". Mit Hilfe US-amerikanischer Kreditgeber normalisierte sich Deutschlands ökonomische Lage und stabilisierte sich auf gewisse

---

36 Vgl. Bärsch 2004: 120; Paul 1992: 45; Heiber 1962: 131; Borresholm 1949: 45f.
37 sogGTb 14.6.1924.
38 Jedes zehnte Mitglied des Reichsverbandes der Deutschen Presse war 1925 arbeitslos, die Zahl wurde durch Berufsaussteiger und freie Journalisten noch erhöht. Vgl. Stöber 2005b: 222.
39 Der Ausbau des Sozialstaates war in der Verfassung bereits festgeschrieben. Zahlreiche Reformen wie Mitbestimmungsrechte der Arbeitnehmer, Förderung des Mittelstandes und Gleichberechtigung der Geschlechter wurden anvisiert. Doch die Neuregelungen erforderten hohe Ausgaben – also wurden innenpolitisch drastische Einsparungen zu Lasten der Arbeitnehmer durchgeführt. Der Widerspruch zwischen sozialpolitischen Verheißungen und der harten Wirklichkeit nahm im Land drastische Züge an und sorgte für politische Missstimmung in vielen Gesellschaftsschichten. Vgl. Longerich 1995: 174f.

Weise sogar die politische Situation.[40] In dieser scheinbaren Blütezeit der Republik wurde es innenpolitisch nahezu windstill; auch die außenpolitische Situation verbesserte und die Beziehung der Siegermächte zu Deutschland entspannte sich. Doch die Unbekümmertheit täuschte nicht darüber hinweg, dass der Aufschwung kein Zeichen für politische Beständigkeit oder wirtschaftliches Erstarken war.[41]

Die Lösung der Reparationsproblematik war der Eckpfeiler der Stabilitätspolitik und musste dringend erarbeitet werden. Dass eine Gutachterkommission berufen wurde, die den Versailler Vertrag auf die Leistungsfähigkeit des Landes hin überprüfen sollte, war auf die Bemühungen Gustav Stresemanns – inzwischen Außenminister – zurückzuführen. Unter dem Vorsitz des amerikanischen Bankiers Charles G. Dawes sollte das Gremium ein Konzept entwickeln, das der deutschen Wirtschaft eine Regenerationsphase und internationale Anleihen als Starthilfe zugestand. Inmitten des Reichstagswahlkampfes entschied die damalige deutsche Regierung, sich an den Verhandlungen um diesen „Dawes-Plan" zu beteiligen. Während die Sozialdemokraten positiv auf ein solches Vorhaben reagierten, wussten Kommunisten und Konservative den von ihnen als „Versklavungsplan" bezeichneten Entwurf propagandistisch wirkungsvoll auszunutzen und Außenminister Stresemann zum „Erfüllungspolitiker" zu degradieren.[42]

Im Wahlergebnis vom 4. Mai 1924 spiegelte sich die innenpolitische Radikalisierung: die extremen rechten Parteien erfuhren deutliche Stimmenzugewinne, die DNVP wurde stärkste bürgerliche Partei. In dieser Atmosphäre gingen die Bemühungen um eine Lösung der Reparationsproblematik weiter[43], und auf einer Konferenz in London wurde der Dawes-Plan schließlich akzeptiert.[44] Die Neuregelung brachte eine erste Verbesserung der Konjunktur und eine leichte Erhöhung der Reallöhne; dass die Radikalisierungstendenzen der Wähler daraufhin abflauten, zeigten die Neuwahlen im Dezember 1924.[45] Im Januar darauf bildete Reichskanzler Hans Luther sein Kabinett. „Das Jahr 1925 leitete dann eine Wirtschaftsblüte von einem seit Friedensende nicht gekannten Ausmaß ein, die sich,

---

40 Die Arbeitslosigkeit sank stark ab: von den noch im Januar 1924 verzeichneten 1.904.000 Arbeitslosen blieben bis Oktober des Jahres gerade Mal noch 670.000 übrig. Vgl. Longerich 1995: 145–148, 171.

41 Bönisch 2008: 16.

42 Vor allem in den Medien wurden „das Nicht-Erreichte und die menschlichen Schwächen der Prominenten [...] herausgestrichen. Das war symptomatisch. Das neue Schimpfwort war: ‚Erfüllungspolitiker' – also Leute, die alle Forderungen der Sieger erfüllen wollten." (Ernst 1970: 76).

43 Engagiert zeigten sich dabei vor allem der britische Premierminister Ramsey MacDonald (Labour-Partei) und der linke Führer aus Frankreich, Edouard Herriot. Vgl. Winkler 1993: 260, 264.

44 Vgl. Kolb 2000: 64–66; Longerich 1995: 154.

45 Es erfolgte eine erneute Auflösung des Reichstages, nachdem Wilhelm Marx' Verhandlungen über eine Große Koalition gescheitert waren. Bei den Neuwahlen am 7.12.1924 mussten sowohl die äußere Rechte als auch äußere Linke deutliche Verluste hinnehmen. Gewinner war die SPD mit zusätzlichen 31 Sitzen und einem Stimmanteil von 26 Prozent im Reichstag. Vgl. Overesch/Saal 1992: 239.

abgesehen von temporären, relativ geringen Schwankungen auf industriellen Teil-
sektoren, in der Folgezeit weiter entfaltete und bis 1929 anhielt."[46]

Im Februar 1925 starb Reichspräsident Friedrich Ebert, die Neuwahl am 26.
April entschied Paul von Hindenburg für sich.[47] Mit der Besetzung der gewichtigen politischen Position durch den populären kaisertreuen Generalfeldmarschall
wuchs die Bedeutung der altpreußischen Eliten. Hindenburg hatte sehr klare Präferenzen: Er bevorzugte die Beteiligung der DNVP an der Regierung und wollte
die Sozialdemokraten um jeden Preis von der Macht fernhalten; seine Ziele wollte
der neue Reichspräsident ungeachtet der politischen Erfordernisse oder Machtverhältnisse im Parlament durchsetzen.[48]

2.2 Zur Geschichte der Wochenschrift

> „Ich fühle, daß ich in Zukunft noch etwas zu bedeuten haben werde.
> Ich will in schöpferischer Einsamkeit auf den Tag warten."[49]

Seit dem 14. März 1924[50] brachte Friedrich Wiegershaus in seinem „Verlag Völkische Freiheit KG" die Wochenzeitung *Völkische Freiheit* (*VF*) heraus. Das
Blatt, das ein Hakenkreuz im Kopf führte, trug den Untertitel *Rheinisch-westfäli-
sches Kampfblatt für ein völkisch-soziales Deutschland*, später dann *Rheinisch-
westfälisches Kampfblatt der Nationalsozialistischen Freiheitsbewegung für ein
völkisch-soziales Großdeutschland*. Das Organ des Gaus Westfalen galt als
Kampfblatt der Nationalsozialistischen Freiheitsbewegung. Hergestellt wurde die
VF bei der Druckerei Lucas und erschien in einem Umfang von vier bis fünf Seiten wöchentlich immer samstags in Wuppertal-Elberfeld.

Das Presseorgan des Freiheitsbundes war mit einer Auflage von geschätzten
10.000 Exemplaren auf dem Wuppertaler Pressemarkt präsent.[51] Das Verbrei-

---

46   Böhnke 1974: 87. Vgl. Winkler 1993: 285; Longerich 1995: 157; Ernst 1970: 75.
47   Sieben Kandidaten stellten sich zur Wahl, darunter Erich Ludendorff für die Völkischen. Erst
     im zweiten Wahlgang erreichte Hindenburg die knappe Mehrheit, nachdem sich die im
     Reichsblock zusammengeschlossenen Rechtsparteien auf ihn einigen konnten. Die Weimarer
     Koalition hatte sich gemeinsam mit SPD und DDP (Volksblock) derweil auf Wilhelm Marx
     als Kandidaten verständigt.
48   Vgl. Sösemann 2002a: 365–373; Kolb 2000: 81f.; Wunderlich 2002: 262.
49   sogGTb 5.1.1924.
50   Reuth gibt in seiner Tagebuchedition (vgl. Reuth 1992: 149) ein falsches Datum an: Die Wo-
     chenzeitung erschien nicht wie bei ihm angeführt erst ab dem 13.9.1924 sondern bereits im
     März des Jahres.
51   Genaues Zahlenmaterial ist nicht vorhanden; in den einschlägigen Zeitungskatalogen taucht
     die *Völkische Freiheit* nicht auf, konkrete Angaben über die Auflage sind nicht auszumachen.
     Die kleinen völkischen bzw. nationalen Blätter erschienen den Herausgebern der Zeitungska-
     taloge und Zeitungsadressbücher noch als zu unwichtig und wenig interessant; diese Art der
     regionalen Presse galt als „quantité négligeable". Bis etwa 1929 wurden die nationalsozialis-
     tischen Gau-Blätter sowohl von der Zeitungswissenschaft als auch von den Pressestatistiken
     oder Annoncenagenturen so gut wie nicht wahrgenommen. Vgl. Koszyk 1993: 49; Stein
     1987: 12; Fischer 1981: 508. Zum betreffenden Zeitpunkt gab es etwa 4.000 politische Ge-

tungsgebiet dürfte sich auf die Stadt Wuppertal und die nähere Umgebung beschränkt haben. Der Leserkreis des kleinen Parteiblättchens bestand aus lokalen und regionalen völkischen Mitgliedern, die Reichweite war daher eng begrenzt. Eine Konkurrenz mit den alteingesessenen Blättern war ohnehin weder möglich noch gewollt.[52] Denn wie bereits der Untertitel erkennen ließ, handelte es sich um ein so genanntes Kampfblatt, das in erster Linie eine innerparteiliche Bedeutung hatte. Die Kampfblätter hatten sich – anders als die traditionelle deutsche Zeitung – nicht aus der Zeitschrift, sondern aus der politischen Flugschrift entwickelt. Als journalistische Charakteristika galten infolgedessen

> „die Auflösung des Textes in eine Serie gestaffelter Überschriften, einen lauten, aggressiven Ton, Behauptungen statt Argumente, Schmähung statt Debatte, ein knatterndes Maschinengewehrfeuer von Schlagworten statt einer geordneten Auseinandersetzung. Diese Zeitungen, die kommunistischen wie die nationalsozialistischen, waren weit mehr gesprochen als geschrieben. Besonders die nationalsozialistischen Blätter waren im Grund nicht mehr als gedruckte Wiedergaben der oratorischen Agitation, mit der die nationalsozialistische Bewegung die Massen zu sich heranzog, und sollten auch nichts anderes sein."[53]

Die extremistischen Gruppierungen nutzten die Presseorgane zur Verbreitung ihres politischen Gedankengutes; die Herausgabe solcher Blätter hatte vorwiegend das Ziel, flüchtige Redebeiträge durch Textbeigaben zu intensivieren. Die Meinungspresse

> „sollte die ‚Artillerie der Propaganda‘ sein und bediente sich daher der politischen Sensation, versuchte mit allen Mitteln zu provozieren und zu verleugnen und den Gegner an die Wand zu drücken. Bei dieser Aufgabe bestimmte folglich nicht der Inhalt, sondern vielmehr die Aufmachung das Äußere der Zeitungen. Sensationell klingende Schlagzeilen und Überschriften – vergleichbar denen der Boulevardblätter, jedoch noch unterstrichen durch farbige Lettern –, Karikaturen, Zeichnungen und Bilder kennzeichneten das äußere Bild der nationalsozialistischen Presseerzeugnisse."[54]

Erst recht in jenen Phasen, in denen auch die NSDAP-Ersatzparteien die Versammlungs- und Sprechverbote überbrücken mussten, galt die Kampfpresse als einziges noch legitimes Sprachrohr und als wirkungsvolles Werkzeug zur Fortsetzung der politischen Werbung.

---

sinnungszeitungen, deren durchschnittliche Auflage bei 10.000 Exemplaren lag – von dieser Zahl ist auch bei der *Völkischen Freiheit* auszugehen.

52 Vgl. Dussel 2004: 157; Reuth 2000: 82f.; Michel 1999: 123; Höver 1992: 25; Macat 1991: 188; Reimann 1971: 38f.

53 Mendelssohn 1982: 372f. Vgl. Beutl 1996: 22; Lemmons 1994: 21; Koszyk 1993: 49; Böhnke 1974: 163; Kessemeier 1967: 29f.; Noller 1956: 17. Die Meinungspresse hatte sich zwar stellenweise der modernen Zeitung angepasst, zeigte aber in der Aussageform einzelner Beiträge noch Merkmale der Flugschriften. Sie hatte mehr Ähnlichkeit mit Streit- und Werbeschriften oder mit geschriebenen Plakaten (also grob gezeichnete, primitive und vereinfachte Inhalte). Die nationalsozialistische Zeitung war als Mittel der Propaganda und zur politischen Agitation, nicht aber als Nachrichten- und Informationsorgan gedacht. Während der Kampfzeit war sie politisches Hilfsmittel, um bei der Durchsetzung der ideologischen Ideen mitzuwirken und um den Funktionären bei der Eroberung der staatlichen Macht zuzuarbeiten.

54 Böhnke 1974: 163. Vgl. Six 1936: 48.

Auch die *Völkische Freiheit* unterrichtete die Parteigenossen über Parteiinterna, Veranstaltungen, personelle und organisatorische Neuerungen, brachte Aufrufe an die Gleichgesinnten und Mitteilungen für die Mitglieder der zahlreichen Unterorganisationen. Das Presseprodukt zielte auf die Mobilisierung der Anhänger und Interessenten sowie auf eine effektvolle und nachhaltige Selbstdarstellung ab. Es ging darum, unnachgiebig und langfristig die Meinungen der Leser zu beeinflussen, politische Dynamik auszudrücken und gegenüber Außenstehenden politische Geschlossenheit zu demonstrieren.[55]

Stilistisch kam die Kampfpresse in lautem, aggressivem Ton und mit Schlagworten daher. Oberstes Gebot der Beiträge war, zu lehren, zu werben, zu überzeugen, zu verteidigen und Gegner oder Oppositionelle anzugreifen. Nach Art des Gesinnungsjournalismus ging es inhaltlich um die konsequente Verfechtung weltanschaulicher Positionen und um eine unterhaltsame Belehrung. „Die Presse schwankte zwischen dem Anspruch, vollständige Zeitung zu sein und der Aufgabe, Trommlerfunktionen zu übernehmen."[56]

Ausschließlich der Verkauf garantierte der *Völkischen Freiheit* eine finanzielle Einnahmequelle. Um von Geldinteressen unabhängig zu bleiben, verzichtete der Herausgeber auf Inserate aus dem Wirtschaftswesen. Die monetäre Unabhängigkeit des Blattes sollte die Glaubwürdigkeit erhöhen und zudem einen wirksamen Beitrag zum inneren Zusammenhalt der „Bewegung" leisten: Jedem Parteimitglied wurde durch seine materielle Unterstützung eine ideelle (nicht juristische) Teilhaberschaft am Parteiblatt zugesichert.[57] Da der *Völkischen Freiheit* folglich nur knappes Kapital zur Verfügung stand, war die Zeitungsredaktion vermutlich ärmlich ausgestattet und die Personaldecke dünn. Wie der Großteil der Zeitungen arbeitete auch die *Völkische Freiheit* mit einem Alleinredakteur – als solcher wurde Joseph Goebbels engagiert.[58]

---

55 Dies gilt gleichermaßen für die Kampf- und Tendenzpresse als spezielle publizistische Erscheinungsform, die in direkter Abhängigkeit einer politischen Gruppierung stand. „Es lag dieser Presse nichts daran, objektive Feststellungen zu machen, oder über die Einzelheiten des Tages zu berichten, sondern sie wollte in fanatischer Unduldsamkeit die Ideen des Nationalsozialismus publizistisch verbreiten und vertiefen. Die Weltanschauung mußte in der Tendenz der Zeitung verankert sein und die Kampfmethoden den allgemeinen der Bewegung angepaßt werden." (Six 1936: 49). Vgl. ebd.: 47, 51; Stöber 2005b: 227–229; Frei/Schmitz 1999: 20; Stein 1987: 99; Noller 1956: 9, 219; Plieninger 1933: 66.

56 Stöber 2005b: 253. Vgl. Dussel 2004: 156; Moores 1997: 44–47; Schmaling 1968: 31; Plieninger 1933: 66.

57 Vgl. Stein 1987: 86; Six 1936: 48; Plieninger 1933: 71.

58 Entsprechend dem kleinteilig-förderalistischen Strickmuster der deutschen Presselandschaft waren personell stark besetzte Redaktionen in der Minderzahl. Neben wenigen großen Blättern und einem Teil an Regionalblättern gab es vor allem zahlreiche kleine und kleinste Lokalblätter. In einem solchen Zeitungsbetrieb vereinte meist eine Person die vielfältigen Aufgaben in sich, war Schriftleiter und Verleger zugleich, schrieb und redigierte die Beiträge, war für Anzeigen und Vertrieb verantwortlich. In der Sozialenquête des RDP (1927) wurden von den insgesamt 3.200 Redakteuren in Deutschland 320 als Alleinredakteure ausgewiesen. Vgl. Stöber 2005b: 222; Dussel 2004: 130; Stöber 1998: 118.

2.3 Redaktionelle Tätigkeit

> „In Elberfeld geredet. Bravo! Heil. Zeitung gemacht! Bien.
> Wiegershaus ist ein dummer, guter Kerl."[59]

Joseph Goebbels betrat im Herbst 1924 nach längerer beruflicher Perspektivlosigkeit die politische Arena in Wuppertal-Elberfeld.[60] Es nahm hier eine Phase ihren Anfang, in der er von der literarischen Beschäftigung über die journalistische Tätigkeit den Wechsel zu langfristigen parteipolitischen Aktivitäten vollzog. Ohne zu zögern hatte Goebbels die Gelegenheit in Elberfeld ergriffen, um endlich eine berufliche Laufbahn einschlagen und sich einer richtungsweisenden Aufgabe widmen zu können.[61] „Paradoxerweise wurde Joseph Goebbels stets das, was er gar nicht sein wollte. Er landete bei völkischen Winkelpostillen, statt als erhabener Dichter oder zumindest anerkannter Feuilletonist wirken zu können"[62].

Im September begann er als Sekretär des völkischen Reichstagsabgeordneten Franz von Wiegershaus und trat als Versammlungsredner bei Wahlveranstaltungen vorwiegend im südlichen Ruhrgebiet auf. „Dr. Goebbels hat, als er seine politische Tätigkeit im Ruhrgebiet aufnahm, auch gleich mit der Journalistik begonnen."[63] Denn hauptsächlich war er als Mitarbeiter in der Redaktion der ultrarechten *Völkischen Freiheit* angestellt. Die Position[64] brachte ihm, wenn auch vorerst im kleinen Kreis einer Splitterpartei, einige Vorteile: Er durfte das Kampfblättchen für eigene Publikationen nutzen; zudem befand er sich in direkter Nähe zur Führungsriege der Völkischen, wo er seine politischen Fühler ausstrecken konnte. Goebbels bekam Gelegenheit, sich intensiv und unmittelbar mit nationalsozialistischem Gedankengut zu beschäftigen und sich gleichzeitig als auffällig ehrgeiziger Aktivist unentbehrlich zu machen.[65] Dass er mit dem Gedanken spielte, früher

---

59 sogGTb 11.10.1924.
60 „Auch dieser Joseph Goebbels ist für ein paar Jahre Wuppertaler gewesen. Hier ist er zum Nationalsozialisten geworden [...], hier startete er seine Karriere, die ihn zu einem der mächtigsten Männer des Dritten Reiches machen würde. [...] Die Blütenträume des Dr. Joseph Goebbels, ein bedeutender Journalist und Schriftsteller zu werden, sind bis dahin nicht gereift." (Böger 1975).
61 „Pharisäer müßte sein und wohlstandsverdummt, wer es heute dem damals siebenundzwanzigjährigen Dr. phil. verübelte, die erste beste Redaktions-Stelle gierig ergriffen zu haben, die ihm endlich, sein Traum seit Jahren, hingehalten wurde." (Hochhuth 1987: 196).
62 Hachmeister 2005: 8. Vgl. Schnöring 1977: 139; Dutch 1940: 74.
63 Kügelgen 1934: 18f. Vgl. Bärsch 2004: 105; Okroy 2002: 57; Hochstätter 1998: 28; Knopp 1998: 36f.; Bering 1991: 119; Wykes 1986: 30; Hoff/Winkelmann 1973: 89; Müller 1973: VII; Reimann 1971: 38f.; Kessemeier 1967: 16; Heiber 1962: 41.
64 Der Romancier Christian Baier hat dies so beschrieben: „Redakteur, so geht er durch die Straßen mit offenem Mantel. Eine Aufgabe! Das gibt Haltung, strafft den Schritt. Jede Bewegung ist ein Ansetzen, ein Ausholen zur nächsten, größeren. Noch ist alles unwirklich, und er kann nichts anderes denken als: Redakteur. Das Wort klingt, obwohl es französisch ist. Schriftleiter, probiert er. Aber das sagt nichts aus, atmet Schreibtisch und Ärmelschoner." (Baier 2001: 112f.).
65 Goebbels knüpfte persönliche Kontakte zur Führungsebene der Völkischen und traf auf der Elberfelder Tannenbergfeier Gregor Strasser und Erich Ludendorff. In seinen Notaten hielt er

oder später eine besoldete Position in der Politik zu beziehen, lag nahe. Da er bei der *Völkischen Freiheit* als unbezahlter Redakteur eingestellt worden war, sollte diese Stellung in erster Linie als berufliches Sprungbrett dienen.[66]

Mit der Ausgabe Nummer 27 vom 13. September 1924 erschienen Goebbels' erste drei Artikel in der *VF*: ein großer Aufsatz, den er mit seinem vollen Namen als Autor unterschrieb; das „Politische Tagebuch" unter der Spitzmarke „Dr. G." und die „Tagesmappe" unter dem Pseudonym Itza. Obwohl sich Goebbels mit seiner redaktionellen Arbeit zufrieden zeigte[67], schaute er sich – in erster Linie aus finanziellen Gründen – auch weiterhin nach einer anderen (im besten Fall journalistischen) Arbeitsstelle um.[68] Erst mit der Aufwertung in der *Völkischen Freiheit* verbesserte sich seine Situation: Zum 1. Oktober 1924 übernahm Goebbels die Schriftleitung des Wochenblattes, in der Ausgabe mit der Nummer 30 vom 4. Oktober 1924 erschien sein Name erstmals in dieser Funktion im Impressum.[69] Er trug nun die gesamte redaktionelle Verantwortung für das Blatt und hatte ein geringes, aber regelmäßiges Einkommen von monatlich 100 Reichsmark.[70]

---

fest: „Heil! Strasser spricht. Der Münchener. Hitlers Geist im Herzen. Der nationale Sozialist. So einen müssen wir hier ins Industriegebiet bekommen. Nach dem Fest Nachfeier im Roten Saal. Unsere Zeitung ist als Festnummer erschienen und hat allseitigen Beifall gefunden. Wiegershaus stellt mich Ludendorff vor. [...] Und Ihre Zeitung? Alles interessiert ihn. Wieviele Abonnenten? Und so weiter. Am Schluß weiß er alles." (sogGTb 15.9.1924). Vgl. Barth 1999: 32f.; Reuth 1992: 149; Goebel 1987: 118; Böhnke 1974: 79; Fraenkel/Manvell 1960: 72.

66 „Ein Anfang: In 2 Wochen erscheint zum ersten Male unsere Zeitung in Elberfeld. Ich habe für jede Woche einen kulturpolitischen Aufsatz, eine politische Wochenschau, ein Glossarium und etliche Kleinigkeiten zu liefern. Bezahlt wird vorläufig nur mit Idealismus und Undank. Aber man schafft doch für eine große Sache." (sogGTb 30.8.1924).

67 „Ich freue mich, daß meine Kräfte nun vor eine große Aufgabe gestellt sind. Unsere Elberfelder Zeitung ist zwar noch ein kleines Käseblatt. Aber dafür bin ich jung und wagemutig, daß ich etwas Ordentliches aus ihr machen soll. Ich muß mir eben selbst meinen Ruhm schaffen, da niemand sich finden will, der mein armes Haupt ins gemachte Bett legt. Anfänge sind immer klein und manchmal beschämend kleinlich. Aber es kommt auf den Geist an, der diese Anfänge weiter treibt. Der Geist und der Wille sind die Hauptsache in allem. [...] Mein Ruf als Redner und politisch-kultureller Schriftsteller geht durch die Reihen der Anhänger des nationalsozialistischen Gedankens im ganzen Rheinland." (sogGTb 27.9.1924).

68 „Gestern hat Elschen für mich um eine Stelle als Redakteur geschrieben. Ich möchte jetzt gerne heraus. [...] Dann noch Zeit, um ein wenig auszuspannen. Das nennt man nun ‚Redakteur'. Schauderhafter Beruf. Aber ich muß doch etwas tuen. Und nun verdiene ich nicht mal was dabei! Brechreiz, so ich an derlei denke. (sogGTb 22.9.1924). Ebenso wie im Folgenden: „Nachher kam Willy Karnerbeck mit einer Stellenannonce auf die ich mich gleich gemeldet habe. Gesucht wird Schriftleiter einer nationalen Wochenschrift. Gäbe es nur etwas! [...] Ich bin überlastet. Ich nehme Alles noch zu ernst. Leichter Sinn des Journalisten fehlt mir noch. Die goldene Sorg- und Rücksichtslosigkeit." (sogGTb 23.9.1924).

69 Vgl. Hachmeister 2005: 11; Reuth 2000: 82; Bering 1991: 120; Macat 1991: 188; Böger 1975; Heiber 1962: 42.

70 Die Tarifgehälter der Redakteure waren im Zeitraum zwischen 1920 und 1922 deutlich angestiegen. So verdienten ein Vollredakteur (bei einer Redaktionszugehörigkeit im ersten Verlagsjahr) jährlich um die 6.300 Mark (1920 noch 700 Mark), ein Hilfsredakteur um die 5.100 Mark (1920 noch 650 Mark) und ein Redaktionsassistent 3.300 Mark (1920 noch 400 Mark). Vgl. Francke/Lotz 1922. Doch die Inflation hatte auch das Zeitungsgewerbe hart getroffen.

„Hundert Mark war nicht viel Geld. Und die Arbeit war schwer und unbefriedigend. Die Zeitung war ohne jeden Einfluss und ihr Niveau erbärmlich. Goebbels' Publikum war einerseits recht begriffsstutzig, andererseits konnte es mit ein paar Schlagworten in lärmende Begeisterung versetzt werden."[71]

Neben größeren Aufsätzen steuerte Goebbels die Rubriken „Politisches Tagebuch", „Streiflichter" und „Aus meiner Tagesmappe" bei und bestückte sie inhaltlich nach eigenen Vorstellungen. Als redaktioneller Chef und Kolumnist schrieb er – von wenigen Ausnahmen abgesehen – den Inhalt der Wochenzeitung allein; zusätzlich redigierte und gestaltete er. Es dauerte nicht lange, bis Goebbels die *Völkische Freiheit* als (geistiges) Eigentum betrachtete, in dem er als literarischer Aufklärer, Erzieher und Interpret der Politik nach Gutdünken schalten und walten konnte.[72] Das Wochenblatt, das einen zunehmend sozialistischen Kurs einschlagen sollte, sah der junge Alleinredakteur als eigenes publizistisches Sprachrohr.

„Dr. Goebbels begann in Elberfeld schon bewußt seine Kräfte für eine umfangreiche nationalsozialistische Pressearbeit zu formen und zu organisieren. Er lernte den Journalismus von der Pike auf und bewies in kurzer Zeit ein unerhört feines Fingerspitzengefühl für alle journalistischen Dinge."[73]

Was der NS-Biograph so erhaben beschrieb, hat einen wahren Kern: Vor seiner Elberfelder Zeit war Goebbels nur sehr kleine journalistische Schritte gegangen, hatte weder in einem redaktionellen Umfeld gearbeitet noch den Alltag des Zeitungsmachens erlebt. Dies änderte sich bei der *Völkischen Freiheit*, für die er als Schriftleiter die inhaltliche und gestalterische Verantwortung trug, für Administration und Organisation zuständig war und den Großteil der Beiträge selbständig recherchierte und verfasste.[74] Für den Laien, der zwar dem Journalismus zugeneigt war, aber nie das journalistische Handwerk gelernt hatte, waren die Aufgaben mannigfaltig und eine große Herausforderung. Weder beherrschte Goebbels

---

„Das journalistische Einkommen sank dramatisch. Der durchschnittliche Reallohn eines Redakteurs betrug nur noch 20–25 Prozent seines Vorkriegseinkommens, ein freier Journalist verdiente gerade noch ein Achtel. Nach der Inflation stabilisierte sich das journalistische Einkommen wieder. [...] Neben Spitzenverdienstmöglichkeiten, die die Großstadtpresse bot, waren auch Monatseinkünfte unter 200 RM nicht selten." (Stöber 1998: 118). Im Vergleich dazu bekam (im Jahr 1924) ein Arbeiter einen Wochenlohn in Höhe von etwa 75 Mark, ein Versicherungsangestellter erhielt ein Tarifgehalt von 225 Mark und ein Bankangestellter verdiente 301 Mark. Vgl. Petzina/Abelshauser/Faust 1978: 98, 100.

71 Riess 1989: 58. Vgl. Bärsch 2004: 49; Wunderlich 2002: 48; Barth 1999: 32f.; Michel 1999: 123; Henke 1995: 187; Nill 1991: 149; Fröhlich 1989: 55; Goebel 1987: 118; Finkeldey 1984: 29; Goebel 1984: 10f.; Knesebeck-Fischer 1933: 8.

72 „Ich bin nun auch verantwortlicher Leiter der V.F. und als solcher muß ich jede Woche Donnerstags und Freitags nach Elberfeld, um die Korrektur und den Umbruch zu leiten. [...] Mit Wiegershaus habe ich gestern lange verhandelt. [...] Ich habe auf der ganzen Linie gesiegt, die Zeitung steht ganz unter meinem Einfluß, ich kann tuen und lassen, was ich will. Das genügt mir vorläufig, Sprungbrett. Nach oben. [...] Ich habe ein Sprachrohr. Ich ersticke nicht mehr an meinen eigenen Gedanken." (sogGTb 3.10.1924). Vgl. Höver 1992: 25, 51; Reuth 1992: 152.

73 Krause 1933: 10.

74 Vgl. Wunderlich 2002: 48; Reuth 2000: 82; Knopp 1998: 36f.; Hunt 1960: 132.

die journalistischen Grundregeln noch bekam er von Wiegershaus – der selbst kein Zeitungsprofi war – Hilfestellungen. Seine bisherigen Aufsätze waren stets daheim, ohne temporäre Vorgaben oder Produktionsdruck, ohne fachmännische Korrekturen, ohne sachliche Kritiken oder Verbesserungsvorschläge durch einen Redakteur entstanden. Nie zuvor hatte Goebbels fremde Texte redigiert, Beiträge umgeschrieben, Zeitungsseiten gestaltet, Artikelumfänge angepasst, Themen gesucht, Artikel in Auftrag gegeben oder gar ein gesamtes Blatt eigenständig gefüllt. Er kannte den Journalismus bisher nur als Randerscheinung in seinem Leben.

Bei der *Völkischen Freiheit* war Goebbels völlig sich selbst, seiner journalistischen Kreativität und mediengerechten Findigkeit überlassen. Er musste sich die gesamte Bandbreite an redaktionellen Kenntnissen autodidaktisch aneignen, um auf der Position überhaupt bestehen zu können. Schon nach wenigen Wochen zeigte sich, dass er dieser neuen Aufgabe nicht gewachsen war, sich mit einer Unmenge allein nicht zu bewältigender Arbeit überhäuft sah und von Wiegershaus ausgenutzt fühlte. Dennoch versuchte er, sich in seine Rolle als Alleinredakteur einzufinden, dem Zustand einen Vorteil abzugewinnen und sich vor allem darüber im Klaren zu sein, dass es (vorübergehend) keine Alternative zu der eher unbefriedigenden Redakteurstätigkeit bei der *VF* gab.[75]

2.4 Kürzel und Pseudonyme

> „Unitas Siegfridia. Ich halte gleich die Festrede über Wilhelm Raabe. [...]
> Ich nehme den Namen Ulex (nach Raabe) an."[76]

Bereits in Goebbels' frühen journalistischen Arbeiten findet sich die Verwendung einer Spitzmarke: sowohl bei der *Rheydter Zeitung*[77] als auch bei der *Westdeutschen Landeszeitung*[78] signierte er seine Artikel mit „Dr. G." – dem Initialen-Mix aus akademischem Grad und dem ersten Buchstaben seines Nachnamens. Als Schriftleiter der *Völkischen Freiheit* kennzeichnete er ebenfalls bestimmte Texte mit diesem dreistelligen Kürzel (Kryptonym) und erwählte sich außerdem zwei Pseudonyme: Ulex und Itza.

---

75 „Ich komme weder zum Lesen noch zum Schreiben in all dem Wirrwarr. Eine ganze Zeitung mit 6 Seiten pro Woche, das ist doch ein gutes Stück Arbeit; ich glaube, ich habe sie anfangs etwas unterschätzt. [...] Ich arbeite fast täglich bis in die tiefe Nacht hinein. Ich bin froh und guter Dinge. Die große Aufgabe gibt mir Stärke und Mut. Es geht ja doch um eine neue Welt. Ich sage und schreibe das, so oft ich kann, und die Leute verstehen mich." (sogGTb 15.10.1924). Ebenso wie im Folgenden: „Ich komme nicht mehr zur Besinnung vor Arbeit. An Lesen und Schreiben für mich gar kein Gedanke. Immer nur in der Tretmühle. Was ich früher zu wenig arbeitete, das arbeite ich heute zuviel. Aber ich bin so etwas wie zufrieden." (sogGTb 18.10.1924).

76 EB, Klammer und falsche Schreibweise im Original, korrekt: Unitas Sigfridia.

77 RZ/24.11.1922/3. Vgl. Kapitel II, 2.2.1 zu den Artikeln in der *Rheydter Zeitung*.

78 WLZ/30.9.1922/8 und WLZ/13.10.1922/9. Vgl. Kaptitel II, 2.2.2 zu den Artikeln in der *Westdeutschen Landeszeitung*.

Das Motiv der Pseudonymwahl ist aus seiner Funktion als alleiniger Redakteur der *Völkischen Freiheit* zu erklären: Mit den Falschnamen sollte die Alleinautorschaft im Blatt verdeckt werden. Dass der wesentliche Inhalt einer Zeitung aus einer einzigen Feder stammte, war zwar gerade bei kleineren Presseerzeugnissen weder ungewöhnlich noch verpönt; da es dennoch als Mangel an personeller Qualität und Quantität und somit als journalistisches Manko ausgelegt werden konnte, galt es, diesen Umstand weitgehend zu verdecken. Ein Journalist, der durch Vielschreiberei in der Öffentlichkeit auffiel, wurde zudem abschätzig, weil als eitel und selbstgefällig beurteilt. Es war also üblich, dass ein fleißiger Zeitungsschreiber seine tatsächliche Identität stellenweise im Dunkeln ließ und stattdessen die Möglichkeiten der Anonymität nutzte. Die Beweggründe für Kürzel, Initialworte und Pseudonyme eines Autors waren also meist pragmatischen Ursprungs: Durch die Verwendung von Decknamen war es auch bei einer geringen Mitarbeiterzahl möglich, Texte mit unterschiedlichen Aussagen (teilweise sogar voneinander abweichenden oder entgegengesetzten Meinungen) und in verschiedenen Darstellungsformen im selben Blatt unterzubringen, ohne dass der Urheber gegenüber der Leserschaft in Widersprüche geriet.

Dass sich Goebbels in der *Völkischen Freiheit* für die Rubrik „Aus meiner Tagesmappe" das Pseudonym „Itza" wählte, ist zweifelsfrei; die mit diesem Scheinnamen gekennzeichneten Texte weisen stilistisch und sprachlich deutliche Ähnlichkeiten mit anderen Beiträgen von Goebbels – vor allem mit dem so genannten Politischen Tagebuch – auf.[79] Woher genau allerdings der Deckname stammte, ob es sich um eine literarische oder historische Figur, um eine besondere Buchstabenkombination oder eine Codierung handelte, ob es ein Scherzname oder ein Fantasiegebilde war, bleibt unbeantwortet.

Bezüglich des Pseudonyms Ulex gab es hingegen weitläufige Spekulationen. Vielfach wurde die Bezeichnung als Spitzname interpretiert, der auf die Kurzform des Namens Ulixes (lateinische Fassung von Odysseus) zurückzuführen sei.[80] Auch wurden Übersetzungen des Decknamens sowie Ableitungen von Begriffen

---

79 Der Biograph Helmut Heiber liefert dazu ebenfalls einen Hinweis: „all diesen Darbietungen recht ähnlich schreibt ein gewisser ‚Itza' eine Serie ‚Aus meiner Tagesmappe', die ebenfalls von Goebbels stammen dürfte, der seinen Ein-Mann-Betrieb schließlich irgendwie kaschieren mußte." (Heiber 1962: 43). Siehe Kapitel III, 2.5 zu Stil und Form der einzelnen Rubriken.

80 „Wegen seiner Schläue erwarb er sich den Spitznamen ‚Ulix'. Er trug diesen Namen mit Stolz, wies jedoch stets darauf hin, daß Odysseus sowohl für seinen Mut als auch für seine Schläue bekannt war." (Wykes 1986: 13). „Die Mitschüler gaben ihm den Spitznamen Ulex, den Goebbels bei seinen ersten journalistischen Arbeiten auch als Pseudonym verwendete. Ulex ist eine Abkürzung von Ulixes (= Ulysses, Odysseus), des listenreichsten Helden im griechischen Heer von Troja." (Reimann 1971: 21, Klammer im Original). „Sein Spitzname war Ulex, nach Ulysses, dem Listenreichen. Goebbels war stolz auf diesen Namen und ließ sich auch nach der Schulzeit gern im Freundeskreis so nennen. Er benutzte ihn auch als Pseudonym für seine ersten journalistischen Versuche." (Fraenkel/Manvell 1960: 25). Und „nach seinem von Odysseus, dem ‚Listenreichen' abgeleiteten Spitznamen, der ihm schon in seiner Gymnasiastenzeit – gewiß nicht ohne Grund – beigelegt worden war und den er noch viel später gern als journalistisches Pseudonym gebrauchte" (Oven 1987: 77).

aus der Biologie und Botanik als Erklärung angeführt.[81] Ursprünglich aber stammt die Bezeichnung aus Goebbels' aktiver Zeit in der Unitas Sigfridia. Unter dem Biernamen Ulex trat der Germanist in die Studentenverbindung ein und trug ihn auch als Fuchsmajor.[82] Seine Korrespondenzen mit seinen Freunden und vor allem seine Liebesbriefe an Anka Stalherm unterzeichnete er stets mit „Ulex".

Es handelt sich bei Ulex um einen programmatischen Namen, der einer Figur aus dem Roman „Die Leute aus dem Walde" (1863) entlehnt ist. Das Werk stammt von Wilhelm Raabe, den Joseph Goebbels bereits zu Schulzeiten verehrte und als „praeceptor Germaniae" feierte.[83] Im 27. Kapitel taucht eine Gestalt namens Heinrich Ulex auf, der als der Alte vom Turm, Astronom und Mann des Ideals umschrieben wird.[84] Im Roman wird die Auseinandersetzung zwischen Realismus, Moderne und Romantik behandelt, im Mittepunkt steht das Verhältnis von Menschen und Zeit. Raabe schrieb: „Ernstere Charaktere, wie der Sternseher Heinrich Ulex, dachten freilich ernster über das Raunen und Winken in der Höhe;

81 Goebbels „verwandte seinen Spitznahmen (sinnig, aber wohl zufällig die lateinische Bezeichnung des Stechginsters) später noch als Pseudonym bei seinen ersten journalistischen Versuchen" (Heiber 1962: 17, Klammer im Original). Vgl. ebd.: 42f. „Kundige wußten, daß die Kommilitonen von der katholischen Unitas-Korporation dem Fuxen Joseph Goebbels in Bonn den Kneipennamen ‚Ulex‘, das heißt ‚der Stechginster‘, verliehen hatten. Selbst seine Scherze – das zeigte sich hier – waren spitzig und verletzten." (Stephan 1949: 96). Klassenkameraden „nennen ihn ‚Ulex‘, weil das an ‚pulex‘ erinnert. Also noch nicht einmal ganz Floh. Die Bücher verhöhnen ihn nicht. Darum liest er." (Borresholm 1949: 32).

82 Vgl. Vereinsnachrichten Unitas (Organ des Verbandes der wissenschaftlichen katholischen Studentenvereine Unitas), Jg. 57, Nr. 5, Juni 1917; Jg. 57, Nr. 6, August 1917; Jg. 58, Nr. 2, Dezember 1917; Jg. 58, Nr. 3, Februar 1918; Unitas Jg. 58, Nr. 4, April 1918 (BArchKo N 1118/119).

83 In einem Klassenaufsatz vom 7. März 1916 setzte sich Goebbels mit Raabe und seiner Romanfigur Ulex auseinander: „Wie eigentümlich berührt es uns, wenn der alte Ulex ‚der Not gehorchend‘ von seinem hohen Nikolausturm hinabsteigt und wie ein altgermanischer Zauberer, bestaunt und belästigt von Jung und Alt, mit langem Bart durch die Straßen und Gäßchen der Stadt eilt. [...] der alte Ulex, einer der schönsten Gestalten Raabescher Kunst. Gerade diese romantische Figur hat dem Roman so ungeheure Verbreitung verschafft. Dieser alte Idealist auf dem hohen Nikolausturm stellt so recht das Urbild des deutschen Idealisten und Träumers dar. Und so ist auch seine Lebensregel idealistisch, deutsch. Verschaff dir nicht eitlen Gewinn der Welt, sieh hinauf zu allem Höheren, zu deinen Idealen, laß sie nicht im Materialismus verkümmern. Das auch finden wir in sämtlichen Werken Raabes, überall ein stiller Trost, ein festes Vertrauen, eine sichere Hoffnung, es wird noch alles gut werden. Nie eine stumpfe Resignation, nie ein starres Schicksalsgriff, alles ist poetisch verklärt und geläutert durch eine tiefe innerliche Liebe, die nur der Liebe des Dichters zum Stoff entsprungen sein kann. Und so schauen sie hinauf, die Raabeschen Gestalten, hinauf zu den Sternen, hinauf zu einem mächtigen Lenker menschlichen Schicksals. Und so hat Raabe hinaufgeschaut in seinem Leben, so hat er die jahrelange Zurücksetzung ertragen können, ohne seinen Humor, seinen Lebensmut zu verlieren, so hat er rastlos weitergearbeitet an seinem Lebenswerk, gewürdigt nur von wenigen Freunden, verkannt fast von ganz Deutschland, aber überzeugt von seinem hohen Beruf. So hat er weitergestrebt, wenn nicht für seine Mitmenschen, so doch für eine spätere Generation. Sind wir diese Generation?" (StadtA MG 15/44/56).

84 Im Original heißt es: „die Augen aber richtete empor zu den Sternen des weisen Meisters Henrici Ulexii, privilegierten und patentierten Sternguckers und Platonikers im Giebel des vormaligen Klosters Sancti Nicolai." (Raabe 1962: 317).

aber auch sie mußten den irdischen Gewalten nachgeben und sich ihren erhabenen Grübeleien entreißen, wenn es – an ihrer Tür klopfte.„[85]

Dass sich Goebbels mit seinem Verbindungsnamen[86] auf diesen Romanhelden bezog, verdeutlicht sein damaliges Selbstverständnis und seine innere Einstellung: Da er sich selbst für einen geborenen Poeten mit gottgegebenen herausragenden Gaben hielt, wählte er sich einen imposanten Sternengucker als namentliches Idol. „Nach einem solchen Helden also wollte Goebbels heißen.„[87] Die Identifikation mit Ulex – dem Symbol und Urbild des deutschen Idealisten und Träumers – zeigt, „wie sehr er die bildungsbürgerlichen Ideale und zivilisationsfeindlichen Ressentiments seiner Zeit verinnerlicht hatte.„[88] Die Wahl seines literarischen Kosenamens erhellt auch, wie überzeugt Goebbels von seiner überirdischen Vorsehung war; sie verkörperte sein Streben und den undurchdringlichen Glauben, trotz aller Makel und Rückschläge etwas Besonderes zu sein.

Dass sich der laienhafte Journalist Goebbels während seiner Tätigkeit bei der *Völkischen Freiheit* den Namen Ulex anheftete, dürfte als logische Konsequenz aus diesen Überzeugungen zu verstehen sein. Vermutlich wollte er so die Inhaltsschwere seiner Zeitungstexte verstärken und den Beiträgen durch einen bedeutsam klingenden Urheber mehr Aufmerksamkeit garantieren. Dass Artikel, die von einem in die Zukunft schauenden und urdeutschen Mann geschrieben wurden, einen hohen Stellenwert haben mussten, davon war zumindest der Autor selbst fest überzeugt. Die herausragende Kraft des Allonyms[89] sollte Goebbels' Argumente, Thesen und Spitzfindigkeiten untermauern. Die Weissagungen des Journalisten Ulex, die nach Goebbels' Dafürhalten eigentlich als heilige Unkenrufe eines respektablen Helden gewertet werden mussten, sollten bei der Leserschaft Beachtung finden und Glaubwürdigkeit erlangen.

---

85 Raabe 1962: 314. Vgl. ebd.: 313–323, 431–435; Biese 1913.

86 Nicht nur der Namen stand für Goebbels im Vordergrund, auch der Auseinandersetzung mit Raabe widmete er sich intensiv. Auf dem Vereinsfest der Bonner Unitas Sigfridia am 24.6.1917 hielt Ulex die Festrede zum Thema „Wilhelm Raabe und wir". Vgl. dazu die Programmheft im Bestand IfZ F 82.

87 Bering 1991: 110.

88 Michel 1999: 32. Vgl. ebd.: 24, 50; Reuth 2000: 24, 29f., 82f.; Altstedt 1999: 12, 30; Henke 1995: 181; Heiber 1962: 20.

89 Mit einem Allonym gibt man den Namen einer bekannten Persönlichkeit vor.

2.5 Die Beiträge

„Täglich wird die Mahnung zum Handeln dringender und schneidender in mir.
Was soll ich tuen?
Wie werde ich des bösen Gewissens Herr?"[90]

Dieses Übersichtskapitel soll einen Eindruck davon vermitteln, welche Anzahl und Art von Zeitungsbeiträgen in der *Völkischen Freiheit* im untersuchten Zeitraum entstanden sind, wie sie sich unterscheiden und mit welchen journalistischen Gattungsformen und Stilmitteln der Schriftleiter in dem Wochenblatt arbeitete. Zwischen September 1924 und Januar 1925 veröffentlichte Joseph Goebbels insgesamt 45 namentlich gezeichnete[91] Beiträge in der *VF*.

Die Differenzierung ist durch eine Sortierung nach Rubriken möglich: Insgesamt publizierte er in der *Völkischen Freiheit* 13 Haupttexte.[92] Diese umfangreichen Artikel, in denen sich Goebbels hauptsächlich mit politischen Themen beschäftigte, weisen durchaus stilistische und gedankliche Prägnanz auf – und unterscheiden sich dadurch deutlich von der in täglichen Notaten, literarischen Notizen und Briefen sonst so „dümmlich aufgereckte[n] Allüre des Kämpfers" und dem „stammelnde[n] Schwulst seiner privaten Aufzeichnungen"[93]. Sämtliche Haupttexte wurden bis 8.11.1924 mit „Dr. Joseph Goebbels" unterzeichnet und eindeutig dem Autor zugeordnet; nach diesem Datum kennzeichnete er nur noch einen Beitrag[94] mit seinem vollen Namen. Alle Folgetexte dieser Kategorie wurden ausschließlich mit dem Kürzel „Dr. G." signiert. Warum Goebbels im Herbst 1924 entschied, von da an das Kryptonym zu bevorzugen, kann nur vermutet werden. Möglicherweise glaubte er, innerhalb der völkischen Gruppierung und bei den Lesern des dazugehörigen Parteiblättchens einen entsprechenden Bekanntheitsgrad erlangt zu haben, so dass es einer vollständigen Namensnennung unter seinen Zeitungstexten nicht mehr bedürfte.

Dass sich das Kürzel bei Goebbels ganz offensichtlich zunehmender Beliebtheit erfreute, zeigt auch der Blick auf eine weitere Kategorie: Das „Politische Ta-

---

90 sogGTb 10.1.1924.

91 Bei der durchgeführten Suche und Auflistung im Bestandsverzeichnis wurden solche Artikel als namentlich gekennzeichnet angesehen, die entweder mit dem vollen Namen (Joseph Goebbels, Dr. Joseph Goebbels oder Dr. Goebbels), dem Kürzel „Dr. G." oder mit einem der beiden Pseudonyme „Ulex" oder „Itza" signiert wurden. Siehe dazu auch Kapitel III, 2.4.

92 Die Beiträge werden als Haupttexte betitelt, da aufgrund der Quellenlage (stellenweise sind heute nur Kopien aus den Originalen zugänglich) oftmals nicht mehr nachvollziehbar ist, an welcher Stelle im Blatt genau der Artikel gedruckt wurde und ob es sich demnach um einen Leitartikel, Aufmacher oder sonstigen Großbeitrag (Fußkasten) handelte. Folglich kann nur augenscheinlich und aufgrund des erheblichen Umfanges davon ausgegangen werden, dass es sich hierbei um Haupttexte in Form von politischen Grundsatzartikeln und offenen Briefen handelte, die in ihrer Ausführlichkeit und Wichtigkeit den kleineren Rubriken vorstanden. Die Haupttexte werden im Folgekapitel III, 2.6 genauer beleuchtet.

93 Fest 2003: 125.

94 Heldenverehrung (VF/8.11.1924/29).

gebuch"[95], das in der *Völkischen Freiheit* insgesamt zwölf Mal erschien, unterschrieb Goebbels stets mit der Spitzmarke „Dr. G.". Inhaltlich basierte diese wöchentliche Kolumne auf einem neben den täglichen Aufzeichnungen zusätzlich verfassten „Tagebuch für häusliche Arbeiten Nr. 15".[96] Hier machte sich Goebbels zusätzliche Notizen zu Ereignissen aus der Außen- und Innenpolitik, die er in der *Völkischen Freiheit* dann glossierend in einem Gesamtbild über die Wochengeschehnisse verarbeitete. Die journalistisch verwerteten Tagesereignisse ermöglichten es, einerseits den Autor

> „selbst als Akteur politischer Prozesse darzustellen und seine persönliche Einbindung in den Wirkungszusammenhang hervorzuheben, andererseits dennoch die Authentizität seiner Mitteilungen zu suggerieren und damit ein Höchstmaß an Glaubwürdigkeit zu vermitteln."[97]

Goebbels erprobte und etablierte das Politische Tagebuch in der *Völkischen Freiheit* als Serie, später nahm er es in seinem eigenen Blatt namens *Der Angriff* wieder auf und führte es dort unter professionelleren Umständen fort.[98] Die Rubrik stellte sich schnell als journalistischer Kunstgriff heraus: Sie ermöglichte es dem Autor, in größerem Umfang politische Informationen und Botschaften in Gestalt eines Tagebuches und somit bewusst subjektiv zu übermitteln. „Der Gehalt dieser Notizen entsprach dem kleinerer Leitartikel, da in der Regel ausgewählte politische Ereignisse im Mittelpunkt der Bewertung standen."[99] Inhaltlich kreiste das Politische Tagebuch um die brisanten Fragen der jeweiligen Woche, die mit zugehöriger Datumsangabe kommentiert wurden.[100] Aktuelle Themen wie der Dawes-Plan (Goebbels: „internationaler Versklavungsplan"), das Londoner Abkommen, der Völkerbund (Goebbels: „Kuckucksei im diplomatischen Nest"), die neue deutsche Verfassung und das Weimarer System[101] (Goebbels: „Maulhelden dieser

---

95 Die Rubriktexte des Politischen Tagebuchs werden in der Untersuchung nicht weiter berücksichtigt, da sie derart breit gefächerte Themen des jeweils aktuellen Tagesgeschehens behandelten, dass selbst eine ungefähre Schwerpunktsetzung den Rahmen der Arbeit bei weitem gesprengt hätte. Bei der Auszählung wurden sie berücksichtigt.

96 Vgl. StadtA MG 15/44/52.

97 Schulz 1994: 197. Vgl. Reuth 2000: 82f.; Fröhlich 1987: 509; Reimann 1971: 38f.; Heiber 1962: 42.

98 „Goebbels hatte diese Spalte schon während seiner Tätigkeit bei der ‚Völkischen Freiheit' geführt und sie mit der Gründung des ‚Angriff' neu erstehen lassen. Wöchentlich glossierte und kommentierte er darin Tageseintrag für Tageseintrag politische Zeitereignisse" (Michels 1992: 33). Vgl. Härtel 2005: 17.

99 Schulz 1994: 195.

100 „Die Politik macht mir Freude. Besonders das politische Tagebuch. Ich versuche immer große Linien aufzuweisen und die europäischen Verhältnisse nach großen Gesichtspunkten zu beurteilen. Dieses große Rätsel Europa reizt mich, schon rein psychologisch. Ich denke, allmählich dahinter zu kommen. Aber ich muß sehr fleißig dabei sein und mich mit Ernst und Sachlichkeit in die Materie hineinarbeiten. Politik treiben heißt ja heute nichts anderes als für den neuen Gedanken kämpfen." (sogGTb 17.9.1924).

101 Das Wort „System" tauchte bei den Nationalsozialisten als Synonym für die Weimarer Republik auf und wurde stets in verächtlichem Ton in Bezug auf die demokratische Regierungsform verwendet. Schnell wurde die Sammelbezeichnung für sämtliche politischen Gegnerschaften populär gemacht. In diesem Zusammenhang wurde auch die „Überwindung des Sys-

Republik und ihre Parteien") wurden in dieser Rubrik auf die Agenda gehoben und von Goebbels mal altklug, mal bissig oder übertrieben sarkastisch zur Schau gestellt. Politische Prominenz wie Reichskanzler Marx, Außenminister Stresemann, Reichsfinanzminister Luther, Reichsbankpräsident Schacht und der verstorbene Außenminister Rathenau wurden dabei regelmäßig verspottet; meist stimmte Goebbels eine vordergründige Lobeshymne auf die auserwählte Persönlichkeit an, erhob sie zur Galionsfigur der Demokratie – um sie dann spöttisch als missratene Politiker hinzustellen.

Im Politischen Tagebuch machte sich Goebbels öffentlich Gedanken über verschiedene Staatskonzepte: Indem er Liberalismus und Marxismus in negativ konnotierten Einzelheiten darstellte, konstruierte er die völkisch-soziale Staatsidee als das für Deutschland passende Modell. Das völkische Denken und die völkischsoziale Gemeinschaft bildeten in Goebbels' Denkweise das Ideal; um dies auch der Leserschaft zu vermitteln, mutierte die *Völkische Freiheit* stellenweise zu einer Art Lehrbuch in völkischen Fragen.[102] Den Parteigenossen, die als „völkische Kämpfer" angesprochen wurden, hielt Goebbels die Entwicklungen in Sowjetrussland als positives Beispiel vor und schrieb: „In der Sehnsucht nach dem Osten treffen sich völkische und kommunistische Hoffnungen. Die Kommunisten suchen das Rußland Lenins, wir suchen das Rußland Dostojewskis."

Das Politische Tagebuch offenbart sich unter journalistischen Gesichtspunkten als brauchbare Darstellungsform. Die Texte tragen alle den Charakter eines Gesamtüberblicks und sind durch die mit Datum gekennzeichnete Aufteilung in kleine Leseabschnitte leicht konsumierbar. Meistens widmete sich der Autor mit jedem Tag einem neuen Themenaspekt und gab neben einem minimalistischen Abriss der aktuellen Entwicklung auch Prognosen ab. Jede Etappe des Politischen Tagebuchs, also jedes Ende eines Wochentages, schließt mit einem Aufruf oder einer Weissagung. Goebbels arbeitete mit Unmengen an Zitaten historisch relevanter Persönlichkeiten (beispielsweise Bismarck), um seine Urteile zu untermauern. Meist wechselte er vom innen- zum außenpolitischen Blick, um seinen Schriftstückchen einen weltpolitischen Anstrich zu verleihen; insofern war der Überblick in Tagebuchform eher ernst und sachlich gehalten, es finden sich kaum spöttische oder humoristische Bemerkungen. Die Reflexionen über das Wochengeschehen erscheinen auf diese Weise ganz ohne Esprit; in nüchternen Kommentaren verfolgte der Autor die relevanten politischen Ereignisse und zeichnete sie scharf nach.

Da Goebbels den Großteil der Zeitungsinhalte im Alleingang zu bewältigen hatte und mindestens zwei Drittel der *Völkischen Freiheit* selbst schrieb, bediente er sich weiterer Gestaltungsmittel und -formen, so auch der Rubrik „Aus meiner

---

tems" propagiert, unter dem die Absetzung der demokratischen Staatsführung und der Sturz der Republik verstanden wurden. Vgl. Schmitz-Berning 1998: 597–599. Vor allem Goebbels verwendete in seinen Zeitungstexten zahlreiche neu gebildete Komposita wie Systempartei, Systembonze, Systempolitiker, Systempresse, Systemzeit und Systemstaat.

102 Goebbels unterschied noch sehr klar zwischen völkischer und nationaler „Bewegung": „Ziehen wir also den Strich zwischen national und völkisch noch schärfer und versuchen wir darüber hinaus, die augenblickliche politische Situation klar zu erfassen."

Tagesmappe", die insgesamt neun Mal erschien.[103] Die Tagesmappe bestand meist aus formlosen Abfolgen scharfzüngiger Notizen und spitzer Kommentare, die sich gegen die Weimarer Republik richteten. In erster Linie nutzte der Autor hierfür Ausschnitte aus anderen Presseerzeugnissen; anhand von stellenweise ausführlichen, gern jedoch aus dem Zusammenhang genommenen Artikelzitaten stellte er dann in bissigem, sarkastischem oder ironischem Ton seine eigene Position dar. Die frei interpretierten und auch umgedeuteten Zitate anderer Journalisten wurden lächerlich gemacht, indem Goebbels die Aussagen und Formulierungen in ein völlig neues Gefüge stellte, drastische Verkettungen herstellte und anschließend die Journalistenkollegen der Arbeit mit der Unwahrheit bezichtigte.

In seiner Fundamentalopposition griff Goebbels die gesamte deutsche Presselandschaft, ihre Mitglieder und deren Berichterstattung an.[104] Seine schriftlichen Attacken, die nicht selten in schonungslosen Anschuldigungen und persönlichen Beleidigungen[105] gipfelten, richtete er direkt und namentlich gegen Chefredakteure und Zeitungsschreiber, die seiner Ansicht nach das „kapitalistische Ausbeutungssystem" der Weimarer Republik publizistisch unterstützten. Die *Rheydter Zeitung*, für die er einmal geschrieben hatte, kam dabei als „harmloses Blatt der Stresemannrichtung" ebenso wenig gut weg wie die *Westdeutsche Landeszeitung*, die Goebbels als „scheinheiliges Zentrumsblatt" verurteilte.

Auch das gesamte politische Spektrum definierte er quasi als journalistische Zielscheibe. Kapitalismus, Sozialdemokratie, Kommunismus und Dawes-Plan stellten die Hauptthemenblöcke in der „Tagesmappe". Neben parteiinterner Kritik (beispielsweise an dem Verhältnis der Völkischen zu DDP und DVP) verspottete Goebbels den Pazifismus, karikierte die nach seiner Überzeugung durch den Marxismus verseuchte deutsche Arbeiterschaft, wies Beschuldigungen über Vergehen nationalsozialistischer Genossen in geschickten Formulierungen zurück oder widerlegte wie auch immer geartete Vorwürfe mit Hilfe von Wortspielereien oder eigens dafür konstruierten Parodien. Gern zeigte sich der Autor auch als Börsen- und Wirtschaftssachverständiger, der sich anhand von Praxisbeispielen über Arbeitslosigkeit, Bankgewerbe und Mittelstand empörte.

Auffällig sind in der Tagesmappe die zahlreichen rassistischen und judenfeindlichen Spitzen. Obgleich die jüdische Gemeinschaft in Deutschland weniger als ein Prozent der Gesamtbevölkerung ausmachte, galt diese Minderheit als beliebtes Spottobjekt – so auch in der *Völkischen Freiheit*. „Die Juden wurden zum Symbol für linke Politik, kapitalistische Ausbeutung, avantgardistische Experi-

---

103 Es folgt nun eine Kurzdarstellung der inhaltlichen und stilistischen Schwerpunkte und der journalistischen Arbeitsweise innerhalb der Gattungsform. Näher bzw. einzeln wird auf die Rubrik „Aus meiner Tagesmappe" in dieser Studie allerdings nicht eingegangen, da dies den Rahmen der Arbeit sprengen würde. Sie wurde lediglich bei der Auszählung berücksichtigt.

104 Zu nennen sind dabei vor allem der *Vorwärts*, das *Berliner Tageblatt*, der *Berliner Börsenkurier*, die *Berliner Zeitung am Mittag* und die *C. V. Zeitung*. Seine Hasstiraden richtete Goebbels auch gegen die *Weltbühne* und die *Kreuzzeitung*, die *Welt am Montag* und gegen ausländische Presseerzeugnisse wie die *Wiener Morgenzeitung*, die *Chicago Tribune* und den *Tyroler Volksboten*.

105 Vgl. Rees 2001: 22; Reuth 2000: 83.

mente, Säkularisation [...]. Der Jude war ein ideales politisches Schlagwort."[106] Goebbels nutzte diese Symbolik in der wöchentlichen Kolumne nicht nur, sondern gab ihr durch die Formung eigener Begriffe (jüdische Verdummungspolitik, europäische Juden-Überflutung, jüdische Pressemeute) ein zusätzliches Gewicht, um mehr Aufmerksamkeit bei der Leserschaft zu gewinnen.

Eine Bewertung der in Goebbels' Journalismus zunehmend verwendeten antisemitischen Vokabeln ist jedoch mit Vorsicht und vor folgendem Hintergrund vorzunehmen: In jenen Bürgerkreisen, aus denen Joseph Goebbels stammte, gab es von jeher einen starken traditionsbedingten und latenten Antisemitismus. Mit der sich verschlechternden politischen und wirtschaftlichen Situation verstärkten sich die sozialen Ressentiments gegenüber der jüdischen Bevölkerungsgruppe. „Bevorzugtes Objekt ihrer Aversion war für viele das Judentum. In dem Maß, wie die Juden in der Gesellschaft aufstiegen, hob sich auch das soziale Niveau des Antisemitismus."[107] Zwar betrachteten gerade auch die jungen Akademiker die Juden als eine auf dem Arbeitsmarkt gefährliche, weil erfolgreiche Konkurrenz; doch dieser Antisemitismus war noch sehr schwach ausgeprägt und bei weitem nicht so aggressiv und absolut, wie er es später in der Zeit der nationalsozialistischen Diktatur wurde.

Wenn Goebbels in seinen *VF*-Artikeln mit antisemitischen Floskeln hantierte, dann war dies Kalkül: Der Autor konnte sich sicher sein, dass seine Texte durch die Verwendung von antisemitischen Parolen besondere Aufmerksamkeit bekamen und mitunter Anerkennung bei den Parteigenossen hervorriefen. Ganz bewusst demonstrierte Goebbels dadurch auch seine ideologische Zugehörigkeit. Die bei den Völkischen

> „übliche Sprache unterscheidet sich von der Lehrsprache an der Universität. Der verhinderte Dichter und Starjournalist Goebbels muß sich einer Umgebung anpassen, um nicht noch mehr Außenseiter zu sein, als er es seines Klumpfußes und seiner Intelligenz wegen ohnehin schon ist."[108]

Hinzu kam, dass eine eindeutige oppositionelle Position gegen den Weimarer Staat, den Kapitalismus und die politische Entwicklung in Deutschland kaum besser ausgedrückt werden konnte, als mit verbalisierten Attacken gegen alles Jüdische. Insofern bediente sich Goebbels einer handfesten Symbolik, probierte in der *Völkischen Freiheit* allerlei journalistische Techniken aus und testete in seinen Zeitungsbeiträgen mögliche Grenzen wie auch die Reichweite der judenfeindlichen Inhalte. Das Presseorgan der kleinen radikalen Partei war hierfür durchaus geeignet, denn seine Leserschaft war eine leicht zugängliche, weil einfach strukturierte Zielgruppe. Wenn auch seine antisemitischen Äußerungen zu diesem Zeitpunkt noch außerhalb der politischen Argumentation standen, so hatte die Entwicklung in diese Richtung jedoch bereits begonnen:

---

106 Rees 2001: 22f., der Autor zitiert hier Christoph Browning.
107 Winkler 1993: 293.
108 Reimann 1071: 74. Vgl. Müller 1973: 66; Bramsted 1971: 497.

„Erst die Jahre 1922 bis 1924 führten zu einer apokalyptischen Existenzinterpretation. Erst in dieser Zeit wurde Goebbels durch eine Radikalisierung jener bereits erwähnten in seiner Persönlichkeitsstruktur wurzelnden *gnostischen* Tendenz, die Menschen in gute und böse einzuteilen, zum Antisemiten."[109]

Aus journalistisch-handwerklicher Perspektive und sofern eine Ausblendung der inhaltlichen Wertung möglich ist, kann die Tagesmappe durchaus als gelungen eingestuft werden. Die kleinen Randnotizen, in denen augenzwinkernd Ausschnitte aus anderen Zeitungen kommentiert oder frech interpretiert wurden, zeigen gekonnte Polemik und Spitzen. Teilweise bravouröse Satzkonstruktionen, witzige, charmante und stilistisch griffige Formulierungen ermöglichten ein einfaches Konsumieren der Texte. Von anspruchs- und niveauvollen Beiträgen kann hier nicht die Rede sein, auch schlug der Verfasser sehr bewusst bis weit unter die Gürtellinie der politischen Gegner, um mit emotionalen Griffen für Provokationen zu sorgen – was ihm wiederum seine Präsenz in den eigenen Reihen sicherte.

In den Zeitungsnummern enthalten war außerdem eine Rubrik mit dem Titel „Streiflichter"[110], von der insgesamt elf Abfolgen veröffentlicht wurden und die Goebbels unter seinem Spitznamen Ulex schrieb. „Es handelt sich um jeweils 20 Kurzmeldungen am Rande des Geschehens, zu denen Goebbels Kurzkommentare verfaßt. Zum erstenmal setzt er hier seine ätzende Wortlauge ein."[111] Die Streiflichter – oft über zwei Seiten hinweg verlaufend und daher auch meistens recht umfangreich – bestanden im Großen und Ganzen aus grotesken Kurzmeldungen, höhnischen Zitaten und knappen Kommentaren, die nicht selten ins Hässliche oder Lächerliche abdrifteten.

Auch hier verwendete Goebbels gerne Randbemerkungen aus Zeitungen, griff politische und kulturelle Ereignisse auf oder nutzte Leserbriefe, um aus den Inhalten völlig fremder Personen seine Schmähungen abzuleiten. Mit wortreichen Überspitzungen zeichnete er wichtige Namen der Republik, Politiker und Prominente als Spottfiguren. Unter den journalistisch ins Visier genommenen Persönlichkeiten befanden sich diverse Abgeordnete, Stadt- und Landräte, Bürgermeister und auch Berühmtheiten wie Owen Young, Kurt Tucholsky, Bertolt Brecht und erstmals Bernhard Weiß – jener Berliner Vizepolizeipräsident, gegen den Goebbels später in Berlin eine groß angelegte und erbarmungslose Verleumdungskampagne startete.[112]

Hauptsächlich enthielten die „Streiflichter" spitzfindige Interna aus der Presse- und Kulturszene. Wichtig schien dem Autor dabei die Frage „Wer schreibt was über wen?" Er verfolgte den gesellschaftlichen Klatsch, hängte den Aussagen anderer Personen völlig willkürlich bösartige Halbsätze an und zog sie so in Zweifel, gab den hinzugezogenen Inhalten aus fremden und auch bekannten Federn durch Randbemerkungen eine bestimmte Richtung oder eine völlig neue Tendenz.

---

109 Michel 1999: 90, kursiv im Original.
110 Auf die konkreteren Inhalte der Rubrik „Streiflichter" wird neben der nun folgenden Kurzbeschreibung in dieser Studie im Einzelnen nicht eingegangen, da dies den Rahmen der Arbeit sprengen würde. Sie wurde lediglich bei der Auszählung berücksichtigt.
111 Reimann 1971: 38f.
112 Vgl. Kapitel IV, 1.5.3 zur Hetzkampagne gegen Bernhard „Isidor" Weiß.

Goebbels arbeitete mit der Form der Satire, seine humoristischen Äußerungen erscheinen hier jedoch banal und plump. Da die Streiflichter als einfache Lesekost für Zwischendurch einzustufen sind, können sie auch eher als Seitenfüller von minderer journalistischer Qualität gewertet werden. Der Autor setzt auf Unterhaltung, spickt die kurzen Absätze mit eigener Lyrik und füllte diese Rubrik bewusst plakativ und boulevardesk. Einen großen Arbeitsaufwand darf man für diese Zeitungsbeiträgen nicht unterstellen, sie wurden wohl meist spontan oder aus einer Laune heraus geschrieben.

Nach der numerischen Auszählung der Zeitungsbeiträge in der *Völkischen Freiheit* ergibt sich folgendes Bild: Der prozentuale Anteil der verschiedenen Textkategorien unterscheidet sich nur minimal. Ob sich Goebbels den Haupttexten ebenso wie den Rubriken Politisches Tagebuch, Tagesmappe und Streiflichter mit vergleichbar intensiver Aufmerksamkeit und gleichgroßem Zeitaufwand widmete, lässt sich daraus allerdings nicht folgern. Eine Textsorte, auf die das Hauptgewicht fällt, ist bei der Auszählung nicht erkennbar. Goebbels schrieb eine ähnlich hohe Anzahl an Haupttexten (29 Prozent), Politischen Tagebüchern (27 Prozent), Streiflichtern (24 Prozent) und Tagesmappen (20 Prozent). Er richtete sein journalistisches Engagement auf alle Bereiche des Wochenblattes, bediente sich jedoch verschiedener Stile, um dem Leser eine Mehrautorenschaft zu suggerieren und die unterschiedlichsten Lesegewohnheiten durch verschiedene Textgattungen zu bedienen.

Auffällig ist die Experimentierfreudigkeit innerhalb der publizistischen Produktion: So versucht Goebbels mit dem Politischen Tagebuch eine ursprünglich aus der Literatur stammende Darstellungsform in dem Presseorgan zu etablieren – und erreichte so eine bislang eher ungewöhnliche Aktualität, indem er jeden Tag der vergangenen Woche einzeln beleuchtete. Der Rezipient hatte damit die Möglichkeit, die Geschehnisse mit Hilfe des Verfassers zu reflektieren. In der *Völkischen Freiheit* finden sich auch zwei offene Briefe[113], in denen der Leser vom Autor direkt angesprochen wurde. Goebbels gab dadurch dem Inhalt eine persönliche Färbung und schuf zudem ein sehr konkretes Gegenüber. Die eher unüblichen Darstellungsformen des Tagebuchs und des offenen Briefs verfeinerte und professionalisierte Goebbels im Laufe seiner journalistischen Tätigkeit.

2.6 Das Textangebot

„Aber ich will doch eine neue Note in diesen Kampf hineintragen:
die persönliche Ehrlichkeit und Unbestechlichkeit, den Willen,
das Rechte zu sehen, den Mut, die Wahrheit zu sagen."[114]

Die thematischen und inhaltlichen Schwerpunkte der Goebbelsschen Zeitungstexte während seiner Tätigkeit bei der *Völkischen Freiheit* sollen genauer beleuchtet

---

113 VF/8.11.1924/28 und VF/17.1.1925/4.
114 sogGTb 5.9.1924.

werden, um darzustellen, in welcher Intensität er sich welcher Geschehnisse pub-
lizistisch annahm. Von einer Ausnahme abgesehen, nämlich dem Beitrag „Das
Fiasko der modernen deutschen Literatur"[115], können die Artikel drei verschiede-
nen Themenkategorien zugeordnet werden: erstens der Beschäftigung mit dem
Sozialismus, zweitens dem Problem der Generationen und drittens der Figur
Adolf Hitler.

2.6.1 Die soziale Frage

Goebbels' erster Beitrag in der *Völkischen Freiheit* trug den Titel „National und
sozial"[116]. Mit diesem Text startete Goebbels seinen journalistischen Werbefeldzug für den Sozialismus, den er in zahlreichen Artikeln weiterführte. Er begann
mit einer detaillierten Beschreibung, in welchem üblen Zustand sich Deutschland
befände. Liberalismus, Marxismus[117], Schwäche und Ziellosigkeit waren die Eckpfeiler, gegen die er sein Plädoyer für ein neues Deutschland aufzog. Zum ersten
Mal tauchten Erklärungsversuche für die Begriffe „national" und „sozial" auf: Für
Goebbels gab es zu diesem Zeitpunkt eine absolute Deckungsgleichheit von nationalem und sozialem Denken.[118] National bedeute, dass das eigene Empfinden
und Tun der Volksgemeinschaft untergeordnet werde, jeder einzelne Mensch ein
Teil des Volkes und Bestandteil des Staates sei, als Zugangsvoraussetzung jedoch
jeden Eigennutz und jede Profitgier dem Volkskörper[119] nachzuordnen habe. Als
sozial definierte er ein gesteigertes Familiengefühl, eine schicksalhafte Verbundenheit der Deutschen und die daraus resultierende Verantwortung sich, allen anderen und dem Staat gegenüber. Goebbels folgerte:

115 VF/1.11.1924/24; hierbei handelt es sich um eine Zweitpublikation. Der Artikel ist identisch
mit der gleichnamigen Publikation im *Kölner Tageblatt* (KT/23.6.1923/1) und wurde in Kapitel II, 2.2.3 bereits ausführlich besprochen.
116 VF/13.9.1924/1. „Am 13. September 1924 erscheint Goebbels' erster gedruckter Artikel
‚National und sozial' und trägt schon im Titel das Anliegen des Verfassers vor: Die soziale
Frage ist nur im nationalen und nicht im internationalen Bereich zu lösen." (Reimann 1971:
38f.). Vgl. Irving 1997: 40; Goebel 1984: 11.
117 „Er [Anmerkung: der Marxismus] nimmt seine Kraft nicht aus dem Nährboden einer stärke-
spendenden heimatlichen Scholle, er sucht das internationale Empfinden durch Hetze, Terror,
Geschrei und Macht zu ersetzen."
118 Goebbels' Ausführungen zum national-sozialen Gesellschaftsmodell sind völlig konform mit
der Beschreibung einschlägiger zeitgenössischer Verfasser; auch er stellte die soziale Frage in
Hinblick auf die Genesung des kraftlosen und zerrissenen deutschen Volkes durch interne Solidarität und einen spezifischen Staatsgedanken. Vgl. Schmitz-Berning 1998: 417–420.
119 Der Begriff tauchte bereits in Verbindung mit der Französischen Revolution auf; organische
Metaphern vom gesunden oder kranken Körper wurden dahingehend verwendet, um radikale
Aktionen zu rechtfertigen und als unvermeidliche Heilsmaßnahmen plausibel zu erklären. Die
Vorstellung vom Volk als gegliederter Organismus reicht bis in die Antike zurück. Der
Volkskörper wurde im Vokabular des Nationalsozialismus insofern als eine biologisch-
rassische und hierarchisch gegliederte Einheit betrachtet. In diesem Zusammenhang tauchte
vor allem der Rassismus als Argument für die Notwendigkeit der Ausscheidung schädlicher
Elemente auf. Vgl. Schmitz-Berning 1998: 667–670.

„Es gibt keinen wahren Sozialismus als nur innerhalb des starken und gesunden Staates, es gibt kein echtes, aus der Tiefe des Herzens quellendes nationales Empfinden ohne soziale Grundlage. Der konsequent durchgebildete Staat ist Sozialismus im höchsten Sinne, der Sozialismus ist letztes, ethisches und verantwortliches Staatsbewußtsein."

Dieser erste politische Text erscheint inhaltlich schwammig und diffus, der Autor bewegte sich vage, wenig konkret und sehr theoretisch in der Materie. Der Artikel wirkt wie eine angestrengte Parole oder eine langatmige Aufforderung zum Mitmachen. In verschachtelten Sätzen gab Goebbels seine enthusiastischen Gedankengänge preis und walzte unermüdlich Erklärungsversuche und Begrifflichkeiten aus, die alle auf die Rettung des völkischen Gedankens und die Bestärkung des Lesers im Glauben an Volk und Nation abzielten.

„Der Kern von Goebbels' Gedankenbildung – das zeichnete sich schon in diesem ersten Artikel ab – bestand in dem Ziel, Nationalismus und Sozialismus in einem extrem kollektivistischen System zu verwirklichen. Der totalitäre Grundzug seines Denkens kam bereits zum Vorschein"[120].

Dieses Themenblocks nahm sich Goebbels auch in vier weiteren Texten an: In „Die Katastrophe des Liberalismus"[121] zeichnete er in einem poetischen, balladenhaften Einstieg die Nöte und Aufgaben der jungen Generation nach, in der er die tugendhafte Keimzelle für den Übergang zu einem neuen Staatensystem sah.[122] Nach vagen politischen Definitionen ging der Autor dann auf den Liberalismus ein, der eine große gesellschaftliche Gefahr sei. Eine unbeschränkte Freiheit des Individuums, so erklärte Goebbels, führe direkt in die Katastrophe. In einem gefühlsbetonten Appell an die Jugend[123], in dem weder auf literarische Metaphern noch auf schwülstige Redewendungen verzichtet wurde, fanden Annäherungen an den nationalen Sozialismus statt: „Die Jungen warten auf den Tag, der den Gewitterwind bringt. Sie werden im gegebenen Augenblick den Mut haben,

120 Höver 1992: 52.
121 VF/11.10.1924/12. Die geistige Umschichtung, die in 1920er-Jahren ihren Höhepunkt erreichte, formulierte sich vor allem in der These des Anti-Liberalismus. Als Gegenbewegung zur Idee der Französischen Revolution wurde gegen die auf dem Liberalismus basierende bürgerliche Ordnung mobil gemacht. Sich gegen die politischen, ökonomischen und gesellschaftlichen Formen des Liberalismus zu stellen, bedeutete gleichzeitig, eine Oppositionshaltung gegenüber dem demokratischen Parlamentarismus und dem Kapitalismus einzunehmen. Vgl. Sontheimer 2004: 21.
122 „In den Dachkammern der großen Städte voll Hunger, Kälte und geistiger Qual wächst Hoffnung und Symbol einer anderen Zeit empor. Glaube, Arbeit und Sehnsucht sind die Tugenden, die die neue Jugend in ihrem faustischen Schöpferdrang einen." Eine ähnliche Formulierung hatte Goebbels zu einem etwas früheren Zeitpunkt in einem anderen Artikel bereits einmal angewandt: In dem Text mit dem Titel „Schöpferische Kräfte" (RZ/22.12.1923/4) in der *Rheydter Zeitung* schrieb er: „In den Dachkammern der Universitätsstädte voll Hunger, Kälte und geistiger Qual wächst neues Leben empor. Glaube, Arbeit und Sehnsucht sind die Tugenden, die die neue Jugend in ihrem faustischen Drang einen." Siehe dazu die Anmerkungen in Kapitel II.2 (Seite 123).
123 „Es wird die Aufgabe des jungen Geschlechts Europas sein, die soziale Idee im Gedankenkreis der Völker fertig zu formen. Die Generation nach uns wird diese Idee im tätigen Leben vollenden."

den deutschen Willen zu einer einzigen großen Tat um den deutschen Gedanken zusammenzureißen." Goebbels, der sich als Vertreter der Völkischen[124] gab, baute in sein Argumentationsmuster zahlreiche persönliche Reflexionen ein, um an Glaubwürdigkeit zu gewinnen. Auch im Beitrag „Völkische Kulturfragen"[125] galt die Idee des Liberalismus als (negative, aber notwendige) Ausgangsbasis für die Darstellung der Zukunftsprognose: Nach Goebbels' Vorstellungen sollte sich der „neue Mensch" im Zeichen des nationalen Sozialismus aus dem neuen deutschen Bund heraus entwickeln. Unter Berücksichtigung der Faktoren Arbeit, Krieg und Geist verlangte er den Auf- und Ausbau des deutschen Kulturgedankens und forderte – in staatstragendem Schreibstil – weitreichende Möglichkeiten für eine geistige und kulturelle Entwicklung des Volkes. Mit religiösen Alliterationen spielend, äußerte er den Wunsch nach einer „Einheitsfront aller christlich denkenden Deutschen": „Die völkische Bewegung ist gerade das starke Bollwerk, an dem sich die Stürme des modernen Weltbürgertums gegen den christlichen Gedanken brechen müssen."

Der Kampf um die Macht als ein Wettstreit zwischen den beiden politischen Strömungen Liberalismus und Sozialismus war inhaltliche Grundlage für den Beitrag „An alle schaffenden Stände"[126]. Inbrünstig formulierte Goebbels hier seine Hetze gegen den Marxismus, den er als „umgekehrten Kapitalismus" bezeichnete.[127] Hinter dem internationalen Bank- und Börsenkapital, so spiegelte es der Verfasser in aller Ausführlichkeit, verberge sich ein jüdisches Komplott. Ob Eroberungsfeldzug der internationalen Börse, Macht des raffenden Kapitals oder die Sprache von den New Yorker Judenbanken: Goebbels vertrat in seinem Text lautstark und „immer wieder die These einer Weltherrschaft des Kapitals"[128]. Hinter der Verbrüderung einzelner Staaten, so seine Denkweise, würden sich „Zinskapitalräuber und Volksbetrüger" ebenso wie internationale Geldmächte verstecken, die unter dem Deckmantel des Weltfriedens und mit Hilfe der „Londoner Versklavungspläne" die Bevölkerung ausbeuten wollten. Um diese Entwicklung zu verhindern, schlug Goebbels eine Stärkung des nationalen Bewusstseins vor. Er war überzeugt davon, dass alle „Ausbeuter" aus der Volksgemeinschaft entfernt werden müssten, bevor die Forderungen nach einem gesunden Staat und nach sozialer Gerechtigkeit realisierbar seien.[129] Zu den gegenwärtigen Negativerschei-

---

124 „Die völkische Bewegung ist ein Ausfluß des sozialen Gefühls des 20. Jahrhunderts. Sie ist nicht mehr und nicht weniger als der grandiose Versuch, die soziale Frage auf nationalem Wege zu lösen."

125 VF/18.10.1924/16.

126 VF/15.11.1924/31.

127 Six griff dies in der NS-Diktatur nochmals auf: „Die nationalsozialistische Idee ist die Antithese zum Marxismus, die nationalsozialistische Bewegung ist daher auch zur Besiegung dieses Gegners geschaffen worden. Um die nationalsozialistische Idee wirksam werden zu lassen, mußte sie in die Öffentlichkeit getragen werden." (Six 1936: 33).

128 Höver 1992: 225.

129 „Mein nationales Gefühl gebietet mir, alles dafür zu tun, daß der Staat, das Volk frei und gesund ist, mein soziales Gefühl gebietet mit, daß innerhalb dieses Staates, dieses Volkes, jeder ehrlich Schaffende frei und redlich leben und arbeiten kann. Das aber ist nur möglich,

nungen zählten aus seiner Warte vor allem auch die demokratischen, weil manipulierten politischen Instrumente der Weimarer Republik: „Die allgemeine Wahl in dem heutigen demokratischen Regime ist die größte Versündigung an der Volksgemeinschaft." Nach einer liturgisch geprägten Auflistung der Vorzüge einer Volksgemeinschaft ermunterte Goebbels seine Leser zur aktiven Teilnahme an der völkischen Politik.

Als ähnlicher Hetzartikel gegen Marxismus, Kapitalismus und Liberalismus ist der Beitrag „Industrie und Börse"[130] zu bewerten. Hierin beschäftigte sich Joseph Goebbels noch eindringlicher mit wirtschaftlichen Aspekten: Das amtierende Staatssystem, so erklärte der Verfasser, stütze sich auf eine „Überzivilisation". Grund dafür sei antiproduktives, ausländisches Leihkapital, das zur Diktatur des Geldes, zur Entwicklung der Großindustrie und somit zur Abschaffung von Handwerk und Mittelstand geführt habe. Die Verdummung des Volkes und die nationale Entfremdung seien das Resultat aus dieser Entwicklung, befürchtete Goebbels. Erst soziale Gerechtigkeit und die Gleichberechtigung von Arbeitgeber und Arbeitnehmer könnten den Ausweg öffnen: „Erst wenn beide, Unternehmer und Arbeiter, den Gedanken des Klassenkampfes überwunden und sich zu einer neuen staatlichen Idee der Verantwortung durchgerungen haben, sind wir reif zu einem nationalen Sozialismus."

Insgesamt sind Goebbels' argumentativ durchaus nachvollziehbare Ideen als sozialpolitisch zukunftsweisend zu erachten; sein Ausgangspunkt sind menschenwürdige Arbeitsverhältnisse, denen Leistung und Fortschritt folgen sollen. Sowohl Arbeitgebern als auch Arbeitnehmern legte er gleichermaßen ein Verantwortungsbewusstsein nahe. Seine Aufforderung, am ökonomischen Fortschritt des Landes mitzuwirken, richtete sich an alle Beteiligten; die Teilhabe und die Mitwirkung aller führte nach seinem Denken zum gemeinsamen Ziel und bildete den Kern des so genannten wahren nationalen Sozialismus.

> „Der noch weithin unbekannte junge NS-Funktionär Goebbels sah sich als Bahnbrecher eines nationalen Sozialismus, dem er mit einer modernen Propaganda zum Durchbruch verhelfen wollte. Was er unter Nationalsozialismus verstand, entwickelte er in schroffem Konflikt mit den traditionellen, vom Geist der Kaiserzeit geprägten bürgerlichen Nationalen. Anders als neonazistische Epigonen am Ende des 20. Jahrhunderts nannte er sich niemals einen ‚Rechten'."[131]

Bei näherer Betrachtung seines Sozialismusbegriffes ist erkennbar, dass dieser nicht mit marxistischen Vorstellungen übereinstimmte, obwohl Goebbels eine innere Geistesverwandtschaft zwischen den Radikalen von links und rechts zu akzeptieren bereit war.[132] In seinen Zeitungstexten bediente er sich einer Art ro-

---

wenn wir die geheimen Ausbeuter des Volkes entlarven und aus der Volksgemeinschaft ausscheiden."

130 VF/4.10.1924/9.

131 Klußmann 2005: 64.

132 Die Distanzierung vom marxistischen Sozialismus stand auch bei Goebbels im Mittelpunkt seiner Arbeiten. Der nationale Sozialismus galt als eine Aufwärtsbewegung der Arbeiterschaft, die jedoch nicht innerhalb eines Klassensozialismus' beschränkt bleiben sollte, son-

mantisch geprägter, aber nur grob ausgearbeiteter und daher eher unfertiger Sozialismusideologie.[133] Er verabscheute das Bürgertum[134], die „Spießer" und den gut genährten Mittelstand – und betonte diese Abneigungen immer wieder, um seine politische Position am linksnationalen Rand noch deutlicher herauszustellen.

> „Sozialismus, das richtet sich primär gegen den Kapitalismus und seine Träger, gegen ein liberales, wie konservatives Bürgertum, gegen Großagrarier und Großindustrie; gegen all die, denen es nur auf Materialistisches, auf die Sicherung und Erweiterung ihres Besitzstandes ankommt."[135]

Goebbels verstand es, dem aus seiner Perspektive erklärten egoistisch-hedonistischen Materialismus die Begriffe Pflicht und Gemeinschaftsbindung entgegen zu stellen. Seiner Ansicht nach konnte nur der Idealismus den Materialismus überwinden; in logischer Konsequenz sollte das Individuum seine egoistischen Interessen gänzlich aufgeben und sich vollständig als untergeordnetes Mitglied in den Dienst der Gemeinschaft stellen.

> „Als Kernproblem des Jahrhunderts betrachtete Goebbels die ‚soziale Frage', als den zu bekämpfenden Hauptgegner den ‚Kapitalismus' bzw. ‚Liberalismus'. Das ideologische Ziel war die Verwirklichung des ‚Sozialismus', und zwar nicht in internationalem, sondern in nationalem Rahmen. In einem streng kollektivistischen System sollte der einzelne als Glied einer ‚Kette Volk' sein Handeln wie sein ‚Denken und Fühlen' der Gemeinschaft unterordnen. Eine ‚ausgebildete Minderheit' von Revolutionären mußte zunächst einen Mann zur Macht bringen, der diese ‚Idee' in die Tat umsetzte. Ein neuer Staat sollte entstehen – und schließlich ein ‚neuer Mensch'."[136]

Auf diesem gedanklichen Hintergrund konnte die soziale Idee daher nicht in einem seiner Vorstellung nach rückwärtsgewandten Regime, sprich: einer Demokratie (in der die Herrschenden die soziale Frage weitgehend ignorierten) reali-

---

dern für das gesamte deutsche Volk gleichermaßen gültig zu sein hatte. Vgl. Schmitz-Berning 1998: 421.

133 Erst bei der *Völkischen Freiheit* begann Goebbels, sich intensiver mit der Thematik auseinander zu setzen. Seine sozialistische Ideologie war zum damaligen Zeitpunkt demnach erst in der Entstehungsphase. „So wenig der spätere Nationalsozialist an der Jahreswende 1923/24 schon ein fertiger Nationalist war, so wenig war er schon Sozialist." (Höver 1992: 44).

134 Wie im Marxismus und Kommunismus galt auch in der Sprache der Nationalsozialisten das Bürgertum als negatives Gegenbild zum Idealtypus des „neuen Menschen", der entweder in seiner Rolle als „hochwertiger" Held, Soldat, Kämpfer oder Arbeiter gefeiert wurde. Der feige, schwachsinnige und faule Bürger wurde hingegen verachtet und bekämpft; Spießbürger, Bourgeois, Besitzbürger und Philister wurden verantwortlich gemacht für Liberalismus, Kapitalismus und Materialismus sowie für Demokratismus, Versailler Diktat und Völkerbund. Gerade die junge Generation war sich einig darin, dass das Bürgertum für den übertriebenen Individualismus, die wirtschaftliche Raffgier und den deutschen Niedergang im Allgemeinen anzuklagen sei. Ernst Jünger beispielsweise schrieb detailliert über die Ablösung des bürgerlichen Zeitalters durch den Realismus des Arbeitertums. Vgl. Berning 1964: 50f.

135 Michel 1999: 154. Vgl. Fest 2002: 345; Bering 1991: 115; Bramsted 1971: 54; Schickling 1969: 17.

136 Höver 1992: 57.

sierbar sein.[137] Für Goebbels galt es, das „parlamentarische Ränkespiel" zu beenden und – wie er es formulierte: gründliche, metapolitische Lösungen zu schaffen. Wenn sich der junge Goebbels in der *Völkischen Freiheit* als Sozialist gerierte, dann tat er dies vornehmlich und meist auch überschwänglich in der Rolle des geistig-elitären, ja intellektuell-vornehmen Universaloppositionellen. Seine Auffassung von Sozialismus zielte nicht auf die Abschaffung der kapitalistischen Produktions- und Eigentumsverhältnisse; vielmehr war er der Meinung, dass erst die anzahlmäßige Vermehrung der Besitzenden die schaffenden Stände materiell und somit auch geistig befreien könne.

> „Goebbels fühlte sich als Sozialist, Goebbels bezeichnete sich als Sozialist, und Goebbels
> gewann Anhänger als Sozialist. Jener Nationalsozialismus, an den Goebbels – horribile dictu
> – glaubte und den Goebbels propagierte, war eben nicht bloße ‚Gegendynamik' oder ‚Gegen-
> ideologie' gegen den Kommunismus, sondern – wie der Kommunismus selber – eine in erster
> Linie gegen den Kapitalismus gerichtete ‚Weltanschauung'. [...] Goebbels stritt nicht vor-
> dringlich für eine Änderung der Eigentumsverhältnisse, sondern für einen extrem kollektivis-
> tischen Staat, in dem der einzelne nichts, die vom Staat verkörperte Gemeinschaft alles sein
> sollte. Damit gehörte er zu den revolutionären Sozialisten des 20. Jahrhunderts"[138].

2.6.2 Der Generationenkonflikt

Alt versus Jung – auf diesen gemeinsamen Nenner lassen sich jene beiden Artikel in der *Völkischen Freiheit* bringen, die Goebbels unter dem Vorzeichen eines schwelenden Generationenkonfliktes innerhalb der völkischen Partei verfasste. „Wie der Gedanke des liberalen Großdeutschlands für die Jugend des 19., so ist der Gedanke des sozial gebundenen Großdeutschland das treibende Moment für die Jugend des 20. Jahrhunderts", schrieb er in dem Beitrag „Nationale Intelligenz"[139] und schnitt damit erstmals eine Problematik an, die sich zwischen den aktuell bestimmenden und den potentiell nachfolgenden Personen bei den Völkischen abzeichnete. Vordergründig betrachtet erschien der Text als eine Ode an die Werkstudenten, die sich als Arbeiter in Bergwerken, Fabriken und Banken den Unterhalt für das Studium verdienten. Nach Goebbels' Ansicht handelte es sich durchweg um junge Idealisten mit unbezähmbarem und vor allem sozialem Nationalgefühl:

---

137 Mit diesem Problem hatte Goebbels auch im kleineren, parteiinternen Rahmen bereits zu
   kämpfen: „Die politische Gesinnung der Deutschnationalen, und damit weiter Kreise des gehobenen Bürgertums sowie des Adels, insonderheit der Vertreter der ehemaligen Beamten-
   und Militäraristokratie, zeichnete sich gegenüber dem stürmisch nach vorne drängenden Geist
   des jungen Nationalsozialismus zunächst vor allem durch ein negatives Moment aus: sie ignorierte die soziale Frage. Die Deutschnationalen waren entschiedene Antidemokraten, ohne
   Rücksicht darauf, ob es der Demokratie gelingen könnte, einen nationalen Volksstaat zu
   schaffen oder nicht." (Sontheimer 1994: 113f.).
138 Höver 1992: 417. Vgl. 76; Wunderlich 2002: 8; Michel 1999: 154; Höhn 1994: 251; Müller
   1973: 80f., 109.
139 VF/25.10.1924/20.

„Die Jugend ist noch nicht gebunden, weder an das Geld, noch an Geschäft und Profit. Sie
beurteilt die nationalen Fragen nach dem Sein und nicht nach dem Schein. Sie hat ein leben-
diges Gefühl für vaterländische Ehre und Würde und ist immer bereit [...] für die Freiheit der
Nation zu sterben."

Goebbels entwickelte in diesem Text, der wieder einmal eine starke persönliche
Komponente besaß, die These vom traditionellen Kampf der Generationen um die
politische, kulturelle und gesellschaftliche Vorherrschaft. Den Umbruch, der sich
zeitgleich in Russland abspielte, zog er als positives Beispiel heran: „Rußland
wird einst im Geiste seines größten Denkers, im Geiste Dostojewskis erwachen.
Dieses Rußland suchen wir, und diesem Rußland werden wir die Hand reichen
zum kommenden Menschen."

Nach Goebbels' Vorstellungen sollte der nationale Sozialismus einzig und allein von der Jugendgeneration – zu der er sich selbst zählte – verkörpert, gelenkt
und entwickelt werden. Diese Auffassung teilten die Mitglieder der völkischen
„Bewegung" keinesfalls, so dass Goebbels in seiner publizistischen Arbeit bestrebt war, einen Generationenwechsel herbeizuschreiben. Auf das Generationenproblem führte er nämlich mitunter das Desaster zurück, das die Nationalsozialistische Freiheitsbewegung bei den Wahlen im Dezember 1924 erlebt hatte.[140] Diesen politischen Denkzettel nutzte er, um mit seinem pessimistisch klingenden Artikel „Das Gebot der Stunde. Sammeln!"[141] eine unterschwellige Kampfansage in
den eigenen Reihen zu platzieren. Mit unverfrorener Kritik kommentierte er den
politischen Misserfolg, den er seinen Parteigenossen zuzuschieben wusste. Auf
der Suche nach Erklärungen für die Wahlniederlage verglich Goebbels die Partei
mit einer geschlagenen Armee. Seine Vorwürfe als interne Rechtfertigungsschrift
kaschierend, sprach der Verfasser unbarmherzige Rügen gegenüber der Parteiführung aus, warf ihr innerparteiliche Missstände, „weiche Bierbankpolitik", eine
bürgerlich-lasche Gangart und engstirnige Tagespolitik vor.[142] Seine Schlussfolgerung aus diesem Befund lautete: „Wir brauchen Kämpfer, keine Waschlappen,

---

140 Der am 4. Mai 1924 gewählte Reichstag wurde knapp ein halbes Jahr später bereits wieder
aufgelöst, Ende des Jahres fanden Neuwahlen statt, die für die Nationalsozialistische Freiheitsbewegung zur großen Enttäuschung wurden: Am 7. Dezember 1924 erhielt die Hitler-
Ersatz-Partei nur noch zwölf Sitze im Reichstag (2,9 Prozent, also 907.000 Stimmen), was einem Verlust von drei Prozent entspricht; damit blieb sie eine unbeachtete Splitterpartei. Der
Grund dafür lag darin, dass die Vereinigung von Völkischen und Nationalsozialisten ideologisch zerrüttet und brüchig, die „Bewegung" nach Hitlers Haftentlassung zerstrittener denn je
war. Die Demokratie schien wieder auf dem Vormarsch, während sich die Gegensätze unter
den völkisch-national Gesonnenen weiter verschärften. „Der Nationalsozialismus schien im
Sterben zu liegen. Er war in der Zeit nationalen Unglücks aus dem Boden geschossen. Jetzt,
da sich plötzlich die Aussichten für die Nation besserten, schwand er rapide dahin." (Shirer
1961: 110). Vgl. ebd.: 121; Wunderlich 2002: 49; Reuth 2000: 80, 84f.; Barth 1999: 61; Bering 1991: 96f.; Höver 1992: 290; Oven 1987: 155f.; Böhnke 1974: 91; Hüttenberger 1969: 9;
Schildt 1964: 15–17.
141 VF/20.12.1924/37.
142 „Wir nehmen es getrost auf uns, wenn der neue Weg über bürgerliche Leichen geht, wenn
örtliche Unebenheiten, kleinliche Klatschsucht, die bisher allzusehr geschont wurden, radikal
zu Boden getreten werden müssen."

keine Spießer, keine Parteibonzen und keine Mandatsjäger." Organisatorische Probleme seien der Kern des Übels; die Partei habe die Gelegenheit verpasst, die politisch interessierten und engagierten Teile der Bevölkerung entsprechend zu kanalisieren und „aus dem einzelnen völkischen Wähler einen völkischen Kämpfer zu formen".

Die Forderung nach Konsequenzen aus der politischen Niederlage hielt Goebbels nicht lange zurück: Aus seinem ideologisch-pathetischen Dekret transformiert sich im Textverlauf ein konkreter Maßnahmenkatalog, den er an die – seiner Meinung nach völlig phlegmatische – Parteispitze adressierte. Im Sinne einer radikalen Erneuerung verlangte er eine innere Reformation sowie eine komplette Restrukturierung der Partei. Betrachtet man die Vorschläge im Detail, so basierten die Maßnahmen auf einer intensiveren und gründlicheren Parteiarbeit in den Ortsgruppen sowie auf massiveren Auftritten der völkischen Gruppe in der Öffentlichkeit. Nicht erst auf den zweiten Blick wirken diese im Text enthaltenen drastischen Erneuerungswünsche wie Arbeitsbeschaffungsmaßnahmen für Goebbels selbst, der möglicherweise auf diesem Weg sein bisheriges Betätigungsfeld zu erweitern suchte. Im Falle der Resignation oder des politischen Stillstandes, so drohte Goebbels, habe das Land mit weitreichenden Konsequenzen zu rechnen: „Aufgewacht, du völkischer Michel! Wir stehen mit der Peitsche hinter dir, du hast nichts mehr zu wollen, du mußt, Bruder Trägheit, du mußt! Lerne diese völkische Peitsche lieben, denn über ihr droht die Judenpeitsche, die schlimmere Wunden schlägt." Goebbels griff hier mit dem geflügelten Wort vom deutschen Michel[143] auf eine bekannte sprichwörtliche Redensart zurück, die er mit seiner politischen Botschaft gekonnt in Verbindung brachte: Er richtete eine brutal klingende Mahnung an den „typischen rückwärtsgewandten, verschlafenen Bürger", der in seiner Dumpfheit und dank seines Autoritätsgehorsams die politischen Fortschritte ignoriere und dadurch die Situation des gesamten Volkes nur verschlechtere. Wenn nötig, so lautete die logische Konsequenz, sollte der Bürger (auch in seiner Rolle als Wähler) dazu gezwungen werden, sich auf die „richtige" Seite (also zu den hier propagierten nationalen Rettern) zu gesellen.

Das Bestreben, mit den etablierten demokratischen ebenso wie auch mit den eigenen völkischen Parteien abzurechnen, war zu diesem Zeitpunkt ein typisches Verhalten der inzwischen politisch mündigen und aktiven Nachwuchsgeneration. Sie wollte überalterte Genossen aus den Ämtern heben und für die Jungmitglieder endlich Mitsprache und Mitwirkungsrechte erstreiten. Goebbels' parteiinternes Emanzipationsverlangen, das sich stellenweise sogar als Oppositionshaltung nie-

---

143 Bereits im 16. Jahrhundert wurde die ursprünglich auf den Erzengel zurückzuführende Michael-Gestalt auf die Nation der Deutschen zugeschrieben. Nach 1840 etablierte sich die allegorische Darstellung des Deutschen in der Karikatur als Inbegriff der Verkehrtheiten und Unzulänglichkeiten. Meist wurde der deutsche Michel scherzhaft in Bauernkleidung mit Zipfelmütze dargestellt. Der deutsche Bürger, der hier symbolisiert wurde, galt als schwerfällig, ungeschickt und langsam. In zahlreichen Metaphern fungierte dieser recht bald bekannte Michel zwar als ehrlicher und einfacher Mensch, der allerdings gutgläubig, gutmütig und leicht zu täuschen war und vor allem nicht die Folgen seines Verhaltens bedachte. Vgl. Pätzold/Weißbecker 2002c: 246–250.

derschlug, wurde immer deutlicher.[144] In dem letzten Text in Wiegershaus' Wochenblatt mit dem Titel „Der Geist des Westens"[145] ging es einmal mehr um eben diesen internen Generationenkonflikt, den Goebbels erst durch seinen Austritt beilegte.[146] In dem Artikel, der als offener Brief an den völkischen Schriftsteller und späteren NSDAP-Reichstagsabgeordneten Ernst Graf zu Reventlow gerichtet war, appellierte der Verfasser in schmeichelndem Ton an die politische Objektivität seines Gegenübers. Sich selbst titulierte Goebbels übrigens in dem Beitrag als „Dolmetscher der nationalsozialistischen Kämpfer" und als Vermittler zwischen der Parteiführung und den drängenden Anliegen der Jugend.

Überraschend plötzlich und mit harten Worten schwenkte er dann auf personelle Schwachstellen und Schwierigkeiten bei den Völkischen um, diagnostizierte einen Wendepunkt, bekräftigte sein Bild vom neuen Geist der „Bewegung" und propagierte den Sozialismus als einzig zukunftsfähige Weltanschauung. In seinem Beitrag hob Goebbels mit Nachdruck den Unterschied zwischen „sozial" und „sozialistisch" hervor: Das Soziale sei eine Erfindung des liberalen Geistes und in jedem Parteiprogramm in irgendeiner Form vertreten. Das Sozialistische hingegen – davon war der Autor überzeugt – stehe insgesamt für die Gerechtigkeit und eine straffe Organisation von Rechten und Pflichten. Der Kommunismus sei eine groteske Verzerrung des wahren sozialistischen Gedankens; in dieser Tradition habe der Marxismus seine Anhänger aus der Arbeiterschaft ideologisch also völlig fehlgeleitet.

Die Ausführungen in diesen beiden Texten bildeten die Grundlage für seinen internen Rüffel am völkischen Vorgehen in der sozialen Frage: Nach Goebbels' Vorstellung wurde jeder politische Fortschritt innerhalb der völkischen Gruppe durch das Ungleichgewicht der Generationen blockiert. Zwischen den Zeilen verlangte er daher das Abdanken der alten Politikergarde, die Entscheidungsgewalt für die jungen Völkischen und den absoluten Ausschluss der – seiner Auffassung nach – zur Reaktion erstarrten nationalistischen Rechten. Goebbels war sich sicher, dass auch nach der Wahlkatastrophe der gewohnte Kurs weitergesteuert würde und dass sich die alten Parteiführer nach wie vor an völlig überholte Positionen klammern würden. Insofern sah er sich geradezu in der Pflicht, durch seine journalistischen Beiträge die politische Gangart mit zu bestimmen. Er opponierte immer deutlicher, „gab in der Völkischen Freiheit jede verbale Zurückhaltung auf und setzte nunmehr auf Radikalisierung und einen kompromittierenden Kurs."[147] Der alleinige Schriftleiter nutzte seine weitreichende publizistische Narrenfreiheit in der *Völkischen Freiheit* und sorgte mit den in seinen Beiträgen dargelegten radikalen Ansichten für ein recht angespanntes Verhältnis gegenüber der Parteiführung. Verstimmung riefen auch die Sympathiebekundungen für Hitler hervor, die Goebbels in seinen Artikeln deutlich zum Ausdruck brachte. Ein solches Verhalten war mit der Zugehörigkeit zu den Völkischen kaum noch opportun.

---

144 Vgl. Longerich 1995: 187f.
145 VF/17.1.1925/4.
146 Vgl. Kapitel III, 2.7 zur Abspaltung von den Völkischen.
147 Höver 1992: 55. Vgl. Sontheimer 1994: 119, 123; Schüddekopf 1960: 195.

2.6.3 Die Führerfigur Hitler

Der Generationenkonflikt, den Goebbels der völkischen Partei in seinen Zeitungsartikeln bescheinigte, war zwar mit ein Auslöser, jedoch nicht der Hauptgrund für
die Differenzen zwischen ihm und der Parteileitung. Unbequem wurde der
Schriftleiter vor allem in jenen Publikationen, in denen er – vorerst unterschwellig, dann allerdings zunehmend deutlicher – positiv Stellung zu Adolf Hitler bezog. Aus der Perspektive der Völkischen bot dieser Umstand ausreichend Kon-
fliktpotenzial: Die NSDAP war ursprünglich als Protestbewegung[148] gegen den
Weimarer Staat entstanden und hatte ihren politischen Auftrieb mitunter durch
ihre Anziehungskraft auf vielfältige demokratiefeindliche Kräfte erlangt. Drei
ideologische Hauptrichtungen – neben dem konservativen Nationalismus waren es
der Sozialismus und das Völkische – zeichneten sich bei den Rechten immer deutlicher ab. Goebbels, der zu diesem Zeitpunkt noch Mitarbeiter im Umfeld der
Deutschvölkischen Freiheitspartei war, zugleich aber in seinen Publikationen in
großem Ausmaß den sozialrevolutionären Flügel bediente und gleichzeitig unverblümt die konservative Richtung völlig ablehnte, erkannte schließlich in der
NSDAP die Konzentration seiner Interessen.

Goebbels' Neugier an der Person Adolf Hitler erwachte im Frühjahr 1924 –
der Münchner Hochverratsprozess schlug in der Öffentlichkeit hohe Wellen und
weckte vielfach das Interesse an dem Putschisten und seinem politischen Umfeld.
Goebbels wurde durch Hitler – lange vor der ersten persönlichen Begegnung[149] –
inspiriert und für die nationalsozialistische Politik begeistert. Seine Notizen zeigen, wie intensiv er sich mit dem NSDAP-Parteiführer zu beschäftigen begann[150]
und wie sich aus der Aufgeschlossenheit bereits im Sommer 1924 eine recht inni-
ge Verehrung entwickelte.[151] Goebbels, stets auf der Suche nach einem menschlichen Wegweiser, versprach sich von Hitler großes Potenzial. In ihm wollte er den
neuen völkischen Chef sehen, der als richtungsweisende Führungspersönlichkeit

---

148 Das Wort „Bewegung" erhielt im nationalsozialistischen Sprachgebrauch einen prägnanten
     Sinn und stand für die gesamte NSDAP-Organisation (also sowohl die Partei als auch die ihr
     angeschlossenen Gliederungen). Die Nationalsozialisten – allen voran Adolf Hitler in seinem
     Buch „Mein Kampf" – machten ihren Anspruch auf dieses Monopolwort kenntlich, obgleich
     es anfangs noch sowohl für politische Gegner als auch als Selbstbezeichnung herangezogen
     wurde. Zunehmend gebräuchlicher wurde es dann, den Begriff identisch mit der NSDAP und
     ausschließlich im nationalsozialistischen Kontext zu verwenden. Die Bewegung sollte für ei-
     ne naturhafte, organische und aus dem Volk hervorgehende totalitäre Sache stehen. München
     erhielt als Geburtsstätte der braunen Partei insofern auch den Ehrentitel „Hauptstadt der Be-
     wegung". Vgl. Berning 1964: 39f.; Schmitz-Berning 1998: 99–102.
149 Vgl. Kapitel III, 6.1 zum Verhältnis zwischen Goebbels und Hitler.
150 „Hitler schneidet manche Frage an. Aber die Lösung macht er sich sehr einfach. Vielleicht ist
     das Ziel richtig, aber die Wege überzeugen mich nicht." (sogGTb 17.3.1924).
151 „Hitler ist ein Idealist, der Begeisterung hat. Ein Mann, der dem deutschen Volke einen neuen
     Glauben bringt. Ich lese seine Reden und lasse mich von ihm begeistern und zu den Sternen
     tragen." (sogGTb 20.3.1924). Ebenso wie im Folgenden: „Nur Hitler beschäftigt mich andau-
     ernd. Geistig ist dieser Mann ja nicht. Aber sein wunderbarer Elan, seine Verve, seine Begeis-
     terung, sein deutsches Gemüt." (sogGTb 22.3.1924).

und als starker Träger der nationalsozialistischen Idee aufgebaut werden konnte. Obgleich Hitler zu diesem Zeitpunkt im Gefängnis einsaß und für Goebbels noch ein Unbekannter war, stellte er ein geeignetes Ziel für Glorifizierungen dar. Goebbels erlebte – von einer Art politisch-religiösem Ehrgeiz angetrieben – erstmals die Personifizierung eines deutschen Heilsbringers und einer Führergestalt.

> „Goebbels' Gefühlsbereitschaft, sein hochentwickelter Ehrgeiz, seine Begabungen, sein Kompensationsbedürfnis, vor allem aber seine Glaubenssehnsucht hatten in der völkisch-diffusen nationalsozialistischen Weltanschauung, vor allem aber in der Person Adolf Hitler ein adäquates Ziel gefunden. Der ,point of no return' war jetzt endgültig überschritten."[152]

Dies schlug sich auch in insgesamt fünf Haupttexten nieder: Noch ohne konkrete Namensnennung stellte Goebbels in einem gleichnamigen Beitrag „Das Führerproblem"[153] in den Mittelpunkt seiner journalistischen Abhandlung. Dem deutschen Volk, so attestierte Goebbels, fehle in seiner gegenwärtigen politischen Misere der Glaube an einen großen „Führer"; gerade dieser Glaube sei aber eine notwendige Voraussetzung für den Neuaufbau der Nation. In einem Appell, der wie eine Vorbereitung auf die Ankunft Hitlers in der Politikarena klang, versuchte Goebbels seine Leser in ihrer Zuversicht zu stärken und ihnen gleichzeitig ihre besondere Pflicht darzulegen: Der Glaube an einen wahren (also nationalsozialistischen) Retter müsse unmittelbar aus dem Volk heraus geboren werden.[154]

Ziel der starken Führerpersönlichkeit, so Goebbels, sei das langfristige Wohl der Deutschen. „Der Führer wird geboren, nicht gewählt. Er erreicht seine Ziele meistens gegen die Masse und nicht mit der Masse." Der Verfasser entwarf in seinem Text eine heldische Führergestalt, die sich durch Glauben, Genie, Inbrunst und Charakter auszeichne und in der Bevölkerung wieder die heroischen germanischen Tugenden (Treue, Hingabe, Opfermut, Kameradschaft und Gefolgschaft) wecken könne – ohne diese Ausführungen auf eine konkrete Person zu beziehen.

Deutlicher wurde Goebbels dann in einer Novemberausgabe der *Völkischen Freiheit*, die er vollständig Adolf Hitler widmete. Auf dem Titelblatt las man die Schlagzeile „Gebt Adolf Hitler dem deutschen Volke wieder!"[155] In einer Art niedergeschriebener Flammenrede verlangte der Schriftleiter, dass „der große Trommler zur nationalen Wiedergeburt" umgehend freigelassen werde, da Hitler die Verkörperung der deutschen Idee darstelle.[156] Der Beitrag ist durchsetzt von sakralen Vergleichen: Goebbels beschrieb Hitler mehrfach als religiös anmutende

---

152 Henke 1995: 186. Vgl. Reuth 2000: 77; Barth 1999: 15, 29f.; Höver 1992: 278f., 281, 409; Iwo 1936: 7; Krause 1933: 47.
153 VF/20.9.1924/4.
154 „Das demokratische Führerideal ist nicht aus dem Volk herausgeboren und darum innerlich hohl."
155 VF/8.11.1924/28. Bereits am 9.6.1924 hatten die Nationalsozialisten eine Unterschriftenaktion durchgeführt, die das Motto „Gebt Hitler frei!" hatte. Vgl. Overesch/Saal 1992: 227.
156 „Adolf Hitlers Name ist heute schon mit goldenen Lettern in das Buch der Geschichte eingetragen."

Lichtgestalt, der er neben Wahrheitsliebe, Charakterstärke, Heldenhaftigkeit und Führungsqualitäten sogar übernatürliche Kräfte zugestand.[157]

Dass diese Überzeichnung in einer generationsübergreifenden Führersehnsucht seinen Ursprung hat, bedarf der Erläuterung: Aus zeitgenössischem Blickwinkel war es nichts Außergewöhnliches, eigene Wunschvorstellungen, Hoffnungen, Sehnsüchte, Erwartungen und wie auch immer geartete Zukunftsvisionen auf eine bestimmte Person und ihren Verantwortungsbereich zu projizieren. Gerade die junge Weimarer Generation war bereit, in Hitler nicht einen biederen, scheinheiligen Usurpator, sondern den legitimen Vollstrecker ihrer radikalen staatspolitischen Ziele zu erkennen. Der von ihm beim Betreten der politischen Bühne deklarierte totale Führungsanspruch[158] verstärkte dieses Bild, das es ihm ermöglichte, statt als spezifisches Parteioberhaupt einer politischen Minderheit in der Rolle des Vertreters der gesamten Rechten, als Kopf der Nationalsozialisten und als Leitfigur einer sich seiner Werte wieder bewusst werdenden Nation aufzutreten.

Goebbels trug seinen Teil dazu bei, indem er auf seiner journalistischen Plattform Hitler als geistigen und politischen Vordenker propagierte und ihn damit als Gegenstand der Verehrung und Bewunderung auch anderen Parteigenossen zugänglich machte. „Als Schriftleiter der ‚Völkischen Freiheit' erhielt er Gelegenheit, in polemischen, stilistisch gekonnten Artikeln seine Auffassungen vom heldischen Führer-Idol und der [...] ‚Glaubensnotwendigkeit' zu verbreiten."[159] Goebbels glaubte an das Charisma dieses Mannes und imaginierte ihn als einen politischen Anführer sogar nach dem Vorbild Christi. „Diese mit rationalen Motiven kaum erklärbare Hingabe zeigt, wie sehr der Doktor phil. von der fixen Idee beherrscht war, daß jener Adolf Hitler der Mann sein mußte, nach dessen Führung er sich seit langem sehnte."[160]

Wie eine Predigt wirkt daher auch der Aufsatz, mit dem Goebbels in der *Völkischen Freiheit* an den Jahrestag des verunglückten Hitler-Putsches[161] erinnerte: Nach der Betitelung „Heldenverehrung"[162] folgte eine journalistische Huldigung

---

157 „Glauben die hinter Ihnen sich verbergenden Mächte, sie könnten dem Ansturm des jungen nationalen Geschlechts dadurch begegnen, daß sie ihm den treibenden Dämon nehmen?"

158 Das Führerprinzip (auch Führergrundsatz genannt), das auf einer unbedingten Verbindung und dem engen Verhältnis zwischen einer absolutistischen, politisch-soldatischen Führung und der Gefolgschaft basierte, wurde in Form einer propagierten Führerideologie von den völkischen Gruppierungen bereits vorbereitet. Dieser völkischen Vorstellung nach wurde dem ario-germanischen Deutschen eine aus den eigenen Reihen gewählte Führerfigur zugewiesen, unter die er sich willig unterordnen konnte – und musste. Im Gegensatz dazu wurde von allen anderen Völkern eine willens- und bedingungslose Unterwerfung unter eine von außen bestimmte Herrschaftsform und -person verlangt. Vgl. Berning 1964: 83.

159 Henke 1995: 187.

160 Höver 1992: 280. Vgl. Bärsch 2002: 114, 130; Michels 1992: 44f., 413; Bleuel/Klinnert 1967: 120f.

161 Am Abend des 8. November 1923 hatte Adolf Hitler bei einer Versammlung im Münchner Bürgerbräukeller die „Nationale Revolution" ausgerufen. Der Putschversuch endete am 9. November unter den Kugeln der bayerischen Landespolizei an der Münchner Feldherrnhalle. (Vgl. Benz 2000: 14). Vgl. Winkler 2000: 444f.

162 VF/8.11.1924/29.

für den „revolutionären Akt" und seine Akteure. Von dem – wenn auch vorerst missglückten – revolutionären Aufstand leitete Goebbels wiederum die Behauptung ab, dass ein Volk eine bestimmte Anzahl von Helden geradezu notwendig habe: Eine Nation ohne Helden – so Goebbels' Denkweise – sei wertlos; nur ein Volk, das mitunter tote Helden vorzuweisen habe, sei als Schicksalsgemeinschaft[163] auf ewige Zeiten miteinander verknüpft; und nur wo inbrünstige Opfer – gern auch in Form von Geldspenden – erbracht würden, sei die Freiheit in greifbare Nähe gelangt.[164]

Goebbels schraffierte in seinem Text – nach wie vor ohne einen konkreten Namen zu nennen – einen Glaubens- und Hoffnungsträger, der der deutschen Nation die ersehnte Rettung bringen werde: „Nicht die Masse formt das Chaos zum Kosmos, sondern der Held." Als Hitler am 20. Dezember 1924 nach neunmonatiger Festungshaft entlassen wurde, frohlockte Goebbels darüber nicht nur in seinen Aufzeichnungen[165], sondern zelebrierte auch in dem kleinen völkischen Kampfblatt die Rückkehr des Parteioberhauptes in die politische Arena. In seinem Artikel mit der Überschrift „Opfergang"[166] beschrieb er in aller Deutlichkeit die aktuellen gegensätzlichen Positionen: auf der einen Seite das Lager der Völkischen, denen er einen fehlenden einheitlichen Willen, eine unbewegliche interne Administration und „halsbrecherische" Politik zum Vorwurf machte; auf der anderen Seite ein glorreicher und alle Probleme überstrahlender Adolf Hitler, der nach Goebbels' Dafürhalten die Verkörperung aller tiefen menschlichen Sehnsüchte[167] sei und zudem den Nimbus eines „Führers" trage. In allen Farben malte Goebbels seinen Lesern aus, wie Hitler den Weimarer Staat stürzen, alte Ideen verwerfen, die deutsche Kultur von ihren demokratischen Fesseln lösen und eine gerechte Volksgemeinschaft aufbauen werde. „Wir haben den festen Glauben, daß wir das Geschick der sozialistischen Idee nur im nationalen Sinne erfüllen können",

---

163 Der Begriff als gewichtiges Schlagwort der Nationalsozialisten beinhaltete die auf den Kriegserlebnissen basierende, auf Blut und Rasse gegründete und von der NS-Weltanschauung getragene Verbundenheit zwischen den Volksgenossen und ihrem „Führer". Die völkisch bedingte Schicksalsgemeinschaft wurde später in Ergänzung dessen als Volks-, Arbeits- und Wehrgemeinschaft deklariert. Ihre wichtigste Rolle kam ihr dabei in der Gefolgschaft Hitlers zu. Vgl. Schmitz-Berning 1998: 261.

164 „Nicht Feiern und nicht Protestieren kann Deutschland frei machen, sondern allein die Arbeit und das Opfer. Der heldische Mensch hat eine tiefe Sehnsucht zum Opfern." Der Opferbegriff wurde, wie auch viele andere, ursprünglich aus dem Bereich der Religion stammenden Wörter, in säkularisiertem Milieu von den Nationalsozialisten gebraucht. Bezug genommen wurde dabei auf den freiwilligen und selbständigen, ohne jede weitere Aufforderung zu erbringenden Einsatz der eigenen Kraft und Persönlichkeit im Sinne der „Bewegung" und zur Durchsetzung ihrer Gemeinschaftsziele. Vgl. Berning 1964: 145.

165 „Adolf Hitler ist frei! Nun werden wir uns von den reaktionären Völkischen trennen und wieder echte Nationalsozialisten sein. Heil, Adolf Hitler! Wir haben jetzt wieder Glauben an die Siegeskraft der Idee." (sogGTb 23.12.1924). Bereits hier klangen seine Absichten an, das Lager der Völkischen zu verlassen und sich auf die Seite der Nationalsozialisten zu schlagen.

166 VF/10.1.1925/1.

167 „Wir grüßen Dich, Adolf Hitler! Uns gehörst Du! Was in uns allen als dunkle Sehnsucht lag, das hast Du geweckt!"

schrieb der Schriftleiter der *Völkischen Freiheit* – dass sein Idol weder hinter dieser sozialistischen Idee stand noch sich durch ein Gefühl sozialer Solidarität mit
der Arbeiterschaft verbunden sah, sondern sich den Sozialismus als plakativen
Werbeslogan zu nutze machte, zeigte sich erst später. Auf dem Weg der NSDAP
zur Massenbewegung hielt Hitler die Propagierung der sozialen Frage zwar für
wertvoll, deutete sie aber für seine Zwecke um.

> „Nicht Besserung der wirtschaftlich-sozialen und kulturellen Lage der Arbeiterschaft war der
> Impuls, der Hitler bewog, die NSDAP zur Arbeiter- und Massenbewegung zu formieren. Er
> erblickte in der Arbeiterschaft, so wie er sie verstand, im Gegenteil primär nur Vehikel und
> Mittel zum Zweck des politischen Machtkampfes, er hielt sie für den einzigen geeigneten
> Träger jener monolithischen und fanatisierten Kampfbewegung."[168]

Im Jahr 1924 war Goebbels jedoch davon überzeugt, in Hitler den passenden
Mittler für seine Weltanschauung und die darin enthaltenen sozialistischen Zu-
kunftspläne gefunden zu haben. Um auch andere an seiner Faszination vom „Führer" teilhaben zu lassen, verfertigte er wöchentlich fulminante Artikel über Hitler.

> „Wie sehr der Schriftleiter zum Verdruß seines völkischen Herausgebers Wiegershaus jenen
> Hitler, dem er noch nie begegnet war und von dem er noch nichts gelesen hatte, inzwischen
> zum Mittler seines Glaubens erkoren hatte, verdeutlichen seine weiteren, hymnischen Auslas-
> sungen"[169].

Die Leitung der völkischen Freiheitsbewegung beäugte Goebbels' Äußerungen
zunehmend missmutig. Die sehr bewusst zu Gunsten von Hitler geschriebenen
Aufsätze verärgerten die Reichsführerschaft, zumal sich die Fronten zwischen
dem völkischen und dem nationalen Lager ohnehin bereits verschärften.[170] Der
Bruch mit Friedrich Wiegershaus und der Nationalsozialistischen Freiheitsbewegung war von Goebbels auf journalistischem Weg vorbereitet worden und nicht
mehr abwendbar.

2.7 Die Loslösung von Wiegershaus

> „Wiegershaus ist ein Postenkleber und ein Gesinnungslump.
> Aber ich muß ihn noch klein kriegen.
> Sonst sehe ich hier keine Möglichkeit zum Arbeiten mehr."[171]

Joseph Goebbels' völkisches Engagement währte nicht lange. Die in der *Völkischen Freiheit* mit jedem Artikel deutlicher formulierte Antipathie gegenüber den
Konservativen führte nach und nach dazu, dass der junge Schriftleiter für Friedrich Wiegershaus gänzlich untragbar wurde. „Goebbels kämpfte in seiner Partei

---

168 Broszat 1960: 39. Vgl. Winkler 2000: 492; Schildt 1964: 58.
169 Reuth 2000: 84. Vgl. Peuschel 1982: 40.
170 „Die Entwicklung seines politischen Weltbildes bis 1924 hat Goebbels zu den Völkischen
     geführt, seine Entscheidung für die NSDAP 1925 war ein aufgrund dieses Weltbildes bewusst
     vollzogener Akt." (Michels 1992: 41).
171 sogGTb 15.12.1924.

gegen den sozialreformerischen und für den revolutionären Ansatz."[172] Immer wieder ließ er in seinen Zeitungstexten durchblicken, dass er auf einen Linksruck innerhalb der völkischen Partei hinarbeitete. Dieser Umstand führte mehrfach zu Auseinandersetzungen mit dem Auftraggeber – bei solchen Differenzen drohte Goebbels gern und auch erfolgreich mit der Aufkündigung seiner Stelle – und inhaltlichen Streitigkeiten mit Wiegershaus, der nämlich den Schwerpunkt seiner Zeitung nach wie vor beim nationalen Konservatismus sah.[173] Goebbels, der in seinen Beiträgen dem Sozialismus die Priorität einräumte, mit diesem Thema auch mehr als Dreiviertel des Blattes bestückte und als alleinverantwortlicher Redakteur ohnehin die meiste Zeit über seinen eigenen Kurs gesteuert hatte, geriet nun innerparteilich zunehmend in den Fokus.[174] Wie sehr sich Goebbels bereits im Herbst 1924 darüber im Klaren war, dass seine Tage in der kleinen Redaktion gezählt waren, zeigen die ersten Kontakte zu den nationalsozialistischen Kreisen um Karl Kaufmann (NSDAP-Gauleiter von Nordrhein-Westfalen); mit ihm dachte er bereits politische Kooperationen an und bereitete sich darauf vor, seine sozialistischen Ideen auf einem anderen politischen Feld zu realisieren.[175]

Wiegershaus, der Goebbels' Aufsätze ständig gegenüber der völkischen Parteileitung rechtfertigen und nebenbei unzählige Grundsatzdiskussionen mit seinem Schriftleiter ausfechten musste, drohte nun seinerseits dem einzigen redaktionellen Mitarbeiter wiederholt mit der Kündigung. Als in der Samstagsausgabe vom 17. Januar 1925 ein Inserat[176] erschien, in der ein Redakteur eine neue Stel-

---

172 Höver 1992: 56.

173 „Es scheint, man will uns in der Bewegung, und besonders in dem Organ in Elberfeld nicht warm werden lassen. Das könnte Ihnen übel bekommen, Herr Wiegershaus! Jetzt gehen wir anders vor und gründen evtl. eine eigene Zeitung. Da werden Sie Ihr blaues Wunder erleben. Die alten Konservativen sind schlecht für uns zu gebrauchen. Deutschnational und nebenher Antisemit. Die wollen sich nicht zum neuen Sozialismus bekennen. Aber die Jugend wird Euch schon Mores lehren. Paßt nur auf! Über Eure alten grauen würdigen Köpfe hinweg werden wir den neuen Staat aufbauen." (sogGTb 1.10.1924). Ebenso wie im Folgenden: „Man sät hier schon Mißtrauen gegen mich. Ich werde hart zu kämpfen haben, um meine Idee durchzusetzen. Ich will nichts anderes als den reinen, nationalen Sozialismus, mein Schicksal und meine Aufgabe. Viel Pessimismus und viel Krankes. Aber die Idee ist gut. Zeitung floriert. Ich hoffe, wir kommen durch. [...] Das Feuer in mir frißt mich auf. Ich will mich opfern! Ich will ein Prophet sein. [...] Heute Korrektur, Umbruch und noch so unendlich vieles andere. Ich kann noch nicht über die Arbeit schauen. [...] Herr Wiegershaus: ein dickes, wohlaussehendes Männeken, ohne Revolution, nährt sich von meinen Ideen." (sogGTb 12.11.1924).

174 „Harte Kämpfe hinter den Kulissen. Wir können mit diesem Spießer nichts mehr anfangen. Ich bin für radikalen Umbau. Dann erst können wir neu zu arbeiten anfangen. Unser Weg geht über bürgerliche Leichen. [...] Also an die neue Arbeit. Sie beginnt mit dem Umsturz. Auf den Trümmern Neubau! Ich habe eine Aufgabe. Es fängt an, in mir hell und klar zu werden!" (sogGTb 12.12.1924). Ebenso wie im Folgenden: „Wiegershaus ist ein schmieriger Kerl. Und den Mann haben wir nun im Landtag sitzen. Schauderhaft! Hoffentlich trennen wir uns bald von den alten Bonzen." (sogGTb 6.1.1925).

175 Vgl. Altstedt 1999: 20; Irving 1997: 41; Bering 1991: 120.

176 Die Chiffre-Anzeige R26 hatte folgenden Wortlaut: „Schriftleiter/ völk. junge Kraft/ an selbständiges Arbeiten gewöhnt, guter Leitartikler, Organisator, arbeitsfreudig, – infolge politischer Ereignisse stellungslos/ sucht Beschäftigung/ evtl. auch in kaufmännischem Betrieb."

lung suchte, fühlte sich Wiegershaus endgültig hintergangen und entzog Goebbels per Brief die Schriftleitung der *Völkischen Freiheit*.[177] „Der nahm es hin. Er hatte in diesen wenigen Monaten einer intensiven journalistischen Betätigung seine Gaben voll einsetzen können."[178]

Goebbels schied aus der Redaktion der *Völkischen Freiheit* aus und beendete mit der Veröffentlichung seiner letzten Artikel am 17. Januar 1925 diese journalistische Episode. Das Samstagsblatt wurde eingestellt, nachdem die Freiheitsbewegung infolge der NSDAP-Neugründung[179] auseinandergebrochen war. Joseph Goebbels kommentierte schwülstig:

> „Und Wiegershaus wünsche ich – na ich will nicht sagen was. Unsere Zeitung erscheint nicht mehr. Alles, alles scheint schief zu gehen. Schluß mit den Idealen. Man glaubt mir nicht! Ach, diese grundlos schlechte und korrupte Welt. Werden wir noch einmal auferstehen?"[180]

Auf den ersten Blick schien die Lage für Goebbels tatsächlich ungut, trotz des Stellengesuchs fand sich kein geeigneter neuer Arbeitgeber. Stattdessen zahlte sich nun aus, dass er seine Fühler frühzeitig in die erfolgversprechenden Kreise um Karl Kaufmann ausgestreckt und sich ihm als potentieller Mitarbeiter angedient hatte. Zu diesem Zeitpunkt driftete die völkische Gruppierung in Elberfeld in zwei Richtungen: auf der einen Seite gab es die deutsch-völkische Freiheitsbewegung des Reichstagsabgeordneten Reinhold Wulle mit dem Ortsführer Wiegershaus; auf der anderen die nationalsozialistische Freiheitsbewegung Adolf Hitlers unter der Leitung von Kaufmann. Nach seinem Austritt aus der *Völkischen Freiheit* rutschte Goebbels in diesen innerparteilichen Umwälzungs- und Abspaltungsprozess hinein. Seine Dienste wurden bei der NSDAP gerne in Anspruch genommen, hatte er sich durch die journalistische Tätigkeit doch einen interessanten Ruf als linker Nationaler zugelegt.

> „Angesichts dieser weltanschaulichen Positionen war es nur konsequent, wenn der rebellische ‚Schriftleiter' nach der Freilassung Hitlers aus Landsberg, der Neugründung der NSDAP und dem dadurch verursachten Zerbrechen der ‚Freiheitsbewegung' den ihm als zu konservativ

    (StadtA MG 15/44/113). Vgl. Kessemeier 1967: 16f.; Heiber 1962: 46. Siehe dazu auch Anhang Nr. 4.

177 „Ich stehe in Allem, Allem vor der Verzweiflung. Fritze Wiegershaus hat mich als Schriftleiter der Freiheit abgesetzt, da ich dem Wulle-Konzern nicht parieren wollte. Habeat sibi!" (sogGTb 21.1.1925). Anmerkung: Habeat sibi (lat.) ist eine Redewendung aus dem Alten Testament und bedeutet soviel wie „Er möge es für sich haben".

178 Oven 1987: 158. Vgl. Reuth 2000: 84f.; Irving 1997: 43; Reimann 1971: 39; Heiber 1962: 46.

179 Hitlers erstes Bestreben nach seiner Freilassung war es, die während des NSDAP-Verbots aus Nationalsozialisten und Völkischen gebildete gemeinsame deutschvölkische Front der Nationalsozialistischen Freiheitsbewegung zu sprengen. „Im Februar 1925 gründete Hitler die Partei neu. Ihre Konsolidierung wurde begünstigt durch äußere Umstände, vor allem durch Arbeitslosigkeit und Wirtschaftskrise, die der radikalen Propaganda Stoff zur Schuldzuweisungen, schlichte Welterklärungen und Heilsversprechungen boten. Die NSDAP zeigte sich in der ‚Kampfzeit der Bewegung' in der zweiten Hälfte der zwanziger Jahre als eine auf Hitler fixierte Organisation, in der Programmdiskussionen und Sachaussagen gegenüber dem Charisma des ‚Führers' keine Rolle spielten." (Benz 2000: 14f.). Vgl. Kühnl 1966b: 318; Broszat 1960: 30f. Das innerparteiliche Führerprinzip wurde in der „Bewegung" verstärkt.

180 sogGTb 19.1.1924.

vorkommenden Völkischen den Rücken zukehrte und sich den Nationalsozialisten anschloss. Dr. Joseph Goebbels, der in den vier Monaten seiner politisch-publizistischen Tätigkeit bei der NSFB einen gewissen Bekanntheitsgrad gewonnen hatte, beteiligte sich im März 1925 an der Gründung des Gaues Rheinland-Nord der NSDAP in Elberfeld. Neben Karl Kaufmann, Erich Koch und Viktor Lutze wurde er in den rund zehnköpfigen Gauvorstand unter dem Journalisten Axel Ripke gewählt."[181]

Von hier aus startete Joseph Goebbels seinen nächsten journalistischen Höhenflug, der ihn sowohl auf der publizistischen wie auch politischen Karriereleiter wieder ein Stückchen höher bringen sollte.

3. DIE FRÜHEN JAHRE DER KAMPFZEIT: VOM HOBBY-SOZIALISTEN ZUM STRASSER-JÜNGER

3.1 Geschäftsführer des Gaues Rheinland-Nord

> „Ich sehne mich am meisten nach Aufgabe.
> Aber was soll ich dafür tuen? Auch fehlt mir das Geld.
> Man muß seine Gesinnung verkaufen."[182]

Nach Hitlers Haftentlassung wurde die neu gegründete NSDAP in Nordwestdeutschland reorganisiert. Mit dem Um- und Aufbau wurde am 2. Februar 1925 Gregor Strasser[183] betraut, der als treuer Gefolgsmann und charismatischer DVFrP-Führer der norddeutschen Gruppe galt. Gemäß Hitlers Weisungen sollte eine vollständige Trennung von den Völkischen stattfinden. Grundlage für die Neugestaltung der NSDAP im Ruhrgebiet[184] war eine große Tagung am 22. Februar 1925 in Hamm; hier wurden die führenden nationalsozialistischen Vertreter mit den Voraussetzungen für die Parteiorganisation vertraut gemacht und die Gauführer eingesetzt.[185] Der Gau Rheinland-Nord im Zentrum des Industriegebietes entwickelte sich zur Zentrale der nordwestdeutschen NSDAP. Strasser konnte hier auf eine ganze Reihe junger, talentierter Parteimitglieder zurückgreifen, die ihn

---

181 Höver 1992: 58. Vgl. Henke 1995: 187; Goebel 1987: 118f.; Finkeldey 1984: 36.
182 sogGTb 29.1.1925.
183 Strasser hatte als Spitze der nationalsozialistischen Reichstagsabgeordneten die gemeinsame deutschvölkische Fraktion verlassen und sich Hitler angeschlossen. Siehe Kapitel III, 3.4 zum Lebenslauf von Gregor Strasser.
184 Unter der Federführung Gregor Strassers ging es darum, in Nordwestdeutschland neue Formen der Organisation, Führung und Programmatik zu entwickeln, die sich von denen der Münchner NSDAP-Richtung deutlich unterschieden. Vgl. Reuth 2000: 85f.; Irving 1997: 38; Goebel 1987: 118f.; Horn 1980: 193; Böhnke 1974: 91, 95.
185 Mit dem ursprünglich poetisch verwendeten Begriff „Gau" kennzeichneten die Nationalsozialisten ihre obersten regionalen Organisationseinheiten. Die Einteilung diente als Organisationsnetz und entsprach meist den Wahlkreisen. Zahlreiche Amtsbezeichnungen wurden davon abgeleitet, so beispielsweise Gaugericht, Gaupersonalamt, Gauarchiv oder Gaupresseamt. Die Gauleiter, die von Hitler ernannt wurden, trugen in ihrem Hoheitsbereich nach vorgegebenen Bestimmungen die Gesamtverantwortung und galten als oberste Verwaltungsstelle. Vgl. Schmitz-Berning 1998: 249–251.

bei der Umsetzung seiner Strategien unterstützten. Dazu zählte auch Joseph Goebbels, der inzwischen der Partei beigetreten war und für den sich nun eine gewichtige politische Chance eröffnete:

> „Karl Kaufmann, einer der maßgeblichen Mitarbeiter Strassers, hat einige Reden Goebbels miterlebt. Auf seinen Vorschlag hin wird der umtriebige Demagoge im März 1925 Geschäftsführer des Gaues Rheinland-Nord. Goebbels stürzt sich voller Begeisterung in die Aufgabe."[186]

Seine NS-Funktionärskarriere konnte nun beginnen: In der Elberfelder Gauleitung, einer der beachtlichsten Stützpunkte der „Bewegung"[187], bezog der 27-Jährige seine erste stattliche politische Position. Obgleich Goebbels in den ersten Wochen ohne Lohn arbeitete und finanziell wieder zurückfiel, hatte er doch kurze Zeit nach dem Austritt aus der *Völkischen Freiheit* ein neues Betätigungsfeld gefunden. Die vorläufigen Entbehrungen verbuchte er als „Investition in die Sache", die sich nach seinem Syllogismus in naher Zukunft auszahlen werde. Als Gaugeschäftsführer legte Goebbels sein Hauptaugenmerk auf die Organisation der Propaganda. Das Werben um die Arbeiterschaft stand dabei im Mittelpunkt:

> „In der Elberfelder Geschäftsstelle Oststr. 69 (heute Weststr.) entstanden Flugblätter, Plakate und Zeitungsartikel, zu deren Abfassung Goebbels nicht nur erheblich beitrug, sondern in vielen Fällen allein den kompletten Text lieferte. Weite Verbreitung in den Parteigliederungen fanden z. B. ‚15 Entwürfe für Schriftplakate oder Flugblätter zur Ankündigung von Vorträgen der N.S.D.A.P.‘, die marktschreierisch bekannt machten, was die Partei wollte und gegen welche Feinde sie sich wandte. Juden, Spießern, Marxisten, einem bürgerlichen Klassenstaat, der angeblich korrupten Demokratie, dem sogenannten Schreckgespenst des Bolschewismus und der internationalen Solidarität des Proletariats wurde ein plakatives Programm entgegengesetzt, das den Ohren deprimierter Bevölkerungskreise wohllautete [...]. Verschwommene Ideen und gezielte Vorurteile füllten die Pamphlete, die von Elberfeld in die Ortsgruppen des Gaues verschickt wurden."[188]

Leiter des Gaues Rheinland-Nord war seit März 1925 Axel Ripke, der mit Goebbels häufig aneinander geriet: Der Gauleiter wollte bourgeoise Reformen durchsetzen, während der Gaugeschäftsführer eine sozialistische Revolution favorisierte. Die Frage, ob in der Partei der Nationalismus oder der Sozialismus mehr Gewicht haben sollte, entflammte die internen Streitigkeiten. In einem melodramatischen Schreiben an die Reichsleitung schilderte Goebbels nicht allein diese ideologischen Auseinandersetzungen, sondern hetzte gleichzeitig gegen den am-

---

186 Wunderlich 2002: 52. Vgl. Reuth 2000: 86f.; Barth 1999: 38; Scheffels 1988: 5; Goebel 1987: 119; Finkeldey 1984: 37; Böhnke 1974: 95; Knesebeck-Fischer 1933: 9.

187 Am 13. September 1925 meldete Goebbels der Reichsleitung eine Gesamtmitgliederstärke von 1.300 Personen, im Mai 1926 lag die Zahl bereits bei mehr als 3.000. Vgl. Okroy 2002: 56f.; Finkeldey 1985: 41.

188 Goebel 1984: 11f; Klammer im Original. Vgl. Okroy 2002: 57; Reuth 2000: 88. Die in dem Zitat erwähnte Mustersammlung „15 Entwürfe für Schriftplakate oder Flugblätter zur Ankündigung von Vorträgen der N.S.D.A.P., herausgegeben von der Geschäftsstelle der Nationalsozialistischen Briefe, mit einem Vorwort von Joseph Goebbels" erschien im Elberfelder Carl Schmitz Verlag. Heute befindet sich die Sammlung in Privatbesitz (vgl. Goebel 1984: 25) und konnte nicht eingesehen werden.

tierenden Gauleiter, indem er lautstark die Anschuldigung erhob, dieser habe Parteigelder veruntreut. Der angeblichen Unterschlagungsaffäre folgte Axel Ripkes Absetzung und die Bestätigung des neuen, vorläufigen Gauleiters: Joseph Goebbels.[189] Dieser hatte nun zwar auf der politischen Karriereleiter einen weiteren Sprung nach oben getan, musste nach dem Manöver aber einen deutlichen Imageverlust hinnehmen. Hatte er bislang auch außerhalb des regionalen Wirkungsbereiches einen hervorragenden Ruf als aktiver Parteiredner[190] genossen, so geriet er durch die Intrige gegen Ripke schneller als erwartet in Verruf: „In der ‚Bewegung' fiel er nicht nur angenehm auf, man lernte ihn schnell auch als gerissen, anmaßend und intrigant kennen. In konservativ-völkischen Kreisen war er bald als nationalsozialistischer Robespierre verschrieen."[191]

3.2 Der Gelegenheitsjournalist

> „Viele Briefe auf Grund meiner Aufsätze im ‚Beobachter' erhalten.
> Der Geist zündet neue Feuer."[192]

Nach der letzten Veröffentlichung für die *Volkische Freiheit* am 17. Januar 1925 konzentrierte sich Goebbels vorläufig auf seine politische Karriere und widmete dem Gau Rheinland-Nord seine engagierte Aufmerksamkeit. Bis zum Sommer gab es keinerlei journalistische Aktivitäten; erst die politische Etablierung und der Aufstieg zum vorläufigen Gauleiter eröffneten ihm neue journalistische Plattformen. Hinzu kam, dass die in der *Völkischen Freiheit* veröffentlichten Lobeshymnen auf Hitler und die bissigen Angriffe auf das bürgerlich-konservative Lager für Aufmerksamkeit und Aufsehen gesorgt hatten. Die Trennung von der Nationalsozialistischen Freiheitsbewegung und das politische Auftreten im Gau Rheinland-Nord schufen Vorteile – auch im journalistischen Milieu. Goebbels' Wunsch, als politischer Journalist wahrgenommen zu werden, stieß nun auf konkrete Möglichkeiten: So findet sich sein Name ab Juni 1925 unter diversen Artikeln sowohl im *Völkischen Beobachter* als auch in der *Deutschen Wochenschau*.

3.2.1 Publikationen im Völkischen Beobachter

Die Geschichte der nationalsozialistischen Presse lässt sich kaum von der des *Völkischen Beobachters* (*VB*) trennen. Die Wurzeln des *VB*[193] reichen bis zur ers-

---

189 Im September 1925 wurde Karl Kaufmann dann zum Gauleiter ernannt.
190 Allein in der Zeit zwischen Oktober 1924 und Oktober 1925 hielt er 189 Reden. Vgl. Reuth 2000: 87; Nill 1991: 149; Goebel 1987: 120; Hüttenberger 1969: 34.
191 Fröhlich 1989: 55. Vgl. Reuth 2000: 89; Höver 1992: 276; Finkeldey 1984: 38f.; Reimann 1971: 40; Hüttenberger 1969: 27.
192 sogGTb 25.6.1925.
193 Der *Völkische Beobachter* war ursprünglich ein kleines Blatt mit einer Auflage von etwa 8.000 Exemplaren. Aus dem 1887 als *Münchner Beobachter* gegründeten Vorstadtblatt des

ten Gründung der NSDAP zurück, als die noch junge Partei bereits einen eigenen Presseapparat aufzubauen versuchte. Nachdem der *Völkischen Beobachter* im Dezember 1920 von der NSDAP erworben worden war, sollte er zukünftig als patriotisches Blatt und völkisches Organ fungieren.[194] Den Untertitel *Kampfblatt der nationalsozialistischen Bewegung Großdeutschlands* erhielt der *VB* im Februar 1921. Adolf Hitler zeichnete als Herausgeber, während der Parteifunktionär und berüchtigte Antisemit Dietrich Eckart im August 1921 als Hauptschriftleiter antrat; diese Position übernahm im März 1923 Alfred Rosenberg. Die technische Leitung kam Max Amann zu, der neben der Parteigeschäftsführung zusätzlich die Leitung des Eher-Verlages übernahm.[195]

Der *Völkische Beobachter* erschien zwei Mal wöchentlich in München. Vorerst standen inhaltlich weniger die flüchtigen Tagesereignisse als vielmehr Artikel und Serien zu einzelnen (nationalsozialistischen) Fragen und politischen Zusammenhängen im Mittelpunkt. Am 8. Februar 1923 ging die Zeitung zum täglichen Erscheinen über; die sechs Ausgaben bestanden aus jeweils sechs Seiten, am Wochenende hatte der *VB* einen Umfang von acht Seiten.

> „Damit ändert sich die Form seiner Berichterstattung von Grund auf. Aktualität und Universalität stehen nun für ihn im Vordergrund. Dem Tagesereignis muß seine Aufmerksamkeit in erster Linie gelten, wenn er seine Leserschaft befriedigen will. Damit tritt aber bei einem ‚Kampfblatt‘ die Beeinflussung durchaus nicht in den Hintergrund. Sie ist nur nicht mehr so offenkundig, wird versteckt und vorsichtiger, kommentarähnlicher. Die Form der Nachrichtengebung in der Tageszeitung ist – gemessen an der der Wochenzeitung – sachlich und nüchtern. Daß Auswahl und Aufmachung der Nachricht trotzdem einer inneren Tendenz unterliegen, ist für ein Kampfblatt selbstverständlich.“[196]

Die Auflage betrug zu diesem Zeitpunkt 30.000 Exemplare.[197] Hitler, der von der Wirkung der Printmedien nicht sehr überzeugt war[198], hatte die Zeitung in erster Linie erworben, um eine eigene Plattform für seine Reden und Artikel zu besitzen.

Verlegers Franz Eher hervorgegangen, erfolgte die Neubetitelung nach dessen Tod im Jahr 1918. *Der Völkische Beobachter* war das Kernstück der NSDAP-eigenen Eher-Verlagsgesellschaft. Bis zur Übernahme durch die Partei war die Zeitung kein nationalsozialistisches Organ, sondern „vertrat allgemeine national-völkische Gedankengänge, wie sie zu dieser Zeit auch von anderen zahlreichen Wochenblättern vertreten wurden. Erst im August 1923, also kurz vor dem Hitlerputsch, erfolgte die Umgründung zu einem Parteiorgan, nachdem schon zu Beginn des Jahres aus dem Wochenblatt eine Tageszeitung geworden war." (Kaupert 1932: 124). Vgl. Fischer 1981: 271f.; Martens 1972: 29; Balle 1963: 254f.; Noller 1956: 235, 246; Sington/Weidenfeld 1943: 3; Münster 1941: 110.

194 Die NS-Presse konnte aufgrund der wackeligen finanziellen Grundlage der NSDAP nicht allein durch die Partei subventioniert werden. Der *Völkische Beobachter* konnte also nur erstanden werden, weil die Nationalsozialisten bereits 1920 Gelder von privaten Spendern empfingen – beispielsweise stiftete die Hälfte des Kaufpreises der Generalmajor der Reichswehr Franz Xaver Ritter von Epp und auch Dietrich Eckart trug finanziell zum Kauf seinen Teil bei. Vgl. Stein 1987: 87.

195 Vgl. Pross 2000: 72f.; Toepser-Ziegert 1987: 7; Martens 1972: 29; Shirer 1961: 47; Noller 1956: 40, 268, 291f.

196 Noller 1956: 44. Vgl. ebd.: 16; Moores 1997: 64.

197 Nach dem missglückten Hitlerputsch und dem NSDAP-Verbot musste auch der *VB* am 9. November 1923 sein Erscheinen einstellen und wurde erst mit der Neugründung der Partei

„Hitler erkannte die Wichtigkeit eines Parteiorgans, einer öffentlichen Stimme, die seine Anschauungen der Masse vermitteln sollte und auch solchen, welche nicht zu den Massenversammlungen des Redners Hitler kommen konnten oder wollten, seine Worte einhämmerte und sie in seinem Sinne beeinflußte."[199]

Der *Völkische Beobachter* wurde von nationalistischen und antisemitischen Themen bestimmt; in besonders lauter Sprache und scharfem Ton transportierte das Presseorgan grob aggressive und hasserfüllt harte Hetze. Fanatismus, äquivalente Superlative, Übersteigerungen und Größenverzerrungen waren typisch für die einseitige und derbe Sprache im *VB*. Der Stil des Blattes war Hitlers agitativen Botschaften angepasst, hier wurde regelrecht methodisch verunglimpft, beschimpft, grob vereinfacht und an die primitiven Instinkte des Lesers appelliert. „Man könnte die Sprache des Völkischen Beobachters eine vulgäre Terminologie des Kampfethos nennen. [...] Immer wieder geht es um Volk, Nation, Deutschland, Größe, Unglück, Juden, Zersetzung, Ausschaltung, Reinerhaltung, Wiedererstarken und Kampf."[200]

Dieser Umstand war in erster Linie auf die Hauptschriftleitung Alfred Rosenbergs zurückzuführen: Der NSDAP-Chefideologe galt in Parteikreisen als bedeutender Publizist der antijüdischen Richtung; er beanspruchte für sich selbst die Rolle des nationalsozialistischen Programmatikers, und sein Hauptaugenmerk lag auf der „Entjudungsarbeit". Insofern ist Rosenberg bis heute „eine Schlüsselfigur für die Implementierung des Antisemitismus in die nationalsozialistische Weltanschauung"[201]. Seine Abhandlung „Mythus des 20. Jahrhunderts" galt als weltanschauliche Leitschrift der NS-Ideologie, und auch in zahlreichen weiteren Schriften ist „Rosenbergs geradezu monomanische[r] Antisemitismus"[202] nachzulesen. Seine alles dominierende antisemitische Weltsicht wurde bei dem deutschstämmi

wiederbelebt: Die erste Nummer des *Völkischen Beobachters* – nun mit dem Untertitel *Kampfblatt der national-sozialistischen Bewegung Großdeutschlands* – erschien am 26. Februar 1925 mit einem Leitartikel von Adolf Hitler, der den Titel „Ein Neuanfang" trug. Die Auflage des Blattes war indessen auf 4.000 Exemplare abgesackt und konnte trotz der täglichen Erscheinungsweise ab 4. April 1925 erst wieder im Jahr 1930 eine bedeutendere Auflagenzahl von 25.000 Exemplaren verzeichnen. Vgl. Benz 2000: 11; Frei/Schmitz 1999: 101; Paul 1992: 180; Stein 1987: 83; Shirer 1961: 45, 116; Noller 1956: 9–11; Münster 1941: 112; Kaupert 1932: 122.

198 „Von einer Geringschätzung des geschriebenen Wortes nahm Hitler nur den *Völkischen Beobachter* aus, den er selbst herausgab, für der er sich wiederholt persönlich einsetzte und den er vor dem Hintergrund innerparteilicher Machtkämpfe 1925 sogar als ‚die heute beste und wirkungsvollste Waffe der Partei' bezeichnete. [...] Insbesondere während der ‚Kampfzeit' erfüllte der *VB*, mehr noch als nach 1933, Funktionen als politisch-publizistisches Führungsmittel der Partei. [...] Als einziges offizielles Organ der Parteiführung und wichtigstes Sprachrohr des Parteivorsitzenden war der *VB* von sämtlichen Parteiinstanzen zu beziehen." (Paul 1992: 180, kursiv im Original).

199 Weber 1930: 9f.

200 Noller 1956: 231. Vgl. ebd.: 293.

201 Piper 2005: 12.

202 Piper 2005: 63.

gen Balten vermutlich durch seine Herkunft geprägt.[203] Rosenberg vertrat die Ansicht, dass eine Weltgefahr aus dem Osten heraufziehe und das jüdisch-bolschewistische Sowjetrussland die Inkarnation der Judenherrschaft sei.

Dass sich diese Sichtweise überhaupt nicht mit derjenigen von Joseph Goebbels vereinbaren ließ und daraus eine Erzfeindschaft erwuchs, sollte sich erst in den kommenden Jahren zeigen. Im Sommer 1925 war Goebbels vor allem aber stolz, dass er im Hauptparteiblatt den einen oder anderen eigenen Beitrag veröffentlichen konnte. Warum Rosenberg ihm im *Völkischen Beobachter* immer wieder einen Platz für seine Artikel einräumte, ist heute nur noch zu vermuten. In seinen Aufzeichnungen vermerkte der Chefredakteur, dass der *VB* anfangs nur wenige Mitarbeiter beschäftigte.[204] Dieser Notstand in der Startphase des Parteiorgans dürfte mit dazu beigetragen haben, dass regelmäßig die Parteigenossen dazu angehalten wurden, Texte einzusenden und sich auch sonst durch publizistische Aktivitäten zu beteiligen.[205]

Hinzu kam, dass sich Rosenberg und Goebbels in Hinblick auf ihren antidemokratischen Kurs durchaus ähnelten. Eine Notiz macht dies deutlich: „Rosenberg schreibt mir, ich soll für den ‚Beobachter‘ arbeiten. Ein Ausflußrohr für den jungen Radikalismus. Wir haben auf der ganzen Linie gesiegt. Jetzt sind wir geistig klar. Nun an die neue Arbeit!"[206] Goebbels teilte sein Feindobjekt – nämlich die Weimarer Republik – mit Rosenberg, der beispielsweise im *VB* ausführliche Fahndungslisten der „Novemberverbrecher" veröffentlichte.[207] Möglicherweise wurde zu diesem Zeitpunkt Goebbels – der nun eine nicht unwichtige politische Position bekleidete und von der Münchner Parteizentrale durchaus wahrgenommen wurde – bereits von Hitler protegiert; ob dieser wiederum den *VB* auf die notwendige Mitarbeit des Agitators eindringlich hingewiesen und zur Nutzung seines Potenzials angehalten hat, bleibt jedoch im Bereich der Vermutungen.

Tatsache ist jedenfalls, dass es Goebbels gestattet war, das umfangreiche Zentralorgan der Partei mit journalistischen Pamphleten zu beliefern. Zwischen Anfang Juni und Ende September 1925 veröffentliche Joseph Goebbels insgesamt sieben Texte[208] im *Völkischen Beobachter*.

---

203 Rosenberg wurde 1893 in Reval, dem heutigen Tallinn geboren. Reval war damals Hauptstadt des russischen Gouvernements Estland und die nördlichste der baltischen Provinzen des russischen Reiches. Die deutschstämmigen Balten hießen traditionell Deutschbalten und wurden in der Zeit der NS-Diktatur dann als Baltendeutsche bezeichnet. Vgl. Piper 2005: 19, 57.

204 „Unser ‚Zentralorgan‘, der ‚VB‘, hatte als Tageszeitung 1925 ganze 4 Redakteure und ein paar Mitarbeiter, so gut wie gar keine auswärtigen Vertretungen. Er war auf gelegentliche Einsendungen von Lesern angewiesen." Rosenberg 1996: 122.

205 Vgl. Piper 2005: 137.

206 sogGTb 22.5.1925. Vgl. Irving 1997: 44; Höver 1992: 26, Schildt 1964: 33, Hunt 1960: 224.

207 Vgl. Piper 2005: 141. Als Novemberverbrecher wurden alle Demokraten und im Besonderen jene Repräsentanten der Weimarer Republik („Novemberrepublik" und „Novemberdeutschland") verunglimpft, die für den Versailler Vertrag verantwortlich gemacht wurden. Vermutlich wurde die Bezeichnung von Hitler geprägt. Vgl. Schmitz-Berning 1998: 433f.

208 Die ersten vier Texte waren im Stil offener Briefe mit mehr oder weniger anonymen Adressaten (Lieber Parteigenosse Stürz, Sehr geehrter Herr Geheimrat, Sehr geehrter Herr Generaldirektor, Sehr geehrter Herr v. Graefe) gestaltet. Mit diesem journalistischen Kniff schaffte sich

In seinem ersten Beitrag mit dem Titel „Idee und Opfer"[209] brüskierte er wieder einmal das Bürgertum, das sich seines Erachtens nach nur oberflächlich der nationalen Gesinnung anschließen wolle. Während Goebbels die „Spießbürger" als eitel und selbstgefällig hinstellte, forderte er gleichzeitig die Radikalisierung der Partei unter einem neuen Symbol, nämlich dem „Hakenkreuz, umrahmt von dem großen, rot leuchtenden Felde der sozialen Erlösung."

Nach diesem Eröffnungsaufsatz im *Völkischen Beobachter* widmete sich Goebbels seinem eigenen innerparteilichen Vorankommen, betitelte seinen zweiten Aufsatz „Verkalkte Intelligenz"[210] und sprach darin Axel Ripke (Gauleiter Rheinland-Nord) nicht nur das Misstrauen aus, sondern verlangte – erfolgreich – auch dessen Amtsenthebung.[211]

In einer kurzen Aufsatzreihe beschäftigte sich Goebbels mit politischer Systemtheorie im Allgemeinen und der Diktatur im Speziellen: Sowohl der Artikel „Nationalsozialismus im Westen"[212] als auch ein offener Brief – den er an Albrecht von Graefe[213] richtete und der den Titel „Volksgemeinschaft und Klassenkampf"[214] trug – enthielten wieder Polemiken und Schlagworte gegen das Bürgertum, so auch gegen die Maxime „Ruhe ist die erste Bürgerpflicht"[215]. Goebbels verwendete dieses bekannte Bild nicht, um etwaige gesetzliche Bestimmungen zur Erhaltung der staatlichen Ordnung zu monieren. Ihm ging es weniger um die Einschränkung demokratischer Rechte und Freiheiten, die mit der Aufrechterhaltung der gesellschaftlichen Ruhe und Sicherheit – notfalls auch unter Zuhilfenahme der Militärbehörden – begründet wurde. Vielmehr störte er sich am Phlegma des Bürgertums, das weder eine politische Einflussnahme noch eine gesellschaftliche Veränderung vor Augen hatte. Der Verfasser empörte sich vordergründig über die fehlende politische Streitkultur und schien geradezu entsetzt zu sein, wenn er schrieb: „Wir verkapseln uns, wir geraten mit unseren Gegnern nicht aneinander. O Gott, ein Kommunist, ein Lump, ein vaterlandsloser Geselle, ein Verräter, ein

---

der Autor ein direktes Gegenüber, gegen das er anschreiben, das er angreifen oder auch in gehässigem und keineswegs ernst gemeintem Ton loben konnte.

209 VB/14.6.1925/1; der identische Text erschien nochmals in der *Deutschen Wochenschau* (Woch/23.8.1925/2).

210 VB/21.6.1925/2.

211 Vgl. Kapitel III, 3.1 zur Intrige gegen Ripke.

212 VB/28.6.1925/3. Es handelte sich hierbei um einen Nachdruck, der Artikel war bereits in der *Deutschen Wochenschau* (Woch/21.6.1925/1) erschienen.

213 Er war Mitbegründer der Deutschvölkischen Freiheitspartei und Reichstagsmitglied der DNVP.

214 VB/26.7.1925/4.

215 Der Slogan von der Ruhe als erste Bürgerpflicht geht auf das Jahr 1806 zurück: Gerüchte über die Niederlage der Preußen gegen die Franzosen mussten aus Perspektive der Staatsführung verhindert oder zumindest eingedämmt werden. Die Situation vom untergehenden, ehemals stolzen preußischen Staat dürfte nicht zusätzlich durch sichtbare Tote, Verwundete, Deserteure und fliehende Soldaten verschärft werden. Um das fatale Geschehen zu überdecken, griff die Regierung auf eine geschönte Kriegsberichterstattung zurück. Zugleich wurden die Bürger dazu angehalten, den Staat in schwierigen Momenten zu stützen, indem sie Stillschweigen über die negative Lage behielten. Vgl. Pätzold/Weißbecker 2002c: 274–278.

Betrüger, – ein Jude! Schlagt ihn tot! Punktum! Ist es denn damit wirklich getan?"
Eigentlich aber ging es Goebbels um die Zerstörung des „bürgerlichen Klassenstaates" mittels einer Revolution und den Aufbau einer Volksgemeinschaft; insofern hielt er einen „Klassenkampf" für einen – wie er es formulierte – geschicht-
lich bedingten und notwendigen Prozess auf dem Weg zu sozialen Reformen.[216]
    Es ist interessant, wie freimütig Goebbels mit der Forderung nach dem Klas-
senkampf als erstem Schritt auf dem Weg in ein neu strukturiertes Deutschland
umging. „Mit seiner Einstellung zum Klassenkampf stand Goebbels dem Marxismus in vieler Hinsicht näher als der ‚Weltanschauung' Adolf Hitlers."[217] Auch
griff Goebbels mit seinem Standpunkt jenem auflebenden proletarischen Klassen-
bewusstsein vor, das 1925 seinen Höhepunkt erlebte: 45 Prozent der hauptberuflich erwerbstätigen Bevölkerung waren klassenbewusste Arbeiter, die an die Un-
vermeidbarkeit des Kampfes zwischen Proletariat und nicht-marxistischem Bürgertum glaubten und lautstark dazu aufriefen. Ihr Ziel war eine neue sozialistische
Gesellschaft, bei der das Privateigentum von einem Gemeineigentum abgelöst
werden sollte. In Kapitalismus, Konzernen, Banken und Börsen sahen sie die
Schuldigen der Inflation – und dieser Meinung war seit seinen Kölner Erfahrungen auch Joseph Goebbels.[218]
    Im *Völkischen Beobachter* erläuterte Goebbels erstmals auch das so genannte
Phänomen einer Massenbewegung, aus der – so sein Ausblick – eine Diktatur
erwachsen werde. „Die Diktatur wird das Ende des geistigen und politischen Chaos unserer Zeit sein", so eröffnete er den Aufsatz „Nationalsozialismus und Bolschewismus"[219]. Die Diktatur als Regierungsform gründe keinesfalls nur auf einem „reaktionären Cäsarismus", wie es nach Goebbels' Ansicht so manche nationalen Funktionäre behaupteten. Seiner Einstellung nach stünde Deutschland im

216 Mit der Verwendung der Begriffe Volksgemeinschaft und Klassenkampf zielte Goebbels
    bereits mehr als deutlich auf die Arbeiterschaft ab. Im Nationalsozialismus ersetzte das Arbei-
    tertum den Begriff vom Proletariat und somit den zentralen Ausdruck der marxistischen The-
    orie vom Klassenkampf, dem die Vorstellung von einer Lebens- und Leistungsgemeinschaft
    aller Deutschen ohne Aufteilung in Schichten oder Stände entgegen gesetzt wurde. Vgl.
    Schmitz-Berning 1998: 41f, 654–659.
217 Höver 1992: 62.
218 Die Versuche, eine Integration der Schichten herbeizuführen, gelangen der NSDAP jedoch zu
    keiner Zeit. Die organisierte Arbeiterschaft blieb bis 1933 überwiegend unbeeinflusst von den
    nationalsozialistischen Parolen. „Gründe dafür mögen sein, daß die NSDAP mit ihren diffu-
    sen sozialen Forderungen nicht oder kaum die tatsächlichen sozialen Probleme der Arbeiter
    abdeckte, daß ihr Kampf gegen den ‚Marxismus' durchaus von Arbeitern als Kampf gegen
    ihre klassenmäßigen Organisationen – Gewerkschaften, sozialdemokratische und kommunis-
    tische Partei – verstanden wurde." (Sauer 1978: 107).
219 VB/9.8.1925/5. Unter der veränderten Überschrift „Das Ringen um die Diktatur" erschien der
    identische Beitrag einen Tag später nochmals in der Antibolschewistischen Sondernummer
    des *Völkischen Beobachters* (VB/11.8.1925/6) und am Ende des Monats auch in der *Deut-
    schen Wochenschau* (Woch/20.9.1925/3). „Immediately, the hitherto unknown name of Jo-
    seph Goebbels began to appear regularly in the official Party newspaper ‚Völkischer Beob-
    achter' published in Munich. [...] Then in August, the editors permitted him to write a long ar-
    ticle for the ‚Special Anti-Bolshevist Number'." (Hunt 1960: 144, Unterstreichungen im Ori-
    ginal).

„Jahrhundert der sozialen Frage" an einer Wegkreuzung, wo es sich zwischen Nationalismus oder Bolschewismus zu entscheiden habe. Die logische Konklusion, so der Autor nach seiner Darstellung des Bolschewismus als Produkt „bürgerlicher Ignoranz" und „jüdischer Demagogie", aus dem Korruption, Verfall und Terror erwüchsen, sei die Erlösung der Masse durch die Diktatur in Form des Nationalsozialismus. Der Befürchtung, die Nation könne sich nicht freiwillig an eine solche Staatsform binden, widersprach er, indem er die Volksgemeinschaft als tragendes und verbindendes Element der Staatsherrschaft deklarierte.

Goebbels nutzte seine Auftritte im *Völkischen Beobachter* auch dazu, sich zur Situation der deutschen Presselandschaft zu äußern. Der provokativen Überschrift „Pressekanaillen von links nach rechts"[220] folgten Angriffe auf so genannte Oberlehrer, Spießbürger und Bonzen, kurz: nach Ansicht Goebbels' allesamt „geistige Hüter der alten Zeit". In der sich selbst zugedachten Rolle des Rädelsführers und Rebellen gab der Verfasser zu verstehen, dass er Respektlosigkeit und Ekel gegenüber dem Bürgertum empfinde.[221] Ohne Differenzierungen vorzunehmen, beschimpfte er den deutschen Journalismus und seine Vertreter als „jüdische Pressekanaille" und als Handlanger des Bürgertums: „Da lesen Sie die blutrünstigen Aufrufe zu Mord, Brand und Chaos." In seiner Darlegung verallgemeinerte er die Presselandschaft zu einer Ansammlung von „Schundblättern", die einzig und allein politischen Faulenzern und bequemen Feiglingen zur weiteren Verbürgerlichung dienten, die er als „Brechmittel" verurteilte und denen er die Geschäftemacherei mit Juden vorwarf:

> „Leise, unmerklich [...] vergiftet man das nationale Gefühl, schreibt mit Galle und Lauge und macht – öffentliche Meinung. [...] Die öffentliche Meinung! Ein entsetzliches Gemisch aus Dummheit, Feigheit und Gemeinheit, übergossen mit einer dicken Soße jüdischer Demagogie, Phrase und Lüge."

In diesen recht frühen journalistischen Arbeiten zeigte sich also bereits Goebbels' thematische Konzentration auf das Bürgertum, das er sowohl mit den ehemaligen völkischen Parteigenossen als auch mit dem Judentum in Verbindung und somit in Verruf bringen wollte. Dem gegenüber standen Goebbels' eigene gedankliche Umbruchversuche, die er zwischen Revolution und Klassenkampf anzusiedeln und auszuformulieren suchte.

Ob und wie Goebbels' Zeitungsartikel innerhalb der Partei oder der Redaktion begutachtet und bewertet wurden, sei dahingestellt. Er selbst ging davon aus, dass seine Beiträge ein positives Echo hervorriefen und er sich sogar als regelmäßiger Schreiber im *Völkischen Beobachter* etablieren könnte.[222] Zweifel an etwaigen

---

220 VB/17.9.1925/7. Der Ausdruck „Pressekanaille" als Anlehnung an das umgangssprachliche Schimpfwort „Kanaille" sollte den Eindruck einer gemeinen, niederträchtigen Adressatenschaft vermitteln. Vgl. Berning 1964: 107.

221 Die journalistischen Kniffe, mit denen er dabei arbeitete, wurden später im VB geläufig: „Was die Nationalsozialisten ebenfalls glänzend verstehen, ist die Kunst, den Gegner lächerlich zu machen. Das ist eines der wirkungsvollsten publizistischen Mittel, die es gibt. Entweder weckt der Beobachter Zorn und Haß oder er reizt die Lachmuskeln." (Noller 1956: 220).

222 „Rosenberg hat meine Aufsätze über den grünen Klee gelobt." (sogGTb 8.7.1925)..

Behauptungen, dass Goebbels ein fester Redakteursposten oder sogar die Leitung des Parteiblattes angeboten wurde[223], lassen sich bereits durch die nähere Begutachtung des redaktionell-politischen Umfeldes erhärten: Für Alfred Rosenberg und erst recht für Adolf Hitler war der Sozialismus ein peripherer Begriff. Zwar zeigte sich die Verbindung von Sozialem und Nationalem im NSDAP-Parteiprogramm; hinter vorgehaltener Hand deutete jedoch alles in die nationalistische Richtung, während die sozialen Aspekte eher als zweckdienliche Mittel betrachtet wurden. Denn um das übergeordnete Ziel einer Volksgemeinschaft auf rassistischer Grundlage und nach dem Vorbild Oswald Spenglers (friderizianisch-autoritärer Sozialismus) zu erreichen, musste die nationalsozialistische „Bewegung" einerseits die Errungenschaften der modernen Zivilisation (Demokratie, Toleranz, Gleichberechtigung) bekämpfen und andererseits die Arbeiterschaft als Anhänger – und Wähler – gewinnen. Aus strategischen Gründen wurden also sozialistische Postulate hervorgehoben, sozialistische Rhetorik und Symbolik gepflegt und radikale sozialistische Parolen transportiert.[224]

Alles andere als im Sinne dieser Taktik wäre eine Person wie Joseph Goebbels in einer redaktionellen Position beim *Völkischen Beobachter* gewesen. Der energische, karrierebewusste und entschieden aufstrebende Politnachwuchs mit seinen offen vorgetragenen sozialistischen Tendenzen war nur in begrenztem Maße redaktionell vorteilhaft. Einen so radikalen völkischen Sozialisten in das Hauptmedium der NSDAP zu integrieren, dürfte der *VB*-Hauptschriftleitung daher fern gelegen haben.[225]

3.2.2 Publikationen in der Deutschen Wochenschau

Auch in der *Deutschen Wochenschau* finden sich vereinzelt, aber kontinuierlich Beiträge von Goebbels. Vielfach handelt es sich um Zweitverwertung von Texten, die entweder erst im *Völkischen Beobachter* erschienen waren und dann bei der *Wochenschau* abgedruckt wurden oder die genau andersherum im Anschluss an die Publikation in der *Wochenschau* dann auch noch im *VB* veröffentlicht wurden.

Die *Deutsche Wochenschau* wurde am 1. Dezember 1924 vom Mitbegründer der DVFrP, Oberstleutnant Georg Ahlemann (Gesamtverantwortlicher) und Major Hans Weberstedt (verantwortlicher Schriftleiter) gegründet. Bis in den zweiten Jahrgang[226] hinein hieß das Blatt *Völkische Wochenschau. Nachrichten der*

---

223 „Nur zuweilen kommt ein bitteres Gefühl. Man will mich nach München an den Beobachter ziehen. Soweit bin ich noch nicht. Ich muß zuerst hier an Rhein und Ruhr meine Aufgabe erfüllen." (sogGTb 30.9.1925). Ebenso wie im Folgenden: „Hitler will auch mich näher heranziehen. Mir wird die Redaktion des ‚Beobachters' angeboten. Soll ich annehmen? Aber was geschieht dann hier im Westen? Ich bin sehr im Zweifel." (sogGTb 26.10.1925).

224 Vgl. Piper 2005: 68, 146, 148.

225 Vgl. Schmidt 1968: 119. Siehe auch Kapitel III, 4.6 zu den ideologischen Differenzen zwischen Rosenberg und Goebbels, die sich in Hinblick auf das Thema Osterweiterung und deutsch-russische Kooperation entspannen.

226 Ausgabe Nummer 3 vom 19.1.1925.

Reichsführerschaft der Nationalsozialistischen Freiheitsbewegung Großdeutsch-lands. Anschließend wurde es umbenannt in *Deutsche Wochenschau. Unabhängi-ge Nachrichten der Reichsführerschaft der Nationalsozialistischen Freiheitsbe-wegung Großdeutschlands*, später der Untertitel in *Nachrichtendienst der natio-nalsozialistischen Freiheits-Bewegung Großdeutschlands* geändert.

Die *Deutsche Wochenschau* wurde als offizielles Presseorgan der Reichsfüh-rerschaft der NSFB gehandelt.[227] Die Wochenschrift erschien immer montags als Nebenausgabe des *Hessenhammers* in Darmstadt. In der Zeit von 1927 bis 1929 wurde die Wochenzeitung von General Erich Ludendorff geführt, und entspre-chend finden sich zahlreiche Werbeanzeigen, die die *Deutsche Wochenschau* als „Das Blatt Ludendorffs" anpriesen. Am 1.10.1931 ging das Kampfblatt in den Besitz des Fränkischen Volksverlages (Darmstadt) über und wurde von Gottfried Feder geleitet. Er verkaufte die Verlagsrechte der *Deutschen Wochenschau* im Juli 1932[228] an den Verlag für völkische Aufklärung Theodor Weicher (Leipzig und Berlin), zeichnete aber auch ohne Besitzanteile noch bis 4. Januar 1933 als Her-ausgeber. Inhaber des Verlages war Karl Kachler, Träger des goldenen NSDAP-Ehrenzeichens. Karl Emil Weiss, Mitbegründer der Gautageszeitung der NSDAP in Kassel, wurde Hauptschriftleiter.[229]

Im Zeitraum zwischen Anfang Juni und Ende September 1925 veröffentlichte Goebbels drei Texte in der *Deutschen Wochenschau*. Dass zwischen der *Wochen-schau* und dem *Völkischen Beobachter* ein Austausch an Zeitungsartikeln und damit eine Zweitverwertung der Publikationen in die eine oder andere Richtung stattfand, war eigentlich eher unwahrscheinlich, da es sich bei der *Deutschen Wo-chenschau* um das NSFB-Parteiblatt und beim *Völkischen Beobachter* um das NSDAP-Zentralorgan handelte. Umso erstaunlicher ist es, dass Goebbels in bei-den Medien und relativ zeitgleich seine Aufsätze veröffentlichte. Zwar hatte er sich von den Völkischen längst losgesagt, schien aber zur Schriftleitung der *Deut-schen Wochenschau* nach wie vor gute Kontakte zu pflegen und bekam als offen-sichtlich gern gesehener Schreiber gelegentlich einen Platz im Blatt eingeräumt.

Der Artikel „Der Nationalsozialismus im Westen"[230] ist identisch mit dem gleichnamigen Text im *VB*[231], war erst in der *Wochenschau* und anschließend im *VB* erschienen. Der Beitrag „Idee und Opfer"[232] stimmt inhaltlich mit dem gleich-lautenden Artikel im *Völkischen Beobachter*[233] überein, wo er zuerst publiziert

---

227 Konkrete Angaben oder Zahlenmaterial über Auflagenhöhe und -entwicklung gibt es keine, da die *Deutsche Wochenschau* wie auch andere Parteiblätter von den Zeitungskatalogen und Zeitungsadressbüchern unbeachtet blieb. In den frühen Jahren dürfte das Kampfblatt in einem sehr beschränkten Leserkreis und lediglich unter den Mitgliedern der Nationalsozialistischen Freiheitsbewegung Großdeutschlands verbreitet gewesen sein. Vgl. Koszyk 1993: 49; Stein 1987: 12; Fischer 1981: 508.

228 Die Erscheinungsweise war einmal wöchentlich in drei Ausgaben.

229 Vgl. Höver 1992: 26; Stein 1987: 222; Hartmann 1936: 426; Weber 1930: 20f.

230 Woch/21.6.1925/1.

231 VB/28.6.1925/3.

232 Woch/23.8.1925/2.

233 VB/14.6.1925/1.

wurde. Entsprechendes gilt für „Das Ringen um die Diktatur"[234], dieser Text war zuerst im *VB*[235] zu lesen. Die nähere Erläuterung zu den einzelnen Textbeiträgen wurde bereits im vorausgegangenen Kapitel ausführlich vorgenommen.

Inwiefern die Zweitverwertung der *VB*-Texte von der NSDAP-Leitung toleriert, unterstützt oder sogar angestoßen wurde, ist schwierig zu sagen. Da Goebbels sowohl in der *Deutschen Wochenschau* als auch im *Völkischen Beobachter* alle Pressebeiträge mit seinem vollen Namen kennzeichnete, fanden die Publikationen also nicht inkognito statt. Auch ist davon auszugehen, dass Alfred Rosenberg über die Zweitpublikation in der *Deutschen Wochenschau* zumindest informiert war – zu hoch wäre die Wahrscheinlichkeit gewesen, dass andere nationalsozialistische Journalisten und vermutlich auch Parteigenossen die Presse der abtrünnigen Völkischen studierten und früher oder später in der *Deutschen Wochenschau* über Joseph Goebbels als Autor gestolpert wären und dies gemeldet hätten. Vermutlich befürwortete Rosenberg sogar Goebbels' radikale Veröffentlichungen: Meistens in der für ihn typisch doppelschneidigen Offenheit, stellenweise aber auch subtil schadenfroh äußerte sich Goebbels in seinen Artikeln über die Politik der Völkischen, griff allzu gerne die DNVP an und gab ihre Mitglieder nicht selten der Lächerlichkeit preis – während er die Arbeiterpartei mit allen Vorteilen und positiven Zielsetzungen ausschmückte und geradezu ekstatisch anpries. Der NSDAP konnten derartige Inhalte in der *Deutschen Wochenschau*, die von potentiellen Wechselwählern gelesen wurde, als durchaus brauchbar erscheinen.

3.2.3 Journalistische und politische Entwicklungslinien

In der kurzen, nur vier Monate andauernden Übergangsphase zwischen den Aktivitäten als Schriftleiter der *Völkischen Freiheit* und der Ernennung zum Schriftleiter der *Nationalsozialistischen Briefe*[236] fand bei Goebbels ein bemerkenswerter journalistischer Entwicklungsprozess statt: Er wechselte den Status vom kulturell interessierten Gelegenheitsjournalisten zum politischen Redakteur. Die Auseinandersetzung mit politischen Themen, die bei der *Völkischen Freiheit* ihren Anfang genommen hatte, setzte er intensiver fort. In der ersehnten Rolle als politischer Zeitungsschreiber – und als solcher wurde er auch zunehmend innerhalb der NSDAP wahrgenommen – zeigte Goebbels in seinen Publikationen vordringlich innerparteiliche und innerstaatliche Leitgedanken auf.[237]

Seine Herangehensweise wich größtenteils von der gängigen journalistischen Arbeit ab, da er sich meistens auf eine grundsätzlich erklärende, philosophisch

---

234 Woch/20.9.1925/3.
235 VB/11.8.1925/6. Dieser Artikel war bereits zwei Tage vorher unter dem Titel „Nationalsozialismus und Bolschewismus" im *Völkischen Beobachter* erschienen (VB/9.8.1925/5).
236 Vgl. Kapitel III, 4 zur Tätigkeit bei den *NS-Briefen*.
237 Die Konzentration auf innenpolitische Themenfelder war im *Völkischen Beobachter* gängig und gewollt. „Die Behandlung außenpolitischer Fragen im Beobachter ist – gemessen an Umfang und Schärfe der Einstellung im innerpolitischen Bereich – verhältnismäßig bedeutungslos." (Noller 1956: 84).

anmutende Verständnisebene beschränkte, anstatt – wie bei politischen Journalisten sonst eher üblich – den Diskurs zwischen befürwortenswerter vs. ablehnungswürdiger Politik zu verdeutlichen. Goebbels orientierte sich nicht an klassischen Vorlagen oder Modellen wie Verfassung oder Staatslehre; und auch bei seiner Beurteilung des politischen Tagesgeschäftes klammerte der Autor typische Verständniskategorien eher aus.

> „Für Goebbels – das läßt sich hier bereits erkennen, ist Politik nicht nur die Staatskunst, die die öffentlichen Angelegenheiten einer Nation im Inneren, sowie deren Verhältnis zu andern Nationen im Äußeren zum Gegenstand hat, sein Verständnis von Politik ist vielmehr zugleich ein allgemein gültiges Muster der Welterklärung.“[238]

Joseph Goebbels schwelgte hingegen geradezu in den Verbindungen von Politik und Ästhetik. Seine publizistischen Höhenflüge schienen in erster Linie den Verfasser selbst durch spottsüchtige Ausgangspositionen, hämische Gedankengänge, idealistisches Pathos und euphorische Argumentationsstränge befriedigen zu wollen. Seine journalistische Schreibe kennzeichnete

> „das Ausweichen vor politischen Gegebenheiten in eine Wunschwelt erträumter Volkstums-Idyllik oder in den Heroismus der germanischen oder mittelalterlichen Vorzeit, die Mystifikation des Weltkriegserlebnisses zu einer seelischen und sittlichen Neugeburt des deutschen Volkes, die radikale Verneinung der aufklärerisch-humanistischen Bildungstradition und Zivilisation und die ästhetisierende Anbetung von Führertum, Kraft, naturhafter Ursprünglichkeit“[239].

In den exzentrischen Aufsätzen, in denen der Schwerpunkt auf gesellschaftsverändernden Utopien lag, gärten vor allem auch Goebbels' Antikapitalismus und Antiliberalismus. Als politisches Gegenmodell skizzierte er jenen dynamischen Nationalsozialismus, der als Konsequenz aus den auf dem Versailler Vertrag gründenden Enttäuschungen und Unzufriedenheiten früher oder später geradezu entstehen musste.

3.3 Geschäftsführer der AG der Nord- und Westdeutschen Gaue

> „Das Reden hilft nichts. Handeln!
> Sozialisten der Tat sein. Wie wenig sind wir das.“[240]

Dem Wechsel von den Völkischen zur NSDAP folgte schon ziemlich bald eine Karriere als politischer Aktivist, Propagandist und Parteifunktionär. Erst wurde Goebbels zum Geschäftsführer des Gaues Rheinland-Nord in Wuppertal-Elberfeld berufen, wo er eine ganze Reihe von propagandistischen und parteipolitischen Aufgaben zu bewältigen hatte. Nach Entstehung der „Arbeitsgemeinschaft der Nord- und Westdeutschen Gaue der NSDAP" im Herbst 1925 dauerte es nicht lange, bis Joseph Goebbels auch hier in Erscheinung trat.

---

238 Nill 1991: 214. Vgl. Longerich 1995:176f.
239 Broszat 1960: 26.
240 sogGTb 16.3.1925.

Die Neugründung der NSDAP brachte im Frühjahr 1925 schwerwiegende Probleme mit sich: In der Phase des innerparteilichen Wiederaufbaus entdeckte der nord- und westdeutsche Parteiflügel seine Souveränität, geriet inhaltlich mehrmals vom politischen Kurs Hitlers ab und zeigte in personellen, organisatorischen, taktischen und programmatischen Fragen eigenständige politische Regungen.[241] Gregor Strasser entschloss sich im Sommer 1925, die Parteiarbeit in Norddeutschland durch eine engere administrative Zusammenarbeit der Gaue voranzubringen und gründete im September die „Arbeitsgemeinschaft der Nord- und Westdeutschen Gaue der NSDAP". Bereits in den ersten Wochen ihres Bestehens entwickelte sich die AG zu einer geschlossenen – wenn auch aufgrund uneinheitlicher Strömungen, innerer Gegensätze, richtungspolitischer Konflikte und persönlicher Rivalitäten nicht unproblematischen – Organisation, die gegenüber der Parteizentrale ihren Anspruch auf weitgehende Unabhängigkeit aufrecht hielt.[242]

Vordergründiger Zweck des Gauverbundes war organisatorische Hilfe untereinander, also der Austausch von Rednern und Werbematerial sowie die Vereinheitlichung der Propaganda. Die eigentlichen Motive lagen aber woanders: Der „Elberfelder Kreis" um Gregor Strasser vertrat einen unorthodoxen, gegen die bürgerlich-liberale Gesellschaft gerichteten nationalen Sozialismus, dessen oberstes Ziel die Durchsetzung der sozialistischen Komponenten in der NSDAP war.[243] Dieses Vorhaben manifestierte sich in der Bildung eines linken Flügels, dessen Einfluss durch die AG untermauert wurde. So schuf sich Gregor Strasser ein Gegengewicht zur völkisch-nationalen, reaktionären Münchner Parteileitung (Esser-Streicher-Rosenberg-Gruppe) und ein Instrument zur Durchsetzung seiner Pläne.

Strasser als Spiritus Rector der Arbeitsgemeinschaft hatte keineswegs eine Aufspaltung der NSDAP im Sinn, obgleich die Vorgänge innerparteilich eine Provokation darstellten. Was er sich im Namen der Gauvertretungen einerseits erhoffte, war eine neuartige Form der kollegialen Zusammenarbeit an der Basis; andererseits ging es um stärkere Einflussmöglichkeiten auf die Parteileitung, um sich dem höfischen Führungsstil der Münchner Clique nicht grundsätzlich unterordnen zu müssen. Strasser wollte Hitler weder diskreditieren noch herausfordern, sondern ihn zum linken Parteiflügel herüberziehen. Die

> „Anführer der ‚Arbeitsgemeinschaft Nord-West' verstanden sich mitnichten als Frondeure gegen Hitler. Aus der zeitgenössischen Perspektive Goebbels' waren er selber ebenso wie sein Mentor und Mitkämpfer Gregor Strasser glühende Anhänger Hitlers, die in einer ge-

---

241 „Schon die Beauftragung Gregor Straßers mit der Neuorganisation der NSDAP in Nordwestdeutschland war – zumindest mittelbar – ein Eingeständnis Hitlers, daß die nordwestdeutschen Anhänger der völkisch-nationalsozialistischen Bewegung nicht ohne weiteres von München her für die neu etablierte Reichsleitung der NSDAP gewonnen werden könnten, ihnen vielmehr eine gewisse Selbständigkeit eingeräumt werden müsse." (Hüttenberger 1969: 26).

242 Vgl. Fest 2002: 345f.; Michels 1992: 49f.; Paul 1992: 61; Tyrell 1991: 99f.; Mommsen 1989: 329; Horn 1980: 232; Kissenkoetter 1978: 28; Hüttenberger 1969: 26; Schildt 1964: 107–109.

243 „Der nationale Sozialismus propagierte einen dritten Weg zwischen den Völkischen einerseits, denen das Soziale fehlte, und dem Sozialismus der Arbeiterbewegung andererseits, dem das Nationale fehlte." (Piper 2005: 49). Vgl. ebd.: 144.

meinsamen Anstrengung ihren Parteiführer vom als verhängnisvoll angesehenen Einfluß seiner Münchener ‚Kamarilla‘ befreien wollten."[244]

Als die Selbständigkeit des Gauverbundes weiter voranschritt und die AG mit eigenen politischen Diskursen und Aktionen unter dem Leitbegriff eines nationalen Sozialismus auftrat, entspann sich mit der Parteizentrale ein regelrechter Konflikt, der über mehrere Jahre hinweg andauern sollte.[245] Darin eingebunden war auch Joseph Goebbels, der durch die Gründung der Arbeitsgemeinschaft und die Übertragung technisch-organisatorischer Aufgaben an die Elberfelder Gaugeschäftsstelle mit zusätzlichen Tätigkeiten wie auch mit der Geschäftsführung der AG betraut worden war. Gemeinsam mit anderen ehrgeizigen jungen Nationalsozialisten (namentlich Karl Kaufmann, Franz Pfeffer von Salomon und Viktor Lutze[246]) wollte er Elberfeld zum „Mekka des deutschen Sozialismus" machen. „Jetzt brauchte Goebbels nicht mehr zu fürchten, daß seine Linkstendenzen auf Befremden stoßen könnten. Bei den Nationalsozialisten, vor allem bei den Leuten um Gregor Strasser, fand er Gleichgesinnte"[247]. Seine antikapitalistische Grundstimmung wurde in diesen politischen Lehrjahren tiefer und sein sozialistisches Denken differenzierter ausgeprägt. Ganz entscheidend dabei war die Zusammenarbeit mit Gregor Strasser, in dem er einen besonderen Mentor erkannte.

3.4. Die Hinwendung zu Gregor Strasser

> „Er ist ein lieber, derber Kerl. Wir haben uns halb krank mit ihm gelacht.
> Ein echter Bajuware mit einem kindlichen Gemüt.
> Dabei bescheiden und wahrheitsliebend. Ich hab ihn sehr gern."[248]

Für insgesamt eineinhalb Jahre wurde Goebbels von der Gauleitung vereinnahmt – in dieser Zeit prüfte und klärte er sein Verhältnis zu den beiden für seine persönliche und politische Entwicklung bedeutenden Männern: Strasser[249] und Hitler. Die erste Begegnung zwischen Joseph Goebbels und Gregor Strasser fand beim

---

244 Höver 1992: 409. Vgl. Hochstätter 1998: 29; Goderbauer 1986: 257; Horn 1980: 234; Hüttenberger 1969: 30, 59; Schmidt 1968: 111f.

245 Für die NSDAP-Rechte galt der Begriff „Nationalsozialismus" als tautologisch; in einem völkisch fundierten Sozialismus – so argumentierte beispielsweise Rosenberg – seien Nationalismus und Sozialismus identisch und hätten gleichermaßen die Mobilisierung und Formierung der Nation zum Ziel. Vgl. Piper 2005: 144.

246 Franz Pfeffer von Salomon gehörte 1920 zu den Kapp-Putschisten, wurde 1924 Gauleiter von Westfalen und ein Jahr später Gauleiter Ruhr. Viktor Lutze war seit 1925 Gau SA-Führer und stellvertretender Gauleiter im Ruhrgebiet.

247 Bering 1991: 120f. Vgl. Reuth 2000: 92; Mommsen 1989: 329; Beckenbauer 1983: 18; Schildt 1964: 106, 112f.

248 sogGTb 23.2.1925, Joseph Goebbels über Gregor Strasser.

249 Die Schreibweise des Namens ist recht unterschiedlich und auch in der Fachliteratur nicht einheitlich. Goebbels schrieb in seinen täglichen Notizen meistens (aber nicht immer) „Straßer". Ausgehend von Otto Strassers – Gregors Bruder – Autobiographie wurde die Schreibweise mit „ss" übernommen. Vgl. Reuth 2000: 86.

Weimarer Parteitag der Nationalsozialistischen Freiheitsbewegung im August 1924 statt.[250] Zu dieser Zeit hatte sich der Oberbayer Strasser längst seine politischen Sporen verdient.[251]

Während des NSDAP-Verbots kam dem treuen Gefolgsmann Strasser die schwierige Aufgabe zu, die Anhänger zusammenzuhalten. Der niederbayerische Gebietsführer kümmerte sich um die überregionale Parteiarbeit und geriet dabei merklich in den Vordergrund. Während er in der NS-Partei offiziell als der zweite Mann nach Hitler galt, genoss er vor allem im linken Parteiflügel hohes Ansehen, wurde immer beliebter und von zahlreichen Mitgliedern als eigentliches Oberhaupt des Nationalsozialismus und als „norddeutscher Vizekönig" gehandelt. Obgleich dies vielfach den Eindruck erweckte, als verlagere sich das Gewicht der Partei nach Norden und erwachse dort eine Anti-Hitler-Fronde, blieb Strasser loyal und ließ nicht den geringsten Zweifel an Hitlers Führungsanspruch aufkommen.

Lediglich in programmatischen Fragen verlangte Strasser seine Unabhängigkeit und eine strukturelle Distanz zur Parteizentrale.[252] Denn in ihren ideologischen Überzeugungen gingen er und Hitler verschiedene Wege: Nicht den Nationalismus, sondern den Sozialismus hielt Strasser für entscheidend.[253] Sein lang-

250 „Strasser, der gemütliche Apotheker aus Bayern. Groß, etwas plump, mit tiefer Hofbräuhausstimme. Sogen's moal, Herr Nochbor! Als Mensch ist Straßer am sympathischsten, als Führer Ludendorff, als Kulturerscheinung Gräfe." (sogGTb 19.8.1924).

251 Im Ersten Weltkrieg absolvierte der Kriegsfreiwillige eine steile Soldatenkarriere, diente sich zum Oberleutnant der Reserve und Bataillonsadjutant hoch. Nach dem Krieg wurde er Apotheker in Landshut. Es folgte eine regionale Karriere als Politiker. Strasser galt als Provinzmatador der NSDAP, zu der er 1921 gestoßen war. Er war an der so genannten Freiheitserhebung (Hitlerputsch am 9.11.1923) beteiligt und saß gemeinsam mit Hitler in Untersuchungshaft. Der Völkische Block hatte den Gauleiter und SA-Führer Niederbayerns als Kandidaten für die bayerische Landtagswahl nominiert; Strasser wurde gewählt, kam aus der Haft frei und wurde Fraktionsführer des Völkischen Blocks, der damals zweitgrößten politischen Gruppe nach der Bayerischen Volkspartei. Während Hitler einsaß und die NSDAP verboten war, gründetet Strasser im Triumvirat mit Ludendorff und von Graefe die Nationalsozialistische Freiheitspartei und zog im Dezember 1924 als Mitglied in den Reichstag ein. In der nationalen Rechten wurde Strasser als Vorsitzender der stärksten völkischen Parlamentsfraktion zu einer unumgehbaren Größe. Als Hitler 1925 frei kam und die NSDAP neu gründete, löste Strasser als Vorsitzender den völkisch-sozialen Block auf, trat mit der Mitgliedsnummer Neun wieder in die Arbeiterpartei ein und widmete sich als Reichspropagandaleiter ganz dem Nationalsozialismus. Vgl. Kissenkoetter 1989: 273f.; Moreau 1989: 286; Riess 1989: 33; Goderbauer 1986: 278; Beckenbauer 1983: 12–15; Kissenkoetter 1978: 16f.; Reimann 1971: 42; Schildt 1964: 30f.; Heiber 1962: 60; Shirer 1961: 117, 141f., 171; Straßer 1954: 4; Geismaier 1933: 18; Diebow 1932/33: 39; Schmidt-Pauli 1932: 116–119.

252 Vgl. Fest 2002: 344; Barth 1999: 38; Höver 1992: 284; Beckenbauer 1983: 18; Stachura 1983: 7; Müller 1973: VI; Kühnl 1966b: 318f.; Schildt 1964: 28; Shirer 1961: 120.

253 Hitler rechnete sich weder am linken noch am rechten Flügel zu. Seiner Ansicht nach strömten in seiner „Bewegung" beide Extreme zusammen. „Hitlers Ziel war also der Aufbau einer Bewegung, die den Gegensatz von links und rechts in sich aufhob und die die aktivsten, kämpferischsten Elemente aus der extremen Rechten und der extremen Linken zusammenführte." (Zitelmann 1998: 454). Vgl. ebd.: 455. Der Ruf nach der völkischen Freiheit, so Hitler, töne über derartige Kategorien hinweg; weder der linken noch der rechten Seite solle sich die NSDAP daher verschreiben. Ohnehin kommunizierte Hitler öffentlich eine begriffliche

fristiges Anliegen war es, die Gesellschaft in eine organische Volksgemeinschaft umzumodellieren. Auf seiner aufrichtigen Begeisterung für sozialrevolutionäre Ideen gründete sein Bekanntheitsgrad; und so avancierte der erfolgreiche Volksredner zum führenden Vertreter der Sozialisten in der NSDAP.[254]

> „Er erklärte dort, die Nationalsozialisten seien völkisch, der völkische Gedanke sei aber nur der weltanschauliche und kulturpolitische Teil ihrer Überzeugung, im übrigen seien sie fanatische Sozialisten. [...] Sie kämpften nicht nur für nationale Freiheit, sondern für soziale Gerechtigkeit."[255]

Mit dieser Einstellung stand Gregor Strasser im krassen Widerspruch zur Münchner Parteiorganisation, die intensiv mit bürgerlich-konservativen und monarchistischen Kreisen zusammenarbeitete. Strasser hingegen lehnte eine Annäherung an die Deutschnationalen ab; und um die Gunst führender Industrieller zu buhlen, widerstrebte ihm äußerst. Stattdessen kehrte er seinen ungebändigten Antikapitalismus heraus, plädierte für eine umfangreiche Verstaatlichung und pries die Sowjetunion schließlich als Deutschlands Bündnispartner gegen den „kapitalistischen Westen".[256] Strassers politischer Anspruch war es, das niedere Ansehen des Arbeiters im Staat aufzuwerten und die alles beherrschende Gier, die seiner Ansicht nach im Materialismus gipfelte, zu überwinden. Für ihn verbarg sich hinter dem wahren Sozialismus ein besonderer Gemeinschaftsgeist; folglich sah er im Nationalsozialismus eine antiimperialistische Strömung, in der es keine Herrschaftstendenzen über fremde Völker und Nationen geben konnte. Damit stand er kontro-

---

Übereinstimmung: Jeder, der national denke, sei sich zugleich seiner sozialen Pflichten bewusst; und jeder, der sich sozial zeige, sei auch im wahrsten Sinne des Wortes national. Im Gegensatz dazu verlangte Gregor Strasser ein Programm mit eindeutig sozialistischem Schwerpunkt – wenn auch unter nationalen Vorzeichen.

254 Verschiedene politisch relevante Ansätze beeinflussten seine Politik: revolutionärer Sozialismus, Nationalismus, Christentum, gemäßigter Antisemitismus sowie eine mehr romantische und weniger ideologisch motivierte, prosowjetische Einstellung kennzeichneten seine Reden und politischen Schriften. „Immer und immer wieder predigt er die grundlegende Erkenntnis, daß erst der Sturz des kapitalistischen Systems die von allen völkischen Idealisten so heiß ersehnte Volksgemeinschaft verwirklichen kann, und wie Hammerschläge fallen seine Worte [...]. Diese antireaktionäre und antimonarchistische Einstellung Gregor Straßers ist nicht zuletzt ein Grund für seine außerordentliche Popularität innerhalb der Bewegung, wie nicht minder eine Erklärung für die Sympathie die Gregor Straßer in weiten Kreisen außerhalb seiner Partei genießt." (Geismaier 1933: 27f.). Vgl. Wörtz 1966: 145f.
255 Schildt 1964: 72. Vgl. Wunderlich 2002: 52; Reuth 2000: 165; Höver 1992: 15; Kissenkoetter 1989: 274; Moreau 1989: 287; Stachura 1983: 1; Shirer 1961: 120.
256 Vgl. Piper 2005: 146f.

vers zu Hitlers Programmatik.[257] „Für Straßer war der Kapitalismus ein Kampf aller gegen alle, der Sozialismus ein Dienen aller für alle.“[258]

Dieser Radikalismus und die starke sozialistische Komponente imponierten Joseph Goebbels. In Gregor Strasser, der ihm wegen der ähnlichen sozial-revolutionären Neigungen besonders zusagte, entdeckte Goebbels seinen ersten politischen Mentor.[259] Über Karl Kaufmann hatte Goebbels das Oberhaupt des linken Parteiflügels kennengelernt; diese Bekanntschaft bestimmte seinen weiteren nationalsozialistischen Weg, im Dunstkreis Gregor Strassers begann seine NSDAP-Karriere.[260] Im Umkreis der NS-Linken fand Goebbels die Honorierung für seine Talente und Tätigkeiten, er bekam Arbeit und erntete Anerkennung für seine propagandistischen, parteipolitischen und journalistischen Aktivitäten.

Von Anfang an passte Goebbels, der „an Radikalismus und Linksideologie alles überbot, was der Nationalsozialismus bisher zu propagieren wagte“[261], hervorragend zum oppositionellen linken Flügel der NSDAP, wo er ohne Umschweife als proletarischer, antikapitalistischer und wortgewaltiger Mitstreiter anerkannt und integriert wurde. Strasser sah in ihm einen sozialistischen Agitator, einen konsequenten Wortführer, einen Exponenten des linken Gedankenguts und nützlichen persönlichen Stellvertreter – und machte ihn zu seinem neuen Privatsekretär.[262] Für ein Anfangsgehalt von 200 Mark war Goebbels neben seiner Position als Gaugeschäftsführer auch die rechte Hand des linken Führers.

Zwar hatte Joseph Goebbels vor allem parteiinterne Aufgaben zu erledigen, doch auch für seine journalistischen Neigungen hatte die norddeutsche Parteigruppe reichlich Verwendung: „Im April erscheinen erstmals die von dem fieberhaft arbeitenden Goebbels verfaßten sogenannten ‚Informationsbriefe‘ des Gaus Rheinland-Nord. Es handelte sich dabei um Rundbriefe mit Vorgaben und Nachrichten vor allem für die Untergliederungen.“[263] Goebbels' journalistischer Eifer

---

257 Hitlers Zivilisationskritik, sein Kampf gegen Kosmopolitismus, seine Ablehnung der Demokratie als ungermanische Idee wie auch sein Wunsch, das deutsche Volkstum und Erbe gegen die Verführungen der westlichen Zivilisation zu verteidigen, war immer auch verbunden mit der Eroberung des fehlenden deutschen Lebensraums im Osten Europas und mit einem krassen eliminatorischen Antisemitismus, der die Leitlinie seines Handelns bestimmte. Vgl. Piper 2005: 48f., 143, 162.

258 Schildt 1964: 72f. Vgl. Piper 2005: 49, 55; Pätzold/Weißbecker 2002a: 85; Paul 1992: 63; Kissenkoetter 1989: 273; Schüddekopf 1960: 319; Schmidt-Pauli 1932: 117.

259 Vgl. Fest 2003: 126; Irving 1997: 45; Fröhlich 1989: 56; Hochstätter 1989: 28; Goderbauer 1986: 279; Niekisch 1980: 178; Müller 1973: 33 (Teil I), 10f. (Teil II); Reimann 1971: 46; Schildt 1964: 32; Heiber 1962: 50; Hunt 1960: 135.

260 „Straßer hielt eine schneidige, deftige Rede. Straßer ist ein lieber Kerl. Er kann und wird noch viel dazu lernen. Aber er ist zu jeder Radikalisierung der Idee bereit. Er soll unser Sturmblock gegen die Münchener Bonzen sein. Vielleicht wird sehr bald schon der Kampf entbrennen.“ (sogGTb 30.9.1925).

261 Reimann 1971: 104.

262 Diese Position bekleidete davor Heinrich Himmler.

263 Reuth 2000: 89. „Nächste Woche erscheinen zum ersten Mal unsere Informationsbriefe. Ich schreibe darin den Aufsatz ‚Katholizismus und Nationalsozialismus‘.“ (sogGTb 28.3.1925). Ebenso wie im Folgenden: „Diese Organisationsarbeit macht mir wenig Freude. Ich muß reden und schreiben. [...] Ich schreibe an unseren neuen Informationsbriefen.“ (sogGTb

schlug sich auch noch an anderer Stelle nieder: Gregor Strasser initiierte zu diesem Zeitpunkt gerade ein neues Presseprojekt, mit dem die Partei im Nordwesten Deutschlands gefestigt werden sollte. Goebbels wurde mit der Schriftleitung der *Nationalsozialistischen Briefe* betraut – und damit tat sich ein neuer journalistischer Werdegang für ihn auf.[264]

4. SCHRIFTLEITER DER *NATIONALSOZIALISTISCHEN BRIEFE* (OKTOBER 1925–JUNI 1927)

4.1 Historischer Kontext

> „Die N.S. Briefe lassen sich gut an. [...]
> Wir bekommen damit ein unersetzliches Machtmittel in die Hand.
> Und werden es im Notfall rücksichtslos gebrauchen."[265]

Der Herbst 1925 wurde durch das politische Schlagwort „Locarno" geprägt: Auf einer deutsch-alliierten Konferenz Anfang Oktober wurde die Grenzziehung zwischen dem Deutschen Reich, Frankreich und Belgien debattiert und dem Versailler Vertrag entsprechend fixiert. In einem Beschlusspaket wurde neben der Entmilitarisierung des Rheinlandes auch die vorläufige Unberührtheit der Ostgrenze festgehalten. Ziel dieser Sicherheitskonferenz in Locarno war es, eine stabile europäische Ordnung zu schaffen und gleichzeitig Deutschlands Eintritt in den Völkerbund an die hier verabschiedeten Verträge zu koppeln. Mit dem Locarno-Abkommen sollte die moralisch-politische Isolierung Deutschlands durchbrochen und die internationale Reputation des Landes wiederhergestellt sowie eine Politik der Verständigung und Entspannung eingeleitet werden. Mit der Rückkehr Deutschlands in den Kreis der europäischen Großmächte wurde der politische und auch ökonomische Handlungsspielraum wieder erweitert.[266]

In die deutsche, zeitweise erstarrte Parteienlandschaft injizierte die Neugründung der NSDAP eine ungewöhnliche Dynamik. Die nationalsozialistische Partei, die auf ihre fanatische Anhängerschaft besonders stolz war, wurde zum Sammel-

---

14.4.1925). Die Informationsbriefe des Gaus Rheinland-Nord sind heute nicht mehr überliefert. Vgl. Reuth 2000: 89; Reuth 1992: 170.

264 Vgl. Knopp 1998: 39; Riess 1989: 58f.; Peuschel 1982: 45; Bramsted 1971: 53f.

265 sogGTb 24.10.1925.

266 Obwohl die Souveränität langsam nach Deutschland zurückkehrte, blieben stellenweise gravierende Beschränkungen bestehen. Das rief den Widerstand der Deutschnationalen auf den Plan, denen die alliierten Zugeständnisse nicht weit genug gingen und die gegen Stresemanns Außenpolitik politisches Störfeuer eröffneten. Als im Oktober 1925 auf die Initiative Alfred Hugenbergs – seines Zeichens der stärkste Mann des rechten Parteiflügels – die DNVP aus der Regierung austrat, verlor Reichskanzler Hans Luther die parlamentarische Mehrheit (Locarno-Krise). Dass die Locarno-Verträge Ende des Jahres dennoch ratifiziert werden konnten, verdankte Luther den Sozialdemokraten, die sich kurzerhand auf seine Seite schlugen. In dieser Woche trat sein Kabinett zurück. Vgl. Kolb 2000: 67; Longerich 1995: 233f.; Winkler 1993: 306–310.

becken eschatologischer Wunschvorstellungen[267] und gedieh im Klima politischer Instabilität ausnehmend gut. Infolge der Ruhrbesetzung[268] war der Zulauf zu den Nationalsozialisten im Norden und Nordwesten gewaltig, die stark sozialrevolutionäre Komponente[269] der Botschaften und Versprechungen fand erst recht im Arbeitsmilieu eine dankbare Abnehmerschaft.[270] Der vorläufige Aufwärtstrend der NSDAP erlebte 1925 jedoch kurzzeitig eine Dämpfung:

> „Die Inflation war gestoppt, die Zukunft erschien wieder hoffnungsvoll. Die mittleren zwanziger Jahre waren die so genannte goldene Zeit der Weimarer Republik. Der neue Wohlstand war allerdings mit Krediten finanziert; die deutsche Regierung zahlte die Reparationen an die Alliierten mit geliehenem Geld. Trotzdem glich das Bild nach außen einer Idylle. Die Nazis konnten in dieser Idylle nicht gedeihen, sie schrumpften auf einen kleinen Kern fanatischer Anhänger. Ohne eine Krise, mit der sie wachsen konnten, waren sie verloren. Sie blieben in der politischen Landschaft Deutschlands bis Ende der zwanziger Jahre eine marginale Erscheinung."[271]

Erst die im Herbst 1925 einsetzende und bis Mitte 1926 anhaltende Wirtschaftskrise, die mit einem sprunghaften Anstieg der Arbeitslosenzahlen verbunden war, gab den Nationalsozialisten wieder Auftrieb. In der so genannten Kampfzeit[272]

---

267 „Die NSDAP, von Anfang an ein Sammelbecken mehrerer antidemokratischer Richtungen, vermied absichtlich eine programmatische Klärung und konnte deshalb allen rechtsradikalen Feinden der Demokratie eine Heimstatt bieten." (Schildt 1964: 71).

268 Vgl. Kapitel II, 2.2.3.

269 Die sozialistischen und revolutionären Komponenten im Nationalsozialismus machten die NSDAP in der „Kampfzeit" für eine breite Bevölkerungsschicht attraktiv. Die von Hitler gut plazierten und an entsprechenden Stellen bekundeten linkspolitischen Denkansätze trugen durchaus zu seiner Attraktivität und Massenwirksamkeit bei. „Hitlers Revolution war nicht in erster Linie eine *Konterrevolution* gegen eine befürchtete Machtübernahme des Kommunismus, sondern sie stellte eine *alternative Revolution* dar, deren Ziel gleichfalls die Zerstörung der demokratischen, bürgerlich-kapitalistischen Gesellschaftsordnung war." (Zitelmann 1998: XII, kursiv im Original).

270 „Die nationalsozialistische Partei ist also eine bisher in Deutschland nicht beobachtete Parteiform, denn sie verfolgt nicht ein spezifisch eigenes Ziel, sondern sucht eine Verbindung nationaler und sozialistischer Ideen, eine mittlere Linie, eine Diagonale zu finden, auf welcher sich alle Elemente sammeln können, die sich teils primär national, teils sekundär sozial durch die gegenwärtige Gesellschaftsordnung in heutiger Form nicht befriedigt fühlen. In nationaler Richtung berühren sich die Nationalsozialisten mit der Deutschnationalen Volkspartei, in sozialer mit der Sozialdemokratischen, unter Umständen sogar mit der Kommunistischen Partei." (Kaupert 1932: 121).

271 Rees 2001: 37. Vgl. ebd.: 32; Radl 1982: 36; Deutscher Bundestag 1981: 261; Hüttenberger 1969: 15.

272 Damit deklarierte die NSDAP den Zeitraum ihres politischen Aufstiegs (1918 bis 1933). Das Schlagwort von der „Kampfzeit" wurde zu einer festen Epochenbezeichnung, mit der an die schweren und opferreichen Anfangsjahre des Nationalsozialismus im Umfeld des Weimarer Staates erinnert werden sollte – insofern fiel dieser Positivbegriff immer auch mit dem Negativbegriff von der „Systemzeit" zusammen. Meist wurde das Wort mit Terror, Unterdrückung, Verleumdung und Not – hervorgerufen durch die Weimarer Demokratie – in Verbindung gebracht. Diese Zeit habe die NS-Kämpfer aber nur noch intensiver zusammengeschweißt, hieß es in der NS-Diktatur; der Glaube an den Sieg und die Einsatzbereitschaft der

versprach die NSDAP ihren Anhängern, dass die politisch-sozialen Forderungen ohne Rücksicht auf die Gesamtbelange der Weimarer Republik durchgesetzt werden würden. Absolute Priorität beim propagandistischen Vorgehen sollten daher die radikale Agitation gegen die Demokratie und der Aufbau der charismatischen Führerfigur Hitler haben. Immer deutlicher zeigten die Nationalsozialisten ihre primitive Entschlossenheit, die Macht im Staat zu übernehmen.

> „Die NSDAP war keine Sekte mehr, wollte aber auch keine Partei sein, die auf parlamentarischem Weg politischen Einfluß erstrebte, sondern als eine der überall im Europa der Zwischenkriegszeit entstehenden faschistischen ‚Bewegungen‘ auf aktionistisch-radikalem Weg die Macht erobern, um Staat und Gesellschaft umzugestalten nach der Vorstellung vom starken Mann, der führen und der Masse, die ihm gehorchen müsse.“[273]

Ideale politische Angriffsfläche bot dabei der Versailler Vertrag, der auch sieben Jahre nach Kriegsende ein geeignetes Mittel darstellte, um dem ressentimentgeladenen Volk den Gedanken einer „nationalen Würdelosigkeit“ zu suggerieren. Die extremen linken und rechten Parteien wollten die Revision des Vertrages bei der Regierung erzwingen; um den Eindruck noch zu verstärken, dass es sich bei den mit den Alliierten kooperierenden Demokraten um politische Marionetten handele, wurde das Parteiensystem diskreditiert, der Parlamentarismus als unbrauchbar gedeutet und das Bild von der deutschen Sklavenkolonie erzeugt.[274]

> „Im Deutschen Reich konnten die links- und rechtsradikalen Parteien diese Krisen des kapitalistischen Systems und der bürgerlichen Welt agitatorisch erfolgreich ausnutzen. Die Wahlergebnisse im Reich und in den Ländern zeigten zunehmend Verluste für die demokratischen und liberalen Parteien und kräftige Zuwächse in den kommunistischen und nationalsozialistischen Wählergruppen. Die bereits mehrfach angekündigte ‚Machtergreifung‘ durch die Feinde der Weimarer Demokratie schien unmittelbar bevorzustehen.“[275]

Das Jahr 1926 brachte die Aussöhnung zwischen Deutschland und Frankreich sowie die Aufnahme in den Völkerbund.[276] Das durch die Locarno-Verträge und

Menschen für ihren „Führer“ hätten in dieser Zeit die Grundlagen für den weiteren Erfolg geschaffen. Vgl. Schmitz-Berning 1998: 347; Berning 1964: 111.

273 Benz 2000: 13f. Vgl. Jasper 1986: 52; Burden 1967: 58; Broszat 1960: 16; Krebs 1959: 158.

274 Die Idee von der Macht des „international-jüdischen Großkapitals“ wurde meist in Zusammenhang mit Begrifflichkeiten wie Finanz- oder Ausbeutungskolonie propagiert. Im nationalsozialistischen Sprachgebrauch entsprang die Vorstellung von Sklaverei einem frühimperialistischen Denken, das auf die Weimarer Politik übertragen wurde; demnach galt Deutschland als Ausbeutungsobjekt, die Deutschen hatten die Rolle der „Tributsklaven“ zu erfüllen und mussten gegenüber den Alliierten „Frondienste“ leisten. „Innerhalb der nationalsozialistischen Ideologie hat sich die stereotype Vorstellung verfestigt, daß das deutsche Reich nach 1918 durch den Friedensvertrag von Versailles und seinen Folgeverträgen den Status einer solchen ‚Kolonie‘ von ‚außen‘ aufgezwungen bekommen hat.“ (Sauer 1978: 88f.).

275 Sösemann 2002a: 7. Vgl. Overesch/Saal 1992: 270; Balle 1963: 160f. Die Mitgliederzahlen der NSDAP stiegen im Dezember 1925 auf mehr als 27.000 Parteigenossen an.

276 Im Februar hatte der Auswärtige Ausschuss den von den Regierungsparteien eingereichten Antrag angenommen, die Reichsregierung konnte den Eintritt in den Völkerbund voran bringen. Am 10. September 1926 fand die feierliche Aufnahme Deutschlands statt, die Stellung des Landes als europäische Großmacht war zumindest wieder formell anerkannt. Das Zeitalter einer neuen internationalen Verständigung schien somit eingeleitet worden zu sein.

die Annäherung an die Westmächte ausgelöste Misstrauen bei den Sowjets wurde durch entsprechende politische Winkelzüge ausgeglichen.[277] Im Januar berief Reichskanzler Hans Luther sein Kabinett der bürgerlichen Mitte und stützte sich in Kooperation mit DVP, DDP, Zentrum und BVP auf eine Kleine Koalition, deren Lebensdauer vier Monate währte. Nach dem so genannten Flaggenstreit[278] folgte Luthers Amtsenthebung, im Mai 1926 bildete Reichskanzler Wilhelm Marx eine weitere bürgerliche Minderheitsregierung und führte die schwelende Regierungskrise in ein neues Stadium. Die Hauptfrage, an der sich die amtierende Politik nun aufreiben musste, war die der Entschädigung der ehemaligen deutschen Fürstenhäuser.[279]

4.2 Zur Geschichte der Halbmonatsschrift

> „Der erste Brief ist sozusagen fertig.
> Ich habe damit alle Hände voll zu tuen."[280]

Der Aufstieg der Partei spiegelte sich auch in der Entwicklung der nationalsozialistischen Presse wider. „Der jüdische Journalismus stirbt, das Volk will die nationalsozialistische Presse", lautete eine Parole, die jedoch erst nach der „Kampfzeit" an erschreckender Realität gewann. Bislang hatte die Presse eine eher nachrangige Bedeutung, die nationalsozialistische Politik wurde überwiegend durch politische Reden kommuniziert und auf Veranstaltungen multipliziert. Es existierten etwa 300 NS-Blätter, die in ihren Titeln variierten, meist kurzlebig waren und

---

277 Im Februar wurden verschiedene deutsch-sowjetische Rechts- und Wirtschaftsverträge ratifiziert, im April der so genannte Berliner Vertrag aus der Taufe gehoben. Es handelte sich um einen deutsch-sowjetischen Freundschafts- und Neutralitätsvertrag, der neben den ökonomischen Beziehungen auch die militärische Zusammenarbeit zwischen Reichswehr und Roter Armee stärken sollte.

278 Aufgrund des starken Engagements von Reichspräsidenten Paul von Hindenburg wurde die deutsche Flaggenverordnung dahingehend verändert, dass neben der schwarz-rot-goldenen Reichsflagge die Auslandsvertretungen auch die schwarz-weiß-rote Handelsfahne hissen durften. Gewisse deutschnationale und konservative Kreise hatten ohnehin bereits zu bestimmten Anlässen längst wieder mit Schwarz-Weiß-Rot geflaggt, obwohl die Farben des Kaiserreichs gegen die Weimarer Verfassung verstießen. Nun entfachte ein Streit um die nationale Symbolik: Hindenburg wurde in seinem Ansinnen von jenen Parlamentariern unterstützt, die den Wunsch nach nationaler Größe und fester Führung hegten und diesen von der Weimarer Republik nicht erfüllt sahen. „Symptomatisch für Hindenburgs rückwärtsgewandte Haltung war seine Fahnenverordnung im Jahr 1926. Der Präsident dekretierte, dass die Handelsflagge mit den alten Kaiserfarben Schwarz-Weiß-Rot an den deutschen Gesandtschaften und Konsulaten im Ausland gleichberechtigt neben der schwarz-rot-goldenen Nationalflagge gehisst werden sollte. Der oberste Repräsentant der neuen Republik biederte sich damit bei den immer noch zahlreichen Monarchisten an." (Pötzl 2008: 50). Vgl. Kolb 2000: 82; Longerich 1995: 235–239; Winkler 1993: 283, 310f.; Overesch/Saal 1992: 273–277, 290. Nach Hindenburgs Triumph in dieser Angelegenheit trat das Kabinett Luther zurück.

279 Vgl. Kapitel III, 5.1 zur Diskussion der Fürstenabfindung auf der Bamberger Führertagung.

280 sogGTb 16.9.1925.

ebenso schnell wieder von der Bildfläche verschwanden, wie sie erschienen waren. Die Auflagen waren niedrig, der Seitenumfang klein und der Anteil an Anzeigen verschwindend gering. Vor dem Wahlsieg der NSDAP im September 1930 gab es lediglich sieben nationalsozialistische Tageszeitungen, 43 Wochenzeitungen und seit 1926 eine illustrierte Zeitschrift in Deutschland. Bis zum Jahr 1932 stieg die Zahl der nationalsozialistischen Zeitungen auf 121 Titel an.[281]

Im Zuge der Gründung der „Arbeitsgemeinschaft der Nord- und Westdeutschen Gaue der NSDAP" verfolgte Gregor Strasser – der interner wie externer Pressearbeit einen hohen Stellenwert beimaß – die Idee, vordergründig eine Mitgliederzeitschrift aufzulegen und tatsächlich damit für die nationalsozialistische Linke eine Art „Propagandawaffe" zur Durchsetzung ihrer eigenen politischen Konzepte zu schmieden. Ein solches Presseorgan sollte gegen die Parteikonservativen (Gottfried Feder, Hermann Esser und Julius Streicher) und deren harte rassistische, antisemitische Politik gerichtet sein. Strasser versprach sich von dem neuen Pressetitel eine glaubwürdige Grundlage für den nationalen Sozialismus.

Dass dieses Vorhaben die turbulenten Differenzen zwischen dem radikalen linken Parteiflügel und den konservativ-doktrinären Parteigenossen verstärken würde, dürfte von Beginn an allen Beteiligten bewusst gewesen sein. Plötzlich sollte sich eine neue publizistische Plattform auftun, auf der sozialrevolutionäre Ansichten einer nordisch-arischen Weltanschauungsmetaphysik gegenüber gestellt werden sollten. Ein derartiges Blatt konnte die bereits bestehende Kluft zwischen der norddeutschen NSDAP und der Münchner Parteileitung nur noch vertiefen und je nach Perspektive durchaus auch als Konkurrenz zum *Völkischen Beobachter* gewertet werden.[282]

Der Zusammenschluss der nord- und westdeutschen Gaue bot für Gregor Strasser die unwiederbringliche Gelegenheit, neben einer weitgehend souveränen Organisation auch sein publizistisches Konzept umzusetzen – obgleich die Parteizentrale dies als eindeutig provokant einstufte.[283] Mit Herausgabe der *Nationalsozialistischen Briefe* schuf sich der linke Flügel der NSDAP ein eigenes Sprachrohr. Die Halbmonatsschrift, die zu Beginn und Mitte des Monats erschien, trug den Untertitel *Im Auftrag der Arbeitsgemeinschaft der nordwestdeutschen Gaue der N.S.D.A.P.* und wurde in den Parteikreisen recht theatralisch als „geistiges Führungsorgan" beworben.[284] Als Herausgeber zeichnete Gregor Strasser, der für

---

281 Vgl. Frei/Schmitz 1999: 21; Toepser-Ziegert 1987: 7; Kreuzberger 1950: 30; Six 1936: 55.

282 „Moreover, the publication of the [...] National-Socialist Letters, designed specifically for the guidance of Party officials, was a distinct provocation against the authority of Hitler's own Munich newspaper, the Völkischer Beobachter. Such an independent course inevitably moved the ‚anti-Munic rebels' to the point of ultimate conflict with Hitler." (Hunt 1960: 212, Unterstreichungen im Original).

283 Vgl. Riess 1989: 61; Goderbauer 1986: 258; Horn 1980: 254; Wilcox 1970: 151; Hüttenberger 1969: 28; Schildt 1964: 105, 115; Broszat 1960: 49f.; Kreuzberger 1950: 14.

284 „Diese Halbmonatsschrift wurde nun zum Organ und geistigen Mittelpunkt der ‚Arbeitsgemeinschaft', der die Gaue Rheinland-Nord (Gauleiter Kaufmann), Westfalen (Gauleiter von Pfeffer), Hessen-Nassau (Gauleiter Prof. Schultz), Lüneburg-Stade (Gauleiter Telschow),

seine „niveauvolle Parteizeitung" ursprünglich Oswald Spengler als Schriftleiter gewinnen wollte, dann aber vorerst mit Beiträgen von seinem jüngeren Bruder Otto, Heinrich Himmler und Franz von Pfeffer auskommen musste. Die erste Ausgabe der *Nationalsozialistischen Briefe* erschien am 1. Oktober 1925 in Elberfeld.[285] In der äußeren Aufmachung hatte sich das Blatt sehr offensichtlich die *Weltbühne* zum Vorbild genommen. Der Umfang lag bei vier bis acht Seiten.[286]

Die Macher der Halbmonatsschrift hatten den Anspruch, über ihr „publizistisches Kampfmittel" erstens ideologische Aufklärung zu betreiben, zweitens die linke Opposition innerhalb der NSDAP zu festigen und drittens sozialistisches Gedankengut zu vertiefen und zu verbreiten. In diesem Leitorgan der Parteilinken wurden innerparteiliche Richtungsfragen thematisiert und die Durchsetzung eigener Anliegen angestoßen. Schnell wurden die *Nationalsozialistischen Briefe* zu einer nicht unbedeutenden journalistischen Plattform, auf der eine geistige Auseinandersetzung der in der Partei miteinander ringenden Kräfte, Meinungen und Ziele stattfand. „Streitigkeiten und Differenzen wurden artikuliert. Ganz offen wurde über Formen der Propaganda und Organisation geschrieben. Daher sind die darin enthaltenen Aufsätze eine erstklassige Quelle für das ideologische Selbstverständnis der Partei."[287] Neben Parteiinterna enthielten die *NS-Briefe* allerhand organisatorische Informationen, Anleitungen zur praxisorientierten Parteiarbeit sowie in autoritativer Form dargebotene Unterrichts- und Aufklärungsmittel für Unterführer und Redner.[288]

Das Diskussionsforum der nordwestdeutschen NSDAP galt als vertrauliche Schrift, die ausschließlich einem internen Personenkreis – bestehend aus Parteifunktionären, Mitgliedern, aktiven Mitstreitern und ausgewählten Interessenten – zugänglich gemacht wurde. Die Halbmonatsschrift erschien unter Ausschluss der Öffentlichkeit und wurde nur auf Bestellung sowie im geschlossenen Briefumschlag verschickt. Diese Exklusivität zeigten die *NS-Briefe* auch stilistisch und sprachlich: Im Gegensatz zu den anderen NS-Presseerzeugnissen und erst recht im Vergleich zu den Blättern des Münchner Eher-Verlages[289] enthielten sie statt der-

---

Schleswig-Holstein (Gauleiter Lohse), Berlin (Gauleiter Dr. Schlange) und Pommern (Gauleiter Prof. Dahlen) angehörten." (Geismaier 1933: 60f., Klammern im Original).

285 „Das Erscheinen der Zeitschrift war anfangs mit erheblichen Schwierigkeiten organisatorischer Art verbunden. Sie erschien unpünktlich und wurde nicht regelmäßig zugestellt. Ein gut [sic!] Teil Schuld trug daran zunächst die ‚Vorpommersche Buch- und Kunstdruckerei' in Greifswald, die [...] mit dem Druck beauftragt worden war. Dieses Unternehmen war offenbar nicht leistungsfähig und ging im Winter 1925/26 ein. Schon von Nummer 3 an wurde die Zeitschrift in Elberfeld gedruckt, trotzdem blieb die Zustellung lange unregelmäßig, so daß Goebbels schon die Post der Sabotage beschuldigte." (Schildt 1964: 115f.).

286 Vgl. Irving 1997: 46; Höver 1992: 26; Paul 1992: 62; Kissenkoetter 1989: 275; Mommsen 1989: 329f.; Wykes 1986: 33f.; Horn 1980: 233; Kühnl 1966a: 1, 16; Schildt 1964: 107; Fraenkel/Manvell 1960: 73; Sington/Weidenfeld 1943: 9f.

287 Bärsch 2004: 43. Vgl. Moreau 1989: 297; Müller 1973: VIII; Kühnl 1966a: 16; Kühnl 1966b: 320; Geismaier 1933: 60.

288 Vgl. Schmidt 1968: 120; Schildt 1964: 115–117.

289 „Mit [...] der Herausgabe der *NS-Briefe*, die zum geistigen Zentrum der Strasser-Gruppe wurden, nahm die Kritik an der bislang praktizierten Propaganda der NSDAP praktische Gestalt

ber, propagandistischer Kost ungewöhnlich eigenständige Texte, in denen Fragen und Themen mit Differenzierung und Raffinesse angesprochen und in bislang ungewohnt professionellem Ton erläutert wurden. In den Veröffentlichungen dominierten intelligent freche bis forsche, provokante und angriffslustige Formulierungen; nicht selten wurde sehr direkt auch der Dialog mit den Abonnenten gesucht. Insgesamt arbeiteten die *Nationalsozialistischen Briefe* sprachlich und intellektuell auf hohem Niveau.[290]

Aufgrund des bewusst beschränkten Leserkreises[291] und des begrenzten Einflussgebietes der nordwestdeutschen NSDAP – das sich lediglich von Aachen bis Greifswald erstreckte – war die Auflage eher bescheiden, lag im Durchschnitt bei etwa 1.000 Stück, wuchs nur langsam an und überschritt die Tausendergrenze erst im Dezember 1925.[292] Obwohl Gregor Strasser die *Nationalsozialistischen Briefe* zur führenden Zeitschrift des nationalen Sozialismus ausgestalten wollte, blieb der *Völkische Beobachter* das unanfechtbare publizistische Leitorgan. Daran änderte auch der neue Untertitel *Halbmonatsschrift für nationalsozialistische Weltanschauung* seit Juli 1927 nichts, der zwar den (allgemeinen) ideologischen Anspruch der *NS-Briefe* besser herausstellte, wodurch sie aber von Adolf Hitler keineswegs protegiert wurden.

Der Schriftleiterposten der *NS-Briefe* wurde bereits im Herbst 1925 von Joseph Goebbels ausgefüllt.[293] Als er im November 1926 als neuer Gauleiter nach Berlin umsiedelte, war er vorläufig weiterhin für das Blatt verantwortlich und schied erst nach dem 40. Brief im Mai 1927 komplett aus der Elberfelder Redaktion aus. Die Schriftleitung übernahm dann Karl Kaufmann, der in diesem Zusammenhang auch den Rhein-Ruhr-Verlag gründete.

> „Die Zeitschrift versuchte weiterhin ein eigenes Gesicht zu behalten, vor allem in außenpolitischer Hinsicht. Gegenüber der straffen Führung aus München vermochte sie sich aber nicht mehr durchzusetzen. Die geringste Eskapade wurde sofort geahndet."[294]

---

an. Gegenüber dem von Hitler beherrschten offiziellen Parteiverlag ‚Franz Eher' in München entstand ein durchaus ansehnlicher eigener Propagandaapparat, der das *Primat der Aufklärungspropaganda* und der geistigen Auseinandersetzung gegenüber den Schmutz- und Hetzlawinen der parteioffiziellen Propaganda betonte." (Paul 1992: 51, kursiv im Original).

290 Der linksdemokratische Schriftsteller Jakob Stoecker bezeichnete die *NS-Briefe* als „wohl die gehaltvollste Zeitschrift des Nationalsozialismus" (Straßer 1954: 6f.). Andernorts wird sie als „die damals beste nationalsozialistische Zeitung" (Reimann 1971: 46) beschrieben oder auch als „the more intellectual *NS-Briefe*" (Stachura 1983: 61, kursiv im Original). Vgl. Höver 1992: 26; Stein 1987: 67; Goderbauer 1986: 258; Wilcox 1970: 151.

291 Der Bezieherkreis wurde durch diverse Aktivitäten ausgedehnt, beispielsweise schrieb Goebbels potentielle Interessenten persönlich an und schaltete Werbeinserate in der *Deutschen Wochenschau* und auch im *Völkischen Beobachter*. Strasser, der den vertraulichen Charakter des Blattes beibehalten wollte, war von den Reklameaktionen nicht sehr begeistert, gab wegen der wackeligen Finanzlage aber nach. Schnell verbreitete sich das Organ der AG so auch in der gesamten NS-Partei. Vgl. Schildt 1964: 115f.

292 Vgl. Bärsch 2004: 43; Stein 1987: 63; Wilcox 1970: 156; Kühnl 1966a: 16, 51.

293 Vgl. Kapitel III, 4.3 zu Goebbels' redaktioneller Tätigkeit.

294 Schüddekopf 1960: 201. Vgl. Schmidt 1968: 116f.

Vorerst wurde die Halbmonatsschrift in Elberfeld herausgebracht, ab November 1928 erschien sie dann im Kampf-Verlag der Gebrüder Gregor und Otto Strasser in Berlin. Als Kaufmann im April 1929 zum Hamburger Gauleiter befördert wurde, rückte Herbert Blank als Schriftleiter nach. Im Juli 1930 übernahm Otto Strasser – der inzwischen aus der NSDAP ausgeschlossen worden war – die Hauptverantwortung für die *Nationalsozialistischen Briefe* und nutzte sie als Organ seiner „Kampfgemeinschaft Revolutionärer Nationalsozialisten". Ab Januar 1931 erschienen die *NS-Briefe* nur noch monatlich, Mitte des Jahres 1931 gingen sie schließlich komplett in dem Kampfblatt *Die Schwarze Front* (Berlin) auf.[295]

4.3 Redaktionelle Tätigkeit

> „Unsere N.S. Briefe sind in Form.
> Die machen mir Spaß."[296]

In der Zeit der nationalsozialistischen Diktatur war es durchaus gebräuchlich, durch bewusst initiierte Legendenbildungen neue Fakten zu schaffen und bisherige Tatsachen in den Hintergrund zu rückten. So verhielt es sich vermutlich auch im Falle der – nachträglich aufgewerteten – journalistischen Stellung, die Goebbels bei den *Nationalsozialistischen Briefen* innehatte. In einem Schriftstück aus dem Jahr 1933 heißt es:

> „In Westdeutschland war es Dr. Josef Goebbels, der mit jugendlichem Elan von Erfolg zu Erfolg eilte. Seine außerordentliche Redebegabung, seine vorbildliche Propaganda, mit der er das marxistisch verseuchte Ruhrgebiet für den nationalsozialistischen Freiheitsgedanken zu gewinnen trachtete, sicherte ihm bald das volle Vertrauen des Führers. Seine ‚Nationalsozialistischen Briefe', die er mit Straßer zusammen in Elberfeld herausgab, waren die geistigen Waffen, die den Vormarsch der N.S.D.A.P. beflügelten."[297]

Und der Nachkriegsbiograph Riess stellte die rhetorische Frage: „Hat er nicht die *Nationalsozialistischen Briefe* herausgegeben, das Durchdachteste, was es unter Naziliteratur überhaupt gab?"[298] Nach heutigem Kenntnisstand kann dies verneint

---

295 Vgl. Paul 1992: 52; Stein 1987: 63, 221; Schmidt 1968: 114; Wörtz 1966: 108; Schildt 1964: 118.

296 sogGTb 10.12.1925.

297 Espe 1933: 228. Ähnlich bei einem anderen NS-Autor: „1925 gründet Goebbels zusammen mit Gregor Strasser die ‚Nationalsozialistischen Briefe'. Sie sehen ganz anders aus als die Fülle von Traktaten, Schriften und Weltverbesserungsheften, die in jener Zeit durch ganz Deutschland herumschwirren. Bereits hier [...] schwingt die ganze Persönlichkeit von Goebbels. Dieser glasklar denkende Kopf mit dem glühenden, vulkanischen Herzen, dieser Mann, der unerbittlich das, was er als seinen Glauben und als sein Wollen erkannt hat, verficht bis zum äußersten, [...] daß wahrer Nationalismus ohne wahren Sozialismus nicht denkbar sei". (Bade 1933: 13). Siehe auch Jungnickel 1933: 44.

298 Riess 1989: 93, kursiv im Original. „Die von ihm ab 1925 herausgegebenen ‚Nationalsozialistischen Briefe' werden zu einer der wichtigsten programmatischen Quellen der neuen Lehre." (Seeler 1933: 6). Vgl. Schmidt-Pauli 1932: 154f.; Viator 1932: 22; Knesebeck-Fischer 1933: 8f.; Kügelgen 1934: 18f.

werden; Goebbels teilte sich mit Gregor Strasser – dem geistigen Vater und Gründer des Blattes – zu keinem Zeitpunkt die Herausgeberschaft der Schrift.

Joseph Goebbels – der gerade von Friedrich Wiegershaus und aus der Schriftleiterposition bei der *Völkischen Freiheit* entlassen worden war, sich dann in unmittelbarer Nähe des NSDAP-Gauleiters Karl Kaufmann auffällig politisch engagierte und nach seinem Aufstieg zum Gaugeschäftsführer zumindest zur regionalen Parteiprominenz gehörte – wurde entdeckt,

> „als Gregor Strasser ihn reden hörte und erkannte, daß er einen jungen Mann mit so offenkundigen Talenten gut brauchen könnte. Goebbels war damals schon ein leidenschaftlicher Redner und fanatischer Nationalist; er verfügte, wie Strasser wußte, über eine giftige Feder und eine – in den Kreisen der NSDAP seltene – akademische Ausbildung."[299]

Goebbels, der bereits als Strassers Privatsekretär engagiert worden war, wurde schon bei den Vorbereitungen zur Zeitungsneugründung als redaktioneller Leiter in Erwägung gezogen und erhielt im Oktober dann auch die Schriftleitung der *Nationalsozialistischen Briefe*.[300] Wieder hatte es Joseph Goebbels mit einer abwechslungsreichen Aufgabenmischung zu tun, die sowohl innerparteiliche Pflichten als auch journalistisches Arbeiten einschloss.[301] Für ein Monatsgehalt von etwa 200 Mark[302] war er nun verantwortlicher Redakteur, der ein Parteiblatt maßgeblich füllen und gestalten konnte. Goebbels verfasste eigene Aufsätze, schob Themen und Rubriken an, redigierte Fremdtexte und kümmerte sich um die redaktionsinterne Administration. Strasser überantwortete ihm das Hauptgeschäft und ließ ihm dazu weitgehend freie Hand; insofern war Goebbels' Tätigkeit weder eine bloße Lohnschreiberei noch handelte es sich um eine auf Kurzfristigkeit angelegte Übergangsstelle.[303]

---

299 Shirer 1961: 121f.

300 „Der ‚Westblock' gibt die nat.soz. Briefe heraus, die von Straßer herausgegeben und von mir redigiert werden. Damit werden wir ein Kampfmittel gegen die verkalkten Bonzen in München haben. Wir werden uns schon bei Hitler durchsetzen, Straßer hat Initiative. Mit ihm kann man arbeiten. Und dabei ein prachtvoller Charakter." (sogGTb 21.8.1925). Ebenso wie im Folgenden: „Wir haben alles durchgesetzt. Die ganzen Gaue Nord- und Westdeutschlands werden zusammengeschlossen. [...] Herausgabe einer alle 14 Tage erscheinenden Information (Nat.soz. Briefe, Herausgeber Straßer, Schriftleiter moi). [...] Nun geht es an die Arbeit für die nat.soz. Briefe. Das gibt für mich wieder eine ungeheuerliche Belastung. Aber auch die Last muß getragen werden, der Sache wegen." (sogGTb 11.9.1925, Klammer im Original). Siehe dazu das Impressum im 1. Brief vom 1. Oktober 1925, in dem „Dr. Jos. Goebbels, Elberfeld" bereits als verantwortlicher Schriftleiter aufgeführt wurde.

301 „Die Redaktion dieser Briefe wird mir Freude machen. Dann komme ich etwas aus der leidigen Organisation heraus. Der Kleinkram liegt mir nicht. Ich arbeite lieber im großen Ganzen." (sogGTb 23.9.1925).

302 Die Quellen unterscheiden sich in diesem Punkt, meist liegen die Gehaltsangaben zwischen 150 und 250 Mark. Vgl. Reuth 2000: 89; Bramsted 1971: 54; Strasser 1969: 24f.; Fraenkel/Manvell 1960: 74.

303 Vgl. Hochstätter 1998: 29; Irving 1997: 46; Henke 1995: 187; Höver 1992: 26, 59, 77, 263; Paul 1992: 45; Reuth 1992: 190; Fröhlich 1989: 55; Mommsen 1989: 329f.; Goebel 1987: 120; Goderbauer 1986: 279; Fraenkel 1971: 501; Heiber 1962: 47; Borresholm 1949: 90.

Goebbels hatte also mit dem Posten als verantwortlicher Schriftleiter bei den *Nationalsozialistischen Briefen* eine zentrale journalistische Funktion erreicht.[304] In der Zeit zwischen Oktober 1925 und Juni 1927 prägte er ganz entscheidend das Gesicht, den Stil und die Themen der Halbmonatsschrift – allerdings mit Strassers Weisung, ein anspruchsvolles NS-Mitteilungsblatt herauszugeben. „Ähnlich wie der ‚Völkischen Freiheit‘ gaben auch diesem Blatt eigenwillige Goebbels'sche Meinungsbeiträge Farbe und Eigenart."[305] Vorwiegend nutzte Goebbels das Blatt als sehr persönliches publizistisches Forum, in dem er seine sozialistischen Auffassungen und seine ganz eigenen Interpretationen der Parteipolitik präsentierte. In den Texten stellte er seine Sympathien für einen „Nationalbolschewismus" offen zur Schau, strickte an seiner eigenen Version einer deutschen Proletariernation und wusste auch die Ideologie des Nationalsozialismus je nach Bedarf und entsprechend seinen sozialrevolutionären Wünschen auszulegen.

> „In 1925 Gregor Strasser, in company with Goebbels, set about creating, under cover, a secret news organ for Party members. This was the *Nationalsozialistischen Briefe* (National Socialist Letters), and the intention was to bring the whole Party under the intellectual influence of Goebbels and Strasser. The attacks made by the paper on Streicher and Feder, who were then Hitler's closest advisers, were particularly vehement."[306]

In München wurde die Parteileitung angesichts solcher Töne nervös, warf dem norddeutschen Parteiführer die „Bolschewisierung Deutschlands" vor. Strasser aber dachte nicht daran, gegen die aus seiner Sicht gelungenen Goebbelsschen Artikel ein Veto einzulegen oder in irgendeiner Weise redaktionell zu intervenieren – ein gemäßigter Kurs kam für den linken Flügel schließlich nicht in Frage.

4.4 Die Beiträge

> „Große Pläne: 2 mal im Monat erscheinende nat. soz. Briefe,
> herausgegeben von mir."[307]

Dieses Kapitel dient als Übersicht über die Anzahl und Art der Goebbelsschen Zeitungsbeiträge in den *Nationalsozialistischen Briefen*. Eine Beschreibung dieser Beiträge ist insofern notwendig, um einen Eindruck zu vermitteln, welche unterschiedlichen journalistischen Gattungsformen und Stilmittel Goebbels verwendete. Die Systematisierung erfordert eine Untergliederung in Phasen, da die Zei-

---

304 Auch nach seiner Ernennung zum Berliner Gauleiter im November 1926 betreute Goebbels vorerst von Berlin aus die *Nationalsozialistischen Briefe* weiter. Erst mit Beginn seiner eigenen Zeitungsaktivitäten in der Reichshauptstadt (vgl. Kapitel IV, 1) gab er den Posten an seinen Parteikollegen Karl Kaufmann ab.

305 Kessemeier 1967: 17. Vgl. Bärsch 2004: 43; Reuth 2000: 91f.; Reimann 1971: 43; Hüttenberger 1969: 32; Strasser 1969: 24; Schmidt 1968: 114; Fraenkel/Manvell 1960: 14, 73; Hunt 1960: 180.

306 Dutch 1940: 74, kursiv im Original. Vgl. Michel 1999: 123; Irving 1997: 46; Goderbauer 1986: 288; Ebermayer 1952: 73.

307 sogGTb 5.8.1925.

tungstexte nur durch eine biographische und historische Kontextuierung verwertbar sind. Die gesamte Auszählung der Textbeiträge und ihre Differenzierung für den kompletten Karriereabschnitt (Oktober 1925 bis Juni 1927) findet in diesem Übersichtskapitel statt, während die nähere Betrachtung und Einordnung der Artikel in die jeweils zugehörigen drei Kapitelblöcke[308] eingearbeitet wurde, um die Verständlichkeit der Textkritik zu maximieren.

Als verantwortlicher Schriftleiter der *Nationalsozialistischen Briefe* veröffentlichte Joseph Goebbels im Gesamtzeitraum insgesamt 37 Zeitungsbeiträge[309]. Die Unterteilung und Auszählung der Textmenge erfolgte nach der Betrachtung des vollständigen Quantums in drei Phasen:

Phase I

Der erste Untersuchungsabschnitt umfasst die Zeit von Oktober 1925 bis Februar 1926, also von Goebbels' Eintritt in die Redaktion als verantwortlicher Schriftleiter bis zu der Zäsur, die durch die Führertagung in Bamberg gesetzt wurde.[310] Aufgrund der innerparteilichen Veränderungen, der damit zusammenhängenden biographischen Legendenbildung und des Niederschlages der Vorgänge in den journalistischen Texten musste die inhaltliche Beschreibung der Zeitungsartikel nach diesem Datum auch unter veränderten Vorzeichen stattfinden. In der ersten Phase veröffentlichte Joseph Goebbels insgesamt zehn namentlich gezeichnete[311] Beiträge in den *Nationalsozialistischen Briefen*.

Eine Unterscheidung nach journalistischen Gattungsformen macht deutlich, dass der Autor eine bereits in der *Völkischen Freiheit* erprobte Darstellungsweise nun zu etablieren begann:

„Das weitaus Beste aber stellten jeweils die Offenen Briefe aus Goebbels' Feder dar, – eine journalistische Form, die er damals auch im ‚Völkischen Beobachter' und anderswo bevorzugte. Adressaten waren alle möglichen Leute: ein ‚Herr Oberlehrer' und ein ‚Herr Generaldirektor', völkische Führer und Weimarer Politiker, ein ‚Freund von der Linken' und ein ‚Schildwächter und Gralshüter der Bewegung', ja einmal mußte sogar der sagenhafte Iwan Wienurowsky Auferstehung feiern, wobei der Autor aus seinem ungedruckten ‚Michael' schöpfte. Fast alles war mitreißend, geistvoll und prägnant geschrieben, zwar nicht ohne rhetorische Kunstgriffe, doch ohne den agitatorischen Holzhammer, zwar nicht ohne – selbst

---

308 Vgl. Kapitel III, 4.5 und Kapitel III, 5.3 sowie Kapitel III, 6.4 zu dem jeweiligen Textangebot in den Zeitabschnitten.
309 Davon 27 Prozent in Phase I, 49 Prozent in Phase II und 24 Prozent in Phase III.
310 Vgl. Kapitel III, 5.1 und 5.2 zur Bamberger Führertagung und ihren Auswirkungen.
311 Bei der Recherche wurden solche Artikel als namentlich gekennzeichnet angesehen, die entweder mit dem vollen Namen (Joseph Goebbels, Dr. Joseph Goebbels, Dr. Goebbels) oder mit dem bekannten Kürzel „Dr. G." unterzeichnet waren. Beiträge, die unter einem Pseudonymen verfasst wurden, kommen in den *NS-Briefen* nicht vor.

pseudoreligiöses – Pathos („Prediger' und ‚Apostel' zum Beispiel sind damals seine Lieblingsvokabeln), doch blieb dies in annehmbaren Grenzen."[312]

In sechs Beiträgen[313] wählte Goebbels die saloppe, auflockernde Briefform und schuf sich teilweise fiktive Gesprächspartner, denen er journalistisch gegenübertrat. Bereits in diesen Texten entfaltete der Autor die für ihn später typische Polemik, eine heimtückische Form der Hetze und eine emotional dichte Demagogie. In bissiger Schärfe formulierte er seine Verlautbarungen und denunzierte zwischen den Zeilen, immer aber in leger herablassendem Ton, bestimmte Persönlichkeiten oder Personenkreise. Neben diesen Offenen Briefen verfasste er in dieser ersten Phase in den *NS-Briefen* einen Tagungsbericht, einen Flugblattentwurf, einen programmatischen Aufsatz sowie eine politische Stellungnahme im Namen der Partei.[314] Es handelte sich hierbei allerdings eher um „Einzelstücke", die jeweils auf einen bestimmten Sachverhalt ausgerichtet waren; eine ausführliche Kategoriebildung ist daher unangebracht.

Phase II

Der zweite Untersuchungsabschnitt umfasst die Monate von Februar bis November 1926, also die Zeit nach der Bamberger Tagung bis zur Ernennung zum Berliner Gauleiter. In dieser Phase war Goebbels auch weiterhin als verantwortlicher Schriftleiter der *Nationalsozialistischen Briefe* tätig. Eine von der ersten Phase getrennte Analyse wurde in Hinblick auf die innerparteilich nachhaltigen Entwicklungen und das sich abzeichnende neuartige Verhältnis zwischen Joseph Goebbels und Adolf Hitler durchgeführt. In der zweiten Phase publizierte Goebbels insgesamt 18 Texte; stellt man einen Vergleich zur Gesamtanzahl der Beiträge in allen drei Phasen auf, ist ersichtlich, dass hier der größte Textanteil zu verzeichnen ist.

Mit sieben Offenen Briefen wählte Goebbels weiterhin diese journalistische Darstellungsform am häufigsten.[315] Den zweitgrößten Anteil bilden in diesem Zeitraum vier programmatische Aufsätze.[316] Diese Textart ist immer nach ähnlicher Argumentationsweise aufgebaut: Zunächst artikulierte der Autor politisch-soziale und indiskutable Gegensätze, um diese anschließend zu entkonkretisieren, zu verwischen oder gar aufzuheben und auf undiskutierte Gemeinsamkeiten zu verweisen. Er arbeitete dabei mit bestimmten polarisierenden Kampf- und Angriffsparolen, orientierte sich an agitatorisch nutzbaren Formulierungen und pflegte radikale Botschaften zu formulieren. Goebbels setzte in den Texten überwie-

---

312 Heiber 1962: 57, Klammer im Original. Vgl. Michel 1999: 123; Goebel 1984: 10f.; Müller 1973: VII; Kessemeier 1967: 16f.
313 NSB/1.10.1925/1 bis NSB/15.11.1925/4, NSB/15.12.1925/6, NSB/1.2.1926/3.
314 NSB/1.12.1925/5, NSB/1.1.1926/1, NSB/15.1.1926/2 und NSB/1.2.1926/4.
315 NSB/15.4.1926/9 bis NSB/15.5.1926/11, NSB/15.7.1926/14, NSB/1.9.1926/18, NSB/15.9. 1926/19 und NSB/1.11.1926/22.
316 NSB/15.3.1926/7, NSB/1.4.1926/8, NSB/1.6.1926/12 und NSB/1.10.1926/21.

gend auf die Mobilisierung politischer Ressentiments, hoffte, beim Leser eine Fülle von negativen Assoziationen auszulösen und letztendlich von der Protesthaltung gegenüber dem vorherrschenden System bis hin zur strikten Ablehnung eine breite Gefühlsebene abzuschöpfen. Die Aufsätze können als „clever denunciations of the incompetent government" und „the ironic or ‚dialectical' twists of phrase"[317] eingeschätzt werden. Als Haupttexte zeichnen sie sich durch inhaltliche Grundsatzdiskussionen (Innenpolitik, Außenpolitik, Fragen der Parteilinie) aus. Es handelt sich um ausführliche Beiträge, die gelegentlich als Aufmacher rangierten, aber auch auf den hinteren Seiten im Blatt anzutreffen waren und die in ihrer Wichtigkeit andere Texte deutlich übertrafen.

Daneben bediente sich der Hauptschriftleiter weiterer journalistischer Gestaltungsmittel, so einer Ankündigung zum Parteitag, einer Sammlung an Kurz-Porträts, einer Auflistung diverser Aphorismen und eines Abdrucks von Korrespondenzen mit passender Beantwortung.[318] Als fester Raum im Blatt wurde der „Sprechsaal" eingeführt; hier konnten ausgesuchte Leserbriefe und selektierte Anfragen abgedruckt wurden, die von redaktionellen Stellungnahmen aufmerksam begleitet wurden.

Als weiteres Element lassen sich drei Beiträge erkennen, die unter die Kategorie Lehrmaterial[319] fallen: Das Lehrmaterial wurde in einem Geleitwort von Gregor Strasser (1.10.1925) als eine Aufsatzsammlung beschrieben, die sich in erster Linie mit internen Organisationsfragen befassen sollte. Diese Texte richteten sich zielbewusst und unmittelbar (auch in Form der direkten Anrede) an den Leser in seiner Rolle als unterrichtenswerter, zu belehrender Parteigenosse. Inhaltlich lieferten diese Artikel großzügiges Abwehrmaterial für verbale Angriffe und ideenreiche Argumentationshilfen für Reden und Diskussionen. Aufrufe, Aufpeitschungen, klare Aufforderungen und Anweisungen dienten allesamt dazu, den Leser in eine bestimmte programmatische Richtung zu lenken und ihn in ideologischen Fragen auf den neuesten Stand zu bringen. Die begriffliche Terminologie in diesem Lehrmaterial ist von stereotyper nationalistisch-völkischer Weltanschauung durchsetzt, der Lehrstoff wird in groben Wiederholungen geradezu angehäuft.

Phase III

Der dritte Untersuchungsabschnitt umfasst die Zeit von November 1926 bis Juni 1927. Zwar war Goebbels zu Beginn dieser Phase mit der Funktion und den Aufgaben als Berliner Gauleiter betraut worden, zeichnete aber nach wie vor als verantwortlicher Redakteur der *NS-Briefe*. Auch nach seinem innerparteilichen und

---

317 Herzstein 1979: 55. Vgl. Mommsen 1989: 328; Müller 1973: Teil II, 108.
318 NSB/1.3.1926/5, NSB/15.6.1926/13, NSB/1.8.1926/16 und NSB/1.3.1926/6.
319 NSB/1.8.1926/15, NSB/15.8.1926/17 und NSB/15.9.1926/20. Das Lehrmaterial existierte bereits seit Oktober 1925 in den *Nationalsozialistischen Briefen* und wurde von verschiedenen Autoren verfasst. Goebbels schrieb seinen Teil dieser Artikelserie zu den genannten Daten sowohl in Phase I als auch in Phase III.

geographischen Wechsel in die Reichshauptstadt betreute Goebbels vorerst die Zweiwochenschrift weiter; erst im Sommer 1927 übernahm dann Karl Kaufmann den Hauptschriftleiterposten.

In dieser dritten Phase finden sich in den *Nationalsozialistischen Briefen* neun Zeitungsartikel von Joseph Goebbels. Die Offenen Briefe[320] und das Lehrmaterial[321] haben mit je vier Texten einen gleich großen Anteil. Außerdem ist in dieser dritten Phase ein publizierter Briefwechsel zu verzeichnen.[322] Die nähere Beleuchtung und Einordnung der Beiträge findet im dazugehörigen Kapitel statt.[323]

Fazit

Nach der numerischen Auszählung der Zeitungsbeiträge in den *Nationalsozialistischen Briefen* ergibt sich folgendes Bild: Den Großteil der insgesamt 37 veröffentlichten Beiträge (nämlich insgesamt 17 Texte und damit 46 Prozent) schrieb Joseph Goebbels

„in Form von offenen Briefen, die der Zeitung ihr Gesicht gaben. Sie übertrafen alles, was bis dahin auf dem Gebiet des Journalismus von seiten der NSDAP geleistet worden war. [...] Es sind glänzend geschriebene Artikel, voll Geist und Sarkasmus, in denen Goebbels mit Mut und Kampfeslust an alle politischen Probleme herangeht. Er scheut sich nicht, eingefressene Ansichten brutal anzugreifen, er will schockieren – nicht nur das national gesinnte Bürgertum, sondern auch die Münchener Parteizentrale. Niemals mehr hat Goebbels seine Meinung so frei und unbekümmert vertreten wie hier – ein Beweis auch dafür, daß die NSDAP in den Anfangsjahren keineswegs eine festgefügte Partei darstellte. Noch gab es eine geistige Auseinandersetzung."[324]

Den zweitgrößten Anteil nimmt bei der Rubrikenübersicht das Lehrmaterial mit sieben Beiträgen (19 Prozent) ein, gefolgt von fünf programmatischen Aufsätzen (14 Prozent). Sowohl die Offenen Briefe als auch die programmatischen Aufsätze, die sich stellenweise nur in ihrer journalistischen Darstellungsform unterscheiden, prägten die Halbmonatsschrift entscheidend und hoben die *NS-Briefe* deutlich von der übrigen Parteipresse ab.

„Hier wurden die Themen wirklich angepackt, auch die heißen Eisen blieben nicht liegen, und in so manches Münchner Fettnäpfchen wurde kurz, aber kräftig hineingetreten. Der langweilige Brei des damals bereits prächtig gedeihenden Parteichinesisch, all die banalen Wiederholungen ewig gleicher Phrasen, war hier durch Esprit ersetzt."[325]

Beim Monatsvergleich der journalistischen Beiträge wird deutlich, dass Goebbels seine Artikel in regelmäßigem Turnus veröffentlichte: So belaufen sich in Phase I seine Publikationen im Regelfall auf zwei Stück pro Monat, erst in Phase II erhöh-

---

320 NSB/1.1.1927/1 bis NSB/15.3.1927/4.
321 NSB/15.12.1926/23, NSB/1.4.1927/6 bis NSB/15.5.1927/8.
322 NSB/15.3.1927/5.
323 Vgl. Kapitel III, 6.4.
324 Reimann 1971: 54.
325 Heiber 1962: 57.

te er auf meist drei Artikel, bevor er in Phase III (von einigen Ausnahmen abgesehen) nur noch einmal monatlich im Blatt als Autor zu lesen war.

Bezogen auf die Autorenkennung konnte nach der Sortierung festgestellt werden, dass von den insgesamt 37 Texten 95 Prozent (also 35 Beiträge) den eindeutigen Autorenhinweis durch vollständige Namensnennung tragen, wobei sich die Variationen sehr ähneln.[326] Lediglich in zwei Texten benutzte er das Kürzel „Dr. G." – ein deutlicher Unterschied zu seiner Tätigkeit bei der *Völkischen Freiheit*, in der ein Großteil der Artikel mit dieser Spitzmarke versehen war. Dies lässt sich dahingehend deuten, dass Goebbels als verantwortlicher Schriftleiter und zunehmend bekannter Politakteur bewusst mit seinem Namen erscheinen und die Ernsthaftigkeit seiner Inhalte signalisieren wollte. „Goebbels sah sich schon als weltberühmten Publizisten."[327] Ohnehin gab es bei den *NS-Briefen* keine große Dringlichkeit, mit Pseudonymen einen Mangel an Autoren zu verdecken, da es ausreichend Parteigenossen und politische Aktivisten gab, die hier veröffentlichten. Durch die Mitarbeit an der Halbmonatsschrift hatte zudem für Goebbels eine neue journalistische Etappe begonnen, in der er selten auf das „alte" Namenskürzel zurückgegriff. Erst im *Angriff* sollte sich dies wieder ins Gegenteil verkehren.

4.5 Das Textangebot (Phase I: Oktober 1925–Februar 1926)

> „Die Arbeit im Dienste einer Idee
> hält uns wie ein Segen und ein Fluch.
> Ich kann nicht mehr anders. Das sehe ich jetzt klar:
> ich muß dienen und opfern."[328]

Seinen ersten Beitrag für die *Nationalsozialistischen Briefe* schrieb Joseph Goebbels am 1. Oktober 1925. Der Text mit dem wegweisenden Titel „Der erste Gang"[329] war eine Art Erklärung, in der der verantwortliche Schriftleiter auf die Entstehung des Presseorgans einging und die Gründung der Halbmonatsschrift rechtfertigte; dass es sich nicht um eine Konkurrenz zum *Völkischen Beobachter* handele, wurde dabei ausdrücklich zugesichert. Der Artikel, der an Parteifreunde gerichtet war, enthielt feierliche Aufrufe zur Zusammenarbeit. In markigen Worten schrieb Goebbels: „Draußen die große Idee mit Fanatismus predigen, drinnen still und ohne viel Aufhebens davon zu machen an ihrer Vollendung, an ihrer Zusammenfassung arbeiten, das ist das Ziel in unserer Gemeinschaft." Der Verfasser beschrieb begeistert die Vision vom Nationalstaat, der nach seiner Denkweise klar sozialistisch ausgeprägt sein müsse. Auch sich selbst gegenüber verbannte er etwaige literarische Inhalte komplett aus dem Blatt und plädierte für eine rein politische Publikation:

---

326 Goebbels, Dr. Goebbels, Dr. Joseph Goebbels und Joseph Goebbels.
327 Fraenkel/Manvell 1960: 86.
328 sogGTb 29.8.1925.
329 NSB/1.10.1925/1.

„Der soll zu Wort kommen, der etwas zu sagen hat. Es besteht nicht die Gefahr, daß diese Arbeit zur Literatur ausartet. Eine zielbewußte Führung der Briefe wird von vorneherein dafür Sorge tragen, daß nicht die Literatur, sondern die Gestaltung und der Ausbau der Idee das Ausschlaggebende in unseren Briefen sind, und die Männer, die bei uns das Wort ergreifen, beweisen fast allabendlich in großen Versammlungen, daß sie die Notwendigkeit der Agitation im Großen klar erkannt haben und niemals das geschriebene dem vor den Massen gesprochenen Wort gegenüber unterschätzen werden."

Die auf diesen ersten Beitrag folgenden Zeitungstexte in den *Nationalsozialistischen Briefen* lassen sich in drei Themenblöcke unterteilen: Erstens die erwünschte freundschaftliche Beziehung zu Russland; zweitens das angespannte Verhältnis der Nationalsozialisten zu den Völkischen und drittens die Beschäftigung mit den Aufgaben und Zielen der nationalsozialistischen „Bewegung".

4.5.1 Das deutsch-russische Verhältnis

„Nationalsozialismus oder Bolschewismus?"[330] lautete die Überschrift des ersten Beitrages, der den Themenkomplex rund um das deutsch-russische Verhältnis eröffnete. In diesem Offenen Brief erörterte Goebbels die – seiner Meinung nach – zahlreich vorhandenen Gemeinsamkeiten bzw. wenigen Gegensätzlichkeiten zwischen Nationalsozialismus und Kommunismus. „Der Zuhörer oder Leser musste politisch gebildet sein und sehr genau hinhören, um zu bemerken, was Goebbels von den Linken trennte."[331] Kern seiner Aussage war die Forderung nach einer sozialistischen Diktatur, die Goebbels als einzigen Ausweg aus dem gegenwärtigen Chaos darstellte und der eine, wenn nötig unfriedliche, „Energiebewegung der Nationen zur Freiheit" vorangehen müsse. Seine Gedanken äußerte der Verfasser in ornamentalen Vergleichen zwischen Kommunismus und Bolschewismus; letzteren lehnte er zwar als „degenerierte Ideologie" ab, verzichtete jedoch auf die Beschreibung des bedrohlichen „roten Gespenstes", die sonst für die nationalsozialistische Agitation große Bedeutung hatte.[332]

Wichtiger erschien ihm die Differenzierung zwischen dem in der Sowjetunion vorherrschenden und dem von ihm ganz bewusst positiv besetzten Kommunismus

---

330 NSB/15.10.1925/2. Der Text wurde unter der Überschrift „Nationalsozialismus und Bolschewismus. Rede und Gegenrede über das russische Problem" nochmals im *Völkischen Beobachter* – inklusive einer kritischen Kommentierung des Chefredakteurs Alfred Rosenberg – abgedruckt (VB/14.11.1925/9). Siehe auch Kapitel III, 4.6 zu den diesbezüglichen Auseinandersetzungen.

331 Klußmann 2005: 65.

332 „Obwohl es seinem Denken an bestimmten Fixpunkten nicht fehlte, für die Außenpolitik besaß Goebbels kein starres Dogma. Stärker als Hitler machte er hier sein politisches Handeln und seine Lagebeurteilung von der Situation abhängig. [...] Goebbels' Propaganda gegen den Bolschewismus begann etwa im Herbst 1927 und steigerte sich, als sich zwei Jahre später die innenpolitische Auseinandersetzung in Deutschland verschärfte. Seit 1931 spitzten die Nationalsozialisten und auch Goebbels ihre Prognose für Deutschland auf die Alternative ‚Nationalsozialismus oder Bolschewismus' zu, in ihrer Vorstellung: Rettung oder Untergang des deutschen Volkes." (Michels 1992: 96f.).

und dem in Deutschland etablierten und mit negativen Assoziationen verbundenem Marxismus. Um schließlich eine gedankliche Brücke nach Russland schlagen
zu können, pries er Lenin als Vorbild[333], zeigte die mannigfachen Berührungspunkte zwischen nationalen Sozialisten und Kommunisten, hielt sich mit Sympathiebekundungen[334] keineswegs zurück und definierte die Großmacht im Osten
sogar als natürlichen politischen Verbündeten.[335] Goebbels prophezeite: „Gekämpft muß werden um die Zukunft. Sie und ich, wir kämpfen gegeneinander,
ohne daß wir wirkliche Feinde wären. Dabei zersplittern sich unsere Kräfte, und
wir kommen nie zum Ziel." Aber es gebe doch, so der Autor, trotz der politischen
Konkurrenzsituation um den Arbeiter als potentiellen Wähler vor allem einen gemeinsamen Nenner, nämlich den Kapitalismus als Feindbild.

> „Den eigentlichen Gegensatz zum Kommunismus sah Goebbels nach wie vor in der Frage
> ‚national oder international'. Im Kampf gegen den Kapitalismus wußte er sich mit den Kom
> munisten einig; ihnen fühlte er sich trotz aller Straßenkämpfe enger verbunden als allen bür
> gerlichnationalen Kräften im Reich."[336]

In seinem Artikel legte Goebbels ganz offen seine radikalen Forderung dar und
schloss mit einem leidenschaftlichen Aufruf sowohl an seine Parteigenossen als
auch an die Kommunisten; sie sollten ihren gegenseitigen Kampf endlich aufgeben und stattdessen gemeinsam und mit vereinten Kräften die Weimarer Republik
aus den Angeln heben.

Mit dieser Verbrüderungstaktik schockierte Goebbels Vaterländische und
Völkische gleichermaßen. In einem zweiten Aufsatz – „Das russische Problem"[337]
– untermauerte Goebbels seinen Standpunkt: Während er in romantischen Verklärungen den Ursprung des sozialistischen Nationalstaates („Aus braunen Ackern
steigt dort nationaler Zukunftsgeist") beschrieb, prognostizierte er einen schwelenden Gefahrenpunkt durch das „russische Erwachen" – um schließlich seine
persönliche Fürsprache in Bezug auf ein enges politisches Bündnis mit Russland

---

333 Goebbels schilderte vor allem die Person Lenin mit einer mal mehr und mal weniger verdeckten Bewunderung und stilisierte ihn zu einer historischen Größe. Die russische Agrarreform
(Freiheit und Eigentum den Bauern) diene als vorbildlicher Plan für Deutschlands Zukunft, so
der Autor. Im Industriestaat Deutschland könne Lenin der Arbeiterschaft ein Idol sein. In Bezug auf eine aktive Ostpolitik, einen zusätzlichen Absatzmarkt und einen politischen Bündnispartner, mit dessen Unterstützung das Weimarer „System" ausgeschaltet werden könnte,
bekundete Goebbels seine unzweifelhaften Sympathien zu Russland. „Diese Vorstellungen
des Geschäftsführers des Gaues Rheinland-Nord der NSDAP standen in diametralem Gegensatz zu dem, was der von ihm bewunderte Parteiführer im 1. Band von ‚Mein Kampf' gerade
niedergelegt hatte" (Michels 1992: 62). Vgl. ebd.: 97; Schüddekopf 1960: 197.

334 „Goebbels fühlte sich in seiner Radikalität und seinem Haß auf die bürgerliche Ordnung besonders mit den Kommunisten einig." (Schildt 1964: 81).

335 „Das oberste Ziel der deutschen Politik müsse die Wiedergewinnung der deutschen Freiheit
sein, also der Kampf gegen Versailles. Es gebe daher keine Gemeinschaft der Völker Europas, sondern nur unterdrückte und unterdrückende Völker. [...] Rußland sei der gegebene
Bundesgenosse Deutschlands im Kampf gegen das Versailler System." (Schüddekopf 1960:
198).

336 Höver 1992: 91. Vgl. Fest 2002: 346; Michels 1992: 61.

337 NSB/15.11.1925/4.

deutlich werden zu lassen. Goebbels war überzeugt davon, dass sich beide Nationen in ihrer sozialistischen Weltanschauung bestärken könnten, wenn sie gemeinsam dem Materialismus und dem Kapitalismus die Stirn böten, ohne dabei den
eigenen Nationalismus schmälern zu müssen. So sind auch Sätze wie: „Wir glauben nicht mehr an den Solidaritätswillen des Proletariats. Wir glauben nicht mehr
an die Weltrevolution, an die Welterlösung. Wir glauben an nichts mehr als an
unsere eigene Kraft"; „Ich zeige Ihnen von jeher mein wahres Gesicht: Ich bin ein
Deutscher! Ich will, daß Deutschland die Welt ist!" als klare deutschnationale
Bekenntnisse zu deuten, die nach Goebbels' Anschauung keine Hindernisse auf
dem Weg zu der von ihm erwünschten Allianz mit Russland bildeten. Derartige
prosowjetische Töne gingen allerdings nicht mit der Parteilinie konform; sie klangen nationalrevolutionärer als alles, was in und aus München zu hören war und
standen auch Hitlers Meinung diametral gegenüber.[338]

> „Wie man auch immer den Verfasser beurteilen mag, der Aufsatz ist jedenfalls ein Zeichen
> für die starken Kräfte in der NSDAP, die dem russischen Problem ohne Vorurteile in die Au-
> gen sahen, bereit, die Dinge realistisch zu betrachten. Daß sie sich damit sehr stark national-
> kommunistischen Gedankengängen näherten, steht außer Frage. Das trug wesentlich dazu bei,
> daß Hitler [...] diese Richtung in seiner Partei rücksichtslos zerschlug."[339]

Zuerst aber reagierte Alfred Rosenberg mit einer Stellungnahme im *Völkischen
Beobachter* und verurteilte die aus seiner Sicht bei Goebbels zu Tage tretenden
nationalbolschewistischen Tendenzen.[340] Der Schriftleiter der *Nationalsozialistischen Briefe* antwortete ihm in einer Replik mit der provokanten Überschrift
„West- oder Ost-Orientierung"[341]. Mit einem innerparteilichen Seitenhieb zielte
Goebbels darin auf die deutsche Außenpolitik ab: Zwar seien die desolaten Weimarer Machtverhältnisse für die dilettantische Außenpolitik verantwortlich und
ein innerlich zerrissenes und somit ohnmächtiges Land könne auch nichts nach
außen darstellen. Doch es sei Aufgabe der konsequenten nationalen Opposition,
mit Hilfe von Bündnispartnern für eine politische Stabilisierung zu sorgen. Statt
auf den „kranken Nachbarn im Westen" falle seine Wahl diesbezüglich eindeutig
auf den vor „schöpferischer Gesundheit strotzenden Nachbarn im Osten": „Es
kann nicht oft genug betont werden, daß uns noch viel weniger mit dem westlichen Kapitalismus verbindet als mit dem östlichen Bolschewismus." Sein Interesse gelte der Bildung eines starken antiwestlichen Blocks, dafür wünsche er sich
die Sowjetunion an die Seite. Voraussetzung allerdings seien intakte soziale Verhältnisse in Deutschland: „Ein national-sozialistisches Deutschland kann sich
selbst mit dem Teufel verbinden, ohne Schaden an seiner Seele zu nehmen."

---

338 „Hitler, und noch mehr Rosenberg, sah mit wachsendem Missfallen die Faszination, die die
      Vorstellung einer deutsch-russischen Verständigung in der Tradition der Politik Bismarcks
      auf die Linke in der NSDAP ausübte, wie sie sich etwa in den Brüdern Strasser, Reventlow
      und namentlich Goebbels artikulierte." (Piper 2005: 162).
339 Schüddekopf 1960: 190. Vgl. Klußmann 2005: 64; Piper 2005: 162; Michels 1992: 97; Rei-
      mann 1971: 55. Siehe dazu auch Kapitel III, 5. und 6.
340 Vgl. Piper 2005: 146. Siehe auch Kapitel III, 4.6 zur publizistischen Diskussion dazu im
      Völkischen Beobachter.
341 NSB/15.1.1926/2.

Während sich die NSDAP-Parteileitung im Jahr des Locarnopaktes[342] bei dem Thema Ostorientierung deutlich zurückhielt[343], wurde der Ruf nach einer konsequent bejahenden Ostpolitik im gesamten linken Flügel immer lauter.[344] „Auch Goebbels hat bis in den Frühling 1926 hinein zu den Vertretern einer Ostorientierung gehört, [...] sah er doch Deutschland und Rußland in einem gemeinsamen Schicksal verbunden."[345]

4.5.2 Nationalsozialisten versus Völkische

In zwei Texten wandte sich Goebbels gegen seine ehemaligen völkischen Parteigenossen und untermauerte damit nochmals seine ideologische Zugehörigkeit zur NSDAP. Der erste Text, als Offener Brief an den Reichstagsabgeordneten Reinhold Wulle adressiert, hatte die Überschrift „Das traurige Ende einer Kampfansage"[346]. Der völkische Abgeordnete wurde von Goebbels als tragisch-komische Figur vorgeführt, die völkische Gruppierung als bürgerlich verkommen dargestellt. Hatte der Verfasser bereits während seiner Tätigkeit bei der *Völkischen Freiheit* den politischen Kollegen ihren Dogmatismus, ihre einseitigen Urteile und Befangenheit im Traditionalismus, ihre Einfallslosigkeit und Immobilität, ihre Ideenarmut und Borniertheit, ja sogar eine Irreführung der ahnungslosen Mitglieder und unzulängliche konzeptionelle Programme vorgeworfen[347], so erweiterte er nun das Sündenregister erheblich. Interessant erscheint in diesem Artikel, dass der bei den Völkischen praktizierte „elefantenmäßig aufgezogene Antisemitismus" bei Goebbels auf eindeutige Ablehnung stieß und von ihm als politischer Störfaktor gewertet wurde. Sein Fazit lautete daher: „Warum wir nicht mit Ihnen gehen können? Weil wir aus zwei Welten kommen. Sie aus dem Zusammenbruch des falschen Systems, wir aus der prophetischen Ahnung des Zukunftsstaates."

Der Zeitungstext wirkt wie eine Kampfofferte, mit der der Autor nochmals in aller Deutlichkeit seine antikapitalistischen Tendenzen und seine Aversion gegen das Bürgertum zum Ausdruck brachte. Seiner Überzeugung nach habe die Bourgeoisie die Völkischen längst assimiliert, so dass er den ehemaligen Parteifreunden die politische und ideologische Existenzberechtigung absprechen könne. In

---

342 Siehe III, 4.1 zum historischen Kontext.

343 Vgl. Kroll 1998: 306f.; Michels 1992: 59, 62, 64; Reimann 1971: 55; Schüddekopf 1960: 195f., 198.

344 „Die Trennung des nationalen, deutschen Kapitals vom internationalen ist Ausdruck des Denkens, das vom linken NSDAP-Flügel beeinflußt war, der sich als ‚antikapitalistisch' [...] verstand, ein Denken, das stark vulgarisierte marxistische Gedanken enthält. Für diese Gruppe waren mit dem Antikapitalismus noch gewisse soziale Ideen verbunden im Sinne einer Änderung bestehender Besitzverhältnisse. Es lag in der Konsequenz nationalsozialistischer Ideologie und ihrer praktischen Umsetzung, den Straßer-Flügel bereits 1930 innerhalb der Partei zu entmachten. Ihre antikapitalistischen, sozialreformistischen Ideen haben sich nicht mit der realen Verbindung zwischen NSDAP und Großkapital verstanden" (Sauer 1978: 95f.).

345 Michels 1992: 60.

346 NSB/1.11.1925/3.

347 Siehe dazu Kapitel III, 2.6.2.

diese Kerbe sollte auch der Text mit dem Titel „Ein Musterflugblatt"[348] hauen: In Anlehnung an die Propaganda der Deutschvölkischen Freiheitsbewegung gestaltete Goebbels ein Flugblatt, das aus zahlreichen sarkastischen Verunglimpfungen bestand. In Stichpunkten („will nicht Klassenhaß und Rassenhaß [...] will nicht Militarismus und Revanche [...] will: Internationale Gleichberechtigung") arbeitete er gehässig die Gegensätzlichkeiten zwischen der vermeintlich rückwärtsgerichteten DVFrP und dem von ihm definierten „wahren Nationalsozialismus" heraus. Indem er nachdrücklich betonte, wie überflüssig und nutzlos die völkische Partei sei, schlug er auch für sich ein neues politisches Kapitel auf. Insofern können die Zeitungsartikel wie Selbstgespräche bewertet werden, in denen Goebbels die Folgerichtigkeit seiner Entscheidungen – in diesem Fall die Abkehr von den Völkischen und die Hinwendung zur NSDAP – sich selbst gegenüber attestierte.

4.5.3 Sozialistische Entwicklungen in der „Bewegung"

Den ersten Aufsatz über nationalen Sozialismus schrieb Goebbels in seiner neuen Funktion als Schriftleiter der *NS-Briefe* unter der Überschrift „Die Radikalisierung des Sozialismus"[349]. Darin stellte er ausführlich seine sozialistischen Thesen dar, um dann Forderungen nach radikalen politischen Vorgehensweisen abzuleiten. Seiner Auslegung nach gab es eine Entwicklung vom Nationalismus zum Sozialismus, die mit einer wachsenden Radikalisierung einhergehen musste.[350]

> „Nieder mit dem Irrsinn des Marxismus, denn es ist verfälschter Sozialismus! Nieder mit dem Irrsinn der sogenannten nationalen Opposition in den Rechtsparteien! Denn es ist verfälschter Nationalismus. Das ist die Parole, die den Sozialismus zum Nationalismus und den Nationalismus zum Sozialismus macht."

Goebbels, der sich gerne als Wortführer des antibürgerlichen Lagers verstand und sich eine rot-braune Verbrüderung erhoffte, hielt in diesem Artikel ein beschwörendes Plädoyer für den sozialistischen Weg. In einem für den linken NSDAP-Flügel typischen Wertesystem ordnete er die Gegensatzpaare unter den Gesichtspunkten Nationalsozialismus vs. Kapitalismus an. Entscheidend war bei dieser ideologischen Differenzierung auch die scharfe Abgrenzung vom internationalen Sozialismus, wie ihn nach Einschätzung der Nationalsozialisten die Kommunisten und Sozialdemokraten verstanden. Der Marxismus wurde stets in negativer Verbindung mit der Hochfinanz genannt, die deutsche Sozialdemokratie als „Lakai des internationalen Finanzbanditentums"[351] diffamiert.

Joseph Goebbels griff außerdem auch die Reaktionäre in der nationalsozialistischen „Bewegung" an, die sich seiner Auffassung nach mit der nationalsozialis-

---

348 NSB/1.1.1926/1.
349 NSB/15.12.1925/6.
350 „Goebbels vertrat von Anfang an den radikalen Flügel der Bewegung. Er hat es bedauert, daß der Nationalsozialismus nicht in gewaltsamer Form an die Macht kam." (Krosigk 1951: 231).
351 Sauer 1978: 93f.

tischen Gesinnung nur schmückten.[352] Und auch hier störte er sich an dem in den führenden nationalen Kreisen als Modeerscheinung zelebrierten Antisemitismus und schrieb in aller Offenheit: „Sie [...] toben in der primitivsten Weise gegen Juden und Judengenossen und übersehen dabei gerne, was Ihre eigenen Volksgenossen und vor allen Dingen Sie selbst an Schuld tragen." Stattdessen verlange er innerhalb der nationalsozialistischen Partei eine Rückbesinnung auf die Kernsubstanz der „Bewegung" – nämlich auf die Grundidee des nationalen Sozialismus. „Den Dreh- und Angelpunkt in Goebbels' Überzeugung bildete der Sozialismus. Die Nation sollte das Gefäß, den Rahmen abgeben, in dem der Sozialismus verwirklicht werden konnte."[353]

Beistand erhoffte er sich bei der Sturmabteilung (SA), der aus den Wehrverbänden nach dem Ersten Weltkrieg hervorgegangenen und im Jahr 1921 gegründeten Schutz- und Propagandatruppe der NSDAP. In einem Offenen Brief[354] wandte sich Goebbels an Franz von Pfeffer, den SA-Führer des Gaues Ruhr. Zwischen den Zeilen warb der Verfasser um Unterstützung für seinen sozialistischen Kurs. Mit freundlichem Nachdruck wollte er Mitstreiter für seine Programmatik rekrutieren und setzte dabei auf stellenweise schwülstige Formulierungen, mit denen er die antibürgerliche und antidemokratische Kampfstimmung der SA zu bedienen hoffte: „Wir erreichen nichts, wenn wir uns auf die Interessen von Besitz und Bildung stützen. Wir erreichen alles, wenn wir Hunger, Verzweiflung und Opfer für unsere Ziele in Marsch setzen." Die „Verzweiflung der Masse" sei im ersten Schritt notwendig, um im zweiten Schritt dann eine Revolution entzünden zu können. Aufgabe, ja „weltgeschichtliche Mission" der Nationalsozialisten sei es daher, dem Volk die Versäumnisse des genussorientierten Bürgertums vor Augen zu führen und somit einen kollektiven Aufstand zu initiieren: „Die Überwindung des bürgerlichen Gedankens führt zum Sozialismus."

Neben der Frage der sozialistischen Gewichtung in der „Bewegung"[355] widmete sich Goebbels in zwei Aufsätzen den allgemeinen Zielsetzungen der NSDAP. Ein im Protokollstil abgefasster Tagungsbericht[356] enthielt die beschlossenen Richtlinien der AG Nordwest[357]. Und die gemeinsam mit Gregor Strasser

---

352 „Hitlers Umgebung in der Münchner NSDAP-Spitze, überwiegend saturierte Kleinbürger, die sich mehr für Rassendoktrinen als für die soziale Frage interessierten, weckten den Widerwillen des jungen Idealisten." (Klußmann 2005: 64). Vgl. ebd.: 70.

353 Höver 1992: 53. Vgl. 277; Singer 1987: 74; Sauder 1985: 311; Reimann 1971: 57.

354 Der Text erschien unter der identischen Überschrift „Die Radikalisierung des Sozialismus" (NSB/1.2.1926/3) wie der erste Beitrag. Der Artikel begann mit der Anrede „Lieber Frederik!", dem Pseudonym Pfeffers in den *NS-Briefen*.

355 Insofern ist diese Behauptung falsch: „Aufsätze, die Fragen des Sozialismus grundlegend aufgriffen, finden sich in den NS-Briefen nur gelegentlich." (Wörtz 1966: 111).

356 „Bericht über die Tagung der Arbeitsgemeinschaft der Nord- und Westdeutschen Gauleiter in Hannover am 22. November 1925" (NSB/1.12.1925/5).

357 Die AG Nordwest setzte sich aus den Gauen Rheinland-Nord, Rheinland-Süd, Westfalen, Hannover, Hannover-Süd, Hessen, Lüneburg-Stade, Schleswig-Holstein, Groß-Hamburg, Groß-Berlin sowie Pommern zusammen.

verfasste Resolution[358] war eine offizielle Stellungnahme des linken Parteiflügels zu brisanten politischen Fragen. Hervorhebenswert ist allerdings, dass die so genannte Frage um die Fürstenabfindung[359] von beiden Verfassern in den Mittelpunkt gerückt wurde. Indem sie eine Stellungnahme von der Parteileitung forderten, setzten Strasser und Goebbels ein von Hitler und der Münchner Parteizentrale bislang tabuisiertes Thema auf die innerparteiliche Agenda. Gleichzeitig betonten die *Nationalsozialistischen Briefe* wieder einmal die sozialistischen Komponenten innerhalb der „Bewegung", nahmen einmal mehr eine konträre Haltung gegenüber der Parteiführung ein und schürten so zunehmend das Misstrauen von Hitler.[360]

4.6 Weitere journalistische Aktivitäten

> „Wir müssen Märtyrer haben.
> Und wo wir keine haben, müssen wir welche schaffen."[361]

Auch als verantwortlicher Schriftleiter der *Nationalsozialistischen Briefe* nutzte Joseph Goebbels weiterhin die Möglichkeit, im *Völkischen Beobachter* sowie in der *Deutschen Wochenschau* zu publizieren. So wurde der bereits im Juli 1925 im *Völkischen Beobachter* erschienene Aufsatz „Volksgemeinschaft oder Klassenkampf?" ein weiteres Mal in der *Deutschen Wochenschau* abgedruckt.[362] Auch in der Folgezeit gebrauchte Goebbels beide Medien, um verschiedene Themen auf die innerparteiliche Themenliste zu bringen und in eine breitere Öffentlichkeit zu tragen, als es durch die eher elitären *NS-Briefe* möglich war.

„Mein lieber Prima!" begann im *Völkischen Beobachter* ein Offener Brief mit der Überschrift „Der Freiheitsgedanke"[363], in dem sich Goebbels erstmals als Initiator eines Heldenkultes versuchte. Hinter dem Adressaten verbarg sich der Elberfelder Gesinnungsgenosse Hans Hustert, der am Pfingstsonntag 1922 ein Blausäureattentat auf den Sozialdemokraten Philipp Scheidemann[364] verübt hatte und deshalb eine Haftstrafe absaß. Goebbels versuchte nun, zwischen dem sympathisch dargestellten Häftling und dem ebenfalls „unfreien" Deutschland eine metaphorische Beziehung herzustellen. Indem er ausdrücklich die Freiheit für Hustert forderte, beschwor er zugleich die Freiheit des Landes. Der spektakuläre

---

358 „Resolution der Arbeitsgemeinschaft Nordwest der NSDAP zur Frage der Fürstenabfindung" (NSB/1.2.1926/4).

359 Siehe Kapitel III, 5.1 zum Thema Fürstenabfindung auf der Bamberger Führertagung.

360 Vgl. Goderbauer 1986: 260; Schmidt 1968: 118.

361 sogGTb 12.1.1927.

362 Woch/11.10.1925/4. Im *Völkischen Beobachter* lautete der Titel „Volksgemeinschaft und Klassenkampf?" (VB/26.7.1925/4). Siehe dazu Kapitel III, 3.2.1.

363 VB/17.10.1925/8.

364 Der damalige Oberbürgermeister von Kassel war durch seine Mitwirkung an der Ausrufung der Weimarer Republik am 9. November 1918 eine besondere Symbolfigur geworden. Bereits vor dem Hitler-Putsch bot er eine Angriffsfläche für politisch motivierte Anschläge und Gewalttaten, die „im Namen der deutschen Freiheit" verübt wurden. Vgl. Pätzold/Weißbecker 2002b: 31; Goebel 1987: 108f., 121.

Anschlag wurde von Goebbels ausdrücklich begrüßt, als Heldentat glorifiziert und mit der Aufforderung zur Bewunderung umrankt. Goebbels schrieb in vermeintlich inniger Verbundenheit:

„Im eigenen Vaterlande gefangen sitzen, weil man dieses Volk, dieses Vaterland zu sehr liebte. Mir ist es manchmal, als säßen wir hier draußen auch hinter schwedischen Gardinen und hätten nicht Licht zum Leben und nicht Luft zum Atmen. Sträflinge dieser Zeit, ja das sind wir allesamt, die wir auf eine andere Zukunft warten. Verbrecher, Vaterlandsverräter, weil wir die Wahrheit sagen und danach handeln."

Die Symbolkraft des einsitzenden Parteigenossen nutzte Goebbels, um daraus das Schicksal des gesamten deutschen Volkes abzuleiten: die Nation lebe im Zuchthaus Deutschland. Goebbels' Ziel war es, einen heldischen Menschen[365] zu kreieren, der als (noch lebender) Märtyrer der nationalsozialistischen Bewegung vorstehen konnte. In einer Artikelreihe, bestehend aus vier Texten, versuchte Goebbels, das Attentat zu rechtfertigen. Für die *Deutsche Wochenschau* schrieb er den Beitrag mit dem wegweisenden Titel „Novemberverbrecher"[366]. In dieser Schmähschrift gegen die Weimarer Republik interpretierte der Verfasser das bedeutsame Datum ganz im Sinne der NSDAP[367] und wandte sich direkt an Philipp Scheidemann: „Sie halfen mit, das jahrzehntelange soziale Verbrechen am deutschen Volk durch den 9. November 1918 zu segnen und zu krönen." Jeder, der dem Waffenstillstand zugestimmt und sich auf die sinnlose politische Verständigung eingelassen habe, so quittierte Goebbels, müsse zu Recht nun mit Vergeltungen rechnen, denn:

„Neben aller Not, allem Elend, aller nationalen Demütigung haben Sie dem Deutschen Volk vor der Geschichte eine grenzenlose Blamage beschert. [...] Das ist Ihr Verbrechen an der Nation, Ihr Verbrechen an der deutschen Arbeiterschaft. Verrat am nationalen Gedanken. Verrat am Gedanken des Sozialismus. Das ist der Sinn des 9. November, daß Sie beides Ihren Herren und Gebietern, dem Kapital und den Hyänen schrankenloser Ausbeutung, preisgaben."

---

365 Goebbels benutzte den Begriff des Helden zu diesem Zeitpunkt noch nicht im Sinne des nationalsozialistischen Vokabulars; mit rassischer Qualität brachte er dies nicht in Verbindung, vielmehr stellte er einen aus seiner Perspektive ehrenswerten, von Idealen geleiteten und vor allem kampfbereiten Menschen hier in den Vordergrund. Vgl. Schmitz-Berning 1998: 306f.

366 Woch/8.11.1925/5.

367 Die Novemberrevolution 1918 wurde als wesentlicher Ausgangspunkt für die parlamentarisch-demokratische Entwicklung angesehen, die an diesem politischen Prozess beteiligten Politiker wurden undifferenziert und pauschal als so genannte Novemberverbrecher beschimpft. Die Revolution wurde als Quelle für die katastrophalen Verhältnisse, das Elend, die Armut und vor allem den Versailler Friedensvertrag genannt. Das kriminalisierende und fortwährend gebrauchte Wort vom „Novemberverbrecher" gehörte rasch zur Standardausrüstung der NS-Propaganda. Es wurde zur Verunglimpfung des gesamten Weimarer Verfassungsstaates eingesetzt und je nach Bedarf und Kontext als Spott- und Schimpftitel für Kommunisten, Demokraten, Gewerkschaftler, Liberale oder Juden angewandt. Die NSDAP variierte das Thema vielfältig und hantierte mit irreführenden Begriffen wie „Totengräber des Reiches" oder „Revolutionsverbrecher" – auch um von den tatsächlichen Ursachen abzulenken. Vgl. Pätzold/Weißbecker 2002b: 172–177; Rees 2001: 18; Schmitz-Berning 1998: 432–434; Balle 1963: 42f.

Goebbels führte seine Freundschaftsbekundungen für den Scheidemann-Attentäter in zwei Zeitungspublikationen fort: Im „Weihnachtsbrief 1925" (*Völkischer Beobachter*) und in dem identischen Beitrag „Weihnachten 1925" (*Deutsche Wochenschau*[368]) wurde die Person Hans Hustert zum Zwecke der Anti-Weimar-Agitation politisch instrumentalisiert und inbrünstig zum Helden stilisiert. Die Beiträge durchzog ein wehmütiger Tenor, und in übertreibenden Wendungen beschrieb der Verfasser, wie der inhaftierte Genosse unerschütterlich an die Größe und Gerechtigkeit der „Sache" glaube: „Im Untergang des zweiten Reiches stehen wir mitten inne, wir Hungernden, wir Desperados, wir Gläubigen der Zukunft. Und warten: warten auf das dritte Reich, das Reich der Zukunft, das uns frei macht." In einem Appell[369] an seine Parteigenossen bekräftigte Goebbels nochmals seine Dankbarkeit für den Mut, die Tatkraft und die Kampfbereitschaft[370] Husterts – und forderte in einer Sammelaktion dazu auf, die eigene Opferbereitschaft durch finanzielle Zuwendungen an die Partei unter Beweis zu stellen. An dieser Stelle wird einmal mehr sichtbar, wie gezielt zweckorientiert Goebbels in seinen Artikeln arbeitete. Den vermeintlichen Märtyrer hob er sich für weitere journalistische Zwecke auf und rief ihn auch Ende 1926 seinen Lesern wieder voller Lobpreisungen ins Gedächtnis.[371]

Auffällig ist, dass Goebbels im *Völkischen Beobachter* und in der *Deutschen Wochenschau* einen gänzlich anderen journalistischen Ton anschlug als in den *Nationalsozialistischen Briefen*: Ähnlich seiner Schreibweise in der *Völkischen Freiheit* bediente er sich einer abwertenden Terminologie, verfiel oft in einen pathetischen Unterton, hielt sich an weitschweifenden romantischen Bildern fest und

---

368 VB/25.12.1925/10 und Woch/27.12.1925/6.

369 „Nationalsozialisten!" (Woch/10.1.1926/1).

370 Die Ethik des Kampfes durchzog die gesamte NS-Ideologie. Aus Perspektive der Nationalsozialisten wurde der Kampf als spezifisch deutsch empfunden, ein kämpferisches Wesen wurde immer in Verbindung mit einem deutschen Geist gebracht und als höchst solidarisch eingestuft. In Hitlers Sprachgebrauch wurde das Wort „Kampf" häufig durch das Wort „Krieg" ersetzt. Wer als heroisch oder kampflustig galt, war gleichzeitig mit den Attributen eines idealen Nationalsozialisten gekennzeichnet. Im NS-Wortschatz wurde der Begriff zum ästhetisch besetzten Modewort, mit dem auch Charakter, Haltung und Leistung ausgedrückt wurden. Vgl. Schmitz-Berning 1998: 345f.; Berning 1964: 110f.

371 „Als Goebbels im November 1926 Gauleiter von Berlin geworden ist, wird ihm berichtet, daß Hustert Besuchern gegenüber Sympathien für die NSDAP geäußert habe. Am Weihnachtsabend schreibt der Gauleiter im ‚Völkischen Beobachter' einen ‚Offenen Brief' an Hustert, den ‚Märtyrer der nationalen Sache'. Eine Geldsammlung für den Eingekerkerten, heißt es da, sei ‚skandalöserweise von der Staatsanwaltschaft beschlagnahmt worden'." (Borresholm 1949: 73f.). Der Beitrag „Weihnachten 1926" erschien sowohl im *Völkischen Beobachter* (VB/25.12.1926/4) als auch in *Der nationale Sozialist* (Soz/26.12.1926/7). Inhaltlich unterschied sich der Beitrag kaum von den anderen Hustert-Briefen. Goebbels betonte auch dieses Mal seine harte Opposition gegenüber des Weimarer Staates: „Hier sei es gesagt, weil Weihnachten das Fest des Friedens ist: es wird keinen Frieden geben, wir werden keine Ruhe lassen, bis unser Recht wieder Recht ist und die Schmach ausgelöscht wird von der Geschichte. [...] Ein Staat stirbt, ein Staat wird geboren. Der eine verdirbt an seinen Sünden, der andere gewinnt Leben und aus seiner Größe. Ehre, Charakter und Opfer werden und müssen triumphieren über Ehrlosigkeit, Charakterlosigkeit und Mangel an Opfersinn."

gab sich einer Phrasendrescherei hin, kurz: Er orientierte sich ganz offensichtlich in seiner Arbeitsweise am stilistischen Bedarf des jeweiligen Presseproduktes. Die Beiträge dokumentieren seine journalistische Anpassungsfähigkeit und sein sprachliches Geschick; in seinen Aufsätzen berücksichtigte er sehr wohl die jeweiligen medialen Konzepte der Blätter und die unterschiedlichen mentalen Möglichkeiten (und Grenzen) der Leserschaft.[372]

Zwar war Goebbels bereit, in seinen Artikeln für das Hauptpublikationsorgan der NSDAP auch inhaltlich Kompromisse zu schließen; wo sich jedoch eine Gelegenheit bot, stark vom Münchner Kurs abweichend zu schreiben und in aller Deutlichkeit das erwünschte innerparteiliche sozialistische Übergewicht herauszustellen, nahm er diese auch rücksichtslos wahr. „Der ideologische Kampf wurde in den ‚Nationalsozialistischen Briefen' [...] und im ‚Völkischen Beobachter' ausgefochten."[373] Ein journalistischer Schlagabtausch fand zwischen Alfred Rosenberg und Joseph Goebbels beispielsweise im Herbst 1925 statt: Der in den *Nationalsozialistischen Briefen* veröffentlichte Text „Nationalsozialismus oder Bolschewismus?"[374] wurde unter dem leicht veränderten Titel „Nationalsozialismus und Bolschewismus. Rede und Gegenrede über das ‚russische Problem'"[375] vier Wochen später nochmals im NSDAP-Hauptorgan abgedruckt. Die *VB*-Schriftleitung wies in einem Vorwort darauf hin, dass es sich um die Darstellung innerparteilicher Positionen zur Ostpolitik handele und daher dem Goebbels-Beitrag eine „Gegenrede" Rosenbergs an die Seite gestellt werde. Es entfaltete sich eine heftige programmatische Auseinandersetzung zwischen den beiden Autoren. Denn während Goebbels, ganz im Sinne Strassers, in dem Artikel sehr deutlich seine antiwestliche Haltung, seine prosowjetische Orientierung in Fragen der Außenpolitik[376] und den Wunsch nach einem Bündnis mit dem für ihn ideologisch gleichwertigen Russland bekundete, beharrte Rosenberg auf der gegenteiligen Position. Der gebürtige Balte bezeichnete den seiner Meinung nach barbarischen, weil jüdisch geprägten Osten als Bedrohung; in seine Weltsicht passte einzig die von „Untermenschen" angezettelte, brutale und grausame jüdisch-bolschewistische Revolution. Juden nannte Rosenberg die „Pest in Russland" und sah in ihnen einen gefährlichen geschlossenen politischen Block. Als Lösung wollte er ausschließlich einen ideologisch motivierten – also antisemitischen – Vernichtungskrieg gegen die Sowjetunion akzeptieren.

„Den Antibolschewismus der Nationalsozialisten von ihrem Antisemitismus ablösen zu wollen, ist töricht. [...] Rosenberg hat entscheidend dazu beigetragen, Hitler das Bild vom jüdischen Charakter der russischen Revolution zu vermitteln. [...] Beide, Hitler und Rosenberg, glaubten an ein jüdisch-bolschewistisches Weltherrschaftsstreben, weswegen der Kampf gegen die Sowjetunion immer auch Kampf gegen das Weltjudentum war."[377]

---

372 Vgl. Müller 1973: XIV.
373 Schüddekopf 1960: 197.
374 NSB/15.10.1925/2. Siehe dazu Kapitel III, 4.5.1.
375 VB/14.11.1925/9.
376 Vgl. Piper 2005: 49, 55, 147.
377 Piper 2005: 15. Vgl. ebd.: 58–69.

Der Bolschewismus, so artikulierte Rosenberg, sei eine radikale Abart des jüdischen Marxismus.[378] Russland, das er als „Sowjetjudäa"[379] abqualifizierte, sei ein Hindernis für die Stabilität der europäischen Nationalstaaten. In seinem publizistischen Angriff schlug er hart auf Goebbels' Thesen ein: In der Vorstellung von der nationalistischen Natur des Bolschewismus irre sich dieser gewaltig, die pro-russische Haltung sei eindeutig als Abweichung von der Parteilinie zu werten. Goebbels antwortete mit dem Artikel „Das russische Problem"[380] in den *Nationalsozialistischen Briefen* und machte nochmals deutlich, dass er sich Russland als Partner im Kampf gegen die kapitalistischen Westmächte wünsche.

In dieser schriftlich ausgefochtenen Konfrontation ging es zwar in erster Linie um die ideologische Gangart und das außenpolitische Verhalten der NSDAP; schnell entwickelte sich daraus jedoch ein anhaltender persönlicher Streit zwischen Rosenberg und Goebbels. Letzterer fühlte sich persönlich angegriffen, von den eigenen Parteikollegen diskreditiert, in seiner ideologischen Auslegung nicht ernst genommen. Dabei hatte er sich doch vor allem auf journalistischem Niveau mit dem Chefideologen der Partei messen wollen.[381] Damit war der Ausgangspunkt für jahrelange Querelen geschaffen, und aus einer unscheinbaren Uneinigkeit erwuchs eine ernsthafte Rivalität mit weitreichenden Konsequenzen.[382]

5. DIE ENTWICKLUNG ZUM HITLER-JÜNGER

5.1 Die Führertagung in Bamberg

> „Ich muß demnach mit nach Bamberg. Samstagmorgen fahre ich los.
> Wir werden in Bamberg die Schöne sein und Hitler auf unser Terrain locken. [...]
> Elberfeld soll das Mekka des deutschen Sozialismus werden."[383]

Im März 1926 wurde auf einem Parteitag in Essen die organisatorische Zusammenlegung der NSDAP-Gaue Rheinland-Nord und Westfalen durchgeführt. Es entstand der „Großgau Ruhr", der gleichberechtigt von Karl Kaufmann, Franz von Pfeffer und Joseph Goebbels geleitet wurde: Kaufmann beschäftigte sich mit par-

---

378 Vgl. Piper 2005: 145f.
379 „Die Auffassungsunterschiede kristallierten sich deutlich am Verhältnis zu der jungen Sowjetunion heraus. Während die Brüder Strasser und Goebbels hier vor allem ein Land sahen, in dem die Arbeiterklasse zur Macht gekommen war, wobei sie in ihrer Bewunderung nicht so weit gingen wie die Nationalbolschewisten, zeichnete Rosenberg das Schreckbild eines ,Sowjetjudäa', und Hitler sah vor allem ,Lebensraum im Osten' für das eines Teils seiner natürlichen Lebensgrundlagen beraubte deutsche Volk." (Piper 2005: 145).
380 NSB/15.11.1925/4. Siehe dazu Kapitel III, 4.5.1.
381 Vgl. Reuth 1992: 206; Riess 1989: 93.
382 Das inhomogene Verhältnis zwischen den beiden Parteigenossen wird daher meist als angespannt und kontrovers beschrieben, von Intimfeinden und Erzrivalen ist dabei die Rede. Vgl. Piper 2005: 274, 327, 379. Siehe Kapitel III, 6.5 zu den journalistischen Auswirkungen der feindlichen Beziehungen nach Goebbels' Amtsantritt als Berliner Gauleiter.
383 sogGTb 11.2.1926.

teiinternen Fragen und kümmerte sich um die Ortsgruppenführer; von Pfeffer betreute die Organisation und die Finanzen; Goebbels war für Propaganda und Presse zuständig.[384]

Angesichts der zunehmenden Differenzen zwischen dem linken Flügel und dem Parteikern um Hitler konnte Gregor Strasser durch diese Neugründung seine Hausmacht stärken. Die Verantwortlichen im Großgau setzten verstärkt auf eine sozialistische Ausrichtung und stellten somit weiterhin einen starken Gegenpol zur national orientierten Parteileitung dar. Der Plan der Parteilinken war es, sich weiter von den süddeutschen Kreisen der NSDAP abzusetzen, das politische Schwergewicht in den Norden zu verlagern und die Parteiverfassung im Sinne der sozialistischen Ideen zu verändern. Strassers und Goebbels' Hoffnung bestand darin, aus der parlamentarisch orientierten, bürgerlich geprägten und von der Clique Rosenberg-Feder-Amann beeinflussten Partei eine revolutionäre „Bewegung" zu machen. Für die internen Divergenzen, so sah es die norddeutsche NSDAP, war die „intrigante Münchner Kamarilla" verantwortlich[385]; von dort sollte Hitler losgelöst und auf die linke Seite gezogen werden. Für Goebbels, der in seinen journalistischen Beiträgen in den *Nationalsozialistischen Briefen* für das Eigenrecht des Sozialismus eintrat, stand dieser Kurs fest. „Die zentrale Frage war für ihn, was Hitler dachte, wobei er freilich davon ausging, daß dessen Sicht der Dinge mit der seinen identisch sein müsse."[386]

Dies war jedoch nicht der Fall. Hitler setzte weder auf eine egalisierende, auf das Proletariat ausgerichtete Politik noch sah er die sozialistische Idee als wesentliche, unentbehrliche Ingredienz seiner Ideologie. Für ihn ging es vielmehr um die Synthese der polarisierenden Strömungen Nationalismus und Sozialismus, die dann erreicht sei, wenn das eigene Volk im Mittelpunkt alles Erstrebenswerten stünde. Ein wahrhaft nationaler Gedanke, so kommunizierte Hitler, sei immer auch sozial. Je fanatischer sich ein Mensch national gebe, desto mehr liege ihm das Wohl der Gemeinschaft am Herzen. Seiner Ansicht nach mangele es den Nationalen an sozialen Gedanken und den Sozialen am nationalen Gefühl. „Ebenso wie Hitler den bürgerlichen Parteien der Rechten vorwarf, den eigentlichen Sinn des Begriffs Nationalismus verfälscht und in sein Gegenteil verkehrt zu haben, so hielt er dem Marxismus vor, den Begriff des Sozialismus zu verfälschen."[387] Hitler fühlte sich der Arbeiterschaft keinesfalls in Solidarität verbunden, ihm als völ-

---

384 Vgl. Okroy 2002: 57; Goebel 1987: 121; Finkeldey 1984: 40; Reimann 1971: 40.
385 „Überall dort, wo Hitler die Erwartungen Goebbels' nicht erfüllte, führte er dies kategorisch auf den schlechten Einfluß von dessen Münchener Umgebung zurück." (Reuth 2000: 90).
386 Reuth 2000: 90.
387 Zitelmann 1998: 458. Vgl. 453, 456f. Nach Hitlers Aussage war das Judentum der Urheber des sozialen Unrechts; den Juden sei es gelungen, den sozialen Gedanken zu verfälschen und in den Marxismus zu verfremden. Im Nationalsozialismus diene hingegen alles und jeder der Nation, was durch eine rassistische Grundlage noch gestärkt werde. Der vom marxistischen Gedankengut befreite Sozialismus sei ein staatliches Mittel, um die Volkseinheit vor privaten hemmungslosen Zugriffen zu schützen. Da in jedem arischen Menschen das Bedürfnis nach sozialer Gerechtigkeit schlummere, verspreche einzig und allein die NSDAP die Lösung der sozialen Frage. Vgl. Berning 1964: 140f.

kischen Nationalisten lag alles Soziale fern. „Zwar weist seine Theorie [...] durchaus mehr ‚linke‘ als ‚rechte‘ Züge auf, doch verbietet schon die rassistische Komponente seiner Weltanschauung, ihn der politischen Linken zuzuordnen.“[388] Um
die kampfbereite proletarische Schicht, die sich auf marxistische Traditionen berief, für seinen nationalen Machtstaat zu gewinnen, musste Hitler eine Identifika-
tionsmöglichkeit schaffen. Insofern propagierte er den Nationalsozialismus als
einen von den Profitinteressen der Wirtschaftspolitiker gereinigten und vom
Wahn des internationalen Klassenkampfes befreiten Weg. Der NS-Staat bestünde
nicht aus einer Summe von Einzelwesen, vielmehr sei die Herrschaft durch den
Gesamtwillen ein Ausdruck des Nationalgeistes, der in der NSDAP als Einheits-
partei münde.

> „Nicht Besserung der wirtschaftlich-sozialen und kulturellen Lage der Arbeiterschaft war der
> Impuls, der Hitler bewog, die NSDAP zur Arbeiter- und Massenbewegung zu formieren. Er
> erblickte in der Arbeiterschaft, so wie er sie verstand, im Gegenteil primär nur Vehikel und
> Mittel zum Zweck des politischen Machtkampfes, er hielt sie für den einzigen geeigneten
> Träger jener monolithischen und fanatisierten Kampfbewegung“.[389]

Hitler subsumierte den Sozialismus aus strategischen Gründen dem Nationalismus.[390] Aus taktischen Motiven stellte er soziale Reformen als angebliches Fundament des neuen Staates in den Vordergrund.[391] In seinen Polemiken gegen die
bürgerlichen Rechtsparteien betonte er, dass die Nationalisierung nur durch die
Schaffung sozialer Verhältnisse erreichbar sei.

„Die Ansichten, Standpunkte, Vorstellungen, Ideen und Theorien Hitlers [...]
überraschen oft, da man sie wohl eher bei einem linken Revolutionär, nicht jedoch

---

388 Zitelmann 1998: 462.
389 Broszat 1960: 39. Vgl. Höver 1992: 276f.; Schmidt 1968: 121; Berning 1964: 137f.; Schildt
    1964: 79f.
390 „Außer, daß der Arbeiter visuell monumentalisiert und heroisiert und sein Sozialprestige
    propagandistisch angehoben wurde, war vom nationalen ‚Sozialismus‘ der NSDAP wenig zu
    sehen. Die Vagheit der sozialen Utopie – auch Ausdruck einer heterogenen Anhängerschaft
    und taktischer Rücksichtnahmen auf bürgerliche Wählerschichten und die Industrie – moti-
    vierte weniger zum Handeln als zum klassenunspezifischen Träumen“ (Paul 1992: 260). Vgl.
    Zwerenz 1969: 3.
391 „Auch nach der Machtergreifung unterstrich Hitler wiederholt die Bedeutung der sozialen
    Frage. [...] Man kann diese Bekundungen nicht ausschließlich als geschickte und lediglich auf
    eine bestimmte Wirkung abzielende Propaganda abtun.“ (Zitelmann 1998: 118f.). Um die so-
    ziale Demagogie von ernstzunehmenden Aussagen unterscheiden zu können, bedarf es fol-
    gender Erläuterung: Hitler versucht die Lösung der sozialen Frage durch eine gesteigerte so-
    ziale Mobilität und eine verbesserte Chancengleichheit herbeizuführen. Zwar wurde eine Si-
    tuation der gleichen Startbedingungen und Chancen unabhängig von Herkunft, Einkommen
    und Elternhaus geschildert, diese Möglichkeiten für den sozialen Aufstieg galten aber aus-
    schließlich für Mitglieder der „nationalen Volksgemeinschaft“. In einer Rede erklärte der Par-
    teiführer 1927, dass er unter Sozialismus das Bestreben verstehe, die Kluft zwischen höchster
    Intelligenz und primitivster Arbeitskraft zu überbrücken. Ziel sei es, die Einheit der deutschen
    Nation herbeizuführen statt den Klassenkampf zu fördern. Die Interessen der Gesamtheit
    stünden immer über den privaten Absichten. Er erwarte, dass sich jeder seiner Anhänger die-
    sem „Volkskörper“ unterordne. Vgl. ebd.: 122f., 129, 459–461.

bei dem politisch weit rechtsaußen stehenden Reaktionär Hitler erwartet hätte.“[392]
Die Frage, wo Hitler im politischen Spektrum tatsächlich zu suchen war, ist
schwer zu beantworten – kritisierte er doch linke wie rechte Strömungen gleichermaßen.[393] Ganz offensichtlich widersprach es seinem Selbstverständnis und
seiner Selbstdarstellung, sich da oder dort als zugehörig zu bekennen.

> „Hitler ordnete sich weder der linken noch der rechten Seite zu, sondern wollte beide Extreme
> überwinden, allerdings nicht in der ‚Mitte‘, sondern durch ein neues Extrem, in dem beide
> Extreme aufgehoben sind. [...] Allerdings wissen wir, daß Hitler keineswegs im gleichen Ma-
> ße gegen links und rechts vorging.“[394]

Bei den führenden Politikern des linken NSDAP-Flügels herrschte schnell Klarheit darüber, dass der sozialistische Bestandteil im Parteinamen nur ein minderwertiges Anhängsel war und lediglich sozialistische Phrasen gedroschen werden
sollten. Die innen- und außenpolitischen Richtungskämpfe verschärften sich daher
zunehmend.

> „Der ‚Sozialismus‘ im National-Sozialismus hatte die Aufgabe, die Linke der Weimarer Re-
> publik zu schwächen und die Rechte zu stärken. [...] Der linke Flügel der NSDAP erkannte
> manchmal diese seine Rattenfängerposition. Er suchte seinerseits den rechten, stärkeren Flü-
> gel zu manipulieren.“[395]

Dazu gehörte auch, dass Strasser bei den Kollegen Kaufmann und Goebbels einen
„Dispositionsentwurf eines umfassenden Programms des nationalen Sozialismus“
für die Arbeitsgemeinschaft Nord-West in Auftrag gab, das bis Mitte Dezember
1925 fertiggestellt sein sollte.[396] Was als Revision deklariert wurde, unterschied
sich zwar nur marginal vom offiziellen NSDAP-Programm, sollte aber das von
Gottfried Feder im Jahr 1920 verfasste 25-Punkte-Programm ablösen, da sich dieses durch die auffälligen rassistisch-nationalistischen Inhalte in den extravaganten
wirtschaftlichen und sozialen Strukturen Norddeutschlands kaum durchsetzen
ließ.[397] Strasser hatte die Idee, das widerspruchsvolle und beliebig interpretierbare
Parteiprogramm zu präzisieren und sowohl neue Verbindlichkeiten zu schaffen als
auch andere Schwerpunkte zu setzen.[398]

---

392 Ebd.: 451. Vgl. ebd.: 116f.
393 Zurückzuführen ist dies auf folgende Situation: Oberschicht und Adel setzten den Nationalso-
    zialismus mit dem Kommunismus gleich und lehnten Hitlers Politik vorerst ab. Gleichzeitig
    musste sich Hitler gegen Vorwürfe der Linken verwehren, er sei ein rückschrittlicher Erzreak-
    tionärer und ein Diener der Kapitalisten. Vgl. ebd.: 451f.
394 Ebd.: 456.
395 Zwerenz 1969: 1. Vgl. Pätzold/Weißenbecker 2002a: 86; Mommsen 1989: 330; Riess 1989:
    66; Horn 1980: 236, 250; Schmidt 1968: 113; Fraenkel/Manvell 1960: 94f.
396 Der Inhalt ist nicht mehr überliefert, lässt sich aber anhand der von Goebbels verfassten Bro-
    schüre „Das kleine abc des Nationalsozialisten“ und durch seinen Aufsatz „West- oder Ost-
    Orientierung“ (NSB/15.1.1926/2) rekonstruieren. Vgl. Reuth 2000: 94f.; Michels 1992: 63.
397 Vgl. Moreau 1989: 287; Goderbauer 1986: 11, 275; Böhnke 1974: 208; Reimann 1971: 43;
    Wörtz 1966: 86f.
398 In dem Programmentwurf wurde ein ständestaatliches Modell propagiert, das die Wirtschaft,
    die Industrie und die Landwirtschaft in das Gemeineigentum einspeiste und anschließend für
    diese Bereiche ein zentrales Kontrollwesen vorsah. Die deutsche Wirtschaft sollte dem Nati-

Am 24. Januar 1926 kamen die norddeutschen Gauleiter auf einem Kongress in Hannover zusammen, um den Entwurf zu verabschieden. Auf der Tagesordnung stand außerdem das Thema Fürstenabfindung[399], da die nationalsozialistischen Funktionäre das Volksbegehren zur legitimen Enteignung unterstützen sollten. „In dieser Situation wurde auch die Person Hitlers selbst Gegenstand der Auseinandersetzungen. Die meisten der versammelten Gauleiter meldeten mehr oder minder starke Zweifel an Hitlers Führerqualitäten an."[400] Aus Perspektive der NSDAP-Parteileitung war dies der Beginn einer offenen Revolte der „Elberfelder Ketzer". Die ideologischen Differenzen und Richtungskämpfe drohten zu einer Schwächung des rechten Lagers, Spaltung der Partei und Neugründung einer norddeutschen Konkurrenzbewegung unter der Leitung von Strasser zu führen.[401] Dies rief nun Hitler selbst auf den Plan, der alle Aktivitäten, Initiativen und Novellierungen abblocken wollte, um seine Führungsposition nicht zu gefährden.[402]

onalstaat untergeordnet werden. „Strasser und Goebbels wollten die Schwerindustrie und den Großgrundbesitz verstaatlichen und an die Stelle des Reichstages eine Ständekammer nach faschistischem Muster setzen." (Shirer 1961: 123). Vgl. Kissenkoetter 1989: 276; Kissenkoetter 1978: 24–26; Schüddekopf 1960: 209.

399 Es ging um die in den Revolutionsjahren 1918/19 enteigneten deutschen Fürstenhäuser. Eine Idee von KPD und SPD war es, Vermögen und Bodenbesitz als entschädigungslos enteignet zu deklarieren und die Konfiskation zugunsten von Erwerbslosen, Kriegsopfern, Sozialrentnern, Inflationsgeschädigten und Notleidenden rechtlich festzuschreiben. DNVP, DVP, DVFrP, Wirtschaftspartei und diverse nationale Verbände forderten hingegen eine Abfindung der Fürstenhäuser. Der linke Flügel der NSDAP wollte in der Enteignungskampagne mit den Sozialdemokraten und Kommunisten paktieren. „Der feurigste Sprecher für die entschädigungslose Enteignung der Fürstenvermögen war Joseph Goebbels." (Fraenkel/Manvell 1960: 93). Vgl. ebd.: 79; Oven 1987: 165; Böhnke 1974: 216; Bramsted 1971: 55f.; Reimann 1971: 43; Shirer 1961: 122f. Hitler jedoch, der mit Hilfe des Bürgertums und der Industriellen die Staatsmacht legal zu erringen suchte, wollte sich erst recht nicht mit jenen bedeutenden Personenkreisen überwerfen, die mit dem Adel verheiratet oder verbunden waren. Er verlangte daher gemeinsam mit der Deutschnationalen Partei die Rückgabe der Besitztümer. Vgl. Reuth 2000: 98; Michel 1999: 123; Müller 1973: VIII; Bramsted 1971: 55; Reimann 1971: 44. Anfang Januar 1926 konstituierte sich ein Ausschuss zur Durchführung eines Volksentscheides für die entschädigungslose Enteignung der Fürsten, was sich am 20. Juni entscheiden sollte. Die notwendige Mehrheit dafür wurde jedoch nicht erreicht. Vgl. Kolb 2000: 83; Longerich 1995: 239; Winkler 1993: 312f.; Overesch/Saal 1992: 297.

400 Horn 1980: 237. Vgl. Fest 2002: 347; Moreau 1989: 288; Kissenkoetter 1978: 20, 26; Hüttenberger 1969: 30; Kühnl 1966b: 320f.; Schüddekopf 1960: 200.

401 „Aber die direkte Kraftprobe mit Hitler hatte Strasser stets vermieden, und das machte eine Spaltung der NSDAP eher unwahrscheinlich." (Winkler 2000: 533). „Zu keiner Zeit fühlte er sich in irgendeiner Weise als Anti-Hitler-Frondeur. Im Gegenteil: In der Auseinandersetzung zwischen Elberfeld und München, zwischen Sozialisten und Bürgerlichen, zwischen Revolutionären und ‚Bonzen' sollte der Parteiführer den Ausschlag für die sozialistische Richtung geben." (Höver 1992: 282).

402 Toleranz gegenüber abweichenden Meinungen und auch Inkonsequenz galten bei Hitler keineswegs als politische Tugenden sondern vielmehr als Zeichen von Schwäche und Feigheit. Daher war es für ihn nur logisch und konsequent, selbst in den eigenen Reihen rücksichts- und hemmungslos vorzugehen. Weder kannte der Parteiführer irgendwelche traditionellen, moralischen, ethischen, gesellschaftlichen oder religiösen Vorbehalte, noch war er dazu bereit, andere politische Linien neben seiner eigenen innerhalb der NSDAP zu akzeptieren. Vgl.

Um seine unantastbare Autorität zu demonstrieren, berief er für den 14. Februar
1926 eine Führertagung in Bamberg ein.[403]

„In Bamberg wurde der große Sarg gebaut, in dem all die wirtschafts-
politischen, sozialen und außenpolitischen Ideen Strassers und Goebbels' hinein-
gelegt und für immer versenkt wurden."[404] Denn hier stellte Hitler klar, dass er
keine weitere Diskussion um das gültige Parteiprogramm dulde, dass er eine Unterstützung des Volksbegehrens zur Fürstenenteignung untersage, dass er jede
prosowjetische Haltung ablehne und stattdessen die „Zerschlagung des Bolschewismus" und eine aggressive Ostpolitik[405] wünsche. Somit war nicht nur Strassers
Konzept zum Scheitern verurteilt, sondern auch jede Vision von einem radikalen
Sozialismus negiert worden.[406] Mit verbalen Attacken hatte der „Führer" alle Bestrebungen der AG zerschlagen und gleichzeitig den norddeutschen Parteiführer
Strasser kompromittiert. Dieser zeigte sich loyal und löste zum 1. Oktober 1926
die Arbeitsgemeinschaft der Nord- und Westdeutschen Gauleiter wieder auf. Damit war es Hitler gelungen, den linken Flügel seiner Selbständigkeit zu berauben
und Strasser in seine politischen Schranken zu verweisen. „Als Fazit der Bamberger Tagung kann der Sieg Hitlers genannt werden. [...] Der Weg der NSDAP zur
Führerpartei war in Bamberg erneut geebnet worden."[407]

Pätzold/Weißenbecker 2002a: 90; Barth 1999: 48; Zitelmann 1998: 47; Höver 1992: 264;
Mommsen 1989: 330; Riess 1989: 67; Goderbauer 1986: 285; Horn 1980: 235; Strasser 1969:
212f.; Kessemeier 1967: 17; Kühnl 1966a: 136f.; Schildt 1964: 155f.

403 Das fränkische Bamberg war mit Bedacht gewählt worden. Hitler konnte sicher sein, dass die
     Mehrzahl der geladenen Partei-Prominenz aus Süddeutschland kam und jeder weitere Ein-
     fluss der nord- und nordwestdeutschen Gauleiter verhindert wurde. Im Gasthof Stöhren in der
     Langestraße 11 in Bamberg erschienen zu der Veranstaltung etwa 65 NSDAP-Führer, als
     Vertreter der Arbeitsgemeinschaft erschienen nur Gregor Strasser und Joseph Goebbels. Vgl.
     Fest 2002: 355; Pätzold/Weißenbecker 2002a: 90; Reuth 2000: 96f.; Horn 1980: 240; Schildt
     1964: 159; Shirer 1961: 123.
404 Reimann 1971: 65. Vgl. Wörtz 1966: 97f.; Schildt 1964: 81.
405 Hitlers Ostpolitik war statt auf eine Bündnispartnerschaft auf eine klare Eroberungsstrategie
     ausgerichtet. Das Wort vom „Volk ohne Raum" wurde zum Bestandteil antisozialistischer
     Propaganda und war im Programm der NSDAP als Forderung nach Land und Kolonien fest-
     geschrieben. Im Sinne des Zusammenschlusses aller Deutschen zu „Großgermanien" wurde
     harte Expansionsagitation betrieben. Die Rede war von zusätzlichem Siedlungsland und von
     einer neuen Bodenpolitik in Richtung Osteuropa. Vornehmlich in Russland sollte dieser Zu-
     wachs stattfinden, da sonst die „Verkrüppelung des deutschen Volkes" zu befürchten sei.
     „Zur Begründung der außenpolitischen Konzeption für die Errichtung eines Großreiches
     diente Hitler ein Dogmengemisch aus Rassismus und völkischer Raumnot." (Pät-
     zold/Weißenbecker 2002b: 115).
406 Vgl. Michel 1999: 124; Finkeldey 1984: 45f.; Horn 1980: 241; Wilcox 1970: 153; Hüttenber-
     ger 1969: 31; Kühnl 1966a: 44f.; Wörtz 1966: 115; Schildt 1964: 160; Broszat 1960: 48;
     Schüddekopf 1960: 201f.
407 Goderbauer 1986: 277. Vgl. ebd.: 11, 270; Fest 2002: 356f.; Winkler 2000: 540; Paul 1992:
     62; Tyrell 1991: 103; Mommsen 1989: 331; Horn 1980: 239–245; Kühnl 1966a: 44; Kühnl
     1966b: 323; Schildt 1964: 162–165.

5.2 Widerlegung der Damaskuslegende

> „O, du Gregor Strasser,
> wie schwer muß Dir die Revolution sein."[408]

Goebbels' Verhalten auf und nach der Bamberger Tagung führte in der biographischen und wissenschaftlichen Literatur zu Spekulationen und Legendenbildungen. Es gehört zu den Topoi der Kolportage, dass Goebbels dort eine Art Damaskuserlebnis hatte, plötzlich die innerparteilichen Fronten wechselte und sich vom linken Parteiflügel abwandte, da er in Strasser nur noch den verlustreichen Opponenten sah. Goebbels' sei zum bedingungslosen Anhänger Hitlers avanciert, da er in ihm den eindeutigen politischen Gewinner erkannt habe. So behauptet beispielsweise Joachim Fest: „Nach nur kurzem Schwanken hat Goebbels damals die Machtverhältnisse durchschaut und sich instinktsicher auf die Seite der Zentrale geschlagen."[409] In zahlreichen Darstellungen wurde Goebbels als prinzipienloser Opportunist und als genau kalkulierender Karrierist beschrieben, der eine rasche ideologische Kehrtwendung vollzogen habe. Über Jahrzehnte hinweg galt die Bamberger Führertagung als Kulminationspunkt und wurde als Datum der „Bekehrung" ausgeschmückt: Der ehemals radikale linke Wortführer Goebbels sei hier Hitlers Suggestionskraft verfallen und habe umgehend alle seine sozialistischen Anschauungen aufgekündigt.[410]

Otto Strasser (Gregors Bruder und ebenfalls führender Mitstreiter in der NSDAP-Parteilinken) nährte derartige Urteile zeitnah und präsentierte den Elberfelder Politikkreisen die Version einer Ad-hoc-Abkehr des Parteikollegen.[411] „Die von Otto Straßer forcierte Legendenbildung verfehlte ihre Wirkung nicht. Schon Zeitgenossen brachten Goebbels Überschwenken zu Hitler in direkten Zusammenhang mit der Bamberger Konferenz."[412] Dem „Verräter von Bamberg" wurden eine politische Kurskorrektur, ein intriganter Übertritt in das Münchner Lager und ein Treuebruch gegenüber Gregor Strasser vorgeworfen.

Entstanden waren derartige Vorwürfe durch Goebbels' Auftritt in Bamberg: Dass sich der sonst so rhetorisch versierte Mitstreiter gegenüber Hitler zurückgehalten und den programmatischen Vorstoß Strassers nicht wortgewaltig unterstützt oder gar durchgesetzt hatte, werteten die Parteigenossen als Absage an den

---

408 sogGTb 13.4.1926.
409 Fest 1995: 565. Vgl. Fest 2003: 122; Michel 1999: 124, 130; Höver 1992: 21f.; Fröhlich 1989: 56; Goebel 1987: 121; Fraenkel/Manvell 1960: 14.
410 Vgl. Höver 1992: 14; Paul 1992: 46; Nill 1991: 206f.; Fröhlich 1987: 510; Singer 1987: 74; Fest 1971: 400f.; Schmidt 1968: 121; Kessemeier 1967: 17; Fraenkel/Manvell 1960: 98; Kreuzberger 1950: 14.
411 „Der junge Mann aus Rheydt im Rheinland hatte ein unheimlich sicheres Gefühl für die harten Gesetze des Kampfes um die Macht. Wenige Wochen später lieferte er uns das Meisterstück seiner Fähigkeit, stets bei den stärkeren Bataillonen zu stehen." (Strasser 1969: 28). Strasser rangierte mit dem Bild vom „Judas Goebbels", der zu den Fleischtöpfen Ägyptens nach München geflohen war. Vgl. Straßer 1954: 10.
412 Goderbauer 1986: 285. Vgl. Barth 1999: 49; Irving 1997: 52; Höver 1992: 21, 265–268; Tyrell 1991: 102; Mommsen 1989: 331; Reimann 1971: 42.

nationalen Sozialismus. Warum sich Goebbels im Hintergrund hielt, jede verbale Auseinandersetzung mit dem NSDAP-Führer scheute und aus Sicht des linken Parteiflügels das inhaltliche Debakel zu verantworten hatte, lässt sich nur durch Interpretationen erklären: Der glanzvoll arrangierte Auftritt Hitlers wie insgesamt das finanzstarke Gebaren der süddeutschen Parteigenossen imponierten Goebbels.[413] Weniger beeindruckt zeigte er sich jedoch von Hitlers Rede und dem darin geäußerten zukünftigen Weg der NSDAP; denn alles, was hier angesprochen wurde, wich völlig von Goebbels' Vorstellungen, Wünschen und Überzeugungen ab, ja widersprach ihnen sogar. Diesen Umstand notierte er folgendermaßen:

> „Dann durch Bamberg. Entzückende Stadt. Alt, jesuitisch. [...] Hitler redet. 2 Stunden. Ich bin wie geschlagen. Welch ein Hitler? Ein Reaktionär? Fabelhaft ungeschickt und unsicher. [...] Strasser spricht. Stockend, zitternd, ungeschickt, der gute, ehrliche Strasser, ach Gott, wie wenig sind wir diesen Schweinen da unten gewachsen! Eine halbe Stunde Diskussion nach einer vierstündigen Rede! Unsinn, du siegst! Ich kann kein Wort sagen! Ich bin wie vor den Kopf geschlagen. Mit dem Auto zur Bahn. Strasser ist ganz aus dem Häuschen! Winken und Heil. Mir tut das Herz so weh! Abschied von Strasser. In Berlin übermorgen sehen wir uns wieder. Ich möchte weinen! [...] Ich glaube nicht mehr restlos an Hitler."[414]

Goebbels musste sich zeitgleich mit Strasser eingestehen, dass die sozialistische Position in der Partei keinen hohen Stellenwert hatte und dass Hitler gegensätzliche Ansichten vertrat. Zwar resultierte daraus eine erste Enttäuschung[415], zugleich aber blieb eine Faszination für Hitler, der als Redner und charismatische Leitfigur eine große Überzeugungskraft an den Tag legte und dem kein Parteimitglied offen entgegenzutreten wagte. „Wenn Goebbels in Bamberg geschwiegen hatte, dann deshalb, weil sein Glaube an Hitler und dessen historische Mission stärker war als seine sozialistischen Anschauungen."[416]

Goebbels' ambivalente Haltung, die sowohl durch Personen als auch Inhalte hervorgerufen wurde, bildete den Rahmen für einen Entscheidungsprozess, der sich über Jahre hinzog. „Die endgültige Hinwendung von Joseph Goebbels zu Hitler war kein punktuelles Ereignis oder eine blitzartige Konversion, sondern ein Prozeß, der in Bamberg begann und bis zum Sommer 1926 dauerte."[417] Weder gab es eine plötzliche politische Kehrtwendung noch endete das gute Verhältnis zu Gregor Strasser nach den Bamberger Vorfällen. Im Gegenteil: Auch im Frühjahr 1926 fühlte sich Goebbels der Strasser-Clique zugehörig – ohne sich gleichzeitig von Hitler in irgendeiner Form abwenden zu müssen. Denn obwohl es durch Hitlers politische Richtungs(an)weisungen größere Missstimmungen bei der

---

413 Vgl. Fest 2003: 127; Fest 2002: 356; Knopp 1998: 39; Horn 1980: 241; Müller 1973: VIII; Bramsted 1971: 56; Reimann 1971: 63.
414 sogGTb 15.2.1926.
415 „Goebbels war der ‚innere Halt genommen'." (Höver 1992: 283). Vgl. Wunderlich 2002: 53; Schildt 1964: 161–164.
416 Reuth 2000: 99. Vgl. Hüttenberger 1969: 32, 36.
417 Michels 1992: 50f. „Tatsächlich wurde die Tagung eine vernichtende Abrechnung mit den Frondeuren aus dem Norden und ein voller Sieg Hitlers. Aber daß Goebbels in Bamberg mit fliegenden Fahnen zu Hitler übergelaufen sei, stimmt nicht." (Oven 1987: 171). Vgl. Goderbauer 1986: 281f.; Bramsted 1971: 56.

Parteilinken gab, äußerte sich nirgendwo der Wunsch nach einer harten Konfrontation oder einer konsequenten Opposition; mehr als innerparteiliche programmatische Rangeleien gab es dank Strassers übertriebener Loyalität nicht. „Wenn in der Literatur behauptet wird, Goebbels habe einen Übertritt ‚von Strasser zu Hitler‘ vollzogen, so ist diese Aussage also schon deshalb falsch, weil sie eine Frontstellung voraussetzt, die es in dieser Form nicht gegeben hat."[418]

Wie wenig die mehrfach ausgearbeitete Legende der Goebbelsschen Wandlung „vom Saulus zum Paulus" der Überprüfung standhält, wird anhand seiner journalistischen Aktivitäten deutlich. Denn gerade durch die Analyse von Goebbels' Zeitungspublikationen lässt sich die Damaskuslegende nicht nur entkräften, sondern sogar widerlegen.

5.3 Das Textangebot in den *Nationalsozialistischen Briefen* (Phase II: Februar–November 1926)

> „Jeder Gedanke ist richtig; man muß ihn nur schlagend begründen können.
> Jede Zeit hat ihre Idee, und in jeder Zeit ist ihre Idee richtig.
> Nicht die Zeiten ändern sich, sondern die Menschen.
> Der Gedanke ringt sich durch, der den stärkeren Verfechter hat."[419]

Die in Kapitel III, 4.4 begonnene Differenzierung der Goebbels-Artikel in den *Nationalsozialistischen Briefen* findet in diesem Kapitel mit der Beschreibung von Phase II ihre Fortsetzung. Die genaue Betrachtung und Einordnung der in diesem Zeitraum (nach der Führertagung in Bamberg und vor dem Wechsel nach Berlin) entstandenen Publikationen trägt zur Widerlegung der Damaskuslegende bei. Die thematischen Schwerpunkte der Texte werden im Detail beleuchtet, so dass ein umfangreicher Eindruck von der journalistischen Arbeit entsteht. Besonderer Fokus liegt auf der Frage, ob Auffälligkeiten in Bezug auf Adolf Hitler festzustellen sind, die möglicherweise mit der Bamberger Tagung und dem angeblichen politischen Übertritt ins rechte Lager zusammenhängen.

Die Redaktion der *Nationalsozialistischen Briefe* hielt sich in den ersten Wochen nach der Bamberger Niederlage mit kritischen Bemerkungen sehr zurück. Oppositionelle Äußerungen wurden kaum noch abgedruckt, programmatische Abhandlungen vermieden. Das Risiko, sich weiteren Unmut der Parteizentrale zuzuziehen und damit die Existenz des Blattes zu gefährden, war zu groß. Stellenweise schienen sich die *NS-Briefe* in ein braves NSDAP-Sprachrohr zu verwandeln, das vor allem der offiziellen Parteilinie huldigte.[420]

---

418 Höver 1992: 285.
419 sogGTb 21.1.1924.
420 Vermutlich ist es Hitlers unmittelbarem Einwirken zuzurechnen, dass die *NS-Briefe* von nun an im Impressum erklärten, dass das Blatt kein Parteiorgan sei, sondern als freie Zeitschrift ausschließlich unverbindliches Diskussionsmaterial enthalte und den Aufsätzen kein parteiamtlicher Charakter zukäme. Vgl. Schmidt 1968: 115; Kühnl 1966a: 50.

Bei Goebbels war eine solche Veränderung nur marginal zu beobachten, im Großteil seiner Aufsätze widmete er sich weiterhin brisanten politischen Themen, Grundsatzerörterungen und programmatischen Diskursen.[421] Als verantwortlicher Schriftleiter schöpfte er alle Freiheiten aus, um nach Belieben redaktionelle Beiträge zu favorisierten Themen zu verfassen. Die Artikel können vier Themenkategorien zugeordnet werden: Erstens dem Verhältnis zu Hitler, zweitens der Beschäftigung mit relevanten politischen Fragestellungen, drittens dem propagandistischen Lehrmaterial und viertens den parteiinternen Querelen.

5.3.1 Hitler ante portas

„Essen, eine Etappe"[422] hieß der erste, nach den Bamberger Ereignissen von Goebbels verfasste Text, in dem er den westdeutschen Parteitag zum Anlass nahm, um an das einjährige Jubiläum der NSDAP-Neugründung zu erinnern. „Wir waren Amboß; wir wurden Hammer!" schrieb der Verfasser und rief die Parteigenossen zur Risikofreude, Opferbereitschaft und Gemeinschaft auf: „Und in dieser Geschlossenheit verbindet uns ein Herzschlag, ein Gedanke, eine Liebe mit unserem Führer Adolf Hitler. Wie immer, so gilt auch heute der erste und der letzte Gruß ihm. Mit ihm, für ihn!" Ähnlich wie bereits in der *Völkischen Freiheit* verfiel Goebbels in schwärmerisches Pathos, wenn es um Hitler ging.[423] In den *NS-Briefen* blieben derartige Äußerungen jedoch die Ausnahme. So findet sich im Jahr 1926 lediglich ein Artikel, in dem die Person Hitler thematisiert wurde. Der Offene Brief mit der Überschrift „Der Generalstab"[424] richtete sich auch direkt an ihn: „Verehrter, lieber Herr Hitler!" Der Beitrag enthielt die Ergebnisse einer Aussprache, die in München stattgefunden hatte[425] und in der es um Arbeitsmethoden und Organisationsfragen gegangen war. „Wir sind eine Zukunftsbewegung, die geistig und politisch noch um die letzte Gestalt ringt. Bei uns ist noch alles im Gären. Das drängt und braust und zischt und spritzt. Das muß gebändigt und gezüchtet werden", formulierte Goebbels, der gleichzeitig für die Schaffung einer übergeordneten Instanz in der NSDAP plädierte. Hitler, so schmückte der Schriftleiter den Aspekt aus, sei der organische Mittelpunkt der Bewegung und der „Träger der großen Idee". Unverstellt schilderte Goebbels in diesem Beitrag

---

421 Vgl. Kühnl 1966a: 50; Wörtz 1966: 111.
422 NSB/1.3.1926/5.
423 Vgl. Reimann 1971: 68.
424 NSB/15.5.1926/11.
425 „Im April 1926 lud Hitler Goebbels nach München ein; dieser sollte dort eine Rede halten. [...] Am Abend nach der Rede umarmte er ihn demonstrativ und war dann ständig um ihn. Emphatische Berichte über die Rede im Völkischen Beobachter schmeichelten Goebbels. [...] Nachmittags redete Hitler noch einmal auf Goebbels ein und unterbreitete ihm die Perspektiven seiner Politik." (Hüttenberger 1969: 37). Vgl. Fest 2002: 359. Das Treffen ermöglichte eine politische Aussprache zwischen Goebbels und Hitler im kleinen vertrauten Kreis. Dabei wurden auch prinzipielle programmatische Fragen miteinander erörtert. „Hitler gab sich nämlich als der Sozialist, für den Goebbels ihn immer gehalten hatte." (Höver 1992: 286).

seine Bewunderung und bot Hitler im Namen seiner Parteigenossen die absolute Untertänigkeit an.[426]

Interessant ist an dieser Stelle ein Blick in Goebbels' Notate, da sich die wachsende Bewunderung für Hitler parallel zum Zeitungstext auch in den privaten Aufzeichnungen niederschlug.[427] Im Frühjahr und Sommer 1926 steigerte sich die Verehrung zu einer quasireligiösen Hitler-Emphase. Goebbels umschwärmte den Mann aus Braunau und akzeptierte ihn bereits uneingeschränkt als „Führer". Das Bild vom Erlöser, Wundertäter, Befehlshaber und Heilsbringer mündete in einen Hitlerkult, der die Losung „Führer befiehl, wir folgen" prägte, die in Goebbels' Journalismus wiederkehrendes und in der Wahlstrategie tragendes Element wurde. „Hitler präsentierte sich den Deutschen, um deren Gefolgschaft und Stimmen er warb, während der Endzeit der Weimarer Republik als Erlöser."[428] Er bediente sich der Sehnsucht nach messianischem Denken und ließ sich als göttliche Offenbarung in der Nationalgeschichte feiern. Goebbels kreierte mit Begriffen aus der magisch-religiösen Sphäre einen märchenhaften Führerkult voller Verklärungen. Seine überschwänglichen Unterwürfigkeitsbekundungen blieben jedoch vorerst noch inoffiziell; auffällig selten beschäftigte er sich mit dem Parteiführer, auch in den NS-Briefen wurde Hitler nur in wenigen Nebensätzen oder am Rande erwähnt.

Der Grund für diese Zurückhaltung ist vermutlich im freundschaftlichen Verhältnis zu Gregor Strasser zu suchen. Dass Goebbels eindeutige Sympathiebekundungen für Hitler im Blatt vermied, kann als Zugeständnis an den Herausgeber gewertet werden. Strasser, der einerseits Konfrontationen mit der Münchner Parteiriege auswich, wollte andererseits auch die Wogen in den Elberfelder Politikkreisen glätten. Insofern gestand er zu, dass linksrevolutionäre Töne in den NS-Briefen zeitweise unterlassen wurden, aber gleichzeitig waren Ehrerbietungen gegenüber Hitler in dieser Situation nicht angebracht.

Goebbels fühlte sich von solchen Einschränkungen nicht tangiert. Während er in seinen täglichen Notizen kitschige Spruchbänder in emotionaler Dichte zur Lobpreisung seines „Führers" entwerfen konnte, schrieb er in der Halbmonatsschrift sachlich und nüchtern, ja übte sich sogar in ausladender und als konstruktiv definierter Kritik.

---

426 Damit quittierte Goebbels dem „Führer" die Stellung an der Spitze der Nationalsozialisten inklusive einer uneingeschränkten Vollmacht. Die Idee vom „Führer" als Sinnbild eines aufrechten Deutschen, der sich in der schwierigen gegenwärtigen Lage als der stärkste aller deutschen Kämpfer profilierte, wurde bereits seit 1922 und vornehmlich im Völkischen Beobachter gebraucht. Damit sollte das Monopol der angeblich einmaligen Erscheinung Hitlers und somit auch seine Gefolgschaftsideologie gefestigt werden. Ursprünglich nach faschistischem Vorbild des italienischen „Duce" in die NSDAP eingeführt, galt der mythisch klingende Begriff vom Führer nach der Parteineugründung als geflügeltes Wort, das sich ab 1925 in Verbindung mit dem Namen Hitler entschieden durchsetzte. Vgl. Berning 1964: 81–84.

427 Siehe dazu sogGTb 19.4.1926 und 16./17.6.1926. Vgl. Bärsch 2002: 179; Reuth 2000: 103. Siehe auch Kapitel III, 6.1 und 6.2 zum Verhältnis zu Hitler.

428 Pätzold/Weißbecker 2002b: 283. Vgl. Bönisch 2008: 11; Wirsching 2008: 22.

„Kennzeichnend für die grundlegenden Aufsätze und Artikel in den NS-Briefen ist es, daß einerseits die Führerschaft Hitlers zwar nie in Frage gestellt, im Gegenteil, fast schon deklamatorisch, immer wieder anerkannt und bekräftigt wird, andererseits aber eine offene oder versteckte Tendenz zur Kritik an den ideologisch-politischen Ansichten Hitlers vorhanden ist, die von der Strasser-Gruppe durchaus nicht als apodiktisch aufgefaßt wurden, sondern der Diskussion wert schienen."[429]

Denn auch nach dem Gespräch in München ging Goebbels inhaltlich nicht durchweg mit Hitlers Vorstellungen konform. Dass er dessen unangefochtene Autorität akzeptierte, schmälerte nicht die Anzahl an sachpolitischen Meinungsverschiedenheiten. In seinen Zeitungsartikeln sah der Schriftleiter der *NS-Briefe* eine gute Möglichkeit, ideologische Missverständnisse auszuräumen und mitunter auch Hitler das Vorhaben namens „nationaler Sozialismus" näherzubringen. „Goebbels wollte mithelfen, sein Idol aus der fatalen Abhängigkeit falscher Berater zu befreien und die nur vorübergehend verschüttete Übereinstimmung zwischen Hitler und den Sozialisten wieder freizulegen."[430]

5.3.2 Politische Diskussionen

Nach wie vor beschäftigte sich Goebbels in den *Nationalsozialistischen Briefen* überwiegend mit politisch zentralen und parteirelevanten Themen. Im sozialen Problem sah er eine anhaltende Kernfrage für die Gesamtgesellschaft, deren Antwort entweder aus dem Liberalismus, Kapitalismus, Marxismus oder Sozialismus hergeleitet werden müsse.

„Goebbels setzt mit seiner ökonomischen Argumentation beim ‚sozialen Problem' an, das sich am deutlichsten in der ‚Arbeiterfrage' darstellt. Gemäß dem Selbstverständnis des ‚sozialistischen' Agitators und seiner dargebotenen antikapitalistischen Verve entsteht der Eindruck, daß Goebbels in den Großkapitalisten und in der von ihnen vertretenen liberalistischen Ideologie die Urheber des sozialen Elends sieht. Die Lösung der ‚sozialen Frage' scheint für Goebbels darin zu bestehen, daß er den Arbeitern ‚Deutschland zum Besitz machen' will. Goebbels stellt den in der Gesellschaft herrschenden Widersprüchen zwischen Besitz und Nichtbesitz, zwischen Großkapital und Arbeiterschaft die nationalsozialistische ‚Idee' der Volksgemeinschaft gegenüber, die die Lösung des so gekennzeichneten ‚sozialen Problems' bringen soll."[431]

Diese Aufgabenstellung übertrug er an die Jugend (Kriegs- und Nachkriegsgeneration), wie sowohl der Artikel „Soziale Frage und Student"[432] als auch der Text „Student und Arbeiter"[433] zeigen. Die soziale Frage, so Goebbels, sei eine staatliche Notwendigkeit und nur der Sozialismus könne den Forderungen nach Gerechtigkeit nachkommen: „Soziale Not wird erst gelöst durch soziale Tat." Nach Goebbels' Darlegung münde dies allerdings erst dann in eine funktionstüchtige

---

429 Schmidt 1968: 114.
430 Höver 1992: 284.
431 Müller 1973: 34 (Teil II). Vgl. ebd.: 108 (Teil II); Müller 1994: 32f.; Schildt 1964: 75.
432 NSB/1.4.1926/8.
433 NSB/15.7.1926/14.

Gemeinschaft, wenn das Volk wieder national denke anstatt nach internationalen Lösungen Ausschau zu halten. Seine Differenzierung sah folgendermaßen aus: „Der soziale Mensch denkt bürgerlich, der marxistische Mensch denkt proletarisch. Der sozialistische Mensch denkt deutsch im Sinne eines kommenden Nationalstaates schicksalsgemeinschaftlicher Prägung." Die Jugend sei die Leitfigur, die diesen Umstand begreife und die Aufgabe zum fanatischen Widerstand habe: „Diese Generation mußte das Schwert mit der Feder vertauschen und füllte nun mit neuen Kriegsgebärden die Hörsäle". Pflicht des deutschen Studenten sei es, sich von den bürgerlichen Lehren abzuwenden, den „intellektuellen Bildungsphilistern"[434] keinen Glauben mehr zu schenken und sich auf ein nationales Denken zu konzentrieren. „Dann wird einst der deutsche Student an der Spitze deutscher Arbeiter das ewig junge Symbol des neuen Sozialismus sein!" Goebbels' Handlungsanweisung war knapp und konkret: „Machen Sie Revolution in sich!"[435]

Obwohl sich Goebbels in seinen journalistischen Beiträgen meist auf innenpolitischen Feldern bewegte, nutzte er auch hin und wieder außenpolitische Ereignisse als Mittel der Agitation. Sein Text mit der Überschrift „Der Apfelsinenkrieg"[436] ist ein Beispiel dafür, wie ein aktuelles Thema zum antidemokratischen Grundsatzartikel aufbereitet wurde. Ausgangspunkt waren die Probleme Deutschlands mit Südtirol[437], die Goebbels mit einem Augenzwinkern kommentierte: „Und nun erfolgt von den nationalen Parteien und Verbänden der Aufruf zum Apfelsinenkrieg. Der Sturz Mussolinis steht bevor! Ja, wenn das System des Faschismus auf Apfelsinen aufgebaut wäre. Das ist es aber nicht!" Der Angriff des Verfassers richtete sich gegen jene Demokraten, die im Zuge der Locarno-Verträge die Abtretung bestimmter Randgebiete (Oberschlesien, Schleswig, Tschechoslowakei und Elsaß-Lothringen) bewilligt hatten. Dort, so betonte Goebbels, werde die deutsche Minderheit brutaler unterdrückt als in Südtirol. Nach

---

434 Der „Intellekt" galt im Vokabular der Nationalsozialisten als ein zersetzendes, kritisch zergliederndes und unfruchtbares Vermögen, dem gegenüber der positiv besetzte Begriff „Instinkt" stand. Nach Ansicht der Nationalsozialisten überwuchere der diabolische Intellekt die schöpferische Kraft des Instinktes (Gemüt und Eingebung des Blutes seien dabei entscheidend). Der Intellektualismus sei die Begleiterscheinung der übersteigerten Zivilisation, so dass Intelligenz immer der bürgerlichen und damit vor allem jüdischen Gebildetenschicht zuzuschreiben sei. Ein Intellektueller hatte entsprechend prejorative Bedeutung; wer eine scharfe Wahrnehmung hatte, kluge Einsichten gewann, seinen Verstand benutzte und Erkenntnisvermögen besaß, wurde verteufelt und verfemt. Hitler sprach von der zersetzenden Wirkung des Intellekts und lehnte es entschieden ab, einen Kampf mit so genannten geistigen Waffen zu führen. Vgl. Sternberger/Storz/Süskind 1989: 90–93; Berning 1964: 106f.

435 In seinen Forderungen nach einer deutschen Revolution war Goebbels wesentlich radikaler als Strasser. „Goebbels verbindet seine Gedanken an die Zukunft, die Sehnsucht nach einer neuen Welt und nach einem neuen Menschen mit dem Zusammenbruch der Gesellschaft." (Bärsch 2002: 103). Vgl. Schildt 1964: 77.

436 NSB/15.3.1926/7.

437 Italiens Staatschef Benito Mussolini hatte sich gegen die deutsche Minderheit in Südtirol ausgesprochen, was Außenminister Gustav Stresemann im Februar 1926 auf den Plan rief. Stresemann forderte eine gerechte Behandlung für die unter fremder Staatshoheit lebenden Mitbürger, andernfalls drohe die deutsche Politik mit einem Wirtschaftsboykott. Vgl. Overesch/Saal 1992: 278.

Goebbels' Überzeugung bedrohten weder Bolschewisten oder Kommunisten noch Faschisten die Existenz Deutschlands, sein Feindbild bestand einzig und allein aus den Vertretern der parlamentarischen Demokratie.

> „Mussolini ist nicht Hitler. Faschismus ist nicht Nationalsozialismus. Aber noch viel weniger ist Stresemann Hitler, oder der Geist von Locarno der Geist unserer jungen Aktivisten. Mit Apfelsinen wird keine Weltpolitik gemacht, und Deutschland wird nicht gerettet durch papierene Reden des Ministers Stresemann".

Mit antikapitalistischen Parolen[438] wetterte der Verfasser gegen Frankreich und England, auch auf die USA gingen seine Antipathien nieder. „Wie die parlamentarische Demokratie in der Innenpolitik, so waren es in der Außenpolitik die parlamentarischen Demokratien, denen Goebbels' Haß und Feindschaft galt."[439]

5.3.3 Propagandawerkzeuge

In seinen Artikeln widmete sich Goebbels intensiv der nationalsozialistischen Propaganda[440] und schlüsselte den Lesern in umfangreichen, gehaltvollen Texten auf, worauf es bei der politischen Öffentlichkeitsarbeit genau ankam.[441] In seinem Beitrag „Die Strasse"[442] äußerte er sich über die kommunistischen Mai-Demonstrationen und verdeutlichte seinen Mitstreitern die Notwendigkeit, den öffentlichen Raum als wichtigsten Austragungsort für den nationalsozialistischen Kampf zu besetzen. Einzig und allein die Straße, so betonte Goebbels, sei das Sinnbild des antidemokratischen Aufstands und der antibürgerlichen Revolution. Wenn der Verfasser in diesem Text die Straßenkämpfe zwischen den Nationalsozialisten

---

438 „Was für Hitler der Rassismus war – Dreh- und Angelpunkt seiner Weltanschauung –, war für Goebbels der Antikapitalismus." (Höver 1992: 403).

439 Michels 1992: 66.

440 Ursprünglich stammt der Begriff vom lateinischen „propagare", was soviel heißt wie etwas ausbreiten oder ausdehnen, zeitlich verlängern, durch Ableger und Schößlinge etwas fortpflanzen. In der Terminologie der Nationalsozialisten beinhaltete die Propaganda vor allem den Impuls zur Mission und einen ungedämpften Bekehrungseifer: Im Mittelpunkt stand die Beeinflussung der Menschen dahingehend, sie für die „Bewegung" zu mobilisieren und zu rekrutieren. „Propaganda treiben heißt bekanntlich: andere Menschen, unter vornehmlich geschäftlichen Gesichtspunkten, von der Notwendigkeit einer Sache überzeugen, so daß sie daran glauben oder zu glauben sich einbilden und Opfer dafür zu bringen bereit sind." (Sternberger/Storz/Süskind 1989: 149). Vgl. ebd.: 148, 150f.

441 In diese Kategorie gehört ebenfalls der Beitrag „Das neue Kampflied" (NSB/15.4.1926/9). Der identische Text erschien als Zweitpublikation im Folgemonat auch in *Der nationale Sozialist* (Soz/2.5.1926/2). Darin enthalten war der Versuch, für die Elberfelder SA ein neues Marschlied zu etablieren. Goebbels registrierte: „Das ist unerträglich. Wir sind Revolutionäre: und singen als unser Evangelium das Lied der Reaktion. Das ist gemein und schädlich zugleich." Er verlange nach einer Symphonie, die Willen und Kampfgeist ausdrücke: „stürmisch, mitreißend, peitschend, aufschreiend, aufjubelnd, weinend, klagend voll Inbrunst, voll Glauben, voll Schmerz und Leidenschaft, ein einziges Meer von Melodie, von Rhythmus, von Ekstase: das Lied der Freiheit!"

442 NSB/1.6.1926/12.

und ihren diversen politischen Gegnern legitimierte, machte er sich hierfür vor allem die revolutionäre Aufbruchstimmung nach dem Ende des Ersten Weltkrieges zu Nutze. Es gelang ihm, eine Dynamisierung herbeizuführen, indem vor allem Solidarität (allerdings ausschließlich mit den Nationalsozialisten) und Widerstand (vor allem gegen die Weimarer Republik und ihre Vertreter, gern aber auch gegen sonstige politische Gegner) gewürdigt wurden. Terror sei nur durch Terror zu brechen, lautete die unmissverständliche Botschaft.

> „Wer die Straße erobern kann, kann auch einmal den Staat erobern. [...] Die Dominante der Straße ist die nächste Anwartschaft auf den Staat. Wer seine Weltanschauung mit Terror und Brutalität gegen alle Gewalt nach draußen trägt, wird einst die Macht und damit das Recht haben, den Staat zu stürzen [...]. Wir haben die Straße zu gewinnen. Die nächste Etappe wird der Staat sein.“

Von sozialen Reformen in der aus seiner Sicht zahmen, liberalen und humanen Gesellschaft nahm Goebbels Abstand, stattdessen plädierte er für die „laute Leidenschaft der Straße“ und für eine gewaltsame Vorgehensweise in der politischen Auseinandersetzung.[443] Der Text macht bereits deutlich, wie großzügig sich Goebbels aus der Sammlung öffentlichkeitswirksamer Strategien seiner politischen Gegner bediente und dass er Anleihen im begrifflichen Reservoir der Arbeiterbewegung und der Kommunisten machte.

Ähnliche, wenn auch weniger leidenschaftliche Weisungen an die Parteigenossen gab Goebbels in dem umfassenden Lehrmaterial aus, das regelmäßig in den *NS-Briefen* erschien und das neben organisatorischen Handreichungen auch Argumentationshilfen lieferte.[444] In diesen Aufsätzen empfahl er sich schon früh als Propagandaspezialist.[445] Hervorhebenswert ist, dass sich der Autor in unmittelbarer Ansprache und freundschaftlichem Ton an den Leser wandte, so dass sich jeder direkt und einzeln angesprochen fühlen konnte. Obwohl Goebbels das Lehrmaterial scheinbar auf rein äußerliche und sachliche Inhalte reduzierte, war der gesamte Beitrag auf politische Mobilisierung und propagandistischen Aktionismus hin angelegt. Es wurden Kurzszenen gezeichnet, so dass anhand eines praxisorientierten Bezugsrahmens die Umgangsformen mit politischen Gegnern und die Regelwerke für NSDAP-Versammlungen vermittelt werden konnten. Goebbels spornte an: „Sobald der Redner begonnen hat, ist für Dich Pause. Rekle Dich dann gemütlich auf Deinem Platz herum, steck Dir eine Zigarette an und blase getrost dem Redner den Rauch ins Gesicht.“

Sämtliche Ratschläge waren auf Provokation, taktische Verunsicherung und Verwirrspiele ausgelegt; durch Lärm, mit Zwischenrufen und gehässigen Parolen

---

443 Vgl. Höver 1992: 102.

444 In diese Kategorie fallen die Artikel „Wenn ein Redner kommt“ (NSB/1.8.1926/15) und „Neue Methoden der Propaganda“ (NSB/15.8.1926/17) sowie „Zehn Gebote für jeden S.-A.-Mann“ (NSB/15.9.1926/20). In letzterem Beitrag wurden auf Disziplin, Treue, Gefolgschaft, Ergebenheit und Gehorsam basierende Benimmformeln aufgezeigt, die in ihrem Wortlaut an biblische Gebote erinnerten. Ein Beispiel: „Schlage nicht den Kameraden, denn Du zerschlägst sonst die Kameradschaft.“

445 Vgl. Paul 1992: 45.

sollten die „Gäste" irritiert und auch bloßgestellt werden. In den durchdachten Methodenkatalogen umriss Goebbels propagandistische Arbeitsweisen ebenso wie die administrative Parteiarbeit; es ging um die Zusammenarbeit der Gauleiter, das Herbeischaffen von Geldmitteln und den „Saalschutz" bei Veranstaltungen. In seinen strengen Richtlinien für die Erstellung von Flugblättern und Plakaten wie auch für NSDAP-Redner und den Inhalt ihrer Vorträge wurde stets die Form einer zentral gesteuerten und professionell überwachten Propagandaaktion gelehrt. Erst dann, so Goebbels, sei der „propagandistische Großangriff" erfolgreich. In Merksätzen hielt er eindringlich fest: „Eigene Parteigenossen sind nicht Zuhörer, sondern leidenschaftliche Mitgänger." Oder: „Ein überfülltes Gastzimmer ist besser als ein leerer Riesensaal."

Unter öffentlichkeitswirksamen Gesichtspunkten gab es in den *Nationalsozialistischen Briefen* noch verschiedentlich andere Rubriken: So stellte Goebbels in Kurzporträts eine Reihe von Parteifunktionären vor und deklarierte sie als politische Vorbilder[446]; auch instrumentalisierte er gern eingegangene Leserbriefe und verspottete in seinen ebenfalls abgedruckten Entgegnungen die Absender und ihre Ansichten[447]; ähnlich besserwisserisch klangen auch seine vermutlich als Platzhalter verwendeten „Aphorismen"[448].

Als Werbemaßnahme für die NSDAP wurden außerdem Aufsätze mit parteiinternen und programmatischen Themen genutzt, die der internen Propaganda und der ideologischen Stärkung dienen sollten. Neben lobenswerten Beispielen aus dem Alltag wurden auch Verstöße offiziös geahndet und gerügt.[449] Dazwischen wurde immer wieder der prägnante Sinn der revolutionären Idee proklamiert: „Der neue Nationalismus wird vom Arbeitertum, vom jüngsten Deutschland gestaltet. Er wird sozialistisch sein, oder nicht sein. [...] Was heute Revolution ist, das wird und muß morgen Staat sein. Wir sind mit Bewußtsein heute Partei, um einmal Deutschland zu werden." In beschwörerischem Ton pries der Verfasser die nationalsozialistische Diktatur an. Goebbels verschaffte sich durch seine journalistische Arbeit nun Gehör, um „mit sophistischer Dialektik die Demokratie zu ihrer begrifflichen Antithese, nämlich zur Diktatur umzugestalten"[450]. Als Herrschaftsform des Volkes, so Goebbels' Überzeugung, könne die Demokratie nicht akzeptiert werden, da sie das Werkzeug der Finanzmächte sei; erst ein totalitärer

446 „Neue Köpfe" (NSB/15.6.1926/13).
447 „Ein Briefwechsel" (NSB/1.3.1926/6).
448 NSB/1.8.1926/16. Die knappen, mal bösartigen, mal spitzen und mal religiösen Redewendungen und Zitate waren Versatzstücke aus eigenen Zeitungstexten und aus den täglichen Notizen. Goebbels verwendete sie wie Weissagungen, so zum Beispiel: „Jede Zeit hat ihren großen Gedanken; und in jeder Zeit ist ihr Gedanke richtig." „Der Intellekt ist das Opium des Liberalismus." „Große Männer verbrauchen Menschen; das ist nun einmal so." „Wenn es in Dir nicht brennt, wie kannst Du anzünden." Vgl. dazu auch Barth 1999: 56f.
449 In einem Offenen Brief mit der Überschrift „Gärungen und Klärungen" (NSB/1.9.1926/18) bemängelte Goebbels die Umgangsweise und die Beurteilung des Themas „Novemberputsch" in der Redaktion der *Standarte*. Das Blatt war 1925 als Beilage der Zeitschrift *Stahlhelm* entstanden und wurde seit 1926 als *Selbständige Wochenschrift des neuen Nationalismus* von Ernst Jünger herausgegeben. Vgl. Höver 1992: 103.
450 Balle 1963: 27.

Staat könne den völkischen Kollektivismus – also eine Volksgemeinschaft, in der zu Gunsten des Gemeinwesens entschieden und gehandelt werde (und daher auch zu Lasten der Interessen und Rechte des einzelnen) – hervorbringen.

> „Der Kern des Nationalsozialismus bestand für Goebbels in seiner extremen ‚Totalitätsidee': im Ideal der völligen Unterordnung des privaten wie des öffentlichen Lebens unter das Gesetz des Kollektivismus, in der Vorstellung der schrankenlosen Verfügbarkeit des Menschen in einem totalen Staat. Seine Utopie gewann für Goebbels in höchstem Maße die Gestalt einer politischen Religion."[451]

5.3.4 Die nationalsozialistische Gerüchteküche

Dass Joseph Goebbels als Kandidat für einen Gauleiterposten gehandelt wurde, löste sowohl in den Münchner als auch in den Elberfelder Parteikreisen mancherlei Unruhen aus.[452] Seit dem Weimarer Parteitag im Sommer 1926 wurde offiziell darüber nachgedacht, Goebbels nach Berlin zu entsenden und politisch günstig zu positionieren. Das ohnehin seit der Bamberger Führertagung angespannte Klima in der Elberfelder Geschäftsstelle verschlechterte sich dadurch weiter. Während die „Damaskuslegende" ihre Kreise zog, wurde das Verhältnis zwischen Goebbels und einigen Parteigenossen immer heikler. Teils unterschwellig, manchmal aber auch sehr offen wurde er nach wie vor für die „Niederlage" der Parteilinken verantwortlich gemacht und stand zunehmend im Kreuzfeuer der Kritik.[453] Die *Nationalsozialistischen Briefe* nutzte der Schriftleiter, um gegen die persönlichen Angriffe anzuschreiben.

In dem Beitrag „Bei mir stimmt etwas nicht..."[454] verwahrte er sich in rabiatem, aber höhnischem Ton dagegen, in den eigenen Reihen als Jude tituliert zu werden. Mit Wortspielen ereiferte er sich über die „Schildwächter und Gralshüter der Bewegung", die die Parteikollegen diffamierten, um selbst in einem besseren Licht zu erscheinen.

> „Wenn ich den, dessen Ansichten mir unbequem sind, einfach nur einen Juden oder Jesuiten zu nennen brauche, um ihn mundtot zu machen, so ist das das Ende der Bewegung. [...] Die Juden der Bewegung sind jene Tagediebe, die, ohne je etwas Positives für die Idee geleistet zu haben, den Kämpfern ihren guten Namen stehlen".

An dieser Stelle wird wieder einmal deutlich, dass Goebbels dem Antisemitismus die Schärfe nehmen wollte, da er die Verwendung des „Judenmakels" (also anti-

---

451 Höver 1992: 402. Vgl. ebd.: 142.
452 Im Sommer 1925 war Goebbels vorübergehend zum Leiter im Gau Rheinland-Nord bestimmt worden; er war mit dem Aufgabenbereich daher bereits vertraut, als er im Sommer und Herbst 1926 seinen Freund Karl Kaufmann zeitweise in der Funktion als Gauleiter vertrat. Vgl. Goebel 1987: 125. Siehe dazu Kapitel III, 3.1.
453 Vgl. Reuth 2000: 103f.; Müller 1973: IX; Reimann 1971: 50f.; Schmidt 1968: 125; Wörtz 1966: 121.
454 NSB/15.4.1926/10. In der Tagebuchedition Reuth (vgl. Reuth 1992: 237) wird behauptet, der Aufsatz sei nicht auffindbar – dies ist jedoch nicht korrekt.

semitischer Formeln und Floskeln) als eine viel zu triviale Verunglimpfungsstrategie ablehnte. Dem kollektiven Antisemitismus als gewichtige Komponente im Nationalsozialismus konnte er nach wie vor nichts abgewinnen.[455] In seinen Publikationen stützte sich Goebbels ohnehin lieber auf konkrete Weimarer und alliierte Politiker statt auf den pauschalisierten „Juden" als Feindbild, und in den *NS-Briefen* hatte – von einigen wenigen Ausnahmen abgesehen, in denen er mit zeitgenössisch gültigen Klischees spielte – dieser ideologische Stoff auch keinen Raum. „Goebbels ist ursprünglich kein rassistischer Antisemit, sondern kritisiert den groben Antisemitismus der völkischen Rassisten. Verglichen mit seiner leidenschaftlichen Agitation gegen die ‚Bourgeoisie' ist sein Antisemitismus eine blasse Abstraktion."[456]

Die Folgen der Bamberger Zusammenkunft und die Wirkung der vor allem von Otto Strasser lancierten Verleumdungen bekam Goebbels durch Gerüchte und Vorwürfe aus engsten Parteikreisen zu spüren. In dem Artikel mit der Überschrift „Die Revolution als Ding an sich"[457] wehrte er sich in einem überspannt scherzhaften Unterton:

> „Mein Damaskus! Das ist der neueste Schlager der Ratten unter uns. In ein paar Worten: ich habe meinen ehemals so reinen Radikalismus [...] sang- und klanglos begraben, mich in das Lager der Zahmen und Lauen hinübergerettet, mithin sei auch alles, was ich bisher sagte und schrieb, eitel Lug und Trug gewesen, [...] die Revolution sei bei mir nicht Natur, sondern billige Phrase."

Goebbels stellte sich selbst in der Rolle des Opfers und zugleich auch des Helden dar, der von den – wie er sie nannte – boshaften Schwätzern, Zersetzern, Sozialisten im Seidenhemd und Revolutionären im Klubsessel zu Unrecht beschuldigt werde, eigentlich aber doch täglich seinen ideologischen Mut beweise: „Ihr laßt die anderen sich bloßstellen, Ihr laßt die anderen tasten, suchen, sich die Finger verbrennen und ein blaues Auge holen. Ihr aber schweigt. In olympischer Unnahbarkeit thront Ihr in ewigen Festen an goldenen Tischen."

Die Vorwürfe, er halte sich zu sehr in Hitlers Nähe auf, versuchte er durch eine Grundsatzerklärung zu entkräften: Jede seiner Handlungen, so betonte Goeb-

---

455 „Es ist der historischen Forschung seit langem in großen Umrissen bekannt, jedoch erst vor wenigen Jahren in einer umfassenden Untersuchung auf überzeugende Weise nachgewiesen worden, mit welch erheblicher innerer Distanz Joseph Goebbels den verschiedenen Ausprägungen der am Rassegedanken orientierten Hauptströmung nationalsozialistischer Weltanschauung gegenüberstand. [...] Der im Grunde paradoxe Sachverhalt, daß der Hauptpropagandist des Nationalsozialismus einem der zentralen Bestandteile nationalsozialistischer Ideologie – dem Rasse- und Blutsgedanken – mit äußerster Distanziertheit begegnete, verweist auf jene grundsätzliche Differenz, welche die Bekundungen des ‚sozialistisch' argumentierenden Flügels innerhalb der NSDAP – mit Goebbels als einem seiner führenden Repräsentanten – von den rassebezogenen Weltanschauungsvarianten des Nationalsozialismus ebenso trennte, wie sie jenen ‚sozialistischen' Flügel in eine schon von vielen zeitgenössischen Beobachtern registrierte Verwandtschaft zu den sozialrevolutionären Grundanliegen der zweiten großen Ausprägungsform totalitären Denkens im 20. Jahrhundert – dem Bolschewismus – rückte." (Kroll 1998: 259f.).
456 Hovdkinn 1976: 315f.
457 NSB/15.9.1926/19.

bels, gründe auf Ehrerbietung gegenüber jener Person, die in der NSDAP als „Instrument des göttlichen Willens" anerkannt sei. Der Text zeigt, wie Goebbels die Unantastbarkeit des Parteichefs verteidigte und Hitler – ohne ihn zu nennen – in eine Überdimensionalität einbettete, sogar im Transzendenten verankerte und somit den Führermythos expressis verbis schuf.

> „Damit war der schwerwiegende Schritt von einer erstmals angestrebten sachlichen Programmatik zu einer inhaltlich nicht bestimmten Begeisterung vollzogen; und es ist kein Zufall, daß das Führerprinzip, das in den freigewordenen Raum treten konnte, sogleich eine mythische Begründung erfuhr."[458]

Durch die Berufung auf das so genannte Führerprinzip[459] konnte Goebbels die Legenden von einem „Damaskuserlebnis" neutralisieren und sich auf einen gewichtigen Grundsatz der NS-Weltanschauung berufen. Diese Maxime – also die Anerkennung der absoluten Autorität und das unerschütterliche Vertrauensverhältnis zwischen Führung und Gefolgschaft – hatte für jedes NSDAP-Mitglied bindenden Charakter. Insofern war nach Goebbels' Dafürhalten jede noch so unbeliebte Verhaltensweise sehr einfach mit Treue und Pflichterfüllung zu erklären.

Diesen Ansatz wusste der Schriftleiter gekonnt für sich zu nutzen. Auch in seiner letzten Publikation[460] für die *NS-Briefe*, die er wie ein wehmütiges Abschiedsschreiben vor seiner Abreise nach Berlin[461] aussehen ließ, stützte er sich auf seine politischen Verpflichtungen: „Ob ich gerne hingehe? Wer will danach fragen. Die eigenen Wünsche spielen in unseren Entschlüssen keine Rolle mehr. Wir sind nur noch Diener an einer Sache, die auch das Letzte in uns beansprucht mit der ehernen Gesetzlichkeit der Pflicht." Ein jeder habe sich, so die Auslegung des Verfassers, im Dienste der „Bewegung" unterzuordnen und den ihm zugewiesenen Platz einzunehmen, denn „in einer langen Reihe von revolutionären Erschütterungen vollzieht sich hier die epochale Umwandlung des staatlich-völkischen Gefüges, die damit endet, daß die junge Klasse selbst Staat wird." Dass dieses Staatswesen[462] auf sozialistischen Grundfesten basieren und von nationalen Sozialisten[463] getragen werden solle, darauf beharrte Goebbels weiterhin.

---

458 Wörtz 1966: 121.
459 Die Nationalsozialisten vertraten die Vorstellung von einem pyramidenförmigen Aufbau des Staates und der Volksgemeinschaft, an deren Spitze der „Führer" stand. Sowohl in der „Bewegung" als auch später dann in der NS-Diktatur galt entsprechend diesem Führerprinzip (Führergrundsatz) Adolf Hitler nicht nur als Vorsitzender der Partei, ihm wurde auch die gesamte Leitung und alleinige Verantwortung zugestanden. Vgl. Schmitz-Berning 1998: 246f.
460 Der Artikel hieß „Proletariat und Bourgeoisie" (NSB/1.11.1926/22).
461 Siehe dazu Kapitel III, 6.
462 „Aus all dem kristallisiert sich der Einzeltyp des Kämpfers. Er kommt von rechts aus Idealismus, von links aus Hunger. Und da die Tugend des Hungers in unserem Reich der Schönheit und Würde weiter verbreitet ist, als die Tugend des Idealismus, deshalb kommt er in der Masse zahlreicher von links als von rechts. Der Hunger ist staatenbildend."
463 „Seid Sozialisten! Ihr seid es nicht umsonst! Es lebe das dritte Deutschland!"

5.4 Publikationen in *Der nationale Sozialist* (April–Dezember 1926)

> „Um 8 Uhr Anfang. Kleine Vorlagen, Presse, (schon der Name ‚nationaler Sozialist'
> oder ‚Nationalsozialist' erregt Debatten) Fürstenabfindung etc."[464]

Um die Damaskuslegende zu widerlegen, sollen zusätzlich Goebbels' Publikationen im Presseorgan *Der nationale Sozialist* herangezogen werden. Die Gründung dieses nationalsozialistischen Wochenblatts wurde auf einem Kongress der Arbeitsgemeinschaft der nord- und westdeutschen Gaue der NSDAP am 24. Januar 1926 in Hannover entschieden – mit der Absicht, für die AG eine weitere Artikulationsmöglichkeit zu schaffen und den linken Flügel durch ein zusätzliches Presseorgan zu stärken. Hauptinitiator war Otto Strasser, der mit der bisherigen Machart der NS-Parteipresse nicht einverstanden war; seiner Meinung nach dominierten ein niveauloser Journalismus, die Sucht nach Sensationen, boulevardeske und flache Inhalte in einer konfusen Aufmachung. Ihm schwebte eine anspruchsvolle Zeitung vor, in der die „geistige Schulung der Kämpfer" intensiver betrieben und die sozialistische Position in der Partei stärker herausgearbeitet werden sollten. Das Konzept einer argumentativen Presse, wie es Gregor Strasser bereits mit den *Nationalsozialistischen Briefen* praktizierte, lag auch diesem Blatt zugrunde.[465]

Die Brüder gründeten in Berlin den Kampf-Verlag[466], der insgesamt sechs Ausgaben[467] der Wochenzeitung *Der nationale Sozialist* auf den Pressemarkt brachte. Das offizielle Organ aller Gauleitungen der AG Nordwest wurde seit dem 1. März 1926 herausgegeben, besaß allerdings keine Hauptausgabe; zwar gab es einen identischen Mantel, die Ausgaben unterschieden sich aber im Regionalteil, da sich der Inhalt nach den Bedürfnissen der einzelnen Gaue richten sollte. Am Druckort entwickelte sich dennoch nach und nach die *Berliner Arbeiterzeitung* zur charakteristischen Kopfausgabe. Herausgeber war Gregor Strasser, die Hauptschriftleitung übernahm Otto Strasser. Für das achtseitige Kampfblatt wurde in-

---

464 sogGTb 25.1.1926. Goebbels bezog sich hier auf die Tagung in Hannover, bei der die Gründung des Blattes beschlossen wurde.

465 Vgl. Paul 1992: 181; Reuth 1992: 223; Stein 1987: 62–71; Beckenbauer 1983: 8, 231; Kühnl 1966a: 1, 133; Schildt 1964: 168–171; Straßer 1954: 7.

466 Gregor und Otto Strasser übernahm die Zeitungen des Verlages „Norddeutsche Buch- und Kunstdruckerei Vahlen" in Greifswald und gründeten gemeinsam mit dem Reichstagsabgeordneten Theodor Vahlen (Rektor der Universität Greifswald und Gauleiter Pommern) den Kampf-Verlag. Als Inhaber firmierten Otto Strasser und Hans Hinkel (der ab 1930 dann Schriftleiter beim *Völkischen Beobachter* wurde).

467 *Berliner Arbeiterzeitung* (Untertitel: Offizielles Organ der Gauleitung in Groß-Berlin, Brandenburg und des Elbe-Havel-Gaues), *Der nationale Sozialist für Rhein und Ruhr* (Offizielles Organ der Gauleitung Rheinland-Nord und Westfalen), *Der nationale Sozialist für Sachsen* (Offizielles Organ der Gauleitung im Landesverband Sachsen), *Der nationale Sozialist für die Ostmark* (Offizielles Organ der Gauleitung in Schlesien, Ostpreußen und Grenzmark), *Der nationale Sozialist für Norddeutschland* (Offizielles Organ der Gauleitung Pommern, Mecklenburg, Schleswig-Holstein, Hamburg, Lüneburg-Stade) und *Der nationale Sozialist für Westdeutschland* (Offizielles Organ der Gauleitung für Göttingen, Rheinland-Süd, Kurhessen, Waldeck).

tensiv die Werbetrommel gerührt, die Auflage sollte von anfangs 1.000 Stück bis Oktober 1926 auf 3.000 Exemplare gesteigert werden.[468] Alle NSDAP-Mitglieder, die nicht Abonnenten des *Völkischen Beobachters* waren, wurden nachdrücklich zum Bezug des *Nationalen Sozialisten* aufgefordert.[469] Ein Großteil der Blätter wurde über den Straßenverkauf abgesetzt; die Auflage stieg nach nur wenigen Monaten auf 5.000 Exemplare an.[470]

Strassers bauten sich einen Pressekonzern auf, der eine wuchtige Welle sozialistischer Weltanschauung entfaltete und mit seinen Wochenzeitungen zeitweise die Periodika des Münchner Eher-Verlages überflügelte. Häufig fand *Der nationale Sozialist* größere Beachtung als der parteioffizielle *Völkische Beobachter*, da die Ereignisse in den Gauen ausführlicher kommentiert und detaillierter berücksichtigt wurden. Innerparteilich stellte *Der nationale Sozialist* ein Konkurrenzunternehmen dar; die Herausgeber der Kampfverlagspresse bestimmten nun die agitatorische Linie und inhaltlichen Schwerpunkte der Partei mit. Sie propagierten sozialistisches Gedankengut und beeinflussten das geistige Profil der „Bewegung".[471] Aus Perspektive der Parteizentrale bekam das Sprachrohr des linken Flügels im Parteigefüge eine viel zu starke Stellung. Ihrer Ansicht nach gefährdeten die provokanten revolutionären Publikationen das Ansehen und den politischen Kurs der NSDAP.

„Die Strasser-Presse hielt der Politik der Parteileitung die Forderung nach revolutionärer Beseitigung des ‚Systems' entgegen. Diese Parole mußte nicht nur viele Angehörige des Bildungs- und Besitzbürgertums abstoßen, welche zwar mit dem ‚System' unzufrieden waren, hinter dem Ruf nach Revolution aber Chaos und Gewalt witterten, die ihrer ganzen Mentalität zuwider waren, sondern vor allem das Großkapital mißtrauisch machen, zumal immer von einer ‚sozialistischen Revolution' und vom Umsturz der Wirtschaftsordnung die Rede war. Die

468 Vgl. Nationalsozialistische Briefe vom 15.7.1926.
469 „Der Nationale Sozialist galt in den Gauen, in denen er erschien, als ‚Pflichtorgan, das jedes Mitglied beziehen muß'. Der Kampfverlag war bestrebt, diesen Anspruch auch durchzusetzen, indem er beispielsweise den Ortsgruppen seine Abonnentenliste zusandte und sie mit den Mitgliederlisten vergleichen ließ. Schon bei der Aufnahme in die Partei wurde den neuen Mitgliedern ein entsprechender Werbebrief des Kampfverlages vorgelegt. [...] Im Juli 1926 hatte der Nationale Sozialist für Rhein und Ruhr beispielsweise 1650 Abonnenten, doch wurde die Auflage durch den Übergang zum Straßenverkauf, den Parteimitglieder übernahmen, bald gesteigert." (Kühnl 1966a: 49f.). Vgl. *Nationalsozialistische Briefe* vom 1.3.1926.
470 Vgl. Pätzold/Weißbecker 2002a: 90; Lemmons 1994: 9; Mommsen 1989: 329f.; Goebel 1987: 123; Stein 1987: 63f., 195, 221f.; Stachura 1983: 4; Böhnke 1974: 164; Reimann 1971: 42; Wilcox 1970: 154, 157; Hüttenberger 1969: 33; Kühnl 1966a: 43f., 48f.; Heiber 1962: 60; Shirer 1961: 121, 168f.; Broszat 1960: 49f.; Diebow 1932/1933: 39; Jahrbuch der Tagespresse 1930; Jahrbuch der Tagespresse 1929; Mosse 1927; IfZ Fa 114.
471 „Mit dem Kampfverlag hatte die Linke ein geistiges Zentrum erhalten, das die Auflösung der Arbeitsgemeinschaft, der organisatorischen Einheit des linken Flügels, kompensieren konnte. Gestützt auf dieses Machtinstrument war es möglich, die eigene politische Konzeption zu verbreiten, das Gesicht der NSDAP Nord- und Westdeutschlands weitgehend zu formen und den Kampf um die Führung der Partei aufzunehmen. Obwohl die Führerstellung Hitlers in der Presse des Kampfverlages niemals öffentlich angegriffen wurde, galt der Name Gregor Strassers in Norddeutschland innerhalb der Partei wie auch bei den anderen völkischen und nationalen Gruppen ‚beinahe mehr als jener von Hitler'." (Kühnl 1966a: 51).

‚revolutionäre' Politik des linken Flügels war also eine permanente Gefahr für den politischen und taktischen Kurs Hitlers"[472].

Der Kampfverlag existierte bis in das Jahr 1930 hinein, dann wurde er – auch durch Goebbels' Mitwirkung – aufgelöst.[473] Goebbels' Bemühungen um diese Schließung sind gerade auch deshalb interessant, weil er anfangs mit großem journalistischen Enthusiasmus am *Nationalen Sozialisten* mitgeschrieben und am Erfolg des radikalen Blattes mitgearbeitet hatte.[474] Allein die Tatsache, dass er direkt im Anschluss an die Bamberger Führertagung für die Zeitung aktiv wurde, könnte Beweis genug sein, sein angebliches plötzliches Umschwenken auf Hitlers Linie zu dementieren. Und erst recht zeigt die Analyse der betreffenden Artikel und ihrer Inhalte, dass zwar im Februar 1926 bei Goebbels ein politisches Umdenken einsetzte, nicht aber eine schlagartige ideologische Kehrtwendung stattfand. Vielmehr nahm hier ein langjähriger Prozess seinen Anfang, der für Goebbels und sein Umfeld auch mit seiner Ernennung zum Berliner Gauleiter im November 1926 noch lange nicht endgültig abgeschlossen war.

Insgesamt veröffentlichte Goebbels in der Zeit zwischen April und Dezember 1926 sieben Aufsätze im *Nationalen Sozialisten* – und gab sich darin radikaler, sozialistischer und revolutionärer denn je zuvor. Die Beiträge lassen sich in drei Themenkategorien unterteilen: Erstens die Auseinandersetzung mit der Rolle des deutschen Arbeiters, zweitens die antidemokratische Agitation und drittens die veränderte Haltung gegenüber Russland.

5.4.1 Der nationalsozialistische Proletarier

Bereits im Parteinamen hob die NSDAP den besonderen Stellenwert der Arbeiter hervor.[475] Die Überhöhung des deutschen Proletariats zu einer beinahe religiösen Größe schlug sich auch in Goebbels' Aufsätzen und der darin verwendeten Terminologie nieder.[476] Bereits in seinem ersten Text für den *Nationalen Sozialisten*

---

472 Ebd.: 130. Vgl. ebd.: 138, Fest 2002: 348; Horn 1980: 248; Böhnke 1974: 164.

473 Siehe Kapitel IV, 3.2.2 zum Zeitungsstreit.

474 „Auch in der Zeitschrift des Strasser-Verlags hatte sich in diesen Jahren Goebbels zuweilen mit einer sozialrevolutionären Radikalität geäußert, vor der es jedem Kommunisten den Atem verschlagen konnte. Es war, als wolle er sich den Weg in die Kommunistische Partei für den Fall offen halten, daß sie das politische Rennen mache." (Niekisch 1980: 179). Vgl. Kühnl 1966a: 48.

475 Die Arbeit wurde von den Nationalsozialisten zu einer mythischen und kultischen Handlung erhoben. Sie galt als Grundlage zur Erhaltung der Volksgemeinschaft und daher als Pflicht. In Zusammenhang mit dem Judentum tauchte der Begriff der Arbeit immer als Ausbeutung anderer Völker auf. Ausschließlich in der nationalsozialistischen Gemeinschaft könne sich der Arbeiter als ein dem Gemeinwohl dienender Mensch präsentieren. Als Gegenpol wurden der gierige, raffende (und meist jüdische) Kapitalist gezeichnet. Vgl. Berning 1964: 14f.

476 In diese Kategorie fällt auch der Artikel „Das neue Kampflied" (Soz/2.5.1926/2). Der Text wurde bereits in den *Nationalsozialistischen Briefen* (NSB/15.4.1926/9) publiziert und erschien ein zweites Mal im *Nationalen Sozialisten*. Darin wurde das Lied „Noch ist die Freiheit nicht verloren" des Komponisten Hans Gansser wiedergegeben. Auch hier wandte sich

mit dem Titel „Denker und Prediger"[477] erklärte er: „Wir formen die Brutalität des Proletariats um und treiben sie mit derselben fanatischen Gier nach vorne. [...] wir machen Revolution auf Barrikaden der Freiheit." Die nationalsozialistische „Bewegung", so Goebbels' Einstellung, habe sowohl Denker als auch Prediger nötig.[478] Leidenschaftlich ereiferte er sich für die sozialistischen Ziele, die er deutlich von der kommunistischen Propaganda abgegrenzt sehen wollte:

> „Fragen Sie den letzten S.A.-Mann, der in Reih und Glied durch die rote Stadt Essen marschiert, er wird Ihnen sagen können, was uns von den Kommunisten trennt. Wenn er das nicht im Gehirn hat, dann hat er's im Herzen, und, was die Hauptsache ist, in der Faust. Er ist bereit, zu jeder Stunde mit den Fäusten von Stahl seinem politischen Wollen Achtung und Geltung zu verschaffen."

Voller Tatendrang und Schaffenskraft präsentierte sich der Autor in diesem Text, für eine abgeschwächte sozialistische Gesinnung gab es keinerlei Anzeichen. Vielmehr formulierte Goebbels seine persönliche Aufgabe: „Da liegt in meinen Händen die Seele des deutschen Arbeitsmannes, und ich fühle, daß sie weich ist wie Wachs. Und dann knete und forme ich, bilde hier und bilde da, stoße da Ecken ab, setzte da Kanten an."

Die Brücke zwischen dem nationalen Sozialismus und dem deutschen Proletariat wollte Goebbels auch mit seinem Aufsatz „Fragen und Antworten für den deutschen Arbeiter"[479] schlagen. Denn die ursprünglich von der NSDAP als Zielgruppe vorgesehene Arbeiterschaft war weitgehend unterrepräsentiert und blieb der Partei in hohem Maße fern. „Erst in dem Moment, als Arbeitsplätze rar wurden, konnte eine Ideologie, in der Arbeit ausschließlich einen positiven Stellenwert hat, ihre propagandistische Wirkung entfalten."[480] In dem genannten Beitrag beschrieb Goebbels den Marxismus als krasses Gegenteil zum lebendigen Sozialismus und als „Grab der Arbeiterklasse". Das Proletariat, so seine Vorstellung, habe die Pflicht, das Land zu befreien und die Chance, gemeinsam mit der NSDAP einen modernen Staat aufzubauen: „Dieses neue Deutschland wird ein Deutschland der Arbeit sein, in dem nur der Rechte genießt, der Pflichten erfüllt."

Goebbels an den deutschen Arbeiter, den er für sich gewinnen wollte. Seine Botschaft lautete: Erst der Sturz der Weimarer Republik führe zur Befreiung Deutschlands.

477 Soz/25.4.1926/1.
478 Den Denker zeichnete Goebbels als sachlich, logisch und gelehrt; er könne dem Bürger klar machen, was sich hinter den Zielen der NSDAP verberge; er schaffe heimlichen Fanatismus, bürokratische Empörung, stille Opposition. Dem gegenüber stellte er Prediger, Apostel und so genannte Rufer im Streit. Sie seien die Ansprechpartner für die proletarischen Kämpfer, die aus Hunger und Not zur Partei stoßen und sich abseits jeder Parteiprogrammatik bewegen würden.
479 Soz/26.9.1926/6.
480 Sauer 1978: 97. Vgl. ebd.: 106.

5.4.2 Agitation gegen Weimar

Dass die journalistische Offensive gegen die Weimarer Republik in der Wochen-schrift *Der nationale Sozialist* einen hohen Stellenwert hatte, zeigen auch die Goebbels-Texte.[481] In dem Artikel mit der Überschrift „Gemeinheit, Verlogenheit oder – Dummheit"[482] diskreditierte er die KPD[483] und ihr Presseorgan *Die Rote Fahne*[484]: Die kommunistische Partei sei ein Musterbeispiel an innerparteilicher Zersplitterung und Führungslosigkeit. Wenn sich der Autor über Sozialdemokra-ten und Kommunisten in ganz Europa gleichermaßen lustig machte und *Die Roten Fahne* zu einem „Dokument der Schande" degradierte, wollte er damit in erster Linie Signale gegen das amtierende Parteiensystem aussenden und gleichermaßen Akquisition für die NSDAP betreiben.

Noch deutlicher sprach sich Goebbels in seinem Text „Zusammenbruch des bürgerlichen Klassenstaates"[485] gegen die deutsche Republik aus. Die aktuellen Probleme lastete er darin den Bürgerlichen, Konservativen und Parlamentariern[486] an, das Volk sei zu Recht vom demokratischen Weimarer Staat enttäuscht, da die-ser „die Inkarnation des bürgerlichen Klassenkampfes" sei und „eine lebendige Aufforderung zum Klassenhaß" mit sich bringe. Goebbels leitete daraus die Legi-timation für Massenproteste und Straßenprügeleien ab. In seiner Agitation gegen den Klassenstaat und für den Klassenkampf versuchte Goebbels vehement, die Mittel (hemmungsloser Terror, ausschweifender Radau, Revolution) für den Zweck (nationaler Sozialismus) zu heiligen. Die Zukunft zeichnete er in einem sozialistisch ausgerichteten Staat, in dem die Menschen nach Leistung statt nach Besitz bewertet würden und in dem der Arbeiterschicht eine gewichtige gesell-schaftliche Position zugestanden werden sollte: „Wir nennen uns Arbeiterpartei, weil wir die Arbeit frei machen wollen, weil für uns die schaffende Arbeit das

---

481 In diese Kategorie fällt auch der Offene Brief an den inhaftierten Scheidemann-Attentäter Hans Hustert mit dem Titel „Weihnachten 1926" (Soz/26.12.1926/7). Der Text erschien zu-erst im *Völkischen Beobachter* (VB/25.12.1926/4). Zur inhaltlichen Erläuterung siehe Kapitel III, 4.6 (FN 371).

482 Soz/15.8.1926/4. Dieses eine Mal setzte Goebbels sein Autorenkürzel „Dr. G." unter den Bei-trag, vermutlich weil es sich hierbei nicht um einen ausführlichen politischen Aufsatz, son-dern lediglich um eine knappe Stellungnahme handelte.

483 Die KPD galt als marxistisch-leninistische Avantgardepartei und gehörte zur so genannten Kommunistischen Internationale. Die deutsche Sektion war seit 1925 auch unter dem Namen „Thälmannsches Zentralkomitee" bekannt. Ernst Thälmann gehörte bereits seit 1920 der KPD an, war später Reichstagsabgeordneter, dann auch Vorsitzender der Kommunistischen Partei Deutschlands. Vgl. Pätzold/Weißbecker 2002c: 45.

484 *Die Rote Fahne* war das Zentralorgan der KPD und erschien seit dem 18. November 1918 sechsmal die Woche in Berlin. Das herausragende kommunistische Blatt hatte 1926 eine schwankende Auflage zwischen 65.000 und 70.000 Exemplaren. Vgl. Moores 1997: 35, 59.

485 Soz/12.9.1926/5.

486 „Zu den Komponenten des Antisemitismus, des Antikapitalismus und des Antiliberalismus innerhalb der Kritik an der Demokratie gesellte sich die Kritik am Parlamentarismus als eines wesentlichen Inhalts der parlamentarischen Demokratie der Demokratie Weimarer Prägung." (Balle 1963: 28).

vorwärtstreibende Element der Geschichte ist, weil Arbeit uns mehr bedeutet als
Besitz, Bildung, Niveau und bürgerliche Herkunft."

5.4.3 Anti-Bolschewismus

Mit einem Beitrag in Otto Strassers Zeitung setzte Goebbels den Anfangspunkt
für seine Abkehr von der bisherigen pro-sowjetischen Linie: „Generalstreik und
Generalstreit"[487] lautete die Überschrift dieser Publikation, in der der Autor völlig
neue Töne gegenüber Russland anstimmte. Plötzlich monierte er nämlich Mos-
kaus Solidarisierung mit europäischen Arbeiterbewegungen. Aus der ursprünglichen Bewunderung für das vorbildliche Russland war Beanstandung geworden.
Da die bolschewistische Presse sogar Hasstiraden gegenüber Deutschland anstimmte, so zumindest Goebbels' Darlegung, wurde dem Nachbarn im Osten nun
scharfe und deutliche Ablehnung entgegengebracht. Goebbels mahnte:

> „Das bolschewistische Rußland wird jede Anbahnung zum Bolschewismus [...] unterstützen,
> nicht aus Liebe zur Internationale, sondern aus Selbsterhaltungstrieb. Rußland wird auf die
> Dauer nicht bestehen können ohne bolschewistische Hilfsaktionen in Europa."

Interessant ist dieser Artikel gerade deshalb, weil er den einzigen Anhaltspunkt
dafür liefert, dass es nach der Bamberger Führertagung eine inhaltliche Veränderung bei Joseph Goebbels gab, die sich eben auch publizistisch manifestierte. Seine Formulierungen gegen den Bolschewismus ließen keinen Platz mehr für
freundschaftliche Interpretationen oder sogar ideologische Übereinstimmungen,
wie dies bei Goebbels bislang der Fall gewesen war. Der von Adolf Hitler im Februar ausgegebene Verhaltenskodex zeigte also Wirkung: Die sonst bei Goebbels
mannigfach unterstrichene sowjetisch-deutsche Verbrüderung war anti-bolsche-
wistischen Aussagen und einer allumfassenden, weil grundsätzlichen Gegnerschaft gewichen.[488]

> „Daß Goebbels gleich nach der Bamberger Tagung und seinem Besuch in München Anfang
> April seine Meinung über Rußland änderte, ist freilich unwahrscheinlich. In der bis Anfang
> April 1926 entstandenen Broschüre, ‚Lenin oder Hitler' wiederholte er seine alten Thesen und
> ließ in seiner Aufsatzsammlung ‚Die zweite Revolution', die [...] im Juni 1926 erschien, sei-
> nen von Rosenberg und Feder heftig kritisierten Aufsatz über ‚Das russische Problem' nach-
> drucken. Gleichwohl kehrten sich Goebbels' frühe Rußlandvorstellungen spätestens bis zum
> Juli 1927 in ihr Gegenteil um."[489]

Insofern leitete der Aufsatz zwar eine Kehrtwendung ein, kann jedoch noch nicht
als Beginn einer konsequenten Haltung gewertet werden. Dass Goebbels seine
enthusiastische und auf Harmonie ausgelegte Ostpolitik aufgab, ist dennoch als
Hinwendung zu Hitler zu verstehen; dem Führer konnte er nur mit anti-

---

487 Soz/30.5.1926/3. Der Text erschien erstmals im *Völkischen Beobachter* (VB/23.5.1926/1).
     Ausgangspunkt war der Bergarbeiterstreik in England und die dort eingeforderte Einführung
     des Achtstundentages. Vgl. Overesch/Saal 1992: 291.
488 Vgl. Piper 2005: 162.
489 Michels 1992: 91f.

bolschewistischer Akzentuierung imponieren. Von nun an zeichnete Goebbels in seinen Aufsätzen – wenn auch eher leise – ein verändertes Russlandbild: Statt vom starken russischen Bären war fortan von der Bedrohung durch den jüdisch-bolschewistischen Staat die Rede. Das Riesenreich im Osten, so hieß es seitens der Nationalsozialisten, sei reif für den Zusammenbruch. Entsprechend dem parteiamtlich propagierten und ideologisch präformierten Russlandbild kommunizierte auch Goebbels die schlichten Negativ-Klischees von den bösen und verweichlichten Russen – eine an den Realitäten gemessen eindeutig fragwürdige Aussage.

> „Beide Bestandteile nationalsozialistischer Agitation gegen Russland – sowohl das Herausstellen der von diesem Land und seinem Gesellschaftssystem ausgehenden Gefahren als auch die Darstellung seiner Schwächen – dienten dem, was das eigentliche Programm der Führung von NSDAP und Drittem Reich ausmachte: Die deutschen Ostgrenzen weit in den europäischen Osten zu verlegen und ‚Raum' zu gewinnen. Im Vordergrund standen aggressive Beuteziele und kolonialistische Zukunftspläne."[490]

5.5 Weitere journalistische Aktivitäten

> „Der geborene Aufpeitscher!
> Mit dem Mann kann man die Welt erobern."[491]

Nach wie vor publizierte Goebbels in der *Deutschen Wochenschau* und im *Völkischen Beobachter*[492], wenn auch deutlich weniger. Der letzte Artikel in der *Deutschen Wochenschau* trug den Titel „Der Völkerbund"[493], darin beurteilte Goebbels die deutschen Eintrittsbemühungen in selbigen. Obwohl Außenminister Gustav Stresemann sich bemühte, durch die Aufnahme und somit gleichberechtigte Mitgliedschaft der Deutschen im Völkerbund die politische Isolation zu mindern und sich offiziell an der Verwirklichung einer friedlichen Gemeinschaft der Völker zu beteiligen, wurde dies von den Nationalsozialisten konsequent abgelehnt. Die internationale Kooperation wurde von Goebbels als ein „Bund der Unterdrücker" und auch als „missglücktes Experiment" bezeichnet. Der Völkerbund stieß gerade bei den nationalistischen Parteien auf große Ablehnung, weil er Bestandteil des Versailler Vertrages war.[494] In theatralischen Darstellungen beschrieb Goebbels die Bündelung der Staaten als geschickten Schachzug der gierigen Kapitalisten: „Mit Verbrechern verhandelt man nicht. Das ist national für eure Begriffe, die ihr

---

490 Pätzold/Weißbecker 2002c: 124.
491 sogGTb 16.6.1926 (Joseph Goebbels über Adolf Hitler).
492 „Ich schreibe im Augenblick einen Aufsatz: ‚Dogma oder Entwicklung?' Ich glaube wohl, daß der viel Staub aufwirbeln wird. Aber wir wollen ja hetzen und putschen!" (sogGTb 12.2.1926). In keinem der gesichteten Zeitungsbestände konnte ein derartiger Text aufgefunden werden.
493 Woch/30.5.1926/2. In der Tagebuchedition Reuth (vgl. Reuth 1992: 230) wird behauptet, der Aufsatz sei nicht auffindbar. Dies ist nicht korrekt. Ein weiteres Mal erschien der Text im *Völkischen Beobachter* (VB/2.6.1926/2).
494 Siehe Kapitel III, 4.1 zum historischen Kontext.

unter national ein Bündel Aktien versteht. Weh' dem, wer die gesunde Kraft von 60 Millionen an die Syphilis verkauft." Eine Mitgliedschaft in dem internationalen Gremium, so Goebbels, schaffe zusätzliche Fronten und verhindere die Entwicklung eines nationalen Selbstwertgefühls.[495]

Eine Stärkung des nationalsozialistischen Selbstbewusstseins verfolgte Goebbels dagegen in seinem Aufsatz mit der Überschrift „Rückblick und Ausblick"[496] im *Völkischen Beobachter*; darin reflektierte er das erste so genannte Kampfjahr nach der NSDAP-Neugründung, erinnerte an die wichtigsten Ereignisse und erläuterte die zukünftigen Aufgaben. Siegessicher deklamierte er: „Deutschland! Das soll unser Schlachtruf sein. Wenn alles bricht, dann werden wir stark sein! Wenn alle verzweifeln, dann beginnt unser Glaube!" Erst unter Hitler seien die Splittergruppen zusammengeführt worden; nur der „Führer" habe alle Gleichgesinnten unter der nationalsozialistischen Weltanschauung[497] auch vereinigen können. Obwohl dies die Ausnahme blieb, war Goebbels' Sympathiebekundung deutlich, wenn er schrieb:

> „Eines gibt der Bewegung starkes Gepräge, daß sie vor der Zeit der Einigung naturgemäß immer entbehren mußte: Eindeutigkeit des Führer-Prinzips. Nur die Eingeweihten wissen zu ermessen, was die Persönlichkeit Adolf Hitler für die Geschlossenheit der Bewegung im vergangenen Kampfjahr bedeutete. Ihm allein verdanken wir es, daß sie nicht demokratischen Gepflogenheiten der Gegenwart entsprechend in tausend Winde zerstob."

6. DIE KAMPFZEIT IN BERLIN

6.1 Das Verhältnis zwischen Goebbels und Hitler

> „Alles hat dieser Mann, um König zu sein.
> Der geborene Volkstribun.
> Der kommende Diktator."[498]

Goebbels' Sympathien für Hitler waren im Jahr 1926 nicht neu, sie waren nicht erst auf der Bamberger Führertagung oder beim Besuch in der Münchner Parteizentrale entstanden. Sein Interesse war bereits 1924 erwacht, hatte Hitlers Haftzeit

495 „Nicht mehr von der Verbrüderung aller Menschen, sondern – mit dem Akzent auf der machtpolitischen Komponente – vom Ausgleich der europäischen Gegensätze war nun die Rede; der nationale Gedanke trat stärker hervor." (Höver 1992: 49).
496 VB/3.7.1926/3.
497 Der Ausdruck wurde bereits von Immanuel Kant im Sinn einer bestimmten seelisch-geistigen Grundhaltung verwendet. Die Bezeichnung von der subjektiven Weltvorstellung im Rahmen eines spezifizierten Lebensstils wurde von den Nationalsozialisten aufgegriffen; im Mittelpunkt stand eine völkisch-politische Philosophie. Nach nationalsozialistischer Interpretation wurde der Begriff „Weltanschauung" für ein Wertesystem gebraucht, das durch Rasse, Charakter und Schicksal geprägt sei und von der NSDAP repräsentiert werde. Propagiert wurde dabei die Vereinigung der beiden „weltbewegenden Ideen Nationalismus und Sozialismus zu einer höheren Einheit". Vgl. Schmitz-Berning 1998: 686–689.
498 sogGTb 6.11.1925 (Goebbels über Hitler).

überdauert, und nun beobachtete er die Fortsetzungsarbeit der NSDAP, verfolgte die Auftritte und Inhalte des Parteiführers.[499] Im Sommer 1925 notierte Goebbels: „Wird er Nationalist oder Sozialist? [...] Davon hängt meine zukünftige Hoffnung ab. Hitler als Führer deutscher Sozialisten! Die Welt gehört uns! Ich hoffe, daß es gelingt.“[500] Goebbels war überzeugt davon, dass seine sozialistischen Erwartungen durch Hitler endlich Gestalt annehmen würden. Die erste Begegnung[501] beschrieb er folgendermaßen:

> „Und dann fängt Hitler an zu reden. Welch eine Stimme. Welche Gesten, welche Leidenschaft. Ganz wie ich ihn wollte. Ich kann mich kaum halten. Mir steht das Herz still. Ich warte auf jedes Wort. Und jedes Wort gibt mir Recht. [...] Ich bin ein anderer. Jetzt weiß ich, daß der, der führt, zum Führer geboren ist. Für den Mann bin ich alles zu opfern bereit. Die Geschichte gibt den Völkern in den größten Notzeiten die größten Männer.“[502]

Hier zeigt sich eine Idealisierung, die auf dem Wunsch nach einem Erlöser, Messias oder „Führer“ basierte, der von Goebbels bereits zur Studentenzeit artikuliert wurde. Es war der für den Zeitgeist typische Wunsch nach einer gewichtigen politischen Leitfigur, die das deutsche Volk aus der Unterdrückung und dem Chaos führen würde.[503] „Dieser Ruf nach dem Führer, der wiederum kein Spezifikum von Goebbels, sondern eine in der Weimarer Republik weitverbreitete Erscheinung ist, bildet die Voraussetzung für die spätere Verklärung und Überhöhung Hitlers.“[504] Auf der Suche nach einem Gottersatz, der gescheiterte Existenzen mit neuen Inhalten füllen sollte, etablierte sich die Illusion vom charismatischen Heilsbringer.[505] Daher rührt auch der Umstand, dass sich Goebbels sowohl in sei-

---

499 Siehe Kapitel III, 2.6.3 zur Führerfigur Hitler als Thema in der *Völkischen Freiheit*.

500 sogGTb 15.6.1925.

501 Das Datum der ersten Begegnung zwischen Hitler und Goebbels wird in der Geschichtsschreibung recht unkonkret genannt. Dass es ein erstes Treffen bereits 1922 in München gegeben haben soll, hat sich inzwischen als Legende herausgestellt. Nach der Betrachtung verschiedener biographischer Forschungsergebnisse lässt sich inzwischen rekonstruieren, dass die erste Zusammenkunft bei der Gauleitertagung Nord- und Nordwestdeutschlands am 12. Juli 1925 in Weimar stattfand. Goebbels begleitete den Gauleiter Axel Ripke und begegnete dort dem NSDAP-Parteichef zum ersten Mal persönlich. Vgl. Wunderlich 2002: 52; Reuth 2000: 90, 630f.; Barth 1999: 28; Irving 1997: 45.

502 sogGTb 14.7.1925.

503 Mangel und Verlust waren Erfahrungen, die sich in den 1920er-Jahren zu einem Gefühl der „Nichtexistenz“ verdichteten. In Deutschland wuchs eine wütende Sehnsucht nach einer Wandlung, die sich in der Zeit der Weimarer Republik für viele mit dem Namen Adolf Hitler verbinden ließ. Ziel war nun eine völkische Erlösung, die über die Hoffnung auf Veränderung der politisch-sozialen und damit auch ökonomischen Verhältnisse weit hinausging. „Die ausschließlich positiv bewertete Eigengruppe ist als leidendes Objekt den Mächten und Machenschaften des bekämpften Feindbereichs ausgeliefert. Eine Lösung zur Aufhebung dieses Dilemmas kann nur von Nationalsozialisten kommen, ‚Heil‘ wird mit ‚Hitler‘ verbunden.“ (Sauer 1978: 161). Vgl. Vondung 1991: 103.

504 Nill 1991: 204. Vgl. Wunderlich 2002: 8; Barth 1999: 49, 52f.; Oven 1987: 250; Schildt 1964: 173–175.

505 Die Zeit war durch politisch-wirtschaftliche Umstände für den Führerkult auf der Grundlage eines politischen Messianismus in besonderem Maß prädestiniert. Die Bevölkerung versprach sich Abhilfe durch einen menschlichen „Erlöser“. Hitler war sich dessen bewusst und nutzte

nen persönlichen Aufzeichnungen als auch in seinen journalistischen Texten religiöser Begrifflichkeiten bediente, wenn es um die Person Adolf Hitler ging. „Es ist kein Zufall, daß Goebbels hier auf religiöses Vokabular zurückgreift, um Hitler und seine Aussagen zu charakterisieren. Für Goebbels ist Adolf Hitler die Verkörperung des Guten, Göttlichen, Lichten."[506] Er verlieh dem Mann aus Braunau gottähnliche Züge, umgab ihn mit einer messianischen Aura, pries ihn als Propheten, Werkzeug Gottes und sendungsbewusste heilige Autorität.[507]

Dank dieser Etikettierung durch eine christlich-metaphorische Ausdrucksweise wurde Hitler erst im parteiinternen Kreis, dann auch darüber hinaus als „Führer" mit einer angeblich übernatürlichen Ausstrahlung wahrgenommen. Sobald das Thema auf Hitler kam, wurde ein sakraler Begriff verwendet, ja geradezu eine politische Vergötzung zelebrierte und auf einer betont andächtigen Folie im Stil des Alten Testaments das Bild von „dem" Befreier gezeichnet. Hitler avancierte vom Parteivorsitzenden zum übermenschlichen Idol – und Goebbels trug seinen Teil dazu bei. „In Hitler hatte sein vagabundierender Drang nach Gläubigkeit eine Ikone gefunden."[508] Goebbels rückte ihn als zentrales Orientierungssymbol in den Mittelpunkt der nationalsozialistischen „Bewegung"; während die Besetzung der mythologisch legitimierten Führerrolle[509] absolute Priorität bekam, wurden potentiell entzweiende Grundsatzfragen hintangestellt. „Der Glaube an Hitler war weitaus stärker als alle etwaigen ideologischen Differenzen."[510]

Stand hinter dieser Glorifizierung echte Bewunderung oder ausschließlich taktisches Kalkül? Seit wann war sich Goebbels eigentlich tatsächlich darüber im Klaren, dass er nur mit und durch, aber niemals gegen Hitler in der NSDAP vorwärts kommen konnte? Arrangierte er sich aus reinem Opportunismus mit der Münchner Clique? Wie und vor allem wann fand der Wechsel der Loyalitäten statt – wenn er überhaupt stattfand?

---

diese Situation für sich. „Hitler wuchs allmählich in die Rolle des Messias militans hinein, der gekommen war, die Deutschen zu erlösen. Er war sich der Bedeutung seiner Mission durchaus bewusst" (Piper 2005: 54).

506 Nill 1991: 207.

507 „Nach der Lektüre von *Mein Kampf* stellt der völlig faszinierte Goebbels in seinem Tagebuch am 14. Oktober 1925 die demagogische Frage: ‚Wer ist dieser Mann? Halb Plebejer, halb Gott! Tatsächlich der Christus, oder nur der Johannes?'" (Höhn 1994: 253, kursiv im Original).

508 Knopp 1998: 31. Vgl. Wunderlich 2002: 48; Reuth 2000: 94, 250; Barth 1999: 73; Irving 1997: 51; Wambach 1996: 12f.; Fest 1995: 570; Peuschel 1982: 41; Radl 1982: 32; Müller 1973: 87; Bramsted 1971: 58, 282; Reimann 1971: 66f.

509 „Der Führerglaube ist auch eine der Stellen im ideologischen Gefüge des Nationalsozialismus, an denen jeder einzelne sich ganz direkt mit der Politik verbunden fühlen kann." (Nill 1991: 211).

510 Barth 1999: 49. Vgl. Bärsch 2002: 178; Fest 1995: 570; Nill 1991: 212f.; Reimann 1971: 47.

6.2 Wechsel der Loyalitäten?

> „Wir fragen. Er antwortet glänzend. Ich liebe ihn. [...]
> So ein Brausekopf kann mein Führer sein.
> Ich beuge mich dem Größeren, dem politischen Genie!"[511]

Bereits wenige Monate nach der Bamberger Tagung begann Hitler damit, Goebbels zu umwerben, um ihn vorsichtig (aber bestimmt) der Strasser-Konklave zu entziehen.[512] Während der Elberfelder Lehrjahre hatte sich Goebbels zum Wortführer des linken Parteiblocks und zu einem führenden Propagandisten in der NSDAP entwickelt.[513] Auch in den Münchner Politikkreisen war sein radikaler Journalismus inzwischen gut bekannt, und er hatte zahlreiche „Proben seiner Befähigung für Propaganda [...] mit seinen Artikeln und den ungezählten von ihm entworfenen Flugblättern und Schriftplakaten gegeben"[514]. Er galt als wertvoller Mitstreiter in der NS-Bewegung, zeigte rhetorisches und journalistisches Talent und machte sich durch seine schlagfertigen Formulierungen einen Namen – bei Freunden und bei Feinden. „In der Parteizentrale war man längst auf den agilen jungen Mann aufmerksam geworden, der einen gekonnten journalistischen Beitrag nach dem anderen herausfeuerte und der unermüdlich von Veranstaltung zu Veranstaltung als Redner zog."[515] Goebbels präsentierte sich selbst als rastlosen Aktivisten, der bei den *Nationalsozialistischen Briefen* und auf seinen Redereisen quer durch Deutschland ausgiebig politische, propagandistische und publizistische Erfahrungen sammelte.[516] Diese Fertigkeiten wie auch seine revolutionäre Haltung prädestinierten Goebbels für eine anspruchsvolle Position in der NSDAP.[517] Hitler ahnte wohl, dass er in dem „Doktor" einen nützlichen Mitstreiter hatte:

---

511 sogGTb (13.4.1926).

512 „Die Zugkraft des kleinen Doktors blieb auch dem entlassenen Festungshäftling Hitler nicht lange verborgen. Von Goebbels' Mentor, dem NSDAP-Organisationsleiter Gregor Strasser, auf den begabten Agitator aufmerksam gemacht, richtete Hitler seinen Blick mit Wohlgefallen auf den knapp neun Jahre jüngeren Gefolgsmann." (Knopp 1998: 39).

513 „Die Radikalität des Bolschewismus bei der Durchsetzung seiner Ziele – die völlige Mißachtung der rechtsstaatlichen und parlamentarischen Spielregeln – imponierte übrigens auch dem Führer der NSDAP." (Schickling 1969: 16f.).

514 Kreuzberger 1950: 15. Vgl. Barth 1999: 55; Müller 1994: 20; Knesebeck-Fischer 1933: 9.

515 Altstedt 1999: 22.

516 Folgende Aussage ist daher nicht korrekt: „Er ist als relativ unbekannter Redakteur und Redner von Hitler zum Gauleiter von Berlin erkoren worden." (Bärsch 2004: 74). In Parteikreisen war der Name des Journalisten und Aktivisten Goebbels zu diesem Zeitpunkt bereits geläufig, seine Beiträge in den *Nationalsozialistischen Briefen*, dem *Völkischen Beobachter*, der *Deutschen Wochenschau* und der Wochenzeitung *Der nationale Sozialist* hatten längst einen Großteil der NSDAP-Mitglieder und auch andere Interessenten erreicht. Zumindest in den völkisch-nationalen Kreisen hatte er sich bis 1926 bereits als Journalist einen Namen gemacht.

517 „His dedication to the new Leader, combined with his intellectual background and gifts, marked Goebbels as a rising star in a movement generally devoid of men with real ability as journalists, speakers, and organizers." (Herzstein 1979: 45).

„Hitler hatte inzwischen nämlich nicht nur herausgefunden, wie man diesen jungen Mann behandeln mußte, um ihn zu gewinnen und an sich zu fesseln, er wußte jetzt auch, was er an
ihm haben konnte: einen Redner und Schreiber, wie es ihn in der Bewegung bisher nicht gegeben hatte und wie man wohl so bald keinen zweiten finden würde."[518]

Hitler war daran gelegen, die NSDAP in der Hauptstadt zu etablieren, wo sie keinen hohen Stellenwert hatte, sich aber aktiv um die Arbeiter als Wählerpotenzial
bemühen sollte. „Nur ein Linker, nur ein ganz Radikaler konnte hier etwas aus-
richten."[519] Insofern galt Goebbels als zweckdienlich, hatte er sich doch mit seinen sozialistischen Ansichten hervorgetan. [520]

„Hitler wusste zu schätzen, dass Goebbels mit seiner Propaganda Menschen gewinnen konnte, die er selbst kaum erreichte, vor allem bisherige Kommunisten. Goebbels beherrschte die
Sprache der radikalen Linken, ohne ihre Ideologie zu teilen. Und er hatte ein feines Gespür
für das Lebensgefühl, die Abneigungen und Hoffnungen derer, die sich von der Linken angesprochen fühlten."[521]

Für Goebbels bedeutete der Schritt ein politisches Abenteuer und einen beträchtlichen Sprung auf der Karriereleiter; Berlin war ihm ein Garant für Bestätigung,
Aufmerksamkeit und Anerkennung in der NSDAP und vielleicht darüber hinaus.[522] Der Agitator schien bestens in die pulsierende, sich schnell verändernde

---

518 Oven 1987: 167. „Um an die Macht zu kommen, benötigte Hitler sowohl den ‚Wegbereiter‘
Göring, der ihm zu Ansehen und Einfluß in den traditionellen Führungsschichten verhalf, als
auch den Revolutionär Goebbels, der es ihm erst ermöglichte, ‚mit der Revolution zu drohen,
die er gar nicht beabsichtigte‘." (Höver 1992: 416). Vgl. Wunderlich 2002: 53; Reuth 2000:
99; Reimann 1971: 53.
519 Bering 1991: 121. „‚Goebbels ist ein Sonderfall‘, so erklärte mir Röhm. ‚Zuerst wußte der
Führer nicht recht, was er mit ihm anfangen sollte. Schließlich entschied er sich, daß, nachdem Berlin nun einmal so ‚rot‘ sei, Goebbels dort am besten seinen Tatendrang abreagieren
könne.‘" (Bemerkungen von Ernst Röhm, zitiert nach Lochner 1955: 35f.).
520 In der Literatur des „Dritten Reiches" wurde dieser Sachverhalt folgendermaßen beschrieben:
So „musste an der Spitze des Gaues Berlin ein Mann gestellt werden, der mit eiserner Energie
diesem roten Mob ein ‚Halt, nicht weiter‘ zurief und keine Arbeit, keine Mühe und kein Opfer scheute, den verhetzten Massen wieder den Gedanken beizubringen, dass die [sic!] Deutsche seien [...]. Diesen Mann fand der Führer in Dr. Goebbels. Nach jahrelangem unerhörtem
Kämpfen gelang es Dr. Göbbels [sic!], sich durchzusetzen und Berlin, nach Moskau die rötes-
te Stadt der Erde, dem Nationalsozialismus zu erobern." (Hartmann 1936: 94). Berlin, „diesen
riesigen roten Steinklotz für die Idee Adolf Hitlers zu gewinnen, schien eine der schwierigs-
ten Aufgaben, die der Nationalsozialismus zu lösen hatte." (Krause 1933: 22). Die Herausforderung „auf dem verdammt heißen Boden der Reichshauptstadt" nahm Goebbels an: „Fremd
und unheimlich starrt die gewaltige Riesenstadt in ihrer grauen Eintönigkeit dem jungen
Mann entgegen, der mit dem vermessenen Gedanken kommt, diese Stadt zu erobern [...], um
den roten Betonklotz auseinanderzusprengen." (Krause 1933: 12). Goebbels hatte „der Weltstadt Berlin die Stirn zu bieten" (Knesebeck-Fischer 1933: 5) und sollte „gegen diesen marxistischen Granitblock anrennen" (Jungnickel 1933: 48).
521 Klußmann 2005: 65.
522 „But Hitler's appeals to Goebbels' vanity proved successful. He literally jumped at the
chance to display his talents in the Red capital of Germany." (Wilcox 1970: 160).

und nach Umwälzungen strebende Metropole zu passen; und er war der einzige, der mit der frechen Berliner Schnauze mithalten konnte.[523]

> „Hitler wußte, daß der junge Journalist und Agitator vor Langeweile gestorben wäre, hätte er wirklich in der Einsamkeit der Natur leben müssen, für die er so schwärmte. Er wußte, daß Goebbels auf den Asphalt der Großstadt gehörte, dorthin, wo es am lautesten, am tollsten zuging: nach Berlin."[524]

Hitlers Bemühen, Goebbels von Strasser zu lösen und an sich zu binden, hatte noch einen anderen Hintergrund: Die recht stattliche Gruppierung im Norden, die sich eher durch Strassers Politik vertreten sah, galt bei der Münchner NSDAP auch nach dem Bamberger Rüffel als Achillesferse. Der für Hitler risikoreiche Strasser-Kreis sollte geschwächt werden, bevor er ideologisch zu souverän wurde. Hitlers Strategie war es, einen Keil zwischen die – wie er sie nannte – „Bolschewiken" zu treiben, ohne eine Abspaltung der norddeutschen Organisation zu riskieren. Die Sonderstellung der Gauleiter hatte er verhindert, nun wollte er durch seine intrigante Personalpolitik Strassers Domäne brechen, ja die sozialrevolutionäre Fraktion auflösen.[525]

Erstes Etappenziel war Goebbels' Konversion. „Der Kampf um Goebbels' Seele begann Ende März. [...] Es war noch gar nicht so lange her, daß Strasser gesagt hatte, es sei leicht, Goebbels zu bestechen. Hitler fand das jetzt heraus."[526] Goebbels wurde hofiert und umschwärmt, mit Komplimenten überschüttet, mit bravourösen Auftritten Hitlers und der Zurschaustellung von Parteiprunk beeindruckt.[527] Ihm sollte mit einer großartigen monetären Fassade und Prestige imponiert, er selbst durch ausgiebige Bewunderung und reichhaltiges Lob für seine

---

523 „Der Mann aus der rheinischen Provinz kam 1926 nach Berlin, und fühlte sich mit Look und Sound der nervösen Großstadtzone gleich eins." (Hachmeister 2005: 9). Vgl. Michel 1999: 125; Scheffels 1988: 5; Sington/Weidenfeld 1942: 10; Dutch 1940: 75f.

524 Riess 1989: 73. Vgl. Reuth in Brückner/Haentjes 2003.

525 Dazu gehörte es auch, Goebbels den Posten des Reichspropagandachefs in Aussicht zu stellen, im Oktober 1926 dann aber doch Gregor Strasser zum Leiter der Parteipropaganda zu ernennen. Hitlers Personalpolitik sah vor, keinen Parteigenossen zu mächtig werden zu lassen, die NSDAP-Mitglieder gegeneinander auszuspielen und alle Fäden in der Hand zu behalten. Durch die doppelt zugesagte Position in Sachen Propagandaarbeit wollte er bei Goebbels und Strasser gleichermaßen Abhängigkeiten schaffen, bei den Freunden aber auch Abneigung, Neid und Streit säen. Auch Goebbels' Ernennung zum Berliner Gauleiter war ein strategischer Schachzug. „Monatelang hält Hitler Goebbels hin, dann ernennt er ihn am 28. Oktober 1926 zum Gauleiter von Berlin-Brandenburg. Das ist keine begehrenswerte Aufgabe, denn die Berliner wählen großenteils sozialdemokratisch, die NSDAP ist im Berliner Parlament nicht vertreten und besteht aus ein paar hundert Mitgliedern" (Wunderlich 2002: 53). Vgl. Barth 1999: 76.

526 Riess 1989: 69. Vgl. Wunderlich 2002: 53; Höver 1992: 266–270; Fröhlich 1989: 56; Oven 1987: 172f.; Bramsted 1971: 57.

527 „Es gehörte ebenso zu Hitlers Taktik, den mit ihrem sachlichen Anliegen abgewiesenen Führern der Arbeitsgemeinschaft mit persönlicher Konzilianz und Liebenswürdigkeit zu begegnen. Das galt für sein Verhalten gegenüber Gregor Strasser und führte schließlich zu dem berühmt-berüchtigten Einschwenken von Dr. Goebbels auf die Münchner Linie." (Horn 1980: 242).

bisherige Arbeit geködert werden. Hitler gab ihm deutlich zu erkennen, welchen Wert er auf Goebbels' Unterstützung legte; bei Goebbels wiederum wuchs die Einsicht, dass ihm eine interessante Laufbahn bevorstand. „Er hatte erfaßt, daß ihm bei Hitler mehr Ruhm und Ehre winkten."[528]

Die Loslösung von Strasser, an dessen Seite er sich politisch und journalistisch profiliert hatte, dauerte weit über das Jahr 1926 hinaus an. Ein Gesinnungswandel deutete sich bei Goebbels zwar bereits im Sommer an, von Hitlers Überzeugungskraft, Durchsetzungsvermögen und Charme zeigte er sich durchaus fasziniert[529]; trotzdem stand er Strasser ideologisch, beruflich und persönlich näher. Von seiner Rolle als glühender Hitler-Verehrer war Goebbels noch weit entfernt. In dem Wechsel nach Berlin sah Goebbels keine Abkehr von Strasser, sondern eher eine Annäherung an ihn.[530] In dem neuen Einsatzgebiet entdeckte er Herausforderungen und Möglichkeiten, „sich selbst und sein Anliegen in den Vordergrund zu spielen"[531] und seine sozialistischen Ideen ehrgeizig umzusetzen. Damit wollte er vor Hitler brillieren,

> „weil er in ihm den großen nationalistischen und sozialistischen Revolutionär vermutete; Enttäuschungen, die später das Verhältnis belasteten, kamen immer wieder dann zustande, wenn Hitler dem von Goebbels an ihn angelegten Maßstab des Revolutionärs nicht entsprach, sondern mit der ‚Reaktion' paktierte."[532]

Aus Hitlers Perspektive wurde Goebbels in Berlin die Rolle des nationalsozialistischen Vorkämpfers und Wegbereiters zugewiesen. Gleichzeitig sollte er sich als Vertrauensmann beweisen, um dann als (journalistischer) Widersacher den wachsenden Einfluss des Kampf-Verlages zu schmälern; insofern fungierte Goebbels – ohne sich anfangs dessen vielleicht bewusst zu sein – als Gegengewicht zur Strasserschen Hausmacht.[533] Auch in Hinblick auf die norddeutschen Aktivitäten und unterschwelligen Souveränitätsbemühungen gelang dem Parteiführer mit Goebbels' Beförderung ein besonderer Coup:

> „Hitler hatte damit den scharfzüngigen Geist aus der opponierenden Phalanx der nord- und westdeutschen Gauführer herausgebrochen und der Konstruktion Straßers, Goebbels mit dem wichtigen Posten der Geschäftsführung der AG und des Gaues zu betreuen, einen schweren

---

528 Fraenkel/Manvell 1960: 89. Vgl. ebd.: 103; Benz 2000: 197; Barth 1999: 51; Höver 1992: 270; Oven 1987: 178; Goderbauer 1986: 283; Hüttenberger 1969: 36.

529 „Er weiß, daß Hitler die unerklärliche Gabe hat, Menschen und Massen zu faszinieren, [...] daß Hitler ihn den Weg aus der unfruchtbaren Partei-Opposition heraus zu leidenschaftlicher Bejahung geführt hat. An Strassers Seite wäre er verdorrt. An Hitlers Seite wird er blühen." (Ebermayer 1952: 75).

530 „Mittags mit Gregor Strasser zum Mittagessen. Wir haben uns viel erzählen müssen, und ich glaube, hier in Berlin kommen wir uns näher." (sogGTb 11.11.1926). Ebenso wie im Folgenden: „Nun geht's los! Heute morgen die ersten Haubefehle. Dann mit Gregor Strasser zum Mittag. Der gute, ehrliche Gregor. Ich hab ihn lieb." (sogGTb 12.11.1926).

531 Bramsted 1971: 60. Vgl. Fraenkel 1971: 501.

532 Höver 1992: 416.

533 Vgl. Reuth 2000: 104, 110; Kruppa 1988: 337; Horn 1980: 247; Strasser 1969: 37.

Hieb versetzt. Hitler konnte nun die Arbeit der losen AG vollends neutralisieren und den Gau Ruhr der Reichsleitung auch machtpolitisch unterstellen."[534]

6.3 Ernennung zum Berliner Gauleiter

> „Es gibt kein Laster und keine Sünde, die mir in den zehn Jahren,
> da ich nun Berliner bin, von meinen Feinden nicht vorgeworfen worden wären.
> Nur eines hat man mir noch nicht vorgeworfen:
> dass ich auf den Kopf oder auf den Mund gefallen wäre."[535]

Die Reichsleitung der NSDAP ernannte Joseph Goebbels am 28. Oktober 1926 offiziell zum Gauleiter von Berlin. Mit 29 Jahren erhielt er damit sein erstes verantwortungsvolles, exponiertes Amt, dem ein steiler Aufstieg in der Partei folgen sollte.[536] Als er im November 1926 in der Reichshauptstadt eintraf, waren seine Aufgaben klar vorgegeben: Er sollte die Berliner NSDAP reorganisieren, durch gezielte Werbemaßnahmen zusätzliche Mitglieder gewinnen und damit letztendlich die Wahlergebnisse positiv beeinflussen.[537]

---

534 Hüttenberger 1969: 37. Vgl. Moreau 1989: 288f.; Oven 1987: 180f.; Horn 1980: 246; Schildt 1964: 177; Broszat 1960: 49–51, 55. „Mit der Ernennung Goebbels' [...] war nun eine wichtige Position aus dem Imperium Strassers herausgebrochen worden, wenngleich es zunächst in der Berliner NSDAP und SA eine starke Opposition gegen Goebbels gab." (Kühnl 1966a: 145). Vgl. Reuth 2000: 111; Barth 1999: 53; Michel 1999: 124; Hochstätter 1998: 29; Wykes 1986: 39; Bramsted 1971: 61; Reimann 1971: 71; Wilcox 1970: 160.

535 Goebbels in einer Rede im Oktober 1936 anlässlich seines zehnjährigen Gauleiter-Jubiläums. Vgl. Knopp/Libik 1987.

536 In den Schriften der NS-Diktatur fanden sich später zahlreiche glorifizierende Aussagen darüber, dass Goebbels für diese bedeutende weil schwierige Aufgabe ausgewählt worden war: „Im Herbst 1926 ist der Gau Rhein-Ruhr in voller Vorwärtsentwicklung. Das Wirken des ‚Doktors' an dieser Stelle aber geht zu Ende. Er folgt dem Rufe des Führers und übernimmt die Führung des Gaues Groß-Berlin. Am 9. November 1926 [...] verlässt er den alten Kameradenkreis und fährt durch einen dunklen Novembertag der Reichshauptstadt zu, um die wohl schwerste Aufgabe zu übernehmen, die Adolf Hitler einem seiner Mitkämpfer stellen konnte." (Seeler 1933: 6). „1926 beruft ihn dann Adolf Hitler, dem Persönlichkeit und Mensch seines jungen Mitstreiters näher bekannt wurden, zum Gauführer in die Reichshauptstadt." (Viator 1932: 22). „Im Sturm gewann er die Herzen und stand bald als einer der schlagkräftigsten Kämpfer in vorderster Front. Im Jahre 1926 berief Adolf Hitler ihn [...] als Gauführer nach Berlin und legte die Geschicke der N.S.D.A.P. innerhalb der Reichshauptstadt in seine Hände." (Espe 1933: 229). Sogar im skeptischen Stil wurden die Umstände beschrieben: „‚Der kleine Goebbels ist angekommen!' Wie wird er sich durchsetzen können? Vorläufig schwimmt er wie ein Kork auf dem Wirbel. [...] Und hier steht einer, ein paar Pfennige in den Taschen. Ein kleiner Mann. – Ausgehungert sieht er aus. Man weiß fast nichts von ihm. Und dieser Mensch will Berlin erobern? Will Berlin wieder deutsch machen?! – Ein geistiger Hochstapler offenbar." (Jungnickel 1933: 47f.).

537 Vgl. Sösemann 2002a: 365–373; Reuth 2000: 104f., 107; Kruppa 1988: 337f.; Fröhlich 1987: 510; Goebel 1987: 125; Fraenkel 1971: 501; Borresholm 1949: 65. Goebbels selbst notierte: „Alle wollen mich nach Berlin als Retter. Ich danke für die Steinwüste." (sogGTb 10.6.1926).

Berlin war eine agile, aufstrebende Metropole mit vier Millionen Einwohnern, die in zunehmend auseinanderklaffenden Schichten lebten: prahlerischer Reichtum gehörte in der „Stadt der Extreme" ebenso zur Alltagserscheinung wie bittere Armut. Sowohl die sich zur Republik bekennenden Sozialdemokraten als auch die um eine „Diktatur des Proletariats" ringenden Kommunisten waren hier stark vertreten. In der „nach Moskau rötesten Stadt Europas"[538] erkannten auch die Nationalsozialisten für sich und ihre Ideologie eine riesige potentielle Wählerschaft und somit eine Quelle zukünftiger politischer Macht.

Dabei war die NSDAP zunächst eine absolute Randerscheinung in der umtriebigen Weltstadt: Der im Februar 1925 gegründete Gau Berlin verzeichnete gerade 350 Parteimitglieder, Sympathisanten gab es wenige. Die Ortsgruppe spielte keine politische Rolle[539], so dass die Bürgerschaft von der „Bewegung" keinerlei Notiz nahm. „Die Partei Adolf Hitlers war die kleinste Partei Berlins, eine Zwergpartei, letztlich überhaupt keine Partei, sondern ein Haufen einander erbittert bekämpfender Querulanten."[540] Die Berliner NSDAP war instabil und litt unter Streitereien in den eigenen Reihen; durch interne Richtungskämpfe, zahlreiche Parteiaustritte und den Divergenzen zwischen politisch-organisatorischer Leitung und Mitgliedern der SA drohte sie endgültig zu zerfallen.[541] Nachdem Gauleiter Ernst Schlange resigniert hatte, konnte auch der kommissarisch eingesetzte Gauleiter Erich Schmiedicke – übrigens ein Strasser-Anhänger – die Konflikte nicht regeln, so dass das Risiko der vollständigen Zerrüttung akut wurde.[542]

> „Hitler und die Münchener Parteiführung, die kaum Einfluß auf die Berliner Parteigruppe nehmen konnten, waren sich über die Bedeutung der Gewinnung Berlins für den Nationalsozialismus im klaren. Deshalb hielt man in München Ausschau nach einem fähigen Parteifunktionär, der Ordnung in die verworrenen und die Parteiarbeit lähmenden Verhältnisse der Berliner Parteiorganisation bringen konnte."[543]

Ähnlich armselig wie die Mitgliederzahlen war auch die primitive Gaugeschäftsstelle, die der neue Gauleiter Joseph Goebbels im Keller der Potsdamer Straße 109 vorfand: Die schlecht ausgestatteten, unbeleuchteten, verdreckten und heruntergekommenen Katakomben dienten den NSDAP-Mitgliedern eher als Rauch-

---

538 Höver 1992: 82.
539 Bei der Berliner Stadtverordnetenwahl am 25.10.1925 beispielsweise lag die NSDAP mit 137 Stimmen an letzter Stelle und bot daher selbst im Verhältnis zu den bedeutungslosen Deutschsozialen und Deutschvölkischen ein klägliches Bild.
540 Reimann 1971: 80f. Vgl. Reuth 2000: 108f.; Höver 1992: 82.
541 Querelen gab es in erster Linie durch die quantitativ überlegene Berliner SA; sie verlangte immer stärker nach einem aktiveren Auftreten der Partei, während die politische Leitung der NSDAP an dem von Hitler ausgegebenen gemäßigten Kurs festhielt.
542 „Völlig zermürbt von den innerparteilichen Auseinandersetzungen ließ sich Schlange wegen Krankheit vom Parteivorsitz beurlauben und übertrug die Geschäfte seinem Stellvertreter Schmiedicke, der bis November des Jahres amtierte." (Kruppa 335f.). Vgl. Reuth 2000: 109f.; Irving 1997: 59f.; Oertel 1988: 40; Hüttenberger 1969: 40; Kühnl 1966a: 47; Broszat 1960: 45.
543 Kruppa 1988: 337. Vgl. ebd.: 327.

und Diskutierklub. Nicht von ungefähr kam die Bezeichnung „Opiumhöhle".[544] Hier löste Goebbels – ohne die Parteileitung weiter zu konsultieren – den Gau Brandenburg-Potsdam kurzerhand auf, fusionierte mit dem Gau Berlin und schuf sich den neuen und riesigen Gau Groß-Berlin. Dies sollte ein erster Fingerzeig dafür sein, wie Goebbels die Gauleitung zu führen und zu festigen dachte; damit die Berliner Partei nicht in Anarchie versank, wollte er sie einer Radikalkur unterziehen.[545] Dazu gehörte neben der Gründung des „Nationalsozialistischen Freiheitsbundes"[546] auch die „Säuberung und Entrümpelung" der Mitgliedskartei: wer passiver, verstorbener, abtrünniger oder ehemaliger NSDAP-Genosse („Karteileiche") war und wer als vermeintlicher Querulant galt, wurde ausgeschlossen bzw. aus der Kartei entfernt. „Wer den neuen Kurs des Berliner Parteiführers nicht mittragen wollte oder konnte, verließ die Partei oder wurde aus der Mitgliederliste gestrichen. Bald hatte Goebbels für den Beginn seines ‚Kampfes um Berlin' nur noch 300 Parteimitglieder."[547]

Die Frage war nun, wie die lächerlich kleine, handlungsunfähige Politsekte, die sich zwischen Agonie und Zerfall bewegte, aus ihrem Schattendasein herausgeführt werden könnte, bevor sie völlig von der politischen Oberfläche verschwand.[548] Es galt, die Berliner NSDAP nicht nur vor dem Abstieg zu bewahren, sondern sie aus der politischen Bedeutungslosigkeit herauszuheben und im Idealfall „aus dem Schatten der Anonymität ins Scheinwerferlicht der öffentlichen Beobachtung"[549] zu bringen.

„Als neuer Gauleiter von Berlin sah sich Goebbels ab November 1926 vor die Aufgabe gestellt, seiner bis dato in der Hauptstadt so gut wie unbekannten Partei öffentliche Beachtung zu verschaffen und ihr somit eine potentielle Wählerschaft zu erschließen. Dies war insofern problematisch, als das Vorhandensein kleiner und kleinster radikaler Splittergruppen in Berlin

544 Bereits im Januar 1927 mietete Goebbels neue Räumlichkeiten in der Lützowstraße 44 an, es folgten großzügige und dann auch repräsentative Büros im Juni 1928 in der Berliner Straße 77 (Charlottenburg) und im Mai 1930 in der Hedemannstraße 10. Vgl. Reuth 2000: 163; Bramsted 1971: 64; Reimann 1971: 80f.

545 „Aber Goebbels kommt nicht nur zum Ausmisten nach Berlin, sondern mit der Absicht, den Stall zu übernehmen!" (Wunderlich 2002: 54).

546 In dieser Aktivistengruppe wurden nur Parteimitglieder aufgenommen, die sich zu einer fortdauernden finanziellen Unterstützung verpflichteten. Der verschuldeten Partei, die über keinerlei regelmäßige Beitragszahlungen verfügte, wurde somit zumindest ein Minimum an Einnahmen garantiert. „Mit der Gründung des ‚Nationalsozialistischen Freiheitsbundes' bezweckte Goebbels vor allem, die leere Parteikasse aufzufüllen. Den Mitgliedern wurden Führungspositionen in der Partei in Aussicht gestellt, wofür sie sich zu beträchtlichen Spendenzahlungen an die Partei verpflichten mussten." (Kruppa 1988: 340).

547 Ebd.: 340. Vgl. Klußmann 2005: 67; Hochstätter 1998: 30; Bramsted 1971: 65; Hüttenberger 1969: 40f.

548 „Als Goebbels 1926 nach Berlin kam, war die NSDAP in der Reichshauptstadt so gut wie nicht vorhanden. Er hieß Gauleiter, war aber nicht viel mehr als ein Prediger in der Wüste." (Stephan 1949: 47). Vgl. Borresholm 1949: 65f.

549 Goebbels 1935b: 40. In romantischem Ton schrieb er im Nachklang an die Ereignisse: „Die Partei war für uns nicht ein Kleinod, das wir im silbernen Schrein verschließen wollten; sie war vielmehr ein Diamant, den wir schliffen, um ihn später mitleidlos zum Zerschneiden der feindlichen Front anzusetzen." (Goebbels 1935b: 32).

enorm und die Viermillionenstadt aufgrund ihrer Größe schwer überschaubar war, als auch aufgrund der Tatsache, daß die Arbeiterschaft als eine Schlüsselwählergruppe traditionell im politischen Umfeld der Kommunisten und Radikalsozialisten (KPD und linker Flügel der USPD) angesiedelt war. Zudem wurden gemäßigte Ansätze nationalistisch-reaktionärer Gesinnung bereits durch die starke DNVP repräsentiert."[550]

Um in der sensationsgewohnten Stadt[551] aufzufallen, öffentliche Resonanz zu bekommen und die Aufmerksamkeit der Menschen zu fesseln, brauchte es eine besondere Strategie. Mit Goebbels Amtsantritt bekam der Berliner Rechtsradikalismus eine neue Struktur: Um die „Masse"[552] für die nationalsozialistische Weltanschauung zu gewinnen, stellte der neue Gauleiter seinen agitatorischen Einfallsreichtum unter Beweis.

> „Goebbels, der 1926 nach Berlin kam, um die Reichshauptstadt für die ‚Bewegung' zu erobern, begriff besser als andere, dass die zentrale Aufgabe darin bestand, durch Aktionen und Kampagnen in den Medien präsent zu sein, dass politische Macht Medienmacht ist. [...] Gerade Joseph Goebbels stellte unter Beweis, dass Kampagnenfähigkeit und Medienmacht die politische Kultur selbst des ‚roten' Berlin innerhalb kurzer Zeit nachhaltig verändert werden konnte. [...] Was den Nationalsozialisten in den zwanziger Jahren gelang, war in erster Linie, Deutungsmacht zu erringen."[553]

Goebbels zeigte sich in den folgenden Monaten als findiger Kommunikationsmanager, der sich einerseits durch inszenierten Straßenterror und organisierte Saalschlachten die Schlagzeilen in den Hauptstadtmedien sicherte, andererseits sich durch eigene perfide journalistische Kniffe in die allgemeine politische Artikulation einmischte. Auch zeigte sich bald, dass er ein sicheres Gefühl für mediale Skandale hatte.[554]

---

550 Beißwenger 2000: 14, Klammer im Original. Vgl. Reuth 2000: 104.

551 „Berlin braucht seine Sensation, wie der Fisch das Wasser." (Goebbels 1935b: 28).

552 „Berlin ist bevölkerungspolitisch gesehen ein Konglomerat von Masse; wer hier etwas werden und bedeuten will, der muß die Sprache sprechen, die die Masse versteht, und sein Handeln so einrichten und begründen, daß die Masse dafür Sympathie und Hingabe aufbringen kann." (Goebbels 1935b: 46).

553 Wildt 2005: 84. Vgl. Hachmeister 2005: 10; Fröhlich 1989: 56; Kruppa 1988: 361; Broszat 1960: 45.

554 „Das Tempo der 4-Millionen-Stadt zitterte wie ein heißer Atem durch die rhetorischen Deklamationen der gesamten reichshauptstädtischen Propaganda. Es wurde hier eine neue und moderne Sprache gesprochen, die nichts mehr mit altertümlichen, sogenannten völkischen Ausdrucksformen zu tun hatte. Die nationalsozialistische Agitation wurde für die Massen zugeschnitten. Die moderne Lebensauffassung der Partei suchte und fand hier auch einen modernen, mitreißenden Stil." (Goebbels 1935b: 46).

6.4 Das Textangebot in den *Nationalsozialistischen Briefen* (Phase III: November 1926–Juni 1927)

> „Ja, diesem Mann kann man dienen.
> So sieht der Schöpfer des dritten Reiches aus."[555]

„Am 9. November 1926 trat Goebbels sein neues Amt als Gauleiter von Berlin an, um von dort mit dem Führer Deutschland politisch zu erobern. Er setzte in der Reichshauptstadt und bald im ganzen Reichsgebiet in die Tat um, was er in Elberfeld angefangen und im Vorwort der *15 Entwürfe* folgendermaßen formuliert hatte: ‚Die Macht des geschriebenen und gedruckten Wortes ist für's erste noch die einzige Waffe, mit der wir uns zum Siege durchkämpfen können. Je stahlharter und schärfer sie gehämmert und geschliffen wird, desto eher vermag sie das Lügengewebe der Gegner zu durchschneiden.'"[556]

Trotz der vielfältigen und neuartigen Aufgaben, die auf Goebbels in Berlin warteten, wollte er seine publizistischen Gewohnheiten – sprich: seine verantwortliche Schriftleitertätigkeit bei den *Nationalsozialistischen Briefen* – nicht vernachlässigen.[557] In einem Resümee zu seiner Arbeit an den *NS-Briefen* hatte Goebbels dies offiziell bekannt gegeben und den Wunsch nach einer auch weiterhin produktiven Zusammenarbeit geäußert.[558] Nicht zuletzt ging es ihm darum, das Parteiorgan als publizistische Plattform weiterhin nutzen zu können.

„In einem Aufsatz zum einjährigen Bestehen der ‚NS-Briefe' am 1. Oktober 1926 gab er deutlich zu erkennen, wie sehr ihm ungeachtet seiner Berufung an die Spitze der Berliner Partei durch Hitler weiterhin an einem guten Verhältnis zu Strasser gelegen war. Goebbels dankte dem ‚Kampfgenossen' mit sehr persönlich gehaltenen Worten [...]. Seine Auseinandersetzung mit Strasser verschwieg Goebbels nicht, doch stellte er sie als Zwistigkeiten dar, wie sie zwischen Kameraden auftreten, die trotz unterschiedlichen Temperaments und unterschiedlicher landsmannschaftlicher Herkunft fest zusammenhalten."[559]

Seine Funktion behielt er bis Mitte Mai 1927 bei; den organisatorischen und journalistischen Arbeiten für die Halbmonatsschrift kam er von Berlin aus weiter nach.[560] In dieser dritten Phase, also der Zeit zwischen Dezember 1926 und Mai

---

555 sogGTb 23.7.1926.

556 Goebel 1984: 12, kursiv im Original. Die hier erwähnten „15 Entwürfe für Schriftplakate oder Flugblätter zur Ankündigung von Vorträgen der N.S.D.A.P., herausgegeben von der Geschäftsstelle der Nationalsozialistischen Briefe mit einem Vorwort von Joseph Goebbels" befinden sich in Privatbesitz und waren für diese Studie nicht zugänglich. Vgl. Goebel 1984: 25.

557 „Arbeit habe ich in Hülle und Fülle, aber Arbeit, die mir Freude macht und Erfolg bringt. So ist's recht. Gleich beginne ich auch wieder mit der Arbeit an den N.S. Briefen. Hoffentlich habe ich in den nächsten Wochen etwas mehr Zeit als bislang, mich dem Schreiben zu widmen." (sogGTb 18.11.1926).

558 „Bilanz" (NSB/1.10.1926/21).

559 Höver 1992: 288.

560 Der Wechsel in der Schriftleitung wurde in den *NS-Briefen* am 15.5.1927 verkündet. Darin schrieb Gregor Strasser: „Es ist mein Bedürfnis, bei diesem Anlaß Herrn Dr. Goebbels herzlich zu danken für seine unermüdliche, erfolgreiche Arbeit in den langen und oft so schweren Monaten gemeinsamen Wirkens, deren Erfolg in den ‚N.S. Briefen' und in der Anerkennung,

1927 (vom Wechsel nach Berlin bis zur Abgabe des Schriftleiterpostens) veröffentlichte Goebbels insgesamt neun Texte in den *NS-Briefen*. Dabei zeigen sich drei thematische Kategorien: Erstens jene Artikel, die weiterhin propagandistisches Lehrmaterial enthielten; zweitens das Verhältnis zur Berliner SA und drittens die kontinuierlich fortgesetzte Agitation gegen die Demokratie.[561]

6.4.1 Erste propagandistische Lehren

Der erste Beitrag, den Joseph Goebbels nach seiner Ernennung zum Berliner Gauleiter in den *Nationalsozialistischen Briefen* veröffentlichte, trug den Titel „Kleinarbeit"[562]. Der Kern des Lehrtextes bestand aus üppigen Anweisungen für die tägliche Propagandaarbeit, einer Liste mit agitatorischen Methoden und einer Aneinanderreihung pauschaler Befehle: „Jede freie Minute, jede Pause, jeder Ausgang, jeder Kundenbesuch wird zur unaufdringlichen Propaganda genutzt." Flugblätter, Karikaturen, Statistiken, Zeitungen und Werbeheftchen wurden als wirksame Werbewerkzeuge ebenso genannt wie persönliche Briefe, Aufklärungsmaterial und psychologische Gesprächsführung. Der Verfasser mahnte: „Zum Nationalsozialismus kann man Menschen überzeugen, nicht überreden." Um effektive propagandistische Strategien ging es ebenfalls in dem Artikel mit der Überschrift „Propaganda in Wort und Bild"[563], der als Offener Brief an den Karikaturisten Mjölnir[564] gestaltet war. Goebbels lobte insgesamt die „Schlagkraft" von aggressiven und eindeutigen Zeichnungen, denn sie seien „[k]napp, streng, herb, von einer männlich-sicheren Bildhaftigkeit, von peitschender Leidenschaft und einer bis ins Letzte getroffenen inneren Wahrheit" geprägt. Neben Klebezetteln (wirksam durch eine massenhaft verbreitete bündige „Predigt"), Flugblättern

die sie gefunden haben, vorliegen." Karl Kaufmann tauchte im Impressum von da an als verantwortlicher Schriftleiter auf.

561   Zu keinem dieser Schwerpunkte gehört der Beitrag mit dem Titel „Künftige Führer des Volkes" (NSB/15.3.1927/5). Es handelte sich hier um den veröffentlichten Briefwechsel mit der Friedrich-Wilhelms-Universität Berlin. Die Studentenschaft hatte Goebbels zu einem Vortrag eingeladen, in dem er „die Ansichten der Freunde des Antisemitismus vertreten" sollte. In seiner abgedruckten Antwort an die potentielle Zuhörerschaft machte er jedoch „darauf aufmerksam, daß ich nicht als Freund, sondern ein leidenschaftlicher Verteidiger des Antisemitismus bin, daß ich also in meinem Referat nicht, wie das ein Freund für den Freund tut, etwa ein gutes Wort für den Antisemitismus einlegen werde, sondern im Angriff gegen den Philosemitismus den Antisemitismus verteidigen und darstellen werde." Die Einladung wurde mit der Begründung zurückgezogen, dass ein polemisches Referat nicht in einen universitären Rahmen passe.

562   NSB/15.12.1926/23.

563   NSB/15.3.1927/4.

564   Hinter dem Künstlernamen Mjölnir verbarg sich der Karikaturist Hans Schweitzer. „Mjölnir" war das altgermanische Wort für Thors Hammer und stand für die Macht und Kraft des göttlichen, altnordischen Zerschmetterers. Schweitzer zeichnete für den *Völkischen Beobachter*, hatte aber auch für Goebbels Werbe- und Aufklärungsschriften wie „Das kleine abc des Nationalsozialisten" und „Der Nazi-Sozi" illustriert. Später wurde er Karikaturist in Goebbels' Zeitung *Der Angriff*.

(inhaltlich bestückt mit nüchternen, leidenschaftslosen Feststellungen) und Plakaten (riesengroß und provokativ) komme der Bildpropaganda eine besondere Aufgabe zu, so Goebbels. Aus seiner Warte habe die politische Karikatur eine durch-
schlagende Wirkung: „So muß eine Karikatur sein: auch im vernichtendsten
Trommelfeuer der Offensive noch künstlerisch und wahrhaftig. Der Karikaturen-
zeichner hat das im Handgelenk, was der Redner in der Stimme hat."

Dass Goebbels' Hauptaugenmerk auf der zweckmäßigen und verständlichen
Vermittlung von Propagandaanweisungen lag, zeigen auch weitere Texte.[565] Der
Leser wurde, wie bei den Lehrstücken in den *Nationalsozialistischen Briefen* üblich, mit der „Du-Formel" direkt und persönlich angesprochen.[566] Anhand praxis-
bezogener Beispiele wurden dann die instruktiven Inhalte, Anweisungen, Ablauf-
pläne und Kontrollhinweise vermittelt – ganz gleich, ob es sich um Veranstal-
tungsvorbereitungen, Budgetierung, Diskussionsrunden, den Nutzwert von
Kampfliedern, den Einsatz eines SA-Fackelzuges oder die Aufbietung eines Saal-
schutzes zur Sicherung einer Versammlung vor „jüdisch-marxistischem Terror"
handelte. In süffisanter Art schrieb Goebbels: „Bedenke, daß auch der beredteste
Mund mit einer einzigen Faust gestopft werden kann." Das Lehrmaterial enthielt
Hinweise zum richtigen Gebrauch von Annoncen, Rundschreiben und Bekannt-
machungen beim politischen Werbefeldzug für die „Sache"; eine besondere Rolle
wurde dabei dem Plakat als „lebendige Verbindung zwischen Masse und Idee"
zugewiesen. Laut Goebbels könne mit prägnanten Parolen, zweckmäßiger Aufmachung[567], schneller Lesbarkeit und der weitreichenden Verbreitung[568] eine besonders kraftvolle agitatorische Wirkung erzielt werden: „Der wahre Meister des
Wortes vermittelt in einem einzigen Plakat eine ganze Weltanschauung."

Auf den „Dienst am Volk" wurde der Leser geradezu eingeschworen. Goebbels unterstrich: „Du mußt, bevor der Gast Nationalsozialist ist, es ihm so bequem
wie möglich machen. Mit den Forderungen kommst Du schon früh genug, wenn
er einmal in Reih und Glied steht." Seine im Befehlston vorgetragenen Forderungen richtete Goebbels nicht mehr nur vornehmlich an den linken NSDAP-Flügel,
wie es in den *Nationalsozialistischen Briefen* bislang der Fall gewesen war. Als
wichtige Adressatengruppe kam nun auch die SA hinzu, auf deren politischen
Aktionismus in den Texten mehr und mehr eingegangen wurde. Mit einprägsamen
Worten versprach Goebbels, dass jeder ganz gezielt seine Vorteile und Nutzen in
der politischen Arena und bei öffentlichkeitswirksamen Auftritten geltend machen
könne, wenn man sich nur strikt an die Anweisungen halte.

---

565 „Massenversammlung" (NSB/1.4.1927/6), „Sprechabend" (NSB/15.4.1927/7) sowie „Das
    Plakat" (NSB/15.5.1927/8).
566 Siehe dazu Kapitel III, 5.3.3.
567 „Die Farbe unserer Bewegung ist leuchtendes Rot. Unsere Plakate haben ausnahmslos diese
    einzige Farbe der Revolution."
568 „Eine Massenbewegung muß auch durch die Massenhaftigkeit ihrer öffentlichen Agitation
    Eindruck machen."

6.4.2 Beziehungspflege zur SA

Um seine parteiinternen Neuerungen und öffentlichkeitswirksamen „Kriegskünste" in Berlin durchzusetzen, benötigte Goebbels die Unterstützung der „Sturmabteilung"[569]. Sollte die Hauptstadtpresse von der NSDAP endlich Notiz nehmen, bedurfte es neben bombastischen Kundgebungen und Aufmärschen, heroisch wirkenden Fackel- und Trommelzügen und einer auffälligen „Mobilmachung" der Wählerschaft vor allem auch blutiger Schlägereien, wirkungsvoller Störungen politischer Konkurrenzveranstaltungen und fleißiger Hilfe bei den nächtlichen Plakatklebeaktionen. Die „Braunhemden"[570] – die sich übrigens als Gegenstück zum kommunistischen Roten Frontkämpferbund[571] sahen – sollten den neuen Gauleiter dabei tatkräftig und baldmöglichst auch bedingungslos unterstützen. Nicht umsonst empfahl sich Goebbels daher auch in seinen Publikationen[572] als vertrauenswürdige Leitfigur für die in Berlin ansässige SA und bereitete die von ihm für die schlagkräftige Truppe vorgesehenen Aktivitäten mit Euphemismen vor:

> „Alles das, was wir heute in der Zeit des Kampfes für Deutschland leisten, das ist gewissermaßen ein Bußetun für Vergangenes und ein Geloben für Zukünftiges. [...] Nicht im Überfluß, in der Entbehrung, im Opfer bildet sich der Charakter. Opfert! Im Opfer liegt die Reinigung von Schuld. [...] Umso mehr predige ich Euch die Zucht und die Disziplin vor der gigantischen Aufgabe, die unser harrt. Das Große wird nur von Helden des Geistes und der Tat vollbracht. [...] Nicht den Tod der Leidenschaften predige ich Euch, sondern die Richtung alles dessen, was an Leidenschaft in Euch ist, auf ein Ziel. [...] Und nun geht und handelt!"

569 Die 1921 begründete SA als Schutz- und Propagandagruppe der NSDAP galt als politische Soldatentruppe und zugleich „Garant der Bewegung". Sie wurde innenpolitisch bei Veranstaltungen und für politisch legitimierte Straftaten (Saalschlachten, Straßenkämpfe, Bürgerterror) sowie zu verschiedensten Propagandazwecken eingesetzt. Die SA diente als Instrument, um die Stärke und die Durchsetzungsfähigkeit der „Bewegung" zu veranschaulichen, daher wurde sie auch als „Garde der nationalsozialistischen Idee" bezeichnet. Die SA-Männer trugen braune Hemden und eine Hakenkreuzarmbinde als Erkennungsmerkmal. Später hatte die SA nur noch eine Ausbildungs- und Erziehungsfunktion und war somit für die Wehrerziehung im Sinne der Ideologie, den Erhalt der körperlichen Tüchtigkeit und des soldatischen Geistes zuständig. Vgl. Schmitz-Berning 1998: 551–553; Berning 1964: 166f.

570 Das Braunhemd war Bestandteil der politischen Einheitsuniform der NSDAP-Mitglieder, insbesondere der SA. Als gemeinsames Identifikationsmerkmal war es dem italienischen Faschismus entlehnt. Die braune Farbe sollte die Verbundenheit mit dem Boden symbolisieren und wurde vielfach als Kennfarbe des Nationalsozialismus verwendet. Im allgemeinen Sprachgebrauch der NS-Bewegung wurde ein SA-Mann daher auch als „Braunhemd" bezeichnet. Vgl. Schmitz-Berning 1998: 128f.

571 Der so genannte Rote Frontkämpferbund (RFB) existierte seit 1924, wurde von Ernst Thälmann geleitet und war ein paramilitärischer Kampfverband der KPD. Die Mitglieder (Rotfrontkämpfer genannt) sahen sich in enger Verbundenheit mit der Sowjetunion und als Vorkämpfer des Sozialismus auf deutschem Boden. Im Jahr 1927 hatte die Straßenkampf- und Terrororganisation der KPD etwa 110.000 Mitglieder. *Die Rote Front* war die Verbandszeitung des RFB. Obwohl aufgrund einer blutigen Maikundgebung 1929 der Rote Frontkämpferbund erst in Preußen und dann auch im gesamten Deutschen Reich verboten worden war, arbeitete er im Untergrund weiter. Vgl. Pätzold/Weißbecker 2002c: 46; Reuth 2000: 115.

572 „Opfergang" (NSB/1.1.1927/1).

Wenn Goebbels die „geschichtliche Mission der NSDAP" anpries, tat er dies wieder einmal mit reichhaltigem religiösem Vokabular, schilderte Todsünden ebenso wie die Notwendigkeit der Askese, appellierte an den „gigantischen Glauben" und die „Sendung", ja predigte förmlich das „Wunder der Freiheit", das er in der Loslösung vom Parteienstaat erkannt haben wollte.

Der SA-Mann wurde von Goebbels – beispielsweise in dem journalistischen Beitrag mit dem Titel „Der unbekannte S.-A.-Mann"[573] – als vorbildlicher weil „stolzer Kämpfer der Bewegung" besonders hervorgehoben und dessen Kampf gegen den „kommunistischen Weltfeind" legitimiert: „Ein stilles, heldenhaftes Bluten hat in unseren Reihen Einkehr gehalten. [...] Ihr habt das Wort wahr gemacht, daß, wo Ideen nicht ausreichen und Terror angesetzt wird gegen die Träger der Ideen, die Fäuste nachhelfen müssen." Die SA wurde von Goebbels als „Bezwinger der Sklaverei" (also des Versailler Vertrages) und des „teuflischen Systems" (also der Weimarer Demokratie) gewürdigt. Vorwürfe aus den eigenen Reihen, wonach die Strategien des Gauleiters als niveaulos und unanständig bezeichnet wurden, ließ er kaltschnäuzig an sich abtropfen und entgegnete:

> „Ich sprach für Euch alle: wir verzichten darauf, anständig zu sein in einem Land, in dem der Anstand das Vorrecht der Raffer und der Hunger das Vorrecht der Schaffer ist. Die Methoden, nach denen wir kämpfen, bestimmen wir selbst. Wir danken für gute Ratschläge von ‚nationalen' Männern, die den Wedding nur dem Namen nach kennen. [...] Was mit Blut gesät wird, wird herrliche Ernte tragen!"

Interessant ist bei diesem Aufsatz, dass erstmals das Bild vom „unbekannten SA-Mann" als „Adel des Dritten Reiches" und „Aristokrat eines neuen Arbeitertums" gezeichnet wurde:

> „Ich meine damit jenen Aristokraten des dritten Reiches, der Tag für Tag seine Pflicht tut, einem Gesetz gehorchend, das er nicht kennt und kaum versteht. Dem man vielleicht einmal irgendwo und irgendwann den Schädel einschlagen wird, weil er groß ist, weil er über dem Mob steht und wegweisend seinem Volke voranschreitet. Der aber trotzdem still, keusch, groß und tapfer seine Pflicht tut für ein Reich, das kommt. Vor ihm stehen wir in Ehrfurcht und nehmen die Mützen ab."

Nach dem in der Allgemeinheit bekannten Vorbild des so genannten unbekannten Soldaten[574] schuf er damit den Inbegriff des ergebenen, selbstlosen, bescheidenen, opferwilligen, pflichtgetreuen und rechtschaffenen Kämpfers im Dienste der nationalsozialistischen „Sache". Mit eingängigen Schlagwörtern wie Disziplin, Fanatismus, Verbrüderung und Stolz beschrieb er einen idealen Helden, der für die „kommende Wiedergeburt Deutschlands" verantwortlich sei. Goebbels transportierte den Gedanken eines funktionalen Gefolgschaftsmythos, der auf breite Bevölkerungsschichten übertragen werden und als Vorbereitung auf kommende

---

573 NSB/1.3.1927/3.

574 „Es war dies eine geschickte Abwandlung des in den Zwanzigerjahren so beliebten Themas vom ‚Unbekannten Soldaten'." (Bramsted 1971: 68). Vgl. Kessemeier 1967: 80–82. Beschrieben wurde dieser „Unbekannte SA-Mann" als Garant der nationalsozialistischen Revolution und als treuer Sohn des Volkes, der bis in den Tod dem „Führer" treu und ergeben sei. Vgl. Schmitz-Berning 1998: 553f.; Berning 1964: 167.

Wahlkämpfe dienen sollte: Was für das nationalsozialistische Idol galt, sollte vorteilhaft auf das Volk abfärben; der blinde Gehorsam des SA-Mannes war positiv besetzt und wurde mit dem bedingungslosen Vertrauen und Glauben an den Nationalsozialismus und den „Führer" verbunden.[575] In einer späteren Schrift erläuterte Goebbels die Funktion des verwegenen SA-Mannes als Rückgrat der Partei und Repräsentant des jungen Deutschlands, der der Masse imponieren solle als

> „der plastische Ausdruck für jenen kämpfenden politischen Soldaten, der da im Nationalsozialismus aufgestanden war und sich gegen die Bedrohung des deutschen Volkes zur Wehr setzte. [...] Der S.A.-Mann ist dazu ausersehen, die plastische Stärke und die volksverbundene Kraft der nationalsozialistischen Bewegung vor aller Welt und Öffentlichkeit zu zeigen"[576].

Durch die Konstruktion des unbekannten SA-Mannes gelangen Goebbels gleich zwei Husarenstücke: Der Bevölkerung wurden Ideale und Helden präsentiert, an denen sich jeder Einzelne orientieren und aufrichten konnte, ohne (vorerst noch) eine derartige Rolle selbst übernehmen zu müssen. „Der Alltag wird homolog zur großen (faschistischen) Politik – die einzelnen können sich angesprochen fühlen, ohne spezifische Figuren nationalsozialistischer Ideologie übernehmen zu müssen"[577]. Dieser Entwurf kann als Vorläufer zur Märtyrer-Strategie betrachtet werden, wie sie durch Horst Wessel später eingeleitet wurde.[578] Zum zweiten konnten die Toten und Opfer sowohl des Ersten Weltkrieges und der Novemberrevolution wie auch des gegenwärtigen „nationalsozialistischen Kampfes" gerühmt und ihnen Huldigungen entgegengebracht werden. In einer religiös-mystischen Verbrämung wurde bei derartigen Beschreibungen stets vom „heiligen Blutopfer" des unbekannten SA-Mannes gesprochen, aus dem letztendlich die „Freiheit der Nation" empor steige.[579] Insofern fand hier eine anonymisierte und daher breit anwendbare Verherrlichung statt, die die weitere aggressive politische Vorgehensweise der Nationalsozialisten auf ihre Art legitimierte.

6.4.3 Antiparlamentarismus

Die Position der Nationalsozialisten im Deutschen Reichstag wurde von Goebbels äußerst misstrauisch betrachtet; die gemeinsame Fraktion mit den Deutschvölkischen unter der Leitung von Wilhelm Frick missfiel ihm grundsätzlich, was er in

---

575 Der bis zur Selbstverleumdung reichende blinde Gehorsam wurde durch die Bezogenheit auf die nationalsozialistische „Bewegung" und auf die Person Adolf Hitler rechtfertigt. Was befohlen war, musste so auch in die Tat umgesetzt werden, während das persönliche Urteil oder die eigene Meinung über einen Sachverhalt dem vollständig unterzuordnen war, also keinerlei Berücksichtigung mehr fand. Wer dem nationalsozialistischen Ideal entsprechen wollte, folgte gehorsam und diszipliniert dem Oberen; dieser wiederum befahl und ordnete ausschließlich nur das an, was der Gemeinschaft diente. Vgl. Schmitz-Berning 1998: 103f.
576 Goebbels 1935b: 85f.
577 Maas 1991: 31, Klammer im Original.
578 Siehe Kapitel IV, 2.3.5 zu Horst Wessel.
579 Vgl. Berning 1964: 44.

dem Artikel mit der Überschrift „Parlamentarismus?"[580] deutlich zur Sprache brachte. Darin stellte sich der Berliner Gauleiter gegen die Präsenz der National-sozialisten im Parlament, da seiner Meinung nach jede Art von parlamentarischer Arbeit im Gegensatz zur Ideologie des nationalen Sozialismus stand. Seiner Auf-fassung nach durfte es keinerlei Einlassen auf demokratische Formen geben. Die NSDAP, die er als revolutionäre Umsturzbewegung deklarierte, hatte nach seinem Ermessen nichts und niemanden im „Mistbeet und Saustall" des Reichstages ver-loren. Dabei ging es dem Schreiber allerdings um den seiner Ansicht nach unmög-lichen politischen Schulterschluss mit der DNVP; diese Kooperation mit der kon-servativen Rechtspartei hielt er für bedenklich. Zur politischen Einmischung in die parlamentarische Praxis schrieb er: „Vorausgeschickt: ich bin nicht gegen den parlamentarischen Kampf für unsere Idee an und für sich; ich halte das für eine Frage des Charakters. Der Starke wird auch im Parlament stark bleiben, der Schwächling jedoch wird im Reichstag gewiß kein Held!" Dass die DNVP wäh-rend der Regierungskrise 1926/27 die Bildung des vierten Kabinetts Marx und die Neuauflage des Bürgerblocks ermöglicht hatte, wertete er als eindeutige Zusage an die Weimarer Republik und als Billigung der Demokratie.

> „Der Vorwurf an Teile der NSDAP, sie hätte sich den im Reichstag üblichen Gepflogenheiten des Taktierens und Kompromisse-Schließens angepasst und darüber ihr Ziel, den revolutionä-ren Umsturz, aus dem Auge verloren, zieht sich wie ein roter Faden durch zahlreiche Artikel des Berliner Gauleiters in den Jahren bis 1933. Goebbels setzte seinen im Rhein-Ruhr-Gebiet eingeschlagenen Kurs fort und warnte immer wieder vor Übereinkünften mit der ‚Reakti-on'."[581]

Diese Abneigung widersprach allerdings den jüngsten Taktiken der Münchner Parteileitung und sorgte somit für interne Kontroversen.[582] Dennoch verlangte Goebbels vehement von den NS-Parlamentariern eine eindeutige antidemokrati-sche Haltung und eine kontinuierliche Agitation gegen das „Weimarer System". Je näher ein Parteigenosse dem Ministersessel käme, so seine Befürchtung, desto zahmer würde sein politisches Verhalten. Vor allem forderte er den Bruch mit der Koalition, mit Ernst Graf zu Reventlow und der Deutschvölkischen Freiheitspar-tei. Tatsächlich wurde im März 1927 die Arbeitsgemeinschaft mit den Deutsch-völkischen im Parlament beendet, fortan bildeten die wenigen Nationalsozialisten im Reichstag eine eigene parlamentarische Gruppe ohne Fraktionsstatus.

---

580 NSB/1.2.1927/2.
581 Höver 1992: 294. Vgl. Winkler 1993: 320f.
582 „Eben angekommen. Dreck, Dreck finde ich in Haufen vor. Frick schreibt mir einen groben Brief. Wegen des ‚Parlamentarismus?' Was tuen? Da stehen 2 Welten gegenüber. Gleich kommt Feder. Das wird ein Skandal werden. Ich stehe und falle mit diesem Aufsatz. Hitler soll wütend auf mich sein. Man tau! Dann gehe ich! Man muß ja doch das Rechte hören!" (sogGTb 5.2.1927). Ebenso wie im Folgenden: „Samstagabend tauchte bei bei Herr Feder auf. [...] Das Typische: er sucht Versöhnung. Obschon mein Aufsatz: ‚Parlamentarismus?' ei-nen Sturm im Wasserglas gemacht hat." (sogGTb 7.2.1927). Goebbels, der gerne zu Dramati-sierungen und Übertreibungen neigte, überzeichnete die Bedeutung seines Artikels; dennoch zeigt diese Reaktion sehr genau, dass Goebbels' Position nach wie vor wenig mit den Ansich-ten und Entscheidungen der Münchner Clique zu tun hatte.

6.5 Weitere journalistische Aktivitäten

„Bin ich ein Menschenfresser?!"[583]

Neben den Publikationen in den *Nationalsozialistischen Briefen* veröffentlichte Joseph Goebbels nach seiner politischen Neupositionierung in Berlin nur wenige Artikel in anderen Presseorganen. In der *Berliner Arbeiterzeitung* fand sich in diesem Zeitraum ein Beitrag mit dem Titel „Weihnachten 1926"[584], in dem es sich um das seit 1925 jährliche schriftliche Gedenken an den Scheidemann-Attentäter Hans Hustert handelte, der seine zehnjährige Haftstrafe abbüßte.[585] Unter der Überschrift „Weihnachtsbrief an einen ,Zuchthäusler'"[586] war dieser Text bereits im *Völkischen Beobachter* erschienen.

Abgesehen von einem weiteren Aufsatz im *VB*[587] tauchte Joseph Goebbels bis Mitte November 1929 nicht mehr als Autor im Hauptorgan der NSDAP auf. Zurückzuführen war dies auf das sich durch Goebbels' politischen Karriereschritt weiter verschlechternde persönliche Verhältnis zu Alfred Rosenberg. In dem *VB*-Chefredakteur hatte der Berliner Gauleiter eher einen Widersacher denn einen Fürsprecher.[588] Dies lag einerseits an den unterschiedlichen ideologischen Fundierungen – hier Goebbels' pro-sowjetische Eskapaden, dort Rosenbergs dogmatischer Rigorismus –, doch nun kamen noch innerparteiliche Rivalitätskämpfe und die scharfe Abgrenzung von Kompetenzräumen hinzu. Während Rosenberg in der „Kampfzeit" nicht einmal eine Position in der Reichsleitung erringen konnte und sich stattdessen auf diverse Tätigkeiten im Pressebereich beschränkte, zeigte sich Goebbels vielfach erfolgreicher und stieg zum Gauleiter auf.[589] Dass der „Vor-

---

583 sogGTb 31.7./1.8.1926.

584 Soz/26.12.1926/7. Siehe Kapitel III, 4.6 zum Start dieser Artikelreihe.

585 Interessant erscheint in diesem Zusammenhang auch ein Brief von Goebbels an Otto Strasser, in dem er sich als Berliner Gauleiter für die Unterstützung durch die *Berliner Arbeiterzeitung* bedankte, eindringlich versprach, seinen Parteikameraden die Presseerzeugnisse des Kampfverlages als Lektüre zu empfehlen, und zugleich in seiner Funktion als Schriftleiter der *NS-Briefe* die weitere Zusammenarbeit mit Strasser bestätigte. Vgl. Brief von Joseph Goebbels an Otto Strasser am 8.2.1927 (IfZ Fa 112–114). „Offenbar fühlte er sich zu diesem Zeitpunkt den Gebrüdern Strasser noch sehr verbunden." (Kruppa 1988: 339).

586 VB/25.12.1926/4.

587 „Der unbekannte S.-A.-Mann" (VB/10.3.1927/1). Der identische Text war bereits in den *Nationalsozialistischen Briefen* erschienen (NSB/1.3.1927/3). Zur inhaltlichen Auseinandersetzung siehe Kapitel III, 6.4.2.

588 Vgl. Fest 2002: 364; Beckenbauer 1983: 18. Siehe zu den Hintergründen dieser Entwicklung Kapitel III, 3.2.1 und III, 4.6.

589 Nach 1934 verstärkte sich diese Entwicklung noch: Rosenberg und Goebbels fochten ihre Konflikte vor allem bezogen auf die deutsche Kulturpolitik aus. Es begann ein Tauziehen um Macht, Einfluss, Zuständigkeiten und Geldmittel – insbesondere, weil Goebbels als Propagandaminister seinen Anspruch auf die staatlich kontrollierte Lenkung des Kulturlebens erhob, während Rosenbergs Einfluss selbst als Amtsperson in der Rolle als „Beauftragter des Führers für die Überwachung der gesamten geistigen und weltanschaulichen Schulung und Erziehung der NSDAP" eher gering blieb. „Beim Verhältnis Rosenbergs zu Goebbels stand nach der ,Machtergreifung' von allem Anfang an die Rivalität im Vordergrund. Trotz seiner

stadtagitator" – wie Rosenberg ihn gehässig nannte – dann auch noch ein eigenes Presseorgan in Berlin konzipierte und bald schon mit dem Aufbau der Wochenzeitung *Der Angriff* begann, erhob ihn in die Rolle des Erzwidersachers.

Statt seine Publikationsmöglichkeiten im *Völkischen Beobachter* weiter auszuloten, schrieb Goebbels beispielsweise für das *Nationalsozialistische Jahrbuch*. Dieses erschien 1927 das erste Mal im Franz Eher Verlag München und wurde von der Hauptparteileitung der NSDAP herausgegeben. Der kleine Taschenkalender enthielt vorwiegend Darstellungen über den Aufbau und die historische Entwicklung der Partei sowie ausführliche Hintergrund- und umfangreiche Tätigkeitsberichte. In dem Kalenderbuch gab es neben Aufsätzen diverser politischer Persönlichkeiten auch zahlreiche Fotografien von Adolf Hitler, im Serviceteil sogar Listen deutscher Vornamen und die aktuellen Bahnpreise. Während der NS-Diktatur fand der Leser außerdem Material über die einzelnen Ministerien und ihre Aufgabenbereiche. Die Jahrbücher hatten den Zweck, über organisatorische und personelle Strukturen der NSDAP zu informieren. Goebbels war jährlich mit einem Aufsatz darin vertreten.[590] Sein Beitrag im *Nationalsozialistischen Jahrbuch* des Jahres 1927 trug den Titel „Der neue Typ"[591]. Darin wandte er sich wieder einmal an die junge deutsche Generation, die seiner Ansicht nach als politischer Wegweiser galt. Erst der sozialistische Mensch als „der Mensch des Dienstes, der Verantwortlichkeit und der Scheidung des Instinktes und der Arbeit" sei tugendreich genug, um die neue nationalsozialistische Welt aufbauen zu können. Mit diesem Pamphlet in erzieherischem Ton versuchte der Autor, die Jugendgeneration im Sinne des Nationalsozialismus zu politisieren und zugleich für die strategisch kalkulierten Ausschreitungen in der Reichshauptstadt zu instrumentalisieren. Goebbels schrieb: „Wir fangen bei uns mit dem Opfer an. Der sittliche Wert der Selbstaufgabe um das Leben der anderen wird heute noch wie immer Wunder der Erfüllung tun. Wir treten vor der Geschichte an und entzünden die Revolution der aufbauenden Disziplin."

Neben diesen wenigen Aufsätzen außerhalb der *Nationalsozialistischen Briefe* gab es einige Hinweise auf weitere Publikationen. So notierte Goebbels Anfang 1927 das Erscheinen der *Nationalsozialistischen Monatshefte*, in denen er angeblich als Schriftleiter eingesetzt werden sollte.[592] Tatsächlich aber erschienen die

langjährigen Verdienste um den Kampf gegen den kulturbolschewistischen Sumpf der Novemberverbrecher war nicht Rosenberg, sondern der agilere, wendigere und in Fragen der neuen Medien wie Rundfunk und Film viel erfahrenere Goebbels zum Minister ernannt worden." (Piper 2005: 395). Vgl. ebd.: 136, 316–351, 376–379, 383–398; Fest 1971: 403.

590 „Die 1927 zum erstenmal herausgegebenen nationalsozialistischen Jahrbücher stellen einen Tätigkeitsbericht der Bewegung dar, und bezwecken zugleich die Aufstellung neuer taktischer Ziele und Wege." (Six 1936: 53). Vgl. Dussel 2004: 157; Höver 1992: 26; Six 1936: 53.

591 NSJ/1927/1.

592 „Am 1. April kommen nationalsozialistische Monatshefte. Ich soll Schriftleiter werden." (sogGTb 26.2.1927). Ebenso wie im Folgenden: „Überraschung: die Parteileitung bietet mir die Redaktion der N.S. Monatshefte an." (sogGTb 8.3.1927). „Die Parteileitung und der Verlag Eher bieten mir die Schriftleitung der N.S. Monatshefte an, die ab 1. Juli in München vom Chef herausgegeben werden: So sehr ich mich darüber freue, so furchtbar ist mir der Rattenschwanz von Inriguen, die sich bereits daran anschließen. Die Familie Straßer tobt. Es wird

Nationalsozialistischen Monatshefte (Untertitel: *Wissenschaftliche Zeitschrift der NSDAP*) erst ab 1930 im Verlag Franz Eher München; als Herausgeber trat Hitler auf, die Schriftleitung übernahm Alfred Rosenberg.[593] Goebbels veröffentlichte erstmals im fünften Heft einen Aufsatz mit dem Titel „Das patriotische Bürgertum".[594] Um jedoch allen Möglichkeiten nachzugehen, wurden auch die in der Wiener Buch- und Kunstdruckerei Rudolf Stanzell publizierten *Nationalsozialistischen Monatshefte* (Untertitel: *Zeitschrift für nationalsozialistische Weltanschauung*) gesichtet. Als Eigentümer, Herausgeber und Verleger der seit 1924 erscheinenden Zeitschrift galt der Nationalsozialistische Verein für Österreich, Schriftleiter war Leo Haubenberger.[595] Darin findet sich jedoch kein Aufsatz von Goebbels.

Nicht verifizierbar war auch Goebbels' Hinweis auf seine journalistische Tätigkeit beim *Berliner Lokal-Anzeiger* (*BLA*).[596] Das 1883 von August Hugo Friedrich Scherl gegründete Presseorgan hatte anfangs immer wieder seine Unparteilichkeit betont.[597] Seit 1916 befand es sich im Besitz des DNVP-Vorsitzenden Alfred Hugenberg und wurde zu einem mächtigen politischen Instrument ausgebaut.[598] Das Blatt verzeichnete einen deutlichen Aufschwung, als in den bürgerlichen Kreisen die rechten Tendenzen erheblich anwuchsen.

allmählich ihr unseliger marxistischer Einfluß gebrochen." (sogGTb 9.3.1927). „Nachher mit Amann lange Aussprache. Neckisches Intrigenspiel um die ‚N.S. Monatshefte'." (sogGTb 4.5.1927).

593 Insofern ist dieser Hinweis nicht korrekt: „Da Goebbels noch in seiner Elberfelder Zeit bewiesen hatte, dass er fähig war, eine niveauvolle geistige und politische Auseinandersetzung mit den Kommunisten, z.B. in den von ihm verantworteten ‚Nationalsozialistischen Monatsheften' zu führen, kann nur angenommen werden, daß er selbst seine Berliner Anhängerschaft für unfähig hielt, eine politische Auseinandersetzung mit den linken politischen Gegnern zu führen." (Kruppa 1988: 361).

594 NSM/1930/1. Siehe Kapitel IV, 2.4 zur detaillierten Analyse dieses Beitrags.

595 Vgl. Bömer 1937.

596 „Den Nachmittag Arbeit über Arbeit. Ich schreibe jetzt auch pseudonym für Scherl-Verlag. Da werde ich meine Schriftstellerei unterbringen und dem ‚Lokal-Anzeiger' Kuckuckseier ins Nest legen." (sogGTb 12.1.1927).

597 Scherl hatte mit dem *Berliner Lokal-Anzeiger* die deutsche Zeitungslandschaft revolutioniert. Es war als ein Blatt für alle Schichten der Gesellschaft gedacht gewesen und enthielt einen sachlich sortierten Annoncenmarkt – damit stach bei diesem Blatt der Servicecharakter besonders heraus. Scherl arbeitete mit anfangs ungewöhnlichen Vertriebsmethoden, verteilte den *BLA* erst kostenlos, ging dann in eine Art Gratisverteilung mit Schutzgebühr und schließlich zu Dumpingpreisen über. Vgl. Stöber 1994: 321.

598 Alfred Hugenberg, Mitbegründer des Alldeutschen Verbandes und Direktoriumsmitglied der Krupp AG, hatte seit 1916 einen Medienkonzern aufgebaut, der Anzeigen- und Nachrichtenagenturen (Telegraphen-Union), Verlage, ein Maternunternehmen und später zwei Filmunternehmen (Ufa) vereinte. Seit 1916 besaß Hugenberg auch die August Scherl GmbH. Der Berliner Großverlag gab in den 1920er-Jahren drei große Tageszeitungen heraus: neben dem *Berliner Lokal-Anzeiger* (dieser erschien zweimal täglich und sechsmal die Woche, die Auflage wurde mit 221.000 Exemplaren beziffert) noch die *Berliner Illustrierte* und *Der Tag*. 1918 schloss sich Hugenberg der DNVP an und wurde Kandidat bei der Wahl zur Nationalversammlung. Zwischenzeitlich baute er sein Unternehmen weiter aus und kaufte seit 1919 mit Mitteln aus der Schwerindustrie verschiedene zusätzliche Zeitungen auf. Dies brachte ihm

„Inmitten der wirtschaftlichen Misere gelingt es dem Scherl-Verlag, in dem dieses Blatt erscheint, eine Machtposition aufzubauen"[599]. Der *Berliner Lokal-Anzeiger* zeigte sich konservativ, monarchistisch und rechtsorientiert im Sinne der Deutschnationalen Volkspartei. Die deutschnationale Note in Hugenbergs Publizistik begeisterte auch industrielle Kreise, die daher gern als Kapitalgeber auftraten und den Pressekonzern großzügig unterstützten.[600]

Für Goebbels lagen gelegentliche Publikationen im *BLA* aus zwei Gründen nahe: Erstens wohnte er in den ersten Berliner Wochen als Untermieter bei Hans Steiger – einem Redakteur des *Berliner Lokal-Anzeigers*, der ihm leicht Zugang zur Redaktion hätte ermöglichen können.[601] Zweitens vertrat der *BLA* eine rigorose antidemokratische Linie: „Das Blatt steht symbolisch für die demokratiefeindliche rechtsnationale Hugenberg-Presse, die ihre nicht unerhebliche Auflage dazu nutzte, offen und versteckt bei jeder sich bietenden Gelegenheit gegen die Weimarer Demokratie zu hetzen."[602] Insofern wären Goebbels' Beiträge, in denen er seine Aversionen gegen die demokratische Republik zelebrierte, für das Organ geradezu prädestiniert gewesen. Will man Goebbels' Ausspruch allerdings in Bezug auf die Person Hugenberg interpretieren, so dürften die journalistischen Bestrebungen des Gauleiters eher als bewusst angelegte Kontraproduktivität zu werten sein. Hugenberg als Vertreter einer von Goebbels verachteten konservativen Linie sollte durch journalistische „Kuckuckseier" nachhaltig geschädigt werden. Es ist anzunehmen, dass Goebbels das Ziel verfolgt haben dürfte, durch Aufsätze im *BLA* den ultrarechten Kräften einen Bärendienst zu erweisen und gleichzeitig den Nationalsozialismus positiv herauszustellen.[603]

Dass in den Archivbeständen des *Berliner Lokal-Anzeigers* jedoch kein Text von Joseph Goebbels gefunden werden konnte, hängt vermutlich mit der Anony-

den Ruf als „deutscher Pressezar" ein. Vgl. Dussel 2004: 147; Sösemann 2000: 17f.; Frei/Schmitz 1999: 55; Holzbach 1981: 70, 89f., 95–98, 290–293; Moores 1997: 37, 40.
599   Schmaling 1968: 23. Vgl. ebd.: 54–56; Moores 1997: 63f.; Mendelssohn 1982: 120.
600   „Mit Geldern der Schwerindustrie, mit Mandaten und Posten in seinem Konzern und unter Ausnutzung persönlicher Beziehungen lenkte er Parteien und Verbände unsichtbar mit und suchte zugleich die Wählermassen mit Hilfe eines umfangreichen publizistischen Apparates zu beeinflussen. Das ‚System Hugenberg' beruhte somit auf der hochgradig organisierten und konsequenten Anwendung aller traditionellen Mittel der Politik hinter den Kulissen und wurde von einem modernen, auf die Massengesellschaft eingestellten Pressekonzern ergänzt." (Holzbach 1981: 254). Vgl. ebd.: 98, 133, 256.
601   Vgl. Reuth 1992: 353. Hans Steiger galt als treuer Strasser-Anhänger, so dass auch dies die These untermauert, dass sich Joseph Goebbels und Gregor Strasser im Herbst/Winter 1926 ganz und gar nicht im Zorn miteinander befanden.
602   Stöber 1994: 314.
603   „In der Zeit von 1918 bis 1924 unterstützte er [Anmerkung: Hugenberg] alle die politischen Kräfte, die grundsätzlich den Sozialismus und [...] das System von Weimar ablehnten. Hugenbergs Ziel war es zunächst nur, diese Kräfte zu stärken und in einer breiten bürgerlichen Einheitsfront zu sammeln, bürgerlich in den [sic!] Sinn, daß das Bekenntnis zur bürgerlich-kapitalistischen Gesellschafts- und Wirtschaftsordnung, nicht aber unbedingt die soziale Herkunft der einende Faktor war. In der Zeit von 1925 bis 1928 [...] steuerte Hugenberg dagegen einen politischen Kurs, der ganz konkret auf die baldige Überwindung des parlamentarischen Systems unter seiner Führerschaft abzielte." (Holzbach 1981: 254).

misierung zusammen, die Goebbels selbst erwähnte. Da es hierzu keine näheren Angaben gibt, konnte trotz einer ausführlichen Sichtung kein passendes oder annähernd ähnliches Pseudonym im *Berliner Lokal-Anzeiger* gefunden werden. Welchen Wahrheitsgehalt die Goebbels-Notiz überhaupt hat und ob es tatsächlich zu Veröffentlichungen im Scherl-Blatt kam, ist nicht ergründbar.

6.6 Der Kampf um Berlin und das NSDAP-Verbot

> „Schon schreit der Jude: Verbot! Auflösung!
> Und der deutsche Michel brüllt mit."[604]

„Der Aufsteiger aus dem rheinischen Rheydt sieht die Chance seines Lebens gekommen. Ehrgeizig, wendig und skrupellos geht er ans Werk. Er will vor allem eines: auffallen."[605] Goebbels' Hauptaufgabe in Berlin, nämlich die bislang unscheinbare NSDAP aus ihrer Bedeutungslosigkeit herauszuführen, die Mitgliederzahlen zu erhöhen und zusätzliche Wähler zu gewinnen, verfolgte er hartnäckig und mit verschiedenen Strategien.[606] In nur wenigen Monaten machte er die Nationalsozialisten zum politischen Stadtgespräch. Dabei erwies er sich als eine Art Werbefachmann, der die propagandistischen Methoden zu reformieren begann.[607] In der Reichshauptstadt, die „dem flinken goebbelsschen Gassennaturell"[608] entsprach, nutzte er sowohl die sozialen Strukturen als auch die hektisch-avantgardistische Gangart für seine Zwecke: Im Zeitalter der Massenbewegungen verlagerte er seine Propagandaakte für jedermann niederschwellig zugänglich und sichtbar auf die Straßen und Plätze der Großstadt. Das Auftreten und Vorgehen der kleinen Partei passte der Gauleiter den sensationsgierigen (weil rasch gelang-

---

604 sogGTb 5.5.1927.
605 Knopp/Hartl 1996.
606 Die Berliner Nationalsozialisten „wußten, daß ihre Partei nur bei Gewinnung eines bedeutenden Teils der Berliner Arbeiterschaft wesentliches politisches Terrain in der Reichshauptstadt gewinnen konnte. Diese Einsicht teilte die NSDAP mit den rechtsradikalen Parteien der Frühjahre der Republik. Neu waren nach 1926 nur die organisatorischen und propagandistischen Konsequenzen, die Goebbels und sein Anhang aus dieser Einsicht zogen. Mit Strategien und Taktiken, die den Sozialdemokraten und Kommunisten abgeschaut waren, hofften sie, das angestrebte Ziel zu erreichen, scheiterten aber letztlich in der Praxis wie ihre rechtsradikalen Vorläufer. Die Arbeiter Berlins glaubten der NSDAP im Grunde kein Wort, sie nahmen ihr den immer wieder beteuerten ‚sozialistischen Charakter' nicht ab, da die NSDAP in den Augen der politisch wachen Berliner Arbeiter keine konsequente Arbeiterpolitik betrieb und zudem programmatisch wie ideologisch unklare, widersprüchliche Positionen vertrat." (Kruppa 1988: 367f.).
607 „Kaltblütig frivol, ein Meister der rabulistischen wie der sentimentalen Beweisführung, leitete er eine neue Ära der politischen Demagogie ein, deren moderne Möglichkeiten er wie kein anderer erkannte und ausschöpfte." (Fest 2002: 364).
608 Fest 2003: 128. Goebbels selbst beschrieb die Umstände in Berlin später folgendermaßen: „Die Stadt Berlin ist von einer geistigen Beweglichkeit ohnegleichen. Sie ist lebendig und tatkräftig, fleißig und mutig, sie hat weniger Gemüt als Verstand und mehr Witz als Humor. Der Berliner ist betriebsam und vital." (Goebbels 1935b: 27).

weilten) Großstädtern an.[609] „Er bewies dabei den Einfallsreichtum eines amerikanischen Reklamegenies. Er ‚verkaufte‘ – anders kann man's nicht bezeichnen –
die politische Idee des Nationalsozialismus in der dem Tag angepaßten modernsten Fassung."[610] Goebbels zeigte sich bei den auf öffentliche Wirksamkeit abzielenden Auftritten der NSDAP- und SA-Mitglieder besonders kreativ[611]; dabei lag
ein wesentliches Erfolgsgeheimnis der nationalsozialistischen Propaganda während der so genannten Kampfzeit „in der *Vielfalt* der Propagandamittel begründet,
deren sich die NSDAP bediente. Ihr Adressat war der ganze Mensch und das ganze Reich. Die Propaganda zielte auf die optische und akustische Okkupation aller
menschlichen Sinne."[612]

Also erprobte Goebbels vor allem in Massenversammlungen seine propagan-
distisch-methodischen Innovationen, seine wendige Virtuosität, die Wirkung des
überkandidelt Radikalen und die Überwältigung der Zuhörerschaft.[613] Groß angelegte Parteiveranstaltungen nutzte er als Agitationsfelder, auf denen er mal mit
volkstümlich-bunter Monumentalität, mal mit instruierten Claqueuren, mal mit
militärisch-sportlicher Selbstglorifizierung und mal mit sentimentaler Opferbereitschaft das Publikum beeindruckte. Seine Botschaften (nämlich die Beseitigung
der jungen Demokratie und die offene Forcierung eines Bürgerkrieges) verband er
mit oberflächlichem Parteiprunk und engagierte sich für die „Kunst der Inszenierung einer emotional fesselnden ästhetischen Scheinwelt"[614]. Unter massentaugli-
cher Parteireklame verstand Goebbels einfach verständliche und mühelos assozi-
ierbare Versprechungen, ein ikonographisches Programm und deutliche Gewalt-
appelle.[615] Vor der Umsetzung der politischen Aufgaben, darin war sich Goebbels

---

609 „The Berliner had to be attracted to meetings ‚presented‘ by ‚manager Goebbels‘ for the same
    reasons as the Londoner is attracted to Wembley dog races and Lane's Club all-in wrestling
    or the Madrileno to the bull fights in the Plaza de las Ventas." (Sington/Weidenfeld 1943:
    10f.).

610 Strasser 1969: 31.

611 „Aber es muß festgehalten werden, daß Goebbels die Entwicklung und Anwendung einseiti-
    ger, skrupelloser Propaganda mit einem Ideenreichtum, einem Fingerspitzengefühl und einer
    Phantasie betrieb, die an Genialität grenzten." (Pitt 1986: 8).

612 Paul 1992: 257, kursiv im Original.

613 Publizistisch verwertete er seine Erfahrungen und Ratschläge in dem Beitrag mit der Über-
    schrift „Massenversammlung" in den *Nationalsozialistischen Briefen* (NSB/1.4.1927/6). Sie-
    he dazu Kapitel III, 6.4.1.

614 Paul 1992: 256. Vgl. ebd.: 45; Nill 1991: 45, 151; Heiber 1962: 328; Broszat 1960: 9f., 39,
    60. „In dieses visuell-symbolische Vakuum hinein platzierte der Nationalsozialismus seine
    Propaganda. Er gründete seine Attacke gegen die Republik und ihre Repräsentanten auf die
    sinnliche Kraft von Bildeindrücken, auf die Erzeugung eines Erscheinungsbildes, eines
    Images. Dabei umfasste das Bild Fotos und Fahnen, Symbole und Szenarien gleichermaßen.
    Der Eindruck von Massenversammlungen und Aufmärschen, der Anblick von Fahnen, Sym-
    bolen und Transparenten, die Betrachtung von Plakaten und Karikaturen wurden zum Ein-
    fallstor unbefriedigter Bedürfnisse, aufgestauter Ressentiments und grandioser Hoffnungen in
    die Politik. Ästhetisches Arrangement und Ritual ersetzen sukzessive demokratische Politik-
    formen." (Paul 1992: 117, kursiv im Original).

615 „Propaganda im alten Biedermeierstil kam für die Bewegung in Berlin keineswegs in Frage."
    (Goebbels 1935b: 43). Erst nach den ersten Wahlerfolgen wurde das NSDAP-Image von der

sicher, musste der Nationalsozialismus öffentlich in Szene gesetzt werden; spektakuläre Aktivitäten, programmierte Provokationen, brauner Straßenterror und alltagstauglicher Fanatismus sollten dies gewährleisten.[616] „Er begann mit brutal konsequenter Ausnützung der politischen Spannung durch ‚Klamauk', durch organisierten Radau in kaltblütig gesteuerten ‚Saalschlachten'."[617] Der Berliner Gauleiter berief gezielt Versammlungen in den kommunistisch dominierten Stadtteilen der Hauptstadt ein, um bei den politischen Konkurrenten aufzufallen und schlagzeilentaugliche, d.h. brutale Auseinandersetzungen zwischen den „Braunhemden" und den „Rotfrontkämpfern"[618] herbeizuführen. Goebbels' hemmungsloser Aktionismus, der an die Methoden von Putschisten und Terroristen erinnerte, war insofern effektiv, da die NSDAP fortan als ernst zu nehmender politischer Gegner wahrgenommen wurde.[619]

Mit radikalen Parolen, populären Sprüchen und pseudoreligiösen Losungen auf Plakaten machte die NSDAP in der gesamten Hauptstadt auf sich und ihre zahlreichen Veranstaltungen aufmerksam.[620] Kein Bewohner sollte sich der nationalsozialistischen Werbung entziehen können.[621] Goebbels war sich dessen bewusst, dass die Besetzung des öffentlichen Kommunikationsraums bedeutend, ja politisch entscheidend war; also organisierte er heroische Kundgebungen, spektakuläre Aufmärsche, kraftvolle Demonstrationen und beeindruckende Präsentationen in den Straßen von Berlin.[622]

> „Goebbels erwies sich in der Reichshauptstadt als einfallsreicher Regisseur, wenn es galt, auf den Straßen zu agitieren, eine imponierende nationalsozialistische Heerschau zu inszenieren oder auch durch eine Straßenschlacht die allgemeine Aufmerksamkeit auf die braune Bewegung zu lenken und ihre Macht zu demonstrieren."[623]

Die inszenierten Schlägereien, die mit den Kommunisten provozierten Zusammenstöße und die wüsten Saalschlachten dienten vor allem dazu, den SA-Mitgliedern eindeutig zu identifizierende Gegner vorzuführen, gegen die sich Unzufriedenheit, Wut und Angriff richten konnten. „Der primitive *condottiere* der Straße, der gewöhnliche Raufbold, musste mit einem politischen Zielbewußtsein erfüllt werden, so daß sein Denken und Fühlen eine ganz neue Richtung be-

aggressiven, revolutionären „Kampfbewegung" abgestreift und Platz geschaffen für das Bild einer modernen und seriösen Volkspartei, die alle Bevölkerungsschichten gleichermaßen ansprechen sollte. Vgl. Paul 1992: 155; Nill 1991: 49.

616 „Wir mußten also den Versuch machen, durch witzige und dem Denken der Berliner Bevölkerung angepaßte Originalität den Mangel an Geldmitteln und zahlenmäßigem Anhang zu ersetzen." (Goebbels 1935b: 44).

617 Fraenkel 1971: 501. Vgl. Nill 1991: 44; Broszat 1960: 45; Bade 1933: 33.

618 Siehe dazu FN 571 in diesem Kapitel.

619 Vgl. Knopp 1998: 39f.; Fröhlich 1989: 57; Broszat 1960: 45; Ebermayer 1952: 93.

620 Publizistisch verwertete er seine Erfahrungen und seine Ratschläge im Beitrag „Das Plakat" in den *Nationalsozialistischen Briefen* (NSB/15.5.1927/8). Siehe dazu Kapitel III, 6.4.1.

621 Vgl. Benz 2000: 20; Paul 1992: 151; Goebel 1984: 12.

622 Publizistisch verwertete er seine Erfahrungen und seine Ratschläge im Beitrag „Die Strasse" in den *Nationalsozialistischen Briefen* (NSB/1.6.1926/12). Siehe dazu Kapitel III, 5.3.3.

623 Schickling 1969: 17. Vgl. Paul 1992: 149.

kam."[624] Ein wichtiger Nebeneffekt dieser Operationen war jedoch die Produktion von Schlagzeilen und Meldungen. Mit Hilfe der Großstadtpresse wollte Goebbels die nationalsozialistische Partei in das Scheinwerferlicht der Öffentlichkeit führen.[625] „Das beste Mittel zu diesem Zweck erkannte er in einer effektiven und aufsehenerregenden Propaganda, gepaart mit einem permanenten, öffentlichkeits- und medienwirksamen Aktionismus."[626] Tatsächlich wurden die sich wiederholenden, in ihrer Heftigkeit alles Bisherige übertreffende gewalttätigen Aktivitäten als neuartige Attraktion wahrgenommen. Die viel beachteten, weil blutigen Massenschlägereien sorgten für ein kontinuierliches Presseecho. Die Nationalsozialisten schafften es regelmäßig auf die Berliner Titelseiten, der Name Doktor Joseph Goebbels wurde in der Reichshauptstadt ein Begriff und der junge Gauleiter „der neue Star der radikal-antisemitischen NSDAP"[627]. Das Wachstum der Partei wurde erheblich beschleunigt, bereits die ersten Pogrome im Winter 1926 verschafften den Nationalsozialisten zahlreiche neue Mitglieder.[628] „Der Kampf bezweckte die Erringung parlamentarischer Mehrheiten in der Reichshauptstadt und die öffentliche Dauerpräsenz auf den Straßen und Plätzen und in den großen Versammlungssälen der Stadt."[629]

Der braune Terror blieb nicht folgenlos: Bei einer Parteiveranstaltung im Mai 1927 gab es einen brutalen Übergriff auf einen Pfarrer namens Friedrich Strucke, der sich durch Zwischenrufe während einer Goebbels-Rede den Unmut der SA zugezogen hatte. Die Weimarer Exekutive reagierte prompt: Binnen 24 Stunden wurde die Berliner NSDAP verboten, die Geschäftsstelle polizeilich besetzt und der Gauleiter mit einem Redeverbot belegt.[630] Am 6. Mai 1927 löste der Berliner Polizeipräsident Karl Zörgiebel den Gau Groß-Berlin mit sämtlichen Unterorganisationen auf.[631] Goebbels hatte mit seiner Gewaltpolitik den Toleranzbogen der

624 Bramsted 1971: 66, kursiv im Original. Vgl. Reuth 2000: 112f.

625 „Die Partei wurde bekannt. Sie stand mit einem Schlag im Mittelpunkt des öffentlichen Interesses. [...] Man sprach von uns. Man diskutierte über uns, und es blieb dabei nicht aus, daß in der Öffentlichkeit mehr und mehr danach gefragt wurde, wer wir denn eigentlich seien und was wir wollten." (Goebbels 1935b: 59f.).

626 Beißwenger 2000: 14.

627 Heiber 1962: 55. Vgl. ebd.: 294; Knopp 1998: 42; Ebermayer 1952: 94.

628 Bereits im März 1927 gab es 400 Neuanmeldungen, so dass der Gau Groß-Berlin nunmehr 3.000 NSDAP-Mitglieder aufweisen konnte. Goebbels' Taktik, durch lautstarke Präsenz und errungene Publizität auch einen Stimmenzuwachs zu verzeichnen, stellte sich somit schnell als erfolgreich heraus. Vgl. Reuth 2000: 118f.; Hochstätter 1998: 30; Kruppa 1988: 343; Burden 1967: 59.

629 Kruppa 1988: 340f.

630 In der Propagandaliteratur wurde das NSDAP-Verbot so dargestellt: „Da brach im Frühjahr 1927, mitten in der hoffnungsfrohen Aufbauarbeit, ein fürchterlicher Schlag herein: Die Partei und ihre Betätigung wurde von dem damaligen Berliner Polizeigewaltigen auf unbefristete Zeit verboten." (Rahm 1939: 7). Vgl. Münster 1941: 114; Knesebeck-Fischer 1933: 6; Schmidt-Pauli 1932: 155.

631 Das Parteiverbot dauerte bis zum 31. März 1928 und wurde wieder aufgehoben, damit sich die Berliner Nationalsozialisten ungehindert auf die Reichstagswahlen im Mai 1928 vorbereiten konnten. Zwei Wochen später gründete Goebbels den Berliner Gau neu. Vgl. Wunderlich 2002: 57; Tyrell 1991: 374; Broszat 1960: 45.

Weimarer Republik überspannt. Auch innerparteilich geriet er nun unter Druck, da ihm dieser Rückschlag persönlich angelastet wurde und das Verbot die in den letzten Monaten deutlich angewachsene Partei wieder schwächte.[632]

Als besonders heikel erwies sich jedoch die Tatsache, dass die Agitationsmöglichkeiten nun drastisch eingeschränkt waren. Goebbels musste dringend neue Mittel und Wege finden, um die Berliner Partei auch während der Verbotslaufzeit zu erhalten. In der NS-Literatur wurde dieser Umstand später schwärmerisch beschrieben:

> „Als 1927 das Verbot der Partei in Berlin und die Mundtotmachung des Redners Goebbels ihm seine beste Waffe aus der Hand schlugen, entschloß er sich, eine Zeitung herauszugeben, um wenigstens ein Band um die Partei zu schlingen und sichtbar auf dem Kampfplatz zu bleiben.“[633]

Und ein Autor des NSDAP-Zentralverlags Franz Eher schilderte die Verlagerung des politischen Kampfes von der Straße in die Redaktionsstuben folgendermaßen:

> „Während die Bewegung in illegalen Gruppen und unter allen möglichen Vereinsnamen getarnt sich recht und schlecht über Wasser hielt, war die Gründung einer Zeitung zur zwingenden Notwendigkeit geworden. Die Zeitung war jetzt die letzte Möglichkeit, der verbotenen Bewegung politische Führung zu geben, ihren Lebenswillen allen Totschweigeversuchen zum Trotz in aller Öffentlichkeit immer wieder zu beweisen und den Kampf um Berlin neu aufzunehmen.“[634]

Das Zeitungsschreiben war für Goebbels aufgrund der umfangreichen politischen Aufgaben und des propagandistischen Engagements inzwischen eher zur Nebensache geworden. Außer einigen Pflichtbeiträgen in den *Nationalsozialistischen Briefen* und wenigen Aufsätzen in anderen Presseorganen hatte er seit dem Amtsantritt in Berlin nichts publiziert. Öffentlichkeitswirksame Saalschlachten und Straßenkämpfe hatten an propagandistischer Bedeutung gewonnen, während die NS-Presse deutlich in den Hintergrund gerückt worden war. Erst die veränderten Umstände sorgten dafür, dass die Idee von einer publizistischen Plattform wieder an Gewicht gewann. Mit dem Entschluss, eine Zeitung als propagandistisches Ersatzmittel zu etablieren, konnte Goebbels zugleich den lange gehegten Plan eines eigenen Pressemediums endlich verwirklichen.[635]

> „In dieser prekären Lage dachte Goebbels an die Gründung einer eigenen Zeitung, seiner Zeitung, in der er selbst – nicht Rosenberg in München oder Straßer in Berlin – ,mit der Feder agieren konnte'. Berlin war sein Gau, den er in Schwung gebracht hatte. Hier wollte, hier mußte er sein eigenes Presseorgan haben, um so mehr als man ihm jetzt mit dem Redeverbot einen Maulkorb angelegt hatte.“[636]

---

632 Vgl. Wildt 2005: 76; Reuth 2000: 120; Kruppa 1988: 345; Seeler 1933: 8f.
633 Kügelgen 1934: 19. Vgl. Hinze 1934: 120.
634 Rahm 1939: 26.
635 „Aus der Zwangslage heraus, irgendwie die Verbindung mit den Berliner Parteigenossen aufrecht zu erhalten und sich in irgendeiner Weise gegen die Verleumdungskampagne wehren zu können, schritt Goebbels zur Gründung einer Zeitung.“ (Bade 1933: 43).
636 Oven 1987: 195. Vgl. Heiber 1962: 68; Martens 1972: 31.

Goebbels tüftelte an einem Parteiblatt, das als massentaugliches Kommunikationsmittel dienen konnte und dessen politisch-ideologische Botschaften eindeutig, unmissverständlich und unkompliziert waren. Er wollte endlich ein Kampfblatt ganz nach seinem Gusto kreieren, das vom gängigen Muster und der sonst üblichen Machart der nationalsozialistischen Presse abwich. Vor allem aber musste die Zeitung als parteiinterner Integrationspunkt dienen und hatte „die Aufgabe, die Parteigefolgschaft des Gauleiters zusammenzuhalten. Wen er schon nicht reden konnte, so wollte Goebbels wenigstens schreiben. Der durch das Verbot behinderte Straßenkampf wurde von Goebbels nun journalistisch fortgesetzt"[637].

7. ZWISCHENRESÜMEE ZU DEN JOURNALISTISCHEN LEHRJAHREN

> „Welch eine Summe von Haß und Bosheit
> doch täglich in so einem Packen Zeitungen aufgespeichert liegt. [...]
> Gift allüberall. Und ich helfe mit."[638]

Der Deutschnationalismus, der sich in den Jahren 1924 und 1925 in Politik, Parlament und Regierung platzierte, nährte sich vorwiegend von starken Ressentiments gegenüber der Weimarer Republik. Die deutschnationale Ideologie umgab sich empathisch mit Begriffen wie Würde, Ehre und Glanz der Nation. In der zermürbenden und zersetzenden Publizistik der Altnationalen dominierten thematisch die Dolchstoßlegende, die Kriegsschuldlüge und die heraufbeschworene goldene Zeit des Kaiserreiches.

> „Die ungelösten ökonomischen Probleme der Weimarer Republik als Folge des ersten Weltkrieges schlugen sich im Bewußtsein vieler Menschen in spezifischer Weise nieder. Die finanziellen Folgen der objektiven militärischen Niederlagen von 1918 wurden als schreiendes Unrecht empfunden, die große Arbeitslosigkeit zu Beginn der 30er Jahre als direkte Folge der Reparationszahlungen angesehen. Viele Deutsche sahen sich umringt von Feinden, die Dolchstoßlegende war Asdruck [sic!] eines Bewußtseins, das die Realität verdrängte, kollektiv wurden Mechanismen herausgebildet, Tatsachen durch Glaubenssätze wie ‚Im Felde unbesiegt' zu verdängen."[639]

Die ohnehin politisch und moralisch angeschlagene Republik wurde durch die Diffamierungen und Beschuldigungen seitens der Deutschnationalen weiter geschwächt. Eine auf Rassentheorien gründende Ideologie wurde weit in das öffentliche Bewusstsein getragen, bis sich der Rand der Gesellschaft braun färbte.[640]

---

637 Härtel 2005: 18. Vgl. Wildt 2005: 76; Knopp 1998: 41; Bering 1991: 98; Moores 1997: 55; Hinze 1934: 121.
638 sogGTb 5.9.1924.
639 Sauer 1978: 47.
640 Als Grundpfeiler nationalsozialistischer Weltanschauung diente die Ideologie der Höchstwertigkeit der Arier und der Minderwertigkeit des so genannten Untermenschentums, also auch der Juden. Die Rasse, ursprünglich als Zugehörigkeit zu einem Geschlecht mit Ahnenreihe, dann als Menschengruppe mit bestimmten Eigenschaften und Verhaltensweisen definiert, wurde ursprünglich in Zusammenhang mit der Tierzucht verwendet. Kant äußerte sich erstmal zu Varietäten der Naturgattung Mensch, wo auch der Begriff „Abartungen" auftauch-

Die national gesinnte Jugendgeneration versagte dieser Idee weitgehend die Gefolgschaft. Der nationalsozialistische Nachwuchs kompromittierte den alten Parteikader mit einem gänzlich neuen Lebensgefühl: Im nationalen Sozialismus sahen die politischen Nachfolger ein Mittel zum Aufbau des Staates, der auf einer Volksgemeinschaft[641] gründete und auf die Überwindung wirtschaftlicher Gegensätze abzielte. Diese politisch aktive Generation, zu der auch Joseph Goebbels gehörte, vertrat die Vorstellung von einer in der Mystik wurzelnden, totalitären Ideologie und entfernte sich dadurch zusehends von den Grundsätzen einer parlamentarischen Demokratie; statt für den offenkundig schwachen und funktionsuntüchtigen Parteienstaat wollten sie für eine nationale Revolution und eine daraus resultierende deutschnationale Arbeiterbewegung einstehen. Diese Idee fand in verschiedenen kommunikativen Prozessen ihren Ausdruck und wurde als neuer gewichtiger Impuls in die Gesellschaft gegeben. Goebbels trug als Journalist seinen Teil dazu bei: „Die Deutung politischer Zusammenhänge, die Interpretationsmuster [,] mit denen Goebbels die Welt und sich selbst begreift, sind die Substanz seines Bewußtseins und damit seiner Ideologie."[642]

Bereits in seiner Funktion als Schriftleiter der *Völkischen Freiheit* konzentrierte Goebbels sich thematisch auf den Nationalsozialismus; er wollte die seiner Ansicht nach zukunftsweisende politische Idee auch seinen Lesern bestmöglich eröffnen. Sein Anliegen war dabei stets, seine persönliche politische Auffassung zu kommunizieren; ihr Kern war die Botschaft von einem (nichtmarxistischen) Sozialismus, der in einem nationalen Staat ermöglicht werden könne.

In seinen Zeitungsbeiträgen widmete er sich daher vorwiegend folgenden grundsätzlichen Fragen: Wie ist die gesellschaftliche Entwicklungslinie hin zum Sozialismus zu betrachten und zu erklären? Welche Nachteile bringen andersartige politische Systeme mit sich und welche Vorteile bringt im Vergleich dazu ein sozialistischer Staat? Welche Vorbildfunktion und welche Orientierungspunkte kann Russland bieten? Wie können die Forderungen nach einer Sozialpolitik und einem Volkswesen realisiert werden? Vornehmlich in den Haupttexten waren sei-

---

te. Gobineaus Erklärungen über die Ungleichheit der Menschenrasse und über das „ursprünglich reine Blut" entfalteten in rassistischen und antisemitischen Kreisen dann ihre Wirkung. Auch Darwins Kampf um das Dasein floss in das NS-Vokabular mit ein. Als gewichtiger Rassentheoretiker zeigte sich vor allem Chamberlain, der die Germanen als Zukunftsrasse darstellte – während alle anderen, kulturunfähigen Rassen auszutilgen seien. Auf verschiedensten Grundlagen entstand so Hitlers rassenpolitisches Programm, in dem die Existenzberechtigung der Arier eine übergeordnete Rolle erhielt; dem gegenüber stand die Definition von unwertem Leben, das auf bestimmte rassistische Merkmale zurückgeführt wurde. Vgl. Schmitz-Berning 1998: 481–490.

641 „Bereits 1920 floß der ‚Blutstrom des völkischen Lebens' durch die studentischen Gazetten. [...] Volk ist nicht gleich Masse, nicht Summe von einzelnen Menschen. Was die Deutschen 1914 verband, war die gleiche geistige wie körperliche Art. Volk gehört eben zusammen durch die gleiche Art und Abstammung. Die geistige Art, die ein Volk bestimmt, ist das Volkstum. [...] Volkstum ist Treue, Einfalt, Ehrfurcht, Freude am Kampf, Freude sich unterzuordnen, Streben nach Wahrheit, tiefe Gründlichkeit. [...] Der Anfang dieses Mystizismus lag im Kriegserlebnis." (Bleuel/Klinnert 1967: 92).

642 Nill 1991: 151. Vgl. ebd.: 22; Bleuel/Klinnert 1967: 110; Broszat 1960: 25, 47.

ne Standpunkte und elementare Antworten auf diese Fragen zu finden. In seinen kleinteiligeren journalistischen Beiträgen (Politisches Tagebuch, Streiflichter, Tagesmappe) ging es vorwiegend um Personen des öffentlichen Lebens, internationale Prominenz und aktive Politiker, an denen sich Goebbels journalistisch zu reiben schien und auf deren Kosten er sich zu profilieren versuchte.

Kaum mehr eine Rolle spielte bei der *Völkischen Freiheit* der kulturelle Bereich, dem er sich in seinen ersten journalistischen Arbeiten gewidmet hatte. Mit Eintritt in Wiegershaus' Redaktion galt plötzlich die deutsche Innenpolitik als zentrales Thema. „In seinem ,Kampfblatt' wetterte ,Dr. Paul J. Goebbels' im bekannten Stil der Völkischen gegen ,Erfüllungspolitik' und Völkerbund, Liberalismus und Judentum, Kapitalismus und Marxismus, Parlament und Demokratie"[643]. Dabei schien ihm die Argumentation unter sozialistischen Aspekten besonders nahe zu liegen, während er sich – obwohl er sich im völkischen Lager bewegte und für ein eindeutig völkisches Kampfblatt schrieb – von der völkisch-rassistischen Ideologie weitgehend fernhielt. Seine eigene Haltung, die er strikt vom traditionell-bürgerlichen Nationalismus abzugrenzen bemüht war, stellte er in den Texten immer wieder auch deutlich heraus.

> „Was den Autor ,Dr. G.' von anderen Völkischen unterschied, waren seine von ihm selbst so genannte ,Sehnsucht nach dem Osten' und eine in den vier Monaten seines Wirkens für das Blatt nach und nach hervortretende sozialistische Radikalisierung. Den Begriff ,völkisch' gebrauchte Goebbels als eine Art Worthülse, die er mit eigenen Inhalten zu füllen suchte."[644]

Lediglich die Sprache, die Goebbels in der Zeitung verwandte, war mit Elementen völkischer Weltanschauung durchsetzt; sein Begriffsvokabular hatte er sehr wohl der Parteilinie angepasst und ideologisch einwandfreie Sprachregelungen übernommen. Auf ungewöhnlich synonyme Art hingegen ging er mit den Begriffen „völkisch" und „national" um; schließlich galt ihm der Nationalsozialismus als das Extrem der völkisch-nationalen Richtung.

Auffällig sind in seinen Artikeln die zahlreichen, immer wiederkehrenden christlichen Formeln und Bilder, deren er sich beliebig, beinahe willkürlich bediente. Goebbels kannte die Kraft religiöser Wörter und nutzte sie in seinen politischen Ausführungen.[645] Mit Hilfe dieser mystisch-religiösen und vor allem emotionalen Ebene wollte er etwaige Unsicherheiten oder Skeptizismus beim Leser endgultig beseitigen. Seine Aufsätze wirken grundsätzlich energiegeladen und pulsierend, und zwischen den Zeilen wird gekonnt eine beinahe übermenschliche Versiertheit und Professionalität des Schreibers impliziert.

---

643 Höver 1992: 51f. Vgl. Bramsted 1971: 55.

644 Höver 1992: 52. Vgl. Hunt 1960: 181.

645 Vor allem der Begriff „Glaube" wurde geradezu kommerziell verwendet, sprach dies im verweltlichten Sinn doch die irrationalen Kräfte stark an. Goebbels' Texte bauten auf der Trilogie von Erleben, Fühlen und Glauben auf; in diesem Zusammenhang fiel bei ihm auch oftmals der Slogan vom Glauben an die Zukunft der „Bewegung". Im pseudoreligiösen Sinn wurde der Begriff seitens der Nationalsozialisten als „vertrauendes Hinnehmen" der von ihnen dargebotenen Wahrheiten besetzt, stets ging es um die Hingabe an ein Mysterium und letztendlich um ein ganz bestimmtes Glaubensbekenntnis, das sich immer in der NS-Weltanschauung manifestierte. Vgl. Berning 1964: 92f.

„In Goebbels frühen politischen Schriften liegt ein zunächst scheinbar radikales Aufreißen politisch-sozialer Fragestellungen und Zusammenhänge vor. Diese werden jedoch sofort einer sprachlichen und inhaltlichen Verwischung, Aufhebung und Entkonkretisierung unterworfen."[646]

Mit der Sprache ging Goebbels sorgfältig und im Bewusstsein der notwendigen Feinabstimmungen um; penibel, mit auffallend großer Gründlichkeit und germanistischer Sensibilität arbeitete er seine Beiträge aus.[647] Aus heutiger Perspektive erscheinen die Themen und Inhalte der Aufsätze über weite Strecken abstrus, die Herangehensweise spirituell und letztendlich doch profan, der Stil theatralisch und literarisch, stellenweise peinlich und geschraubt, nicht selten unerträglich kitschig und für den politisch interessierten Leser möglicherweise auch trivial.

Bei näherer Betrachtung des Aufbaus jedoch ist eine innere Konsistenz der Texte unbestreitbar, ein roter Faden und eine stringente Argumentationskette sind durchaus vorhanden: Nach einer kurzen Heranführung an das Thema und einer Beleuchtung des Ist-Zustandes folgen tiefergehende Analysen, die meist die aktuelle desolate Situation reflektieren. Abschließend zeigt der Verfasser Ziele und Ideale, Perspektiven und Alternativen wie auch (meist theoretisch) Wege und Lösungsvorschläge auf. In seinen Haupttexten hantierte Goebbels gerne mit langen, pathetischen Sätzen und formulierte mit staatsmännischem Unterton. Sowohl im Politischen Tagebuch als auch in den anderen Lesehäppchen schrieb er hingegen geradezu stilistisch beflügelt und in der Rolle eines geübten Vertreters der expressionistischen Moderne: Scheinbar frei von jedem konventionellen Ausdruck, drehte sich in zahllosen Wiederholungen und auf bewusst inszenierter subjektiver Ebene alles um den sehnsüchtigen erhofften Bruch mit der „alten Welt". Seine wirklichkeitsgetreuen Darstellungen wirken provokativ und ekstatisch, die Formulierungen unerträglich intensiv, die Botschaften sogar stellenweise explosiv.

„Seine wöchentlichen Elaborate in der ‚Völkischen Freiheit' werden nicht allzuviele gelesen haben, obgleich sie etwas Besonderes an sich hatten. Präludien der Formen [...] stachen sie durch ihren extrem kommunikativen Charakter hervor. Hingeworfene Apercus, Aufrufe, Tagebuch- und Briefform hatten herausgehobene Stellung-Textformen, die vom Ich und Du ausgehen und die Sache, grundsätzlich personal getönt, erst an die dritte Stelle setzen."[648]

Obwohl meistens polemisch völlig überfrachtet, mit überzogenen Ausdrucksformen übersät und von spitzbübischen Stilübungen geradezu heimgesucht, sind die Artikel in der *Völkischen Freiheit* durchaus als journalistisch gekonnt, wenn auch nicht als professionell zu werten.

Die redaktionelle Tätigkeit bei der *Völkischen Freiheit* war Goebbels' erste ernstzunehmende Station im Pressewesen. Nach dem anfänglichen beruflichen Krebsgang wollte er in den Elberfelder Politikkreisen seine Fertigkeiten gern ausgiebig unter Beweis stellen. Neben seinen Auftritten als völkischer Parteiredner und der Abwicklung diverser administrativer Geschäfte für Wiegershaus stemmte

---

646 Müller 1973: 147; Bleuel/Klinnert 1967: 96f.; Broszat 1960: 34.
647 „Er haßte Schludrigkeit – wie sein kleinbürgerlich-penibler Vater – nicht nur in der Behandlung des Geldes, sondern auch des Wortes." (Oven 1987: 91).
648 Bering 1991: 120. Vgl. Hachmeister 2005: 11; Reuth 2000: 82f.; Longerich 1995:176f.

Goebbels einen Großteil der Zeitungsbeiträge in der *VF* eigenständig, kümmerte sich um Aufmachung und Lesbarkeit des Wochenblattes. Er etablierte sich – wenn auch vorerst im völkischen Lager und vorwiegend im Rheinland – als ein zäher, unnachgiebiger Journalist, der mit seinen kämpferischen Artikeln die Wirkung seiner Worte auf die (noch eingeschränkte) Öffentlichkeit abtastete und auch innerhalb der eigenen Reihen die Grenzen spielerisch auslotete.

> „Der gefühlstrunkene Dichter räumt dem Journalisten das Feld, und der hat es in sich. Nicht daß er alle Manierismen seines Stils aufgegeben hätte, aber er schreibt leicht lesbar und beschwingt und wartet in seinen Artikeln immer mit einer überraschenden Wende auf, lauter Eigenschaften, die den guten Journalisten auszeichnen. Bedenkt man, daß Goebbels dieses Wochenblättchen nahezu allein redigierte und nebenbei auch noch seinen Verpflichtungen als Sekretär und Redner nachkommen mußte, so beweist das nur, mit welch unerhörtem Fleiß sich Goebbels in seine Aufgabe stürzte. Nun hat er den Beruf, den er sich wünschte, wenn auch um einige Klassen tiefer, als seine Hoffnungen zielten. Alles, was in ihm an Gedanken, Groll und Hoffnungen aufgestapelt ist, setzt er nun in Worte um. Er zeigt seine journalistische Pranke, und zum erstenmal schlägt sie auch auf das Judentum ein."[649]

Goebbels' antisemitische Verlautbarungen sind in dieser frühen journalistischen Phase ausschließlich als Ausdrucksform seines bereits manifesten Antikapitalismus zu interpretieren. Noch waren die in seinen Aufsätzen dargelegten völkischen Denkweisen nur vordergründig, seine Judenverachtung oberflächlich. Seine ressentimentgeladenen, in erster Linie gegen das Bürgertum und die Konservativen gerichteten Artikel wie auch seine dauerhaften publizistischen Ausflüge in die sozialistische Ideologiesphäre zeigten nach knapp einem halben Jahr bereits Wirkung: Dem Denken der Völkischen waren Goebbels' radikale Auslassungen zuwider. Zugleich kann man sich des Eindrucks nur schwer erwehren, als driftete der Schriftleiter in einem ganz bewussten Entwicklungsprozess – und nachdem er sich seine ersten Sporen verdient hatte – durch seine journalistische Arbeit von den Völkischen weg und auf die Nationalsozialisten zu. Und obwohl er – nach einer nicht unerheblichen Phase der erfolglosen beruflichen Suche – das kleine Kampfblatt am politischen Außenrand durchaus als journalistischen Anker empfunden haben dürfte, zog es ihn in aussichtsreichere politische Gefilde. Wie von innerer Nervosität getrieben und auf der Suche nach ihm näher stehenden, ja übereinstimmenden ideologischen Mitstreitern, nicht zuletzt auch beseelt von dem Wunsch nach einer prominenten gesellschaftlichen, politischen oder journalistischen Position, bewegte er sich auf die NSDAP zu.

> „Er teilte den Kulturpessimismus und das antidemokratische Denken mit den konservativen Revolutionären, die Rücksichtslosigkeit und den antibürgerlichen Affekt mit den revolutionären Nationalsozialisten, die Hoffnung auf Rußland und die Ablehnung des Westens mit den Nationalbolschewisten, den Antisemitismus mit den Völkischen, den nationalen Sozialismus mit einem Teil der NSDAP, die Verachtung der Kirchen mit vielen, auch liberalen Zeitgenossen."[650]

---

649 Reimann 1971: 38f. Vgl. Härtel 2005: 17; Irving 1997: 41; Schulz 1994: 201; Müller 1973: 142; Heiber 1962: 42; Hunt 1960: 180.
650 Michels 1992: 47. Vgl. Bering 1991: 143.

Die Mehrheit dieser Ansätze, Ideale und Tendenzen schien ihm in einem expressionistischen, links angehauchten Nationalsozialismus enthalten zu sein. Obgleich die langfristige Erfüllung seiner politischen Ziele in der Person Hitler kulminierte, blieb das Führerideal vorerst nur im Hintergrund präsent und wurde stellenweise sogar durchaus kritisch betrachtet:

> „Wird Hitler auch wirklich den reinen Nationalsozialismus zu seinem Programm machen? Bange, schicksalsschwere Frage. [...] Einrennen die hohe Mauer der lügenhaften Demokratie. Der Sozialismus ist unser Ziel. Das Wort national ist dabei überflüssig. Es kann nur einen nationalen Sozialismus geben. Also Tautologie."[651]

Dies notierte Goebbels unmittelbar nach dem Ausscheiden bei der *Völkischen Freiheit*. Der Weg zu Adolf Hitler sollte vorerst aber noch über einen innerparteilichen Umweg und über den langjährigen Freund und sozialistischen Mentor Gregor Strasser führen.

In den politischen Lehrjahren in der Nähe von Gregor Strasser differenzierte Goebbels seine politischen Ansichten und konsolidierte seine publizistische Karriere. In der Frühzeit der NSDAP und während seiner Tätigkeit für die Partei an Rhein und Ruhr verhalf er dem nationalsozialistischen Gedankengut ganz erheblich mit zum Durchbruch. „Er sollte bald zu den publizistisch produktivsten Nationalsozialisten gehören."[652] Als intellektueller Radikaler, der einen großen publizistischen Ausstoß hatte, schrieb er dynamisch und leidenschaftlich gegen den bürgerlichen Liberalismus und den Demokratisierungsprozess an, während er sich in der dominant werdenden Spannung zwischen Tradition und Moderne bewegte. Die aus dem Ersten Weltkrieg resultierenden Enttäuschungen prägten eine ganze Generation, und so wich auch Goebbels den politischen Gegebenheiten in eine Idealwelt aus, erschuf sich eine volkstümliche Idylle inmitten eines germanischen Heroismus und eine innere Leinwand, bestehend aus mystifizierten Erlebnissen, auf die er die Neugeburt des deutschen Volkes projizierte.

Goebbels' journalistische Schriften sind von einem modernen sozialistischen Weltbild durchdrungen. In seiner Elberfelder Zeit verstand er sich als sozialradikaler Vorkämpfer[653] mit durchaus kommunistischen Tendenzen, liebäugelte mit den sowjetischen Linken und verdichtete seine Ansichten zu einer antimaterialistischen Utopie. „He declared of co-operation with the Bolsheviks, broke a lance for the workers, and was averse to any approaches to the large industrialists."[654] Seine Stellung als Hauptschriftleiter der *Nationalsozialistischen Briefe* nutzte Goebbels ebenso wie seine Position als einer der wichtigsten Repräsentanten der

---

651 soGTb 14.2.1925.
652 Härtel 2005: 17.
653 „Seine Radikalität grenzte an Nihilismus. [...] er kämpfte nicht für etwas, sondern gegen etwas, ja er kämpfte um des Kampfes willen aus Freude am ‚Predigen' und am ‚Zerstören'. Seine übrigens glänzenden Propagandaschriften und Pamphlete schrieb er sichtlich mit Freude an demagogischer Rhetorik, voll Sarkasmus, Verachtung und Ironie. [...] Radikalität war für ihn eine Selbstbestätigung. Sie erlaubte ihm, sich in die Rolle des Helden, des Predigers, ggf. auch das Märtyrers zu versetzen." (Schildt 1964: 78).
654 Dutch 1940: 74. Vgl. Höver 1992: 289; Michels 1992: 42; Wykes 1986: 33f.; Hovdkinn 1976: 315f.

NSDAP im Ruhrgebiet zur Verbreitung und Bewerbung eben dieser politischen Ideale. Insofern waren seine politische Karriere und sein journalistisches Schaffen wieder einmal eng aneinander gekoppelt, wie es sich bereits bei der *Völkischen Freiheit* und im völkischen Umfeld abgezeichnet hatte. Durch Goebbels' journalistische Mitwirkung verlagerte sich nun auch in Strassers Halbmonatsschrift das inhaltliche Gewicht, und das Blatt nahm ebenso wie die NSDAP in Norddeutschland zunehmend sozialistische Züge an. Hier sollte nicht nur der Anschein erweckt werden, dass der Sozialismus die Hauptsache und das Nationale eher ein Beiwort innerhalb der „Bewegung" seien; hier sollte diese Programmatik auch ihren nachhaltigen publizistischen Niederschlag finden.

> „Das Programm der Gruppe, das in einer anspruchslos aufgemachten, aber von Goebbels selber bemerkenswert redigierten Halbmonatsschrift, den ‚Nationalsozialistischen Briefen', formuliert wurde, versuchte vor allem, das Gesicht der Bewegung der Gegenwart zuzuwenden und der Enge einer sehnsüchtig-rückwärtsgerichteten Mittelstandsideologie zu entkommen."[655]

Wenn Goebbels in seinen politischen Aufsätzen die hehren Ziele der NS-Partei zeichnete, nutzte er extrapolierend die gegenwärtige ernste Lage des Landes als reellen und somit für kollektive Phantasien gut haftbaren Hintergrund.

> „Angst vor dem Untergang beherrschte in den Jahren nach dem verlorenen Ersten Weltkrieg viele Deutsche. Diese Angst wurde nicht nur durch materielle Not und soziale Unsicherheit induziert. Die Partikularisierung der Gesellschaft und ihrer Normen, der Zerfall der Werte und Institutionen, die vordem Sinn und Halt gegeben hatten, produzierten das Gefühl einer fundamentalen Sinnlehre und Orientierungslosigkeit, einer umfassenden existentiellen, gesellschaftlichen und politischen Gefährdung."[656]

Die in der Bevölkerung weit verbreiteten und zum Teil auch inzwischen fest verwurzelten antidemokratischen Ressentiments boten ausreichend Stoff für journalistische Schwarz-Weiß-Malerei und lieferten die Argumentation gleich mit. In seinen Aufsätzen beschwor Goebbels die Identität der Nation, die er zwischen korrupten Staatsoberhäuptern und einem hinfälligen Parteiensystem eingeengt sah. Er beschrieb und rechtfertigte den Aktivismus der NSDAP als eine Art Befreiungsschlag, dem das Ende der politischen Krise und der Aufbau einer an sozialer Gerechtigkeit orientierten Gemeinschaft folgen sollten.

> „Wenn Goebbels in seiner Verzweiflung für sich und sein Vaterland das Schlimmste erwartet, so hat das den Grund in seinem allgemeinen Bewußtsein von Geschichte. [...] Die Moderne, von Katastrophe zu Katastrophe getrieben, ist nach Goebbels so weit gefallen, daß er glaubt, in der schlimmsten aller Zeiten leben zu müssen. In diesem Kontext [...] entscheidet sich Goebbels zu zwei Formen des Handelns, welche nur aus einer religiösen Grundhaltung zu verstehen sind, nämlich zu opfern und eine Mission zu erfüllen. Wenn Goebbels sich dazu auffordert, nicht zu verzweifeln, politisch aktiv zu werden, so geschieht das aufgrund einer spezifischen Antizipation der Zukunft. Chaos, Not, Elend und Zusammenbruch haben in

---

655 Fest 2002: 346. Vgl. Härtel 2005: 17; Riess 1989: 61; Böhnke 1974: 205; Shirer 1961: 121.
656 Vondung 1991: 102f.

Goebbels' Denken [...] eine Funktion. Die Verschärfung der gegenwärtigen Krise ist die Bedingung der Verbesserung"[657].

Die Texte in den *Nationalsozialistischen Briefen* wurden von Biographen, Historikern und Wissenschaftlern unterschiedlich bewertet. Neben Lobeshymnen auf die durch Goebbels entstandenen „hervorragenden NS Briefe"[658], „für die er einige seiner brillantesten Artikel schrieb"[659] finden sich auch abwertende Meinungen. Ein Beispiel:

> „sie wirken gleichzeitig unangenehm: leichtfertig, unernst und zu rhetorisch. Sie machen den Eindruck, als berausche sich der Schreiber an dem gekonnten Wechsel zwischen Sarkasmus und weihevollem Ton, ohne von dem Ernst seiner Sache durchdrungen zu sein. Dagegen bemerkt man Aufrichtigkeit und leidenschaftlichen Ernst an den weit weniger glänzenden und auch geistig anspruchsvollen Artikeln der anderen Einsender. Der nihilistische Zug von Goebbels' Radikalismus wird auch in seiner Diktion spürbar."[660]

Tatsächlich kennzeichnet die Artikel eine in sich stimmige Argumentation, eine durchdachte Dramaturgie und ein meist identisches Muster im Aufbau: Der Großteil der Beiträge wurde als Offener Brief verfasst, wodurch eine bestimmte Aktualität, Authentizität und Glaubwürdigkeit entstanden, da ein fiktives oder reales Gegenüber direkt angesprochen wurde. Ähnlich einem schriftlichen Duell wurden dem Leser konträre Positionen dargestellt, an dessen Ende dann die intuitive Befürwortung der Meinung des Verfassers erreicht werden sollte. In der Einführung schien es stets eine harmlose Darstellung des Ist-Zustandes zu geben, dann folgte eine rasche Steigerung des sprachlichen Tempos und der inhaltlichen Argumente. Der Autor fungierte als plauderhafter Erzähler oder eingeweihter Beobachter, der angeblich ungewöhnliche Einblicke in Sachverhalte gewährte. Meist folgte Goebbels einem roten Faden, füllte den Text mal mit Meinungen, mal mit gut katalysierten Fakten und dann auch wieder mit theatralischer Spannung und dramatischen Bildern.

Goebbels' Schreibstil erscheint in den *NS-Briefen* im Vergleich zu den Artikeln der *Völkischen Freiheit* bedacht, geschliffen, gekonnt und erwachsen. Bei näherer Betrachtung der Publikationen zeigt sich, dass das religiöse Gebaren fast völlig verschwand. Biblische Passagen oder christlich besetzte Wörter verwendete er nur noch vereinzelt, Wendungen aus der Sprache des Evangeliums gebrauchte er deutlich seltener. Die Assoziation mit religiöser, literarischer oder philosophischer Denkweise verschwand vorerst. Der Häufungsgrad christlicher Ausdrucksweisen nahm zwar ab, doch sein apokalyptisches Denken schien an einigen Textstellen noch durch und kann als ideologisches Vehikel eingestuft werden.

In seinem Werbefeldzug für den nationalen Sozialismus beschrieb Goebbels gesellschaftspolitische Zustände, nahm diese besonders kritisch unter die Lupe, versuchte den Zeitgeist einzufangen und Homologien in der Struktur der Erfahrungen plausibel zu machen. Die Stimme des Zeitungstextes war größtenteils sei-

---

657 Bärsch 2002: 108. Vgl. ebd.: 105f.; Altstedt 1999: 20; Koszyk 1993: 49.
658 Heiber 1962: 56.
659 Fröhlich 1989: 57.
660 Schildt 1964: 117.

ne eigene, wobei er offensichtlich von prosaischen und poetischen Phrasen nicht ganz lassen konnte. Deutlich weniger wurde der aufdringliche Gebrauch von ironischen Anführungszeichen, an dem sich Goebbels im völkischen Presseprodukt orientiert hatte. Stattdessen zeigte der Verfasser nun eine Art Problemlösungskompetenz und wartete mit zukunftsweisenden Entwürfen auf: Im Mittelpunkt seiner Ausführungen stand ein kollektivistisches System mit gerecht verteilten Pflichten und Rechten sowohl für Arbeitgeber als auch Arbeitnehmer. Der nationale Idealzustand basierte für Goebbels auf einem sozialistisch geprägten Verantwortungsbewusstsein; durch menschenwürdige Arbeitsverhältnisse, darin war sich der Autor sicher, würden entsprechend bessere Leistungen und Fortschritte erbracht werden können.

In drastischen Kampfansagen, süffisanten Kommentaren und offiziösen Verlautbarungen ebenso wie in nüchternen thematischen Auseinandersetzung, ulkigen Schlussfolgerungen oder Mitteilungen mit Appellwirkung waren Goebbels' Beiträge sprachlich ausgefeilt, diszipliniert überarbeitet, pedantisch korrigiert, professionell durchdacht und systematisch formuliert; dennoch wirkten sie nicht künstlich oder konstruiert, sondern handwerklich sauber, niveauvoll und zugleich verständlich. Der Autor arbeitete mit klaren Denkansätzen, die immer aber einen revolutionären Charakter zeigten. Goebbels schafft es, mit zufällig erscheinenden Sätzen politische Gegner und Parteigenossen zu kitzeln, zu streicheln, zu ohrfeigen oder moralisch zu brüskieren. Die Texte enthielten subtile, motivierende und emotionsgeladene Botschaften und „einen Stil, der Prägnanz mit einem der Zeit glaubwürdigen Pathos verband."[661] In den Artikeln dominierte eine expressionistische Ausdrucksform, beinahe atemlos dynamisch und zum idealistischen Wahn tendierend wurden Zustände beschrieben; emphatisch, stellenweise mit ekstatischer Begeisterung und brachialer Methode wurden Visionen rezitiert.

In der Frage des Antisemitismus zeigt sich in seinen Zeitungstexten eine deutliche Distanz, hielt Goebbels diesen Themenkomplex doch nach wie vor für überbetont. Mit antisemitischen Aussprüchen war er sehr zurückhaltend, nur in wenigen Beiträgen gab es Randbemerkungen, die mehr als Pflichterfüllung denn als Überzeugung wirken. Zur Erläuterung staatlicher Missstände bediente sich der Schriftleiter ab und an gängiger rechtsradikaler Klischees, nutzte die negativen Assoziationen, die sich mit dem angeblich „typisch Jüdischen" verbanden oder griff auf den Juden als den klassischen Buhmann der Nation zurück. Antisemitische Formeln schien Goebbels nur aus Verlegenheit und in einem seltenen Turnus zu benutzen. Dass antisemitisches Gedankengut in den *NS-Briefen* nicht fehlte, ist eher als ein Zugeständnis an Hitler zu werten. Während im *Völkischen Beobachter* die so genannte Rassenfrage geradezu hochgespielt wurde, fand die Parteilinke daran gar keinen Geschmack und das Thema in den *Nationalsozialistischen Briefen* so gut wie keine Beachtung.[662] Goebbels wollte in seinen Aufsätzen auf die

661 Fest 2002: 345. Vgl. Bärsch 2004: 60; Oven 1987: 168.
662 Dies änderte sich erst mit der Ernennung Goebbels' zum Berliner Gauleiter: „Tatsächlich fiel auf, daß sich das Gesicht der ‚Nationalsozialistischen Briefe' mit Goebbels' Berufung in die Reichshauptstadt schlagartig veränderte. Was bis Oktober 1926 die große Ausnahme gewesen

Kerninhalte der sozialen Frage statt auf „rassenhygienische Erziehung" eingehen, antisemitische Aspekte behandelte er daher stiefmütterlich.

> „Bei Goebbels fehlte der Rassenmythos, und so wußte er auch mit Blick auf die Europa-Idee keine anderen Inhalte beizubringen, als die bekannten versatzstückhaften Leerformeln von der ‚Verteidigung des Abendlandes' und von der geschichtlichen Notwendigkeit eines Neu-ordnungsprozesses der europäischen Verhältnisse ganz allgemein. Der Osten aber erschien in diesem Licht als eine rein politische Größe, fern aller rassenmythischen Verklärung und Verzerrung."[663]

Spannender als Hitlers Rassenfrage[664] erschienen dem Schriftleiter die parteiinternen Definitionsversuche in Richtung eines nationalen Sozialismus und in diesem Zusammenhang die angestrebte Kooperation mit Russland. Auf tagespolitische Ereignisse reagierte Goebbels ohnehin selten; in den nur alle zwei Wochen erscheinenden *Nationalsozialistischen Briefen* konzentrierte sich die Redaktion auf die Hintergrund-Berichterstattung, organisatorische Erklärungen und propagandistische Themenblöcke.

Im Gegensatz zu den ausschweifenden Lobeshymnen auf Adolf Hitler in der *Völkischen Freiheit* befasste sich Goebbels nun kaum noch mit dem Parteiführer. Seine publizistischen Sympathiebekundungen waren seine Eintrittskarte zur NSDAP gewesen; bei den norddeutschen Nationalsozialisten und somit im linken Flügel angekommen, hielt er sich mit den öffentlich zur Schau gestellten Zuneigungen zum „Führer" sehr zurück. Auf das neue politische Umfeld oder eine thematische Begrenzung in den *NS-Briefen* war dies weniger zurückzuführen als auf die veränderte Lebens- und Arbeitssituation: Goebbels musste sich in erster Linie um die Geschäfte des Gaues Rheinland-Nord und um die Arbeitsgemeinschaft der Nord- und Westdeutschen Gaue der NSDAP kümmern. Das schlug sich auch in seinen journalistischen Inhalten nieder, wollte er doch mit aller Umsicht die Halbmonatsschrift zu einem herausragenden Meinungsbildungsorgan des linken

---

war, wurde von nun an üblich: Ausgiebig diskutierte man in den Spalten des Blattes über ‚Rasse'-Probleme, monatelang allein über die Frage des ‚völkischen Blutadels'." (Höver 1992: 165).

663 Kroll 1998: 306. Vgl. Höver 1992: 164; Schmidt 1968: 118; Schildt 1964: 77.

664 Der Rassismus als wesentlicher Bestandteil der nationalsozialistischen Ideologie basierte auf der Idee, dass aufgrund von bestimmten Rassemerkmalen menschliche Wertstufen abgeleitet werden könnten. In diesem Zusammenhang wurde die absolute Einheit des Menschengeschlechts geleugnet und stattdessen nach Gattungen, Arten und Unterarten differenziert. Eine Mischung der Rassen wurde als „Entartung" propagiert. Als gesetzlicher Maßstab für diese Ideologie wurde in der NS-Diktatur die so genannte Rassenhygiene konstituiert. Darunter verstand man Maßnahmen zur optimalen Erhaltung und Verbesserung der germanischen Rasse. Dazu gehörten auch bestimmte Auslesevorgänge, die sowohl in der umfangreichen Vernichtung der Juden als auch beispielsweise den Euthanasieprogrammen konkrete Formen annahmen. Grundlage bildetete dabei immer die völkische Rasseideologie: Als höchstwertig galten die Arier, daneben existierten ausschließlich Untermenschen. Neben der biologischen Bedeutung hatte die Rasse im Wortschatz der Nationalsozialisten auch einen mythischen Sinn: die Rasse galt als Urgegebenheit, als schicksalhafte Prädestination; entsprechend wurde das deutsche Volk als einheitlicher Rassenkörper betrachtet. Vgl. Piper 2005: 48f.; Schmitz-Berning 1998: 481–530; Berning 1964: 152f.

Parteiflügels machen. So waren die Wirkung des Blattes und der revolutionären Inhalte nicht zu unterschätzen, denn zahlreiche Parteigenossen und potentielle Interessenten sympathisierten mit den Thesen des Hauptschriftleiters.

Argwöhnisch beobachtete die Parteileitung von München aus Goebbels' eindeutig formulierten Forderungen und sah in den ideologisch-politischen Darlegungen, die intern nur wenig Platz für Interpretationen ließen, Affronts gegen Hitler und seine national-konservative Clique. Goebbels und Strasser indes kommunizierten bereitwillig ihre linkspolitischen Einfälle und glaubten nach wie vor, Hitler für den sozialistischen Kurs begeistern und gewinnen zu können. Der Wunsch blieb unerfüllt; stattdessen wurden die Fragen nach dem ideologischen Schwerpunkt in der „Bewegung", der Umgang mit dem Sozialismusbegriff und die Annäherung an etwaige Bündnispartner im Osten zum entscheidenden Konfliktstoff zwischen dem linken und rechten Parteiflügel der NSDAP. Auf einer Führertagung in Bamberg im Februar 1926 entlud sich diese Kontroverse, was wiederum entscheidende und einschneidende Veränderungen in Goebbels' politischem und auch publizistischem Lebenslauf nach sich zog.[665] Doch eine Entfremdung der beiden Persönlichkeiten Strasser und Goebbels begann erst im Frühjahr 1927, von einer daraus entstehenden Feindschaft, die letztendlich bis zur Unversöhnlichkeit ging, kann jedoch vor August 1932 nicht die Rede sein.[666] Die so genannte Damaskuslegende ist somit hinfällig.[667]

Die Inthronisation als Berliner Gauleiter bildete den Startpunkt für Goebbels' berufliche Aufwärtsbewegung, die sich zum einen in seiner Etablierung als nationalsozialistischer Politiker und zum anderen in seiner Entwicklung hin zum politischen Journalisten zeigte. Nachdem Goebbels mit der Führung der Berliner NSDAP-Ortsgruppe betraut worden war, stand ihm eine umfassende politische Arena zur Verfügung. Seine in der Elberfelder Lehrzeit beschriebenen Propagandamethoden konnte er nun erproben und modifizieren. Seine journalistischen Texte, in denen er sich (auf den ersten Blick noch eher theoretisch) mit politischer Werbung in Veranstaltungen im öffentlichen Raum beschäftigt und sich über massentaugliche Hilfsmittel wie Flugblätter und Plakate ausgelassen hatte, gereichten ihm nun als Handlungsleitfäden für die Praxis. Das Lehrmaterial, das er in dieser dritten Phase über die *Nationalsozialistischen Briefe* seit Sommer 1926 und verstärkt im Frühjahr 1927 verbreitete, hatte einen nicht zu unterschätzenden informativen und aufklärenden Charakter für seine unmittelbaren politischen Mitstreiter und Weggefährten wie die SA.

Erst recht nach dem Wechsel in die Reichshauptstadt beschäftigte sich Goebbels in seinen Artikeln mit Grundsatzfragen der nationalsozialistischen „Bewegung", die er seinen Parteigenossen gegenüber anschaulich erläuterte und denen er

---

665 Vgl. Lemmons 1994: 25; Riess 1989: 61; Goderbauer 1986: 280; Schmidt 1968: 115; Kühnl 1966a: 42.

666 „Like Himmler, Goebbels began his political career as secretary and assistant to Gregor Strasser. Like Himmler, also, Goebbels turned against Strasser later when it became apparent that advancement was better to be won under other auspices." (Deuel 1942: 119).

667 Vgl. Irving 1997: 137; Höver 1992: 289; Michels 1992: 51; Fröhlich 1987: 510; Reimann 1971: 50; Kühnl 1966a: 137; Schildt 1964: 172; May 1928: 22.

gleichzeitig sehr konkrete Handlungsanweisungen für den internen wie auch externen Umgang mit der nationalsozialistischen Idee beifügte. Dabei lag sein Hauptaugenmerk nach wie vor auf dem nationalen Sozialismus; auch in seinem neuen Amt als Gauleiter setzte er seinen sozialistisch-radikalen Kurs in aller Deutlichkeit fort. Zwar schwankte er „noch bis 1931 zwischen seinem ‚preußischen Sozialismus', Zweifel an der ‚Münchener Richtung' und schwärmerischer Hingabe an Hitler hin und her"[668] – doch von einem eindeutigen oder gar endgültigen Abrücken von seinem bewährten sozialistischen Kurs kann bis zu diesem Zeitpunkt keine Rede sein.[669] Nach wie vor als Schriftleiter für die *Nationalsozialistischen Briefe* verantwortlich, attackierte Goebbels das Bürgertum, griff den Kapitalismus an, bemühte sich nachhaltig um die Arbeiterschaft, forderte die politische Übernahme durch die junge NS-Generation und focht Kontroversen mit der nationalen Rechten aus. „In der Reichshauptstadt steuerte Goebbels in der innerparteilichen Richtungsdiskussion seinen klar sozialistischen Kurs ohne Abstriche weiter. Immer wieder griff er von einem fundamentalistischen Standpunkt aus die ‚Realpolitiker' der NS-Bewegung massiv an."[670]

Im Frühjahr 1927 zeigte sich, dass der sich festigende Status als lokaler Parteiführer und der wachsende Einfluss sowohl auf die NSDAP-Ortsgruppe als auch auf die SA deutliche Auswirkungen auf das Verhältnis zu Strasser hatten. Bislang hatte es – abgesehen von kleineren Differenzen – keine gravierenden Streitigkeiten gegeben. Goebbels, der eine personelle Entscheidung zwischen seinen beiden Mentoren Adolf Hitler und Gregor Strasser nicht zu treffen bereit war, wertete aufkeimende Diskrepanzen als vorübergehende Erscheinungen.[671] Seine journalistischen Arbeiten sowohl für die *Nationalsozialistischen Briefe* als auch die *Berliner Arbeiterzeitung* zeigen, dass eine Loslösung vom Strasser-Kreis weder bevorstand noch angedacht war. Vielmehr hatte Gregor Strasser das berufliche Vorankommen seines politischen Schützlings sogar unterstützt und „die Berufung seines vermeintlichen Mitstreiters gegen den Widerstand Münchener Parteichargen wie Heß und Rosenberg noch gefördert"[672].

Erst als der Kreis der ehemaligen Elberfelder Kollegen intervenierte, verschlechterte sich die Beziehung zwischen Goebbels und den Strasser-Brüdern massiv: Auslöser war ein Artikel, der im April 1927 in der *Berliner Arbeiterzeitung* erschienen war und „in dem unter dem Titel ‚Folgen der Rassenvermischung' über den Zusammenhang von körperlichen und charakterlichen Missbil-

---

668 Hachmeister 2005: 11f.
669 Insofern ist Martin Broszats Behauptung, dass „das revolutionäre Auftreten der von Goebbels geführten Berliner NSDAP in der Weimarer Zeit nicht ‚sozialistisch', sondern ‚in Wahrheit ein weitgehend unideologischer, zumindest ideologisch unklarer proletarischer Aktivismus' gewesen sei" (zitiert nach Höver 1992: 19), hinfällig.
670 Höver 1992: 410. Vgl. ebd.: 289; Müller 1973: 82; Schildt 1964: 178.
671 „Dann Unterredung mit Gregor Strasser. Er war sehr deprimiert. Ich will den Kampf gegen ihn nicht. Das gebe entsetzliche Folgen." (sogGTb 15.3.1927).
672 Vgl. Fest 2002: 364; Beckenbauer 1983: 18. Insofern ist Irvings folgende Aussage als falsch zu deklarieren: „Die Brüder Strasser waren von Goebbels' Eintreffen in ‚ihrer' Stadt alles andere als begeistert." (Irving 1997: 64). Vgl. ebd.: 59.

dungen räsonniert"[673] wurde. Die Anspielungen auf Goebbels waren unschwer zu verstehen.

> „Goebbels verlangte nicht nur – unter Rücktrittsdrohungen – eine einstimmige Loyalitätser-klärung der Berliner Unterführer seines Gaues, sondern auch den persönlichen Schutz Hitlers gegen Erich Kochs Unterstellungen. Der hatte zwar Goebbels in seinem alle Vorurteile der Nazis zusammenballenden Hetz-Erguß nicht genannt, dennoch war jedem führenden Partei-Mitglied klar, daß Koch Goebbels gemeint hatte."[674]

Goebbels wiederum, der sich durch diesen Aufsatz als körperlich lädierter Oppor-tunist öffentlich verspottet sah, lancierte nun seinerseits Gerüchte und unterstellte der Familie Strasser jüdische Vorfahren, um ihre Glaubwürdigkeit zu erschüttern. Unter den gegenseitigen Verleumdungen, Vorwürfen und böswilligen Unterstel-lungen kam nun ein Prozess in Gang, an dessen Ende die Freundschaft zwischen Joseph Goebbels und Gregor Strasser schließlich in eine erbitterte Feindschaft überging.[675] Zusätzlich beschleunigt wurde diese Entwicklung durch Goebbels' ambitioniertes Berliner Zeitungsvorhaben.[676] Denn mit dem Plan, im Rahmen des NSDAP-Verbots in der Reichshauptstadt ein weiteres Presseprodukt einzuführen, drang er in die Strassersche Mediendomäne ein. Als Herausgeber eines eigenen Parteiblattes konnte sich Goebbels somit nicht nur Unabhängigkeit vom Kampf-Verlag verschaffen, sondern auch als journalistischer Konkurrent und somit als Hauptantagonist der Strassers auftreten.[677]

---

673 Wildt 2005: 76. Obwohl als Autor der Parteifunktionär Erich Koch genannt wurde, dürfte Otto Strasser der Initiator des Textes gewesen sein. Er sah in Goebbels einen „Verräter an der Sache des Sozialismus" und hielt die Ernennung zum Gauleiter durch Hitler für den dafür nur noch fehlenden Beweis. Die Elberfelder verhielten sich gegenüber Goebbels, der nun intern als Hitler-Jünger gehandelt wurde, erst distanziert und skeptisch, dann vorsichtig und schließ-lich feindselig. Vgl. Reuth 2000: 110; Fröhlich 1987: 510.

674 Hochhuth 1987: 192f. Vgl. Bering 1991: 97.

675 Vgl. Kühnl 1966a: 47.

676 Der Wechsel in der Schriftleitung der *NS-Briefe* war zu diesem Zeitpunkt bereits beschlossen und vermutlich auf die internen Querelen zurückzuführen. Infolgedessen fiel Goebbels' Hauptpublikationsplattform weg, so dass er auch auf journalistischer Ebene für die Zukunft planen musste. In seinen persönlichen Aufzeichnungen kommentierte er sein Vorhaben: „Die N.S. Briefe erscheinen heute ohne mich. Rache ist ein Gericht, das kalt genossen wird. Ab-warten! Wenn unsere Zeitung kommt!" (sogGTb 18.5.1927).

677 Vgl. Wildt 2005: 76; Fröhlich 1989: 57; Mommsen 1989: 512.

IV. POLITISCHER JOURNALIST UND POLITIKER

1. HERAUSGEBER DES WOCHENBLATTS *DER ANGRIFF* (JULI 1927–SEPTEMBER 1929)

1.1 Historischer Kontext

> „Arbeiten rettet vor Wahnsinn und Verzweiflung!
> Auf in die Schlacht! Berlin! Asphalt oder Erfüllung?"[1]

Die Sortierung und Systematisierung der *Angriff*-Texte wurde nach drei Abschnitten vorgenommen, in denen jeweils auch die zeitgeschichtliche Einordnung erfolgte: Im ersten Abschnitt (Juli 1927–September 1929) war es ein Wochenblatt, dessen Publikationen analysiert wurden; im zweiten Abschnitt (Oktober 1929–Oktober 1930) trat die Veränderung zur Halbwochenschrift ein; im dritten Abschnitt schließlich (November 1930–Januar 1933[2]) wurde der *Angriff* eine Tageszeitung. Die Texte wurden in diesen drei verschiedenen journalistischen Teilstrecken erstens aus Gründen der Übersichtlichkeit gesondert betrachtet; zweitens, weil sie sich in Hinblick auf Goebbels' Journalismus unterscheiden. Die Strukturierung ist durch seine journalistische Arbeitsweise motiviert, die sich in Folge des kürzeren Erscheinungstaktes ebenfalls wandelte. Die Änderungen der Periodizität im Zeitraum 1927 bis 1933 (in allen drei Fällen eine Erweiterung der Frequenz) zeigten auch journalistische Auswirkungen. Diese publizistische Kontextuierung, die sich in der Quantität und Qualität der Textbeiträge, aber auch in der Wahl der journalistischen Darstellungsformen und der Verarbeitung von Themen offenbart, galt es bei der Analyse zu berücksichtigen.

Infolge dieser Einordnung der Zeitungstexte in drei zeitlich begrenzte Abschnitte wurde auch der historische Rahmen als Bezugsgröße in drei jeweils dazugehörige Kapitel unterteilt.[3] Der zeitgeschichtliche Kontext, in dem *Der Angriff* erschien, kann hier nicht ausgiebig dargestellt werden. Die historischen Hintergründe werden nur angedeutet, da die Geschehnisse der Weimarer Republik zu mannigfaltig und wechselhaft waren. Dennoch bedarf es einer gewissen Einordnung der Goebbelsschen Artikel auch und gerade in diesem Zeitraum. Insofern bezieht sich der in den jeweiligen Kapiteln dargestellte historische Rahmen zumeist eng auf die sich daran anschließenden Texterläuterungen und wird nur noch stellenweise dort ergänzt, wo sich einzelne Sachverhalte oder personelle Details als erklärungsbedürftig zeigen.

---

1   sogGTb 8.11.1926.
2   Siehe Kapitel I, 1.6 zum Untersuchungszeitraum und zur Begrenzung bis Ende Januar 1933.
3   Siehe dazu Kapitel IV, 1.1, 2.1 und 3.1.

Das im Dezember 1926 über einen Misstrauensantrag gestürzte dritte Kabinett unter der Leitung des Reichskanzlers Wilhelm Marx bildete im Januar 1927 wieder das vierte Kabinett. Es kam zu einer Neuauflage des Bürgerblocks, in der neben Zentrum, BVP und DVP nun auch die DNVP in die Regierung eintrat.[4] Währenddessen zeigte der 1924 eingeführte Dawes-Plan erste positive Auswirkungen auf die deutsche Wirtschaft – der Fluss ausländischer Kredite in das Land zahlte sich kurzfristig aus und rief bei den amtierenden Politikern einen umfassenden (aber ungerechtfertigten) Optimismus hervor. Die Anleihen der Kapitalgeber ermöglichten vermehrt Investitionen, Modernisierungen und Erweiterungen der Produktionsstätten; der Produktionsindex stieg deutlich an, er übertraf sogar

> „den Stand von 1913, dem Jahr der höchsten Wirtschaftsblüte vor Ausbruch des Krieges [...]. In deren Folge stiegen schnell wieder die Zahlen der Beschäftigten, in gleichem Maße sank die Arbeitslosenziffer, und das Sozialprodukt erfuhr eine konstante und deutliche Steigerung. Die Lebensbedingungen wurden schlagartig besser, die Situation für alle Bevölkerungsschichten normalisierte sich zusehends.“[5]

Bis Mitte des Jahres war auch die Regierung keinen größeren Belastungsproben ausgesetzt, im Frühsommer aber bröckelte die Koalition, bis es im Februar 1928 schließlich zur Spaltung kam.[6] Am 31. März 1928 wurde der Reichstag aufgelöst, Neuwahlen setzte man für den 20. Mai fest. Diese brachten vor allem für den Nationalsozialismus deutliche Absagen, da in der relativ stabilen wirtschaftlichen Situation und nach den Fortschritten bei der Befriedung der Republik lediglich 800.000 Deutsche (2,6 Prozent) ihre Stimme der NSDAP gaben.[7] In Berlin waren es sogar nur 1,6 Prozent der Wähler.[8] Die organisatorischen Schwächen der Partei, die bescheidenen finanziellen Mittel und der begrenzt mögliche Wahlkampf – die NSDAP war bis Ende März 1928 verboten – hatten die Chancen minimiert.

> „Als die Nationalsozialisten im Mai 1928 an den Reichstagswahlen teilnahmen, war Hitler seit fast sieben Jahren Führer der Partei. Die deutsche Bevölkerung hatte bis dahin reichlich Gelegenheit gehabt, seinen übermenschlichen Fähigkeiten und seiner hypnotischen Ausstrahlung zu erliegen. Doch die NSDAP bekam in diesen Wahlen genau 2,6 Prozent der Stimmen. [...] Die Vorstellung, Hitler habe unabhängig von äußeren Umständen in hypnotischer, geradezu göttlicher Weise auf die Deutschen gewirkt, ist also Unsinn.“[9]

---

4   Vgl. Kolb 2000: 83.
5   Böhnke 1974: 87. Vgl. Winkler 1993: 321f.
6   Der Dissens tauchte im Rahmen der Verabschiedung eines Reichsvolksschulgesetzes auf. Zentrum, Bayerische Volkspartei und DNVP wollten im Gegensatz zur Weimarer Verfassung alle Schultypen gleichwertig behandelt sehen. Im Realfall wären Konfessionsschulen damit zur Regel geworden. Die DVP hingegen verlangte gemeinsam mit der preußischen Regierung die Trennung von Kirche und Staat. Vgl. Kolb 2000: 84; Longerich 1995: 245f.
7   Gewinner der Wahlen waren die Linksparteien: Die Sozialdemokraten bekamen 22 Mandate (29,8 Prozent) und verfügten über 153 Sitze im Reichstag. Die KPD verbesserte sich um neun Sitze, während die bürgerliche Mitte wie auch die Deutschnationalen als Verlierer aus der Wahl hervorgingen. Vgl. Kolb 2000: 84f.; Longerich 1995: 247; Winkler 1993: 331f.
8   Vgl. Barth 1999: 61; Paul 1992: 84; Bering 1991: 98; Kruppa 1988: 364; Bramsted 1971: 85f.
9   Rees 2001: 17.

Während des Wahlkampfes ging es den Nationalsozialisten darum, bei den Menschen zielgerichtet Ängste zu schüren und dumpfe Empörung gegenüber der Republik zu wecken. Um eine nationale Euphorie hervor zu rufen, wurde die Republikgründung wiederholt als Produkt der Kriegsniederlage dargestellt und der in der Bevölkerung als negativ empfundene politische Wandlungsprozess instrumentalisiert. Die Vorwürfe, dass sämtliche amtierende Parteien das Vaterland beschädigten, häuften sich. Auch das Zerrbild von der deutschen Sklavenkolonie, die von den verhassten Siegermächten des Weltkrieges drangsaliert würde, kam zur Verwendung. Politische Munition lieferten auch die Dolchstoßlegende, der Vertrag von Versailles und die nazistische Erfindung von einer jüdisch-bolschewistischen Weltverschwörung. Sowohl mit der Abweisung deutscher Kriegsschuld als auch dem Bild von einem mystifizierten neuen Reich ließen sich ideologisch brauchbare Empfindungen schaffen. Die argumentative Technik, tatsächliche Defizite wie auch eingebildete Bedrohungen in Verbindung mit dem Judentum als Verkörperung des Bösen zu bringen, schien der NSDAP brauchbar.[10] Doch obwohl die Nationalsozialisten verstärkt Attacken gegen die Sozialdemokraten vortrugen und der Straßenkampf mit den Kommunisten fortgeführt wurde, blieb die Anziehungskraft begrenzt: Die Arbeiter in den Städten ließen sich weder mit emotional aufgeladenem Nationalismus noch mit banalen sozialistischen Parolen einfangen.[11] Also zog die NSDAP als kleine extremistische Sekte mit zwölf Abgeordneten in den vierten Reichstag ein – darunter befand sich auch Goebbels.[12]

Reichskanzler Hermann Müller (SPD) bildete Ende Juni eine Große Koalition, die sich vor allem am Streit um den „Panzerkreuzer A" aufrieb.[13] Und auch das Jahr 1929 brachte weitere negative Entwicklungen für die Weimarer Republik und ihre demokratischen Träger:

> „Lag die Zahl der Arbeitslosen im Oktober 1927 noch unter der Millionengrenze, so stieg sie im bitterkalten Winter 1928/29 in rasantem Tempo an. Im Dezember waren es fast zwei, im Januar bereits fast drei und im Februar [...] 3,2 Millionen. Was konnte da für die N.S.D.A.P. näherliegen, als die wirtschaftliche Misere als Folge der ‚Tributlasten' propagandistisch umzusetzen?"[14]

10 Vgl. Vondung 1991: 103.
11 Vgl. Winkler 2000: 475; Paul 1992: 85f., 88; Jasper 1986: 51; Bramsted 1971: 87; Lepsius 1966: 6; Shirer 1961: 116.
12 Als Abgeordneter verfügte Goebbels neben einem regelmäßigen Einkommen nun über politische Immunität. Diese schützte ihn „teilweise vor den zahlreichen Verfahren wegen Verleumdung von Mitgliedern und Repräsentanten der Republik, denen er sich in Berlin gegenübersieht." (Fröhlich 1987: 511). Vgl. Wunderlich 2002: 57, 262f.; Espe 1933: 18–20.
13 Der Bau des Schiffes – von der vorherigen Regierung beschlossen und wegen finanzieller Engpässe vertagt – sollte begonnen werden, obwohl die SPD im Wahlkampf mit dem Slogan „Kinderspeisung gegen Panzerkreuzer" gegen das aus ihrer Sicht militärisch sinnlose Prestigeprojekt vorgegangen war. Nun stimmten die sozialdemokratischen Kabinettsmitglieder aber doch für die Umsetzung der Pläne, was zu ernsthaften parteiinternen Streitigkeiten führte. Um eine Spaltung zu verhindern, beantragten die Sozialdemokraten – wiederum gegen ihren eigenen Beschluss – den Rückzug aus dem Panzerkreuzer-Projekt. Vgl. Kolb 2000: 86; Longerich 1995: 248; Winkler 1993: 332, 340.
14 Reuth 2000: 146. Vgl. Michels 1992: 76f.; Paul 1992: 89.

Die Reparationsfrage lastete auf dem Staat: Zwischen Februar und Juni 1929 fanden im europäischen Ausland verschiedene Konferenzen zur Präzisierung und teilweisen Revision des Dawes-Abkommens statt. In Paris tagte eine internationale Sachverständigenkommission von Finanzexperten, die unter dem Vorsitz des amerikanischen Bankiers Owen D. Young die Zahlungsregelungen überarbeitete. Gleichzeitig wuchs die lautstarke Ablehnung gegenüber derartigen Neuerungen in den rechtsextremen Lagern, wenn auch unterschiedlich akzentuiert. Anlässlich des von DNVP, NSDAP und Stahlhelm[15] gemeinsam getragenen Volksbegehrens arbeitete Hitler mit dem Medienmagnaten und DNVP-Vorsitzenden Alfred Hugenberg[16] zusammen. Mit reaktionärer, antirepublikanischer Propaganda und erzkonservativen Forderungen ging die nationale Rechte gegen den Young-Plan vor.

> „Keine andere Aktion hätte Hitler dem mittelständischen Bürgertum so bekannt gemacht wie diese Kampagne, die all die Gefühle von Angst, Ohnmacht und Wut wieder aufpeitschte – eine Seelenlage, die für einen Großteil der Deutschen verbunden war mit dem Begriffspaar ‚Versailles‘ und ‚Reparationen‘, wobei freilich längst klar war, dass die im anstehenden Young-Plan festgelegten neuen Zahlungsverpflichtungen deutlich günstiger ausfielen als die vorherigen. Auch wenn das Plebiszit scheiterte – jetzt war zum ersten Mal die ‚Nationale Opposition‘ beisammen, die Hitler später an die Macht bringen sollte."[17]

Mit dem in Kraft tretenden Abkommen wurden neue Zahlungsraten und eine verlängerte Laufzeit festgelegt.[18] Der Umschuldungsplan sollte Erleichterungen für die deutsche Wirtschaft bringen, sah aber Verpflichtungen bis in das Jahr 1988 vor. Der Vertragsabschluss erlangt schnell Symbolkraft und wurde von den extrempolitischen Kräften[19] als Synonym für Unterdrückung, Demütigung und Versklavung deklariert; bald schon galt der Young-Plan, der als sinnvoller Nachfolger zum Versailler Vertrag angelegt worden war, in der deutschen Bevölkerung als aufgezwungenes Diktat und neue Ursache des fortschreitenden sozialen Desasters.

15 Der Stahlhelm war ein einflussreicher Bund früherer deutscher Frontsoldaten aus dem Ersten Weltkrieg. Gegründet wurde er 1918 vom Magdeburger Fabrikanten Franz Seldte, der auch als Bundesführer des Stahlhelms firmierte. Er kündigte am 4.10.1930 vor Teilnehmern des Reichsfrontsoldatentages (darunter auch Kronprinz v. Seeckt) ein Volksbegehren zur sofortigen Auflösung des preußischen Landtages an. Sein Ziel war es, in den preußischen Staatsapparat einzudringen und ihn dann zu beherrschen; die Absetzung der marxistisch-preußischen Regierung stand an oberster Stelle seiner Aktion. Nach seinem Motto würde jeder, der die Macht in Preußen habe, auch die in ganz Deutschland besitzen. Vgl. Schulze 1977: 660f.
16 Siehe Kapitel III, 6.5 zu Hugenberg.
17 Bönisch 2008: 16.
18 „Gegenüber dem Dawes-Plan hatte der Young-Plan für Deutschland einen großen Vorteil: Er stellte seine Souveränität auf wirtschaftspolitischem Gebiet wieder her. Ein Nachteil war hingegen der Wegfall des Transferschutzes: Anders als bisher mußte das Reich auch bei einer wirtschaftlichen Depression Reparationen zahlen. Die Aussicht, 58 Jahre lang zu Zahlungen an die ehemaligen Kriegsgegner verpflichtet zu sein, war bedrückend." (Winkler 2000: 478). Vgl. Kolb 2000: 85.
19 Die Kommunisten nannten das Abkommen einen „Raubfrieden" und eine „militärische Knebelung", im „Tributstaat" keimte ihrer Ansicht nach ein neuer Krieg. Ihrer Befürchtung nach wurde Deutschland dadurch auch in dem Maße isoliert, dass an eine Beteiligung an der erhofften Weltrevolution nicht zu denken war. Vgl. Pätzold/Weißbecker 2002b: 182.

1.2 Zur Geschichte des Wochenblatts

> „Heute und morgen Konferenzen über die Presse.
> Unser Zeitungsplan marschiert. Der ‚Angriff‘ kommt.“[20]

Der Berliner Pressemarkt war im Jahr 1927 mehr als gesättigt: In der Reichshauptstadt erschienen etwa 130 politische Tages- und Wochenblätter, darunter auch Produkte mit erheblichen Auflagen. Der Zeitungsmarkt in der deutschen Metropole wies weder Lücken noch Bedarf für Neugründungen auf.[21] Auch bei den ideologisch ausgerichteten Blättern war der Markt längst aufgeteilt: Zwar besaß die nationalsozialistische „Bewegung“ vornehmlich im süddeutschen Raum einige Parteizeitungen[22], mit dem Kampf-Verlag war sie aber auch in der Hauptstadt vertreten. Gregor und Otto Strasser brachten die *Berliner Arbeiterzeitung* heraus; sie galt als offizielles Gauorgan und war berechtigt, das Hoheitszeichen der Partei zu führen.[23] Daneben erschien abends der *Völkische Beobachter*, obgleich das Zentralorgan der NSDAP den Ereignissen und Themen rund um Berlin nur einen beschränkten Platz im Blatt einräumte. Obwohl die Erfolgsaussichten für ein weiteres stark ideologisches Presseunternehmen eher gering ausfielen, reizte Goebbels die Zeitungsgründung in seinem neuen politischen Revier.

Sein publizistisches Vorhaben wurde durch das Partei- und Redeverbot ausgelöst und sollte in erster Linie dem ideologischen Zusammenhalt der Berliner Ortsgruppe dienen. Goebbels war „gezwungen, sich auf andere Propagandaformen und -medien zu besinnen und den Propagandaapparat insgesamt zu erweitern.“[24] Die veränderten äußeren Umstände nahm er als Anlass, um für die Idee eines neuen Kampfblattes zu werben[25]; es sollte vorübergehend das Mittel zur parteipoliti-

---

20 sogGTb 20.5.1927.
21 Vgl. Dussel 2004: 156; Reuth 2000: 122; Stein 1987: 82; Schmaling 1968: 33f.; Kessemeier 1967: 18; Kühnl 1966a: 51.
22 Zahlenmaterial aus dem Jahr 1928 belegt, dass die NS-Presse zwei Tageszeitungen, 27 Wochenblätter, eine Monats- und eine Halbmonatsschrift umfasste. „All diese Zeitungen waren aufgrund ihrer Qualität und Exklusivität von ihrer Auflage her nicht lebensfähig. Sie mussten durch publikumswirksame Zeitungen im selben Verlag oder durch industrielle Unterstützung getragen werden.“ (Martens 1972: 16). Vgl. Dussel 2004: 157; Hochstätter 1998: 85. Die Gesamtauflage lag bei etwa 20.000 Exemplaren, davon entfielen fast 80 Prozent auf den *Völkischen Beobachter*. Von den Presseorganen waren 19 Blätter parteiamtlich anerkannt und unterstanden der inhaltlichen Regie der Reichspropagandaleitung.
23 Siehe Kapitel III, 5.4 zu der Entstehung und den Hintergründen der *Berliner Arbeiterzeitung* und zum *Nationalen Sozialisten*. Erst 1930 wurde *Der Angriff* offizielles Parteiorgan der Berliner NSDAP. Dennoch erreichte er nie eine für den *Völkischen Beobachter* gefährliche Auflage. Vgl. Hochstätter 1998: 33f.; Koszyk 1972: 384.
24 Paul 1992: 61. Vgl. ebd.: 180.
25 Dies wurde in der NS-Literatur in folgende Geschichte gepackt: „Plötzlich, mitten im Takt, brach der Gauleiter ab, stand vom Klavierschemel auf und sagte: ‚Mir ist eben eine glänzende Idee gekommen; wir werden eine Wochenzeitung gründen, die uns erlaubt, unmittelbar zum Volke durch den Druck zu sprechen, nachdem es uns unmöglich gemacht worden ist, dies mündlich zu tun‘. Wir wußten alle, daß uns für ein derartiges Unterfangen die materiellen Voraussetzungen durchaus fehlten. Wie vor allem sollten wir uns ohne kostspielige Reklame,

schen Selbstdarstellung sein und die in den vergangenen Monaten hinzugewonne-
ne Popularität der Berliner Splitterpartei erhalten. Obwohl die NSDAP in der
Reichshauptstadt quasi aufgehört hatte, legal zu existieren, wollte sich der Gauleiter dieser Belastungsprobe gewachsen zeigen.[26] Er wollte damit nicht nur seine
Hausmacht an der Spree festigen, sondern mit dieser publizistischen Offerte vor
allem auch sichtbar machen, dass er sich gegen die Unkenrufe der Münchner Clique behauptete.[27]

Goebbels vertrat ohnehin die Meinung, dass in Berlin ein radikales Kampfblatt fehle; er selbst wollte nun das hervorstechende Beispiel für einen neuen Ty-
pus in der Parteipresse liefern und eine politische Zeitung „im Dienst der nationalsozialistischen Revolution" erschaffen. In den Literaturen und Biographien der
NS-Diktatur wurde dieser Umstand später in selbstgefälligem Überschwang folgendermaßen beschrieben:

> „Das war die Sendung der nationalsozialistischen Berliner Kampfzeitung. In ihr finden sich
> das große politische Führertum der Persönlichkeitszeitungen, die fanatische Entschlossenheit
> des Kampfblattes und der lenkende, anspornende Charakter der Parteizeitung vereint mit ei-
> ner neu angewandten Form zur Bildung politischen Willens: Der kämpferischen Zeich-
> nung."[28]

Von Anfang an war ein „Entweder-Oder-Blatt"[29] geplant: Kämpferischer Journalismus, so Goebbels' Standpunkt[30], musste sich in Appellen und Aufrufen niederschlagen. Um eine breite Leserschaft zu erreichen, sollte besonders auf den volkstümlichen Ton und auf thematische Banalisierungen geachtet werden. Ihm schwebte ein dynamisches Nazi-Boulevard-Blatt vor, das auf polemischer, propagandistischer und tendenziöser statt auf objektiver, informativer und meinungsbildender

---

ohne Plakate, ohne Händlerzuschüsse und, wie zu erwarten war, auch ohne lukrative Anzeigen gegen die hochgezüchtete Berliner Journaille durchsetzen? Aber der Gedanke war zu
zündend und zu schlagkräftig, als daß wir ihn nicht sofort mit Freuden ergriffen hätten."
(Rahm 1939: 8f.). In einer späteren Biographie wurde diese Anekdote nochmals aufgegriffen:
„Eines Abends – Goebbels' Freund Dr. Julius Lippert hat die Geschichte erzählt – weilt man
im engen Kreis in des Gauleiters Wohnung. Goebbels setzt sich ans Klavier, spielt ein paar
Nazi-Kampflieder [...], bricht plötzlich ab, springt auf und ruft: *Ich habe eine Idee! Wir werden eine Wochenzeitschrift machen. In der können wir sagen, was man uns von der Plattform
herunter nicht mehr sagen läßt.* Alle Anwesenden wissen, daß alle Voraussetzungen zum erfolgreichen Start einer Zeitung fehlen." (Riess 1989: 86, kursiv im Original).

26 Vgl. Paul 1992: 48, 117; Stein 1987: 79; Kessemeier 1967: 19; Fraenkel/Manvell 1960: 124.

27 „In 1927 he had already founded a Berlin weekly *Der Angriff* (Attack). This was intended not
only to be the fighting paper of the Party but also to counter Rosenberg's influence in the
Völkischer Beobachter, which appeared in Munich. *Der Angriff* was carried on in a very keen
and lively way and was much read by opponents." (Dutch 1940: 76, kursiv im Original). Vgl.
Hochstätter 1998: 85; Riess 1989: 87; Reimann 1971: 103; Krebs 1959: 161.

28 Rahm 1939: 19.

29 Bramsted 1971: 77.

30 Deutlich wird dies in einer späteren Schrift, in der Goebbels klare Worte machte: „Das ganze
Denken und Empfinden des Lesers soll in eine bestimmte Richtung hineingezwungen werden. So wie der Redner nur die Aufgabe hat, durch seine Ansprache den Zuhörer für die nationalsozialistische Sache zu gewinnen, so darf der Journalist nur die Aufgabe kennen, durch
seine Feder das gleiche Ziel und denselben Zweck zu erreichen." (Goebbels 1935b: 190).

Berichterstattung beruhen sollte. Behauptungen statt Argumente, Schlagworte statt Fakten und Verleumdungen statt Sachlichkeit bildeten die journalistischen Richtwerte. Die Kernelemente seiner Kampfzeitung sollten Primitivität und Brutalität sein; mit hemmungslosem Journalismus wollte er ein Gegengewicht zu den seriösen, auf vernunftgerechter und vorurteilsfreier Auseinandersetzung basierenden Presseerzeugnissen schaffen.[31]

Entsprechend wurde der Name gewählt: Der Zeitungstitel sollte eine mitreißende Losung sein, eine schlagkräftige Mannschaft verkörpern und das Sprachrohr der verbotenen Organisation kennzeichnen. Im nationalsozialistischen Jargon las sich dies so: „Die Kämpfer sollte er stärken, die Müdegewordenen aufrütteln, die Abseitsstehenden aufmerken lassen, dem Gegner sollte er zeigen: die Berliner Nationalsozialisten greifen an!"[32] Der Name sollte auch das politische Programm und die offensive Stellung gegen die Weimarer Republik zum Ausdruck bringen, so dass Goebbels den Titel *Der Angriff* mit dem Untertitel *Das Deutsche Montagsblatt in Berlin. Für die Unterdrückten, gegen die Ausbeuter* wählte.

Die Zeitungsgründung stellte eher ein Wagnis statt ein erfolgversprechendes Projekt dar.[33] Da es keine finanzielle Grundlage für das Vorhaben gab, lieh sich der Gauleiter 2.000 Mark bei Parteifreunden und verbürgte sich persönlich dafür.[34] Eine kleine Druckerei namens Schulze am Markgrafendamm in Berlin-Lichtenberg arbeitete auf Kredit und der Papierlieferant ließ sich auf ein Wechselgeschäft ein. Mit schwachem Startkapital und wackeliger Unterstützung stieg Goebbels in das Mediengeschäft ein; dabei

> „darf man nicht vergessen, daß der kommerzielle Erfolg der Zeitung für ihren Gründer eine Sache von minderer Bedeutung war. Für ihn war das Blatt in der Hauptsache ein Mittel des politischen Kampfes. Der *,Angriff'* wurde anfänglich durch seinen Absatz und Annoncen finanziert, aber die Einnahmen waren gering. Während der ersten zwei Jahre spielten Beiträge von Förderern der Bewegung eine Rolle, und sogar die Einnahmen von Karnevalsveranstaltungen mussten in den Jahren 1928 und 1929 helfen, die Zeitung zu unterstützen."[35]

---

31 Vgl. Härtel 2005: 18; Lemmons 1994: 43f.; Höver 1992: 82f.; Schwarz 1968: 273; Balle 1963: 258; Kügelgen 1934: 20.

32 Rahm 1939: 27. Vgl. ebd.: 9, 31, 45; Bade 1933: 43.

33 Ein treuer Goebbels-Mitarbeiter formulierte es so: „Es hat vielleicht in der gesamten Geschichte des Weltjournalismus keine Zeitungsgründung unter derart verzweifelten Umständen gegeben wie diese. Sie hatte überhaupt keine anderen Voraussetzungen als den eisernen Willen des Gründers. Es gab außer ihm keinen einzigen Mitarbeiter, der auch nur einigermaßen schreiben konnte. Es gab kein Geld, kein Papier, keine Anzeigen. Ja, es gab nicht einmal genug Leser. Die paar tausend Parteigenossen, auf die es der Gau Berlin bis zum Verbot gebracht hatte, konnten zwischen dem Münchner Völkischen Beobachter und dem Berliner Straßer-Blatt wählen" (Oven 1987: 196f.).

34 Vgl. sogGTb 19.5.1927, 21.5.1927 und 1.6.1927. Als Pionierarbeit wurde die Zeitungsgründung in den Schriften des „Dritten Reiches" dargestellt: „Die Berliner Kampfzeitung wurde geschaffen aus dem Nichts. Kein Kapital, keine Organisation, keine Erfahrung war da, nur der Wille zum Kämpfen." (Rahm 1939: 69). Vgl. Hartmann 1936: 1; Bade 1933: 43; Seeler 1933: 9.

35 Bramsted 1971: 91f., kursiv im Original. Vgl. Heiber 1962: 67f.

Da die NSDAP infolge des Verbotes nicht als Herausgeber auftreten durfte, wurde *Der Angriff* von Goebbels „als reine Persönlichkeitszeitschrift"[36] gegründet und als „Privatzeitung"[37] geführt. Die Redaktion bestand, von wenigen Ausnahmen abgesehen, aus Laien. Als Hauptschriftleiter wurde Julius Lippert berufen.[38] Der Zeitungsfachmann brachte Erfahrungen durch seine Arbeit beim *Deutschen Tageblatt*, dem *Berliner Lokal-Anzeiger* und der *Kreuz-Zeitung* mit in die Redaktion. Chef vom Dienst und stellvertretender Hauptschriftleiter wurde der politische Geschäftsführer Dagobert Dürr.[39] Er musste vor dem Erscheinen der ersten Ausgabe kurzfristig die Redaktionsleitung übernehmen, da Julius Lippert wegen presserechtlicher Vergehen für sechs Wochen im Moabiter Gefängnis einsaß.

> „Die Anfänge waren klein und alles andere als imposant. Es war schwierig, das richtige Personal zu finden, um so mehr, als der vorgesehene Hauptschriftleiter, Dr. Julius Lippert, wegen eines politischen Vergehens ins Gefängnis mußte, noch ehe die erste Nummer erschienen war. Kaum einer der mit der Herstellung der Zeitung betrauten Parteimitglieder hatte technische oder journalistische Erfahrung."[40]

Als Karikaturist des neuen Montagsblattes trat Hans Schweitzer unter seinem Künstlernamen „Mjölnir" in Erscheinung.[41] *Der Angriff* wurde vorerst im Selbstverlag publiziert, als Verlagsleiter wurde Eberhard Aßmann (ehemaliger Leiter der NSDAP-Zeugmeisterei Ost) eingesetzt. Auf Hitlers Initiative hin beteiligte sich dann aber doch noch der Parteiverlag Franz Eher München an dem Presseprojekt. „Wenngleich dies der Vorstellung Goebbels', der seine Zeitung allein führen wollte, ganz und gar zuwiderlief, so bedeutete doch die Absicht Hitlers indirekt eine generelle Zustimmung für das Konkurrenz-Unternehmen zu den Blättern der Strassers"[42]. Bereits im Vorfeld hatten sich nämlich die Strasser-Brüder beim Parteiführer über Goebbels' Zeitungspläne beschwert, sahen sie darin doch eine echte Konkurrenz für ihre Berliner Blätter.[43] Hitler allerdings ge-

---

36　Fischer 1981: 276.
37　Kühnl 1966a: 146.
38　Diese Funktion als Hauptschriftleiter wurde Lippert im Januar 1933 von Goebbels wieder entzogen, zu groß waren die ideologischen Unterschiede der beiden Parteigenossen. „The editor-in-chief also served as a convenient scapegoat when Goebbels was displeased with the paper's copy. He simply blamed any deficiencies upon Lippert's ‚bourgeois' world view, often haranguing the editor-in-chief on this score, insisting that *Der Angriff* must become more *voelkisch* and ‚socialist'." (Lemmons 1994: 26, kursiv im Original). Vgl. Hochstätter 1998: 34.
39　Dürr wurde nach dem Machtwechsel 1933 Berliner Pressechef und leitete die Publikation der Reichspropagandaleitung mit dem Titel *Unser Wille und Weg*. Vgl. Hochstätter 1998: 34.
40　Bramsted 1971: 77. Vgl. Reuth 2000: 125; Irving 1997: 75; Rahm 1939: 28, 44.
41　Siehe Kapitel III, 6.4.1 über die Verbindungen und Hintergründe zu Mjölnir. Goebbels kannte den Zeichner bereits durch die gemeinsame Arbeit an verschiedenen Propagandabroschüren. Mit seinen Schwarz-Weiß-Zeichnungen appellierte der Karikaturist Hans Schweitzer an die primitiven Gefühle des Lesers und schuf in seinen Bildern klischeehafte Figuren wie die des typischen Juden und des idealen Ariers. Vgl. Reuth 2000: 126; Oven 1987: 201; Reimann 1971: 102; Heiber 1962: 69.
42　Reuth 2000: 125. Vgl. Hochstätter 1998: 33f.; Lemmons 1994: 26; Riess 1989: 87; Reimann 1971: 106; Kessemeier 1967: 48; Rahm 1939: 217; Hartmann 1936: 94.
43　Vgl. Reuth 2000: 110, 124; Frei/Schmitz 1999: 97; Stachura 1983: 57; Kessemeier 1967: 48.

währte Goebbels Rückendeckung, deklarierte das Pressevorhaben als persönliche Angelegenheit des Gauleiters und förderte so dessen autarke journalistische Position in Berlin.[44] Der Strassersche Versuch, das neue NS-Blatt zu unterbinden, blieb somit erfolglos. Nun begann ein Kräftemessen auf journalistischem Terrain, was die ohnehin zunehmenden Rangeleien und Unstimmigkeiten zwischen den einstigen Parteifreunden noch dadurch verstärkte, dass sich Goebbels ganz augenscheinlich aussichtsreich gegen das Pressemonopol des Kampf-Verlages auflehnte.[45] „Und diese Rivalität verstärkte sich, als *Der Angriff* mit Strassers *Berliner Zeitung* zu konkurrieren begann. Aber noch gab es keine offene Feindschaft."[46] Bis 1932 sollte Goebbels' Abnabelungsprozess von seinem ursprünglichen Protektor Gregor Strasser noch andauern – und sich auch in den umtriebigen Zeitungsaktivitäten des Berliner Gauleiters niederschlagen.

Am 4. Juli 1927 wurde die erste Ausgabe des *Angriffs* gedruckt. Vorangegangen war eine von modernen Werbemethoden inspirierte Kampagne, mit der die Bevölkerung auf das neue Presseorgan aufmerksam gemacht wurde: Bereits einige Tage vor Erscheinen der Erstausgabe wurde die Stadt mit blutroten Plakaten überschwemmt, auf denen der Aufdruck „Angriff?" zu lesen war. Dann klebte an den Litfasssäulen die Botschaft „Der Angriff erfolgt am 4. Juli". Goebbels wollte mit dieser Art der Reklame die Neugierde der Passanten wecken.

> „Mit dieser nicht sehr kostspieligen, aber originellen Werbung sollten die Berliner, wie eine dritte Serie von Plakaten anzeige, auf die Neuerscheinung eines Wochenblattes aufmerksam gemacht werden, das den Namen ,Der Angriff' trug und gleichzeitig als ein neuer ,Angriff' der Nationalsozialistischen Deutschen Arbeiterpartei, Ortsgruppe Berlin, verstanden werden wollte"[47].

Die Erstausgabe war ein Desaster.[48] Probleme bei der Umsetzung, die nachrichtenarme Sommerzeit, knappe Geldmittel und der Mangel an ausgebildeten Journa-

---

44 „The Strassers pursued a vigorous counterattack against Goebbels, centering it upon his proposed newspaper. The Kampfverlag already published a newspaper in Berlin, the official Gau organ, the *Berliner Arbeiter Zeitung* or *BAZ*. Gregor Strasser saw *Der Angriff* as a serious threat to the *BAZ*, insisting that Hitler stop publication of the new paper. The Fuehrer compromised, decreeing that *Der Angriff* be ,neutral', meaning that it would not be the official party organ. Although recognized by the party, it was to be the Gauleiter's personal press outlet, not a tool of the party as such. Strasser's protestations that, given his position, Goebbels could never be considered editor of a ,neutral' paper fell on deaf ears." (Lemmons 1994: 23f., kursiv im Original).

45 „1927 gründete Joseph Goebbels den ,Angriff' als Wochenblatt. Später verklärte er die Zeitung zum Kampfblatt im ,Kampf um das rote Berlin'. Mindestens so wichtig war das Blatt für Goebbels persönliche Auseinandersetzung mit seinem parteiinternen Widersacher Gregor Strasser." (Stöber 2005b: 253).

46 Riess 1989: 147, kursiv im Original. Vgl. Irving 1997: 45; Schaumburg-Lippe 1990: 9; Niekisch 1980: 178.

47 Kessemeier 1967: 47. Vgl. Reuth 2000: 125; Paul 1992: 72f.

48 Großzügig gestand Goebbels in einem späteren Aufsatz die Mängel des Blattes ein: „Der erste Umbruch der ersten Nummer war eine Sache für sich. Keiner von uns verstand etwas davon, einer berief sich auf den anderen. [...] Scham, Trostlosigkeit und Verzweiflung beschlichen mich, als ich dieses Surrogat mit dem verglich, was ich eigentlich gewollt hatte. Ei-

listen sorgten dafür, dass der Start misslang.[49] Aufmachung und Ausführung des *Angriffs* erschienen dilettantisch, sowohl Qualität als auch Typografie und Druck waren mangelhaft und minderwertig.

> „Das Papier war schlecht, der Umbruch machte einen kümmerlichen Eindruck. Eine feste Ordnung, das Gerippe einer Zeitung, stehende Überschriften, waren erst teilweise vorhanden. Da standen zwei- und dreispaltige Artikel, über die nur eine einzige Überschrift gesetzt war. Die Spalten der ersten ‚Angriff'-Nummer waren wirklich keine Augenweide!"[50]

In Ermangelung journalistischer Erfahrungen sowohl des stellvertretenden Schriftleiters als auch der übrigen Mitarbeiter war die Erstausgabe inhaltlich trivial aggressiv und strotzte vor barbarischer, scharfer und polternder Polemik. Die Witze waren platt, die Artikel grobschlächtig und vom journalistischen Standpunkt aus betrachtet insgesamt katastrophal.[51] Die Berliner Presse nahm keinerlei Notiz von der neuen nationalsozialistischen Konkurrenz. Goebbels musste sich die publizistische Niederlage eingestehen und drastische Konsequenzen ziehen. Also wurde der Umbruch des Blattes neu gestaltet, als Vorbilder dienten marxistische Kampfblätter, das Layout orientierte sich an der kommunistischen Zeitung *Welt am Abend*.[52]

Der Angriff startete mit einer bescheidenen Auflage von 2.000 Exemplaren, die kontinuierlich gesteigert wurde.[53] „Mit allen Mitteln suchte Goebbels den Absatz des *Angriff* zu heben. Jeder Parteigenosse hatte strikten Auftrag, das Blatt zu

---

ne kümmerliche Winkelzeitung, ein gedruckter Käse! So kam mir diese erste Nummer vor. Viel guter Wille, aber nur wenig Können. Das war das Ergebnis einer flüchtigen Lektüre." (Goebbels 1935b: 203).

49 Der Misserfolg wurde später beschönigt und folgendermaßen dargestellt: „In den ersten Nummern des ‚Angriff' mussten Idealismus und gesunder Menschenverstand so gut es ging, das journalistische Fachwissen ersetzen. Das hatte wohl bisher noch niemand in Berlin gewagt, eine Zeitung als journalistischer Laie herauszubringen!" (Rahm 1939: 9f.). Vgl. ebd.: 28f.

50 Rahm 1939: 35. „Das Papier war schlecht, der Druck unzulänglich, der ‚Angriff' machte den Eindruck eines Käseblattes, irgendwo in obskurer Anonymität erscheinend und bar jeden Ehrgeizes, einmal in die Reihe der großen Presseorgane der Reichshauptstadt aufzurücken." (Goebbels 1935b: 209). Eingestandene Fehler wie hier in den NS-Schriften sollten den Eindruck erwecken, dass Goebbels trotz zahlreicher Startschwierigkeiten auch diese Hürde meistern konnte; im Rückblick war es einfach, den Erfolg des Blattes mit Ausdauer und Arbeitswut zu begründen.

51 Vgl. Klußmann 2005: 68; Wunderlich 2002: 56; Reuth 2000: 125; Irving 1997: 75; Riess 1989: 88; Mendelsohn 1982: 608–610; Fraenkel 1971: 501; Reimann 1971: 101; Kessemeier 1967: 49; Heiber 1962: 70.

52 Vgl. Oven 1987: 197–199; Reimann 1971: 101; Heiber 1962: 70; Rahm 1939: 57.

53 Die geringe Auflagenzahl konnte zwar gesteigert werden, doch die vielfach kommunizierte Auflagenhöhe von 30.000 Stück im Jahr 1928 (vgl. Moores 1997: 65; Irving 1997: 77; Linsen 1954: 6; Kreuzberger 1950: 29f.; Münster 1941: 115) erscheint unrealistisch. Es ist unwahrscheinlich, dass *Der Angriff* vor dem Jahr 1932 durch seinen Verkaufs- und Anzeigenerlös aus den roten Zahlen heraus kam. Vermutlich lag die Auflage im Oktober 1927 bei 4.500 Stück und konnte bis 1928 dann auf 7.500 gesteigert werden. Vgl. Härtel 2005: 18; Reuth 2000: 126, 144; Kühnl 1966a: 146; Linsen 1954: 6.

halten und für seine Verbreitung zu sorgen."[54] Neben dem Verkauf durch Berliner Zeitungsjungen sowie an den nationalsozialistischen Kiosken am Potsdamer Platz und Alexanderplatz wurde vor allem in Parteiveranstaltungen die Werbetrommel für das Wochenblatt gerührt, bei Versammlungen verteilten SA-Männer kostenlose Probeexemplare. Sämtliche NSDAP-Mitglieder wurden dazu angehalten, bei jeder Gelegenheit die Zeitung zu propagieren – „für einen Pfennig das Stück konnte der Parteigenosse seinen Betrieb, seine Straße lückenlos eindecken."[55] Die Verbreitung des *Angriffs* blieb auf Berlin beschränkt, für den Vertrieb der Zeitung konnte eine der großen Zeitungsvertriebsgesellschaften (Firma Stilke) gewonnen werden.

> „Trotzdem gelang es nicht, die kümmerliche Auflage von 2000 zu steigern. Die Nachfrage nach einer lokalen Parteipresse wurde durch die Strassersche Tageszeitung befriedigt. Das Parteiinteresse verlangte keine zusätzliche Zeitung, und *Der Angriff* diente eigentlich nur dem persönlichen Prestige des Gauleiters. Bald kam es zu einem regelrechten Pressekrieg. Goebbels befahl seinen SA-Männern, die Straßenverkäufer der Strasserschen Tageszeitung anzupöbeln."[56]

Goebbels wie auch die Strasser-Brüder versuchten nun gegenseitig und mit allen Mitteln, die Konkurrenz zu verdrängen; zwischen den nationalsozialistischen Zeitungshändlern brach ein regelrechter Bandenkrieg aus.[57] Vor allem die Goebbels inzwischen zugeneigte SA schlug eine härtere Gangart ein und beging Überfälle auf die Straßenverkäufer des Kampf-Verlages; in offiziellen Verlautbarungen wurden politische Nebenbuhler für derartige Übergriffe verantwortlich gemacht. „SA-Männer, die zu diesem Zweck Zivil angelegt hatten, verfolgten ihre Konkurrenten und verprügelten sie in schlecht beleuchteten Seitenstraßen. In mehreren Fällen interpellierte Strasser bei Goebbels persönlich."[58]

Nicht nur die gewaltsamen Aktivitäten der Zeitungsverkäufer sorgten dafür, dass *Der Angriff* Aufmerksamkeit erregte und die Person Goebbels nebst der Berliner NSDAP wieder öffentliches Interesse gewann. Erst recht die Inhalte des Wochenblattes, der betont volks- und wählernahe Stil, die Ausrichtung auf die Arbeiterschaft und die prononciert antikapitalistische Haltung waren auf dem Zeitungsmarkt ungewöhnlich. Goebbels beschrieb das Novum so:

> „Der ‚Angriff' war nun das populäre Organ unserer politischen Anschauungen geworden. Unbekümmert und hemmungslos konnten wir dort unsere Meinung vertreten. Hier wurde eine drastische und unmißverständliche Sprache gesprochen. [...] Die Forderungen, die hier er-

54   Fraenkel/Manvell 1960: 129, kursiv im Original. Vgl. Riess 1989: 87; Kessemeier 1967: 46; Rahm 1939: 30.
55   Heiber 1962: 94. Vgl. Linsen 1954: 6.
56   Fraenkel/Manvell 1960: 129, kursiv im Original.
57   „Die Strassers verstehen die Kampfansage, ihr Verhältnis zu Goebbels kühlt sich nunmehr sehr schnell weiter ab. Die Werber der beiden Parteizeitungen werden oft gegeneinander handgreiflich, SA in Zivil verprügelt die Strasserschen Zeitungsverkäufer, und allerlei Schikanen und Intrigen gegen die Konkurrenz vergiften weiter die Atmosphäre, bis dann drei Jahre später Otto Strassers Bruch mit Hitler die Lage klärt." (Heiber 1962: 67).
58   Riess 1989: 88. Vgl. Reuth 2000: 126; Irving 1997: 75; Wykes 1986: 59; Bramsted 1971: 77, 92; Reimann 1971: 101, 106; Strasser 1969: 40; Kühnl 1966a: 147; Rahm 1939: 29.

hoben wurden, waren durchzittert vom Empörungsschrei des Volkes, und das Volk nahm diesen Schrei auf. [...] Das Blatt selbst aber gehört der Partei und jedem einzelnen Parteigenossen."[59]

Bald zeigte sich, dass Goebbels' Kampfblatt sowohl für Parteimitglieder als auch die Berliner Leserschaft interessanter war als die *Berliner Arbeiterzeitung* und der *Völkische Beobachter*. *Der Angriff* kam mit Plattitüden, Gemeinplätzen und einer Politisierung des trivialen Alltags daher; hierin wurde polarisiert, dämonisiert, skandiert und patriotisch dekoriert. In der nationalsozialistischen Wochenzeitung des Gauleiters wurden Tatsachen auf den Kopf und der Hass auf die Republik unverblümt heraus gestellt. Durch angebliches Entlarven, Anprangern, Enthüllen und Brüskieren sollten die politischen Ideen verbreitet werden.

1.3 Redaktionelle Tätigkeit

> „Heute viel geschrieben.
> Ich habe direkt eine Sucht zu schreiben."[60]

„Nicht nur politisch, auch journalistisch bedeutete für Goebbels der Schritt in die Reichshauptstadt bald einen Qualitätssprung"[61], denn neben seiner Rolle als Gauleiter wurde er in Personalunion jetzt auch Eigentümer einer Wochenzeitung. Nunmehr war er nicht ausschließlich Propagandist und Parteiredner der NSDAP, sondern hatte neben der gewichtigen innerpolitischen Stellung in der Reichshauptstadt endlich auch eine herausragende journalistische Bedeutung erlangt. Er profitierte von den redaktionellen Erfahrungen, die er erst auf dem völkisch-nationalen Pressesektor und dann bei Strassers Gauzeitschrift gesammelt hatte.[62]

Obgleich *Der Angriff* zwischen 1927 und 1933 von der wöchentlichen zur täglichen Erscheinungsweise wechselte, blieb Goebbels' Aufgabenbereich unverändert, er zeichnete als Herausgeber und Leitartikler.[63] Weder der sich durch die vermehrenden NSDAP-Erfolge erweiternde Zuständigkeitsbereich des Berliner Gauleiters noch der parteiinterne Aufstieg zum Reichspropagandaleiter im Jahr

---

59 Goebbels 1935b: 276f.

60 sogGTb 20.2.1928.

61 Härtel 2005: 18. Vgl. Moores 1997: 58.

62 In Anbetracht der in den vorausgegangenen Kapiteln beleuchteten journalistischen Laufbahn ist folgende Aussage daher falsch: „Die Reklame war gewiß gut, aber das Blättchen selbst ließ zunächst sehr zu wünschen übrig. Das lag daran, daß es innerhalb der Partei zwar viele gut ausgebildete Redner gab, aber nur wenige Journalisten, die für die Redaktion eines weltstädtischen Blattes genügend Fachkenntnis und Erfahrung besaßen. Auch Goebbels war zu jener Zeit noch kein geübter Journalist." (Fraenkel/Manvell 1960: 125).

63 In der NS-Berichterstattung wurde dies folgendermaßen ausgedrückt: „Von der Gründung des Berliner Kampfblattes ,Der Angriff' an, den er während der Zeit des Rede- und Organisationsverbotes mutig und stürmend aus der Taufe hob, ist er Herausgeber dieser nationalsozialistischen Zeitung. Ungeheure Zähigkeit, brennender Arbeitswille paaren sich bei diesem Führer der Berliner Bewegung mit eiskalter Nüchternheit, bei so blutvollen Herzen." (Rosten 1933: 231f.).

1930 änderten daran etwas.[64] Die Aufgaben vervielfachten sich besonders durch die Rolle des NSDAP-Propagandachefs:

> „Neben der Planung und Organisation der zentralen Wahlkämpfe, der Anfertigung von Denkschriften und Planungspapieren, dem Entwurf einheitlicher Parolen, Plakate und Flugschriften, der Produktion und dem Vertrieb von immer mehr Propagandamaterialien, der Auswertung der Tätigkeitsberichte der unteren Propagandagliederungen, der Formulierung allgemeiner Propaganda-Richtlinien, der Beobachtung des politischen Gegners kam es jetzt besonders auf den Ausbau des Propagandaapparates in den Gauen und Ortsgruppen und auf die Schulung einer genügend großen Zahl von Propagandisten für die alltägliche Parteiarbeit an.“[65]

Trotz dieser Mehrarbeit wollte Goebbels beim *Angriff* keine Abstriche machen. Sein Aufgabenspektrum in der Redaktion war vor allem zu Beginn des Unternehmens breit gefächert[66]: Als Herausgeber war er für die Geldbeschaffung ebenso zuständig wie für das Rekrutieren und Motivieren der Mitarbeiter. Auch ließ er es sich nicht nehmen, selbst mit zahlreichen Beiträgen im Blatt vertreten zu sein. Vor allem als Leitartikler[67] erschien er regelmäßig auf der Titelseite des Kampfblattes, das er als eigene Schöpfung und persönliches Sprachrohr betrachtete. „Der Herausgeber bestimmte souverän die Linie des ‚Angriffs‘, schrieb bei weitem die meisten Leitartikel selber [...], äußerte sich lange Zeit außerdem in einer ständigen Kolumne und veröffentlichte Aufrufe, Parteibefehle und weitere Beiträge.“[68]

---

64 Gregor Strasser hatte Ende 1927 die Reichspropagandaleitung der NSDAP abgegeben und war im Januar 1928 zum Reichsorganisationsleiter ernannt worden. Goebbels wurde im April 1930 in das Amt gehoben, stieg damit in das erste Glied der Partei auf und wurde mit den Kompetenzen des „Reichspropagandaleiters I“ betraut, während die „Reichspropagandaleitung II“ von Fritz Reinhardt bekleidet wurde. „Dr. Joseph Goebbels, einer der wenigen Akademiker innerhalb der Parteispitze, hatte sich durch seine Erfolge als ‚Gauleiter von Berlin‘ für den Posten eines Propagandaministers empfohlen. [...] In der Person Goebbels' konzentrierte sich damit die Macht, das gesamte deutsche Kulturleben inhaltlich zu bestimmen und nach den propagandistischen Maßstäben des nationalsozialistischen Staates auszurichten.“ (Martens 1972: 23). Vgl. Reuth 2000: 165; Knopp 1998: 44; Höver 1992: 83; Tyrell 1991: 356; Reimann 1971: 131; Kissenkoetter 1989: 277; Wykes 1986: 66.
65 Paul 1992: 70. Vgl. ebd.: 45, 122, 279; Benz 2000: 19; Frei/Schmitz 1999: 20; Hochstätter 1998: 45.
66 In den späteren Biographien wurde diese velfältige Arbeit entsprechend gewürdigt: „Er hatte überall die Finger im Spiel. Er schrieb nicht nur Leitartikel für seine Zeitung, sondern kümmerte sich auch um alle anderen Dinge, die mit der Zeitung zusammenhingen. Ließ sich Bericht erstatten über die einzelnen Mitarbeiter, entwarf Pläne für Reportagen, kümmerte sich um die technischen Dinge, gab Anregungen für die Ausgestaltung der einzelnen Ressorts, die bis ins kleinste gingen, bestimmte Richtlinien für die kulturpolitische Arbeit der Zeitung und ging sogar als Theaterkritiker für den ‚Angriff‘ in die Vorstellung.“ (Krause 1933: 37). Letztere Behauptung ist überzogen; bei Durchsicht der Beiträge taucht Goebbels ausschließlich als Autor der Leitartikel und der etablierten Kolumne „Politisches Tagebuch“ auf, nicht aber als regelmäßiger Kulturkritiker. Zu den wenigen feuilletonistischen Ausnahmen siehe Kapitel IV, 1.5.7.
67 „Wenn er nicht redet, schreibt Goebbels rastlos – aggressive Leitartikel für seine neue Zeitung: ein Hetzblatt, das alles und jeden diffamiert.“ (Morgenthaler 2004, Teil I).
68 Höver 1992: 26f. Vgl. Riess 1989: 97; Bramsted 1971: 65; Shirer 1961: 142; Stephan 1949: 159f.

Goebbels fühlte sich für die Professionalisierung seiner Mitarbeiter[69], die Blattkritik und die strikte Überwachung der Redaktion verantwortlich, riss sogar stellenweise die eigentlichen Aufgaben der Chefredaktion an sich:

> „Obwohl das Blatt in Dr. Julius Lippert einen guten Chefredakteur hatte, erschien Goebbels fast allwöchentlich, um nach dem Rechten zu sehen. Das spielte sich gewöhnlich so ab, daß der Gauleiter im Sessel des Chefredakteurs Platz nahm, während Lippert und seine Redakteure um den Schreibtisch herumstanden wie Schulbuben, die auf den Rüffel des Direktors warten. [...] Dann auf einen blau angestrichenen Leitartikel deutend, wandte er sich mit jener eisigen Höflichkeit, mit der er stets seine boshaftesten Giftspritzer verteilte, an den Chefredakteur: ‚Herr Dr. Lippert, wenn ich recht unterrichtet bin, nennt man Sie den Chefredakteur dieses Blattes. Falls Sie aber ernstlich glauben, daß dieser Artikel gelernten Journalismus darstellt, dann wäre das doch wohl eine Naivität, die ans Verbrecherische, oder soll ich sagen, ans Irrsinnige grenzt.'"[70]

Dass der Name des Herausgebers unmittelbar mit dem Montagsblatt in Verbindung gebracht wurde, war Goebbels ein Anliegen. Tatsächlich sollte das neue Presseprodukt von dem Ruf des in Berlin inzwischen recht bekannten Gauleiters unmittelbar profitieren, während Goebbels wiederum durch den *Angriff* seinen Bekanntheitsgrad (besser noch: seine Popularität) zusätzlich zu steigern hoffte.[71] Dies wollte er einerseits dadurch erreichen, dass der Großteil der Inhalte von ihm selbst stammte und sein Name im Blatt möglichst häufig auftauchte; andererseits dadurch, dass er gezielt als Verantwortlicher vor Gericht zu diversen presserechtlichen Vergehen Stellung bezog. Denn bereits kurz nach der Zeitungsgründung folgten zahlreiche Anklagen, durch die der *Angriff* und sein Herausgeber über die nachhaltige und regelmäßige Gerichtsberichterstattung der Berliner Presse sich in das öffentliche Gedächtnis einbrannten. Auch das reißerische Kampfblatt selbst nutzte die Prozesse journalistisch aus und berichtete ausführlich über Goebbels' ideologische Schaueinlagen während der Verhandlungen.

---

69 In seinen Notizen beklagte Goebbels die Arbeitsmoral und den fehlenden Elan: „Erregte Auseinandersetzung mit der Redaktion. Man muß immer wieder dahintersitzen, damit unsere Leute nicht einschlafen oder faul und lässig werden. Es ist schon so: nur ein paar Flammen brennen in Deutschland. Die anderen werden lediglich von ihrem Schein bestrahlt. Mit den Zeitungen ist es am schlimmsten. Wir haben die besten Redner der Welt. Dafür fehlt es uns an gewandten und geschickten Federn." (sogGTb 4.1.1932).

70 Fraenkel/Manvell 1960: 141, Zitat im Original komplett kursiv. Die Autoren berufen sich auf ein Gespräch mit Erich Maria Berger, der in den ersten Jahren zum Redaktionsstab gehörte und diese Anekdote lieferte.

71 Dieser Umstand wurde in der nationalsozialistischen Ära folgendermaßen beschrieben: „Der Name Goebbels war eine Parole, eine unmißverständliche Kampfansage. Die Persönlichkeitszeitung, die erste Stufe in der Entwicklung der deutschen Kampfzeitung, war mit ihrer großen politischen Vergangenheit im ‚Angriff' wiedererstanden." (Rahm 1939: 27).

1.4 Die Beiträge

> „Der ‚Angriff‘ findet viel Kritik. Aber auch viel Anerkennung.
> Ich gehe meinen Weg, sicher und unbeirrt.
> Ich werde schon mein Ziel erreichen!"[72]

Dieses Kapitel dient als eine Gesamtübersicht über Anzahl und Art der Goebbelsschen Zeitungstexte im *Angriff*. Eine Unterscheidung der Beiträge ist insofern notwendig, um einen Eindruck zu vermitteln, wie sich die große Anzahl der Publikationen zusammensetzt. Im Gesamtzeitraum der Untersuchung (Juli 1927–Januar 1933) veröffentlichte Joseph Goebbels im *Angriff* insgesamt 618 Zeitungsbeiträge.[73] Die Systematisierung der journalistischen Beiträge machte eine Untergliederung in Phasen notwendig, da die Zeitungstexte nur in Hinblick entweder auf die publizistische oder auf die zeitgeschichtliche Kontextuierung verwertbar sind. Die gesamte Auszählung der Artikel und ihre Differenzierung für den kompletten *Angriff*-Karriereabschnitt finden sich in diesem Übersichtskapitel. Die nähere Beleuchtung der Texte jedoch wurde dann in die jeweils dazugehörigen drei Kapitelblöcke[74] eingearbeitet, um die Verständlichkeit zu maximieren. Die Unterteilung und Auszählung der Textmenge erfolgte nach der hier vorgenommenen Betrachtung des vollständigen Quantums[75] in drei Abschnitten:

Abschnitt I

Der erste Untersuchungsabschnitt umfasst die Zeit von Juli 1927 bis September 1929, also von der Gründung des *Angriffs* bis zur Umwandlung in eine Mehrwochenzeitung. In dieser ersten Phase veröffentlichte Joseph Goebbels insgesamt 228 namentlich gezeichnete Beiträge.[76] Eine Unterscheidung nach journalistischen Gattungsformen macht deutlich, dass er vor allem als Leitartikler tätig war. Es finden sich in diesem Zeitabschnitt insgesamt 116 Leitartikel.[77]

> „Der Kern, die aufbauende Zelle, das ‚Herzstück‘ der ganzen Zeitung ist der politische Leitaufsatz. Der Leitartikel steht im Mittelpunkt des ‚Angriff‘, er ist das Aushängeschild der einzelnen Nummer, das Schaufenster, die Auslage. [...] Der Leitartikel des ‚Angriff‘ dient der

---

72 sogGTb 19.7.1927.

73 Nicht beachtet wurden die Redenabdrucke im *Angriff*, da sie nicht als eigenständige Publikation des Autors, sondern lediglich als Wiedergabe von Verlautbarungen auf Veranstaltungen gewertet wurden.

74 Siehe dazu Kapitel IV, 1.5, Kapitel IV, 2.3 und Kapitel IV, 3.3.

75 Von den 618 Texten finden sich 37 Prozent in Abschnitt I, 19 Prozent in Abschnitt II und 44 Prozent in Abschnitt III.

76 Bei der Suche und Auflistung im Bestandsverzeichnis wurden solche Artikel als namentlich gekennzeichnet angesehen, die entweder mit dem vollen Namen (Joseph Goebbels, Dr. Joseph Goebbels, Dr. Goebbels) oder mit dem bekannten Kürzel „Dr. G." versehen waren. Beiträge, die mit Pseudonymen gekennzeichnet wurden, kommen im *Angriff* nicht vor.

77 A/4.7.1927/1 (L1) bis A/26.12.1927/50 (L26), A/2.1.1928/1 (L1) bis A/31.12.1928/100 (L52) und A/7.1.1929/1 (L1) bis A/30.9.1929/75 (L38).

nationalsozialistischen Propaganda. [...] Agitation und Propaganda greifen in ihm wie zwei Zahnräder ineinander. Die Agitation packt den Leser, pflügt ihn auf, die Propaganda sät den Samen der nationalsozialistischen Idee in den empfänglich gepflügten Boden."[78]

So beschrieb der NS-Autor Hans-Georg Rahm in seinem Werk über die Kampfzeitung die Bedeutung des Leitartikels.[79] Tatsächlich legte Joseph Goebbels – wie auch die Zahlen belegen – sein publizistisches Hauptaugenmerk auf den Leitartikel. Ursprüngliche Aufgabe der subjektiv gefärbten, kritisch beleuchtenden und auch wertenden journalistischen Gattung ist es, aktuelle Probleme an prominenter Stelle dem Leser vor Augen zu führen und ihn durch (manchmal auch nur scheinbar) logische Argumente von der Meinung des Autors zu überzeugen. Die Haltung des Verfassers zu den Themen ist eindeutig, die Tendenz ablesbar.

Im Vergleich zu dieser Definition zeigen Goebbels' Leitartikel deutliche Unterschiede, seine Darlegungen, Argumentationsstränge und Umgangsweisen mit politischen Gegnern waren eigen. Tatsächlich zeigte sich der *Angriff*-Leitartikel auf der ersten Seite als Kernstück des Blattes und wurde für gewöhnlich von Goebbels verfasst. Zwar hatte die Aktualität keine oberste Priorität, obgleich viele Artikel ein brisantes Thema aufgriffen[80]; bedeutender jedoch war, dass der Leitartikel die gesamte Ausgabe in ihrer inhaltlichen Charakteristik prägte. „Goebbels gab mit seinen Leitartikeln das Thema vor, das immer wieder im Sinne der propagandistischen Theorie in leichten Variationen über alle Seiten hinweg wiederholt wurde. Der Leitartikel war für Goebbels die Seele der Zeitung"[81].

Der Aufbau vieler Leitartikel war identisch, begann in der Einleitung mit einem Wortspiel oder einer leicht zu lesenden Passage mit rhetorischem Brückenschlag zum eigentlichen Thema. Der Autor arbeitete mit kurzen, klar aufgebauten Sätzen, die durch Häufung und Reihung sich ergänzender Substantive oder/und Adjektive gefüllt wurden. Direkte Aufforderungen und die oft verwendete Befehlsform gaben dem Text eine dominante Dynamik. Abwägung der Argumente, diskursive Darstellung, strukturierte Gedankenführung, Einbeziehung fremder Überzeugungen oder andersartige Standpunkte gab es in dieser Art des Leitartikels nicht. Der Artikel sollte die Meinung des Lesers nicht beeinflussen, sondern sie ihm bereits eindringlich, diktatorisch und dogmatisch zudiktieren. Wortwahl und -wendungen wurden durch die angestrebte Intransparenz des Gesagten gesteuert; das Nachdenken des Lesers war unerwünscht und wurde mit allen Mitteln erschwert oder sogar verhindert. Erklärungen waren grundsätzlich überflüssig,

---

78 Rahm 1939: 195.
79 Hier finden sich emotional aufgeladene Beschreibungen zu Goebbels' Arbeiten, ein Beispiel: „Die Leitaufsätze fuhren wie Schwertstreiche auf den Gegner nieder." (Rahm 1939: 46). Andere NS-Autoren fanden ähnliche Formulierungen: „Daneben schreibt Goebbels seine Bücher [...] und findet auch noch die Zeit, für den ‚Angriff' wöchentlich Leitartikel und Aufrufe zu verfassen, die politische Kampfliteratur von manchmal klassischer Klarheit und Gewalt der Sprache, aber auch von aufpeitschend revolutionärer Wirkung sind." (Seeler 1933: 11f.).
80 „Wie schon festgestellt, sollte der ‚Angriff' kein Informationsblatt sein; das bedeutet unter anderem, die Aktualität spielte nur eine untergeordnete Rolle, wenn sich auch für die meisten Leitartikel dieses Blattes ein aktueller Bezug finden läßt." (Kessemeier 1967: 55).
81 Hochstätter 1998: 36. Vgl. Bramsted 1971: 79; Kessemeier 1967: 32.

jede Behauptung kam ohne Begründung daher, jede Rechtfertigung wurde vermieden.[82] Im kontinuierlich anschwellenden Fluss von kategorischen Behauptungen und rücksichtslosen Angriffen blieb kaum Zeit für eigene Überlegungen.
Apodiktisch, aber lebendig-plakativ zog der Autor den Leser durch kraftvolle,
wuchtige Beschwörungen gebetsmühlenartig in seinen Bann, schwor ihn hypno-
tisch auf die gemeinsame politische Marschrichtung ein und erinnerte ihn daran
durch millionenfache, stellenweise grobe Wiederholungen der Themen, Schlagworte und Redewendungen.[83] Zwischen den immer gleichen Formeln, redundan-
ten Sätzen und der Verwendung typischer Wortketten erzeugte Goebbels geradezu
marktschreierisch einen sehr besonderen Konformismus. Dafür aktivierte er den
älteren deutschen Vokabelschatz, rückte bekanntes Wortgut in den Vordergrund
oder verwendete bekannte wie auch neu erfundene Losungen, Parolen und Sprüche. Die Schlusspassagen enthielten entweder Drohungen gegen die Weimarer
Republik und ihre Vertreter, ein enthusiastisches Bekenntnis zum nationalen Sozialismus, ein emphatisches Loblied auf die Weltanschauung der NSDAP, ein
starkes Glaubensbekenntnis an die Zukunft im „Dritten Reich", eine Verfestigung
bereits vorhandener Klischees, eine triviale Suggestion, eine geschmacklose Be-
schönigung, einen durch Ungeduld glänzenden Motivationsschub für den Leser
oder eine Kombination aus diesen Elementen.[84]

Goebbels' Leitartikel waren Erzeugnisse eines volkstümlichen Journalismus:
Der schwungvolle, aggressive und doch einfache Stil zeichnete die Beiträge aus.
Zu allen Volksschichten wollte der Autor sprechen, in erster Linie aber den einfachen Arbeiter und Parteigenossen erreichen. Damit sich keiner der Botschaft entziehen konnte, wurden scharf agitatorische und auch spöttische, verächtliche
Formulierungen verwendet; gleichermaßen enthielten die auf den ersten Blick
banal und oberflächlich wirkenden Artikel deutlich anstößige Metaphern ebenso
wie die heimtückische Form der Hetze. „But his political writings have, for the
most part, real efficacy, because they are not only vivid but also original and wit-

---

82   „Goebbels wägt [...] selten einmal diskursiv zwischen Für und Wider ab und gibt meist keine
     Begründung zu seinen Kritiken, wie das sonst in der unabhängigen bürgerlichen Presse bei
     Meinungsbeiträgen üblich ist. Er behauptet kategorisch und lässt neben seiner eigenen keine
     andere Meinung gelten. Gegner greift er rücksichtslos auch mit Beschimpfungen an, während
     er Gleichgesinnte oder die eigene Weltanschauung emphatisch zu loben und zu propagieren
     pflegt. Schon bei der Lektüre einiger Goebbels-Leitartikel fällt zudem die Fülle der immer
     wiederkehrenden Schlagworte und der einhämmernde Sprachrhythmus auf. Man kann sich
     daher des Eindrucks nicht erwehren, es solle hier überredet, es sollten Meinungen und An-
     sichten diktiert, es sollten mehr die emotionalen als die rationalen Kräfte angesprochen wer-
     den. Das heißt, man trifft in diesen Beiträgen auf typische Merkmale der Propaganda." (Kes-
     semeier 1967: 39f.). Vgl. Pätzold/Weißenbecker 2002b: 8; Maas 1984: 212.
83   „Der Leitartikel, der das Gerippe der Zeitung sein sollte, um das sich alle übrigen Beiträge
     herumgruppierten, hatte die Form eines geschriebenen Plakats. Das oberste propagandistische
     Gesetz, die Vereinfachung komplizierter Tatbestände und die Verkürzung von Entwicklungs-
     linien auf Schlagworte, wurde hier verwirklicht. Ein weiteres Mittel der Beeinflussung, das
     den Stil des ANGRIFF prägte, war die unablässige Wiederholung." (Martens 1972: 31, Ver-
     salien im Original).
84   Vgl. Härtel 2005: 22; Bramsted 1971: 79f.; Kessemeier 1967: 96f., 87, 273f.

tily written."[85] Wirksam waren die Texte vor allem wegen ihres primitiven – nicht aber vulgären – Humors und des unverblümten, brutalen Zynismus. Die Beiträge ähnelten gedruckten Kurzreden, in denen sich Goebbels mit Wortneuschöpfungen, plastischen Deklarationen und spannungsgeladenen Phrasen journalistisch profilierte.[86] Dass für Goebbels ein Zusammenhang mit der propagandistischen Mitteilungsform der Rede existierte, betonte er mehrfach:

> „Wir erfanden eine neue Art des politischen Leitaufsatzes, der politischen Wochenübersicht und der politischen Karikatur. Der politische Leitaufsatz war bei uns ein geschriebenes Plakat, oder besser noch gesagt, eine zu Papier gebrachte Straßenansprache. Er war kurz, prägnant, propagandistisch gedacht und agitatorisch wirksam. Er setzte bewußt das, wovon er den Leser eigentlich überzeugen wollte, einfach als bekannt voraus und zog daraus unerbittlich seine Schlüsse. [...] Der Leser sollte den Eindruck gewinnen, als sei der Schreiber des Leitaufsatzes eigentlich ein Redner, der neben ihm stünde und ihn mit einfachen und zwingenden Gedankengängen zu seiner Meinung bekehren wollte."[87]

Auch der Umfang der Leitartikel war in Anbetracht der Zielgruppe eher gering:

> „Goebbels schrieb zunächst nur verhältnismäßig kurze Leitartikel, die ersten Beiträge mit einem Umfang von rund 120 bis 140 Zeilen. Der Grund dafür war weniger Platzmangel als vielmehr die Absicht, sich vornehmlich an die breite Masse, an den ‚kleinen Mann‘ als Rezipienten zu wenden, der durch zu lange Ausführungen leicht vom Lesen abgehalten werden konnte. [...] Die Überschriften waren kurze und prägnante Aufrufe oder Fragen [...]. Sie nahmen meist nur eine einspaltige Zelle, selten zwei Zellen ein und bestanden vielfach aus ein oder zwei Worten [...]. Schon die Überschrift sollte für den Rezipienten ein Anreiz zum Lesen sein; sie stellte eine Frage, um auf die Antwort gespannt zu machen; sie rief auf, um Beifall zu finden und mitzureißen; sie deutete an, um neugierig zu machen; leitete also bewusst zum nachfolgenden Text hin. Dieser wurde mit der Zeit etwas umfangreicher und zählte um 1930 zwischen 170 und 200 Zeilen."[88]

Goebbels’ Leitartikel wurden zum zugkräftigen Hauptmerkmal des *Angriffs*, sie brachten das Blatt in die öffentliche Diskussion und machten es zu einem vielbeachteten Presseorgan. Die Schreibtechnik hatte sich der Gauleiter vom marxistischen Journalismus abgeschaut, kommunistische Blätter dienten ihm hier genau wie bei der Gesamtkonzeption des *Angriffs* als Vorbild. Beim Verfassen eines Leitartikels achtete er in erster Linie darauf, dass der Text versiert, impulsiv und attackenreich daherkam und die Schwach- und Reizpunkte der politischen Gegner sprachlich punktgenau getroffen wurden.

---

85 Dutch 1940: 76f. Vgl. Oven 1987: 197; Bramsted 1971: 79; Kessemeier 1967: 49.
86 „Dem Charakter des ‚Angriff‘ als Massenzeitung ist vor allem der Sprachstil des Leitartikels angepasst. Hier feiert die suggestive Führung, die Meinungsbildung die größten Triumphe, hier erreicht ‚Der Angriff‘ mehr als eine Zeitung je vor ihm erreicht hat, hier triumphiert die journalistische Meisterschaft der Zeitungspersönlichkeit: Dr. Goebbels. Die persönliche Verbindung schaffende Kraft der Rede findet im ‚Angriff‘ den Weg in die Spalten der Zeitung. Die geschriebene Rede wird zur – ‚geredeten Schreibe‘, dieser Ausdruck sei erlaubt, er trifft die Tatsache. Dr. Goebbels redet aus dem ‚Angriff‘. [...] Der Leitartikel des ‚Angriff‘ spricht die Sprache des Volkes auf der Straße, in den Fabriken, in den vollgepferchten Verkehrsmitteln Berlins nach Feierabend." (Rahm 1939: 196).
87 Goebbels 1935b: 200. Vgl. Riess 1989: 89.
88 Kessemeier 1967: 54f.

„Goebbels versuchte stets, die Handlungsweise der Nationalsozialisten zu verharmlosen, während er die der Gegner aufbauschte. Er arbeitete in diesem Falle mit starken Kontrasten, so dass die Nationalsozialisten immer als die Guten und Edlen, oder wenigstens doch als die Vernünftigen und Klugen, die Kommunisten oder andere Gegner aber als die Bösen, Abgefeimten oder Dummen erschienen. Eigenes Handeln, das offensichtlich gegen nationalsozialistische Überzeugungen zu verstoßen schien, wusste er ebenso beredt zu rechtfertigen"[89].

Neben dem gekonnten Schönreden oder Verhüllen bestimmter Zustände arbeitete der Verfasser auch mit putativer Offenheit, überraschenden Geständnissen und verblüffenden Wahrheiten, die in ihrem Kern letztendlich wieder spitzfindige Denunziationen enthielten.

Das bereits in der *Völkischen Freiheit* erprobte „Politische Tagebuch" wurde im *Angriff* wieder relevant: Es finden sich insgesamt 99 Beiträge dieser Textgattung[90], die einen täglichen Rückblick auf aktuelle politische Geschehnisse enthielt.[91] Goebbels etablierte diese Darstellungsform, um in dem übersichtlichen Wochenkalendarium die politischen Vorgänge während der vergangenen Woche Revue passieren zu lassen und kurz, aber treffend nachzuzeichnen.[92] Wie bereits in der *Völkischen Freiheit* pflegte der Autor dabei einen sarkastischen Ton, zog herablassende Schlussfolgerungen aus einzelnen Ereignissen und nahm sich tagesaktuelle Episoden vor, um daraus seine Botschaften abzuleiten – und diese „dann allerdings in hundert und mehr Variationen dem Leser mit zäher Folgerichtigkeit einzuhämmern und aufzuzwingen."[93] Diese wöchentlich erscheinende Rubrik war eine beliebte Plattform, auf der stimmungshaft-diffuse Hetze und infame Verleumdung betrieben wurden und auf der anhand von konkreten, aber verzerrten Vorfällen die permanente Beschimpfung namhafter Persönlichkeiten stattfand. Als Wortführer der Berliner Nationalsozialisten überzog Goebbels die Weimarer Republik mit hasserfüllter Parteienkritik und feuerte hemmungslos eine Breitseite nach der anderen gegen die Demokratie ab. Die spöttischen, geifernden und schlagfertigen Ausführungen waren mal raffiniert, mal abstrakt und mal anmaßend und erzeugten beim Leser ebenso Schadenfreude wie auch Entrüstung. Charakteristisch für das Politische Tagebuch waren der aktuelle zeitliche und lo-

---

89 Ebd.: 75. Vgl. ebd.: 19; Beißwenger 2000: 15; Reimann 1971: 100f.; Heiber 1962: 67f., 94, 125; Stephan 1949: 66.

90 A/11.7.1927/3 (P1) bis A/26.12.1927/51 (P21), A/2.1.1928/2 (P1) bis A/31.12.1928/101 (P44) und A/7.1.1929/2 (P1) bis A/30.9.1929/76 (P34).

91 „Diese Wochenschau ist aus einem Guß; das ist die Sicht des Nationalsozialisten über die politische Entwicklung der Gegenwart. So war der Leser besonders eindringlich zu fassen, so mussten sich ihm am ehesten die Augen öffnen." (Rahm 1939: 58).

92 „The paper, when it appeared on July 4, included a leaderette and a political diary of the week, journalistic forms almost new to the German press of 1927. [...] The diary gave in brief the political happenings of the week." (Sington/Weidenfeld 1943: 14). „The following page contained the ‚Political Diary'. Written, like the lead story, by Goebbels himself, the ‚Political Diary' was a record of major political events during the week, as interpreted by Berlin's leading Nazi. [...] He wrote much of the copy himself, including the lead story and the ‚political diary', often preparing the former well in advance of publication in order to permit himself lengthy vacations." (Lemmons 1994: 32, 37).

93 Goebbels 1935b: 201.

kale Bezug. Die persönlich anmutenden diaristischen Notizen wirkten durch die Mischung aus Einfachheit, Parodie und Kraftmeierei. In den Textpassagen schien sich stets die Stimmungslage des Autors zu spiegeln, der aufbrausend und entsetzt oder vulgär und lästernd auf politische Ereignisse reagierte. Obwohl es den Anschein hatte, dass das Politische Tagebuch des *Angriffs* aus gesammelten, rasch notierten Spitzfindigkeiten entstand, legte der Verfasser viel Akribie und Sorgsamkeit in diese journalistische Gattungsform.[94] Die kleinen Episoden waren akkurat ausgearbeitet und griffig formuliert – immer mit dem Ziel vor Augen, jemanden oder etwas zu blamieren, zu demütigen oder zu negieren.

Unter den weiteren 13 Beiträgen in Abschnitt I finden sich zwei Aufmacher[95], zwei Mal die Aphorismen[96] und ebenfalls zwei Mal die Rubrik „Vorsicht! Gummiknüppel!"[97]. Außerdem gibt es zwei Reisebeschreibungen, eine Filmkritik und eine komplett gestaltete Seite als Sonderveröffentlichung zum *Angriff*-Jubiläum.[98] Ein extravagantes Essay über einen Gefängnisbesuch, eine schriftliche Anordnung des Gauleiters sowie ein Aufruf an die NSDAP-Parteigenossen sind ebenfalls zu verzeichnen.[99] Die nähere Beleuchtung und Einordnung aller Beiträge wird im Kapitel IV, 1.5 vorgenommen.

Abschnitt II

Der zweite Untersuchungsabschnitt umfasst die Zeit von Oktober 1929 bis Oktober 1930 und widmet sich den Artikeln, die in der Halbwochenschrift entstanden sind. Da Goebbels auch weiterhin als Herausgeber des *Angriffs* tätig war, musste die Analyse in Hinblick auf die veränderten publizistischen Rahmenbedingungen (Erscheinungsweise des Blattes immer montags und donnerstags) durchgeführt werden. In der zweiten Phase publizierte Goebbels insgesamt 119 Texte. Auch hier zeigt sich, dass er den Schwerpunkt auf die Darstellungsform des Leitartikels (64 Stück) legte.[100] Den zweitgrößten Block bildet in diesem Zeitraum weiterhin das Politische Tagebuch (38 Veröffentlichungen).[101] Zu dieser Kategorie zählt

---

94　Vgl. Sösemann 1993a: 148–150; Bering 1991: 134; Reimann 1971: 102f.; Kessemeier 1967: 55f.; Heiber 1962: 68.

95　A/23.9.1929/73 und A/24.9.1928/72.

96　A/7.5.1928/38 und A/21.5.1928/44. Bei den Aphorismen handelte es sich um kurzweilige Kalenderweisheiten und Tagessprüche, wie sie bereits in den *Nationalsozialistischen Briefen* ihren Abdruck fanden.

97　A/5.9.1927/17 und A/12.9.1927/21. Hier wurde frei nach „Berliner Schnauze" und hauptsächlich im Hinterhof- und Angeberjargon geschrieben. Die Strategien und Methoden des Polizeipräsidiums dienten als thematischer Aufhänger und als Grundlage für bissige Kommentare.

98　A/16.7.1928/61 und A/25.2.1929/17, A/31.10.1927/35 und A/1.7.1929/54.

99　A/12.9.1927/19, A/14.5.1928/41 und A/16.9.1929/72.

100　A/6.10.1929/77 (L39) bis A/29.12.1929/107 (L52) und A/2.1.1930 (L1) bis A/26.10.1930/86 (L50).

101　A/6.10.1929/78 (P35) bis A/29.12.1929/108 (P47) und A/5.1.1930/3 (P1) bis A/6.7.1930/67 (P25).

auch die „Umschau"[102], die stilistisch dem Diarium gleicht, allerdings keine Datumsangabe vor den einzelnen Textabschnitten enthält. Die Umschau wurde in Abschnitt III wieder relevant, wo sie das Politische Tagebuch komplett ersetzte.

Auch in diesem zweiten publizistischen Zeitabschnitt bediente sich der Herausgeber noch anderer journalistischer Gestaltungsmittel, in die er die weiteren 16 Beiträge kleidete: Neben einem Aufmacher, einer Buchrezension und einem Essay über Horst Wessel findet sich eine fünfteilige Artikelserie zu Reiseerlebnissen in Schweden.[103] Außerdem wurden drei Aufrufe, Fraktionsrichtlinien, Mitteilungen, Aufforderungen und eine Erklärung des Gauleiters zu laufenden Gerichtsprozessen im *Angriff* abgedruckt.[104] Die nähere Beleuchtung und Einordnung dieser Beiträge wird im dazugehörigen Kapitel IV, 2.3 vorgenommen.

Abschnitt III

Der dritte Untersuchungsabschnitt umfasst die Zeit von November 1930 bis Januar 1933 und beleuchtet die Textproduktion im *Angriff* in seiner erweiterten Form als Tageszeitung. Nach wie vor zeichnete Goebbels als Herausgeber des Periodikums und positionierte sich verstärkt als Leitartikler. Das Zahlenmaterial macht dies deutlich: Von den 271 geschriebenen Artikeln fiel das Hauptgewicht (wie in Phasen I und II) auf die Leitartikel (234 Stück).[105]

Das Politische Tagebuch existierte in seiner ursprünglichen Form nun nicht mehr, sondern wurde von der „Umschau" (11 Publikationen[106]) abgelöst. Zwar hielt der Autor darin auch weiterhin gegenwärtige politische Ereignisse fest, eine diaristische Kennzeichnung mit Datum wurde aber dabei nicht mehr verwendet. In ihrer Studie zählte Carin Kessemeier die Umschau zur Form des Leitartikels:

> „Der Leitartikel fand im Rahmen der Tageszeitung zunächst kein festes Schema, wie er das vorher gehabt hatte. Häufig, aber in keinem bestimmten Rhythmus, schrieb Goebbels die Beiträge, eine zeitlang unter der feststehenden Überschrift ‚Umschau'. In diesem Fall haben die Leitartikel einen ähnlichen Charakter, wie früher ‚Das politische Tagebuch', das vor dem 1. November 1930 meist auf der dritten Seite der Wochenschrift erschien und mehrere politische Begebenheiten der Woche polemisch beleuchtete. An manchen Tagen entfiel der Leitartikel gänzlich. Außer Goebbels schrieben andere Mitarbeiter Beiträge, die die ursprüngliche

---

102 A/4.9.1930/76.
103 A/29.12.1929/109, A/17.11.1929/93, A/23.1.1930/8 sowie die Serie A/1.5.1930/42, A/4.5.1930/44, A/8.5.1930/46, A/11.5.1930/49 und A/15.5.1930/50.
104 A/24.11.1929/96, A/8.12.1929/101 und A/15.12.1929/104 sowie A/10.11.1929/89, A/6.2. 1930/14, A/13.3.1930/25 und A/5.6.1930/57. Der Beitrag „Die Revolution als Ding an sich" (A/27.4.1930/41) erschien als Zweitabdruck, der Artikel war bereits in den *Nationalsozialistischen Briefen* (NSB/15.9.1926/19) erschienen.
105 A/1930/1.11.87 (L51) bis A/31.12.1930/109 (L62), A/3.1.1931/1 (L1) bis A/31.12.1931/153 (L146), A/2.1.1932/1 (L1) bis A/31.12.1932/90 (L71) sowie A/3.1.1933/1 (L1) bis A/30.1. 1933/5 (L5).
106 A/5.11.1930/88 bis A/5.12.1930/100 (ohne A/18.11.1930/91 und A/2.12.1930/98).

Form der Leitartikel hatten. [...] Es läßt sich also für die Erscheinungsform des Leitartikels seit dem 1. November 1930 keine Regelmäßigkeit mehr erkennen."[107]

Bei genauerer inhaltlicher und stilistischer Betrachtung der Texte wird dagegen deutlich, dass die Umschau dem Politischen Tagebuch zuzuordnen ist. Anders als beim Leitartikel wurde nicht ein zentrales Thema verfolgt, sondern in mehreren Abschnitten ein politisches Geschehnis oder eine relevante Persönlichkeit in jedem einzelnen Textabschnitt abgehandelt. Nach der Untersuchung der Zeitungsbeiträge kann auch darin nicht mit Kessemeier übereingestimmt werden, dass bei dieser Art der Publikationen eine Systematik gefehlt haben soll. Vielmehr wird deutlich, dass die Umschau in einer Serie in der Zeit vom 5. November bis 5. Dezember 1930 produziert und nach dieser einmonatigen Phase, die vermutlich der Erprobung dieser Textsorte diente, wieder eingestellt wurde. Der Leitartikel war und blieb unabhängig davon das Kernstück auf der Titelseite der Tageszeitung.

Obwohl Goebbels den Schwerpunkt seiner journalistischen Tätigkeit auf das Schreiben der Leitartikel legte, fand sich in Abschnitt III mit 26 Beiträgen ein großer Anteil anderer Textformen, deren nähere Kategorisierung wichtig ist. Zehn Beiträge nehmen offizielle Stellungnahmen der Partei, Erklärungen, Anweisungen und Forderungen der Gauleitung sowie sieben Aufrufe an NSDAP-Mitglieder ein.[108] Als Einzelstück taucht wieder eine Sonderbeilage zum *Angriff*-Jahrestag auf.[109] Zusätzlich bediente sich Goebbels des Briefwechsels (fünf Veröffentlichungen) sowie des politischen Essays (drei Artikel).[110] Die nähere Beleuchtung und Einordnung wird in Kapitel IV, 3.3 vorgenommen.

Fazit

Nach der numerischen Auszählung der Zeitungsbeiträge im *Angriff* ergibt sich folgendes Bild: Den Großteil der im Gesamtzeitraum zwischen Juli 1927 und Januar 1933 insgesamt 618 veröffentlichten Beiträge – nämlich insgesamt 414 Texte – schrieb Goebbels in Form von Leitartikeln (67 Prozent). Den zweitgrößten Anteil nahm das Politische Tagebuch bzw. die Umschau mit 149 Publikationen (24 Prozent) ein. Damit prägten diese beiden journalistischen Darstellungsformen den Großteil der Arbeit im *Angriff* in allen drei Abschnitten.

Wird die Textmenge zu den Zeiträumen in Relation gesetzt, ist festzuhalten: Sowohl Abschnitt I als auch Abschnitt III umfassten je 27 Monate (108 Wochen). Während der *Angriff* noch als Wochenzeitung erschien, schrieb Goebbels 228 Artikel, nach der Erweiterung zur Tageszeitung veröffentlichte er 271 Texte.

---

107 Kessemeier 1967: 51.
108 A/4.4.1931/56, A/22.6.1931/93, A/24.6.1931/95, A/7.11.1931/134, A/17.2.1932/17, A/18.2.1932/19, A/20.2.1932/21, A/20.4.1932/35, A/2.8.1932/58 und A/20.9.1932/66 sowie A/11.4.1932/32, A/9.6.1932/49, A/8.7.1932/56, A/23.7.1932/57, A/24.9.1932/69, A/26.9.1932/70 und A/19.12.1932/87.
109 A/1.7.1932/53.
110 A/6.3.1931/35, A/10.10.1932/73, A/11.10.1932/74, A/12.10.1932/75 und A/17.10.1932/76 sowie A/10.1.1931/7, A/28.8.1931/117 und A/9.11.1932/81.

Zwar ist die gesteigerte Beitragsmenge auf die tägliche Erscheinungsweise des Blattes zurückzuführen, im Verhältnis gerechnet aber zeigt sich: Während Goebbels in Abschnitt II pro Ausgabe im Durchschnitt zwei Artikel in seinem Presseorgan publizierte, brachte er es bei der Tageszeitung (Abschnitt III) nur in etwa jeder zweiten bis dritten Ausgabe auf eine Publikation (Wochendurchschnitt 2,5).

In Hinblick auf die Autorenkennung konnte nach der Sortierung folgendes ausgemacht werden: Von den 617 Texten[111] tragen lediglich 98 Beiträge den eindeutigen Autorenhinweis mit vollständiger Namensnennung (16 Prozent). Der überwiegende Anteil der Artikel (519 Beiträge) erschien unter der Spitzmarke „Dr. G." (84 Prozent). Eine Betrachtung der einzelnen Phasen konnte dazu noch weitere Aufschlüsse geben: In Phase I fand sich (von einer Ausnahme abgesehen[112]) ausschließlich die Verwendung des Kürzels, so dass insgesamt 227 Texte auf den Autor „Dr. G" hinweisen. Volle Namensnennungen kamen auch im Abschnitt II selten vor; sechs Mal tauchte „Dr. Goebbels" und einmal „Dr. Joseph Goebbels" als Autorenkennung auf[113], während 111 Artikel mit der Spitzmarke gekennzeichnet sind.

Eine deutliche Veränderung brachte die Tageszeitung mit sich: Zwar waren nach wie vor 181 Texte mit „Dr. G." signiert, aber immerhin 90 Vollnennungen des Autorennamens waren in Abschnitt III dann doch auffällig – wobei die Variationen Goebbels, Dr. Goebbels, Dr. Joseph Goebbels, Dr. Josef Goebbels und Joseph Goebbels auftauchen. Die eindeutige Nennung des Namens wurde ab Februar 1932 häufiger, das Kürzel tauchte bis Ende des Untersuchungszeitraums nur noch vereinzelt auf. Daraus lässt sich schließen: Bereits vor der Gründung des *Angriffs* hatte sich Goebbels auch über die nationalsozialistischen Parteikreise hinaus einen Ruf als politischer Journalist erworben, den er nicht ausschließlich über seinen Namen, sondern vor allem in der Kombination des akademischen Titels und der Initialen transportierte. Seit 1922 hatte er seine Texte hauptsächlich mit der eingängigen Signatur gezeichnet, nun wollte er sein Kürzel in der Berliner Presselandschaft etablieren. Erst die Vorbereitungen auf die Reichspräsidentenwahl im März 1932 gaben den Ausschlag dafür, dass vermehrt wieder der Namenszug auftauchte; der Autor der Zeitungsbeiträge sollte unzweifelhaft identifizierbar sein. Indem Goebbels seine Artikel mit vollem Namen versah, stellte er sich noch deutlicher hinter die darin vermittelten Botschaften. Je mehr er als Person des öffentlichen Lebens und als NSDAP-Politiker wahrgenommen wurde, desto weniger war Goebbels gewillt, das journalistische Kürzel zu verwenden.

---

111 Der Text A/29.12.1929/109 erschien als einziger anonym, konnte allerdings im Kontext auf Goebbels' Autorschaft zurückgeführt werden. Der Artikel wurde aus der Namenszählung herausgenommen, so dass die Textanzahl bei 617 liegt.
112 A/14.5.1928/41 (Autorenkennung: Dr. Goebbels).
113 A/10.11.1929/89, A/24.11.1929/96, A/8.12.1929/101, A/15.12.1929/104, A/6.2.1930/14, A/5.6.1930/57 und A/27.4.1930/41.

1.5 Das Textangebot (Abschnitt I)

> „Ich bin fleißig bei der Arbeit,
> und vor allem, die Arbeit macht mit Freude!
> Die nächste Nummer vom ‚Angriff' schreibe ich sozusagen ganz allein."[114]

Die thematischen und inhaltlichen Schwerpunkte der Zeitungstexte während der Tätigkeit beim *Angriff* sollen genauer beleuchtet werden. Die schwerpunktmäßige Sortierung in den nachfolgenden Unterkapiteln dient zur Beantwortung der Frage, welche politisch-gesellschaftlichen Themen und Ereignisse Goebbels im Zeitraum zwischen Juli 1927 und September 1929 aufgriff und wie er sie journalistisch verarbeitete. Sofern nicht bereits im historischen Hintergrundkapitel angeführt, werden einzelne zeitgeschichtliche Ereignisse und Verknüpfungen kurz erläutert, um die Kausalzusammenhänge zu den journalistischen Inhalten aufzuzeigen.

Goebbels' Artikel können insgesamt sieben Themenkategorien zugeordnet werden[115]: Erstens die Auseinandersetzung mit der Weimarer Republik, zweitens die Agitation gegen den Dawes-Plan, drittens die Propaganda gegen das Judentum, viertens die nationalsozialistische „Bewegung" und ihre Kampfansage. Daraus entwickelte Goebbels als fünften Schwerpunkt das Märtyrertum und stellte diesem (sechstens) ganz bestimmte Feindbilder gegenüber. Die letzte Kategorie enthält „Feuilletonistisches".

1.5.1 Attacken gegen die Weimarer Republik

Bereits der erste Artikel „Warum Angriff?"[116] im neuen Kampfblatt machte deutlich, wo der eigentliche Schwerpunkt von Goebbels' Publizistik lag: Da nach seinem Ermessen die Quelle allen Übels in der parlamentarischen Demokratie und ihrem Parteiwesen zu suchen war, musste einerseits ganz gezielt das amtierende politische System angegriffen und andererseits die nationalsozialistische „Bewe-

---

114 зogGTb 30.8.1927.
115 Ausnahme bildet der auf seine eigene Person zugeschnittene Beitrag mit dem Titel „Mich willst Du wählen?" A/7.5.1928/36 (L19). Darin schrieb Goebbels über sein Verhältnis zur Staatsanwaltschaft: „Ich brauche nur den Mund aufzumachen, oder die Feder zu zücken, gleich hat wieder ein Staatsanwalt für einen Monat Arbeit." Mehrfach wurde er wegen Hochverrats angeklagt und auch zu Geld- und Gefängnisstrafen verurteilt. Zeitgleich nutzte Goebbels die Beleidigungsprozesse, um sie in zynischem Ton zu kommentieren. Vgl. Höver 1992: 109; Riess 1989: 100.
116 A/4.7.1927/1 (L1). Die hinter sämtlichen Titeln angegebenen Kennungen beziehen sich auf die Textauflistung (siehe Anhang Nr. 5). Dort sind detaillierte Informationen zu jeder einzelnen Zeitungsveröffentlichung enthalten, also Goebbels' Hinweise und Bemerkungen zu den Texten, Angaben zur Autorenkennung, Erscheinungsdatum und sonstige Anmerkungen. Die Sortierung der Zeitungsartikel wurde nach den benannten Themenkategorien vorgenommen. Innerhalb dieser Schwerpunkte wurde weitgehend die Chronologie der Veröffentlichungen eingehalten.

gung" in besonders gutes Licht gerückt werden.[117] „Die umfassendste Formel, mit der man polemisch der Weimarer Republik und ihrer Verfassung entgegentrat, war die Behauptung, dass dieser Staat ein Produkt westlichen Staatsdenkens sei."[118] Übergeordnetes Ziel war es, das verhasste parlamentarisch-demokratische System aus den Angeln zu heben. Also betonte Goebbels: „Die Parteien sind nicht Deutschland, die Parlamentswanzen nicht die Führer der Nation! Weg mit diesen jämmerlichen Gebilden und Menschen, die Deutschland hierhin brachten! Deutsche Zukunft in deutsche Hände! Arbeiter! Frontsoldaten! Heraus!"

Die Verachtung des demokratischen Staates von Weimar wurde in erster Linie an den „Novemberverbrechern" dingfest gemacht. Denn erst wenn die Revolution von 1918 diffamiert, die historische Legitimität in Frage gestellt und der Hass auf die Republik offen propagiert worden waren, konnte auch gegen Weimar mobilisiert werden. Goebbels deklamierte:

> „Ein ausgeplündertes, ausgeblutetes Volk, hungernde, frierende Kinder, Mütter, die das Weinen längst verlernt haben, Söhne, die in ohnmächtigem Grimm die Fäuste ballen und Väter, die sich vor dumpfem Groll verzehren: Das ist das Leben in Schönheit und Würde, von denen Ihr so oft und so beredt gesprochen habt."[119]

Die negative Überzeichnung der Revolution anhand von zentralen Parolen und gängigen Bildern diente als Grundlage für die politische, juristische und ideologische Abrechnung mit der Weimarer Republik.[120] Dabei konzentrierte sich Goebbels vornehmlich auf den Parlamentarismus, den er als unzulängliche Staatsform zu diskreditieren suchte. Die konstanten Attacken gegen die amtierende Demokratie führten in der Regel zu der Schlussfolgerung, dass die Parteienstaatlichkeit destruktiv statt vorbildlich sei.[121] Voller Gefühlswallungen nationalen Selbstmitleids schrieb der *Angriff*-Herausgeber:

> „Ueber all diesem Jammer und all diesem namenlosen Elend sitzen 490 Auserwählte, deren Amt es ist, zu reden, statt zu helfen. Wir müssen sie selbst wählen und deshalb auch ernähren. Sie leben von unseren Hungergroschen und deshalb geht es ihnen desto besser, je schlechter es uns geht. Sie wählen aus sich heraus die Gewandtesten und Listigsten, die sich sozusagen am besten auf den Rummel verstehen und den aus den 490 Übriggebliebenen am sichersten

---

117 „Die Haltung des neu gegründeten Organs war unstrittig. [...] Von Beginn an ließ man keinen Zweifel an dem Ziel, für das man kämpfte: die Vernichtung der Weimarer Republik und derer, die sie trugen." (Reuth 2000: 127).

118 Sontheimer 2004: 21f.

119 „Wir gedenken der Toten!" A/7.11.1927/36 (L19). Zu diesem Themenbereich gehört auch der Artikel „Leergebrannt ist die Stätte" A/3.6.1929/44 (L22). Darin schrieb Goebbels: „Leergebrannt ist die Stätte, auf der die Demokratie ihr Reich des Scheins und der Lüge aufbaute, und wir stehen nahe vor der Katastrophe." Der *Angriff*-Leitartikler ging sogar so weit, die Todesstrafe für Ausbeuter, Mörder, Wucherer, vor allem aber für Vaterlandsverräter und „Verbrecher an der Ehre" (also nach seiner Überzeugung für alle Weimarer Politiker) zu verlangen: „Die Todesstrafe ist eine selbstverständliche Forderung jedes sittlichen Staates. Sie ist nicht nur ein Abschreckungsmittel, sondern darüber hinaus eine einfache Funktion der Selbsterhaltung." „Jakubowski" A/17.6.1929/48 (L24).

120 Vgl. Pätzold/Weißbecker 2002b: 172f.; Paul 1992: 85.

121 Vgl. Pross 2000: 56f.; Moores 1997: 515, 523; Lemmons 1994: 129; Paul 1992: 84; Kessemeier 1967: 70; Pick 1942: 68.

ihr sattes, träges, feiges, wanzenhaftes Dasein garantieren. Diese gerissenen Schaumschläger besteigen nun die Throne, machen Verbeugungen nach Ost und West, nach Nord und Süd, danken den Diätenschluckern, daß sie ihnen die Ehre antaten, für den fachlichen und ungestörten Genuß des Raubes – sie nennen das Ruhe und Ordnung – Sorge tragen zu dürfen, und dann pfeifen sie, und wir müssen tanzen; wie die Puppen am Draht! Das nennt man dann ein Leben in Schönheit und Würde."[122]

Weder die Exekutive noch der Gesetzgeber oder das Justizwesen wurden von Goebbels journalistisch ausgeklammert; er prangerte die „Verlumpung der deutschen Justiz" und das mutmaßlich korrupte Polizeiwesen ebenso an wie den seiner Ansicht nach moralisch verfaulenden Staat und das angeblich rücksichtslose und feige Spitzelsystem. Bereits in diesem Zusammenhang baute Goebbels die so genannte rote Gefahr als Schreckgespenst auf und stellte die Mitglieder der kommunistischen wie auch sozialdemokratischen Parteien als Gewalttäter und Terroristen hin, denen der Staat nicht entsprechend begegne:

„Die Polizei will und kann unsere Freiheit und unser Leben nicht gegen den roten Terror beschützen. Und wenn das Berliner Polizeipräsidium mir die Organisation eines eigenen Schutzes nur für das nackte Leben verbietet, dann leistet es damit – ich sage das im vollen Bewußtsein der Tragweite dieser Anklage – dem Verbrechen und dem geplanten Mord Vorschub."[123]

In seinen Zeitungstexten arbeitete Goebbels darauf hin, dass die gegenwärtige Lage als Bedrohung wahrgenommen wurde, beim Leser Abwehrreaktionen hervorgerufen wurden und auch Ausgrenzungsmechanismen griffen. In Schlagworten und Aktionslosungen wurden konkrete Forderungen miteinander verknüpft und das nationalsozialistische Gegenkonzept dargestellt.

„Wo inhaltliche Auseinandersetzungen mit dem politischen Gegner nicht fruchteten, sollte eine sich menschenfreundlich gebende Warnung vor den Untaten der ‚Linken‘, der verräterischen ‚Sozis‘ und der jüdischen ‚Bolschewisten‘ greifen. Die Partei der deutschen Faschisten benötigte Totschlag-Argumente, die helfen sollten, eigene Ziele und Methoden zu bemänteln. Darunter spielte jenes vom Verbrechen der Revolution und vom ‚roten Terror‘ eine außerordentlich große Rolle. Dem könne nicht anders als gewalttätig begegnet werden."[124]

---

122 „Ist das ein Staat?" A/8.8.1927/9 (L6). Ein ähnlich polemischer Inhalt findet sich in den Artikeln „Ungelöste Fragen" A/20.8.1928/66 (L34) und „Gefangenschaft" A/24.12.1928/98 (L51). In Zusammenhang mit dem Republikschutzgesetz veröffentlichte er die beiden Leitartikel „Prosit Neujahr" A/31.12.1928/100 (L52) und „Schadre" A/10.6.1929/46 (L23). „Schadre" war ein von Goebbels geschaffenes Kunstwort, das sich aus den Anfangsbuchstaben der Parole „Schützt alle die Republik!" zusammensetzte. Auch in dem Text „Der Parlamentarismus" A/8.7.1929/55 (L27) vertrat er die Idee, es handele sich bei der Demokratie um ein schädliches weil korrumpierendes wie auch korrumpiertes Prinzip: „Die kompakte Majorität der Dummheit bildet die kompakte Majorität des Parlamentarismus." Ähnlich formulierte er es in dem Beitrag „Politik und Geschäft" A/22.7.1929/58 (L29) und dem Folgeaufsatz „Politischer Rat und Ständeparlament" A/29.7.1929/59 (L30).

123 „Eine Mücke hat gehustet" A/27.2.1928/16 (L9). Vgl. auch „Justizkrise" A/4.3.1929/18 (L9), „Ich meine es gut mit Euch!" A/16.1.1928/5 (L3), „Der Pfarrer Strucke" A/9.1.1928/3 (L2), „Wir warten auf den Kadi!" A/5.9.1927/16 (L10), „Antworten, Sie Genosse!" A/5.12.1927/44 (L23) und „Durch die Blume" A/30.1.1928/9 (L5).

124 Pätzold/Weißbecker 2002b: 174.

In dieser ersten Phase beim *Angriff* übte sich Goebbels in einer journalistischen Strategie, die er in den nächsten Jahren noch verfeinern sollte: Wenn er „publizistisch zur Attacke gegen das System blies"[125], dann tat er dies auf Kosten bestimmter Personen, die Gründer der Weimarer Republik, politische Träger der Demokratie oder zeitgenössische Symbolfiguren waren. Dabei hantierte er mit Begriffen wie „politische Unterdrücker" und „amtlicher Terror", mokierte sich über vermeintliche demokratische Willkür, attestierte dem Reichskanzler „lähmende Doofheit" oder beleidigte ihn als „Typ von Unzulänglichkeit, mitten unter den gerissenen Schiebern des internationalen Parketts"[126]. Erfüllungspolitiker, Landesverräter und Novemberverbrecher wurden gängige Schimpfwörter in Goebbels' Publizistik. Zahlreiche politische Akteure und ihre persönlichen Schwachstellen boten willkommene Angriffspunkte; beliebte Zielobjekte der ausgiebigen Pöbeleien waren Abgeordnete, die er als intrigante, hinterhältige Geschäftsmänner anfeindete: „Und die Ware, mit der sie handeln, das sind wir, das sind wir!"[127]

Seine Taktik, die Weimarer Republik anhand von Einzelpersönlichkeiten anzugreifen, wandte Goebbels quer durch alle Parteien und Ämter an. Mal entsetzte er sich über den Reichspräsidenten Paul von Hindenburg als einen verdrehten und senilen Emporkömmling[128], der für die Nation eine Tragödie sei. Und mal zielte er auf Gustav Stresemann ab, den er für Deutschlands Außenpolitik verantwortlich machen wollte und über den er festhielt:

> „Er verstand bald die Kunst der Rede, wand sich behende durch alle Schulen der politischen Raffinesse, wurde groß im Schaumschlagen und verstand das Geschäft wie kein Zweiter. [...] Damit fing es an. Vom Bankkonto bis zum Ministersessel ist meist kein langer Weg."[129]

---

125 Härtel 2005: 19. Vgl. Lemmons 1994: 4.

126 „Müller" A/25.3.1929/24 (L12). Gegen Reichskanzler Hermann Müller und die Mitglieder seines Kabinetts gab es eine ganze Reihe ähnlicher Artikel: „Metterniche" A/26.9.1927/24 (L13), „Demokratie" A/5.3.1928/18 (L10), „Regierung ohne Vertrauen" A/3.9.1928/68 (L36), „Anfrage an die Reichsregierung" A/10.9.1928/69 (L37) und „Wer sabotiert den Achtstundentag?" A/17.9.1928/70 (L38).

127 „Saure Gurken" A/18.7.1927/4 (L3). Im Parlament, so foppte der Berliner Gauleiter in seinem Artikel mit der Überschrift „Im Reichstag" A/17.10.1927/29 (L16), „hörst Du das wohltuende beruhigende, überparteiliche Geschnarch von deutschen Volksvertretern, die hier vom schweren Dienst am Vaterlande ausruhen." In dieses Themenfeld gehört auch der Text mit der Überschrift „Verantwortlichkeit!" A/16.4.1928/30 (L16). Darin schrieb Goebbels: „Minister kommen, Minister gehen. Sie experimentieren am Volk herum, und schlägt ihre Methode fehl, dann setzen sie sich wieder auf ihren Reichstagssitz und machen Opposition gegen ihre Nachfolger." Jede Zurückhaltung gab der *Angriff*-Herausgeber auch in dem Leitartikel „Alte Esel" A/1.4.1929/26 (L13) auf, echauffierte sich ob der „satten Geruhsamkeit dieser greisenhaft dahinwelkenden Impotenz" und bemerkte: „Deutschland wird heute von seinen Greisen regiert, und zwar von seinen feigsten und dümmsten."

128 „Hindenburg" A/3.10.1927/26 (L14). Der Text erschien anlässlich des 80. Geburtstags von Hindenburg. Goebbels protokollierte darin: „Wem hält er die Treue? Dem deutschen Volk oder nicht vielmehr einem kalten, starren Dogma, einem toten Begriff, einer Formel?"

129 „Justav" A/19.9.1927/22 (L12). Desweiteren der Artikel „Pazifismus" A/12.3.1928/20 (L11). Dieser Text entstand anlässlich der Genfer Völkerbundsverhandlungen, ebenfalls der Text mit der Überschrift „Der Fall Stresemann" A/8.4.1929/28 (L14).

Dass sich die junge Republik dank Stresemanns einfühlsamer Diplomatie außenpolitisch einigermaßen erholte und sich Deutschland den früheren Kriegsgegnern langsam annäherte, ja sogar den Weg zurück in die internationale Gemeinschaft finden konnte, war freilich für die NSDAP ein Unding. Auch aus Goebbels' Warte galt Stresemann als „Bildungsphilister" und „politisierender Dilettant", der alles, nur nicht die Liquidation des Versailler Vertrages als vorrangiges außenpolitisches Ziel verfocht. Gerade für den radikalen Globalisierungskritiker Goebbels stand eine wie auch immer geartete Verständigung mit den „Erzfeinden" nicht zur Diskussion und wurde im *Angriff* als nationale Erniedrigung diskreditiert.[130]

Stattdessen orientierte sich Goebbels thematisch an der von den Nationalsozialisten bevorzugten Idee vom „Volk ohne Raum"[131]. Goebbels griff den Gedanken auf und stellte fest: „Da liegt das Kernproblem aller deutschen Innen- und Außenpolitik. Wir müssen heraus aus der Enge des Bodens; dann finden wir auch als deutsche Menschen und Brüder eines Schicksals wieder die Weite des Geistes und des Herzens."[132] Während in solchen Zeitungsartikeln und somit auch im öffentlichen Bewusstsein die Xenophobie geschürt wurde, hatte die These vom zu engen Siedlungsraum in Europa, vom knappen landwirtschaftlichen Ertrag und der Überbevölkerung wenig mit der Realität zu tun. Vielmehr handelte es sich um ein Stereotyp konservativer Kapitalismuskritik, das mit der naturwissenschaftlich legitimierten Phrase vom Kampf um das Dasein verquickt wurde.[133]

---

130 Vgl. Bönisch 2008: 15; Klußmann 2005: 69; Michels 1992: 87, 90; Paul 1992: 84; Kessemeier 1967: 71. „In kaum überbietbarer Weise war der langjährige Außenminister der Weimarer Republik, Gustav Stresemann, das Objekt von Goebbels' abgrundtiefem Haß." (Michels 1992: 78).

131 Vor dem Hintergrund der Gebietsabtretungen und dem Verlust der Kolonien durch die Vereinbarungen im Versailler Vertrag lieferte der Romantitel von Hans Grimm ein Schlagwort mit enorm großem Resonanzboden. Die politische Rechte strickte daraus die These, dass der industrielle Kapitalismus eine unvermeidliche Überbevölkerung produziere und folglich proletarisches Massenelend schaffe. Die Frage nach Besitzstandswahrung und Nationalidentität in einer als bedrohlich empfundenen Umgebung kam zunehmend auf. Mit sozialer Demagogie und Apologetik wurde als Lösung eine systematische Vertreibung und Vernichtung propagiert, die auf Juden, Sinti, Roma und die osteuropäische Bevölkerung abzielte. „Um die Konsumtion der einen zu sichern, müssen andere hungern, verhungern, vertrieben oder vernichtet werden." (Pätzold/Weißbecker 2002b: 117).

132 „Raum!" A/9.9.1929/68 (L36).

133 „In der imperialistisch werdenden Welt um die Jahrhundertwende wurde der Sozialdarwinismus zum internationalen Phänomen und blieb bis in die Gegenwart Grundmuster der Selbstverständigung einer Gesellschaft, die sich selbst im Kampf um die stetige Neuaufteilung der Welt sieht. Der geistige Resonanzboden für die Karriere von *Volk ohne Raum* im Deutschland der Weimarer Zeit war so bestimmt von zwei grundlegenden, eng aneinander gekoppelten ideologischen Reflexionen – der Überbevölkerung und des ‚Kampfes ums Dasein'." (Pätzold/Weißbecker 2002b: 114; kursiv im Original).

1.5.2 Versailles und die Folgen

Das Elend Deutschlands war in der Bevölkerung unumstößlich verbunden mit einem festen Begriff: dem Versailler Vertrag. Die darin festgeschriebene alleinige Kriegsschuld der Deutschen und die übermäßigen, von der deutschen Wirtschaft nicht erfüllbaren Reparationsforderungen der Siegermächte brachten zwar eine vorübergehende außenpolitische Diskriminierung mit sich, hatten neben der materiell-ökonomischen vor allem aber eine gewichtige psychologische Seite. Das Friedensabkommen hatte innenpolitisch Gefühle von Demütigung, Ohnmacht und Niederlage sowie Revanchegedanken hinterlassen. Die täglich spürbaren Auswirkungen des verlorenen Krieges spülten dies immer wieder in das öffentliche Bewusstsein. Der Vertrag von Versailles wurde zur Chiffre der misslungenen Revolution, der ungewollten Republik, der diffusen Staatsmachenschaften, der ungeliebten Staatsform und ihrer inflationären Nebenwirkungen in einem vergifteten politischen Klima. Mit dem Schlagwort „Versailles" verbanden die Deutschen einen unehrenhaften, ja beleidigenden Schmachfrieden, die niederträchtige Knebelung des Volkes und die schamlose Lüge von der alleinigen Kriegsschuld. Der Friedensschluss wurde mit der Republikgründung in einem Atemzug genannt; für die Mehrheit der deutschen Bevölkerung war dies ein untrennbares Gebilde und waren die Demokraten leicht zu identifizierende Sündenböcke.

Die extremen politischen Parteien nutzten die Situation, um gegenwärtige Schwierigkeiten mit der emotionsgeladenen politischen Vergangenheit in Verbindung zu bringen. Dabei eliminierten vor allem die Nationalsozialisten die reale Geschichte und vermieden die Auseinandersetzung mit den tatsächlichen historischen Prozessen; weder die Ursachen wurden erfasst noch der Verlauf dargestellt oder gar der Verlust akzeptiert. Stattdessen wurde alles zu einem Bündel an Bedrohungen von außen verdichtet, der Vertrag als von den Siegermächten oktroyiert deklariert. Im Erkenntnisbereich war ausschließlich die pejorative Floskel von den „Ketten von Versailles" zulässig; dabei war von einer generationsübergreifenden Versklavung und deutscher Knechtschaft die Rede.[134] Die nationalsozialistische Propaganda wurde mit dem Ziel einer völligen Revision des Versailler Vertrages betrieben, zugleich sollten Existenzängste erzeugt werden und mobilisierend wirken. Die destruktive Sprengkraft des Friedensschlusses war weniger in sich selbst begründet als vielmehr durch den Umgang mit ihm und die Nutzung für unfriedliche Zwecke. Der Kampf gegen den Versailler Frieden wurde mit einer maßlos unmenschlichen Ideologie verknüpft und kann als Nährboden für den Aufstieg der NSDAP betrachtet werden.

> „Und als Heilslehre schloss die Sehnsucht nach einem [..] ‚Dritten Reich' die völkische Idee eines Großdeutschlands ebenso ein wie die Revision des Versailler Vertrags mit seiner Fixierung einer deutschen Alleinschuld am Ersten Weltkrieg und milliardenschwerer Reparationszahlungen – die Revision war nicht nur ein Traum aller Nationalisten."[135]

---

134 Vgl. Wirsching 2008: 20; Pätzold/Weißbecker 2002b: 179; Sauer 1978: 149.
135 Bönisch 2008: 14.

Und doch nutzten vor allem die Nationalsozialisten das Thema als Parole. Ihr Kampf galt ganz offiziell der Kriegsschuldlüge, der Mehrheitsdemokratie, der Parteienherrschaft und den „Erfüllungspolitikern", also jenen, die sich bereit zeigten, den Vertrag zu erfüllen. Ihr Ziel war die Revision des Abkommens, dem eine Beseitigung der Demokratie vorangehen musste.

> „Hitler verstand es besser als jeder andere Politiker, das populärste Projekt der Weimarer Zeit, die Revision von Versailles, auf seine Fahnen zu schreiben und alle übrigen politischen Kräfte der Republik – und damit die Republik selbst – wegen ihrer mangelnden Revisionsfreudigkeit zu diffamieren. Die demagogische Formel, Republik und Demokratie seien nur andere Worte für Feigheit und Verrat an Volk und Nation, wurde so zum festen, von Millionen Menschen geglaubten Bestandteil extremistischer Agitation."[136]

Dies schlug sich auch im *Angriff* nieder. Inzwischen hatte das Dawes-Abkommen den Versailler Vertrag novelliert und galt als vorläufiges Lösungspaket der deutschen Reparationsproblematik. In seinem journalistischen Protest gegen die Weimarer Politik maß Joseph Goebbels diesem Thema eine zentrale Bedeutung bei.

> „Das Dawes-Abkommen als Thema von Goebbels' Propaganda war sowohl bloßes *Mittel*, um die Beseitigung der Weimarer Republik zu verlangen, Mitglieder für die NSDAP zu werben und die eigenen Anhänger zu mobilisieren, als auch Teil einer *Ideologie*, von der er fest überzeugt war."[137]

Gleich im ersten Satz seines Beitrages mit der Überschrift „Was wir wollen"[138] rief der Verfasser gegen den – so seine Wortwahl – Versklavungspakt zwar wenig konkret, aber in dramatischem Unterton auf: „Die Zertrümmerung der Daweskolonie! Einen deutschen Staat der Ehre! Das Recht jedes deutschgeborenen Mannes auf Arbeit und Brot." Goebbels nutzte im *Angriff* den Dawes-Plan als Agitationsthema, weitete in diesem Zusammenhang die Schelte auf die Weimarer Republik und das „demokratische Willkürregime" aus und beschrieb eindringlich die ökonomischen Auswirkungen durch die – wie er sie nannte – Verpfändung Deutschlands: „Die Wirtschaft ist sozusagen nur das Einfallstor, durch das der Bazillus den Weg in den Volkskörper sucht und findet."[139]

In den Artikeln ging es weder um die Aufklärung über tatsächliche Hintergründe des Dawes-Abkommens noch um die Darlegung volkswirtschaftlicher Aspekte. Fakten wurden in den Texten – wenn überhaupt – nur gestreift; der Ver-

---

136 Schulze 2002: 56. Vgl. Sontheimer 1994: 117.

137 Michels 1992: 75, kursiv im Original.

138 A/19.12.1927/48 (L25). Zu diesem Themenschwerpunkt gehören auch die beiden Leitartikel „Proklamation!" A/14.11.1927/38 (L20) und „Sturmzeichen" A/13.2.1928/13 (L7). In letzterem war zu lesen: „Sturmzeichen wurden gesehen im Lande. Ueberall beginnt es zu brodeln, zu gären, hier und da gar zu brennen. [...] Das Volk ist im erwachen. Daß es diesmal seine wahren Peiniger erkennt, dafür wollen wir schon vorsorgen." Und in dem Artikel „Vor dem Herbst" A/27.8.1928/67 (L35) kündigte Goebbels seinen journalistischen Feldzug gegen Dawes mit folgenden Worten an: „Ein Trommelfeuer nationalsozialistischer Aufklärung soll auf die Berliner Oeffentlichkeit hereinprasseln, daß den Nutznießern unseres Elends Hören und Sehen vergeht."

139 „Gegen den Volksfeind" A/24.9.1928/72 (A1). Ebenfalls zu finden in dem Leitartikel mit der Überschrift „Das Recht auf Arbeit" A/1.10.1928/74 (L39).

fasser blieb an der Oberfläche und gab lediglich die Sichtweise der NSDAP wieder. Die Erfolge, die die Regierung trotz massiver Schwierigkeiten bei der Überwindung der heiklen Reparationsfrage verzeichnete, wurden entweder ganz bewusst ignoriert oder in dünkelhafter Überheblichkeit abgewertet.[140]

Ein derart einseitiges und durchschaubares Vorgehen legte Goebbels auch an den Tag, als der Young-Plan auf die Agenda kam.[141] In einer ganzen Reihe von Elaboraten sprach er sich gegen das neue Abkommen, seine Entstehung und die daran beteiligten Politiker und Strategen aus. Der begrifflichen Terminologie der NSDAP folgend, war von einem neuen „Versklavungsdokument" und „Teufelsdiktat" die Rede. Im Rahmen des geplanten Volksbegehrens startete im *Angriff* eine groß angelegte Anti-Young-Kampagne und Goebbels schwadronierte: „Versailles barg in sich den Kern zum Widerstand, zum Aufruhr und zur Rebellion. Dawes schon legte einen Teil unserer nationalen Kraft lahm, und der Youngplan vernichtet sie vollends."[142] Detailliert listete Goebbels die Nachteile des Young-Abkommens auf, beschränkte sich jedoch in erster Linie auf grobe Vereinfachungen, Schlagwortattribute und schwammige Interpretationen. Wie bereits beim Dawes-Thema versuchte er, an die Ehre und nationale Würde des Lesers zu appellieren und den neuen Vertrag als Dreh- und Angelpunkt des deutschen Schicksals hinzustellen. Einmal mehr wurde ein aktueller und affektgeladener Topos publizistisch so aufbereitet, dass daraus abgeleitet ein gut durchdachtes Manöver gegen die Weimarer Regierung geführt werden konnte.[143]

> „In der historischen Rückschau gilt es vor allem zu untersuchen, in welchem Umfang und mit welchen Methoden der Versailler Frieden in Deutschland von liberalen, konservativen, völkischen und vor allem faschistischen Kreisen benutzt worden ist, um jene nationalistische Hysterie zu erzeugen, gegen die weder sozialdemokratische und kommunistische noch pazifistische und demokratisch-republikanische Organisationen entscheidendes Gewicht zu erlangen vermochten."[144]

Joseph Goebbels' Zeitungsartikel aus dieser Zeit zeigen dies besonders deutlich.

---

140 Vgl. Kessemeier 1967: 59f.
141 Zwischen Februar und Juni 1929 tagte in Paris eine internationale Sachverständigenkonferenz (Genfer Ausschuss, vgl. Overesch/Saal 1992: 397), um die deutschen Reparationszahlungen zu überarbeiten und neu darüber zu entscheiden. Am Ende dieser Gespräche wurde der so genannte Young-Plan bekannt gegeben, der am 1. September 1929 in Kraft trat. Siehe dazu Kapitel IV, 1.1.
142 „Gegen die Young-Sklaverei!" A/23.9.1929/73 (A1). Hierzu zählen auch noch folgende Leitartikel: „Die Reparationsfrage" A/14.1.1929/3 (L2), „In Geldsachen hört die Gemütlichkeit auf" A/25.2.1929/15 (L8), „Der Youngplan" A/1.7.1929/52 (L26) sowie „Volksbegehren und Sozialismus" A/16.9.1929/70 (L37).
143 Vgl. Michels 1992: 70, 74, 77; Oven 1987: 208; Bramsted 1971: 86; Kessemeier 1967: 62; Balle 1963: 170f.
144 Pätzold/Weißbecker 2002b: 183.

1.5.3 Hetzkampagne gegen Bernhard Weiß

Bei der Analyse der Goebbelsschen Zeitungstexte im *Angriff* zeigt sich deutlich, dass von Beginn an ein harter antisemitischer Ton angeschlagen wurde. Dies ist umso erstaunlicher, wenn man sich seinen bisherigen journalistischen Umgang mit dem Judentum vor Augen führt: In seinen vorhergehenden Artikeln hielt sich Goebbels mit antisemitischen Äußerungen auffallend stark zurück, das Judenthema war weder dominant noch schöpfte seine Metaphorik aus der Rassenlehre oder Biologie, sondern war eher literarisch und stellenweise militärisch angelehnt. Die antijüdische Komponente wurde erst im *Angriff* so stark verwendet und vor allem auch ganz ungeniert artikuliert.

Dies zeigte der *Angriff*-Herausgeber gleich zum Auftakt und demonstrierte schon im zweiten Leitartikel des neuen Presseprodukts seinen absolut rücksichtslosen Kurs.[145] Mit effektiven emotionsgeladenen Klischees wandte er sich an seinen Leser und trug mit antisemitischen Veröffentlichungen dazu bei, das Feindbild gegen eine Minderheit im eigenen Volk auszubauen. Goebbels schrieb: „Juden flanieren die Trottoirs herauf und herunter, blonde deutsche Mädchen im Arm. [...] Michel, wach auf! Dein Feind leert Dir grinsend die Taschen. Nicht lange mehr, und Du stehst vor dem Nichts.“[146] Meist stellte er dem Bild vom ärmlichen Proletariat das vom jüdischen Bonzen gegenüber; der Begriff Jude stand immer in engster Verbindung mit den Schlagworten Kapital und Börse, denn in erster Linie war Goebbels' Judenverachtung eine spezielle Ausdrucksform seines Antikapitalismus.

> „Für Goebbels bildete der Antisemitismus keinen Selbstzweck, sondern eine Funktion seines nationalen Sozialismus: Die Überwindung des ‚kapitalistischen Systems' schien ihm nur möglich zu sein, wenn sie mit der Überwindung der ‚jüdischen Herrschaft' einherging. Mit der Koppelung von Antikapitalismus und Judenfeindschaft stand Goebbels auf dem Boden einer ins 19. Jahrhundert zurückreichenden Tradition“.[147]

Seine Schlussfolgerungen folgten prompt: Goebbels verlangte von seinen Parteigenossen die ausschließliche Unterstützung deutscher Geschäftsleute, lehnte Annoncen jüdischer Warenhäuser in der Presse ab und forderte gebieterisch das Gegenteil von dem, was er ironisch betonte: „Deutsche, kauft nur bei Juden!“[148]

---

145 „Prozesse“ A/11.7.1927/2 (L2).
146 „Menschen, seid menschlich!“ A/28.11.1927/42 (L22).
147 Höver 1992: 159.
148 A/10.12.1928/94 (L49). In diesem Zusammenhang sind auch die Traktate gegen die Berliner Warenhäuser – nach Goebbels' Meinung handelte es sich hierbei um „jüdische Trutzburgen des Geldes“ – zu sehen. In dem Leitartikel mit der Überschrift „Das Christkind bei Tietz“ A/12.12.1927/46 (L24) hieß es: „Das Christkind ist bei Tietz A.G. eingekehrt. Dort hat es Geschenke für die lieben Kleinen abgeladen. Und der Warenhausjude übernimmt gefällig, wie immer, die Vermittlung. [...] Das Christkind muß wohl seinen eigenen Geschmack haben, daß es ausgerechnet den Wertheim und Karstadt die Vermittlung seiner Weihnachtsgeschenke überträgt.“ Ähnlich stand es im Beitrag „Der Staatsanwalt für Tietz A.G.“ A/20.2.1928/14 (L8), in dem Goebbels schrieb: „Es ist mit dieser wie mit allen anderen Schicksalsfragen des deutschen Volkes: Wir sind zu feige und zu jämmerlich, dieser Raubritterhorde aus dem Os-

Von welchem Zeitpunkt an Goebbels definitiv als überzeugter Antisemit gelten kann, bleibt dahingestellt. Anhand der Zeitungsartikel zeigt sich jedoch, dass er in Berlin seine Ansichten modifizierte und die antisemitische Hetze nicht länger nur aus machtpolitischem Kalkül einsetzte.[149] Wenn auch für Goebbels eher sozialistische Superiorität anstelle von biologischen, rassistisch[150] geprägten Gründen den Ausschlag gab, so passte er die Inhalte seines Kampfblattes in Fragen des Antisemitismus zunehmend den Vorstellungen Adolf Hitlers an.[151]

Die Juden wurden langfristig und kontinuierlich zu einem der wichtigsten Themen im Blatt. „Gewiß, der Antisemitismus diente Goebbels zur Integration der von ihrem Denken her sehr heterogenen NS-Mitglieder, er war aber keineswegs als Demagogie konzipiert."[152] Bekannte antisemitische Klischee von der jüdischen Übermacht und der angeblichen Sonderstellung der Juden im deutschen Staat wurden aufgewärmt. Abstruse Phantasien fanden Eingang in das Denken und Fühlen großer Bevölkerungskreise.[153] Diese grobschlächtige antisemitische Linie und die unappetitliche Verunglimpfung politischer – jüdischer – Gegner stellte sich als gekonnter publizistischer Schachzug heraus: Bald schon zeigte sich, dass Goebbels' Antisemitismus auf eine breite Resonanz stieß, die wiederum potentielle Leser und auch neue NSDAP-Mitglieder mit sich brachte. Längst war der Antisemitismus nicht mehr nur eine Sache des „Pöbels", sondern konnte von Intellektuellen umgesetzt werden. Ein geistiges Produkt wurde hier sichtbar, das

ten den Kampf anzusagen. Und deshalb lacht der Jude und weint der Deutsche." Auch der Leitartikel mit dem Titel „Warenhaus und Bankpalast" A/11.6.1928/49 (L24) transportierte diese Gedanken: „Wer die Freiheit des Gewerbes will, muß gegen die Pest der Warenhäuser Front machen. Wer die Produktion lösen will aus den Fesseln des Geldes, der muß die Raubritterburgen des Bankkapitals erstürmen helfen!" In diese Reihe fällt auch noch der Text „Kampf gegen das Warenhaus" A/18.3.1929/22 (L11).

149 Vgl. Höver 1992: 403; Müller 1973: 86.

150 „Die Linie des ‚Angriffs' war strikt antikapitalistisch und scharf antisemitisch, aber Beiträge zu ‚Rassenthemen' im eigentlichen Sinne [...] kamen nur vereinzelt vor. Der Grund: Goebbels hielt nichts vom ‚Rassefimmel' und bemühte sich – insgesamt erfolgreich –, seine Ansicht auch in der Redaktion durchzusetzen." (Höver 1992: 165f.).

151 „Goebbels had met Hitler, had attached himself to him, and had begun to parody and exaggerate the Leader's anti-Semitism. This anti-Jewish sentiment had always been stronger in the Munich Party than in the Strasser, North German wing, and when Goebbels went over to Hitler, he overcompensated for his earlier anti-Hitler lapses by absorbing Hitler's great obsession, the Jews." (Herzstein 1979: 61).

152 Michels 1992: 46.

153 „Seit dem Mittelalter äußerte sich ein christlich-religiös kaschierter Antijudaismus europaweit. [...] Mittels Pogromen, Krawallen, Ausweisungen und anderen Formen der Judenverfolgung wurden Juden als Sündenböcke für Konflikte infolge gesellschaftlicher Interessensgegensätze und zur Bereinigung ihnen gegenüber eingegangener finanzieller Schuldverhältnisse verfolgt. Im 19. Jahrhundert wurde Antijudaismus international zum Antisemitismus säkularisiert. Unter Nutzung traditioneller Vorurteile gegenüber Juden als Fremden wurde im Antisemitismus eine Ideologie des Kampfes gegen Juden entwickelt." (Pätzold/Weißbecker 2002b: 193). Vgl. ebd.: 155. Seit 1875 trat der Antisemitismus mit übelsten Schmähungen der Juden in Zeitungen und Schriften in Erscheinung. Dabei wurde das eigentliche Opferverhältnis (also die stattfindenden gewaltsamen Ausschreitungen gegen Juden) in Täterbeschreibungen umgekehrt.

als Feindbild auf den Begriff gebracht wurde.[154] „Der Jude" war ein Negativbild, mit dem publizistisch wirkungsvoll gearbeitet werden konnte. Als Inkarnation des Bösen, als Schmarotzer und Feind nationaler Freiheit, als schädliches Element im deutschen Volkskörper, als betrügerischer, feiger und hinterhältiger Parasit tauchte das Bild vom Juden regelmäßig auf.[155]

Ganz offiziell beschäftigte sich Goebbels nun grundsätzlich mit der Judenfrage.[156] „Warum sind wir Judengegner?"[157], fragte er in einem Leitartikel und antwortete gleich selbst: „Der Jude hat unsere Rasse verdorben, unsere Moral angefault, unsere Sitte unterhöhlt und unsere Kraft gebrochen. [...] Wir sind als Sozialisten Judengegner, weil wir im Hebräer die Inkarnation des Kapitalismus, das heißt des Mißbrauchs mit den Gütern des Volkes sehen." Daher mussten seiner Meinung nach die Juden als Fremdkörper grundsätzlich aus der Volksgemeinschaft ausgeschlossen werden.[158] Um das Nationalgefühl bei seiner Leserschaft zu kräftigen, war einerseits die Rede von fremden Elementen, andererseits sollte der Effekt durch antijüdische Diffamierungen noch verstärkt werden. Die Verunglimpfung eines angeblich einheitlich missgestalteten Aussehens war die nächste Stufe und diente als besondere Basis der antisemitischen Hetztiraden.

> „Es gibt also nur Gut und Böse – ohne Zwischenstufen, ohne Mischungszonen. Es gibt überdies nur *eine* richtige Art, auf diese dichotomische Struktur der Welt zu reagieren: das bedin-

154 Vgl. Jahr 2008: 44f.; Pätzold/Weißbecker 2002b: 156.
155 Der Ausdruck „Parasit" tauchte im späten 18. Jahrhundert als Schmähwort gegen die Juden auf. Der biologische Fachterminus wurde metaphorisch für die Juden gebraucht und sowohl von Sozialisten als auch Rassenantisemiten verwendet. Von Hitler wurden die Juden mit biologischen Schadorganismen identifiziert, von dieser Definition dann ihre „Beseitigung" abgeleitet und legitimiert. Das Schlagwort vom jüdischen Parasiten, mit dem die notwendige Vernichtung assoziiert werden konnte, gehörte zum festen Inventar der NS-Ideologie. Vgl. Schmitz-Berning 1998: 460–464. Siehe dazu Goebbels' Artikel „Latrinenparolen" A/7.1. 1929/1 (L1).
156 Unter der Judenfrage verstanden die Nationalsozialisten die Behauptung von der rassisch bedingten Unmöglichkeit des Zusammenlebens von Juden und Nichtjuden. Entstanden war der Begriff in der Diskussion um Emanzipation, Sozialisation und Integration der Juden in der Mitte des 19. Jahrhunderts. Bereits zu diesem Zeitpunkt wurden die Juden mit Handel, Banken, Kapitalismus und Ausbeutung gleichgesetzt – völlig identisch also mit Goebbels' Ansichten. Im Nationalsozialismus beinhaltete die Judenfrage auch die letztlich tödliche Konsequenz, was in Losungen wie „Lösung der Judenfrage", „Gesamtlösung der Judenfrage" und „Endlösung der Judenfrage" ausgedrückt wurde. Vgl. Schmitz-Berning 1998: 330–333.
157 A/30.7.1928/63 (L31). Siehe dazu auch „Der Jude" A/21.1.1929/5 (L3). In diesem Text sprach der Verfasser davon, dass der Jude als Negativum ausradiert werden müsse: „Wer den Juden schont, der versündigt sich am eigenen Volk. Man kann nur Judenknecht oder Judengegner sein. Die Judengegnerschaft ist eine Sache der persönlichen Sauberkeit." „Goebbels haßte die Juden und sah in ihnen – so seine fixe Idee – die ‚Inkarnation' des Kapitalismus'. Daß er bereits ihre physische Ausrottung angestrebt habe, kann weder eindeutig belegt noch zweifelsfrei ausgeschlossen werden. [...] Da er aber immer wieder zur Gewaltanwendung gegen die Juden aufrief und dieser für die Zeit nach der Machtübernahme einen umfassenden und systematischen Charakter zu geben plante, war damit in seiner Gedankenbildung die Ermordung aller Juden zumindest als eine Möglichkeit angelegt." (Höver 1992: 179).
158 Siehe dazu „Knorke!" A/28.1.1929/7 (L4), „Volksgenossenschaft" A/11.2.1929/11 (L6) und „Friedhofsschändungen" A/15.4.1929/30 (L15).

gungslose Ja zum einen, das bedingungslose Nein zum anderen. [...] Seine ganze Propaganda wird darauf ausgerichtet sein müssen, dies binäre Schema als einzig sinnvolles hinzuzustellen, besser noch, einfach als selbstverständlich vorauszusetzen. Das impliziert: Juden sind problemlos zu erkennen."[159]

Die zur Kennzeichnung der Juden benutzten Chiffren wie Nase und Kleidung wurden ins Monströse gesteigert. Diese Stigmatisierung fand Eingang in Karikaturen, Texten, vor allem aber auch in der Alltagskultur. Bestimmte Bildstereotype ergänzten nun die traditionellen Stereotype wie die des „Geldjuden" und unterstützten diese visuell, während Begriffe wie „Alljude" und „Weltjudentum" ihren sprachlichen Teil zur Nazidiktion beitrugen.[160] In diesem Kontext ist auch Goebbels' infame Hetzkampagne gegen einen der bekanntesten und einflussreichsten Berliner Juden zu sehen: Vizepolizeipräsident Dr. Bernhard Weiß. Der *Angriff*-Herausgeber, der sich in seinen Texten darauf verstand, eine Person durch das pointierte Hervorheben ihrer Eigenarten lächerlich zu machen, war auf die Ausformung des Feindbildes aus. Er suchte sich eine Zielperson, durch deren verzerrende und überspitzende Darstellung die antisemitische Propaganda noch wirkungsvoller betrieben werden sollte. Warum sich Goebbels für Weiß entschied, beschrieb er später in seinem Buch „Kampf um Berlin": Weiß sei aufgrund seiner Physiognomie ein äußerlich erkennbarer Jude, ein parasitäres Lebewesen in hoher Stellung und als Angehöriger der jüdischen Rasse von vornherein verdächtig: „In ihm hatten wir eine Zielscheibe unserer Kritik gefunden, wie wir sie uns besser gar nicht denken konnten."[161]

Die als typisch jüdisch kommunizierten Äußerlichkeiten von Bernhard Weiß und seine Funktion als klassisches Angriffsziel für antisemitische Diffamierungen bildeten jedoch nur eine Seite der Attacke. Wichtiger für die Beurteilung von Goebbels' Publizistik in Bezug auf Weiß ist nämlich, dass dieser ein glaubwürdiger Repräsentant der Demokratie und ein sichtbar exponierter Vertreter der Weimarer Republik war; insofern handelte es sich um einen ernstzunehmenden politischen Gegner. Goebbels' Ziel musste es also sein, Weiß als Verkörperung der verhassten Weimarer Demokratie zu brandmarken und an seiner Person die Republikfeindlichkeit des Nationalsozialismus vorzuführen. Das Ansehen eines der führenden Männer in der Politik sollte untergraben werden, indem das Subjekt durch sich selbst ad absurdum geführt wurde. Goebbels wollte Weiß zu einem lebenden Symbol des „jüdischen Systems" machen und ihn als personifiziertes

---

159 Bering 1991: 136, kursiv im Original.
160 Die Beschreibung von der Gesamtheit der Juden, die angeblich nach der Weltherrschaft strebte, wurde als verbaler Kontrast zu den „Alldeutschen" verwendet. Die abwertende Sammelbezeichnung für die Juden (auch: Alljuda, alljüdisch) gab es bereits in antisemitischen Schriften Ende des 19. Jahrhunderts. Assoziiert wurde damit, dass sich die Macht der Juden auf alles und jeden erstrecke. Die Bezeichnung „Weltjudentum" bezeichnete entsprechend die Fiktion einer jüdischen Internationale und wurde gern von Julius Streicher, dem Herausgeber der extrem antisemitischen Zeitschrift *Der Stürmer* benutzt. Der Ausdruck ergänzte bzw. steigerte die Bezeichnung von „Alljuda" dahingehend, dass die Existenz der Juden in aller Welt als bedrohlich empfunden wurde. Vgl. Schmitz-Berning 1998: 22f.; 689–693.
161 Goebbels 1935b: 140.

Sinnbild mit allen Kennzeichen versehen, die sowohl von der politischen Rechten als auch von Teilen der Bevölkerung für verabscheuungswürdig gehalten wurden.

Die gezielten Beleidigungen und Verleumdungen von Bernhard Weiß konzentrierten sich vor allem in Namens-Attacken, denn Goebbels belegte den Vizepolizeipräsidenten mit dem Namen Isidor.[162] „Der Vorname ‚Isidor' war nicht ein Einfall des Agitators. Auch ihn hatte er von den Kommunisten. Der auf diffamierende Wirkung zielende Spottname war in der *Roten Fahne* bereits mehrfach verwendet worden."[163] „Isidor" wurde häufig als Schmähwort gebraucht, hatte eine ostjüdische Konnotation und transportierte das Klischee vom ungebildeten, unhygienischen, fremdsprachigen und andersartigen Juden. Der sich zunehmend im Alltag der Deutschen artikulierende und sich im *Angriff* etablierende Antisemitismus entwickelte sich in Verbindung mit der sarkastischen Namenspolemik zu einer Art „Verkaufsrenner". Die Ineinssetzung der Namen zeigte rasch Wirkung und hatte eine ungewöhnlich starke journalistische Durchschlagskraft. Die Belegung der Person Bernhard Weiß mit dem antisemitischen Schimpfnamen Isidor und die damit einhergehende Kostümierung als Sonderling arteten zu einer erbarmungslosen Verleumdungskampagne aus, die zum Dauerbrenner in der Berliner Öffentlichkeit wurde. „Die Massenhaftigkeit der Angriffe, ihre exzessive Radikalität und absolute Schamlosigkeit, vor allem jedoch die Anknüpfung an traditionelle Vorgaben brachten Goebbels und die ‚Angriff'-Redakteure wirklich zum Ziel. Die Stigmatisierung gelang."[164] Isidor galt von nun an nicht allein in weiten Berliner Kreisen als Inkarnation der verhassten „Judenrepublik".

Die Reichshauptstadt amüsierte sich monatelang über die effektvolle Goebbelssche Demagogie; die systematische Diffamierung, professionell angelegte Provokation und persönliche Zermürbung brachte den Nationalsozialisten brauchbare Sympathiepunkte ein. Goebbels machte Weiß als Exponenten des Staates zur komischen Figur und zum Gespött der Leute – ohne ihn dabei als politischen Gegner in irgendeiner Form ernst zu nehmen. „Das waren Höhepunkte satirischer Gehässigkeit, die sich niemand entgehen ließ."[165] Die bitteren sarkastischen, effekthaschenden journalistischen Angriffe wurden von zahlreichen Adressaten als gelungener Witz und unterhaltsame Satire begrüßt.[166] Mit seiltänzerischer Diabo-

---

162 Siehe dazu die Artikel „Isidor" A/15.8.1927/11 (L7), „Vorsicht! Gummiknüppel" A/5.9. 1927/17, „Vorsicht! Gummiknüppel" A/12.9.1927/21 und „Angenommen!" A/9.4. 1928/28 (L15). Darin schrieb Goebbels in scheinheiligem Unterton: „Warum ruft uns der Berliner Polizeipräsident Dr. Bernhard Weiß vor die Richter, bloß weil wir ihn Isidor nennen? Findet er etwa, daß dieser Name nicht auf ihn paßt, oder paßt er nur allzugut auf ihn? Weil Isidor eine Umschreibung für Jude ist? Ja, ist denn Jude-sein etwas Minderwertiges?"

163 Reuth 2000: 128, kursiv im Original.

164 Bering 1991: 253. Vgl. Beißwenger 2000: 15; Irving 1997: 177; Nill 1991: 282; Riess 1989: 91; Kessemeier 1967: 88.

165 Oven 1987: 203. Vgl. Wildt 2005: 77f.; Herzstein 1979: 63; Martens 1972: 31; Sington/Wiedenfeld 1943: 17.

166 In der NS-Literatur wurde dieses Vorgehen besonders gelobt: „Mit genialem Blick hatte Goebbels erkannt, daß es darauf ankam, das System in seinen Trägern, die Sache in ihren Personen zu treffen. [...] Man kann ein System, ja, man kann einen Staat vernichten, wenn man seinen Führer vernichtet, ihn lächerlich macht, bloßstellt und aller Sympathien entklei-

lik zeichnete der Verfasser „Isidor" als Verkörperung der Macht, führte Weiß
nach allen Regeln der Kunst vor und blamierte damit den Weimarer Staat in aller
Ausführlichkeit.[167]

Isidor wurde zu einem Zugpferd der schrankenlosen nationalsozialistischen
Agitation im *Angriff*. Für eine zunehmende öffentliche Aufmerksamkeit und si-
chergestellte Schlagzeilen in der Großstadtpresse sorgte Weiß allerdings selbst, da
er in insgesamt 63 Gerichtsverfahren gegen die publizistische Stigmatisierungs-
strategie vorgehen wollte.

> „Wie kein Zweiter war Bernhard Weiß dem nationalsozialistischen ,Propagandaterror' ausge-
> setzt, wie kein Zweiter setzte er sich dagegen zur Wehr: 17 Strafanträge stellte er gegen
> Goebbels, der seinen wöchentlich erscheinenden *Angriff* als ,Anti-Isidor-Kampfblatt' dekla-
> riert und eine regelmäßige Rubrik ,Isidor' eingeführt hatte."[168]

Dass Weiß den diskriminierenden Artikeln und der infamen Spottkampagne mit
juristischen Mitteln zu begegnen versuchte, trieb Goebbels nur weiter an. Die Beleidigungsprozesse verschafften ihm eine noch größere öffentliche Präsenz; die
Hintergründe, Inhalte, Richtersprüche und Zitate verarbeitete er im *Angriff* als
journalistische Munition.[169]

1.5.4 Der nationalsozialistische Kampf

Nach dem NSDAP-Parteiverbot in Berlin und der für Goebbels untersagten Möglichkeit, öffentliche Reden zu halten, wurde der *Angriff* ursprünglich als Kommunikationsplattform zwischen der Parteileitung und den Mitgliedern konzipiert.
Entsprechend bildeten die nationalsozialistische „Bewegung", der ideologische
Hintergrund, die Agitation, diverse Parteiinterna und später auch die Wahlkämpfe
wichtige thematische Schwerpunkte im Blatt.

Für Goebbels war der nationale Sozialismus in dieser ersten Zeit des *Angriffs*
nach wie vor der wichtigste Akzent. Sein politischer Kurs war dahingehend ausgerichtet, den deutschen Arbeiter für diese Ideologie zu gewinnen.[170] Mit symbol-

---

det. [...] Da nun unglücklicherweise Herr Weiß als Jude diesen Namen Isidor in auch sonst
bezeigter Empfindlichkeit als Kapitalverbrechen ansah, so hatten bald die Nazis die Lacher
auf Ihrer Seite. Und je aufgeregter sich der Alexanderplatz gebärdete, desto rühriger, munte-
rer und ideenreicher wurde Goebbels." (Bade 1933: 34). Vgl. Jungnickel 1933: 58f.

167 Siehe dazu die Texte „Weil es so schön war!" A/18.6.1928/51 (L25) und „Finden Sie, daß
Isidor sich richtig verhält?" A/29.10.1928/82 (L43). Zu der eigens angelegten hemmungslosen Kampfansage vgl. Goebbels 1935b: 135–138, 182.

168 Michel 1999: 130f., kursiv im Original. Vgl. Bering 1991: 252; Oven 1987: 203.

169 Siehe dazu die Beiträge „Rund um den Alexanderplatz" A/11.3.1929/20 (L10) und „An der
Klagemauer" A/6.5.1929/36 (L18). Vgl. Morgenthaler 2004, Teil I; Brückner/Haentjes 2003;
Reuth 2000: 132, 135; Knopp 1998: 41; Bering 1991: 291.

170 Dies wurde in der nationalsozialistischen Literatur wie folgt festgehalten: „Da steht ein Se-
hender auf, klagte an und führt mit unerbittlicher Konsequenz hin zu dem Kampfziel, dem
deutschen Arbeiterstaat: Den gilt es zu gewinnen." (Rahm 1939: 35). Und weiter heißt es:
„Der Angriff' schrieb nicht über den Arbeiter, sondern für den Arbeiter. Mutiger Überzeu-

trächtigen Forderungen nach Recht auf Arbeit, Freiheit und Brot wollte er seine Nähe zum proletarischen Wählermilieu signalisieren und schrieb in aufpeitschendem und zugleich werbendem Ton: „Vernichtung des Systems der Ausbeutung! Her mit dem deutschen Arbeiterstaat! Deutschland den Deutschen!"[171] Dann wiederholte er nochmals seine Grundideen, um die NSDAP für die Arbeiterschaft noch attraktiver zu gestalten:

> „Lösen wir unter uns die Frage des Sozialismus, dann werden wir als Gesamtheit die Frage des Nationalismus aufrollen können. Vergißt der rechts, daß er Bürger ist, dann vergißt der links, daß er Proletarier ist. Als Deutsche nur werden wir die Fron beseitigen können. Wir werden zum Herrenvolk der Welt, wenn wir im eigenen Lande die weiße Sklaverei abschaffen. [...] Der Sozialist wollte ein Deutschland der Arbeit. Erreicht hat er eine internationale Geldprovinz. Der Nationalist wollte ein Deutschland der Ehre. Erreicht hat er eine Kolonie der Schmach und der Schande. [...] Solange der Sozialismus gegen den Nationalismus marschiert und umgekehrt, solange kann der Kapitalismus ungestört und ungehindert gegen das Volk marschieren."[172]

Wenn Goebbels die Postulate eines nationalen Sozialismus verkündete, enthielt seine Kernaussage gern Erklärungen über die Verschmelzung beider Weltanschauungen, ja er etablierte in seinen Artikeln eine eigene Befreiungslehre: Nach seinem Dafürhalten brauche es einen nationalen Organismus, in dem die Arbeit wieder Segen, Ausgleich und Freude bedeute und den Menschen Stolz, Bewusstsein, Ansporn und Charakter bringe. Der Zukunftsstaat zeichne sich durch die Volksgemeinschaft der schaffenden Menschen, die Vernichtung aller sozialen Unwerte und durch das Recht auf Arbeit als staatliche Pflicht aus. Nach Goebbels' Auffassung musste der Realisierung dieses Ideals allerdings eine von den Arbeitern getragene Revolution („nationaler Volksaufstand") vorangehen.[173] Er

---

gungswille von Mann zu Mann statt zwischen Ja und Aber. Klare, einleuchtende Einfachheit statt geschraubter Überheblichkeit. Selbstbewusstes kraftvolles Auftreten im Vertrauen auf die eigene Idee und auf den ehrlichen Kern auch im einzelnen deutschen Marxisten, statt bürgerlicher Ängstlichkeit vor der drohenden Faust." (Ebd.: 66).

171 „Wir fordern" A/25.7.1927/6 (L4). Siehe auch „Warum Arbeiterpartei?" A/23.7.1928/62 (L30), „Arbeitspflicht" A/26.8.1929/64 (L34) und „Was oder Wie?" A/13.8.1928/65 (L33).

172 „Sozialismus – Nationalismus" A/2.4.1928/26 (L14). Siehe auch die Leitartikel „An alle Werktätigen!" A/31.10.1927/33 (L18) und „Warum sind wir Sozialisten?" A/16.7.1928/59 (L29). In letzterem heißt es: „Wir sind Sozialisten, weil im Sozialismus, das heißt im schicksalsmäßiges Angewiesensein aller Volksgenossen aufeinander die einzige Möglichkeit zur Erhaltung unserer rassenmäßigen Erbgüter und damit zur Wiedereroberung unserer politischen Freiheit und zur Erneuerung des deutschen Staates stehen." Der ergänzende Beitrag zu dieser Art von Glaubensbekenntnis findet sich in dem Text mit der ähnlichen Überschrift „Warum sind wir Nationalisten?" A/9.7.1928/57 (L28). Darin hielt Goebbels fest: „Wir sind Nationalisten, weil wir als Deutsche Deutschland lieben. Und weil wir Deutschland lieben, fordern wir den Schutz seines Volkstums und den Kampf gegen seine Vernichter."

173 „Revolutionäre Forderungen" A/6.8.1928/64 (L32) sowie „Wir kapitulieren nicht!" A/1.8.1927/7 (L5). In letzterem schrieb der Leitartikler Goebbels: „Wir kapitulieren nicht! Wir nehmen nichts zurück! Wir haben nichts zu bereuen, wir werden weiter kämpfen: Schlagt zu, schlagt zu! Ihr hämmert nur den Trotz in uns stahlhart. Ihr macht uns ganz groß im Lieben und groß im Hassen. Wir verzeihen nicht! [...] Wir geben nicht nach! Wir beugen uns nicht! Wir bleiben aufrecht stehen! Schlagt zu, schlagt zu! Jeder Schlag hämmert uns härter und

beschwor die revolutionäre Gesinnung und warnte zugleich vor Revolte: „Aber vulkanische Leidenschaft entfesseln, Zornesausbrüche wecken, Menschenmassen in Marsch setzen, Haß und Verzweiflung organisieren, mit eiskalter Berechnung, sozusagen mit legalen Mitteln, das unterscheidet den Revolutionär vom Revoluzzer." Gegenwärtig, so Goebbels, sei politische Geduld notwendig; man müsse den richtigen Zeitpunkt für eine NS-Revolution abwarten.[174]

Die Attacken gegen das Bürgertum, das Buhlen um die Arbeiterschaft wie auch die Angriffe auf die Kirchen wurden in wortreiche, aber inhaltsschwache Kampfansagen verpackt.[175] Ähnlich wortgewaltige Satzformen, pathetische Aufrufe und verschnörkelte Beschreibungen finden sich in den Darstellungen der NSDAP-Reichsparteitage. Ob in Kurzgeschichten, Stimmungsbildern oder romantischen Rückblicken – der Gemeinschaftssinn und die Kameradschaft wurden dabei immer in den Vordergrund gestellt. Ein Beispiel:

> „Braunhemden! Nun lichtet die Stirnen und geht aufrecht und stolz durch die Straßen dieser Stadt. Zeigt, daß Ihr Euch mehr dünkt als die anderen. Heute schaut ganz Deutschland auf Euch. Heute bist Du nicht Schreiber und Du nicht Prolet, Du nicht Bauernknecht und Du nicht kleiner Beamter. Heute seid Ihr alle mehr: Ihr seid die letzten Deutschen, die nie verzweifelten. Ihr seid die Träger der Zukunft, die Gewährsmänner, daß Deutschland nicht zum Untergang [,] sondern zur Freiheit bestimmt ist. Ihr seid heute schon Symbol einer neuen Glaubenstärke für Hunderttausende und Millionen. Wenn Ihr nicht wäret, dann müßten wir alle verzweifeln! Denkt daran, wenn Ihr diese Stadt betretet! Hebt die Banner hoch und hoch die Herzen! Laßt dröhnend den Rhythmus Eures Waffenschrittes an den Mauern widerhallen. Das junge Deutschland steht auf und fordert seine Rechte! Fahnen flattern über der Stadt."[176]

Wenn es um Wahlkampf, Wahlen und Wahlergebnisse ging, fungierte der *Angriff* nicht allein als Kampfblatt, sondern transportierte seine Demokratiefeindlichkeit unter verschärften Bedingungen. Sowohl bei den Reichstagswahlen im Mai 1928 als auch bei den Landtagswahlen in Preußen ließ Goebbels keinen Zweifel daran

---

trotziger! Wir kapitulieren nicht!" Ähnlich mystifiziert war in dem Beitrag „Ins neue Jahr!" A/2.1.1928/1 (L1) zu lesen: „Der Wert eines Menschen und auch einer Bewegung richtet sich nach der Größe des Unglücks, das über sie kommt, und nach ihrer Fähigkeit, dieses Unglück zu überwinden."

174 „Warten können" A/18.2.1929/13 (L7). Vgl. Kroll 1998: 261; Höver 1992: 115; Paul 1992: 88; Hochhuth 1987: 197; Hovdkinn 1976: 315f.

175 „Politischer Katholizismus" A/3.12.1928/92 (L48). Darin hieß es: „Die Religion in Ehren: aber wenn eine politische Macht, und sei es die des Vatikans, anfängt, in unseren Schicksalsfragen mitzureden und mitzubestimmen, und ihre Politik [...] ist für unsere Erkenntnisse falsch und verwerflich, dann greifen wir an, ohne Ansehen der Person, der Partei oder der konfessionellen Würde." Ähnliche Phrasen gab es in dem Artikel „Vom wahren Christentum" A/17.12.1928/96 (L50), in dem Goebbels vermerkte: „Darum übersetzen wir diesen religiösen Satz ins Politische: liebe Deinen Volksgenossen wie Dich selbst. Daraus folgert, daß höchsten Anspruch auf Deine Liebe die Summe aller Nächsten, aller Volksgenossen, hat: die Volksgemeinschaft, das Vaterland."

176 „Fahnen über der Stadt" A/22.8.1927/13 (L8). In diese Textkategorie fallen auch die Beiträge „Das heilige Tuch" A/29.8.1927/15 (L9), „Nach Nürnberg!" A/5.8.1929/60 (L31) und „Nürnberg 1929" A/12.8.1929/61 (L32). In letzterem benutzte Goebbels die Bildsprache aus dem Soldatentum besonders herausstechend: „Nürnberg 1929! Ein Aufbruch, ein Anfang, ein Ballen der Fäuste! Ein Aufschrei des nationalen Gewissens eines gepeinigten Volkes."

aufkommen, dass die NSDAP die Weimarer Republik und ihre Institutionen ausnahmslos ablehnte. Das Parlament bezeichnete Goebbels als „Provinztribunal" und „Kolonialkonzil". Dass die Hitler-Partei dennoch als Wahloption auftrat, begründete der *Angriff*-Herausgeber folgendermaßen: „Wir gehen in den Reichstag hinein, um uns im Waffenarsenal der Demokratie mit deren eigenen Waffen zu versorgen. Wir werden Reichstagsabgeordnete, um die Weimarer Gesinnung mit ihrer eigenen Unterstützung lahmzulegen."[177] In den Artikeln ließ es sich Goebbels nicht nehmen, populäre Worthülsen wie Erfüllungspolitiker, Kriegsschuldlüge und Welthochfinanz zu streuen und finstere Endzeitszenarien vorzuführen.

Wie in der Parteipresse üblich, wurden auch im *Angriff* die Resultate und Auswirkungen der Wahlen ausschließlich aus eigener Perspektive festgehalten, also für die NSDAP als grundsätzlich positives Resümee und für alle anderen Parteien als „verheerende Niederlage" bewertet. Obwohl die Nationalsozialisten bei den Reichstagswahlen 1928 nur zwölf Mandate errungen hatten, konstatierte Goebbels das Ergebnis mit gewisser Befriedigung.[178] Wie der Leitartikler mit semantisch-stilistischen Färbungen die Bedeutungsdimensionen verschob, zeigt sich an einem Beispiel gut: In dem frechen Artikel „I.d.I." modellierte Goebbels die politische Abkürzung „M.d.R" (Mitglied des Reichstags) um, rühmte sich in der neuen Rolle des Parlamentariers als „I.d.I." (Inhaber der Immunität) und schrieb:

> „Ein I.d.I. ist ein Mensch, der zuweilen selbst in einer demokratischen Republik die Wahrheit sagen kann. Er unterscheidet sich vom gewöhnlichen Sterblichen dadurch, daß er laut denken darf. Er hat die Erlaubnis, einen Misthaufen Misthaufen zu nennen und braucht sich nicht mit der Umschreibung Staat herauszureden."[179]

Mit der Umwandlung des politischen Titels erreichte er eine Veränderung des Wortwertes, weil er damit eine im Volksmund bekannte Konnotation streifte: Ein „Idi" war bekanntermaßen und erst recht in Berlin die Abkürzung für „Idiot".[180] Somit gelang es dem Verfasser, beim Leser zusätzliche Vorstellungen hervorzurufen bzw. eine gezielte Abwertung mit der Abkürzung zu verknüpfen und eine Fülle an negativen Assoziationen auszulösen: plötzlich hatte ein demokratischer Parlamentarier die Eigenschaften eines Trottels, Tölpels, Dummkopfes und Deppen.

---

177 „Was wollen wir im Reichstag?" A/30.4.1928/34 (L18). Siehe auch „Vor der Entscheidung" A/14.5.1928/39 (L20), darin schrieb er: „Bringen wir eine kampf- und sabotagefähige Gruppe in das hohe Haus. Sie wird die Mittel und Wege zu finden wissen, dem amtlichen Terror ein Paroli zu bieten." Ähnlich in den Texten „Anordnung der Gauleitung Berlin-Brandenburg der N.S.D.A.P. für die letzte Wahlkampfwoche" A/14.5.1928/41 und „Kritik" A/20.5.1929/40 (L20). In letzterem war zu lesen: „Nörgeln kann jeder; schimpfen, Phrasen dreschen, sich aufregen und wild tun, wenn es einem selbst an den Kragen geht, das ist alles nicht schwer. Aber ein politisches System kritisch vernichten, und zwar nicht mit Geschrei und Gesinnung, sondern mit stichhaltigen, unwiderlegbaren Beweisgründen, das ist nicht so ganz einfach."

178 „Die Schlacht ist geschlagen" A/21.5.1928/42 (L21). Darin folgerte Goebbels: „die Nationalsozialistische Deutsche Arbeiterpartei hat weit über Erwarten siegreich diesen ersten Waffengang mit dem abfaulenden Parlamentarismus bestanden".

179 A/28.5.1928/45 (L22). Ähnlich die Tipps für Mandatsträger im Leitartikel „Werdende Geschichte" A/25.6.1928/53 (L26).

180 Vgl. Schlobinski 2006.

Adolf Hitler schien bei alledem in den Hintergrund zu rücken. Warum und ob der „Führer" der Nationalsozialisten aus Sicht des *Angriff*-Herausgebers keinen erhöhten Bedarf an publizistischer Hilfestellung mehr hatte, bleibt dahingestellt. Tatsache aber ist, dass in dieser ersten *Angriffs*-Phase lediglich drei Leitartikel das Thema Hitler aufnahmen. Wie auch in seinen bisherigen Artikeln über oder für Hitler, schrieb Goebbels dabei in pseudo-religiösem Unterton und glorifizierte den politischen Monotheismus. Die Instrumentalisierung religiöser Ausdrucksformen ist insofern bei Goebbels durchgängig und gilt auch später für die nationalsozialistische Inszenierung als konstitutiv.[181] Hitler wurde in den Textbeiträgen in eine religiöse Sphäre transponiert und eine Parallele zu Christus hergestellt.[182] Die Schaffung des Führermythos begann nun in großem Stil, eine Amalgamierung zwischen der Person Adolf Hitler und der Vorstellung vom Heilsbringer und Retter, vom schöpferischen Dämon und fundamentalen Genie fand statt.[183] Anlässlich des 40. Geburtstags des „Führers" wurden Charakterzüge wie Mut, Ausdauer, Energie und Konsequenz gepriesen und die Logik im Denken und Handeln Hitlers kryptisch hervorgehoben. Goebbels schrieb: „Das unterscheidet den zur Führung Berufenen von dem, der bloß erkennt: daß er nicht nur den Willen zum Wollen, sondern auch das Wollen zum Willen hat."[184]

1.5.5 Märtyrer und Helden

Die Verwendung von atmosphärischen Begriffen und wortreichen Beschreibungen von Stimmungen aus dem klerikalen Bereich zeigt sich auch in jenen Texten, in denen es Goebbels um die Konstruktion von Märtyrern und Helden ging. „Die ganze Gestaltungskraft seiner Feder, die Fähigkeit, Trauer, Mitgefühl und Wut zu erwecken, gebrauchte Goebbels, um die Bewegung durch Bilder von gemarterten

---

181 Vgl. Maas 1984: 212. In den Biographien, die während der NS-Diktatur erschienen, liest sich dieser Umstand beispielsweise so: „Dr. Goebbels bringt den Leser, der noch nicht zu Hitler gefunden hat, in einen unmittelbaren, fast persönlichen Kontakt mit dem Führer der Bewegung. [...] Er teilt sich jedem mit, dem Intellektuellen und dem einfachen Mann. Aus allen Spalten heraus dringt er auf den Leser ein und packt jeden da, wo er zu fassen ist." (Rahm 1939: 96).

182 „Weihnachtsbotschaft" A/26.12.1927/50 (L26). Darin war zu lesen: „Es kommt der Tag, da steht Einer auf unter Euch, der abseits ging. Er wird bebend in heiligem Zorn die Tische der Händler umstoßen, daß das schmutzige Geld ihnen auf den Boden rollt. Und dann peitscht er sie, ein rächender Gott, aus seinem Hause!" Ähnlich hieß es in dem Artikel mit der Überschrift „Adolf Hitler" A/19.11.1928/88 (L46): „Wenn Hitler spricht, dann bricht von der magischen Wirkung seines Wortes aller Widerstand zusammen. Man kann nur sein Freund oder sein Feind sein. Er scheidet die Warmen von den Kalten."

183 Vgl. Klußmann 2005: 68; Höver 1992: 427; Kessemeier 1967: 80. Die Idee von der Diktatur des Genies war nicht neu; Goebbels knüpfte an die im 19. Jahrhundert entstandene Traditionen des Geniekultes an. Vgl. Zitelmann 1998: 437.

184 „Der Führer" A/22.4.1929/32 (L16).

Helden anzutreiben und mitzureißen."[185] Bereits seit 1925 nutzte er regelmäßig die Person Hans Hustert für öffentliche Solidarisierungsbekundungen mit dem Scheidemann-Attentäter; im *Angriff* setzte er diese Heroisierung des Täters in Form von sentimentalen, in sakrale Syntaxformen gekleideten Erinnerungen nun fort.[186] Völlig hemmungslos und eindeutig verklärte er einen inhaftierten Mörder zum (lebendigen) Märtyrer.

Die von den zu Helden stilisierten Toten ausgehende parteiinterne Integrationskraft machte sich Goebbels in einem anderen Fall zunutze: Der kriegsversehrte und arbeitslose Hans Georg Kütemeyer, der sich ehrenamtlich für die nationalsozialistische „Bewegung" engagiert hatte, wurde tot aus dem Landwehrkanal geborgen. Goebbels setzte sich zum Ziel, den angeblich pflichtbewussten Parteigenossen zu einem greifbaren Symbol deutschen Heldentums zu machen und ihn als wehrloses Opfer eines brutalen und politisch motivierten Mordanschlages zu verherrlichen.[187] Die Tötung Kütemeyers sollte gleichzeitig den Kommunisten („rotes Blutgesindel") und dem Weimarer Staat angelastet werden. Seufzend schrieb Goebbels: „In den kalten, kalten Wellen geht ein Deutscher unter. Es ist nur ein Arbeiter. Was gilt das? Einer weniger von drei Millionen."[188] Obwohl Goebbels mit leisen, aber patriotischen Zwischentönen beim Leser eine nachhaltige Aggression wecken und den Idealtypus eines nationalsozialistischen Helden hervorbringen wollte, war das Resultat nicht von langer Dauer; der potentielle Märtyrer Kütemeyer versank rasch wieder in der Vergessenheit. „Goebbels dringt mit seiner Legende nicht durch, zu offensichtlich ist das Märchen vom ermordeten SA-Mann Kütemeyer."[189]

---

185 Bramsted 1971: 87f. Vgl. Höhn 1994: 255; Höver 1992: 294f.; Neuhaus 1974: 413. Siehe dazu auch den Beitrag „Ein Toter spricht" A/5.11.1928/84 (L44). In dieser morbiden Ode an die Soldaten und Opfer des Ersten Weltkrieges schlüpfte der Verfasser selbst in die Rolle des „unbekannten Soldaten" und wandte sich an die Zurückgebliebenen in der deutschen Heimat: „Wir grüßen Euch, die Ihr auf unserem Blute steht und fechtet. Der Himmel gibt einem Volk die Freiheit, wenn es die Freiheit verdient. [...] Steht auf und fordert! Ihr habt das Recht, das wir für Euch erwarben: das Recht der Toten an die Lebendigen."

186 „Amnestie!" A/12.9.1927/18 (L11). Darin beklagte Goebbels: „In deutschen Zuchthäusern schmachten heute noch Dutzende von Nationalsozialisten, die ihre Liebe zum deutschen Volke mit blanken Ketten bezahlen." Siehe auch den Artikel mit dem Titel „Besuch im Totenhause" A/12.9.1927/19.

187 „Goebbels attacked the press for saying that Kütemeyer had either drowned, or was drunk, or had committed suicide, or was killed in an accident. When Goebbels smelled the blood of a possible martyr, objective truth meant little to him. For him the dead man became a battle cry for heroism and revenge." (Herzstein 1979: 52).

188 „Kütemeyer" A/26.11.1928/90 (L47). Dazu auch der Beitrag mit der Überschrift „Nur ein deutscher Arbeiter" A/24.6.1929/50 (L25), in dem der Vorfall grausam beschrieben wurde: „harte Arbeitsstiefel trampeln auf seinem wunden Gesicht herum und zerquetschen es zu einem einzigen blutigen, schmutz- und lehmbedeckten Brei."

189 Wildt 2005: 78f. Vgl. Fest 2003: 120; Reuth 2000: 145, 157; Höver 1992: 90; Riess 1989: 108; Bramsted 1971: 90, 283; Kessemeier 1967: 80f . Siehe dazu auch einen weiteren Versuch in dem Text „Einsatz des Lebens" A/19.8.1929/62 (L33).

1.5.6 Feindbilder

Dem Bild des nationalsozialistischen Märtyrers und Helden stellte Goebbels verschiedene Feindbilder entgegen. In erster Linie konzentrierte er sich dabei auf die
KPD und die SPD mit ihrer jeweiligen Anhängerschaft. Dass im Straßenkampf
zwischen den Nationalsozialisten und Kommunisten vor allem die Arbeiter zu
Schaden kämen, verurteilte Goebbels scharf und formulierte: „der Marxismus ist
ja Mord an und für sich. Völkermord! Brudermord! Er hält sich ja nur durch Blut
und Terror aufrecht. Er kann ja nicht auf geistigem Wege seinen Wahnsinn verteidigen."[190] Interessant ist in diesem Zusammenhang, dass der Bolschewismus zu
einem der wichtigsten Themenschwerpunkte im *Angriff* gehörte. In eindringlichen
Texten versuchte Goebbels, sowohl den Sozialdemokraten als auch der kommunistischen Partei die Mitglieder abzuwerben.[191] Der Klassenkampf, so Goebbels,
sei durch einen Volkskampf abzulösen; statt „Bluthetze" und „blutrünstiger
Mordaufrufe" habe nun proletarische Solidarität die Priorität. Wer sich verdient
machen wolle, so der Berliner Gauleiter, solle sich der SA statt dem unfairen, hin-
terhältigen Straßenkampf der kommunistischen Überfallkommandos anschließen.
Denn nur die NSDAP sei der wahre Retter aus der „marxistischen Geistesknecht-
schaft" und dem „bolschewistischen Gesinnungsterror".[192] Hier wird – wie in vielen Beiträgen – einmal mehr deutlich, welche Divergenzen zwischen der von
Goebbels dargestellten und der tatsächlichen Wirklichkeit vorhanden waren.

Als politischen Rivalen deklarierte Goebbels auch den „Stahlhelm". Diese
sich zunehmend politisch profilierende und in ihrer Bedeutung anwachsende nationale Sammlungsbewegung bestand seines Erachtens aus Mitgliedern des unfähi-
gen Bürgertums. Die „nationalen Spießer" von Stahlhelm, Wehrverbänden,
Deutschnationalen und Deutschvölkischen galten ihm mehr als Hindernis für
Deutschlands Zukunft denn als geeignete Bündnispartner. Erst recht das im

---

190 „Arbeitermörder" A/10.10.1927/27 (L15). Zu diesem Themenbereich gehören auch folgende
Artikel: „Heil Moskau!" A/21.11.1927/40 (L21) und „Stalin – Trotzki" A/6.2.1928/11 (L6).
In letzterem schrieb Goebbels: „Der russische Bauer ist kein Kommunist, und die Leninsche
Agrarreform ist kein Marxismus." Nach seiner Auslegung war der russische Kampf gegen
den Marxismus für Deutschland nach wie vor vorbildlich. Siehe auch „Internationale"
A/26.3.1928/24 (L13).

191 Siehe dazu „Peinliche Fragen" A/4.6.1928/47 (L23), „Aufruf!" A/16.9.1929/72, „Auf den
Schanzen!" A/30.9.1929/75 (L38) und „Panzerkreuzer-Volksbegehren" A/15.10.1928/78
(L41). Anlass dieses letzteren Artikels war der am 15.10.1928 von der SPD in den Reichstag
eingebrachte Antrag auf Einstellung des Panzerkreuzerbaus. Vgl. Overesch/Saal 1992: 384f.
Über die Sozialdemokraten äußerte sich Goebbels später auch an anderer Stelle mit ähnlicher
Intention: „Aus den bluttriefenden Revolutionären, die bis zum Zusammenbruch des alten
Reiches unter der Jakobinermütze die Revolution organisiert hatten, wurden nun mit einem-
mal wohlsituierte, fette politische Bürger in Frack und Zylinder. [...] Der Staat, das ist für einen marxistischen Parteifunktionär immer nur die Sozialdemokratische Partei." (Goebbels
1935b: 111). Vgl. ebd.: 159.

192 „Denn der Nationalsozialismus ist grundsätzlicher Gegner des Marxismus. [...] Zwischen ihm
und dem Marxismus gibt es keine Versöhnung, sondern nur Kampf bis zur Vernichtung."
(Ebd.: 159). Vgl. ebd.: 127.

Herbst 1928 vom Stahlhelm angeregte, von NSDAP und DNVP befürwortete Volksbegehren zur Änderung der Weimarer Reichsverfassung motivierte Goebbels dazu, jede Zusammenarbeit mit der nationalen Rechten in deutlichen *Angriff*-Artikeln abzulehnen. „Mit einer hämischen Attacke versuchte er sofort, dem Gedanken an eine nationalsozialistische Mitwirkung an der Aktion zuvorzukommen."[193] Sein Fazit lautete: „Der politische Bürger muß sterben, damit der politische Deutsche auferstehe!"[194]

Überhaupt konnte Goebbels einer Annäherung der NSDAP an das nationale Bürgertum nichts Positives abgewinnen. Kooperationsgespräche mit der „Reaktion" und den „schwarz-weiß-roten Bonzen", wie er sie nannte, empfand er als politisch abscheulich.[195] Seiner Denkart nach bestand das bürgerliche Lager aus „Konjunkturrittern", „Nutznießern" und „hemmungslosen Opportunisten". Der Umgang mit den „Spießern" und „Krakeelern" bereitete ihm insofern Sorgen, als er befürchtete, die parteiinternen Strukturen, Aufgaben- und Zuständigkeitsbereiche könnten sich verschieben. Unabhängig von Goebbels' journalistischen Unkenrufen[196] konstituierte sich im Sommer 1929 offiziell der „Reichsausschuß für das deutsche Volksbegehren"; der gemeinsame Kampf von Deutschnationalen, Stahlhelm, Nationalsozialisten, Alldeutschem Verband[197], Reichslandbund und Industriellen gegen den Young-Plan wurde damit eingeläutet.

> „Der – z. T. unter Protest der Parteilinken – vollzogene Beitritt der NSDAP zu dem von der DNVP initiierten ‚Reichsausschuß für das deutsche Volksbegehren' gegen den Young-Plan hatte primär die Funktion, die NSDAP aus ihrer politischen Isolation herauszuführen, Hitler als gleichberechtigten Partner des DNVP-Vorsitzenden Hugenberg und des Stahlhelm-Führers Seldte salonfähig zu machen und der NSDAP Propagandamöglichkeiten und Finanzquellen zu erschließen"[198].

193 Höver 1992: 297.
194 „Der politische Bürger" A/22.10.1928/80 (L42). In diese Textkategorie fallen auch folgende Leitartikel: „Schwarz-weiß-rote Geldsäcke" A/24.10.1927/31 (L17), „Hinein in den Staat!" A/23.4.1928/32 (L17), „Aufgeregte Bürger" A/8.10.1928/76 (L40), „Der Spießer" A/12.11.1928/86 (L45) und „Nun richtet Ihr!" A/4.2.1929/9 (L5).
195 „Mit den Augen Goebbels' betrachtet, entsprach also die innerparteiliche Konstellation grundsätzlich wieder derjenigen der Jahre 1925/26: In der NS-Bewegung standen ‚Sozialisten' gegen ‚Bürger', ‚Revolutionäre' gegen ‚Reaktionäre'. Er selbst rechnete sich zur sozialistisch-revolutionären Richtung, die Münchener Parteileitung hielt er für das Zentrum des bürgerlich-reaktionären Lagers. An eine Fronde gegen Hitler dachte Goebbels jedoch nicht; sein Ziel war vielmehr, den Parteiführer für den ‚richtigen' Kurs zu gewinnen." (Höver 1992: 305).
196 „Gegen die Reaktion" A/13.5.1929/38 (L19) und „Einheitsfront" A/27.5.1929/42 (L21).
197 Der „Alldeutsche Verband" war eine extrem chauvinistische und monarchistisch orientierte Gruppierung, die antisemitische und stark ultranationalistische Ansichten vertrat. Der Leitsatz „Am deutschen Wesen soll die Welt genesen" macht die deutsche Hybris und Anmaßung deutlich. Im Rahmen dieses überspannten Nationalstolzes sollte das junge imperialistische Deutschland nach weltpolitischem Einfluss und Absatzmärkten streben. Vgl. Pätzold/Weißbecker 2002c: 281.
198 Paul 1992: 88. Vgl. Höver 1992: 305, 313; Fröhlich 1987: 511; Holzbach 1981: 136f.; Böhnke 1974: 138.

Die NSDAP-Parteiführung wollte sich die Gelegenheit nicht entgehen lassen, sich hier einerseits in Szene zu setzen und andererseits eine hörbare politische Stimme zu bekommen. Goebbels hielt sich von nun an mit weiteren journalistischen Protesten zurück und folgte – obgleich er befürchtete, die nationalsozialistische „Bewegung" könne in zu konservatives Fahrwasser geraten – in seinen Aufsätzen gegen den Young-Plan mehrheitlich Hitlers Linie.

Im außerparlamentarischen Bereich boten vor allem die Vertreter des Kapitalismus für Goebbels eine publizistisch interessante Angriffsfläche. Obwohl Goebbels bereits während der Beschäftigung mit den Thesen und Theorien zum nationalen Sozialismus die Idee vom Kapitalismus als geeigneten Gegenpol aufgebaut hatte, bekam die Bedeutung des „internationalen Börsen- und Leihkapitals" im *Angriff* nun eine neue Dimension. Das „raffende Kapital" repräsentierte das Feindbild schlechthin und konnte im Kontext mit dem Judentum oder der Weimarer Republik ebenso als ideale Leerformel benutzt werden wie im Zusammenhang mit dem „Berliner Bonzentum am Kurfürstendamm" oder der „imperialistischen Diktatur an der Wallstreet"[199]. Besonderen Wert legte der Autor dabei auf bestimmte Signale, mit denen er beim Leser negative Emotionen freisetzen konnte. So schrieb er beispielsweise: „Die internationale Weltgeldhochfinanz hat Besitz ergriffen von den Souveränitätsrechten des deutschen Volkes und ist nun im Begriff, sich in unseren ehemaligen Machtbereichen wohnlich einzurichten."[200]

Dem nationalsozialistischen Sprachgebrauch angepasst, verwendete Goebbels die Worte Kapital, Finanzen und Kapitalismus gern synonym, eine semantische Differenzierung war nicht erkennbar.[201] Im Rahmen der Kapitalismuskritik gebrauchte er meist affektbeladene Verben wie aussaugen, versklaven, ausliefern und pressen, die zur Verstärkung der ideologischen Implikation dienten. In den Aufsätzen finden sich wiederholt Momente, in denen der Verfasser auf die Konstruktion eines nationalen Kollektivs abzielte; in regelmäßigen Äußerungen tauchte das Bild vom leidenden Deutschland als bloßes Objekt auf, das übermächtig vom feindlichen Außenbereich bedroht werde. Die Intention hinter den stereotypen Wendungen vom postulierten Ganzen ohne divergierende Gruppeninteressen war es, autoritätsgläubiges Denken zu etablieren. Erst wenn sich beispielsweise

---

199 „Rund um die Gedächtniskirche" A/23.1.1928/7 (L4). Hier monierte Goebbels: „Berlin W ist die Eiterbeule an dieser Riesenstadt des Fleißes und der Betriebsamkeit. Was die im Norden erarbeiten, das verjubeln die im Westen." Der Verfasser bediente sich dem Schmähwort „Bonze" bei der Verunglimpfung von Bürgern, Politikern und Funktionären der Weimarer Republik wie auch in Zusammenhang mit seiner stark ausgeprägten Kapitalismuskritik.

200 „Der Weltfeind" A/19.3.1928/22 (L12). Zu dieser Textkategorie zählt auch der Beitrag mit der Überschrift „Kapitalismus" A/15.7.1929/57 (L28). Darin schrieb der *Angriff*-Leitartikler: „Kapitalismus ist mißbräuchliche Verwendung von Volksgut überhaupt, und der Mensch, der diesen Mißbrauch treibt, ist ein Kapitalist."

201 Vielfach wurden im NS-Vokabular gezielt Begriffe aus der marxistischen Theorie, aus bürgerlichen Wirtschaftswissenschaften und aus der Alltagssprache aufgenommen und in sehr spezifischer Weise verwendet. Gerade Ausdrücke, die im Kontext von Kapital und Börse genannt wurden, galt es untereinander auszutauschen und je nach Intention mit bestimmten persönlichen Namen, Gruppenzuweisungen, Institutionen und weltanschaulichen Systemen zu füllen. Vgl. Sauer 1978: 69, 89, 93, 146f.

die These von der Ausbeutung der Deutschen durch das Weltfinanzkapital im öffentlichen Gedächtnis als der alles beherrschende Konflikt festgesetzt hatte, konnten die Extremisten die Existenz unterschiedlicher Interessen in realen Fragen
negieren und vordergründig die soziale Harmonie innerhalb der bestehenden Gesellschaft propagieren. Tatsächlich aber ging es wieder einmal darum, etwaige
außenpolitische Bestrebungen zu verurteilen, der Weimarer Republik in ihrer Rolle als Unrechtsstaat ihre Existenzberechtigung abzusprechen und die Bevölkerung
auf die nationalsozialistische Diktatur einzuschwören.

1.5.7 Feuilletonistisches

Neben der Beschreibung und Beurteilung politischer Geschehnisse gab es einige
wenige Texte, in denen sich Goebbels als Feuilletonist versuchte. Neben einer
Filmkritik[202] fanden sich auch im *Angriff* die bereits in den *Nationalsozialistischen Briefen* abgedruckten „Aphorismen"[203] – also Versatzstücke aus den privaten Aufzeichnungen, die nach Art von Kalenderweisheiten angeführt wurden und
die trotz ihrer ganzen Unbeholfenheit doch den Eindruck erwecken sollten, hinter
dem Verfasser verberge sich insgeheim ein kluger, philosophisch denkender und
politisch versierter Kopf. Ein extravagantes Licht sollten auch romantische Reise-
berichte auf Goebbels werfen. Obwohl vordergründig das Interesse an fremden
Kulturen und an geographischen Besonderheiten der Nachbarländer geheuchelt
und somit der Nimbus eines Globetrotters aufgebaut wurde, war der infantil anmutende Reisejournalismus lediglich als eine Art Abfallprodukt der Propaganda-
reisen entstanden.[204]
Wenn sich Goebbels mit der deutschen Presselandschaft beschäftigte, dann
entweder in Form von Beanstandungen gegenüber Pressekollegen[205] oder in den

---

202 „Die große Parade" A/31.10.1927/35. Statt jedoch literarisch oder essayistisch darauf einzugehen, äußerte sich Goebbels lieber wieder politisch und schwadronierte: „Man denke sich
diese zielsichere Propaganda für eine wirklich völkische Idee eingesetzt, und man kann sich
ungefähr ein Bild davon machen, welche Zukunftsmöglichkeiten für einen nationalsozialistischen Staat im Film liegen."

203 A/7.5.1928/38 und A/21.5.1928/44. Beispiele: „Wer den Teufel nicht hassen kann, der kann
auch Gott nicht lieben." „Versailles: das war eine offene, blutende Wunde. Dawes: das ist eine heimlich schleichende Schwindsucht." „Politik verdirbt den Charakter: das sagen die, die
mit ihrem schlechten Charakter die Politik verderben." „Vom Juden gelobt zu werden, das ist
die furchtbarste Strafe, die einen Deutschen treffen kann." „Kreist die Sonne um Stresemann
oder Stresemann um die Sonne?"

204 „Berlin – Wien" A/16.7.1928/61. Es handelte sich um eine Flugreise, an der auch Adolf Hitler teilnahm. Siehe auch „Eine Fahrt durch Sibirien" A/25.2.1929/17. Anlass dieses Beitrags
war die Fahrt durch Berlin und die nähere Umgebung zum Drehort für einen SA-
Propagandafilm.

205 „Literaten" A/29.4.1929/34 (L17). Darin bemängelte der Autor die Arbeit eines Journalisten
in der *Standarte*. Goebbels touchierte den Schreiber und verurteilte dessen Aussagen über die
nationalsozialistische Weltanschauung folgendermaßen: „wo die politische Eigenbrödelei
sich paart mit literarischem Hochmut und aristokratischer Arroganz", da könne kein Dienst

jährlichen Resümees über die Entwicklung seines Kampfblattes.[206] In letzterem
Fall enthielten die ausgiebigen Lobhudeleien neben dem Beifall für die Auflagen-
entwicklung auch Komplimente für den „konsequenten Kampfgeist" und für die
„vorbildlichen radikalen Methoden". Zufrieden stellte Goebbels fest, dass der *Angriff* „die Dinge nicht mit Glacehandschuhen anfaßte, das durfte jeder von vornherein wissen, der die Männer kannte, die hinter diesem Kampforgan standen."
Seitenhiebe gestattete sich der Herausgeber gegen Gregor Strasser und Alfred
Rosenberg („Alles geht, wenn Männer wollen!") wie auch Bernhard Weiß: „Und
wir gedenken dabei in Dankbarkeit jenes Vizepräsidenten, dessen Humorlosigkeit
für uns die Quelle alles Humors, dessen Groll unsere Freude, dessen Wut unsere
Heiterkeit und dessen kochender Aerger unsere Lust war."

In einem Grundsatzartikel äußerte sich Goebbels über die Bedeutung der öffentlichen Meinung, die angeblich unterdrückte Meinungsfreiheit im deutschen
Staatswesen und den mutmaßlichen Missbrauch der Medien: „Wer die Presse hat,
der hat die öffentliche Meinung. Wer die öffentliche Meinung hat, der hat Recht.
Wer Recht hat, der kommt in den Besitz der Macht."[207] Nach seiner Auffassung
sollte die Presse als ein Dolmetscher des Volkswillens, Fürsprecher der Volksnot
und Wortführer der Volksmeinung fungieren. Stattdessen seien die Medien in der
gegenwärtigen Situation, so Goebbels, nur noch Instrument in den gierigen Händen der Geldmagnaten:

> „Damit ist die moderne Presse nicht zum Segen, sondern zum Fluch des Volkes geworden.
> Sie ist das Organ, durch das gerissene Wortschieber und Gedankenakrobaten beim Volk den
> gesunden Sinn verwirren, ihm das Gehirn verkleistern und es unfähig machen, normal und
> folgerichtig zu denken."

In diesem Zusammenhang prägte Goebbels Schlagworte wie jüdisches Presseor-
chester, jüdisches Pressereptil, jüdischer Schmierfink, jüdisches Sudelblatt und
Zeilenschinder.[208] Mit der Behauptung, die Presse sei inzwischen vollkommen „in
Judenhand" und würde als „Einfallstor jüdischen Denkens" benutzt, begründete er
seine Forderungen nach einem Verbot „undeutscher" Zeitungen und nach ausschließlich deutschen Schriftleitern.

Den Begriff „Journaille" benutzte Goebbels übrigens gern, wenn es um pau-
schale Beschimpfung der journalistischen Zunft ging. Das Wort wurde zunehmend zum publizistischen Inbegriff dessen, was die Nationalsozialisten ausdrücklich bekämpften: nämlich jedwede Form der freien Presse. Aus ihrer Perspektive

---

am Deutschtum sondern lediglich dümmliches Philosophieren entstehen. Die *Standarte* war
1925 als Beilage der Zeitschrift *Stahlhelm* entstanden und wurde seit 1926 als *Selbständige
Wochenschrift des neuen Nationalismus* von Ernst Jünger herausgegeben. Ernst Jünger (Jahrgang 1895) gehörte ebenso wie Oswald Spengler zu den Ideologen des so genannten Jung-
konservatismus in der Weimarer Republik. Die bürgerliche Demokratie war ihm so verhasst
wie seiner gesamten Generation, daher propagierte er ein geschlossen antiliberales und antisemitisches Weltbild. Jünger galt als prominenteste Stimme unter der völkischen Jugendbe-
wegung. Vgl. Friedmann 2008: 38; Höver 1992: 103.

206 „Ein Jahr ‚Angriff'" A/2.7.1928/55 (L27) und „Zwei Jahre ‚Angriff'" A/1.7.1929/54.
207 „Großmacht Presse" A/2.9.1929/66 (L35).
208 Vgl. Goebbels 1935b.

handelte es sich ohnehin um „Werkzeuge des Liberalismus", die sich ausschließlich in der Hand jüdischer Verleger befanden und von „zionistischen Journalisten"
gebraucht wurden.[209]

1.6 Zusätzliche journalistische Aktivitäten

> „Ich fiebere schon wieder nach der großen Arbeit.
> Der Kampf ist mir, was dem Fisch das Wasser ist."[210]

Mit dem Aufbau und der Etablierung seines Kampfblattes beschäftigt, schrieb
Joseph Goebbels selten in anderen Presseorganen, im Jahr 1927 gab es sogar keine einzige Publikation außerhalb des *Angriffs*. Beginnend mit einem Beitrag im
Nationalsozialistischen Jahrbuch wurde er 1928 wieder aktiver. Wie in früheren
Zeiten auch, behandelte Goebbels für das Strasser-Blatt grundsätzliche Fragen aus
der Perspektive eines Politprofis und wartete mit scharf akzentuierten Strategien
auf. In dem Text mit der Überschrift „Erkenntnis und Propaganda"[211] entwickelte
Goebbels noch einmal die Leitbilder der nationalsozialistischen Weltanschauung,
um dann die Propaganda als ideologischen Motor zu identifizieren.[212] Die Aufgabe des Agitators sei es, so der Verfasser, in volkstümlicher statt geistreicher Weise
einen großen Kreis wirksam zu bedienen und nebst der Eroberung auch die Beherrschung der Masse zu praktizieren.[213] Goebbels' Fazit lautete: „Ein Volk wird
nicht mit Anstand befreit, sondern mit Fanatismus."

---

209 „Journaille" tauchte als Spottwort für verächtliche, minderwertige, bestechliche und unver-
antwortliche Zeitungsschreiber auf. Die Wortkombination aus Journalist und Kanaille hatte
eine besondere klangliche Anlehnung an das umgangssprachliche Schimpfwort für einen niederträchtigen Menschen, was auf das Pressemilieu übertragen wurde. Erstmals 1902 von Karl
Kraus in seiner Zeitschrift *Die Fackel* in Umlauf gebracht, gebrauchten es die Nationalsozialisten als gängiges Schimpfwort in Bezug auf die Presse der Weimarer Republik. Aus ihrer Sichtweise gesamte gegnerische Presse wurde somit als undeutsch, kapitalabhängig, lü-
genhaft und käuflich abqualifiziert. Es fanden sich neben dem Begriff „jüdische Journaille" –
und damit einer Doppelung der negativen Kraftausdrücke – weitere Variationen wie Erfül-
lungsjournaille und Dolchstoßjournaille. Vgl. Schmitz-Berning 1998: 326f.; Sonderhüsken
1991: 65; Stein 1987: 83; Berning 1964: 107.
210 sogGTb 1.1.1928.
211 NSJ/1928/1. In dieses Umfeld gehört auch der Beitrag „Sozialismus" NSJ/1929/1. Im Mittelpunkt des Textes stand wieder einmal die soziale Frage und der Aufruf im Vordergrund, einer
Spaltung des deutschen Volkes in Bürger einerseits und Proletarier andererseits durch die
Bildung eines sozialen Nationalstaates zuvorzukommen.
212 „Ein moderner politischer Kampf wird auch mit modernen politischen Mitteln ausgefochten,
und das modernste aller politischen Mittel ist nun einmal die Propaganda. Sie ist im Grunde
auch die gefährlichste Waffe, die eine politische Bewegung zur Anwendung bringen kann.
Gegen alle anderen Mittel gibt es Gegenmittel; nur die Propaganda ist in ihrer Wirkung unaufhaltsam." (Goebbels 1935b: 91).
213 „Masse ist für uns ungeformter Stoff. Erst in der Hand des Staatskünstlers wird aus der Masse
Volk und aus dem Volk Nation." (Goebbels 1935b: 40). Insofern schloss sich Goebbels hier
einmal mehr Hitlers Weltanschauung und dem so genannten Persönlichkeitsprinzip an. Der

In Hinblick auf die Publikationen in den *Nationalsozialistischen Briefen* stellt der Beitrag „Vom Chaos zur Form"[214] im August 1929 den Schlusspunkt dar, weitere Veröffentlichungen kamen in den *NS-Briefen* dann nicht mehr zu Stande. Seit Beendigung seiner Tätigkeit bei der Elberfelder Halbmonatszeitung hatte der ehemalige Schriftleiter seit Mai 1927 hier nichts mehr publiziert. Dass er wieder dazu aufgefordert wurde und der Anfrage auch nachkam[215], macht einmal mehr deutlich, dass der Trennungsprozess zwischen Joseph Goebbels und Gregor Strasser zu diesem Zeitpunkt noch nicht abgeschlossen war.[216] Die Tatsache, dass Strasser bis 1932 regelmäßig für den *Angriff* schrieb, unterstreicht dies noch.

Einen Textbeitrag lieferte Goebbels für das Heft *Wir klagen an! Nationalisten in den Kerkern der Bourgeoisie.* „Zuchthaus Deutschland!"[217] wählte Goebbels als Überschrift für seine Ausführungen über den bürgerlichen Patriotismus. Das Bürgertum, so der Verfasser, sei innerlich angefault und verdorben, auch besitze es keinen Sinn für den Volksstaat. Wieder einmal schimpfte Goebbels auf das Weimarer Parlament und seine Politiker und schrieb: „Das ist die Katastrophe des Bourgeois: nicht nur unfähig und zu schwach zum entschiedenen Angriff, ist er selbst zur Verteidigung seines eigenen politischen Bestandes zu feige."

Parteiführer nämlich vertrat die Auffassung, dass die Masse der Menschen dumm und zu differenziertem Denken und Urteilen unfähig sei; aus diesem Grund sei Geschichte immer von einzelnen herausragenden Persönlichkeiten gestaltet worden. Vgl. Zitelmann 1998: 46.

214 NSB/1.8.1929/1. In dem Beitrag wurden – wie in den *NS-Briefen* üblich in einem wohl formulierten Stil und mit sentimental-enthusiastischem Unterton – das Ideal der Revolution und die Aufgabe der Jugendgeneration thematisiert. Die „Nationale Erhebung" (also der Hitlerputsch 1923, von den Nationalsozialisten auch als nationale Revolution propagiert, vgl. Schmitz-Berning 1998: 412–415) sei misslungen, weil die jungen Nationalsozialisten neben der „Reaktion" marschiert seien, so Goebbels' Meinung. Nun sei es aber an der Zeit, den „dritten Akt der deutschen Revolution" einzuläuten.

215 In seinen persönlichen Notaten hielt Goebbels fest: „Aufsatz für die N.S. Briefe geschrieben. Zum ersten Mal dazu von Blank aufgefordert. ‚Vom Chaos zur Form'. Damit ist ja auch wohl äußerlich der Frieden mit Straßer wiederhergestellt." (sogGTb 13.6.1929).

216 Anhand der Aufzeichnungen zeigt sich, wie hin und her gerissen Goebbels war. Gegenüber Otto Strasser hegte er bereits aggressive Aversionen: „Dr. Straßer war da. Ich könnte den Kerl zusammenschlagen. Da muß einmal Fraktur geredet werden." (sogGTb 1.6.1928). Ebenso wie im Folgenden: „Straßer ist gemein zu mir. Aber ich werde mich gegen die von ihm auf mich gemachte Feindschaft durchsetzen." (sogGTb 13.6.1928). „Dr. Straßer ist ein angefaulter Kapitalist. Es geht gegen Hitler." (sogGTb 29.6.1928). Nach und nach verschlechterte sich auch das Verhältnis zu Gregor Strasser: „Der massive Gregor ist doch ein richtiger Heuchler geworden." (sogGTb 20.1.1929). „Gestern nachmittag mit Straßer nach Dresden und heute mit ihm zurück. Ausgedehnte und sehr freundschaftliche Auseinandersetzung. [...] Er machte mir unaufgefordert Komplimente. Ich bin ziemlich reserviert geblieben." (sogGTb 30.4.1929). Gegenüber seinem ehemaligen Mentor schwankte Goebbels zwischen Beleidigungen und Freundschaftsbekundungen: „Straßer ist auch da. Er redet mit mir lang und ernst und wir tasten uns langsam wieder zueinander. Ich will mit ihm Frieden und glaube, auch er möchte das. Das wäre ein ungeheuerer Kraftgewinn." (sogGTb 4.12.1930).

217 S/1928/1. Die Publikation wurde von Hartmut Plaas herausgegeben.

In diese Untersuchungsphase fällt als Fehlbestand ein Leitartikel in *Die Neue Front* (Untertitel: *Wochenendblatt der Werktätigen*).[218] Die Wochenzeitung wurde am 6. Juli 1928 auf Initiative und unter Leitung von Josef Terboven (Bezirksleiter Essen) ins Leben gerufen.[219] *Die Neue Front* erschien immer freitags und existierte bis Dezember 1930. Am 9. März 1929 wurde der Hauptsachtitel in *National-Zeitung* geändert. Das NS-Wochenblatt hatte wie auch andere kleine Regionalzeitungen einen eher geringen Erfolg. Die Auflage lag bei 2.000 Exemplaren und konnte langsam auf 5.000 Stück (Ende 1928) gesteigert werden.

> „Diese erste vom Gau Ruhr bzw. dann vom Bezirk Essen herausgegebene Wochenzeitung entsprach in ihrer äußeren Aufmachung, ihrem Stil und in der Form ihrer Berichte, eher einem Flugblatt als einer üblichen Wochenzeitung für einen festen Abonnentenkreis. Auch sie wollte weniger informieren als vielmehr für die Partei agitieren und in der Bevölkerung Aufsehen erregen. In ihren Berichten über das kommunale Geschehen in den Städten des Ruhrgebietes war die ‚Neue Front‘ keineswegs zurückhaltend und bemühte sich auch nicht um eine objektive Berichterstattung.“[220]

Dass Goebbels den ersten Leitartikel für *Die Neue Front* beisteuerte, macht nochmals folgenden Sachverhalt deutlich: Auch als Berliner Gauleiter pflegte er nach wie vor seine alten Kontakte. Karl Kaufmann, der als verantwortlicher Herausgeber zeichnete, hatte vermutlich bei Goebbels und seinen *Angriff*-Mitarbeitern um journalistische Unterstützung gebeten.[221] Indem Goebbels *Die Neue Front* unterstützte, konnte er gegenüber Otto Strasser seine weit über Berlin hinausreichenden guten Beziehungen demonstrieren.[222]

218 Bei den Fehlbeständen handelt es sich um Texte, die anhand verschiedener Hinweise zwar als existent eingestuft werden konnten, in den Archivbeständen aber nicht mehr aufzufinden waren. In diesem Fall gibt es Hinweise sowohl in einer aktuellen Edition (vgl. Reuth 1992: 303) als auch im so genannten Goebbels-Tagebuch, wo es heißt: „Am 6. Juli kommt in Essen ‚die neue Front‘ heraus. Ich schreibe den ersten Leiter.“ (sogGTb 29.6.1928). Vgl. sogGTb 16.3. 1928, 22.6.1928 und 30.6.1928. „‚Die Neue Front‘, das Ruhrorgan ist da.“ (sogGTb 10.7. 1928).

219 „Als dann ab 1927/28 von mehreren Seiten im Gau Ruhr der Ruf nach einer eigenen Gauzeitung immer lauter wurde, ging die Gauleitung daran, dem Projekt konkrete Formen zu geben. In einem Presserundschreiben vom 6. Juni 1928 kündigte der Gauleiter Kaufmann für den 6. Juli d. J. das Erscheinen der Wochenzeitung ‚Die Neue Front‘ an, die nach den Erfahrungen im Wahlkampf zur Reichstagswahl 1928 als Hauptaufgabe und ‚mit allen Mitteln den örtlichen Kampf gegen die Presse des Gegners und der hierdurch beeinflußten öffentlichen Meinung‘ führen sollte.“ (Böhnke 1974: 164f.).

220 Böhnke 1974: 165f. Vgl. Stein 1987: 196; Hüttenberger 1969: 61.

221 Zumindest wurde dies so nachgestellt: „Unterredung mit Kaufmann. Gau Ruhr will eine eigene Zeitung aufmachen: ‚Die neue Front.‘ [...] Kaufmann sucht Anschluß bei mir, wirbt bei uns Angriffleuten um Mitarbeit an der ‚Neuen Front‘“. (sogGTb 22.6.1928). Zur Rolle von Karl Kaufmann vgl. Böhnke 1974: 164f.

222 „Ich helfe Kaufmann, weil es um den Gau Ruhr geht. Und weil Dr. Straßer vernichtet werden muß, koste es was es wolle. Der Mann ist der Satan der ganzen Bewegung. Er stiftete bisher nichts als Fluch und Unfrieden.“ (sogGTb 22.6.1928).

2. VON DER HALBWOCHENSCHRIFT ZUR TAGESZEITUNG (OKTOBER 1929–OKTOBER 1930)

2.1 Historischer Kontext

> „Zeitungslektüre. Das hängt einem fast zum Halse heraus.
> Zeitungen fördern die Halbbildung."[223]

Der Young-Plan begleitete verstärkt auch die Jahre 1929/1930: Im August 1929 und im Januar 1930 wurden Konferenzen in Den Haag angesetzt, um die Reparationsfrage endgültig zu entscheiden und den Plan durch die verschiedenen Regierungsvertreter unterzeichnen zu lassen. Durch die außenpolitischen Geschehnisse und die sich innenpolitisch verschlechternden Rahmenbedingungen war der Zusammenbuch der Großen Koalition nah. Die Konjunktur, die seit Mitte 1928 wieder auf schwächer werdendem Kurs war, ging jetzt in eine Depression über. Spektakulär wurden die ökonomischen Engpässe im Herbst 1929. Der erdrutschartige Börsenkrach (Schwarzer Freitag) am 25. Oktober an der New Yorker Börse und die Weltwirtschaftskrise führten dazu, dass Kredite, die der Industrie wie auch der öffentlichen Hand von ausländischen Geldgebern gewährt worden waren, aus Deutschland plötzlich wieder abgezogen wurden.[224] An das abrupte Aussetzen des Geldflusses schlossen sich Stilllegungswellen an, die schrumpfende Produktion zog Technisierungs- und Rationalisierungsprozesse nach sich, die wiederum eine drastische Massenarbeitslosigkeit verursachten.[225]

> „Mit der 1929 einsetzenden Weltwirtschaftskrise ändert sich die politische Szene in Deutschland grundlegend. Sie beendet die Phase der Konsolidierung und führt zu einer politischen Radikalisierung und Polarisierung, die allmählich auch die demokratischen Institutionen lähmt. Ausländisches Kapital, meist kurzfristig gewährt, wird abgezogen. Die Industrie versucht, die Löhne zu drücken, um weiter konkurrenzfähig zu bleiben."[226]

Nach dem Börsenkollaps brach das finanzielle Konstrukt der Weimarer Wirtschaft in sich zusammen. Nach dem Aufschwung in Form einer Dollarscheinblüte bewegte sich nun die Spirale unaufhaltsam abwärts.[227] Die hochschnellende Er-

---

223 sogGTb 28.1.1932.
224 Deutschland hatte einen fremdfinanzierten Aufschwung erlebt und war hochgradig abhängig von Auslandskrediten, insbesondere vom US-Kapitalmarkt. Mit den Geldern war die Modernisierung der kriegsgeschwächten Volkswirtschaft realisiert und finanziert worden, nur so konnten die Reparationsforderungen der Alliierten (jährlich 2,5 Milliarden Reichsmark) bedient werden. Die erforderlichen gewaltigen Kapitalmengen – Nettoinvestitionen der deutschen Wirtschaft von 1924 bis 1929 in Höhe von 45 Millionen Reichmark – wurden fast zur Hälfte mit größtenteils aus Amerika geliehenem Geld bestritten. Vgl. Jung 2008: 25.
225 Die Zahl der Arbeitslosen wuchs in kürzester Zeit an: Während im Oktober 1929 fast 1,8 Millionen Deutsche ohne Erwerbstätigkeit waren, wurden im Dezember drei Millionen und im Februar 1930 über 3,5 Millionen gezählt.
226 Deutscher Bundestag 1981: 262. Vgl. ebd.: 298; Longerich 1995: 254f.; Böhnke 1974: 137.
227 „Denn durch diesen Rückgang bedingt stiegen nun sprungartig wieder die Zahlen der Erwerbslosen und Unterstützungsempfänger, wirtschaftliche Not und soziales Elend, für wenige Jahre vergessen, kehrten zurück. Und auch die relativ ruhige und stabile innenpolitische Lage

werbslosigkeit führte dazu, dass sich das Wachstum der Extreme beschleunigte – und gleichermaßen radikalisierte sich die Politik. Die zunehmenden Streitigkeiten zwischen den Regierungsparteien, den konjunturellen Sturzflug wie auch die sozialen Folgen wussten die Nationalsozialisten für sich zu nutzen.[228] Im Zusammenschluss mit der so genannten Nationalen Einheitsfront wurden subversive Töne gegen die Weimarer Regierung angestimmt: NSDAP, Deutschnationale und Stahlhelm führten am 12. Dezember 1929 einen Volksentscheid gegen den Young-Plan an. Sie sammelten zwar zehn Prozent der Unterschriften aller Stimmberechtigten, dennoch brachte die am 22. Dezember stattfindende Abstimmung nicht das gewünschte Ergebnis. Am 12. März 1930 wurden die neuen Young-Gesetze im Parlament angenommen.[229]

Das Ende der Großen Koalition kam am 27. März: Unabwendbare Differenzen in Fragen der Arbeitslosenversicherung hatten jedes gemeinsame Weiterregieren blockiert. Mit dem Rücktritt des sozialdemokratischen Reichskanzlers Hermann Müller (dem elften Regierungschef seit 1919) endete die Ära parlamentarischer Regierungen. Es begann ein Erdrutsch des Weimarer Parteienstaates. Fortan zersplitterten die bürgerlich-demokratischen Parteien, während die linken und rechten Radikalen jede parlamentarische Ordnung ablehnten und eine stabile demokratische Mehrheitsbildung verhinderten – so auch nach der Ernennung des neuen Kanzlers Heinrich Brüning (Zentrum) am 29. März 1930. Die Präsidialregierung des Nationalökonomen zeichnete sich durch die permanente Anwendung des Artikels 48, eine Regierung per Notverordnung und Reichstagsauflösungen, der schrittweisen Ausschaltung des instabilen Parlaments sowie der direkten Abhängigkeit vom Reichspräsidenten aus.[230] Unter Brünings Kanzlerschaft, nach Reichstagsauflösung und angesetzten Neuwahlen im September 1930, setzte sich die rechte Tendenz der bürgerlichen Parteien fort, denn

> „die Verbitterung über die sich ständig verschlechternde wirtschaftliche Lage trieb den roten und braunen Verführern immer mehr Menschen in die Arme. Deren Ängste, Nöte und Hoffnungen versuchte man dort während der Kundgebungen in Haß und Fanatismus zu wenden."[231]

---

fand damit ihr Ende: Bis zum Herbst 1929 häuften sich wiederum die Zusammenstöße und Auseinandersetzungen als erste Anzeichen einer erneuten latenten Bürgerkriegssituation." (Böhnke 1974: 89). Vgl. Bönisch 2008: 16.

228 „Deutschland wollte die Nazis nicht, weil es keine Notwendigkeit für sie sah – noch nicht. Kurz nach den Wahlen änderte sich die wirtschaftliche und politische Lage radikal. Zuerst wurde die Landwirtschaft von einer Krise erfaßt, dann löste der Zusammenbruch der New Yorker Börse, in dessen Folge die amerikanischen Kredite ausblieben, die schwerste Wirtschaftskrise aus, die es in Deutschland bis dahin gegeben hatte. Die Arbeitslosenzahlen stiegen und die Folgen waren schwer und bitter." (Rees 2001: 46). Vgl. Koszyk 1993: 48.

229 Vgl. Reuth 2000: 154f.; Schulze 1996: 187f.; Longerich 1995: 256f.; Deutscher Bundestag 1981: 293, 314; Böhnke 1974: 137; Espe 1933: 18f.

230 Vgl. Bönisch 2008: 17; Sösemann 2002a: 365–373; Deutscher Bundestag 1981: 262f., 298; Shirer 1961: 131.

231 Reuth 2000: 186. Vgl. Kolb 2000: 121–124; Longerich 1995: 267f.; Bracher 1978: 271f.

Das Fragile des jungen Staatsgebildes zeigte sich an allen Ecken: „Je schwächer eine Regierung erschien, desto leichter neigten die Wähler zu jenen, die autoritäre Machtausübung versprachen – ob sie nun rechts standen oder links."[232] Die gesellschaftlichen Fehlentwicklungen und politischen Fehlkalkulationen schritten voran, während der Parteienstaat, der keiner sein wollte und die Demokratie, die ohne wirkliche Demokraten auskommen musste, dem Exitus entgegen steuerten.

Thematisch konzentrierte sich die NSDAP im Wahlkampf vor allem auf den Young-Plan, die zu erwartenden Steuererhöhungen, die allgemeine wirtschaftliche Misere und die zunehmende Arbeitslosigkeit. Dieser erste reichsweite Wahlkampf wurde von der Reichspropagandaleitung aus zentral geführt und trug Goebbels' Handschrift: Er attackierte mit modernster Propagandatechnik (Schallplatten, Film, Radio[233]) den Weimarer Staat und versprach den Wählern radikale Veränderungen. Bei der Wahl am 14. September 1930 zum fünften Reichstag zeigte sich die Effizenz des Propagandakonzeptes: Die NSDAP verzeichnete einen sprunghaften Anstieg, die Nationalsozialisten erhielten 18,3 Prozent (6,4 Millionen Wählerstimmen) und stellten statt der bisher zwölf Abgeordneten nun 107. „Goebbels hatte die NSDAP zum Trendsetter der deutschen Politik gemacht."[234]

Die Wahlen endeten für die Demokratie katastrophal, der Durchbruch der NSDAP als Massenpartei und Großorganisation war vollzogen.[235] Grund dafür war, dass sich die NSDAP als Partei der radikalisierten Mitte profiliert hatte. Das Konzept, ein konservatives und zugleich reformerisches Programm zu artikulieren, für Veränderungen ebenso wie für Kontinuität zu plädieren und sich sowohl antikapitalistisch zu gebärden als auch gegen die Verproletarisierung zu kämpfen, griff. Die Nationalsozialisten hielten raffinierte Antworten parat, die die restaurativen wie auch die revolutionären Wunschvorstellungen der autoritätsgläubigen Deutschen gleichermaßen bedienten.

> „Zugleich war die NSDAP die erste echte Volkspartei, die alle geographischen und sozialen Grenzen bei ihren Versuchen, Wähler für sich zu gewinnen, überwand. Sie appellierte dabei nicht an den Verstand, sondern an den Glauben der Menschen, argumentierte nicht sachlich, sondern antwortete auf die Sehnsüchte der Menschen mit Visionen. Die nationalsozialistische Propaganda hob in extremer Weise auf eine Veränderung der Welt durch eine Veränderung des Bewusstseins ab."[236]

232 Bönisch 2008: 11.
233 „Der Erfindungsreichtum bei der öffentlichen Präsentation, bei der Entwicklung von Feierritualen unter Ausnutzung lokaler Traditionen für die Selbstdarstellung der Partei war beachtlich." (Jasper 1986: 53). Vgl. Michels 1992: 53; Paul 1992: 90–94.
234 Klußmann 2005: 69. Vgl. Sösemann 2002a: 365–373; Wunderlich 2002: 262f.; Reuth 2000: 177f.; Irving 1997: 121; Deutscher Bundestag 1981: 301; Hüttenberger 1969: 56; Burden 1967: 96; Shirer 1961: 136; Espe 1933: 18–20; Jungnickel 1933: 66.
235 Die NSDAP wurde zweitstärkste Fraktion hinter der SPD (24,5 Prozent, 143 Abgeordnete). Auch die Kommunisten verdoppelten die Zahl der Sitze auf 77 Mandate (13,1 Prozent), dem Zentrum blieben noch 87 Mandate (14,8 Prozent).
236 Piper 2005: 55. Vgl. Bönisch 2008: 16; Wunderlich 2002: 64f.; Kissenkoetter 1989: 278; Jasper 1986: 42; Bracher 1978: 323f.

Wer früher bürgerlich-liberale Parteien gewählt hatte, entschied sich nun für die salonfähige und akzeptable Hitlerpartei. Die NSDAP gewann bei Kleinbürgerlichen und gehobenem Bürgertum, beim Mittelstand und den Selbständigen, bei den Gewerbetreibenden ebenso wie bei Bauern und Angestellten. „Hinzu kamen noch große Gruppen von politisch nicht integrierten Jung- und Nichtwählern, Arbeitslosen sowie, insbesondere im Kader der Partei, seit dem Kriegsende sozial vagabundierende Marginalexistenzen."[237] Durch den sensationellen Wahlerfolg war die ehemalige Sektiererpartei also im Vorhof der Macht angekommen.

2.2 Entstehungsgeschichte der Publikation

„Gestern: morgens lange Besprechung mit dem Angriff. [...]
Wir müssen jetzt schärfere sozialistische Töne anschlagen. [...]
Ab 1. Oktober kommen wir zweimal. Dann werden wir an sich schon aktueller."[238]

Stufenweise und stets mit Blick auf die politischen Veränderungen baute der Herausgeber Goebbels sein publizistisches Sprachrohr aus. Die bislang achtseitigen Ausgaben des *Angriffs* wurden im Januar 1929 auf zwölf Seiten ausgedehnt.[239] Die nächste Erweiterung erfolgte im Oktober des Jahres: Um den politischen Kampf noch zu verstärken, sah Goebbels eine Erscheinungsweise von zwei Mal pro Woche (donnerstags und sonntags) mit jeweils acht Seiten vor.[240] Die Planungen für ein derartiges Halbwochenblatt hatte Goebbels bereits im Frühjahr begonnen, aber erst der kommunale Wahlkampf in Berlin eröffnete ihm die Möglichkeit, das bislang nur jeden Montag erscheinende Blatt mehrmals herauszubringen.

„On 3 October 1929, *Der Angriff* began appearing twice weekly, Mondays and Thursdays. Although the staff returned the newspaper to an eight-page format, the semiweekly publication schedule permitted the editors to expand the issues dealt with yet again."[241]

---

237 Lepsius 1966: 8. Vgl. Jasper 1986: 47.

238 sogGTb 3.9.1929.

239 „Der Angriff ist diesmal wieder herrlich. Er macht mir doch selbst Freude. Gestern haben wir die neuen 12 Seiten durchgesprochen. Ab 1. Januar erscheint er so. Dann wird er schon ein Blatt darstellen." (sogGTb 16.12.1928). Ebenso wie im Folgenden: „Der Angriff erschien zum ersten Mal 12seitig. Ganz hervorragend. Nun ist er eine wirkliche Zeitung. Ich bin ganz stolz darauf. Nachmittags zu Hause Arbeit, Korrektur, Aufsätze schreiben und Briefe beantworten." (sogGTb 6.1.1929).

240 Vgl. Reuth 2000: 79; Moores 1997: 65; Melischek/Seethaler/Walzel 1995: 82; Bering 1991: 133f.; Höver 1992: 7, 82f.; Stein 1987: 80; Reimann 1971: 103; Kessemeier 1967: 46, 49. Zur neuen Erscheinungsweise notierte Goebbels: „Gestern morgen: Angriffkonferenz mit Redaktion und Geschäftsführung. Ab 1. Oktober erscheinen wir 2 mal wöchentlich. Die Vorarbeiten werden heute schon beginnen. Mit Lippert und Dürr weitere Besprechungen. Wir müssen noch eine Reihe von Mitarbeitern hinzuziehen. Vor allem einige Leitartikler. Die werde ich schon bekommen." (sogGTb 28.5.1929). Ebenso wie im Folgenden: „Gestern morgen Angriff durchgesprochen. Er erscheint ab 1. Oktober 2 mal wöchentlich. Die Kalkulation spricht zu unseren Gunsten." (sogGTb 29.9.1929).

241 Lemmons 1994: 33f., kursiv im Original.

Für den Wahlkampf der Berliner Stadtverordnetenwahlen sollten weitere publizistische Mittel zur Verfügung stehen. Während die SA mittels blutiger Straßenkämpfe einen bleibenden Eindruck nationalsozialistischer Dominanz erwecken sollte, wurde mit Hilfe des *Angriffs* der Weimarer Staat auf journalistischem Weg diskreditiert.[242] Dass die NSDAP auf kommunaler Ebene einen kleinen Wahlerfolg erzielte[243] und danach weitere Mitgliedszugänge verzeichnete, führte Goebbels in seiner nicht gerade bescheidenen Art auf die Erfolge seiner Halbwochenschrift zurück.[244] Zwar war *Der Angriff* kein offizielles Gauorgan, wurde aber von den Parteigenossen und Sympathisanten genutzt, was der für Parteiblätter ungewöhnlich starke Nachrichtenteil und der umfangreiche Anzeigenteil bestätigen.[245]

2.3 Das Textangebot (Abschnitt II)

„Ab Oktober wollen wir zweimal die Woche erscheinen.
Am liebsten wäre es mir ja, wir kämen schon zur Tageszeitung."[246]

Goebbels' Zeitungsartikel, die in Abschnitt II des Untersuchungszeitraums entstanden, lassen sich insgesamt sechs Kategorien zuordnen: Der erste Themenblock umfasst die nachhaltige Auseinandersetzung mit der Weimarer Republik, mit der Politik dieser Zeit und mit den bedeutenden Weimarer Politikern. Die Entwicklung des Young-Planes bildet den zweiten Schwerpunkt. Da die Jahre 1929/1930 erstmals auffällige Entwicklungen der Wahlergebnisse mit sich brachten, widmet sich der dritte Unterpunkt dem Wahlkampf und den dazugehörigen Wahlen. Wie sich die NSDAP in der „Kampfzeit" präsentieren sollte (Aufgabenstellung, Selbstverständnis und Mitgliedergewinnung), zeigt sich in der vierten Kategorie. Fünftens geht es um die gezielte Etablierung einer Märtyrerfigur und im sechsten Themenblock um Goebbels' Bemühungen, den *Angriff* endlich zur Tageszeitung umzubilden. Der letzte Gliederungspunkt „Sonstiges" enthält nicht kategorisierbare Einzelstücke.[247]

---

242 Vgl. Hochstätter 1998: 32; Höver 1992: 319; Michels 1992: 52.

243 Die NSDAP errang bei den Berliner Kommunalwahlen am 17. November 1929 immerhin 5,8 Prozent der Stimmen und war infolge dessen mit 13 Stadträten – darunter auch Joseph Goebbels – im Berliner Parlament vertreten. Die anderen Parteien verzeichneten folgende Ergebnisse: SPD: 28,4 Prozent, KPD: 24,6 Prozent, DNVP: 17,6 Prozent. Vgl. Kruppa 1988: 364.

244 Dies wurde auch in der NS-Literatur mehrfach gerühmt: „Die erste Epoche im Wirken des ‚Angriffs' war von Erfolg begleitet gewesen: Die Berliner Bewegung war gesammelt, gefestigt und fest in der Hand ihres Führers. Jetzt, an der Schwelle seiner neu erwachsenden Aufgaben war das Kampfblatt eine scharf geschliffene Waffe geworden, mit der sich zuschlagen ließ. Eine Waffe ganz eigener und neuer Art, aus einem Guß." (Rahm 1939: 47). Vgl. Dutch 1940: 76; Schmidt-Pauli 1932: 155.

245 Vgl. Reuth 1992: 411.

246 sogGTb 22.5.1929.

247 Die hinter sämtlichen Titeln angegebenen Kennungen beziehen sich auf die Textauflistung im Anhang Nr. 5. Dort sind detaillierte Informationen zu jeder einzelnen Zeitungsveröffentlichung enthalten, also Hinweise, Autorenkennung, Erscheinungsdatum und sonstige Anmer-

2.3.1 Weimarer Politik und Politiker

Nach der Umwandlung des *Angriffs* in eine Halbwochenschrift nutzte Goebbels das Blatt verstärkt als publizistisches Forum gegen Weimarer Politiker, Parlamentarier, Repräsentanten und Vertreter der Demokratie, politische Leitbilder und prominente Persönlichkeiten. Er weitete seine Personalisierungsstrategie aus und griff die Republik anhand einzelner Figuren an. Bislang waren Reichskanzler, Polizeipräsidenten, Demokraten, Minister und Mitglieder der jeweiligen Kabinette die Ziele der Besudelungen gewesen. Das erfolgreiche Konzept der personenbezogenen publizistischen Attacke wurde in der Halbwochenschrift fortgesetzt. Obwohl Goebbels keine weitere derart tiefgehende Schmähung wie bei „Isidor" gelang, verknüpfte er dennoch auf wirkungsvolle Weise bestimmte Namen mit der Weimarer Republik. Anstatt einen politischen Kampf gegen ein seelenloses Gebilde zu führen, ging er die Demokraten einzeln an, konstruierte aber zugleich eine Synonymisierung mit dem „System". Diese Ineinssetzung stellte sich als funktionaler journalistischer Griff heraus; indem er Kritik an der einen oder anderen Person übte, machte er zugleich das gesamte Staatswesen verantwortlich.

Eine Person, die zur Zielscheibe in Goebbels' Journalismus wurde, war der preußische Innenminister Karl Severing. Der *Angriff*-Leitartikler etikettierte ihn als leichtsinnigen Marxisten, dem die „brutalste Knebelung" und drakonische Strafen mehr bedeuten würden als die Meinungsfreiheit unter den Deutschen.[248] Als Vertreter der korrupten Republik, als Verfechter der sozialen Willkür und als Mittelsmann der Tyrannei wurde Severing stigmatisiert. Auch eine Anklage wegen Hochverrats nutzte Goebbels, um gegen seinen Kontrahenten Sturm zu laufen. Er hielt im typischen historischen Rundumschlag fest:

> „Es ging mir wie wohl vielen aufrechten Deutschen in dieser Demokratie: ich war im Zweifel darüber, was es denn eigentlich Hohes in Deutschland seit 1918 noch zu verraten gäbe, nachdem die, die heute auf den Ministersesseln sitzen, in der Novemberrevolte das Höchste, die Ehre der Nation, herunterrissen und in den Kot traten"[249].

Goebbels' journalistische Angriffe zielten auch auf weitere gewichtige Personen des öffentlichen Lebens, so gegen Reichswehrminister Wilhelm Groener und General Kurt von Schleicher. Goebbels prognostizierte: „Es ist kein Geheimnis mehr, daß der betriebsame Herr Schleicher, der böse Geist des Reichswehrministeriums, ernsthaft mit politischen Ehrgeizen schwanger geht."[250] Selbst in Bezug

---

kungen. Die Sortierung der Zeitungsartikel erfolgte nach den oben genannten Themenkategorien. Innerhalb dieser Schwerpunkte wurde weitgehend versucht, die Chronologie der Veröffentlichungen einzuhalten, um den Aufbau der Texte nacheinander deutlich zu machen.

248 „Das neue Republikschutzgesetz" A/6.10.1929/77 (L39).

249 „Severing als Weihnachtsmann" A/22.12.1929/105 (L51). In diese Kategorie fällt auch der Beitrag mit der Überschrift „Zur Befriedung des öffentlichen Lebens" A/26.1.1930/9 (L5). Darin schrieb Goebbels: „Die Regierung ist feige von Natur aus. Sie macht das Volk feige, um die ihrem inneren Wesen entsprechende feige Politik treiben zu können." Auch in der „Umschau" A/4.9.1930/76 (U1) ging er auf Severings Politik ein.

250 „Groener im Schlapphut" A/9.3.1930/24 (L14). Zur politischen Rolle des Kurt von Schleicher siehe Kapitel IV, 3.3.12. Diesen Personen wurden ruhmreiche nationalsozialistische Parteige-

auf den Reichspräsidenten hielt sich Goebbels nicht zurück, sondern warf Hindenburg politische Ahnungslosigkeit, apathisches Verhalten und strategisches Versagen in der Young-Frage vor. Er schrieb:

> „Wir können nicht anders: der Retter ist in das Lager des Feindes übergelaufen. Er hat alle Enttäuschungen und Versäumnisse, die er sich seit Beginn seiner Präsidentschaft zuschulden kommen ließ, gekrönt und zum letztmöglichen Effekt gesteigert. Hindenburg, Dein Name ist Young! Das ist die Wahrheit!"[251]

Neben der journalistischen Herabsetzung bestimmter maßgeblicher Persönlichkeiten betonte Goebbels in seinen Artikeln vor allem auch die unveränderte, weil prinzipielle Opposition der NSDAP gegenüber dem parlamentarischen System.

> „Parteien waren endgültig zu einem konstitutiven Element der Herrschaftsausübung geworden. Vor allem das neue Zusammenspiel von fortschrittsorientierten Parteien und sozialen Bewegungen bot der Demokratie und dem Übergang in eine nichtkapitalistische bzw. in eine den Kapitalismus einschränkende Gesellschaft gewisse Chancen. Ihr aber begegneten konservative und völkisch-rassistische Kreise der deutschen Gesellschaft sowohl mit offenem Hass als auch mit der Suche nach neuen Formen eigener Parteiorganisation."[252]

Goebbels und sein *Angriff* griffen in diesem Rahmen auf vielfältige Art die Weimarer Parteienstaatlichkeit an; dabei waren die Fraktionen jeglicher Couleur den publizistischen Anfeindungen und der Deutschtümelei ausgesetzt.[253] In einem

nossen und „deutsche Vorkämpfer" als positive Beispiele gegenüber gestellt, so beispielsweise im Text „Frick" A/25.5.1930/53 (L26). Wilhelm Frick war Reichstagsabgeordneter der NSDAP, Vorsitzender der Reichstagsfraktion und Innenminister in Thüringen. Dass auch Mitglieder der DNVP zu Opfern von Goebbels' Häme wurden, zeigt der Leitartikel mit der Überschrift „Der Knabe Treviranus" A/26.10.1930/86 (L50). Darin hieß es: „Der Knabe Treviranus ist längst überfällig, er muß verschwinden und mit ihm das ganze Kabinett." Gottfried Reinhold Treviranus pflegte gute Kontakte zu Hugenberg und wurde nicht erst durch die Gründung der Westdeutschen Landesbank prominent. Der eloquente Jungparlamentarier war vom DNVP-Vorsitzenden Graf Westarp zum Politischen Beauftragten berufen worden. Im Jahr 1921 war er als Direktor der Landwirtschaftskammer Lippe tätig und führte bis 1924 auch die deutschnationale Fraktion im Landtag Lippe. Als Minister für die besetzten Gebiete saß der Anhänger der intellektuellen jungkonservativen Rechten im ersten Kabinett Brünings und wurde in dessen zweiter Amtsperiode dann sogar Reichsverkehrsminister. Vgl. Holzbach 1981: 132, 136.

251 „Der Retter" A/20.3.1930/28 (L16). Goebbels bezog sich darin auf die Annahme des Young-Plans durch den Reichstag am 12. März 1930 und die Ansprache, die Hindenburg am folgenden Tag anlässlich der Unterzeichnung hielt. Vgl. Overesch/Saal 1992: 450f. Zu diesem Themenfeld gehören auch die Artikel „Autorität" A/12.1.1930/4 (L3) und „Lebt Hindenburg noch?" A/29.12.1929/109 (A2). Letzterer ist der einzige in dieser Studie ohne Autorenkennung angeführte Text; er löste den so genannten Hindenburgprozess aus und konnte daher auf Goebbels als Autor zurückgeführt werden. Den Strafantrag wegen Verletzung des nationalen Anstandes kommentierte Goebbels in einer „Erklärung" A/5.6.1930/57. Der Prozess, so folgerte er darin, habe dem Ansehen des Reichspräsidenten mehr geschadet als ihm, der mit einer Geldstrafe belegt worden war.

252 Pätzold/Weißbecker 2002b: 163f.

253 Siehe dazu „Katastrophenpolitik" A/15.12.1929/102 (L50), „Ein Zeitprogramm" A/29.12.
    1929/107 (L52), „Der Streik!" A/9.2.1930/15 (L8) und „Die Wirtschaftspartei" A/23.2.
    1930/19 (L10). Anlässlich der Kabinettsbildung Heinrich Brünings und der Beteiligung der

allgemeingültigen Seitenhieb auf die Mitglieder des Reichstags verglich Goebbels die deutschen Parlamentarier mit schwedischen Mandatsträgern, die als ulkige Überbleibsel vergangener Zeiten beschrieben wurden. In ihrer „aufgeblasenen Wichtigkeit", so Goebbels, könne hier wie dort keiner mehr die „parlamentarischen Schwadroneure und Nichtstuer" ernst nehmen.[254] Wo immer sich für Goebbels die Möglichkeit bot, in einem arroganten, frechen oder forschen Ton den großen und besserwisserischen Demokratiekritiker herauszukehren, nutzte er sie.

2.3.2 Der Young-Plan

Das von Deutschnationalen und Stahlhelm unter großem Aufwand initiierte Volksbegehren gegen den Young-Plan, an dem sich trotz parteiinterner Meinungsverschiedenheiten auch die NSDAP beteiligte, wurde auch im *Angriff* thematisch intensiv behandelt. Goebbels stand dem im Reichsausschuss zu Stande gekommenen Bündnis mit der Nationalen Rechten mehr als skeptisch gegenüber; seiner Befürchtung nach konnte die NS-Bewegung dadurch erst recht ihre sozialistische Zielsetzung aus den Augen verlieren. Eine Annäherung an die Konservativen war ihm äußerst zuwider, den Pakt mit den an der Kaiserzeit orientierten Erzreaktionären sah er ungern, und insgesamt stimmten ihn die politischen Vorgänge pessimistisch. Er wünschte sich Distanz zu diesen Kreisen, da er befürchtete, ein verzerrtes Bild der NSDAP könne in die Öffentlichkeit getragen werden. Doch weder die hartgesottene schriftliche Auseinandersetzung mit dem Thema im *Angriff* noch die negative Darstellung des Frontkämpferverbandes oder die leidenschaftlichen Behauptungen, dass die rechtskonservative Linie weder rühmenswerte Absichten noch eine radikale Politik verfolge, änderten etwas an der Bündnissituation.[255] Dass der Volksentscheid letztendlich negativ ausging[256], enttäuschte

deutschnationalen Reichtagsfraktion schrieb Goebbels den Leitartikel „Hugenberg" A/6.4. 1930/33 (L19).

254 „Farbröder" A/18.5.1930/51 (L25). Ob der Name zugleich eine Anspielung auf die bekannte deutsche Familie Bleichröder war, konnte nicht nachvollzogen werden. Naheliegend wäre allerdings, dass eine Konnotation beabsichtigt war und auf die Berliner Privatbank und ihre jüdischen Besitzer verwiesen wurde. Das Bankhaus unter der Leitung von Gerson Bleichröder stand in engem Kontakt zu Otto von Bismarck und hatte 1866 Preußen die Gelder zur Kriegsführung verschafft.

255 Siehe dazu „Der Kampf beginnt?" A/27.10.1929/83 (L42). In diesem Text ging Goebbels den Berliner Stahlhelmführer Major Franz von Stephani an und warnte: „Herr Major von Stephani täte gut daran, von seinen Ausflügen in die Politik, wenigstens was den Nationalsozialismus anbetrifft, künftig Abstand zu nehmen; wo nicht, sich doch wenigstens nur auf Wege zu begeben, auf denen er sich auskennt." In diesen Bereich fällt auch der Artikel „Volksentscheid" A/8.12.1929/99 (L49), der anlässlich der terminlichen Festlegung des Volksentscheids auf den 22. Dezember 1929 entstand. Siehe dazu auch „Der Stahlhelm" A/13.7.1930/68 (L33).

256 Die für die Einleitung eines Volksbegehrens erforderlichen zehn Prozent an Unterschriften aller Stimmberechtigten konnte der Reichsausschuss für das Deutsche Volksbegehren nur sehr knapp (10,02 Prozent) zusammentragen. Ende November folgte die Abstimmung im Reichstag, bei der jedoch nicht alle DNVP-Abgeordneten für die Vorlage stimmten. Der ei-

ihn daher keinesfalls; seine daraus erwachsenen Erwartungen zerstoben allerdings schon bald: „Goebbels' Hoffnung, die klare Niederlage in der Volksabstimmung über den Young-Plan werde der Zusammenarbeit der NSDAP mit der nationalen Rechten ein Ende setzen, sollte sich nicht erfüllen."[257]

Goebbels' Texte machen die Differenzen zwischen dem so genannten Alten und dem Neuen Nationalismus besonders deutlich:

> „Der alte Nationalismus war politisch gruppiert um die Deutschnationalen, die ehemaligen Konservativen, die in der Weimarer Republik restaurativ, wenn nicht reaktionär ausgerichtet waren. Ihnen schwebte die wilhelminische Reichsherrlichkeit als eine den politischen Impuls belebende Erinnerung an die große alte Zeit des Bismarckreiches vor Augen. Der in vielen Zirkeln und Richtungen aufgesplitterte neue Nationalismus hingegen hielt wenig von einer Restauration der Monarchie, sondern empfand mit der Jugendbewegung durchaus das Brüchige und Abgestandene des Wilhelminismus, den er revolutionär zu überwinden trachte- te."[258]

Jede Zusammenarbeit mit beispielsweise dem Medienmogul Hugenberg und sei- ner DNVP wurde von den jungen Nationalisten als unberechtigte Fortsetzung der alten Politik empfunden und abgelehnt. Sie wirkten mit allen Kräften darauf hin, Deutschland geistig und politisch zu revolutionieren. Dass die Wirtschaftskrise vor allem die junge Generation traf, die ihren Glauben an die Gesellschaft wie auch den Lebensinhalt der Arbeit verloren hatte, rief einen starken Impuls der radikalen Erneuerung hervor. Vor allem die NSDAP schlug daraus Profit, machte sich den Frust der jungen Männer zunutze und motivierte sie zum Kampf der Ju- gend um ihren gerechten Platz in der Gesellschaftsordnung. Die Nationalsozialis- ten boten Opposition gegen die alte Ordnung, öffentliche Militanz und martiali- sche Rhetorik. Ihr Anspruch, so wurde propagiert, war die universale Geltung ihrer Werte und der Triumph über die Alten.

> „Eine gewisse messianische Kraft wurde der Jugend seit Beginn des 20. Jahrhunderts zuge- schrieben. Der Begriff wurde zum Wert an sich, zur Chiffre für Aufbruch und Fortschritts- glaube. Wer jugendlich war, stand auf der richtigen Seite, denn Jugend verkörperte Dynamik statt Dekadenz, Zukunft statt Zerfall, Opposition gegen die Verkrustungen in Politik, Religion und Gesellschaft. [...] Der moderne Jugendliche sollte ein Tatmensch sein, kein grüblerischer Zauderer, er hatte einen Anspruch auf die Gestaltung der Zukunft – abgeleitet aus der Ge- wissheit, dass kein Älterer die Jetztzeit ähnlich authentisch erleben könne."[259]

Unabhängig von dem Volksbegehren agitierte Goebbels auf seine Weise gegen den Young-Plan und machte gegen Verhandlungen, Konferenzen und Abstim- mungen Front. Wie auch immer das Vertragspaket zusammengeschnürt werde, so war Goebbels' Auffassung, enthielt es am Ende doch nur weitere Anleihen und Kredite, verpfände mehr denn je den deutschen Nationalbesitz und treibe den Ausverkauf der nationalen Ehre voran: „Der Youngvertrag bricht uns die letzten

gentliche Volksentscheid am 22. Dezember 1929 brachte nur 5,8 Millionen Zustimmungen, so dass die Neuregelung der Reparationen durch den Young-Plan keine weiteren Hürden mehr vor sich hatte. Vgl. Dussel 2004: 150; Longerich 1995: 256f.
257 Höver 1992: 312. Vgl. Pross 2000: 59f.; Michels 1992: 80; Horn 1980: 258.
258 Sontheimer 2004: 23.
259 Friedmann 2008: 40.

Reißzähne aus dem Gebiß heraus, wir können danach nur noch bellen, nicht mehr beißen.“[260] Unter dem Vorwand von mancherlei Nützlichkeitsabwägungen sprach Goebbels von dem „Ungeist des Young-Planes“, beschrie die Einschnitte in den deutschen Lebensstandard und verurteilte die Weimarer Innen- und Außenpolitik als Auslöser für den „Tributterror“: „Man braucht kein Prophet zu sein, um voraussagen zu können, daß die Tribute in der Hauptsache auf die Schultern des arbeitenden Volkes gelegt werden.“[261] Mit welcher inhaltlichen Blendung im *Angriff* gearbeitet wurde, macht dieser Themenbereich deutlich; denn dass Rücksichtslosigkeit in Bezug auf die Krise der deutschen Wirtschaft und Ignoranz gegenüber der katastrophalen inländischen Finanzsituation als Mängel des Young-Planes angeführt wurden, führte den Leser auf den Irrweg. Tatsächlich nämlich berücksichtigte das revisionistische Programm sehr wohl die problematische Sozial- und Wirtschaftslage und kalkulierte auch bei den neuen Bemessungsgrenzen die Leistungsfähigkeiten mit ein. Insofern sind die Goebbels-Texte als reine Störmanöver zu werten.

2.3.3 Wahlen

In die Untersuchungsphase II fallen neben der Landtagswahl in Sachsen[262] (22. Juni 1930) die Berliner Kommunalwahl (17. November 1929) und die Reichstagswahl (14. September 1930). Die Wahl des Berliner Gemeindeparlaments nahm Goebbels zum Anlass, um grundsätzliche politische Richtungsweisungen sowie die hauptsächlichen Wahlkampfthemen (Arbeit, Wohnungssituation, Pensionen, jüdisch „durchsetzte“ Kultur) zu benennen. Auch die so genannte Sklarek-Affäre[263] wurde herangezogen, um gegen den „stinkenden städtischen Korrupti-

---

260 „Rheinlandräumung“ A/16.2.1930/17 (L9). Siehe auch „Das zweite Haag“ A/5.1.1930/2 (L2) und „Der Youngpatriot“ A/19.1.1930/6 (L4).

261 „Lastenverteilung“ A/2.3.1930/22 (L12). Siehe auch den Leitartikel mit dem Titel „Der neue Kurs“ A/23.3.1930/29 (L17).

262 Zu diesem Anlass schrieb Goebbels zwei Texte: „Nie wieder Sowjetsachsen“ A/8.6.1930/58 (L28) und „Regierungsbeteiligung?“ A/22.6.1930/62 (L30). Letzterer Text erschien drei Tage nach den sächsischen Wahlen ein zweites Mal in der *Schleswig-Holsteinischen Tageszeitung* (S/25.6.1930/1). In den Aufsätzen verlangte der Verfasser im drittgrößten Land einen triumphalen Wahlsieg für die NSDAP, da ein solcher Erfolg seiner Überzeugung nach auch auf Reichsebene von Bedeutung war. Die NSDAP wurde mit 14,4 Prozent der Stimmen zweitstärkste Fraktion hinter der SPD (33,4 Prozent) und der KPD (13,6 Prozent). Vgl. Pätzold/Weißenbecker 2002a: 226.

263 Die Textilkaufleute Leo, Max und Willy Sklarek belieferten verschiedene städtische Einrichtungen. Als gefälschte Rechnungen und somit der Verdacht von Manipulationen auftauchten, wurde der Betrugsfall Sklarek prompt vor den Wahlen zur Berliner Stadtverordnetenversammlung im Herbst 1929 zu einem handfesten Skandal. Die Zuwendungen der Sklareks an Amtspersonen wurden zum wichtigsten Thema in der Presse; der Fall gewann durch die kritische Wirtschaftslage der Reichshauptstadt noch zusätzlich an Brisanz. KPD, DNVP und NSDAP nutzen den Fall Sklarek, um die Berliner Verwaltung und die Stadtbank anzuprangern. Vgl. Ludwig 1998: 133f.; Lange 1987: 925f.

onssumpf" zu wettern.[264] Nach der Kommunalwahl gab Joseph Goebbels umgehend die politische Marschroute bekannt und schrieb: „Opposition gegen den
Marxismus und seine bürgerlichen Steigbügelhalter, das ist der Kurs, nach dem
auch in den Kommunal-Parlamenten nationalsozialistische Politik betrieben werden muß."[265]

Die Reichstagswahl nahm im *Angriff* einen besonderen Platz ein.[266] Neben
trivialen Inhalten rund um den Wahlkampf (Organisationsfragen, Propaganda-
maßnahmen, Kandidatenlisten, Finanzierung) gab es deutliche Worte, wenn es um
etwaige Interessengemeinschaften ging: „Wir wollen den Volksbetrügern, den
Zuhältern des Young-Kapitalismus, den fetten Bonzen, den marxistischen Lan-
desverrätern und ihren bürgerlichen Steigbügelhaltern ihre eigene Verlogenheit
um die Ohren klatschen, daß ihnen Hören und Sehen vergeht."[267] Als wichtigste
Themen im Wahlkampf wurden die Arbeitslosigkeit, der Staatsbankrott, der Steu-
erdruck und das „Wahnsinnsdiktat der Weltfinanz" benannt.

Im Wahlkampf sollten sowohl Bürger, Beamte und der Mittelstand als auch
die Arbeiterschaft und die traditionellen Wählermilieus von SPD und KPD angesprochen werden. Um diese doch recht breite und inhomogene Zielgruppe für die
NSDAP zu gewinnen, versprach Goebbels ebenso ein hartes Vorgehen gegen die
marxistischen Parteien wie auch das absehbare Ende des kapitalistischen Systems.
Er vermittelte die Vorstellung von der NSDAP als Vorkämpfer des wahren Sozialismus und stellte sich mit übelsten Beschimpfungen gegen die Weimarer Demokratie. Seiner Ansicht nach verberge sich dahinter eine „nackte Verantwortungslo-
sigkeit", das parlamentarische Staatsgebilde sei ausschließlich zur „Massenver-
blödung" und „Organisation der Dummheit" entworfen worden. Seine Aufgabe
als Journalist sah er darin, die amtierenden Weimarer Politiker als „Parlamentswanzen", „Phrasendrescher" und „parlamentarische Päpste" zu demaskieren und
die angeblich leeren Wahlversprechen der Biedermänner offen zu legen.

Das Ergebnis der Reichstagswahl[268] – die NSDAP war nun als zweitstärkste
Partei im Parlament vertreten und begann mit 107 Mandaten ihren Aufstieg zur

---

264 „Was wollen wir im Roten Haus?" A/3.11.1929/85 (L43), „Richtlinien für die Arbeit unserer
     Stadtverordneten-Fraktion" A/10.11.1929/89 und „Letzter Appell!" A/17.11.1929/91 (L46).
     Vor allem in letzterem Artikel bemühte sich Joseph Goebbels in bestimmt militärischer Aus-
     drucksweise, die Wahl als „Generaloffensive" zu bewerben: „Heute ist für jeden Parteigenos-
     sen Arbeitstag. Heute geht er auf Raub aus. Die letzten Säumigen müssen an die Wahlurnen
     gebracht werden."
265 „Kommunalpolitik" A/1.12.1929/97 (L48).
266 Vgl. Kessemeier 1967: 66.
267 „Es kann losgehen" A/3.8.1930/71 (L36). Zum Wahlkampfthema gehören außerdem die
     Beiträge „Die Katastrophe" A/10.8.1930/72 (L37), „Appell an die Vernunft" A/17.8.1930/73
     (L38), „An den deutschen Arbeiter!" A/24.8.1930/74 (L39), „An das schaffende deutsche
     Volk!" A/31.8.1930/75 (L40), „Die letzte Wahllüge" A/7.9.1930/77 (L41) und „Vor der Ent-
     scheidung" A/14.9.1930/78 (L42).
268 Der Ausgang der Wahl wird von Historikern als größte Überraschung in der deutschen Ge-
     schichte gewertet. Die SPD erhielt 143 Sitze im Reichstag, die NSDAP 107, das Zentrum
     kam auf 87 Sitze, von der KPD-Liste wurden 77 Politiker ins Parlament gesandt. Vgl. Pät-
     zold/Weißenbecker 2002a: 226; Overesch/Saal 1992: 484f.

Massenpartei – wurde im *Angriff* entsprechend stolz präsentiert.[269] Überlegen und doch überlegt bewertete Goebbels den unerwartet großen Wahlsieg; in eher nüchternem Ton verwies er auf die politische Zukunft, forderte den radikalen Bruch mit dem bisherigen internen und externen Kurs Deutschlands und setzte sich für eine fundamentale Umwälzung des Bestehenden ein. Dazu gehörten aus seiner Warte der strukturelle Ausbau der Partei, die Stärkung der Organisation, eine größere Beachtung der Judenfrage, ein gerechtes Verhältnis zwischen Arbeitnehmern und Arbeitgebern sowie die Sozialisierung der Großbetriebe und Konzerne.

2.3.4 Die NSDAP in der „Kampfzeit"

Aufgabe des *Angriffs*, so zumindest wollte es Goebbels verstanden wissen, war die Weiterentwicklung der nationalsozialistischen Lehre, die Artikulation und Verbreitung des Parteiprogramms, die Klärung interner terminologischer Auseinandersetzungen und die Festigung der politischen Prinzipien der NSDAP. „Die Darstellung der nationalsozialistischen Bewegung, ihrer Ziele und ihres politischen Selbstverständnisses nimmt in den Artikeln Goebbels breiten Raum ein."[270] Da sich die „Bewegung" noch in der so genannten Kampfzeit befand, sollte das Berliner Kampfblatt einerseits für den mentalen Zusammenhalt der Parteimitglieder und andererseits für den Zuwachs an Interessenten sorgen.

Kontinuierlich wurden in den diversen Artikeln die Forderungen und Ziele der NSDAP näher beleuchtet. So war die Rede vom deutschen sozialistischen Arbeiterstaat, der an die Stelle des kapitalistischen Profitstaats treten solle. Goebbels sprach vom Anteil eines jeden Deutschen am Nationalbesitz, vom Recht auf Arbeit und auf eine menschenwürdige Existenz.[271] Während die Weimarer Demokratie eine Pflegestätte einseitiger kapitalistischer Wirtschaftsinteressen sei und Missbrauch mit dem Sozialismus treibe, so Goebbels, fördere die im Nationalsozialismus begründete Volksgemeinschaft auch das Gemeinwohl:

> „Eigentum ist nicht das, was ich besitze, was ich mir auf irgendeine Weise angeeignet habe, um nun schrankenlose Vorteile daraus zu ziehen. [...] Eigentum ist das, was ich auf ehrliche und redliche Weise erworben habe und zu meinem eigenen Nutzen und zum Wohle meines Volkes verwalte"[272].

---

269 Siehe dazu folgende Artikel: „Einhundertsieben" A/21.9.1930/79 (L43), „Weiter arbeiten!" A/28.9.1930/80 (L44), „Das Wirtschaftsprogramm" A/12.10.1930/84 (L48) und „Opposition" A/19.10.1930/85 (L49).

270 Moores 1997: 517.

271 Keinesfalls vertrat Goebbels die Idee, jedem deutschen Arbeiter einen Teil an deutschem Grund und Boden zuzuteilen; vielmehr wollte er mit dieser Formulierung den Bürgern das Gefühl von wachsender Bodenständigkeit verleihen. Die Botschaft dahinter lautete: Wenn die Nationalsozialisten erst an der Macht seien, würde jeder Deutsche echte Möglichkeiten erhalten, um im eigenen Land wieder Wurzeln schlagen zu können. Vgl. Müller 1973: 110, Teil II.

272 „Sozialismus und Eigentum" A/14.11.1929/90 (L45). Siehe in diesem Zusammenhang auch die Beiträge „Was will der deutsche Arbeiter?" A/13.10.1929/79 (L40), „Schluß mit der Wohnungsnot!" A/13.3.1930/25 und „Was dann?" A/16.3.1930/26 (L15).

Einzig die NSDAP vertrete die Volksinteressen und könne nach den harten Kampfjahren in der Anonymität einen triumphalen Aufschwung vorweisen.[273] Nach den Wahlsiegen im gesamten Land, so Goebbels' Forderung, seien gegenüber den Nationalsozialisten nun anstatt Spott endlich Lobgesänge angebracht. Die Partei sei die treibende Kraft für den prägnanten Aufbruch, sie habe den Weg vom Außenseitertum ins Zentrum der Politik genommen. Jetzt könne sich die Bevölkerung auf eine neue politische Lebendigkeit in Deutschland freuen:

> „Wo heute in Deutschland rebellierende politische Gruppen vorstoßen, wo die Ideale eines neuen Staatsbewußtseins mit Leidenschaft gefordert werden, wo man Protest einlegt gegen das Lügen- und Schandregiment dieser Republik, da geschieht es unter unserem Feldgeschrei." [274]

In blumigen Worten schrieb Goebbels lobpreisende Oden an die nationalsozialistische „Bewegung", rühmte die Erfolgsgeschichte der Partei und warb für die Wertschätzung der besonderen Rolle der SA-Männer, die den sozialistischen deutschen Nationalstaat jeden Tag aufs Neue erkämpften: „Wie damals, so tun sie heute Tag für Tag ihre Pflicht, ohne viel Ruhm für sich zu beanspruchen oder viel Aufsehen von sich zu machen."[275]

Die NSDAP tat sich insgesamt schwer damit, Wechselwähler zu mobilisieren und in das Lager der Arbeitnehmerschaft einzudringen. Um entsprechende Werbemaßnahmen attraktiver zu gestalten, kam der Gedanke einer so genannten Betriebszellenorganisation auf.[276] Seit Sommer 1928 bemühte sich Goebbels um die Gründung einer nationalsozialistischen Gewerkschaftsbewegung, auf dem Reichsparteitag 1929 wurde dann die Gründung der Nationalsozialistischen Betriebszel-

---

273 Goebbels bezog sich auf verschiedene Landtags- und Gemeindewahlen. Beachtliche Erfolge hatte die NSDAP in Lippe (3,3 Prozent, vormals 0,8 Prozent), Sachsen (5 Prozent, vormals 1,5 Prozent), Baden (7 Prozent, vormals 2 Prozent) und Thüringen (11,3 Prozent, vormals 4,6 Prozent) erzielt. Vgl. Longerich 1995: 270.

274 „Kampfjahr 1930" A/2.1.1930/1 (L1).

275 „Die alte Garde" A/20.4.1930/37 (L21). Diesen Titel trugen die Altmitglieder der NSDAP – also Personen, die am Hitlerputsch 1923 beteiligt gewesen waren, die das Goldene Ehrenzeichen hatten und die eine Mitgliedsnummer bis 100.000 besaßen. Die Angehörigen der sich in der „Kampfzeit" bewährten Formationen (SA und SS) wurden im NS-Sprachgebrauch ebenfalls so benannt. Charaktereigenschaften wie Treue und Kameradschaft wurden ihnen in besonderer Form zugestanden. Vgl. Schmitz-Berning 1998: 24–26. Zu diesem Themenblock zählen auch die Texte „Die Partei" A/30.3.1930/31 (L18), „So ein Sonntag" A/13.4.1930/35 (L20) und „Die Revolution als Ding an sich" A/27.4.1930/41. Letzterer Aufsatz erschien bereits im September 1926 in den *Nationalsozialistischen Briefen* (NSB/15.9.1926/19) und wurde im *Angriff* zum Zweitabdruck gebracht. Siehe auch „Führertagung" A/4.5.1930/43 (L23) und „Verbote" A/29.6.1930/64 (L31). Anlass für diesen letztgenannten Leitartikel war ein Uniformverbot, das für die SA erlassen worden war.

276 Dabei handelte es sich um eine begrenzte Organisationsform der NSDAP in wirtschaftlichen Betrieben. Die Betriebszelle war dem Vorbild der Kommunisten entlehnt, die bereits seit 1924 derartige kleinste Agitationseinheiten geschaffen hatten. Es handelte sich um kleinere Gruppen von Parteigenossen, die die Aufgabe hatten, ihre Kollegen für die nationalsozialistische Gedankenwelt aufzuschließen und die Arbeiter auf die Seite der NSDAP zu ziehen. Vgl. Schmitz-Berning 1998: 98; Berning 1964: 38.

len-Organisation (NSBO) beschlossen. Die Idee des Betriebsgruppensystems, das ganz bewusst nicht die Form einer neuen Gewerkschaft hatte, beschrieb Goebbels folgendermaßen:

> „Sie beruht darauf, mit Hilfe von kleinen Trupps, sogenannten Zellen, in die Betriebe einzudringen, sie allmählich mit unseren Gedankengängen zu infizieren, Betriebsgruppen zu bilden und von hier aus dem Nationalsozialismus in Fabriken und Kontoren die Bahn frei zu machen."[277]

Ziel war es, einerseits die eigenen Mitglieder besser zu schulen und gleichzeitig politische Erziehungsarbeit bei Arbeitern, Angestellten und Werkmeistern zu leisten. Die Betriebszellen sollten den außerparlamentarischen Kampf stärken, die nationalsozialistische Ideologie direkt in die Arbeiterschaft hineintragen und im günstigsten Fall neue Genossen für die NSDAP rekrutieren. Mit dieser Infiltration, die vordergründig als Wahrnehmung gewerkschaftlicher Interessen auf Betriebsebene und Unterstützung bei Streiks angepriesen wurden, versuchte Goebbels, an die traditionelle Wählerschaft von SPD und KPD heranzukommen.

Währenddessen verschärften sich stellenweise die parteiinternen Gegensätze. Der Zulauf von Mitgliedern aus dem nationalen und bürgerlichen Lager beunruhigte Goebbels. Hatte ihm bereits das Bündnis mit der nationalen Rechten nicht zugesagt, so hegte er mehr denn je Ängste einer Kontaminierung durch die Reaktion – die er hinter jedem und überall witterte: „Nun wanzen sie sich bei uns ein, die Maulhelden und Besserwisser, die Phrasendrescher und Klopffechters, die Ratgeber, die niemand um Rat gefragt hat, die Zeilenschinder und Wortverdreher: darum aufgepaßt!"[278]

Interessant erscheint in dieser Verknüpfung ein weiterer Artikel, der auf den ersten Blick den Legalitätskurs der NSDAP befürwortete, insgeheim aber das Erreichen der politischen Führerschaft auf parlamentarischem und somit demokratischem Weg ablehnte. Goebbels gehörte zu jener jungen Generation der Nationalsozialisten, die eine Revolution als Mittel zur Macht verlangten und die Anwendung purer Gewalt einer Weimarer Wahlurne vorzogen.

> „Kompromisse galten ihnen als Zeichen von Schwäche. Heroisches Handeln musste stattdessen rein, radikal und sachlich sein. Anstelle des schalen Parlamentarismus wollten sie das Ideal einer klassenlosen Volksgemeinschaft setzen, frei von störenden Fremdkörpern."[279]

---

277 „Betriebszellen" A/1.6.1930/55 (L27). Die Betriebszellen standen unter der Protektion des Berliner Gauleiters und waren vorerst auf den Gau Groß-Berlin begrenzt. Vgl. Höver 1992: 295f.; Mommsen 1989: 348; Fröhlich 1987: 512; Böhnke 1974: 170.

278 „Der ewige Kritikaster" A/6.7.1930/66 (L32). Dieser Ausdruck wurde bereits von Lessing verwendet und war die verächtliche Bezeichnung für einen unzulänglichen und kleinlichen Kritiker. Bei den Nationalsozialisten wurde das Wort von Goebbels in Umlauf gebracht und in der Alltagssprache zunehmend populär. Der Kritikaster war im propagandistischen Gebrauch ein Miesmacher, Nörgler und Querulant. Meist bezog sich dies auf die demokratische Methode des Meinungsaustausches und der konstruktiven Kritik, was von den Nationalsozialisten schon im Grundsatz abgelehnt wurde. Vgl. Schmitz-Berning 1998: 359; Berning 1964: 114.

279 Friedmann 2008: 39.

Gerade Goebbels, der sich als „Revolutionswächter"[280] verstand, musste einen
Weg finden, um einerseits seine Linie im *Angriff* zu wahren, andererseits keinen
Eklat mit Hitler zu provozieren. Folglich ist das, was in Goebbels' Zeitungstexten
als Begeisterung für die gegenwärtige NSDAP-Strategie apostrophiert wurde,
ausschließlich als vordergründige Zustimmung zu werten. Der Leitartikler schrieb
also: „Männer, die gestern noch als Phantasten, Hetzer, Putschisten und Hochver-
räter verschrien waren, stehen heute im Begriff, in ausschlaggebende Staatsstel-
len einzurücken. Die legale Eroberung der Republik ist in vollem Gange."[281] Hinter der diffizilen Semantik stand die Botschaft, dass die sowohl von den Demokraten als auch von der konservativen Einheitsfront[282] als Traumtänzer und keinesfalls ernstzunehmende Politprotagonisten belächelten Revolutionäre nach wie vor
ihre eigene Strategie im Sinn hatten. Indirekt angesprochen wurden damit jene,
die Goebbels' Visionen teilten.

2.3.5 Horst Wessel

In kontrapunktischen Darstellungen zeichnete Goebbels im *Angriff* das Bild von
heldenhaften Märtyrern auf der einen Seite und teuflischen Feinden auf der anderen. In „bezeichnender Imitation biblischen Tonfalls und unter Verwendung bibli-
scher Alliterationen"[283] beschwor er die nationalsozialistischen Helden und gestand ihnen wortreich zu: „Blut ist hier schon zur Alltäglichkeit geworden. Jeder
von ihnen trägt seine Narben."[284] Seine makaberen Schilderungen verzierte Goebbels mit detailgetreuen Beschreibungen von Kopfwunden und Bauchverletzungen,
um die Gewaltepisoden und Zusammenstöße dann lautstark zu verurteilen, ja um
zur Vergeltung für die schwer verletzten Kameraden aufzurufen. Sein Schlachtruf
war – wie die meisten Parolen und Aufrufe im *Angriff* – banal, aber wirkungsvoll:
„Haß auf den Lippen, Rache in den Fäusten."[285]
    Goebbels hatte es bislang nicht vollbracht, einen dauerhaft in Erinnerung
bleibenden deutschen Nationalhelden zu etablieren; weder der Fall Kütemeyer
noch die Figur des unbekannten SA-Mannes konnten dazu beitragen – „in einem
anderen Fall gelingt die Mythenbildung."[286]

---

280 Reuth 2000: 150.
281 „Männer der Zukunft" A/27.7.1930/70 (L35).
282 Die Nationale Einheitsfront war der Zusammenschluss verschiedener Parteien und Gleichge-
    sinnter zur Vertretung gemeinsamer Interessen, in diesem Fall für den Volksentscheid gegen
    den Young-Plan. Vgl. Berning 1964: 61. Siehe dazu auch Kapitel IV, 2.1.
283 Fest 2003: 121.
284 „Helden!" A/20.10.1929/81 (L41).
285 „Die Fahne hoch!" A/10.11.1929/87 (L44). Obwohl es in diesem Beitrag um eine Heldenbe-
    schwörung für Hans-Georg Kütemeyer ging (siehe dazu Kapitel IV, 1.5.5), wurde die Über-
    schrift bereits in Zusammenhang mit der gleich lautenden ersten Zeile des später als Horst-
    Wessel-Lied bekannten Textes gebracht.
286 Wildt 2005: 78f.

Seit Februar 1929 führte ein Berliner Pfarrerssohn namens Horst Ludwig Georg Erich Wessel den SA-Sturmtrupp 5 in der kommunistischen Hochburg Berlin-Friedrichshain an. Er hatte bereits eine beachtliche NS-Kleinkarriere hinter sich gebracht, war erst Mitglied der Bismarck-Jugend und dann des Wiking-Bundes gewesen, gehörte seit 1926 der NSDAP an und stieg durch seine aktive Jugendarbeit vom Straßenzellenleiter der Sturmsektion Alexanderplatz bis zum Sturmführer auf, wo er in einschlägigen Kreisen als „Nazi-Häuptling" bekannt war.[287] Das Hauptquartier der KPD gehört in seinen Aktionsradius, was ihn wiederum auf die Todesliste des „Roten Frontkämpferbundes" brachte. Denn die recht erfolgreichen Werbeaktionen des engagierten jungen Nationalsozialisten machten Wessel in der Konkurrenzsituation zwischen den Extremisten zum politischen Hassobjekt.

Als Wessel am 14. Februar 1930 niedergeschossen wurde, war eine Eskalation der Gewalt zu befürchten. Die KPD-Bezirksleitung bemühte sich, die Angelegenheit als einen Streit zwischen Zuhältern darzustellen. Goebbels erkannte, dass er diese Umstände, den Anschlag selbst und vor allem den Todeskampf Wessels im Hospital öffentlichkeitswirksam nutzen konnte. Ungeachtet der Diskrepanzen zwischen der tatsächlichen Person Horst Wessel und der ersehnten Idolfigur begann Goebbels, ein Heldensymbol zu erschaffen. Er schilderte in romantisch-dramatischer Weise nicht nur den Überfall auf den Sturmführer, sondern schlachtete auch die persönlichen Besuche am Krankenbett und vor allem die Agonie des jungen Mannes journalistisch aus. In krassen Bildern schilderte er den Untergang seines Parteikameraden und schrieb: „Essen darf er nichts. Trinken darf er nichts. Die Kugel steckt noch vor dem kleinen Gehirn. Sie hat ihm den Mund aufgerissen, Gaumen und Zunge durchschlagen"[288].

Wessels Geschichte wurde in Goebbels' Kampfblatt mit der Chancenlosigkeit jedes revolutionären Aufbruchversuchs gleichgesetzt. Das Attentat auf ihn musste von den Lesern als Meucheltat verstanden werden, dem der Aufruf zum Kampf gegen die Weimarer Republik folgen sollte. Durch die Figur Wessel sollten endlich sämtliche politischen Kräfte zur Fortführung der nationalen Revolution mobilisiert werden, so erhoffte es sich zumindest der *Angriff*-Herausgeber.

> „Je länger sich der Todeskampf Wessels, über den in jeder Nummer des *Angriff* ausführlich berichtet wurde, hinzog, desto mehr Menschen würden mitleiden und ihren Haß gegen die Täter und letztlich auch gegen das ‚System' richten, das solche Gewalt nicht zu verhindern imstande war, kalkulierte Goebbels."[289]

Um eine wahrheitsgemäße, faktenreiche Darstellung der Umstände ging es im Fall Wessel nicht. Einmal mehr zeigen die Aufsätze, wie widersprüchlich journalistische Darstellung und Realität sein können. Erst recht nach seinem Tod am 23.

---

287 Vgl. Siemens 2009: 9, 20, 33, 58; Reuth 2000: 114, 142, 152.
288 „Horst Wessel und die Giftbrut im Liebknecht-Haus" A/23.1.1930/8. Ähnliche Beschreibungen über die körperlichen Entstellungen finden sich auch im Leitartikel mit der Überschrift „Die Fahne hoch!" A/27.2.1930/21 (L11). Hier schrieb Goebbels: „Wie hat die Kugel in dem feinen Kopf dieses heldenhaften Jungen gewütet. Sein Gesicht ist entstellt. Ich kenne ihn kaum wieder. Er aber ist eitel Freude und Glück."
289 Reuth 2000: 160, kursiv im Original. Vgl. ebd.: 117.

Februar 1930 wurde die Botschaft verbreitet, Wessel habe für seine nationalsozialistische Überzeugung gelebt und sei deswegen von den politischen Gegnern ermordet worden. Fortan umgab ein Schleier der Verklärung die Person Wessel, deren Wirken und Leistung hervorgehoben werden und dann Unsterblichkeit erlangen sollte. Von Goebbels wurde er als „Christussozialist"[290] tituliert. Mit religiösem Vokabular wurde die Passionsgeschichte eines deutschen Messias erzählt; Wessel als ein „Geschöpf Goebbelsscher Propaganda"[291] sollte als zeitgenössischer Erlöser betrachtet werden. Eindringlich beschrieb der *Angriff*-Leitartikler in bizarren Nekrologen das Schicksal des Sturmführers; der Mythos einer unvergänglichen Heldenfigur entwickelte sich. Wessel avancierte zum Märtyrer; seine Tapferkeit und Opferbereitschaft wurde von Goebbels als vorbildlich gefeiert.

Die Proklamierung des neuen Helden fand bereits in den im *Angriff* abgedruckten emotionsgeladenen Nachrufen statt. „Auf dem Friedhof zog Goebbels in seiner Rede alle Register und erhob Horst Wessel zu einer Christusfigur der nationalsozialistischen Bewegung."[292] Trauermarsch und Beerdingung Wessels am 1. März 1930 waren eine einwandfrei durchorganisierte zeremonielle Inszenierung im Rahmen der als Propagandaschlacht gestalteten Totenfeier. Der Todestag wurde zukünftig in deutschlandweiten Heldengedenkfeiern und Totenehrungen für das beinahe götzenähnliche Leitbild begangen. In eindrucksvollen Großveranstaltungen und publikumswirksamen Massendemonstrationen wurde betont, dass jeder Nationalsozialist dem Vorbild Horst Wessel nachzueifern habe.[293]

Wesentliches Element dieser Wessel-Verehrung war auch die Einführung eines neuen Marsch- und Demonstrationsliedes, das schließlich als Horst-Wessel-Lied bekannt wurde und zu den Marksteinen geschichtspolitischer Instrumentalisierung gehört. Horst Wessel hatte bereits im März 1929 einen Liedtext verfasst, der im *Angriff* im September 1929 abgedruckt wurde. Die Verszeilen begannen mit dem Appell „Die Fahne hoch", das Kampflied selbst enthielt wesentliche Be-

---

290 „Bis zur Neige" A/6.3.1930/23 (L13). „Horst Wessel starb. Goebbels verfaßte einen Leitartikel voll von düsteren, realistischen Beschreibungen des mit dem Tode ringenden Helden, und er rief zur Tat auf. Der Tod hatte nicht das letzte Wort. Horst Wessel wurde zum Symbol der Bewegung, zu ihrem größten Märtyrer." (Bramsted 1971: 89). Siehe auch „Horst" A/9.10.1930/83 (L47). Dieser Artikel entstand anlässlich des 23. Geburtstages von Horst Wessel. Goebbels feierte darin einmal mehr die starke Symbolkraft des toten Kameraden und schrieb: „Ein junger Mann zeigt der Bewegung, wie man sterben kann, und wenn es notwendig ist, auch sterben muß."

291 Siemens 2009: 11. „Eine Haltung der Unterordnung, des Verzichts, des Dienens, der Hingabe bis zum Opfer des eigenen Lebens, die Nichtachtung der eigenen Person und deren restloses Aufgehen in einem höheren Wesen, zu dem dieses deutsche Volk erklärt wurde. Auch damit erwies sich die Ideologie der deutschen Faschisten als die totale Abkehr von den Prinzipien der Aufklärung, zu denen die Postulierung der Lebensrechte aller Menschen und die Freiheit der Selbstbestimmung gehört hatte." (Pätzold/Weißbecker 2002b: 266).

292 Wildt 2005: 78f. „Unmittelbar nach Wessels Tod begann Goebbels, den Verstorbenen zielstrebig als Vorbild für die Jugend und das kommende nationalsozialistische Deutschland aufzubauen." Siemens 2009: 29. Vgl. Klußmann 2005: 72; Knopp 1998: 42.

293 Vgl. Siemens 2009: 15, 30f.; Gailus 2003: 86; Reuth 2000: 157–161; Bramsted 1971: 83f., 88; Kessemeier 1967: 81f.

standteile der nationalsozialistischen Zukunftsvisionen und spiegelte in religiös-politischer Kriegsrhetorik jene völkische Agitation, die Horst Wessel von seinem Vater – einem Frontprediger – übernommen hatte.[294]

Binnen drei Jahren bekam das Horst-Wessel-Lied den Status einer zweiten deutschen Nationalhymne. Es galt als Weihelied der nationalsozialistischen „Bewegung" und wurde wie der Text eines Evangeliums vor allem von der SA inbrünstig in aller Öffentlichkeit, häufig im Anschluss an das Deutschlandlied und in der Art eines Glaubensbekenntnisses gesungen. Den Anhängern der Hitlerpartei diente es als mythisches Integrationsinstrument und gehörte später zum rituellen Grundinventar des „Dritten Reiches".[295]

2.3.6 Annäherungen an die Tageszeitung

Die ersten beachtlichen Erfolge der NSDAP bei den preußischen Gemeinde- und Provinziallandtagswahlen[296] im November 1929 wollte Goebbels auch für seinen Fortschritt nutzen. Seine Halbwochenzeitung hatte den Siegeszug der „Bewegung" lautstark mit angetrieben, so das Resümee des Herausgebers; nun sollte sich dies auch auszahlen. Nach dem Aufstieg der NSDAP zur Massenpartei sei es von großer Dringlichkeit, eine schlagkräftige und gut aufgemachte revolutionäre Tageszeitung herauszugeben:

> „Das heißt auf gut deutsch: die nächste Aufgabe der Berliner Organisation – und wir werden sie, wie immer, wenn wir etwas als notwendig und unerläßlich einsehen, sofort in Angriff nehmen – ist die Schaffung einer großen Berliner Tageszeitung. Sie soll unserem zahlenmäßigen Erfolg einen geistigen Unterbau geben"[297].

294 „Die Fahne hoch! Die Reihen dicht geschlossen!/ SA marschiert, mit ruhig festem Schritt./ Kameraden, die Rotfront und Reaktion erschossen,/ Marschier'n im Geist in unsern Reihen mit.// Die Straße frei den braunen Bataillonen!// Die Straße frei dem Sturmabteilungsmann!/ Es schauen aufs Hakenkreuz voll Hoffnung schon Millionen./ Der Tag für Freiheit und für Brot bricht an.// Zum letzten Mal wird Sturmalarm geblasen!/ Zum Kampfe stehn wir alle schon bereit./ Bald flattern Hitlerfahnen über allen Straßen,/ die Knechtschaft dauert nur noch kurze Zeit!" Vgl. Siemens 2009: 9, 40, 88 84; Gailus 2003: 86; Reuth 2000: 162. Wessel hatte auf bekannte Melodien und Liedtexte zurückgegriffen, die Tonfolge bekannter Volkslieder verknüpft und im Sinne der Gebrauchskunst mit seinem Text untermalt. Vermutlich war das Lied zu einer volkstümlichen und in Freikorps- und Marinekreisen bekannten Melodie entstanden, als Textvorlage wurde aller Wahrscheinlichkeit nach das von Reservisten gesungene so genannte Königsberg-Lied benutzt. Vgl. Informationsdienst 2006.

295 Vgl. Siemens 2009: 15, 82; Gailus 2003: 86; Reuth 2000: 160–162; Knopp 1998: 42; Mommsen 1989: 350; Oertel 1988: 113; Borresholm 1949: 61.

296 Die NSDAP steigerte sich um 18 Prozent und errang im Vergleich zu den Wahlen am 20. Mai 1928 (350.000 Stimmen) jetzt rund 900.000 Stimmen. Dies machte einen Anteil der Gesamtstimmen von fünf Prozent aus. In der Berliner Stadtverordnetenversammlung bekamen die Nationalsozialisten dadurch 13 Sitze. Vgl. Overesch/Saal 1992: 432f.

297 „Unsere nächste Aufgabe" A/24.11.1929/94 (L47). Siehe auch „An alle Mitglieder und Anhänger unserer Bewegung!" A/24.11.1929/96. Darin heißt es: „Zur energischen Fortführung des Kampfes um ein deutsches Berlin fehlt uns heute vorerst und in der Hauptsache noch die

Durch die neuartigen Verpflichtungen und Aufgabenstellungen nach dem politischen Aufstieg der Partei, so Goebbels' Begründung, sei die Gestaltung der öffentlichen Meinung mehr denn je notwendig. Um aus den Wählern jetzt nationalsozialistische Kämpfer zu machen, brauche es eine noch aggressivere, radikalere und damit wirksamere Presse.

Trotz aller Bemühungen fielen die Verhandlungen zum Presseprojekt nicht wunschgemäß aus. Statt den *Angriff* als Tageszeitung aufzuwerten, wurde der *Völkische Beobachter* ab dem 1. März 1930 auf Berlin ausgedehnt. Mit der Ansiedlung des *VB*, so hieß es offiziell, sei die Parteileitung den Forderungen der Gauleitung nach einer NS-Tageszeitung in der Reichshauptstadt nachgekommen. Goebbels war von diesem Umstand alles andere als beglückt. Dass er trotzdem den *Völkischen Beobachter* als Konkurrenzzeitung zur bürgerlich-demokratischen Großstadtpresse bejubeln musste, fiel ihm sichtlich schwer.[298] Er präsentierte sich in auffallend scheinheiligem Ton und mit nonchalanter Großzügigkeit. Wie auswendig gelernt klang seine ziemlich nüchterne Zustimmung zu der organisatorischen Mitarbeitergemeinschaft zwischen dem *VB* und dem *Angriff*. Dass er es begrüße, dass das Erscheinen seines Kampfblattes auch weiterhin sichergestellt sei und dass er die Entscheidung Hitlers ganz ausdrücklich respektiere, wurde in den Texten besonders betont.

Was im *Angriff* eher sachlich als gelungener parteiinterner Lösungsweg dargeboten wurde, hatte in Wirklichkeit einen explosiven Hintergrund. Es entwickelte sich ein außerordentlicher Zeitungsstreit, der zwischen den Strasser-Brüdern und Goebbels begann, durch Hitlers Verzögerungstaktik an Dynamik gewann und schließlich durch den Auftritt des *Völkischen Beobachters* in Berlin noch auf Rosenberg übertragen wurde.[299] Höhepunkt erreichte der Disput, als Goebbels die Stilllegung des Kampf-Verlages verlangte. Der publizistische Machtkampf wurde auf die emotionale Ebene geschoben, auf der Goebbels die persönliche Abrechnung mit Otto Strasser in beleidigender Weise austrug:

> „Findet er auf Grund seiner schriftstellerischen Begabung keinen ausreichenden Leser- und Zuhörerkreis, dann drängt er sich an eine Organisation heran, die andere geschaffen haben, und von der er anzunehmen scheint, daß sie allein für ihn geschaffen sei. Er denkt nicht daran, seine Feder in den Dienst dieser Organisation zu stellen. Er möchte vielmehr die Organisation in den Dienst seiner Feder stellen."[300]

Goebbels titulierte Strasser als Schreibtischtäter, der sich mit seinem Pseudo-Radikalismus und seiner politischen Leidenschaftslosigkeit mal als Literat und mal als Journalist versuche. Es folgte eine Schelte auf Strasser als Intellektuel-

---

große nationalsozialistische Tageszeitung in Berlin. Sie zu schaffen ist das Gebot der Stunde." In diese Kategorie fallen auch die beiden identischen Aufrufe an die Parteigenossen „Denkt an die Tageszeitung!" A/8.12.1929/101 und „Nicht erlahmen!" A/15.12.1929/104 sowie der Leitartikel „Die Tageszeitung" A/2.10.1930/81 (L45).

298 „Was macht die Tageszeitung?" A/6.2.1930/13 (L7) und „Mitteilung" A/6.2.1930/14.

299 Siehe dazu Kapitel IV, 3.2.

300 „Radikalismus der Literaten" A/11.5.1930/47 (L24).

len[301] – ein Motiv, das in Goebbels' Journalismus regelmäßig auftauchte und umso erstaunlicher ist, wenn man seinen eigenen Werdegang, seine persönlichen Vorlieben und seine Charaktereigenschaften berücksichtigt:

> „Das war das Paradoxe an Goebbels. Seine geistige Wendigkeit, sein Interesse an Theater und Musik, Ballett und Film, und sein Verständnis für all das, stempelten ihn zum Prototyp des Intellektuellen, den er aber andererseits, aus Gründen eines politischen Opportunismus, oft scharf angriff."[302]

Unabhängig von den Schwierigkeiten und Streitigkeiten rund um das Berliner Tageszeitungsprojekt wagte Goebbels nach dem Wahlerfolg bei den Reichstagswahlen einen erneuten Anlauf. Eindringlich trug er das Anliegen vor, dass er aus dem Notbehelf der Halbwochenschrift eine noch schärfere publizistische Waffe im Sinn der nationalsozialistischen Weltanschauung entwickeln wolle. Zum 1. November 1930 konnte er sich mit seinem Vorhaben dann endlich durchsetzen und den *Angriff* täglich herausgeben.

2.3.7 Sonstige Themenschwerpunkte

Einige der *Angriff*-Artikel sind eher als Einzelstücke zu bewerten, da sie sich nur schwer kategorisieren lassen. Dazu gehört ein Beitrag in der in loser Reihenfolge erscheinenden Rubrik „Der Bücherschrank". Goebbels schrieb an dieser Stelle eine Buchrezension, in der er die souveräne Sachkenntnis des Autors rühmte und das Werk als wichtige Erscheinung im Rahmen der Behandlung von zentralen gegenwärtigen Problemen wertete.[303] Als erwähnenswert erscheint dieser Zeitungstext, wenn man sich das Verhältnis zwischen Buchautor und Rezensent vor

301 Der Ausdruck wurde von den Nationalsozialisten abwertend und als Schimpfwort verwendet, für sie war ein Intellektueller ein einseitig verstandesmäßig geprägter, überkritischer und wurzeloser Mensch. An das Schlagwort band sich assoziativ auch der Antisemitismus, der Gebrauch fand fast ausschließlich in ablehnendem Sinn statt. In Deutschland fand der Begriff seit der Akademikerdebatte 1903 seine Verbreitung, hier wurde das Misstrauen der Arbeiter gegen die bürgerlichen Intellektuellen artikuliert. Seit dem Ersten Weltkrieg stand der Ausdruck im Kontext negativer Topoi, gerade Goebbels stellte dann die Antinomie von Intellektualismus und gesundem Menschenverstand sowie Intellekt und Charakter her. Vgl. Schmitz-Berning 1998: 317–322. „Er hat denn auch die Intellektuellen nahezu ebenso emsig bespuckt wie die Juden, sofern Intellektueller und Jude für ihn einfach ein und dasselbe war. In den Augen der führenden Nazis, und vermutlich auch in seinen eigenen, haben ihn denn auch sein Verstand, seine Formulierungskraft, sein Stilgefühl [...] viel nachhaltiger ,verkrüppelt' als sein Fuß. Die größte Genugtuung seines Lebens erfuhr er durch die Äußerung Hitlers, Goebbels sei der einzige Redner, den er anhören könne, ohne einzuschlafen: Diese Bemerkung ,rehabilitierte' ihn im Kreise derer – und das waren fast alle –, die Geist schlechthin als ,jüdischen' Geist in dem Maß verachteten, in dem er ihnen selber fehlte." (Hochhuth 1987: 195). Vgl. Reuth 2000: 164f.; Nill 1991: 174.

302 Bramsted 1971: 274.

303 „Reventlows Kriegsschuldbuch" A/17.11.1929/93. Der Artikel bezog sich auf das vom Reichstagsabgeordneten Ernst Graf zu Reventlow herausgegebene Werk mit dem monströsen Titel „Kriegsschuldlüge und Kriegsschuldlügner".

Augen führt: Sowohl während seiner Zeit als Schriftleiter der *Völkischen Freiheit* als auch als Mitarbeiter bei den *Nationalsozialistischen Briefen* wandte sich Goebbels in seinen Beiträgen gern scharf gegen Ernst Graf zu Reventlow. Im Zusammenhang mit dem parteiinternen Generationenproblem hatte Goebbels dem Vertreter der Völkischen mehrfach vorgeworfen, dass er mit seiner bürgerlichen Fasson die soziale Linie blockiere und dass ihm sowohl Kampfgeist als auch politische Leidenschaft fehlten.[304] Dass ihm Goebbels nun geradezu handzahm einen Platz im *Angriff* zugestand und ihn dort auch noch zuvorkommend lobhudelte, hing wohl damit zusammen, dass der Graf inzwischen als Reichstagsabgeordneter der NSDAP fungierte und somit das Wohlwollen Goebbels' genoss.

Auffällig ist, dass die Beschäftigung mit dem Judentum im *Angriff* in der zweiten Untersuchungsphase im Vergleich zu Abschnitt I äußerst gering war. Es fand sich nur eine Veröffentlichung, in der Goebbels allerdings keine Verunglimpfung der Juden als „landesverräterische Subjekte" und „minderwertigen Pöbel" aussparte.[305] Elegisch beschrieb er den deutschen Soldaten, um dann den Kontrast zum „jüdischen Parasiten" zu zeichnen.

Der Straßenkampf, der in Berlin zwischen den Anhängern des Nationalsozialismus und den Vertretern der marxistischen und kommunistischen Weltanschauung vonstatten ging, fand auch in Goebbels' Leitartikeln seinen Niederschlag. Die Behauptung, dass Bolschewismus, Revolution und Judentum identisch seien, gewann beim zunehmend verängstigten Bürgertum an Plausibilität.[306] Auch Goebbels nutzte die antisemitischen Klischees, um in seinem Journalismus enge Verbindungen zum „internationalen Marxismus" zu konstruieren. Seine publizistischen Offensiven galten in erster Linie den Anhängern von KPD und SPD sowie den Aktivisten der radikalen Linken. Indem er die anhaltende Fehde gegen den Marxismus in aller Deutlichkeit akzentuierte, wollte Goebbels auch den leisesten Verdacht ausräumen, die Nationalsozialisten könnten in irgendeiner Weise mit den Bolschewisten identisch sein.[307]

> „Ausdrücklich betont Goebbels, daß der Sozialismus der NSDAP nicht mit Marxismus oder Bolschewismus zu tun habe, vielmehr seien die Nationalsozialisten die entschiedensten Feinde der deutschen Kommunisten. Nach Goebbels ist der Sozialismus der NSDAP das Ergebnis eines nationalen Gerechtigkeitsgefühls, das sich mit höchstem Verantwortungsgefühl gegenüber den breiten, arbeitenden Massen paare."[308]

---

304 Siehe dazu Kapitel III, 2.6.2 und III, 4.5.2.

305 „Gesinnungsperversion" A/2.2.1930/11 (L6).

306 Vgl. Jahr 2008: 43.

307 „Halbe Bolschewisten" A/27.4.1930/39 (L22). Auslöser für diesen Leitartikel waren Kommentare in der bürgerlichen Presse, in denen die Nationalsozialisten als „rote Demagogen" und „verkappte Marxisten" bezeichnet worden waren; auch die Behauptung, die NSDAP würde einen nur national angestrichenen Marxismus predigen, wurde darin transportiert. Siehe auch den Beitrag „Sozialismus" A/20.7.1930/69 (L34).

308 Moores 1997: 519. Vgl. Höver 1992: 114; Oertel 1988: 81; Kessemeier 1967: 73–76.

Einen Ausflug in das Feuilleton gönnte sich Goebbels mit einer fünfteiligen Serie, in der er seine neuesten Reiseerlebnisse verarbeitete.[309] Die ausführlichen und teilweise persönlich gehaltenen Reportagen scheinen nur auf den ersten Blick leichte und unterhaltsame Lektüre zu sein; im Kern hatten sie politische Anliegen. Neben den Beschreibungen von Naturschönheiten, Landschaft und kulinarischen Eigenheiten kommentierte Goebbels auch die skandinavische Heeresgeschichte und die im Land praktizierte Sozialdemokratie. Er pries das „erwachende Germanentum" und den vorbildlichen Patriotismus der schwedischen Regierung.

Dass das journalistische Arbeiten auch seine juristischen Nebenwirkungen hatte, davon konnte sich der *Angriff*-Leser wiederholt überzeugen. Die zahlreichen Prozesse, in denen sich Goebbels für Reden, Flugschriften und Zeitungsartikel zu verantworten hatte, verarbeitete er journalistisch und mit allerlei Spitzfindigkeiten gegen die deutsche Justiz.[310] Er diffamierte die Ankläger ebenso wie die Richter, amüsierte sich in aller Öffentlichkeit über die deutsche Bürokratie und ihre amtlichen Vertreter, zeigte das Interpretationsvolumen der einzelnen Urteile auf und gab somit die Weimarer Republik wieder einmal dem Spott der Leserschaft preis.

2.4 Weitere journalistische Aktivitäten

> „Nachmittags zu Hause Aufsätze geschrieben.
> Ich habe jetzt rechte Wut zum Arbeiten."[311]

Wenn auch weiterhin nur in geringer Anzahl, so veröffentlichte Goebbels auch in anderen Printmedien verschiedene Textbeiträge. Teilweise handelte es sich um Zweitpublikationen; der Journalist tauschte seine Beiträge innerhalb der ihm zugänglichen NS-Presse aus. Seine Aufsätze passte er stilistisch den verschiedenartigen Charakteren der Organe geringfügig an. In den monatlich oder jährlich erscheinenden NS-Periodika publizierte er sogar recht ausführliche Traktate.

Zwei Publikationen müssen als Fehlbestand ausgewiesen werden: Erstens das Mitteilungsblatt der NSDAP-Sektion Alexanderplatz *Rund um den Alex* – eine Druckschrift, für die Goebbels als verantwortlicher Redakteur zeichnete, was er zu einem späteren Zeitpunkt im Rahmen einer Anklage allerdings bestritt.[312] Zweitens eine „Proklamation!" in der *Harburger Kreiszeitung*, die Goebbels während des Wahlkampfes im Herbst 1930 veröffentlichte. Die *Harburger Kreiszeitung* des Gaues Ost-Hannover trug den Untertitel *Nationalsozialistisches Heimatblatt für den Landkreis Harburg* und erschien drei Mal pro Woche mit jeweils

---

309 „Schwedenfahrt" A/1.5.1930/42, A/4.5.1930/44, A/8.5.1930/46, A/11.5.1930/49 und A/15.5. 1930/50. Goebbels begleitete Hermann Göring im April 1930 eine Woche bei Familienbesuchen in Schweden. Ähnlich wechselhaft wie zu Gregor Strasser war Goebbels' Verhältnis zu Göring, auf den er unterschiedlich gut zu sprechen war. Vgl. Wunderlich 2002: 62.

310 „Hochverrat" A/15.6.1930/60 (L29).

311 sogGTb 5.1.1929.

312 Vgl. Reuth 1992: 591.

1.000 Exemplaren.[313] Vermutlich enthielt Goebbels' Beitrag einen Wahlaufruf, wie er bereits im *Angriff* erschienen war.[314]

In Phase II des Untersuchungszeitraums veröffentlichte Goebbels vier Artikel außerhalb des *Angriffs*: Sein Text mit der Überschrift „Erziehung und Führerschicht"[315] erschien sowohl im *Völkischen Beobachter*[316] als auch ein zweites Mal in identischer Form und mit der gleichen Überschrift im *Nationalsozialistischen Jahrbuch* des Jahres 1930. Darin beschäftigte er sich explizit mit der Frage, wie die deutsche Nation politisch im Sinne des Führerprinzips erzogen werden könne. Hierzulande, so Goebbels' Ausführungen, habe es bislang eine miserable (politische) Bildung gegeben. Folglich habe sich innerhalb der Bevölkerung die Meinung verfestigt, Politik sei schädlich. Dem gegenüber malte Goebbels in tönenden Vokabeln und mit martialischen Sprüchen die Führerautorität aus: Wenn die Rede von der charismatischen und genialen Führerfigur war, die die Gemeinschaft in ein besseres Schicksal leiten könne, dann sollte dem Leser damit die nationalsozialistische Hierarchie schmackhaft gemacht werden. Goebbels trieb so einerseits die Popularisierung des Führergrundsatzes voran, andererseits plädierte er für die Einführung einer bewusst gelenkten politischen Erziehungsarbeit im Volk, ohne die seiner Vorstellung nach der Führergedanke nicht greifen konnte.[317]

Anlässlich der Landtagswahlen in Sachsen (22. Juni 1930) erschien ein Artikel unter der Überschrift „Regierungsbeteiligung?"[318] als Zweitpublikation in der *Schleswig-Holsteinischen Tageszeitung*. Diese Veröffentlichung ist interessant, wenn man den Hintergrund beachtet: Die *Schleswig-Holsteinische Tageszeitung* wurde als amtliches Organ der NSDAP seit 1928 in Itzehoe verlegt (Felix Burzinsky, Buch- und Kunstdruckerei) und war das Prestigeobjekt des Gauleiters Heinrich Lohse. Als Hauptschriftleiter hatte Gregor Strasser dort seinen Protegé

---

313 Vgl. Stein 1987: 13.

314 Siehe die Beiträge „An den deutschen Arbeiter!" A/24.8.1930/74 (L39), „An das schaffende deutsche Volk!" A/31.8.1930/75 (L40) und „Die letzte Wahllüge" A/7.9.1930/77 (L41). Darin forderte er zum aktiven Kampf gegen den Kapitalismus in Deutschland, den Parlamentarismus, die bürgerlichen Parteikader und das Weimarer Parteiensystem auf.

315 VB/16.11.1929/1 und NSJ/1930/1.

316 Seit dem 1. Februar 1927 erschien der *Völkische Beobachter* in zwei Ausgaben: neben der Bayernausgabe gab es nun auch eine Reichsausgabe. Anfangs war die Auflage noch recht bescheiden, lag 1926 bei knapp 11.000 und 1927 bei rund 14.000 Stück. Die Gesamtauflage des Blattes lag 1929 dann bereits bei 18.400 Exemplaren. Vgl. Pätzold/Weißbecker 2002a: 101.

317 Das Führerprinzip (Führergrundsatz) galt den Nationalsozialisten als Gegensatz zum demokratischen Massen- und Mehrheitsgedanken. Propagiert wurde dabei ein pyramidenförmiger Aufbau der nationalsozialistischen „Bewegung", an der Spitze stand der „Führer" – also Adolf Hitler – als Personifizierung des Volkswillens. Die Idee vom wahren Staat (völkische Demokratie) als organischer und gestufter Staat, in dem auch eine intensive Gemeinschaftsbildung stattfinden konnte, wurde innerhalb der NS-Weltanschauung als eine Art Grundgesetz betrachtet. Vgl. Sontheimer 2004: 21; Schmitz-Berning 1998: 245–247; Berning 1964: 84.

318 S/1930/1. Goebbels hatte diesen Text drei Tage vorher am Wahltag im *Angriff* unter der identischen Überschrift abgedruckt: A/22.6.1930/62 (L30). Vermutlich erhoffte er sich durch die Publikation in der nationalsozialistischen Regionalpresse einen zusätzlichen Leserkreis.

Bodo Uhse eingesetzt.[319] Diese erste norddeutsche NSDAP-Tageszeitung sollte die Propagandaarbeit in der Nordmark voranbringen. Uhse führte das Blatt auf einem radikalen Kurs und betrachtete es als seine publizistische Waffe im Dienst der „deutschen Revolution". Der Chefredakteur setzte dabei deutlich antidemokratische, sozialistische und antisemitische Akzente. Insgesamt war die *Schleswig-Holsteinische Tageszeitung* eine Mischung aus nationalsozialistischem Agitationsblatt, integrativem Mitgliederorgan der regionalen NSDAP-Verbände und Heimatzeitung mit familiärem Charakter.[320] Betrachtet man also diese Linie des Blattes, so ist es kaum verwunderlich, dass Goebbels hier veröffentlichte. Dass hingegen ein Strasser-Mann die Zeitung leitete, dürfte einmal mehr zeigen, dass Goebbels diesen Kreisen auch 1930 noch nicht gänzlich abgeneigt war und die Fronten keinesfalls vollständig verhärtet waren.

Seit April 1930[321] gab der Parteiverlag Franz Eher (München) im Auftrag der NSDAP die *Nationalsozialistischen Monatshefte* (Untertitel: *Wissenschaftliche Zeitschrift der NSDAP*) heraus.[322] Die Schriften wurden von Alfred Rosenberg

319 Bodo Uhse war Volontär beim *Bamberger Tageblatt*. Nach ersten politischen Kontakten zu Julius Streicher schloss er sich 1927 dem linken Flügel der NSDAP an. Durch Gregor Strassers Hilfe wurde er erst Chefredakteur des *Donauboten* in Ingolstadt und dann der *Schleswig-Holsteinischen Tageszeitung*. Seit 1930 gab er das Beiblatt *Der Proletarier* heraus und wurde aufgrund seiner zunehmenden kommunistischen Gesinnung und Mobilmachung gegen Hitlers bürgerlichen Kurs aus der Partei ausgeschlossen. Vgl. Wikipedia 2006.

320 Die erste Ausgabe der Zeitung, die täglich außer montags zu haben war, erschien am 3. Januar 1929. Das Startjahr brachte 2500 Abonnenten, die Anzahl konnte bis 1933 auf 14.000 gesteigert werden. Vgl. Wikipedia 2006; Stein 1987: 82; Rietzler 1983: 118–121; Hartmann 1936: 307–311.

321 Interessant sind in diesem Zusammenhang Goebbels' Notizen von 1927, in denen die *Nationalsozialistischen Monatshefte* bereits angekündigt wurden und er angeblich als Schriftleiter im Gespräch war: „Am 1. April kommen nationalsozialistische Monatshefte. Ich soll Schriftleiter werden." (sogGTb 26.2.1927). Ebenso wie im Folgenden: „Überraschung: die Parteileitung bietet mir die Redaktion der N.S. Monatshefte an." (sogGTb 8.3.1927). „Die Parteileitung und der Verlag Eher bieten mir die Schriftleitung der N.S. Monatshefte an, die ab 1. Juli in München vom Chef herausgegeben werden: So sehr ich mich darüber freue, so fürchtbar ist mir der Rattenschwanz von Intriguen, die sich bereits daran anschließen." (sogGTb 9.3.1927). „Nachher mit Amann lange Aussprache. Neckisches Intrigenspiel um die ‚N.S. Monatshefte'." (sogGTb 4.5.1927). Weitere Hinweise finden sich auch in der Fachliteratur: „Da Goebbels noch in seiner Elberfelder Zeit bewiesen hatte, dass er fähig war, eine niveauvolle geistige und politische Auseinandersetzung mit den Kommunisten, z.B. in den von ihm verantworteten ‚Nationalsozialistischen Monatsheften' zu führen, kann nur angenommen werden, daß er selbst seine Berliner Anhängerschaft für unfähig hielt, eine politische Auseinandersetzung mit den linken politischen Gegnern zu führen." (Kruppa 1988: 361). Tatsächlich wurden die Pläne des Eher-Verlages erst drei Jahre später umgesetzt. Goebbels kommentierte das Erscheinen des neuen Presseorgans folgendermaßen: „Sonst viel Uninteressantes. N.S. Monatshefte. Von Rosenberg herausgegeben. Gut. Nur aufdringlich persönlich von Fredi. Na ja!" (sogGTb 10.4.1930).

322 Nicht zu verwechseln mit *Nationalsozialistische Monatshefte. Zeitschrift für nationalsozialistische Weltanschauung*, die vom Nationalsozialistischen Verein für Österreich seit 1924 herausgegeben wurden. Schriftleiter dieser Hefte, die einmal monatlich in Wien (Buch- und

redigiert und stellten die Nachfolge des 1929 eingegangenen *Akademischen Beobachters* dar.

> „Die ‚Nationalsozialistischen Monatshefte' erscheinen als wissenschaftliche Monatsschrift mit der Aufgabe, das gesamte nationale, kulturelle und wirtschaftliche Leben des Volkes in seinen Grundfragen zu prüfen und Ansätze neuen geistigen Denkens zu vermitteln."[323]

Als Herausgeber des politisch-wissenschaftlichen Diskussionsforums zeichnete Hitler selbst. Goebbels publizierte hier erstmals im August 1930.[324] Wieder einmal nutzte er dabei die Gelegenheit, um in aufsässigem Ton das Bürgertum anzugreifen, dem er jeden Nationalstolz absprach. Der Beitrag ist in Hinblick auf die Reichstagswahlen zu verstehen, in deren Rahmen eine Annäherung der Nationalsozialisten an den Rechtskonservatismus stattfand. Goebbels wies in dem Elaborat ausdrücklich darauf hin, dass es nicht möglich sei, mit den bürgerlichen Parteien und ihrem „beschränkten Untertanenverstand", ihrer übersteigerter Profitgier sowie ihrer Rolle als „Bettgenossen des roten Marxismus" einen gemeinsamen Kampf um das deutsche Vaterland zu führen.

3. HERAUSGEBER DER TAGESZEITUNG (NOVEMBER 1930–JANUAR 1933)

3.1 Historischer Kontext

> „Man kann keine Politik machen, wenn man die Presse nicht in der Hand hat."[325]

Nach den Wahlen im September 1930 verlagerte sich die verfassungspolitische Frage vom Gegensatz Republik vs. Monarchie hin zu Rechtsstaat vs. Diktatur. Die deutsche Politik kam nicht umhin, die neue nationalsozialistische Massenbewegung wahrzunehmen und Überlegungen anzustellen, ob Zusammenarbeit oder Abwehr die richtige Strategie wäre. Die Angst vor einem weiteren politischen Rechtsruck durch eine mögliche Kooperation Brünings mit Hugenberg, Hitler oder sogar beiden sorgte bei den Sozialdemokraten für eine Tolerierungspolitik, die oftmals an Selbstverleugnung grenzte. Die SPD steckte in einem Dilemma, da sie in ihrer Oppositionsrolle gegen den Kanzler auch die schwelende Gefahr einer Ablösung durch Hitler erkannte. Sie wählte also das kleinere Übel und unterstützte fortan Brünings autoritäre und unsoziale Deflations- und Reparationspolitik.

Kunstdruckerei Rudolf Stanzell) erschienen, war Leo Haubenberger. Vgl. Bömer 1937. Sie enthielten allerdings keine Beiträge von Joseph Goebbels.

323 Six 1936: 53. Vgl. Piper 2005: 142; Münster 1941: 146.

324 „Das patriotische Bürgertum" NSM/1930/1. Der Aufsatz trug den ausschweifenden Untertitel „Deutsche Volkspartei, Deutschnationale Volkspartei, Deutschnationale Volkskonservative und Christlich-nationale Bauern", womit der Inhalt bereits auf den Nenner gebracht wurde.

325 sogGTb 13.4.1930.

„Tatsächlich belasteten die Reparationszahlungen von Beginn an die Republik. 1929 machten die Zahlungen immerhin 17 Prozent des gesamten Werts der deutschen Exporte aus. Unzumutbar freilich waren die Forderungen nicht. Brüning aber stilisierte sie zu einem Kardinalproblem hoch. Er nahm sogar die Verelendung weiter Teile der Bevölkerung in Kauf, bloß um den Siegermächten zu demonstrieren, dass Deutschland viel zu arm sei, seinen Verpflichtungen nachzukommen. Wie besessen war Brüning von dieser Idee des Gesundschrumpfens, das in Wahrheit ein Kaputtsparen war. Der ‚Hungerkanzler‘, als der er bald bezeichnet wurde, schlug einen gnadenlosen Deflationskurs ein – und verschärfte die Krise damit noch.“[326]

Die Jahre 1930 bis 1932 waren durch Erlasse und Novellierungen der Notverordnungen[327], die Verwendung außerordentlicher Vollmachten gemäß Artikel 48 der Weimarer Verfassung, mehrmalige Auflösungen des Reichstages und einen gegen das Parlament arbeitenden Kanzler gekennzeichnet. Nach dem Ende der Großen Koalition hatte sich die politische Symmetrie in irreversibler Weise nach rechts verschoben. Die beiden Kanzlerjahre Heinrich Brünings glichen einem atemlosen Krisenmanagement.[328]

Das Jahr 1931 brachte durch die nicht enden wollende wirtschaftliche Depression eine weitere Krisenverschärfung mit sich. Die Arbeitslosigkeit entwickelte sich so rasant, dass die im Januar registrierten 4,8 Millionen Erwerbslosen binnen eines Jahres auf über sechs Millionen anstiegen. Die politische Radikalisierung ließ nicht lange auf sich warten – Hunger und Verelendung ließen das Vertrauen der Bevölkerung in das politische System schwinden.[329] Hatte am 10. Februar 1931 die Nationale Opposition mit dem geschlossenen Auszug aus dem Reichstag ihren politischen Widerstand gegen Brünings Obrigkeit bekundet, so breitete sich anschließend die gemeinsame Demonstration gegen die Demokratie im Parlament

---

326 Jung 2008: 26. Dem glühenden Nationalisten Brüning, der als kontaktscheu und asketisch galt, fehlte vor allem der Modernisierungswille. Stattdessen setzte er auf eine Parallelpolitik, durch die die Steuern auf ein beispiellos hohes Niveau kletterten und durch die bei der Bevölkerung nur noch sehr niedrig möglichen Ausgaben im Alltag und die dem gegenüber doch massiven Abgaben an den Staat die Konjunktur vollends abgewürgt wurde. Brünings brachiale Sparstrategie begründete er mit den mutmaßlichen Selbstheilungskräften der Wirtschaft. Die Rezession, so plädierte der Reichskanzler, sei insgesamt in einem großen Genesungsprozess zu betrachten. Tatsächlich aber schloss sich eine ökonomische Depression an, die innerhalb der Bevölkerung für Katastrophenstimmung sorgte. Die von der Arbeitslosigkeit betroffenen Menschen entkoppelten sich zunehmend von der Gesellschaft, verloren an Selbstvertrauen und folgen den Versprechungen der extremen Demagogen. Vgl. Jung 2008: 27; Wirsching 2000: 35f.; Longerich 1995: 310f.

327 1930 verabschiedete der Reichstag fünf Notverordnungen, im Folgejahr waren es 41 und im Jahr 1932 wurden sogar 66 Notverordnungen erlassen. Vgl. Lange 1987: 1025.

328 Vgl. Kolb 2000: 128f.; Wirsching 2000: 33–35; Winkler 1993: 394f.

329 „Die zwei Jahre Agonie der Weimarer Republik waren von steigenden Problemen und fast allen gesellschaftlichen Ebenen gekennzeichnet, und sie endeten in chaotischen Verhältnissen. Die Weltwirtschaftskrise, die Erblasten und Geburtsfehler der jungen Republik (die Kriegsschuldproblem, die Reparationslasten, der Mangel an Demokraten und an demokratischen Auseinandersetzungsformen überhaupt) – sie ergaben ein nicht mehr beherrschbares Konglomerat, das immer mehr Menschen mit Gewalt und autoritären Methoden aus der Welt schaffen wollten. Schon zu Beginn des Jahres 1931 waren 5 Millionen Menschen arbeitslos.“ (Bering 1991: 94, Klammer im Original). Vgl. Reuth 2000: 203; Böhnke 1974: 137.

weiter aus und gipfelte in einem Generalangriff auf die Regierung.[330] Diesen ver-
härteten Fronten im Reichstag folgte die gewaltsame Auseinandersetzung auf der
Straße. Hinzu kam der Auftritt einer paramilitärischen Organisation unter dem
Namen „Harzburger Front", die in verschiedenen Aktionen lautstark den Rücktritt
von Heinrich Brüning forderte.[331]

Während sich die innenpolitische Lage für den Reichskanzler verschärfte und
zusehends aussichtslos wurde, vergrößerte sich der außenpolitische Handlungsspielraum der deutschen Regierung. Nicht umsonst hatte Brüning sein Hauptaugenmerk auf Verhandlungen mit den europäischen Nachbarn gelegt.[332] Er brachte
es fertig, dass verschiedene Untersuchungen zur deutschen Auslandsverschuldung
durchgeführt wurden; auch klärte er die Bedingungen für etwaige Stillhalteab-
kommen[333] und rief mehrere Sachverständigenkommissionen ein, um die Erneuerung der deutschen Kreditwürdigkeit und die Wiederherstellung ökonomischer
Prosperität zu fördern. In den Bemühungen des amtierenden Reichskanzlers drehte sich meist alles um eine richtungweisende Entlastung: „An oberster Stelle stand
für ihn der Abbau der Reparationsforderungen. Unter allen Umständen wollte
Brüning Versailles revidieren und das Reich wenigstens von dieser finanziellen
Kriegsfolge befreien."[334]

Das Jahr 1932 ging als „Superwahljahr" in die Geschichte ein.

> „In den meisten Reichsteilen hatten die Bürger fünfmal die Wahlurnen aufzusuchen, ein-
> schließlich der beiden Wahlgänge zur Reichspräsidentenwahl am 13. März und am 10. April
> 1932. Für die NSDAP standen in diesem zum ‚Entscheidungsjahr' erhobenen Wahljahr ins-
> gesamt 13 Wahlen an."[335]

---

330 Als am 7. Oktober die DVP in die Opposition wechselte, wurde eine Kabinettsumbildung
veranlasst. Der Reichskanzler trennte sich von einigen Ministern, die dem Reichspräsidenten
missfielen. Es entstand eine gefährliche Machtkonzentration bei Heinrich Brüning und seinem Reichswehrminister Wilhelm Groener. Vgl. Kolb 2000: 133; Winkler 1993: 430.

331 Die Initiative war am 11. Oktober in Bad Harzburg gegründet worden, sowohl Hugenberg
und die DNVP als auch NSDAP, Stahlhelm, Reichslandbund und Alldeutscher Verband hatten sich hier zusammengeschlossen. Das linke Gegenstück unter dem Namen „Eiserne Front"
wurde am 16. Dezember 1931 gebildet. Diese Verbindung wiederum bestand aus Mitgliedern
des Reichsbanners, der Gewerkschaften und der Arbeitersportverbände. Vgl. Sösemann
2002a: 365–373; Kolb 2000: 132; Reuth 2000: 206f.; Winkler 1993: 431; Deutscher Bundestag 1981: 301; Bracher 1978: 360f.

332 Als wichtige Idee galt die deutsch-österreichische Zollunion, denn es war der Versuch, die im
Versailler Vertrag festgeschriebenen Rüstungsbeschränkungen aufzuheben. Das brisante Pro-
jekt sollte vom Gerichtshof in Den Haag geprüft werden, da Frankreich darin den ersten
Schritt hin zu einem Großdeutschland sah. Als ausländische Kapitalanleger daraufhin ihre
Kredite zurückriefen, wurde der Plan der Zollunion zwar wieder verworfen, er hatte aber be-
reits zu einer weiteren Verschlechterung der Wirtschaftslage und zu einer neuen deutschen
Bankenkrise geführt. Vgl. Longerich 1995: 308; Winkler 1993: 429; Bracher 1978: 352f.

333 Am 20. Juni schlug der US-amerikanische Präsident Hoover ein einjähriges Moratorium für
die internationalen Zahlungsverpflichtungen vor. Gegen den Widerstand Frankreichs wurde
der Plan im August des Jahres weiter verfolgt, führte sogar 1932 zur Streichung der interalli-
ierten Schulden.

334 Jung 2008: 26. Vgl. Kolb 2000: 130; Longerich 1995: 306; Winkler 1993: 415f.

335 Paul 1992: 95.

Zwar zeigten die Nationalsozialisten im permanenten Wahlkampf, dass „die NS-Propagandamaschine Themen und Tempo der Auseinandersetzung"[336] diktierte, doch die geringen Aussichten Hitlers auf eine Kanzlerschaft brachten die Partei an den Rand des finanziellen und emotionalen Ruins.

Den Anfang machten die Wahlen zum Reichspräsidenten. Im Frühjahr ging die siebenjährige Amtsperiode des 85-jährigen Paul Hindenburg zu Ende. Er stellte sich zur Wiederwahl, seine politischen Gegner hießen Adolf Hitler (NSDAP), Theodor Duesterberg (Stahlhelm) und Ernst Thälmann (KPD).

> „Der Propaganda kam es darauf an, Hitler nicht als einen von mehreren Kandidaten, sondern siegesgewiß bereits als künftigen Reichspräsidenten zu präsentieren [...]. Als ‚Führer' des ‚jungen Deutschland' sollte Hitler dem ‚sterbenden System' und dem greisen Reichspräsidenten gegenübergestellt werden."[337]

Beim ersten Wahlgang am 13. März verfehlte Hindenburg nur knapp die absolute Mehrheit, wurde aber am 10. April wiedergewählt.[338] Dieser Sieg war vor allem auf die Tolerierungspolitik der Sozialdemokraten zurückzuführen, die einen Monarchisten – wenn auch mit einem ambivalenten Verhältnis zum demokratischen Staatswesen – an der Spitze der Weimarer Republik einer Diktatur durch die Nationalsozialisten vorzogen.[339]

Die innenpolitische Lage verschärfte sich drastisch: Die Parteien (insbesondere NSDAP und KPD) trugen ihren politischen Kampf in brutaler und schonungsloser Form aus, was eine bürgerkriegsähnliche Situation in Deutschland hervorrief. Die verheerende Wirtschaftskrise führte zu einem Anstieg des Extremismus und der politisch motivierten Gewalt:

> „Die Arbeitslosenzahl stieg auf über sechs Millionen, die Regierung kürzte daraufhin die Arbeitslosen-, Krisen- und Wohlfahrtsunterstützung. Man dachte nicht soziologisch, sondern fiskalisch; aber die Zahlenreihen der Abrechnung erschienen in Marschordnung auf den Straßen."[340]

Um den zügellosen Ausschreitungen zu begegnen, öffentliche Versammlungen zu unterbinden, Verbote für Uniformen und Abzeichen zu erlassen und zum Schutz des inneren Friedens etwaige politische Aktionen einzuschränken, bediente sich Brüning der Notstandsverordnungen als gängiges Mittel der Staatsführung. Das von den Ländern lange geforderte SA- und SS-Verbot wurde vom Reichspräsidenten am 13. April 1932 durchgesetzt und auf sämtliche militärähnliche Verbände der NSDAP angewendet. Hindenburg selbst stand der Verordnung skeptisch gegenüber und glaubte nicht daran, dass sie zur inneren Befriedung beitragen könne. Er wollte in den Organisationen keine Gefahr sehen und konnte in der Auflösung bestimmter Gruppen keine Risikominimierung

---

336 Frei/Schmitz 1999: 21. Vgl. Fischer 1981: 510f.
337 Paul 1992: 97. Vgl. Kolb 2000. 133; Wirsching 2000: 36; Lange 1987: 1019f.
338 Ergebnisse des ersten Wahlgangs: Hitler 30,1 Prozent (11,3 Millionen Stimmen), Thälmann 13,2 Prozent, Duesterberg 6,8 Prozent. Ergebnisse des zweiten Wahlgangs: Hindenburg 53 Prozent, Hitler 36,8 Prozent (13,7 Millionen Stimmen), Thälmann 10,2 Prozent, Duesterberg zurückgetreten.
339 Vgl. Winkler 2000: 504; Longerich 1995: 316f.
340 Pross 2000: 63. Vgl. Grund 1976: 15.

Auflösung bestimmter Gruppen keine Risikominimierung erkennen. Ein Verbot, so befürchtete er, verstärke die Radikalisierung in Deutschland. Er wünschte sich politische Versöhnung als probates Mittel zur Befriedung der Republik, zumal ihm ganz persönlich das Einschreiten gegen die politische Rechte widerstrebte.[341]

Auch Reichswehrminister Kurt von Schleicher konnte das Verbot nicht begrüßen. Es störte seine laufenden Bemühungen, Brüning zu stürzen und hierfür eine Regierungsbeteiligung der NSDAP zu nutzen. Ihm schwebte ein von der Reichswehr getragenes, antiparlamentarisches und antiautoritäres Präsidialregime vor – wenn nötig durch die passive Einbindung der Nationalsozialisten. Hinter den Kulissen fanden also geheime Absprachen zwischen Schleicher und Hitler statt: Sofern die NSDAP die Präsidialregierung[342] des potentiellen Kanzlernachfolgers Franz von Papen tolerieren würde, konnten Reichstagsauflösung und Neuwahlen stattfinden. Auch würde Schleicher den Reichspräsidenten davon überzeugen, dass das Verbot von SA und SS politisch inopportun sei. Im Rahmen dieser Vorstellung sollte außerdem der Rücktritt des Reichswehr- und Reichsinnenministers Wilhelm Groener sowie die Entlassung Brünings initiiert werden.[343]

> „Aber Hitler hatte nicht die Absicht, sich von den ‚Prälaten' in eine unbequeme Verantwortung ziehen zu lassen; er strebte zwar die Macht in Preußen an, aber auf dem Umweg über das Reich und ohne das Zentrum. [...] Sein Ziel, der Sturz Brünings, war auch das Ziel Schleichers; eine von der NSDAP tolerierte ‚nationale' Reichsregierung nach den Wünschen Hindenburgs und Schleichers würde das SA-Verbot aufheben und Reichstagsneuwahlen ausschreiben"[344].

341 Ziel der Reichsregierung war es, SA und SS noch vor Beginn der Genfer Verhandlungen aufzulösen. Dahinter stand die Befürchtung, Frankreich könnte bei den Abrüstungsverhandlungen die paramilitärischen Organisationen auf die Stärke des deutschen Heeres anrechnen – dies wäre den Interessen der Reichswehr zuwidergelaufen. Insofern hatte das SA-Verbot vor allem außenpolitische Gründe. Brüning erfüllte mit dem Interdikt die Wünsche der Reichswehr und verbesserte zugleich seine Stellung bei den Verhandlungen im Ausland. Tatsächlich wurde in Genf die Diskussion um militärähnliche Verbände vermieden und stattdessen der Forderung der Reichswehr nach einer schrittweisen Herstellung eines militärischen Gleichgewichts zugestimmt. Vgl. Wirsching 2000: 34; Longerich 1995: 319; Bering 1991: 95; Grund 1976: 15–18; Schüddekopf 1960: 375.

342 „Das Kabinett war vor allem als Brückenschlag zur nationalen Opposition gedacht, um die für Reichspräsident wie Reichswehr in gleicher Weise unangenehme Frontstellung gegen rechts abzubauen und dem Präsidialregime in der NSDAP eine neue Massenbasis zu erschließen. Dazu diente als Vorleistung an Hitler das Versprechen, das SA-Verbot aufzuheben und Neuwahlen auszuschreiben. Als Gegenleistung sollte, das war Schleichers Konzept, Hitler sich zur Unterstützung der neuen Regierung bereitfinden, sich sogar an ihr beteiligen, ohne dabei Zugriff auf die eigentlichen Machtinstrumente des Staates, auf die Reichswehr und die präsidiale Notverordnungsvollmacht, zu erhalten." (Jasper 1986: 88). Vgl. Kolb 2000: 136; Wirsching 2000: 37; Longerich 1995: 320, 325; Bracher 1978: 374f.

343 „Brünings – wenn auch gescheiterter – Plan war immer gewesen, die nationale Opposition zur Mitarbeit heranzuziehen, ohne die Abstützung auf die bürgerliche Mitte zu gefährden. Reichspräsidentenwahl und SA-Verbot hatten die Realisierung dieses Zieles in den Augen Hindenburgs und Schleichers massiv beeinträchtigt. Aus diesem Grund mußte Brüning gehen." (Jasper 1986: 88). Vgl. Grund 1976: 16.

344 Schulze 1977: 728. Vgl. ebd.: 734; Grund 1976: 19.

Der Plan ging auf und Hindenburg entließ Brüning mit der Begründung, dass seine Regierung zu unpopulär geworden sei. Am 1. Juni folgt Franz von Papen[345] mit seinem „Kabinett der Barone"; der Wechsel von der Präsidialregierung zu Präsidialdiktatur war vollzogen. Die rechtsorientierte Regierung der nationalen Konzentration, die sich aus einem konservativ-deutschnationalen Umfeld rekrutierte, war ganz nach dem Geschmack Hindenburgs. Sie suchte nun Unterstützung bei DNVP und NSDAP, während von Papen ohne parlamentarischen Rückhalt amtierte und Schleicher im Hintergrund seine eigenen Fäden spann. Wie verabredet, wurde der Reichstag am 4. Juni vorzeitig aufgelöst – nach Meinung des Reichspräsidenten verkörperte das Parlament nicht mehr länger den Willen des Volkes.

Mit der Wiederzulassung der SA am 16. Juni begann der Terror auf den Straßen erneut, die Folgen der am 28. Juni aufgehobenen Notverordnungen waren entsetzlich. Der anstehende Wahlkampf artete in eine Kette von Gewalttaten aus und nahm gefechtsähnliche Züge an.

> „Dieses Gegeneinanderstehen, links gegen rechts, war auch ein gefundenes Fressen für die Republikgegner hierzulande. Das Argument hieß: Der Staat ist zu schwach, er kann die Ordnung nicht garantieren. Insoweit hat das Bürgerkriegsmotiv auch bei den Politikern eine große Rolle gespielt."[346]

Politisch motivierte Morde standen regelrecht auf der Tagesordnung, die innenpolitische Situation eskalierte.[347] Ursprünglich sollte durch das Aufheben der Verordnung eine Tolerierung der Regierung Papen und eine wohlwollende Haltung seitens der NSDAP herbeigeführt werden. „Angesichts dieser ‚Politik der Vorleistungen' gegenüber Hitler fragte sich die demokratische Öffentlichkeit, welche Versprechungen Schleicher und Papen wohl Hitler in Hinblick auf Preußen gemacht hatten."[348]

Preußen stellte aus Sicht der Deutschnationalen mit dem überzeugten Demokraten Otto Braun als Ministerpräsidenten ein politisches Bollwerk dar; „das moderne Preußen zu dieser Zeit war die Hauptbastion der Demokratie, und wer gewillt war, Weimar hinter sich zu lassen, der musste diese republikanische Bastion schleifen."[349] Der Dualismus zwischen dem Reich und Preußen als dem größten Land der Weimarer Republik verstärkte sich nach Brünings Absetzung. Den beiden Großregierungen fehlt eine gegenseitige Vertrauensbasis[350], hinzu kamen die

---

345 Franz von Papen war ein ehemaliger Generalstabsoffizier, westfälischer Gutsbesitzer, Herrenreiter und auch Hauptaktionär der Zentrumszeitung *Germania*.

346 Wirsching 2008: 21.

347 Zwischen Mitte Juni und dem 20. Juli 1932 zählte man insgesamt 99 Tote und 1125 Verletzte. Von den Gewaltakten betroffen waren Extremisten auf allen Seiten. Vgl. Wippermann 2002: 70f.; Reuth 2000: 228f.; Winkler 2000: 510; Longerich 1995: 325; Schulze 1977: 739.

348 Schulze 1977: 735. Vgl. Grund 1976: 29.

349 Bönisch 2008: 18.

350 Anzumerken ist, dass die Beziehung zwischen dem Reich und Preußen seit jeher als schwierig erschien. Bereits im Deutschen Reich und seit 1871 war Preußen eine Großmacht innerhalb des Bundesstaates, zwei Drittel der Fläche und Bevölkerung waren preußisch. Diese Konstellation wie auch die beiden Großregierungen und Parlamente belasteten das Reich, zumal eine erträgliche politische Lage nur dann zu Stande kommen konnte, so lange die

gegenteiligen Konzepte im Umgang mit der NSDAP: Die Gewichtsverteilung in der Politiklandschaft und die Verlagerung in das rechte Spektrum waren unübersehbar geworden. Für die preußische Regierung wurde es dabei zunehmend schwieriger, ihre programmatische Politik zum Schutz der Republik durchzuführen und sich gegen die nationale Opposition durchzusetzen. „Es war doch eine große historische Aufgabe, die demokratische Stabilität in Preußen zu sichern und dem Zerfall der politischen Widerstandsfähigkeit und der demokratischen Substanz der Reichspolitik entgegenzuwirken."[351] Gleichzeitig trat der neue Reichskanzler von Papen als Frondeur der preußischen Zentrumsfraktion auf, um bei den Nationalsozialisten Ansehen zu gewinnen. Sein Ziel war es, die NSDAP durch eine engere Anbindung an den Staat langfristig zu schwächen. Hinzu kamen die Pläne von Reichswehrminister Kurt von Schleicher, der bereits jahrelang mit der preußischen Regierung in Konflikt stand und jetzt eine Idee entwickelte, wie mit Hilfe der neuen Reichsregierung die schwarz-rote Regierung in Preußen beseitigt werde könnte.

Das Tauziehen um Preußen stellte den Knotenpunkt auf dem Weg zur Hitlerdiktatur dar; ein entscheidender Schritt in Richtung Zentralisierung der Macht war der so genannte Preußenschlag.[352] Diese Aktion, die im Zusammenhang mit Papens Plänen einer Verfassungsänderung zur Schwächung des Einflusses der preußischen Regierung und zur Beseitigung der bundesstaatlichen Struktur des Reiches zu sehen ist, kam auf weite Sicht nur den Nationalsozialisten zugute. In einem Staatsstreich legten Schleicher und Papen eine verfassungsfeindliche Gesinnung an den Tag, um die Bildung einer Regierungskoalition mit der NSDAP voranzutreiben. Letztendlich machten sie sich damit zu Hitlers Helfershelfern.[353]

Währenddessen wurden die Reichstagsneuwahlen für den 31. Juli 1932 angesetzt. Die NSDAP-Reichspropagandaleitung plante im Wahlkampf die Generalabrechnung mit Weimar.

> „Das Wahlkampfthema laute: ‚14 Jahre Bankrott.' Damit war die allgemeine Marschroute für die bevorstehende Wahl festgelegt, die einerseits eine Wiederholung des Abrechnungs- und Schlußappells vergangener Wahlkämpfe bedeutete, andererseits aber mit dem Motiv des Er-

preußische Landespolitik mit der der Reichspolitik vereinbar war – alles andere brachte ein gefährliches Ungleichgewicht in den Staat. Der strukturelle Dualismus zwischen Reich und Preußen wurde mitunter auch dadurch negativ beeinträchtigt, dass zur Bewältigung innenpolitischer Aktivitäten und bei der Durchsetzung der Innenpolitik das Deutsche Reich stets vom guten Willen der preußischen Exekutive abhängig war. Zahlreiche Kompetenzkonflikte waren daher geradezu vorprogrammiert. Vgl. Grund 1976: 43, 55.

351 Schulze 1977: 20. Vgl. ebd.: 659; 734–737; Grund 1976: 29, 55.
352 Siehe auch Kapitel IV, 3.3.9 zum Preußentum.
353 Die Idee, die hinter dem Staatsstreich steckte, war die Neubildung einer preußischen Regierung bestehend aus Zentrum, NSDAP und wenn nötig oder möglich DNVP. Bis dato waren die Sozialdemokraten in Preußen nahezu ständig und ohne Unterbrechung an der Regierung beteiligt gewesen. Seit 1920 hingegen hatte im Reich kein Sozialdemokrat mehr ein Reichskanzleramt bekleidet. Dass eine außermilitärische Instanz zum Kampf gegen die inneren Unruhen auf Reichsebene fehlte, galt als schwerwiegender Mangel. Und auch die Abhängigkeit der Reichsregierung von den preußischen Exekutivorganisationen war recht problematisch und sorgte für politischen Zündstoff. Vgl. Grund 1976: 11, 45–47.

wachens stärker die Mobilisierung des noch trägen und verschlafenen, die große apokalyptische Gefahr nicht realisierenden Wählerpublikums anstrebte."[354]

Als politische Hauptgegner wurden wieder einmal die Sozialdemokraten definiert. Mit dem binnenpropagandistisch gezeichneten Bild von der „marxistischen Apokalypse" legitimierten die Nationalsozialisten auch den Straßenterror der SA.[355] Eine durchorganisierte Propaganda und der gigantische Einsatz verschiedener Wahlkampfstrategien und -themen brachten eine Verdoppelung der Wählerschaft: Mit 230 Reichstagsmandaten wurde die NSDAP zur stärksten Partei, das stürmische Wachstum der kleinen radikalen Sekte zur breiten Massenbewegung hatte ihren Höhepunkt erreicht.[356]

„Das katastrophale Wahlergebnis hat man zunächst einmal als Ausdruck der tiefgreifenden Radikalisierung großer Teile der Bevölkerung zu begreifen. Der ‚Hungerkanzler' Brüning und seine Sparpolitik sowie das volksfremde ‚Kabinett der Barone', das mit einer am 14. Juni verfügten weiteren Kürzung der Sozial- und Fürsorgeleistungen Not und Empörung verschärft hatte, trieben die Wähler den extremistischen Parteien zu. Das Präsidialsystem erzeugte mit seiner abgehobenen Politik plebiszitäre Protestbewegungen gegen das Gesamtsystem und machte dadurch das Parlament vollends handlungsunfähig. Daß die NSDAP als Protestbewegung erfolgreicher agierte als die KPD, folgte aus der Tatsache, daß die Hitler-Partei die antimarxistischen Vorurteile und Ängste der Mittelschichten für sich mobilisieren konnte"[357]

Der neu gewählte Reichstag war manövrierunfähig: Die radikalen Flügelparteien (NSDAP und KPD) besaßen zusammen mehr als 50 Prozent der Mandate (negative absolute Mehrheit), die Rückkehr zur parlamentarischen Regierung war ausgeschlossen, jeder Ansatz einer konstruktiven Politik wurde bewusst lahmgelegt.

„Um an die Macht zu kommen und eine mehrheitsfähige Regierung bilden zu können, hätte die NSDAP eine Koalition mit der DNVP, der DVP und DDP und selbst noch mit dem Zentrum schließen müssen. Eine derartige Koalition war jedoch undenkbar. Außerdem wäre sie nur möglich gewesen, wenn es noch ein funktionierendes parlamentarisches System gegeben hätte. Doch dies gab es nicht mehr. Was es gab, war eine Art Halbdiktatur, die in den völlig zerschlissenen Mantel einer parlamentarischen Demokratie gehüllt war."[358]

Es lag nahe, dass Adolf Hitler nun die Ernennung zum Reichskanzler einforderte. Sämtliche Verhandlungen zwischen Papen und Hitler über eine mögliche Beteiligung der NSDAP an der nationalen Regierung gingen jedoch durch den rigorosen Alles-oder-Nichts-Kurs des NS-Führers ins Leere. Schleichers Plan, den NSDAP-

---

354 Paul 1992: 100. Vgl. Burden 1967: 97.

355 Vgl. Paul 1992: 102, 113.

356 Mehrheitsverhältnisse im Reichstag nach den Wahlen am 31. Juli 1932: NSDAP 37,3 Prozent (13,75 Millionen Stimmen), SPD 21,6 Prozent (133 Mandate), Zentrum 15,7 Prozent (97 Mandate), KPD 14,3 Prozent (89 Mandate), DNVP 5,9 Prozent (37 Mandate). Die NSDAP-Wählerschaft setzte sich zu 43 Prozent aus bisherigen NSDAP-Wählern, 35 Prozent Wählern der bürgerlich-liberalen und nationalistischen Parteien, zehn Prozent SPD-Anhängern, acht Prozent Nichtwählern sowie Zentrumswählern (drei Prozent) und Kommunisten (zwei Prozent) zusammen.

357 Jasper 1986: 106. Vgl. ebd.: 44f.; Paul 1992: 103.

358 Wippermann 2002: 70. Vgl. Pätzold/Weißenbecker 2002a: 226f.; Wirsching 2000: 38f.; Longerich 1995: 329f.; Kissenkoetter 1978: 8; Lepsius 1966: 6.

Führer in die Regierungsverantwortung einzubinden – um so das Präsidialregime
zu festigen und den Nationalsozialisten einen gemäßigten Kurs aufzuzwingen –
scheiterte am Reichspräsidenten: Bei einer Unterredung am 13. August 1932 kas-
sierte Hitler diesbezüglich eine scharfe und demütigende Abfuhr von Hindenburg.
Damit entfernte sich die NSDAP weiter denn je von der Regierungsposition, was
in der Partei zu gedrückter Stimmung führte; das Debakel um Hindenburgs Entscheidung gegen Hitler sorgte nachhaltig für Verbitterung und Depression bei den
Parteigenossen.[359]

Am 12. September sprach der Reichstag mehrheitlich das Misstrauen gegen
Reichskanzler von Papen aus. Dank einer vorab bei Hindenburg eingeholten Er-
mächtigung löste von Papen das Parlament erneut auf und setzte Neuwahlen für
den 6. November 1932 an. Die NSDAP, die sich trotz unabwägbarer politischer
Risiken am Misstrauensvotum beteiligt hatte, musste nun ein weiteres Mal – unter
parteiintern erschwerten Bedingungen und ohne, dass ihr eine Regierungsübernahme sicher war – zum nächsten Wahlkampf mobilisieren.

> „Innerhalb der Parteiführung herrschten durchaus pessimistische Prognosen bezüglich des
> Wahlausgangs. Hinzu kam, daß in der Frage der Regierungsbeteiligung erstmals in der Par-
> teigeschichte die Führungsautorität Hitlers durch einen Teil der Parteigenossen in Frage ge-
> stellt wurde, und dieser nicht mehr mit bedingungsloser Gefolgschaft rechnen konnte.“[360]

Die Stoßrichtung des nationalsozialistischen Wahlkampfes richtete sich dieses
Mal gegen Reichskanzler und Deutschnationale. Mit Versprechungen zur angeblich bevorstehenden Machtübernahme, mit Angriffen auf den Staat und Hoffnungsbekundungen auf das „Dritte Reich“, mit Drohszenarien eines kommunistischen Bürgerkriegs[361] und verstärktem Einsatz der SA waren die Wähler jedoch
schwerlich an die Urnen zu bewegen. Die NSDAP hatte ihre Propagandamittel
ausgereizt. Die sich überstürzenden innenpolitischen Ereignisse, die blamablen
Reichspräsidentenwahlen, der erfolglose Griff nach der Regierungsgewalt, die
durch die gigantischen Wahlkampfkosten entstandenen Finanzschwierigkeiten
und die pessimistischen Prognosen führten im Herbst 1932 zu einer ernsthaften
Parteikrise. Das Wahlergebnis bestätigte die alarmierende Situation: Die NSDAP

---

359 „Eine Einigung kam jedoch nicht zustande, da der ‚Führer‘ die Kanzlerschaft in einem Präsi-
      dialkabinett verlangte, während Hindenburg ihm nur einige Ministerposten zugestehen wollte.
      Kanzler könne Hitler werden, wenn er eine parlamentarische Mehrheit – also eine echte Koa-
      lition – zustande brächte. Da Hitler die Macht nicht mit Koalitionspartnern teilen wollte und
      auf einer Bestellung als Präsidialkanzler mit allen Notverordnungsvollmachten bestand,
      scheiterten die Gespräche.“ (Jasper 1986: 116). Vgl. Wirsching 2000: 41 f.; Longerich 1995:
      333.
360 Paul 1992: 104. Vgl. Wirsching 2000: 39 f.; Lange 1987: 1045 f.
361 „Das starke Anwachsen der kommunistischen Stimmen bei den Reichstagswahlen am 31. Juli
      1932 wurde nicht zuletzt auf das Konto der Regierung Papen geschrieben. Das brachte Gre-
      gor Strasser in einer Rede in München recht deutlich zum Ausdruck, wenn er Papen vorwarf,
      er habe mit seiner Politik vor dem 31. Juli die Linke gestärkt und der Rechten Schwierigkei-
      ten bereitet. So wurde das Schlagwort ‚Auf Reaktion folgt Bolschewismus‘ zum wirksamsten
      Topos der nationalsozialistischen Agitation, die sich mit dem Kabinett der Barone auseinan-
      dersetzte.“ (Balle 1963: 213).

büßte am 6. November zwei Millionen Stimmen (15 Prozent) ihrer Wähler ein und verlor 35 der 230 Mandate.[362] Zwar blieben die parlamentarische Konstellation und die negative Mehrheit weitgehend unverändert, doch nun konnten selbst NSDAP, Zentrum und BVP keine schwarz-braune Koalition mehr bilden.[363]

In dieser für Hitler offenkundigen politischen Sackgasse führte Schleicher sein Ränkespiel fort: Da die extremistischen Parteien über eine Blockademehrheit verfügten und Papens Regierung abermals keine parlamentarische Basis fand, trat das Kabinett am 18. November 1932 zurück. Schleicher wollte das politische Ruder selbst übernehmen und Teile der NSDAP in seine Regierung einbinden. Die Regierungserklärung am 3. Dezember offenbarte diesen Kurs: Der neue Reichskanzler distanzierte sich von Kapitalismus und Sozialismus, strebte ein Bündnis von Reichswehr und Arbeiterschaft an und warb für eine parlamentarische Querfront.[364] Auch dachte er an eine Spaltung der NSDAP – und sah bei Gregor Strasser einen passenden Anknüpfungspunkt. Dem zweiten Mann nach Hitler machte Schleicher am 4. Dezember 1932 ein politisch interessantes Angebot: Strasser sollte in Personalunion sowohl das Amt des preußischen Ministerpräsidenten als auch des Vizekanzlers im Reich bekleiden. Strasser nahm diesen politischen Vorstoß durchaus ernst und befürwortete das Arrangement. Aus seiner Sicht war dies der für die NSDAP einzig verbliebene (legale) Weg aus der politischen Sackgasse, zudem rückte die Teilhabe an der Macht endlich in greifbare Nähe. Also plädierte Strasser gegenüber der NSDAP-Parteiführung für Schleichers Vorschlag und sprach sich für eine Tolerierung dieser politischen Marschroute aus.[365]

> „In der NSDAP kam eigenmächtiges Handeln prinzipiell einem Angriff gegen Hitlers absoluten Führungsanspruch gleich. Dies um so mehr in der Situation des November 1932, in der unter den Parteimitgliedern weitreichende Unzufriedenheit und Enttäuschung Platz gegriffen hatten und die gegnerische Presse jede Abweichung von Hitlers Linie als Indiz für den möglichen Zerfall der NSDAP wertete. Ein Bekanntwerden von Strassers Initiative mußte in jedem Fall eine Verschärfung der Vertrauenskrise mit sich bringen."[366]

Plötzlich wurde Strasser in den eigenen Reihen verunglimpft, Hitler fürchtete um seinen Ausschließlichkeitsanspruch. Obwohl Strasser über eine eigene Machtstruktur und großen Rückhalt in der Bewegung verfügte, sah er sich noch immer als treuen Paladin und hatte nicht vor, sich in irgendeiner Variante gegen Hitler zu stellen. Als die Parteiführung den Plan ablehnte und Strasser die Annahme des Vizekanzleramtes untersagt wurde, blieb diesem nur die Resignation. Am 8. De-

362 Die Mehrheitsverhältnisse im Reichstag nach dem 6. November 1932: NSDAP 33,1 Prozent (195 Mandate), SPD 20,4 Prozent (121 Mandate), KPD 16,9 Prozent (100 Mandate), Zentrum 15 Prozent (90 Mandate), DNVP 8,9 Prozent (52 Mandate).
363 Vgl. Longerich 1995: 340f.; Paul 1992: 104–108; Jasper 1986: 114; Horn 1980: 360f.; Kissenkoetter 1978: 10f.
364 Vgl. Wunderlich 2002: 262f.; Winkler 2000: 534; Espe 1933: 18–20.
365 Vgl. Longerich 1995: 342f.; Höver 1992: 395, 415; Oven 1987: 246; Horn 1980: 367; Böhnke 1974: 123.
366 Horn 1980: 368f.

zember 1932 legte Gregor Strasser sämtliche Parteiämter nieder und zog sich vollständig aus der Politik zurück.[367]

Schleicher blieb folglich ohne parlamentarische Mehrheit und musste jederzeit mit einem Misstrauensvotum rechnen. Also war er – wie seine Vorgänger – gewillt, mit Hilfe der Notverordnung zu regieren, den Reichstag ohne Neuwahlen aufzulösen und wenn nötig, den Ausnahmezustand zu verhängen. Währenddessen spielte von Papen, der nach wie vor das uneingeschränkte Vertrauen Hindenburgs besaß, im Machtpoker erneut eine wichtige Rolle: Unabhängig von den schlechten Erfahrungen mit der NSDAP traf sich Papen am 4. Januar 1933 – vom ehrgeizigen Wunsch getrieben, zurück an die Spitze der Regierung zu kommen – heimlich mit Hitler in Köln. Auch dieser zeigte sich bereit zu taktischen Kompromissen in Form von entsprechenden Vorarbeiten für seine Kanzlerschaft.[368]

Selbst der Reichspräsident ließ sich von der Lösung Hitler/Papen überzeugen, nachdem ihm eine Regierung mit klaren Mehrheiten versichert wurde. Schleicher blieb am 28. Januar 1933 nur der Rücktritt, nachdem Hindenburg ihm die Notverordnungsvollmachten verweigert und auch seinen Staatsnotstandsplan abgelehnt hatte. Damit begann der Schlussakt der Weimarer Republik, ihr Untergang war unabwendbar geworden. Am 30. Januar 1933 wurde Adolf Hitler zum Reichskanzler einer Nationalen Regierung – dem Bündnis aus Nationalsozialismus und Konservatismus – ernannt.

> „An diesem Tage war Hitler Kanzler eines Kabinetts geworden, das im Reichstag von der NSDAP und der DNVP unterstützt wurde. Beide Parteien hatten bei den letzten Reichstagswahlen zusammen knapp 43 Prozent der abgegebenen Stimmen erhalten. Es handelte sich also um eine Minderheitsregierung, die durch ein Bündnis zwischen Faschismus und Konservativismus zustande gekommen war. Der faschistische Bündnispartner schien keineswegs der stärkere zu sein. Gehörten dem Kabinett Hitler doch nur drei Nationalsozialisten an. Neben Hitler selber waren dies der Reichsinnenminister Wilhelm Frick und der Minister ohne Geschäftsbereich Hermann Göring."[369]

Die Taktik, dass die Nationalsozialisten als plebejisch verachtete Massenbewegung lediglich die Mehrheit für die konservativen Machtträger heranschaffen sollten, stellte sich sehr bald schon als Fehlschlag heraus. „Das von Hugenberg zusammen mit Papen verfolgte Konzept der ‚Einrahmung' oder ‚Zähmung' Hitlers zeugte von maßloser Selbstüberschätzung."[370] Zwar war Hitler anfänglich in der Minderheit und er schien durch neun konservative Koalitionspartner tatsächlich politisch gehemmt zu werden. Das Kabinett war fest davon überzeugt, den prominenten nationalsozialistischen Führer beliebig lenken und früher oder später sogar beiseite schieben zu können. Unberücksichtigt blieb dabei, dass Hitler unter besonderen Vorzeichen an die Schalthebel der Macht gelangte.

---

367 Vgl. Benz 2000: 15f.; Winkler 2000: 536; Wirsching 2000: 43f.; Paul 1992: 76; Moreau 1989: 293; Goderbauer 1986: 271; Jasper 1986: 118f.; Beckenbauer 1983: 1, 4; Horn 1980: 369f., 374; Hüttenberger 1969: 60; Straßer 1954: 11.
368 Vgl. Kolb 2000: 142f.; Wirsching 2000: 44; Longerich 1995: 349.
369 Wippermann 2002: 73. Vgl. Schulze 1996: 195; Longerich 1995: 352.
370 Wirsching 2000: 23. Vgl. Reuth 2000: 221; Deutscher Bundestag 1981: 308.

„Die große Entscheidung ist gefallen. Deutschland steht vor seiner historischen Wende. Wir alle sind stumm vor Ergriffenheit. [...] Das ist der Aufbruch der Nation! Deutschland ist erwacht! In einer spontanen Explosion bekennt sich das Volk zur Revolution der Deutschen. [...] Nun aber wird ausgeräuchert. In ein bis zwei Monaten haben wir Ruhe und Ordnung in Deutschland wiederhergestellt. Das neue Reich ist erstanden. Es wurde mit Blut geweiht. Eine vierzehnjährige Arbeit wurde vom Sieg gekrönt. Wir sind am Ziel. Die deutsche Revolution beginnt!"[371]

So beschrieb Goebbels den 30. Januar 1933. Von Papen und seine Minister hatten die revolutionäre Dynamik der nationalsozialistischen „Bewegung" und auch Hitlers Führerpersönlichkeit unterschätzt. Die NSDAP zehrte von den Auflösungserscheinungen im Reich und mehr denn je von der anhaltenden gesellschaftlichen Krise. An der Staatsspitze stand nun ein Mann, der nie einen Hehl daraus gemacht hatte, was seine eigentlichen Ziele waren: Zerstörung der Weimarer Republik, umgehende Abschaffung der Demokratie, brutale Unterdrückung und Verfolgung politischer Gegner, strikter und schärfster Antisemitismus.[372] Der Prozess der Machteroberung war in Gang gebracht worden, die erste deutsche Republik und Demokratie von Weimar war nach nur 14 Jahren gescheitert und wurde nun umgestaltet – in ein totalitäres System mit katastrophalen Folgen.[373]

3.2 Entstehungsgeschichte der Tageszeitung

> „Die nächste Aufgabe: unsere n. s. Tageszeitung.
> Ich gehe heute schon an die Arbeit."[374]

Im Herbst 1930 setzte eine starke Entwicklungsperiode bei der Parteipresse ein. Die für die NSDAP erfolgreichen Reichstagswahlen und das Anwachsen zu einer beachtenswerten politischen Kraft zog eine publizistische Gründungswelle nationalsozialistischer Blätter nach sich.[375] Die NS-Wochenschriften wurden größten-

---

371 sogGTb 30.1.1933.
372 Vgl. Kolb 2000: 144; Schulze 1996: 197; Deutscher Bundestag 1981: 310.
373 „Was gemeinhin als ‚Machtergreifung' bezeichnet wird, war in Wirklichkeit ein anderthalb Jahre während er Prozeß." (Schulze 1996: 198) „Von einer ‚Machtergreifung' Hitlers kann schon deshalb nicht die Rede sein, weil es nur noch ein ‚Machtvakuum' gab, das von Hitler jedoch geschickt ausgenützt und schließlich gefüllt wurde. [...] Hitler hat nicht ‚die Macht ergriffen'. Weder allein noch gar an nur einem Tag – dem 30. Januar 1933. [...] Die Nationalsozialisten verdrängten die Konservativen, verselbständigten sich immer mehr und errichteten schließlich eine terroristische Diktatur, an deren Spitze Adolf Hitler stand." (Wippermann 2002: 72, 76f.). Der Ausdruck „Machtergreifung" diente den Nationalsozialisten zur Heroisierung der Regierungsübernahme durch Hitler. Tatsächlich handelte es sich um eine Machtübergabe an die Nationalsozialisten, auf die dann erst die verschiedenen Maßnahmen zur Etablierung der Alleinherrschaft der NSDAP folgten. Der Ausdruck im Kontext mit Hitlers Zugriff auf die Macht spiegelt das Ansinnen, auf nur vordergründig legalem Weg die Regierungsgewalt an sich zu bringen. Vgl. Schmitz-Berning 1998: 392f.; Berning 1964: 126.
374 sogGTb 18.11.1929.
375 Untersuchungen der frühen NS-Presse ermittelten für das Jahr 1930 rund 40 Tageszeitungen, 20 Wochenblätter und vier Halbwochenorgane. Vgl. Fischer 1981: 281.

teils in Tageszeitungen umgewandelt. Der Eher-Verlag unter der Leitung von
Max Amann übernahm bei den kostspieligen Transformationen die Hauptrolle
und schluckte den Großteil der verschuldeten Gaupresse. Bis 1932 war die Menge
der parteiamtlichen Tageszeitungen auf 59 angewachsen, die tägliche Gesamtauflage lag bei etwa 800.000 Exemplaren. Insgesamt verfügte die NSDAP über die
stattliche Anzahl von rund 120 Publikationsorganen, die Wochenzeitungen sum-
mierten sich auf 250.000 Exemplare.[376] Diese Auflagenhöhe entsprach der gesamten Tagespresse der linken Parteien. In Relation zur Gesamtauflage aller Parteizeitungen hatten die nationalsozialistischen Blätter einen Anteil von 12 Prozent.[377]
Diesem massiven Presseangriff der NSDAP begegnete die Regierung Brüning mit
Presseverboten, die sich in Folge des Republikschutzgesetzes und durch Anwendung der Notverordnungen legitimieren ließen.

3.2.1 Erste Ausbaupläne

Bereits im Mai 1929 machte sich Goebbels erstmals Gedanken über den möglichen Ausbau des *Angriffs* zur Tageszeitung.[378] Er wollte die „Bewegung" wieder
auf einen stärkeren sozialistischen Kurs bringen, das antikapitalistische Programm
deutlicher betonen und die sich seiner Ansicht nach vermehrenden bürgerlichen
Ansätze in der Partei unterbinden. Der Plan einer Tageszeitung wurde vor allem
als publizistische Alternative zum *Völkischen Beobachter* geschmiedet. Zu der
Strategie gehörte auch, der parteiamtlichen *Berliner Arbeiterzeitung* eine größere
Konkurrenz vorzusetzen und durch diese publizistische Erweiterung die Strasser-
Blätter eines Tages komplett vom Markt zu drängen.[379]

376 Vgl. Dussel 2004: 157; Pross 2000: 63; Hochstätter 1998: 85; Schneider 1988: 70; Fischer
    1981: 278f.; Balle 1963: 21; Münster 1941: 116.
377 „In Relation zur Gesamtzahl aller 1932 erscheinenden Zeitungen aber waren dies nur 2,5
    Prozent. Insgesamt erreichte die NSDAP im ‚Entscheidungsjahr' 1932 nur etwa 7 Prozent al-
    ler damaligen Leser und diese nicht einmal unbedingt täglich, da ein Drittel der NS-Blätter
    nur wöchentlich erschien. Da 40 Prozent aller NS-Zeitungen zudem in Städten zwischen
    20.000 und 100.000 Einwohnern auf den Markt kamen und nur 10 Prozent in Landgemein-
    den, wurde insbesondere die ländliche Bevölkerung nur unzureichend mit NS-Presseerzeug-
    nissen versorgt." (Paul 1992: 184).
378 „Mit Dr. Lippert Besprechung des Planes einer Tageszeitung in Berlin. Das wird nun bald
    akut. Am besten machen wir das mit Amann und dem Verlag Eher. Dann sind von vornherein
    alle Differenzen vonseiten der Partei beseitigt. Im Herbst muß das losgehen." (sogGTb
    2.5.1929). Ebenso wie im Folgenden: „Ich trage ihm [Anmerkung: Hitler] den Plan einer Ta-
    geszeitung in Berlin vor. Er Herausgeber, Eher Verlag, ich Chefredakteur, Lippert Chef vom
    Dienst, Dürr Bewegung, Köhn Feuilleton, Schweitzer Karikaturist. Am 1. Januar 1930 soll sie
    erscheinen. Ich lasse nun nicht mehr locker, sonst kommt uns der Kampfverlag zuvor."
    (sogGTb 5.7.1929).
379 Goebbels wirkte immer stärker darauf ein, dem gauamtlichen Blatt der Strassers die Exis-
    tenzgrundlage zu entziehen. So wurden Bekanntmachungen und Aufrufe der Gauleitung aus-
    schließlich im *Angriff* abgedruckt. Der *Berliner Arbeiterzeitung* hielt er sogar den Veranstal-
    tungskalender vor, ein solcher war ausschließlich und ausführlich im *Angriff* zu finden. Der
    Machtkampf wurde auch inhaltlich ausgetragen: „Goebbels eröffnete die Offensive. Inhalt

Ein erster Schritt in diese Richtung wurde gemacht, als der *Angriff* zwei Mal pro Woche erschien.[380] Goebbels genügte das jedoch nicht; ab November 1929 verfolgte er wieder stärker sein Vorhaben, das Kampfblatt täglich herauszugeben.[381] Der Wahlsieg der Nationalsozialisten bei den Reichstagswahlen am 14. September 1930 gab ihm neue Hoffnung – zumal er den Erfolg auf die schlagkräftige Wirkung seines Blattes zurückführte. Jetzt dachte er daran, den *Angriff* zu einer noch schärferen Propagandawaffe auszubauen und ihn in die Form einer revolutionären Tageszeitung zu gießen. „Wir steuern nun beim ,Angriff' vorsichtig auf eine Tageszeitung los. Ich hoffe, bis Februar nächsten Jahres haben wir's geschafft"[382], kalkulierte Goebbels optimistisch – doch er sollte sich täuschen.

In ersten Unterredungen mit Verlagschef Max Amann ging es um das finanzielle Standbein und die Liquidität des Berliner Blattes. Die Verhandlungen ergaben, dass zur Verwirklichung der Tageszeitungsidee eine massive Kapitalspritze ebenso nötig war wie eine große Anzahl neuer Abonnenten: Erst wenn *Der Angriff* einen Grundstock von 40.000 Mark und den beträchtlichen Bestand von 4.000 zusätzlichen Zeitungsbeziehern aufbrächte, war der Eher-Parteiverlag zu Kooperationen bereit.[383] In Zusammenarbeit mit Elsbeth Zander von der Nationalsozialistischen Frauenschaft startete Goebbels eine Werbekampagne, mit der weitere Leser geworben und die finanziellen Mittel aufgebracht werden sollten.[384]

Goebbels' Tatendrang wurde jedoch ein Dämpfer versetzt: Amann hatte andere Pläne und wollte *Angriff* und *Völkischen Beobachter* zusammenlegen.[385] Zum

---

und Ton seiner Artikel steigerten sich bald von der politischen Kritik zur Beleidigung." (Reuth 2000: 164). Vgl. Koszyk 1972: 384; Hüttenberger 1969: 61.

380 Vorerst billigte die Parteiführung eine halbwöchentliche Erscheinungsweise ab Oktober 1929. Siehe dazu Kapitel IV, 2.2.

381 „In der Diskussion wurde der Angriff sehr gelobt und dringend die Tageszeitung gefordert. Die muß ja auch nun kommen. Ich habe mir den Plan dazu bis nach den Stadtratswahlen aufgespart." (sogGTb 12.9.1929). Ebenso wie im Folgenden: „Danach noch lange mit Amann. Zeitungsplan durchgesprochen. Die Tageszeitung soll nun am 1. Februar 1930 erscheinen. Amann tut mit." (sogGTb 22.9.1929).

382 sogGTb 5.10.1929.

383 „Mit Amann Zeitungsplan durchgesprochen. Der Verlag Eher übernimmt die zu gründende Tageszeitung in Berlin. Hitler Herausgeber, ich Chefredakteur, Lippert Chef vom Dienst. Chefredakteur ist immer der jeweilige Gauleiter von Berlin. Der Kurs ist scharf, aber durchaus in Übereinstimmung mit Hitler. Bedingung: wir müssen 8–9000 Abonnenten haben und 40 000 Mk aufbringen. Nach dem 17. November geben wir uns an die Arbeit." (sogGTb 20.10.1929). Ebenso wie im Folgenden: „Dann aufs Ganze: das Ziel einer Tageszeitung. 40 000 Mk und 4000 Abonnenten. Gleich den Abend werden 4500 Mk gezeichnet. Und nun geht's an die Werbung. Ich glaube, wir schaffen's." (sogGTb 8.11.1929).

384 Vgl. Michel 1999: 126; Irving 1997: 104.

385 „Unterredung mit Amann und Drucker Müller. Sie haben einen neuen Plan ausgeheckt und den Chef dafür gewonnen. Müller will in Berlin Maschinen aufstellen und unsere Tageszeitung soll als Abklatsch des V.B. erscheinen. Ich merke gleich: dahinter steckt Alfred Rosenberg. Dieser unausstehliche und arrogante Balte! Ich protestiere auf das Lebhafteste." (sogGTb 22.11.1929). Ebenso wie im Folgenden: „Die Sache der Tageszeitung ist lustlos. München hat meine Pläne direkt verkitscht. Ich habe keine Freude mehr daran. Man schaut auch gar nicht mehr durch. [...] Rosenberg ist mein Todfeind." (sogGTb 21.2.1930).

einen witterte er dahinter ein gutes Geschäft; zum anderen fanden derartige publizistische Expansionspläne die Zustimmung der Parteileitung – die nämlich war
darum bemüht, den Berliner Gauleiter weder auf politischer noch auf journalistischer Ebene zu stark werden zu lassen.[386] Die Etablierung des Münchner Zentral-
organs in der Reichshauptstadt bedeutete für Goebbels nicht nur eine echte Konkurrenz, sondern auch die Vereitelung seines Vorhabens. „Damit drohte für
Goebbels nicht nur die Gefahr, dass [...] sein ,Montagsblättchen zu einem Schattendasein neben dem Organ des Diktators' verdammt wurde, nein, der Schlag ins
Gesicht war noch viel deutlicher."[387]

Tatsächlich erschien ab 1. März 1930 der *Völkische Beobachter* als Tageszeitung in Berlin, wurde aber nach wie vor in München gedruckt.[388] Dem NSDAP-
Zentralorgan gelang es allerdings nicht, langfristig mit der Berliner Ausgabe in
die Presselandschaft der Hauptstadt einzudringen. Das Blatt „traf in Berlin zu spät
ein und war inhaltlich für Berlin zu uninteressant, um sich durchzusetzen, und
wurde am 15. März 1931 wieder eingestellt."[389] Erst 1933 wurde ein zweiter Versuch gestartet; dafür richtete der Eher-Verlag in Berlin dann sogar eine eigenständige Druckerei ein. Dort wurden vom 1. Januar 1933 an die Berliner Ausgabe und
die Norddeutsche Ausgabe des *Völkischen Beobachters* hergestellt.

3.2.2 Der Zeitungsstreit

Der 1. März 1930 war noch für ein anderes streitbares Zeitungsprojekt der Stichtag: Die Brüder Otto und Gregor Strasser wollten in ihrem Berliner Kampf-Verlag
eine eigene nationalsozialistische Tageszeitung auf den Markt bringen. Zweifelsohne war der inzwischen zwei Mal pro Woche erscheinende *Angriff* zur ernst-

---

386 „Goebbels wurde allgemein zu den Radikalen in der Partei gerechnet und war bei der nationalen Rechten alles andere als beliebt. Der Angriff unterschied sich im Ton wie in seinen politischen Forderungen ganz erheblich von der Münchener Linie und ihrem Völkischen Beobachter. So ist es nicht erstaunlich, daß die Reichsleitung den Völkischen Beobachter vom
1.3.1930 ab auch in einer Berliner Ausgabe erscheinen ließ – ein Vorgehen, das sich offenbar
nicht nur gegen den Kampfverlag, sondern auch gegen Goebbels' Angriff richtete." (Kühnl
1966a: 148).

387 Heiber 1962: 85. Vgl. Reuth 2000: 164; Hochstätter 1998: 35; Höver 1992: 319, 328; Stein
1987: 76; Kessemeier 1967: 50; Kühnl 1966a: 148.

388 „Wohl oder übel muß ich mich nun auf einen Zwischenplan verstehen, nach dem der Beobachter zwar weiter in München gedruckt wird, aber eine Berliner Seite bekommt. Welch ein
fauler Kompromiß! Aber was soll ich machen? Alles Hitler zuliebe!" (sogGTb 13.1.1930).
Hitler konnte Goebbels in der Angelegenheit wieder beschwichtigen: „Hitler will, daß nach
Erscheinen der Tageszeitung, die ab 1. März schon in München gedruckt und ab 1. Oktober
endgültig in Berlin gedruckt herauskommen wird, der Angriff als unser Sprachrohr weiter erscheinen soll, damit wir auch einmal halbamtlich vorprellen können, wo wir es amtlich nicht
dürfen. [...] Ich bin mit diesem Ergebnis vollauf zufrieden." (sogGTb 31.1.1930).

389 Mendelssohn 1982: 372. Vgl. ebd.: 608f.; Hochstätter 1998: 33f.; Höver 1992: 321; Fischer
1981: 511; Heiber 1962: 99.

zunehmenden Konkurrenz geworden.[390] Mit einem eigenen Tageszeitungsprojekt holten die Strasser-Brüder zum journalistischen Gegenschlag aus. Ihrer Ansicht nach war der ehemalige Parteifreund Goebbels, der sich zum Gauleiter hochgearbeitet hatte, mit der Herausgabe des *Angriffs* auch in ihr publizistisches Monopol in Berlin eingedrungen. Dass dieses Presseorgan recht erfolgreich war, kontaminierte nach ihrem Ermessen die nationalsozialistische Kampfpresse – denn aus journalistischer Perspektive der Strassers verwirklichte Goebbels damit ein Pressekonzept, mit dem sie überhaupt nicht einverstanden sein konnten. Daher sollte der *Nationale Sozialist* langfristig auf die Erfolgsschiene gesetzt werden, da dieses Blatt „den Bedürfnissen der innerparteilichen Opposition nützte, die auf eine gut gemachte, argumentative Presse eher angewiesen war als der erfolgreiche, aber auf rhetorische Agitation setzende Münchener Flügel."[391]

Mit der Schaffung einer Tageszeitung im Kampf-Verlag erhofften sich die Strassers, ihrem Hauptopponenten begegnen zu können und seine Position zumindest auf journalistischer Ebene ins Wanken zu bringen oder vielleicht sogar Goebbels' Einfluss politisch zurückzudrängen.[392] Goebbels interpretierte diese Absichten sofort als persönlichen Überfall, sein Prestige als Herausgeber und auch seine innerparteiliche Machtstellung schienen ihm nun gleich von zwei Seiten bedroht. Die Rivalitäten der ehemaligen Elberfelder Kollegen verschärften sich, die latente Krise zwischen den Strassers und Goebbels kam mehr und mehr zum Vorschein.

Die Umwandlung des *Angriffs* zur Tageszeitung schien für Goebbels die einzig mögliche Intervention. Jetzt war er auch nicht länger bereit, stillschweigend und um das parteiinterne Klima zu schützen, den *Völkischen Beobachter* in Berlin zu tolerieren.[393] Stattdessen beschwerte er sich bei Hitler, verlangte einen Negativbescheid für die Idee der Strassers und forderte die finanzielle Unterstützung für die Realisierung seines Tageszeitungsprojekts.[394] Der Parteiführer reagierte

---

390 „*Der Angriff* took different, more emotional, approach. [...] Goebbels's newspaper soon became the *de facto* organ of the Gau Gross-Berlin. The *BAZ*, although it was the official district newspaper, simply could not compete with the Gau leader's organization." (Lemmons 1994. 44, kursiv im Original; BAZ = Berliner Arbeiterzeitung).

391 Stein 1987: 73. Vgl. ebd.: 75; Irving 1997: 70; Höver 1992: 322; Paul 1992: 181; Bering 1991: 123.

392 „Natürlich darf diese Zeitschrift in ihrer Wirkung nicht überschätzt werden, aber zweifelsohne hatte sich Goebbels ein Sprachrohr geschaffen, mit dem er als Leitartikler die Basis für seine zentrale Rolle in der Nationalsozialistischen Publizistik schuf." (Barth 1999: 93). Vgl. Brückner/Haentjes 2003.

393 „Überraschung: Aufruf des Kampfverlages, daß er am 1. März mit einer Tageszeitung kommt. Das ist ein regelrechter Dolchstoß. Ändert die ganze Situation. Nun wird auch alles Abgemachte hinfällig. Ich schreibe heute noch an Hitler und schlage ihm vor, daß der Angriff auch ab 1. März als Tageszeitung erscheinen soll. Wir können ihn dann im Herbst immer noch mit dem V.B. verschmelzen. Sonst gibt's wieder ekelhaften Krach mit Straßer." (sogGTb 24.1.1930).

394 „Langer Brief an Hitler in Sachen Tageszeitung. Ich schlage ihm dort vor, meinen alten Plan wieder aufgreifen zu dürfen, am 1. März Angriff allein zur Tageszeitung machen zu dürfen.

nicht und legte es ganz offensichtlich auf die Zuspitzung des Zeitungsstreits an – jeder Diadochen-Kampf innerhalb der NSDAP-Politriege stärkte seine eigene Führungsposition, so dass er Streitigkeiten zwischen den Parteigenossen eher schürte denn schlichtete. Dies charakterisierte Hitlers Führungsstil auch während seiner Diktatur.[395]

Wie geplant erschien am 1. März 1930 sowohl die aus der *Berliner Arbeiterzeitung* hervorgegangene Tageszeitung *Der Nationale Sozialist* als auch die erste Berliner Ausgabe des *Völkischen Beobachters*.[396] Goebbels zeigte sich zornig und entrüstet:

> „Gestern ist also tatsächlich Straßers Tageszeitung, und zwar in Berlin erschienen. Damit sind all unsere Abmachungen auf den Kopf gestellt. Hitler hat offen vor diesem größenwahnsinnigen kleinen und verschlagenen Niederbayern mit seinem Asphaltanhang kapituliert. Ich habe daraufhin in einem dringenden Schreiben seine offene Zurückweisung dieser Frechheit gefordert, widrigenfalls ich um meine Entlassung gebeten habe. [...] Ich bin da sehr skeptisch, er wird, wie immer, ausweichen, aber ich bin nun zu allem entschlossen, niemals zum Kampf gegen ihn, aber zum Rücktritt. Dann mag er sich seine Marionetten anderswo suchen."[397]

Die publizistischen Entwicklungen in Berlin waren für Goebbels Anlass genug, mehrmals mit Rücktritt zu drohen.[398] „Für Goebbels war das Ringen um Einfluß auf nationalsozialistische Presse ein Kampf um Macht in der Partei."[399] Der langwierige Streit mit den Strassers und die zähen Auseinandersetzungen mit Hitler hinterließen nun auch deutliche Spuren in der Beziehung zwischen dem Gauleiter und seinem ihm bisher als unfehlbar geltenden „Führer": Die existenzielle Bedrohung des *Angriffs*, die Eskalation mit den Strassers und die Untätigkeit Hitlers ließen Zweifel am Parteioberhaupt und seiner Führungsstärke zu – die erste Belastungsprobe im persönlichen Verhältnis stand an.[400]

> „In diesen Monaten ist Goebbels weit davon entfernt zu glauben, sein Führer tue schon das Richtige und an allem Unglück seien die Juden schuld. Er fragt sich nach dem Sinn seiner po-

Kann ja im Herbst, wenn die Münchener die Absicht haben, fertig zu werden, immer noch mit dem V.B. verschmolzen werden." (sogGTb 25.1.1930).

395 Vgl. Reuth 2000: 140; Irving 1997: 108, 111; Beckenbauer 1983: 19.

396 Vgl. Wunderlich 2002: 62; Reuth 2000: 163f.; Höver 1992: 322; Reuth 1992: 465; Stein 1987: 65.

397 sogGTb 2.3.1930.

398 „Ich bin auf alles gefaßt. Sollen die Straßers auch für Berlin obsiegen, dann sehe ich keine Arbeitsmöglichkeit mehr und trete zurück. Aber ich glaube kaum, daß Hitler es so weit kommen lassen wird." (sogGTb 30.1.1930). Ebenso wie im Folgenden: „Ärger mit dem N.S. Er geht vorwärts und der Angriff zurück. [...] Wenn Hitler da nichts unternimmt, lege ich meine Gauleitung nieder. Ich habe keine Lust, zwischen München und N.S. langsam zerrieben zu werden. Man wird dann in Berlin bald sehen, was geschieht, wenn ich nicht mehr da bin." (sogGTb 25.4.1930; NS = Nationaler Sozialist).

399 Höver 1992: 323. Vgl. Lemmons 1994: 43; Moreau 1989: 290.

400 „Von München noch keine Antwort in Sachen Tageszeitung. Heute werde ich telegraphieren. Hitler trifft wie gewöhnlich wieder keine Entscheidung. Es ist zum Kotzen mit ihm! Er muß aus der Münchener Atmosphäre heraus." (sogGTb 29.1.1930).

litischen Arbeit, kritisiert immer wieder Hitler, einmal sogar wegen dessen ‚Judenmanie‘, und er denkt an Rücktritt.“[401]

Der Berliner Statthalter äußerte in seinen persönlichen Aufzeichnungen immer wieder deutliche Kritik an Hitler, statt bewundernder Worte fanden sich nun Bemerkungen über die Schwächen des Führers und seine wachsende politische Unbeweglichkeit. Die Beziehung erreichte ihren absoluten emotionalen Tiefpunkt, schließlich sah Goebbels in der Narrenfreiheit des Kampfverlages den „Beweis dafür, daß Hitler vor den Strassers ‚kapituliert‘ habe.“[402]

Zur tatsächlichen Einreichung seiner Demission kam es nie. Wie ernst gemeint Goebbels’ Androhungen waren, ist ohnehin fraglich: „Bei aller Kritik auch an Hitler selber kam es für Goebbels niemals in Frage, wie Stennes den Rubikon zu überschreiten und mit Hitler zu brechen. Seine tiefe innere Bindung an den ‚Führer‘ überdauerte die Krisen.“[403] Hitler beschwichtigte und zähmte seinen Berliner Gauleiter immer wieder mit Versprechungen – beispielsweise dem Angebot eines Ministersessels in Sachsen oder der Zusage des Postens als Reichspropagandaleiter. Im Zeitungsstreit gab er Goebbels diplomatisch zu verstehen, auf welcher Seite er stehe und dass die unschöne Angelegenheit auf Missverständnissen beruhe – gegenüber den Strassers verhielt sich Hitler ebenso taktierend. [404]

---

401 Nill 1991: 220f. Vgl. Barth 1999: 81f.; Höver 1992: 26f., 319, 411.

402 Höver 1992: 323. Vgl. Hockerts 1999: 258; Fest 1995: 571; Sösemann 1993a: 158; Fröhlich 1989: 59. „Von München kein Wort. Dabei veröffentlicht der K.V. lustig seine Aufrufe weiter. Anarchie in der Partei. Hitler allein trägt die Schuld, da er nicht entscheidet und seine Autorität in Anspruch nimmt.“ (sogGTb 16.2.1930, K.V. = Kampf-Verlag). Ebenso wie im Folgenden: „Die Zeitungssache steht noch immer phantastisch wie vor einigen Wochen. [...] Hitler macht mir viel Sorge, er verspricht viel und hält wenig.“ (sogGTb 22.2.1930). „München, incl. Chef hat bei mir allen Kredit verloren. Ich glaube ihnen nichts mehr. Hitler hat bei mir – aus welchen Gründen, das ist egal – 5 mal das Wort gebrochen. Das ist eine bittere Erkenntnis und ich ziehe daraus innerlich meine Schlüsse. Hitler verbirgt sich, er faßt keine Entschlüsse, er führt nicht mehr, sondern er läßt die Dinge treiben. Ich war bis zum Ausbluten loyal. Aber man kann nicht von mir verlangen, daß ich mir durch Straßer meinen Gau stehlen lasse.“ (sogGTb 16.3.1930). „Hitler hat in dieser Sache schon 4 Mal sein Wort gebrochen. Ich glaube ihm gar nichts mehr. Er traut sich nicht, gegen Straßer vorzugehen. Was sollte das später einmal werden, wenn er in Deutschland den Diktator spielen muß?“ (sogGTb 28.3.1930). „Das ist der alte Hitler. Der Zauderer! Der ewige Hinhalter! Damit wird die Bewegung erledigt.“ (sogGTb 29.6.1930). „Ich habe in diesen Tagen ihm gegenüber einen schweren Knax bekommen.“ (sogGTb 30.6.1930).

403 Höver 1992: 412. „Ohne Hitler gab es für Goebbels kein Auskommen mehr; leichter konnte er von seinen politischen Anschauungen ablassen, nicht aber von seinem ‚Führer‘, den er vergötterte.“ (Michel 1999: 124). Vgl. Wunderlich 2002: 8; Barth 1999: 51; Höver 1992: 287; Schaumburg-Lippe 1990: 192; Hochhuth 1987: 201, 207; Müller 1973: 85.

404 „München! Gleich zu Hitler. Er weiß nichts von dem Straßerschen Aufruf, der Kampfverlag hat wieder einmal auf das Ungeheuerlichste die Loyalität gebrochen, Hitler hat eine Granatenwut gegen Dr. Straßer und auch bereits gegen Gregor. [...] Danach sitzen wir bis tief in die Nacht bei Hitler und palavern. Er geht sehr aus sich heraus, versichert mir immer wieder seine Loyalität und Zuneigung, und ich meine, ich darf das auch glauben. Er kann die Straßers nicht ausstehen und fällt die härtesten Urteile über diesen Salonsozialismus.“ (sogGTb 31.1.1930). Ebenso wie im Folgenden: „Unterredung mit Hitler in Sachen Presse: er will nicht mehr mit Straßer verhandeln. Er nennt ihn ‚seine größte Enttäuschung‘ und ist nun be-

Obwohl Hitler dem unruhigen und unzufriedenen Goebbels mehrmals zugestanden hatte, dass der *Nationale Sozialist* im Mai eingestellt werden würde, erschien das Blatt auch weiterhin und ohne jede Einschränkung.[405] Erst Ende Mai
1930 fanden zwischen Hitler und Otto Strasser entscheidende Unterredungen statt,
in denen es allerdings weniger um die Presse als um die Frage nach unbedingtem
Gehorsam und um innerparteiliche Richtungskämpfe ging. Während Gregor
Strasser weiterhin seine Loyalität gegenüber dem „Führer" bewies und deshalb
auch die Leitung des Kampf-Verlages niederlegte, kam es zwischen Otto Strasser
und Hitler zu einem offenen Konflikt, der im Bruch endete. Otto Strasser wurde
am 30. Juni 1930 aus der Partei ausgeschlossen, und mit ihm verließen die so genannten braunen Sozialisten die NSDAP.[406] Dieses Zerwürfnis sowie Max
Amanns Eifrigkeit führten letztendlich zur Zerschlagung des Kampf-Verlages.
Die Zeitungen wurden Ende Dezember 1930 eingestellt, nachdem der Eher-
Verlag die Geschäftsanteile aufgekauft hatte. Goebbels' Triumph wurde damit
offiziell.[407]

3.2.3 Die Umwandlung

Nach erneuten Verhandlungen mit Max Amann rückte das Tageszeitungsprojekt
für Goebbels jetzt wieder in greifbare Nähe.[408] Man einigte sich Ende September
1930 darauf, dem Eher-Verlag einen Anteil von 60 Prozent zu überschreiben,
während der Gau weiterhin 40 Prozent am *Angriff* hielt. Der neue Teilhaber
Amann sicherte sich damit die Finanzhoheit an dem Presseprodukt, während
Goebbels die alleinige redaktionelle Leitung behielt. Der bisher fünfspaltige Umbruch wurde auf vier Spalten umgestellt. Vorerst wurden zehn Seiten Umfang
produziert, später wurde *Der Angriff* auf zwölf Seiten erweitert – neben einer
Sportseite bekam die Redaktion mehr Raum für Kolumnen und Serien.[409] Die
erste Ausgabe des *Angriffs* in der neuen Form als Tageszeitung erschien am 1.

---

reit, gegen diese Literatenrichtung vorzugehen, da sie auch ihn selbst bedroht. Ich werde nun
nicht mehr locker lassen, bis er handelt." (sogGTb 13.4.1930).

405 „War ihm Anfang Mai 1930 mitgeteilt worden, Gregor Strasser werde seine Anteile am ‚Nationalen Sozialisten' verkaufen und die Zeitung werde am 20. des Monats ihr Erscheinen einstellen, so entpuppte sich an jenem Stichtag die Zusage als falsch: Das Blatt kam weiter heraus." (Höver 1992: 325).

406 Vgl. Reuth 2000: 166–168; Goderbauer 1986: 12; Horn 1980: 263; Heiber 1962: 85; Schüddekopf 1960: 318f.

407 Vgl. Höver 1992: 7; Riess 1989: 116; Stein 1987: 65; Straßer 1954: 9.

408 „Sein Leibblatt *Der Angriff* entwickelte sich von einem kümmerlichen Wochenblättchen zu
einer täglich erscheinenden Abendzeitung." (Fraenkel/Manvell 1960: 157, kursiv im Original).

409 Im Jahr 1931 verzeichnete *Der Angriff* eine durchschnittliche Auflage von 68.600 Exemplaren, Ende 1932 waren es 100.000 und ein Jahr später 125.000 Stück. Vgl. Klußmann 2005:
68; Melischek/Seethaler/Walzel 1995: 82; Stein 1987: 80f., 271.

November 1930, fortan sollte das Blatt sechs Mal die Woche außer sonntags seine Leser erreichen.[410] Goebbels rekapitulierte:

> „Die Herausgabe des Angriff verzögert sich um eine Stunde. Ich gehe in die Druckerei, da stehen schon in Haufen die Straßenhändler in ihren schmucken Uniformen. Die letzte Arbeit wird getan, dann saust die Rotationsmaschine los, ein vielstimmiges brausendes Heil, das erste Exemplar ist da. Das hat 3 Jahre Mühe und Kampf und Ärger und Sorge gekostet. Aber nun haben wir die Tageszeitung. Viele Sorgen stehen uns noch bevor. Aber sie ist da und wird nie mehr weichen. Ich muß Dutzende von Exemplaren für begeisterte S.A. Männer signieren. Die Nummer ist schon sehr gut geworden. Wir werden sie verbessern und hochtreiben bis zur letztmöglichen Güte. Sie soll eine Musterzeitung werden."[411]

3.3 Das Textangebot (Abschnitt III)

> „Ich glaube, ich fange jetzt wieder an, Glück zu haben. Fehlt nur noch, daß der Angriff Tageszeitung wird."[412]

Die Zeitungstexte des dritten Abschnitts lassen sich in insgesamt zwölf Themenkategorien einteilen.[413] Goebbels setzte sich zunehmend intensiv mit Pressefragen auseinander, das zeigt die erste Kategorie in Abschnitt III der Untersuchung. Wie bereits in den Abschnitten I und II blieben daneben drei wichtige Themenschwerpunkte des Blattes auch nach der Etablierung als Tageszeitung bestehen: die Young-Problematik, die antidemokratische Agitation und die Entwicklungsstränge innerhalb der NSDAP. Nach dem publizistischen Ausbau investierte Goebbels zahlreiche journalistische Ideen in das Blatt, was sich im Vergleich zu den vorherigen Abschnitten in der deutlicheren Themenvielfalt niederschlug. Entsprechend konnten während der Analyse folgende weitere Schwerpunkte gebildet werden: Im fünften Untergliederungspunkt geht es um die ungewöhnliche Rolle der Partei als Opposition; es folgen die Kritik am Kabinett Brüning sowie die Auseinandersetzung mit altbekannten und neuen politischen Gegnern. In der achten Kategorie wurden jene Beiträge zusammengefasst, in denen es um den intensivierten Wahlkampf ging; eine eigene Sortierung erfolgte zum Sonderfall und den speziellen Konstellation in Preußen. An zehnter Gliederungsstelle ist die Reichspräsidentschaft zu finden, und in einer eigenen Kategorie ging es um den „Führer" der

---

410 Vgl. Reuth 2000: 181; Hochstätter 1998: 35f.; Lemmons 1994: 31, 36; Höver 1992: 332f.; Mendelssohn 1982: 608–610; Reimann 1971: 103; Kessemeier 1967: 46–54; Kühnl 1966a: 147.

411 sogGTb 2.11.1930.

412 sogGTb 30.4.1930.

413 Die hinter sämtlichen Titeln angegebenen Kennungen beziehen sich auf die Textauflistung, siehe dazu Anhang Nr. 5. Dort sind detaillierte Informationen zu jeder einzelnen Zeitungsveröffentlichung enthalten, also persönliche Hinweise des Verfassers, Autorenkennung, Erscheinungsdatum und stellenweise sonstige Anmerkungen. Die Sortierung der Zeitungsartikel erfolgte nach den oben genannten Themenkategorien. Innerhalb dieser Schwerpunkte wurde weitgehend versucht, die Chronologie der Veröffentlichungen einzuhalten, um daraus den Aufbau der Texte nacheinander deutlich zu machen.

NSDAP. Den Abschluss bildete der Themenblock, der die beiden letzten Regierungskabinette von Papen und anschließend von Schleicher behandelt.

3.3.1 Auseinandersetzung mit der Presse

Seinen ersten Artikel in seiner neuen Tageszeitung widmete der *Angriff*-Herausgeber seinem Kampfblatt, beschrieb in einem ausführlichen Rückblick die besondere Entwicklung des revolutionären Presseorgans und lobte – vor allem sich selbst: „Ein Journalist muß nicht nur den guten Willen haben zum Schreiben, er muß das auch können."[414]

Wenige Tage nach der Umwandlung zur Tageszeitung wurde der *Angriff* durch den Polizeipräsidenten acht Tage verboten. Albert „Grzesinskis entschlossenes Handeln traf Goebbels, denn der Ausfall der sechs Ausgaben des Kampfblattes kam einem Verlust von etwa 15000 Mark gleich, der bei der ständig angespannten finanziellen Lage des Gaues nur schwer zu verkraften war."[415] Zu diesem und den folgenden Erscheinungsverboten bezog Goebbels eine rechthaberische Position. Wer sich dem Staat gegenüber kritisch äußere, so behauptete Goebbels, der mache sich schnell der Republikbeleidigung schuldig und müsse mit Weimars Zucht und Ordnung rechnen. Seine scharfzüngige Schlussfolgerung hieß: „Es ist ein Skandal sondergleichen, daß es in Deutschland immer noch Menschen gibt, denen die Steuern zu hoch, das Brot zu teuer, die Miete unerschwinglich, die Korruption zu stinkend und die Vetternwirtschaft zu aufreizend ist."[416]

Die Journalistenkollegen in den Redaktionsstuben der Berliner Presse blieben von Goebbels' Bezichtigungen nicht verschont, auf ordinäre Art beschuldigte er sie der Lüge, Verdrehung, Verleumdung, Entstellung und Hetze. Wer die Blätter der Kommunisten, Sozialdemokraten und Deutschnationalen lese, so warnte Goebbels in Fäkalsprache, „den konnte in der Tat, wenn er sich noch einen Funken von politischem Anstandsgefühl und sachlicher Wahrhaftigkeit bewahrt hat, das kalte Kotzen ankommen."[417] Wenn sich Goebbels von medialen Veröffentlichungen beleidigt und persönlich angegriffen fühlte oder wenn seine Ausführungen in diversen politischen Blättern deklassiert oder sogar als „Tollhauspolitik"

---

414 „Der ‚Angriff'" A/1.11.1930/87 (L51). Siehe auch „Fünf Jahre ‚Angriff'" A/1.7.1932/53.
415 Reuth 2000: 182.
416 „Pst!!" A/18.11.1930/91 (L52). Siehe auch „Die linden Lüfte" A/19.6.1931/91 (L88) und „Appell an die, die es angeht" A/23.1.1932/7 (L7).
417 „Lügengesindel" A/26.1.1931/15 (L14). Siehe auch „Presseschweine" A/13.4.1931/60 (L57), „Anti-Lügenkampagne" A/26.5.1931/84 (L81), „Wieder mal kaltgestellt" A/24.10.1931/130 (L124) und „Ausgerechnet Herr Kriegk!" A/27.10.1931/131 (L125). Angegriffen wurde in diesem Fall der Hauptschriftleiter des Scherl-Verlages, Dr. Otto Kriegk. Siehe auch „Brunnenvergifter!" A/2.7.1932/54 (L47), „Wie der ‚Vorwärts' lügt" A/20.9.1932/66, „Aufruf!" A/24.9.1932/69 und A/26.9.1932/70. In diese Kategorie fällt auch die Vorankündigung zur Neuerscheinung der Berliner Ausgabe des *Völkischen Beobachters* mit dem Titel „Nationalsozialisten von Berlin!" A/19.12.1932/87. Darin wurde der *VB* als Verstärkung in Berlin gepriesen: „Am 1. Januar 1933 ist das neue Schwert fertig geschmiedet; und dann werden wir zuschlagen, auf daß der Gegner zerschmettert zu Boden sinkt."

abgeurteilt wurden, reagierte er prompt und meistens sehr verkrampft. In taktloser Weise betitelte er die anderen Zeitungsschreiber als Presseschweine und Pressehebräer, die den deutschen Spießern ihre tägliche geistige Nahrung lieferten – den *Angriff* führte er dann als vorbildhaftes Gegenbeispiel an.

3.3.2 Tribut- und Außenpolitik

Auch in der dritten Untersuchungsphase blieb die Auseinandersetzung mit der Weimarer Republik ein bedeutender Schwerpunkt. Der weitere Anstieg der Arbeitslosenzahlen gab Anlass genug, um die Auswirkungen des Young-Planes verstärkt auf die publizistische Agenda zu setzen und doktrinäre Kommentare gegen die „Weimarer Tributpolitik" zu schmettern. In tragischen Worten schilderte Goebbels den Alltag der deutschen Erwerbslosen, verurteilte weitere Massenentlassungen und sprach davon, dass das „Young-Elend" im Land um sich greife.[418] Die Ursache dafür fand er schnell bei den amtierenden Weimarer Politikern, die dem zahlungsunfähigen Deutschland nun neue ausländische Kredite verschaffen wollten – was aus Goebbels' Perspektive als durchschaubare Verzweiflungstat des bankrotten Staatssystems und als Fortführung der „Tributpolitik" zu bewerten sei.[419] Eine solche Regierung, so zog Goebbels sein typisches Fazit, bringe das Land in Verruf und Misskredit, sei nicht mehr handlungsfähig und müsse daher schnellstmöglich der Verantwortung für außen- und innenpolitische Entscheidungen entledigt werden.

Auch gegen das so genannte Hoover-Moratorium sprach sich Goebbels mit Verve in mehreren Artikeln aus: Ein befristeter Aufschub der Reparationszahlungen, so erläuterte der *Angriff*-Leitartikler, sei für Deutschland verhängnisvoll.[420] Das Volk, so seine Vorstellung, werde mit schönen Illusionen genährt, während das Land im Chaos versinke. Die einjährige finanzielle Atempause werde optimistisch als Lösung verkauft, tatsächlich aber sei der Plan eine Farce, da die Tributschuld nicht herabgesetzt sondern lediglich verlagert werde. Schulden, Finanzmisere, der Ruin des Wirtschaftsapparates und die Rolle Deutschlands als „Tributesel der Wallstreet" würden erhalten bleiben, so Goebbels' Auslegung. Mit der Annahme des Hoover-Planes werde der Young-Plan nicht abgeschafft, sondern seine Dauer auf 61 Jahre verlängert; davon, darin war sich der antikapitalistisch

---

418 „Der Winter" A/6.12.1930/101 (L54). Siehe auch „Es fängt schon an!" A/3.1.1931/1 (L1). Dieser Artikel entstand im Zuge der Ankündigung des Zechenverbandes Ruhrgebiet, der die gesamte Belegschaft kündigte. Vgl. Overesch/Saal 1992: 509.

419 „Paris borgt Geld!" A/27.1.1931/16 (L15), „Vor der Entscheidung" A/13.6.1931/88 (L85), „Verpaßte Chancen" A/9.7.1931/102 (L97), „Stillhalte-Konsortium" A/6.8.1931/109 (L104) und „Um die Modalitäten" A/12.11.1931/136 (L129). Anlass des letzteren Artikels waren die am 12. November 1931 stattfindenden Verhandlungen der deutsch-französischen Wirtschaftskommission in Paris. Siehe auch „Das große Nein" A/16.1.1932/5 (L5) und „Die latente Krise" A/10.5.1932/41 (L36).

420 Der US-amerikanische Präsident Herbert Hoover hatte am 20. Juni 1931 einen einjährigen Aufschub für die deutsche Kriegsschuldenzahlung vorgeschlagen.

geprägte Autor sicher, würden nur die amerikanischen Börsen profitieren. Dass im
Rahmen des Angebots auch zielgerichtete Beratungen über die Gewährung lang-
fristiger Darlehen zur Behebung der deutschen Finanzkrise stattfanden, berücksichtigte Goebbels in seinen Texten nicht.[421]

Um die Außenpolitik der Weimarer Regierung konkreter angreifen zu kön-
nen, konzentrierte sich Goebbels auf den deutschen Außenminister Julius Curtius.
Ihn beschrieb er als apathischen und leidenschaftslosen Charakter, beschuldigte
ihn der Unfähigkeit und fehlenden Qualifikation, um anschließend neben seiner
Amtsenthebung auch gleich den radikalen Bruch mit den bisherigen politischen
Methoden der Demokratie zu verlangen.[422] Dazu gehörte auch der Umgang mit
der brisanten Abrüstungsfrage – diese sollte auf Konferenzen in Lausanne und
Genf detailliert geklärt und eine endgültige, für alle Beteiligten zufriedenstellende
Einigung herbeigeführt werden. Von derartigen Verhandlungen hielt Goebbels
nichts; seiner Meinung nach säßen die Wölfe gemeinsam am Tisch, um über den
Frieden zu beschließen. Als unbelehrbarer und strikter Gegner des Versailler Vertrages sah Goebbels sowohl in der Abrüstung als auch in der Armeeminimierung
eine besonders negative Nebenwirkung für Deutschland, die sich nach seinem
Ermessen drastisch auf den seelisch-moralischen Zustand der Bevölkerung nie-
derschlage.[423]

3.3.3 Mediokrität des Weimarer Systems

Über längere Zeit hatte sich für Goebbels gezeigt, dass er mit seiner Kritik an der
Weimarer Republik im Journalismus erfolgreicher war, wenn er diese an bestimmte Personen band. Also beherzigte er diese Methode auch weiterhin, beschimpfte, verunglimpfte oder amüsierte sich über möglichst bekannte oder zu
diesem Zeitpunkt gerade auffällige Politikerpersönlichkeiten. Kaum einer bleib
von Goebbels' gehässigen Attacken verschont: mal foppte der *Angriff*-Leitartikler

---

421 „Moratorium, Revision oder?" A/8.1.1931/4 (L4), „Der Hooverplan" A/23.6.1931/94 (L90),
   „Der große Bluff" A/25.6.1931/96 (L91), „Viel Geschrei, aber kein Ei" A/30.6.1931/98 (L93)
   und „Kredite, Kredite!" A/14.7.1931/104 (L99). Letzterer Aufsatz bezog sich auf die im
   Rahmen des Hoover-Moratoriums stattfindenden Verhandlungen des Reichsbankpräsidenten
   Hans Luther in London und Paris. Siehe auch „Was nun?" A/29.7.1931/106 (L101).
422 „Kindertrompete und Knallerbse" A/20.1.1931/12 (L11), „Ein geschlagener Mann" A/24.1.
   1931/14 (L13), „Curtius auf Abruf!" A/28.5.1931/85 (L82), „Nach Chequers!" A/3.6.1931/87
   (L84) und „Wie lange noch, Herr Curtius?" A/14.9.1931/125 (L119). In diesem Zusammenhang sind auch jene Artikel zu sehen, die anlässlich der Verhandlungen um die geplante
   deutsch-österreichische Zollunion entstanden, siehe dazu „Ich erlaube es nicht!" A/21.5.
   1931/82 (L79). Im Mittelpunkt dieses Textes stand der französische Außenminister Aristide
   Briand, der den Zollpakt ablehnte. Siehe außerdem noch „Die Franzosen kommen!" A/26.9.
   1931/127 (L121).
423 „Außenpolitik?" A/5.1.1932/2 (L2), „In den Ressorts" A/7.1.1932/3 (L3), „Was will Brüning
   in Genf?" A/9.2.1932/13 (L13) und „Genfer Abgesang" A/30.4.1932/39 (L34).

den Zentrumspolitiker Ludwig Kaas[424], dann wiederum verhöhnte er Reichsfinanzminister Hermann Robert Dietrich[425]. Hubertus Prinz zu Löwenstein attestierte er einen „geistigen Dämmerzustand", um dann in übelstem antisemitischen Ton dem Fürsten von seinen Kommentaren in der Presse abzuraten:

> „Wir raten den Zeitungshebräern an, wenn sie schon einen Prinzen haben müssen, um für das deutsche Lesepublikum ihren abgestandenen Judenkohl noch etwas aufzuwärmen, sich wenigstens einen zu dingen, dem man den Zustand geistiger Schwäche nicht an der Nase abliest."[426]

Mal konzentrierte sich Goebbels auf Berliner Betrugsskandale[427], mal auf das Hohenzollerntum[428]; seine Lästereien trafen Hindenburg[429] ebenso wie den preußischen Innenminister Carl Severing.[430] Und auch die Leistungen und Charakterzüge vom Reichswehr- und Innenminister Wilhelm Groener[431] sowie die Verfehlungen des Innenministers Wilhelm Freiherr von Gayl[432] wurden im *Angriff* in spöttischer Form ausgiebig thematisiert.

Goebbels' journalistische Herabsetzung des Weimarer Staates schlug sich in manchen Artikeln auch in allgemein gehaltenen Rundumschlägen nieder. So wandte sich der Autor beispielsweise gegen die Zentrumspartei, mokierte sich über vermeintliche taktische Kompromisse der „Zentrumsbonzen" mit den „chris-

---

424 „Herr Kaas macht Witze" A/7.1.1931/3 (L3). Darin schrieb Goebbels: „Die nationalsozialistische Bewegung hat es nicht mehr nötig, sich durch kindliche und durch keinerlei Sachkenntnis getrübte Ausfälle aus der Fassung bringen zu lassen."

425 „Minister auf Abruf" A/9.1.1931/5 (L5).

426 „Durchlaucht redet zur Jugend" A/10.1.1931/6 (L6).

427 „Für die Ehre" A/17.1.1931/10 (L9) und „Die Sklareks" A/15.12.1931/146 (L139). Die Beiträge widmeten sich dem so genannten Sklarek- sowie dem Barmat-Skandal: Die Textilkaufleute Leo, Max und Willy Sklarek lieferten ihre Produkte vornehmlich an städtische Einrichtungen, hatten sich dadurch ein besonderes Monopol geschaffen und festigten ihre wirtschaftliche Vorzugsposition mit großzügigen Zuwendungen an amtliche Entscheidungsträger. Als gefälschte Rechnungen auftauchten und die Manipulationen sichtbar wurden, entwickelte sich im Herbst 1929 ein ausgedehnter Betrugsskandal. Die Brüder Julius, Henry, Isaak und Salomon Barmat waren – wie die Sklareks – im Textilgeschäft zu Hause, hatten sich aber auch im Lebensmittelhandel etabliert. Ihre politischen Beziehungen zu den Sozialdemokraten und zum Polizeipräsidium ermöglichten den Barmats lukrative Geschäftsbeziehungen zu staatlichen Stellen. Importaufträge und Kredite wurden mit politischer Unterstützung ermöglicht und gefördert. Julius und Henry Barmat wurden im Dezember 1924 verhaftet, als die Staatsanwaltschaft mitunter gegen die Staatsbank ermittelte. Vgl. Ludwig 1998: 68–75, 133f.; Lange 1987: 925f. Siehe zu Sklareks auch Kapitel IV, 2.3.3 (FN 263).

428 „Kathinkus IV" A/16.3.1931/42 (L40). Im Zentrum des Aufsatzes stand Siegfried von Kardorff. Goebbels bezeichnete den ehemaligen Baron des preußischen Königs als „Helfershelfer des Marxismus" und stellte ihn als komische Figur im Reichstag dar: „Das ist jener Karrdorf, der nur seinen Herrn wechselte, aber an Unterwürfigkeit und Servilität dem dann erwählten Herrn gegenüber stets derselbe blieb."

429 „Appell an den Reichspräsidenten" A/4.4.1931/55 (L53).

430 „Es ist verboten, einen Sündenbock zu suchen!" A/13.5.1931/79 (L76).

431 „Ein toter Mann" A/12.5.1932/42 (L37).

432 „Gayl provoziert die SA.!" A/8.7.1932/56.

tentumsfeindlichen und gottlosen Sozialdemokraten" und forderte daher mit allen Konsequenzen die Trennung zwischen Kirche und Partei.[433]

Beliebtes Spott- und Hetzobjekt blieben für Goebbels die Sozialdemokraten, die er als „marxistische Verräter" und „rote Bonzokratie" abqualifizierte. Zu seiner SPD-Schelte gehörte die Darstellung der vermeintlich inkonsequenten und vordergründig pazifistischen, in Wahrheit aber wehrfeindlichen Haltung der Partei. Mit Hilfe von vielfältigen Metaphern und hanebüchenen Verschwörungstheorien diskreditierte Goebbels die Weimarer SPD:

> „Diese Partei hat dreizehn Jahre lang das Gebiet der Politik und Wirtschaft korrumpiert und mit dem Aasgestank ihrer eigenen schimpflichen Verwesung vergast. Sie hat in Deutschland die Begriffe von Treu und Glauben, von Ehre und Würde zerfetzt und beschmutzt."[434]

Goebbels schien ganz offensichtlich belustigt, wenn er die in seinen Augen schmutzigen Umtriebe der Politik und die den inneren Frieden gefährdende Bürgerkriegsorganisation beschreiben konnte. Seine Hass- und Schimpftiraden richtete er gegen die „roten Machenschaften" der Biedermänner, die die Volksmoral vergifteten und deren politischer Verrat an der Arbeiterschaft symptomatisch für das deutsche Verhängnis sei.

3.3.4 Wandlungen innerhalb der NSDAP

Der Angriff, als Mitteilungs- und Kampfblatt für die Parteimitglieder geschaffen, blieb auch in den Jahren 1930 bis 1933 seinem Anspruch treu, ausführlich über die nationalsozialistische Bewegung zu schreiben. Die zunehmenden innenpolitischen Turbulenzen ermöglichten dabei ein recht breites Themenspektrum. Darunter fiel auch der Kampf gegen Erich Maria Remarques Romanverfilmung „Im Westen nichts Neues". Goebbels beschrieb sie als „jüdisches Sudelwerk", das gegen „deutschbewusste Staatssittlichkeit" verstoße und „marxistische Asphaltdemokratie" fördere.[435] Nationalsozialistische Brigaden boykottierten gemeinsam

---

433 „Politischer Berufskatholizismus" A/28.1.1931/17 (L16), „Noch einmal: Das Zentrum" A/30.1.1931/18 (L17), „Nationalsozialismus und Katholische Kirche" A/14.3.1931/41 (L39) und „Unverschämte Lügner" A/30.3.1931/51 (L49).

434 „Zylinderhut oder Jakobinermütze" A/20.11.1931/139 (L132). Zu diesem Schwerpunkt zählen auch folgende Leitartikel: „Wo bleibt der zweite Mann?" A/27.2.1931/30 (L29), „Der Wehretat" A/5.3.1931/34 (L33), „Panzerkreuzer B" A/13.3.1931/40 (L38), „Die Notverordnungen" A/21.4.1931/67 (L64) und „Ein Parteitag" A/6.5.1931/75 (L72). Letzterer Artikel entstand anlässlich der Vorbereitungen zum SPD-Parteitag am 31. Mai 1931 in Leipzig. Siehe auch „Patrioten" A/2.7.1931/99 (L94), „Einheitsfront?" A/20.8.1931/115 (L110), „SPD. – Schamloseste Partei Deutschlands" A/5.7.1932/55 (L48) und „Das große Wunder" A/24.12. 1932/89 (L70).

435 „In die Knie gezwungen" A/12.12.1930/104 (L57). Wörter, die in Kombination mit dem Begriff Asphalt (Asphaltdemokratie, Asphaltpresse) gebildet wurden, wurden in der NS-Sprache metaphorisch gebraucht, wenn es um die Beschreibung der intellektualistischen und jüdisch-demokratischen Zivilisation der Weimarer Republik ging. Dahinter stand die Vorstellung, dass die künstliche Decke die Menschen vom natürlichen Boden trenne und so ein nega-

mit der SA bereits seit der Uraufführung am 5. Dezember 1930 die Vorführungen durch systematische Störungsaktionen und Demonstrationen, zettelten Krawalle an, bis die Situation ernsthaft zu eskalieren drohte.

Im *Angriff* tat sich die NSDAP auch immer wieder als Hüter gesellschaftlicher Normen hervor. Während Goebbels in den meisten Texten eine finstere Gegenwart und eine düstere Zukunft für Deutschland malte, ja eine regelrecht erdrückende Atmosphäre erzeugte, deklarierte er regelmäßig die Hitlerpartei als den einzigen Hoffnungsträger, als Botschafter eines neuen Ideals und als Richtungsgeber für den politisch-sozialen Wendepunkt. Schon bald, so prognostizierte Goebbels, würden die „furchtbaren Folgeerscheinungen der verräterischen Verzweiflungspolitik" beendet sein. Dann werde das „Dritte Reich" auf einem starken Fundament aufgebaut werden: die Entfaltung eines neuen stolzen Staates und die Wiedergeburt der Nation stünden bevor.[436]

Weit weniger positiv zeigte sich die innerparteiliche Entwicklung im April 1931, als der zweite Stennes-Putsch die NSDAP erschütterte.[437] Nicht ganz zu

---

tiver Gegenbegriff zur Blut-und-Boden-Ideologie gebildet werden könne. Begriffe oder Erklärungen in Zusammenhang mit „Asphalt" richteten sich daher in erster Linie gegen die vermeintlich wurzellosen Großstadtbewohner, die mit den Juden gleichgesetzt wurden. Unter der „Asphaltkultur" wurde folglich eine volksfremde Kultur definiert. Unter „Asphaltliteraten" verstanden die Nationalsozialisten eine bestimmte Personengruppe, die nicht aus dem eigenen Volkstum hervorgegangen sei. „Goebbels' Angriffe auf die ‚Asphaltkultur' hatten nicht nur ein Echo bei seinen Nationalsozialisten, sondern auch in der soliden Bürgerschaft, die etwa auf die ‚Amerikanisierung' der Kultur mit Befremden reagierten." (Bönisch 2008: 16). Vgl. Schmitz-Berning 1998: 71–73; Berning 1964: 27.

436 „Sozialismus der Tat" A/20.12.1930/107 (L60), „Wintersonnenwende!" A/24.12.1930/108 (L61), „1931" A/31.12.1930/109 (L62) und „Lebensstil und Nationalsozialismus" A/10.1. 1931/7. Letzterer Text erschien unter dem Titel „Der neue Stil" im *Nationalsozialistischen Jahrbuch* (NSJ/1931/1). Siehe auch „Das Reich" A/19.1.1931/11 (L10). Anlass dieses Beitrags war die 60. Jahresfeier des Reichsgründungstages (18. Januar 1871). Siehe außerdem noch „Wie die ‚Pharusschlacht' gewonnen wurde" A/28.8.1931/117, „Weihnachten 1931" A/1931/151 (L144), „Das Jahr unseres Sieges" A/31.12.1931/153 (L146) und „Die stärkeren Nerven" A/24.5.1932/46 (L41).

437 Die drohende Verbürgerlichung der Partei, der Legalitätskurs Hitlers, die mangelhafte Finanzlage der Kampftruppe und ihr reduziertes Mitspracherecht hatten einen Konflikt zwischen der SA und der NSDAP ausgelöst. Mit steigendem Wahlerfolg wollte die SA auch stärker an dem Machtzugewinn beteiligt werden. Bereits im August 1930 hatte Stennes den Berliner Gauleiter unter Druck gesetzt, wollte eine Zusage für drei Reichstagsmandate, finanzielle Zuwendungen und mehr politischen Einfluss. Diese erste Stennes-Revolte wurde bald abgewendet, der zweite Stennes-Putsch zeigte dann jedoch mehr Wirkung: Am Karfreitag besetzte eine Formation unter der Führung des SA-Führers Walter Stennes die Redaktionsräume des *Angriffs*. Denn Goebbels hatte zwar den Forderungen der Organisation vordergründig nachgegeben, die SA nach dem Wahlsieg im September 1930 dann aber doch übergangen – folglich galt er als Urheber des internen Aufbegehrens. Tatsächlich verhielt sich Goebbels zwiespältig, denn einerseits fühlte er sich mit der SA verbunden, sah deren Revolte gegen die „Parteibonzen" mit Wohlwollen und hätte gern mit Hilfe dieser Kräfte ein Gegengewicht zur Münchner Parteileitung gebildet. Der mangelnde Radikalismus der Clique um Hitler (Feder, Esser, Rosenberg) und die Tendenz zur bürgerlichen Kompromisspolitik stießen ihm nämlich immer wieder sauer auf. Andererseits galt ihm der „Führer" als unantastbare Größe. Goebbels

Unrecht schien es der Parteileitung, als ob Goebbels in diese Revolte verwickelt gewesen sei. Umso ausdrücklicher dementierte der *Angriff*-Herausgeber in seinem Blatt derartige offene Vermutungen und Gerüchte, nahm unmissverständlich Stellung gegen die „Abtrünnigen" und beschwor Hitlers Autorität. Indem er die Meuterei drastisch als parteischädigendes Verhalten und Treuebruch gegenüber dem „Führer" bezeichnete, wollte er seine Ausführungen als deutliches Bekenntnis zu Hitler verstanden wissen.[438] Auch in den kommenden Monaten beschäftigte sich Goebbels mit dem Vorfall und nutzte den misslungenen innerparteilichen Aufstand, um die Parteimitglieder wiederholt zu ermahnen, sich an Disziplin, Gehorsam und das traditionelle, unantastbare Führerprinzip zu halten.[439] In den Leitartikeln wurde außerdem die so genannte Säuberung innerhalb der SA legitimiert: Die Reinigung von unsicheren, nörgelnden und wankelmütigen Elementen in der „Bewegung" sei notwendig, so erklärte Goebbels, damit derartige Vorfälle nicht nachgeahmt würden und wieder alle Parteimitglieder wie auch die als Vorbilder fungierenden SA-Leute aufrichtig treu zu Adolf Hitler stünden.[440]

Nach der Stennes-Krise ging Goebbels in seinen Texten wieder verstärkt auf den ideologischen Zusammenhalt und die Aufgabenbereiche des Nationalsozialismus ein. Selbst wenn die NSDAP einen verfassungsmäßigen Weg zur staatlichen Macht gehe, hätten die Befreiung des schaffenden Menschen und die Gerechtigkeit für die deutsche Nation oberste Priorität, behauptete Goebbels. Derartige Aussagen und schaumige Parolen erscheinen umso ungewöhnlicher, wenn man bedenkt, dass der Verfasser in seinen Elaboraten bislang immer von dieser politischen Strategie abgeraten hatte und der Idee vom legalen Kurs der Partei

---

entschied sich letztendlich gegen die Aufständischen und für Hitler. Zu den Vorgängen hielt der Berliner Gauleiter fest: „Telephon von Berlin: Angriff und Gesch.St. von S.A. besetzt. Weißauer sympathisiert offen mit Stennes und bringt eine unmögliche Erklärung von ihm groß im Angriff. Berlin ein Ameisenhaufen. Für mich gibt es jetzt keine Frage mehr: ich stehe treu zu Hitler. Auch bei aller Kritik." (sogGTb 2.4.1931). Vgl. Reuth 2000: 188f., 194f.; Höver 1992: 329f., 346f.; Lange 1987: 1009f.; Borresholm 1949: 71f.

438 Hitler erneuerte am 2. April 1931 die Generalvollmacht des Berliner Statthalters Joseph Goebbels, damit dieser die nach der Stennes-Revolte notwendige „Säuberung" (also den Ausschluss bestimmter Personen aus SA und Partei) durchführen konnte. Nach der endgültigen Absetzung des Rebellenführers Stennes (sein Nachfolger wurde Ernst Röhm) wurden die SA-Männer neu auf Hitler eingeschworen. Mit dem endgültigen Schlag gegen Stennes und seine Anhänger liquidierte der Parteiführer damit alle weiteren noch vorhandenen revolutionären Bestrebungen in der „Bewegung". Vgl. Höver 1992: 354.

439 Das Führerprinzip wurde von Anbeginn an von den Nationalsozialisten als einzig mögliche Alternative zum demokratischen System vertreten. Es zeigte sich, dass diese Taktik fruchtete und während der NS-Herrschaft Hitler als einzige im deutschen Volk akzeptierte Integrationsfigur galt. Während das Ansehen der Partei und anderer parteipolitischer Figuren eher gering war, genoss Hitler als einziger einen hohen Stellenwert bei der Bevölkerung. Vgl. Zitelmann 1998: 433.

440 „Es gibt nur eine Partei!" A/4.4.1931/56. Dieser Text erschien einen Tag später als Zweitpublikation im *Völkischen Beobachter* und trug dort die Überschrift „Parteigenossen und S.A.-Männer von Berlin!" (VB/5.4.1931/1). Siehe auch folgende weitere Artikel zum Themenfeld: „Der SA.-Konflikt" A/7.4.1931/57 (L54), „Die Bilanz" A/10.4.1931/58 (L55), „Arbeiter, Bauern, Soldaten" A/11.4.1931/59 (L56) und „Rede an die SA." A/17.4.1931/64 (L61).

diametral gegenüber stand. Demnächst, so Goebbels' Überzeugung, werde eine nationalsozialistische Welle die Menschen und das Land überrollen. Dann werde die Nation aus ihrem „Weimarer Dämmerzustand" gerissen und die nationalsozialistische Sturmflut werde sämtliche politischen Dämme niederreißen:

> „Das Volk wird wieder lebendig. Unsere Aufgabe ist es, die Welle, die da vom Schicksal angetrieben wird, hochzupeitschen, sie agitatorisch in das richtige Bett zu leiten, sie einmünden zu lassen in den großen, reißenden Strom einer deutschen Volkserhebung, die an ihrem Ende in der Macht ausläuft."[441]

Mit einem breit angelegten Projekt versuchte die NSDAP, einen neuen Vorstoß zu wagen und direkt in den Unternehmen um neue Mitglieder zu werben. Mit der Initiative „Hinein in die Betriebe!" (HiB) sollte ein Instrument geschaffen werden, um den Schwachpunkt der nationalsozialistischen Propaganda in den Betrieben auszugleichen. Also appellierte Goebbels mit melodramatischem Unterton an die Parteigenossen, dass sie die Arbeitnehmer an ihrer Arbeitsstätte aufzusuchen, alle ideologischen Missverständnisse auszuräumen, den sozialistischen Charakter der NSDAP noch deutlicher herauszustellen und eindringliche Überzeugungsarbeit zu leisten hätten:

> „Die nationalsozialistische Bewegung ist eine Arbeiterpartei. Ihr oberstes Ziel besteht darin, den Proletarier, vor allem den marxistischen, wieder in die deutsche Volksgemeinschaft einzugliedern. [...] Nach demokratischem Majoritätsprinzip wird Macht nur durch Masse verliehen. Wer es versteht, die Zahl hinter sich zu bringen, der gewinnt damit auch ausschlaggebenden Einfluß."[442]

Obwohl sich die Kampagne vollständig auf die Mitarbeiter in Firmen und Werken konzentrierte und vor dem Hintergrund der bestehenden Betriebszellen-Organisationen[443] stattfand, handelte es sich wieder einmal um einen Feldzug gegen den Marxismus. Der Nationalsozialismus gehöre in die roten Arbeiterviertel, betonte Goebbels, der Kampf müsse von den Straßen in die Fabriken ausgedehnt werden. Die Versprechen von KPD und SPD seien uneingelöst geblieben, daher hätten die klassischen Arbeiterparteien mit ihrer „feigen Revolte" auch politisch Schiffbruch erlitten. Die Errettung des Arbeiters könne nur durch die Revolution des Nationalsozialismus passieren. Mit ausladendem Vokabular beschrieb Goebbels die „wahre Arbeiterpolitik":

---

441 „Die zweite Welle" A/5.5.1931/74 (L71). Siehe auch „Verbot zwingt keinen Geist!" A/16.12.1930/105 (L58), „Unser Sozialismus" A/22.4.1931/68 (L65), „Unser Zweimonatsplan" A/1.5.1931/72 (L69), „Die Legalität" A/11.5.1931/78 (L75), „Bewegung" A/16.5.1931/80 (L77), „Der Zweimonatsplan" A/8.7.1931/101 (L96) und „Wann endlich?" A/8.12.1931/144 (L137).

442 „Die neue Parole: Hinein in die Betriebe!" A/29.8.1931/118 (L112). Siehe auch „Herbstoffensive" A/1.9.1931/119 (L113).

443 Das Betriebszellen-System wurde bereits 1929 etabliert und war als gewerkschaftsähnliche Organisation der Nationalsozialisten zu verstehen. „Im Januar 1931 war in der Münchener Reichsleitung eine eigene Reichs-Betriebszellen-Abteilung gegründet worden. Die NSBO wurde als offizielle Arbeitnehmerorganisation der NSDAP anerkannt. Alle im Arbeitsprozess stehenden Parteigenossen mußten der Nationalsozialistischen Betriebszellen-Organisation zwangsweise beitreten." (Böhnke 1974: 170). Siehe auch Kapitel IV, 2.3.4 (FN 276).

„Erst, wenn sozialistische Gesinnung und nationalistische Haltung sich miteinander vermählen und zu einer neuen, modernen Weltanschauung umgeschmolzen werden, besteht die Möglichkeit, das Arbeitertum zu befreien und die Ketten des Weltkapitalismus zu sprengen."[444]

Mit dem Kalkül, ganz gezielt Männer aus der Arbeiterschaft anzusprechen, um sie für die Bewegung zu gewinnen, verfolgte Goebbels allerdings auch noch ein anderes Ziel: Mit dem Aufstieg der NSDAP zur imponierenden Massenbewegung erhöhte sich auch der Zustrom an politischen Mitläufern.[445] Vor allem Goebbels sah einen massiven Nachteil des Erfolges darin, dass sich nun – wie er sie schimpfend nannte – „Konjunkturritter" und „Septemberlinge" in der „Bewegung" breit machten. Seiner Meinung nach gehörten diese neuen Parteigenossen aus den bürgerlichen, besitzenden und gebildeten Ständen nicht zum echten Gefolge, sondern spekulierten lediglich auf ein Mandat. Trotz Umerziehungsarbeit würden diese Mitglieder niemals eine reine nationalsozialistische Wesensart zeigen. Goebbels befürchtete, dass all jene, die sich an den Wahlerfolg der NSDAP plötzlich anhängen wollten, das Wählerpotenzial aus der Arbeiterschaft erst recht abschreckten und langfristig dies der Partei Schaden zufügen und auch seine Pläne konterkarieren würde: „Goebbels eigentliches Anliegen war nicht die Erhöhung der Mitgliederzahl, sondern eine innerparteiliche Gewichtsverlagerung vom bürgerlichen zum proletarischen Element, die der NS-Bewegung endlich eine klare ‚Abgrenzung zur Reaktion' ermöglichen sollte."[446]

3.3.5 Oppositionsrolle

Obwohl die NSDAP bei der Reichstagswahl im September 1930 einen deutlichen Zugewinn an Mandaten verzeichnete und als stärkste Fraktion auftreten konnte, kam es weder zu einer Koalition noch zu einer Regierungsbeteiligung. Die Nationalsozialisten hatten sich demnach in ihre Oppositionsrolle zu fügen – und der *Angriff* übernahm dabei stellenweise die Funktion des Identitätsstifters. Regelmäßig wurde in den Artikeln der Unmut der Parteimitglieder aufgegriffen, der auf der nicht zu Stande gekommenen Übergabe der Staatsgewalt an die Nationalsozialisten basierte. Vorwürfe, dass die NSDAP hemmungs- und verantwortungslos

---

444 „An alle Erwerbslosen!" A/8.9.1931/122 (L116). Siehe auch: „Unsere Aufgabe: Aufbruch gegen die Revolte" A/7.11.1931/134. Dieser Artikel entstand anlässlich des Jahrestages zum 9. November 1918. Zu der Kategorie gehören noch folgende weitere Texte: „Die zweite Angriffswelle" A/2.1.1932/1 (L1), „Die nächste Aufgabe" A/28.4.1932/38 (L33), „Bitte an Hans Grimm" A/24.9.1932/68 (L57) und „Kampf für den deutschen Sozialismus" A/9.11.1932/81.

445 Seit der Neugründung der Partei mit 27.000 Mitgliedern verzeichnete die NSDAP einen deutlichen Zuwachs, im Jahr 1929 gab es bereits 176.000 NS-Parteigenossen. Der Erdrutschwahlsieg der NSDAP am 14. September 1930 brachte dann einen regelrechten Mitgliederboom: Im Juni 1930 gab es 250.000 Mitglieder, bis September erhöhte sich die Zahl auf 300.000 und bis November auf 350.000. Bis 1931 konnte Hitlers Arbeiterpartei 806.000 Mitglieder verzeichnen. Vgl. Barth 1999: 93; Paul 1992: 73; Oven 1987: 157.

446 Höver 1992: 366f. Vgl. Paul 1992: 72. Siehe dazu Goebbels' Zeitungsbeitrag „Septemberlinge" A/2.11.1931/132 (L126). Der Ausdruck wurde in Bezug auf die Reichstagswahlen im September 1930 geprägt.

nach der Macht greife, wies Goebbels scharf zurück. Um so intensiver verlangte er daher nun die offene Kritik am Weimarer System und an den „Bankrottparteien der Young-Regierung": „Die Agitation, die die Opposition gegen die Regierung betreibt, spricht nicht so vernehmlich und laut und glaubwürdig, wie die Agitation, die die Regierung in ihren politischen Taten gegen sich selbst betreibt."[447] Dazu gehörten aus Goebbels' Perspektive auch Maßnahmen wie die Aufhebung der Immunität bestimmter Abgeordneter, die sporadischen Verbote der NS-Presse, die Hausdurchsuchungen der NSDAP-Geschäftsstelle, die Absetzung einzelner Redner und die Verhaftung zahlreicher Parteigenossen. In aller Ausführlichkeit interpretierte er ein solches Verhalten der „greisenhaften Youngpolitiker" als Unterdrückungsfeldzug gegen die NSDAP. Alle Versuche, sich politisch unbequemer Gegner zu entledigen oder sie zum Schweigen zu bringen, so drohte der *Angriff*-Leitartikler, würden jedoch fehlschlagen.

> „Angesichts dieser Tatsachen ist es vermessen zu glauben, man könnte den Widerstand gegen die zunehmende Verelendung der breiten Massen dadurch brechen, daß man seinen Wortführern die freie Rede verbietet. Die Massen werden sich damit nicht zufrieden geben."[448]

Der geschlossene Auszug der nationalsozialistischen Abgeordneten am 9. Februar 1931 aus dem Reichstag wurde in den Artikeln als Eigenwerbung genutzt und damit gerechtfertigt, dass die Regierung nichts Vorzeigbares zu Stande bringe und das Parlament endgültig zur Stätte der Unmoral geworden sei.[449] Goebbels glossierte die Situation und beschrieb Langeweile und Trostlosigkeit, die nun ohne die dynamischen NS-Politiker im Parlament vorherrschten. Jetzt könnten die Parteien wieder uneingeschränkt ihre üblichen Phrasen dreschen und ihre Schmierenkomödien aufführen, höhnte er, während die Nationalsozialisten außerhalb des Reichstages ihre Agitationsarbeit fortsetzen und bei der Bevölkerung für die Absetzung der Demokratie werben würden: „Die Tributkamarilla soll unter sich bleiben und über der Nation ihre feindlichen Beschlüsse fassen. Wir aber bleiben beim Volk."[450]

---

447 „Die Lage" A/14.1.1931/9 (L8). Dazu zählen auch die Artikel „Regierungsbeteiligung?" A/6.1.1931/2 (L2), „Regierungsfähig ist..." A/12.1.1931/8 (L7) und „Die radikale Phrase" A/22.1.1931/13 (L12). In letzterem Artikel schrieb Goebbels: „Die radikale Phrase vermag nichts, wenn ihr nicht die Wahrheit zugrunde liegt. Die Agitation wird beim Volk und in der Welt immer nur Widerhall finden, wenn die Tatsachen ihr recht geben."

448 „Dumpfes Schweigen" A/24.3.1931/48 (L46). Siehe dazu auch „Immunität" A/31.1.1931/19 (L18) und „Ich muß schon sagen..." A/18.2.1931/23 (L22).

449 Die NSDAP kehrte erst am 13. Oktober 1931 wieder in den Reichstag zurück.

450 „Gesäß-Parteien" A/19.2.1931/24 (L23). Dazu auch der Beitrag „Der große Katzenjammer" A/20.2.1931/25 (L24). Darin hieß es: „Unterdes ist die nationalsozialistische Opposition in Front gegangen. 107 Reichstagsabgeordnete haben sich wie ein Schwarm von Hornissen auf das Land gestürzt." Siehe auch „Komödie am Platz der Republik" A/7.3.1931/36 (L34). Hier foppte Goebbels: „Es wird Komödie gespielt, und die Reden, die die Tributparteien von der Tribüne herab halten, wirken blutlos und tot wie der Monolog eines schlechten Heldendarstellers auf einer Schmierenbühne." Siehe auch noch „Eingekesselt" A/11.3.1931/38 (L36) und „In die Ferien" A/26.3.1931/49 (L47).

Eine dieser Mobilisierungsaktionen, die sich den Sturz des Kabinetts Brüning und die Errichtung einer nationalen Regierung als oberstes Ziel gesetzt hatte, war die Gründung der „Harzburger Front".[451] Goebbels, der große Antipathie gegenüber den Deutschnationalen hegte und von der Synthese nicht begeistert war, hielt sich im *Angriff* mit positiven Äußerungen eher zurück.[452] In seinen Artikeln ließ er durchscheinen, dass seiner Ansicht nach der pragmatischen nationalen Verbrüderung ein Charakter des Anomalen anhafte und das Vorhaben, die deutsche Politik maßgeblich zu beeinflussen, alleinige Sache der NSDAP sei. In recht nüchternem Stil beschrieb er das Manko, das sich nach seiner Vorstellung aus der gemeinsamen Opposition nationaler Prägung und der Zusammenarbeit mit Hugenberg und seinen Anhängern ergab. Stellenweise kompromittierend betonte Goebbels, dass jede Kooperation einzig und ausschließlich der Bekämpfung der gegenwärtigen politischen Kräfteverhältnisse diene und in jedem Bündnis das Hauptgewicht stets bei der NSDAP und ihrem unabänderlichen Parteiprogramm liege. Interessant ist in diesem Zusammenhang, wie sehr der Autor auch hier den Bezug zur Wirklichkeit verlor, wenn er die sozialistische Linie der „Bewegung" nach wie vor als ideologischen Schwerpunkt definierte und dem Irrglauben an die absolute Überlegenheit der sozialen Frage anhing.

3.3.6 Regierung Brüning

Goebbels verwendete viel Energie darauf, die Regierung unter Heinrich Brüning als exakten Gegenspieler zur nationalsozialistischen „Bewegung" darzustellen, der Arbeit des Kabinetts den Anstrich von Dilettantismus zu verleihen und die durchaus begründete Angst der Weimarer Demokraten vor dem wachsenden Einfluss der Nationalsozialisten in seinem Kampfblatt gehässig zu kommentieren. Im Mittelpunkt der publizistischen Auseinandersetzung stand dabei meistens der Reichskanzler selbst, der auch nach den veränderten Stimmenanteilen und mit

---

451 Es handelte sich um eine Kooperation der Nationalsozialisten mit der nationalen Rechten. Bei einer Kundgebung der nationalen Opposition am 10. Oktober 1931 in Harzburg wurde das gemeinsame Vorgehen gegen die bestehende Weimarer Republik als Prämisse vereinbart. Die neu gebildete „Harzburger Front" war eine Sammelaktion aller rechten Kräfte und als umfassender Propagandacoup gedacht. Hugenbergs DNVP agierte gemeinsam mit Hitlers NSDAP, dem Stahlhelm und den Vaterländischen Verbänden; Unterstützung gab es auch durch einige Reichswehrgeneräle wie beispielsweise Generaloberst a. D. Hans von Seeckt. „Die Schlüssel der eigentlichen Macht schienen sicher in den Händen der Repräsentanten konservativer Werte, der deutschnationalen Volkspartei (DNVP), der Reichswehr und des ‚Stahlhelm' zu liegen, während die Hitlerpartei nur fürs Grobe benutzt werden sollte." (Benz 2000: 20, Klammer im Original). Vgl. ebd.: 16; Reimann 1971: 128f.; Stephan 1949: 49.

452 „Von Harzburg nach Braunschweig" A/21.10.1931/128 (L122). Auf dem bislang größten NSDAP-Aufmarsch in Braunschweig am 18. Oktober 1931 wurde die Absetzung des Kabinetts Brüning öffentlich als oberstes Ziel proklamiert. Siehe dazu auch die beiden Artikel „Die nationale Opposition" A/19.12.1931/148 (L141) und „Die letzte Atempause" A/29.12. 1931/152 (L145).

aufgehobenen Mehrheitsverhältnissen weiterhin seinen alten politischen Kurs verfolgte und somit für Goebbels eine willkommene Zielscheibe war.

Dass Brüning besonders intensiv auf die Notverordnungen zurückgriff, war für den *Angriff*-Herausgeber ein deutliches Zeichen für die sich ändernde Lage, und er schrieb: „Die Kanäle parlamentarisch-staatspolitischer Verantwortung sind längst eingetrocknet. Die große Welle deutscher Volksbewußtheit hat sich ein neues Flußbett gesucht."[453] In dem Berliner NS-Kampfblatt wurde Brüning als überheblicher Kaiser der Republik gezeichnet, der sich über alle demokratisch-parlamentarischen Instanzen hinweg setze und mit seiner Vogel-Strauß-Politik der gesamten Nation mehr schade als diene. Die häufige Verwendung der Weimarer Notparagraphen („drakonischen Hungerverordnungen") wurde von der NSDAP, die dadurch erhebliche Einschränkungen hinnehmen musste, mit Empörung illustriert; wie so oft wurde dabei versucht, die Situation der einzelnen Partei mit Deutschlands Gesamtlage zu assoziieren und die Notverordnungen als harte Eingriffe in das öffentliche und private Leben darzustellen: „Das, was man uns jetzt antut in diesen Tagen der tiefsten Demütigung unseres Volkes und Vaterlandes, das tut man der leidgequälten Duldernation an. Wo man uns schlägt, da schlägt man Deutschland. Wo man uns verfolgt, da verfolgt man das deutsche Volk."[454]

Das gegenwärtige Handhaben der Politik, so Goebbels, sei der Nährboden für Radikalismus und politische Morde; die „diktatorischen Gesetzentwürfe" mit den antisozialen Komponenten würden die innenpolitisch latente Gefahr des Bürgerkrieges noch verstärken. Auch beanstandete er, dass Hindenburgs Überparteilichkeit nicht mehr gewährleistet sei, und dass der Reichspräsident daher die schlechte Politik des Reichskanzlers toleriere. Die von der NSDAP artikulierte Entrüstung über das Kabinett sei ein Vorzeichen dafür, was in der Bevölkerung bereits an Gedanken brodele. „Die Leisetreterei wird zur Norm gemacht. Aber man glaube nicht, daß man damit den Notständen abhilft."[455] Nicht mehr lange, so schlussfolgerte Goebbels, dann werde der Kessel der Weimarer Republik explodieren.

Kabinett und Kanzler wurden im *Angriff* dafür verantwortlich gemacht, dass sich die Not im Land vergrößerte, die Arbeitslosenquote stieg und aus Perspektive vieler die Verfassung unterhöhlt wurde. Die parlamentarische Minderheitenregierung, so erfuhr der Leser wiederholt, steuere das Land direkt in die nächste Krise.

453 „Die Kanäle der Verantwortung" A/4.3.1931/33 (L32).
454 „Die Diktatur" A/31.3.1931/52 (L50). Siehe auch „Die Reichsregierung antwortet" A/1.4.
1931/53 (L51), „Ein Königreich für einen Erfolg" A/14.4.1931/61 (L58), „Gegen die Arbeitslosigkeit" A/9.5.1931/77 (L74), „Die neue Notverordnung" A/23.5.1931/83 (L80), „Drohen gilt nicht!" A/17.6.1931/90 (L87) und „Zwischen den Zeilen" A/25.7.1931/105 (L100). In letzterem Leitartikel hielt Goebbels fest: „Denn nach der neuesten Notverordnung ist es gar nicht mehr nötig, daß einer sich in Worten und Taten strafbar macht. Es genügt sozusagen allein die Gesinnung." Siehe auch „Rund um die Notverordnung" A/14.12.1931/145 (L138). Die Regierung Brüning erließ zur Sicherung von Wirtschaft und Finanzen und zum Schutz des inneren Friedens am 8. Dezember 1931 die vierte Notverordnung. Diese sah Gehaltskürzungen von neun Prozent, Preis- und Zinssenkungen, Abbau der Wohnungszwangswirtschaft und ein Uniformverbot für politische Vereinigungen vor. Vgl. Overesch/Saal 1992: 565. Siehe auch noch „Weihnachtsfrieden?" A/24.12.1931/150 (L143).
455 „Das Ventil" A/2.4.1931/54 (L52).

Der Ausnahmezustand, so bedeutete Goebbels, werde allmählich zur Gewohnheit, während mit wankelmütigen Parteien misslich regiert werde. Gehässig reflektierte er ein Fiasko nach dem anderen und stellte Brünings außenpolitische Bemühungen als „Scheinerfolge" bloß. Der Verfasser feixte ebenso über die Abhängigkeit von der Sozialdemokratie wie auch über die unerfüllten basispolitischen Aufgaben: Weder eine Wirtschaftsreform noch die Sanierung der Finanzen oder einen inneren Frieden habe die Reichsregierung zu Stande gebracht.[456]

Je länger sich die NSDAP in der Opposition befand und merkte, dass Hitler und seinen Gefolgsleuten die politische Führung verwehrt blieb, desto deutlicher trat bei Goebbels eine regelrechte Brutalisierung der Zeitungstexte ein. Wenn er darüber schrieb, dass Brünings Kanzlerschaft fehlgeschlagen sei, er den Rückhalt im Volk verloren habe und sein Platzverweis das letzte politische Mittel bleibe, dann war eine Grundneigung zur Gewaltsamkeit herauszuhören. Nach dem Abdanken von Reichswehrminister Wilhelm Groener amüsierte sich Goebbels in typisch scheelsüchtigem Unterton über die nun verleibende „Einsamkeit des eisernen Kanzlers": „Ein Rumpfkabinett, das wäre zuviel gesagt. Der führende Kopf hat immer gefehlt. Was jetzt noch übrig bleibt, das ist nicht mehr als ein Torso."[457] Die Kritik am Reichskanzler wurde immer offener, die Forderung nach einem Rücktritt des Kabinetts immer deutlicher im *Angriff* kommuniziert. Parallel dazu veranstalteten die NS-Abgeordneten im Reichstag regelmäßig Aufruhr und sorgten für öffentlichkeitswirksames Aufsehen.[458] Allerorts wurde dafür geworben, dass die Reichsregierung den Platz endlich für die Nationalsozialisten freimachen solle, und behauptet, dass die Inhomogenität der Machtverhältnisse in Deutschland deutlich dafür spreche.

3.3.7 Alte und neue Gegnerschaften

Goebbels pflegte in seinem Periodikum zahlreiche Feindschaften; neben der Reichsregierung gab es eine breite Palette bereits bekannter, aber auch neuer Gegner. Dazu gehörte das „Reichsbanner Schwarz-Rot-Gold", die militaristische

---

456 „Verfassungskrise" A/3.8.1931/108 (L103), „Atomzertrümmerung" A/3.9.1931/120 (L114), „Was will Herr Brüning?" A/5.9.1931/121 (L115) und „Abschiedsrede für den Wirtschaftsbeirat" A/25.11.1931/142 (L135). Der am 13. Oktober 1931 gegründete Wirtschaftsbeirat empfahl in seinem Abschlussbericht am 23. November 1931 der Regierung ein Maßnahmenpaket zur Überwindung der Wirtschaftskrise; dieses enthielt unter anderem die Senkung der Löhne, eine sparsame öffentliche Hand und Tarifsenkungen bei Bahn und Post.

457 „Zurücktreten, Herr Reichskanzler!" A/19.5.1932/44 (L39). Dazu auch folgende Beiträge: „Worauf wartet Brüning?" A/18.12.1931/147 (L140), „Wie stellt Ihr Euch das eigentlich vor?" A/22.12.1931/149 (L142), „Zuerst muß Brüning das Feld räumen" A/19.1.1932/6 (L6), „Macht Brüning endlich Platz?" A/20.2.1932/20 (L18), „Der Anfang vom Ende" A/13.5. 1932/43 (L38) und „Noch einmal für die Dummen" A/21.5.1932/45 (L40).

458 Vier NSDAP-Abgeordnete wurden für 30 Tage aus dem Reichstag ausgeschlossen, weil sie in gewalttätige Rangeleien mit Journalisten verwickelt waren. Die Mandatsträger weigerten sich, das Plenum zu verlassen und inszenierten einen bühnenreifen Aufstand. Die Polizei musste in die Turbulenzen eingreifen, die laufende Reichstagssitzung wurde vertagt.

Organisation der Sozialdemokraten.[459] In seinen Aufsätzen verfasste Goebbels offene Kampfansagen gegenüber dem demokratischen Bund und machte deutlich, dass sich die NSDAP als politische Bedrohung der Republik und ihrer Verteidiger verstehe. Das Reichsbanner, so predigte der Berliner Gauleiter gegenüber seinen Parteigenossen, fördere den blutigen Bürgerkrieg im Land und stelle sich strikt gegen das „erwachende Deutschtum". Gerade deshalb sei es Aufgabe der NSDAP, so Goebbels, diese elitäre Formation, die auch noch die Verbrüderung mit dem Kommunismus suche, als unglaubwürdig zu entlarven. Identisch verhielt er sich in Bezug auf die „Eiserne Front".[460] In Schimpftiraden versuchte er, gegen die Vereinigung mobil zu machen und ihre Mitglieder als politische Feiglinge zu verunglimpfen.[461]

Neben seinen Angriffen auf die demokratienahen Gemeinschaften schrieb Goebbels auch weiterhin gezielt gegen die Organisationen der Weimarer Republik an. Seit dem Parteiverbot 1927 durch den Polizeipräsidenten Karl Zörgiebel betrachtete der Berliner Gauleiter vor allem die Exekutive als seinen persönlichen Gegner. Sein besonderes Augenmerk verdiente daher die Polizeibehörde und ihre Belegschaft. Hatte er bereits zu Beginn des *Angriffs* seine Aversion gegen den Vizepolizeipräsidenten Bernhard Weiß in aller Deutlichkeit herausgestellt, so widmete er sich nun verstärkt dem Innenminister Carl Severing und dem Polizeipräsidenten Albert Grzesinski.[462] Aus Sichtweise der NSDAP schien diese thematische Relevanz gerade auch deshalb gegeben, weil sich die Partei im Rahmen der maßnahmenreichen Notverordnungspolitik vermehrt von Verboten und Verhaftungen bedrängt fühlte. Die Schilderung der angeblich willkürlichen Verhaltensweise und die provokanten Methoden des Polizeipräsidiums war daher ein beliebtes Thema im *Angriff*.

459 Das Reichsbanner Schwarz-Rot-Gold (Bund deutscher Kriegsteilnehmer und Republikaner) sah sich als Schutzorganisation der Demokratie. Die Mitglieder des überparteilichen Bündnisses verstanden ihre Hauptaufgabe darin, die Republik gegen die Feinde von den politisch extremen Rändern zu verteidigen.

460 Die Eiserne Front war ein Zusammenschluss aus Mitgliedern des Reichsbanners, des Allgemeinen Deutschen Gewerkschaftsbundes, des Allgemeinen Deutschen Angestelltenbundes, der SPD und des Arbeiter Turn- und Sportbundes. Auch dieses Bündnis sah seit Ende 1931 seine Aufgabe im Widerstand gegen die NSDAP und war als linkspolitisches Gegengewicht zur „Harzburger Front" der nationalen Rechten entstanden.

461 „Magdeburg" A/18.12.1930/106 (L59) und „Die starken Männer!" A/21.2.1931/26 (L25). Letzterer Beitrag entstand anlässlich des siebten Jahrestages der Reichsbannergründung. Siehe auch „Sammlung" A/23.2.1931/27 (L26), „Die ‚Eiserne Front'" A/30.1.1932/10 (L10) und „So wird's gemacht!" A/3.5.1932/40 (L35).

462 „Grzesinski und Friedrich der Große" A/17.2.1931/22 (L21). In diesem Text sprach Goebbels dem amtierenden Polizeipräsidenten bestimmte Tugenden wie Gerechtigkeitssinn, Lauterkeit und Herzensgüte ab und gab ihn durch den spöttischen Vergleich mit der bedeutenden historischen Persönlichkeit der Lächerlichkeit preis. Siehe dazu folgende ähnliche Beiträge: „Der Herr mit den roten Fingernägeln" A/17.3.1931/43 (L41) und „Wann greift Groener ein?" A/22.10.1931/129 (L123). In letzterem mokierte sich Goebbels über die aus seiner Sicht schwache personelle Führung bei der Polizei und beschrieb das Innenministerium, das sich durch Starrhalsigkeit und Phlegma auszeichne.

Goebbels zeichnete das Bild von den Polizisten als lebendige Gummiknüppel – er nutzte die typische Berliner Waffe dazu, die Brutalität und Aggressivität der Gesetzeshüter herauszustellen und die Anwendung des Schlagstocks unter dem Vorwand der Herstellung öffentlicher Sicherheit und Ordnung als unglaubwürdig erscheinen zu lassen. „Sie haben nichts mit dem Volk zu tun. Der Titel Volkspolizei ist – auf sie angewendet – eine glatte Verhöhnung. Sie sind die Soldateska des Regimes, die Gummiknüppelschwinger der Demokratie."[463] Weder seien die Behörden noch die vermeintlichen Ordnungshüter der Lage gewachsen, noch würden sich die Beamten an die geltenden Gesetze halten. Stattdessen, so Goebbels, würde die Polizei die Paragraphen ganz nach Belieben dehnen und interpretieren. Mit legalisierten Mitteln wie dem Republikschutzgesetz sei der Spielraum des Polizeipräsidiums erweitert worden, um das deutsche Volk mit Gummiknüppeln zur Staatsfreudigkeit zu erziehen und um die demokratische Gesinnung mit Gewalt in die Köpfe der Menschen einzuprügeln.

Besonders engagiert gebärdete sich der *Angriff*-Herausgeber, wenn es um die von ihm angenommene innerstaatliche Verschwörung und organisierte Hetzkampagne gegen die NSDAP ging, die von Polizeipräsidium, Innenministerium und Reichswehrministerium gemeinsam initiiert worden seien. Ob es sich um die Besetzung der nationalsozialistischen Geschäftsstelle, die Beschlagnahmung von Propagandamaterial oder um – wie er meinte – fingierte Sprech- und Presseverbote handelte: Geradezu wahnhaft vermutete er dahinter ein Komplott, das sich ausschließlich auf die NSDAP konzentriere und seiner Einschätzung nach zum Ziel hatte, Hitlers Arbeiterpartei völlig lahm zu legen. Umso inbrünstiger kommunizierte er, für wie inakzeptabel er derartige politische Einschränkungen hielt und dass das Recht auf Meinungsfreiheit im Weimarer Staat wertlos geworden sei:

> „Ist es für den Schreiber dieser Zeilen verboten, etwa auf einem Autobus sich mit einem Schaffner oder einem Fahrgast zu unterhalten? [...] Er pflegt jeden Abend ein längeres Gespräch mit seinem Hund; und zwar wird dieses Gespräch in lauten und ausfälligen Redewendungen geführt. Es fehlt dabei auch nicht an politischen Seitenhieben."[464]

Mehrfach beschwerte sich Goebbels auch darüber, dass – aus seiner Sicht – der Umgang mit den politischen Extremen unterschiedlich gehandhabt wurde. Beweise für seine Vorwürfe stellten seines Erachtens etliche verhinderte Veranstaltungen der Nationalsozialisten dar. Insbesondere das Verbot des SA-Volkssportfestes im Berliner Stadion sorgte für ausgiebigen Diskussionsstoff und zog zähe Debatten nach sich.[465] Das Innenministerium hatte in einer vertraglichen Vereinbarung

463 „Polizei und Soldateska" A/11.12.1930/103 (L56). Zu diesem Themenfeld gehören auch folgende beide Artikel: „Volkspolizei" A/10.12.1930/102 (L55) und „Erziehung zur Staatsfreudigkeit" A/23.3.1931/47 (L45).

464 „Die Freiheit des Wortes!" A/21.3.1931/46 (L44). Siehe auch „Haussuchung" A/25.2.1931/28 (L27), „Braunhemden-Razzia" A/27.4.1931/70 (L67) und „Wie sie es begründen" A/12.10.1932/75. In letzterem Text hieß es: „Ergebenste Frage an die Väter der Notverordnungen: Ist das Recht zu reden in Deutschland gleichbedeutend mit einem Gnadengeschenk der Polizeibehörden?"

465 Polizeipräsident Grzesinski untersagte sowohl ein Sportfest der NSDAP als auch die Spartakiade der KPD mit der Begründung, es handele sich bei beiden Veranstaltungen um getarnte

von der NSDAP verlangt, dass bei der Veranstaltung nur die Reichsfarben Schwarz-Rot-Gold gezeigt werden dürften. Goebbels konterte: „Unter Reichsfarben verstehen wir die Farben schwarz-weiß-rot, entweder in der Zusammenstellung des Bismarckreiches oder unseres Dritten Reiches."[466] Gerade weil zu gleicher Zeit das Versammlungsverbot der kommunistischen Spartakiade aufgehoben wurde und der Gauleiter von den Kompetenzrangeleien zwischen den Weimarer Verantwortungsträgern profitierte, konnte er die Situation wieder einmal journalistisch ausschlachten. In seinen Artikeln stellte er die Versammlungsbehörden als eigentliche Ursache der innenpolitischen Unruhen und die Polizei als Schutzinstanz der „roten Mordbanditen" dar. Dass Anschläge und Übergriffe von „kommunistischen Terrorgruppen" in Deutschland ohne Konsequenz blieben, so zumindest stand es aus der Warte von Goebbels fest, die „Rotfront" sogar von der Weimarer Exekutive geschont werde und die Polizeibehörden untätig blieben, war einmal mehr eine Gelegenheit, um gegen das „Weimarer System" tendenziell einseitig anzuschreiben.

Auch Goebbels' Justizschelte findet sich im *Angriff* beständig, und oftmals rückte sich Goebbels dabei selbst in den Vordergrund seiner Berichterstattung. Im Zentrum der Texte stand die Beschäftigung mit verschiedenen Anklagen und Prozessen, in denen er die Hauptperson war und sich wegen Hochverrats, Hetze gegen Politiker und im Nachklang zu seiner Isidor-Kampagne verantworten musste. Mit zynischen Kommentaren ging er auf die juristischen Auseinandersetzungen ein und nutzte die öffentliche Aufmerksamkeit, um die „Lappalienprozesse der Berliner Staatsanwaltschaft", wie er sie nannte, zugleich zur Agitationsplattform gegen die Weimarer Republik und ihre Young-Politik umzufunktionieren: „Es hat dabei Geldstrafen die Menge geregnet, so daß der harmlose Beobachter auf den Gedanken kommen konnte, gewisse Leute hätten die Absicht, auf diese Weise von dem frechen Delinquenten wenigstens einen Teil der Reparationslasten einzuziehen."[467] In den meisten Fällen lief es in den Beiträgen auf eine Verulkung der deutschen Justiz hinaus.

---

politische Kundgebungen. Der preußische Innenminister Severing, der im Kompetenzgerangel und in Rivalität zum Polizeipräsidenten seine eigene Position herausstellen wollte, hob die Verbote kurzerhand wieder auf. Dieser politische Fehlgriff schädigte die ohnehin empfindliche Staatsautorität ganz erheblich. „Der Leiter des NSDAP-Gaus Berlin, Joseph Goebbels, ließ es sich nämlich nicht nehmen, die Wiederzulassung des SA-Sportfestes im ‚Angriff' als Beginn der großen nationalsozialistischen Offensive gegen die ‚marxistische' Staatsregierung zu feiern und damit den Grund des ursprünglichen Verbots so eindrucksvoll zu bestätigen, daß Severing wohl oder übel die Veranstaltung erneut verbieten mußte." (Schulze 1977: 665).

466 „Die Gauleitung erklärt" A/24.6.1931/95. Siehe dazu auch folgende weitere Texte: „Appell an die Massen" A/20.6.1931/92 (L89), „Stadion und Reichsfarben" A/22.6.1931/93, „Der Herr Polizeipräsident" A/27.6.1931/97 (L92), „Der schleichende Bürgerkrieg" A/4.7.1931/100 (L95), „Was tut die Polizei dagegen?" A/18.8.1931/114 (L109) und „Wir appellieren noch einmal!" A/28.1.1932/9 (L9).

467 „Prozesse" A/20.4.1931/66 (L63). In diese Kategorie gehören auch die Beiträge „Hochverrat" A/26.2.1931/29 (L28), „Ein Beitrag zum Thema ‚Gefesselte Justiz'" A/6.3.1931/35 und „Bann über Goebbels" /29.4.1931/71 (L68). Letzterer Artikel erschien anlässlich der in München stattfindenden Tagung der NSDAP-Reichstagsfraktion. Siehe außerdem „Plädoyer für

Als ein in die nationalsozialistische Propaganda gut eingeführtes Feindbild galt noch immer das Judentum. Obwohl es von Hitler Anordnungen gab, dass die antisemitische Hetze aus wahltaktischen Gründen abgeschwächt werden sollte, hielt sich Goebbels in seinen Pressetexten nur zeitweise an derartige inhaltliche Auflagen. Erst recht nach dem Wahlsieg im September 1930 schenkte er der „Judenfrage" intensiv Beachtung. „Seine Drohungen gegen die Juden wurden gerade in der letzten Phase der Weimarer Republik immer finsterer."[468] Konträr dazu fanden eine megalomanische Überhöhung aller nationalsozialistischen Erscheinungen sowie eine bis zur Hybris gesteigerte Selbstdarstellung statt.

Hervorzuheben ist, dass Joseph Goebbels nun auch massiv Töne anschlug, die er Hitlers biologischem Rassismus entliehen hatte, ja plötzlich sogar mit Argumenten und Wortbeständen aus der Darwinistischen Lehre und völkischen Rassenkunde hantierte. Gerade der rassistisch aufgeladene Antisemitismus, der zwar als Ideologiekern der NSDAP verstanden wurde und in der aufgeheizten Atmosphäre der Weimarer Republik bei der Bevölkerung schnell Gehör fand, im *Angriff* aber bislang nie seinen Niederschlag gefunden hatte, hielt seit Anfang 1931 auch in Goebbels' Journalismus Einzug.[469] In einem ausführlichen Traktat über die weiße Kulturwelt vertrat er nicht nur das Ideal blutbedingter kultureller Sauberkeit, sondern jetzt war auch von einem möglichen Rasseverfall in der nordischen Herrenrasse die Rede:

> „Die weiße abendländische Menschheit hat ihre große Weltmission vergessen, und sie schickt sich eben an, Bruderschaft zu trinken mit den Rassen der Minderwertigkeit. Die absterbenden Völker des abendländischen Kontinents sehen im Negertum eine billige und bequeme Blutauffrischung."[470]

In diesem Zusammenhang reagierte Goebbels auch auf ein in der *Weltbühne* abgedrucktes Gedicht von Kurt Tucholsky mit der Überschrift „Joebbels", in dem der Berliner Gauleiter (wieder) einmal selbst zum Objekt hässlicher Satire geworden war.[471] Die semantisch verschleierte Drohung, mit der Goebbels darauf antwortete, las sich folgendermaßen:

---

mich" A/2.5.1931/73 (L70). Hier schrieb Goebbels in sarkastischem Ton: „Kurz und gut, ich bin in den Augen des Systems ein hartnäckiger Sünder, der seine angeblichen und wirklichen Taten nicht bereut und deshalb mit der schwersten Strafe belegt werden muß."
468 Höver 1992: 177.
469 „Als ihr rasanter Aufstieg zur Massenpartei begann, war der antijüdische Rassismus vor allem für die Binnenintegration der aus unterschiedlichen sozialen Schichten stammenden Mitgliederschaft wichtig, aber auch, um das sich in seiner Existenz bedroht fühlende Kleinbürgertum zu gewinnen." (Jahr 2008: 46). Vgl. Bönisch 2008: 13; Wirsching 2008: 21.
470 „Der Neger als Kollege" A/2.2.1931/20 (L19).
471 Das Gedicht wurde unter Tucholskys Pseudonym Theobald Tiger veröffentlicht. Darin hieß es: „Dir hamm se woll zu früh aus Nest jenomm!/ Du bis keen Heros, det markierste bloß./ Du hast n Buckel, Mensch – du bis nich richtich!/ Du bist bloß laut – sonst biste janich wichtig!/ Keen Schütze – een Porzellanzerschmeißer,/ keen Führer biste – bloß n Reißer,/ Josef,/ du bis een jroßer Mann – !" (*Weltbühne* vom 24. Februar 1931, Nummer 8, XXVII. Jahrgang, Seite 287).

„Der Antisemitismus wird immer in seinem Anfang von Juden propagiert. Nicht wir hetzen das Volk gegen die Juden auf, sondern das Volk nimmt berechtigten Anstoß an dem unverschämten und frechen Treiben, das die semitische Nomadenschaft unter Bruch des Gastrechts sich auf deutschem Boden dem deutschen Volk gegenüber leistet. [...] Wir haben nicht die Absicht, der jüdischen Gefahr mit einem Pogrom zu begegnen. Die Art und Weise, wie man in Deutschland die Judenfrage einmal lösen wird, hängt ganz davon ab, wie die Mehrheit des Volkes diese Lösung will und verlangt."[472]

Goebbels stellte es so dar, als ob die Juden selbst an dem Antisemitismus schuld seien und sowohl den Nationalsozialisten als auch der deutschen Bevölkerung erst den Anlass geliefert hätten, die „Judenfrage" wieder in das politische Blickfeld zu rücken. Sowohl die jüdischen Journalisten (nach Goebbels' Vorstellung „Federhelden", die die „Exkremente ihrer kranken Gehirne auf das Papier schmieren") wie auch die „jüdische Geldaristokratie" täten ungute Dienste und seien eingebunden in die internationale jüdische Verschwörung, wie Goebbels sie zu durchschauen glaubte.[473] Das „jüdische Pressegesindel" ging nach Goebbels' Meinung sogar so weit, die Erinnerungen an die „Leuchtgestalt" Horst Wessel zu beschmutzen und den gediegenen Totenkult um den jungen SA-Mann in aller Öffentlichkeit und zu Ungunsten der NSDAP zu verdrehen. In einem ausufernden Gedenkaufsatz hielt Goebbels fest:

„Wer dem Vaterlande dient, ist ein Aussätziger und wird verfolgt, gehaßt, verleumdet und geschlagen; wer aber wider die Nation aufsteht, wer Land und Volk bespuckt und verhöhnt und besudelt, der darf vor die Oeffentlichkeit mit der Miene des Biedermanns treten. [...] Es wird damit einem jungen Deutschen, der sich nicht mehr wehren kann, der seine Liebe zur Nation mit seinem blühenden Leben bezahlen mußte, das Letzte, was ihm noch geblieben ist über Tod und Verhängnis hinaus – seine Ehre – geraubt und gestohlen."[474]

Ganz bewusst setzte Goebbels in seinen journalistischen Texten auf die Modulation verschiedenster Emotionen; als hilfreich erschien es ihm dabei, die Nationalsozialisten immer wieder in Opferpose darzustellen – vor allem in Beiträgen, in denen die kommunistische Partei als Feindbild gezeichnet und die öffentliche Meinung gegen sie aufgebracht werden sollte. Hierfür nutzte der Verfasser Übergriffe, Mordversuche und Attentate, die zwischen Nationalsozialisten und Kommunisten vor allem in Berlin ständig stattfanden. Der Terror, so resümierte Goebbels, sei das am häufigsten angewandte Instrument der Auseinandersetzung – doch was in seiner Darstellung nur für den politischen Gegner galt, war bei den Mitgliedern der NSDAP deutlich weiter verbreitet. Aber Goebbels verstand es, die brutalen Methoden einzig den Feinden zuzuschreiben, während die Aktivitäten der eigenen Leute stets in ein gutes Licht gerückt wurden. Gewalttaten der Nationalsozialisten

---

472 „Wie lange noch, Catilina?" A/28.2.1931/31 (L30).
473 „Sie lügen, sie lügen" A/10.3.1931/37 (L35), „Spanien ist Republik" A/16.4.1931/63 (L60) und „Schreckensurteile" A/25.9.1931/126 (L120). Anlass zu letzterem Text gab ein Gerichtsurteil, wonach 34 NSDAP-Anhänger am 23. September 1931 wegen Beteiligung an antisemitischen Ausschreitungen gegen jüdische Mitbürger zu Freiheitsstrafen bis zu drei Jahren verurteilt worden waren. Vgl. Overesch/Saal 1992: 552.
474 „Zweierlei Maß" A/27.3.1931/50 (L48).

wurden als Selbstverteidigung zur Schau getragen; die „Bewegung" befinde sich
nämlich in einem „Zustand hochgespanntester Notwehr", so erläuterte Goebbels.

Folglich beschrieb er minuziös die Opfer in den eigenen Reihen, verdrehte
geschickt den Vorgang gewaltsamer Zusammenstöße und plädierte dafür, dass
sich sowohl SA-Männer als auch NSDAP-Angehörige notfalls mit Gegengewalt
verteidigen dürften. Schließlich hätten allein die Kommunisten das politische Leben zur Tribüne ihres gewaltsamen Terrors gemacht; sie würden die nervöse
Stimmung im Land produzieren und „feige Bluthetze" betreiben. Nach Goebbels'
Überzeugung interessierten sich für die Opfer unter den Braunhemden aber weder
die Zeitungen noch die Staatsanwaltschaft, da ein Nationalsozialist als Staatsbürger zweiter Klasse gelte. Übereifrig beschrieb der *Angriff*-Leitartikler die Vorgehensweise der „bestialischen Knüppelgarden der KPD", die „Methoden bolschewistischer Blutmanie", sprach von „Gesinnungsterror", kommunistischen Mör-
derbanden, Todeslisten und organisierten Anschlägen auf SA-Männer. Die
NSDAP-Mitglieder würden wie Freiwild gejagt, ihre Ausrottung werde im Weimarer Staat ganz offensichtlich geduldet oder sogar begrüßt, da die Ausschreitungen von der Polizei ignoriert würden. Kommunisten und Juden, so Goebbels' Botschaft, würden Deutschland bedrohen; sie seien eine Gefahr, die von der Regierung nach wie vor verkannt werde.

Um die Dramaturgie in seinen Berichten über den „bolschewistischen Blut-
rausch" noch zu steigern, konzentrierte sich Goebbels auf zwei Gruppierungen,
die er in seinen Opferdarstellungen benutzte: Arbeiter und Kinder. Der politische
Kampf, so seine Aussage, habe die kommunistischen Mörder in den Arbeitervier-
teln mobilisiert; so weit sei es in Deutschland bereits gekommen, dass KPD-
Anhänger sogar Arbeiter umbrächten: „Das sind die ersten Opfer unseres Kampfes um die Betriebe. [...] Wir Berliner Nationalsozialisten stehen verbittert und
voll verbissenen Ingrimms an der Bahre unseres gemordeten Kameraden."[475] Jeder, der dem Vaterland dienen wolle, sei den kommunistischen Tätern völlig ausgeliefert, prophezeite Goebbels. Dass die politischen Feinde selbst vor tödlichen
Übergriffen auf Kinder nicht zurückschrecken würden, war sein Fazit aus einer

---

475 „Die ersten Opfer" A/11.9.1931/124 (L118). In diese Kategorie gehören folgende weitere
Artikel: „Nun aber Schluß!" A/3.2.1931/21 (L20), „Hamburg!" A/19.3.1931/44 (L42), „Wie
sollen wir's machen?" A/20.3.1931/45 (L43), „Mit durchschnittener Kehle" A/29.5.1931/86
(L83), „Mord! Mord!" A/14.6.1931/89 (L86), „Rot-Mord!" A/13.8.1931/112 (L107), „Peter
Gemeinder" A/10.9.1931/123 (L117), „Wir bitten um Antwort!" A/10.11.1931/135 (L128)
und „Ermordet von der Glaubenslosigkeit" A/24.11.1931/141 (L134). In letzterem Leitartikel
hieß es in Bezug auf eine Berliner Totenfeier: „Sie starben, damit Deutschland lebe! Sie waren im besten Sinne streitbare Christen und wurden darum Opfer der gottesleugnerischen
Anarchie." Siehe auch „In Kameradschaft und Treue verbunden" A/23.8.1932/60 (L50). Dieser Artikel stand in Zusammenhang mit dem Todesurteil, das am 22. August 1932 über fünf
NSDAP-Anhänger gefällt wurde. Sie waren wegen Totschlags aus politischer Gesinnung an
einem Kommunisten angeklagt worden – ein Vorfall, der sich am 10. August 1932 in Potem-
pa zugetragen hatte. Vgl. Overesch/Saal 1992: 608. Der Text ist identisch mit dem Artikel
„Das Beuthener Schreckensurteil", der auch im *Völkischen Beobachter* erschien
(VB/24.8.1932/4). Siehe außerdem „Die Juden sind schuld!" A/24.8.1932/61 (L51) und „Der
schwelende Bürgerkrieg" A/18.10.1932/77 (L60).

Messerstecherei in Moabit, bei dem Herbert Norkus umgekommen war. Daraufhin sprang eine beispiellose Vermarktungsmaschinerie an, in der der Hitlerjunge Quex (so sein Spitzname) als Märtyrer gefeiert und als „jüngster Blutzeuge der Bewegung" beklagt wurde.[476] Ähnlich verhielt sich der *Angriff* anlässlich der Ermordung eines Berliner Hitlerjungen in der Silvesternacht; Goebbels beschrieb die Tat in gewohnt melodramatischem Ton: „Eine feige Bestie lauert hinter diesem Knaben und stößt ihm in einem unbewachten Augenblick den kalten Mordstahl in den Leib hinein."[477] Auch hier ging es darum, den Lesern auf emotionaler Ebene zu vermitteln, dass allein die Kommunisten die Blutbäder verursachen und Deutschland in ein „bolschewistisches Chaos" führen würden. Das Land sei ein Dorado des politischen Mordes geworden, so Goebbels, weil der kommunistische Spuk umgehe. In den Artikeln, die zugleich immer mit leidenschaftlichen Kampfansagen verknüpft wurden, beschwor der Autor am Ende in gewohnter Manier die einzig verbleibende Hoffnung: Wenn erst einmal die Nationalsozialistische Deutsche Arbeiterpartei an den Schalthebeln der Macht sei, werde sie das Volk aus diesen düsteren Zeiten führen, da nur sie die Mittel zur Rettung vor der „roten Mörderfaust" besitze. Was konkret die Nationalsozialisten zur Bekämpfung ihrer politischen Gegner an Ideen mitbrachten und an Vorhaben dann auch umsetzten, sollte sich bereits bald nach der Machtübernahme offenbaren.

Zunächst war allerdings unklar, auf welchem Weg sich die Hitlerpartei der Regierung nähern und mit welcher Unterstützung aus welchen politischen Lagern sie rechnen konnte. Dass Goebbels' Zeitungsschreiberei dabei von Hitler strategisch einkalkuliert wurde, zeigt der Blick auf die im *Angriff* zu lesende Auseinandersetzung mit der nationalen Rechten: Von der DNVP, die sich seiner Meinung nach zunehmend dem Kurs der Regierung annäherte, hatte Goebbels noch nie viel gehalten. Also richtete er seinen publizistischen Beschuss auch weiterhin auf Alfred Hugenberg, Friedrich Hussong und Albert von Graefe, ging mit verbaler Brachialgewalt gegen die Deutschnationalen vor und betrieb gleichzeitig Parteireklame für die NSDAP. In seinen Hasstiraden beschimpfte Goebbels die DNVP als „Clique wildgewordener Reaktionäre", die es gewohnt sei, die Tatsachen auf den Kopf zu stellen und „daraus einen Tomatensalat von Schlüssen zu ziehen"[478].

Die Beiträge standen in Zusammenhang mit einem Rededuell, zu dem Goebbels den Parteivorsitzenden Hugenberg mit dem Vorwurf herausgefordert hatte, er scheue die direkte Auseinandersetzung mit den Nationalsozialisten. Im Rahmen einer öffentlichen Wahlkundgebung im Vorfeld der Reichstagswahl fand diese Veranstaltung am 19. Oktober 1932 in der „Neuen Welt" in Berlin-Neukölln dann auch statt. Die griffigen Parolen gegen den eigentlichen politischen Bündnispartner dienten einerseits für frischen Gesprächsstoff sowohl während des Wahlkamp-

---

476 „Anklage" A/26.1.1932/8 (L8). Vgl. Friedmann 2008: 42.
477 „Die rote Mörderfaust" A/3.1.1933/1 (L1).
478 „Wo steht der Feind?" A/24.10.1932/78 (L61). Siehe auch „Der Nationalverein des Dritten Reiches" A/21.9.1932/67 (L56), „Herausforderung an die Deutschnationalen" A/10.10. 1932/73, „Die Deutschnationalen laden Goebbels zum Redekampf" A/11.10.1932/74 und „Dr. Goebbels antwortet den Deutschnationalen" A/17.10.1932/76.

fes als auch im *Angriff*. Andererseits war das öffentliche Kräftemessen auch von
der NSDAP-Parteiführung bewusst entfacht und von Goebbels – der sich ja immer schon scharf gegen die Hugenbergpartei ausgesprochen hatte und der sich
gern auch ganz offiziell mit der nationalen Opposition zerstritten sehen wollte –
instrumentalisiert worden. Die propagandistische Mobilmachung durch Goebbels
konnte letztendlich eine Kooperation mit den bürgerlichen Nationalisten verhindern. „Des Berliner Gauleiters Haltung war freilich Bestandteil von Hitlers Kalkül. Sie gewährleistete die propagandistische Abgrenzung der Partei von D.N.V.P.
und Stahlhelm, während er sie gleichzeitig umwerben und [...] den Kontakt zu
ihnen pflegen konnte."[479]

3.3.8 Wahlkampf und Wahlen

Wie bereits in den anderen Kategorien aufgezeigt, nahm Goebbels in seinen Artikeln oftmals Stellung zu den Wahlen im September 1930, ihren politischen Auswirkungen auf die Weimarer Republik und auf die nationalsozialistische „Bewegung". Die Machtansprüche der NSDAP wurden stets mit diesem im Wahlergebnis manifestierten Aufstieg der Partei begründet. Partiell recht erfolgreiche Kommunalwahlen in den Jahren 1930 und 1931 untermauerten diese Forderung noch.

„Da hilft kein Drehen und Deuteln mehr. Der Nationalsozialismus ist auf dem
besten Wege, die bürgerlichen Parteien zu zerschlagen und den Marxismus zu
vernichten"[480], schrieb Goebbels und unterstrich, dass die Wähler mehrfach ihre
Zuneigung zu den Nationalsozialisten beweisen würden. Die Ansicht, dass die
Hitlerpartei keinesfalls auf einem politisch rückläufigen Kurs sei, sondern durch
das anhaltende „Volkserwachen" zunehmend an Bedeutung gewinne, verteidigte
der *Angriff*-Herausgeber vehement. Ganz gleich, wie die Wahlergebnisse auch
aussahen: Stets hielt er einen positiven Rückblick auf den Wahlkampf und die
Wahlen selbst, ordnete die teilweise durchaus sichtbare Rückwärtsentwicklung
der NSDAP als illusorisch ein und bestand darauf, dass die verbreitete Lesart bei
diesem Thema immer der „triumphale Sieg" war.[481] Seine oftmals doch sehr spezielle Auslegung der Wahlresultate ließ immer nur die Schlussfolgerung zu, dass

---

479 Reuth 2000: 149. Vgl. Dussel 2004: 151.
480 „Der Adler steigt" A/2.12.1930/98 (L53). Der Text entstand anlässlich des NSDAP-
    Wahlsiegs bei den Bremen Bürgerschaftswahlen am 30. November 1930. Die NSDAP wurde
    mit 25,4 Prozent zweitstärkste Fraktion, Spitzenreiter blieb die SPD mit 31 Prozent. Vgl. Pät-
    zold/Weißenbecker 2002a: 226.
481 „Nazigefahr beseitigt" A/3.3.1931/32 (L31). Der Text bezog sich auf die Braunschweiger
    Kommunalwahlen. Siehe auch „Oldenburg" A/7.5.1931/76 (L73) und „Oldenburger Bilanz"
    A/19.5.1931/81 (L78). Beide Artikel entstanden im Rahmen der Landtagswahlen in Olden-
    burg. Die NSDAP schaffte es am 17. Mai 1931 an die erste Stelle, gefolgt von der SPD. Vgl.
    Overesch/Saal 1992: 530. Siehe auch noch: „Hessenwahlen" A/14.11.1931/137 (L130) und
    „Der Anfang vom Ende" A/17.11.1931/138 (L131). Bei den Landtagswahlen in Hessen am
    15. November 1931 errang die NSDAP eine haushohe Mehrheit, dahinter folgten SPD und
    KPD. Vgl. Overesch/Saal 1992: 561.

die Landesparlamente nicht mehr dem Volkswillen entsprächen und sich die Abfolge an Niederlagen für die Weimarer Parteien auch zukünftig fortsetzen werde. Über welche Wahlen er auch schrieb: Stets enthielt seine Interpretation die Botschaft, dass es sich einmal mehr um einen „vernichtenden Keulenschlag" gegen das „System" gehandelt habe, infolgedessen bald nur noch demokratische Trümmer und parlamentarische Restbestände in Deutschland übrig bleiben würden. Der „märchenhafte Aufstieg" der NSDAP sei inzwischen für alle Beteiligten sichtbar, so Goebbels; nun gehe es darum, sich die Niederlage der demokratischen Parteien einzugestehen und die Nationalsozialisten auf ihren rechtmäßigen Platz zu lassen. Makaber klingt es aus heutiger Perspektive, wenn Goebbels den – zwar von ihm missbilligten, aber von der Parteileitung ausgegebenen – Legalitätskurs beschrieb: „Was wir nach dem Siege der Bewegung tun und lassen werden, darüber sind wir uns alle einig. Man kann im gegnerischen Lager davon überzeugt sein, daß alles gesetzmäßig, legal und höflich vor sich gehen wird."[482]

Die ungewöhnlich große Anzahl an Wahlkämpfen und Urnengängen des Superwahljahres 1932 schlug sich auch deutlich im *Angriff* nieder. Die Strategie, die NSDAP völlig unabhängig von den tatsächlichen Auszählungen konsequent als große Siegerpartei zu feiern, wurde weiterhin verfolgt und in einer möglichst breiten Öffentlichkeit der politische Erfolgskurs propagiert. Oft benutzte Goebbels den Kniff, einzelne Ergebnisse symbolisch auf die Gesamtsituation im Reich zu übertragen. Dann formulierte er: „Das ganze Land schwört auf Hitler. Neben seiner Bewegung kommt eine andere Partei überhaupt nicht mehr auf."[483]

Nachdem Hindenburg am 4. Juni 1932 Reichstagsauflösung und Neuwahlen genehmigt hatte, begann der Wahlkampf für die Reichstagswahlen am 31. Juli 1932. Goebbels feierte in seinen Artikeln bereits im Voraus und vor allem zielsicher den „nationalsozialistischen Volksaufbruch" und beschrie wie üblich mit imposanten Bildern das Ende der „innenpolitischen Zwangsherrschaft" und der „außenpolitischen Knechtseligkeit"[484]. Seine ausgeschmückten Triumphmeldungen wurden erst recht noch lauter, nachdem die NSDAP ihren größten parlamentarischen Sieg errungen hatte.[485] Obwohl Goebbels an diesen Erfolg anknüpfte und im *Angriff* die Fortsetzung des politischen Meisterstreichs verkündete, sah die Wirklichkeit bald darauf etwas anders aus: Bei der Reichstagswahl am 6. Novem-

---

482 „Viel Lärm um nichts" A/28.11.1931/143 (L136). Siehe auch: „Frontversteifung?" A/21.11. 1931/140 (L133).

483 „Die absolute Mehrheit" A/31.5.1932/47 (L42). Der Text entstand nach der Landtagswahl in Oldenburg (29. Mai 1932), bei der die NSDAP 48,4 Prozent erreicht hatte. Vgl. Pätzold/ Weißenbecker 2002a: 226; Overesch/Saal 1992: 595.

484 „Aufruf zum Befreiungskampf" A/9.6.1932/49, „Fahnen heraus" A/23.7.1932/57 und „Der Führer wird handeln" A/2.8.1932/58. Letzterer Text ist identisch mit dem Artikel „Zum Wahlsieg" in *Wille und Weg* (WW/1932/7).

485 Bei den Reichstagswahlen errang die NSDAP 230 Mandate und wurde stärkste Fraktion. Vgl. Overesch/Saal 1992: 605.

ber 1932 bekam die NSDAP nämlich einen deutlichen Dämpfer.[486] Hatte Goebbels im Sommer den Nationalsozialismus noch vor den Toren der Macht gesehen, gab es jetzt krasse Einbußen zu vermelden. Da im Kampfblatt negative Ergebnisse jedoch nur dann zum Tragen kamen, wenn die NSDAP letztendlich davon profitieren konnte, färbte Goebbels in eher gelassenem Ton die Bilanzen schön: „Wenn man die an sich gesunkene Wahlbeteiligungsziffer mit in Rechnung stellt, dann fällt dieser Verlust kaum ins Gewicht."[487] Statt jedoch politische Analyse zu betreiben, machte sich der Verfasser (wie sonst auch) auf die Suche nach einem Sündenbock, den er missgünstig beleuchten und für die Fehler verantwortlich machen konnte. In diesem Fall zog er Franz von Papen zur Rechenschaft und hielt für seine Leserschaft fest, dass allein der Reichskanzler für die „Konservierung des deutschen Bolschewismus" haftbar zu machen sei.

In der zweiten Januar-Hälfte 1933 rückte die Berufung Hitlers zum Reichskanzler in den Bereich des Möglichen. Mit Erfolgsparolen hielt sich die Parteileitung jedoch erst noch zurück. Nach den Erfahrungen bei den Wahlen im November 1932 hatte die NSDAP erkannt, dass voreilige Schlüsse und übersteigerte Erwartungen für den inneren Zusammenhalt der Bewegung eher ein Risiko darstellten. Bevor man mit Siegestaumel hausieren ging, sollten dieses Mal die konkreten Zahlen abgewartet werden. In diesem Zusammenhang waren die Wahlen im zweitkleinsten deutschen Staat Lippe-Detmold zu sehen:

> „Die für Mitte Januar angesetzten Landtagswahlen in Lippe standen nach Lage der Dinge unter dem Aspekt einer doppelten Bewährungsprobe: der Regierung und den politischen Kräften in Deutschland eine aufsteigende Tendenz der NSDAP zu demonstrieren, den unzufriedenen Skeptikern in den eigenen Reihen die Richtigkeit von Hitlers unnachgiebiger Haltung zu beweisen."[488]

Also war es von großer Wichtigkeit, hier einen Wahlerfolg zu erringen – auch um die Zersplitterung der müde gewordenen Partei zu verhindern. Die Nationalsozialisten überrollten das Land mit Kundgebungen, inhaltlich konzentrierten sie sich auf den Kampf gegen den Marxismus und den sozialdemokratischen Regierungspräsidenten des Freistaates.

> „Obwohl die NSDAP nach dem nur zehn Wochen zurückliegenden Wahldebakel die Grenzen ihrer bislang als omnipotent eingeschätzten Propaganda erahnt hatte, bot sie in einem propagandistischen Verzweiflungskampf noch einmal alle ihre Propagandawaffen auf. Die geringe

---

486 Bei der Reichstagswahl am 6. November 1932 musste die NSDAP einen Rückgang des Stimmanteils von 37,3 auf 33,1 Prozent verzeichnen, eine deutliche Steigerung gab es hingegen für DNVP und KPD.

487 „Der Kanzler ohne Volk" A/7.11.1932/80 (L63). Dieser Text war identisch mit dem gleichnamigen Artikel in *Unser Wille und Weg* (WW/1932/10).

488 Horn 1980: 376. „Keine regionale Wahl der Weimarer Republik stand mehr im Rampenlicht der Öffentlichkeit als die Landtagswahl in Lippe am 15. Januar 1933. Für die NSDAP wurde das Votum der etwa 100.000 Wahlberechtigten zum Test, ob es gelungen war, das Stimmungstief vom November zu überwinden. Zugleich ging es darum, der Regierung General von Schleichers und den maßgeblichen politischen Kräften in Deutschland zu demonstrieren, daß sich die NSDAP von ihrer Wahlschlappe vom November erholt hatte und sich wieder im Vormarsch befand." (Paul 1992: 109).

Ausdehnung und Bevölkerungszahl des Freistaates erlaubte deren konzentrischen Einsatz, der bei der nach wie vor schlechten Finanzlage der Partei und der noch immer anhaltenden Depression der Anhängerschaft in größerem Maßstab sonst kaum hätte realisiert werden können. Die RPL mobilisierte ihre prominentesten Redner und überzog das kleine Land im Teutoburger Land mit einer nahezu flächendeckenden Wahlpropaganda, die selbst in die entlegendsten Dörfer drang."[489]

Der Einsatz zahlte sich aus: Die NSDAP gewann im Vergleich zu den Novemberwahlen knapp 6.000 Stimmen; dieser Anstieg von 34,7 auf 39,6 Prozent wurde propagandistisch geschickt ausgewertet. Denn obwohl es sich um eine örtlich begrenzte Wahl handelte und die zusätzlichen 17 Prozent an Wählern auf den Wahlkreis Lippe zu beziehen waren, wurde der Erfolg als bedeutsamer gesamtdeutscher Sieg bejubelt. Die Testwahl in Lippe sollte als Beleg dafür gelten, dass die Nationalsozialisten noch im politischen Geschäft waren.

> „Obwohl die NS-Propaganda ihr Wahlziel nicht erreicht und das Wahlergebnis die Grenzen der Propaganda bestätigt hatte, verstand es die NSDAP-Presse, das Resultat in einen ‚Sieg‘ umzudeuten. [...] Vermutlich war diese ‚Sieg-Interpretation‘ des Wahlergebnisses der eigentliche propagandistische Coup der Wahl in Lippe."[490]

Im ersten Augenblick zählte ausschließlich die psychologische Wirkung des Wahlerfolges; nach außen hin wurde wieder die Stabilität der Partei kommuniziert, intern konnte die Vertrauenskrise überwunden werden. Glorreich beschrieb Goebbels die Wahl als entscheidenden politischen Durchbruch; das Resultat, so seine Ansicht, könne zweifelsohne als Gradmesser für die Gesamtsituation in Deutschland herangezogen werden und sei ein verlässliches Barometer für die Stimmung innerhalb der Bevölkerung.[491]

3.3.9 Preußentum

Ein besonderes Augenmerk wurde von Goebbels im *Angriff* auf Preußen gelegt. Preußen hatte in der Weimarer Republik eine politische Schlüsselfunktion und galt auch den Nationalsozialisten als entscheidender Machtfaktor. Hinzu kam, dass es fester Bestandteil des Zeitgeistes war, mit dem Preußentum bestimmte Charaktereigenschaften in Verbindung zu bringen: Absolutismus, Kadavergehorsam und Militarismus wurden als deutsche Tugenden angesehen, während die Weimarer Republik als „unpreußisch" und fernab dieser Ideale abgebildet wurde. Goebbels griff diese Gleichsetzungen in zahlreichen Texten auf, verband seine Systemkritik oft mit dem Hinweis auf das preußische Wesen und schrieb: „selbst in der Karikatur ist das, was gestern verging, stärker, größer und imponierender,

---

489 Paul 1992: 109, RPL = Reichspropagandaleitung. Vgl. Winkler 2000: 539; Horn 1980: 378.
490 Paul 1992: 110. Vgl. Benz 2000: 16; Winkler 2000: 540; Burden 1967: 97.
491 „Signal Lippe!" A/16.1.1933/2 (L2).

als das, was heute aufstieg.“[492] Preußen, so betonte Goebbels, sei eine grandiose staatspolitische Idee statt nur ein Begriff; und es habe seit jeher jene mächtigen Männer hervorgebracht, die in Deutschland große Geschichte gemacht hätten.

Goebbels arbeitete mit zahlreichen versatzstückhaften Attributen, wenn er die so genannten preußischen Eigenschaften mehr als positiv heraushob: Zucht und Ordnung, selbstloser Dienst für die Gemeinschaft und eherne Disziplin, eiserne Führung und starkes Heer, Sparsamkeit der Staatsführung und ideologische Erziehung des Volkes, Pflichterfüllung und Unbestechlichkeit, Einfachheit, Bescheidenheit und Gehorsam – dies alles sei zeitlos vorbildlich.[493] Vor allem aber griff der *Angriff*-Leitartikler diese makellosen Tugenden auf, damit sie ihm ganz dezidiert „– effektvoll aufbereitet und propagandistisch herausgestellt – als Gegenbilder zum Weimarer System“[494] dienten. Wo ehemals das korrekte Beamtentum seine Wiege hatte, so verglich Goebbels, herrschten heute das Parteibuch, Schiebung und Korruption, die pazifistische Verlumpung, der Klassenkampf und der Brudermord. Die Überleitung zum Wesen des Nationalsozialismus – in seinem Kern demokratiefeindlich – fiel dann nicht mehr schwer:

> „Seit den Zeiten Friedrich Wilhelms I. sei die preußische Staatsidee vom Gedanken der Unterordnung des einzelnen unter die Belange der Allgemeinheit geprägt. [...] Mit dieser Gleichsetzung von Preußentum und Sozialismus war nun aber zugleich auch das Postulat einer Identität von Preußentum und Nationalsozialismus verknüpft.“[495]

Der Versuch, in Preußen an politischem Gewicht zu gewinnen, um letztendlich auch auf Reichsebene mehr an Bedeutung zu erlangen, wurde von der NSDAP verschiedentlich unternommen. Unter der „Preußenfrage“ verstanden Hitler und seine Schergen die aus ihrer Sicht problematische Konstellation von „jüdisch-marxistischen Machthabern“ an der Spitze der Landesregierung; gemeint war damit die Koalition von SPD und Zentrum, die seit zwölf Jahren bestand. Es war also naheliegend, dass Goebbels den Bruch der politischen Allianz (in seinen Augen eine „unsittliche Bettgenossenschaft“) sowie die Auflösung des preußischen Landtags forderte und inständig hoffte, dass sich nach den Neuwahlen die Nationalsozialisten an der Preußenregierung beteiligen könnten. „Wir gehen aufs Gan-

---

492 „Der Hauptmann von Köpenick“ A/12.3.1931/39 (L37). Siehe dazu auch „Ist das preußisch?“ A/18.4.1931/65 (L62), „Das war Preußen!“ A/13.4.1932/33 (L29) und „Ist das mein Preußen?“ A/16.4.1932/34 (L30).

493 Auch das Motiv der unerschütterlichen Treue und der Bereitschaft zum „freiwilligen Opfergang“ tauchte bei Goebbels in diesem Zusammenhang immer wieder auf. „Derlei verspotteten Gegner dieses braunen Dunkelmännertums drastisch mit den Worten Treu, Deutsch und Doof. Das traf den Kern, denn der Treue-Mythos war ein Bestandteil der Verblödung der Massen. Wissen und Prüfen, Denken, Zweifeln und Verstehen sollten ausgeschaltet werden. In der faschistischen wie insbesondere in der SS-Verwendung verkam Treue zu einem Nebelwort, das vor den in Wahrheit gemeinten, aber diskreditierten Kadavergehorsam gesetzt wurde.“ (Pätzold/Weißbecker 2002c: 122).

494 Kroll 1998: 286.

495 Ebd.: 286.

ze; wir wollen entweder alles oder gar nichts. Preußen her! Ueber Preußen an die Umstellung des Reiches.“[496]

Der Versuch, die vorzeitige Auflösung des preußischen Landtages herbeizuführen, wurde in Form eines Volksbegehrens unternommen. Initiiert wurde die Aktion vom Stahlhelm, nach anfänglichem Zögern wurde die Kampagne dann auch von der NSDAP unterstützt.[497] Goebbels trommelte in seinem Kampfblatt für das Volksbegehren: Jetzt gehe es um Deutschlands Zukunft, denn endlich könne die Entrechtung des Volkes durch die Sozialdemokratie beseitigt und nach der Umgestaltung der Machtverhältnisse in Preußen eine komplette Reorganisation des Staatsgefüges vorgenommen werden. In der Preußenfrage, so sein Dafürhalten, sei der innenpolitische Dreh- und Angelpunkt zu sehen; durch den Volksentscheid könne gegen die landesverräterische Politik gemeinsam vorgegangen und für die radikale Umbildung der Verhältnisse gesorgt werden.

Dass der Volksentscheid erfolglos blieb, war für Goebbels einmal mehr Grund genug, den Schwachpunkt bei den Bündnispartnern – in erster Linie dem Stahlhelm – zu suchen.[498] Für die NSDAP, so resümierte er, sei dieser Misserfolg lediglich temporär; die Lehre aus der Aktion zog Goebbels, der sich immer schon gegen nationale Pakte aufgelehnt hatte, mit aller Genugtuung: „Der Starke ist am mächtigsten allein! Die Kraft dieses Wortes wird die Niederlage [...] für uns zu einem Siege machen.“[499]

Also versuchte die NSDAP vor der anstehenden Landtagswahl am 24. April 1932 in Preußen verstärkt auf sich aufmerksam zu machen. Goebbels erging sich im *Angriff* in eindringlichen Aufrufen, erinnerte an die notwendige intensive Wahlkampfarbeit und listete mehrfach auf, welche Forderungen und Grundsätze

---

496 „Die Preußenfrage“ A/5.10.1930/82 (L46). Dieser Text erschien zwar bereits in Phase II, muss aber in Zusammenhang mit dem Schwerpunkt in Phase III betrachtet werden und wurde daher erst hier analysiert. Siehe auch „Alle Preußen an die Front!“ A/15.4.1931/62 (L59). Dieser Artikel erschien als Zweitpublikation zwei Tage später im *Westdeutschen Beobachter* (WB/1931/1).

497 „Hitler legte zur Zeit Wert darauf, sich von den konservativen Kräften abzugrenzen, und verbot die gleichzeitige Mitgliedschaft von NSDAP und Stahlhelm“ (Schulze 1977: 663). Vgl. ebd.: 661, 665. Erst im Frühjahr 1931 begann sich die NSDAP-Spitze für die Kampagne zu erwärmen und schloss sich dem „Sturm auf Preußen“ an. Die nationalen Kräfte setzten sich das Ziel, erst die preußische Regierung Braun und im Dominoeffekt dann auch die Reichsregierung Brüning zu stürzen.

498 Am 9. Juli 1931 lehnte der preußische Landtag das von Stahlhelm, DNVP und NSDAP veranlasste Volksbegehren zur Auflösung des Landtages ab. Der Volksentscheid wurde auf den 9. August 1931 gelegt. Beim Volksentscheid wurden nur 37 Prozent und damit nicht die erforderliche Mehrheit zur Auflösung des Landtages erreicht. Vgl. Overesch/Saal 1992: 545; Schulze 1977: 663.

499 „Die Bilanz“ A/11.8.1931/111 (L106). Zum Themenfeld gehört auch folgender Artikel: „Um Preußen“ A/24.4.1931/69 (L66). Dieser Text erschien als Zweitpublikation drei Tage später im *Westdeutschen Beobachter* (WB/1931/2). Siehe auch „Der preußische Volksentscheid“ A/13.7.1931/103 (L98), „Preußisches Volk, entscheide!“ A/31.7.1931/107 (L102), „Preußen, an die Front!“ A/8.8.1931/110 (L105), „Lachen links“ A/15.8.1931/113 (L108) und „Wo stehen wir?“ A/27.8.1931/116 (L111).

der Nationalsozialismus zur Umgestaltung Preußens mitbringe.[500] Auch diese
Wahlen brachten den von politischen Beobachtern und auch von den Demokraten
befürchteten Stimmenzuwachs für die Hitlerpartei: statt wie bisher neun bekam
sie nun 162 Sitze und wurde stärkste Fraktion. Die Koalition musste sich ihren
folgenstarken Rückschlag eingestehen, zur Zufriedenheit hatte kaum ein Weimarer Politiker noch Anlass.[501]

Während Goebbels den Nationalsozialismus noch als „politisches Elementar-
ereignis" hochleben ließ und sich vor seinen Lesern schulterklopfend bestätigte,
dass die NSDAP längst keine Konjunkturerscheinung mehr war, standen die
staatserhaltenden Parteien der Weimarer Republik vor der alles beherrschenden
Frage: Wie könnte eine nationalsozialistische Alleinherrschaft in Preußen nun
noch zu verhindern sein? Tatsache war, dass sich die künftige Regierung in Preußen ausschließlich aus parlamentarischen Minderheiten zusammensetzen ließ.
Brüning konnte sich, wenn überhaupt, die NSDAP im Kabinett nur gemeinsam
mit dem Zentrum vorstellen.[502] Vorerst aber schob er die preußische Regierungs-
frage auf die lange Bank, taktierte hin und her, versuchte Zeit zu gewinnen und
vor der innenpolitischen Entscheidung erst noch die außenpolitischen Wogen zu
glätten. Diese Vorsicht wurde von General Kurt von Schleicher nicht goutiert; er
wollte eigenmächtig in Preußen eingreifen. Während er „Belastungsmaterial" gegen die preußische Regierung sammelte, streute er Gerüchte über Koalitionsge-
spräche zwischen SPD und KPD, ja kommunizierte sogar, dass das preußische
Polizeiministerium mit den Kommunisten gemeinsame Sache machen wolle. Alles in allem suchte er nach einem passenden Anlass zur Intervention in Preußen.

Das Kabinett Braun trat am 24. Mai 1932 zwar zurück, weil aber keine regie-
rungsfähige Mehrheit in Sicht war, blieb es als geschäftsführende Regierung ohne
parlamentarische Rückendeckung im Amt. Grund genug für Goebbels, die Situation zu verhöhnen, den Bankrott des Kabinetts zu quittieren und in aller Deutlichkeit darzulegen, dass die preußische Regierung nur noch ein einziges Recht habe
– nämlich endlich komplett von der politischen Bühne zu verschwinden.[503] Seine

---

500 „An alle Berliner Nationalsozialisten" A/11.4.1932/32, „Preußen muß wieder preußisch werden!" A/20.4.1932/35 und „Unser Wille und unser Weg" A/26.4.1932/37 (L32).

501 Seit den Landtagswahlen 1928 war die Anhängerschaft der SPD von 29 auf 21,2 Prozent der
Stimmen gesunken. Die Anteile der DDP waren von 4,4 auf 1,5 Prozent gefallen. Der potentielle Hauptverbündete namens DNVP war ebenfalls in sensationellem Ausmaß zusammenge-
schrumpft und konnte von seinen ursprünglich 82 gerade noch 31 Mandate vorweisen – somit
genügte es nicht einmal für eine Regierungsbildung durch die Rechte. Vgl. Pätzold/Weißen-
becker 2002a: 226; Lange 1987: 1031; Grund 1976: 18f; Schulze 1977: 725.

502 „Brünings Absicht war es, in Koalitionsverhandlungen mit der NSDAP nach den Preußen-
wahlen zu erreichen, daß die Nationalsozialisten auf den Posten des Ministerpräsidenten verzichteten [...]. Sollte die NSDAP auf dem Posten des preußischen Ministerpräsidenten oder
zumindest auf dem des preußischen Innenministers bestehen, also die Verfügungsgewalt über
die preußische Polizei verlangen, oder aber: sollten die Koalitionsverhandlungen überhaupt
scheitern, was nach der Weigerung Hitlers, mit dem Zentrum in Preußen zu koalieren, eingetreten war, so wollte Brüning direkt in Preußen eingreifen." (Schulze 1977: 731f.). Vgl. ebd.:
726f.

503 „Die Frage Preußen" A/11.6.1932/50 (L44).

Prognosen sollten sich vier Wochen später bewahrheiten: Am 20. Juli 1932 wurde die Amtsenthebung von Ministerpräsident Otto Braun und Innenminister Carl Severing – beides bedeutende Sozialdemokraten – verkündet.

Festzuhalten ist an dieser Stelle, dass Goebbels sich zu den nun folgenden bedeutenden politischen Ereignissen nicht mehr äußerte; das, was im Nachhinein als „Preußenschlag" in den Geschichtsbüchern festgehalten wurde, fand seinerzeit keinerlei Niederschlag im *Angriff*. Vermutlich sollte der Staatsstreich, der vom inzwischen amtierenden Reichskanzler von Papen ausgeführt wurde, in der Presse nicht allzu sehr hervorgehoben werden, obgleich die Vorgänge gut zu den politischen Plänen der NSDAP passten. Papens Handlungen wurden zwar insgeheim begrüßt, im Berliner Kampfblatt aber herrschte dazu Stillschweigen.

Das Kabinett Papen brachte es mit wenigen Schachzügen fertig, das Thema „rotes Preußen" in der Tagespolitik anzustoßen, die angeblich lasche Vorgehensweise der Polizei vor Ort bei etwaigen kommunistischen Ausschreitungen zu monieren und letztendlich durch die Perhorreszierung eines Bürgerkriegs die im Handstreich vorgenommene Absetzung der Preußenregierung zu legitimieren. Erst wurde über Berlin und der Provinz Brandenburg der militärische Belagerungszustand mit der fadenscheinigen aber eingängigen Begründung verhängt, dass durch die zunehmenden gewaltsamen Zusammenstöße, inneren Unruhen und anhaltend aggressiven Stimmungen weder Sicherheit noch Ordnung im Land weiter gewährleistet werden könnten. Obgleich blutige Auseinandersetzungen in der Weimarer Republik keine Randerscheinung waren, wurde ausschließlich der preußischen Regierung ein Missverhalten vorgeworfen. Von Papen behauptete, die Situation sei untragbar und treibe das gesamte Reich ins Chaos; damit rechtfertigte er seine verfassungswidrigen Absichten und sein weiteres Einschreiten – nämlich in Form einer Exekution von Preußens geschäftsführender Regierung. Die Staatsgewalt ging auf die Reichsregierung über, während Papen sich selbst zum Reichskommissar für Preußen ernannte. Hinzu kam, dass an die Stelle des geschassten sozialdemokratischen Berliner Polizeipräsidenten nun ein Offizier der Reichswehr trat und somit auch Preußens Polizei als potentieller Gegner ausgeschaltet werden konnte.

> „In welchen Aktionen Papens man auch immer die eigentlichen Ursachen sehen mag, sei es in der Preußenaktion selbst, sei es in ihren Folgemaßnahmen, sei es in der Kombination beider, festzuhalten ist, daß ab September 1932 eine Beruhigung der inneren Lage eintrat, wie sie seit Jahren nicht mehr hatte verzeichnet werden können."[504]

Die Beruhigung des politischen Klimas war jedoch ein oberflächlicher und kurzfristiger Effekt. Auch die Regierung konnte dadurch ihre Stellung nur vorübergehend festigen, denn die Nationalsozialisten drängten weiter massiv und unnachgiebig an die Spitze.[505]

---

504 Grund 1976: 76. Ein Einschreiten des Reichspräsidenten war dann möglich, wenn ein Land die nach der Reichsverfassung oder den Reichsgesetzen obliegenden Pflichten nicht erfüllte – in diesem Fall, weil Sicherheit und Ordnung im Deutschen Reich gefährdet bzw. erheblich gestört wurden. Vgl. Schulze 1977: 728, 741–744; Grund 1976: 13–15, 66f.
505 Vgl. Bönisch 2008: 18.

3.3.10 Reichspräsidentschaft

Die Wahl zum Reichspräsidenten war aus Sicht der Nationalsozialisten eine hervorragende und willkommene Gelegenheit, einen Umbruch des demokratischen Systems mit legalen Mitteln herbeizuführen. Während Paul von Hindenburgs zweite Amtszeit mit prominenter Unterstützung vorbereitet wurde[506], veranstaltete die NSDAP allerlei Aufsehen darum, den Kandidaten möglichst lange unbenannt zu lassen. „Also, meine Herren, wir bitten sehr: Sie haben den Vortritt. Wir tragen das Sphinxgesicht der Schweigsamkeit und haben nicht die Absicht, uns vor der Zeit enträtseln zu lassen"[507], formulierte es Goebbels im *Angriff* und hielt sich mit konkreten Äußerungen über Hitlers mögliche Nominierung hartnäckig zurück. Mit allerlei Vorgeplänkel schürte er auch in den eigenen Kreisen die Erwartungen, ob und wann die NSDAP ihren Bewerber offen legen würde. Goebbels badete förmlich in den Gerüchten, warum die Nationalsozialisten mit ihrem Kandidaten so lange hinter dem Berg hielten. Und während die Frage immer weiter angeheizt wurde, befand sich Goebbels längst auf seinem Propagandafeldzug gegen Feldmarschall von Hindenburg.

In einer langatmigen Anti-Hindenburg-Kampagne konzentrierte sich Goebbels darauf, das in der Bevölkerung vorherrschende Bild vom ehrenvollen Tannenberger Kriegshelden systematisch zu zertrümmern. Immer wieder ging er in seinen Artikeln darauf ein, dass zwischen Hindenburgs Versprechungen und der Realität nach sieben Jahren Amtszeit eine „schreiende Diskrepanz" vorherrsche. Er stellte den Reichspräsidenten als einen verabscheuungswürdigen politischen Gegner dar, der zwar einst der Inbegriff nationaler Pflicht und deutscher Ehre gewesen sei, heute aber auf der Seite von Zentrum und Sozialdemokratie stehe: „Der einzige, der sich geändert hat, heißt Hindenburg. Er tritt heute schützend vor ein System, das wir 1925 mit seiner Hilfe aus den Angeln heben wollten. Er hat damit seine letzte geschichtliche Entscheidung gefällt."[508] Um die Enttäuschung über die persönliche Entwicklung Hindenburgs durch aufwühlende Beschreibungen anzustacheln, erinnerte Goebbels auch daran, dass zwar die nationalsozialistische „Bewegung" den Generalfeldmarschall in die Politik gehoben, er aber entgegen

---

506 Der Berliner Oberbürgermeister Heinrich Sahm hatte namhafte Persönlichkeiten in einem Komitee (so genannter Sahm-Ausschuss) einberufen; sie sollten Hindenburgs Wahl öffentlichkeitswirksam mit bewerben.

507 „Wer kann schweigen?" A/6.2.1932/12 (L12). Tatsächlich aber hatte sich Hitler am 2. Februar 1932 bei internen Gesprächen im Braunen Haus zur Kandidatur als Reichspräsident entschlossen. Vgl. Overesch/Saal 1992: 576. Siehe hierzu auch folgende Beiträge: „Zwischenspiel" A/13.1.1932/4 (L4), „Um die Präsidentschaft" A/2.2.1932/11 (L11), „Wer wird Präsident?" A/11.2.1932/14 (L14) und „Um die Entscheidung" A/13.2.1932/15 (L15). Letzterer Text wurde in identischer Form einen Tag später im *Völkischen Beobachter* nochmals publiziert (VB/14.2.1932/1).

508 „Der Kandidat der Sozialdemokratie" A/16.2.1932/16 (L16). Siehe auch „An alle deutschbewußten Berliner" A/17.2.1932/17, „Herr Mandelbaum hat das Wort" A/18.2.1932/18 (L17), „10 Gebote für jeden Nationalsozialisten in den kommenden schweren Wochen" A/18.2.1932/19, „Montag und Dienstag General-Mitgliederversammlung!" A/20.2.1932/21 und „Wir wählen Hindenburg nicht!" A/23.2.1932/22 (L19).

aller Zusagen der nationalen Opposition nie das Zepter übergeben habe. Goebbels bezeichnete die Wahl des Reichspräsidenten als „Endkampf" und erinnerte in seiner Tageszeitung auch Adolf Hitler an den totalen politischen Konfrontationskurs gegen Hindenburg.

Die Neuwahl des Reichspräsidenten, die keine absolute Mehrheit für Hindenburg, aber einen beachtlichen Stimmenanteil für Hitler brachte, mündete in weiteren Kampfansagen für den zweiten Wahldurchgang am 10. April 1932. Obwohl Hitler auch dieses Mal das Amt nicht errang, blieb der *Angriff*-Herausgeber in seinen Darlegungen optimistisch und münzte die Wahl in einen großen Erfolg für Hitler um.[509] Das Thema Hindenburg war damit – abgesehen von einem ironischen Artikel zum Geburtstag des Reichspräsidenten[510] – für Goebbels abgehakt und auch publizistisch erledigt.

3.3.11 Adolf Hitler

Von dem angespannten Verhältnis, das zwischen Joseph Goebbels und Adolf Hitler durch den Zeitungsstreit entstand, merkten die *Angriff*-Leser nichts. Wie sonst auch im NS-Blatt üblich, wurde das Parteioberhaupt als glorreiche, ungestüme und geniale Führerpersönlichkeit präsentiert. Die Analyse der Zeitungsinhalte hat jedoch eine Auffälligkeit ergeben: Sowohl in der Art als auch in der Quantität unterscheiden sich die Artikel, in denen sich Goebbels mit Hitler beschäftigte, in dieser Phase sehr deutlich von den vorangegangenen. Die sonst in den Beiträgen typische und völlig überstilisierte Vergötterung des „Führers" hatte der Zeitungsschreiber inzwischen abgelegt, „das peinlich übersteigerte Treuegebaren gegenüber der Person Adolf Hitler"[511] war nur noch am Rande sichtbar. Nach der Erweiterung des *Angriffs* zur Tageszeitung im November 1930 gab es keinen, 1931 nur einen einzigen auf die Person Hitler zugeschnittenen Aufsatz.[512]

Erst im Rahmen der Reichspräsidentschaft wurde der NSDAP-Führer wieder in das journalistische Blickfeld gerückt. In Beifall spendenden Artikelserien fand die Präsentation des nationalsozialistischen Anwärters auf die Reichspräsidentschaft statt: In biographischen Essays zeichnete Goebbels das Schicksal des Frontsoldaten, geborenen Massenführers und Trägers der nationalsozialistischen Idee nach; die heroisch angelegten Stationen seiner Vita wurden im *Angriff* ausführlich dokumentiert und beklatscht. Hitler, so hieß es bei Goebbels, werde von der Sehnsucht nach dem Großdeutschen Reich geleitet; sein Name stehe für die deutsche Wiedergeburt, denn sein Ziel sei die Lösung der sozialen Frage. „Die-

509 „Die neue Aktion" A/22.3.1932/26 (L23) und „Die Welle steigt" A/11.4.1932/31 (L28).
510 „Zum 85. Geburtstag" A/1.10.1932/71 (L58).
511 Fest 2003: 124.
512 „Hitler vor den Toren" A/4.11.1931/133 (L127). Anlass des Beitrags war Hitlers erster Besuch bei Hindenburg am 10. Oktober 1931. In dem Text wurden eher lahme Spekulationen über den zukünftigen Kurs der NSDAP angestellt.

sem Mann wollen wir das deutsche Schicksal vertrauensvoll in die Hand legen. Er zeigt uns den Weg. Wir sind bereit, ihm zu folgen."[513]

Dass Hitler von den Demokraten „als Deserteur und Kriegsdienstverweigerer bezeichnet"[514], ja als „ein Emporkömmling, ein Außenseiter"[515] und sogar als hetzerischer Massendemagoge verschrien wurde, griff Goebbels energisch auf, um die politische Kunst des „Führers" noch spektakulärer darzulegen. Adolf Hitler, so las man im *Angriff*, werde zwar von seinen hasserfüllten Gegnern als brutaler, rücksichtsloser und tyrannischer Machtpolitiker gezeichnet, eigentlich aber müsse er als einziges Führertalent mit echter staatsmännischer Begabung gesehen werden. Allen Gerüchten zum Trotz sei Hitler weder ein Radaumensch noch ein posenreicher Schauspieler, betonte Goebbels; vielmehr sei er unnachahmlich tugendreich.[516] Als eifrigster Verfechter des Führermythos schilderte Goebbels das Parteioberhaupt hartnäckig als unfehlbare Leitfigur, auf die die Deutschen ihren festen Glauben richten könnten. Goebbels machte in seinen Beiträgen Hitler zu einem gütigen und kinderlieben Menschen mit großem Kunstverstand und erinnerte daran, dass er ganz allein die schöpferische Kraft der nationalsozialistischen „Bewegung" und auch ihr Motor sei.[517]

Ganz offensichtlich sah Goebbels wieder einmal seine publizistische Aufgabe darin, Hitlers Alleinherrschaft zu manifestieren. Selbst nach der misslungenen Wahl zur Reichspräsidentschaft und erst recht nach den erfolgreichen Reichstagswahlen forderte Goebbels im Namen von Hitler definitiv die Regierungsbeteiligung der Nationalsozialisten. Die Begründung, warum es eine völlige Machtkonzentration bei Hitler geben solle, fiel nach Goebbels' Standpunkt folgendermaßen aus: Die Weimarer Republik habe die Volksmoral vergiftet, die deutsche Ehre den „rassefremden Lügnern" ausgeliefert und den Wehrgedanken sabotiert. Diese Fehlentwicklung könne nur Hitler rückgängig machen. In den umfassenden Traktaten wurde die Vizekanzlerschaft als groteskes, unmögliches und beleidigendes Angebot abgeschmettert und stattdessen dem Leser die Diktatur als passende Staatsform schmackhaft gemacht.[518] Der nationale Wille sammle sich beim Diktator, schwärmte Goebbels; Hitler werde das Land aus der Regierungskrise retten, den lähmenden Pessimismus beseitigen, für soziale Gerechtigkeit sorgen

---

513 „Wir wählen Adolf Hitler!" A/5.3.1932/23 (L20). Der Artikel war identisch mit der Erstpublikation im *Völkischen Beobachter*, die zwei Tage früher unter dem Titel „Um unser Lebensrecht" (VB/3.3.1932/2) erschienen war. Siehe auch „Auf uns ganz allein gestellt" A/8.3.1932/24 (L21).

514 „Die letzte Wahllüge" A/11.3.1932/25 (L22).

515 „Adolf Hitler als Staatsmann" A/1.4.1932/28 (L25).

516 Vgl. „Hitler, der politische Kämpfer" A/31.3.1932/27 (L24), „Adolf Hitler als Kamerad" A/2.4.1932/29 (L26) und „Adolf Hitler als Mensch" A/4.4.1932/30 (L27).

517 Vgl. Barth 1999: 60; Zitelmann 1998: 30; Moores 1997: 520f.; Michels 1992: 44f.; Bramsted 1971: 280.

518 Hindenburg lehnte die Regierungsbeteiligung der NSDAP ab, sah lediglich in der Vizekanzlerschaft Hitlers eine Möglichkeit der Kooperation. Der nationalsozialistische Parteiführer allerdings blieb bei seiner Forderung und verlangte den Weimarer Regularien entsprechend die gesamte Macht für die stärkste Reichstagsfraktion. Vgl. Overesch/Saal 1992: 607.

und Deutschland vor der bolschewistischen Gefahr bewahren – mit diesen Formulierungen waren auch wieder alle Vorurteile und Ängste bedient.

Weil dem nationalsozialistischen „Führer" nach wie vor die Staatsmacht verweigert wurde, echauffierte sich Goebbels über das „politische Katz-und-Maus-Spiel": Deutschland habe sich endgültig und eindeutig zu Hitler bekannt, dies müsse nun endlich auch von den Weimarer Politikern und selbst von Hindenburg anerkannt werden. Früher oder später – und aus heutiger Sicht klingt das wie eine wahr gewordene Drohung – müsse Hitlers Weg eingeschlagen werden: „Sie werden Hitler schon rufen; dann nämlich, wenn es gar keinen anderen Ausweg mehr gibt. Das Wasser wird ihnen so bis zum Halse steigen, daß sie, ob sie wollen oder nicht, am Ende doch nach uns die Hand ausstrecken müssen."[519]

3.3.12 Papen/Schleicher

Nach dem Rücktritt der gesamten Regierung Brüning am 30. Mai 1932 und der Geburt des so genannten Kabinetts der nationalen Konzentration gingen Goebbels' publizistische Angriffe nahtlos auf den neuen Reichskanzler von Papen – der die alte preußisch-deutsche Adelskaste verkörperte – über.[520] Wiederholt wurde der politische Kurs der neuen Obrigkeit als wirklichkeitsfremd und daher schlichtweg falsch abgetan, von Papen als unschlüssig und ängstlich beschrieben: „Der Sturz eines Systems bedingt Kraft, Mut, Zähigkeit und Konsequenz. Wir haben nicht den Eindruck, daß die Regierung Papen am Ueberfluß dieser edlen Tugenden krankt."[521] Von Papen und seine Barone seien unfähige Marionetten, die zwar den grundsätzlichen Wandel in der Staatsführung nach dem Regierungswechsel angekündigt hätten, den Wunsch der Deutschen aber nicht erfüllen würden: „Sie reden von konservativer Staatsauffassung; aber was sie konservieren wollen, das ist weder der Staat noch eine Auffassung, sondern nur ihre eigene Vorherrschaft."[522] Goebbels gab sich in aufklärerischem Ton, wenn er über das Papen-Kabinett berichtete; seinen Lesern gegenüber vermittelte er hartnäckig die Botschaft, dass die Amtspersonen keinerlei Interesse an den Geschehnissen des Landes hätten und schon gar nicht den Willen des Volkes berücksichtigen würden. Wer das Kommando über Deutschland illegal übernommen habe, so Goeb-

---

519 „Die Juden atmen auf!" A/29.11.1932/84 (L66). In diesem Zusammenhang auch „Aufräumen! Gebt Hitler die Macht!" A/22.4.1932/36 (L31). Der Text erschien als Zweitpublikation zwei Tage später im *Völkischen Beobachter* (VB/24.4.1932/3). Siehe auch „Die Macht an Hitler!" A/15.8.1932/59 (L49), „Goldene Worte für einen Diktator und für solche, die es werden wollen" A/1.9.1932/62 (L52) und „Kampfjahr 1933" A/31.12.1932/90 (L71).

520 Papens Kabinett blieb bis 17. November 1932 im Amt. Vgl. Bönisch 2008: 18; Overesch/Saal 1992: 596.

521 „Mehr Mut!" A/21.6.1932/52 (L46). Siehe auch „Was müssen wir tun?" A/8.6.1932/48 (L43) und „Papen, werde hart!" A/14.6.1932/51 (L45).

522 „Die feinen Leute!" A/6.9.1932/63 (L53). Siehe dazu auch „Politische Erbschleicherei" A/9.9.1932/64 (L54), „Erkläret mir, Graf Oerindur..." A/15.9.1932/65 (L55) und „Wir sind objektiv" A/8.10.1932/72 (L59).

bels, der wünsche sich in der NSDAP lediglich eine „wohltemperierte Opposition", die den fehlenden Rückhalt bei der Bevölkerung verschaffen solle. Somit fühle sich der Reichskanzler durch das Gottesgnadentum in seine Position erhoben und sehe sich als Vollzugsorgan eines himmlischen Willens statt des deutschen Volkes. Goebbels spottete:

> „Der Herr Reichskanzler von Papen wird nicht müde, in seinen Rundfunkreden zu erklären, er strebe eine ‚staatsautoritäre Führung' an, er wolle Deutschland von dem verruchten Parteienregiment befreien und das Schicksal des Reiches wirklichen Köpfen anvertrauen. Wie man jedoch einen Kopf von einem Dummkopf unterscheiden kann, das sagt er dabei nicht."[523]

Die politischen Nachwehen der Reichstagswahl am 6. November 1932 stellte Goebbels immer wieder in den Vordergrund, um sowohl seine ausufernde Regierungskritik als auch den Appell zur Beseitigung der Papen-Regierung zu bekräftigen. Dieser Kanzler, so Goebbels, habe kein Recht mehr, sich auf die Nation zu berufen, da die Menschen ihm längst das Misstrauen ausgesprochen hätten. Einziger Ausweg aus dem politischen Dilemma sei das Abtreten des Reichskanzlers und die Machtübertragung auf die Nationalsozialisten: „Bevor man überhaupt an eine Lösung der großen deutschen Krise herantreten kann, muß er beiseite treten und jenen politischen Kräften das Feld frei geben, die befugt sind, im Namen der Nation zu reden und zu handeln."[524]

Tatsächlich trat am 17. November 1932 das Kabinett Papen zurück. Reichspräsident Paul von Hindenburg beauftragte am 2. Dezember 1932 General Kurt von Schleicher mit der Bildung der (letzten) Reichsregierung.[525] In zornigem Wortlaut begrüßte Goebbels den neuen Kanzler im *Angriff* und machte sich gleich daran, die „dunklen politischen Machenschaften" Schleichers zu beanstanden. Dass der General zur Macht gekommen sei, betonte Goebbels, sei ein gewagtes Kunststück; zwar glaube Schleicher, er habe seinen größten politischen Coup gelandet – doch die Nationalsozialisten würden ihn vom Gegenteil noch überzeugen. Schleicher sei kein zukunftsweisender Staatsmann, hinter seiner Wahl verberge sich ein verhängnisvoller Trugschluss. Besonders erregte sich Goebbels in seinen Artikeln darüber, dass die NSDAP ein weiteres Mal unberücksichtigt in den Verhandlungen zur Regierungsneubildung geblieben war und nach wie vor nicht an der Staatsmacht beteiligt wurde: „Wenn eine Regierung national regieren will, dann geht das nicht ohne oder gar gegen jene 12-Millionenbewegung, die sich in dem deutschen Nationalsozialismus in der prägnantesten Form verkörpert."[526]

---

523 „In der göttlichen Ordnung der Dinge" A/31.10.1932/79 (L62). Der Text bezog sich auf den Umstand, dass Franz von Papen nie vor dem Parlament sprach und beispielsweise auch seine Regierungserklärung am 12. November 1932 nur im Radio abgab. Vgl. Wirsching 2000: 39f. Siehe auch „Da stimmt etwas nicht!" A/12.11.1932/82 (L64).

524 „Eine Betrachtung der Lage" A/17.11.1932/83 (L65).

525 Die Ernennung General Kurt von Schleichers zum Reichskanzler erfolgte am 3. Dezember 1932, er blieb bis zum 28. Januar 1933 im Amt.

526 „Vertagte Krise" A/15.12.1932/86 (L68). Zum Thema auch „Der General hat eine gute Presse" A/6.12.1932/85 (L67) und „Schleichers Bilanz" A/20.1.1933/3 (L3). Letzterer Text war identisch mit dem gleichnamigen Beitrag, der am selben Tag auch im *Völkischen Beobachter* erschien (VB/20.1.1933/3). Siehe auch „Der General ohne Rückgrat" A/25.1.1933/4 (L4).

Insofern hielt der *Angriff*-Leitartikler die Staatsführung für lasch und oberflächlich und das Regierungsprogramm für substanzlos, weil ohne greifbare Lö-
sungsansätze. Seines Erachtens seien während der gesamten Amtszeit Schleichers
noch nie die grundsätzlichen Probleme in Deutschland angegangen worden; stattdessen gebe es nur klägliche Einigungsversuche und fruchtlose, ermüdende Debatten des Kabinetts. Der Weimarer Staat habe – und damit kam er auf sein beliebtes Themenfeld – seine Existenzberechtigung endgültig verloren, die Regierung stehe politisch mit dem Rücken zur Wand. Als den einzigen Ausweg aus der
deutschen Krise benannte der Verfasser wie so oft in seinen Texten: die Hitlerpartei. „Wir sind bereit, den kranken deutschen Volkskörper zu heilen und ihn wieder
lebensfähig zu machen; das aber ist unmöglich, wenn man uns zwingt, Rezepte
anzuwenden, die nicht wir, sondern unsere Gegner erfunden haben."[527]
Der Rücktritt des Kabinetts Schleicher wurde am 28. Januar 1933 bekannt gegeben, die Ernennung Adolf Hitlers zum Reichskanzler erfolgte zwei Tage später.

3.4 Weitere journalistische Aktivitäten

> „Viel geschrieben und Unmengen von Zeitungen gelesen.
> Das schwillt jetzt zur Lawine an."[528]

Aus der Analyse wird ersichtlich, dass Goebbels im Untersuchungsabschnitt III
die Nutzung anderer NS-Periodika wieder intensivierte und auch die Zahl seiner
Zweitpublikationen stieg. Obwohl sich Goebbels über längere Zeit gegen jede Art
der Zusammenarbeit von NSDAP und DNVP wehrte, nutzte er die politischen
Kontakte, um in der *Deutschen Zeitung* zu publizieren. Die *Deutsche Zeitung*
existierte seit 1896 in Berlin und erschien an Werktagen zwei Mal täglich. Chefredakteur war bis 1922 Rheinhold Wulle, danach Paul Frenzel. Als Teil der reaktionären Presse gehörte die *Deutsche Zeitung* zum völkischen Flügel der DNVP,
der sich im Alldeutschen Verband organisiert hatte; insofern galt das Blatt als
Hauptorgan der deutschnationalen Unterorganisation. Die Tageszeitung hatte eine
Auflage von etwa 40.000 Exemplaren und war vor allem in Offiziers- und höheren Beamtenkreisen verbreitet.[529] Goebbels schrieb für das Blatt den Text mit dem
Titel „Von der Gesinnungs- zur Schicksals-Gemeinschaft"[530] – ein aus den persönlichen Erinnerungen des Autors geschnitzter Aufsatz, in dem er das „Schick-
salsjahr 1918" beleuchtete und sich darüber ausließ, warum die aus seiner Sicht

---

527 „Reinen Tisch machen!" A/30.1.1933/5 (L5). Eine ähnliche Formulierung fand sich im Leitartikel mit der Überschrift „Das Programm ohne Programm" A/21.12.1932/88 (L69). Darin
hieß es: „Welch eine andere Partei könnte von sich behaupten, daß sie tatsächlich von einem
Mann regiert wird, daß er allein das Gesetz des Handelns in seinen Händen hält und kraft eigener Verantwortlichkeit darüber zu bestimmen hat, welchen Kurs sie einschlagen soll!"
528 sogGTb 15.2.1930.
529 Vgl. Kind/Fischer 1992: 92, 94; Koszyk 1972: 69, 173, 240; Jahrbuch der Tagespresse 1928;
Jahrbuch der Tagespresse 1930.
530 DZ/25.12.1930/1.

perverse Idee von einer „Völkerverbrüderung" in Verbindung mit „demokratischer Gefühlsduselei" nach wie vor in Deutschland überlebe.

Auf seine übliche Demokratieschelte konzentrierte sich Goebbels auch im *Nationalsozialistischen Jahrbuch*, für das er jedes Jahr einen philosophisch abgehobenen und stellenweise theorielastigen Beitrag lieferte. Wie er selbst offenbarte, ging es ihm darum, in den Artikeln die Demokratie als großes „Lügengebilde" zu demaskieren und die Vergiftung der öffentlichen Meinung durch die Weimarer Presse zu bekämpfen. Die Auflösung der nationalistischen Gesinnung, so schrieb er in bürokratischem Deutsch, sei eine verheerende Volkskrankheit, deren fortschreitender Prozess durch die Existenz der Weimarer Republik beschleunigt und verstärkt werde. Der weiteren negativen Entfaltung könne sich nur noch die nationalsozialistische „Bewegung" entgegenstellen, da ihre Weltanschauung aus sicherem Stilgefühl und einer reinen geistigen Haltung erwachse:

> „Der Hurra-Kitsch der Bierbank-Patrioten, die verschwommenen internationalen Phrasen verbürgerlichter Zahlabend-Strategen, das alles fängt schon an, unserem Geschmack zuwider zu sein. Wir lehnen es ab, weil es unserem natürlichen Stilempfinden entgegengesetzt ist."[531]

Seitdem neben der Münchner Ausgabe des *Völkischen Beobachters* auch eine eigene Ausgabe in der Reichshauptstadt herausgebracht wurde, war der Name Joseph Goebbels auch in dem nationalsozialistischen Zentralorgan wieder verstärkt zu lesen.[532]

> „Die Beiträge des betont proletarisch auftretenden Berliner Gauleiters der NSDAP waren kurz, wirkten lebendig durch eine Vielzahl von kleinen Abschnitten mit eingestreuten Ausrufen oder Fragen und reizten zum Lesen durch kurze, vielfach freche oder provozierende Titel."[533]

---

531 „Der neue Stil" NSJ/1931/1. Der Text war identisch mit dem Beitrag „Lebensstil und Nationalsozialismus", der im Januar im *Angriff* (A/10.1.1931/7) erschien. Siehe auch die weiteren Jahrgänge: „Kampf der Lüge" NSJ/1932/1 und „Nationalsozialismus als staatspolitische Notwendigkeit" NSJ/1933/1.

532 Der *Völkische Beobachter* entwickelte sich als Regierungsorgan mit steigender Tendenz. Vom 1. März 1930 bis 15. März 1931 erschien als dritte Ausgabe der *VB* in Berlin, die Münchner Ausgabe wurden weiterhin herausgegeben. Insgesamt brachte das Blatt 1930 eine Gesamtauflage von 40.000 zu Stande, die 1931 auf rund 130.000 Exemplare gesteigert wurde. Im Zuge der politischen Entwicklung avancierte der *VB* bis 1933 zum führenden NSDAP-Organ mit einer Auflage von 250.000 Stück und stellte die nationalsozialistische Provinzpresse komplett in den Schatten. Seit dem 1. Januar 1933 kam der *VB* dann in Berlin in zwei Ausgaben (Berliner und Norddeutsche Ausgabe) heraus. Die Entwicklung hin zur auflagenstärksten Tageszeitung im Reich lief auf Hochtouren. Das Zentralorgan der NSDAP erreichte 1934 eine Auflage von 350.000 Exemplaren, überschritt 1940 die Millionengrenze und wurde 1944 in einer Höhe von 1,7 Millionen Stück gedruckt. Eine Wiener Ausgabe kam nach dem „Anschluss" Österreichs 1938 dazu. Vgl. Dussel 2004: 154; Reuth 2000: 85; Stöber 2000: 228; Frei/Schmitz 1999: 99; Moores 1997: 64; Höver 1992: 26; Paul 1992: 181; Schneider 1988: 60; Fischer 1981: 272–274; 293, 508; Schildt 1964: 27; Balle 1963: 254f; Noller 1956: 87, 245; Linsen 1954: 6.

533 Kessemeier 1967: 274.

Größtenteils lieferte Goebbels an den *Völkischen Beobachter* oberflächlich über-arbeitete, aber politisch relevante Artikel aus dem *Angriff*, die damit einer Zweit-publikationen zugeführt wurden. Thematisch verfolgte der Verfasser dabei keine besondere Linie, sondern reagierte vermutlich auf den aktuellen Bedarf der *VB*-Redaktion. So druckte der *Völkische Beobachter* beispielsweise Stellungnahmen zum Stennes-Putsch ebenso wie Hintergrundberichte zur Reichspräsidentschaft; mal ging es um Hitlers vermeintlichen Marsch zur Macht und dann wieder um das aus Goebbels' Blickwinkel ungerechte Todesurteil für fünf SA-Männer oder auch um die Auseinandersetzung mit Reichskanzler Schleicher – immer aber in be-währt ruppigem Ton griff Goebbels den politischen Gegner frontal an.[534]

Anlässlich des Erscheinens des NSDAP-Zentralorgans ab Januar 1933 in Ber-lin schrieb Goebbels einen Text mit der zweideutigen Überschrift „Kämpfen und Siegen"[535]. Der *Angriff*-Herausgeber, der seit 1930 gegen den *VB* als zusätzliches Berliner Organ angekämpft hatte, war aus den Diskussionen letztendlich als Ver-lierer hervorgegangen.[536] Als treuer Paladin Hitlers jedoch stellte er die Vorgänge als wünschenswert dar, auch wenn er sich über die Entscheidungen maßlos ärger-te. Der Öffentlichkeit gegenüber wurde die Neuerscheinung als gewaltiger publi-zistischer Vorstoß gefeiert. Dank des zusätzlichen Presseorgans, so Goebbels, werde eine maßgebliche journalistische Lücke geschlossen. Dass er ursprünglich sein eigenes Kampfblatt dafür vorgesehen hatte, war dem Beitrag so wenig zu entnehmen wie eine Andeutung der Querelen, die sich hinter den Kulissen und in parteiinternen Kreisen abspielten. Vordergründig kommunizierte auch Goebbels ununterbrochen die Botschaft von der geschlossenen und harmonischen Partei.

---

534 „Parteigenossen und S.A.-Männer von Berlin!" VB/5.4.1931/1, der Text war identisch mit dem Artikel „Es gibt nur eine Partei!" (A/4.4.1931/56), der einen Tag vorher im *Angriff* er-schienen war. „Um die Entscheidung" VB/14.2.1932/1, der Text war identisch mit dem einen Tag vorher erschienenen *Angriff*-Leitartikel A/13.2.1932/15 (L15). „Um unser Lebensrecht" VB/3.3.1932/2, der Text erschien als Zweitpublikation zwei Tage später im *Angriff* unter dem Titel „Wir wählen Adolf Hitler" A/5.3.1932/23 (L20). „Aufräumen! Gebt Hitler die Macht!" VB/24.4.1932/3, der Beitrag war identisch mit dem gleichnamigen und zwei Tage vorher er-schienenen Text im *Angriff* A/22.4.1932/36 (L31). „Das Beuthener Schreckensurteil" VB/24.8.1932/4, der Text erschien bereits einen Tag vorher im *Angriff* unter der Überschrift „In Kameradschaft und Treue verbunden" A/23.8.1932/60 (L50). „Schleicher im Kreuzfeuer" VB/8.1.1933/2. Anlass für diese Beiträge war die in Köln stattfindende Unterredung zwi-schen Hitler und Papen am 4. Januar 1933. Die beiden Politiker einigten sich darauf, dass von Papen bei Reichspräsident Hindenburg noch einmal vorsprechen und Hitlers Ernennung zum Reichskanzler als hoffnungsvolle Möglichkeit vorbringen werde. Ein Koalitionskabinett soll-te jetzt doch der Ausweg aus der Regierungskrise sein. Siehe auch „Schleichers Bilanz" VB/20.1.1933/3, der Text war identisch mit dem Beitrag im *Angriff* A/20.1.1933/3 (L3).
535 VB/1.1.1933/1.
536 Goebbels überschätzte wie so oft so auch in dieser Angelegenheit seine Bedeutung. Zwar hatte er notiert: „V.B. ab 1. Januar Berlin. Ich mache Vertrag mit Amann. Gebe die Richtli-nien an und schreibe wöchentlich einen Leiter. [...] Außerdem soll der V.B. in Berlin ganz nach meinen Richtlinien erscheinen. Da werde ich schwer aufdrehen." (sogGTb 14.12.1932). Dass er letztendlich aber im Zentralorgan der Partei nichts zu melden hatte, lediglich dort ab und zu publizieren dürfte, erschloss sich ihm nicht wirklich.

Eine größere Anzahl an Beiträgen publizierte Joseph Goebbels in der Monatsschrift *Wille und Weg*. Das Presseorgan war wohl bereits im Januar 1931 im Gespräch gewesen und wurde ab dem 15. April als eine Art Hausbroschüre von der Reichspropagandaleitung herausgebracht.[537] Die Auflagenhöhe lag bei etwa 14.000 Exemplaren. Das Blatt diente der Binnenkommunikation des NSDAP-Propagandaapparates. 1932 wurde der Titel minimal verändert und hieß dann *Unser Wille und Weg*.[538]

In Phase III fanden sich insgesamt 22 Artikel von Goebbels in dem NS-Informationsblatt. In dem mit dem Hefttitel identisch lautenden ersten Beitrag äußerte sich Joseph Goebbels über das Konzept des neuen Monatsblattes. Eine interne Propagandaschrift sei notwendig, so der Verfasser, um die Programmatik der nationalsozialistischen „Bewegung" in den Jargon des Volkes zu übersetzen; dann erst könnten die Parteithesen in die Seele der Menschen eingepflanzt werden. Nur wer das Vokabular der Masse benutze, könne die Nation im Sinne der NS-Ideologie prägen: „Der Wille der nationalsozialistischen Bewegung ist in ihren programmatischen Forderungen niedergelegt. Der Weg dazu muß jeden Tag aufs neue gesucht werden."[539]

Goebbels veröffentlichte in dem Blatt monatlich einen Lagebericht, in dem die aus seiner Sichtweise interessanten oder erwähnenswerten Ereignisse erst übersichtlich dargestellt und dann, wie in allen NS-Medien üblich, interpretiert wurden.[540] Die kurzen Textabschnitte bestanden meist aus frechen und bissigen Kommentaren zur Innen- und Außenpolitik. Gern bediente sich Goebbels dabei aus seinen *Angriff*-Leitartikeln, deren Essenzen er in dem Monatsheft nochmals publizierte. Stilistisch und sprachlich erinnerten die notizenhaften Beiträge an das „Politische Tagebuch", das es als regelmäßige Rubrik im *Angriff* nicht mehr gab. Aber auch ausführlichere politische Essays fanden sich in *Unser Wille und Weg*, darin thematisierte der Autor in erster Linie die verschiedenen Wahlsituationen.[541]

Auch im *Westdeutschen Beobachter* fanden sich Artikel von Goebbels. Das Blatt erschien seit Mai 1925, wurde erst bei der Vorpommerschen Buch- und Kunstdruckerei in Greifswald gedruckt, im Januar 1926 wurde dann der Verlagsort nach Köln (Druckerei Gebrüder Bröcker) verlagert. Der *Westdeutsche Beobachter* wurde auf Initiative des Gauleiters Dr. Robert Ley gegründet, finanziellen Beistand lieferte Prinz zu Schaumburg-Lippe; als Schriftleiter fungierte Josef Grohé. Als Herausgeber der Wochenzeitung zeichnete die NSDAP-Gauleitung

---

537 „Noch kurze Dispositionen an Franke. Wir wollen ab 1. April von der Prop.Abtlg. eine Zeitschrift herausgeben." (sogGTb 15.1.1931).

538 Vgl. Hochstätter 1998: 47; Paul 1992: 72.

539 „Wille und Weg" WW/10.4.1931/1.

540 WW/10.4.1931/2 bis WW/1.12.1931/10, WW/1932/1, WW/1932/2, WW/1932/5, WW/1932/8, WW/1932/9, WW/1932/11 und WW/1933/1.

541 „Die Präsidentenwahl" WW/1932/3, „Die Länderwahlen" WW/1932/4, „Zur Reichstagswahl am 31. Juli" WW/1932/6 und „Zum Wahlsieg" WW/1932/7. Letzterer Text war identisch mit dem Artikel im *Angriff* mit dem Titel „Der Führer wird handeln" A/2.8.1932/58. Siehe auch „Der Kanzler ohne Volk" WW/1932/10. Das Pendant zu diesem Beitrag fand sich im *Angriff* A/7.11.1932/80 (L63).

Rheinland-Süd. Der organisatorische Ausbau der Partei im Rheinland zeigte sich auch bei der Zeitung, so dass der *Westdeutsche Beobachter* ab 1. September 1930 täglich mit wöchentlich sechs Ausgaben aufgelegt wurde. Das parteiamtlich anerkannte Blatt des Gaues Köln-Aachen konzentrierte sich auf das Verbreitungsgebiet Bergisch-Gladbach und Rheinisch-Bergischer Kreis.[542] Goebbels' Zeitungstexte waren Zweitabdrucke über das Volksbegehren zur vorzeitigen Auflösung des preußischen Landtages.[543]

„Um den 10-Pfennig-Agitationsbroschüren von KPD und SPD ein ‚geeignetes Kampfmittel' entgegenzusetzen, gab die RPL seit Oktober 1931 eine eigene ‚Kampfschrift'-Broschürenreihe heraus, deren Gesamtauflagenzahl 1931 400.000 Exemplare betrug."[544] Es handelte sich um die *Kampfschrift* der Reichspropagandaleitung, die den Untertitel *Broschürenreihe der Reichspropagandaleitung der NSDAP* trug. In jener Publikation, die Goebbels hier unterbrachte, ging es ebenfalls um das Thema Preußen.[545] Anlässlich der bevorstehenden Landtagswahlen schrieb Goebbels ein ausführliches politisches Essay, in dem er den preußischen Staatsgedanken als hervorhebenswerte globale Idee feierte und eine mentale Brücke schlug zwischen dem „sittlichen Preußentum" und der nationalsozialistischen „Bewegung" Die Ideologie des Nationalsozialismus, so betonte er, sei von einem reinen preußischen Geist durchdrungen.

Auch der dritte Untersuchungsabschnitt weist einige Fehlbestände auf – also Beiträge, deren Existenz aufgrund verschiedener Hinweise zwar vermutet werden kann, deren Datum oder Veröffentlichungsmedium aber nicht konkretisiert werden konnten, weshalb der Text nicht aufzufinden war. So gibt es eine Notiz[546], in der Joseph Goebbels auf eine Publikation in der dänischen Zeitung *Berlingske Tidende*[547] verwies. Der erwähnte Beitrag konnte nicht ausfindig gemacht werden. Zwar enthielt die *Berlingske politiske og Advertissements Tidende* vom 30. November 1930 (182. Jahrgang, Nr. 331) zwei Artikel, in denen der Name Joseph Goebbels auftauchte; es handelte sich dabei jedoch lediglich um die Berichterstattung über Studentenproteste, die durch einen abgesetzten Goebbels-Vortrag ausgelöst worden waren.[548]

542 Vgl. Macat 1991: 26f.; Schneider 1988: 60f.; Stein 1987: 202, 274; Fischer 1981: 276–278; Kuszyk 1972: 131; Martens 1972: 20; Hüttenberger 1969: 64

543 „Alle Preußen an die Front!" WB/17.4.1931/1. Der Beitrag war identisch mit dem bereits zwei Tage vorher im *Angriff* erschienen gleichnamigen Text A/15.4.1931/62 (L59). Siehe auch „Um Preußen" WB/27.4.1931/2. Bereits drei Tage vorher erschien der identische Leitartikel im *Angriff* A/24.4.1931/69 (L66).

544 Paul 72. Vgl. ebd.: 96, 100; Hochstätter 1998: 47.

545 „Preußen muß wieder preußisch werden!" S/1932/1. Zwar gab es im *Angriff* einen gleichnamigen Text (A/20.4.1932/35), der Inhalt war jedoch nicht identisch.

546 „Lange Telephonate mit Kopenhagen. Dort ist meine verbotene Versammlung das Gespräch des Tages. Ich habe einen langen Aufsatz an die Berlinske [sic!] Tidende durchdiktiert." (sogGTb 30.11.1930).

547 Im Jahr 1749 wurde die Zeitung gegründet, erschien zum betreffenden Zeitpunkt sieben Mal wöchentlich mit einer Auflage von 120.000 Exemplaren in Kopenhagen.

548 Goebbels sollte vor der Studentenvereinigung in Kopenhagen einen Vortrag halten, war dann aber als Redner von den Vorsitzenden der Vereinigung wieder ausgeladen worden. Dahinter

Zwei weitere Beiträge in der ausländischen Presse konnten nicht beschafft werden. Dabei handelte es sich zum einen um eine Publikation in einem Hearst-Organ.[549] Zwar ist bekannt, dass der US-amerikanische Verleger William Randolph Hearst deutschfreundlich und Hitler sehr zugetan war, was den Abdruck eines Goebbels-Textes erklären würde. Die Anzahl der im Hearst-Zeitungsimperium herausgegebenen Periodika[550] macht es jedoch unmöglich, das entsprechende Blatt ausfindig zu machen, zumal keine weiteren sachdienlichen Hinweise vorhanden waren. Dies gilt ebenso für einen Artikel, der angeblich in den britischen *Daily News* erschienen war. In den Goebbels-Notaten finden sich dazu zwar Aussagen, doch gab es im Rahmen dieser Studie keine Möglichkeit, die ausländischen Pressebestände zu sichten.[551]

Zum bibliothekarischen Fehlbestand zählt auch der Artikel „Ausgerechnet Herr Kriegk"[552] im *Löwenberger Anzeiger*. Das Blatt wurde 1840 gegründet und erschien in Schlesien in der Paul Müllers Buchdruckerei. Als Schriftleiter zeichnete Erich Wittig.[553]

4. ZWISCHENRESÜMEE ZUR ETABLIERUNG IM PARTEIPOLITISCHEN JOURNALISMUS

„Der letzte Kampf wird gegen die Lüge geführt."[554]

„Trotz Verbot nicht tot!" Mit diesem Slogan begegnete der Gauleiter Goebbels dem Rückschlag, den er und die Berliner NSDAP mit dem Partei- und Redeverbot erlitten hatten.[555] Im Rahmen dieser martialischen Kampfansage war die Neu-

---

stand eine Anordnung der dänischen Polizeidirektion, die durch den Auftritt des deutschen Politikers die innere Sicherheit im Land gefährdet sah. Die potentielle junge Zuhörerschaft zeigte sich über den nicht stattfindenden Goebbels-Auftritt sichtlich empört. Aus den Artikeln ist zu entnehmen, dass Goebbels gegenüber den dänischen Journalisten betont hatte, dass aus seiner Sicht das Treffen nur verschoben und nicht komplett abgesagt worden sei. Der dänische Außenminister, der an seiner statt nun einen Vortrag vor den Studenten hielt, so kommentierte Goebbels, habe sich ungebührlich vorgedrängt.

549 „Wir hüllen uns in Schweigen. Ich habe nur einen kurzen nichtssagenden Aufsatz für die Hearstpresse geschrieben." (sogGTb 12.2.1931).

550 Vgl. Emery/Emery/Roberts 2000: 193–199, 304f.

551 „Ich attackiere in einer Londoner Zeitung aufs schärfste die Juden und ihre Inferiorität." (sogGTb 27.8.1932). Ebenso wie im Folgenden: „Aufsatz gegen die Juden für die Daily News geschrieben. Schneidige Attacke. Macht Spaß." (sogGTb 28.8.1932).

552 Vermutlich handelt es sich um einen Zweitabdruck des bereits vier Tage früher im *Angriff* erschienenen gleich lautenden Textes A/27.10.1931/131 (L125).

553 Vgl. Jahrbuch der Tagespresse 1928: 131.

554 sogGTb 28.7.1932.

555 Ein nationalsozialistischer Autor ging später auf die Umsetzung dieser Losung folgendermaßen ein: „Mit einem Schlag wurde das Berliner Kampfblatt populär bei den Aktivsten der Bewegung. [...] ‚Der Angriff' war der Künder vom Kampf um Berlin geworden, er hatte sich endgültig seinen Platz erkämpft in der nationalsozialistischen Bewegung. Er hatte den Vor-

gründung der Wochenzeitung *Der Angriff* zu Stande gekommen. Mit dieser provokanten Parole sollte die Gefolgschaft motiviert und gestützt werden.

> „Es wäre kaum möglich nachzuweisen, dass der ‚Angriff' in den ersten beiden Jahren seines
> Bestehens die politisch gleichgültigen Massen in Bewegung gebracht oder einen wesentlichen
> Einfluß auf den nicht parteigebundenen Wähler ausgeübt hätte, aber er half dem Gauleiter, zu
> einer Zeit, da keine Versammlungen abgehalten werden konnten, die Verbindung mit den
> Parteigenossen aufrecht zu halten."[556]

Zugleich wurde mit dem markigen Spruch die Autorität der demokratischen Entscheidungsträger untergraben; dem Staat und seinen ausführenden Organen wurde
in aller Deutlichkeit signalisiert, dass der von Goebbels in der Reichshauptstadt
verantwortete Nationalsozialismus sich durch Weimarer Gesetze und Verbote
nicht einschränken oder sogar zurückdrängen ließ und dass die NSDAP mit ihren
Wortführern und Anhängern die Legalität und Legitimität der Weimarer Republik
in jeder nur erdenklichen Form gering schätzte.

Der Angriff war weniger als informationsreiche Zeitung gedacht; seine Aufgabe bestand darin, als Propagandaorgan für den „Kampf um Berlin" zu wirken.
Dieses Blatt, das Goebbels im Juli 1927 auf den Pressemarkt brachte, stellte sich
insofern auch als ein geeignetes Instrument heraus. Mit den neuartigen Formen,
stilistischer Akrobatik und einer von feierlich-falschem Pathos durchdrungenen
Sprache stieß der Herausgeber auf ein großes Echo. Obwohl die Schwerpunkte
des Blattes weder bei Aktualität, Authentizität der Berichterstattung oder
Lokalkolorit lagen, beeindruckte *Der Angriff* hinsichtlich Esprit, Aufmachung,
betonter Akzentuierung und wirkungsvoller Stoffbearbeitung.

Auch wenn Goebbels an die Tradition der Kampfblätter anknüpfte – mit allen
Mitteln zu provozieren, politische Gegner zu brüskieren, mit lauten Schlagzeilen
und Überschriften die Aufmerksamkeit der Leser zu fesseln –, unterschied sich
Der Angriff in wichtigen Details. Das Presseorgan hatte weder profunde Sach-
kenntnisse, ein Korrespondentennetz oder Tiefenschärfe in den Artikeln zu bieten;
stattdessen war es auf eine spezielle Klientel und bestimmte soziale Schichten
zugeschnitten. Goebbels hatte für seine Zeitungsneugründung eine Marktnische
entdeckt, bediente seine Leser mit oberflächlicher Sensationshascherei, der
Verbreitung von Klatschgeschichten und volkstümlicher Unterhaltung. Zu dem
etwas anderen Pressekonzept gehörte auch, dass der Leitartikel als bilanzierender,
kritisierender und glossierender Text eingerichtet wurde. Auch verstand es der
Herausgeber, an gegenwärtige und potentielle Klischees anzuknüpfen und auf der
Folie bestimmter Prototypen – wie dem Bürger, dem Juden, dem Monarchentreu-
en oder dem Kapitalisten – die Vorzüge der Nationalsozialisten hervorzuheben.
Ohne dass es dem Leser bewusst war, wurden in den Zeitungstexten Vorurteile,
Intoleranz, Engstirnigkeit, Einseitigkeit und Rechthaberei transportiert.

---

satz, die Forderung in der Verbotszeit zur Tatsache gewandelt: Trotz Verbot – nicht tot!"
(Rahm 1939: 45).
556 Bramsted 1971: 85, kursiv im Original. Vgl. Lemmons 1994: 130.

Die Behauptung, der *Angriff* sei geistesarm gewesen, ist schlichtweg falsch.[557] Niveaulosigkeit darf bei der Betrachtung von Goebbels' Artikeln nicht mit Einfachheit verwechselt werden. Der Verfasser benutzte gern einen banalen Jargon, versuchte die rotzige Berliner Mundart nachzuahmen und driftete hier und da ganz gezielt in die vorlaute Gassensprache ab.[558] Goebbels selbst erklärte den Hintergrund dieser Art zu schreiben später folgendermaßen: „Wir dachten primitiv, weil das Volk primitiv denkt. Wir waren aggressiv, weil das Volk radikal ist. Wir schrieben bewußt so, wie das Volk empfindet [...] um es unter Gebrauch seines eigenen Jargons allmählich auf unsere Seite zu ziehen".[559]

Die Texte sollten also der Mentalität der Zielgruppe entsprechen, die Ausdrucksweise musste der breiten Bevölkerung angepasst sein. Die Beiträge im *Angriff* waren anschaulich und sollten immer statt der Ratio den Instinkt ansprechen. In dieser gefühlsbetonten Intensität waren die Sinngehalte direkt und zünftig. Die Sätze waren meist phrasenhaft und ordinär, in ihrer Worthäufigkeit zeichneten sie sich durch gut getroffenen Berliner Dialekt und die Technik der Vereinfachung aus. Zu Goebbels' Muster gehörten eklatante Wiederholungen sowohl der Wortgruppen als auch der Satzformen. Zusätzlich legte er sich ein ausgiebiges Repertoire an deutschnationaler Propagandaterminologie zu, das auch langfristig eine ausgiebige Verwendung fand.[560] Im Rahmen dieser Simplifizierung wurden die Inhalte profan, verständlich, durchaus aber auch drastisch und gewaltverherrlichend transportiert.

Ob Erläuterungen zur nationalsozialistischen Weltanschauung, wichtige politische Grundsatzfragen, auf den ersten Blick als Nebensächlichkeit anmutende Ereignisse oder Vorkommnisse des öffentlichen Lebens: Alles wurde in den Aufsätzen auf primitive und derbe Weise dargeboten. Wer den *Angriff* las, benötigte keine besonders große Auffassungsgabe; nicht umsonst wurden die Inhalte so einfach präsentiert und journalistisch präpariert, dass auch bildungsarme Schichten sich mit dem Blatt identifizieren konnten. Ganz gleich ob Parteigenosse, einfacher Arbeiter oder national Interessierter: Jeder sollte sich beim Durchblättern und Lesen verstanden und zugehörig fühlen. Beweggrund für den Kauf oder das Abonnement des *Angriffs* sollte sein, dass sich der Bezieher plötzlich eingeweiht,

---

557 „Niemals war der deutsche Journalismus tiefer gesunken. Und doch war Goebbels oft genug überzeugend. Er schlug tief, aber er schlug hart zu. Er verschmähte es, seine Behauptungen zu beweisen. Es genügte, daß er sagte, schrie, heulte, daß es so und nicht anders sei. Er war ja nicht an einer Leserschaft von Geschmack und Kultur interessiert – er wollte den Mob aufstacheln." (Riess 1989: 92).

558 In einem NS-Traktat über den *Angriff* wurde das Thema Sprache wie folgt erläutert: „Das war eine Sprache, wie man sie in Berlin außerhalb der nationalsozialistischen Versammlungen noch nie vernommen hatte. Hier waren keine abgenutzten Parolen aufgereiht unter dem althergebrachten Stichwort: Wir kämpfen für – wir kämpfen gegen. Der Dawesplan mit seinen verheerenden Folgen, der Niedergang, das Elend Deutschlands, alles steht in wenigen Sätzen wie von dem grellen, erbarmungslosen Lichtfinger eines Scheinwerfers beleuchtet vor dem gepackten Leser jeden Standes." (Rahm 1939: 34).

559 Goebbels 1935b: 200. Vgl. Hochstätter 1998: 36f.; Bramsted 1971: 68; Reimann 1971: 15; Noller 1956: 223; Ebermayer/Roos 1952: 95.

560 Vgl. Moores 1997: 515; Riess 1989: 107; Fischer 1981: 270; Müller 1973, Teil II: 35.

informiert und überlegen fühlte, weil ihm komplexe Zusammenhänge einfach dargeboten und die Erklärung gleich in einem kecken Stil mitgeliefert wurden. Um die Zielgruppe, die den Wähler aus dem Arbeitermilieu ebenso einschloss wie den SA-Mann, anzusprechen und nachhaltig zu beeindrucken, brauchte es den einen oder anderen journalistischen Kniff.

Goebbels zeigte im *Angriff* ein großes polemisches Talent, in seinen Abhandlungen verhielt er sich weder dezent noch genügsam, sondern entwickelte einen beißenden Witz, einen respektlosen, skurrilen und höhnischen Stil; er borgte sich ebenso Ausdrücke aus der deutschen Romantik wie aus dem Militärwesen, warf mit Sarkasmus und Impertinenzen um sich. Als Meister der Persiflage verstand er sich darauf, einprägsame Begrifflichkeiten neu zu erfinden oder bestimmten Ausdrücken einen anderen Sinn aufzudrücken. Er benutzte gängige Redewendungen, Ausschnitte aus Volksmärchen, Schulreime und Wortspiele – seine Anspielungen und Humoresken tarnten die allzu klaren politischen Aussagen und dienten immer auch der Unterhaltung des Lesers. Er arbeitete mit satirischen Formen, glossierte bestimmte Vorfälle oder spitzte einzelne Ereignisse zu. Durch seinen Zynismus, seine treffsichere Dreistigkeit, durch zielgenaue Pointen und die schwungvollen, oft von primitiver Wucht und Durchschlagskraft überbordenden Sätze machte der *Angriff*-Leitartikler von sich reden. Goebbels' Artikel waren von Desavouierung und Häme gekennzeichnet, er arbeitete direkt auf Denunzierungen hin und produzierte mannigfache Aversionen.

> „Ein derartiger Radikalismus, vorgetragen in einer ironisch-flockigen und dennoch auf vollkommene Vernichtung abzielenden Sprache, das Ganze dann noch aufs Berliner Tempo, d.h. aufs schnoddrig-rücksichtslose Niederrennen abgestellt, – so etwas hatte die ‚Zeitungsstadt Berlin' noch nicht gesehen. Und wenn dann die Interessierten am Montagmorgen die neue Ausgabe des Wochenblattes [...] in der Hand hielten, dann hatte der Literat Goebbels dafür gesorgt, daß sie da so viel Hehres über deutsche Kultur, so viel Zitate aus den deutschen Klassikern fanden, daß sich die Leser sogar vorgaukeln konnten, an seriösem Bemühen beteiligt zu sein."[561]

Die publizistische Form des Wochenblattes schlug sich auch thematisch nieder: Goebbels ging in seinen Schriftstücken relativ selten auf das Tagesgeschehen ein und konzentrierte sich mehr auf die Bearbeitung von Prinzipien. Große politische Ereignisse allerdings, die längerfristig auf der öffentlichen Agenda standen, nahm er durchaus journalistisch zur Kenntnis. Meist in stark verkürzter und anmaßender Darstellung ging er dann auf solche Themen ein, schrieb universalpolitische Kommentare, vergaß dabei nie seinen sozialkritischen Ansatz und präsentierte sich somit seiner Leserschaft gern als „Anwalt" ihrer Interessen.

> „Grundsätzlich beschäftigte sich Goebbels nur mit deutschen Verhältnissen, nie mit Notlagen anderer Völker, auch nicht im Zusammenhang mit Deutschland. So ergab sich ein Bild, das Deutschland in höchster Not, größtem Unglück und tiefster Erniedrigung zeigte, ausgesaugt von einer internationalen Juden-Clique oder ihren Handlangern."[562]

---

561 Bering 1991: 133f. Vgl. Wildt 2005: 82; Irving 1997: 75; Mendelsohn 1982: 385; Bramsted 1971: 275, 282; Noller 1956: 221f.; Deuel 1942: 118.
562 Kessemeier 1967: 89.

Die Bedrohung der deutschen Nation wurde in zahlreichen Varianten imaginiert, am Ende der apokalyptischen Betrachtungen stand immer die Botschaft vom Errettungspotenzial der Nationalsozialisten. Dazwischen wurde das Misstrauen in die Demokratie, das Gefühl der Demütigung durch die Siegermächte des Ersten Weltkrieges, der Missstand der Wirtschaft mit den hohen Arbeitslosenzahlen und der Inflation sowie auch die mentale Disposition, eine nationalsozialistische Regierung könne das Zeitrad auf eine vordemokratische Lösung zurückdrehen, schablonenhaft und beständig thematisiert.[563] Diesen wiederkehrenden negativen Grundtenor fasste Goebbels in griffige Slogans und Schlagworte. Gegenwärtige Zustände wurden rabiat übersteigert, verzerrt oder mit völlig abseitigen Sinndeutungen in Verbindung gebracht und anschließend in kongruente Beziehungen zum geschichtlichen Kontext gesetzt. Beim Leser sollten nicht nur Empörung und Missmut, sondern vor allem auch Ängste und Protesthaltungen erzeugt werden. Aus der anfänglichen Ich-Klage machte der Autor eine Uns-Betroffenheit, dann erst baute er das Wir-Gefühl als Leitbild aus. Die Bereitschaft vieler Menschen, zu folgen, zu gehorchen und zu opfern kanalisierte Goebbels dadurch, dass er kontinuierlich Hoffnungspassagen rezitierte und den neu erzeugten Zukunftsglauben in die Organisationsformen des NS-Machtapparates leitete.

Besonders interessant ist bei der Analyse der *Angriff*-Texte, wie sichtlich angestrengt sich Goebbels um die sprachliche Artikulation seines Antisemitismus bemühte. Seit Sommer 1927 zeigte er sich in der so genannten Judenfrage besonders fanatisch; dies gilt als ein sehr ungewohntes Merkmal, da sich die neuen antisemitischen Verlautbarungen von allen seinen bisherigen Stellungnahmen zu diesem brisanten Thema unterschieden. Vor seiner Tätigkeit als Berliner Gauleiter hatte sich Goebbels nämlich über den primitiven völkischen Antisemitismus seiner Parteigenossen mokant geäußert, ja ihn als lästiges Beiwerk verurteilt. Wenn überhaupt, dann hatte Goebbels in seinen Aufsätzen eine Judenfeindlichkeit nur in schwachen Färbungen untergebracht; dies änderte sich aber nun auffallend.

Wenn Goebbels im *Angriff* über das Judentum schrieb, dann tat er das in nachdrücklich aggressiven Wort-Kaskaden und viel akzentuierter, als es in all den anderen NS-Presseerzeugnissen der Fall war. Im gesamten Blatt herrschte ein scharf antisemitisch aufgeladener Ton, der nicht nur moralisch zweifelhaft war, sondern unerbittlich absurd. Zugleich zeigte sich, dass der nationalsozialistische Antisemitismus sich hervorragend als parteiinterner integraler Bestandteil eignete. Die antijüdische Hetze, die in den Zeitungstexten in Umgangssprache und zum Teil hohlen nichtigen Sätzen geäußert wurde, stieß auf Befürworter aus den eigenen Reihen – und auch darüber hinaus.

Goebbels begann, Hitlers Fanatismus in Bezug auf das Judentum journalistisch nachzuahmen, sogar übertreffen zu wollen. Aus den nebensächlichen Provokationen und aus den kleinlauten antisemitischen Floskeln (wie sie stellenweise erstmals in der *Völkischen Freiheit* aufgetaucht waren) wurde eine professionell angelegte publizistische Marschrichtung. Die Juden waren nicht länger nur beliebte Spottobjekte oder anspruchslos verwendbare Symbolfiguren; sie wurden zu

---

563 Vgl. Bönisch 2008: 11; Wirsching 2008: 20.

einem langfristig angelegten, kontinuierlich behandelten und als äußerst wichtig dargestellten Thema im Blatt. Goebbels' nun bewusst ausgesprochener Antisemitismus wurde von einem blutig-ernsten Ton getragen, teilweise auch mit verworrener, verdüsternder Mystik, immer aber unumstößlich und eingängig. Wer bislang vielleicht nur einen leichten Hang zum Antisemitismus hatte, sollte durch die Lektüre der unduldsamen *Angriff*-Pamphlete gefestigt werden. „Es bedarf aber gar nicht dieses speziellen Beleges, um die geistige Wirre, die erschreckende Niveaulosigkeit und moralische Pervertierung aufzuzeigen, welche nationalsozialistische Weltanschauungsliteratur im engeren Sinne kennzeichnet."[564]

Der Leitartikler verstand sich auf die Verwendung von These und Antithese, zeichnete hier das Bild vom hochwertigen deutschen Volk, dort das vom minderwertigen jüdischen Schmarotzer. Auf der einen Seite, so Goebbels' Denkweise, standen die darbenden, weil ausgeplünderten Deutschen, auf der anderen die reichen und mächtigen Börsenbonzen.

> „Vielleicht wäre dieser Antisemitismus blass gewesen, hätte er sich nicht verbunden mit der Aggressivität einer verlorenen Generation heimgekehrter, in ihrem Selbstwertgefühl tief verwundeter Frontsoldaten und einer Protesthaltung weiter Bevölkerungskreise, die partout Deutschlands Niederlage im Ersten Weltkrieg nicht anerkennen wollten."[565]

In zahlreichen Niederschriften benutzte Goebbels die Technik des Kontrastes und arbeitete mit einer für jeden Leser offensichtlichen Dichotomie. „Der Antisemitismus in seiner radikalen Variante ist Ausgeburt eines manichäisch-dualistischen Weltbildes. Wir haben nachgewiesen, daß dieser Zug bei Goebbels besonders scharf ausgeprägt war."[566] Der Gut-Böse-Dualismus war entscheidender Bestandteil des antisemitischen Topos. Um die judenfeindliche Welle zu stärken, war die Vermittlung eines vereinfachten Weltbildes ebenso unentbehrlich wie ein Freund-Feind-Denken, das die polarisierende Sündenbockauffassung gleich mitlieferte. Dem deutschen Charakter (selbstlos, edel, vaterländisch) musste etwas Kontroverses gegenüber gestellt werden. Folglich formulierte Goebbels einen offen auftretenden, stellenweise primitiven Antisemitismus, der zugleich mit der Aufwertung der christlich-germanischen Deutschen verbunden war.

„Goebbels wusste, dass in der Krise der Weimarer Republik nur die Mischung des Judenhasses mit antikapitalistischer Rhetorik einen zündfähigen Zwei-Komponenten-Sprengstoff abgab."[567] Deshalb kamen so genannte Rassenthemen im *Angriff* nur vereinzelt vor, die eigentliche journalistische Linie lag bei antikapitalistisch-antisemitischen Inhalten. Goebbels' Einstellung, dass nicht biologisch-rassistische Gründe sondern politische Zusammenhänge den Ausschlag für negative Entwicklungen im Land gaben, spiegelte sich auch im *Angriff*. Insofern war jeder judenfeindliche Inhalt reinem Kalkül unterworfen. Alle Denunziation zielte

---

564 Broszat 1960: 25. Vgl. ebd.: 54; Sontheimer 1994: 115–118.
565 Bönisch 2008: 13.
566 Bering 1991: 135. Vgl. Pätzold/Weißbecker 2002b: 59; Nill 1991: 283; Fest 1971: 403; Kessemeier 1967: 72f.
567 Klußmann 2005: 66. Vgl. Wildt 2005: 76; Hochstätter 1998: 37; Bramsted 1971: 78, 82; Noller 1956: 224.

letztendlich auf den einen tatsächlichen Gegner – nämlich die Weimarer Republik
– ab. Goebbels konzentrierte sich daher in seinen Artikeln darauf, Antijudaismus
und Antikapitalismus grundsätzlich mit Demokratiefeindlichkeit zu koppeln. Antidemokratische Ideen waren ein bedeutsamer Faktor, da sich jene politischen
Kräfte davon inspirieren ließen, die die Weimarer Republik bekämpfen und beseitigen wollten.[568] Erst die in der Opposition grassierenden antidemokratischen Be-
wusstseinsinhalte, in deren Mittelpunkt die Demontage der Demokratie stand,
machten den Raum frei für die nationalsozialistische Massenpartei. Erst dann
konnte sich die Wirkung derartiger Tendenzen entfalten, die sich gegen den bestehenden Staat richteten.

In diesem Zusammenhang sind auch die rituelle Diffamierung, Degradierung
und Deformierung zu sehen, die Goebbels seinen politischen Gegnern zufügte.
Zweifelsohne besaß er „die Gabe, Menschen durch Nachahmung ihrer Gebärden
und Worte oder durch scharf pointierte Anekdoten so lächerlich zu machen, dass
sie nirgendwo mehr ernst genommen wurden."[569] Er galt als ein gefürchteter Spe-
zialist, wenn es darum ging, andere skrupellos in Lächerlichkeiten zu verstricken
und brutal herabzusetzen. Menschliche Schwächen übersteigerte er bis ins Groteske, persönliche Fehler beschrieb er in nicht zu überbietender Ironie, und Leistungen minderte er durch entehrende Verspottung.[570] „Er beschimpft und beleidigt
Menschen, nicht um sie zu bessern, sondern um sie vor ihren Mitmenschen zu
diskreditieren."[571] Goebbels stellte in so einem Fall ausschließlich die lächerlichen
Seiten einer Person dar, baute destruktiv-narzisstische Parodien ein und lenkte die
Belustigungen schließlich in geschmacklose Bahnen. Seine Texte bestanden aus
Wortbomben, die er dort zündete, wo sie am besten trafen. Seine Sätze wurden
mit durchtriebenem Spott erst lebendig und explodierten wie monströse Minen,
wenn er seine Gegner nachäffte und dabei vor keiner Diskriminierung oder Verleumdung zurückschreckte.

Insgesamt zeigen sich nach der Analyse der Zeitungsartikel eine auffällige
Phraseologie und die ständige Wiederholung bestimmter Gedankengänge und
Behauptungen. Der Journalist Goebbels hatte – obgleich er gekonnt glossierte und
stellenweise brillant räsonierte, rücksichtslos seinen Zynismus zur Schau trug, als
angriffslustiger Pamphletist konsternierende Zusammenhänge beschrieb, seine
politischen Gegner unsanft in Sarkasmus badete und sich die ein oder andere
wortreiche Entgleisung leistete – doch ein recht beschränktes Gesichtsfeld. Die
wiederkehrenden und langatmigen Parolen und die dauerhaften und somit lang-

---

568 „Antidemokratisches Denken ist ein Denken, das auf die Ablösung der Weimarer Republik
durch andere politische Gestaltungsformen gerichtet ist. Indem es den bestehenden Staat geistig unterhöhlt und für einen anderen wie auch immer gearteten Staat eintritt, bewirkt es eine
Art geistiger Auszehrung der Demokratie und vereitelt den Konsens der Staatsbürger, auf
dem die demokratische Verfassung eines Gemeinwesens beruhen muss, wenn es einigermaßen funktionieren soll." (Sontheimer 2004: 20).
569 Bramsted 1971: 277.
570 Ein NS-Biograph hob dies als besondere Gabe folgendermaßen hervor: „Wehe dem, den er
mit halbblauer Ironie hinrichtet." (Bade 1933: 34). Vgl. Rahm 1939: 211.
571 Moores 1997: 515.

weiligen historischen Verweise machen das deutlich. Meist bediente sich der *Angriff*-Leitartikler bereits bekannter Ideen und Vorurteile, eigene inhaltliche Neuerungen waren dürftig. Die ambitionierten Aufsätze waren mit banalen Weisheiten und trivialen Leitsätzen gespickt; sie endeten stets mit dem Versuch, zu motivieren, zu Aktionskapriolen zu verführen und im ideologischen Sinne anzufeuern.

Der Angriff zielte keineswegs darauf ab, aktuelle Politik in allen Facetten zu diskutieren oder durch eine ausgeglichene Berichterstattung die profunde Meinungsbildung zu fördern. „Das Volk war gespalten: zwischen dem Willen zur Modernität und der Angst davor, zwischen Radikalismus und Resignation."[572] Das Berliner Kampfblatt bot folglich eindeutige Antworten auf komplexe Fragestellungen: Mit einseitigen Argumenten, sprachlichem Rhythmus und journalistischem Tempo sollte vermieden werden, dass der Leser zum Nachdenken kam oder sich allzu intensiv mit einzelnen politischen Sachverhalten beschäftigte. Es ging nicht darum, das Urteil des Lesers durch allgemeine und neutrale Inhalte zu formen oder eine Plattform für etwaige Denkprozesse zu schaffen – im Gegenteil: Wer den *Angriff* in die Hand nahm, fand dort in vorgefertigter und unverrückbarer Form die Dogmatik des Nationalsozialismus. Weder gab es hier Pro noch Contra, niemals wurde in den Aufsätzen zwischen Für und Wider abgewogen. Stattdessen wurde eine starre Ansicht diktiert, der Standpunkt des Verfassers galt als kategorisch und unantastbar.

Goebbels' journalistische Erfahrungen, die bereits in der Redaktion der *Völkischen Freiheit* und auch im Umfeld von Gregor Strassers *Nationalsozialistischen Briefen* in parteipolitischem Engagement mündeten, bekamen in Berlin nun eine völlig neue Dimension. Die Parallelentwicklung hin zum politischen Journalisten und zum Politiker nahm hier ihren Anfang. Gerade die Arbeit beim *Angriff* zeigt, dass politischer Journalismus kein Beruf war, der ein spezifisches Expertenwissen verlangte. Das Zeitungsschreiben war sowohl eine Funktion als auch eine Variante der politischen Tätigkeit. Beim Kampfblatt standen weder Aktualität oder Verdienstmöglichkeiten noch der Berufsethos als prägende Faktoren im Vordergrund. Der Beruf des Journalisten war von dem des Politikers kaum noch zu unterscheiden, da das Schreiben in den Zeitungen an sich schon ein Politikum und das Verfassen politischer Artikel ein integraler Bestandteil von Politik wurde.[573]

Nachdem *Der Angriff* zur Halbwochenschrift erweitert worden war und Goebbels nun zusätzlichen Platz für seine Traktate hatte, veränderte sich stellenweise auch sein Schreibstil. Redewendungen und Floskeln, stereotype Behauptungen und entpersönlichte Vorwürfe wurden in den Aufsätzen immer wieder hergesagt. Mit jeder Häufung des Ausdrucks, mit jeder Frequenz politischer Thesen sollten den Lesern dogmatische Aussagen eingeprägt, ja eingehämmert werden. Nie ging es darum, in einer Angelegenheit mit rationalen Mitteln zu überzeugen, im Gegenteil: Ausschließlich die Empfindung sollte angesprochen, der Kopf des Rezipienten ausgeschaltet und ihm gefühlsbetontes mitreißendes Material vorgesetzt werden. „So war es nur konsequent, daß *Der Angriff* weit mehr die

---

572 Bönisch 2008: 16.
573 Vgl. Requate 2002: 430, 433, 443.

Emotionen als den Verstand des Lesers ansprach, ihn mehr überreden als überzeugen wollte. Alles im *Angriff*, ‚selbst jede Nachricht', war Tendenz – und wollte auch nichts anderes sein."[574]

Der Appell an die Instinkte wurde mit schwülstigen Formulierungen, einer heroisierenden Sprache, Häufung von Substantiven, einem Zuwachs an Adjektiven und mit diffus explodierenden Verben transportiert. Ebenso waren in den Beiträgen der Gebrauch von Superlativen, der Hang zum Monumentalen, die additive Aufzählung von Begriffen und der Griff zur Tautologie (also die doppelte Wiedergabe eines Sachverhaltes) weit verbreitet.[575] Goebbels war in seinen Aufsätzen stets bestrebt, Ausdrücke extrem zu steigern – und das nicht selten sogar über das eigentlich mögliche Maß hinaus. Ein typischer Goebbels-Text zeichnete sich durch eine anstrengende Ausführlichkeit und stellenweise durch Umständlichkeit aus, immer aber durch die Detailgenauigkeit und Kompromisslosigkeit in der Substanz. Die Geduld des Lesers wurde vielfach strapaziert, wenn der Autor seine mannigfachen Erkenntnisse bilderreich zum Besten gab.

Mit seiner stark überladenen Sprache gelang es Goebbels, wahlweise zu hetzen oder zu geifern, zu liebkosen oder zu vernichten. Er konnte beim Leser ebenso höhere Gefühle ansprechen wie auch an die niederen Triebe im Menschen appellieren. Mal weckte er zerstörerische Angriffslust, mal Schadenfreude oder finstere Rachegefühle. Hier wird deutlich, dass Goebbels aus den Schriften der jungen rechten populären Philosophen wie Oswald Spengler, Ernst Jünger, Wilhelm Stapel, Arthur Moeller van den Bruck, Ernst Niekisch und August Winnig schöpfte; sie propagierten den Irrationalismus und standen dafür ein, dass die Menschen ihre Entscheidungen nicht länger mit blutleerem Verstand, sondern aus der Kraft des Herzens treffen sollten.[576] Dieses Motiv findet sich bei Goebbels regelmäßig.

Der Angriff lebte von seiner dynamischen Sprache, den einfachen bündigen Sätze und dem substantiellen Rhythmus. Die direkte Anrede des Lesers und die scheinbar unmittelbar an ihn gerichteten rhetorischen Fragen blieben ein stilistisches Merkmal. Zum Duktus gehörten ebenfalls eine hochtrabende Phraseologie, eine Mischung aus Idealismus und Zynismus sowie eine spöttische und teilweise unbarmherzige Haltung.[577] Mit beleidigenden, sarkastischen, fanatischen und aggressiven Formulierungen, die gern mit heiklen politischen Fragen in Verbindung gebracht wurden, schuf der Autor ein Klima der Bedrohung und äußerte düstere Prognosen über Deutschlands Zukunft. An diese Weltuntergangsstimmung schloss sich dann das Zeichen der Hoffnung in Form der Erlösung durch den Na-

---

574 Reuth 2000: 127, kursiv im Original.

575 „Goebbels liebte die großen Wörter, die uns heute so völlig leer erscheinen, er liebte es besonders auch, sie als Attribute zu verwenden, um das Substantiv zu steigern und ihm den Charakter des Ausschließlichen zu geben, des Unerreichbaren. Man ist versucht zu sagen, das Ajektiv [sic!] als Attribut solle das folgende Substantiv adeln. Indem Goebbels auf diese Weise höchste Glaubwürdigkeit, Verstärkung und Unumstößlichkeit des Begriffes zu erreichen suchte, gelang ihm aber immer nur das Gegenteil: leere Stereotype." (Neuhaus 1974: 414).

576 Vgl. Sontheimer 2004: 21, 23.

577 Vgl. Höver 1992: 44, 166; Bramsted 1971: 71; Kessemeier 1967: 84–87.

tionalsozialismus an. Diese suggestive Vorgehensweise hatte in den Artikeln Vorrang, während der informative Gehalt im Hintergrund blieb oder überhaupt nicht vorhanden war.[578] Die Meinungsbildung überließ Goebbels in keinem Moment dem Leser; seiner Einstellung nach hatte gerade die nationalsozialistische Presse die Aufgabe, im Sinne der Ideologie zu erziehen und zu beeinflussen. In keinem Fall sollte der lesende Parteigenosse die Möglichkeit haben, sich aus reichhaltig vorhandenen Informationen zu bedienen, selbst auf die Suche nach dem Kern der Wahrheit zu gehen und am Ende vielleicht sogar nach eigenem Geschmack und Gutdünken bestimmte persönliche Entscheidungen zu treffen oder sogar politische Konsequenzen zu ziehen. Was aus Sicht der Nationalsozialisten wertvolles Gedankengut war, entschied die Schriftleitung und verabreichte es dann in einfachen und verständlichen Portionen als publizistische Kost. Der Zweck bestand darin, der Gefolgschaft die einheitliche Auffassung und die politische Übereinstimmung zu vermitteln. Entscheidend dabei war, dass nichts davon dröge oder gar agitatorisch schmecken durfte; insofern wurden die Seiten des Blattes immer wieder humoristisch aufgelockert.

Publizistische Propaganda, darin war sich Goebbels sicher, konnte und sollte Verhalten präjudizieren, das ausschließlich in der Bereitwilligkeit für die nationalsozialistische „Sache" angelegt war. Insofern finden sich im *Angriff* keine wütenden Artikel, sondern mehr auf Effekte und daran anschließende Handlungsweisen abzielende Inhalte und Formen. „Die Presse mußte in der Hauptsache von Agitatoren der Feder geschrieben werden, so wie die öffentliche Propaganda der Partei selbst von Agitatoren des Wortes betrieben wurde."[579] So äußerte sich Goebbels selbst über die Zeitungsarbeit und wollte sein Kampfblatt als entsprechendes Vorbild vorführen.

Hauptsächlich in seinen Leitartikeln und Politischen Tagebüchern knetete Goebbels historische, wöchentliche und sogar tagespolitische Ereignisse zusammen. Seit das Blatt zwei Mal pro Woche erschien, konnte er thematisch näher an der Aktualität arbeiten als vorher.

> „Ende 1928 erließ Hitler neue Richtlinien für die Propagandaarbeit seiner Partei: Die üblichen Angriffe auf Konservative wurden gestoppt, stattdessen aktivierte er den Kampf gegen Marxismus, die Internationale und das Judentum, es war ein Rechtsschwenk großen Ausmaßes."[580]

Im Rahmen dieser Vorgaben verstärkte Goebbels die Ressentiments gegen die Parteiendemokratie und schrieb vor allem gegen SPD und KPD an, während er die NSDAP glorifizierte. Mit pseudoreligiöser Sprache verlieh der *Angriff*-Herausgeber der Partei den Charakter einer Säkularreligion. Der Nationalsozialismus wurde als etwas Metaphysisches dargestellt, das grundsätzlich durch das Medium Hitler verkörpert wurde.

---

578 Vgl. Neuhaus 1974: 407–415; Bramsted 1971: 91.
579 Goebbels 1935b: 192. Vgl. ebd.: 190; Stephan 1949: 50.
580 Bönisch 2008: 16.

„Die Unterwerfung eines großen Teiles des geistigen Deutschland unter die dann zur neuen
Staatsreligion erhobene nationalsozialistische Weltanschauung ist nicht gut denkbar ohne die
vorausgegangene antidemokratische Geistesbewegung. Sie hatte in ihrer Verachtung alles Liberalen die Geister stumpf werden lassen gegenüber den unverletzbaren echten des Individuums und der Wahrung menschlicher Würde."[581]

Mit dem in Goebbels' Artikeln auftauchenden harten Konfrontationskurs wurde
ein bereits latent bestehender Antidemokratismus bedient. In diesen Aufsätzen
fand sich der Leser in seiner Flucht vor der Realität unterstützt und entkam mit
Hilfe der Zeitungstexte dem Versprechen, der Weimarer Staat könne Probleme
mit Parteiensystem und Demokratie lösen. Stattdessen wurde als wünschenswerte
Entwicklung eine umfassende nationale Erneuerung zelebriert und die Sehnsucht
nach einem Hort mystischer Wärme geweckt. Dabei setzte Joseph Goebbels auf
die Wirkung naivster Agitation, auf die Überzeugungskraft der Greuelpropaganda
und auf die „schwarze Magie politischer Schlagworte"[582]. „He wrote violent at-
tacks and became famous for his vitriolic abuse of men and things, vitriolic even
for hardboiled Berliners."[583] Generell wetterte er gegen die „internationale Ver-
flechtung des Kapitalismus", die „Lügenhaftigkeit der Demokratie", die „Korruption als Folge der Sozialdemokratie" und die „politische Instinktlosigkeit des Bürgertums". Um die damit verbundenen Fantasien ertragreich abschöpfen zu können, fehlte in den Aufsätzen jede argumentative Essenz; einseitig, verzerrt und
auch unwahrheitsgemäß wurden Ereignisse dargestellt. Die Erklärung dazu lieferte Goebbels selbst: „Eine Weltanschauung ist immer einseitig. Wer eine Sache
von zwei Seiten betrachten kann, verliert damit schon seine Sicherheit und kom-
promißlose Schärfe."[584]

In der Aufstiegsphase der Partei setzte eine Rückläufigkeit der bislang über-
spitzten und apodiktischen Judenfeindschaft im *Angriff* ein: Der barbarische Antisemitismus hatte fortan einen deutlich geringeren Raum. Wichtiger erschien es,
die NSDAP als echte Alternative zu den demokratischen „Systemparteien" zu
verkaufen und ihr einen volkhaft denkenden, proletarisch-sozialistischen Anstrich
zu verpassen.

„Doch der Sozialismus dieses Typs war nicht identisch mit dem internationalen Sozialismus
aus der Schule von Karl Marx, den man dem liberalen Denken zurechnete, sondern war ein
Sozialismus der Gemeinschaft. [...] Die Idee eines deutschen oder nationalen Sozialismus war
letztlich synonym mit der Idee der Volksgemeinschaft, die das Endziel der Erneuerungsbe-
wegung war. Volkhaft zu denken war denn auch für die Antidemokraten das Gebot der Stunde."[585]

Die von Goebbels nach der veränderten Erscheinungshäufigkeit des *Angriffs* nun
auch verschärften journalistischen Offensiven gegen die Weimarer Republik blieben nicht folgenlos: Das Blatt wurde mit zahlreichen und wiederkehrenden Publi-

581 Sontheimer 2004: 24. Vgl. Wirsching 2008: 22.
582 Burden 1967: 97. Vgl. Paul 1992: 49; Broszat 1960: 42f.
583 Pick 1942: 19.
584 Goebbels 1935b: 191. Vgl. Rahm 1939: 201.
585 Sontheimer 2004: 22. Vgl. Zitelmann 1998: XII, 30.

kationsverboten belegt. Als sich der Herausgeber als Mitglied des Reichstages auf seine Immunität berief, versuchte die Weimarer Exekutive mit Direktverboten der verleumderischen Angriffslust des nationalsozialistischen Journalisten beizukommen. Bereits im Vorfeld hatte Goebbels seine Befürchtungen diesbezüglich angedeutet: „Gestern morgen große Angriffsbesprechung. Vorsicht, damit wir nicht verboten werden. Das ist jetzt die Hauptsache. Ein Verbot von 2 Monaten würde uns um ein halbes Jahr zurückwerfen."[586] Zum ersten Mal wurde das Erscheinen des *Angriffs* am 11. November 1930 für die Dauer von acht Tagen untersagt[587], bis ins Jahr 1933 folgten noch weitere 15 Verbote. „Der ‚Angriff' war die am meisten verboten gewesene Tageszeitung Deutschlands."[588] Vorerst hatte das öffentlich verhängte Presseverbot für die Nationalsozialisten eine unbezahlbare Reklamewirkung; mit der Anhäufung und Verlängerung der Verbotsmaßnahmen wurde die Situation jedoch auch ökonomisch untragbar, so dass nach neuen Strategien gesucht wurde.[589]

Mit der Erweiterung des Angriffs zur Tageszeitung wollte Goebbels eine noch deutlichere sozialistische Ausrichtung im Blatt vertreten. Dieses ursprüngliche Konzept wurde dann allerdings zugunsten des journalistischen Feldzugs gegen die Kabinette und das Weimarer Parteiensystem rasch beiseite geschoben. Jetzt übertraf der *Angriff* in seiner Überspitzung der innen- und außenpolitischen Lage und in der Aggressivität gegenüber den zahlreichen persönlichen und politischen Feinden den *Völkischen Beobachter*, das Zentralorgan der NSDAP, bei weitem.

> „In der Zeitungsstadt Berlin schien nur eine Zeitung Erfolg zu haben, ja überhaupt wahrgenommen zu werden, die in Aufmachung und Inhalt provozierte, ständig ihre Gegner angriff und sie verspottete und sich schon durch ihr plakatives Layout von den Konkurrenzblättern unterschied."[590]

---

586 sogGTb 19.3.1928. Ebenso wie im Folgenden: „Der Angriff kommt. Ich finde gleich im Orje eine maßlose Beleidigung Stresemanns. Das macht ein Verbot von mindestens 2 Monaten. Also inhibieren. Laufposten werden den Verkäufern nachgeschickt, die Verpackung eingestellt, eine wüste Aufregung, bis spät abends dauert der Schwindel an, ein Teil ist schon verkauft. Wir retten, was noch zu retten ist. Ich weiß nicht, ob es gelingen wird, aber ich hoffe es. Morgen wird es sich ja entscheiden. Die Auflage wird neu gedruckt und kommt erst morgen in den Handel. Ich habe eine Judenjungenangst" (sogGTb 7.4.1929).

587 Goebbels kommentierte den Umstand folgendermaßen: „Am Montag, – wir sitzen gerade in der dicksten Arbeit und sonnen uns in den ersten Erfolgen – kommt die Hiobspost: Angriff auf 8 Tage verboten. Wegen einer lächerlichen Bemerkung von Lippert über die Zörgiebel-Ohrfeigen. Knick! Große Depression. An die 15 000 Mk Verlust. Gerade jetzt. Aber Kopf hoch! Ich hole mir die Schreiberlinge zusammen und lese ihnen die Leviten. Da sitzen sie wie zusammengescheuchte Hühner. Das sind Führer! Am Ende muß man ihnen noch Mut machen, wo man selbst kaum noch welchen hat. Der ganze Tag ist mir vergällt." (sogGTb 12.11.1930). Siehe dazu auch sogGTb 15.11.1930, 4.3.1931 und 26.3.1931.

588 Kreuzberger 1950: 29f. Vgl. Reuth 2000: 185, 204; Paul 1992: 184; Kessemeier 1967: 51; Hartmann 1936: 106.

589 „Der Angriff auf 4 Wochen verboten. Das ist ein Schlag, den wir nur schwer verwinden werden. Wegen lächerlichster Lappalien. Jetzt stehen wir wieder vor dem Nichts. Von vorne anfangen. Alle Mühe umsonst." (sogGTb 5.6.1931).

590 Paul 1992: 182f. Vgl. ebd.: 50, 66.

Der Angriff erfüllte alle diese Kriterien im Übermaß und festigte seinen Ruf als modernes, regierungsfeindliches Blatt, das sich angeblich politisch-emanzipatorischer Fragen annahm; dass alles unter dem Aspekt der zu steigernden Popularität der NSDAP stattfand, blieb selbstverständlich im Hintergrund. Die Haltung der Zeitung zu innenpolitischen Problemen war in erster Linie durch die Selbstinszenierung der Partei geprägt. Die Artikel im *Angriff* neigten – nicht anders als die vom Gauleiter organisierten und abgehaltenen Veranstaltungen – zu spektakulären Inszenierungen mit hoher Suggestivität, die sämtlich in der Anstachelung zu hemmungslosem Aktionismus mündeten. Insofern befruchtete der *Angriff* die Handlungen der Nationalsozialisten und auch umgekehrt fanden die ohnehin bereits öffentlichkeitswirksamen Aktionen ihren entsprechenden Platz in der Presse: Die Strategie des Berliner Gauleiters Joseph Goebbels, der mit Hilfe der SA für Chaos und Unruhe auf den Straßen wie auch in den eigenen und fremden Veranstaltungen sorgte, gewaltsame Zusammenstöße mit den Gegnern provozierte und allerorts lautstark gegen den Weimarer Staat agitierte, fand auch in seinem Presseorgan einen deutlichen Niederschlag. Die gefühlsbetonte Aufwiegelungs- und Angriffspropaganda praktizierte Goebbels in seinen rhetorisch beeindruckenden Auftritten; mit publizistischen Mitteln setzte er dies verstärkt im *Angriff* fort. Im Gegensatz zu Rudolf Mosses Ausspruch „Es muß das Bewußtsein uns beseelen: Für die zivilisierte Welt schreibt, wer für Berlin schreibt!"[591] zeigte Goebbels in seinem Kampfblatt, wie mit weitschweifenden Ausführungen, phraseologischen Emphasen, haarsträubenden Thesen und trivialen Erkenntnissen zwar ebenfalls für die Berliner geschrieben werden, zugleich aber eine unzivilisierte Umwelt geschaffen werden konnte. Hatte sich der *Angriff*-Herausgeber anfangs am Niveau der nationalsozialistischen Leserschaft orientiert, so galt Goebbels inzwischen als Revolutionär mit recht eigenständigen Ansichten und vor allem als energischer Vertreter der proletarischen NSDAP-Anhängerschaft.

Die journalistische Vorgehensweise im *Angriff* war eine systematische: Grundsätzliche Themen stellte der *Angriff*-Herausgeber auch weiterhin den tagesaktuellen Topoi voran. Obgleich er mit einer Tageszeitung nun endlich auch „die Möglichkeit in der veröffentlichten Tagespolitik mitzureden"[592] hatte, blieben aktuelle Geschehnisse nur wirkungsvolle thematische Aufhänger oder unter propagandistischen Gesichtspunkten relevant. Fakten und Sachverhalte galten als sekundär; vor allem achtete Goebbels darauf, welchen Eindruck ein Artikel beim Leser hinterließ. Insofern war sein journalistisches Arbeiten durchaus ziel- und zielgruppengerichtet. In den nationalsozialistischen Biographien wurde seine journalistische Begabung gern besonders betont:

> „Jawohl, er hat immer einen Bogen Papier, ein Tintenfaß und eine Feder. [...] Jeder Buchstabe ein Messer, eine Fackel. Das ganze Tintenfaß braute Höllenwasser. Aber diese Buchstaben

591 Kraus 1999: 180.
592 Hochstätter 1998: 37. Vgl. Paul 1992: 117; Martens 1972: 31; Kessemeier 1967: 56.

brachten Millionen Menschen auf die Beine, zerbrachen die Krone, schleuderten Tausende unters Fallbeil."[593]

An anderer Stelle wurde Goebbels als großer Vermittler und Verbreiter der nationalsozialistischen Ideologie gerühmt:

> „Ungeheure Fähigkeit, brennender Arbeitswille paaren sich bei diesem Führer der Berliner Bewegung mit eiskalter Nüchternheit, bei so blutvollem Herzen. Das alles aber ist unterbaut von einem großen Wissen, das am besten seinen Niederschlag fand in den von ihm verfassten Büchern und Schriften. [...] Seine Briefe und Aufsätze, seine Reden und seine Berichte, aus der Stunde geboren, haben als geistige Illustration der Idee Adolf Hitlers heute schon historischen Wert."[594]

Während in der zweiten Untersuchungsphase Goebbels' Journalismus stellenweise träge und einfallslos erschien, erlangte der *Angriff*-Herausgeber im Wahljahr 1932 wieder seinen journalistischen Esprit; er trieb seinen Spott zum äußersten und brachte seine perfiden Ideen in bewährter Leitartikelform heraus. Goebbels schrieb in einem für jegliche Parteipolitik unangebrachten Stil, arbeitete mit stereotypen Phrasen, antithetischen Simplifikationen und pauschalen Etikettierungen. Gern tauchten in seinen Aufsätzen vielfältige Sprachbilder aus der Kampf- und Kriegssphare auf; bombastische Formulierungen und bis zur Gigantomanie übersteigerte Schilderungen kennzeichneten die Artikel ebenso wie eine ganze Reihe populärer und zum Teil eigens kreierter Schlagwörter. Goebbels baute sich im *Angriff* ein ganz eigenes nationalsozialistisches Agitationsarsenal auf, das er in unnachgiebigen Wiederholungen anwandte. Er jonglierte mit Allgemeinplätzen, massenwirksamen Kurzformulierungen und eindringlichen Schlachtrufen, wenn er die Gegensätze von Weimarer Demokratie und Nationalsozialismus artikulierte. Er positionierte politische Massensymbole, die über den Text hinaus sowohl positiv als auch negativ aufgeladen werden konnten. Die Art seines Ausdrucks war mal kokett, dann wieder nüchtern, im Kern aber meist brutal und absolut auf die politische Erosion gerichtet. Gerade in den entscheidenden Monaten vor dem Januar 1933 bezog Goebbels auch wieder mit ausgiebigem Lob und blumigem Diktum deutlich Position zu Hitler. Sein Presseorgan richtete Goebbels entsprechend dem ideologischen Zuschnitt der NSDAP ganz auf diese einzige Führungspersönlichkeit aus, die kontinuierlich als „Rettungsanker" für Deutschlands Probleme dargestellt wurde.

> „Wie einst dieser Paulus hat auch Goebbels seine Aufgabe gefunden, mit der er seinem Meister dienen kann: Er verteidigt IHN und seine neue Religion mit allen ihm zur Verfügung stehenden Mitteln der Propaganda: Paul und Paulus, die Propagandaminister ihrer HERREN."[595]

---

593 Jungnickel 1933; 51. Vgl. Viator 1932: 33. In ähnlichem Wortlaut schrieb im Nachkriegsdeutschland Werner Stephan, ehemals ranghoher Mitarbeiter im Propagandaministerium: „Goebbels schleuderte seine Sätze wie Brandfackeln ins Volk." (Stephan 1949: 166).
594 Viator 1932: 23.
595 Wambach 1996: 19, Versalien im Original.

Goebbels trug mit seiner Publizistik entscheidend dazu bei, dass „Adolf Hitler derjenige war, den Millionen Deutsche zum Objekt ihrer Reaktionen und Projektionen machten"[596].

Obwohl die Quantität der thematischen Kategorien in der Tageszeitung deutlich zunahm, schrumpften zugleich die journalistischen Darstellungsformen auf ein Minimum zusammen. Der Leitartikel als Textgattung bestimmte jetzt fast ausschließlich die journalistische Arbeit im Kampfblatt; damit hatte sich Goebbels nunmehr auf die eindringliche Meinungsform festgelegt und hielt sich nicht weiter mit kleinteiligen oder den eher aufwendigen Rubriken auf. Damit im *Angriff* dennoch keine Langeweile aufkam, gab Goebbels immer wieder den Anstoß für ungewöhnliche journalistische Praktiken. Und er griff gerne auf bewährte Diffamierungsmethoden zurück, um seine Gegner regelrecht auf einem publizistischen Schlachtfeld hinzurichten – so wie er es ursprünglich bei „Isidor" Bernhard Weiß vorgeführt hatte. Jetzt ging es darum, vor allem Regierungschefs, Minister und Parteienvertreter in ihrer angeblichen politischen oder persönlichen Unvollkommenheit zu präsentieren, ihre Ansichten oder Handlungen ausgiebig zu bemängeln und ausschweifend zu berichten, dass sie letztendlich immer Politik gegen die eigenen Wähler machten.[597] Plumpe Diffamierungen wechselten mit kabarettistischem Witz, ausgewählten Personen gegenüber verhielt er sich ohne jedes Anstandsgefühl, vor den Parteigenossen gab er sich altklug dozierend und moralisierend. Diese Spitzfindigkeiten und Anfeindungen gegenüber den amtierenden Politikern wurden in der NS-Literatur später besonders hervorgehoben: „Ein klarer, wahrhaftiger und mutiger Sohn der Zeit schreibt. [...] Goebbels schreibt nicht nur über Politik. Er schreibt über Theater, über Bücher. Er glossiert die Verlautbarungen der derzeitigen Minister, die immer optimistischer werden."[598] Dieser Zuversicht setzte Goebbels apokalyptische Bilder entgegen; die akute Existenzbedrohung der Deutschen fand in den meisten Texten ihren Niederschlag, dicht gefolgt von den obligatorisch optimistischen Beschwörungsformeln zum bald bevorstehenden Sieg der nationalsozialistischen „Bewegung" und der damit einhergehenden kompletten Wandlung der Situation.[599]

Im Kontrast zu den gängigen NS-Kampfzeitungen wollte Goebbels seiner Tageszeitung eine noch auffälligere Prägung geben. Die Inhalte und das Aussehen sollten einen zusätzlichen Nachdruck bekommen, um die nationalsozialistischen Botschaften noch wirksamer in die Bevölkerung hineintragen zu können.

> „Es ist der Typus einer ‚Trommlerpresse', die die Saal-Rhetorik mit publizistischen Mitteln fortsetzte. Dabei malte GOEBBELS in vielen weiteren, eingängigen Formulierungen HITLERS Charakterisierung der sozialistischen Agitationspresse aus, mit dem kleinen, aber ent-

596 Piper 2005: 11. Vgl. Zitelmann 1998: 437.

597 „Auch in der tagespolitischen Auseinandersetzung ist Goebbels ein ums andere Mal präsent – als eine Art Springteufel, wenn es darum geht, den Gegner der Polemik und Diffamierung zu zeihen." (Hachmeister 2005: 7).

598 Jungnickel 1933: 61.

599 „Vicious, outrageously ‚funny', cheap, direct, and sick, this kind of effort showed that Goebbels had matured into an emotionally retarded but intellectually clever political propagandist." (Herzstein 1979: 47).

scheidenden Unterschied: er übertrug die beschriebene propagandistische Funktion jetzt auf die nationalsozialistische Parteipresse. [...] Tatsächlich beschrieb GOEBBELS am Beispiel des ‚Angriffs' den Typ einer Trommelpresse, wie er sie sich für die Massenmobilisierung zu den Wahlen der Jahre 1931 und besonders 1932 wünschte."[600]

In langen Episteln, moralisierenden Aufsätzen und polemisch-politischen Metaphern wurden ausschließlich die Forderungen der NSDAP als realitätsnah dargestellt. Nicht ganz konform mit den Ansichten der Parteileitung ging Goebbels allerdings, wenn es sich um die Frage nach dem Legalitätskurs der NSDAP handelte: Er lehnte jedwede „Kompromisspolitik" ab und vermied es nicht, seine ablehnende Haltung in unverblümten Äußerungen und wüster Polemik im *Angriff* auch allen deutlich zu erkennen zu geben.

> „Darin unterschieden sich die strategischen Vorstellungen des Berliner Gauleiters prinzipiell von denen Hitlers und Görings: Goebbels wollte die Bekenntnisse der NSDAP zur ‚Legalität' als taktischen Schachzug auf Zeit verstanden wissen, um einem tödlichen Schlag des Staates so lange ausweichen zu können, bis der günstigste Moment für den Aufstand gekommen war. Sein Münchener ‚Chef' und der Brüning-‚Freund' Göring schienen dagegen das Ziel einer Revolution ‚von unten' aus den Augen verloren zu haben und die Macht tatsächlich auf quasi ‚legalem' Wege erringen zu wollen, nämlich über einen ‚Kompromiß' mit den Herrschenden."[601]

Goebbels wollte dieses politische Schachspiel weder mit den konservativen Rechten noch mit den ihm verhassten Demokraten befürworten. Also verfolgte er – zumindest journalistisch – weiterhin seinen antidemokratischen, antiparlamentarischen und verstärkt antisemitischen Kurs. Der dritte Untersuchungsabschnitt hat gezeigt, welche schärfere Gangart Goebbels nun einschlug: In unappetitlichen Veröffentlichungen flocht er plötzlich auch Rassenvokabular mit ein und übertraf in seinen antisemitischen Formulierungen stellenweise sogar die internen Stellungnahmen der Partei zu dem brisanten Thema. Goebbels propagierte eine Vorgehensweise, die nicht nur die gewalttätigen Ausschreitungen gegenüber Juden legitimierte und ihre Enthebung aus sämtlichen politischen, wirtschaftlichen, journalistischen und kulturellen Positionen forderte; er postulierte jetzt auch ihre Vertreibung aus dem Deutschen Reich und eine (wie auch immer geartete) Abrechnung.[602]

> „Was Goebbels ankündigte, war auf jeden Fall eine staatlich gelenkte, flächendeckend angelegte ‚Lösung' der ‚Judenfrage' mit tödlicher Gewalt. [...] Goebbels haßte die Juden und sah in ihnen – so seine fixe Idee – die ‚Inkarnation' des Kapitalismus'. Daß er bereits ihre physische Ausrottung angestrebt habe, kann weder eindeutig belegt noch zweifelsfrei ausgeschlossen werden. [...] Da er aber immer wieder zur Gewaltanwendung gegen die Juden aufrief und dieser für die Zeit nach der Machtübernahme einen umfassenden und systematischen Charak-

---

600 Stein 1987: 101, Versalien im Original.
601 Höver 1992: 126f. Vgl. Reuth 2000: 235.
602 „Damit einhergehen sollten zunächst die Hinrichtung oder Ermordung einzelner dem Regime besonders verhaßter jüdischer Persönlichkeiten sowie am Ende eine ‚Abrechnung' großen Stils" (Höver 1992: 178). Vgl. Fröhlich 1989: 58.

ter zu geben plante, war damit in seiner Gedankenbildung die Ermordung aller Juden zumindest als eine Möglichkeit angelegt."[603]

Der Judenhass, der vor allem von den Nationalsozialisten ideologisch offensiv vertreten wurde und sich spontan in Gewalthandlungen äußerte, bekam zunehmend die Färbung eines auf Eliminierung abzielenden Antisemitismus. Im *Angriff* zeigte sich, dass die Verbreitung des jüdischen Feindbilds vom oppositionellen Kampfinstrument zum festen Bestandteil der Herrschaftsideologie des bevorstehenden totalitären Systems geworden war. Während in verdrehten Konstruktionen „der Jude" als Element der Dekomposition, als Schädling der Volksgemeinschaft und als Parasit aufgebaut wurde, konnte „der Arier" umso deutlicher als Kulturschöpfer hervorgehoben werden. Auch Goebbels nutzte die beiden Stereotype des Rassenwahns in seiner Zeitung, um auf der einen Seite die „blutbedingte" Gleichartigkeit der deutschen Nation herauszustellen und auf der anderen Seite die Juden als Störenfriede dieser völkischen Homogenität zu stigmatisieren. Für die in den Zeitungsartikeln mehrschichtig kommunizierte übersteigerte nationale Wahrnehmung und die maßlose Selbstbespiegelung des deutschen Herrenmenschen bedurfte es als leicht verständliche Antithese des Bilds vom jüdisch-bolschewistischen Untermenschen.[604]

603 Höver 1992: 179.
604 Vgl. Jahr 2008: 44f.; Pätzold/Weißbecker 2002b: 196.

V. JOSEPH GOEBBELS: ALLEIN-REDAKTEUR, SCHRIFTLEITER, HERAUSGEBER

1. GOEBBELS' JOURNALISTISCHES SELBSTVERSTÄNDNIS

> „Unsere Presse hat einige Fehler gemacht.
> Journalisten sind meistens sehr wenig zur Propaganda befähigt."[1]

Am Ende einer Studie soll es darum gehen, die anfangs aufgeworfenen Fragen zu beantworten und möglicherweise neue Fragestellungen zu formulieren. Ziel jeder Forschung ist es, auf verallgemeinerbare Ergebnisse hinzuarbeiten. Im Mittelpunkt des Erkenntnisinteresses stand Goebbels' Werdegang und Tätigkeit als Journalist, insofern lag das Hauptaugenmerk auf seiner publizistischen Laufbahn.

Da die Person Goebbels den Kern der Studie bildet, entsteht die Frage nach der Selbstidentifikation, psychologisch wie auch soziologisch. Da Individuen mit ihren persönlichen Strukturen und menschlichen Wechselprozessen in vielerlei Systeme eingebunden sind und nur in diesem Zusammenhang beurteilt werden können[2], benötigt die zur Selbstinterpretation gehörende Erläuterung einen theoretischen Rahmen. Da dies in den einzelnen Unterkapiteln berücksichtigt wurde, wird nun gefragt, welche spezifischen Motivationen in Goebbels' Berufswahl hineingespielt haben; welche Gründe ihn veranlassten, in journalistische Richtung zu denken; welche klischeehaften journalistischen Rollenbilder ihn möglicherweise leiteten und welcher Grad beruflicher Selbstreflexion nachweisbar ist.

Zu Beginn der Weimarer Republik verzeichnete Deutschland eine Akademikerschwemme, die auf einigen Berufsfeldern nicht abgebaut werden konnte. Diejenigen, die ihr Studium trotz der Geldnot nicht abbrachen, traten spätestens nach dem Examen in den scharfen Wettbewerb um die wenigen freien Stellen ein, um sich im Bestfall einen unterbezahlten und unterqualifizierten Lebensunterhalt zu sichern. In diesen Zeiten der akademischen Überproduktion drängte eine Generation auf den journalistischen Markt, unter der sich auch Goebbels befand. Die Attraktivität des Journalistenberufs hatte sich seit Ende des 19. Jahrhunderts deutlich gesteigert, die gesellschaftliche Stellung war inzwischen anerkannt und längst nicht mehr so prekär wie ursprünglich, das Journalistenimage war spürbar besser geworden, und durch die Expansion der Presse eröffneten sich neue Zugänge zum Berufszweig.[3] Derartige gesellschaftliche Voraussetzungen waren für Goebbels zwar mit ausschlaggebend, die eigentliche Motivation ist allerdings auf mehreren Ebenen zu suchen: In persönlichen Notizen und Korrespondenzen finden sich

---

1   sogGTb 1.4.1932.
2   Vgl. Rühl 1980: 51, 65f.
3   Vgl. Requate 1995: 156f.

Belege dafür, dass sich Goebbels für ein Schreibtalent hielt, dass er an eine gott-gegebene poetische Veranlagung glaubte und auf der Suche nach einer persönli-chen Entfaltungsmöglichkeit war. Seine bereits zur Schulzeit entwickelte Passion zu schreiben, die sich zur Obsession steigerte, prägte ganz entscheidend seine be-ruflichen Erwartungen. Keine Anstellung war ihm gut genug, wenn sie ihm nicht Gelegenheit bot zum Veröffentlichen von Gedanken und Meinungen bzw. schrift-lichen Stellungnahmen zu den (literarischen) Problemen und (feuilletonistischen) Schwerpunkten seiner Zeit. Goebbels, der nach dichterischen Lorbeeren und dem damit verbundenen Ansehen strebte, drängte geradezu ins Intellektuell-Kreative; erst eine wichtige berufliche Position, darin war er sich sicher, konnte seine ge-sellschaftliche Stellung erheblich aufwerten. Sein großes Ziel war es, in möglichst naher Zukunft als gefeierter und erfolgreicher zeitgenössischer und wegweisender Autor seinen Platz im Leben zu finden.

Als Schriftsteller litt er unter Mitteilungszwang, Selbstinszenierungsbedürfnis und Geltungsdrang, Schreiben sollte dies lindern.[4] Wer seine Biographie studiert, wird immer wieder diese Schlüsselvokabeln in seinem Lebenslauf finden. Seine literarischen Ambitionen stießen allerdings auf Ablehnung, die berufliche Genug-tuung blieb versagt: Goebbels sah sich erstens in der Opferrolle; die Redewen-dung vom gescheiterten (weil verkannten) Poeten war für ihn inzwischen real ge-worden. Zweitens holte ihn genau diese Realität immer wieder ein: Seine Familie und seine Verlobte verlangten unter zunehmendem Druck und mit Hinweis auf den inzwischen chronischen finanziellen Engpass den Antritt bei einer wie auch immer gearteten, Hauptsache aber greifbaren Arbeitsstelle. Dies machte eine neue berufliche Ausrichtung notwendig. Und drittens offenbarte sich plötzlich der Journalismus als angenehme Alternative, die einerseits die Möglichkeit zum Le-bensunterhalt eröffnete und andererseits das Schreiben nach wie vor als zentrale Aufgabe in sich trug.

Die Tagesschriftstellerei entwickelte sich somit aus beruflicher Notwendig-keit, da er in der Literatur nicht Fuß fassen konnte. Gleichzeitig aber konnte er seine narzisstischen Ziele weiterhin verfolgen, denn der Journalismus bot Publika-tionsmöglichkeiten. Goebbels konnte die journalistische Arbeit als Ausweichberuf akzeptieren, weil er sich selber als begabter und gewandter Poet treu zu bleiben meinte. Das Wort vom geborenen Schreibtalent, das ursprünglich in Verbindung mit dem Dichter und dem Künstler auftauchte, dann aber auch auf den Tages-schriftsteller ausgedehnt wurde, dürfte Goebbels durchaus geläufig gewesen sein. Der junge Akademiker hatte ein zeittypisches und sicherlich auch klischeehaftes Verständnis vom Journalistenberuf: Mitte der 1920er-Jahre galt der Schreiber als feiner, brillanter Mann; ein großer Autor konnte die Nation elektrisieren und aus innerer, wahrhaftiger Gesinnung heraus die Menschen durch die Feder überzeu-gen; er hatte sowohl soziale als auch kulturelle und politische Aufgaben.[5] „So hat

---

4   „Sein Selbstbewußtsein als ‚neuer Typ' bedurfte der ständigen Bestätigung durch agitatori-sche Erfolgserlebnisse, die zugleich die Narkotisierung und Verdrängung seines kleinbürger-lichen zweiten Ichs garantierten" (Radl 1982: 38).
5   Vgl. Dovifat 1971: 120–123. Siehe dazu Kapitel I, 2.4 und 2.5.

die Person des angehenden Journalisten hinsichtlich ihres zukünftigen Berufes bestimmte, punktuell vielleicht schon sehr dezidierte Vorstellungen, die durchaus wirklichkeitsfremd, sozusagen laienhaft sein können."[6] Der Wunsch nach einer Selbstverwirklichung über das Medium des Schreibens war bei Goebbels ein entscheidendes Berufsmotiv. Ob und in welcher Weise zwischen dem Selbstverständnis des künstlerischen, frei schaffenden, kreativen Journalisten und der Berufswirklichkeit eine Diskrepanz bestand, war für ihn daher absolut zweitrangig.

Es lässt sich auch nur eine geringe Kausalität zwischen Goebbels' Studienfächern und der späteren Berufswahl herstellen: Da er sich bereits während der akademischen Lehrjahre mit schöngeistigen, literarischen Dingen beschäftigte, lag eine entsprechende berufliche Ausrichtung nahe. Dass der Berufswunsch unmittelbar aus den Studienfächern hervorging oder sich bereits während der Studienzeit herausbildete, Goebbels konkret eine Position als Journalist oder die Arbeit bei einem bestimmten Presseprodukt anvisierte, ist unwahrscheinlich. Denn während der Studienzeit und auch noch während der Dissertationsphase sind keinerlei journalistische Nebentätigkeiten nachweisbar. Abgesehen davon, dass er sich in der Studentenvereinigung hier und da als Schreiber betätigte und dass es zu zwei eher zufälligen Publikationen in der *Rheydter Zeitung* kam, sah sich Goebbels bis etwa 1921 noch keineswegs in einer zukünftigen Journalistenrolle.

Die verhinderte schriftstellerische Karriere war also der Hauptgrund, weswegen Goebbels nach seiner Promotion auf den Gedanken kam, Journalist zu werden. Die akzeptable Variante zum rein schriftstellerischen Lebenskonzept sollte allerdings schon im Feuilleton angesiedelt sein, denn das garantierte die Verbundenheit mit dem literarischen Milieu.[7] Goebbels' erste journalistische Gehversuche bei der *Rheydter Zeitung*, der *Westdeutschen Landeszeitung* und auch beim *Kölner Tageblatt* machen dies deutlich und zeigen, dass sein literarisches Interesse der thematische Ausgangspunkt für den Journalismus war. Es ist daher kaum verwunderlich, dass die Ähnlichkeit seiner Texte aus jenen frühen Jahren, in denen er sich als potentieller Schriftsteller empfand, mit denen seiner ersten journalistischen Etappe unverkennbar ist. Seine Artikel waren stark essayistisch und der Autor ließ seine germanistische Veranlagung bewusst durchscheinen.

Bei der Beurteilung von Goebbels' Berufswahl ist ein weiterer Aspekt zu berücksichtigen, nämlich dass der frische Universitätsabsolvent – außer dem Wunsch zu schreiben – keinerlei konkrete Lebenspläne aufzuweisen hatte. Der Journalismus als Lebensberuf war eine Option, der mehr eine Zwangslage denn eine echte Wunschvorstellung zugrunde lag. Nur teilweise aus eigenem Antrieb und eher unverbindlich zog Goebbels es in Erwägung, den Journalistenberuf einmal anzuvisieren – früher oder später werde sich noch ein besseres Angebot ergeben, darin war sich der Jungakademiker sicher. Auch in dieser Hinsicht passte Goebbels in das Karrieremuster seiner Generation: Der Journalismus galt als eine Art Auffangbecken für diejenigen, denen andere Berufswege (vorerst) versperrt

6   Rühl 1971: 133. Vgl. Studnitz 1983: 136.
7   Vgl. Requate 1995: 163f.; 176f.

blieben.[8] Dieser Mittelstandsberuf bot die Chance für einen sozialen Aufstieg, denn mit Elan und Fleiß konnte es ein Berufseinsteiger im Pressemilieu sogar zu beachtlichem gesellschaftlichem Status bringen. „Mehr noch: gerade diese Kategorie der Aufsteiger benutzte häufig den Journalismus als erste Zwischenstation auf ihrem weiteren Weg nach oben."[9]

Allem Anschein nach betrachtete Goebbels den Journalismus eher als Ausweichmöglichkeit zu einer weiterhin drohenden Arbeitslosigkeit; obgleich er eigentlich noch nicht exakt wusste, in welcher Weise er sein Studium und seine Ideale beruflich umsetzen sollte, stellte sich der Journalismus als annehmbarer Übergang für ihn dar. Der Wechsel von der Schriftsteller- in die Journalistenrolle fiel ihm nicht allzu schwer, konnte er doch recht unverbindlich mit kleineren journalistischen Schreibarbeiten eine berufliche Orientierung ausprobieren, ohne sich damit die Wege in andere Professionen zu verbauen. Die journalistische Tätigkeit war konkrete Arbeitsbeschaffung: Bei den kleineren Lokal- und Regionalblättern hatte Goebbels nicht nur erste Publikationsorte gefunden, sondern konnte sich dort ganz offiziell mit seinen kulturellen Vorlieben beschäftigen. Seine akute Geldnot verminderte diese Arbeit allerdings nicht, denn wenn überhaupt, erhielt er für seine Artikel ein kleines Taschengeld. Das Bild vom Hungerleiderberuf, das Goebbels als durchaus real empfand, dürfte mit Ausschlag dafür gewesen sein, dass er nicht auch weiterhin bei den Blättern im Rheinland tätig blieb und sich gegen den üblichen Weg entschied, sich nämlich vom Anfänger in der Rolle des Volontärs bis zum Redakteursposten mit vielleicht sogar speziellen Themenschwerpunkten hochzuarbeiten.

Dass sich Goebbels in derart kleinen und offensichtlich mühsamen Schritten seine journalistische Karriere nicht vorgestellt hatte, liegt bei dem Blick auf den wirklichkeitsfremden jungen Mann recht nahe. Statt den üblichen Berufsweg einzuschlagen, entschied sich Goebbels für die politisch-journalistische Laufbahn bei einer kleinen völkischen Randgruppe. Seine 1924 beginnende Hinwendung zur Politik ist somit aus einer Mischung aus Ungeduld, Neugierde, berufsorientiertem Pragmatismus und der persönlichen finanziellen wie auch ideellen Notlage heraus zu verstehen.

Zu diesem Zeitpunkt war Goebbels noch nicht vollständig politisch sozialisiert, nicht einmal annähernd ideologisch festgelegt. Seine Aufzeichnungen und Korrespondenzen zeigen einen jungen Mann mit deutlich linken Tendenzen, und ganz hervorragend hätte er in eine kommunistische Redaktion oder zumindest zu einem Kampfblatt mit SPD-Ausrichtung gepasst. Tatsächlich aber schrieb er erst für das Lokalblättchen seiner Heimatstadt Rheydt – ein Organ der bürgerlichen Presse mit national-liberalen Tendenzen; dann wandte er sich der *Westdeutschen Landeszeitung* zu – einer Gladbacher Zeitung, die die Grundsätze der Zentrumspartei vertrat. Schließlich bewarb er sich auf einen Redakteursposten bei einer Zentrumszeitung in Westdeutschland. Noch war Goebbels politisch eher wankelmütig. Aufgrund seiner frustrierenden Lebensumstände hätte er in dieser Situation

8   Vgl. ebd.: 161f.
9   Studnitz 1983: 68. Vgl. Requate 1995: 156f.

jeden Arbeitgeber akzeptiert, der ihm einen wie auch immer gearteten Lebensunterhalt in Aussicht gestellt hätte. Weitere Bewerbungen, die er nach seiner Kölner Zeit in dem Briefwechsel mit Else Janke immer wieder andeutete, untermauern diese These.

Die verschiedenen Einstiegsversuche, die Hoffnungsbekundungen in Briefen und Notizen, der immer wieder rasche berufliche Rückzug, die nicht ergriffenen Chancen und die übersehenen kleinen Erfolge lassen Raum für vielerlei Hypothesen: „Was wäre passiert, wenn etliche Jahre zuvor einer seiner Bewerbungsversuche bei der ‚Systempresse‘ Erfolg gehabt hätte? Wäre er ohne politisches Amt zum Leitartikler großer deutscher Blätter geworden?"[10] Was hätte geschehen müssen, damit aus „Goebbels ein guter Parlamentsredner oder Journalist geworden"[11] wäre? Hätte er unter anderen Vorzeichen eine solide journalistische Ausbildung erhalten und als seriöser Mitarbeiter in einer Redaktion den Einstieg oder sogar den Aufstieg geschafft? War dies in Zeiten der Weimarer Republik überhaupt noch möglich? Oder wurde journalistischer Ehrgeiz immer in bestimmte Richtungen gelenkt, ja insgesamt von politischem Engagement abhängig gemacht? Unter welchen Umständen hätte Goebbels seine sozialistischen Thesen völlig anders apostrophiert, seine Staatsfantastereien unter gänzlich anderer Prämisse zu Papier gebracht und sich politisch in eine völlig andere Richtung entwickelt? Was hätte es gebraucht, damit er im Sinne anderer ideologischer Gruppierungen publiziert oder vielleicht sogar die Schreiberei zugunsten einer alternativen Parteikarriere völlig hinter sich gelassen hätte? Vielleicht wäre er auch ohne Arbeit geblieben, als einer von Millionen hoffnungslosen Erwerbslosen und überqualifizierten Akademikern der Weimarer Republik. In welcher Rolle hätte er dann – als Wähler, Mitläufer oder Parteifreund welcher Couleur auch immer – die Veränderungen im demokratischen und später diktatorisch regierten Land miterlebt? Alle diese Fragen müssen unbeantwortet bleiben, in zu viele Richtungen gehen die möglichen Antworten und bleiben aufgrund der zahlreichen unbekannten Variablen letztendlich doch nur Spekulation.

Dass sich bis 1924 am beruflichen Horizont für Goebbels keinerlei Perspektive abzeichnete, begünstigte die Hinwendung zur Politik und zur völkischen Szene.[12] Dass Goebbels das Angebot von Friedrich Wiegershaus als erstbeste Gelegenheit ergriff, dürfte vor dem persönlichen wie auch gesellschaftspolitischen Hintergrund also kaum erstaunen. Vermutlich war die politisch-journalistische Beschäftigung bei den Völkischen vorerst als Übergangslösung gedacht, die dem jungen Akademiker aber immer noch interessanter erschien als eine Tätigkeit bei einer Bank oder Versicherung, die ihm Vater und Bruder vermitteln wollten – und die nichts mit seinen Vorlieben zu tun hatte.

„Seine gesamte literarische und publizistische Produktion weist drei merkwürdig kontrastierende Schichten auf: Neben der stilistischen und gedanklichen Prägnanz vor allem seiner ta-

---

10   Härtel 2005: 16.
11   Reimann 1971: 9.
12   „Wenn aber einer – wie so sehr viele andere – durch Not zum Karrieristen wird: ist er dann nicht schon halb entschuldigt?" (Hochhuth 1987: 201).

gespolitischen Beiträge steht die dümmlich aufgereckte Allüre des Kämpfers und schließlich der stammelnde Schwulst seiner privaten Aufzeichnungen. Sofern es nicht einfach nackte Notlage war, haben solche Antriebe zweifellos dazu beigetragen, den in seiner beruflichen Karriere bislang gescheiterten Akademiker Ende 1924 zum Eintritt in die NSDAP zu bewegen."[13]

Von da an fanden bei Goebbels parallele Entwicklungen statt: Zum einen war sein politisches Interesse erwacht; zum anderen hatte er in Rheydt, Gladbach und Köln einen ersten Zugang zu Zeitungen bekommen und darin eine berufliche Option erkannt – in Elberfeld liefen diese beiden Entwicklungslinien schließlich zusammen. Der Beginn seiner politischen Laufbahn war zugleich mit dem Start in den Journalismus verbunden; das eine bedingte das andere. Die Doppelkarriere von Journalist und Politiker nahm im Umfeld der völkischen Parteizeitung ihren Anfang. Und Goebbels' Selbststilisierung als journalistische Persönlichkeit ermöglichte ihm den Aufstieg zum Politiker. Bereits in dieser ersten entscheidenden beruflichen Etappe zeigte sich, dass das Werden seiner politischen Stimme, ja sogar parteiinterner Macht, mit dem journalistischen Aufstieg untrennbar verknüpft war. An dieser Grundbedingung sollte sich auch bei seinen weiteren Stationen nichts ändern.

Wann aber entwickelte sich Goebbels' journalistisches Selbstverständnis? Folgt man Rudolf Stöbers These zur Existenz journalistischen Selbstbewusstseins[14] – wonach sich ein solches erst dann entwickeln kann, wenn der Journalismus als eine spezialisierte, serielle, kontinuierlich produzierende Tätigkeit auftritt, wenn eine Organisation mit bestimmter redaktioneller Linie existiert, wenn Standards des journalistischen Handelns gelten, kurz: wenn Erzeugnis und Existenz von Selbst- und Fremdbild der journalistischen Profession simultan auftauchen – dann bildete sich dieses bei Goebbels (ebenso wie seine journalistisch-handwerklichen Fertigkeiten) ab 1924 aus. Bei der *Völkischen Freiheit* hatte er kaum Handreichungen bekommen, wie journalistische Texte zu recherchieren, zu schreiben, zu redigieren und zu gestalten seien: Sein Arbeitgeber übertrug ihm die Redaktionsleitung und ging davon aus, dass Goebbels das Blatt schon füllen und führen werde. Goebbels erwies sich als ein absoluter Autodidakt. Sein politischer Aufstieg war verbunden mit den publizistischen Lehrjahren bei den Völkischen; erst in diesem Umfeld bekam er die Möglichkeit, sich in ein neues Themengebiet einzuarbeiten, sich als Parteifunktionär und Schreiber gleichzeitig zu beweisen, sich als Organisator zu profilieren und sich erste grundlegende Kenntnisse auf politischer und journalistischer Ebene anzueignen. Bei der *Völkischen Freiheit* gab es kein redaktionelles Entscheidungs- und Kontrollprogramm: Der Alleinredakteur Goebbels konnte und musste als eigenverantwortliche Redaktionsspitze das Wochenblatt selbständig führen.

Obwohl Goebbels bei den *Nationalsozialistischen Briefen* dann zunehmend in den Redaktionsalltag und eine strukturierte mediale Organisation eingebunden war, arbeitete er weitgehend autark. Hier zehrte er von seinen ersten redaktionel-

---

13   Fest 1971: 401.
14   Vgl. Stöber 2005a: 20f.

len Kenntnissen und war als leitender Schriftleiter hauptverantwortlich für die inhaltliche Bestückung und Gestaltung der Halbmonatsschrift. Bei beiden Blättern hatte er aufgrund der Erscheinungsweise einen großzügigen Rahmen. Abgesehen davon, dass er neben der Zeitungsarbeit auch Parteiaufgaben zu erfüllen hatte, boten ihm diese Arbeitsbedingungen einen weitreichenden Spielraum; zudem konnte er seine journalistischen Grundlagen vertiefen. Sowohl bei der Wahl der Themen als auch bei deren Aufbereitung versuchte er weitgehend seine Autonomie zu behalten. Zwar nahm er als Redakteur einer politischen Schrift politisch relevante Schwerpunkte in den Blick, schob aber sichtbar seine Präferenzen – beispielsweise den Sozialismus – in den Vordergrund.

Goebbels verstand sich weniger als angestellter Mitarbeiter und sah deshalb ein Presseprodukt meist als eigenes Projekt an. Eine Abhängigkeit von den eigentlichen Herausgebern wie Friedrich Wiegershaus und Gregor Strasser war aus Goebbels' Perspektive praktisch nicht vorhanden. Er betonte seine publizistische Selbständigkeit und hielt nichts davon, Dankbarkeit für den Arbeitsplatz zu zeigen; in seiner Selbstüberschätzung hatte er sein gottgegebenes Schreibtalent in den Dienst der jeweiligen Herausgeber gestellt. Dass er dabei sogar die politische Linie des Blattes annahm, sollte dadurch vergütet werden, dass er als gleichwertiges und eigenständiges Redaktionsmitglied akzeptiert und anerkannt wurde. Seine Rolle als bestimmende Person war in den Redaktionen recht ausgeprägt; um dies zu demonstrieren, vollzog er nicht selten und ganz bewusst eine journalistische Gratwanderung zwischen der offiziellen Parteilinie und seinen eigenen Vorstellungen und Interpretationen der Parteipolitik. Seine Tätigkeit in leitender Position bei beiden Periodika genügte ihm spätestens nach dem Aufstieg zum Berliner Gauleiter nicht mehr. Goebbels sah sich bereits in der verantwortlichen Rolle als dominierende Herausgeberpersönlichkeit und hatte sehr genaue Vorstellungen davon, wie *Der Angriff* als *seine* Kampfzeitung auszusehen hatte.

In diesem Zusammenhang ist auch die Verwendung von Autorenzeilen bzw. Pseudonymen und Kürzeln in ihrer Gesamtheit zu betrachten: Während Goebbels zu Beginn seiner Laufbahn die Nennung des vollen Namens als Ausdruck eigner persönlicher publizistischer Leistung begriff, änderte sich dies mit zunehmendem politischen Bekanntheitsgrad.[15] Abgesehen von der Tätigkeit bei der *Völkischen Freiheit* (1924) und der dort notwendigen Verschleierung der Alleinautorschaft zahlreicher Beiträge, gewann in Goebbels' Journalistenkarriere ab 1927 (also mit Gründung des *Angriffs*) das Kürzel zunehmend an Bedeutung. Wie die statistische Auswertung zeigt, verwendete der Herausgeber von nun an kaum noch den vollen Namen zur Identifizierung der Beiträge, sondern überließ dies in zunehmendem Maß der Abkürzung „Dr. G." – die er als journalistisches Markenzeichen etablierte. Erst im Superwahljahr 1932 veränderte sich das Verhalten wieder, jetzt signierte der Berliner Gauleiter und *Angriff*-Leitartikler seine Meinungsbeiträge mit vollem Autorennamen, um Seriosität und Aussagekraft vorzutäuschen.

Der nicht ungewöhnliche Wunsch eines Journalisten, in den „Rollen des Kritikers alles Inhumanen, des Repräsentanten der Öffentlichkeit, des Kämpfers oder

---

15   Vgl. Grafik Nr. 1 im Anhang.

auch des Chronisten des Alltags"[16] am Kommunikationsprozess teilnehmen und auch Einfluss ausüben zu können, findet sich auch in Goebbels' Selbstverständnis. Überprüft man seine Artikel daraufhin, spiegeln die Texte das Aufgabenverständnis als radikaler Demokratiekritiker, Sittenrichter und Kontrolleur politischer Prozesse, engagierter Hüter der von den Nationalsozialisten geprägten gesellschaftlichen Normen und Wächter des „funktionsuntüchtigen" weil demokratischen Staatssystems. Goebbels fühlte sich zunehmend als Interessenvertreter der gesamten Arbeiterschaft, sah sich gern als Sprecher der Enteigneten und als Kämpfer gegen die wohlhabenden Bürger. Zu seinem journalistischen Selbstbild gehörte außerdem das des Vertreters unterprivilegierter Bevölkerungsschichten; zunehmend hatte er sich den Nimbus eines Vorkämpfers der nationalsozialistischen „Sache" erworben. Ganz gleich, ob als Alleinredakteur und Kolumnist anfangs bei der *Völkischen Freiheit*, ob als redaktioneller Chef bei den *Nationalsozialistischen Briefen* oder später als Herausgeber und Leitartikler beim *Angriff* – stets betrachtete er sich als Aufklärer, Erzieher und Interpret der Politik. Er wies sich in den jeweiligen Redaktionen vielfache Funktionen zu, die des kreativ-gestaltenden Autors, Verwaltungsorgans, Vertriebskoordinators und Korrektors, des Blattmachers, Nachrichtenredakteurs, Beobachters, Ideengebers, Themenentwicklers bis hin zu der des Repräsentanten des Blattes, Kontrolleurs der Redaktion, Ratgebers des Hauptschriftleiters und Redaktionsmanagers. Sofern sich Goebbels als Vermittler betrachtete – der die Ereignisse der politischen Welt auch einem Laien begreiflich machen und die Menschen aufklären, ja eine Zeitung zum Sprachrohr für die Wünsche und Beschwerden aller machen sollte –, tat er dies einseitig und bezogen auf die von ihm eigens ausgesuchten Themenschwerpunkte und Inhalte.

Goebbels' journalistisches und politisches Selbstbewusstsein entwickelten sich parallel. Mit zunehmendem Bekanntheitsgrad in der politischen Szene wurden auch die Inhalte der Artikel gewichtiger – zumindest aus seiner eigenen Perspektive.[17] In einer Rede erklärte er dazu:

> „Ich weiß, was es heißt, mit dem Wort umzugehen. Ich weiß, was es heißt, mit dem Stil zu ringen, welch eine ernste Arbeit es ist, sich mit der eigenen Muttersprache auseinanderzusetzen und in Worte zu fassen, was die anderen nur dumpf fühlen, ahnen oder empfinden. Ich glaube, ein Gefühl für Sprachstil zu haben und zu wissen, daß das gerade auch unserem Volke nottut."[18]

Symptomatisch für diese Entwicklung waren die Sammelbände journalistischer Beiträge, die Goebbels nach dem Aufstieg in die hohen politischen Ämter publizierte.[19] Die Herausgabe ausgewählter Artikel in Buchform führte zu einem er-

---

16 Rühl 1971: 134f.
17 In einer Biographie eines engen Mitarbeiters heißt es in diesem Zusammenhang: „„ich schreibe absichtlich nicht so oft, wie ich wohl möchte. Ein Artikel von mir muß stets im rechten Augenblick kommen und hundertprozentig hinhauen. Wenn mein Name über dem Artikel steht, sollen Freund und Feind ihn lesen wollen – darauf kommt es an – und das werde ich erreichen!'" (Schaumburg-Lippe 1990: 113, der Autor zitiert hier Goebbels).
18 Heiber 1962: 211. Aus einer Rede zur Großdeutschen Buchwoche in Weimar (Oktober 1938).
19 Nach der Ernennung zum Berliner Gauleiter hatte er 1927 den ersten Sammelband unter dem Titel „Wege ins Dritte Reich. Briefe und Aufsätze für Zeitgenossen" herausgebracht. In Zu-

freulichen Nebeneinkommen, erst recht schlug sich darin sein journalistisches Selbstbewusstsein nieder.[20] Die Verdienstmöglichkeiten standen als Schreibmotiv nicht an vorderster Stelle; vielmehr ging es dem Verfasser darum, die „Kampfzeit" im Gedächtnis zu bewahren und zu glorifizieren. Indem der Minister seine Beiträge in gesammelter Form herausgab, bewahrte er sie für die „Ewigkeit". [21]

Der Journalistenberuf wurde als politische Rolle verstanden – ein Phänomen, das bis in die Gegenwart gängig ist. Politisch-partizipative Elemente im Berufsverständnis waren und sind nichts Ungewöhnliches, ebenso wenig wie die journalistische Gegnerschaft zur staatlichen Autorität, die sich ursprünglich aus den publizistischen Freiheitsrechten entwickelte und in Wahrung einer alten Tradition bis heute respektiert wird.[22] Ein Journalist, so das Rollenverständnis, hat gegen die etablierten Kräfte im Staat zu arbeiten. Erst recht erzeugte die Weimarer Republik, in der durch Notverordnungen und Republikschutzgesetze die Pressefreiheit regelmäßig außer Kraft gesetzt wurde, ein derartiges journalistisches Selbstverständnis. Ein Staat, der mit Zeitungsverboten operierte, erzeugte jene Journalisten, die der Republik, ihren Institutionen und Persönlichkeiten den Kampf ansagten.

> „Das antidemokratische Denken ist Ausfluss einer polemischen Haltung. Es zielt auf Überwindung der liberalen Demokratie und richtet sich darum zunächst kritisch gegen ihre Erscheinungsformen und den sie bestimmenden Geist. Auf diese Weise konnte es vielen Deutschen die demokratische Republik verekeln."[23]

Die antidemokratisch agierenden Journalisten wollten das Ansehen des Staates schädigen, indem sie vor allem einseitige Informationen veröffentlichten und die sachpolitischen Auseinandersetzungen emotional aufluden. Über Ziel und Mittel war sich der Journalist Goebbels durchaus im Klaren.

---

sammenarbeit mit der *Angriff*-Redaktion und vor allem dem Karikaturisten Mjölnir erschien 1928 „Das Buch Isidor. Ein Zeitbild voll Lachen und Hass" (Goebbels' Artikelblock war unter der Überschrift „Trotz und Glauben. Dreißig Predigten in der Wüste" zu finden) und im Jahr 1929 „Knorke. Ein neues Buch Isidor für Zeitgenossen" (Goebbels' Aufsatzblock hieß hier „Signale. Weckrufe vor dem Anbruch"). Im selben Jahr veröffentlichte Goebbels eine kleine Aufsatzbroschüre mit dem Titel „Die verfluchten Hakenkreuzler. Etwas zum Nachdenken." Der Großteil an Sammelbänden wurde in der NS-Diktatur ab 1933 vom Eher-Verlag München herausgegeben; dies begann 1934 mit dem „Kampf um Berlin", in dem Goebbels wie bereits in den beiden Isidor-Bänden seine *Angriff*-Artikel nochmals verarbeitete. Eine Auswahl an Aufsätzen aus seinem Berliner Kampfblatt war ebenfalls in „Der Angriff. Aufsätze aus der Kampfzeit" (1935) und in „Wetterleuchten. Aufsätze aus der Kampfzeit" (1938) enthalten. Nach Kriegsbeginn wurden mit ähnlicher Intention die Zeitungstexte nun in Kombination mit verschriftlichten Reden einer Zweitverwertung zugeführt: „Die Zeit ohne Beispiel. Reden und Aufsätze aus den Jahren 1939 bis 1941" (1941), es folgte „Das Eherne Herz. Reden und Aufsätze aus den Jahren 1941 und 1942" (1943) und zuletzt „Der steile Aufstieg. Reden und Aufsätze aus den Jahren 1942 und 1943" (1944).

20   „Geldliche Sorgen kannte er in dieser Zeit nicht mehr. Sein Jahreseinkommen liegt jetzt bei etwa 300 000 Mark, wofür schon seine unermüdliche journalistische Akkordarbeit sorgt." (Heiber 1962: 354).

21   Vgl. Pick 1942: 67. Härtel 2005: 21, 27, Stein 1987: 102.

22   Vgl. Donsbach 2002: 116.

23   Sontheimer 2004: 21f. Vgl. Wilke 2002: 480.

2. DIE PROFILIERUNG ALS JOURNALIST

„Man liest täglich Berge von Zeitungen.
Der Widerspruch in den Meinungen ist nicht wiederzugeben.
Deutschland steckt in einer geistigen Anarchie,
die im vollkommenen Chaos ausmünden würde,
wenn hier nicht über kurz oder lang eine starke Hand eingriffe."[24]

„In seinem Nachlaß befindet sich aus den Jahren 1922/23 eine Sammlung von Zeitungsausschnitten mit Beiträgen von Dr. Joseph Goebbels. Es sind insgesamt zwölf Stücke, und man kann wohl mit Recht vermuten, daß dies alles ist, was in jener Zeit von ihm gedruckt worden ist. Was aber schrieb er nicht alles, und was hatten seine Freundinnen nicht alles für ihn abzuschreiben, was schickte er nicht alles hoffnungsvoll an die verschiedensten Redaktionen und Verlage. Aber – Enttäuschung über Enttäuschung – immer wieder erhielt er seine Manuskripte zurück."[25]

Die Ausschnittsammlung, die der Biograph hier erwähnt, ist heute zwar auch im Nachlass-Findbuch des Koblenzer Bundesarchivs verzeichnet[26], aber die Zeitungsbeiträge sind dort nicht auffindbar. Aus diesem Grund galt es im ersten Schritt, die originalen Artikel zu finden, sie im biographischen Kontext zu sortieren und sie systematisch auszuwerten. Das Problem der Materialbewältigung stellte sich recht bald, denn Goebbels produzierte eine Flut von Veröffentlichungen – für diese Untersuchung eine Quelle ersten Ranges: Im Zeitraum zwischen 1919 und Januar 1933 fanden sich 791 Artikel. Diese Fülle der überlieferten Zeitungs- und Zeitschriftenartikel gestattete es immerhin, die nach außen gewandte Seite des Denkens und Schreibens von Goebbels zu erfassen, um von dort auf die geistigen Wurzeln seiner Beschreibungen, Berichte und Forderungen zu schließen, seine Motive zu erforschen und Ziele zu interpretieren. Es musste darum gehen, Goebbels' Profilierung als Journalist in den verschiedenen Etappen herauszuarbeiten, aber auch Themenschwerpunkte herauszufiltern und unterschiedliche inhaltliche Präferenzen nachzuweisen.

Da die Beiträge für den Leser von heute nicht aus sich heraus verständlich sind, bedurfte es der Kontextuierung.[27] Die Materialien können nicht isoliert betrachtet werden, da dies schnell zu Fehlschlüssen verleitet. Ein zentrales Desiderat der Goebbels-Forschung bleibt daher nach wie vor eine umfassende Anthologie, die als Folgeprojekt nach der für diese Studie vorgenommenen Vorarbeit anvisiert werden könnte, um die wichtigen journalistischen Werke zu kommentieren.[28]

24 sogGTb 2.11.1932.
25 Heiber 1962: 34.
26 „Verzeichnis des Dr. Joseph Goebbels-Nachlasses (Kl.-Erw. 858): 12 Zeitungsausschnitte und Zeitungen mit Beiträgen Dr. Goebbels 1922/23".
27 „Es ist der komplizierte Versuch einer späteren Generation Goebbels zu verstehen, ohne seine Zeit selbst erlebt zu haben." (Schütze 2003: 7).
28 „Editionen können den Blick auf eine Perspektive hin öffnen und zum Beschreiben innovativer Forschungsfelder verlocken." (Sösemann 2008: 55).

Ziel dieser Studie war es, den bislang in der Forschung unterrepräsentierten Aspekt der publizistischen Laufbahn des Politikers Goebbels herauszuarbeiten. In diesem Zusammenhang wurde die Frage nach seinen journalistischen Fähigkeiten gestellt und für historisch bedingt erklärt. Der Journalist Joseph Goebbels, das hat diese Untersuchung ergeben, war keine konstante Größe. Vielmehr entwickelte sich diese Vorliebe für den Journalismus erst aus einer Laune, dann aus einer Notwendigkeit heraus. Später reagierte er in seiner Rolle als Journalist auf die parteiinternen und politikbedingten Veränderungen, agierte als politisch ambitionierter Karrierist, veränderte je nach Bedarf seinen ideologischen Standpunkt und passte seinen Journalismus letztendlich doch der NSDAP-Linie an.

Aus zeitgeschichtlichen und persönlichen Umständen heraus lässt sich erklären, warum Goebbels für eine bestimmte politische Richtung so leicht entflammbar war und er sich von der rechten Ideologie vereinnahmen ließ. Goebbels' Begeisterungsfähigkeit und seine Neigung zum Extremen waren mit dem beruflichen Vorankommen eng verzahnt, und ebenso spielten sein Geltungsdrang, seine Hingabebereitschaft und seine Bereitwilligkeit zum Fanatismus in diese Entwicklung mit hinein.[29] Ein anderer Faktor ist jedoch dabei nicht zu unterschätzen: Der Nationalsozialismus schöpfte aus einem ideologischen Fundus von zwei Generationen. Zum einen konnte sich die NSDAP der Sympathie jener Männer sicher sein, die als „Frontgeneration" ihre Jugend in den Schützengräben verbracht und den Krieg als ungeheure Schlachtbank erlebt hatte. Sie waren davon überzeugt, dass eine Gemeinschaft aus unbedingter Kameradschaft bestehen müsse und der Einzelmensch nichts, das Kollektiv aber alles galt. Hinzu kam die eigentliche Generation des Nazismus – jene Jugendlichen, die als die Daheimgebliebenen den Ersten Weltkrieg als großes Spiel erlebten, die Opfer heroisierten und für die die deutsche Niederlage ein Beleg dafür war, dass die zukünftige Politik im Land härter und radikaler werden musste.

> „Diese Kriegsjugendgeneration, wie man sie genannt hat, hat sich besonders anfällig erwiesen für totalitäres Denken, auch für dieses soldatisch-paramilitärische Denken. Man darf auch nicht die Kriegspropaganda unterschätzen, die quasi in die Köpfe der Kinder hineingekippt wurde."[30]

Diese Jugend absorbierte die kaiserliche Kriegspropaganda in Form von Durchhalteparolen ihrer Lehrer und Amtspersonen; hier wurde das nationalsozialistische Weltbild bereits ausgeprägt. Den Hass auf die Welt und das Gefühl, zu kurz gekommen zu sein, tobte diese Generation – und unter ihr Joseph Goebbels – bald schon gegen die junge Demokratie aus.

Goebbels' opportunistische Wendigkeit entwickelte sich allerdings erst von 1924 an – nachdem sich gezeigt hatte, dass eine berufliche Position und die Verbesserung des innerparteilichen Standings von den zentralen Personen abhängig war und es sich daher als unvermeidlich herausstellte, sich an eben diesen Leitfiguren zu orientieren. So war es im Anfangsstadium bei Friedrich Wiegershaus

---

29 Vgl. Michels 1992: 48f.
30 Wirsching 2008: 23. Vgl. Friedmann 2008: 39.

gewesen, so zeigte es sich auch an der Seite von Gregor Strasser und erst recht in unmittelbarer Nähe von Adolf Hitler.

Obgleich sich Goebbels dem „Führer" Hitler vollends verpflichtet fühlte, ordnete er sich nur ungern einer bestimmten Seite konkret zu, fuhr meist mehrgleisig und manövrierte innerparteilich recht geschickt – das Verhältnis zur SA oder sein Verhalten beim Stennes-Putsch sind gute Beispiele für diese Form der Flexibilität. Hitlers Grundsätze hielt er nach außen stets hoch, tatsächlich aber gab er sich in vielen Angelegenheiten und gegenüber den Parteigenossen flexibel. Auch mit Gregor Strasser – dem zweitwichtigsten Mann in der NSDAP – brach er den Kontakt nie gänzlich ab; der Freundschaft haftete zu Recht der Makel der Zweckmäßigkeit an, da Goebbels nur auf der Suche nach Verbündeten ein gutes Verhältnis anstrebte.[31] Bis zuletzt hielt sich Goebbels für den Fall eines innerparteilichen Machtwechsels eine Hintertür offen; erst als es zum vollständigen Rückzug Strassers aus der Parteiarbeit kam, übte Goebbels Kotau vor Hitler, stellte sich uneingeschränkt an dessen Seite und schloss mit dem Elberfelder Mentor ab. Kaltschnäuzig notierte er: „Strasser ist nun vollkommen isoliert. Ein toter Mann."[32]

Die Symbiose vom politischen und publizistischen Protagonisten ist offensichtlich. Goebbels' Aufstieg fiel mit dem Journalismus zusammen, war aber immer auf die politische Macht ausgerichtet. „Wie aber wäre die Karriere des Politikers verlaufen, wenn er keinerlei Erfahrungen in der Zeitungsarbeit gehabt hätte?"[33] Hätte es dann überhaupt eine politische Laufbahn gegeben? Der Journalismus hatte den Einstieg in die Parteipolitik erst möglich gemacht und blieb auch zukünftig ein Instrument der Selbstverwirklichung. Goebbels verstand sich als propagandistischer Journalist, der seine wachsende politische Prominenz für die journalistische Arbeit nutzte. Statt in einen einzigen Redaktionsbetrieb fest eingebunden zu sein, kommunizierte er in mehreren Periodika und erhoffte sich damit eine gezieltere Publikumsansprache.[34] Sein Journalismus begleitete die politische Laufbahn – seine politische Positionierung garantierte die journalistische Arbeit.

Die Kombination aus Politik und Journalismus, die sich durch den gesamten Lebenslauf zieht, war für damalige Verhältnisse keineswegs ungewöhnlich. „Dass sich führende ‚Pressemänner' auf schmalem Grad zwischen Journalismus und Politik hin- und herbewegten und gerade daraus ihre elitäre Identität bezogen, wurde in der Weimarer Republik durchaus debattiert."[35] Die journalistische Tätigkeit galt als gängige Variante der Parteiarbeit und war nicht selten der politischen Karriere förderlich. Goebbels' journalistische Erfahrungen und vor allem die publizistische Selbstdarstellung öffneten ihm den Kontakt zu den politisch Verantwortlichen, seine politische Position ermöglichte ihm wiederum die Nutzung journalistischer Plattformen. Als ihm öffentliche Auftritte verboten wurden,

---

31 Vgl. Höver 1992: 344.
32 sogGTb 9.12.1932.
33 Härtel 2005: 16.
34 Siehe dazu Grafik Nr. 2 und 3 im Anhang. Vgl. Hachmeister/Siering 2002: 21; Sauder 1985: 311.
35 Hachmeister/Siering 2002: 20.

wurde der Journalismus zur politischen Ersatzbühne; als Tribüne blieb ihm der Schreibtisch in der Berliner Redaktion.

In keiner Phase aber trat Goebbels ausschließlich als Journalist auf, in keinem Abschnitt seiner Vita war er nur Schriftleiter, Leitartikler oder Herausgeber. Anfangs von seiner Hauptbeschäftigung mit Schöngeistigem umrahmt, dann neben seinen Rollen als persönlicher Assistent, politischer Sekretär, Geschäftsführer und Gauleiter, am Ende dann sogar neben dem Beruf als Propagandaminister blieb der Journalismus stets wichtig, doch immer Hilfsfunktion für den Politiker Goebbels, der nicht im Hintergrund wirken mochte. Vom Zeitungsmachen ließ er sich ebenso wenig völlig in Anspruch nehmen wie von dem Engagement für die Partei.

Nach 1933 vereinnahmte ihn der Posten des Reichsministers für Volksaufklärung und Propaganda zu sehr, als dass er sich noch ausführlich dem journalistischen Schreiben hätte widmen können. Dieser Trend hatte sich bereits 1932 angekündigt, wenn man die quantitative Entwicklung der Zeitungstexte beobachtete.[36] Beginnend mit der Schriftleitertätigkeit bei der *Völkischen Freiheit* im Jahr 1924 (39 Artikel) und der redaktionellen Arbeit bei den *Nationalsozialistischen Briefen* 1925/26 (durchschnittlich 32 Texte pro Jahr) stieg die Anzahl der Beiträge kontinuierlich an. Beim *Angriff* steigerte sich die jährliche Textmenge sprunghaft, nahm dann aber durch die wachsenden politischen Aktivitäten wieder ab.[37]

Obgleich Goebbels zu denen gehörte, deren Name mit einem Periodikum, dem *Angriff*, verbunden wurde – wie es auch bei Theodor Wolff oder Karl Kraus der Fall war – richtete er seinen Alltag nicht einzig auf sein Presseorgan aus. Das geflügelte Wort vom „Leben für die Zeitung" traf auf Goebbels nicht zu; der hier aufgezeigte Querschnitt seiner Artikel dokumentiert dies ausführlich. Die Beschäftigung mit Goebbels' Œuvre führt bei genauerem Hinsehen immer wieder in den medialen Bereich, „an die Anfänge der modernen Mediengesellschaft"[38], wo er als Moderator und Regisseur, als Propagandist und Rhetoriker, auch als Leitartikler und Herausgeber zeigte, welche Macht als Propagandainstrumente die verschiedenen Medien haben und wie sie ein Volk manipulieren können. „Goebbels excels as an organizer, as a polemic journalist and as a mob orator."[39] Seine Karriere eines modernen Medienpolitikers und Informationsmanagers gründete auf journalistischen Erfahrungen und Erkenntnissen, die er sich von den Elberfelder Lehrjahren bis in die Zeit als Berliner Gauleiter angeeignet hatte und spielte noch in sein Verhalten als Reichspropagandaminister mit hinein.[40] Sein Ruf als Journalist wurde von Korrespondenten und Journalistenkollegen ebenso wie von politischen Beobachtern und Meinungslenkern partiell durchaus anerkannt: als der „ge-

---

36 Siehe dazu Grafik Nr. 4 im Anhang.

37 In Zahlen ausgedrückt: von 61 Artikeln (1927) auf 103 im Jahr 1928, 112 (1929) und 114 (1930). Nach der Umwandlung zur Tageszeitung schrieb Goebbels sogar 168 Texte (1931). Erst im Jahr 1932 nahm die Quantität aufgrund der wachsenden politischen Aktivitäten wieder deutlich ab (107 Beiträge).

38 Hauser 2004.

39 Deuel 1942: 119.

40 „Er selbst, von Herkunft Journalist, hatte ja als Propagandaminister die Lebensgesetze der Presse außer Funktion gesetzt" (Stephan 1949: 160).

schulteste Zeitungsschreiber der neuen Regierungspartei"[41], „als Chefjournalist und staatlicher Meinungslenker"[42], als „Medienmann"[43] oder auch als ein „Journalist, der niemals eine richtige Arbeit bekommen hat"[44]. Seine Vertrautheit mit dem Journalismus, die auf vielen Jahren regelmäßiger publizistischer Arbeit basierte, wurde zugleich nur selten als *typische* Berufserfahrung gewürdigt.[45]

Ein weiterer wichtiger Aspekt dieser Untersuchung war der Einfluss der beiden Leitfiguren Gregor Strasser und Adolf Hitler sowohl auf die politische Orientierung als auch auf die publizistische Entwicklung von Goebbels. Der junge Akademiker hatte sich in der Elberfelder Periode recht bald an Gregor Strasser angelehnt, ihn als Mentor erwählt und sich sowohl im politischen wie auch journalistischen Bereich von dem norddeutschen Parteiführer protegieren lassen. Goebbels galt als loyaler Strasser-Anhänger, hatte seine Karriere unter dessen Protektion vorangetrieben und war auch freundschaftlich mit ihm verbunden. Die ersten greifbaren und konkreten politischen Eindrücke, die in die Richtung eines nationalen Sozialismus zielten und in vielen journalistischen Texten verarbeitet wurden, erhielt Goebbels von ihm.

An der Seite Strassers lebte Goebbels seine Sehnsucht nach einem antikapitalistischen Gemeinwesen[46] aus und teilte die Ansicht seines Mentors, dass, wenn nötig, auch radikale und revolutionäre Mittel zur Realisierung eines nationalen Sozialismuskonzepts in Deutschland einzusetzen seien.

> „Das Jahr 1925 war für Goebbels geprägt von der Auseinandersetzung mit den ‚Bourgeois‘ außerhalb und innerhalb der NS-Bewegung. In Artikeln wie im Tagebuch machte er seinem Unmut über alle diejenigen Luft, die nicht oder nicht konsequent genug für den von ihm erstrebten ‚Sozialismus‘ eintraten. Mit Gregor Strasser war er sich einig in der Wut auf die Politik der Münchener Parteizentrale."[47]

Stellenweise gab er sich sogar „noch etwas ‚strasserischer‘ als Strasser"[48] und die gemeinsame, auch landsmannschaftlich begründete Abneigung gegen die „Sau- und Luderwirtschaft" in der Münchner Parteizentrale bestärkte Goebbels sogar darin, in seinen Artikeln und Kommentaren lautstark gegen die konservative NSDAP-Clique zu wettern. Sich mit seiner Weltanschauung auf der sicheren Seite wähnend, bezog er Gegenpositionen zur sonst üblichen Parteilinie.

---

41 Mendelssohn 1982: 391.
42 Hachmeister/Siering 2002: 21.
43 Morgenthaler 2004, Teil II.
44 Knopp/Hartl 1996, zitiert wird hier Stephané Roussel, französische Journalistin und Korrespondentin in Berlin.
45 „Hätte er für die Ernennung zum Minister die Berufsbezeichnung ‚Journalist‘ angegeben, so hätte dies am ehesten seiner Tätigkeit seit 1924/25 entsprochen." (Sauder 1985: 307).
46 „Neben völkisch-nationalistischen Ressentiments und antisemitischen Neid- und Hassgefühlen war die ‚antikapitalistische Sehnsucht‘ in der ‚Kampfzeit‘ der NSDAP zweifellos einer ihrer mächtigsten politisch-ideologischen Impulse, und er war sicherlich nicht der schlechteste." (Broszat 1960: 47).
47 Höver 1992: 263. Vgl. Goderbauer 1986: 259; Schmidt 1968: 112.
48 Goderbauer 1986: 279. Vgl. Höver 1992: 60; Mommsen 1989: 329; Peuschel 1982: 46; Broszat 1960: 26.

Für Goebbels blieb Hitler derweil die ferne Lichtgestalt, er stand vorerst am Rand außerhalb persönlicher Kontakte. Obgleich Goebbels ihn achtete und dies in seinen journalistischen Beiträgen wiederholt betonte, war Hitler für ihn lediglich eine auf dem politischen Podest stehende, über alles und jeden erhabene und bewundernswerte Führerpersönlichkeit. Für Goebbels hatte Hitler anfangs einen eher ideellen Wert; er war eine charismatische Gestalt, auf die das junge Parteimitglied die großen Wünsche und Vorstellungen projizierte – auch publizistisch.

Bei der Führertagung in Bamberg setzte ein über Jahre andauernder Prozess ein, an dessen Ende sich Goebbels dem Idol Hitler unterordnete. Zwar musste Goebbels bereits im Februar 1926 feststellen, dass die Ansichten des NSDAP-Parteiführers weit entfernt von seinen eigenen lagen; zugleich aber wurde ihm deutlich, dass ein berufliches Vorankommen nur an der Seite Hitlers garantiert war. Indem er den Posten als Berliner Gauleiter annahm, setzte er ein erstes Zeichen für die Bereitschaft zur Unterordnung. Mit der Freundschaft zu Strasser schien die Annäherung an Hitler auf den ersten Blick nicht zu kollidieren.

Aufgrund der Analyse der Publikationen nach der Bamberger Führertagung und der darin öffentlich bekundeten politischen Haltung kann Goebbels auch bis zum Jahresende 1926 weiterhin zur nationalsozialistischen Linken gerechnet werden. Dass er aus taktischen Erwägungen diese Linie aufgab, sich von ihren Repräsentanten zurückzog und sich in der Nähe Hitlers positionierte, war ein schleichender Prozess, der zwar Anfang 1926 begann, aber weitere Jahre andauerte. Trotz Hitlers Bemühungen in Bamberg waren die Differenzen zwischen den beiden ideologisch unterschiedlich gefärbten NSDAP-Flügeln noch längst nicht beseitigt – auch das zeigen Goebbels' Zeitungstexte. Wie groß die Spannungen zwischen der anti-russisch eingestellten und staatskapitalistisch-korporativen Parteizentrale und dem sozialistischen, anti-kapitalistischen und pro-russischen norddeutschen Strasser-Kreis blieben, wird in den Veröffentlichungen deutlich.

Goebbels' Aufsätze decken weder ein Damaskuserlebnis noch einen Verrat an Gregor Strasser. Die Artikel „zeigen vielmehr, daß Goebbels, wenn er auch gemeinsam mit Strasser vor Hitler kapitulierte, der Ansicht war, der Führer irre sich gewaltig, und daß er – im Augenblick jedenfalls – nicht die Absicht hatte, zu ihm überzutreten."[49] Sowohl in seinen Offenen Briefen als auch in den programmatischen Aufsätzen waren Goebbels' sozialrevolutionäre Tendenzen, antibourgeoisen Überzeugungen und radikalen Ideen nach wie vor sichtbar.

Goebbels' exakte Position im Jahr 1926 zu bestimmen, fällt schwer. Einerseits missbilligte er Hitlers Annäherung an konservative und industrielle Kreise, andererseits fühlte er sich zum Parteiführer hingezogen. Einerseits banden ihn sozialpolitische Aspekte an Strasser, andererseits überblickte er die begrenzten Möglichkeiten seiner oppositionellen Rolle. Waren Goebbels' sozialistische Aussprüche bloß Inszenierungen?[50] Trug er die linkspolitischen Ansichten nur pro

---

49 Shirer 1961: 12. Vgl. Reuth 2000: 99; Kühnl 1966a: 54, 145, 150.

50 „Durch die äußeren Umstände fiel Goebbels' innere Wandlung nicht auf. Während er die ‚linksgerichtete Eigenständigkeit', die ihn einmal ausgezeichnet hatte, nach seinem Treffen mit Hitler in München rasch ad acta gelegt hatte, behielt er die pseudosozialistische Rhetorik,

forma vor? Verhielt er sich lediglich vordergründig konform zu dem jeweiligen politischen Milieu, in dem er sich gerade bewegte? Oder war er tatsächlich hin- und hergerissen zwischen seinem bisherigen Mentor Gregor Strasser und dem potentiellen Mentor Adolf Hitler?

> „Getreu dem faustschen Anspruch der zwei Seelen, die in einer Brust wohnen, rang Goebbels aber nicht nur um die personelle Alternative, Hitler oder Strasser, sondern engstens damit verbunden um eine Antwort auf die Frage, ob in der Partei der Nationalismus oder der Sozialismus Priorität erlangen sollte. [...] Sozialismus versus Nationalismus hieß also die Gewissensfrage, die Goebbels noch mit sich abklären mußte, ehe er sich Hitler unterwarf."[51]

Vermutlich beschäftigte sich Goebbels intensiv mit den schwierigen ideologischen Grundsatzfragen und den alternativen Interpretationen innerhalb der nationalsozialistischen „Bewegung". Ähnlich wie dem Strasser-Clan dürfte ihm die Anpassung an Hitlers politische Ansichten diffizil vorgekommen und alles andere als leicht gefallen sein.[52] „Die Bamberger Rede hatte ihn erschüttert und wirkte nach. Er gab seine sozialistische Überzeugung nicht sofort auf."[53]

Intensiver denn je setzte sich Goebbels in seiner Publizistik mit sozialistischen Themen auseinander. Für ihn stand fest: Hitler sollte sich unterstützt fühlen, zugleich sollten ihm konstant die Ansichten, Einfälle und Entwürfe der Parteilinken näher gebracht werden. In naher Zukunft, da war sich Goebbels sicher, könne er den Parteiführer von der Richtigkeit des sozialistischen Kurses überzeugen. Während dieses Entwicklungsprozesses war Goebbels bereit, heikle Grundsatzfragen – wie die Partnerschaft mit Russland oder die Sympathien für den Kommunismus – zu modifizieren oder sogar ganz auszublenden. An seinem Weltbild änderte er derweil nichts, wie die Zeitungsinhalte deutlich machen.

Doch auch wenn Goebbels zu diesem Zeitpunkt Hitler (noch) nicht das Wort redete und sich nach wie vor stark mit dem nationalen Sozialismus identifizierte, gab es Annäherungen. „Mit Hitler gehen, das hieß eben Einfluß haben, jemand sein und vorwärtskommen, während eine Haltung gegen ihn Uneinigkeit, Ächtung und zerrissene Partei bedeutete."[54] Auch wenn die Damaskuslegende vielfach die Spekulationen hervorruft, es hätten im Februar 1926 eine totale Abspaltung und ein strikter Bruch mit Gregor Strasser stattgefunden, dann ist dies falsch. Die Zeitungsbeiträge belegen weder den Vorwurf der Illoyalität noch des Konvertierens „– die Übertragung der Goebbelsschen Ergebenheit von Strasser auf Hitler dürfte anfänglich eher unbewusst und unmerklich stattgefunden haben."[55]

---

die die Partei nach der Niederlage bei den Reichstagswahlen von 1928 aufgab, in Hinblick auf die Situation in Berlin bei." (Piper 2005: 149).

51   Barth 1999: 40.

52   „Die Untersuchung zentraler Themen in den NS-Briefen zeigte insgesamt ein Einschwenken der norddeutschen Nationalsozialisten auf Hitlers Linie. Nicht nur Goebbels drehte seine Segel nach dem Wind; aber während Gregor Strasser den Kurswechsel unwillkürlich förderte, vollzog ihn der wesentlich klügere Goebbels bewußt." (Wörtz 1966: 124).

53   Schildt 1964: 171. Vgl. Goderbauer 1986: 284; Kühnl 1966a: 45.

54   Bramsted 1971: 56f. Vgl. Barth 1999: 22f.; Lemmons 1994: 9; Müller 1973: 84; Reimann 1971: 51, 53.

55   Irving 1997: 52. Vgl. Oven 1987: 179; Fraenkel/Manvell 1960: 97.

Diesen „Abnabelungsprozess" versuchte Hitler zu beschleunigen. Sein Ansinnen war es, Goebbels – den er als burschikosen Antreiber und fanatischen Wortführer der NSDAP-Linken wahrnahm – möglichst bald den norddeutschen Kreisen zu entfremden. Also machte er ihm die politische Aufwartung, lobte seine sozialistischen Anregungen, zeigte Verständnis und Interesse, beispielsweise für die soziale Frage, kurz: ging auf Goebbels' ideologische Sehnsüchte und Wünsche ein. Beinahe unmerklich, auch das zeigen seine Artikel, ließ sich Goebbels vereinnahmen, orientierte sich zunehmend an den Gedankengängen des „Führers" und übernahm tröpfchenweise seine Argumente. Doch obwohl Goebbels bereits subtil Stimmung für Hitler zu machen begann, verbietet die chronologische Betrachtung der Veröffentlichungen die Behauptung, dass es eine umgehende Hinwendung zum „Führer" gab. Die Entwicklung vom Linksradikalen zum Hitler-Jünger blieb jedoch im Elberfelder Umfeld nicht unbemerkt:

> „Diese Hinwendung zum Parteiführer, für die Goebbels außergewöhnlicher Intellekt weit mehr verantwortlich zu machen ist als sein wendiger Charakter, wurde ihm im Strasser-Kreis, in welchem er als Schriftleiter der NS-Briefe und Geschäftsführer der Arbeitsgemeinschaft der eigentliche spiritus rector war, umso übler genommen, je mehr sie zutage trat."[56]

Interessant ist in diesem Zusammenhang, dass die Parteikollegen nie direkt auf unerwünschte Artikelinhalte reagierten und auch erstmals im September 1926 Goebbels' vermeintlichen Vertrauensbruch öffentlich schmähten.[57] Dieses Verhalten ist auf innerparteiliche Vorgänge und Entscheidungen zurückzuführen: Dass der Name Joseph Goebbels sowohl bei den Überlegungen zur Besetzung des Berliner Gauleiterpostens als auch der Stelle des Münchner Generalsekretärs fiel, wurde von manchen Parteigenossen als opportunistisch bedingtes Vorankommen bewertet.[58] So wurde die Damaskuslegende bewusst am Leben gehalten, um Goebbels innerparteilich zu denunzieren und seine Glaubwürdigkeit zu untergraben, die journalistische Position zu schwächen und ihn durch Intrigen möglichst aus der Parteilinken hinauszudrängen.

Eine Aufkündigung der Freundschaft zu Gregor Strasser lag Goebbels indes fern, auch fühlte er sich immer noch der Parteilinken zugehörig.[59] Warum der Elberfelder Kreis die Annäherung an Hitler nicht als diplomatischen Winkelzug für den nationalen Sozialismus verstand, konnte Goebbels nicht nachvollziehen.

> „Goebbels' Entscheidung für Hitler fiel nicht 1926 als Entscheidung gegen den Sozialismus, sondern lange vorher – als Entscheidung für den Sozialismus. Erst in Bamberg wurde ihm

---

56 Wörtz 1966: 120f.
57 Siehe dazu Kapitel III, 5.3.4.
58 Dazu gehörten Karl Kaufmann, Helmuth Elbrechter (Gaubezirksführer im Gau Rheinland-Nord und enger Freund von Karl Kaufmann) und Otto Strasser.
59 „Andern Morgens bei Straßer. Er vermutet, daß ich mit München kompromissle. Ich rede ihm diese dummen Schrullen aus." (sogGTb 10.6.1926). Ebenso wie im Folgenden: „Ich vermute, daß Freund Gregor Strasser sehr neidisch auf mich ist. Das fehlte noch. Wenn zwischen uns beiden der Streit beginnt, dann ist alles aus. Ich bin heute so deprimiert." (sogGTb 21.8.1926). Und in einer weiteren Notiz: „Straßer ist maßlos neidisch auf mich. Daraus erkläre ich sein plumpes, unbesonnenes Handeln gegen mich. Ich werde bis zuletzt anständig bleiben, und wenn ich daran verrecken soll." (sogGTb 23.9.1926).

schockartig bewußt, daß Hitler dem Bild, das er sich 1924/25 von ihm gemacht hatte, nicht ganz entsprach. [...] Seine sozialistisch-revolutionäre Überzeugung gab Goebbels jedoch keineswegs auf; die einsetzende Abkühlung im persönlichen Verhältnis zwischen Gregor Strasser und Goebbels kann nicht im mindesten als Auseinandersetzung zwischen dem ‚prinzipientreu gebliebenen Parteilinken‘ und dem ‚abtrünnig gewordenen Opportunisten‘ interpretiert werden.“[60]

Goebbels’ vermeintliche Abtrünnigkeit fand noch in der Nachkriegsliteratur und in verschiedenen Biographien ihren Niederschlag. So wurde behauptet, dass Goebbels im *Völkischen Beobachter* und somit ganz offiziell den Abschied von der norddeutschen Clique vollzog.[61] Dass die Freundschaft mit Strasser auf journalistischem Weg beendet wurde, ist jedoch falsch. Vielmehr fanden sich weder in der Münchner Ausgabe noch in der Reichsausgabe des *VB* im August 1926 ein derartiger Text: Zwischen dem 1. August und dem 1. September publizierte Goebbels dort überhaupt nicht.

An dem Verhältnis zu Gregor Strasser änderte Goebbels’ Berufung als Gauleiter nach Berlin vorerst nichts. Erst die Veränderungen in Goebbels’ Berliner Journalismus führten vermehrt zu Streitigkeiten und wirkten sich negativ auf das Verhältnis zu Strasser aus; am Ende standen sie sich in erbitterter Feindschaft gegenüber.[62] Die Etablierung des *Angriffs* als Konkurrenzblatt zur Strasser-Presse spielte hier deutlich hinein.

Mit dem *Angriff* hatte sich Goebbels ein nur vordergründig unabhängiges Pressemedium geschaffen; tatsächlich geriet er mit seinen Anbiederungen zunehmend in Hitlers Dunstkreis und somit auch in dessen Abhängigkeit. Anfangs hatte

---

60 Höver 1992: 409f. Vgl. ebd.: 21, 287–289.

61 „In einem Artikel, der im August 1926 im Völkischen Beobachter erscheint, zieht er den Trennungsstrich zwischen sich und den Freunden von gestern.“ (Riess 1989: 71). Im „August des gleichen Jahres veröffentlichte der treueste Vasall des späteren Diktators einen Artikel im parteiamtlichen Völkischen Beobachter, in dem er sich offiziell von der Strasser-Linie distanzierte.“ (Peuschel 1982: 45). „Im August setzte er sich, mit einem Aufsatz im *Völkischen Beobachter*, öffentlich von Strasser ab.“ (Shirer 1961: 124, kursiv im Original). Keiner der Autoren belegt dies mit näheren Quellenangaben.

62 Die Goebbels-Notate und auch die Biographien zeigen, dass das Verhältnis zwischen Joseph Goebbels und Gregor Strasser bis 1932 in seiner Skalierung zwischen positiver und negativer Wertung schwankte. Zum Jahreswechsel 1930/31 strebte er auf der Suche nach innerparteilichen Verbündeten auch wieder ein engeres Verhältnis mit Gregor Strasser an. Vgl. Höver 1992: 344. Dazu notierte er: „Besuch bei Straßer. Auf dem Wege zur Besserung. Hat einen fabelhaften Humor. Ich bin sehr nett zu ihm.“ (sogGTb 26.2.1931). Ebenso wie im Folgenden: „Mit Straßer zusammen. Er ist sehr nett. Ich will mit ihm in ein eindeutiges Verhältnis kommen. [...] Ich werde mir Mühe geben und ich glaube, Straßer will das auch.“ (sogGTb 28.4.1931). Und nach einem Vortrag des Parteikollegen schrieb Goebbels großmütig: „Straßer hat eine sehr gute Presse. Ich gönne sie dem guten Gregor.“ (sogGTb 25.10.1931). Erst nach den harten Auseinandersetzungen mit Otto Strasser und den politischen Schachzügen Gregor Strassers mit Kurt von Schleicher gingen die Worte dann in eine andere Richtung: „Es gibt einen Mann in der Organisation, dem niemand traut. Es besteht die Gefahr, daß er in einer entscheidenden Stunde abspringt und uns unermeßlichen, kaum wieder gutzumachenden Schaden zufügt. Er hat keine Solidarität und kann deshalb auch niemandem richtig Freund sein. Dieser Mann heißt Gregor Strasser!“ (sogGTb 6.1.1932).

der neue Gauleiter in Berlin eine nationalsozialistische Publicity-Maschinerie angeworfen, er machte Stimmung für die „Bewegung" und ging auf Mitgliederfang für die NSDAP. Mit Hilfe der SA mischte er die Reichshauptstadt auf und gab der NSDAP durch neuartige kommunikative Formen nun Gesicht und Stimme.[63]

> „Für Goebbels war der Kampf um Berlin in erster Linie eine propagandistische Herausforderung, die Ignoranz der öffentlichen Meinung durch Witz, Originalität und spektakuläre Gewalt zu durchbrechen und die NSDAP zum Gegenstand des öffentlichen Gesprächs zu machen."[64]

Er wurde nicht müde, den sozialistischen Schwerpunkt der Partei zu betonen und steuerte nach wie vor seinen linken Kurs. Dennoch gewann der von München aus diktierte politische Kurs zunehmend an Bedeutung, die Inhalte im *Angriff* wurden mehr und mehr auf die Parteilinie zugeschnitten. Goebbels passte sich in mehreren drastischen Entwicklungsschüben politisch wie auch journalistisch Hitler an. Die erste zustimmende Geste zeigte sich in der Hetzkampagne gegen „Isidor", den Berliner Polizeipräsidenten Bernhard Weiß; es folgten weitere, die sich jeweils in einer Verstärkung der ideologischen Radikalität, des Antisemitismus und des antidemokratischen Kurses manifestierten.

Erklärungen hierfür sind im Verhältnis zwischen Goebbels und Hitler zu suchen: Ausschließlich das positiv besetzte Verhältnis zum „Führer" garantierte Goebbels die herausgehobene innerparteiliche Stellung. Auch nach der Machtübertragung an die Nationalsozialisten im Jahr 1933 besaß Goebbels keine politische Hausmacht, war im Führungszirkel ohne die Protektion des Parteioberhaupts hilflos und sich durchaus dessen bewusst, dass sein Gewicht innerhalb der NSDAP und seine zukünftige politische Positionierung im NS-Staat ausschließlich von Hitlers Wohlwollen abhingen. „Goebbels wußte, daß nur Hitlers Gunst sein eigenes Überleben im Rudel der Wölfe garantierte."[65] Dieses Abhängigkeitsverhältnis sagte Goebbels durchaus zu, verspürte er darin doch eine unmittelbare Beziehung zum Machthaber. Tatsächlich ergänzten sich Hitler und Goebbels auf wirkungsvolle, erfolgverheißende und „eine nahezu einmalige Weise: Für die dumpfen, komplexbedingten Visionen Hitlers, seine eher intuitive, rauschhafte Massenbeziehung, fand Goebbels die werbewirksamen Techniken, die Rationalisierungen, die Schlagworte, Mythen und Bilder."[66]

---

63 „Ich habe, glaube ich, eine neue Art zu reden gefunden. Ich entmaterialisiere immer mehr und steuere schnurstracks auf das Typenbildend-Weltanschauliche hin. Meine Art zu denken, zu reden und zu schreiben wird plastisch-typischer. Ich sehe nichts Einzelnes mehr, nur noch Typisches. Das ist, meine ich, an und für sich ein riesenhafter Gewinn." (sogGTb 17.12. 1926).

64 Paul 1992: 48f.

65 Knopp 1998: 53. Vgl. Barth 1999: 76, 98; Fest 1995: 570.

66 Fest 2003: 120. Vgl. Fest 1995: 565; Fest 1971: 399. „Doch er war immer der Primus das stärkste Medium in der Clique, die zwischen Hitler und der grossen Masse stand. Er war der erste Gesprächspartner des bösen Dämons in Hitler. Er stabilisierte, wo Hitler schwankend war, er gab seinen konfusen Plänen logische Gestalt und seinen Masslosigkeiten Rechtfertigung, Ansporn und Übermass." (Diels 1949: 90).

Da sich Goebbels als Hitlers Lehrling verstand und gebärdete, veränderten sich zwischen 1927 und 1932 seine journalistischen Inhalte deutlich. Die Korrumpierung, die Ende 1926/Anfang 1927 eingesetzt hatte, wurde allmählich erkennbar: Indem Goebbels beispielsweise in Pressetexten gegen Juden hetzte, hoffte er, die Sympathie des Parteiführers zu gewinnen. Die nationalsozialistische Ideologie und in ihrem Zusammenhang auch der radikale Antisemitismus erreichten ihn erst nach und nach – auch wenn die in den Goebbels-Dokumenten bereits dargelegten Deportationsphantasien „auf gespenstische Art die späteren Ereignisse vorwegnehmen."[67] Ein weiterer Aspekt macht die Veränderungen deutlich: Hatte es Goebbels auf seinen bisherigen journalistischen Arbeitsfeldern bewusst vermieden, Lobgesänge auf die jeweiligen Arbeitgeber anzustimmen, so galt dies unter Hitler plötzlich nicht mehr. Zu früheren Zeiten hatte sich Goebbels oft gegen seine Dienstgeber und ihre politischen Grundsätze gesträubt, hatte dies journalistisch begründet und eigene, mitunter sogar unabhängige Ideen dargelegt.

In den späten „Kampfjahren" aber ließ sich Goebbels völlig vom Nationalsozialismus Hitlerscher Prägung vereinnahmen; selbst wenn er den „Führer" nicht in den Vordergrund rückte, schrieb er für diesen Propaganda. *Der Angriff* stand völlig im Dienst der NSDAP, sein Herausgeber und Leitartikler zementierte inhaltlich und formal die unantastbare Führerschaft und den alleinigen Herrschaftsanspruch Hitlers. „Der Kampf um Goebbels' Seele war zu Ende. Hitler hatte ihn gewonnen. Freilich, es war letzten Endes nicht einmal so sehr Hitler, der Goebbels überzeugte; Goebbels überzeugte sich selbst. Er wollte an Hitler glauben, und nun glaubte er wirklich an ihn."[68] Goebbels war an einem Punkt angelangt, an dem es keine Umkehr mehr gab. Als Propagandaleiter Hitlers setzte er sich mit Haut und Haar für den Machtwechsel ein und wollte davon letztlich profitieren.

„Der Blick auf den Journalisten Goebbels berührt also nur scheinbar einen Randbereich seiner Biografie. Tatsächlich wäre der Politiker, der mit 35 Jahren bereits Minister wurde, ohne seine journalistischen Fähigkeiten nicht denkbar. Auf der anderen Seite müsste man heute kaum einen Gedanken an den Journalisten verschwenden, hätte er nicht als Parteifunktionär und Regierungsmitglied das Gesicht des Nationalsozialismus entscheidend geprägt."[69]

---

67 Nill 1991: 200. Vgl. ebd.: 201; Reuth 2000: 73f. Wie ein böses Omen klingt aus heutiger Perspektive auch ein Merksatz, in dem bereits die in nicht allzu ferner Zukunft stattfindende Entmündigung der Nation in unheimlichem Unterton mitschwang. So hatte Goebbels im *Angriff* formuliert: „Vielleicht wird's wahrer und wahrer: daß das deutsche Volk nur gegen seinen Willen und mit Gewalt glücklich zu machen ist." („Generalstreik und Generalstreit" Soz/30.5.1926/3. Der Text erschien erstmals im *Völkischen Beobachter* VB/23.5.1926/1).

68 Riess 1989: 71.

69 Härtel 2005: 16.

3. AUSBLICK: JOURNALISMUS NACH 1933

> „Jetzt haben wir auch eine neue Handhabe gegen die Presse,
> und nun knallen die Verbote, daß es nur so eine Art hat.“[70]

Nach der durch die Wahlen am 5. März 1933 legitimierten Machtübernahme der Nationalsozialisten wurde an Joseph Goebbels am 13. März die Leitung des neu geschaffenen Reichsministeriums für Volksaufklärung und Propaganda (RMVP[71]) übertragen. Damit hatte er den Sprung „vom ehrgeizigen Krawallmacher zum staatstragenden Nazi-Minister“[72] geschafft. Zusätzlich war er einer von insgesamt drei installierten Reichsleitern, die sich des Sachgebiets Medien annahmen: Gemeinsam mit Otto Dietrich (Reichspressechef der NSDAP) und Max Amann (Parteiverlagsleiter Eher Verlag) bildete Goebbels das so genannte Pressedreieck. „Binnen weniger Jahre krempelten die Nationalsozialisten die deutsche Zeitungslandschaft fast völlig um. Das politische Ziel war die Monopolisierung und totalitäre Beherrschung der öffentlichen Kommunikation.“[73]

Mit der Ministerstelle wuchsen Goebbels' politischen Aufgaben weiter an, so dass er sich auch durch das eng begrenzte Zeitkontingent aus dem Journalismus zurückzog. Die gravierenden Veränderungen betrafen vor allem die Redaktion des *Angriffs*: Mit der Gründung der so genannten Deutschen Arbeitsfront (DAF[74]) übernahm Robert Ley im Mai 1933 die Gesamtverantwortung für die Tageszeitung.[75] Der Untertitel änderte sich in *Tageszeitung der Deutschen Arbeitsfront*. Der ehemalige Gründer, Herausgeber und Leitartikler Joseph Goebbels, der den Charakter des Kampfblattes geprägt hatte, kümmerte sich nun nicht mehr um sein Blatt.[76] *Der Angriff* verlor daraufhin seine zentrale publizistische Funktion und versank schließlich völlig in der Bedeutungslosigkeit.

---

70 sogGTb 15.2.1933. Goebbels bezog sich hier auf die Verordnung „Zum Schutz des deutschen Volkes“ vom 4.2.1933, mit dem sich die Regierung weitere Möglichkeiten zum Eingriff in die Meinungs- und Pressefreiheit schuf.

71 Zu den Aufgaben des RMVP hieß es in einer Verordnung Adolf Hitlers vom 30.6.1933: „Der Reichsminister für Volksaufklärung und Propaganda ist zuständig für alle Aufgaben der geistigen Einwirkung auf die Nation, der Werbung für Staat, Kultur und Wirtschaft, der Unterrichtung der in- und ausländischen Öffentlichkeit über sie und der Verwaltung aller diesen Zwecken dienenden Einrichtungen.“

72 Morgenthaler 2004 (Teil II, die Filmemacherin zitiert hier den UFA-Filmregisseur Georg Marischka). Vgl. Sösemann 2002a: 365–373; Wunderlich 2002: 262f.

73 Frei/Schmitz 1999: 23.

74 Die DAF war der Einheitsverband der Arbeitgeber und -nehmer; in ihr wurden die freien Gewerkschaften eingeschmolzen. Vgl. Schmitz-Berning 1998: 135–137.

75 „The changes brought by the Nazi ‚seizure of power‘ also had an effect upon *Der Angriff*. The paper was no longer a major concern to Goebbels, who became chief of the Third Reich's immense propaganda machine. It eventually fell out of his orbit, becoming the official organ of the German Labor Front. Although *Der Angriff* continued to be published until April 1945, it did not play a major role in Hitler's Germany.“ (Lemmons 1994: 128, kursiv im Original).

76 In den Hofbiographien wurde der Umstand entsprechend umschrieben: „Als Reichsminister mußte sich Dr. Goebbels von seinem ‚Angriff‘ trennen, mit dem sein Name immer verbunden

> „Den Schwung und die Lebendigkeit, die DER ANGRIFF in den ersten Jahren seines Erscheinens dennoch aufzuweisen hatte, verdankte das Blatt seinem Herausgeber und Leitartikler. Diese Tatsache wurde deutlich, als der Nationalsozialismus 1933 an die Macht gekommen war und Goebbels die Zeitung sich selbst überließ. Jetzt wurde das Blatt tatsächlich zu einer ‚kümmerlichen Winkelzeitung‘. Außer dem Motor Goebbels fehlten nun, da der Kampf gegen die Republik gewonnen war, zunächst einmal auch die geeigneten Angriffsziele.“[77]

Im Rahmen der Gleichschaltung der deutschen Presse wurden die Auflagenzahlen des *Angriffs* dennoch entsprechend gesteigert: 1934 wurden etwa 60.000 Exemplare des Periodikums abgesetzt.[78] Das DAF-Organ wurde im Februar 1935 komplett vom Zentralverlag Franz Eher München übernommen und wie alle anderen Parteizeitungen auch dem Amann-Konzern unterstellt. Die Hauptschriftleitung ging zu diesem Zeitpunkt an Hans Schwarz van Berk über.

> „Erst als Schwarz van Berk die Leitung übernahm, kam wieder etwas mehr Schwung in die redaktionelle Arbeit. Schwarz van Berk hielt die Zeitung zwar auch bewußt auf dem Niveau eines einfachen Straßenblattes, doch bemühte er sich um eine Erweiterung und Verbesserung des Feuilletons. Der Einfluß Leys jedoch ließ das Niveau wieder sinken. DER ANGRIFF wurde zu einer plump gemachten nationalsozialistischen Hauspostille der ‚Deutschen Arbeitsfront‘, deren hervorstechendstes Kennzeichen ihr heftiger Antisemitismus war.“[79]

Ursprünglich als Sprachrohr der nationalsozialistischen „Bewegung“ geschaffen und mit einseitig agitatorischer Gesinnung ausgestattet, musste sich der *Angriff* nun nach und nach in die Rolle einer Regierungszeitung hineinfinden. Die letzte Nummer des Blattes erschien am 24. April 1945, dann wurde sein Erscheinen eingestellt.[80]

Statt mit dem *Angriff* befasste sich Joseph Goebbels nunmehr kraft seines Amtes mit der Publizistik im Führerstaat, die er weitgehend autoritär zu lenken gedachte. Offiziell wurde nun das Bild des journalistisch „unermüdlich schaffenden, vielseitig begabten, idealistischen, überaus rechtlich denkenden, volksverbundenen, großen revolutionären Kämpfers“[81] vermittelt. Den Zeitungen des „Dritten Reiches“ wurde nun eine Führungsaufgabe zugebilligt, sie sollten Sprachrohr Adolf Hitlers, Träger der Volksaufklärung und vor allem maßgeblich an der politischen Erziehung und Mobilisierung der Deutschen beteiligt sein. Zeitungspolitische Aufgabe, so hieß es in amtlichen Bekundungen, sei die Erziehung „der Menschen zu bewußten Trägern ihres völkischen Schicksals, zu Gliedern der

---

bleibt. Er hat aber in Artikeln, die durch die ganze deutsche Presse gingen, bewiesen, dass er als schöpferischer und kritischer Schriftleiter imstande ist, der Presse unter gänzlich veränderten Verhältnissen neue Wege zu weisen.“ (Kügelgen 1934: 21).

77   Martens 1972: 31, Versalien im Original. Vgl. Härtel 2005: 19; Reuth 2000: 79; Hochstätter 1998: 33f.; Fröhlich 1989: 61; Peuschel 1982: 48; Martens 1972: 31; Kessemeier 1967: 16, 51; Stephan 1949: 159; Hartmann 1936: 5, 106.

78   Die Auflagenzahl steigerte sich 1935 auf rund 72.000, 1936 auf 100.000, 1939 auf 140.000 und 1944 auf sogar 300.000 Exemplare. Vgl. Hochstätter 1998: 33f.; Moores 1997: 65; Martens 1972: 30f.; Kessemeier 1967: 46; Linsen 1954: 6; Kreuzberger 1950: 29f.; Stephan 1949: 159; Münster 1941: 115.

79   Martens 1972: 32, Versalien im Original.

80   Vgl. Reuth 2000: 79, 352; Moores 1997: 65; Martens 1972: 30f.; Kessemeier 1967: 46.

81   Kessemeier 1967: 15.

Volksgemeinschaft mit allen Konsequenzen auf weltanschaulichem, geistigem, kulturellem, wirtschaftlichem und moralischem Gebiet."[82]

Den NS-Journalisten wurde neben der journalistischen Aufgabe (Nachrichten-, Wissens- und Bildungsvermittlung) auch eine publizistische zugewiesen: Im Dienst des Allgemeinwohls sollte der Tagesschriftsteller zwischen dem „Führer" und den Lesern vermitteln.[83] Eine Journalistenpersönlichkeit habe die ehrenvolle Aufgabe, als Erzieher und Lehrer des Volkes zu fungieren und somit seine nationale Pflicht zu erfüllen. Die Journalisten der Weimarer Republik seien Söldner einer gewissenlosen Presse gewesen; jetzt sei der Journalist als Kämpfer und Soldat, Missionar und geschickter Massenpsychologe, Agitator und glänzender Taktiker mit wichtigen Aufgaben im neuen Staat ausgestattet worden:

> „Der Journalist ist ein Stoßtruppler, ein Pionier im Vorfeld der Geschichte. Das Volk folgt ihm, wenn es ihn bewundert, weil er vorne marschiert; es verachtet und verlacht ihn, wenn es zusehen muß, wie er in den Kaffeehäusern herumsitzt oder in den Salons verweichlicht. Der Journalist lebt mit dem Volk und aus seinem Munde bezieht er die lebendige Inspiration für seine Schriften. Er steht für die Wahrheit ein, verdammt die Ungerechtigkeit und pariert die Verleumdung, er ist Pionier der Gerechtigkeit und Diener des Vaterlandes. Als erklärter Feind der Plutokratie, d.h. der Beherrschung des Geistes durch das Geld, als Feind des Bolschewismus, des Vernichters moralischer Werte, behauptet und verbreitet er täglich neu die große Formel, ohne die es keine Moral gibt: den belohnen, der Gutes tut, und den der Böses tut, bestrafen. Er ist bereit, die Feder niederzulegen, die Waffe zu ergreifen, und sein Leben zu opfern, um seine Idee zu behaupten; er weiß, daß die schönste Seite jene sein wird, die er mit dem eigenen Blut geschrieben haben wird!"[84]

Der sich im Dienst des nationalsozialistischen Staates befindliche Zeitungsmann solle die einheitlichen Werte der deutschen Kultur in den Vordergrund rücken, die Neugestaltung des deutschen Reiches thematisch voran bringen und dem Leser außerdem einen nationalen seelischen Antrieb geben. Dafür benötige der Journalist eine besondere Volksverbundenheit, psychologische Basiskenntnisse, eine elegante Schreibe mit Witz und Esprit sowie vor allem politischen Sachverstand. Die Begründung für diese Anforderungen erläuterte Joseph Goebbels selbst: „Das Recht zu schreiben ist verbunden mit der Verpflichtung dem Staate gegenüber."[85]

Die Realität sah anders aus: Um zu gewährleisten, dass Zeitungen und ihre Mitarbeiter positiv zur Staatsführung standen, wurden Schriftleiter und Verleger einer strengen Auslese unterworfen.[86] Politische Zuverlässigkeit sollte erreicht

---

82　Waldkirch 1935c: 37. Vgl. Waldkirch 1935b: 345; List 1939: 1.

83　„Wie der Dichter mit dem König zu gehen hat, so muß der Journalist mit dem Führer marschieren." (Wulf 1983: 206, der Autor zitiert hier aus der Dissertation von Franz Kiener mit dem Thema „Die Zeitungssprache" aus dem Jahr 1937). „Die Führer und die Völker machen Geschichte. Uns Journalisten kommt die Aufgabe zu, ihren Weg vorzubereiten." (Generalsekretariat 1943: 19).

84　Generalsekretariat 1943: 24f. Vgl. ebd.: 4, 11; Wulf 1983: 203f.; Hagemann 1948: 54; List 1939: 2, 55; Oebsger-Röder 1936: 87.

85　Waldkirch 1935a: 2. Vgl. ebd.: 87, 165f., 178; Waldkirch 1935c: 32; Frankenfeld 1933: 30–32.

86　Der Begriff „Schriftleiter" als eine an der geistigen Gestaltung der deutschen Presse beteiligte Person wurde vor 1933 eher selten gebraucht, mit dem Schriftleitergesetz dann aber deutlich geprägt und von da an auch bewusst verwendet.

werden, indem keine der „gescheiterten Existenzen"[87] im Pressemilieu Zuflucht finden konnte. Der Schriftleiter war als Stimmführer der öffentlichen Meinung angesehen, er hatte eine volkserzieherische Aufgabe zu erfüllen und bekleidete ein öffentliches Amt. Das Schriftleitergesetz (Oktober 1933) hielt dies entsprechend fest.[88] „Die unzähligen Journalisten nach 1933 spielten gar keine Rolle. Sie waren nur noch Empfänger, Ausführer, Überbringer der ihnen auf den sogenannten Pressekonferenzen oder durch Tages- und Wochenparolen fertig servierten Gedanken."[89] Diese Reichspressekonferenz als Hauptinstrument der inhaltlichen Presselenkung fand täglich im RMVP statt. Die anwesenden (ausgewählten) Pressevertreter erhielten detaillierte Anweisungen, welche Informationen in welcher Form an welche Öffentlichkeit gelangen sollten. Diese Presseweisungen (zwischen 1922 und 1945 belief sich ihre Zahl auf etwa 100.000 Stück) enthielten anfangs auch ausdrückliche Sprachregelungen, die jedoch zur Vermeidung einer zu großen Uniformität der Zeitungsinhalte später wieder seltener wurden. Die Reichspressekammer als Unterabteilung des RMVP war für die Vor- und Nachzensur sowie die lückenlose personelle Überwachung der Journalisten zuständig.

Dass dies alles im Verantwortungsbereich des Propagandaministers Joseph Goebbels vonstatten ging und zentral von ihm gelenkt wurde, zeigt, dass er nach wie vor auch journalistisch dachte. Obgleich er sich nun eher auf legislativer und exekutiver Ebene mit medialer Arbeit beschäftigte, schrieb er weiterhin Zeitungstexte; ein Blick in die Bibliographie der Zeitschriftenliteratur von Felix Dietrich verdeutlicht dies. Qualitativ reichten die Zeitungsbeiträge jedoch nicht mehr an die „Kampfjahre" heran: Als platt, sentimental, langweilig, seltsam matt und ohne jede persönliche Note werden sie beschrieben, als nichtssagend, farblos und maniert, ohne jede Frische und Lebendigkeit. Zwar wurde Goebbels routinierter in der Abfassung seiner Reden und Artikel, seine Argumentationsstränge blieben technisch einwandfrei, und die Abhandlungen bestimmter Themen waren eindringlich, stellenweise vorzüglich.[90] Doch die journalistische Hochzeit war im Vergleich zur Zeit vor 1933 vorüber.

> „Wie war dieser Wandel zu erklären? Sollte man nicht annehmen, daß der Journalist, der früher seine Leitartikel in den wenigen Minuten schrieb, die ihm zwischen Wahlversammlungen und Gaugeschäften verblieben, nun etwas besonders Gutes leisten würde, da er nicht mehr improvisieren mußte, da er Zeit hatte oder sie sich nehmen konnte? Die Antwort liegt bei den Themen. Goebbels war zündend und hinreißend im Angriff. Jetzt war er in der Verteidigung. Jetzt war man Staat, jetzt war man Minister; jetzt mußte man gemäßigt im Ton sein, ja geradezu salbungsvoll. Und das konnte Goebbels nicht."[91]

Ihm fehlten offensichtlich die politischen Gegner, die er journalistisch attackieren konnte.

---

87 Der NS-Staat habe dafür Sorge zu tragen, „daß der Schriftleiterberuf nie wieder ein ‚Sammelbecken gescheiterter Existenzen' werden darf. Man kann untüchtigen Menschen keine öffentliche Aufgabe übertragen!" (Oebsger-Röder 1936: 87).
88 Vgl. List 1939: 9; Oebsger-Röder 1936: 20, 27, 30, 86.
89 Wulf 1983: 6. Vgl. Stöber 1998: 121.
90 Vgl. Fest 2003: 133; Riess 1989: 219; Heiber 1962: 14.
91 Riess 1989: 219f. Vgl. Knopp 1998: 53.

„In Zeiten des Kampfes schien Goebbels' Kraft zu wachsen, und er schrieb in solchen Phasen am produktivsten. Dabei diente ihm sein Schreiben immer wieder auch als Simulationsraum für die Schlachten, an denen er nicht teilnehmen konnte oder die gar nicht stattfanden. In solchen Fällen schöpfte er seine Energie dann aus dem Kampf gegen virtuelle Gegner."[92]

Erst im Zweiten Weltkrieg, als es darum ging, das deutsche Volk für den Kampf zu motivieren, wurde in seinen journalistischen Arbeiten wieder ein stilistischer Aufschwung sichtbar. Nun war Goebbels mit seinen Texten erneut Teil einer nationalen Inszenierung, in der er sich heimisch fühlte und in der das politisch übergeordnete Ziel (der „Endsieg") jedes publizistische Mittel heiligte. Die kontinuierliche journalistische Arbeit, die 1933 zumindest in ihrer Intensität ganz deutlich nachgelassen hatte, griff Goebbels erst 1939 wieder auf und schrieb beispielsweise wieder regelmäßig Leitartikel im *Völkischen Beobachter*.[93] Ein hervorhebenswertes Beispiel sind nicht zuletzt seine Beiträge in dem Wochenblatt *Das Reich*.[94]

4. GOEBBELS – EIN POLITISCHER JOURNALIST? SCHLUSSBETRACHTUNGEN UND ERKENNTNISSE

> „Vielfach auch verstehen unsere Journalisten nicht,
> daß es in der Wahlzeit in der Hauptsache auf
> die propagandistische Wirkung der Zeitungen ankommt.
> Sie sind meist zu gründlich und eher für
> die Wissenschaft als für die schwarze Kunst geeignet."[95]

Was macht einen Journalisten zum Journalisten? Er beschafft Informationen, wenn möglich recherchiert er an verschiedenen Stellen aus unterschiedlichen Perspektiven. Er verifiziert die gesammelte Fakten, um sie dann nach festgelegten Kriterien zu sortieren und auszuwählen, die Informationen (mehr oder weniger) kreativ in verschiedenen journalistischen Darstellungsformen analysierend, kommentierend und/oder unterhaltend zu verarbeiten. Im Zentrum des handwerklichen Könnens steht neben der Sammlung, Auswahl, Komprimierung und Eindampfung des Materials das Schreiben an sich. Zu den journalistischen Leistungen gehört neben eigenschöpferischer Berichterstattung auch die Aufgabe, Fremdtexte zu redigieren, umzuschreiben, redaktionell zu bearbeiten und die gelieferten Inhalte sowohl in ihren Umfängen wie auch gestalterisch an das jeweilige Medium und dessen Linie anzupassen. Der moderne Journalismus, so Manfred Rühls nach wie

---

92 Härtel 2005: 21.
93 Vgl. Härtel 2005: 21; Fest 2003: 132f.; Kessemeier 1967: 20; Heiber 1962: 266f.
94 Gemäß einer Liste in der Forschungsstelle für Zeitgeschichte Hamburg sind zwischen 26. Mai 1940 und 15. April 1945 von Joseph Goebbels 210 Artikel im *Reich* erschienen. Vgl. FZH III Cb. Zur Wochenzeitung, ihrer Entstehung und Besetzung, zu redaktioneller Arbeitsweise und inhaltlichen Aspekten wie auch zur Mitwirkung von Goebbels siehe Härtel 2005; Hachmeister/Siering 2002; Winde 2002; Frei/Schmitz 1999; Hochstätter 1998; Sösemann 1993a; Müller 1985; Pross 1985; Peuschel 1982; Martens 1972; Fraenkel 1971; Kessemeier 1967; Brech 1965; Schwab-Felisch 1965; Linsen 1954; Krosigk 1951; Kreuzberger 1950.
95 sogGTb 1.10.1932.

vor gültige Definition, ist auf „die Herstellung und Bereitstellung von Themen zur öffentlichen Kommunikation"[96] ausgerichtet. Disponierende Tätigkeiten im Bereich von Organisation und Koordination, die technische Umsetzung und personelle Betreuung erhalten bei der Beschreibung des Berufes ebenfalls eigenes Gewicht. Wer derartige Tätigkeiten regelmäßig ausführt, ganz gleich ob als freier oder fest angestellter Mitarbeiter eines Medienunternehmens welcher Größe auch immer, zählt zur journalistischen Berufsgruppe.

Joseph Goebbels war demnach Journalist, denn in der einen oder anderen Ausprägung finden sich bei ihm all diese Merkmale. Eine Bewertung seiner journalistischen Tätigkeit ist allerdings heikel, zumal bestimmte Entscheidungs- oder Handlungsprozesse vielleicht in ihrem zeithistorischen Kontext, nicht mehr aber aus heutiger Perspektive nachvollziehbar sind. Ähnlich verhält es sich auch mit journalistischen Substraten, mit der Art und Weise der Informationsverarbeitung und -wiedergabe, mit den verwendeten Vokabeln und Umschreibungen, die oftmals zeittypisch und Jahrzehnte später nicht mehr geläufig sind. Hinzu kommen persönliche Fähigkeiten und Prägungen, die einen Journalisten auszeichnen.

Zusammenfassend lässt sich über den Journalisten Goebbels festhalten: Sein journalistischer Lebenslauf war facettenreich, er schrieb für unterschiedliche, wenn auch politisch ähnliche Publikationsorgane.

> „Kampf und Angriff bildeten das Leitmotiv für Goebbels' journalistischen Werdegang. Dabei stand für ihn immer die Funktionalisierbarkeit seiner Texte im Vordergrund. Er schrieb, um damit etwas zu bewirken: Anhänger zu werben, Berlin zu erobern, sich Ansehen und Macht zu verschaffen und, nicht zuletzt, um seinen aufwendigen Lebensstil zu finanzieren. Vor allem aber war der kämpfende Journalismus für Goebbels ein Mittel zum Zweck: Durch ihn erlangte er politischen Einfluss und Macht."[97]

Bereits zu Beginn der journalistischen Tätigkeit – und ohne weitreichende fachliche Kenntnisse oder sogar eine journalistische Ausbildung zu besitzen – entwickelte Goebbels seinen typischen Stil: als sarkastisch-knurrig können die Beiträge bewertet werden, wortreich äußerte sich der Autor zu den Themen, achtete dabei meist auf eine überzeugende Argumentationskette und versuchte eine Gratwanderung zwischen agitatorischer Raffinesse und pathetischer Ausführung.[98] Er ließ sich von Thesen absorbieren und ging in Fragestellungen und Problemen auf. Das geschriebene Wort handhabe der promovierte Germanist mit Bedacht, seine Sätze waren geschliffen, eine journalistische Routine war lange Zeit nicht erkennbar. Sein Adjutant beschrieb Goebbels' Arbeitsweise apologetisch aber nicht ganz unzutreffend:

> „Viel lieber als an einem Buch schrieb er einen Leitartikel. Er ging dabei wie ein Künstler an die Arbeit. Verliebt in das Thema und immer wieder froh über die Begabung, die ihn dazu be-

---

96   Rühl 1980: 322f.
97   Härtel 2005: 28.
98   „Sein Stil war mit keinem eines anderen bekannten Nationalsozialisten auch nur annähernd zu vergleichen. Später fanden wir viele Artikel aus seiner Feder in der Weltpresse." (Schaumburg-Lippe 1990: 104).

fähigte. Er schrieb langsam und hatte besondere Freude an der Reinheit der Sprache wie an der Ausdrucksfähigkeit besonderer Worte."[99]

Goebbels schrieb räsonierend: Das lag vielfach an den Presseprodukten und ihren wöchentlichen oder sogar halbmonatlichen Erscheinungsweisen. Normalerweise hielt er am Primat der Innenpolitik fest, mit außenpolitischen Themen beschäftigte er sich nur am Rande und vor allem dann, wenn sie die innerdeutschen Verhältnisse direkt berührten. Bereits in seinen ersten Werken waren der antidemokratische Ansatz und die passionsartige Revolte gegen das Bürgertum angelegt – später dehnte er diese Aspekte aus, vertiefte und zelebrierte sie. Selbst die kulturkritische Aufsatzreihe, die er im Lokalblatt seiner rheinischen Heimatstadt begonnen und in Köln fortgesetzt hatte, beinhaltete schon nationalpolitische Oberbegriffe – obgleich sie noch unter einem kulturpolitischen Deckmantel publiziert wurden. Seine Themenpräferenz lag langfristig eindeutig auf der Agitation gegen die Weimarer Republik. Er pflegte die unterschiedlichsten journalistischen Stilformen, um das Parteiensystem, die staatlichen Organe und demokratische Politiker zu diskreditieren. Außerdem beschäftigte er sich vorwiegend mit der Frage, wie der Sozialismus sowohl in der NSDAP als auch in Deutschland zum zentralen Dreh- und Angelpunkt werden könnte. Der in den Beiträgen sichtbar werdende journalistische Kanon folgte regelmäßig einer bestimmten Struktur:

> „Immer wieder finden sich [...] dieselben Phrasen und Allgemeinplätze, die zumeist in folgender Reihenfolge abgehandelt werden: Macht und Stärke des Deutschen Reichs in der Kaiserzeit – Krieg – Verrat – Dolchstoß – Revolution – Inflation – Locarno – Dawes – Young. Verbunden mit antisemitischen und antimarxistischen Angriffen werden sie als Argumente im Kampfe gegen Republik und Demokratie, gegen deren Träger und Repräsentanten benutzt."[100]

Viele Formulierungen und Gedankengänge in den frühen journalistischen Texten (bis etwa 1927) stammten nicht von Joseph Goebbels selbst; der belesene Akademiker mit der germanistischen Ausbildung verwertete oft Materialien anderer Autoren und modellierte sie in seine politischen und gesellschaftlichen Thesen ein. Was für die nationalsozialistische „Bewegung" und die Zusammensetzung ihrer „großen Idee" galt, das traf auch für Joseph Goebbels zu:

> „Nicht die Nationalsozialisten selbst hatten die Grundlagen ihrer Weltanschauung geschaffen, sie hatten sie von den zunächst unabhängig von ihnen wirkenden völkischen Publizisten und Pamphletisten, von Rassenforschern und literarischen Germanophilen übernommen, und selbstverständlich ging auch ein wesentlicher Teil des gemeinsamen Geistesgutes der antidemokratischen Bewegung, wie es vornehmlich die Neukonservativen und revolutionären Nationalisten entwickelt hatten, in ihr Denken ein. Von den Nationalrevolutionären übernahmen sie die Glorifizierung des Kriegserlebnisses, von den Neukonservativen die Ablehnung des Liberalismus und Individualismus, von den Philosophen der Gewalt die Anbetung der Macht und Stärke sowie die Verachtung des Humanitären und der sogenannten Feminität"[101].

99 Schaumburg-Lippe 1990: 103.
100 Böhnke 1974: 210.
101 Sontheimer 1994: 140f.

Goebbels plagiierte mitunter bewusst diese verschiedenen gedanklichen Ansätze – doch das war unter den Antidemokraten jener Zeit durchaus verbreitet.

Mit der Gründung des eigenen Blattes verließ Goebbels die karge journalistische Lohnarbeit. Bald schon zeigte sich, dass seine Rücksichtslosigkeit und die mit aller Härte kommunizierte Durchsetzung seiner politischen Ziele Erfolg versprach. Neuartig waren die in dem Berliner Kampforgan aufkommenden Stilarten und Sprachformen, ungewöhnlich war auch die Schärfe der publizistischen Angriffe. Eine „graziöse Mischung aus Kitsch-Pathos und Asphalt-Deutsch", aus „tragischer Schwermut und heroischer Größe"[102] zeichnete seine Zeitungstexte aus. In bissigen Halbsätzen attackierte Goebbels seine Gegner, hantierte mit enthüllenden und bloßstellenden Formulierungen. Über weite Passagen hinweg ironisierte er in verletzender, ehrenrühriger Weise, verbale Entgleisungen gab es häufig. Sehr bald schon hatte der *Angriff*-Herausgeber erkannt, dass die Ernsthaftigkeit seiner journalistischen Botschaft zwischen Sarkasmus und verständlichem Spott gut verpackt sein musste.[103] Penibel achtete Goebbels darauf, dass stets ein Spannungsbogen erhalten blieb, dass keine Anspielung zu langatmig und keine Andeutung zu breit gerieten. Mit seinen Artikeln konnte Goebbels Verachtung und Wut beim Leser produzieren, ohne davon selbst überwältigt zu werden – obgleich so mancher Artikel persönlichen Motiven entsprang. Seine zynischen Spitzfindigkeiten, scharfzüngigen Kritiken und eifrigen, rücksichtslosen Bekenntnisse waren exakt kalkuliert. Er pochte auf Unfehlbarkeit, umschmeichelte den Leser mit fein gesponnener Argumentation und ließ keinen Raum für eine andere Meinung neben der seinen.

> „Er war ein erstklassiger Journalist, einfallsreich, brillant in Formulierungen und Zitaten, gewandt im Aufstellen von Thesen und Antithesen, im Unterstreichen wie im Fortlassen von Tatsachen. Daß er nie die Wahrheit suchte, sondern immer nur eine bestimmte Tendenz zu verbreiten wünschte, kennzeichnete ihn freilich als Propagandisten, der sich lediglich der literarischen Ausdrucksmittel bediente."[104]

Wie in dem Vorwort zum *Angriff*-Sammelband von Hans Schwarz van Berk dargestellt, wurde das Zeitungsschreiben als öffentliche Kunst betrachtet:

> „Der Schriftleiter ist kein Plauderer, kein Dolmetscher der Kurzweil und auch kein Handlanger der Unterhaltung. Er ist mit anderen Vollmachten ausgestattet. Seine Sprache soll bestimmend wirken. Was er zu sagen hat, darf nicht nur unterrichten, es muß gewinnen und innerlich bewegen. Die Konterbande des Herzens muß überall durchblicken. Die Strenge einer Überzeugung soll hinter jeder Aussage stehen. Ein Gewissen soll schlagen. Der politische Mensch allein kann in solchem Sinne Journalist sein."[105]

Goebbels besaß diese Kunstfertigkeit, unabhängig davon, zu welchem Zwecke er sie anwandte und welche Inhalte er damit transportierte. Mal schrieb er komplex, mal vereinfachend, mal elegant – doch immer suggestiv. *Der Angriff* war von An-

---

102 Heiber 1962: 89f., 306.
103 The „young Goebbels must have noted how much easier it was to move people by violence and cheap demagoguery than by clear and reason" (Herzstein 1979: 31).
104 Stephan 1949: 107. Vgl. Bramsted 1971: 274.
105 Schwarz 1935: 9.

fang an auf Einseitigkeit ausgelegt, und dies galt gleichermaßen für die ausgewählten Fakten wie auch bei der Auswahl tendenzieller Bilder. Verwendete Zitate
wurden entweder parteiisch legitimiert oder verworfen. Es ging nicht darum, akribisch zu recherchieren, umfassend zu informieren, Zusammenhänge zu erhellen,
den Leser über Sachverhalte aufzuklären und ihn bei seiner Meinungsbildung und
politischen Orientierung zu unterstützen. Unabhängige und selbständige Schlussfolgerungen waren nicht gewollt. „Darum muß die Zeitung den Menschen mit
einem einzigen Griff packen und an das Geschehnis heranführen. Goebbels ist
Meister des Zugriffs. Mit dem ersten oder zweiten Satz seiner meisten Aufsätze
hat er den Menschen fest in der Hand."[106]

Goebbels beherrschte die suggestiven Methoden, nicht zuletzt deswegen, weil
sowohl in der völkischen Phase wie auch in den Jahren der nationalsozialistischen
„Kampfzeit" die publizistische Tätigkeit für ihn persönlich im Vordergrund stand.
Mit den neuartigen Meinungsformen im *Angriff* setzte er durchaus neue publizisti-
sche Maßstäbe. Eine hohe Professionalität, organisatorisches und journalistisches
Vermögen kennzeichnen die Zeitungstexte in dieser Etappe.

Die Erforschung der Person Goebbels konzentrierte sich bislang auf seine
propagandistischen Fähigkeiten und rhetorischen Talente. Selbst Zeitgenossen
beachteten ihn so gut wie ausschließlich als NSDAP-Parteifunktionär, in seiner
Rolle als Politiker und nach 1933 dann als Propagandaminister. So urteilte auch
der französische Botschafter André François-Poncet über Joseph Goebbels:

> „Er ist einer der gebildetsten, vielleicht der gebildetste unter ihnen. Man nennt ihn gewöhn-
> lich ‚den Doktor', denn er ist Dr. phil. Er hat eine auffallende rednerische und schriftstelleri-
> sche Begabung. Er schreibt und spricht eine wohllautende Sprache, die der des Führers weit
> überlegen ist und die man in diesem Deutschland, das so wenig Sinn für Stil bewahrt hat, sel-
> ten antrifft. Man kann ihn als den Typus eines vom Wege abgekommenen Intellektuellen an-
> sehen, wie sie sich mitunter in die Arme des Nationalsozialismus geworfen haben, um dem
> Nihilismus zu entgehen. Sein Geist, dem Mittel zur Verfügung stehen und der voller List und
> Sophismen ist, hat etwas Perverses und Teuflisches. Seine Phantasie ist romantischer Natur,
> von starker Vorstellungskraft, er liebt großartige Visionen und phantastische Schauspiele. Er
> ist ein geschickter Dialektiker, keiner kommt ihm gleich in der Kunst, sich zwischen Lüge
> und Wahrheit zu bewegen, den Tatsachen, denen er ein anderes Gesicht gibt, den Schein un-
> bedingter Genauigkeit zu verleihen und die Geschehnisse in dem für ihn günstigsten Licht
> darzustellen. Keiner besitzt wie er die Gabe, in klarer und doch nicht platter Formulierung ein
> vielgestaltiges Problem einfachen Menschen darzulegen, treffende Vergleiche zu ziehen in
> Worten, die sich dem Gedächtnis einprägen. Er ist ein Meister der Polemik, der Ironie und
> der Schmährede."[107]

Joseph Goebbels war Journalist, und sofern man ihn in seiner Zeit und seinem
Milieu begreift, war er sogar ein außergewöhnlich engagierter und kreativer. Aber
er ist es nicht geblieben. Hitler war für den jungen NSDAP-Funktionär die Soll-
bruchstelle: Goebbels war von ihm wie elektrisiert, er heftete sich an seine Seite
und machte sich Hitlers Gedankenwelt zu eigen. Hitler erschien ihm als die charismatische Leitfigur, nach der sich Goebbels lange gesehnt hatte. Und obwohl

---

106 Ebd.: 13. Vgl. Härtel 2005: 27; Böhnke 1974: 211.
107 François-Poncet 1980: 136f.

Goebbels im *Angriff* anfangs noch versuchte, seine eigenen politischen Vorstellungen zwischen den Zeitungsseiten zu transportieren, geriet er zunehmend in Abhängigkeit von Hitler. Zugunsten der Einigkeit mit dem „Führer" reduzierte Goebbels erst seine Sympathien für Russland und dann seine sozialpolitischen Zugeständnisse auf ein Minimum. Goebbels' Grundüberzeugungen verblassten, Themen und Sprachgebrauch übernahm er von der Parteileitung; in den Artikeln wurde „das mehr oder wenig übliche Gemisch aus landläufigem Antisemitismus, illusionärer Erklärung der Kriegsniederlage, Verschwörungstheorie, pseudowissenschaftlichem Rassismus und nationalistischem Pathos"[108] zum üblichen Stil.

Erst recht nach dem politischen Wechsel in Deutschland 1933 büßte sein Journalismus auffällig an Vielfältigkeit und Ideenreichtum ein. Goebbels hatte unbedingt Journalist werden wollen, doch er wollte unter allen Umständen Publizist und Politiker zugleich sein. Die journalistische Arbeit hatte seine politische Positionierung garantiert, eine publizistische Kontinuität hatte sich in seinem Alltag verfestigt. Selbst wenn er nach wie vor aus Eitelkeit getrieben zum journalistischen Berufsstand gehören wollte, hier und da noch etwas publizierte, verlor dieses Berufsetikett zunehmend an Bedeutung. Dass Goebbels vollständig in einem anderen Berufsstand, dem des Politikers, angekommen war, wurde deutlich, als er sein Zeitungsprojekt *Der Angriff* hinter sich ließ. Insofern kam spätestens mit der politischen Machtstellung auch eine persönliche Wandlung. Der vorher so wichtige Status als Journalist rückte für Goebbels nun vollends in den Hintergrund.

Goebbels hat eine Weile lang den deutschen Journalismus mit geprägt, hat mit seinem Kampfblatt neue Formen geschaffen, wie sie zuvor nur in abgeschwächtem Zustand vorhanden waren. Er gestaltete seinen Journalismus jenseits jeder ethischen Berufsnorm; sowohl der Umgang mit Interaktionspartnern als auch die Darstellung von Inhalten wurden an völlig neuen Maßstäben gemessen. Anbiedernd aber nicht unzutreffend formulierte Schwarz van Berk:

> „Goebbels hatte ja den Mut, einen Feigling wirklich beim Namen zu nennen und auf einen Schelmen anderthalbe zu setzen. Er besaß einen Augenblick später, wenn die Luft brenzlicher roch, die Geschmeidigkeit, mit wohlverpackten Worten das gleiche anzudeuten und eine noch stärkere Wirkung zu erzielen, weil es noch immer unter Verschworenen besondere Freude macht, sich mit geschlüsselten, fingierten, verkleideten Worten zu ergötzen und den Gegner meuchlings lachend zu erledigen."[109]

Handlungsleitende Normen wie Glaubwürdigkeit, Sorgfaltspflicht, Wahrheitsvermittlung und Objektivität hatten in Goebbels' journalistischen Arbeiten keinen Platz und keine Bedeutung – vermutlich deshalb ragt er stellenweise als jene journalistische Persönlichkeit heraus, die „dem geflügelten Wort von der Giftfeder eine völlig neue Dimension gegeben hat."[110] Die einseitige Interpretation von Ereignissen und eine Art Schlüsselloch-Journalismus standen im Mittelpunkt seiner Tätigkeit. Tabugrenzen wurden bei jeder sich bietenden Gelegenheit überschritten, maßlose Provokationen fanden sich nicht nur auf dem Titelblatt; die getreue

---

108 Piper 2005: 49.
109 Schwarz 1935: 11.
110 Zwiers 1999: 39.

Abbildung der Realität gab es ebenso wenig wie faire Berichterstattung. Stattdessen zeichnete Goebbels beklemmende und beängstigende Stimmungsbilder, die er als authentische Illustrationen der Gegenwart proklamierte und denen er anschließend die Leuchtkraft des „Dritten Reiches" und des „Führers" gegenüberstellte.

Fragwürdig war der Umgang mit Personen und Fakten. In der Gesellschaft der Weimarer Republik, die sich in stetem Wandel befand, wo akzeptierte Normen entweder nicht mehr existierten oder täglich fluktuierten, ist eine Bewertung schwierig – zumal die journalistischen Positionen der Periodika stark divergierten. Das sei als Postskript angemerkt: Bis heute ist es nicht ungewöhnlich, wenn Journalisten ihre politische Linie klar definieren oder bei politisch eindeutig gefärbten Medien eingestellt werden wollen, um dort ihrer ideologisch inspirierten Arbeit nachzugehen. Jede Redaktion kennt die Linie des Chefredakteurs und weiß, zu welchen spezifischen Themen mit welchen Tendenzen der Ressortleiter der Politik leitartikelt. Kritische Stellungnahmen, die üblicherweise als Meinungsformen gekennzeichnet sein sollten, enthalten einen politischen Tenor oder sogar einen klaren Bezug zur politischen Position. Es wird geradezu als gültiges Recht verstanden, dass sich ein Journalist auf der politischen Skala einsortiert – dass er seine journalistischen Fähigkeiten einbüßt, seine Glaubwürdigkeit oder seine Berufsbezeichnung dadurch verliert, wird dabei weder von Journalistenkollegen noch Berufsverbänden auch nur annähernd in Erwägung gezogen. Die Verbindung von Journalismus und Politik hat zunächst nichts Anrüchiges an sich.

Warum ist es bei Goebbels anders? Vermutlich liegt es daran, dass er in seiner journalistischen Arbeit – vor allem in den Jahren vor dem Machtwechsel – menschliche Werte völlig außer Acht ließ, sich rücksichtslos über alles und jeden hinwegsetzte und in seinen Extremen auch Erfolg hatte. Möglicherweise blieb er in der journalistischen – im Unterschied zu der propagandistischen – Rolle weitgehend unbekannt, weil seine eigentlichen Neigungen woanders zu suchen waren. Zwar entwickelte er kontinuierlich seit den 1920er-Jahren journalistischen Ehrgeiz und öffnete sich damit auch berufliche Türen; wirklich Fuß fassen aber konnte er aufgrund seiner rhetorischen und organisatorischen Fähigkeiten, die ihm die Position eines Reichsministers für Volksaufklärung und Propaganda einbrachten. Insofern war er bei seinen Zeitgenossen wie auch in der gegenwärtigen Betrachtung als ein großer Redner und Agitator bekannt, seine journalistischen Affinitäten jedoch wurden belächelt und nicht sehr ernst genommen. Die französische Auslandskorrespondentin Stéphane Roussel, die in Berlin tätig war und Goebbels aus der Nähe miterlebt hatte, resümierte dieses Phänomen folgendermaßen:

> „Da wo wir uns geirrt haben, ging es um die Person von Dr. Joseph Goebbels, den wir unterschätzten. Wir haben uns über diesen Mann bis zu einem gewissen Grad lustig gemacht, und das war dumm von uns. Vielleicht war es, weil er einer von uns sein wollte. Für uns war er der Mann, der in Berlin unbedingt Journalist werden wollte und eben erfolglos geblieben war. Wir glaubten nicht, dass in diesem kleinen Mann – von dem Hitler einmal sagte: ‚ein Riese in einer Zwergenhaut' – eben dieser absolut geniale Theatermann steckt, der Goebbels damals gewesen ist."[111]

---

111 Knopp/Libik 1987.

QUELLEN- UND LITERATURVERZEICHNIS

ARCHIVALIEN

Bundesarchiv Berlin (BArchB)
NS 18 RPL der NSDAP

Bundesarchiv Koblenz (BArchKo)
N 1118 Nachlass Joseph Goebbels
Ebd. 20783 Kurt Leyke
Ebd. 5278 Joseph Goebbels

Forschungsstelle für Zeitgeschichte Hamburg (FZH)
III Cb Sammlung Goebbels

Institut für Zeitgeschichte München (IfZ)
Ebd. 82 Goebbels, Paul Joseph
Ebd. 112 Reichskulturkammer
Ebd. 113 Oberstes Parteigericht, parteischädliche Äußerungen Goebbels zur Neuen Gemeindeord-
nung
Ebd. 114 Oberstes Parteigericht, Otto und Gregor Strasser vs. Joseph Goebbels 1927, Auseinan-
dersetzungen zwischen Kampf-Verlag und Angriff

Stadtarchiv Mönchengladbach (StadtA MG)
15/44 Sammlung Goebbels, Joseph (darin auch: Depositum Reuth)

ZEITUNGEN UND ZEITSCHRIFTEN

Der Angriff
Der nationale Sozialist
Deutsche Wochenschau
Deutsche Zeitung
Kampfschrift
Kölner Tageblatt
Nationalsozialistische Briefe
Nationalsozialistisches Jahrbuch
Nationalsozialistische Monatshefte
Rheydter Zeitung
Schleswig-Holsteinische Tageszeitung
Völkischer Beobachter
Völkische Freiheit
Westdeutscher Beobachter
Westdeutsche Landeszeitung
Wille und Weg

EDITIONEN UND DOKUMENTATIONEN, DARSTELLUNGEN UND UNTERSUCHUNGEN

Altstedt, Thomas (1999): Joseph Goebbels. Eine Biographie in Bildern. Berg: Druffel.

Assheuer, Thomas (2005): Aufstieg in den Untergang. Das faschistische Subjekt: Lutz Hachmeister lässt Goebbels reden; Malte Ludin erforscht den Vater. In: Die Zeit Nr. 7 (10.2.2005), Hamburg: Zeitverlag, Feuilleton-Beilage zur Berlinale, S. 12.

Bade, Wilfried (1933): Joseph Goebbels. Lübeck: Charles Coleman.

Baier, Christian (2001): Joseph. Ein deutsches Schicksal. Wien: Der Apfel.

Balle, Hermann (1963): Die propagandistische Auseinandersetzung des Nationalsozialismus mit der Weimarer Republik und ihre Bedeutung für den Aufstieg des Nationalsozialismus. Inaug.-Diss. Universität Erlangen-Nürnberg.

Barmettler, Stefan (1992): Kniefall vor dem obersten Lügner. In: Rheinischer Merkur Nr. 30 (24.7. 1992), S. 18f.

Bärsch, Claus-Ekkehard (2002): Die politische Religion des Nationalsozialismus. Die religiösen Dimensionen der NS-Ideologie in den Schriften von Dietrich Eckart, Joseph Goebbels, Alfred Rosenberg und Adolf Hitler. München: Wilhelm Fink.

Bärsch, Claus-Ekkehard (2004): Der junge Goebbels. Erlösung und Vernichtung. München: Wilhelm Fink.

Barth, Erwin (1999): Joseph Goebbels und die Formierung des Führer-Mythos 1917 bis 1934. Inaug.-Diss. Universität Erlangen-Nürnberg (1998). Erlangen, Jena: Palm & Enke (= Erlanger Studien, Bd. 119).

Baumert, Dieter Paul (1928): Die Entstehung des deutschen Journalismus. Eine sozialgeschichtliche Studie. München, Leipzig: von Duncker & Humblot.

Beckenbauer, Alfons (1983): Ein Landshuter Nationalsozialist mit der Mitgliedsnummer 9. Die NS-Karriere des Apothekers Gregor Straßer. Landshut: Amtlicher Schulanzeiger für den Regierungsbezirk Niederbayern (Beilage).

Becker, Siegfried (1989): Ein Nachlaß im Streit. Anmerkungen zu den Prozessen über die Tagebücher von Joseph Goebbels. In: Kahlenberg, Friedrich P. (1989): Aus der Arbeit der Archive. Beiträge zum Archivwesen, zur Quellenkunde und zur Geschichte. Festschrift für Hans Booms (= Schriften des Bundesarchivs, Bd. 36). Boppard am Rhein: Harald Boldt, S. 270–286.

Behmer, Markus; Blöbaum, Bernd; Scholl, Armin; Stöber, Rudolf (Hg.) (2005): Journalismus und Wandel. Analysedimensionen, Konzepte, Fallstudien. Wiesbaden: VS Verlag für Sozialwissenschaften.

Beißwenger, Michael (2000): Totalitäre Sprache und textuelle Konstruktion von Welt am Beispiel ausgewählter Aufsätze von Joseph Goebbels über „die Juden". Stuttgart: ibidem Verlag.

Benz, Wolfgang (2000): Geschichte des Dritten Reiches. München: C. H. Beck.

Bergsdorf, Michael (1981): Zur Technik totalitärer Sprachlenkung. In: Kinne, Michael (Hg.) (1981): Nationalsozialismus und deutsche Sprache. Arbeitsmaterialien zum deutschen Sprachgebrauch während der nationalsozialistischen Herrschaft. Frankfurt am Main, Berlin, München: Moritz Diesterweg (= Kommunikation, Sprache. Materialien für den Kurs- und Projektunterricht), S. 45–47.

Bering, Dietz (1991): Kampf um Namen. Bernhard Weiß gegen Joseph Goebbels. Stuttgart: Klett-Cotta.

Berning, Cornelia (1964): Vom „Abstammungsnachweis" zum „Zuchtwart". Vokabular des Nationalsozialismus. Berlin: Walter de Gruyter & Co.

Beutl, Bernd (1996): Die nationalsozialistische Presse der Ersten Republik (1918–1933). In: Medien und Zeit, 11. Jg. (1996), Nr. 1, S. 22–34.

Biese, Alfred (1913): Deutsche Literaturgeschichte. Bd. 3: Von Hebbel bis zur Gegenwart. München: Beck'sche Verlagsbuchhandlung Oskar Beck.

Bleuel, Hans Peter; Klinnert, Ernst (1967): Deutsche Studenten auf dem Weg ins Dritte Reich. Ideologien – Programme – Aktionen 1918–1935. Gütersloh: Sigbert Mohn.

Bobrowsky, Manfred; Langenbucher, Wolfgang R. (Hg.) (1987): Wege zur Kommunikationsgeschichte. München: Ölschläger (= Schriftenreihe der Deutschen Gesellschaft für Publizistik- und Kommunikationswissenschaft, Bd. 13).

Böger, Helmut (1974): Goebbels bekam in Elberfeld seinen ersten Redakteurs-Job (= NRZ-Serie: Das Wuppertal und seine Bürger. Heute: Kleiner Doktor mit großer Schnauze). In: Neue Rhein-Zeitung, Wuppertaler Tageblatt (14.6.1975), Nr. 135.

Bohleber, Werner; Drews, Jörg (Hg.) (1991): „Gift, das du unbewußt eintrinkst..." Der Nationalsozialismus und die deutsche Sprache. Bielefeld: Aisthesis (= Breuninger Kolleg. Forschungsmonographien der Breuninger Stiftung, Bd. 1).

Böhnke, Wilfried (1974): Die NSDAP im Ruhrgebiet 1920–1933. Bonn, Bad Godesberg: Neue Gesellschaft (= Schriftenreihe des Forschungsinstituts der Friedrich-Ebert-Stiftung, Bd. 106).

Boland, Karl (1985): Demokratievorstellungen der Zentrumspartei in der Endphase der Weimarer Republik – dargestellt anhand der Berichterstattung in der zeitgenössischen katholischen Tagespresse Mönchengladbach 1930–33 (= Magisterarbeit am Institut Politische Wissenschaften der Philosophischen Fakultät Rheinisch-Westfälische Technische Hochschule Aachen), StadtA MG, Signatur S 99.

Bömer, Karl (1937): Handbuch der Weltpresse. Eine Darstellung des Zeitungswesens aller Länder. Leipzig, Frankfurt am Main: Armanen.

Böning, Holger; Kutsch, Arnulf; Stöber, Rudolf (Hg.) (2004): Jahrbuch für Kommunikationsgeschichte, Bd. 6. Stuttgart: Franz Steiner.

Böning, Holger; Kutsch, Arnulf; Stöber, Rudolf (Hg.) (2005): Jahrbuch für Kommunikationsgeschichte, Bd. 7. Stuttgart: Franz Steiner.

Böning, Holger; Kutsch, Arnulf; Stöber, Rudolf (Hg.) (2008): Jahrbuch für Kommunikationsgeschichte, Bd. 10. Stuttgart: Franz Steiner.

Bönisch, Georg (2008): Republik in Not. In: Spiegel Special Geschichte: Hitlers Machtergreifung (Nr. 1/2008). Hamburg: Spiegel-Verlag Rudolf Augstein, S. 9–18.

Borresholm, Boris von (1949): Dr. Goebbels. Nach Aufzeichnungen aus seiner Umgebung. Berlin: Journal-Verlag.

Bracher, Karl Dietrich (1978): Die Auflösung der Weimarer Republik. Eine Studie zum Problem des Machtverfalls in der Demokratie. Düsseldorf: Athenäum, Droste.

Bramsted, Ernest Kohn (1971): Goebbels und die nationalsozialistische Propaganda 1925–1945. Frankfurt am Main: S. Fischer.

Brech, John (1965): „Das REICH" – von innen und von außen gesehen. In: Merkur. Deutsche Zeitschrift für Europäisches Denken. XIX. Jg., H. 3, S. 285–288.

Brecht, Betolt (1968): Die Dreigroschenoper. Berlin: edition suhrkamp.

Broszat, Martin (1960): Der Nationalsozialismus. Weltanschauung, Programm und Wirklichkeit. Stuttgart: Deutsche Verlags-Anstalt.

Broszat, Martin (1989): Zur Edition der Goebbels-Tagebücher. In: Zeitschrift für Zeitgeschichte. 37. Jg. (1989). München: R. Oldenburg, S. 156–162.

Burden, Hamilton T. (1967): Die programmierte Nation. Die Nürnberger Reichsparteitage. Gütersloh: Reinhard Mohn Bertelsmann Sachbuchverlag.

Burger, Jörg (1992): Eine Sensation auf gläsernen Platten. In: Süddeutsche Zeitung (22.7.1992), S. 12.

Buselmeier, Karin; Harth, Dietrich; Jansen, Christian (Hg.) (1985): Auch eine Geschichte der Universität Heidelberg. Mannheim: Edition Quadrat.

Cattani, Alfred (1992): Der Streit um die Goebbels-Tagebücher. In: Neue Zürcher Zeitung Nr. 161 (15.7.1992), S. 3.

Daum, Josef; Schultz, Werner (1974): Jahrbuch der Raabe-Gesellschaft. Braunschweig: Waisenhaus Buchdruck und Verlag.

d'Ester, Karl (1947): Die Welt des Publizisten. Ein Beitrag zum Thema Pressegeschichte. In: Nordwestdeutscher Zeitungsverleger-Verein (1947): Handbuch Deutsche Presse. Bielefeld: Deutscher Zeitung-Verlag, S. 11–18.

Deuel, Wallace R. (1942): People Under Hitler. New York: Harcourt, Brace and Company.

Deutscher Buchdrucker-Verein; Deutsche Buchdrucker-Berufsgenossenschaft (Hg.) (1909): Gott grüßt die Kunst! Die Kölner Verlagsanstalt und Druckerei AG. Köln: Verlag des Kölner Tageblatts.

Deutscher Bundestag, Verwaltung Presse- und Informationszentrum, Referat Öffentlichkeitsarbeit (Hg.) (1981): Fragen an die deutsche Geschichte. Ideen, Kräfte, Entscheidungen von 1800 bis zur Gegenwart. Bonn (= Katalog zur Historischen Ausstellung im Reichstagsgebäude Berlin).

Deutscher Journalisten-Verband – Gewerkschaft der Journalistinnen und Journalisten – Bundesvorstand (Hg.) (2009): Berufsbild Journalistin – Journalist. Beschlossen auf dem DJV-Verbandstag 1996 in Kassel, zuletzt geändert auf dem DJV-Verbandstag 2008 in Warnemünde. Stand: Januar 2009 (= DJV Wissen, Bd. 4). http://www.djv.de/fileadmin/DJV/Journalismus_praktisch/Broschueren_und_Flyer/Berufsbild_2009.pdf.

Deutsche Presseagentur (1992): Goebbels Tagebücher in München. In: Rheinische Post (4.8.1992).

Diebow, Hans (1932/1933): Gregor Straßer und der Nationalsozialismus. Berlin: Tell.

Diels, Rudolf (1949): Lucifer ante Portas. Zwischen Severing und Heydrich. Zürich: Interverlag.

Dietrich, Felix (Hg.) (1922–1933): Internationale Bibliographie der Zeitschriftenliteratur mit Einschluß von Sammelwerken und Zeitungen. Osnabrück: Dietrich.

Dietrich, Felix (Hg.) (1928–1933): Beilage zur Bibliographie der deutschen Zeitschriftenliteratur. Wöchentliches Verzeichnis aus deutschen Zeitungen. Gautzsch bei Leipzig: Dietrich.

Donsbach, Wolfgang (1979): Aus eigenem Recht. Legitimitätsbewußtsein und Legitimationsgründe von Journalisten. In: Kepplinger, Hans Mathias (Hg.) (1979): Angepaßte Außenseiter. Was Journalisten denken und wie sie arbeiten. Freiburg, München: Karl Alber (= Alber-Broschur Kommunikation, Bd. 8), S. 29–48.

Donsbach, Wolfgang (2002): Journalist. In: Noelle-Neumann, Elisabeth; Schulz, Winfried; Wilke, Jürgen (Hg.) (2002): Das Fischer Lexikon Publizistik, Massenkommunikation. Frankfurt am Main: Fischer Taschenbuch, S. 78–125.

Dovifat, Emil (Hg.) (1971): Handbuch der Publizistik. Bd. 1: Allgemeine Publizistik. Berlin: Walter de Gruyter & Co.

Dovifat, Emil (1990): Die publizistische Persönlichkeit. Berlin, New York: de Gruyter.

Drozdzynski, Alexander (1978): Das verspottete Tausendjährige Reich. Witze gesammelt. Düsseldorf: Droste.

Dussel, Konrad (2004): Deutsche Tagespresse im 19. und 20. Jahrhundert. Münster: Lit (= Einführungen Kommunikationswissenschaft, Bd. 1).

Dutch, Oswald (1940): Hitler's Twelve Apostles. London: Edward Arnold & Co.

Ebermayer, Erich; Roos, Hans (1952): Gefährtin des Teufels. Leben und Tod der Magda Goebbels. Hamburg: Hoffmann und Campe.

Ebermayer, Erich; Meissner, Hans-Otto (1953): Evil Genius. The Story of Joseph Goebbels. London: Allan Wingate.

Echo der Zeit (o. A.) (1952): AMV contra Dr. Phil. Joseph Goebbels. Jg. 1952 (28.6.1952), Nr. 13, S. 9.

Emery, Michael; Emery, Edwin; Roberts, Nancy L. (2000): The Press and America. An Interpretive History Of The Mass Media. Boston, London, Toronto, Sydney, Tokyo, Singapore: Allyn and Bacon.

Ernst, Fritz (1970): Die Deutschen und ihre jüngste Geschichte. Beobachtungen und Bemerkungen zum deutschen Schicksal der letzten fünfzig Jahre (1911–1961). Stuttgart, Berlin, Köln, Mainz: W. Kohlhammer.

Espe, Walter M. (1933): Das Buch der N.S.D.A.P. Werden, Kampf und Sieg der N.S.D.A.P. Berlin: Richard Carl Schmidt Schönefeld's Verlagsbuchhandlung.

Falter, Jürgen W. (1992): Vorwort. In: Paul, Gerhard (1992): Aufstand der Bilder. Die NS-Propaganda vor 1933. Bonn: J. H. W. Dietz Nachf., S. 8–10.

Fest, Joachim C. (1971): Paul Joseph Goebbels (1897–1945). In: Fischer, Heinz-Dietrich (Hg.) (1971): Deutsche Publizisten des 15. bis 20. Jahrhunderts. München, Berlin: Verlag Dokumentation (= Publizistik-Historische Beiträge, Bd. 1), S. 399–407.

Fest, Joachim (1995): Joseph Goebbels. Eine Porträtskizze. In: Vierteljahreshefte für Zeitgeschichte. 43. Jg. (1995). München: R. Oldenburg-Verlag, S. 565–580.

Fest, Joachim (2002): Hitler. Eine Biographie. München: Ullstein.

Fest, Joachim (2003): Das Gesicht des Dritten Reiches. Profile einer totalitären Herrschaft. München; Zürich: Piper.

Finkeldey, Sonnhard (1984): Die NSDAP in Wuppertal 1922–1933 (= Schriftliche 1. Staatsprüfung, Lehramt Sekundarstufe II. Univ. Köln: Historisches Seminar).

Fischer, Heinz-Dietrich (Hg.) (1971): Deutsche Publizisten des 15. bis 20. Jahrhunderts. München, Berlin: Verlag Dokumentation (= Publizistik-Historische Beiträge, Bd. 1).

Fischer, Heinz-Dietrich (1981): Handbuch der politischen Presse in Deutschland 1480–1980. Synopse rechtlicher, struktureller und wirtschaftlicher Grundlagen der Tendenzpublizistik im Kommunikationsfeld. Düsseldorf: Droste Verlag.

Fraenkel, Heinrich (1971): Goebbels. In: Historische Kommission bei der Bayerischen Akademie der Wissenschaften (Hg.) (1971): Neue Deutsche Biographie, Bd. 6. Berlin: Duncker & Humblot, S. 500–503.

Fraenkel, Heinrich; Manvell, Roger (1960) Goebbels. Eine Biographie. Köln, Berlin: Kiepenheuer & Witsch.

Fraenkel, Heinrich; Manvell, Roger (1992): Goebbels. Der Verführer. München: Wilhelm Heyne (= Heyne Biographien Bd. 12/177).

Francke, Ernst; Lotz, Walther (1922): Die geistigen Arbeiter. Bd. 2: Journalisten und bildende Künstler. München, Leipzig: von Duncker & Humblot (= Schriften des Vereins für Sozialpolitik, Bd. 152).

François-Poncet, André (1980): Als Botschafter im ‚Dritten Reich'. Die Erinnerungen des frz. Botschafters in Berlin. Sep. 1931–Okt. 1938. Mainz, Berlin: Florian Kupferberg.

Frankenfeld, Alfred (1933): Der ideale Journalist. Aufgabe und Sendung. Hamburg: Ackermann & Wulff Nachfolger.

Frei, Norbert; Schmitz, Johannes (1999): Journalismus im Dritten Reich. München: C. H. Beck (= Beck'sche Reihe Nr. 376).

Friedmann, Jan (2008): „Macht Platz, ihr Alten". In: Spiegel Special Geschichte: Hitlers Machtergreifung (Nr. 1/2008). Hamburg: Spiegel-Verlag Rudolf Augstein, S. 38–42.

Fröhlich, Elke (Hg.) (1987–2008): Die Tagebücher von Joseph Goebbels. Sämtliche Fragmente. Herausgegeben im Auftrag des Instituts für Zeitgeschichte. München: K.G. Saur

Fröhlich, Elke (1987): Joseph Goebbels und sein Tagebuch. Zu den handschriftlichen Aufzeichnungen von 1924 bis 1941. In: Vierteljahreshefte für Zeitgeschichte 35. Jg. (1987), H. 4. München: R. Oldenburg, S. 489–522.

Fröhlich, Elke (1989): Joseph Goebbels – Der Propagandist. In: Smelser, Roland; Zitelmann, Rainer (1989): Die braune Elite. 22 biographische Skizzen. Darmstadt: Wissenschaftliche Buchgesellschaft, S. 52–68.

Gailus, Manfred (2003): Das Lied, das aus dem Pfarrhaus kam. In: Die Zeit (Nr. 39, 18.9.2003, S. 86).

Gaugl, Manfred; Raulet, Gerard (1994): Intellektuellendiskurse in der Weimarer Republik. Zur politischen Kultur einer Gemengenlage. Frankfurt am Main, New York: Campus.

Geismaier, Michael (1933): Gregor Straßer. Mit 17 Abbildungen. Leipzig: R. Kittler (= Männer und Mächte).

Generalsekretariat der Union Nationaler Journalistenverbände (Hg.) (1943): Journalismus ist eine Mission. Bericht vom Ersten Kongreß der Union Nationaler Journalistenverbände Venedig 1942. Leipzig: Terramare Institut.

Gessenharter, Wolfgang; Pfeiffer, Thomas (Hg.) (2004): Die Neue Rechte – eine Gefahr für die Demokratie? Wiesbaden: VS Verlag für Sozialwissenschaft, GWV Fachverlag.

Gestrich, Andreas; Knoch, Peter; Merkel, Helga (Hg.) (1988): Biographie – sozialgeschichtlich. Göttingen: Vandenhoeck & Ruprecht.

Giovannini, Norbert (1985): Zwischen Kaiser und Führer. Die Kommilitonen von Ernst Toller, Carl Zuckmayer, Joseph Goebbels und Golo Mann. In: Buselmeier, Karin; Harth, Dietrich; Jansen, Christian (Hg.) (1985): Auch eine Geschichte der Universität Heidelberg. Mannheim: Edition Quadrat, S. 195–210.

Goderbauer, Gabriele (1986): Gregor Straßer und die Anfänge der NSDAP in Bayern, insbesondere in Niederbayern und Landshut. M.A. Univ. München.

Goebbels, Joseph (1927): Wege ins dritte Reich. Briefe und Aufsätze für Zeitgenossen. München: Franz Eher Nachf.

Goebbels, Joseph (1929): Knorke. Ein Buch Isidor für Zeitgenossen. München: Franz Eher Nachf.

Goebbels, Joseph (1931): Das Buch Isidor. Ein Zeitbild voll Lachen und Hass. München: Franz Eher Nachf.

Goebbels, Joseph (1935a): Der Angriff. Aufsätze aus der Kampfzeit. München: Franz Eher Nachf.

Goebbels, Joseph (1935b): Kampf um Berlin. Der Anfang. München: Franz Eher Nachf.

Goebbels, Joseph (1939): Wetterleuchten. Aufsätze aus der Kampfzeit. 2. Bd. „Der Angriff". München: Franz Eher Nachf.

Goebel, Klaus; Knieriem, Michael; Schnöring, Kurt; Wittmütz, Volkmar (1977): Geschichte der Stadt Wuppertal. Wuppertal: Peter Hammer.

Goebel, Klaus (1984): Wuppertal in der Zeit des Nationalsozialismus. Wuppertal: Peter Hammer.

Goebel, Klaus (1987): Über allem die Partei. Schule, Kunst, Musik in Wuppertal 1933–1945. Oberhausen: M. Krumbeck Graphium press.

Groth, Otto (1962): Die unerkannte Kulturmacht. Grundlagen der Zeitungswissenschaft (Periodik). Bd. 4: Das Werden des Werkes. Berlin: Walter de Gruyter & Co.

Gruber, Thomas; Koller, Barbara; Rühl, Manfred (1974/75): Berufsziel: Journalist. Vorstellungen, Einstellungen und Bedingungen beim Eintritt in den Beruf. In: Publizistik Nr. 19/20 (1974/75), S. 337–359.

Grund, Henning (1976): „Preußenschlag" und Staatsgerichtshof im Jahr 1932. Baden-Baden: Nomos (= Studien und Materialien zur Verfassungsgerichtsbarkeit, Bd. 5).

Grunenberg, Nina (1967): Die Journalisten. Bilder aus der deutschen Presse. Hamburg: Christian Wegner (= Die Zeit Bücher).

Haarmann, Hermann; Schütz, Erhard; Siebenhaar, Klaus; Sösemann, Bernd (1993): Berliner Profile. Berlin: Fannei & Walz.

Hachmeister, Lutz (1987): Theoretische Publizistik. Studien zur Geschichte der Kommunikationswissenschaft in Deutschland. Berlin: Volker Spiess.

Hachmeister, Lutz (2005): Die Welt des Joseph Goebbels. Einleitung. In: Hachmeister, Lutz; Kloft, Michael (Hg.) (2005): Das Goebbels-Experiment. Propaganda und Politik. München: Deutsche Verlags-Anstalt, S. 7–15.

Hachmeister, Lutz; Kloft, Michael (Hg.) (2005): Das Goebbels-Experiment. Propaganda und Politik. München: Deutsche Verlags-Anstalt.

Hachmeister, Lutz; Siering, Friedemann (2002): Die Herren Journalisten. Die Elite der deutschen Presse nach 1945. München: C. H. Beck.

Hagemann, Walter (1948): Publizistik im Dritten Reich. Ein Beitrag zur Methodik der Massenführung. Hamburg: Hansischer Gildenverlag Joachim Heitmann & Co.

Hagemann, Walter (1951): Publizistik als Wissenschaft. In: Institut für Publizistik an der Universität Münster (Hg.) (1951): Publizistik als Wissenschaft. Sieben Beiträge für Emil Dovifat. Emsdetten (Westf.): Lechte, S. 9–21.

Hagemann, Walter (1966): Grundzüge der Publizistik. Eine Einführung in die Lehre von der sozialen Kommunikation. Münster: Regensberg (= Dialog der Gesellschaft. Schriftenreihe für Publizistik- und Kommunikationswissenschaft, Bd. 1).

Halen, Andreas; Greve, Uwe (1995): Vom Mosse-Verlag zum Mosse-Zentrum. Berlin: dbm Media.

Härtel, Christian (2005): „Soldat unter Soldaten". Der Journalist Joseph Goebbels. In: Hachmeister, Lutz; Kloft, Michael (Hg.) (2005): Das Goebbels-Experiment. Propaganda und Politik. München: Deutsche Verlags-Anstalt, S. 16–28.

Hartmann, Franz (1936): Die statistische und geschichtliche Entwicklung der NS.-Presse 1926–1935. Bd. I: NS. Gaupresse. München: Hauptarchiv der NSDAP.

Härtsch, Fritz (1996): Rudolf Mosse – ein Verleger revolutioniert das Werbegeschäft. Zürich: Mosse Adress AG.

Hasenberg, Peter Joseph (1981): 125 Jahre Unitas-Verband. Beiträge zur Geschichte des Verbandes der wissenschaftlichen katholischen Studentenvereine Unitas (UV). Köln: Rundschau-Haus.

Hauser, Christoph (2004): Vorwort. In: Programmdirektion Erstes Deutsches Fernsehen (2004) (Hg.): Joseph Goebbels. Dokumentation in drei Teilen von Andrea Morgenthaler (= Begleitheft). Fernsehproduktion im Auftrag von SWR und WDR. Ismaning: Steininger.

Heiber, Helmut (1961): Joseph Goebbels und seine Redakteure. Einige Bemerkungen zu einer neuen Biographie. In: Vierteljahreshefte für Zeitgeschichte 9. Jg. (1961), S. 66–75.

Heiber, Helmut (1962): Joseph Goebbels. Berlin: Colloquium Verlag Otto H. Hess.

Heiber, Helmut (1965): Joseph Goebbels. München: dtv.

Henke, Josef (1995): Joseph Goebbels (1897–1945). In: Heyen, Franz-Josef (Hg.) (1995): Rheinische Lebensbilder. Bd. 15. Im Auftrag für Rheinische Geschichtskunde. Köln: Rheinland-Verlag, S. 175–205.

Herzstein, Robert Edwin (1979): The War that Hitler won. The most infamous Propaganda Campaign in History. London: Hamish Hamilton.

Heyen, Franz-Josef (Hg.) (1995): Rheinische Lebensbilder. Bd. 15. Im Auftrag für Rheinische Geschichtskunde. Köln: Rheinland-Verlag.

Hinze, Kurt (1934): Dr. Joseph Goebbels. Donauwörth: Eduard Mager (= Jungdeutschland-Bücherei, H. 8).

Hochhuth, Rolf (1987): Täter und Denker. Profile und Probleme von Cäsar bis Jünger. Stuttgart: Deutsche Verlags-Anstalt.

Hochstätter, Matthias (1998): Die Funktion Joseph Goebbels' im nationalsozialistischen Mediensystem. Ein Forschungsbericht unter Berücksichtigung der Goebbels-Tagebücher (= Diplomarbeit Univ. München).

Hockerts, Hans Günter (1999): Die Edition der Goebbels-Tagebücher. In: Möller, Horst; Wengst, Udo (Hg.) (1999): 50 Jahre Institut für Zeitgeschichte. Eine Bilanz. München: R. Oldenburg, S. 249–264.

Hoff, Hans; Winkelmann, Rudolf (1973): Die Ehrenbürger der Stadt Rheydt: Dr. Joseph Goebbels. In: Otto von Bylandt-Gesellschaft (Hg.) (1973): Rheydter Jahrbuch, Nr. 10. Mönchengladbach: B. Kühlen, S. 86–93.

Hoffmann, Erich; Wulf, Peter (1983): „Wir bauen das Reich". Aufstieg und erste Herrschaftsjahre des Nationalsozialismus in Schleswig-Holstein. Neumünster: Karl Wachholtz.

Höhn, Gerhard (1994): Krisologie und Verheißungen eines jungen Dr. phil – Versuch über Joseph Goebbels Tagebuchroman Michael Vormann. In: Gaugl, Manfred; Raulet, Gerard (1994): Intellektuellendiskurse in der Weimarer Republik. Zur politischen Kultur einer Gemengenlage. Frankfurt am Main, New York: Campus, S. 245–257.

Holzbach, Heidrun (1981): Das „System Hugenberg". Die Organisation bürgerlicher Sammlungspolitik vor dem Aufstieg der NSDAP. Stuttgart: Deutsche Verlags-Anstalt (= Studien zur Zeitgeschichte, Bd. 18).

Hömberg, Walter (1987): Von Kärrnern und Königen. Zur Geschichte journalistischer Berufe. In: Bobrowsky, Manfred; Langenbucher, Wolfgang R. (Hg.) (1987): Wege zur Kommunikationsgeschichte. München: Ölschläger (= Schriftenreihe der Deutschen Gesellschaft für Publizistik- und Kommunikationswissenschaft, Bd. 13), S. 619–629.

Horn, Wolfgang (1980): Der Marsch zur Machtergreifung. Die NSDAP bis 1933. Düsseldorf: Athenäum-Droste (= Taschenbücher Geschichte).

Hovdkinn, Øystein (1976): Goebbels, Hitler og det nasjonalsosialistiske venstre. In: Historisk tidsskrift (Oslo) Nr. 55 (1976), S. 288–316.

Höver, Ulrich (1992): Joseph Goebbels – ein nationaler Sozialist. Bonn, Berlin: Bouvier (= Inaug.-Diss. Univ. Bonn).

Hübbe, Thomas (1920): Der Zeitungsschreiber. Berlin-Wilmersdorf: Hermann Paetel (= Am Scheidewege. Berufsbilder. Sonderreihe der Sammlung belehrender Unterhaltungsschriften, Bd. 64).

Huber, Heinz; Müller, Artur (Hg.) (1969): Das Dritte Reich. Seine Geschichte in Texten, Bildern und Dokumenten. Bd. 1: Die Machtergreifung 1933–1934. München, Wien, Basel: Kurt Desch.

Hunt, Richard McMasters (1960): Joseph Goebbels: A Study of the Formation of his National-Socialist Consciousness (1897–1926). Cambridge, Massachusetts (= Inaug.-Diss. Univ. Harvard).

Hüttenberger, Peter (1969): Die Gauleiter. Studie zum Wandel des Machtgefüges in der NSDAP. Stuttgart: Deutsche Verlags-Anstalt (= Schriftenreihe der Vierteljahreshefte für Zeitgeschichte, Bd. 19).

Informationsdienst gegen Rechtsextremismus (2006).
    www.lexikon.idgr.de/h/h_o/horst-wessel-lied/horst-wessel-lied.php <25.9.2006>.

Institut für Publizistik an der Universität Münster (Hg.) (1951): Publizistik als Wissenschaft. Sieben Beiträge für Emil Dovifat. Emsdetten (Westf.): Lechte.

Irving, David (Hg.) (1995): Der unbekannte Dr. Goebbels. Die geheimen Tagebücher 1938. London: Focal Point Publications.

Irving, David (1997): Goebbels. Macht und Magie. Kiel: Arndt.

Iwo, Jack (1936): Göbbels erobert die Welt. Paris: Éditions du Phénix.

Jäckel, Eberhard (1989): Neue Historische Literatur. Die Tagebücher von Joseph Goebbels. In: Historische Zeitschrift, Bd. 248. Hg. von Lothar Gall. München: R. Oldenburg, S. 637–648.

Jacobi, Jutta (1989): Journalisten im literarischen Text. Studien zum Werk von Karl Kraus, Egon Erwin Kisch und Franz Werfel. Frankfurt am Main, Bern, New York, Paris: Peter Lang (= Europäische Hochschulschriften, Reihe I, Bd. 1117).

Jahr, Christoph (2008): Schleichendes Gift. In: Spiegel Special Geschichte: Hitlers Machtergreifung (Nr. 1/2008). Hamburg: Spiegel-Verlag Rudolf Augstein, S. 43–47.

Jahrbuch der Tagespresse (1928). 1. Jahrgang. Berlin: Carl Duncker.

Jahrbuch der Tagespresse (1929). 2. Jahrgang. Berlin: Carl Duncker.

Jahrbuch der Tagespresse (1930). 3. Jahrgang. Berlin: Carl Duncker.

Jahrbuch der Tagespresse (1932). 5. Jahrgang. Berlin: Carl Duncker.

Jarren, Otfried (Hg.) (1994): Medien und Journalismus 1. Eine Einführung. Opladen: Westdeutscher Verlag (= Fachwissen für Journalisten).

Jasper, Gotthard (1986): Die gescheiterte Zähmung. Wege zur Machtergreifung Hitlers 1930–1934. Frankfurt am Main: Suhrkamp (= Neue Historische Bibliothek, Bd. 270).

Jünger, Ernst (1979): Sämtliche Werke, Erste Abteilung, Tagebücher Bd. 3, Tagebücher III, Strahlungen II. Stuttgart: Klett-Cotta.

Jung, Alexander (2008): Sturz in den Ruin. In: Spiegel Special Geschichte: Hitlers Machtergreifung (Nr. 1/2008). Hamburg: Spiegel-Verlag Rudolf Augstein, S. 24–29.

Jungnickel, Max (1933): Goebbels. Leipzig: R. Kittler (= Männer und Mächte).

Kahlenberg, Friedrich P. (1989): Aus der Arbeit der Archive. Beitrage zum Archivwesen, zur Quellenkunde und zur Geschichte. Festschrift für Hans Booms (= Schriften des Bundesarchivs, Bd. 36). Boppard am Rhein: Harald Boldt.

Kästner, Erich (1961): Notabene 45. Ein Tagebuch. Zürich: Atrium, Berlin: Cecilie Dressler.

Kästner, Erich (1998): Möblierte Melancholie. Gedichte, Ansprachen und Interviews von und mit Erich Kästner. München: Hörverlag.

Kaupert, Walter (1932): Die deutsche Tagespresse als Politicum. Freudenstadt: Oskar Kaupert (= Inaug.-Diss. Univ. Heidelberg).

Kayser, Fritz (1930): Die Wuppertaler Presse. Ihr Werden und Wachsen seit 1788. Hg. von W. van de Briele. Wuppertal-Elberfeld: A. Martini und Grüttefien (= Veröffentlichungen der Stadtbücherei Wuppertal).

Kepplinger, Hans Mathias (Hg.) (1979): Angepaßte Außenseiter. Was Journalisten denken und wie sie arbeiten. Freiburg, München: Karl Alber (= Alber-Broschur Kommunikation, Bd. 8).

Kessemeier, Carin (1967): Der Leitartikler Goebbels in den NS-Organen „Der Angriff" und „Das Reich". Münster (Westf.): C. J. Fahle (= Studien zur Publizistik. Münstersche Reihe, Bd. 5).

Kind, Hero; Fischer, Heinz-Dietrich (Hg.) (1992): Handbuch deutscher Zeitungen 1917. Zum 75. Geburtstag von Verleger Dietrich Oppenberg. Stiftung Pressehaus NRZ. Düsseldorf, Wien, New York, Moskau: ECON.

Kinne, Michael (Hg.) (1981): Nationalsozialismus und deutsche Sprache. Arbeitsmaterialien zum deutschen Sprachgebrauch während der nationalsozialistischen Herrschaft. Frankfurt am Main, Berlin, München: Moritz Diesterweg (= Kommunikation, Sprache. Materialien für den Kurs- und Projektunterricht).

Kirchen-Lexikon (2006). In: Erzbistum Köln. http://www.kirchen-lexikon.de <1.4.2006>.

Kissenkoetter, Udo (1978): Gregor Strasser und die NSDAP. Im Auftrag des Instituts für Zeitgeschichte. Herausgegeben von Karl Dietrich Bracher und Hans-Peter Schwarz. Stuttgart: Deutsche Verlags-Anstalt (= Schriftenreihe der Vierteljahreshefte für Zeitgeschichte, Nr. 37).

Kissenkoetter, Udo (1989): Gregor Straßer – NS-Parteiorganisator oder Weimarer Politiker? In: Smelser, Roland; Zitelmann, Rainer (1989): Die braune Elite. 22 biographische Skizzen. Darmstadt: Wissenschaftliche Buchgesellschaft, S. 273–285.

Klassen, Franz-Josef (Hg.) (1980): Treue um Treue. Sigfridia sei's Panier. Geschichte der Katholischen Deutschen Burschenschaft Sigfridia zu Bonn im Ring Katholischer Deutscher Burschenschaften 1910–1980. Bonn: Gebrüder Molberg.

Kleinpaul, Johannes (1922): Journalistenpraxis. M. Gladbach: Volksvereins-Verlag.

Klußmann, Uwe (2005): „Ich hassen den Kapitalismus wie die Pest." Joseph Goebbels als nationaler Sozialist. In: Hachmeister, Lutz; Kloft, Michael (Hg.) (2005): Das Goebbels-Experiment. Propaganda und Politik. München: Deutsche Verlags-Anstalt, S. 64–72.

Knesebeck-Fischer, Alfred (1933): Dr. Joseph Goebbels. Im Spiegel von Freund und Feind. Sein Werdegang. Berlin: Paul Schmidt (= Nationalsozialistische Bücherserie, Nr. 4).

Knopp, Guido (1998): Hitlers Helfer. München: Goldmann (Bertelsmann).

Kober, August Heinrich (1920): Die Seele des Journalisten. Fünf Aufsätze zur Psychologie der Presse. Köln: Rheinland-Verlag.

Koch, Peter-Ferdinand (1988): Die Tagebücher des Doktor Joseph Goebbels. Geschichte und Vermarktung. Hamburg, München: Facta Oblita.

Kohli, Martin; Robert, Günther (Hg.) (1984): Biographie und soziale Wirklichkeit. Neue Beiträge und Forschungsperspektiven. Stuttgart: J.B. Metzlersche Verlagsbuchhandlung.

Kolb, Eberhard (2000): Die Weimarer Republik. München: R. Oldenbourg (= Oldenbourg Grundriss der Geschichte, Bd. 16).

König, René (Hg.) (1974): Handbuch der empirischen Sozialforschung. Bd. 4: Komplexe Forschungsansätze. Stuttgart: Ferdinand Enke.

Körber, Esther-Beate; Stöber, Rudolf (1994): Geschichte des journalistischen Berufs. In: Jarren, Otfried (Hg.) (1994): Medien und Journalismus 1. Eine Einführung. Opladen: Westdeutscher Verlag (= Fachwissen für Journalisten), S. 214–225.

Koszyk, Kurt (1966): Deutsche Presse im 19. Jahrhundert. Geschichte der deutschen Presse (Teil II). Berlin: Colloquium (= Abhandlungen und Materialien zur Publizistik, Bd. 6).

Koszyk, Kurt (1972): Deutsche Presse 1915–1945. Geschichte der deutschen Presse (Teil III). Berlin: Colloquium (= Abhandlungen und Materialien zur Publizistik, Bd. 7).

Koszyk, Kurt (1993): Weimarer Verhältnisse. In: Journalist Jg. 43 (1993) Nr. 9, S. 48–50.

Koszyk, Kurt (1999): Publizistik als politisches Engagement. Lebensbilder publizistischer Persönlichkeiten. Hg. von Walter Hömberg, Arnulf Kutsch, Horst Pöttker. Münster: Lit (= Kommunikationsgeschichte Bd. 5).

Kraus, Elisabeth (1999): Die Familie Mosse. Deutsch-jüdisches Bürgertum im 19. und 20. Jahrhundert. München: C. H. Beck.

Krause, Willi (1933): Reichsminister Dr. Goebbels. Berlin-Schöneberg: Deutsche Kultur-Wacht.

Krebs, Albert (1959): Tendenzen und Gestalten der NSDAP. Erinnerungen an die Frühzeit der Partei. Stuttgart: Deutsche Verlags-Anstalt (= Quellen und Darstellungen zur Zeitgeschichte, Bd. 6).

Kreuzberger, Hans (1950): Die deutsche Wochenschrift „DAS REICH". Ein Beitrag zum Versuch der Deutung der Propagandapolitik Goebbels im zweiten Weltkriege (= Inaug.-Diss. Univ. Wien).

Kroll, Frank-Lothar (1998): Utopie als Ideologie. Geschichtsdenken und politisches Handeln im Dritten Reich. Paderborn, München, Wien, Zürich: Ferdinand Schöningh.

Krosigk, Lutz Graf Schwerin von (1951): Es geschah in Deutschland. Menschenbilder unseres Jahrhunderts. Tübingen, Stuttgart: Rainer Wunderlich Verlag Hermann Leins.

Kruppa, Bernd (1988): Rechtsradikalismus in Berlin 1918–1928. Berlin, New York: Overall.

Kügelgen, Carlo von (1934): Dr. Joseph Goebbels. Berlin: Neues Verlagshaus für Volksliteratur (= Die Fahne hoch! Die braune Reihe, Nr. 34).

Kühnl, Reinhard (1966a): Die nationalsozialistische Linke 1925–1930. Meisenheim am Glan: Anton Hain (= Marburger Abhandlungen zur Politischen Wissenschaft, Bd. 6).

Kühnl, Reinhard (1966b): Zur Programmatik der nationalsozialistischen Linken: Das Strasser-Programm von 1925/26. In: Vierteljahreshefte für Zeitgeschichte, Hg. vom Institut für Zeitgeschichte München. Stuttgart: Deutsche Verlagsanstalt. 14. Jg. (1966), S. 317–333.

Kunczik, Michael (1988): Journalismus als Beruf. Köln, Wien: Böhlau.

Küpper, Hans-Georg (1989): Gebrochener Widerstand. In: Journalist Nr. 2 (1989), S. 41f.

Lange, Annemarie (1987): Berlin in der Weimarer Republik. Berlin: Dietz.

Lemmons, Russel (1994): Goebbels and Der Angriff. Lexington: The University Press of Kentucky.

Lepsius, M. Rainer (1966): Extremer Nationalismus. Strukturbedingungen vor der nationalsozialistischen Machtergreifung. Stuttgart, Berlin, Köln, Mainz: W. Kohlhammer (= Veröffentlichungen der Wirtschaftshochschule Mannheim, Bd. 15).

Linse, Ulrich (1983): Barfüßige Propheten. Erlöser der zwanziger Jahre. Berlin: Siedler.

Linsen, Albrecht (1954): Der Kulturteil der deutschen Wochenzeitung „Das Reich" (= Inaug.-Diss. Univ. München).

List, Fritz (1939): Die Tageszeitung als publizistisches Führungsmittel unter besonderer Berücksichtigung der Reichweite und der Grenzen ihrer Wirkung. Würzburg-Aumühle: Konrad Triltsch (= Schriftenreihe Zeitung und Leben, Bd. 70).

Lochner, Louis P. (Hg.) (1948): Goebbels Tagebücher aus den Jahren 1942–43. Mit anderen Dokumenten. Zürich: Atlantis.

Lochner, Louis P. (1955): Stets das Unerwartete. Erinnerungen aus Deutschland 1921–1953. Darmstadt: Franz Schneekluth.

Longerich, Peter (1995): Deutschland 1918–1933. Die Weimarer Republik. Handbuch zur Geschichte. Hannover: Fackelträger.

Lorenz, Dagmar (2002): Journalismus. Stuttgart, Weimar: J.B. Metzler.

Ludwig, Cordula (1998): Korruption und Nationalsozialismus in Berlin 1924–1934. Frankfurt, Main, Berlin, Bern, New York, Paris, Wien: Peter Lang (= Geschichtliche Grundlagen der Politik, Bd. 1).

Maas, Utz (1984): „Als der Geist der Gemeinschaft eine Sprache fand". Sprache im Nationalsozialismus. Versuch einer historischen Argumentationsanalyse. Opladen: Westdeutscher Verlag.

Maas, Utz (1991): Sprache im Nationalsozialismus: Macht des Wortes oder Lähmung der Sprache. In: Bohleber, Werner; Drews, Jörg (Hg.) (1991): „Gift, das du unbewußt eintrinkst..." Der Nationalsozialismus und die deutsche Sprache. Bielefeld: Aisthesis (= Breuninger Kolleg. Forschungsmonographien der Breuninger Stiftung, Bd. 1), S. 25–37.

Macat, Andreas (1991): Die Bergische Presse. Bibliographie und Standortnachweis der Zeitungen und zeitungsähnlichen Periodika seit 1769. München, New York, London, Paris: K. G. Saur (= Dortmunder Beiträge zur Zeitungsforschung, Bd. 49).

Malanowski, Wolfgang; Zolling, Peter (1992): Neue Goebbels-Tagebücher. Chronist der NS-Verbrechen. In: Der Spiegel, Nr. 29, 46. Jahrgang (13.7.1992), S. 104–128.

Mann, Thomas (1965): Reden und Aufsätze, Bd. II. Frankfurt am Main: Fischer (= Stockholmer Gesamtausgabe der Werke von Thomas Mann).

Mann, Thomas (1995): Essays. Band 4: Achtung, Europa! 1933–1938. Hg. von Herrmann Kurzke und Stephan Stachorski. Frankfurt am Main: Fischer Taschenbuch.

Martens, Erika (1972): Zum Beispiel „Das Reich". Zur Phänomenologie der Presse im totalitären Regime. Köln: Wissenschaft und Politik Berend von Nottbeck.

Mast, Claudia (1999): Berufsziel Journalismus. Aufgaben, Anforderungen und Ansprechpartner. Opladen, Wiesbaden: Westdeutscher Verlag.

Matthies, Marie (1969): Journalisten in eigener Sache. Zur Geschichte des Reichsverbandes der deutschen Presse. Berlin: Journalisten-Verband.

May, Otto (1928): Adolf Hitler und seine Canaille: Eine Abrechnung. Berlin: Hans Teschow.

Melischek, Gabriele; Seethaler, Josef; Walzel, Karin (1995): Berliner Tageszeitungen 1918–1933. In: Relation. Medien, Gesellschaft, Geschichte. Österreichische Akademie der Wissenschaften. Hg. von der Kommission für historische Pressedokumentation, Jg. 2 (1995), Nr. 1.

Mendelssohn, Peter de (1982): Zeitungsstadt Berlin. Menschen und Mächte in der Geschichte der deutschen Presse. Frankfurt am Main, Berlin, Wien: Ullstein.

Merten, Klaus (1999): Einführung in die Kommunikationswissenschaft. Bd. 1/1: Grundlagen der Kommunikationswissenschaft. Münster: Lit (= Aktuelle Medien- und Kommunikationsforschung, Bd. 1).

Michel, Kai (1999): Vom Poeten zum Demagogen. Die schriftstellerischen Versuche Joseph Goebbels'. Köln, Weimar, Wien: Böhlau (= Literatur in der Geschichte, Geschichte in der Literatur, Bd. 47).

Michels, Helmut (1992): Ideologie und Propaganda. Die Rolle von Joseph Goebbels in der nationalsozialistischen Außenpolitik bis 1939. Frankfurt am Main, Berlin, Bern, New York, Paris, Wien: Peter Lang (= Europäische Hochschulschriften Reihe III: Geschichte und ihre Hilfswissenschaften, Bd. 527).

Mommsen, Hans (1989): Die verspielte Freiheit. Der Weg der Republik von Weimar in den Untergang 1918 bis 1933. Frankfurt am Main, Berlin: Ullstein (= Propyläen Geschichte Deutschlands, Bd. 8).

Moores, Kaaren M. (1997): Presse und Meinungsklima in der Weimarer Republik. Eine publizistikwissenschaftliche Untersuchung (= Inaug.-Diss. Univ. Mainz).

Moreau, Patrick (1989): Otto Straßer – Nationaler Sozialismus versus Nationalsozialismus. In: Smelser, Roland; Zitelmann, Rainer (1989): Die braune Elite. 22 biographische Skizzen. Darmstadt: Wissenschaftliche Buchgesellschaft, S. 286–298.

Mosse, Rudolf (1914): Zeitungskatalog Annoncen-Expedition. Berlin: Rudolf Mosse, 47. Auflage.

Mosse, Rudolf (1926): Zeitungskatalog Annoncen-Expedition. Berlin: Rudolf Mosse, 52. Auflage.

Mosse, Rudolf (1927): Zeitungskatalog Annoncen-Expedition. Berlin: Rudolf Mosse, 53. Auflage.

Mosse, Rudolf (1931): Zeitungskatalog Annoncen-Expedition. Berlin: Rudolf Mosse, 57. Auflage.

Müller, Hans-Dieter (1973): Der junge Goebbels. Zur ideologischen Entwicklung eines politischen Propagandisten (= Inaug.-Diss. Univ. Mannheim).

Müller, Hans Dieter (1985): Facsimile Querschnitt durch Das Reich. Bern, München: Scherz-Verlag.

Müller, Manfred (1994): Im Schatten „Grandgoschiers". Generaldirektor Hans Goebbels, Bruder des Reichspropagandaministers. Aschau i. Chiemgau: Brienna.

Münster, Hans A. (1941): Geschichte der Deutschen Presse in ihren Grundzügen dargestellt. Mit einer Zeittafel 15. bis 20. Jahrhundert. Leipzig: Bibliographisches Institut.

Müsse, Wolfgang (1995): Die Reichspresseschule – Journalisten für die Diktatur? Ein Beitrag zur Geschichte des Journalismus im Dritten Reich. München, New Providence, London, Paris: K.G. Saur (= Dortmunder Beiträge zur Zeitungsforschung, Bd. 53).

Neuhaus, Helmut (1974): Der Germanist Dr. phil. Joseph Goebbels. Bemerkungen zur Sprache des Joseph Goebbels in seiner Dissertation aus dem Jahr 1922. In: Zeitschrift für Deutsche Philologie, Bd. 93, H. 1. Berlin, Bielefeld, München: Erich Schmidt, S. 398–416.

Neumann, Sigmund (1973): Die Parteien der Weimarer Republik. Stuttgart, Berlin, Köln, Mainz: W. Kohlhammer.

Neverla, Irene; Grittmann, Elke; Pater, Monika (2002): Grundlagentexte zur Journalistik. Konstanz: UVK.

Niekisch, Ernst (1980): Das Reich der niederen Dämonen. Eine Abrechnung mit dem Nationalsozialismus. Berlin: Ahde.

Nill, Ulrich (1991): Die „geniale Vereinfachung". Anti-Intellektualismus in Ideologie und Sprachgebrauch bei Joseph Goebbels. Frankfurt am Main, Bern, New York, Paris: Peter Lang (= Sprache in der Gesellschaft. Beiträge zur Sprachwissenschaft, Bd. 18).

Nipperdey, Anselm; Doering-Manteuffel, Anselm; Thamer, Hans-Ulrich (Hg.) (1993): Weltbürgerkrieg der Ideologien. Antworten an Ernst Nolte. Festschrift zum 70. Geburtstag. Berlin: Propylaen.

Noelle-Neumann, Elisabeth; Schulz, Winfried; Wilke, Jürgen (Hg.) (2002): Das Fischer Lexikon Publizistik, Massenkommunikation. Frankfurt am Main: Fischer Taschenbuch.

Noller, Sonja (1956): Die Geschichte des „Völkischen Beobachters" von 1920–1923. Inaug.-Diss. Univ. München.

Nordwestdeutscher Zeitungsverleger-Verein (1947): Handbuch Deutsche Presse. Bielefeld: Deutscher Zeitung-Verlag.

Obscherningkat, Herbert (1937): Dr. Goebbels, der Journalist. In: Deutsche Presse. Zeitschrift des Reichsverbandes der Deutschen Presse. Zeitschrift für die gesamten Interessen des Zeitungswesens. 27. Jg. (30.10.1937), Nr. 23.

Oebsger-Röder, Rolf (1936): Vom Zeitungsschreiber zum Schriftsteller. Untersuchungen über den Bildungsstand der deutschen Journalisten. Leipzig: Universitätsverlag Robert Noske (= Wesen und Wirkungen der Publizistik Bd. 7).

Oertel, Thomas (1988): Horst Wessel. Untersuchung einer Legende. Köln, Wien: Böhlau.

Okroy, Michael (2002): Volksgemeinschaft, Erbkartei und Arisierung. Ein Stadtführer zur NS-Zeit in Wuppertal. Hg. vom Trägerverein Bildungsstätte Alte Synagoge Wuppertal e.V. Düsseldorf: Heinen-Druck.

Ossietzky, Carl von (1994): Sämtliche Schriften. Bd. V: 1929–1930, Texte 830–968. Hg. von Bärbel Boldt, Ute Maack, Gunther Nickel. Reinbeck: Rowohlt (= Oldenburger Ausgabe).

Otto von Bylandt-Gesellschaft (Hg.) (1973): Rheydter Jahrbuch, Nr. 10. Mönchengladbach: B. Kühlen.

Oven, Wilfred von (1974): Finale Furioso. Mit Goebbels bis zum Ende. Tübingen: Grabert.

Oven, Wilfred von (1987): Wer war Goebbels? Biographie aus der Nähe. München; Berlin: Herbig.

Overesch, Manfred; Saal, Friedrich Wilhelm (1992): Die Weimarer Republik. Eine Tageschronik der Politik, Wirtschaft, Kultur. Augsburg: Weltbild.

Pätzold, Kurt; Weißenbecker, Manfred (2002a): Geschichte der NSDAP 1920 bis 1945. Köln: Papy Rossa.

Pätzold, Kurt; Weißenbecker, Manfred (Hg.) (2002b): Schlagwörter und Schlachtrufe. Aus zwei Jahrhunderten deutscher Geschichte. Bd. 1. Leipzig: Militzke.

Pätzold, Kurt; Weißenbecker, Manfred (Hg.) (2002c): Schlagwörter und Schlachtrufe. Aus zwei Jahrhunderten deutscher Geschichte. Bd. 2. Leipzig: Militzke.

Paul, Gerhard (1992): Aufstand der Bilder. Die NS-Propaganda vor 1933. Bonn: J. H. W. Dietz Nachf.

Peters, Franz (1916): Der Beruf des Journalisten. Aufgaben, Forderungen und Wünsche der Presse. Hg. vom Verbande der schlesischen Presse. Breslau: Kommissionsverlag Müller und Seiffert.

Petzina, Dietmar; Abelshauser, Werner; Faust, Anselm (1978): Sozialgeschichtliches Arbeitsbuch, Bd. III. Materialien zur Statistik des Deutschen Reiches 1914–1945. München: C. H. Beck (= Statistische Arbeitsbücher zur neueren deutschen Geschichte).

Peuschel, Harald (1982): Die Männer um Hitler. Braune Biographien. Düsseldorf: Droste.

Pick, F. W. (1942): The Art of Dr. Goebbels. London: Robert Hale Limited.

Piper, Ernst (2005): Alfred Rosenberg. Hitlers Chefideologe. München: Karl Blessing.

Pitt, Barrie (1986): Der Propagandaminister. Einleitung. In: Wykes, Alan (1986): Joseph Goebbels. Der Reichspropagandaminister. Rastatt: Arthur Moewig, S. 7–9.

Plieninger, Martin (1933): Die Kampfpresse. Ein neuer Zeitungstyp. In: Zeitungswissenschaftliche Zweimonatsschrift für internationale Zeitungsforschung, 8. Jg. (März 1933), Nr. 2, S. 65–75.

Pol [Pollack], Heinz (1931): Goebbels als Dichter. In: Die Weltbühne. Wochenschrift für Politik, Kunst, Wirtschaft. 27. Jg. (27.1.1931), Nr. 4, S. 129–133.

Pötzl, Norbert F. (2008): Weimars Totengräber. In: Spiegel Special Geschichte: Hitlers Machtergreifung (Nr. 1/2008). Hamburg: Spiegel-Verlag Rudolf Augstein, S. 48–52.

Prakke, Hendricus Johannes (1963): Über die Entgrenzung der Publizistik und die Rückblende als publizistisches Moment im Kulturwandel. Assen, Niederlande: Van Gorcum & Comp. N. V. (= Münsteraner Marginalien zur Publizistik, Bd. 1).

Prakke, Henk (1967): Zum Geleit. In: Kessemeier, Carin (1967): Der Leitartikler Goebbels in den NS-Organen „Der Angriff" und „Das Reich". Münster (Westf.): C. J. Fahle (= Studien zur Publizistik. Münstersche Reihe, Bd. 5), S. 13f.

Programmdirektion Erstes Deutsches Fernsehen (Hg.) (2004): Begleitheft zu Joseph Goebbels. Dokumentation in drei Teilen von Andrea Morgenthaler. Fernsehproduktion im Auftrag von SWR und WDR. Ismaning: Steininger.

Pross, Harry (1985): Einleitung. In: Müller, Hans Dieter (1985): Facsimile Querschnitt durch Das Reich. Eingeleitet von Harry Pross. Bern, München: Scherz-Verlag; S. 4–6.

Pross, Harry (2000): Zeitungsreport. Deutsche Presse im 20. Jahrhundert. Weimar: Hermann Böhlaus Nachfolger.

Prott, Jürgen (1976): Bewußtsein von Journalisten. Standesdenken oder gewerkschaftliche Solidarisierung? Frankfurt am Main, Köln: Europäische Verlagsanstalt.

Raabe, Wilhelm (1962): Die Leute aus dem Wald. Ihre Sterne, Wege und Schicksale. Ein Roman. Göttingen: Vandenhoeck und Ruprecht (= Wilhelm Raabe: Sämtliche Werke. Im Auftrag der Braunschweigischen Wissenschaftlichen Gesellschaft, Bd 5).

Radl, Dieter (1982): Die „Alten Kämpfer" der NSDAP. Mentalitäten und Motivationen einiger Propagandisten der nationalsozialistischen Bewegung (= M.A. Univ. München).

Rahm, Hans-Georg (1939): „Der Angriff" 1927–1930. Der nationalsozialistische Typ der Kampfzeitung. Berlin: Franz Eher Nachf., Zentralverlag der NSDAP.

Rebentisch, Dieter W. (Hg.) (1968): Paul Kluge zum 60. Geburtstag, dargebracht von Frankfurter Schülern und Mitarbeitern. Frankfurt am Main: o.V.

Rees, Laurence (2001): Die Nazis. Eine Warnung der Geschichte. München: Wilhelm Heyne (= Heyne Sachbuch 19/743).

Reichsgeneralsekretariat der Deutschen Zentrumspartei (Hg.) (1930): Der Nationalsozialismus. Der Weg ins Chaos. Flugschrift. Berlin: Germania.

Reimann, Viktor (1971): Dr. Joseph Goebbels. Wien, München, Zürich: Fritz Molden.

Requate, Jörg (1995): Journalismus als Beruf. Entstehung und Entwicklung des Journalistenberufs im 19. Jahrhundert. Deutschland im internationalen Vergleich. Göttingen: Vandenhoeck & Ruprecht (= Kritische Studien zur Geschichtswissenschaft, Bd. 109).

Requate, Jörg (2002): Journalismus als Beruf. Überlegungen zu einem theoretischen Gerüst. In: Neverla, Irene; Grittmann, Elke; Pater, Monika (2002): Grundlagentexte zur Journalistik. Konstanz: UVK, S. 417ff

Reuth, Ralf Georg (Hg.) (1992): Joseph Goebbels. Tagebücher 1924–1945. Bd. 1–5. München; Zürich: Piper.

Reuth, Ralf Georg (2000): Goebbels. Eine Biographie. München, Zürich: Piper.

Richter, Simone (2004): Rezension zu Bärsch, Claus-Ekkehard (2004): Der junge Goebbels. Erlösung und Vernichtung. München: Wilhelm Fink. In: Böning, Holger; Kutsch, Arnulf; Stöber, Rudolf (Hg.) (2004): Jahrbuch für Kommunikationsgeschichte, Bd. 6. Stuttgart: Franz Steiner, S. 298f.

Richter, Simone (2005): Rezension zu Fröhlich Elke: Die Tagebücher von Joseph Goebbels. In: Böning, Holger; Kutsch, Arnulf; Stöber, Rudolf (Hg.) (2005): Jahrbuch für Kommunikationsgeschichte, Bd 7. Stuttgart: Franz Steiner, S. 278f.

Riess, Curt (1950): Joseph Goebbels. Eine Biographie. Baden-Baden: Dreieck.

Riess, Curt (1989): Goebbels. Dämon der Macht. Biographie. München: Universitas.

Rietzler, Rudolf (1983): Gegründet 1928/29: Die „Schleswig-Holsteinische Tageszeitung". Erste Gau-Tageszeitung der NSDAP. In: Hoffmann, Erich; Wulf, Peter (1983): „Wir bauen das Reich". Aufstieg und erste Herrschaftsjahre des Nationalsozialismus in Schleswig-Holstein. Neumünster: Karl Wachholtz, S. 117–133.

Rittig, Kurt (2004): Vorwort. In: Programmdirektion Erstes Deutsches Fernsehen (Hg.) (2004): Begleitheft zu Joseph Goebbels. Dokumentation in drei Teilen von Andrea Morgenthaler. Fernsehproduktion im Auftrag von SWR und WDR. Ismaning: Steininger.

Rogge, Jan-Uwe (1982): Die biographische Methode in der Medienforschung. In: Medien und Erziehung, H. 26. München: KoPäd, S. 273–287.

Rohde, Konstanze (1979): Die Karriereleiter. Ausbildung und Einkommen im Journalismus von der Mitte des 19. Jahrhunderts bis zur Gegenwart. In: Kepplinger, Hans Mathias (Hg.) (1979): Angepaßte Außenseiter. Was Journalisten denken und wie sie arbeiten. Freiburg, München: Karl Alber (= Alber-Broschur Kommunikation, Bd. 8), S. 189–209.

Ronneberger, Franz (Hg.) (1971): Sozialisation durch Massenkommunikation. Der Mensch als soziales und personales Wesen, Bd. IV. Stuttgart: Ferdinand Enke.

Rosenberg, Alfred (1996): Letzte Aufzeichnungen. Nürnberg 1945/46. Uelzen: Jomsburg.

Rosten, Curt (1933): Das ABC des Nationalsozialismus. Berlin: Commissionsverlag Schmidt & Co. GmbH.

Ruck, Michael (2000): Bibliographie zum Nationalsozialismus. Darmstadt: Wissenschaftliche Buchgesellschaft.

Rühl, Manfred (1971): Berufliche Sozialisation von Kommunikatoren. In: Ronneberger, Franz (Hg.) (1971): Sozialisation durch Massenkommunikation. Der Mensch als soziales und personales Wesen, Bd. IV. Stuttgart: Ferdinand Enke, S. 126–150.

Rühl, Manfred (1980): Journalismus und Gesellschaft. Bestandsaufnahme und Theorieentwurf (= Habilitationsschrift). Mainz: Hase & Koehler (= Kommunikationswissenschaftliche Bibliothek, Bd. 9).

Rühl, Manfred (1998): Publizistische Arbeit im Internet. In: Dernbach, Beatrice; Rühl, Manfred; Theis-Berglmair, Anna Maria (Hg.) (1998): Publizistik im vernetzten Zeitalter. Berufe – Formen – Strukturen. Opladen, Wiesbaden: Westdeutscher, S. 17–42.

Sauder, Gerhard (1985): Goebbels in Heidelberg. In: Buselmeier, Karin; Harth, Dietrich; Jansen, Christian (Hg.) (1985): Auch eine Geschichte der Universität Heidelberg. Mannheim: Edition Quadrat, S. 307–314.

Sauer, Wolfgang Werner (1978): Der Sprachgebrauch von Nationalsozialisten vor 1933. Hamburg: Helmut Buske (= Hamburger Philologische Studien, Bd. 47).

Schäfer, Ulrich P.; Schiller, Thomas; Schütte, Georg (Hg.) (1999): Journalismus in Theorie und Praxis. Beiträge zur universitären Journalistenausbildung. Festschrift für Kurt Koszyk. Konstanz: UVK Medien (= Schriftenreihe der Stiftervereinigung der Presse. Journalismus Bd. 38).

Schaumburg-Lippe, Friedrich Christian Prinz zu (1990): Dr. Goebbels. Ein Porträt des Propagandaministers. Kiel: Arndt.

Scheffels, Gerald (1988): Joseph Goebbels' „Michael". Ein Beitrag zur Geschichte der deutschen Intellektuellen (= M.A. Bergische Universität Wuppertal).

Schickling, Willi (1969): Von Goebbels bis Dutschke. Der Amoklauf des Radikalismus und seine Abwehr. Velbert, Kettwig: Blick und Bild Verlag für politische Bildung S. Kappe (= Im Mittelpunkt der Diskussion, Bd. 12).

Schildt, Gerhard (1964): Die Arbeitsgemeinschaft Nord-West. Untersuchungen zur Geschichte der NSDAP 1925/26 (= Inaug.-Diss. Univ. Freiburg i. Br.)

Schlobinski, Peter (Hg) (2006): Berlinisch Lexikon. Leibniz Universität Hannover, Deutsches Seminar.
http://www.germanistik.uni hannover.de/organisation/publikationen/bln_lexikon/a_to_z/a.htm
oder
http://www.fbls.uni-hannover.de/sdls/schlobi/berlinisch/lexikon/a_to_z/i.htm <19.9.2006>.

Schmaling, Christian (1968): Der Berliner Lokal-Anzeiger als Beispiel einer Vorbereitung des Nationalsozialismus (= Inaug.-Diss. Univ. Berlin). Berlin: Ernst-Reuter-Gesellschaft, Dissertations-Druckstelle.

Schmalzbauer, Gottfried (1948): Der Journalist. Nürnberg: Glock und Lutz (= Werkhefte zur Berufswahl).

Schmidt, Klaus F. (1968): Die „Nationalsozialistischen Briefe" (1925–30) – Programm, Anschauungen, Tendenzen – Anmerkungen zur innerparteilichen Diskussion und Richtungskämpfen der NSDAP. In: Rebentisch, Dieter W. (Hg.) (1968): Paul Kluge zum 60. Geburtstag dargebracht von Frankfurter Schülern und Mitarbeitern. Frankfurt am Main: o. V., S. 111–126.

Schmidt-Pauli, Edgar von (1932): Die Männer um Hitler. Berlin: Verlag für Kulturpolitik.

Schmitz-Berning, Cornelia (1998): Vokabular des Nationalsozialismus. Berlin, New York: Walter de Gruyter.

Schneider, Torsten (1988): Das Massenmedium Tageszeitung am Ende der Weimarer Republik: Historisch-empirische Analysen zur politischen Ausrichtung, dem Leserkreis und dem eventuellen Einfluß dieses Mediums auf die Wahlerfolge der NSDAP 1928 und 1933 (= Freie wissenschaftliche Arbeit zur Erlangung des Grades eines Diplom-Politologen, Berlin).

Schnöring, Kurt (1977): Wuppertal zwischen den Weltkriegen. In: Goebel, Klaus; Knieriem, Michael; Schnöring, Kurt; Wittmütz, Volkmar (1977): Geschichte der Stadt Wuppertal. Wuppertal: Peter Hammer, S. 133–145.

Schrader, Hans-Jürgen (1974): Joseph Goebbels als Raabe-Redner. In: Daum, Josef; Schultz, Werner (1974): Jahrbuch der Raabe-Gesellschaft. Braunschweig: Waisenhaus Buchdruck und Verlag, S. 112–115.

Schreiber, Georg (1924): Grundfragen der Zentrumspolitik. Ein politisches Handbuch in Frage und Antwort. Berlin: Germania AG.

Schüddekopf, Otto-Ernst (1960): Linke Leute von rechts. Die nationalrevolutionären Minderheiten und der Kommunismus in der Weimarer Republik. Stuttgart: W. Kohlhammer.

Schulz, Jürgen Michael (1994): Die Identität des Täters. Joseph Goebbels als Tagebuch-Autor. In: Zeitschrift Identität, Integration und Verantwortung. Hg. von Ulrich Thomas Lange. Berlin, S. 194–204.

Schulze, Hagen (1977): Otto Braun oder Preußens demokratische Sendung. Eine Biographie. Frankfurt am Main, Wien, Berlin: Propyläen, Ullstein (= Veröffentlichung der Stiftung Preußischer Kulturbesitz).

Schulze, Hagen (1996): Kleine deutsche Geschichte. Mit Bildern aus dem Deutschen Historischen Museum. München: C. H. Beck.

Schulze, Hagen (2002): Weimars Scheitern. In: Sösemann, Bernd (2002a): Der Nationalsozialismus und die deutsche Gesellschaft. Einführung und Überblick. Stuttgart, München: Deutsche Verlags-Anstalt, S. 53–65.

Schumann, Ernst (1985): Der Untergang der liberalen Presse in der Weimarer Republik. Eine vergleichende Untersuchung der Verlage „Mosse" und „Ullstein" und dem „Hugenberg-Konzern" unter besonderer Berücksichtigung der Zeitungen „Vossische Zeitung", „Berliner Tageblatt" und „Berliner Lokal-Anzeiger" (= M.A. Univ. Berlin).

Schütze, Frank (2003): Joseph Goebbels. Vom kleinen Nationalsozialisten zum Propagandagenie Adolf Hitlers. Versuch einer Klärung. Bd. 1: Der linke Revolutionär. Zützen: Agroplant (= Edition Deutsche Reihe 2/1).

Schwabe, Klaus (1986): Die Ruhrkrise 1923. Wendepunkt der internationalen Beziehungen nach dem Ersten Weltkrieg. Paderborn: Ferdinand Schöningh (= Sammlung Schöningh zur Geschichte und Gegenwart).

Schwab-Felisch, Hans (1965): Dilemma der Trostlosigkeiten. In: Merkur. Deutsche Zeitschrift für Europäisches Denken. XIX. Jg., Heft 3, S. 288–292.

Schwarz, Gotthart (1968): Theodor Wolff und das „Berliner Tageblatt". Eine liberale Stimme in der deutschen Politik 1906–1933. Tübingen: J.C.B. Mohr (Paul Siebeck).

Schwarz van Berk, Hans (1935): Vorwort. In: Goebbels, Joseph (1935a): Der Angriff. Aufsätze aus der Kampfzeit. München: Franz Eher Nachf., S. 9–16.

Seeler, Hans O. (1933): Goebbels. Berlin: Paul Schmidt (= Die Reihe der deutschen Führer, Heft 2).

Semmler, Rudolf (1947): Goebbels – the man next to Hitler. London: Westhouse.

Shirer, William L. (1961): Aufstieg und Fall des Dritten Reiches. Mit einem Vorwort von Golo Mann. Köln: Kiepenheuer und Witsch (= Lizenzausgabe Zweitausendeins Komet).

Siegler, Bernd (1992): Der Run auf die Goebbels-Tagebücher. In: die tageszeitung (14. Juli 1992), S. 5.

Siemens, Daniel (2009): Horst Wessel. Tod und Verklärung eines Nationalsozialisten. München: Siedler.

Singer, Hans Jürgen (1987): Michael oder der leere Glaube. In: 1999, Bern, Berlin, Frankfurt, (1987), H. 4, S. 68–79.

Sington, Derrick; Weidenfeld, Arthur (1943): The Goebbels Experiment. A Study of the Nazi Propaganda Machine. New Haven: Yale University Press.

Six, Franz Alfred (1936): Die politische Propaganda der NSDAP im Kampf um die Macht. Heidelberg: Winter (= Inaug.-Diss. Univ. Heidelberg).

Smelser, Roland; Zitelmann, Rainer (1989): Die braune Elite. 22 biographische Skizzen. Darmstadt: Wissenschaftliche Buchgesellschaft.

Sonderhüsken, Hermann (1991): Kleines Journalisten-Lexikon. Fachbegriffe und Berufsjargon. München: Ölschläger.

Sontheimer, Kurt (1994): Antidemokratisches Denken in der Weimarer Republik. Die politischen Ideen des deutschen Nationalismus zwischen 1918 und 1933. München: dtv Deutscher Taschenbuch Verlag.

Sontheimer, Kurt (2004): Die Kontinuität antidemokratischen Denkens. Von der Weimarer Republik zur Bundesrepublik. In: Gessenharter, Wolfgang; Pfeiffer, Thomas (Hg.) (2004): Die Neue Rechte – eine Gefahr für die Demokratie? Wiesbaden: VS Verlag für Sozialwissenschaft, GWV Fachverlag, S. 19–29.

Sösemann, Bernd; Schulz, Jürgen Michael; Weinke, Annette (1991): Neues über Goebbels. In: Aviso Nr. 4 (Dezember 1991), S. 7–8.

Sösemann, Bernd (1992a): Die Tagesaufzeichnungen des Joseph Goebbels und ihre unzulänglichen Veröffentlichungen. In: Publizistik, Jg. 37 (1992), Nr. 2, S. 213–244.

Sösemann, Bernd (1992b): „Die Stunde, da wir über allem stehen…“. In: Die Welt, Nr. 159 (10.7.1992), S. 6.

Sösemann, Bernd (1992c): „Zwanzig Jahre nach meinem Tode zu veröffentlichen“. In: Die Zeit, Nr. 38 (11.9.1992), S. 21.

Sösemann, Bernd (1993a): „Ein tiefer geschichtlicher Sinn aus dem Wahnsinn“. Die Goebbels-Tagebuchaufzeichnungen als Quelle für Verständnis des nationalsozialistischen Herrschaftssystems und seiner Propaganda. In: Nipperdey, Anselm; Doering-Manteuffel, Anselm; Thamer, Hans-Ulrich (Hg.) (1993): Weltbürgerkrieg der Ideologien. Antworten an Ernst Nolte. Festschrift zum 70. Geburtstag. Berlin: Propylaen, S. 136–174.

Sösemann, Bernd (1993b): Zeitungen für die Demokratie. Der Verleger Rudolf Mosse und sein Chefredakteur Theodor Wolff. In: Haarmann, Hermann; Schütz, Erhard; Siebenhaar, Klaus; Sösemann, Bernd (1993): Berliner Profile. Berlin: Fannei & Walz, S. 141–160.

Sösemann, Bernd (Hg.) (1993c): Theodor Wolff. Der Journalist. Berichte und Leitartikel. Düsseldorf, Wien, New York, Moskau: Econ Verlag (= Reihe der Stiftung Pressehaus NRZ).

Sösemann, Bernd (2000): Theodor Wolff. Ein Leben mit der Zeitung. München: Stiftung Pressehaus NRZ, BDZV.

Sösemann, Bernd (2002a): Der Nationalsozialismus und die deutsche Gesellschaft. Einführung und Überblick. Stuttgart, München: Deutsche Verlags-Anstalt.

Sösemann, Bernd (2002b): Konspekt meines Beitrags „Propaganda – Macht – Geschichte. Eine Zwischenbilanz der Dokumentation der Niederschriften und Diktate von Joseph Goebbels“. In: Das Historisch-Politische Buch 50/2 (2002), S. 117–125.

Sösemann, Bernd (2008): Alles nur Goebbels-Propaganda? Untersuchungen zur revidierten Ausgabe der sogenannten Goebbels-Tagebücher des Münchner Instituts für Zeitgeschichte. In: Böning, Holger; Kutsch, Arnulf; Stöber, Rudolf (Hg.) (2008): Jahrbuch für Kommunikationsgeschichte, Bd. 10. Stuttgart: Franz Steiner, S. 52–76.

Stachura, Peter D. (1983): Gregor Strasser and the Rise of Nazism. London, Boston, Sydney: George Allen & Unwin.

Stadtarchiv Mönchengladbach (Hg.) (2002): Vitus-Post. Informationsdienst des Stadtarchivs Mönchengladbach, Nr. 2 (März).

Stein, Peter (1987): Die NS-Gaupresse 1925–1933. Forschungsbericht, Quellenkritik, neue Bestandsaufnahme. München, New York, London, Oxford, Paris: K. G. Saur (= Dortmunder Beiträge zur Zeitungsforschung, Bd. 42).

Stephan, Werner (1949): Joseph Goebbels. Dämon einer Diktatur. Stuttgart: Union Deutsche Verlagsgesellschaft.

Sternberger, Dolf; Storz, Gerhard; Süskind, W.E. (1989): Aus dem Wörterbuch des Unmenschen. Frankfurt am Main, Berlin: Ullstein.

Stern-Rubarth, Edgar (1922): Wege und Umwege zur Wissenschaft. In: Institut für Publizistik an der Universität Münster (Hg.) (1951): Publizistik als Wissenschaft. Sieben Beiträge für Emil Dovifat. Emsdetten (Westf.): Lechte, S. 57–65.

Stöber, Rudolf (1990): Kontroversen um ein Journalistengesetz. Journalisten und Verleger in der Weimarer Republik. In: Publizistik Jg. 35 (1990), Nr. 3, S. 267–278.

Stöber, Rudolf (1992): Pressefreiheit und Verbandsinteresse. Die Rechtspolitik des „Reichsverbands der Deutschen Presse“ und des „Vereins Deutscher Zeitungs-Verleger“ während der Weimarer Republik. Berlin: Colloquium (= Abhandlungen und Materialien zur Publizistik, Bd. 14).

Stöber, Rudolf (1994): Der Prototyp der deutschen Massenpresse. Der „Berliner Lokal-Anzeiger“ und sein Blattmacher Hugo von Kupffer. In: Publizistik, Vierteljahreshefte für Kommunikationsforschung. 39 Jg., Heft 3 (September 1994), S. 314–330.

Stöber, Rudolf (1998): Die erfolgverführte Nation. Deutschlands öffentliche Stimmungen 1866 bis 1945. Stuttgart: Franz Steiner (= Habil. Univ. Berlin).

Stöber, Rudolf (2005a): Apriori des Wandels oder „Agents of Change"? Zur Diskussion journalistischen Wandels. In: Behmer, Markus; Blöbaum, Bernd; Scholl, Armin; Stöber, Rudolf (Hg.) (2005): Journalismus und Wandel. Analysedimensionen, Konzepte, Fallstudien. Wiesbaden: VS Verlag für Sozialwissenschaften, S. 13–39.

Stöber, Rudolf (2005b): Deutsche Pressegeschichte. Von den Anfängen bis zur Gegenwart. Konstanz: UVK Verlagsgesellschaft.

Strasser, Otto (1969): Mein Kampf. Eine politische Autobiografie. Frankfurt am Main: Heinrich Heine (= Streit-Zeit-Bücher Bd. 3).

Straßer, P. Bernhard (1954): Gregor und Otto Straßer. Kurze Darstellung ihrer Persönlichkeit und ihres Wollend. Herausgegeben zum 20. Jahrestage der deutschen Bartholomäusnacht vom 30. Juni 1934. Külsheim (Baden): Harald Stößel.

Studnitz, Cecilia von (1983): Kritik des Journalisten. Ein Berufsbild in Fiktion und Realität. München, New York, London, Paris: K.G. Saur (= Dortmunder Beiträge zur Zeitungsforschung, Bd. 36).

Szczepanski, Jan: Die biographische Methode. In: König, René (Hg.) (1974): Handbuch der empirischen Sozialforschung. Bd. 4: Komplexe Forschungsansätze. Stuttgart: Ferdinand Enke, S. 226–252.

Toepser-Ziegert, Gabriele (1987): Vorwort. In: Stein, Peter (1987): Die NS-Gaupresse 1925–1933. Forschungsbericht, Quellenkritik, neue Bestandsaufnahme. München, New York, London, Oxford, Paris: K.G. Saur (= Dortmunder Beiträge zur Zeitungsforschung, Bd. 42), S. 7–9.

Traub, Hans (1933): Grundbegriffe des Zeitungswesens. Kritische Einführung in die Methode der Zeitungswissenschaft. Stuttgart: C. E. Poeschel.

Trefz, Friedrich (1922): Die Lage der festangestellten Schriftleiter und Mitarbeiter im deutschen Zeitungsverlag. In: Francke, Ernst; Lotz, Walther (1922): Die geistigen Arbeiter. Zweiter Teil: Journalisten und bildende Künstler. München, Leipzig: von Duncker & Humblot (= Schriften des Vereins für Sozialpolitik, Bd. 152), S. 121–142.

Tyrell, Albrecht (1991): Führer befiehl... Selbstzeugnisse aus der „Kampfzeit" der NSDAP. Bindlach: Goudrom.

Ulsmann, Achim (1966): Die Stellungnahme der Wuppertaler Presse zu den antidemokratischen Tendenzen der „Rechten" in Wuppertal 1923/24 (= Schriftliche Staatsprüfung, Lehramt Volksschule in Geschichte, Pädagogische Hochschule Rheinland Wuppertal).

Viator (1932): Dr. Goebbels – wer ist das? Berlin: Hermann-Gehring (= HS-Broschüren-Reihe, Nr. 1).

Vondung, Klaus (1991): Angst vor dem Untergang und Sehnsucht nach Erlösung – ein deutsches Syndrom? In: Bohleber, Werner; Drews, Hörg (Hg.) (1991): „Gift, das du unbewußt eintrinkst..." Der Nationalsozialismus und die deutsche Sprache. Bielefeld: Aisthesis (= Breuninger Kolleg. Forschungsmonographien der Breuninger Stiftung, Bd. 1), S. 101–113.

Wagner, Hans (1989): Kommunikationswissenschaft (Zeitungswissenschaft). Das Fach. Das Studium. Die Methoden. München: Publicom Edgar Verhayen (= ZW-Paper, Bd. 6).

Wagner, Hans (1999): Verstehende Methoden in der Kommunikationswissenschaft. München: Reinhard Fischer (= Kommunikation und Gesellschaft in Theorie und Praxis, Bd. 5).

Waldkirch, Wilhelm (1935a): Die zeitungspolitische Aufgabe. Bd. 1: Vom Werden der Zeitung. Ludwigshafen am Rhein: Julius Waldkirch.

Waldkirch, Wilhelm (1935b): Die zeitungspolitische Aufgabe. Bd. 2: Vom Wirken der Zeitung. Ludwigshafen am Rhein: Julius Waldkirch.

Waldkirch, Wilhelm (1935c): Die zeitungspolitische Aufgabe. Bd. 3: Die Zeitung als Kulturmacht. Ludwigshafen am Rhein: Julius Waldkirch.

Wambach, Lovis Maxim (1996): „Es ist gleichgültig, woran wir glauben, nur dass wir glauben." Bemerkungen zu Joseph Goebbels' Drama „Judas Iscariot" und zu seinen „Michael-Romanen". Bremen: Raphael-Lemkin-Institut für Xenophobie- und Genozidforschung, Universität Bremen.

Weber, Horst J. (1930): Die deutsche Presse, insbesondere die völkische, um den Hitlerprozeß. Ein Beitrag zur Lehre von der Parteipresse (= Inaug.-Diss. Univ. Leipzig). München: Bernhard Wagner.

Weber, Max (1993): Politik als Beruf. Berlin: Duncker und Humblot.

Weischenberg, Siegfried (1994): Konzepte und Ergebnisse der Kommunikatorforschung. In: Jarren, Otfried (Hg.) (1994): Medien und Journalismus 1. Eine Einführung. Opladen: Westdeutscher Verlag (= Fachwissen für Journalisten), S. 228–265.

Weischenberg, Siegfried (2002): Journalistik. Theorie und Praxis aktueller Medienkommunikation. Bd. 2: Medientechnik, Medienfunktionen, Medienakteure. Wiesbaden: Westdeutscher Verlag.

Westdeutsche Landeszeitung (1928): Werden – Wirken – Entwicklung – Bedeutung. Stuttgart: Stähle und Friedel.

Wiegrefe, Klaus (2008): „Nazis und Kozis". In: Spiegel Special Geschichte: Hitlers Machtergreifung (Nr. 1/2008). Hamburg: Spiegel-Verlag Rudolf Augstein, S. 36f.

Wikipedia (2006): Lexikoneintrag zur Person Bodo Uhse.
http://de.wikipedia.org/wiki/Bodo_Uhse <1.4.2006>.

Wilcox, Larry Dean (1970): The National Socialist Party Press in the Kampfzeit 1919–1933 (= Inaug.-Diss. Univ. University of Virginia, 1966). University Microfilms Limited Tylers Green.

Wildt, Michael (2005): Goebbels in Berlin. Eindrücke und Urteile von Zeitgenossen aus den Jahren 1926 bis 1932. In: Hachmeister, Lutz; Kloft, Michael (Hg.) (2005): Das Goebbels-Experiment. Propaganda und Politik. München: Deutsche Verlags-Anstalt, S. 73–84.

Wilke, Jürgen (2002): Pressegeschichte. In: Noelle-Neumann, Elisabeth; Schulz, Winfried; Wilke, Jürgen (Hg.) (2002): Das Fischer Lexikon Publizistik, Massenkommunikation. Frankfurt am Main: Fischer Taschenbuch, S. 460–492.

Wimbauer, Tobias (1999): Personenregister der Tagebücher Ernst Jüngers. Freiburg im Breisgau: Rombach (= Rombach Wissenschaften, Reihe Litterae Bd. 66).

Winde, Mathias Aljoscha (2002): Bürgerliches Wissen – Nationalsozialistische Herrschaft. Sprache in Goebbels' Zeitung Das Reich. Frankfurt am Main, Berlin, Bern, Brüssel, New York, Oxford, Wien: Peter Lang.

Winkler, Heinrich August (1993): Weimar 1918–1933. Die Geschichte der ersten deutschen Demokratie. München: C. H. Beck.

Winkler, Heinrich August (2000): Deutsche Geschichte vom Ende des Alten Reiches bis zum Untergang der Weimarer Republik. Bonn: Bundeszentrale für politische Bildung (= Sonderausgabe, sonst: München: C. H. Beck).

Wippermann, Wolfgang (2002): Hat Hitler die Macht ergriffen? In: Sösemann, Bernd (2002a): Der Nationalsozialismus und die deutsche Gesellschaft. Einführung und Überblick. Stuttgart, München: Deutsche Verlags-Anstalt, S. 66–77.

Wirsching, Andreas (2000): Die Weimarer Republik. Politik und Gesellschaft. München: R. Oldenbourg (= Enzyklopädie Deutscher Geschichte, Bd. 58).

Wirsching, Andreas (2008): „Weit entfernt von simplen Antworten". In: Spiegel Special Geschichte: Hitlers Machtergreifung (Nr. 1/2008). Hamburg: Spiegel-Verlag Rudolf Augstein, S. 20–23.

Wörtz, Ulrich (1966): Programmatik und Führerprinzip. Das Problem des Strasser-Kreises in der NSDAP. Eine historisch-politische Studie zum Verhältnis von sachlichem Programm und persönlicher Führung in einer totalitären Bewegung. Inaug.-Diss. Univ. Erlangen-Nürnberg.

Wulf, Joseph (1983): Presse und Funk im Dritten Reich. Eine Dokumentation. Frankfurt am Main, Berlin, Wien: Ullstein (= Zeitgeschichte, Bd. 33028).

Wunderlich, Dieter (2002): Göring und Goebbels. Eine Doppelbiographie. Regensburg: Friedrich Pustet; Graz, Wien, Köln: Styria.

Wykes, Alan (1986): Joseph Goebbels. Der Reichspropagandaminister. Rastatt: Arthur Moewig.

Zitelmann, Rainer (1998): Hitler. Selbstverständnis eines Revolutionärs. München: F. A. Herbig.

Zwerenz, Gerhard (1969): Vorwort. In: Strasser, Otto (1969): Mein Kampf. Eine politische Auto-biografie. Frankfurt am Main: Heinrich Heine (= Streit-Zeit-Bücher Bd. 3), S. I–VI.

Zwiers, André (1999): Friedrich Hussong – Die dunkle Seite des Weimarer Journalismus. In: Schäfer, Ulrich P.; Schiller, Thomas; Schütte, Georg (Hg.) (1999): Journalismus in Theorie und Praxis. Beiträge zur universitären Journalistenausbildung. Festschrift für Kurt Koszyk. Konstanz: UVK Medien (= Schriftenreihe der Stiftervereinigung der Presse. Journalismus Bd. 38), S. 39–60.

FILMMATERIAL

Brückner, Reiner; Haentjes, Mathias (2003): Der Mann der Goebbels jagte. Dokumentarfilm. Köln: Westdeutscher Rundfunk.

Knopp, Guido; Libik, André (1987): Der Verführer. Anmerkungen zu Goebbels. ZDF Chronik. München: Universum Film.

Knopp, Guido; Hartl, Peter (1996): Goebbels. Der Brandstifter. ZDF Chronik (= Reihe „Hitlers Helfer"). München: Universum Film.

Morgenthaler, Andrea (2004): Joseph Goebbels. Dokumentation in drei Teilen. Teil 1: Der Scharfmacher. Teil 2: Der Propagandachef. Teil 3: Der Einpeitscher. Fernsehproduktion im Auftrag von SWR und WDR.

ANHANG

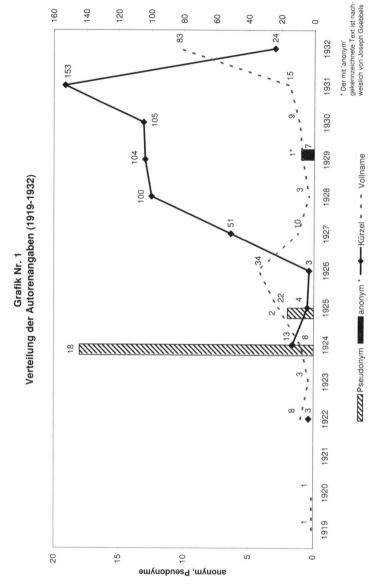

Grafik Nr. 1
Verteilung der Autorenangaben (1919-1932)

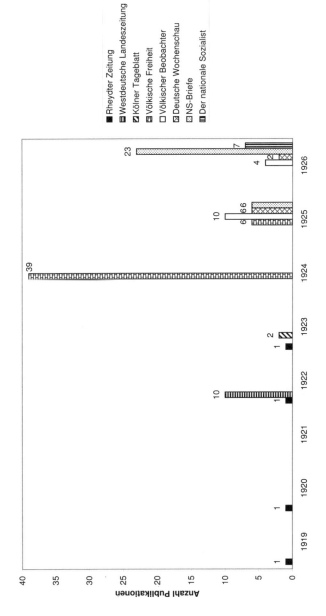

Grafik Nr. 2
Anzahl der Publikationen in den verschiedenen Medien (1919-1926)

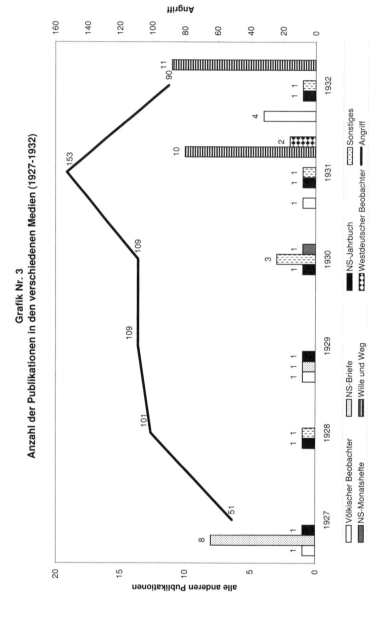

Grafik Nr. 3
Anzahl der Publikationen in den verschiedenen Medien (1927-1932)

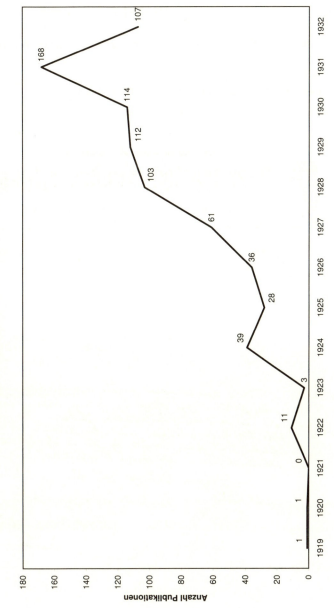

Grafik Nr. 4
Übersicht sämtlicher Publikationsbeiträge (1919-1932)

ANHANG NR. 1

Kündigungsschreiben der Westdeutschen Landeszeitung

Datum: 16.10.1922
Quelle: BArchKo N 1118/113 und StadtA MG 15/44/49/1

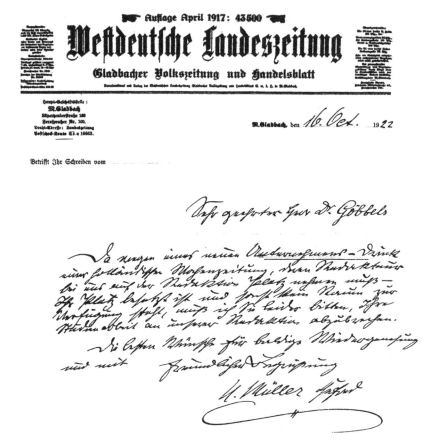

ANHANG NR. 2

Bewerbungsschreiben von Joseph Goebbels an Rudolf Mosse

Datum: 22.1.1924
Quelle: BArchKo N 1118/113 und StadtA MG 15/44/122

ANHANG NR. 2 (FORTSETZUNG)

Bewerbungsschreiben von Joseph Goebbels an Rudolf Mosse

(Seite 2 wie im Original)

Datum: 22.1.1924
Quelle: BArchKo N 1118/113 und StadtA MG 15/44/122

ANHANG NR. 3

Stellenanzeige in der *Kölnischen Zeitung*

Datum: 23.1.1924 (Morgenausgabe)
Quelle: Institut für Zeitungswissenschaft Dortmund (Mikrofilmbestand)

Einem strebsamen jungen Herrn

wird Gelegenheit geboten, sich eine vorzügliche Position
Lebensstellung) in

Buchdruckerei und Zeitungsverlag

(Zentrumsblatt in Westdeutschland)

zu schaffen. Gewünscht wird eine energische Persönlichkeit
mit vornehmer Gesinnung, tadellosem Charakter und guten
Umgangsformen. In Betracht käme **tüchtiger, gebildeter
Fachmann, Kaufmann oder Redakteur** mit kaufmännischen und fachlich-technischen Neigungen. Zur Ein-
arbeit und Ausbildung in den verschiedenen Zweigen wird
Gelegenheit geboten. Der jetzige Besitzer will sich, weil seine
Kraft nicht mehr ausreicht, eine erstklassige Stütze heranziehen. Eventl. später Leitung oder Uebernahme eines Teils
des Unternehmens.

Repräsentable, arbeitsfreudige katholische Herren ohne
jeden Anhang, im Alter von etwa 21—25 Jahren, mögen ausführliche Angebote mit Photographie unter K M 8703 baldigst
einsenden an **Rudolf Mosse, Köln a. Rh.** — Verschwiegen-
heit zugesichert.

☞ Es wird geboten, geeignete Herren auf diese Anzeige
aufmerksam zu machen.

ANHANG NR. 4

Stellenanzeige in der *Völkischen Freiheit*

Datum: 17.1.1925
Quelle: StadtA MG

Schriftleiter

völk. junge Kraft

an selbständiges Arbeiten gewöhnt, guter Leitartikler,
Organisator, arbeitsfreudig, — infolge politischer Ereignisse stellungslos,

sucht Beschäftigung

evtl. auch in kaufmännischem Betrieb.

Schriftl. Anz. unter **R. 26** an die Geschäftsstelle ds.
Blattes, Elberfeld, Bergstraße 32.

ANHANG NR. 5

Zeitungsartikel von Joseph Goebbels (1919–1933)

HINWEIS

Die Kennungen setzen sich aus folgenden Siglen in Reihenfolge zusammen:
Mediencode/Jahreszahl/Nummer nach Reihenfolge im Medium (evtl. Rubrik mit
dazugehöriger durchgängiger Nummerierung)

MEDIENCODE		RUBRIKEN	
RZ	Rheydter Zeitung	T	Tagesmappe
WLZ	Westdeutsche Landeszeitung	P	Politisches Tagebuch
VF	Völkische Freiheit	S	Streiflichter
KT	Kölner Tageblatt	L	Leitartikel
Woch	Deutsche Wochenschau	A	Aufmacher
VB	Völkischer Beobachter	U	Umschau
NSB	Nationalsozialistische Briefe		
Soz	Der Nationale Sozialist		
NSJ	Nationalsozialistisches Jahrbuch		
A	Der Angriff		
NSM	Nationalsozialistische Monatshefte		
WW	Unser Wille und Weg		
WB	Westdeutscher Beobachter		
DZ	Deutsche Zeitung		
S	Sonstige Publikationsorgane		

GOEBBELS-HINWEISE

Die Hinweise entstammen den so genannten Goebbels' Tagebüchern. Verwendet
wurden die Überlieferungen aus dem Bundesarchiv Koblenz. Ergänzt wurden sie
durch die Edition von Elke Fröhlich (1987–2008) und die Edition von Ralf Georg
Reuth (1992).
EB = Erinnerungsblätter (ohne Datumsangabe)

ANMERKUNGEN

SB-DR   Sammelband „Wege ins dritte Reich"
Goebbels, Joseph (1927): Wege ins dritte Reich. Briefe und Aufsätze für Zeitgenossen. München: Franz Eher Nachf.

SB-K   Sammelband „Knorke"
Goebbels, Joseph (1929): Knorke. Ein Buch Isidor für Zeitgenossen. München:
Franz Eher Nachf.

SB-I   Sammelband „Isidor"
Goebbels, Joseph (1931): Das Buch Isidor. Ein Zeitbild voll Lachen und Hass.
München: Franz Eher Nachf.

SB-A   Sammelband „Der Angriff"
Goebbels, Joseph (1935a): Der Angriff. Aufsätze aus der Kampfzeit. München:
Franz Eher Nachf.

SB-W   Sammelband „Wetterleuchten"
Goebbels, Joseph (1939): Wetterleuchten. Aufsätze aus der Kampfzeit. 2. Band
„Der Angriff". München: Franz Eher Nachf.

Die in den Anmerkungen mit * nur Quelle gekennzeichneten Beiträge entstammen aus dem angegebenen Sammelband, da entsprechende Texte durch Micro-
film-Lücken nicht mehr im Original vorhanden waren.

Anmerkung 1) Mit dem „Beobachter" meinte Goebbels sehr wahrscheinlich die
Rubrik, der er dann den Namen „Aus meiner Tagesmappe" gab, in der er die Geschehnisse der Tage beobachtete und kommentiert notierte oder glossiert festhielt.
Dass es sich nicht um die Rubrik „Streiflichter" handelte, ist aus dem Datum abzuleiten. Die Streiflichter tauchen in der ersten Nummer, in der Goebbels publizierte, nämlich noch nicht auf.

Anmerkung 2) Der Aufsatz „Warum haben wir uns von den Völkischen getrennt"
ist nicht mehr überliefert. Vgl. auch Reuth 1992: 198.

Anmerkung 3) Der Aufsatz „Unsere Stellung zu den Vaterländischen Verbänden"
ist gemäß Reuth 1992: 198 nicht überliefert. Dies ist nicht korrekt. Im 6. Brief
vom 15.12.1925 ist der Text „Wir und die vaterländischen Verbände" enthalten,
dieser stammt jedoch von Gregor Strasser.

SONSTIGES
Die Sortierung der Texte erfolgte nach Erscheinungsdatum (nicht nach Datum des
Hinweises).

Lfd. Nr.	Kennung	Goebbels' Hinweise	Autoren-Bezeichnung	Text-Titel	Medium	Ort	Jg./ Nr.	Datum/ Jahr	Anmerkungen
1919									
1	RZ/20.12.1919/1		cand. philos. Joseph Goebbels	Gerhardi Bartels manibus!	Rheydter Zeitung	Rheydt		20.12.1919	
1920									
2	RZ/24.12.1920/2		Joseph Goebbels	Aus halbvergessenen Papieren	Rheydter Zeitung	Rheydt		24.12.1920	
1922									
3	WLZ/11.1.1922/1	„Meine 6 Aufsätze für die Westdeutsche Landeszeitung. Viel Aufsehen. Feinde in der Rheydter Presse." EB	vermutlich Dr. phil. Joseph Goebbels	Kritik und Kunst	Westdeutsche Landeszeitung	Gladbach	51. Jg./ Nr. 8	11.1.1922	Fehlbestand
4	WLZ/24.1.1922/2		Dr. phil. Joseph Goebbels	Vom Geiste unserer Zeit	Westdeutsche Landeszeitung	Gladbach	51. Jg./ Nr. 19	24.1.1922	
5	WLZ/6.2.1922/3		Dr. phil. Joseph Goebbels	Vom Sinn unserer Zeit	Westdeutsche Landeszeitung	Gladbach	51. Jg./ Nr. 30	6.2.1922	
6	WLZ/8.2.1922/4		Dr. phil. Joseph Goebbels	Vom wahren Deutschtum	Westdeutsche Landeszeitung	Gladbach	51. Jg./ Nr. 32	8.2.1922	
7	WLZ/21.2.1922/5		Dr. phil. Joseph Goebbels	Zur Erziehung eines neuen Publikums (Teil I)	Westdeutsche Landeszeitung	Gladbach	51. Jg./ Nr. 43	21.2.1922	
8	WLZ/27.2.1922/6		Dr. phil. Joseph Goebbels	Zur Erziehung eines neuen Publikums (Teil II)	Westdeutsche Landeszeitung	Gladbach	51. Jg./ Nr. 48	27.2.1922	
9	WLZ/7.3.1922/7		Dr. phil. Joseph Goebbels	Sursum corda!	Westdeutsche Landeszeitung	Gladbach	51. Jg./ Nr. 55	7.3.1922	
10	WLZ/30.9.1922/8		Dr. G.	Schauspielhaus Rheydt: „Flachsmann als Erzieher"	Westdeutsche Landeszeitung	Gladbach	51. Jg./ Nr. 228	30.9.1922	
11	WLZ/13.10.1922/9		Dr. G.	Leib und Seele	Westdeutsche Landeszeitung	Gladbach	51. Jg./ Nr. 239	13.10.1922	
12	WLZ/24.11.1922/10		Dr. Goebbels	Der Bühnenvolksbund in Rheydt	Westdeutsche Landeszeitung	Gladbach	51. Jg./ Nr. 273	24.11.1922	
13	RZ/24.11.1922/3		Dr. G.	Der Bühnenvolksbund	Rheydter Zeitung	Rheydt		24.11.1922	
1923									
14	KT/23.6.1923/1	„Meine beiden Artikel im Kölner Tageblatt." EB	Dr. Joseph Goebbels	Das Fiasko der modernen deutschen Literatur	Kölner Tageblatt	Köln	Nr. 172	23./24.6. 1923	
15	KT/31.7.1923/2	„Meine beiden Artikel im Kölner Tageblatt." EB	Dr. Joseph Goebbels	Das Theater der Gegenwart	Kölner Tageblatt	Köln	Nr. 209	31.7.1923	
16	RZ/22.12.1923/4		Dr. Goebbels	Schöpferische Kräfte	Rheydter Zeitung	Rheydt		22.12.1923	

	ID	Text	Autor	Titel	Zeitung	Ort	Jg./Nr.	Datum	Anmerkungen
		13.8.1924 „Ich schreibe an ein paar Aufsätzen, in denen ich meine völkischen Ansichten darlegen will. In großem Entwurf. Ich muß doch einmal hineinkommen." 15.8.1924 „Ich arbeite fleißig an meinen 5 Aufsätzen. Heute, spätestens morgen hoffe ich damit fertig zu werden." 20.8.24 „Ich schreibe meine Aufsätze über den völkischen Gedanken zu Ende." 21.8.1924 „Meine 5 Aufsätze sind fertig: 1. Liberalismus und staatlicher Sozialismus. 2. Grundlegende Fragen völkisch-sozialen Denkens. 3. Völkischer Geist im Kampfe gegen die Internationale. 4. Völkische Kulturfragen. 5. Ausblicke. In diesen Aufsätzen habe ich einen kleinen Umriß meiner völkischen Gedanken gegeben."							„Liberalismus und staatlicher Sozialismus" = „Die Katastrophe des Liberalismus" (11.10.1924) „Völkische Kulturfragen" (siehe 18.10.1924) andere Texte nicht oder evtl. mit geänderten Überschriften gedruckt (vgl. Reuth 1992: 141)
17	VF/13.9.1924/1	1.9.1924 „Aufsatz ‚national und sozial' zu Ende. Schreibmaschine angekommen. Oh ich's wohl je lernen werde? Ich bin sehr müde vom Schreiben. Nun fliegen mir die Zeitungen ins Haus. Mit meiner Ruh ist's zu Ende. ‚Wir sind nichts. Deutschland ist Alles!' schließt mein Aufsatz."	Dr. Joseph Goebbels	National und sozial	Völkische Freiheit	Elberfeld	1.Jg./ Nr. 27	13.9.1924	
18	VF/13.9.1924/2 (P1)	3.9.1924 „Viel Arbeit mit Zeitung. ‚Beobachter' und ‚politisches Tagebuch'. Der Anfang ist das Schwerste. Dann noch Schreibmaschinenüben. Und all die Zeitungen lesen. Ich komme kaum durch. Aber es muß gehen."	Dr. G.	Politisches Tagebuch	Völkische Freiheit	Elberfeld	1.Jg./ Nr. 27	13.9.1924	
19	VF/13.9.1924/3 (T1)	4.9.1924 „Die erste Nummer unserer Zeitung ist fertig. Der Beobachter ist mir am besten gelungen. Ich glaube, diese Nummer kann sich sehen lassen. Auch das politische Tagebuch." 9.9.1924 „Ein paar Glossen in den ‚Beobachter'."	Itza	Aus meiner Tagesmappe	Völkische Freiheit	Elberfeld	1.Jg./ Nr. 27	13.9.1924	Anmerkung 1)
20	VF/20.9.1924/4	9.9.1924 „Aufsatz ‚das Führerproblem' heute fertig geschrieben. Einen ganzen Wustpacken von Zeitungen durchgeschnüffelt." 22.9.1924 „‚Führerproblem', ‚politisches Tagebuch' und ‚Streiflichter'."	Dr. Jos. Goebbels	Das Führerproblem	Völkische Freiheit	Elberfeld	1.Jg./ Nr. 28	20.9.1924	
21	VF/20.9.1924/5 (P2)	9.9.1924 „Einige Notizen ins ‚politische Tagebuch' über Deutschland und China."	Dr. G.	Politisches Tagebuch	Völkische Freiheit	Elberfeld	1.Jg./ Nr. 28	20.9.1924	

		22.9.1924 „Führerproblem', ‚politisches Tagebuch' und ‚Streiflichter'. [...] Heute politisches Tagebuch und Streiflichter. Morgen kommt wieder der fleißige Aufsatz." 17.9.1924 „Das politische Tagebuch habe ich gerade zu Ende geschrieben."							
22	VF/20.9.1924/6 (S1)	22.9.1924 „Führerproblem', ‚politisches Tagebuch' und ‚Streiflichter'. [...] Heute politisches Tagebuch und Streiflichter. Morgen kommt wieder der fleißige Aufsatz."	Ulex	Streiflichter	Vö kische Freiheit	Elberfeld	Nr. 28, 1.Jg.	20.9.1924	
23	VF/20.9.1924/7 (T2)		Itza	Aus meiner Tagesmappe	Vö kische Freiheit	Elberfeld	1.Jg./Nr. 28	20.9.1924	
24	VF/27.9.1924/8 (P3)		Dr. G.	Politisches Tagebuch	Vö-kische Freiheit	Elberfeld	1.Jg./Nr. 29	27.9.1924	
25	VF/4.10.1924/9	18.9.1924 „Heute Nachmittag Aufsatz geschrieben, ‚Industrie und Börse'. Hat mir viel Freude gemacht. Es kommt auf das klare Denken an. Der klare Kopf spricht auch klar und einleuchtend. Ich muß meinen Stil noch weiter vereinfachen. Alles muß klar sein wie Wasser." 17.9.1924 „Morgen kommt der neue Aufsatz ‚Industrie und Börse'. Eine Betrachtung."	Dr. Joseph Goebbels	Industrie und Börse	Völkische Freiheit	Elberfeld	1.Jg./Nr. 30	4.10.1924	
26	VF/4.10.1924/10 (P4)		Dr. G.	Politisches Tagebuch	Vclkische Freiheit	Elberfeld	1.Jg./Nr. 30	4.10.1924	
27	VF/4.10.1924/11 (T3)		Itza	Aus meiner Tagesmappe	Vclkische Freiheit	Elberfeld	1.Jg./Nr. 30	4.10.1924	
		23.9.1924 „Nächster Aufsatz von mir lautet: ‚Grundprobleme des Judentums'. Grundprobleme und die Worte setzen. Aufpassen und die Worte setzen, im Stil gehen mir diese Arbeiten nur so aus der Feder heraus."							kein derartiger Text überliefert
28	VF/11.10.1924/12	24.9.1924 „Heute dicke Arbeit. Aufsatz eben fertig: ‚die Katastrophe des Liberalismus'. Gut. [...] Zeitungen über Zeitungen. Ich komme kaum noch zur Besinnung. Heil und Sieg!"	Dr. Joseph Goebbels	Die Katastrophe des Liberalismus	Völkische Freiheit	Elberfeld	1.Jg./Nr. 31	11.10.1924	
29	VF/11.10.1924/13 (P5)	6.10.1924 „Politisches Tagebuch. Das macht mir am meisten Spaß. Mit leichter Hand. Das wirkt am besten. [...] Hetzarbeit. Aber man sieht Erfolge. Das freut."	Dr. G.	Politisches Tagebuch	Völkische Freiheit	Elberfeld	1.Jg./Nr. 31	11.10.1924	
30	VF/11.10.1924/14 (S2)		Ulex	Streiflichter	Völkische Freiheit	Elberfeld	1.Jg./Nr. 31	11.10.1924	
31	VF/11.10.1924/15 (T4)		Itza	Aus meiner Tagesmappe	Völkische Freiheit	Elberfeld	1.Jg./Nr. 31	11.10.1924	

Nr.	Fundstelle	Tagebuch-Notiz	Verfasser	Titel	Zeitung	Ort	Jg./Nr.	Datum
32	VF/18.10.1924/16	6.10.1924 „Gestern spät am Abend noch Aufsatz fertig geschrieben. ‚Völkische Kulturfragen'. Die nächste Wochenschriftsnummer macht mir schon viel Sorge. Man muß zu schnell und unbedacht arbeiten. Ich will das mehr ausreifen lassen."	Dr. Joseph Goebbels	Völkische Kulturfragen	Völkische Freiheit	Elberfeld	1.Jg./ Nr. 32	18.10.1924
33	VF/18.10.1924/17 (P6)	15.10.1924 „Heute geht es mit der Arbeit. Politisches Tagebuch für nächste Woche ist sozusagen fertig."	Dr. G.	Politisches Tagebuch	Völkische Freiheit	Elberfeld	1.Jg./ Nr. 32	18.10.1924
34	VF/18.10.1924/18 (S3)		Ulex	Streiflichter	Völkische Freiheit	Elberfeld	1.Jg./ Nr. 32	18.10.1924
35	VF/1924/19 (T5)		Itza	Aus meiner Tagesmappe	Völkische Freiheit	Elberfeld	1.Jg./ Nr. 32	18.10.1924
36	VF/25.10.1924/20	13.10.1924 „Heute habe ich unendlich viel Arbeit. Packen von Zeitungen, den Festbericht von gestern schreiben (oha!), dann habe ich eben den neuen Aufsatz zu Ende geschrieben (‚Nationale Intelligenz'.) Aber ich habe Freude an der Arbeit." (Anmerkung: Klammern im Original)	Dr. Joseph Goebbels	Nationale Intelligenz	Völkische Freiheit	Elberfeld	1.Jg./ Nr. 33	25.10.1924
37	VF/25.10.1924/21 (P7)	20.10.1924 „Jetzt noch politisches Tagebuch. Das macht mir am meisten Freude."	Dr. G.	Politisches Tagebuch	Völkische Freiheit	Elberfeld	1.Jg./ Nr. 33	25.10.1924
38	VF/25.10.1924/22 (S4)		Ulex	Streiflichter	Völkische Freiheit	Elberfeld	1.Jg./ Nr. 33	25.10.1924
39	VF/25.10.1924/23 (T6)		Itza	Aus meiner Tagesmappe	Völkische Freiheit	Elberfeld	1.Jg./ Nr. 33	25.10.1924
40	VF/1.11.1924/24	20.10.1924 „Jetzt natürlich Menge, Masse Arbeit. Eben Aufsatz fertig. ‚Das Fiasko der modernen deutschen Literatur'. Ich schwimme allmählich wieder im eigenen Strome. Da bin ich doch so etwas wie ein Fachmann."	Dr. Joseph Goebbels	Das Fiasko der modernen deutschen Literatur	Völkische Freiheit	Elberfeld	1.Jg./ Nr. 34	1.11.1924
41	VF/1.11.1924/25 (P8)		Dr. G.	Politisches Tagebuch	Völkische Freiheit	Elberfeld	1.Jg./ Nr. 34	1.11.1924
42	VF/1.11.1924/26 (S5)		Ulex	Streiflichter	Völkische Freiheit	Elberfeld	1.Jg./ Nr. 34	1.11.1924
43	VF/1.11.1924/27 (T7)		Itza	Aus meiner Tagesmappe	Völkische Freiheit	Elberfeld	1.Jg./ Nr. 34	1.11.1924
44	VF/8.11.1924/28	8.11.1924 „Keine Tinte, keine Zeit, kein Nichts. [...] Heute kam unsere Hitler-Nummer heraus. Sehr schön."	Dr. G.	Gebt Adolf Hitler dem deutschen Volke wieder!	Völkische Freiheit	Elberfeld	1.Jg./ Nr. 35	8.11.1924
45	VF/8.11.1924/29		Dr. Joseph Goebbels	Heldenverehrung	Völkische Freiheit	Elberfeld	1.Jg./ Nr. 35	8.11.1924
46	VF/8.11.1924/30 (P9)		Dr. G.	Politisches Tagebuch	Völkische Freiheit	Elberfeld	1.Jg./ Nr. 35	8.11.1924
47	VF/15.11.1924/31		Dr. G.	An alle schaffenden Stände	Völkische Freiheit	Elberfeld	1.Jg./ Nr. 36	15.11.1924

62	VB/14.6.1925/1	14.4.25 „Ich schreibe an unseren neuen Informationsbriefen." 27.5.1925 „Gestern Aufsatz für den Beobachter geschrieben. ‚Idee und Opfer'. Gegen den Bourgeois. Der wird platzen. Kaufmann freut sich wie ein Kind. Es gehen Dinge in der Bewegung vor. Vielleicht werden wir dann wieder eine Bewegung." 15.6.1925 „Heute morgen bringt der ‚Beobachter' meinen Aufsatz ‚Idee und Opfer'. Der erste bewußte Schritt zur Radikalisierung der Idee und der Bewegung. Wir werden weitertreiben zum echten Nationalsozialismus."	Dr. Goebbels	Idee und Opfer	Völkischer Beobachter	München	38. Jg./Nr. 64	14./15.6.1925
63	Woch/21.6.1925/1	16.4.1925 „Ich schreibe einen Aufsatz für die deutsche Wochenschau: ‚der Nationalsozialismus im Westen'. Soll das meine letzte Mahnung sein?" 23.6.1925 „Montag: der ‚Beobachter' bringt meinen Aufsatz ‚verkalkte Intelligenz', die ‚Wochenschau' ‚der Nationalsozialismus im Westen'. Von allen Seiten fliegen mir zustimmende Briefe zu."	Dr. Goebbels	Der Nationalsozialismus im Westen	Deutsche Wochenschau	Berlin	2. Jg./Nr. 25	21.6.1925
64	VB/21.6.1925/2	18.6.1925 „Ich schrieb gestern und heute meinen zweiten Aufsatz für den ‚Beobachter'. ‚Verkalkte Intelligenz'. Eine einzige Anklage gegen Ripke." 23.6.1925 „Montag: der ‚Beobachter' bringt meinen Aufsatz ‚verkalkte Intelligenz' [...]. Von allen Seiten fliegen mir zustimmende Briefe zu."	Dr. Goebbels	Verkalkte Intelligenz	Völkischer Beobachter	München	38. Jg./Nr. 70	21./22.6.1925
65	VB/28.6.1925/3	29.6.1925 „Heute steht mein dritter Aufsatz im ‚Beobachter'. ‚Der Nationalsozialismus im Westen'. Schneidig! Für gewisse Leute eine Qual."	Dr. Goebbels	Nationalsozialismus im Westen	Völkischer Beobachter	München	38. Jg./Nr. 76	28./29.6.1925
66	VB/26.7.1925/4	1.7.1925 „Resultat: ein Aufsatz für den ‚Beobachter', offener Brief an Herrn v. Graefe. ‚Klassenkampf und Volksgemeinschaft'. Der wird wieder sitzen. Ein Hieb mehr in den faulen Stamm der Bourgeoisie." 27.7.1925 „Heute bringt der ‚Beobachter' meinen Aufsatz ‚Volksgemeinschaft und Klassenkampf.'"	Dr. Goebbels	Volksgemeinschaft und Klassenkampf	Völkischer Beobachter	München	38. Jg./Nr. 100	26./27.7.1925
67	VB/9.8.1925/5	31.7.1925 „Ein Aufsatz für den Beobachter muß noch geschrieben werden. ‚Über den Bolschewismus.' Das alles ist ja Raubbau an einem Menschen. Und dabei kein Geld!"	Dr. Joseph Goebbels	Nationalsozialismus und Bolschewismus	Völkischer Beobachter	München	38. Jg./Nr. 112	9./10.8.1925

Nr.	Beleg	Tagebuch/Bemerkung	Verfasser	Titel	Publikation	Ort	Ausgabe	Datum	Anmerkung
68	VB/11.8.1925/6	3.8.1925 „Heute wieder ganze Berge voll Arbeit. Und dabei eine Reihe von Rundschreiben und noch den Aufsatz für den Beobachter schreiben. [...] Der Aufsatz liegt mir auf der Seele." 5.8.1925 „Gestern in fliegender Hast meinen Aufsatz für die Sondernummer des ‚Beobachters'. ‚Nationalsozialismus oder Bolschewismus' fertig geschrieben." 10.8.1925 „Heute bringt der Beobachter meinen Aufsatz ‚Bolschewismus und Nationalsozialismus'."	Dr. Joseph Goebbels	Das Ringen um die Diktatur	Völkischer Beobachter (Antibolschewistische Sondernummer)	München	38. Jg./ Nr. 110a	11.8.1925	
69	Woch/23.8.1925/2		Dr. Goebbels	Idee und Opfer. Ein Brief.	Deutsche Wochenschau	Berlin	2. Jg./ Nr. 34	23.8.1925	
70	VB/17.9.1925/7	7.9.1925 „Der Beobachter gibt wieder eine neue Propagandanummer heraus. Ich soll einen Aufsatz dazu schreiben ‚Pressekanaillen links und rechts'. Gleich geht's sofort daran."	J. Goebbels	Pressekanaillen von links nach rechts	Völkischer Beobachter (Sondernummer gegen die jüdisch-marxistische Pressekanaille)	München	38. Jg./ Nr. 144a	17.9.1925	
71	Woch/20.9.1925/3		Dr. Joseph Goebbels	Das Ringen um die Diktatur	Deutsche Wochenschau	Berlin	2. Jg./ Nr. 38.	20.9.1925	
72	NSB/1.10.1925/1		Dr. Goebbels	Der erste Gang	Nationalsozialistische Briefe	Elberfeld	1. Jg./ 1. Brief	1.10.1925	
73	Woch/11.10.1925/4		Dr. Goebbels	Volksgemeinschaft oder Klassenkampf?	Deutsche Wochenschau	Berlin	2. Jg./ Nr. 41	11.10.1925	
74	NSB/15.10.1925/2	2.10.1925 „Ich arbeite an einem Aufsatz: ‚Nationalsozialismus oder Bolschewismus?' Mein zweites Thema für die Briefe lautet: ‚Warum haben wir uns von den Völkischen getrennt' und das dritte ‚Unsere Stellung zu den Vaterländischen Verbänden'."	Dr. Goebbels	Nationalsozialismus oder Bolschewismus?	Nationalsozialistische Briefe	Elberfeld	1. Jg./ 2. Brief	15.10.1925	Anmerkung 2) Anmerkung 3)
75	VB/17.10.1925/8	19.10.1925 „Der Beobachter bringt meinen Aufsatz ‚Der Freiheitsgedanke'."	Dr. Goebbels	Der Freiheitsgedanke	Völkischer Beobachter	München	38. Jg./ Nr. 170	17.10.1925	
76	NSB/1.11.1925/3	10.11.1925 „Mein offener Brief an Wulle in den N.S. Briefen wirbelt viel Staub auf. Recht so!"	Dr. Goebbels	Das traurige Ende einer Kampfansage	Nationalsozialistische Briefe	Elberfeld	1. Jg./ 3. Brief	1.11.1925	
77	Woch/8.11.1925/5		Dr. Goebbels	Novemberverbrecher!	Deutsche Wochenschau	Berlin	2. Jg./ Nr. 45.	8.11.1925	
78	VB/14.11.1925/9	14.11.1925 „Ich bin müde. Den ganzen Tag geschrieben. Rosenberg bringt im ‚Beobachter' meinen Aufsatz ‚Nationalsozialismus und Bolschewismus'. Und schreibt einen langen Kommentar	Dr. Goebbels	Nationalsozialismus und Bolschewismus. Rede und Gegenrede über das „russische Problem"	Völkischer Beobachter	München	38. Jg./ Nr. 194	14.11.1925	

79	NSB/15.11.1925/4	dazu. Teils pro, teils contra. Ich antworte." 2.11.1925 „Mein neuer Aufsatz ,das russische Problem' wird viel Staub aufwirbeln. Die Frage des russischen Bolschewismus wird und muß geklärt werden."	Dr. Goebbels	Das russische Problem	Nationalsozialistische Briefe	Elberfeld	1. Jg./ 4. Brief	15.11.1925	
80	NSB/1.12.1925/5		Dr. Goebbels	Bericht über die Tagung der Arbeitsgemeinschaft der Nord- und Westdeutschen Gauleiter in Hannover am 22.November 1925	Nationalsozialistische Briefe	Elberfeld	1. Jg./ 5. Brief	1.12.1925	
81	NSB/15.12.1925/6	7.12.1925 „Ein Aufsatz für die n.s. Briefe. ,Radikaler Sozialismus' oder ,sozialer Radikalismus.' Ich weiß noch nicht." 9.12.1925 „Ich arbeite mit Hochdruck. Mein letzter Aufsatz für die N.S. Briefe; die Radikalisierung des Sozialismus.' Ein prachtvolles Thema. Haase, Göttingen und Strasser haben grundsätzliche Darlegungen der außenpolitischen Lage gegeben, die ich in prinzipiellen Erörterungen ergänzt habe. Hochinteressante Ausführungen, die im Grundsätzlichen münden. Das macht mir Spaß."	Dr. Goebbels	Die Radikalisierung des Sozialismus	Nationalsozialistische Briefe	Elberfeld	1. Jg./ 6. Brief	15.12.1925	
82	VB/25.12.1925/10	18.12.1925 „An Hans Hustert richte ich meinen Weihnachtsaufsatz, ,Weihnachten 1925' für den ,Beobachter'."	Dr. Goebbels	Weihnachtsbrief 1925	Völkischer Beobachter	München	38. Jg./ Nr. 229	25.12.1925	
83	Woch/27.12.1925/6	29.12.1925 „,Beobachter und Wochenschau bringen meinen Brief an Hustert."	Dr. Goebbels	Weihnachten 1925	Deutsche Wochenschau	Berlin	2. Jg./ Nr. 52	27.12.1925	

1926

84	NSB/1.1.1926/1		Dr. G.	Ein Musterflugblatt	Nationalsozialistische Briefe	Elberfeld	2. Jg./ 7. Brief	1.1.1926	
85	Woch/10.1.1926/1	13.1.1926 „Ein Aufruf für Hustert von mir im ,Beobachter'. In einer Woche rund 250 M. Eine wahre Erlösung. Es gibt noch Opfersinn."	Dr. Goebbels	Nationalsozialisten!	Deutsche Wochenschau	Berlin	3. Jg./ Nr. 2	10.1.1926	Der Aufsatz ist nicht im VB aber in der Wochenschau erschienen
86	NSB/15.1.1926/2		Dr. Joseph Goebbels	West- oder Ost-Orientierung	Nationalsozialistische Briefe	Elberfeld	2. Jg./ 8. Brief	15.1.1926	
87	NSB/1.2.1926/3	13.1.1926 „Einen Aufsatz an Pfeffer ,die Radikalisierung des Sozialismus.'"	Dr. Goebbels	Die Radikalisierung des Sozialismus	Nationalsozialistische Briefe	Elberfeld	2. Jg./ 9. Brief	1.2.1926	
88	NSB/1.2.1926/4		Joseph Goebbels & Gregor Strasser	Resolution der Arbeitsgemeinschaft Nordwest der NSDAP zur Frage der Fürstenabfindung	Nationalsozialistische Briefe	Elberfeld	2. Jg./ 9. Brief	1.2.1926	

Nr	ID	Text	Autor	Titel	Publikation	Ort	Jg./Brief	Datum	kein derartiger Text auffindbar
89	NSB/1.3.1926/5	12.2.1926 „Ich schreibe im Augenblick einen Aufsatz: ‚Dogma oder Entwicklung?' Ich glaube wohl, daß der viel Staub aufwirbeln wird. Aber wir wollen ja hetzen und putschen!"	Dr. Goebbels	Essen, eine Etappe	Nationalsozialistische Briefe	Elberfeld	2. Jg./11. Brief	1.3.1926	
90	NSB/1.3.1926/6		Dr. Goebbels	Ein Briefwechsel	Nationalsozialistische Briefe	Elberfeld	2. Jg./11. Brief	1.3.1926	
91	NSB/15.3.1926/7	24.2.1926 „Zwei Aufsätze: ‚Völkerbund' und ‚der Apfelsinenkrieg'. Der letzte gegen die schamlose Hetze der deutschen Demokratie gegen den Freimaurervernichter Mussolini."	Dr. Goebbels	Der Apfelsinenkrieg	Nationalsozialistische Briefe	Elberfeld	2. Jg./12. Brief	15.3.1926	SB-DR
92	NSB/1.4.1926/8		Dr. Goebbels	Soziale Frage und Student	Nationalsozialistische Briefe	Elberfeld	2. Jg./13. Brief	1.4.1926	SB-DR
93	NSB/15.4.1926/9	31.3.1926 „2 Aufsätze fertig: ‚Bei mir stimmt etwas nicht!', ‚das neue Kampflied'."	Dr. Goebbels	Das neue Kampflied	Nationalsozialistische Briefe	Elberfeld	2. Jg./14. Brief	15.4.1926	SB-DR
94	NSB/15.4.1926/10	27.3.1926 „Ich schreibe einen Aufsatz: ‚Bei mir stimmt etwas nicht!' Hütet Euch, Ihr Hunde. Wenn der Teufel bei mir los ist, den bändigt Ihr nicht mehr." 31.3.1926 „2 Aufsätze fertig: ‚Bei mir stimmt etwas nicht!', ‚das neue Kampflied'."	Dr. Goebbels	Bei mir stimmt etwas nicht …	Nationalsozialistische Briefe	Elberfeld	2. Jg./14. Brief	15.4.1926	
95	Soz/25.4.1926/1	13.4.1926 „Mittwoch Abfahrt München Am Abend vorher noch einen Aufsatz ‚Denker und Prediger'." 19.4.1926 „Stuttgart. Munder kommt. Er hat sich über meinen Aufsatz ‚Dichter und Denker' so gefreut."	Dr. Goebbels	Denker und Prediger	Der nationale Sozialist	Berlin	1. Jg./8. Folge	25.4.1926	
96	Soz/2.5.1926/2		Dr. Goebbels	Das neue Kampflied	Der nationale Sozialist	Berlin	1. Jg./9. Folge	2.5.1926	
97	NSB/15.5.1926/11	3.5.1926 „Zwei neue Aufsätze geschrieben: ‚Der Generalstab' und ‚die Straße'. Zwei staubaufwirbelnde. Gut so!"	Goebbels	Der Generalstab	Nationalsozialistische Briefe	Elberfeld	2. Jg./16. Brief	15.5.1926	SB-DR
98	VB/23.5.1926/1		Dr. Goebbels	Generalstreik und Generalstreit	Völkischer Beobachter	München	39. Jg./Nr. 117	23.-25.5.1926	
99	Soz/30.5.1926/3		Dr. Goebbels	Generalstreik und Generalstreit	Der nationale Sozialist	Berlin	1. Jg./13. Folge	30.5.1926	
100	Woch/30.5.1926/1	24.2.1926 „Zwei Aufsätze: ‚Völkerbund' und ‚der Apfelsinenkrieg'."	Dr. Goebbels	Der Völkerbund	Deutsche Wochenschau	Berlin	3. Jg./Nr. 22	30.5.1926	
101	NSB/1.6.1926/12	3.5.1926 „Zwei neue Aufsätze geschrieben: ‚Der Generalstab' und ‚die Straße'. Zwei staubaufwirbelnde. Gut so!"	Dr. Goebbels	Die Straße	Nationalsozialistische Briefe	Elberfeld	2. Jg./17. Brief	1.6.1926	SB-DR
102	VB/2.6.1926/2		Dr. Goebbels	Der Völkerbund	Völkischer Beobachter	München	39. Jg./Nr. 124	2.6.1926	
103	NSB/15.6.1926/13	8.1.1926 „Ein neuer schriftstellerischer Plan: Politische Charakterköpfe. Stresemann, Wirth, Scheidemann, Ruth Fischer,	Dr. Goebbels	Neue Köpfe	Nationalsozialistische Briefe	Elberfeld	2. Jg./18. Brief	15.6.1926	

Nr.	Sigle	Tagebuch/Zitat	Autor	Titel	Publikation	Ort	Jg./Nr.	Datum	
104	VB/3.7.1926/3	Hergt etc. Eine Galerie schöner Männerköpfe. Nach und nach. Später als Buch."	Joseph Goebbels	Rückblick und Ausblick	Völkischer Beobachter	München	39. Jg./Nr. 150	3.7.1926	
105	NSB/15.7.1926/14	30.6.1926 „Gestern Aufsatz: Student und Arbeiter. Ein weittragendes Problem, das ich so tief faßte, wie Richard Flisges es mich durch sein Leben und Sterben lehrte."	Dr. Goebbels	Student und Arbeiter	Nationalsozialistische Briefe	Elberfeld	2. Jg./20. Brief	15.7.1926	SB-DR
106	NSB/1.8.1926/15	6.6.1926 „Meine Satire ‚wenn ein Redner kommt' weckt endlose Heiterkeit. Hitler lacht sich halbtot."	Dr. Goebbels	Wenn ein Redner kommt	Nationalsozialistische Briefe	Elberfeld	2. Jg./21. Brief	1.8.1926	
107	NSB/1.8.1926/16		Dr. Goebbels	Aphorismen	Nationalsozialistische Briefe	Elberfeld	2. Jg./21. Brief	1.8.1926	SB-DR
108	NSB/15.8.1926/17	9.8.1926 „Heute noch einen Aufsatz für Strassers Zeitung. Und dann geht's morgen in die Heimat." 11.8.26 „Arbeit an einer umfassenden Denkschrift: ‚Neue Wege der Propaganda.'" 13.8.26 „Meine Denkschrift ‚Neue Methoden der Propaganda' habe ich in einem Hui hingehauen. Ich glaube, manches damit gesagt zu haben."	Dr. Goebbels	Neue Methoden der Propaganda	Nationalsozialistische Briefe	Elberfeld	2. Jg./22. Brief	15.8.1926	SB-DR
109	Soz/15.8.1926/4		Dr. G.	Gemeinheit, Verlogenheit oder – Dummheit	Der nationale Sozialist	Berlin	1. Jg./24. Folge	15.8.1926	
110	NSB/1.9.1926/18	9.8.1926 „Gestern einen grundsätzlichen Brief an die Leute des ‚neuen Nationalismus' in der ‚Standarte'. Damit werden wir auch mit denen ins Reine kommen. Heute noch einen Aufsatz für Strassers Zeitung. Und dann geht's morgen in die Heimat."	Dr. Goebbels	Gärungen und Klärungen	Nationalsozialistische Briefe	Elberfeld	2. Jg./23. Brief	1.9.1926	SB-DR
111	Soz/12.9.1926/5		Dr. Goebbels	Zusammenbruch des bürgerlichen Klassenstaates	Der nationale Sozialist	Berlin	1. Jg./28. Folge	12.9.1926	
112	NSB/15.9.1926/19	25.8.1926 „Der neueste Schlager: man konstatiert in der Bewegung mein Damaskus. Ich habe mich vor Hitler und München gebeugt. Kolporteur: Straßer 1 und 2. Urheber: Elbrechter und Kaufmann. Ich hab mit ihnen schon abgerechnet. Mit Gruppe 1 in persönlichen Briefen, mit Gruppe 2 in einem offenen Brief. Ich werde der Bande schon Mores beibringen."	Goebbels	Die Revolution als Ding an sich	Nationalsozialistische Briefe	Elberfeld	2. Jg./24. Brief	15.9.1926	SB-DR
113	NSB/15.9.1926/20		Dr. G.	Zehn Gebote für jeden S.-A.-Mann	Nationalsozialistische Briefe	Elberfeld	2. Jg./24. Brief	15.9.1926	
114	Soz/26.9.1926/6		Dr. Goebbels	Fragen und Antworten für den deutschen Arbeiter	Der nationale Sozialist	Berlin	1. Jg./30. Folge	26.9.1926	
115	NSB/1.10.1926/21		Dr. Goebbels	Bilanz	Nationalsozialistische Briefe	Elberfeld	2. Jg./25. Brief	1.10.1926	

	Ref.	Notiz	Autor	Titel	Publikation	Ort	Jg./Nr.	Datum	Archiv
116	NSB/1.11.1926/22	20.10.1926 „Gestern den ganzen Tag angestrengt gearbeitet. Aufsatz: ‚Bürgertum und Proletariat.'"	Dr. Goebbels	Proletariat und Bourgeoisie	Nationalsozialistische Briefe	Elberfeld	2. Jg./27. Brief	1.11.1926	SB-DR
117	NSB/15.12.1926/23		Dr. Goebbels	Kleinarbeit	Nationalsozialistische Briefe	Elberfeld	2. Jg./30.Brief	15.12.1926	SB-DR
118	VB/25.12.1926/4	21.12.1926 „Heute morgen flattert mir ein Brief auf den Tisch von Hans Hustert. Er bitte um eine gedruckten Weihnachtsbrief, und gerade stehe ich im Begriff, ihn zu diktieren."	Dr. Goebbels	Weihnachtsbrief an einen ‚Zuchthäusler'	Völkischer Beobachter	München	39. Jg./Nr. 299	25.–27.12.1926	
119	Soz/26.12.1926/7		Dr. Goebbels	Weihnachten 1926	Der nationale Sozialist	Berlin	1. Jg./43. Folge	26.12.1926	SB-DR

1927

	Ref.	Notiz	Autor	Titel	Publikation	Ort	Jg./Nr.	Datum	Archiv
120	NSJ/1927/1		Dr. Goebbels	Der neue Typ.	Nationalsozialistisches Jahrbuch	München	1.Jg./S. 128–132	1927	
121	NSB/1.1.1927/1	2.12.1926 „Gestern einen Aufsatz ‚Opfergang' geschrieben."	Dr. Goebbels	Opfergang	Nationalsozialistische Briefe	Elberfeld	3. Jg./31. Brief	1.1.1927	SB-DR
		12.1.1927 „Den Nachmittag Arbeit über Arbeit. Ich schreibe jetzt auch pseudonym für Scherl-Verlag. Da werde ich meine Schriftstellerei unterbringen und dem ‚Lokal-Anzeiger' Kuckuckseier ins Nest legen."			Berliner Lokal-Anzeiger	Berlin			Fehlbestand
122	NSB/1.2.1927/2	1.2.1927 „Ich schreibe eine ‚Forderung an die neue Regierung.'" 4.1.1927 „Gestern scharfen Aufsatz gegen Dr. Frick. ‚Parlamentarismus?' Das wird wieder ein tolles Theater geben. Auch da werde ich durchbeißen. Ich kann es nicht dulden, daß unserer Bewegung der Tod auf dem Mistbeet des Parlaments beschieden wird."	Dr. Goebbels	Parlamentarismus?	Nationalsozialistische Briefe	Elberfeld	3. Jg./33. Brief	1.2.1927	
123	NSB/1.3.1927/3	18.2.1927 „Dann schrieb ich einen Brief: ‚Der unbekannte S.A. Mann.' Wird einschlagen."	Dr. Goebbels	Der unbekannte S.-A.-Mann	Nationalsozialistische Briefe	Elberfeld	3. Jg./35. Brief	1.3.1927	SB-DR
124	VB/10.3.1927/1		Dr. Goebbels	Der unbekannte S.-A.-Mann	Völkischer Beobachter	München	40. Jg./Nr. 57,	10.3.1927	
125	NSB/15.3.1927/4		Dr. Goebbels	Propaganda in Wort und Bild!	Nationalsozialistische Briefe	Elberfeld	3. Jg./36. Brief	15.3.1927	SB-DR
125	NSB/15.3.1927/5		Dr. Goebbels	Künftige Führer des Volkes. Ein Briefwechsel	Nationalsozialistische Briefe	Elberfeld	3. Jg./36. Brief	15.3.1927	
126	NSB/1.4.1927/6		Dr. Goebbels	Massenversammlung	Nationalsozialistische Briefe	Elberfeld	3. Jg./37. Brief	1.4.1927	
127	NSB/15.4.1927/7	5.4.1927 „Und nun an die Arbeit. Ich muß heute noch einen Aufsatz schreiben."	Dr. Goebbels	Sprechabend	Nationalsozialistische Briefe	Elberfeld	3. Jg./38. Brief	15.4.1927	
128	NSB/15.5.1927/8		Dr. Goebbels	Das Plakat	Nationalsozialistische Briefe	Elberfeld	3. Jg./40. Brief	15.5.1927	
129	A/4.7.1927/1 (L1)	4.7.1927 „Berlin! Sorge über Sorge. ‚Der Angriff' ist in erster Nummer erschienen."	Dr. G.	Warum Angriff?	Der Angriff	Berlin	1. Jg./Nr. 1	4.7.1927	SB-A SB-I

Nr.	ID	Notiz	Autor	Titel	Publikation	Ort	Ausgabe	Datum	Quelle
130	A/11.7.1927/2 (L2)	Noch viel auszusetzen. Aber die zweite Nummer soll mustergültig werden."	Dr. G.	Prozesse	Der Angriff	Berlin	1. Jg./ Nr. 2	11.7.1927	SB-A SB-I
131	A/11.7.1927/3 (P1)	9.7.1927 „Ich finde die ausgezeichnete Nr. 2 vom Angriff vor."	Dr. G.	Politisches Tagebuch	Der Angriff	Berlin	1. Jg./ Nr. 2	11.7.1927	SB-I
132	A/18.7.1927/4 (L3)	27.6.1927 „Gleich geht's an das ‚politische Tagebuch' für den Angriff. Ich glaube, daß es erstklassig wird."	Dr. G.	Saure Gurken	Der Angriff	Berlin	1. Jg./ Nr. 3	18.7.1927	SB-I
133	A/18.7.1927/5 (P2)	17.7.1927 „Sonntag! Heimfahrt. In Halle bringt mir ein Pg. die neue Nr. vom ‚Angriff'. Glänzend!"	Dr. G.	Politisches Tagebuch	Der Angriff	Berlin	1. Jg./ Nr. 3	18.7.1927	
134	A/25.7.1927/6 (L4)	23.7.1927 „Und die neue Nummer vom ‚Angriff'. Meisterhaft!"	vermutlich: Dr. G.	Wir fordern	Der Angriff	Berlin	1. Jg./ Nr. 3	25.7.1927	* nur Quelle: SB-A, SB-I
135	A/1.8.1927/7 (L5)	21.7.1927 „Ich schreibe an einem Leiter: ‚Wir kapitulieren nicht!'"	Dr. G.	Wir kapitulieren nicht!	Der Angriff	Berlin	1. Jg./ Nr. 4	1.8.1927	SB-A SB-I
136	A/1.8.1927/8 (P3)		Dr. G.	Politisches Tagebuch	Der Angriff	Berlin	1. Jg./ Nr. 5	1.8.1927	
137	A/8.8.1927/9 (L6)	10.8.1927 „Die letzte Nummer vom ‚Angriff' ist miserabel. Ich werde mit den Herrschaften nach meiner Rückkehr schon ein Wörtlein reden."	Dr. G.	Ist das ein Staat?	Der Angriff	Berlin	1. Jg./ Nr. 5	8.8.1927	SB-A SB-I
138	A/8.8.1927/10 (P4)	3.8.1927 „Ich schreibe mein politisches Tagebuch zu Ende. Wie schlecht ich mich dahinein finden kann. Denn ich wollte doch ausruhen. Nicht zum Arbeiten bin ich hier."	Dr. G.	Politisches Tagebuch	Der Angriff	Berlin	1. Jg./ Nr. 6	8.8.1927	
139	A/15.8.1927/11 (L7)		Dr. G.	Isidor	Der Angriff	Berlin	1. Jg./ Nr. 7	15.8.1927	SB-A
140	A/15.8.1927/12 (P5)		Dr. G.	Politisches Tagebuch	Der Angriff	Berlin	1. Jg./ Nr. 7	15.8.1927	
141	A/22.8.1927/13 (L8)		Dr. G.	Fahnen über der Stadt	Der Angriff	Berlin	1. Jg./ Nr. 8	22.8.1927	SB-A SB-I
142	A/22.8.1927/14 (P6)		Dr. G.	Politisches Tagebuch	Der Angriff	Berlin	1. Jg./ Nr. 8	22.8.1927	
143	A/29.8.1927/15 (L9)	28.8.1927 „Die neue Nummer vom Angriff ist sehr gut. Die beste bisherige."	Dr. G.	Das heilige Tuch	Der Angriff	Berlin	1. Jg./ Nr. 9	29.8.1927	SB-A SB-I
144	A/5.9.1927/16 (L10)		Dr. G.	Wir warten auf den Kadi!	Der Angriff	Berlin	1. Jg./ Nr. 10	5.9.1927	SB-A
145	A/5.9.1927/17 (L10)		Dr. G.	Vorsicht! Gummiknüppel	Der Angriff	Berlin	1. Jg./ Nr. 10	5.9.1927	
146	A/12.9.1927/18 (L11)	5.9.1927 „Gleich treffe ich Schweitzer. Wir werden die nächste Nummer des ‚Angriff' besprechen. Sie soll der Amnestie gelten. Gebe Gott, daß es hilft."	Dr. G.	Amnestie!	Der Angriff	Berlin	1. Jg./ Nr. 11	12.9.1927	SB-I
147	A/12.9.1927/19		Dr. G.	Besuch im Totenhause	Der Angriff	Berlin	1. Jg./ Nr. 11	12.9.1927	
148	A/12.9.1927/20 (P7)		Dr. G.	Politisches Tagebuch	Der Angriff	Berlin	1. Jg./ Nr. 11	12.9.1927	
149	A/12.9.1927/21		Dr. G,	Vorsicht! Gummiknüppel	Der Angriff	Berlin	1. Jg./ Nr. 11	12.9.1927	SB-I

150	A/19.9.1927/22 (L12)	Dr. G.		Justav	Der Angriff	Berlin	1. Jg./ Nr. 12	19.9.1927	SB-A SB-I
151	A/19.9.1927/23 (P8)	Dr. G.		Politisches Tagebuch	Der Angriff	Berlin	1. Jg./ Nr. 12	19.9.1927	
152	A/26.9.1927/24 (L13)	Dr. G.	26.9.1927 „Der Angriff heute ist gut."	Metternichs	Der Angriff	Berlin	1. Jg./ Nr. 13	26.9.1927	SB-I
153	A/26.9.1927/25 (P9)	Dr. G.		Politisches Tagebuch	Der Angriff	Berlin	1. Jg./ Nr. 13	26.9.1927	
154	A/3.10.1927/26 (L14)	vermutlich: Dr. G.		Hindenburg	Der Angriff	Berlin	1. Jg./ Nr. 14	3.10.1927	* nur Quelle: SB-I
155	A/10.10.1927/27 (L15)	Dr. G.		Arbeitermörder	Der Angriff	Berlin	1. Jg./ Nr. 15	10.10.1927	SB-A SB-I
156	A/10.10.1927/28 (P10)	Dr. G.		Politisches Tagebuch	Der Angriff	Berlin	1. Jg./ Nr. 15	10.10.1927	
157	A/17.10.1927/29 (L16)	Dr. G.		Im Reichstag	Der Angriff	Berlin	1. Jg./ Nr. 16	17.10.1927	SB-A, Titel: Im Parlament SB-I
158	A/17.10.1927/30 (P11)	Dr. G.		Politisches Tagebuch	Der Angriff	Berlin	1. Jg./ Nr. 16	17.10.1927	
159	A/24.10.1927/31 (L17)	Dr. G.	22.10.1927 „Heute neuer Angriff. Eine saftige Nummer. Hoffentlich wird sie nicht verboten. Ich habe jedesmal Angst darum."	Schwarz-weiß-rote Geldsäcke	Der Angriff	Berlin	1. Jg./ Nr. 17	24.10.1927	SB-I
160	A/24.10.1927/32 (P12)	Dr. G.		Politisches Tagebuch	Der Angriff	Berlin	1. Jg./ Nr. 17	24.10.1927	
161	A/31.10.1927/33 (L18)	Dr. G.		An alle Werktätigen!	Der Angriff	Berlin	1. Jg./ Nr. 18	31.10.1927	SB-I
162	A/31.10.1927/34 (P13)	Dr. G.		Politisches Tagebuch	Der Angriff	Berlin	1. Jg./ Nr. 18	31.10.1927	
163	A/31.10.1927/35	Dr. G.		Film: Die große Parade	Der Angriff	Berlin	1. Jg./ Nr. 18	31.10.1927	
164	A/7.11.1927/36 (L19)	Dr. G.		Wir gedenken der Toten!	Der Angriff	Berlin	1. Jg./ Nr. 19	7.11.1927	SB-A SB-I, Titel: Wir denken der Toten!
165	A/7.11.1927/37 (P14)	Dr. G.		Politisches Tagebuch	Der Angriff	Berlin	1. Jg./ Nr. 19	7.11.1927	
166	A/14.11.1927/38 (L20)	Dr. G.		Proklamation!	Der Angriff	Berlin	1. Jg./ Nr. 20	14.11.1927	SB-A SB-I
167	A/14.11.1927/39 (P15)	Dr. G.		Politisches Tagebuch	Der Angriff	Berlin	1. Jg./ Nr. 20	14.11.1927	
168	A/21.11.1927/40 (L21)	Dr. G.		Heil Moskau!	Der Angriff	Berlin	1. Jg./ Nr. 21	21.11.1927	SB-A SB-I
169	A/21.11.1927/41 (P16)	Dr. G.		Politisches Tagebuch	Der Angriff	Berlin	1. Jg./ Nr. 21	21.11.1927	
170	A/28.11.1927/42 (L22)	Dr. G.		Menschen, seid menschlich!	Der Angriff	Berlin	1. Jg./ Nr. 22	28.11.1927	SB-A SB-I
171	A/28.11.1927/43 (P17)	Dr. G.		Politisches Tagebuch	Der Angriff	Berlin	1. Jg./ Nr. 22	28.11.1927	
172	A/5.12.1927/44 (L23)	Dr. G.	28.11.1927 „Heute viel geschrieben. Es geht voran! [...] Aufsatz: ‚Antworten Sie, Genosse!' – Eine Abrechnung mit Zör-	Antworten, Sie Genosse!	Der Angriff	Berlin	1. Jg./ Nr. 23	5.12.1927	SB-A SB-I

173	A/5.12.1927/45 (P18)	giebel. Arbeit und Kampf." 30.11.1927 „Die nächste Nr. vom ‚Angriff' wird wohl die beste, die wir bisher herausgebracht haben."	Dr. G.	Politisches Tagebuch	Der Angriff	Berlin	1. Jg./Nr. 23	5.12.1927	
174	A/12.12.1927/46 (L24)		Dr. G.	Das Christkind bei Tietz	Der Angriff	Berlin	1. Jg./Nr. 24	12.12.1927	SB-I, Titel: Das Christkind bei Tietz, A-G.
175	A/12.12.1927/47 (P19)		Dr. G.	Politisches Tagebuch	Der Angriff	Berlin	1. Jg./Nr. 24	12.12.1927	
176	A/19.12.1927/48 (L25)		Dr. G.	Was wir wollen	Der Angriff	Berlin	1. Jg./Nr. 25	19.12.1927	SB-I
177	A/19.12.1927/49 (P20)		Dr. G.	Politisches Tagebuch	Der Angriff	Berlin	1. Jg./Nr. 25	19.12.1927	
178	A/26.12.1927/50 (L26)		Dr. G.	Weihnachtsbotschaft	Der Angriff	Berlin	1. Jg./Nr. 26	26.12.1927	SB-I
179	A/26.12.1927/51 (P21)		Dr. G.	Politisches Tagebuch	Der Angriff	Berlin	1. Jg./Nr. 26	26.12.1927	

1928

180	NSJ/1928/1		Dr. Joseph Goebbels	Erkenntnis und Propaganda	Nationalsozialistisches Jahrbuch	München	2. Jg./S. 106–108	1928	
181	A/2.1.1928/1 (L1)		Dr. G.	Ins neue Jahr!	Der Angriff	Berlin	2. Jg./Nr. 1	2.1.1928	SB-A SB-I
182	A/2.1.1928/2 (P1)		Dr. G.	Politisches Tagebuch	Der Angriff	Berlin	2. Jg./Nr. 1	2.1.1928	
183	A/9.1.1928/3 (L2)		Dr. G.	Der Pfarrer Stucke	Der Angriff	Berlin	2. Jg./Nr. 2	9.1.1928	SB-A
184	A/9.1.1928/4 (P2)		Dr. G.	Politisches Tagebuch	Der Angriff	Berlin	2. Jg./Nr. 2	9.1.1928	
185	A/16.1.1928/5 (L3)	14.1.1928 „Der Angriff ist diesmal bedeutend erweitert und ganz hervorragend."	Dr. G.	Ich meine es gut mit Euch!	Der Angriff	Berlin	2. Jg./Nr. 3	16.1.1928	SB-A
186	A/16.1.1928/6 (P3)		Dr. G.	Politisches Tagebuch	Der Angriff	Berlin	2. Jg./Nr. 3	16.1.1928	
187	A/23.1.1928/7 (L4)		Dr. G.	Rund um die Gedächtniskirche	Der Angriff	Berlin	2. Jg./Nr. 4	23.1.1928	SB-A SB-I
188	A/23.1.1928/8 (P4)		Dr. G.	Politisches Tagebuch	Der Angriff	Berlin	2. Jg./Nr. 4	23.1.1928	
189	A/30.1.1928/9 (L5)	22.1.1928 „Ich schreibe einen saftigen Leiter gegen das Polizeipräsidium." 23.1.1928 „Einen scharfen Aufsatz gegen die I.a."	Dr. G.	Durch die Blume	Der Angriff	Berlin	2. Jg./Nr. 5	30.1.1928	SB-A
190	A/30.1.1928/10 (P5)		Dr. G.	Politisches Tagebuch	Der Angriff	Berlin	2. Jg./Nr. 5	30.1.1928	
191	A/6.2.1928/11 (L6)		Dr. G.	Stalin – Trotzki	Der Angriff	Berlin	2. Jg./Nr. 6	6.2.1928	
192	A/6.2.1928/12 (P6)		Dr. G.	Politisches Tagebuch	Der Angriff	Berlin	2. Jg./Nr. 6	6.2.1928	
193	A/13.2.1928/13 (L7)		Dr. G.	Sturmzeichen	Der Angriff	Berlin	2. Jg./Nr. 7	13.2.1928	SB-A
194	A/20.2.1928/14 (L8)		Dr. G.	Der Staatsanwalt für Tietz A.G.	Der Angriff	Berlin	2. Jg./Nr. 8	20.2.1928	

No.	Ref.	Note	Autor	Titel	Zeitung	Ort	Jg./Nr.	Datum	SB
195	A/20.2.1928/15 (P7)		Dr. G.	Politisches Tagebuch	Der Angriff	Berlin	2. Jg./ Nr. 8	20.2.1928	
196	A/27.2.1928/16 (L9)		Dr. G.	Eine Mücke hat gehustet	Der Angriff	Berlin	2. Jg./ Nr. 9	27.2.1928	SB-A
197	A/27.2.1928/17 (P8)		Dr. G.	Politisches Tagebuch	Der Angriff	Berlin	2. Jg./ Nr. 9	27.2.1928	
198	A/5.3.1928/18 (L10)		Dr. G.	Demokratie	Der Angriff	Berlin	2. Jg./ Nr. 10	5.3.1928	SB-I
199	A/5.3.1928/19 (P9)	4.3.1928 „Ich schreibe gegenwärtig über Mussolini:"	Dr. G.	Politisches Tagebuch	Der Angriff	Berlin	2. Jg./ Nr. 10	5.3.1928	
200	A/12.3.1928/20 (L11)		Dr. G.	Pazifismus	Der Angriff	Berlin	2. Jg./ Nr. 11	12.3.1928	SB-A SB-I
201	A/12.3.1928/21 (P10)		Dr. G.	Politisches Tagebuch	Der Angriff	Berlin	2. Jg./ Nr. 11	12.3.1928	
202	A/19.3.1928/22 (L12)		Dr. G.	Der Weltfeind	Der Angriff	Berlin	2. Jg./ Nr. 12	19.3.1928	SB-A
203	A/19.3.1928/23 (P11)		Dr. G.	Politisches Tagebuch	Der Angriff	Berlin	2. Jg./ Nr. 12	19.3.1928	
204	A/26.3.1928/24 (L13)		Dr. G.	Internationale	Der Angriff	Berlin	2. Jg./ Nr. 13	26.3.1928	SB-A SB-I
205	A/26.3.1928/25 (P12)		Dr. G.	Politisches Tagebuch	Der Angriff	Berlin	2. Jg./ Nr. 13	26.3.1928	
206	A/2.4.1928/26 (L14)		Dr. G.	Sozialismus – Nationalismus	Der Angriff	Berlin	2. Jg./ Nr. 14	2.4.1928	
207	A/2.4.1928/27 (P13)		Dr. G.	Politisches Tagebuch	Der Angriff	Berlin	2. Jg./ Nr. 14	2.4.1928	
208	A/9.4.1928/28 (L15)		Dr. G.	Angenommen!	Der Angriff	Berlin	2. Jg./ Nr. 15	9.4.1928	SB-A
209	A/9.4.1928/29 (P14)		Dr. G.	Politisches Tagebuch	Der Angriff	Berlin	2. Jg./ Nr. 15	9.4.1928	
210	A/16.4.1928/30 (L16)		Dr. G.	Verantwortlichkeit!	Der Angriff	Berlin	2. Jg./ Nr. 16	16.4.1928	SB-A
211	A/16.4.1928/31 (P15)		Dr. G.	Politisches Tagebuch	Der Angriff	Berlin	2. Jg./ Nr. 16	16.4.1928	
212	A/23.4.1928/32 (L17)	22.4.1928 „Ich habe gestern abend noch drei Leitaufsätze geschrieben. Das floß nur so aus der Feder."	Dr. G.	Hinein in den Staat!	Der Angriff	Berlin	2. Jg./ Nr. 17	23.4.1928	SB-A
213	A/23.4.1928/33 (P16)		Dr. G.	Politisches Tagebuch	Der Angriff	Berlin	2. Jg./ Nr. 17	23.4.1928	
214	A/30.4.1928/34 (L18)		Dr. G.	Was wollen wir im Reichstag?	Der Angriff	Berlin	2. Jg./ Nr. 18	30.4.1928	SB-A
215	A/30.4.1928/35 (P17)		Dr. G.	Politisches Tagebuch	Der Angriff	Berlin	2. Jg./ Nr. 18	30.4.1928	
216	A/7.5.1928/36 (L19)		Dr. G.	Mich willst Du wählen?	Der Angriff	Berlin	2. Jg./ Nr. 19	7.5.1928	SB-A
217	A/7.5.1928/37 (P18)		Dr. G.	Politisches Tagebuch	Der Angriff	Berlin	2. Jg./ Nr. 19	7.5.1928	
218	A/7.5.1928/38		Dr. G.	Aphorismen	Der Angriff	Berlin	2. Jg./ Nr. 19	7.5.1928	

Nr.	Code	Anmerkung	Autor	Titel	Publikation	Ort	Jg./Nr.	Datum	SB
219	A/14.5.1928/39 (L20)	12.5.1928 „Die Juden arbeiten intensiv gegen uns. Es ist ein frischfröhliches Jagen. Glänzende Nummer vom Angriff."	Dr. G.	Vor der Entscheidung	Der Angriff	Berlin	2. Jg./ Nr. 20	14.5.1928	SB-A
220	A/14.5.1928/40 (P19)		Dr. G.	Politisches Tagebuch	Der Angriff	Berlin	2. Jg./ Nr. 20	14.5.1928	
221	A/14.5.1928/41		Dr. Goebbels	Anordnung der Gauleitung	Der Angriff	Berlin	2. Jg./ Nr. 20	14.5.1928	
222	A/21.5.1928/42 (L21)		Dr. G.	Die Schlacht ist geschlagen	Der Angriff	Berlin	2. Jg./ Nr. 21	21.5.1928	SB-A
223	A/21.5.1928/43 (P20)		Dr. G.	Politisches Tagebuch	Der Angriff	Berlin	2. Jg./ Nr. 21	21.5.1928	
224	A/21.5.1928/44		Dr. G.	Aphorismen	Der Angriff	Berlin	2. Jg./ Nr. 21	21.5.1928	
225	A/28.5.1928/45 (L22)		Dr. G.	I.d.I.	Der Angriff	Berlin	2. Jg./ Nr. 22	28.5.1928	SB-A
226	A/28.5.1928/46 (P21)		Dr. G.	Politisches Tagebuch	Der Angriff	Berlin	2. Jg./ Nr. 22	28.5.1928	
227	A/4.6.1928/47 (L23)		Dr. G.	Peinliche Fragen	Der Angriff	Berlin	2. Jg./ Nr. 23	4.6.1928	SB-A SB-K
228	A/4.6.1928/48 (P22)		Dr. G.	Politisches Tagebuch	Der Angriff	Berlin	2. Jg./ Nr. 23	4.6.1928	
229	S/1928/1	11.6.1928 „Ich schreibe an einem längeren Aufsatz für ein Femebuch ‚Wir klagen an!' Mein Thema lautet: ‚Zuchthaus Deutschland'."	Dr. Goebbels	Zuchthaus Deutschland!	Plaas, Hartmut (Hg): Wir klagen an! Nationalisten in den Kerkern der Bourgeoisie.	Berlin: Vormarsch Verlag	S. 176–180	1928	
230	A/11.6.1928/49 (L24)		Dr. G.	Warenhaus und Bankpalast	Der Angriff	Berlin	2. Jg./ Nr. 24	11.6.1928	
231	A/11.6.1928/50 (P23)		Dr. G.	Politisches Tagebuch	Der Angriff	Berlin	2. Jg./ Nr. 24	11.6.1928	
232	A/18.6.1928/51 (L25)		Dr. G.	Weil es so schön war!	Der Angriff	Berlin	2. Jg./ Nr. 25	18.6.1928	SB-A
233	A/18.6.1928/52 (P24)		Dr. G.	Politisches Tagebuch	Der Angriff	Berlin	2. Jg./ Nr. 25	18.6.1928	
234	A/25.6.1928/53 (L26)		Dr. G.	Werdende Geschichte	Der Angriff	Berlin	2. Jg./ Nr. 26	25.6.1928	SB-A
235	A/25.6.1928/54 (P25)		Dr. G.	Politisches Tagebuch	Der Angriff	Berlin	2. Jg./ Nr. 26	25.6.1928	
236	A/2.7.1928/55 (L27)		Dr. G.	Ein Jahr „Angriff"	Der Angriff	Berlin	2. Jg./ Nr. 27	2.7.1928	SB-A
237	A/2.7.1928/56 (P26)		Dr. G.	Politisches Tagebuch	Der Angriff	Berlin	2. Jg./ Nr. 27	2.7.1928	
238	A/9.7.1928/57 (L28)	6.7.1928 „Der Angriff ist wieder ein gut (sic!) Stück vorwärts gegangen."	Dr. G.	Warum sind wir Nationalisten?	Der Angriff	Berlin	2. Jg./ Nr. 28	9.7.1928	SB-W
239	A/9.7.1928/58 (P27)		Dr. G.	Politisches Tagebuch	Der Angriff	Berlin	2. Jg./ Nr. 28	9.7.1928	
		29.6.28 „Am 6. Juli kommt in Essen ‚die neue Front' heraus. Ich schreibe den ersten Leiter." 10.7.28 „...Die Neue Front', das Ruhrorgan ist da."			Die Neue Front. Wochenendblatt der Werktätigen			6.7.1928 oder/und 14.7.1928	Fehlbestand

Nr.	Quelle		Zitat	Titel	Zeitung	Ort	Jg./Nr.	Datum	Belegstelle
240	A/16.7.1928/59 (L29)	Dr. G.		Warum sind wir Sozialisten?	Der Angriff	Berlin	2. Jg./ Nr. 29	16.7.1928	SB-A
241	A/16.7.1928/60 (P28)	Dr. G.		Politisches Tagebuch	Der Angriff	Berlin	2. Jg./ Nr. 29	16.7.1928	
242	A/16.7.1928/61	Dr. G.		Berlin – Wien	Der Angriff	Berlin	2. Jg./ Nr. 29	16.7.1928	
243	A/23.7.1928/62 (L30)	Dr. G.		Warum Arbeiterpartei?	Der Angriff	Berlin	2. Jg./ Nr. 30	23.7.1928	SB-A
244	A/30.7.1928/63 (L31)	Dr. G.		Warum sind wir Judengegner?	Der Angriff	Berlin	2. Jg./ Nr. 31	30.7.1928	SB-A
245	A/6.8.1928/64 (L32)	Dr. G.		Revolutionäre Forderungen	Der Angriff	Berlin	2. Jg./ Nr. 32	6.8.1928	SB-A
246	A/13.8.1928/65 (L33)	Dr. G.		Was oder Wie?	Der Angriff	Berlin	2. Jg./ Nr. 33	13.8.1928	
247	A/20.8.1928/66 (L34)	Dr. G.		Ungelöste Fragen	Der Angriff	Berlin	2. Jg./ Nr. 34	20.8.1928	
248	A/27.8.1928/67 (L35)	Dr. G.		Vor dem Herbst	Der Angriff	Berlin	2. Jg./ Nr. 35	27.8.1928	
249	A/3.9.1928/68 (L36)	Dr. G.		Regierung ohne Vertrauen	Der Angriff	Berlin	2. Jg./ Nr. 35	3.9.1928	SB-A
250	A/10.9.1928/69 (L37)	Dr. G.		Anfragen an die Reichsregierung	Der Angriff	Berlin	2. Jg./ Nr. 36	10.9.1928	SB-A
251	A/17.9.1928/70 (L38)	Dr. G.		Wer sabotiert den Achtstundentag?	Der Angriff	Berlin	2. Jg./ Nr. 37	17.9.1928	SB-A
252	A/17.9.1928/71 (P29)	Dr. G.		Politisches Tagebuch	Der Angriff	Berlin	2. Jg./ Nr. 38	17.9.1928	
253	A/24.9.1928/72 (A1)	Dr. G.	23.9.1928 „Die Sondernummer vom „A" ist herrlich geworden. So etwas hat die Bewegung noch nicht gesehen. Von A bis Z durchdacht und durchkomponiert. Ich bin darauf sehr stolz."	Gegen den Volksfeind	Der Angriff	Berlin	2. Jg./ Nr. 39	24.9.1928	SB-A; SB-K, Titel: Wider den Volksfeind
254	A/24.9.1928/73 (P30)	Dr. G.	25.9.1928 „Die Sondernummer vom „A" hat mächtig Anklang gefunden."	Politisches Tagebuch	Der Angriff	Berlin	2. Jg./ Nr. 39	24.9.1928	
255	A/1.10.1928/74 (L39)	Dr. G.		Das Recht auf Arbeit	Der Angriff	Berlin	2. Jg./ Nr. 40	1.10.1928	SB-A
256	A/1.10.1928/75 (P31)	Dr. G.		Politisches Tagebuch	Der Angriff	Berlin	2. Jg./ Nr. 40	1.10.1928	
257	A/8.10.1928/76 (L40)	Dr. G.	7.10.1928 „Diese Nummer vom Angriff ist knorke. Gegen rechts. Und wie!"	Aufgeregte Bürger	Der Angriff	Berlin	2. Jg./ Nr. 41	8.10.1928	SB-A, Titel: Die Aufgeregten; SB-K
258	A/8.10.1928/77 (P32)	Dr. G.		Politisches Tagebuch	Der Angriff	Berlin	2. Jg./ Nr. 41	8.10.1928	
259	A/15.10.1928/78 (L41)	Dr. G.	14.10.1928 „„Der Angriff" ist diesmal wieder herrlich. Der Chef war davon ganz begeistert."	Panzerkreuzer-Volksbegehren	Der Angriff	Berlin	2. Jg./ Nr. 42	15.10.1928	SB-A
260	A/15.10.1928/79 (P33)	Dr. G.		Politisches Tagebuch	Der Angriff	Berlin	2. Jg./ Nr. 42	15.10.1928	
261	A/22.10.1928/80 (L42)	Dr. G.	21.10.1928 „„Der Angriff" ist diesmal wirklich hervorragend. Wir haben weitaus die Spitze aller Wochenblätter."	Der politische Bürger	Der Angriff	Berlin	2. Jg./ Nr. 43	22.10.1928	SB-A; SB-K

262	A/22.10.1928/81 (P34)	Dr. G.		Politisches Tagebuch	Der Angriff	Berlin	2. Jg./ Nr. 43	22.10.1928	
263	A/29.10.1928/82 (L43)	Dr. G.	15.10.1928 „Bis Mittag gelesen und geschrieben, Aufsatz: „Finden Sie, daß Isidor sich richtig verhält?" Der wird sich freuen."	Finden Sie, daß Isidor sich richtig verhält?	Der Angriff	Berlin	2. Jg./ Nr. 44	29.10.1928	SB-A
264	A/29.10.1928/83 (P35)	Dr. G.		Politisches Tagebuch	Der Angriff	Berlin	2. Jg./ Nr. 44	29.10.1928	
265	A/5.11.1928/84 (L44)	Dr. G.	4.11.1928 „Dann kommt der Angriff. Diesmal ist er ausgezeichnet. Totennummer. Mit prachtvollen Beiträgen. Der Angriff hat jetzt schon ein geistiges Niveau."	Ein Toter spricht	Der Angriff	Berlin	2. Jg./ Nr. 45	5.11.1928	SB-A
266	A/5.11.1928/85 (P36)	Dr. G.		Politisches Tagebuch	Der Angriff	Berlin	2. Jg./ Nr. 45	5.11.1928	
267	A/12.11.1928/86 (L45)	Dr. G.	11.11.1928 „Die letzte Nummer vom Angriff ist vielleicht die beste, die wir bisher brachten."	Der Spießer	Der Angriff	Berlin	2. Jg./ Nr. 46	12.11.1928	SB-A SB-K
268	A/12.11.1928/87 (P37)	Dr. G.		Politisches Tagebuch	Der Angriff	Berlin	2. Jg./ Nr. 46	12.11.1928	
269	A/19.11.1928/88 (L46)	Dr. G.	26.10.1928 „Gestern eine Reihe von Aufsätzen geschrieben. Einen mit dem Thema: Adolf Hitler, eine Studie."	Adolf Hitler	Der Angriff	Berlin	2. Jg./ Nr. 47	19.11.1928	SB-A, Titel: Wenn Hitler spricht SB-K
270	A/19.11.1928/89 (P38)	Dr. G.		Politisches Tagebuch	Der Angriff	Berlin	2. Jg./ Nr. 47	19.11.1928	
271	A/26.11.1928/90 (L47)	Dr. G.		Kütemeyer	Der Angriff	Berlin	2. Jg./ Nr. 48	26.11.1928	SB-A SB-K
272	A/26.11.1928/91 (P39)	Dr. G.		Politisches Tagebuch	Der Angriff	Berlin	2. Jg./ Nr. 48	26.11.1928	
273	A/3.12.1928/92 (L48)	Dr. G.		Politischer Katholizismus	Der Angriff	Berlin	2. Jg./ Nr. 49	3.12.1928	SB-A
274	A/3.12.1928/93 (P40)	Dr. G.		Politisches Tagebuch	Der Angriff	Berlin	2. Jg./ Nr. 49	3.12.1928	
275	A/10.12.1928/94 (L49)	Dr. G.		Deutsche, kauft nur bei Juden!	Der Angriff	Berlin	2. Jg./ Nr. 50	10.12.1928	SB-A
276	A/10.12.1928/95 (P41)	Dr. G.		Politisches Tagebuch	Der Angriff	Berlin	2. Jg./ Nr. 50	10.12.1928	
277	A/17.12.1928/96 (L50)	Dr. G.	9.12.1928 „Diese Nummer vom „A." ist herrlich. Aber sie wird wohl beschlagnahmt werden. Wir haben das Christusbild wieder gebracht. Bis heute mittag Taschenkontrolle auf der Geschäftsstelle."	Vom wahren Christentum	Der Angriff	Berlin	2. Jg./ Nr. 51	17.12.1928	
278	A/17.12.1928/97 (P42)	Dr. G.	15.12.1928 „Gestern ein Tag angestrengtester Arbeit. Post, Zeitungen, Aufsätze, politisches Tagebuch."	Politisches Tagebuch	Der Angriff	Berlin	2. Jg./ Nr. 51	17.12.1928	
279	A/24.12.1928/98 (L51)	Dr. G.		Gefangenschaft	Der Angriff	Berlin	2. Jg./ Nr. 52	24.12.1928	SB-A
280	A/24.12.1928/99 (P43)	Dr. G.	21.12.1928 „Für das politische Tagebuch einen großen politischen Überblick über das ablaufende Jahr geschrieben."	Politisches Tagebuch	Der Angriff	Berlin	2. Jg./ Nr. 52	24.12.1928	
281	A/31.12.1928/100 (L52)	Dr. G.		Prosit Neujahr	Der Angriff	Berlin	2. Jg./ Nr. 53	31.12.1928	SB-W

1929

Nr.	Sigle	Autor	Tagebuchnotiz	Titel	Periodikum	Ort	Jg./Nr.	Datum	Anm.
282	A/31.12.1928/101 (P44)	Dr. G.		Politisches Tagebuch	Der Angriff	Berlin	2. Jg./Nr. 53	31.12.1928	
283	NSJ/1929/1	Dr. Goebbels		Sozialismus	Nationalsozialistisches Jahrbuch	München	3. Jg./S. 161–165	1929	
284	A/7.1.1929/1 (L1)	Dr. G.		Latrinenparolen	Der Angriff	Berlin	3. Jg./Nr. 1	7.1.1929	SB-A
285	A/7.1.1929/2 (P1)	Dr. G.		Politisches Tagebuch	Der Angriff	Berlin	3. Jg./Nr. 1	7.1.1929	
286	A/14.1.1929/3 (L2)	Dr. G.	13.1.1929 „Der Angriff ist diesmal nicht so gut geraten. Montag Kritik. Da wird's hageln."	Die Reparationsfrage	Der Angriff	Berlin	3. Jg./Nr. 2	14.1.1929	
287	A/14.1.1929/4 (P2)	Dr. G.		Politisches Tagebuch	Der Angriff	Berlin	3. Jg./Nr. 2	14.1.1929	
288	A/21.1.1929/5 (L3)	Dr. G.		Der Jude	Der Angriff	Berlin	3. Jg./Nr. 3	21.1.1929	SB-A SB-K
289	A/21.1.1929/6 (P3)	Dr. G.		Politisches Tagebuch	Der Angriff	Berlin	3. Jg./Nr. 3	21.1.1929	
290	A/28.1.1929/7 (L4)	Dr. G.	27.1.1929 „Der Angriff ist diesmal knorke. Jetzt ist er wieder ein rechtes Kampfblatt. Die letzte Zeit hatte ich Sorge, die moralische Kraft sei weg. Aber diese Nummer ist Gegenbeweis."	Knorke!	Der Angriff	Berlin	3. Jg./Nr. 4	28.1.1929	SB-A SB-K
291	A/28.1.1929/8 (P4)	Dr. G.		Politisches Tagebuch	Der Angriff	Berlin	3. Jg./Nr. 4	28.1.1929	
292	A/4.2.1929/9 (L5)	Dr. G.	24.1.1929 „Gestern einen schneidigen Aufsatz gegen sie [Anmerkung: die Ultramonetaristen Wulle, Henning, v. Graefe] geschrieben."	Nun richtet Ihr!	Der Angriff	Berlin	3. Jg./Nr. 5	4.2.1929	
293	A/4.2.1929/10 (P5)	Dr. G.		Politisches Tagebuch	Der Angriff	Berlin	3. Jg./Nr. 5	4.2.1929	
294	A/11.2.1929/11 (L6)	Dr. G.		Volksgenossenschaft	Der Angriff	Berlin	3. Jg./Nr. 6	11.2.1929	SB-A
295	A/11.2.1929/12 (P6)	Dr. G.		Politisches Tagebuch	Der Angriff	Berlin	3. Jg./Nr. 6	11.2.1929	
296	A/18.2.1929/13 (L7)	Dr. G.	13.2.1929 „Gleich wieder in die furchtbare Tretmühle. Schrecklich! Guten Aufsatz geschrieben. Sonst ist diese Woche nicht allzuschlimm."	Warten können	Der Angriff	Berlin	3. Jg./Nr. 7	18.2.1929	SB-A
297	A/18.2.1929/14 (P7)	Dr. G.	17.2.1929 „Der Angriff diesmal sehr gut. Sonst auch alles wieder in Schuß."	Politisches Tagebuch	Der Angriff	Berlin	3. Jg./Nr. 7	18.2.1929	
298	A/25.2.1929/15 (L8)	Dr. G.	24.2.1929 „Gestern Sonnabend: Angriff sehr gut."	In Geldsachen hört die Gemütlichkeit auf	Der Angriff	Berlin	3. Jg./Nr. 8	25.2.1929	SB-A
299	A/25.2.1929/16 (P8)	Dr. G.		Politisches Tagebuch	Der Angriff	Berlin	3. Jg./Nr. 8	25.2.1929	
300	A/25.2.1929/17	Dr. G.		Eine Fahrt durch Sibirien	Der Angriff	Berlin	3. Jg./Nr. 8	25.2.1929	
301	A/4.3.1929/18 (L9)	Dr. G.	3.3.1929 „Der Angriff ist diesmal nicht besonders gut."	Justizkrise	Der Angriff	Berlin	3. Jg./Nr. 9	4.3.1929	

Nr.	Signatur	Notiz	Verf.	Titel	Organ	Ort	Jg./Nr.	Datum	Sammelband
302	A/4.3.1929/19 (P9)		Dr. G.	Politisches Tagebuch	Der Angriff	Berlin	3. Jg./Nr. 9	4.3.1929	
303	A/11.3.1929/20 (L10)		Dr. G.	Rund um den Alexanderplatz	Der Angriff	Berlin	3. Jg./Nr. 10	11.3.1929	SB-A
304	A/11.3.1929/21 (P10)		Dr. G.	Politisches Tagebuch	Der Angriff	Berlin	3. Jg./Nr. 10	11.3.1929	
305	A/18.3.1929/22 (L11)		Dr. G.	Kampf gegen das Warenhaus	Der Angriff	Berlin	3. Jg./Nr. 11	18.3.1929	
306	A/18.3.1929/23 (P11)		Dr. G.	Politisches Tagebuch	Der Angriff	Berlin	3. Jg./Nr. 11	18.3.1929	
307	A/25.3.1929/24 (L12)		Dr. G.	Müller	Der Angriff	Berlin	3. Jg./Nr. 12	25.3.1929	SB-A
308	A/25.3.1929/25 (P12)		Dr. G.	Politisches Tagebuch	Der Angriff	Berlin	3. Jg./Nr. 12	25.3.1929	
309	A/1.4.1929/26 (L13)	24.2.1929 „Goethe spricht in seinem Gespräch über Napoleon von der Jugend und ihren Rechten. Herrlich! Wie für uns gesagt. Ich habe gleich in der Nacht darüber einen Aufsatz geschrieben. ‚Alte Esel'. Der wird einschlagen."	Dr. G.	Alte Esel	Der Angriff	Berlin	3. Jg./Nr. 13	1.4.1929	SB-A SB-K
310	A/1.4.1929/27 (P13)		Dr. G.	Politisches Tagebuch	Der Angriff	Berlin	3. Jg./Nr. 13	1.4.1929	
311	A/8.4.1929/28 (L14)		Dr. G.	Der Fall Stresemann	Der Angriff	Berlin	3. Jg./Nr. 14	8.4.1929	SB-A SB-K
312	A/8.4.1929/29 (P14)		Dr. G.	Politisches Tagebuch	Der Angriff	Berlin	3. Jg./Nr. 14	8.4.1929	
313	A/15.4.1929/30 (L15)		Dr. G.	„Friedhofsschändungen"	Der Angriff	Berlin	3. Jg./Nr. 15	15.4.1929	
314	A/15.4.1929/31 (P15)		Dr. G.	Politisches Tagebuch	Der Angriff	Berlin	3. Jg./Nr. 15	15.4.1929	
315	A/22.4.1929/32 (L16)	6.4.1929 „Aufsatz zu Hitlers Geburtstag geschrieben. Sehr fest und konsequent."	Dr. G.	Der Führer	Der Angriff	Berlin	3. Jg./Nr. 16	22.4.1929	SB-A
316	A/22.4.1929/33 (P16)		Dr. G.	Politisches Tagebuch	Der Angriff	Berlin	3. Jg./Nr. 16	22.4.1929	
317	A/29.4.1929/34 (L17)	7.4.1929 „Den Abend bleibe ich daheim und arbeite. Schreibe einen knorken Aufsatz gegen den Herrn von Gleichen, der mich in seiner literarischen Arroganz maßlos beschimpfte."	Dr. G.	Literaten	Der Angriff	Berlin	3. Jg./Nr. 17	29.4.1929	SB-A
318	A/29.4.1929/35 (P17)	28.4.1929 „Die letzte Nummer des Angriffs ist knorke. Nach Hause. Angriff korrigiert, Presse studiert. Musiziert."	Dr. G.	Politisches Tagebuch	Der Angriff	Berlin	3. Jg./Nr. 17	29.4.1929	
319	A/6.5.1929/36 (L18)	21.4.1929 „Mittags nach Hause. Aufsatz ‚an der Klagemauer' gegen Isidor."	Dr. G.	An der Klagemauer	Der Angriff	Berlin	3. Jg./Nr. 18	6.5.1929	SB-A
320	A/6.5.1929/37 (P18)		Dr. G.	Politisches Tagebuch	Der Angriff	Berlin	3. Jg./Nr. 18	6.5.1929	
321	A/13.5.1929/38 (L19)	27.4.1929 „Aufsatz ‚Gegen die Reaktion'. Der wird auch in der Öffentlichkeit vieles klären."	Dr. G.	Gegen die Reaktion	Der Angriff	Berlin	3. Jg./Nr. 19	13.5.1929	SB-A
322	A/13.5.1929/39 (P19)		Dr. G.	Politisches Tagebuch	Der Angriff	Berlin	3. Jg./Nr. 19	13.5.1929	

Nr.	Signatur	Verfasser	Anmerkungen	Titel	Publikation	Ort	Jg./Nr.	Datum	Archiv
323	A/20.5.1929/40 (L20)	Dr. G.		Kritik	Der Angriff	Berlin	3. Jg./Nr. 20	20.5.1929	SB-A
324	A/20.5.1929/41 (P20)	Dr. G.		Politisches Tagebuch	Der Angriff	Berlin	3. Jg./Nr. 20	20.5.1929	
325	A/27.5.1929/42 (L21)	Dr. G.		Einheitsfront	Der Angriff	Berlin	3. Jg./Nr. 21	27.5.1929	SB-A
326	A/27.5.1929/43 (P21)	Dr. G.		Politisches Tagebuch	Der Angriff	Berlin	3. Jg./Nr. 21	27.5.1929	
327	A/3.6.1929/44 (L22)	Dr. G.		Leergebrannt ist die Stätte	Der Angriff	Berlin	3. Jg./Nr. 22	3.6.1929	SB-A
328	A/3.6.1929/45 (P22)	Dr. G.		Politisches Tagebuch	Der Angriff	Berlin	3. Jg./Nr. 22	3.6.1929	
329	A/10.6.1929/46 (L23)	Dr. G.		Schadre	Der Angriff	Berlin	3. Jg./Nr. 23	10.6.1929	SB-A
330	A/10.6.1929/47 (P23)	Dr. G.		Politisches Tagebuch	Der Angriff	Berlin	3. Jg./Nr. 23	10.6.1929	
331	A/17.6.1929/48 (L24)	Dr. G.		Jakubowski	Der Angriff	Berlin	3. Jg./Nr. 24	17.6.1929	SB-A
332	A/17.6.1929/49 (P24)	Dr. G.		Politisches Tagebuch	Der Angriff	Berlin	3. Jg./Nr. 24	17.6.1929	
333	A/24.6.1929/50 (L25)	Dr. G.	20.6.1929 „Zu Hause noch eine Reihe von Aufsätzen geschrieben. Einen „Kittemey-er'. Voll von Haß."	Nur ein deutscher Arbeiter	Der Angriff	Berlin	3. Jg./Nr. 25	24.6.1929	SB-A
334	A/24.6.1929/51 (P25)	Dr. G.		Politisches Tagebuch	Der Angriff	Berlin	3. Jg./Nr. 25	24.6.1929	
335	A/1.7.1929/52 (L26)	Dr. G.		Der Youngplan	Der Angriff	Berlin	3. Jg./Nr. 26	1.7.1929	SB-A
336	A/1.7.1929/53 (P26)	Dr. G.		Politisches Tagebuch	Der Angriff	Berlin	3. Jg./Nr. 26	1.7.1929	
337	A/1.7.1929/54	Dr. G.		Zwei Jahre „Angriff"	Der Angriff	Berlin	3. Jg./Nr. 26	1.7.1929	
338	A/8.7.1929/55 (L27)	Dr. G.		Der Parlamentarismus	Der Angriff	Berlin	3. Jg./Nr. 27	8.7.1929	
339	A/8.7.1929/56 (P27)	Dr. G.		Politisches Tagebuch	Der Angriff	Berlin	3. Jg./Nr. 27	8.7.1929	
340	A/15.7.1929/57 (L28)	Dr. G.		Kapitalismus	Der Angriff	Berlin	3. Jg./Nr. 28	15.7.1929	SB-A
341	A/22.7.1929/58 (L29)	Dr. G.		Politik und Geschäft	Der Angriff	Berlin	3. Jg./Nr. 29	22.7.1929	SB-A
342	A/29.7.1929/59 (L30)	Dr. G.		Politischer Rat und Ständeparlament	Der Angriff	Berlin	3. Jg./Nr. 30	29.7.1929	
343	NSB/1.8.1929/1	Joseph Goebbels	13.6.1929 „... Aufsatz für die N.S. Briefe geschrieben. Zum ersten Mal dazu von Blank aufgefordert. „Vom Chaos zur Form'. Damit ist ja auch wohl äußerlich der Frieden mit Straßer wiederherge-stellt."	Vom Chaos zur Form	Nationalsozialistische Briefe	Elberfeld	5. Jg./3. Brief	1.8.1929	
344	A/5.8.1929/60 (L31)	Dr. G.		Nach Nürnberg!	Der Angriff	Berlin	3. Jg./Nr. 31	5.8.1929	
345	A/12.8.1929/61 (L32)	Dr. G.		Nürnberg 1929	Der Angriff	Berlin	3. Jg./Nr. 32	12.8.1929	

Nr.	Sigle	Tagebuch-Notiz	Autor	Titel	Organ	Ort	Jg./Nr.	Datum	
346	A/19.8.1929/62 (L33)		Dr. G.	Einsatz des Lebens	Der Angriff	Berlin	3. Jg./ Nr. 33	19.8.1929	SB-A
347	A/19.8.1929/63 (P28)		Dr. G.	Politisches Tagebuch	Der Angriff	Berlin	3. Jg./ Nr. 33	19.8.1929	
348	A/26.8.1929/64 (L34)		Dr. G.	Arbeitspflicht	Der Angriff	Berlin	3. Jg./ Nr. 34	26.8.1929	SB-A
349	A/26.8.1929/65 (P29)		Dr. G.	Politisches Tagebuch	Der Angriff	Berlin	3. Jg./ Nr. 34	26.8.1929	
350	A/2.9.1929/66 (L35)		Dr. G.	Großmacht Presse	Der Angriff	Berlin	3. Jg./ Nr. 35	2.9.1929	SB-A
351	A/2.9.1929/67 (P30)		Dr. G.	Politisches Tagebuch	Der Angriff	Berlin	3. Jg./ Nr. 35	2.9.1929	
352	A/9.9.1929/68 (L36)		Dr. G.	Raum!	Der Angriff	Berlin	3. Jg./ Nr. 36	9.9.1929	
353	A/9.9.1929/69 (P31)	13.9.1929 „Gestern: keine Haussuchung, nur eine Beschlagnahme des Angriffs. Ich hatte mich verheddert im pol. Tagebuch. Aufreizung und Hochverrat."	Dr. G.	Politisches Tagebuch	Der Angriff	Berlin	3. Jg./ Nr. 36	9.9.1929	SB-A
354	A/16.9.1929/70 (L37)	15.9.1929 „Der Angriff diesmal ist wirklich knorke. Ein revolutionäres Kampfblatt. So muß es sein."	Dr. G.	Volksbegehren und Sozialismus	Der Angriff	Berlin	3. Jg./ Nr. 37	16.9.1929	SB-A
355	A/16.9.1929/71 (P32)		Dr. G.	Politisches Tagebuch	Der Angriff	Berlin	3. Jg./ Nr. 37	16.9.1929	
356	A/16.9.1929/72		Dr. G.	Aufruf!	Der Angriff	Berlin	3. Jg./ Nr. 37	16.9.1929	
357	A/23.9.1929/73 (A1)	1.9.1929 „Nachmittags zu Hause korrigiert und schneidigen Aufsatz gegen den Youngplan geschrieben."	Dr. G.	Gegen die Young-Sklaverei!	Der Angriff	Berlin	3. Jg./ Nr. 38	23.9.1929	SB-A
358	A/23.9.1929/74 (P33)		Dr. G.	Politisches Tagebuch	Der Angriff	Berlin	3. Jg./ Nr. 38	23.9.1929	
359	A/30.9.1929/75 (L38)		Dr. G.	Auf den Schanzen!	Der Angriff	Berlin	3. Jg./ Nr. 39	30.9.1929	SB-A
360	A/30.9.1929/76 (P34)		Dr. G.	Politisches Tagebuch	Der Angriff	Berlin	3. Jg./ Nr. 39	30.9.1929	
361	A/6.10.1929/77 (L39)	4.10.1929 „Bis abends spät gearbeitet. Plakate und Aufsätze geschrieben, Zeitungen gelesen und Angriff korrigiert."	Dr. G.	Das neue Republikschutzgesetz	Der Angriff	Berlin	3. Jg./ Nr. 41	6.10.1929	SB-A
362	A/6.10.1929/78 (P35)		Dr. G.	Politisches Tagebuch	Der Angriff	Berlin	3. Jg./ Nr. 41	6.10.1929	
363	A/13.10.1929/79 (L40)		Dr. G.	Was will der deutsche Arbeiter?	Der Angriff	Berlin	3. Jg./ Nr. 43	13.10.1929	SB-A
364	A/13.10.1929/80 (P36)		Dr. G.	Politisches Tagebuch	Der Angriff	Berlin	3. Jg./ Nr. 43	13.10.1929	
365	A/20.10.1929/81 (L41)		Dr. G.	Helden!	Der Angriff	Berlin	3. Jg./ Nr. 45	20.10.1929	SB-A
366	A/20.10.1929/82 (P37)		Dr. G.	Politisches Tagebuch	Der Angriff	Berlin	3. Jg./ Nr. 45	20.10.1929	
367	A/27.10.1929/83 (L42)	5.10.1929 „Viel geschrieben, viel diktiert. Aufsatz gegen Stahlhelm, Tagebuch, Plakate und ich weiß nicht was."	Dr. G.	Der Kampf beginnt?	Der Angriff	Berlin	3. Jg./ Nr. 47	27.10.1929	SB-A

Nr.	Fundstelle	Tagebuchzitat	Autor	Titel	Publikation	Ort	Jg./Nr.	Datum	Anmerkung
368	A/27.10.1929/84 (P38)		Dr. G.	Politisches Tagebuch	Der Angriff	Berlin	3. Jg./Nr. 47	27.10.1929	
369	A/3.11.1929/85 (L43)	22.10.1929 „[...] nachmittags zu Hause Rede aus dem K.V.H. korrigiert ‚ums Rote Haus.' Sie wird sehr schön und soll als Broschüre in vielen Tausenden von Exemplaren heraus."	Dr. G.	Was wollen wir im Roten Haus?	Der Angriff	Berlin	3. Jg./Nr. 49	3.11.1929	KVH = Kriegsvereinshaus
370	A/3.11.1929/86 (P39)		Dr. G.	Politisches Tagebuch	Der Angriff	Berlin	3. Jg./Nr. 49	3.11.1929	SB-A, Titel: Unvergängliche Worte
371	A/10.11.1929/87 (L44)		Dr. G.	Die Fahne hoch!	Der Angriff	Berlin	3. Jg./Nr. 51	10.11.1929	
372	A/10.11.1929/88 (P40)		Dr. G.	Politisches Tagebuch	Der Angriff	Berlin	3. Jg./Nr. 51	10.11.1929	
373	A/10.11.1929/89		Dr. Goebbels	Richtlinien für die Arbeit unserer Stadtverordneten-Fraktion	Der Angriff	Berlin	3. Jg./Nr. 51	10.11.1929	
374	A/14.11.1929/90 (L45)		Dr. G.	Sozialismus und Eigentum	Der Angriff	Berlin	3. Jg./Nr. 52	14.11.1929	SB-A
375	VB/16.11.1929/1		Dr. Goebbels	Erziehung und Führerschicht	Völkischer Beobachter	München	42. Jg./Nr. 266	16.11.1929	
376	A/17.11.1929/91 (L46)		Dr. G.	Letzter Appell!	Der Angriff	Berlin	3. Jg./Nr. 53	17.11.1929	SB-W
377	A/17.11.1929/92 (P41)		Dr. G.	Politisches Tagebuch	Der Angriff	Berlin	3. Jg./Nr. 53	17.11.1929	
378	A/17.11.1929/93		Dr. G.	Reventlows Kriegsschuldbuch	Der Angriff	Berlin	3. Jg./Nr. 53	17.11.1929	
379	A/24.11.1929/94 (L47)	11.11.1929 „Nachmittags zu Hause gearbeitet. Großen Aufruf für die Tageszeitung geschrieben. Gleich nach der Wahl geht die Propaganda dafür los."	Dr. G.	Unsere nächste Aufgabe	Der Angriff	Berlin	3. Jg./Nr. 55	24.11.1929	
380	A/24.11.1929/95 (P42)		Dr. G.	Politisches Tagebuch	Der Angriff	Berlin	3. Jg./Nr. 55	24.11.1929	
381	A/24.11.1929/96		Dr. Goebbels	An alle Mitglieder und Anhänger unserer Bewegung!	Der Angriff	Berlin	3. Jg./Nr. 55	24.11.1929	
382	A/1.12.1929/97 (L48)	20.12.29 „Mittags Reichstag. Ewiges Warten. Ich schreibe Leitaufsätze."	Dr. G.	Kommunalpolitik	Der Angriff	Berlin	3. Jg./Nr. 57	1.12.1929	SB-W
383	A/1.12.1929/98 (P43)		Dr. G.	Politisches Tagebuch	Der Angriff	Berlin	3. Jg./Nr. 57	1.12.1929	
384	A/8.12.1929/99 (L49)		Dr. G.	Volksentscheid	Der Angriff	Berlin	3. Jg./Nr. 59	8.12.1929	SB-A
385	A/8.12.1929/100 (P44)		Dr. G.	Politisches Tagebuch	Der Angriff	Berlin	3. Jg./Nr. 59	8.12.1929	
386	A/8.12.1929/101		Dr. Goebbels	Denkt an die Tageszeitung!	Der Angriff	Berlin	3. Jg./Nr. 59	8.12.1929	
387	A/15.12.1929/102 (L50)		Dr. G.	Katastrophenpolitik	Der Angriff	Berlin	3. Jg./Nr. 61	15.12.1929	SB-A
388	A/15.12.1929/103 (P45)		Dr. G.	Politisches Tagebuch	Der Angriff	Berlin	3. Jg./Nr. 61	15.12.1929	
389	A/15.12.1929/104		Dr. Goebbels	Nicht erlahmen!	Der Angriff	Berlin	3. Jg./Nr. 61	15.12.1929	

Nr.	Signatur	Autor	Anmerkung	Titel	Organ	Ort	Jg./Nr.	Datum	Bemerkung
390	A/22.12.1929/105 (L51)	Dr. G.		Severing als Weihnachtsmann	Der Angriff	Berlin	3. Jg./ Nr. 63/64	22.12.1929	SB-A
391	A/22.12.1929/106 (P46)	Dr. G.		Politisches Tagebuch	Der Angriff	Berlin	3. Jg./ Nr. 63/64	22.12.1929	
392	A/29.12.1929/107 (L52)	Dr. G.		Ein Zeitprogramm	Der Angriff	Berlin	3. Jg./ Nr. 65	29.12.1929	SB-A
393	A/29.12.1929/108 (P47)	Dr. G.		Politisches Tagebuch	Der Angriff	Berlin	3. Jg./ Nr. 65	29.12.1929	
394	A/29.12.1929/109 (A2)	ohne		Lebt Hindenburg noch?	Der Angriff	Berlin	3. Jg./ Nr. 65	29.12.1929	Goebbels-Text siehe Hindenburgprozess

1930

Nr.	Signatur	Autor	Anmerkung	Titel	Organ	Ort	Jg./Nr.	Datum	Bemerkung
395	NSJ/1930/1	Dr. Goebbels		Erziehung und Führerschicht	Nationalsozialistisches Jahrbuch	München	4. Jg./ S. 179-183	1930	
396	A/2.1.1930/1 (L1)	Dr. G.		Kampfjahr 1930	Der Angriff	Berlin	4. Jg./ Nr. 1	2.1.1930	SB-A
397	A/5.1.1930/2 (L2)	Dr. G.		Das zweite Haag	Der Angriff	Berlin	4. Jg./ Nr. 2	5.1.1930	SB-A
398	A/5.1.1930/3 (P1)	Dr. G.		Politisches Tagebuch	Der Angriff	Berlin	4. Jg./ Nr. 2	5.1.1930	
399	A/12.1.1930/4 (L3)	Dr. G.	11.1.1930 „Reventlow macht einen starken Vorstoß gegen Hindenburg. Wir heute im Angriff auch." 12.1.1930 „Angriff sehr ordentlich. Scharf gegen Hindenburg. Armer, alter Trottel!"	Autorität	Der Angriff	Berlin	4. Jg./ Nr. 4	12.1.1930	
400	A/12.1.1930/5 (P2)	Dr. G.		Politisches Tagebuch	Der Angriff	Berlin	4. Jg./ Nr. 4	12.1.1930	
401	A/19.1.1930/6 (L4)	Dr. G.		Der Youngpatriot	Der Angriff	Berlin	4. Jg./ Nr. 6	19.1.1930	SB-A
402	A/19.1.1930/7 (P3)	Dr. G.		Politisches Tagebuch	Der Angriff	Berlin	4. Jg./ Nr. 6	19.1.1930	
403	A/23.1.1930/8	Dr. G.		Horst Wessel und die Giftbrut im Liebknecht-Haus	Der Angriff	Berlin	4. Jg./ Nr. 7	23.1.1930	
404	A/26.1.1930/9 (L5)	Dr. G.		Zur Befriedung des öffentlichen Lebens	Der Angriff	Berlin	4. Jg./ Nr. 8	26.1.1930	SB-A
405	A/26.1.1930/10 (P4)	Dr. G.		Politisches Tagebuch	Der Angriff	Berlin	4. Jg./ Nr. 8	26.1.1930	
406	A/2.2.1930/11 (L6)	Dr. G.		Gesinnungsperversion	Der Angriff	Berlin	4. Jg./ Nr. 10	2.2.1930	SB-A
407	A/2.2.1930/12 (P5)	Dr. G.		Politisches Tagebuch	Der Angriff	Berlin	4. Jg./ Nr. 10	2.2.1930	
408	A/6.2.1930/13 (L7)	Dr. G.		Was macht die Tageszeitung?	Der Angriff	Berlin	4. Jg./ Nr. 11	6.2.1930	
409	A/6.2.1930/14	Dr. Goebbels		Mitteilung	Der Angriff	Berlin	4. Jg./ Nr. 11	6.2.1930	
410	A/9.2.1930/15 (L8)	Dr. G.		Der Streik!	Der Angriff	Berlin	4. Jg./ Nr. 12	9.2.1930	
411	A/9.2.1930/16 (P6)	Dr. G.		Politisches Tagebuch	Der Angriff	Berlin	4. Jg./ Nr. 12	9.2.1930	

Nr.	Ref.	Notiz	Autor	Titel	Organ	Ort	Jg./Nr.	Datum	Quelle
412	A/16.2.1930/17 (L9)		Dr. G.	Rheinlandräumung	Der Angriff	Berlin	4. Jg./ Nr. 14	16.2.1930	SB-A
413	A/16.2.1930/18 (P7)		Dr. G.	Politisches Tagebuch	Der Angriff	Berlin	4. Jg./ Nr. 14	16.2.1930	
414	A/23.2.1930/19 (L10)	23.2.1930 „Der Angriff ist diesmal herrlich."	Dr. G.	Die Wirtschaftspartei	Der Angriff	Berlin	4. Jg./ Nr. 16	23.2.1930	SB-A
415	A/23.2.1930/20 (P8)		Dr. G.	Politisches Tagebuch	Der Angriff	Berlin	4. Jg./ Nr. 16	23.2.1930	
416	A/27.2.1930/21 (L11)	27.2.1930 „Angriff: glänzende Wessel-Nummer."	vermutlich: Dr. G.	Die Fahne hoch	Der Angriff	Berlin	4. Jg./ Nr. 17	27.2.1930	* nur Quelle: SB-A
417	A/2.3.1930/22 (L12)	20.2.1930 „Gestern nachmittag zu Hause Arbeit. Scharfen sozialistischen Aufsatz geschrieben. Der ist nötig, da Dr. Lippert aus dem Angriff ein deutschvölkisches Blatt machen will."	vermutlich: Dr. G.	Lastenverteilung	Der Angriff	Berlin	4. Jg./ Nr. 18	2.3.1930	* nur Quelle: SB-A
418	A/6.3.1930/23 (L13)		vermutlich: Dr. G.	Bis zur Neige	Der Angriff	Berlin	4. Jg./ Nr. 19	6.3.1930	* nur Quelle: SB-A
419	A/9.3.1930/24 (L14)	9.3.1930 „Gestern: eine gute Angriffnummer gegen die Bürogenerale der Reichswehr. Das wird wieder einiges Aufsehen erregen."	vermutlich: Dr. G.	Groener im Schlapphut	Der Angriff	Berlin	4. Jg./ Nr. 20	9.3.1930	* nur Quelle: SB-A
420	A/13.3.1930/25		Dr. G.	Schluß mit der Wohnungsnot!	Der Angriff	Berlin	4. Jg./ Nr. 21	13.3.1930	
421	A/16.3.1930/26 (L15)		Dr. G.	Was dann?	Der Angriff	Berlin	4. Jg./ Nr. 22	16.3.1930	
422	A/16.3.1930/27 (P9)		Dr. G.	Politisches Tagebuch	Der Angriff	Berlin	4. Jg./ Nr. 22	16.3.1930	
423	A/20.3.1930/28 (L16)		Dr. G.	Der Retter	Der Angriff	Berlin	4. Jg./ Nr. 23	20.3.1930	
424	A/23.3.1930/29 (L17)		Dr. G.	Der neue Kurs	Der Angriff	Berlin	4. Jg./ Nr. 24	23.3.1930	SB-A
425	A/23.3.1930/30 (P10)		Dr. G.	Politisches Tagebuch	Der Angriff	Berlin	4. Jg./ Nr. 24	23.3.1930	
426	A/30.3.1930/31 (L18)	30.3.1930 „Nachmittags Angriff-Korrektur. Er ist diesmal blendend."	Dr. G.	Die Partei	Der Angriff	Berlin	4. Jg./ Nr. 26	30.3.1930	SB-A
427	A/30.3.1930/32 (P11)		Dr. G.	Politisches Tagebuch	Der Angriff	Berlin	4. Jg./ Nr. 26	30.3.1930	
428	A/6.4.1930/33 (L19)	5.4.1930 „Zu Hause geschrieben. Aufsatz über Hugenberg, der heute als Leiter kommen wird."	Dr. G.	Hugenberg	Der Angriff	Berlin	4. Jg./ Nr. 28	6.4.1930	
429	A/6.4.1930/34 (P12)		Dr. G.	Politisches Tagebuch	Der Angriff	Berlin	4. Jg./ Nr. 28	6.4.1930	
430	A/13.4.1930/35 (L20)		Dr. G.	So ein Sonntag	Der Angriff	Berlin	4. Jg./ Nr. 30	13.4.1930	SB-A
431	A/13.4.1930/36 (P13)		Dr. G.	Politisches Tagebuch	Der Angriff	Berlin	4. Jg./ Nr. 30	13.4.1930	
432	A/20.4.1930/37 (L21)		Dr. G.	Die alte Garde	Der Angriff	Berlin	4. Jg./ Nr. 31/32	Ostern 1930 (20.4.1930)	SB-A
433	A/20.4.1930/38 (P14)		Dr. G.	Politisches Tagebuch	Der Angriff	Berlin	4. Jg./ Nr. 31/32	Ostern 1930	

Nr.	Sig.	Notiz	Verf.	Titel	Organ	Ort	Jg./Nr.	Datum	Bemerkung
								(20.4.1930)	
434	A/27.4.1930/39 (L.22)		Dr. G.	Halbe Bolschewisten	Der Angriff	Berlin	4. Jg./ Nr. 34	27.4.1930	SB-A
435	A/27.4.1930/40 (P15)		Dr. G.	Politisches Tagebuch	Der Angriff	Berlin	4. Jg./ Nr. 34	27.4.1930	
436	A/27.4.1930/41		Dr. Joseph Goebbels	Die Revolution als Ding an sich	Der Angriff	Berlin	4. Jg./ Nr. 34	27.4.1930	
437	A/1.5.1930/42	9.4.1930 „Angriff erscheint ab 1. Mai 10seitig. Mehr Sozial- und Arbeiterpolitik. Mehr neue Mitarbeiter sollen herangezogen werden. Wir werden uns schon gegen Straßer behaupten. Aufsätze und pol. Tagebuch geschrieben."	Dr. G.	Schwedenfahrt I	Der Angriff	Berlin	4. Jg./ Nr. 35	1.5.1930	
438	A/4.5.1930/43 (L.23)		Dr. G.	Führertagung	Der Angriff	Berlin	4. Jg./ Nr. 36	4.5.1930	SB-A
439	A/4.5.1930/44		Dr. G.	Schwedenfahrt II	Der Angriff	Berlin	4. Jg./ Nr. 36	4.5.1930	
440	A/4.5.1930/45 (P16)		Dr. G.	Politisches Tagebuch	Der Angriff	Berlin	4. Jg./ Nr. 36	4.5.1930	
441	A/8.5.1930/46	6.5.1930 „Morgens Angriff geschrieben, Konferenz mit den verschiedenen Ressorts. Leiter, Plakate etc. [...]."	Dr. G.	Schwedenfahrt III	Der Angriff	Berlin	4. Jg./ Nr. 37	8.5.1930	
442	A/11.5.1930/47 (L.24)		Dr. G.	Radikalismus der Literaten	Der Angriff	Berlin	4. Jg./ Nr. 38	11.5.1930	SB-A, Titel: Radikalismus am Schreibtisch
443	A/11.5.1930/48 (P17)		Dr. G.	Politisches Tagebuch	Der Angriff	Berlin	4. Jg./ Nr. 38	11.5.1930	
444	A/11.5.1930/49		Dr. G.	Schwedenfahrt IV	Der Angriff	Berlin	4. Jg./ Nr. 38	11.5.1930	
445	A/15.5.1930/50		Dr. G.	Schwedenfahrt (Schluß)	Der Angriff	Berlin	4. Jg./ Nr. 39	15.5.1930	
446	A/18.5.1930/51 (L.25)		Dr. G.	Farbröder	Der Angriff	Berlin	4. Jg./ Nr. 40	18.5.1930	SB-A
447	A/18.5.1930/52 (P18)		Dr. G.	Politisches Tagebuch	Der Angriff	Berlin	4. Jg./ Nr. 40	18.5.1930	
448	A/25.5.1930/53 (L.26)		Dr. G.	Frick	Der Angriff	Berlin	4. Jg./ Nr. 42	25.5.1930	
449	A/25.5.1930/54 (P19)		Dr. G.	Politisches Tagebuch	Der Angriff	Berlin	4. Jg./ Nr. 42	25.5.1930	
450	A/1.6.1930/55 (L.27)		Dr. G.	Betriebszellen	Der Angriff	Berlin	4. Jg./ Nr. 44	1.6.1930	SB-A
451	A/1.6.1930/56 (P20)		Dr. G.	Politisches Tagebuch	Der Angriff	Berlin	4. Jg./ Nr. 44	1.6.1930	
452	A/5.6.1930/57		Dr. Goebbels	Erklärung	Der Angriff	Berlin	4. Jg./ Nr. 45	5.6.1930	
453	A/8.6.1930/58 (L.28)		Dr. G.	Nie wieder Sowjetsachsen	Der Angriff	Berlin	4. Jg./ Nr. 46	8.6.1930	
454	A/8.6.1930/59 (P21)		Dr. G.	Politisches Tagebuch	Der Angriff	Berlin	4. Jg./ Nr. 46	8.6.1930	
455	A/15.6.1930/60 (L.29)		Dr. G.	Hochverrat	Der Angriff	Berlin	4. Jg./ Nr. 48	15.6.1930	SB-A

Nr.	Signatur	Bemerkung	Autor	Titel	Publikation	Ort	Jg./Nr.	Datum	Notiz
456	A/15.6.1930/61 (P22)		Dr. G.	Politisches Tagebuch	Der Angriff	Berlin	4. Jg./Nr. 48	15.6.1930	
457	A/22.6.1930/62 (L30)		Dr. G.	Regierungsbeteiligung?	Der Angriff	Berlin	4. Jg./Nr. 50	22.6.1930	
458	A/22.6.1930/63 (P23)		Dr. G.	Politisches Tagebuch	Der Angriff	Berlin	4. Jg./Nr. 50	22.6.1930	
459	S/25.6.1930/1		Dr. Goebbels	Regierungsbeteiligung?	Schleswig-Holsteinische Tageszeitung	Itzehoe	2. Jg./Nr. 147	25.6.1930	
460	A/29.6.1930/64 (L31)		Dr. G.	Verbote	Der Angriff	Berlin	4. Jg./Nr. 52	29.6.1930	SB-A
461	A/29.6.1930/65 (P24)		Dr. G.	Politisches Tagebuch	Der Angriff	Berlin	4. Jg./Nr. 52	29.6.1930	
462	A/6.7.1930/66 (L32)		Dr. G.	Der ewige Kritikaster	Der Angriff	Berlin	4. Jg./Nr. 54	6.7.1930	SB-A. Titel: Maulhelden
463	A/6.7.1930/67 (P25)		Dr. G.	Politisches Tagebuch	Der Angriff	Berlin	4. Jg./Nr. 54	6.7.1930	
464	A/13.7.1930/68 (L33)		Dr. G.	Der Stahlhelm	Der Angriff	Berlin	4. Jg./Nr. 56	13.7.1930	
465	A/20.7.1930/69 (L34)		Dr. G.	Sozialismus	Der Angriff	Berlin	4. Jg./Nr. 58	20.7.1930	
466	A/27.7.1930/70 (L35)		Dr. G.	Männer der Zukunft	Der Angriff	Berlin	4. Jg./Nr. 60	27.7.1930	SB-A
					Rund um den Alex. Mitteilungsblatt der NSDAP-Sektion Alexanderplatz	Berlin	2. Jg./Nr. 8	August 1930	Fehlbestand; vgl. Reuth 1992: 591
467	NSM/1930/1	27.6.1930 „Aufsatz ‚Die politischen Bürger' für n.s. Monatshefte. Ist mir gut gelungen."	Dr. Joseph Goebbels	Das patriotische Bürgertum	Nationalsozialistische Monatshefte. Wissenschaftliche Zeitschrift der N.S.D.A.P.	München: Franz Eher Verlag	1. Jg./Heft 5, S. 221–229	August 1930	
468	A/3.8.1930/71 (L36)	2.8.1930 „Nach Hause. Noch schnell den letzten Leiter geschrieben."	Dr. G.	Es kann losgehen	Der Angriff	Berlin	4. Jg./Nr. 62	3.8.1930	SB-A
469	A/10.8.1930/72 (L37)		Dr. G.	Die Katastrophe	Der Angriff	Berlin	4. Jg./Nr. 64	10.8.1930	SB-A
470	A/17.8.1930/73 (L38)		Dr. G.	Appell an die Vernunft	Der Angriff	Berlin	4. Jg./Nr. 66	17.8.1930	SB-A
471	A/24.8.1930/74 (L39)		Dr. G.	An den deutschen Arbeiter!	Der Angriff	Berlin	4. Jg./Nr. 68	24.8.1930	SB-A
472	A/31.8.1930/75 (L40)		Dr. G.	An das schaffende deutsche Volk!	Der Angriff	Berlin	4. Jg./Nr. 70	31.8.1930	SB-A
473	A/4.9.1930/76 (U1)		Dr. G.	Umschau	Der Angriff	Berlin	4. Jg./Nr. 70	4.9.1930	
474	A/7.9.1930/77 (L41)	31.7.1930 „Diktiert und Aufsätze geschrieben. Bis zur Bewußtlosigkeit. Ich habe jetzt den Angriff im Rohbau bis zur Wahl fertig. Nun aber bin ich das Schreiben satt."	Dr. G.	Die letzte Wahllüge	Der Angriff	Berlin	4. Jg./Nr. 72	7.9.1930	SB-A
			Joseph Goebbels	Proklamation!	Harburger Kreiszeitung	Berlin		9.9.1930	Fehlbestand
475	A/14.9.1930/78 (L42)		Dr. G.	Vor der Entscheidung	Der Angriff	Berlin	4. Jg./Nr. 74	14.9.1930	SB-A

Nr.	Code	Notiz	Autor	Titel	Zeitung	Ort	Jg./Nr.	Datum	SB
476	A/21.9.1930/79 (L43)	21.9.1930 „Zu Hause Lektüre und Angriffkorrektur; er ist diesmal wieder ausgezeichnet."	Dr. G.	Einhundertsieben	Der Angriff	Berlin	4. Jg./ Nr. 76	21.9.1930	SB-A
477	A/28.9.1930/80 (L44)		Dr. G.	Weiter arbeiten!	Der Angriff	Berlin	4. Jg./ Nr. 78	28.9.1930	
478	A/2.10.1930/81 (L45)	27.9.1930 „Nachmittags zu Hause geschrieben, der die Parteigenossenschaft über die glückliche Lösung aufklären soll. Das wird ein Jubel werden. [...] Heute viel Arbeit. Zeitung. Aber das macht wieder Freude, weil ich ein greifbares Ziel habe."	Dr. G.	Die Tageszeitung	Der Angriff	Berlin	4. Jg./ Nr. 79	2.10.1930	
479	A/5.10.1930/82 (L46)	1.10.1930 „Zu Hause viel geschrieben. Eine Reihe von Aufsätzen und Plakaten."	Dr. G.	Die Preußenfrage	Der Angriff	Berlin	4. Jg./ Nr. 80	5.10.1930	
480	A/9.10.1930/83 (L47)		Dr. G.	Horst	Der Angriff	Berlin	4. Jg./ Nr. 81	9.10.1930	SB-W
481	A/12.10.1930/84 (L48)	10.10.1930 „Zu Hause Aufsätze geschrieben."	Dr. G.	Das Wirtschaftsprogramm	Der Angriff	Berlin	4. Jg./ Nr. 82	12.10.1930	
482	A/19.10.1930/85 (L49)		Dr. G.	Opposition	Der Angriff	Berlin	4. Jg./ Nr. 84	19.10.1930	
483	A/26.10.1930/86 (L50)		Dr. G.	Der Knabe Treviranus	Der Angriff	Berlin	4. Jg./ Nr. 86	26.10.1930	SB-W
484	A/1.11.1930/87 (L51)		Dr. Josef Goebbels	Der „Angriff"	Der Angriff	Berlin	4. Jg./ Nr. 88	1.11.1930	SB-W
485	A/5.11.1930/88 (U2)	5.11.1930 „Der Angriff ist diesmal gut. Schwere persönliche Schläge gegen Isidor Weiß. Vielleicht bringen wir ihn diesmal zum Sturz."	Dr. G.	Umschau	Der Angriff	Berlin	4. Jg./ Nr. 91	5.11.1930	
486	A/6.11.1930/89 (U3)		Dr. G.	Umschau	Der Angriff	Berlin	4. Jg./ Nr. 92	6.11.1930	
487	A/8.11.1930/90 (U4)		Dr. G.	Umschau	Der Angriff	Berlin	4. Jg./ Nr. 94	8.11.1930	
488	A/18.11.1930/91 (L52)		Dr. G.	Pst!!	Der Angriff	Berlin	4. Jg./ Nr. 97	18.11.1930	
489	A/21.11.1930/92 (U5)		Dr. G.	Umschau	Der Angriff	Berlin	4. Jg./ Nr. 99	21.11.1930	
490	A/22.11.1930/93 (U6)		Dr. G.	Umschau	Der Angriff	Berlin	4. Jg./ Nr. 100	22.11.1930	
491	A/25.11.1930/94 (U7)		Dr. G.	Umschau	Der Angriff	Berlin	4. Jg./ Nr. 102	25.11.1930	
492	A/27.11.1930/95 (U8)		Dr. G.	Umschau	Der Angriff	Berlin	4. Jg./ Nr. 104	27.11.1930	
493	A/28.11.1930/96 (U9)		Dr. G.	Umschau	Der Angriff	Berlin	4. Jg./ Nr. 105	28.11.1930	
494	A/29.11.1930/97 (U10)		Dr. G.	Umschau	Der Angriff	Berlin	4. Jg./ Nr. 106	29.11.1930	

Nr.	Signatur	Notiz	Autor	Titel	Zeitung	Ort	Jg./Nr.	Datum	Fehlbestand
		30.11.30 „Lange Telephonate mit Kopenhagen. Dort ist meine verbotene Versammlung das Gespräch des Tages. Ich habe einen langen Aufsatz an die Berlinske (sic) Tidende durchdiktiert."			Berlingske politiske og Advertissements Tidende	Kopenhagen			
495	A/2.12.1930/98 (L53)		Dr. G.	Der Adler steigt	Der Angriff	Berlin	4. Jg./Nr. 108	2.12.1930	SB-W
496	A/3.12.1930/99 (U11)		Dr. G.	Umschau	Der Angriff	Berlin	4. Jg./Nr. 109	3.12.1930	
497	A/5.12.1930/100 (U12)		Dr. G.	Umschau	Der Angriff	Berlin	4. Jg./Nr. 111	5.12.1930	SB-W
498	A/6.12.1930/101 (L54)		Dr. G.	Der Winter	Der Angriff	Berlin	4. Jg./Nr. 112	6.12.1930	
499	A/10.12.1930/102 (L55)		Dr. G.	Volkspolizei	Der Angriff	Berlin	4. Jg./Nr. 115	10.12.1930	
500	A/11.12.1930/103 (L56)		Dr. G.	Polizei und Soldateska	Der Angriff	Berlin	4. Jg./Nr. 116	11.12.1930	
501	A/12.12.1930/104 (L57)		Dr. G.	In die Knie gezwungen	Der Angriff	Berlin	4. Jg./Nr. 117	12.12.1930	SB-W
502	A/16.12.1930/105 (L58)		Dr. G.	Verbot zwingt keinen Geist!	Der Angriff	Berlin	4. Jg./Nr. 120	16.12.1930	
503	A/18.12.1930/106 (L59)		Dr. G.	Magdeburg	Der Angriff	Berlin	4. Jg./Nr. 122	18.12.1930	
504	A/20.12.1930/107 (L60)		Dr. G.	Sozialismus der Tat	Der Angriff	Berlin	4. Jg./Nr. 124	20.12.1930	SB-W
505	A/24.12.1930/108 (L61)		Dr. G.	Wintersonnenwende!	Der Angriff	Berlin	4. Jg./Nr. 127	24.12.1930	SB-W
506	DZ/25.12.1930/1		Josef Goebbels	Von der Gesinnungs- zur Schicksals-Gemeinschaft	Deutsche Zeitung	Berlin	35. Jg./Nr. 302	25.12.1930	
507	A/31.12.1930/109 (L62)		Dr. G.	1931	Der Angriff	Berlin	4. Jg./Nr. 131	31.12.1930	SB-W

1931

Nr.	Signatur	Notiz	Autor	Titel	Zeitung	Ort	Jg./Nr.	Datum	Fehlbestand
508	NSJ/1931/1		Dr. Jos. Goebbels	Der neue Stil	Nationalsozialistisches Jahrbuch	München	5. Jg./S. 179–181	1931	
509	A/3.1.1931/1 (L1)		Dr. G.	Es fängt schon an!	Der Angriff	Berlin	5. Jg./Nr. 2	3.1.1931	SB-W
510	A/6.1.1931/2 (L2)	6.1.1931 „Gestern: morgens geleitartikelt. Eine Reihe von Konferenzen. Angriff zusammengestaucht."	Dr. G.	Regierungsbeteiligung?	Der Angriff	Berlin	5. Jg./Nr. 4	6.1.1931	SB-W
511	A/7.1.1931/3 (L3)	7.1.1931 „Der A. muß eine revolutionäre Zeitung werden, so oder so."	Dr. G.	Herr Kaas macht Witze	Der Angriff	Berlin	5. Jg./Nr. 5	7.1.1931	SB-W
512	A/8.1.1931/4 (L4)		Dr. G.	Moratorium, Revision oder?	Der Angriff	Berlin	5. Jg./Nr. 6	8.1.1931	
513	A/9.1.1931/5 (L5)		Dr. G.	Minister auf Abruf	Der Angriff	Berlin	5. Jg./Nr. 7	9.1.1931	
514	A/10.1.1931/6 (L6)	11.1.1931 „Mein Aufsatz gegen den Prinzen Löwenstein hat wie eine Bombe eingeschlagen. Arme Aristokratie!	Dr. G.	Durchlaucht redet zur Jugend	Der Angriff	Berlin	5. Jg./Nr. 8	10.1.1931	SB-W

Nr.	ID	Tagebuch	Autor	Titel	Organ	Ort	Jg./Nr.	Datum	Standort
		Der Schlag hat gesessen!"	Joseph Goebbels						
515	A/10.1.1931/7		Joseph Goebbels	Lebensstil und Nationalsozialismus	Der Angriff	Berlin	5. Jg./ Nr. 8	10.1.1931	
516	A/12.1.1931/8 (L7)	13.1.1931 „Gestern: mittags große Redaktionskonferenz. Angriff jetzt wieder sehr gut."	Dr. G.	Regierungsfähig ist...	Der Angriff	Berlin	5. Jg./ Nr. 9	12.1.1931	SB-W
517	A/14.1.1931/9 (L8)		Dr. G.	Die Lage	Der Angriff	Berlin	5. Jg./ Nr. 11	14.1.1931	SB-W
518	A/17.1.1931/10 (L9)		Dr. G.	Für die Ehre	Der Angriff	Berlin	5. Jg./ Nr. 14	17.1.1931	
519	A/19.1.1931/11 (L10)		Dr. G.	Das Reich	Der Angriff	Berlin	5. Jg./ Nr. 15	19.1.1931	SB-W
520	A/20.1.1931/12 (L11)		Dr. G.	Kindertrompete und Knallerbse	Der Angriff	Berlin	5. Jg./ Nr. 16	20.1.1931	SB-W
521	A/22.1.1931/13 (L12)		Dr. G.	Die radikale Phrase	Der Angriff	Berlin	5. Jg./ Nr. 18	22.1.1931	SB-W
522	A/24.1.1931/14 (L13)		Dr. G.	Ein geschlagener Mann	Der Angriff	Berlin	5. Jg./ Nr. 20	24.1.1931	
523	A/26.1.1931/15 (L14)	25.1.1931 „Gestern: die rote Journaille lügt das Blaue vom Himmel herunter. Ich schreibe dagegen einen saftigen Aufsatz: ‚Lügengesindel'."	Dr. G.	Lügengesindel	Der Angriff	Berlin	5. Jg./ Nr. 21	26.1.1931	
524	A/27.1.1931/16 (L15)		Dr. G.	Paris borgt Geld!	Der Angriff	Berlin	5. Jg./ Nr. 22	27.1.1931	SB-W
525	A/28.1.1931/17 (L16)		Dr. G.	Politischer Berufskatholizismus	Der Angriff	Berlin	5. Jg./ Nr. 23	28.1.1931	SB-W
526	A/30.1.1931/18 (L17)	30.1.1931 „Ich publiziere heute einen scharfen Angriff gegen das Zentrum. Diesen Heuchlern muß man die Maske von der Fratze reißen."	Dr. G.	Noch einmal: Das Zentrum	Der Angriff	Berlin	5. Jg./ Nr. 25	30.1.1931	
527	A/31.1.1931/19 (L18)		Dr. G.	Immunität	Der Angriff	Berlin	5. Jg./ Nr. 26	31.1.1931	
528	A/2.2.1931/20 (L19)	1.2.1931 „Der Angriff erscheint jetzt schon 12seitig. Gestern war er fabelhaft, voll Schwung und Trotz. So wünsche ich ihn mir immer. Jetzt werde ich die Redaktion auch einmal loben."	Dr. G.	Der Neger als Kollege	Der Angriff	Berlin	5. Jg./ Nr. 27	2.2.1931	
529	A/3.2.1931/21 (L20)	3.2.1931 „Der Angriff macht Freude. Er erscheint jetzt regelmäßig 12seitig. Knorke!"	Dr. G.	Nun aber Schluß!	Der Angriff	Berlin	5. Jg./ Nr. 28	3.2.1931	
		12.2.31 „Wir hüllen uns in Schweigen. Ich habe nur einen kurzen nichtssagenden Aufsatz für die Hearstpresse geschrieben."				USA			Fehlbestand
530	A/17.2.1931/22 (L21)	17.2.1931 „Gestern: Aufsätze geschrieben. Angriff wieder auf Draht gebracht. Heute erscheint er wieder."	Dr. G.	Grzesinski und Friedrich der Große	Der Angriff	Berlin	5. Jg./ Nr. 31	17.2.1931	SB-W
531	A/18.2.1931/23 (L22)		Dr. G.	Ich muß schon sagen....	Der Angriff	Berlin	5. Jg./ Nr. 32	18.2.1931	

532	A/19.2.1931/24 (L23)		Dr. G.	Gesäß-Parteien	Der Angriff	Berlin	5. Jg./Nr. 33	19.2.1931	SB-W
533	A/20.2.1931/25 (L24)		Dr. G.	Der große Katzenjammer	Der Angriff	Berlin	5. Jg./Nr. 34	20.2.1931	SB-W
534	A/21.2.1931/26 (L25)		Dr. G.	Die starken Männer!	Der Angriff	Berlin	5. Jg./Nr. 35	21.2.1931	SB-W
535	A/23.2.1931/27 (L26)		Dr. G.	Sammlung	Der Angriff	Berlin	5. Jg./Nr. 36	23.2.1931	SB-W
536	A/25.2.1931/28 (L27)		Dr. G.	Haussuchung	Der Angriff	Berlin	5. Jg./Nr. 38	25.2.1931	SB-W
537	A/26.2.1931/29 (L28)		Dr. G.	Hochverrat	Der Angriff	Berlin	5. Jg./Nr. 39	26.2.1931	SB-W
538	A/27.2.1931/30 (L29)		Dr. G.	Wo bleibt der zweite Mann?	Der Angriff	Berlin	5. Jg./Nr. 40	27.2.1931	SB-W
539	A/28.2.1931/31 (L30)		Dr. G.	Wie lange noch, Catilina?	Der Angriff	Berlin	5. Jg./Nr. 41	28.2.1931	SB-W
540	A/3.3.1931/32 (L31)	3.3.1931 „Gestern den ganzen Tag Arbeit. Der Angriff macht mir wieder Sorgen. Er ist zu scharf geschrieben, und zwar ausgerechnet in den nebensächlichen Dingen."	Dr. G.	„Nazigefahr beseitigt"	Der Angriff	Berlin	5. Jg./Nr. 43	3.3.1931	SB-W
541	A/4.3.1931/33 (L32)		Dr. G.	Die Kanäle der Verantwortung	Der Angriff	Berlin	5. Jg./Nr. 44	4.3.1931	SB-W
542	A/5.3.1931/34 (L33)		Dr. G.	Der Wehretat	Der Angriff	Berlin	5. Jg./Nr. 45	5.3.1931	SB-W
543	A/6.3.1931/35 (L34)		Dr. Goebbels	Ein Beitrag zum Thema „Gefesselte Justiz"	Der Angriff	Berlin	5. Jg./Nr. 46	6.3.1931	
544	A/7.3.1931/36 (L35)		Dr. G.	Komödie am Platz der Republik	Der Angriff	Berlin	5. Jg./Nr. 47	7.3.1931	SB-W
545	A/10.3.1931/37 (L36)		Dr. G.	Sie lügen, sie lügen	Der Angriff	Berlin	5. Jg./Nr. 49	10.3.1931	SB-W
546	A/11.3.1931/38 (L37)		Dr. G.	Eingekesselt	Der Angriff	Berlin	5. Jg./Nr. 50	11.3.1931	SB-W
547	A/12.3.1931/39 (L38)		Dr. G.	Der Hauptmann von Köpenick	Der Angriff	Berlin	5. Jg./Nr. 51	12.3.1931	
548	A/13.3.1931/40 (L39)		Dr. G.	Panzerkreuzer B	Der Angriff	Berlin	5. Jg./Nr. 52	13.3.1931	SB-W
549	A/14.3.1931/41 (L40)		Dr. G.	Nationalsozialismus und Katholische Kirche	Der Angriff	Berlin	5. Jg./Nr. 53	14.3.1931	SB-W
550	A/16.3.1931/42 (L41)		Dr. G.	Kathinkus IV.	Der Angriff	Berlin	5. Jg./Nr. 54	16.3.1931	SB-W
551	A/17.3.1931/43 (L42)		Dr. G.	Der Herr mit den roten Fingernägeln	Der Angriff	Berlin	5. Jg./Nr. 55	17.3.1931	SB-W
552	A/19.3.1931/44 (L43)		Dr. G.	Hamburg!	Der Angriff	Berlin	5. Jg./Nr. 57	19.3.1931	SB-W
553	A/20.3.1931/45 (L44)	20.3.1931 „Der Angriff ist jetzt sehr gut aufgemacht."	Dr. G.	Wie sollen wir's machen?	Der Angriff	Berlin	5. Jg./Nr. 58	20.3.1931	SB-W
554	A/21.3.1931/46 (L45)	22.3.1931 „Angriff ist fabelhaft gut. Ich zittere immer, daß er verboten werden könnte."	Dr. G.	Die Freiheit des Wortes!	Der Angriff	Berlin	5. Jg./Nr. 59	21.3.1931	SB-W

Nr.	Sigle	Anmerkung	Autor	Titel	Zeitung	Ort	Jg./Nr.	Datum	SB-W
555	A/23.3.1931/47 (L45)		Dr. G.	Erziehung zur Staatsfreudigkeit	Der Angriff	Berlin	5. Jg./Nr. 60	23.3.1931	SB-W
556	A/24.3.1931/48 (L46)		Dr. G.	Dumpfes Schweigen	Der Angriff	Berlin	5. Jg./Nr. 61	24.3.1931	SB-W
557	A/26.3.1931/49 (L47)		Dr. G.	In die Ferien	Der Angriff	Berlin	5. Jg./Nr. 63	26.3.1931	SB-W
558	A/27.3.1931/50 (L48)		Dr. G.	Zweierlei Maß	Der Angriff	Berlin	5. Jg./Nr. 64	27.3.1931	SB-W
559	A/30.3.1931/51 (L49)	28.3.1931 „Die Arbeit nimmt allmählich überhand. Ich ersticke darin. Muß zuviel schreiben."	Dr. G.	Unverschämte Lügner	Der Angriff	Berlin	5. Jg./Nr. 66	30.3.1931	
560	A/31.3.1931/52 (L50)		Dr. G.	Die Diktatur	Der Angriff	Berlin	5. Jg./Nr. 67	31.3.1931	SB-W
561	A/1.4.1931/53 (L51)		Dr. G.	Die Reichsregierung antwortet	Der Angriff	Berlin	5. Jg./Nr. 68	1.4.1931	
562	A/2.4.1931/54 (L52)		Dr. G.	Das Ventil	Der Angriff	Berlin	5. Jg./Nr. 69	2.4.1931	
563	A/4.4.1931/55 (L53)		Dr. G.	Appell an den Reichspräsidenten	Der Angriff	Berlin	5. Jg./Nr. 70	4.4.1931	
564	A/4.4.1931/56	2.4.1931 „Den ganzen Morgen Arbeit. Nachmittags diktiere ich scharfen Aufsatz gegen die Rebellen."	Dr. Goebbels	Es gibt nur eine Partei!	Der Angriff	Berlin	5. Jg./Nr. 70	4.4.1931	
565	VB/5.4.1931/1		Dr. Goebbels	Parteigenossen und S.A.-Männer von Berlin!	Völkischer Beobachter	München	44. Jg./Nr. 95–97	5/6/7.4.1931 31	
566	A/7.4.1931/57 (L54)		Dr. G.	Der SA.-Konflikt	Der Angriff	Berlin	5. Jg./Nr. 71	7.4.1931	
567	WW/10.4.1931/1		Dr. Goebbels	Wille und Weg	Wille und Weg	München	1. Jg./Heft 1	10.4.1931	
568	WW/10.4.1931/2		Dr. G.	Die Lage	Wille und Weg	München	1. Jg./Heft 1	10.4.1931	
569	A/10.4.1931/58 (L55)		Dr. G.	Die Bilanz	Der Angriff	Berlin	5. Jg./Nr. 74	10.4.1931	SB-W
570	A/11.4.1931/59 (L56)		Dr. G.	Arbeiter, Bauern, Soldaten	Der Angriff	Berlin	5. Jg./Nr. 75	11.4.1931	SB-W
571	A/13.4.1931/60 (L57)		Dr. G.	Presseschweine	Der Angriff	Berlin	5. Jg./Nr. 76	13.4.1931	
572	A/14.4.1931/61 (L58)		Dr. G.	„Ein Königreich für einen Erfolg"	Der Angriff	Berlin	5. Jg./Nr. 77	14.4.1931	SB-W
573	A/15.4.1931/62 (L59)		Dr. G.	Alle Preußen an die Front!	Der Angriff	Berlin	5. Jg./Nr. 78	15.4.1931	SB-W
574	A/16.4.1931/63 (L60)		Dr. G.	Spanien ist Republik	Der Angriff	Berlin	5. Jg./Nr. 79	16.4.1931	
575	A/17.4.1931/64 (L61)		Dr. G.	Rede an die SA.	Der Angriff	Berlin	5. Jg./Nr. 80	17.4.1931	SB-W
576	WB/17.4.1931/1		Dr. Goebbels	Alle Preußen an die Front!	Westdeutscher Beobachter	Köln	7. Jg./Nr. 89	17.4.1931	
577	A/18.4.1931/65 (L62)		Dr. G.	Ist das preußisch?	Der Angriff	Berlin	5. Jg./Nr. 81	18.4.1931	SB-W
578	A/20.4.1931/66 (L63)		Dr. G.	Prozesse	Der Angriff	Berlin	5. Jg./Nr. 82	20.4.1931	SB-W

Nr.	Fundstelle	Anmerkung	Verf.	Titel	Organ	Ort	Ausgabe	Datum	Quelle	
579	A/21.4.1931/67 (L64)		Dr. G.	Die Notverordnungen	Der Angriff	Berlin	5. Jg./Nr. 83	21.4.1931		
580	A/22.4.1931/68 (L65)		Dr. G.	Unser Sozialismus	Der Angriff	Berlin	5. Jg./Nr. 84	22.4.1931	SB-W	
581	A/24.4.1931/69 (L66)		Dr. G.	Um Preußen	Der Angriff	Berlin	5. Jg./Nr. 86	24.4.1931	SB-W	
582	WB/27.4.1931/2		Dr. Goebbels	Um Preußen	Westdeutscher Beobachter	Köln	7. Jg./Nr. 97	27.4.1931		
583	A/27.4.1931/70 (L67)		Dr. G.	Braunhemden-Razzia	Der Angriff	Berlin	5. Jg./Nr. 88	27.4.1931	SB-W	
584	A/29.4.1931/71 (L68)		Dr. G.	Bann über Goebbels	Der Angriff	Berlin	5. Jg./Nr. 90	29.4.1931		
585	WW/1.5.1931/3		Dr. G.	Zur Lage	Wille und Weg	München	1. Jg./Heft 2	1.5.1931		
586	A/1.5.1931/72 (L69)		Dr. G.	Unser Zweimonatsplan	Der Angriff	Berlin	5. Jg./Nr. 92	1.5.1931	SB-W	
587	A/2.5.1931/73 (L70)		Dr. G.	Plädoyer für mich	Der Angriff	Berlin	5. Jg./Nr. 93	2.5.1931	SB-W	
588	A/5.5.1931/74 (L71)		Dr. G.	Die zweite Welle	Der Angriff	Berlin	5. Jg./Nr. 95	5.5.1931	SB-W	
589	A/6.5.1931/75 (L72)		Dr. G.	Ein Parteitag	Der Angriff	Berlin	5. Jg./Nr. 96	6.5.1931	SB-W	
590	A/7.5.1931/76 (L73)		Dr. G.	Oldenburg	Der Angriff	Berlin	5. Jg./Nr. 97	7.5.1931	SB-W	
591	A/9.5.1931/77 (L74)		Dr. G.	Gegen die Arbeitslosigkeit	Der Angriff	Berlin	5. Jg./Nr. 99	9.5.1931	SB-W	
592	A/11.5.1931/78 (L75)		Dr. G.	Die Legalität	Der Angriff	Berlin	5. Jg./Nr. 100	11.5.1931	SB-W	
593	A/13.5.1931/79 (L76)		Dr. G.	Es ist verboten, einen Sündenbock zu suchen!	Der Angriff	Berlin	5. Jg./Nr. 102	13.5.1931	SB-W	
594	A/16.5.1931/80 (L77)		Dr. G.	Bewegung	Der Angriff	Berlin	5. Jg./Nr. 104	16.5.1931		
595	A/19.5.1931/81 (L78)		Dr. G.	Oldenburger Bilanz	Der Angriff	Berlin	5. Jg./Nr. 106	19.5.1931	SB-W	
596	A/21.5.1931/82 (L79)		Dr. G.	Ich erlaube es nicht!	Der Angriff	Berlin	5. Jg./Nr. 108	21.5.1931		
597	A/23.5.1931/83 (L80)		Dr. G.	Die neue Notverordnung	Der Angriff	Berlin	5. Jg./Nr. 110	23.5.1931	SB-W	
598	A/26.5.1931/84 (L81)		Dr. G.	Anti-Lügenkampagne	Der Angriff	Berlin	5. Jg./Nr. 111	26.5.1931		
599	A/28.5.1931/85 (L82)		Dr. G.	Curtius auf Abruf?	Der Angriff	Berlin	5. Jg./Nr. 113	28.5.1931		
600	A/29.5.1931/86 (L83)		Dr. G.	Mit durchschnittener Kehle	Der Angriff	Berlin	5. Jg./Nr. 114	29.5.1931	SB-W	
601	WW/1.6.1931/4		Dr. G.	Die Lage	Wille und Weg	München	1. Jg./Heft 3	1.6.1931		
602	A/3.6.1931/87 (L84)	2.6.1931 „Der Angriff ist augenblicklich sehr gut."	Dr. G.	Nach Chequers!	Der Angriff	Berlin	5. Jg./Nr. 118	3.6.1931	SB-W	
603	A/13.6.1931/88 (L85)		Dr. G.	Vor der Entscheidung	Der Angriff	Berlin	5. Jg./Nr. 115	13.6.1931		* nur Quelle: SB-W

Nr.	Signatur	Notiz	Autor	Titel	Publikation	Ort	Jg./Nr.	Datum	Quelle
604	A/14.6.1931/89 (L.86)		Dr. G.	Mord! Mord!	Der Angriff	Berlin	5. Jg./Nr. 116	14.6.1931	* nur Quelle: SB-W
605	A/17.6.1931/90 (L.87)		Dr. G.	Drohen gilt nicht!	Der Angriff	Berlin	5. Jg./Nr. 117	17.6.1931	* nur Quelle: SB-W
606	A/19.6.1931/91 (L.88)		Dr. G.	Die linden Lüfte	Der Angriff	Berlin	5. Jg./Nr. 120	19.6.1931	SB-W
607	A/20.6.1931/92 (L.89)		Dr. G.	Appell an die Massen	Der Angriff	Berlin	5. Jg./Nr. 121	20.6.1931	SB-W
608	A/22.6.1931/93		Dr. Goebbels	Stadion und Reichsfarben	Der Angriff	Berlin	5. Jg./Nr. 122	22.6.1931	
609	A/23.6.1931/94 (L.90)		Dr. G.	Der Hooverplan	Der Angriff	Berlin	5. Jg./Nr. 123	23.6.1931	
610	A/24.6.1931/95		Dr. Goebbels	Die Gauleitung erklärt	Der Angriff	Berlin	5. Jg./Nr. 124	24.6.1931	
611	A/25.6.1931/96 (L.91)		Dr. G.	Der große Bluff	Der Angriff	Berlin	5. Jg./Nr. 125	25.6.1931	
612	A/27.6.1931/97 (L.92)		Dr. G.	Der Herr Polizeipräsident	Der Angriff	Berlin	5. Jg./Nr. 127	27.6.1931	
613	A/30.6.1931/98 (L.93)		Dr. G.	Viel Geschrei, aber kein Ei	Der Angriff	Berlin	5. Jg./Nr. 129	30.6.1931	
614	WW/1.7.1931/5		Dr. G.	Die Lage	Wille und Weg	München	1. Jg./Heft 4	1.7.1931	
615	A/2.7.1931/99 (L.94)		Dr. G.	Patrioten	Der Angriff	Berlin	5. Jg./Nr. 131	2.7.1931	SB-W
616	A/4.7.1931/100 (L.95)		Dr. G.	Der schleichende Bürgerkrieg	Der Angriff	Berlin	5. Jg./Nr. 133	4.7.1931	SB-W
617	A/8.7.1931/101 (L.96)		Dr. G.	Der Zweimonatsplan	Der Angriff	Berlin	5. Jg./Nr. 136	8.7.1931	SB-W
618	A/9.7.1931/102 (L.97)		Dr. G.	Verpaßte Chancen	Der Angriff	Berlin	5. Jg./Nr. 137	9.7.1931	
619	A/13.7.1931/103 (L.98)		Dr. G.	Der preußische Volksentscheid	Der Angriff	Berlin	5. Jg./Nr. 140	13.7.1931	SB-W
620	A/14.7.1931/104 (L.99)		Dr. G.	Kredite, Kredite!	Der Angriff	Berlin	5. Jg./Nr. 141	14.7.1931	
621	A/25.7.1931/105 (L.100)		Dr. G.	Zwischen den Zeilen	Der Angriff	Berlin	5. Jg./Nr. 145	25.7.1931	SB-W
622	A/29.7.1931/106 (L.101)		Dr. G.	Was nun?	Der Angriff	Berlin	5. Jg./Nr. 148	29.7.1931	SB-W
623	A/31.7.1931/107 (L.102)	28.7.1931 „Sonst alles so halberlei in Ordnung. Scharfer Aufsatz für den Volksentscheid."	Dr. G.	Preußisches Volk, entscheide!	Der Angriff	Berlin	5. Jg./Nr. 150	31.7.1931	SB-W
624	WW/1.8.1931/6		Dr. G.	Die Lage	Unser Wille und Weg	München	1. Jg./Heft 5	1.8.1931	
625	A/3.8.1931/108 (L.103)		Dr. G.	Verfassungskrise	Der Angriff	Berlin	5. Jg./Nr. 152	3.8.1931	SB-W
626	A/6.8.1931/109 (L.104)		Dr. G.	Stillhalte-Konsortium	Der Angriff	Berlin	5. Jg./Nr. 153	6.8.1931	SB-W
627	A/8.8.1931/110 (L.105)		Dr. G.	Preußen, an die Front!	Der Angriff	Berlin	5. Jg./Nr. 155	8.8.1931	SB-W

Nr.	ID	Notiz	Autor	Titel	Publikation	Ort	Jg./Nr.	Datum	SB-W
628	A/11.8.1931/111 (L106)		Dr. G.	Die Bilanz	Der Angriff	Berlin	5. Jg./ Nr. 157	11.8.1931	SB-W
629	A/13.8.1931/112 (L107)		Dr. G.	Rot-Mord!	Der Angriff	Berlin	5. Jg./ Nr. 159	13.8.1931	
630	A/15.8.1931/113 (L108)		Dr. G.	Lachen links	Der Angriff	Berlin	5. Jg./ Nr. 161	15.8.1931	SB-W
631	A/18.8.1931/114 (L109)		Dr. G.	Was tut die Polizei dagegen?	Der Angriff	Berlin	5. Jg./ Nr. 163	18.8.1931	SB-W
632	A/20.8.1931/115 (L110)		Dr. G.	Einheitsfront?	Der Angriff	Berlin	5. Jg./ Nr. 165	20.8.1931	
633	A/27.8.1931/116 (L111)		Dr. G.	Wo stehen wir?	Der Angriff	Berlin	5. Jg./ Nr. 166	27.8.1931	
634	A/28.8.1931/117		Dr. Goebbels	Wie die „Pharusschlacht" gewonnen wurde	Der Angriff	Berlin	5. Jg./ Nr. 167	28.8.1931	
635	A/29.8.1931/118 (L112)	20.8.1931 „3 Leitaufsätze diktiert. Für nächste Woche. In einem die Parole ‚Hinein in die Betriebe' begründet. Ziel: bis 1. Januar 12 000 Arbeiter als neue Mitglieder."	Dr. G.	Die neue Parole: Hinein in die Betriebe!	Der Angriff	Berlin	5. Jg./ Nr. 168	29.8.1931	SB-W, Titel: Hinein in die Betriebe!
636	WW/1.9.1931/7	9.9.1931 „Die Lage" heruntergediktiert. Der Bischof von Mainz lehnt die kirchliche Beerdigung des Pgn. Gemeinder ab. Er habe seine Zugehörigkeit zur N.S.D.A.P. nicht bereut. Diese Schweine!"	Dr. G.	Die Lage	Unser Wille und Weg	München	1. Jg./ Heft 6	1.9.1931	
637	A/1.9.1931/119 (L113)		Dr. G.	Herbstoffensive	Der Angriff	Berlin	5. Jg./ Nr. 170	1.9.1931	SB-W
638	A/3.9.1931/120 (L114)		Dr. G.	Atomzertrümmerung	Der Angriff	Berlin	5. Jg./ Nr. 172	3.9.1931	SB-W
639	A/5.9.1931/121 (L115)	29.8.1931 „Zu Hause fest gearbeitet. Morgens 2 Aufsätze diktiert. ‚Was will Brüning?' Wird Aufsehen erregen."	Dr. G.	Was will Herr Brüning?	Der Angriff	Berlin	5. Jg./ Nr. 174	5.9.1931	SB-W
640	A/8.9.1931/122 (L116)	8.9.1931 „Gestern ein regulärer Montag. Kassenlage, Redaktion, [...] Aufsatz diktiert, Haufen von Zeitungen, [...] zu Hause Korrekturen gelesen [...]."	Dr. Goebbels	An alle Erwerbslosen!	Der Angriff	Berlin	5. Jg./ Nr. 176	8.9.1931	SB-W
641	A/10.9.1931/123 (L117)	10.9.1931 „Scharfer Aufsatz gegen Bischof von Mainz. Ich möchte nach dem Fall Gemeinder am liebsten aus der Kirche austreten. Aber die Parteidisziplin!"	Dr. G.	Peter Gemeinder	Der Angriff	Berlin	5. Jg./ Nr. 178	10.9.1931	SB-W
642	A/11.9.1931/124 (L118)	11.9.1931 „Zornglühenden Aufsatz geschrieben: ‚Die ersten Opfer'."	Dr. G.	Die ersten Opfer	Der Angriff	Berlin	5. Jg./ Nr. 179	11.9.1931	SB-W
643	A/14.9.1931/125 (L119)	12.9.1931 „Chef Berlin: ich fahre, nachdem ich noch einen scharfen Aufsatz gegen Curtius geschrieben habe, zum Kaiserhof."	Dr. G.	Wie lange noch, Herr Curtius?	Der Angriff	Berlin	5. Jg./ Nr. 181	14.9.1931	SB-W
644	A/25.9.1931/126 (L120)	24.9.1931 „Scharfen Aufsatz gegen das Gericht geschrieben." 25.9.1931 „Heute massiver Angriff gegen die Schandurteile."	Dr. G.	Schreckensurteile	Der Angriff	Berlin	5. Jg./ Nr. 184	25.9.1931	

Nr.	Referenz	Beschreibung	Autor	Titel	Publikation	Ort	Ausgabe	Datum	Anmerkung
645	A/26.9.1931/127 (L121)	26.9.1931 „Aufsatz zum Franzosenbesuch. Sehr scharf. Der Angriff ist wieder da. Gut geworden." 27.9.1931 „Büro: scharfer Aufsatz gegen den Franzosenbesuch und für Helldorffs Freispruch. Nun bin ich auf die Wirkung gespannt."	Dr. G.	Die Franzosen kommen!	Der Angriff	Berlin	5. Jg./ Nr. 185	26.9.1931	
646	WW/1.10.1931/8		Dr. G.	Die Lage	Unser Wille und Weg	München	1. Jg./ Heft 7	1.10.1931	
647	A/21.10.1931/128 (L122)	20.10.1931 „Schneidigen Aufsatz geschrieben. ‚Von Harzburg nach Braunschweig'. Dabei eindeutig die Führung Adolf Hitlers für die gesamte nationale Opposition proklamiert."	Dr. G.	Von Harzburg nach Braunschweig	Der Angriff	Berlin	5. Jg./ Nr. 187	21.10.1931	SB-W
648	A/22.10.1931/129 (L123)	24.10.1931 „Angriff ist gut. Kampf um Innenministerium. Groener/Reichswehr, das Fragezeichen."	Dr. G.	„Wann greift Groener ein?"	Der Angriff	Berlin	5. Jg./ Nr. 188	22.10.1931	SB-W
649	A/24.10.1931/130 (L124)	22.10.1931 „Aufsatz gegen Braunschweig-Hetze."	Dr. G.	Wieder mal kaltgestellt	Der Angriff	Berlin	5. Jg./ Nr. 190	24.10.1931	SB-W
650	A/27.10.1931/131 (L125)	26.10.1931 „Bei Magda erwarten wir alle das Wahlergebnis von Anhalt. Dr. Kriegk greift uns gemein im ‚Montag' an. Sauwut auf die D.N.V.P. Heute werde ich antworten." 27.10.1931 „Scharfer Aufsatz gegen Dr. Kriegk, der uns infam im ‚Montag' angegriffen hat."	Dr. G.	Ausgerechnet Herr Kriegk	Der Angriff	Berlin	5. Jg./ Nr. 192	27.10.1931	SB-W
651	WW/1.11.1931/9		Dr. G.	Die Lage	Unser Wille und Weg	München	1. Jg./ Heft 8	1.11.1931	
			Joseph Goebbels	Ausgerechnet Herr Kriegk	Löwenberger Anzeiger			1.11.1931	Fehlbestand, vermutlich identisch mit Angriff-Text A/1931/131 (L125)
652	A/2.11.1931/132 (L126)	1.11.1931 „Scharfer Aufsatz gegen die Konjunkturritter ‚Septemberlinge'. Das ist nötig, denn die Partei muß revolutionär erhalten bleiben." 3.11.1931 „Auf dem Gau wieder alles in Butter. Aufsatz ‚Septemberlinge' an die alte Parteigarde. Abwehr der Konjunkturritter. Große Aufregung und heftige Pressedebatten. Die Partei muß sauber und aktionsfähig bleiben. Dafür werden wir alle sorgen."	Dr. G.	Septemberlinge	Der Angriff	Berlin	5. Jg./ Nr. 197	2.11.1931	SB-W
653	A/4.11.1931/133 (L127)	3.11.1931 „Diskussion Hitler-Brüning. Ich greife in einem Leitartikel ein. Sirenengesänge der Schwarzen. Aufpassen!"	Dr. G.	Hitler vor den Toren	Der Angriff	Berlin	5. Jg./ Nr. 199	4.11.1931	SB-W
654	A/7.11.1931/134		Dr. Goebbels	Unsere Aufgabe: Aufbruch gegen die Revolte	Der Angriff	Berlin	5. Jg./ Nr. 202	7.11.1931	SB-W, Titel: Aufbruch gegen die Revolte
655	A/10.11.1931/135 (L128)	8.11.1931 „Zum Büro: wie ein Rasender geschuftet. Nur nicht denken."	Dr. G.	Wir bitten um Antwort	Der Angriff	Berlin	5. Jg./ Nr. 204	10.11.1931	SB-W

		Geleitartikel, Besprechungen, Anordnungen."							
656	A/12.11.1931/136 (L.129)		Dr. G.	Um die Modalitäten	Der Angriff	Berlin	5. Jg./ Nr. 206	12.11.1931	SB-W
657	A/14.11.1931/137 (L.130)		Dr. G.	Hessenwahlen	Der Angriff	Berlin	5. Jg./ Nr. 208	14.11.1931	SB-W
658	A/17.11.1931/138 (L.131)	17.11.1931 „Morgens Arbeit, Konferenzen, Redaktion wegen der Linie zusammengestaucht. Reibungen beseitigt. Schneidigen Aufsatz geschrieben."	Dr. G.	Der Anfang vom Ende	Der Angriff	Berlin	5. Jg./ Nr. 210	17.11.1931	SB-W
659	A/20.11.1931/139 (L.132)		Dr. G.	Zylinderhut oder Jakobinermütze	Der Angriff	Berlin	5. Jg./ Nr. 212	20.11.1931	SB-W
660	A/21.11.1931/140 (L.133)		Dr. G.	Frontversteifung?	Der Angriff	Berlin	5. Jg./ Nr. 213	21.11.1931	
661	A/24.11.1931/141 (L.134)	24.11.1931 „Redaktionskonferenz. Ich war wütend über soviel Dummheit. Ordentlich abgebürstet. Aufsätze diktiert."	Dr. G.	Ermordet von der Glaubenslosigkeit	Der Angriff	Berlin	5. Jg./ Nr. 215	24.11.1931	
662	A/25.11.1931/142 (L.135)		Dr. G.	Abschiedsrede für den Wirtschaftsbeirat	Der Angriff	Berlin	5. Jg./ Nr. 216	25.11.1931	
663	A/28.11.1931/143 (L.136)		Dr. G.	Viel Lärm um nichts	Der Angriff	Berlin	5. Jg./ Nr. 219	28.11.1931	
664	WW/1.12.1931/10	1.12.1931 „Dann fleißig diktiert. Leiter und Lage für Wille und Weg."	Dr. G.	Die Lage	Unser Wille und Weg	München	1. Jg./ Heft 9	1.12.1931	
665	A/8.12.1931/144 (L.137)		Dr. G.	Wann endlich?	Der Angriff	Berlin	5. Jg./ Nr. 220	8.12.1931	
666	A/14.12.1931/145 (L.138)		Dr. Goebbels	Rund um die Notverordnung	Der Angriff	Berlin	5. Jg./ Nr. 222	14.12.1931	
667	A/15.12.1931/146 (L.139)	27.11.1931 „Ich habe diktiert. Einen scharfen Aufsatz gegen das Sklarek System."	Dr. G.	Die Sklareks	Der Angriff	Berlin	5. Jg./ Nr. 223	15.12.1931	SB-W
668	A/18.12.1931/147 (L.140)	9.12.1931 „Scharfer Aufsatz gegen Brüning. Die Oppositionspresse schäumt vor Wut. Brüning hat sich bei der S.P.D. Rückendeckung verschafft. Aber das hilft ihm doch nichts."	Dr. G.	Worauf wartet Brüning?	Der Angriff	Berlin	5. Jg./ Nr. 226	18.12.1931	SB-W
669	A/19.12.1931/148 (L.141)		Dr. G.	Die nationale Opposition	Der Angriff	Berlin	5. Jg./ Nr. 227	19.12.1931	SB-W
670	A/22.12.1931/149 (L.142)		Dr. G.	Wie stellt Ihr Euch das eigentlich vor?	Der Angriff	Berlin	5. Jg./ Nr. 229	22.12.1931	SB-W
671	A/24.12.1931/150 (L.143)		Dr. G.	Weihnachtsfrieden?	Der Angriff	Berlin	5. Jg./ Nr. 231	24.12.1931	SB-W
672	A/1931/151 (L144)		Dr. G.	Weihnachten 1931	Der Angriff	Berlin	5. Jg./ Sonder-Nr.	Dezember 1931	SB-W
673	A/29.12.1931/152 (L.145)		Dr. G.	Die letzte Atempause	Der Angriff	Berlin	5. Jg./ Nr. 233	29.12.1931	SB-W
674	A/31.12.1931/153 (L.146)	15.12.1931 „Gestern: meinen letzten Leiter vor Neujahr geschrieben."	Dr. G.	Das Jahr unseres Sieges	Der Angriff	Berlin	5. Jg./ Nr. 235	31.12.1931	SB-W

1932

No.	Code	Autor	Inhalt / Zitat	Titel	Publikation	Ort	Jg./Nr.	Datum	Quelle
675	NSJ/1932/1	Dr. Goebbels		Kampf der Lüge	Nationalsozialistisches Jahrbuch	München	6. Jg./ S. 217–221	1932	
676	WW/1932/1	Dr. G.	6.1.1932 „Lagebericht diktiert."	Die Lage	Unser Wille und Weg	München	2. Jg./ Heft 1	Januar 1932	
677	A/2.1.1932/1 (L1)	Dr. G.	31.12.1931 „Leiter über die Parole ‚erobert die Betriebe!' geschrieben."	Die zweite Angriffswelle	Der Angriff	Berlin	6. Jg./ Nr. 1	2.1.1932	SB-W
678	A/5.1.1932/2 (L2)	Dr. G.	6.1.1932 „Außenpolit. Aufsatz."	Außenpolitik?	Der Angriff	Berlin	6. Jg./ Nr. 3	5.1.1932	
679	A/7.1.1932/3 (L3)	Dr. G.		In den Ressorts	Der Angriff	Berlin	6. Jg./ Nr. 5	7.1.1932	
680	A/13.1.1932/4 (L4)	Dr. G.	13.1.1932 „Im Kaiserhof ist es still geworden. Ich diktiere einen Aufsatz in die Maschine. Die Schlappe muß sofort ausgeglichen werden. Jetzt heißt es wieder arbeiten, Macht sammeln, agitieren. Dem System imponiert nur die Faust unter der Nase."	Zwischenspiel	Der Angriff	Berlin	6. Jg./ Nr. 6	13.1.1932	
681	A/16.1.1932/5 (L5)	Dr. G.	14.1.1932 „Ich schreibe einen scharfen Aufsatz gegen Brünings Außenpolitik. Er muß nun mit allen Mitteln gestürzt werden."	Das große Nein	Der Angriff	Berlin	6. Jg./ Nr. 9	16.1.1932	SB-W
682	A/19.1.1932/6 (L6)	Dr. G.	15.1.32 „Gestern: scharfen Aufsatz gegen Brünings Außenpolitik geschrieben: Dieser Hund muß herunter. Dann erst gibt es Luft."	Zuerst muß Brüning das Feld räumen	Der Angriff	Berlin	6. Jg./ Nr. 11	19.1.1932	SB-W
683	A/23.1.1932/7 (L7)	Dr. G.	14.1.1932 „Ich schreibe eine Denkschrift über die Reorganisation unserer Presse. Die ist so nötig wie das tägliche Brot."	Appell an die, die es angeht	Der Angriff	Berlin	6. Jg./ Nr. 15	23.1.1932	SB-W
684	A/26.1.1932/8 (L8)	Dr. Joseph Goebbels	25.1.1932 „Ich diktiere gleich einen Leitartikel. Er entspringt der Wut und Empörung über diese feige Mordtat und wird so wirken, wie er gedacht ist."	Anklage	Der Angriff	Berlin	6. Jg./ Nr. 17	26.1.1932	SB-W
685	A/28.1.1932/9 (L9)	Dr. G.	28.1.1932 „Ich schreibe einen scharfen Aufsatz gegen das Polizeipräsidium. Das heißt scharf, soweit man das unter den herrschenden Notverordnungen überhaupt kann und darf; aber unsere Leute haben gelernt, zwischen den Zeilen zu lesen. Könnte man nur einmal aus sich heraus und sagen, was man fühlt!"	Wir appellieren noch einmal!	Der Angriff	Berlin	6. Jg./ Nr. 19	28.1.1932	SB-W
686	A/30.1.1932/10 (L10)	Dr. G.	27.1.1932 „Ich veröffentliche einen scharfen Aufsatz gegen die Eiserne Front."	Die „Eiserne Front"	Der Angriff	Berlin	6. Jg./ Nr. 21	30.1.1932	SB-W
687	WW/1932/2	Dr. G.	7.2.1932 „Ich diktiere einen Lagebericht für unsere Amtswalterzeitschrift, Wille und Weg'. Da kann man schon deutlicher sprechen und die Dinge ungefähr beim Namen nennen."	Die Lage	Unser Wille und Weg	München	2. Jg./ Heft 2	Februar 1932	

688	A/2.2.1932/11 (L11)	2.2.1932 „Scharfer Aufsatz gegen Präsidentschaftsausschuß. Die Herren scheinen sich selbst nicht ganz sicher zu fühlen. Wir stecken schon mitten in der Wahlarbeit." 3.2.1932 „Redaktionskonferenz. Angriff merkwürdig gut. Bin zufrieden. Scharfer Aufsatz gegen Sahm-Ausschuß. Eine vollendete Pleite."	Dr. Joseph Goebbels	Um die Präsidentschaft	Der Angriff	Berlin	6. Jg./ Nr. 23	2.2.1932	
689	A/6.2.1932/12 (L12)	4.2.1932 „Nun geht alles an die Arbeit. Ich schreibe als Ergebnis der Tagung einen Aufsatz über das Problem der Taktik. Ich hoffe, daß es im Lande aufklärend wirken wird." 5.2.32 „Alles geht nun an die Arbeit. Ich mache mit Franke den Wahlkampf perfekt. Klassischen Aufsatz über die Taktik der Partei."	Dr. Joseph Goebbels	Wer kann schweigen?	Der Angriff	Berlin	6. Jg./ Nr. 27	6.2.1932	
690	A/9.2.1932/13 (L13)	9.2.1932 „Ich schreibe einen scharfen Aufsatz gegen Brüning. Die Intellektuellen meinen, je öfter man ein Thema behandelt, um so teilnahmsloser werde das Publikum. Das ist nicht wahr. Es kommt nur darauf an, wie man ein Thema behandelt. Wenn man die Gabe besitzt, es immer von anderen Seiten zu beleuchten, immer neue Formen der Beweisführung zu finden, immer drastischere und schärfere Argumente für seinen Standpunkt anzuführen, dann wird das Interesse des Publikums nie erlahmen, je schärfer Argumente nur stärker werden. Im übrigen, was versteht so eine bürgerliche, intellektuelle Seele vom Volk?"	Dr. Joseph Goebbels	Was will Brüning in Genf?	Der Angriff	Berlin	6. Jg./ Nr. 29	9.2.1932	
691	A/11.2.1932/14 (L14)	11.2.1932 „Gestern: erst spät zur Arbeit. Scharfen Aufsatz geschrieben." 11.2.1932 „Mein Artikel über die Präsidentschaftsfrage wird in der ganzen Presse diskutiert und kommentiert. Die Entscheidung liegt noch immer in der Schwebe."	Dr. Joseph Goebbels	Wer wird Präsident?	Der Angriff	Berlin	6. Jg./ Nr. 31	11.2.1932	
692	A/13.2.1932/15 (L15)	12.2.1932 „Ich habe schon den Aufruf zur Wahl vorsorglich geschrieben. Jetzt ergehen Redeverbote über Redeverbote."	Dr. Joseph Goebbels	Um die Entscheidung	Der Angriff	Berlin	6. Jg./ Nr. 33	13.2.1932	SB-W
693	VB/14.2.1932/1		Dr. Goebbels	Um die Entscheidung	Völkischer Beobachter	München	45. Jg./ Nr. 45/46	14./15.2.19 32	
694	A/16.2.1932/16 (L16)		Dr. Joseph Goebbels	Der Kandidat der Sozialdemokratie	Der Angriff	Berlin	6. Jg./ Nr. 35	16.2.1932	

Nr.	ID	Notiz	Autor	Titel	Publikation	Ort	Jg./Nr.	Datum	
695	A/17.2.1932/17		Dr. Goebbels	Die letzten Reserven sind aufzubieten!	Der Angriff	Berlin	6. Jg./ Nr. 36	17.2.1932	
696	A/18.2.1932/18 (L.17)		Dr. Joseph Goebbels	Herr Mandelbaum hat das Wort	Der Angriff	Berlin	6. Jg./ Nr. 37	18.2.1932	
697	A/18.2.1932/19		Dr. Goebbels	10 Gebote für jeden Nationalsozialisten in den kommenden schweren Wochen	Der Angriff	Berlin	6. Jg./ Nr. 37	18.2.1932	
698	A/20.2.1932/20 (L.18)	20.2.1932 „Tüchtig gearbeitet. Scharfer Artikel gegen Brüning."	Dr. Joseph Goebbels	Macht Brüning endlich Platz?	Der Angriff	Berlin	6. Jg./ Nr. 39	20.2.1932	SB-W
699	A/20.2.1932/21		Dr. Goebbels	Montag und Dienstag GeneralMitgliederversammlung!	Der Angriff	Berlin	6. Jg./ Nr. 39	20.2.1932	
700	A/23.2.1932/22 (L.19)		Dr. Joseph Goebbels	Wir wählen Hindenburg nicht!	Der Angriff	Berlin	6. Jg./ Nr. 41	23.2.1932	
701	WW/1932/3	26.2.1932 „Bildplakate überprüft. Neue Schriftplakate und Flugblätter entworfen. Dazwischen einen Aufsatz diktiert."	Dr. Goebbels	Die Präsidentenwahl	Unser Wille und Weg	München	2. Jg./ Heft 3	März 1932	
702	VB/3.3.1932/2		Dr. Joseph Goebbels	Um unser Lebensrecht	Völkischer Beobachter	München	45. Jg./ Nr. 63	3.3.1932	
703	A/5.3.1932/23 (L.20)		Dr. Joseph Goebbels	Wir wählen Adolf Hitler!	Der Angriff	Berlin	6. Jg./ Nr. 46	5.3.1932	SB-W
704	A/8.3.1932/24 (L.21)	8.3.1932 „Zwei Aufsätze und eine Masse Flugblätter diktiert. Der Plakatkrieg steht auf seinem Höhepunkt."	Dr. Joseph Goebbels	Auf uns ganz allein gestellt	Der Angriff	Berlin	6. Jg./ Nr. 48	8.3.1932	
705	A/11.3.1932/25 (L.22)		Dr. G.	Die letzte Wahllüge	Der Angriff	Berlin	6. Jg./ Nr. 51	11.3.1932	
706	A/22.3.1932/26 (L.23)		Dr. G.	Die neue Aktion	Der Angriff	Berlin	6. Jg./ Nr. 60	22.3.1932	
707	A/31.3.1932/27 (L.24)	27.3.1932 „Gestern Aufrufe für die Presse diktiert."	Dr. Joseph Goebbels	Hitler, der politische Kämpfer	Der Angriff	Berlin	6. Jg./ Nr. 61	31.3.1932	SB-W
708	WW/1932/4		Dr. Goebbels	Die Länderwahlen	Unser Wille und Weg	München	2. Jg./ Heft 4	April 1932	
709	S/1932/1		Dr. Joseph Goebbels	Preußen muß wieder preußisch werden!	Kampfschrift	München: Verlag Franz Eher Nachf.		April 1932	
710	A/1.4.1932/28 (L.25)	24.3.1932 „Drei Aufsätze für die letzten Wahltage diktiert. Bildplakate begutachtet, Flugblätter korrigiert."	Dr. Joseph Goebbels	Adolf Hitler als Staatsmann	Der Angriff	Berlin	6. Jg./ Nr. 62	1.4.1932	SB-W
711	A/2.4.1932/29 (L.26)		Dr. Joseph Goebbels	Adolf Hitler als Kamerad	Der Angriff	Berlin	6. Jg./ Nr. 63	2.4.1932	
712	A/4.4.1932/30 (L.27)		Dr. Joseph Goebbels	Adolf Hitler als Mensch	Der Angriff	Berlin	6. Jg./ Nr. 64	4.4.1932	SB-W
713	A/11.4.1932/31 (L.28)	11.4.1932 „Wir ruhen keinen Augenblick und fassen gleich die Entschlüsse für die nächste Preußenaktion. Ich schreibe noch bei grauendem Morgen einen Leitaufsatz und einen Aufruf an die Berliner Parteigenossen."	Dr. G.	Die Welle steigt	Der Angriff	Berlin	6. Jg./ Nr. 70	11.4.1932	SB-W
714	A/11.4.1932/32	11.4.1932 „Wir ruhen keinen Augenblick und fassen gleich die Entschlüsse für die nächste Preußenaktion. Ich	Dr. Goebbels	An alle Berliner Nationalsozialisten!	Der Angriff	Berlin	6. Jg./ Nr. 70	11.4.1932	

Nr.	Quelle	Anmerkung	Autor	Titel	Publikation	Ort	Ausgabe	Datum	
715	A/13.4.1932/33 (L29)	schreibe noch bei grauendem Morgen einen Leitaufsatz und einen Aufruf an die Berliner Parteigenossen."	Dr. Joseph Goebbels	Das war Preußen!	Der Angriff	Berlin	6. Jg./ Nr. 72	13.4.1932	
716	A/16.4.1932/34 (L30)	12.4.1932 „Plakate und Aufsätze diktiert. Den ganzen Tag." 15.4.1932 „Aufsätze, Aufrufe, das knallt nur so. [...] Gleich Büro. Konferenzen. Prop.Besprechung. Alles in Ordnung. Aufsatz diktiert."	Dr. G.	Ist das mein Preußen?	Der Angriff	Berlin	6. Jg./ Nr. 75	16.4.1932	
717	A/20.4.1932/35	17.4.1932 „Gestern: viel Arbeit. Konferenzen. Aufsatz diktiert."	Dr. Joseph Goebbels	Preußen muß wieder preußisch werden!	Der Angriff	Berlin	6. Jg./ Nr. 78	20.4.1932	SB-W
718	A/22.4.1932/36 (L31)	19.4.1932 „Angriff bringt meine Attacke gegen Severing."	Dr. Joseph Goebbels	Aufräumen! Gebt Hitler die Macht!	Der Angriff	Berlin	6. Jg./ Nr. 80	22.4.1932	SB-W, Titel. Aufräumen
719	VB/24.4.1932/3		Dr. Joseph Goebbels	Aufräumen! Gebt Hitler die Macht!	Völkischer Beobachter	München	45. Jg./ Nr. 115/116	24./25.4.1932	
720	A/26.4.1932/37 (L32)	26.4.1932 „Ich schreibe einen sehr klugen Aufsatz von der offenen Hand. Aber es ist zum Kotzen, wenn ich daran denke. Hugenberg kommt als Alliierter garnicht mehr infrage."	Dr. Joseph Goebbels	Unser Wille und unser Weg	Der Angriff	Berlin	6. Jg./ Nr. 83	26.4.1932	SB-W
721	A/28.4.1932/38 (L33)		Dr. Joseph Goebbels	Die nächste Aufgabe	Der Angriff	Berlin	6. Jg./ Nr. 85	28.4.1932	SB-W
722	A/30.4.1932/39 (L34)		Dr. Joseph Goebbels	Genfer Abgesang	Der Angriff	Berlin	6. Jg./ Nr. 87	30.4.1932	SB-W
723	WW/1932/5	7.3.1932 „Dann heim zum Arbeiten. Scharfe Antwort an Groener diktiert." 8.3.1932 „Hanfstängl kommt. Er lobt sehr meinen Aufsatz gegen Groener." 1.5.1932 „Gestern: morgens Arbeit. Lagebericht diktiert."	Dr. G.	Die Lage	Unser Wille und Weg	München	2. Jg./ Heft 5	Mai 1932	
724	A/3.5.1932/40 (L35)		Dr. G.	So wird's gemacht!	Der Angriff	Berlin	6. Jg./ Nr. 89	3.5.1932	SB-W
725	A/10.5.1932/41 (L36)		Dr. Joseph Goebbels	Die latente Krise	Der Angriff	Berlin	6. Jg./ Nr. 94	10.5.1932	SB-W
726	A/12.5.1932/42 (L37)		Dr. Joseph Goebbels	Ein toter Mann	Der Angriff	Berlin	6. Jg./ Nr. 96	12.5.1932	SB-W
727	A/13.5.1932/43 (L38)	12.5.1932 „Ich reite in einem Aufsatz eine scharfe Attacke gegen das Gesamtkabinett."	Dr. Joseph Goebbels	Der Anfang vom Ende	Der Angriff	Berlin	6. Jg./ Nr. 97	13.5.1932	SB-W
728	A/19.5.1932/44 (L39)	10.5.1932 „Ich orientiere in aller Eile meine nächsten Mitarbeiter und schreibe dann einen scharfen Aufsatz gegen Brüning. Hoffentlich ist es der letzte." 19.5.1932 „Scharfer Aufsatz gegen Brüning Der muß fallen, koste es was es wolle."	Dr. Joseph Goebbels	Zurücktreten, Herr Reichskanzler!	Der Angriff	Berlin	6. Jg./ Nr. 101	19.5.1932	SB-W
729	A/21.5.1932/45 (L40)	21.5.1932 „Gestern: morgens viel Arbeit. Scharfer Aufsatz gegen Brüning."	Dr. Joseph Goebbels	Noch einmal für die Dummen	Der Angriff	Berlin	6. Jg./ Nr. 103	21.5.1932	

Nr.	Signatur	Notiz / Zitat	Verfasser	Titel	Zeitung	Ort	Jg./Nr.	Datum	Typ
730	A/24.5.1932/46 (L41)	23.5.1932 „Wir fordern in scharfen Zeitungsartikeln den Rücktritt der Gesamtregierung."	Dr. Joseph Goebbels	Die stärkeren Nerven	Der Angriff	Berlin	6. Jg./ Nr. 105	24.5.1932	SB-W
731	A/31.5.1932/47 (L42)		Dr. Joseph Goebbels	Die absolute Mehrheit	Der Angriff	Berlin	6. Jg./ Nr. 111	31.5.1932	SB-W
732	A/8.6.1932/48 (L43)	7.6.1932 „Ich schreibe Leiter, in dem ich mich zuerst von Papen absentiere. Das ist notwendig, da wir sonst ins Zwielicht hineinkommen und unfähig werden zum Kämpfen."	Dr. Joseph Goebbels	Was müssen wir tun?	Der Angriff	Berlin	6. Jg./ Nr. 118	8.6.1932	SB-W, Titel: Nach Brünings Sturz
733	A/9.6.1932/49		Dr. Goebbels	Aufruf zum Befreiungskampf	Der Angriff	Berlin	6. Jg./ Nr. 119	9.6.1932	SB-W
734	A/11.6.1932/50 (L44)	11.6.1932 „Rundfunkfrage in Angriff genommen. Filme in Auftrag gegeben. Scharfen Aufsatz in der Preußenfrage."	Dr. Joseph Goebbels	Die Frage Preußen	Der Angriff	Berlin	6. Jg./ Nr. 121	11.6.1932	SB-W
735	A/14.6.1932/51 (L45)	14.6.1932 „Ab nach Caputh. Scharfer Aufsatz gegen Kabinett. ‚Papen werde hart.' Dann Rundfunkrede." 14.6.1932 „Ich reite im „Angriff" eine neue Attacke gegen das Papenkabinett. Das wird auf der Gegenseite mit steigendem Unwillen vermerkt."	Dr. Joseph Goebbels	Papen, werde hart!	Der Angriff	Berlin	6. Jg./ Nr. 123	14.6.1932	SB-W, Titel: Reichskanzler, werde hart!
736	A/21.6.1932/52 (L46)	21.6.1932 „Scharfen Aufsatz gegen v. Gayl."	Dr. Joseph Goebbels	Mehr Mut!	Der Angriff	Berlin	6. Jg./ Nr. 129	21.6.1932	SB-W
737	WW/1932/6	6.7.1932 „Gestern: den ganzen Tag diktiert. Plakate und Aufsatz Wille & Weg. Bis zur Erschöpfung. Abends dann noch Zeitungen studiert."	Dr. G.	Zur Reichstagswahl am 31. Juli	Unser Wille und Weg	München	2. Jg./ Heft 7	Juli 1932	
738	A/1.7.1932/53	1.7.1932 „Der ‚Angriff' feiert sein Fünfjahresjubiläum. Er hält mit viel Humor, Witz und Schmiß Rückschau. Die Laune ist uns in diesen fünf Jahren niemals verlorengegangen; aber welch eine Unsumme von Arbeit, Sorge und Leid liegt auch in diesem halben Jahrzehnt. Wir brauchen uns unseres Kampfes nicht zu schämen."	Dr. Joseph Goebbels	Fünf Jahre „Angriff"	Der Angriff	Berlin	6. Jg./ Nr. 133	1.7.1932	SB-W
739	A/2.7.1932/54 (L47)	28.6.1932 „Die bayerische Systempresse hat in unverschämter Weise meine Rede im Sportpalast gefälscht. Ich hätte das bayerische Volk beleidigt. Ich schreibe sehr scharfe Erwiderung."	Dr. Josef Goebbels	Brunnenvergifter!	Der Angriff	Berlin	6. Jg./ Nr. 134	2.7.1932	SB-W
740	A/5.7.1932/55 (L48)	5.7.1932 „Gestern: den ganzen Tag Plakate diktiert. Bis Abends spät. Dann noch scharfen Aufsatz gegen S.P.D."	Dr. Joseph Goebbels	SPD. – Schamloseste Partei Deutschlands	Der Angriff	Berlin	6. Jg./ Nr. 136	5.7.1932	SB-W
741	A/8.7.1932/56	8.7.1932 „Büro Bez.Führer. Mit S.A.F. Kampf gegen Gayl proklamiert. Großer Aufruf für heute."	Dr. Goebbels	Gayl provoziert die SA.!	Der Angriff	Berlin	6. Jg./ Nr. 139	8.7.1932	
742	A/23.7.1932/57		Dr. Goebbels	Fahnen heraus!	Der Angriff	Berlin	6. Jg./ Nr. 145	23.7.1932	
743	WW/1932/7		Dr. G.	Zum Wahlsieg	Unser Wille und Weg	München	2. Jg./	August	

Nr.	Signatur	Zitat	Autor	Titel	Zeitung	Ort	Jg./Nr.	Datum	Anm.
							Heft 8	1932	
744	A/2.8.1932/58		Dr. Goebbels	Der Führer wird handeln	Der Angriff	Berlin	6. Jg./Nr. 153	2.8.1932	
745	A/15.8.1932/59 (L49)	14.8.1932 „Also Opposition. Wir pfeifen auf die väterlichen Ermahnungen des Alten. [...] Ich schreibe einen sehr scharfen Aufsatz: ‚Die Macht an Hitler!'"	Dr. Joseph Goebbels	Die Macht an Hitler!	Der Angriff	Berlin	6. Jg./Nr. 164	15.8.1932	SB-W
746	A/23.8.1932/60 (L50)		Dr. Joseph Goebbels	In Kameradschaft und Treue verbunden	Der Angriff	Berlin	6. Jg./Nr. 171	23.8.1932	
747	A/24.8.1932/61 (L51)	24.8.1932 „Ich schreibe einen schneidenden Aufsatz unter dem Stichwort: ‚Die Juden sind schuld!' Er wird von der jüdischen Presse mit einem Schrei der Wut beantwortet."	Dr. Joseph Goebbels	Die Juden sind schuld!	Der Angriff	Berlin	6. Jg./Nr. 172	24.8.1932	SB-W
748	VB/24.8.1932/4		Dr. Goebbels	Das Beuthener Schreckensurteil	Völkischer Beobachter	München	45. Jg./Nr. 237	24.8.1932	
		27.8.1932 „Ich attackiere in einer Londoner Zeitung aufs schärfste die Juden und ihre Inferiorität." 28.8.32 „Aufsatz gegen die Juden für die Daily News geschrieben. Schneidige Attacke. Macht Spaß."			Daily News	London			Fehlbestand
749	WW/1932/8		Dr. G.	Die Lage	Unser Wille und Weg	München	2. Jg./Heft 9	September 1932	
750	A/1.9.1932/62 (L52)	1.9.1932 „Ich schreibe einen Aufsatz über die Diktatur. Auf die Dauer kann man nicht auf den Spitzen der Bajonette sitzen. Das ist heute so und war so vor hundert Jahren."	Dr. Joseph Goebbels	Goldene Worte für einen Diktator und für solche, die es werden wollen	Der Angriff	Berlin	6. Jg./Nr. 173	1.9.1932	SB-W
751	A/6.9.1932/63 (L53)	5.9.1932 „Ich mache in einem Leitartikel scharfe Ausfälle gegen die ‚vornehmen Leute'. Wollen wir die Partei intakt halten, dann müssen wir jetzt wieder an die primitiven Masseninstinkte appellieren."	Dr. Joseph Goebbels	Die feinen Leute!	Der Angriff	Berlin	6. Jg./Nr. 177	6.9.1932	
752	A/9.9.1932/64 (L54)	8.9.1932 „Ich diktiere einen scharfen Aufsatz gegen die Erbschleicherei."	Dr. Joseph Goebbels	Politische Erbschleicherei	Der Angriff	Berlin	6. Jg./Nr. 180	9.9.1932	SB-W
753	A/15.9.1932/65 (L55)	11.9.1932 „Der ‚Angriff' macht schwere Vorstöße gegen das Kabinett. Er fängt an, die Katze aus dem Sack zu lassen."	Dr. Joseph Goebbels	Erkläret mir, Graf Oerindur...	Der Angriff	Berlin	6. Jg./Nr. 185	15.9.1932	SB-W
754	A/20.9.1932/66 (L56)	21.9.1932 „Ich mache einen scharfen Vorstoß gegen den ‚Vorwärts'. Er hat sich ein Vergnügen daraus gemacht, mich in mehreren Artikeln persönlich zu attackieren."	Dr. Goebbels	Wie der „Vorwärts" lügt	Der Angriff	Berlin	6. Jg./Nr. 189	20.9.1932	
755	A/21.9.1932/67 (L56)	21.9.1932 „Ich schreibe einen Aufsatz gegen Hugenberg."	Dr. Joseph Goebbels	Der Nationalverein des Dritten Reiches	Der Angriff	Berlin	6. Jg./Nr. 190	21.9.1932	
756	A/24.9.1932/68 (L57)	24.9.1932 „Dann wieder Berlin. Gleich Büro. Scharfe Antwort an Hans Grimm geschrieben."	Dr. Goebbels	Bitte an Hans Grimm	Der Angriff	Berlin	6. Jg./Nr. 193	24.9.1932	
757	A/24.9.1932/69	22.9.1932 „Boykottaufruf gegen die bürgerliche Presse. Verbot an alle Parteigenossen, diese Presse zu kaufen,	Dr. Goebbels	Aufruf!	Der Angriff	Berlin	6. Jg./Nr. 193	24.9.1932	

Nr.	Ref	Inhalt	Autor	Titel	Publikation	Ort	Jg./Nr.	Datum	Anm.
758	A/26.9.1932/70	zu abbonieren oder darin zu annoncieren." 24.9.1932 „Boykott der Presse geht heute los." 25.9.1932 „Mein Boykottaufruf erscheint groß in unserer Presse. Man wird bei den bürgerlichen Zeitungen schwer daran zu beißen haben. Aber das geht hier wie immer; wenn man den Gegner scharf attackiert, dann wird er devot und fängt an zu winseln."	Dr. Goebbels	Aufruf!	Der Angriff	Berlin	6. Jg./Nr. 194	26.9.1932	
759	WW/1932/9		Dr. G.	Die Lage vor der Wahl	Unser Wille und Weg	München	2. Jg./Heft 10	Oktober 1932	
760	A/1.10.1932/71 (L58)	30.9.1932 „Zum 85. Geburtstag des Reichspräsidenten schreibe ich einen Aufsatz, in dem ich die ganze Situation noch einmal mit allem Ernst und allem schuldigen Respekt darlege. Den Herren in der Wilhelmstraße fängt es an ungemütlich zu werden."	Dr. Joseph Goebbels	Zum 85. Geburtstag	Der Angriff	Berlin	6. Jg./Nr. 199	1.10.1932	
761	A/8.10.1932/72 (L59)	7.10.1932 „Das System hat uns in Atem gehalten; aber schließlich ist ja die Partei dazu da, zu kämpfen. Ich diktiere noch in der Eile einen aggressiven Aufsatz gegen Papens Konservatismus und fahre dann mit dem Nachtzug nach Berlin zurück."	Dr. Joseph Goebbels	Wir sind objektiv	Der Angriff	Berlin	6. Jg./Nr. 205	8.10.1932	SB-W
762	A/10.10.1932/73	9.10.1932 „In einer Erklärung fordere ich die Deutschnationalen zu einer öffentlichen Diskussion heraus; da sie sich darüber beklagen, daß die S.A. ihre Versammlungen sprengt, haben sie nun die beste Gelegenheit, sich mit uns geistig auseinanderzusetzen. Ich stelle ihnen Bedingungen, die es ihnen eigentlich sehr leicht machen müßten, auf meine Herausforderung einzugehen. Aber wer weiß, Mut pflegt im allgemeinen nicht ihre allerbeste Tugend zu sein."	Dr. Goebbels	Herausforderung an die Deutschnationalen	Der Angriff	Berlin	6. Jg./Nr. 206	10.10.1932	
763	A/11.10.1932/74		Dr. Goebbels	„Die Deutschnationalen laden Goebbels zum Redekampf"	Der Angriff	Berlin	6. Jg./Nr. 207	11.10.1932	
764	A/12.10.1932/75		Dr. Goebbels	Wie sie es begründen	Der Angriff	Berlin	6. Jg./Nr. 208	12.10.1932	
765	A/17.10.1932/76		Dr. Goebbels	Dr. Goebbels antwortet den Deutschnationalen	Der Angriff	Berlin	6. Jg./Nr. 212	17.10.1932	
766	A/18.10.1932/77 (L60)		Dr. Joseph Goebbels	Der schwelende Bürgerkrieg	Der Angriff	Berlin	6. Jg./Nr. 213	18.10.1932	SB-W
767	A/24.10.1932/78 (L61)		Dr. Joseph Goebbels	Wo steht der Feind?	Der Angriff	Berlin	6. Jg./Nr. 218	24.10.1932	SB-W
768	A/31.10.1932/79 (L62)		Dr. Joseph Goebbels	In der göttlichen Ordnung der Dinge	Der Angriff	Berlin	6. Jg./Nr. 224	31.10.1932	

769	WW/1932/10		Dr. G.	Der Kanzler ohne Volk	Unser Wille und Weg	München	2. Jg./Heft 11	November 1932	
770	A/7.11.1932/80 (L63)	6.11.1932 „Ich lege unseren Standpunkt in einem Aufsatz mit dem Thema ‚Kanzler ohne Volk' nieder. Er spricht sich sehr scharf gegen die Regierung aus. Ich bin gleich damit bei der Hand, damit die Depressivstimmung in der Partei nicht zu großen Umfang annimmt."	Dr. Joseph Goebbels	Der Kanzler ohne Volk	Der Angriff	Berlin	6. Jg./Nr. 230	7.11.1932	SB-W
771	A/9.11.1932/81		Dr. G.	Kampf für den deutschen Sozialismus	Der Angriff	Berlin	6. Jg./Nr. 232	9.11.1932	
772	A/12.11.1932/82 (L64)	11.11.1932 „Ich schreibe jeden Tag einen Aufsatz gegen das Kabinett. Steter Tropfen höhlt den Stein. Man sieht zwar nicht unmittelbar, daß diese Angriffe Erfolg haben, aber auf die lange Dauer können sie nicht ohne Auswirkung bleiben."	Dr. Joseph Goebbels	Da stimmt etwas nicht!	Der Angriff	Berlin	6. Jg./Nr. 235	12.11.1932	SB-W
773	A/17.11.1932/83 (L65)		Dr. Joseph Goebbels	Eine Betrachtung der Lage	Der Angriff	Berlin	6. Jg./Nr. 238	17.11.1932	SB-W
774	A/29.11.1932/84 (L66)	15.11.1932 „Die Stimmung ist wieder besser, aber es muß irgendetwas geschehen. Die Entscheidung kann nur fallen zwischen Hindenburg und Hitler. Ich lege das auch in einem sehr loyal geschriebenen Aufsatz unter dem Thema ‚Was muß nun geschehen?' nieder."	Dr. Joseph Goebbels	Die Juden atmen auf!	Der Angriff	Berlin	6. Jg./Nr. 248	29.11.1932	SB-W
775	WW/1932/11		Dr. G.	Die Lage	Unser Wille und Weg	München	2. Jg./Heft 12	Dezember 1932	
776	A/6.12.1932/85 (L67)	5.12.1924 „Ich schreibe einen sehr aggressiven Aufsatz gegen General Schleicher. Was ihm im Augenblick am meisten in der Öffentlichkeit schadet, ist, daß die ganzen jüdischen Zeitungen ihn über den grünen Klee loben."	Dr. Joseph Goebbels	Der General hat eine gute Presse	Der Angriff	Berlin	6. Jg./Nr. 254	6.12.1932	SB-W
777	A/15.12.1932/86 (L68)	14.12.1932 „Ich schreibe einen Aufsatz zur Situation unter dem Thema: ‚Latente Krise'. Ich wende mich damit scharf gegen jede Tolerierungsabsicht."	Dr. Joseph Goebbels	Vertagte Krise	Der Angriff	Berlin	6. Jg./Nr. 262	15.12.1932	SB-W
778	A/19.12.1932/87		Dr. Goebbels	Nationalsozialisten von Berlin!	Der Angriff	Berlin	6. Jg./Nr. 265	19.12.1932	
779	A/21.12.1932/88 (L69)	20.12.1932 „Ich mache in einem neuen Aufsatz unter dem Titel: ‚Programm ohne Programm' einen scharfen Ausfall gegen die Regierung."	Dr. Joseph Goebbels	Das Programm ohne Programm	Der Angriff	Berlin	6. Jg./Nr. 267	21.12.1932	SB-W
780	A/24.12.1932/89 (L70)	22.12.1932 „Spät in der Nacht noch Weihnachtsaufsatz ‚Das große Wunder'. Gut gelungen."	Dr. Joseph Goebbels	Das große Wunder	Der Angriff	Berlin	6. Jg./Nr. 270	24.12.1932	SB-W
781	A/31.12.1932/90 (L71)		Dr. Joseph Goebbels	Kampfjahr 1933	Der Angriff	Berlin	6. Jg./Nr. 275	31.12.1932	

1933

782	WW/1933/1		Dr. G.	Die Lage	Unser Wille und Weg	München	3. Jg./Heft 1	Januar 1933	
783	NSJ/1933/1		Dr. Joseph Goebbels	Nationalsozialismus als staatspolitische Notwendigkeit	Nationalsozialistisches Jahrbuch	München	7. Jg./S. 208–214	1933	
784	VB/1.1.1933/1	23.12.1932 „Zu Hause Arbeit. Eröffnungsaufsatz für V.B. geschrieben. Gut gelungen."	Dr. Joseph Goebbels	Kämpfen und Siegen	Völkischer Beobachter	München	46. Jg./Nr. 1/2	1./2.1.1933	
785	A/3.1.1933/1 (L1)		Dr. Joseph Goebbels	Die rote Mörderfaust	Der Angriff	Berlin	7. Jg./Nr. 2	3.1.1933	
786	VB/8.1.1933/2	7.1.1933 „Schleicher hat Angst. Seine Sache steht oberfaul. Scharfen Aufsatz gegen ihn geschrieben. Er wird sich wundern."	Joseph Goebbels	Schleicher im Kreuzfeuer	Völkischer Beobachter	München	46. Jg.	8./9.1.1933	
787	A/16.1.1933/2 (L2)	15.1.1933 „Es darf keine Gnade mehr geben. Der Führer über allem! Und ohne Kompromisse in die Macht hinein. Noch in der Nacht gebe ich in einem Aufsatz mit dem Stichwort ‚Signal Lippe!' die Parole für die Berliner Organisation. Ich proklamiere unentwegten Kampf und ziehe aus dem Lipper Ergebnis die Folgerung, daß alles gelingt, wenn wir nur zusammenhalten und nicht nachgeben."	Dr. Joseph Goebbels	Signal Lippe!	Der Angriff	Berlin	7. Jg./Nr. 13	16.1.1933	
788	A/20.1.1933/3 (L3)		Goebbels	Schleichers Bilanz	Der Angriff	Berlin	7. Jg./Nr. 17	20.1.1933	* nur Quelle: SB-W
789	VB/20.1.1933/3	18.1.1933 „In einem Aufsatz unter dem Titel: ‚Schleichers Bilanz' gebe ich eine vorläufige Generalabrechnung des gegenwärtigen Kabinetts."	Dr. Joseph Goebbels	Schleichers Bilanz	Völkischer Beobachter	München	46. Jg./Nr. 20	20.1.1933	
790	A/25.1.1933/4 (L4)	24.1.1933 „In einem Aufsatz unter dem Titel ‚General ohne Rückgrat' attackiere ich aufs neue das Kabinett Schleicher."	Dr. Joseph Goebbels	Der General ohne Rückgrat	Der Angriff	Berlin	7. Jg./Nr. 21	25.1.1933	SB-W
791	A/30.1.1933/5 (L5)	29.1.1933 „Der Führer steckt in ewigen Verhandlungen. Ich stoße ein letztes Mal in einem Aufsatz unter dem Titel ‚Endlich reiner Tisch!' vor."	Dr. Joseph Goebbels	Reinen Tisch machen!	Der Angriff	Berlin	7. Jg./Nr. 25	30.1.1933	SB-W